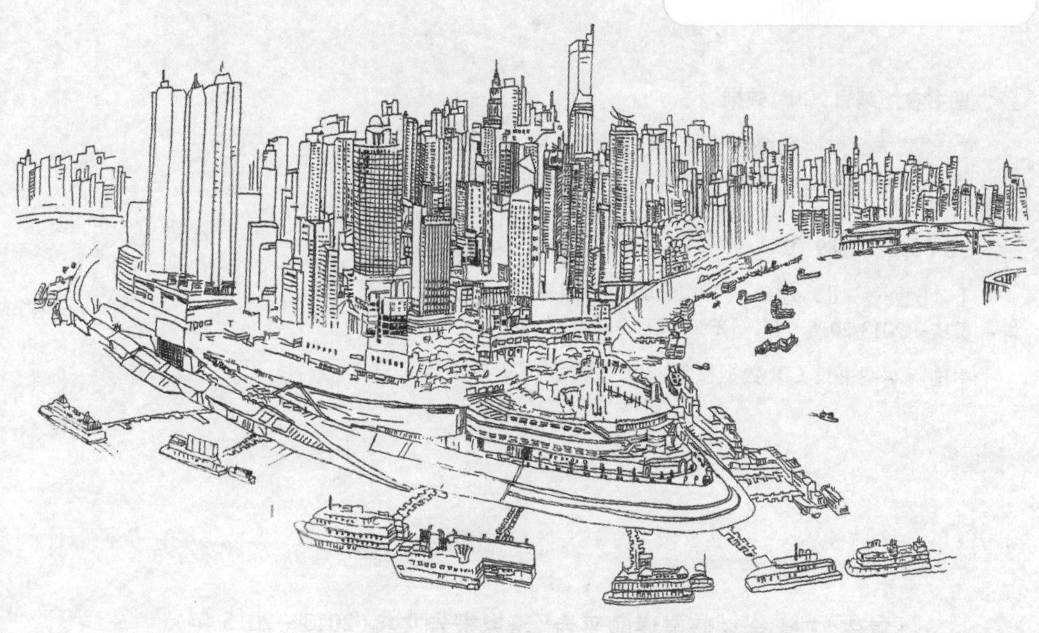

CHONGQING “SANDA JINRONG YANJIU KETI PINGTAI”
YANJIU BAOGAO WENJI (2013—2015NIAN)

重庆“三大金融研究课题平台”研究报告文集(2013—2015年)

宋 军 / 主编

重庆大学出版社

图书在版编目(CIP)数据

重庆“三大金融研究课题平台”研究报告文集. 2013—2015年 / 宋军主编. -- 重庆 : 重庆大学出版社, 2017.11

ISBN 978-7-5689-0262-5

Ⅰ. ①重… Ⅱ. ①宋… Ⅲ. ①地方金融事业—研究报告—重庆—2013-2015 Ⅳ. ①F832.771.9

中国版本图书馆 CIP 数据核字(2016)第 277671 号

重庆“三大金融研究课题平台”研究报告文集(2013—2015年)

宋 军 主 编

责任编辑:范 莹 版式设计:范 莹

责任校对:关德强 责任印制:赵 晟

*

重庆大学出版社出版发行

出版人:易树平

社址:重庆市沙坪坝区大学城西路21号

邮编:401331

电话:(023) 88617190 88617185(中小学)

传真:(023) 88617186 88617166

网址:http://www.cqup.com.cn

邮箱:fxk@cqup.com.cn (营销中心)

全国新华书店经销

重庆长虹印务有限公司印刷

*

开本:787mm×1092mm 1/16 印张:49.75 字数:1 003千

2017年11月第1版 2017年11月第1次印刷

ISBN 978-7-5689-0262-5 定价:145.00元

重庆“三大金融研究课题平台”研究报告
编审委员会编委名单

序 言

2013—2015年，全球经济缓慢复苏，国内经济进入新常态，国际、国内经济金融领域出现了新的改革发展趋势，也面临着一系列风险因素，值得关注和研究。中国人民银行重庆营业管理部金融研究部门根据经济金融发展趋势，充分发挥所管理的"中国人民银行重庆营业管理部重点研究课题平台""重庆市金融学会年度招标课题平台"和"重庆市金融学会金融领域重大决策咨询课题平台"三大课题平台统筹辖内研究力量的作用，积极进行课题招标，组织对经济金融运行中热点、难点及重大问题的研究，推出了一大批质量高、应用价值大的研究报告。

为更好地促进重庆辖内金融系统研究工作开展，鼓励更多学术性、政策性和实践性的成果出现，现将2013—2015年上述三大课题平台的优秀成果结集公开出版发行。本书精选了31篇优秀研究报告，按照"宏观经济与货币政策""区域经济金融""金融市场与金融风险""国际金融""金融监管"五个类别进行编排。其中，"宏观经济与货币政策"类文章10篇，包括对货币政策、市场化利率调控与传导、新型城镇化、汇率变化与房价波动等方面的研究。"区域经济与金融"类文章6篇，包括对重庆区域金融改革、重庆发展金融服务外包产业、重庆融入"一带一路"经济发展战略等方面的研究。"金融市场与金融风险"类文章7篇，包括对互联网金融、国企改革的资产证券化路径、商业银行信贷风险防范、商业银行信用风险内部评级等方面的研究。"国际金融"类文章5篇，包括对人民币国际化、离岸人民币市场发展、跨境外汇流动管理、国际资本流动等问题的研究。"金融监管"类文章3篇，包括对地方政府金融监管职能、逆周期资本缓冲监管机制、金融混业经营与分业监管等问题的研究。

在成书过程中，中国人民银行重庆营业管理部领导给予了多次指导和具体帮助，得到了重庆市金融学会各会员单位的大力支持，各课题组主持人、课题组成员及执笔人对文章修改以符合出版要求做了大量工作。本书的选稿、编撰、审校等工作，由重庆市金融学会秘书处具体承担，由重庆市金融学会常务副会长宋军编审，学会秘书处黄信标、卢满生负责统稿，参加编撰工作的有钟子明、顾胥、黄觉波、韩鑫韬、孔文佳、韩静、李研妮、周谦毅、葛志苏等，在此一并表示感谢。本书的出版得到了重庆大学出版社的大力支持，在此表示衷心的感谢！

由于水平有限，疏漏和错误在所难免，希望专家学者提出宝贵的意见和建议，以便进一步修改完善，在切实促进研究水平提升的同时，推出更多更好的研究成果。

编　者

2017年8月

目　录

宏观经济与货币政策

区域经济与金融

金融市场与金融风险

国际金融

金融监管

宏观经济与货币政策

新型城镇化中财政与金融的配合

——宏观对策与城市的结构性效应①

中国人民银行重庆营业管理部办公室课题组

课题主持人:李滔

课题组成员:熊波　蒋兴明　李响

一、问题的提出

(一)选题背景

哈佛大学经济学教授爱德华·格莱泽(2011)说,“城市是人类最为伟大的发明”。的确,城镇化既是中国经济可持续增长的重要动力之一,也是中国经济繁荣的代表性标志。改革开放以来,我国城镇化率年均提高1个百分点;2000年以来,城镇化率年均提高1.4个百分点,2012年城镇化率达到52.6%,与世界平均水平大体相当。联合国预测,中国的城镇化率在2030年将达到60%。万广华、蔡昉(2012)甚至预测,2030年中国可达到80%的城镇化率,这将给我国的经济发展带来较大的活力,解决贫富差距和收入分配问题,并避免中等收入陷阱。

国家发改委城市和小城镇改革发展中心(2012)认为,城镇化释放出巨大的投资和消费潜力。从投资看,每年的城镇基础设施建设投资至少1万亿元,城镇住房建设投资至少1万亿元(联合国建议占GDP的5%),由投资带动经济增长的效应更大。但城镇化必然是一个复杂的系统工程。现行户籍管理、土地管理、社会保障、财税金融、行政管理等制度,在一定程度上固化了已经形成的城乡利益失衡格局,制约了农业转移人口市民化和城乡发展一体化。

从财政金融角度看,新型城镇化中基础设施建设、城市保障性住房、城市公共服务项目、二三产业协调发展等,仍然需要大量资金投入。同时,随着近年来对地方融资平台不断规范,以及地方政府的“土地财政”难以为继,各类城市发展中新的可持续资金来源、高效的支持方式是各方比较关注的。因此,如何形成多元化资金集聚推进城镇化的局面,特别是如何使财政和金融实现高效配合、互为支撑,如何厘清未来城镇化中城市管理者在财政、金融投入及对产业发展的重点和顺序,这些都应是

① 为2013年度中国人民银行重庆营业管理部重点研究课题,获评“二等奖”。

城镇化研究中的重要组成部分。

(二)选题意义

一是从现实意义看,当前关于城镇化中的资金支持的举措、建议不少,是理论界的讨论热点。但真正系统梳理城镇化中财政与金融配合支持的对策建议,而不只侧重金融或侧重财政一个方面,就笔者掌握情况来看,仍然比较缺乏。

二是从中央宏观角度,国家正考虑出台未来城镇化专项规划和相关指导意见,这是我国城镇化的纲领性文献。如何从财政与金融配合角度进一步做好资金支持,始终是中央金融管理、财政部门需要长期持续关注的问题。

三是从城市决策的中观角度,中国东中西部地区城镇化水平及发展方式差异较大,但也有共同的规律可循。笔者通过基于城市层面的分组面板模型,计量分析了财政支出、金融发展、金融生态环境等渠道或制度因素对城镇化的重要影响。通过细致地梳理不同类型城市的城镇化中财政与金融配合支持的特征,可以提出不同发展阶段、不同规模城市的支持策略,这对于基于城市层面如何落实未来的新型城镇化战略,是比较务实和具有针对性的。

四是国际上普遍认为,中国城镇化最重要的经验是以土地进行抵押融资促进城市滚动开发,由此带动工业化和人口聚集。事实上,除此之外,国外在城市债务管理、市政债、信贷资产证券化、公私合作、专业性投资基金方面有着比较成熟的实践,一些可持续的财政金融支持方式,是我国城镇化中不常用的或以往条件不具备的,值得我们学习借鉴。

二、城镇化中财政与金融配合支持的文献概述

(一)基本的城市增长理论及其影响因素

关于城市的研究由来已久,Marshall(1920)指出,城市为邻里之间的密切联系创造了条件,由此产生了信息的溢出效应,促进了城市的规模经济产生。Romer(1986)和Lucas(1988)分别从城市规模经济和知识的溢出效应入手,分析了城市化的影响。以城市化为研究主题,有的学者试图在城市带来的规模效应和上升的生活成本之间找到平衡点,以确定城市的均衡规模(Henderson 1974, Helpman 1998, Tabuchi 1998),有的学者研究城市化与经济增长之间的因果关系(Henderson 2003, Hofmann和Wan 2013)。

但问题的关键是,国外的文献倾向于研究城市化发展的普遍性规律,即资本、教育水平、人口聚集、经济增长与城市化的关系。总体来看,国外对城镇化中比较重要的资金渠道如何发挥作用研究并不多见。尽管有些学者指出了城市基础设施投融资对各国城市发展的重要性,但也没有进行详细论证或者较好的计量数据支撑。联合国、世界银行等国际机构也普遍认为,中国以土地开发为基础的城市

基础设施投融资模式是城镇化的一个特别模式，这也说明国外对财政、金融、土地在城镇化进程中的互动关系研究不多，毕竟有些具有特殊性，其不具备近距离观察的条件。

（二）国内对城镇化中财政金融配合支持的作用研究

近年来，国内学者对城市化进程中财政、金融发挥的作用进行了实证检验。张宗益、许丽英（2006）探讨了我国金融发展的规模扩张、结构调整及效率变化三个方面与城市化水平的关系。谷小菁、王定祥（2011）利用面板数据进行了全国和分区的研究，结果显示中国金融发展能够为城市化发展提供有力支持，金融规模和贷存比对提高城市化水平分别表现出正效应与负效应。吴超、钟辉（2012）提出城镇化发展的增长源主要是工业农业部门、产业结构调整、基础设施建设和中小型企业的发展共同作用的结果，相应的部门贷款作为这些部门促进城镇化的金融源头。周战强、乔志敏（2011）同时分析了金融发展、财政投入对城镇化的影响程度和相对大小，认为长期来看金融发展、财政投入对城镇化都有显著正影响，金融的长期效应强于其短期效应。

总体来看，文献上基于不同地区、不同规模城市的经验实证研究很少。随着我国城市统计数据的丰富完善，可以结合我国的城市投融资体制，站在基于城市经济的中观角度，更加细致深入地探讨财政和金融的配合支持问题。

（三）国际上城镇化中的财政金融支持实践

这一方面，发达国家和新兴市场经济体都有着丰富的实践，可以成为中国未来新型城镇化的有益参考。

一是规范城市和当地银行的信贷行为。巴西央行规定，银行对公共部门放款不得超过其净资产的45%，各级政府公共金融机构不得向其主要股东贷款。俄罗斯《联邦地方政府财政基础法》规定，地方政府借款上限为预算支出的15%，地方性银行不得向地方政府发放贷款。

二是金融市场发展成熟的国家，通常会采用规范的市政债形式。最具代表性的是美国。截至2011年末，美国市政债券存量规模为37435亿美元，占美国GDP的比重在20%左右。

三是资产证券化。美国资产证券化在初期发展阶段，仅限于房地产抵押贷款证券化，现在已包含商业银行任何表内资产的证券化。与市政债类似，美国资产证券化市场能够得到快速发展，与稳定的发行量、深厚的投资者基础、发达的二级市场密不可分。

四是公私合作。PPP通过政府与私人部门合资成立一个特殊目的实体（SPV），在一个中长期（通常10年以上，甚至二三十年）进行资金共投、风险共担，虽然PPP形式并不是金融创新方式，但这种股权合作让私人部门、民间资金积极介入政府项目,减轻了公共基础设施的投资负担,因此,PPP本身就值得我国融资平台深入学习。

五是基础设施投资基金。如麦格理银行作为澳大利亚排名第1、全球第7的投资银行,其最有特色的业务之一就是基础设施和实物资产基金管理业务。其特点是:单体投资规模非常大,平均约20亿美元。注重基础设施资产期限长、现金流稳定的特性,长期持有资产,为基金投资者创造稳定回报。以基金上市而不是项目上市作为退出安排,为原始投资者提供退出和实现资本利得的机会。

总体来看,国外在城市债务管理、市政债、信贷资产证券化、公私合作、专业性投资基金方面有着中国不具备的成熟、丰富的实践,这值得我国在新型城镇化中加强学习借鉴。当然,所有的成熟实践,都十分强调城市融资的市场化与公益型结合,以及高度重视融资的可持续性,这将在下一节着重强调。

(四)城镇化中的财政金融支持的可持续性问题

各国城镇化中财政金融支持的力度和范围是有限的,特别是各类城市的政府举债不能过度,国际经验和教训中主要有以下几个方面值得借鉴。

从短中期经验看:

一是提升城市的债务透明度和对中期财政规划的严格遵守与监督。国际上地方债务管理的透明度包括:对政府财政行为进行全面制度界定并让公众知晓。定期审计地方政府财政账户,向公众详细披露财务信息,包括各政府部门的明细报表、部门之间的资金往来等,包括预算外实体如地方政府控制公司的欠款、赤字情况。国际经验也表明,建立中期财政框架、提升透明度,其目的是确保财政账户与可持续的债务路线相匹配,以及面对经济冲击后财政调整的中期方法。这些要求的有效实施,很大程度上决定于立法机关的权力和决心,进行监督并要求严格遵守。特别是,对地方政府及其下属经济实体的有效监督体制和独立、强大的审计功能,是避免其过度举债、盲目投资和避免腐败的重要因素。

二是规范城市的债务管理上限。国际经验表明,各国对地方债务指标限制较为严格,均不高于欧盟设定的债务警戒线标准①,即当年财政赤字/GDP不超过3%,债务余额/GDP不超过60%。新兴市场经济体的管理也偏向严格,如阿根廷要求政府主要开支应低于GDP增速②,省级政府举债额度不高于当年财政收入的15%。秘鲁将政府赤字限制在GDP的1%,除非国际危机情况下,国会可以同意上调至2.5%。地方政府近3年平均财政结余为正,用于偿还债务的利息和分期本金不得超过当年收入的25%或者债务余额的100%。

---

① 欧盟先后通过《马斯特里赫特条约》(1992)和《稳定与增长公约》(1997)达成这一共识。

② 但由于一些例外开支,使这一目标受到弱化,如用于社会基础设施的开支、国际机构融资后的开支和以往年度未用收入的开支。

从中长期经验看：

一是关于城市债务最优控制模式。根据对地方债务控制的程度大小，Ter-Minassian (1997)、Plekhanov(2005)分为市场约束型、行政控制型、自建规则型和顶层规则型。第一类：美国属典型的市场约束型，其有效运作主要依托于金融市场，获取地方债务及偿还能力的透明、畅通渠道，上级政府对地方政府债务重整不介入的预期。第二类：南美、印度等许多发展中国家属行政控制型，虽然可以由上级政府统筹控制国家整体债务水平，但由于上级政府严格的监督权限，导致地方政府容易产生救助预期，引发“道德风险”。第三类：亚洲的日本、韩国及许多欧洲发达国家为基于规则控制型的代表，中央与地方政府在基于法律基础上控制地方债务，虽然规则具有清楚、透明的特征，提升了财政政策的可信度，但缺点是如何在严格遵守与具有灵活性中保持平衡，很难把握好度。第四类：澳大利亚是协商控制型的代表，联邦政府每年与各州政府协商其发债额度，其前提是各州政府提供可靠透明的财务报告。

二是建立地方财政责任法体系。发达经济体中，通过狭义的地方财政责任法(FRL)①的国家不多，仅有的案例是澳大利亚、加拿大。不过，许多新兴市场经济体在债务救助实践中形成了系统的法律法规体系。地方 FRL 体现了对地方政府举债的系统性设计思想，许多国家如巴西，正是在连续多次解决地方债务危机、积累大量实践经验后最终通过的。不过，结合我国实际，我国的地方政府债务危机实践和风险防范机制实践缺乏，立法可能需要较长的成熟完善过程。FRL 立法应该在财政管理体制完善和融资平台债务有效重整之后，否则，在现行环境下，让地方政府遵守严格的财政责任，是不现实也是缺乏约束力的。

三是中央与地方的财政关系问题。Tiebout(1956)的“公共支出理论”和 Oates(1972)的“第一代财政联邦主义理论”是对财政分权问题的基础性文献，其特点是中央应当赋予地方政府提供相关公共物品的财政收支权力。我国 1994 年以来，改革的一个重要特征是财政分权改革。大部分研究都对我国财政分权作用予以了充分肯定，但分权也给地方政府的城镇化进程带来了不少弊端。贾康、白景明(2002)指出，县乡两级政府履行事权所需财力与其可用财力高度不对称，政府层级过多不利于分税制收入的清晰划分。郭庆旺、贾俊雪(2010)实证认为，财政收入分权对县级政府支出规模具有显著的负效应。

总体上，从中长期角度，可以看到中国城镇化财政金融配合支持的可持续性问题，具有多方面的深层次体制、机制原因，需要从制度上论证和设计，并给出合理的政策建议。

---

① 狭义的地方财政责任法通常有两大目标：一是保持财政透明；二是地方政府对立法机关负责。

三、以往我国财政金融在城镇化中的“越位”与“缺位”

(一)现有地方财政及融资体制中不适应新型城镇化建设的弊端

1.地方预算管理机制被“绕道实施”

尽管《预算法》规定政府预算支出涵盖有经济建设支出的内容,但地方政府通过融资平台所完成的城镇建设投资规模,远大于在政府预算反映的数字。我国地方财政预算离公开透明还有较大差距,融资平台一直未被有效纳入预算管理。我国已有400 多家融资平台①发行过各类债券,其财务透明度有了很大提升,但这仅占全国融资平台总数的 1%~2%。如果预算中未列入融资平台债务,将造成地方政府存在着大量表外的隐性负债,不利于地方整体负债风险的控制。

2.地方政府举债机制仍然不规范

当前地方政府以各种名义规避《预算法》的约束,融资平台是地方政府应对此问题的主要手段。对比国外一级财权、一级债权的债务管理机制,我国在地方政府举债机制的规范化设计方面至少还缺乏三个方面的内容:一是融资机制。其包括地方政府融资的渠道、方式、程序以及相应监督机制。二是债务约束机制。必须建立保证地方政府举债后可持续还本付息的制度,包括偿债资金来源及管理方式等。三是风险预警机制。只有从顶层设计上建立完善地方政府负债管理机制,实现地方“阳光”举债,才能真正形成中央与地方风险共担的负债管理体系。

3.土地财政模式将难以为继

土地财政经营城市化的模式大概可以描述为:地方政府通过土地储备中心进行土地收储和初级开发,以土地使用权证向银行或其他机构进行抵押贷款等融资活动。贷款偿还除依靠项目本身收益外,更主要的是通过开发区建设带动当地工商业的发展,由提高土地出让收入来弥补。

4.导向机制对财政预算机制的不利影响

在我国“自上而下”的官员任命和以 GDP 增长为导向的考核机制主导下,地方官员往往有过度投资和超前投资的倾向,同时还存在“新官不理旧账”的道德风险。因此,需要逐步改革目前的政绩考核导向机制,适当调整经济增长等指标在官员考核体系中的权重,更多地关注地区经济可持续发展的能力、政策目标的长期受益等内容,减少超实际需求进行投资建设的内在驱动。

5.地方财政体制对融资平台的监督约束机制不健全

融资平台风险最终还是要由财政部门进行承担。但在责任机制没有明确的前

---

① 数据来源:WIND 资讯数据库。

提下，财政部门缺乏防控融资平台风险的积极性。此外，许多地方的融资平台分别由不同的政府部门监管，这使得地方财政部门对地方债务的规模、结构不能统一监控。

（二）以往财政在支持城镇化中的“越位”与“缺位”

应该看到，以往的财政体制在支持城镇化中最大的越位问题，就是土地财政导致地方债务增长较快的发展模式，这一问题已在前面有详细阐述。本节重点阐述财政支持新型城镇化中的几个“缺位”方面：

1.行政等级化城镇管理体制下中小城市和城镇财力与事权不匹配

我国是国家—省—市—县—乡镇的五级财政体制。总体上，我国的行政、财政管理体制具有中国特色，即上级城市不光管理本级，还负责管理下级城市和城镇，造成低级别的城市、城镇的公共财政投入明显不足。这对于金融机构的导向是明确的，金融机构将更多地把资源配置给地市级以上的平台，导致县域基础设施建设中财政与金融互相配合投入的明显不足。

2.政府热衷于交通、新城、工业园区、高档地产的配套基础设施建设，忽视老城区等中低收入人口集中居住区

以重庆为例，2013 年市级重点公共项目中，有 135 个项目都是交通、新城建设、工业园区等项目，是老城改革和保障房数量的 4 倍。政府动机非常明确，新区是GDP、工业纳税、土地出让收入的主要来源，同时重点发展新区也可以不断扩大城市建成区面积。即使是旧城区改造，其开发也是看重了地段比较好的旧城区的潜在商业价值，能够从土地出让中让政府财政受益。至于中低收入人群集聚的老城区，如果动迁成本高、位置又很一般，将很难获得政府的青睐（表 1）。

表 1　重庆 2013 年市级重点项目中的公共项目的结构分析

交通	主城商务区开发	市政桥隧、路网	工业园区开发	公租房	新区建设项目数量合计	老城改造和保障房数量合计
52	18	55	24	20	135	34

地方政府根据自身实际作了“重视新城、轻视旧城”“重视工业、轻视服务业”的最优决策，这对金融机构起到了导向作用。特别是新城建设需要大量资金投入，这将诱导金融资源更多地投向基建领域。

3.在农村居民市民化过程中，住房及基本公共服务等公共财政支持不到位

这一问题的关键是户籍制度。户籍制度不单纯是人口管理制度，而是附加了当地的各种社会公共服务，其核心问题是当地公共财政对外来农民工的支持问题。在住房问题上，重庆修建公租房并摇号配租给农民工的经验得到了借鉴。同时，重庆

还实现了转户农民工能够享受到养老、医疗、教育、就业的同等待遇。

但在基本社会公共服务方面,仍有一些问题。全国不同地区对农村居民市民化的态度有着差异,财政投入上都存在不同程度的“缺位”现象,以东部发达城市最为明显。也要看到,一些地方通过统筹城乡改革实验,在财政投入上明显加大了对农村居民市民化的支持力度,为未来全国范围推广提供了经验参考。

(三)以往金融在支持城镇化建设中的“越位”与“缺位”

1.越位问题

一是向融资平台过度融资,对城镇中的小微企业、服务业融资形成了一定的“挤占效应”。客观来看,我国城镇化过程中的服务业、小微企业发展水平还有待提高。财政与金融在城镇化过程中对相关的基础设施、制造业支持存在过度倾向,同时服务业又存在不足的问题。

二是金融支持中信贷比重过大。根据中国人民银行重庆营业管理部测算①,2009年末在已发债省级平台中,银行贷款在金融负债中占比达80%以上。周沅帆(2012)测算,已发债融资平台外源融资中债券融资占比为20%左右。不过,能够进行债券融资的平台仅占极小部分。可以预测,我国融资平台外源融资中银行贷款的整体占比还高于这一水平。

三是影子银行支持城镇化不规范、不透明。如截至2013年第3季度末,我国银信合作业务余额达2.2万亿元②,中国人民银行某分支机构的调查是:该省银信合作业务的八成流向了融资平台、房地产和建筑业。委托贷款自2009年开始迅速增长,2013年前3季度近1.8万亿元③,占社会融资规模的比例也由2009年的5%上升为2013年前3季度的13%。而同样据中国人民银行某分支机构调查,2012年以来,某省新增委托贷款中七成流入了融资平台、房地产业和建筑业。

2.缺位问题

一是规范的金融支持方式不够多样化。与城镇化项目建设现金流更为匹配的债券融资较少。截至2011年底,地方政府及地方融资平台发行债券余额达1.48万亿元④,仅相当于9万亿元融资平台贷款余额的16%,总体上我国“准市政债”市场还比较落后。同时,我国基础设施建设的多元化融资主体缺乏,公私合作(PPP或PFI)融资方式较少⑤,这些方式都可以使民间资本积极介入,实现基础设施建设的收益、风险公担。自2012年起许多地方政府认为BT项目导致个别区县

---

① 中国人民银行重庆营业管理部2011年重点课题《融资平台风险防范机制设计研究》。

② 数据来源:中国信托业协会。

③ 来源人民银行《社会融资规模统计数据报告》。

④ 中信证券.利用资本市场化解地方政府融资压力[N].中国证券报.2012-4-9.

⑤ 只有北京、上海等少数发达城市采用。

债务不可控，而且涉及建成后的政府大量资金回购，BT项目已明显放缓。

二是中小金融机构对能够体现城市发展活力的小微企业金融支持仍然不够。近年来我国小企业贷款增长较快，但2012年我国小微企业贷款的存量占比为28.6%，未达到大中小企业贷款"三三开"的理想状态。特别是对中西部小微企业的金融服务还有很大空间，全国性银行、大中型银行仍然缺乏服务小微企业的动力。

三是城镇化过程中的消费金融需求有待挖潜。目前，我国的消费金融主要由银行、小贷公司、汽车金融公司提供，主要是信用卡分期付款和汽车消费贷款。如我国设立消费金融公司，其主要出资人资产总额不低于600亿元，导致我国目前仍只有数家，且不允许跨区经营，消费数据分析和信用评分的专业化不足①。随着农民工市民化加快，消费金融的单笔贷款金额可能会进一步下降，二、三线城市对耐用消费品的信贷需求上升，这些都需要设计方便快捷的消费金融模式。

总之，我国金融业在城镇化建设中的缺位，主要还是与自身体制改革不到位有关。金融业应针对城镇化的长远发展趋势，在风险可控的前提下，加快各类系统性配套改革，争取在发展债务直接融资、完善小微企业金融和消费金融体系等方面取得更多实质性进展。

四、未来新型城镇化建设财政与金融配合支持方式分析

（一）新型城镇化中财政与金融配合的几个基本原则

一是市场为主要配置手段原则。城镇化的资源配置，尽管其中涉及部分公共产品供给，但大部分资金主要还是来自社会民间资金。应借鉴国际经验和我国实践，形成政府保留应用的公共产品调节、控制、管理能力，结合"谁投资，谁收益，谁承担风险"的原则，以统一规范的金融市场为主要融资渠道，以市场运作为基本投融资规则，更加主动地采取多元化的融资方式。

二是公共财政资金为重要支撑原则。城镇化和城市的持续管理中有许多公共服务支出事务，发达经济体和新兴经济体都是如此，这使得地方财政资金在城镇化中的分配应主要倾向于公共物品和公共服务领域，重点解决教育、社保、医疗、养老、保障性住房等社会公平正义事宜。

三是透明规范的财政金融支持原则。透明原则，是指运用财政资金投入城镇化的同时，要不断推进预算公开，接受有权机关、金融市场和广大公众的外部监督。规范原则，是指无论使用哪类财政金融手段，都必须以可持续为前提，事前不断建立完善明确的投入规则并严格执行。金融资金强调市场化、平等性原则，借贷、投资风险

① 根据国际经验，专业化的消费金融公司识别潜在消费信贷客户的能力强于银行，从而降低消费信贷门槛。

自担。各市场主体包括政府在金融市场融资都要坚守诚信,违约要承担相应的责任。参与城镇化建设的各市场主体坚持权利平等、机会平等、规则平等,进一步破除各种形式的行政垄断。

四是财政金融互动协作原则。两者的紧密协作还有较多空间,地方财政资金可在对金融的政策扶持中充分发挥“杠杆撬动”效应,充分利用财政奖励、税收返还、风险贴息等手段,加大对城镇化发展中支持“三农”、小微企业、创业就业、生态环保、科技创新等领域的金融机构正向激励力度,发展民生金融,支持产业转型升级。社会信用体系建设是城市“软实力”的重要体现,财政应提供资金保障,增强市场主体和社会公众的诚信意识,培育良好的信用文化。此外,财政在地方金融资产重组、风险处置基金方面也应发挥重要职能。

此外,建议明确财政不应干预的领域:一是对于一般性竞争领域,财政在代表政府投资时应全力退出,杜绝投资的随意性和对民间投资的挤占,减缓政府投资支出比重过大的问题。二是不应通过优先获得财政存款资源等方式对金融机构信贷发放进行诱导性干预。三是不应将地方金融机构当作地方政府的“第二、第三财政”,干预其自主经营决策。

(二)进一步改善城镇化公共产品供给的财政缺位问题

一是使中小城市和城镇事权和支出责任相适应。应进一步推进省直管县、乡财县管改革,降低财政层级,逐步形成中央、省、市县三级事权清单。同时,以“一级财权、一级税基、一级事权”为目标,将房产税、资源税等作为县市级政府稳定的税收来源。进一步加大中央和省级财政加大对市县财政的转移支付力度,督促其承担好提供基本公共服务的职责。

二是地方财政应更加体现公共财政特征。从现阶段而言,各地方政府应制定合理的增长规划,不断提高教育、科技、文化、卫生、就业、养老、低保、住房等基本公共支出的比例①,为“人的城镇化”提供公共资金支持。中长期看,应致力于构建以最终消除城乡二元差距为目标,解决城乡二元下公共服务品向城镇倾斜的特征,构建城乡统一乃至全国统一的公共服务体系,为农村居民市民化打好条件。

三是城市的开发建设应注重兼顾公平原则。随着房地产调控的进一步加强和各城市规划用地空间越发有限,未来地方政府通过低成本拿地、滚动开发升值获取土地出让收入将受到制约。在此背景下,财政应更加注重自身或者吸引市场资金加强对中低收入的老城区改造修缮,这既是促进城市内居民基本服务均等化的需要,也是城市集约式发展的需要。

---

① 目前很多地方政府在这方面的开支还不足50%。

(三)未来透明规范的财政金融支持城镇化的方式手段

1.规范化的银行信贷支持

一是要建立严格的信贷规则。我国银行的粗放型盈利模式,短期内不可能发生根本改变。通过出台更加审慎的融资平台信贷规则,增加其向银行贷款的难度和成本,有助于引导融资平台转向金融市场进行债券融资和资产证券化运作,分散转移信用风险。

二是提高风险权重比例,加强贷款损失拨备计提。建议监管部门在根据第三版《巴塞尔协议》不断完善银行资本管理办法①的过程中,对融资平台贷款类的风险资产计算都应更加审慎,进一步提高风险权重。在国际上普遍建立银行动态调整贷款损失拨备制度的背景下,严格对融资平台贷款占比较高的银行计提贷款损失拨备的要求。

三是探索建立地方债信用评级系统。借助有关评级机构对地方政府信用评级,有助于促进地方举债更加市场化、透明化,投资者也可以借此获得更多客观的信息。

四是贷款违约处置。贷款一旦发生不可逆转的违约,应按照商业银行市场化经营原则,进行严格的坏账冲销。同时,鉴于融资平台贷款背后有大量的抵押担保资产,且存在保值增值的空间,在经过资产评估后,应积极探索资产拍卖、资产置换、转让出售、资产证券化等方式,提高不良资产处置的效率和效益。如果融资平台不良资产规模过大,应考虑采取"外部模式"快速、批量地处置不良资产。

2.财政金融配合支持的重要方式——市政债

我国《"十二五"规划纲要》明确提出,要"深化城市建设投融资体制改革,发行市政项目建设债券"。未来我国融资平台债务发展的一个重要趋势可能是,经过清理整顿的融资平台,可能会在未来允许发行市政债时出现分化:主要依靠政府财政收入为还款来源的融资平台,应最终转换为由政府直接出面发行一般责任型市政债;主要依靠自身项目收益还款的融资平台,应由政府委托或授权发行项目收益型市政债。

(1)市政债试点的阶段性设计

第一阶段:为控制风险,从具体管理、操作考虑,市政债发行初期要谨慎选择,严格限定发债主体范围,对申请发债的地方政府实行严格的审查制度。探索由部分发达省市自主发债②。

---

① 《商业银行资本管理办法(试行)》已自2013年1月1日起施行,www.cbrc.gov.cn。

② 在实际操作中,2011年财政部已印发《2011年地方政府自行发债试点办法》,在国务院同意下,批准上海市、浙江省、广东省、深圳市试点自行发债。

第二阶段:待发达地区发债机制日趋成熟时,扩展到中西部省市与地市级政府,这是市政债试点的关键环节。最初应选择债务清晰、产业发展和财政透明度相对较好的一些地区进行试点。

第三阶段:这一时期应该已形成了一个类似于美国市政债、具有不同层次、不同地区发债主体的较大市场,范围扩展至我国所有的300多个地市甚至2000多个区县。这一阶段可以考虑借鉴存款保险公司模式,建立政府对债券保险的中央债券保险公司。

(2)市政债自身的配套机制设计

立法设计。首先是对我国的《预算法》进行修改。根据美国百年市政债经验,最为关键的是,对市政债的信息披露规则设计,同时,提高地方财政透明度也是未来趋势。因此,中长期目标是通过正式立法,要求强制和持续的信息披露,约束地方政府行为;短期目标是由市政债监管部门、自律性组织通过相关规则、规章设计,督促地方政府规范举债行为,强化信息披露。

规模设计。市政债发行应该与银行贷款形成"有松有紧"的配合策略。根据地方总体债务规模控制在我国GDP的25%①以内的考虑,市政债发行规模可以从现有的每年4千亿元规模②逐渐增长,争取在今后10~20年内市政债达到5万亿元以上的规模。我国属于单一制而非联邦制国家,所以市政债规模也不宜过大,中央债也应有较多发债空间。

其他。一是通过建设规范、互通的债券市场,使得个人投资者通过交易所市场直接购买各类债券。二是根据周小川(2012)的建议,可建立一个地方政府债务体系,主要出售给当地居民,给予本地居民一定地方税收③或购买债券面值上的折扣优惠,当地居民会基于自身的养老金、福利等问题来考虑是否购买,构成了对地方政府债务的有效制约。三是给予个人投资者参与市政债投资与国债相同的资本利得税免税政策。

(3)偿债保障机制设计

地方政府要想具备可持续的财力来源,财产税、资源税等在未来必将成为主力税种。稳定偿债来源后,我国的一般责任型市政债可稳步扩大规模。如果出现违约,主要依靠地方政府自身压缩开支、依法合理扩大财源解决,这将有利于强化对违约政府的财政纪律。

---

① 根据中国人民银行重庆营业管理部2011年重点课题《地方融资平台风险防范机制设计》的研究结论。

② 2011年中央代发地方债2000亿元,地方政府自主发债229亿元,城投债发行1735亿元(数据来源:鹏元资信评估公司),将此三项累加得3964亿元。

③ 如个人所得税地方留成部分。

(4)市场化评级设计

市场评级机制能够对地方政府形成有效的约束,支持投资者“用脚投票”,解决“新官不理旧账”问题。要坚持以下原则:一是民族评级机构应向国际评级机构学习,逐渐形成在细分领域的经营特色和优势。二是发展包括买方付费、卖方付费、对中小企业评级实行政府定价与补贴等多种收费模式的评级机构。三是完善评级行业监管与自律体系。

(5)建立市政债自律性管理组织

MSRB(市政证券规则委员会)作为美国市政债的自律性组织,在SEC(证券交易委员会)的授权下制定市政债市场的自律性规则,对市政债顾问、交易商和经纪商三类机构进行自律性管理。可考虑在银行间市场交易商协会中设立专职部门,也可以由相关参与者(银行、证券公司、社保基金、保险公司等)发起成立自律性机构。

3.资产支持证券(ABS)

除了市政债之外,资产证券化与城镇化融资与也存在较好的匹配关系,同样是上述三种来源:使用者付费、财产税和一般财政收入。因此,也可以成为我国新型城镇化融资的重要方式。

(1)基本原则

一是要循序渐进地进行相关金融制度建设。二是要根据地方财政纪律遵守程度配套跟进。三是完善资产证券化的配套制度建设。

(2)积极推进信托型资产证券化

SPV是资产证券化融资过程中的核心。设立SPV的主要目的包括:一是将用于证券化融资的资产的所有权从其原始所有人处剥离,以有效避免原始所有人的“破产风险”;二是以SPV作为形式上的筹资者,通过发行资产支持证券实现融资。从设立SPV的组织形式来看,主要有公司和信托两种模式,与之对应,资产证券化模式主要可以分为公司型和信托型。在现行法律法规框架下,信托模式是资产证券化相对合理的选择。

(3)资产证券化的标的资产

可以有两大类:一类是银行的存量融资平台贷款资产;另一类是融资平台的现有资产或收费权。前者可以达到优化银行资产结构、避免贷款过度集中、适度转移信用风险的监管要求,后者直接解决融资平台后续融资需求。当然,从资产收益的上游源头来讲,仍然是使用者付费、财产税和一般财政收入三种收入来源。因此,确保现金流的持久稳定是资产证券化成功的关键。

4.公私合作(PPP)

根据国际经验,私营机构在PPP融资中可采用一些金融创新手段分散风险、降低融资成本,包括对PPP贷款证券化、信贷担保融资计划、免税型私人活动债券、债务再融资及特殊二级市场股权转让。

贷款证券化。未来如果采用PPP方式与私营机构展开合作,平台贷款证券化、平台资产证券化、PPP项目贷款证券化及与之相配套的CRM[①]将会存在旺盛的市场空间。其关键要素在于:一是监管部门能够进一步扩大资产证券化试点规模。二是各监管部门能够协调一致地允许银、证、保等各类机构参与CRM的创设和交投,不因过于担心风险而阻止创新,并不断完善对CRM的风险管理机制。三是地方政府及融资平台存在一定的违约风险,有一定的违约史,避免CRM费率过低,造成没有机构愿意创设。四是资产证券化及CRM市场的各类外部环境,比如产品定价、评级、流动性创造等不断完善和健全。

信用担保融资计划(CGF)。英国较早采用,其目的是减少PFI中的私营机构的融资成本。假设融资平台与私人机构形成了PPP、PFI的公私合作关系,信用担保融资计划这一模式是可取的。融资平台可利用在资本市场的低成本融资优势,将融资取得的资金转贷给与之合作的民营企业。但前提是,民营企业能够寻找到担保者。

免税私营活动债券。美国对这一金融工具运用比较成熟,其允许参加PPP项目的私人机构发行免税债券进行融资,为私人机构节约利息成本。当前我国真正的市政债模式还在酝酿中,只有市政债发行并实行了免税,才有可能开发出免税私营活动债券这样的产品。

PPP项目完工后的再融资安排。PPP项目完工后,项目的风险已经明显降低,通过再融资安排可以降低融资成本,降低债务比率,提高PPP有关资产的流动性。一是债务再融资。这可以降低利息成本,也可以延长债务周期,降低债务杠杆、利息保障倍数。二是股权出售。公共或私人机构出售股权,可以增加自身资本实力,降低再融资成本,并有更多的资金进行新一轮的投资。

5.股权投资基金和其他股权融资模式

一是引导民间资本、外资组建基础设施或产业投资基金。在地方层面,各地民间资本对当地基础设施建设相对更加熟悉。因此,可由工商联、民间团体、企业商会、企业联合会等“抱团”共同发起设立地方性的基础设施、能源产业投资基金,专注投资于收益率稳定的城市及高速公路等基础设施项目。当然,这些探索的成功,很大程度上取决于国家及地方政府对民间投资的整体放松程度。

二是融资平台与金融机构合作成立股权(产业)投资基金。我国居民储蓄率高,

---

① 我国于2010年由银行间市场交易商协会发布《银行间市场信用风险缓释工具试点业务指引》,推出了类似于CDS功能的信用风险缓释工具(CRM)。即交易双方达成的,约定在未来一定期限内,信用保护买方按照约定的标准和方式向信用保护卖方支付信用保护费用,由信用保护卖方就约定的标的债务向信用保护买方提供信用风险保护的金融合约。从根本上,CRM是一种比较简单的初级衍生金融产品,本质上就是对债务违约的一种保险,符合当前我国发展简单的金融创新产品的趋势。

这为融资平台与金融机构合作创建股权投资基金合作创造了有利条件①。总体来看,地方融资平台与金融机构共建股权投资基金,主要还是融资平台根据当地政府的规划,基于当地产业发展战略的需要与金融机构进行的合作。

三是融资平台与国内外大型机构投资者合作。基础设施投资如果运转有效,可以确保安全、长期、稳定的收益,这与保险公司、社保基金等的投资原则是契合的,这需要进一步放宽对大型机构投资者对基础设施股权投资的比例限制。

四是直接吸引各类资本入股基础设施项目。不管是与外资、民间资金还是央企合作,其核心问题是,就是通过股权融资,解决地方政府过高的负债问题,让公用事业、交通设施收益适当与这些资金分享。地方政府是否从实质上愿意与这些资金合作,很大程度取决于当地财政资金和融资平台的资金紧张程度。如果市政基础设施、道路建设任务重,且资金又紧张,未来地方政府与外部投资者合作可能性将越来越大。

(四)未来新型城镇化中不同类型融资模式的优缺点比较

表2给出了与城镇化有关的六种融资方式的优劣比较。这几种融资方式在具体的运用中,要根据融资主体自身的负债率决定。若负债率不高,可以采取除银行贷款外的其他债权融资形式,特别是市政债与资产证券化;若负债率已经较高,同时基础设施投资任务繁重,可考虑项目融资、股权(产业)投资基金、与各类资金合作等形式,当然,这取决于市场和投资者的认可程度,一个过度负债、过度投资、基础设施资产预期不被看好的地方政府,必然不会受到市场认可。

表2 未来新型城镇化的几种融资方式比较

	银行贷款	市政债	公私合作融资	与央企、外资、民间资金合作	股权(产业)投资基金	资产证券化
融资成本	较低	低	转移股权越多,成本越高	转移股权越多,成本越高	高	低
对融资主体决策权影响	影响融资决策及现金流	影响融资决策及现金流	视所有权转移程度。转移越多,影响越大	视所有权转移程度。转移越多,影响越大	无影响,由融资主体参与组建的投资基金决策	影响融资决策及现金流
对融资主体资本结构影响	负债率上升	负债率上升	负债率降低	负债率降低	短期将消耗资本金,长期有助于政府类融资平台转型	负债率上升

① 当然,也要考虑到融资平台与银行的此类合作的副作用。两者以股权合作形式成立产业投资基金,应该建立与贷款合作关系适度隔离的防火墙机制,避免关联方交易或者银行将贷款变相为直投。

续表

	银行贷款	市政债	公私合作融资	与央企、外资、民间资金合作	股权(产业)投资基金	资产证券化
融资金额	金额大,受负债率约束	金额大,受净资产不低于40%约束	由融资主体与合作方协商	由融资主体与合作方协商	由基金募集能力决定,通常规模较大	金额大,受负债率约束
后续融资可能性	受负债率限制	受净资产占比约束	通常较长,BOT可达二三十年。PFI则较短	可后续引入或更换为其他战略投资者	封闭式基金,视运作情况进行阶段性融资	受负债率限制
审批或操作难度	低	较低	较高	高	高	高

在融资顺序上,应交叉有限地使用债权与股权融资形式,形成多元化的融资结构和合理的财务杠杆,但这也同样取决于市场的认可程度。一个总体的原则是,越是收益能力稳定、具有排他甚至垄断性质的基础设施资产,比如收费能力稳定可靠的道路、能源项目、水电气管网项目,越是容易受到市场、投资者的认可。

五、中国城镇化的财政与金融配合支持的城市面板模型

(一)变量选择和城市面板模型设计策略

基础面板数据由42个城市(附表1)2000—2010年的数据构成。这11年是我国城镇化率最快的时期,年均提高1.4个百分点①。同时,这些城市人口占到全国600多个地级以上城市总人口的1/4以上。无论从观察周期还是从面板城市选择上,都具有较强的代表性。

第一,中国大中城市城镇化的共同影响因素。

城镇化率(*URBAN*):考虑到数据的可得性,以及当地政府对外来人口的包容性,本文选择以户籍非农人口/户籍总人口作为城镇化率的代理变量。

城市财政支出水平(*FSICEXP*):一个城市的政府开支是推进城镇化的重要因素。由于不同城市统计口径不一,以及数据存在缺失,无法获取完整的包括预算外支出的全口径地方财政支出规模,而是采用公共预算支出/地区生产总值规模作为城市财政支出规模的代理变量。

金融发展指数(*FINAN*):金融发展程度能够体现一个城市对金融资源的调动运用能力。由于2011年前没有年度社会融资规模数据,且M2不适用于地区或城市统

---

① 转引自《国务院关于城镇化建设工作情况的报告》,2013年,全国人大网,www.npc.gov.cn。

计，本文采用各地贷款/地区生产总值作为代理指标。

工业化程度（*INDUS*）和服务业发展程度（*TERT*）：工业和服务业有助于吸引大量的就业人口，形成城市人口聚集的规模经济优势。并且，随着产业结构的转型升级，发展服务业对现代城市的重要性不言而喻。本文分别采用第二产业增加值/GDP、第三产业增加值/GDP 作为代理变量。

劳动力需求水平（*LABOR*）：城镇化的过程主要是农村居民向城镇转移的过程，从业人员总量包括了一个城市辖区的农村可利用劳动力资源，本文将其作为劳动力需求水平的代理变量。

金融生态环境指数（*FINECO*）：金融生态概念最早由周小川（2004）从生态学概念系统引到金融领域。金融生态环境可能是推进城市发展繁荣、提高城镇化率的深层次金融原因。本文将根据李扬、王国钢、刘煜辉等（2005—2011）连续发布的《中国城市/地区金融生态环境评价报告》，将 42 个城市按排队计分法转划为 5 个金融生态环境等级，等级由好到差分别赋值为 1~5①。

在选定变量后，便建立了模型 1，如公式（1）。其中，*INDUS* 和 *TERT* 是控制变量，因为财政支出和金融发展，一方面可转化为对基础设施的直接投资；另一方面也可通过改善基础设施、降低外部成本，或者直接对产业转型升级提供资金支持，带动二、三产业发展，最终集聚人口，提高城镇化率水平。

$$URBAN_{i,t} = \alpha_i + \beta_{2t}FSICEXP_{i,t} + \beta_{3t}FINAN_{i,t} + \beta_{4t}INDUS_{i,t} + \beta_{5t}TERT_{i,t} + \beta_{6t}LABOR_{i,t} + e_{i,t} \tag{1}$$

为了研究财政支出规模、金融发展程度影响城镇化率的渠道——工业化、服务业化和劳动力需求，在模型 1 中分别引入 *FISCEXP* * *INDUS*、*FISCEXP* * *TERT*、*FINAN* * *INDUS*、*FINAN* * *TERT* 4 个交互项，和 *FINAN* * *LABOR*、*FISCEXP* * *LABOR* 两个交互项，形成了模型 2 和模型 3。

由于我国城市金融数据库还不够丰富，金融发展程度仅有贷款/GDP 这一指标，缺乏更加精确的度量指标，在模型 1 的基础上，我们分别用 *FINECO* 替代 *FINAN* 和加入 *FINECO*，构建了模型 4 和模型 5。

第二，不同规模城市城镇化发展的影响因素。

为了研究不同规模的城市城镇化速度和质量的不同特征，本文将基本面板数据按照人口数量分成 2 组，400 万人口以上的 11 个城市（附表 2）构成了特大城市样本，100 万~400 万人口的 31 个城市（附表 3）构成了普通大城市样本。

第三，城镇化质量较高的城市的共同影响因素。

---

① 本文也尝试对城镇化质量较高的 36 个城市进行面板计量分析时引入金融生态环境变量。但由于 2005 年首次金融生态环境评价中只选取了 50 个大中城市，后来再扩展到 100 多个城市，这使得 36 个城镇化质量较高的城市中，有许多样本缺失相应的历史金融生态数据。不过，正如前文所述，42 个城市已具备较强的代表性，能够有效地分析金融生态环境对城镇化的影响。

本文将中国社科院城市所(2013)发布的中国城镇化质量综合评价报告作为参考,结合历年数据,删除基础面板数据中的 18 个样本城市,再新增 12 个样本城市,构建了由 36 个城镇化质量较高的城市(附表 4)组成的新面板数据。通过计量分析,进一步把握我国城镇化中财政、金融、产业发展的最优互动关系。

除了金融生态环境指数外,数据来源于 CNKI 中国经济与社会发展统计数据库、《中国城市统计年鉴》(2001—2011)、《中华人民共和国全国分县市人口统计资料》(2001—2011)以及各省、各相关城市历年统计年鉴。

(二)计量过程

本文所用面板数据具有“小样本(时间跨度 $t<20$)、宽面板”特征,为避免伪回归,确保估计结果的有效性,将对面板数据进行个体效应检验、单位根检验和协整检验。样本数据为 2000—2010 年 42 个城市面板数据集,样本总数达到了 462 次。

描述性统计发现样本城市城镇化水平差异很大,最高 100%(深圳),最低 17.4%。财政支出占 GDP 的比例总体呈现上升趋势,最高超过 20%,最低为5.12%,反映出敢于花钱的政府可能都是行政管理效率较高的城市,也说明许多城市的城镇化还有公共财政支出“欠账”。金融发展指数偏高的地区主要在沿海发达城市或者特大城市。城市二、三产业差距较大,有的工业化超过 65%,有的第三产业化达到 76%(北京),总体来说,特大城市第三产业较为发达,工业化程度较高的则是普通大城市。从业人员总量从 51 万~1 912 万人不等。

1.面板的个体效应检验、单位根检验和协整检验

为检验个体效应,进行了虚拟变量(LSDV)检验、截面相关性联合显著性的 F 检验、Breusch-Pagan 的拉格朗日乘子(LM)检验以及似然比(LR)检验。结果表明,该面板数据不能进行混合估计,应该考虑面板数据模型。

本文运用了 4 种单位根检验方法,Levin、Lin 和 Chu 检验(2002),Im、Pesaran 和 Shin 检验(2003),Fisher-ADF 检验和 Fisher-PP 检验(Maddala 和 Wu,1999)。结果表明,6 个变量中有 4 个同阶单整,有可能存在协整关系。

在检验协整关系时,采用了 Pedroni(1999,2004)和 Mccoskey 和 Kao(1998)检验。结果表明,6 个变量中有少数不平稳,但总体来看各变量之间的协整关系尚不够明显①。

由于截面数据具有异方差性,所以采用面板的广义最小二乘法(EGLS)。通过 Hausman 检验发现,本模型中的个体效应与解释变量不相关的假设成立,所以选择了固定效应(Fixed Effects)模型。

---

① 在接下来的 2000—2010 年 11 个特大城市、31 个大城市和 36 个城镇化质量较高的城市的面板模型中,得出了相似的结论。由于篇幅原因,不再阐述各个面板模型的单位根和协整检验过程,感兴趣的读者可向课题组索取。

2.面板的回归结果分析

表3列出了各模型和面板数据的计量回归结果,具体分析如下:

(1)42个城市总体面板的回归分析

如表3所示,模型1中主要变量系数的估计值均在5%的水平上显著。财政支出规模、金融发展指数与城镇化正相关。财政支出占GDP比例上升1%,将增加0.9%的城镇化率。金融发展指数提高1%,仅增加0.01%的城镇化率。但是,在宽松的货币政策周期内,大多数城市的金融发展指数提升10%比财政支出提高1%要容易。*INDUS*、*TERT*、*LABOR*的系数均为正,且在1%的水平下统计显著,说明工业和服务业的发展、劳动力需求的增加,都能推进城镇化进程。但是,服务业占比的提升对城镇化的贡献效应不及工业化的一半。

通过模型2来分析产业升级转型渠道。*FINAN*的系数变为负值,*FINAN* * *INDUS*和*FINAN* * *TERT*的系数都不显著,而*INDUS*和*TERT*的系数增大且显著,说明金融发展程度与工业、服务业的交互作用还不明显。*FISCEXP*的系数明显变大,但*FISCEXP* * *INDUS*、*FISCEXP* * *TERT*系数为负且显著,说明财政、金融渠道在我国对于二、三产业的直接支持力度还不够大,二、三产业更多是依靠整体经济环境的改善实现了自主型较快增长,从而拉动了城镇化进程。

通过模型3来研究劳动力需求渠道,*FINAN*、*FISCEXP*的系数明显增大,*FINAN* * *LABOR*、*FISCEXP* * *LABOR*系数为负,但值很小,*LABOR*的系数变化不大,说明财政、金融渠道与劳动力市场共同作用,对提高城镇化率有一定效果,但这一效果不是很稳定。其原因可能是:财政、金融等资源通过支持基础设施取得了城镇化收益,并通过劳动力市场传递到外来农民工,但由于户籍制度的严格限制,导致"人的城镇化"效果仍不明显。

模型4、模型5的结果表明,金融生态环境提升一个等级,将增加0.5%~0.6%的城镇化率。第三产业对城镇化的贡献效应达到1%的较高水平。由于金融生态环境指数是一个包含了财政支出效率、金融发展和财政金融可持续性等的综合性指数,引入该变量使模型4、模型5中的财政支出规模、金融发展指数的统计结果不显著。一些金融生态环境较好的特大城市,如北京、上海、深圳、杭州、重庆,具备国际、国内或区域性金融中心特征,2012年金融业增加值占GDP比重分别为14.6%、12.2%、14%、10.5%、8%,为支柱产业;另一些金融生态环境较好的大中城市,如苏州、宁波、厦门,是市场化程度较高、民间资金聚集的地区,第三产业都达到了40%以上,是金融生态环境与金融产业、服务业良好互动的表现。

(2)不同规模城市下的回归分析

特大(超级)城市回归的结果见表4的模型6。金融发展指数提高1%,将增加0.03%的城镇化率。在特大城市的城镇化中,形成了一定的金融支撑效应。如上海、杭州10年间金融发展指数分别提高了74%、131%,拉动了2.2%和3.9%的城镇化

表3　城镇化中财政金融支持的面板回归结果比较

面板模型类型	42个大中城市					11个特大城市模型	31个大城市模型	36个城镇化质量较高的城市模型
解释变量	模型1	模型2	模型3	模型4	模型5	模型6	模型7	模型8
FISCEXP	0.0092* (8.351)	0.0183*** (4.480)	0.0141*** (8.721)	0.0023 (−4.901)	0.0021 (1.532)	0.0025 (1.541)	0.0112*** (7.606)	0.0072*** (6.955)
FINAN	0.0001** (2.199)	−0.0011 (−0.654)	0.0004** (2.369)		4.6E-05 (0.899)	0.0003** (2.812)	−7.70E-06 (−0.11)	0.0003*** (5.43)
FINECO				−0.0054** (−2.047)	−0.0056** (−2.15)			
INDUS	0.0045*** (4.845)	0.0094*** (3.957)	0.0048*** (4.972)	0.0094*** (6.217)	0.0091*** (6.560)	0.0084*** (3.842)	0.0056*** (5.228)	0.0024*** (3.38)
TERT	0.0027*** (3.125)	0.0094*** (4.378)	0.0021** (2.416)	0.0134*** (8.318)	0.0125*** (8.338)	0.0116*** (4.499)	0.0017* (1.929)	0.0020** (2.355)
LABOR	0.0004*** (13.759)	0.0004*** (13.622)	0.0005*** (9.644)	0.0002*** (7.524)	0.0002*** (6.839)	0.0002*** (7.454)	0.0004*** (10.29)	0.0004*** (15.5)
FISCEXP * *INDUS*		−0.0008*** (−2.956)						

面板模型类型	42 个大中城市					11 个特大城市模型	31 个大城市模型	36 个城镇化质量较高的城市模型
FISCEXP * *TERT*		-0.0014*** (-5.166)						
FINAN * *INDUS*		1.26E-06 (0.069)						
FINAN * *TERT*		2.67E-05 (1.614)						
FISCEXP * *LABOR*			-9.3E-06*** (-3.69)					
FINAN * *LABOR*			-6.3E-07* (-1.85)					
观测值数	2772	2772	2772	1512	1764	726	2046	2376
R^2(加权后)	0.98	0.97	0.97	0.99	0.99	0.99	0.95	0.98
F 统计量	376	308	302	655	738	510	150.4	419.9

注:括号内为 T 统计量,*、**、***分别表示 10%、5%、1%的显著性水平。

率。由于其较高的城镇化率基数,这是较高的贡献率。服务业增加值占比提高1%,可提高城镇化率1.2%个百分点,比工业化的贡献高得多。与此同时,财政支出对城镇化的拉动效应未达到10%的统计显著水平。本文认为原因如下:

一是特大城市的金融资源流向具备多元特征,基础设施、工业、服务业等都能得到有效地支持,从而通过基础设施和实体经济两个渠道提升城镇化水平。

二是特大城市的金融产业本身就是服务业支柱产业之一。金融业和服务业交互作用,成为特大城市两个重要的城镇化动力源。

三是特大城市聚集大量高端服务业人才,这些人才可能轻易地在当地取得户籍,从而在增量角度提高当地城镇化率。

四是特大城市的基础设施相对更加完善,财政支出对城镇化的刺激效应明显减弱。10年间特大城市公共预算支出占地区生产总值的比例的增长空间有限,所以财政支出对城镇化的拉动作用不及金融发展程度。

五是对于特大城市,工业化已经进入中后期,提升服务业占比成为发展的重要目标。本文研究充分证明,对于特大城市更重要的是发展资金、知识密集型的现代服务业,提升创新性、可持续性,实现从工业城市向服务业城市的大转型。

普通大城市的回归结果见表4的模型7,其结论异于特大城市。财政支出规模显著,提高1%,将增加1.1%的城镇化率。这与模型1的结果保持一致,说明大城市代表了我国城市发展的平均水平。工业对城镇化的贡献远比服务业重要。提高1%占比,第二产业可提高0.6%的城镇化率,服务业只能提高0.2%的城镇化率。金融发展程度对城镇化的拉动效应未达到10%的显著水平。原因如下:

一是普通大城市的城镇化进程,主要依靠基础设施建设以及城镇人口增加带来的财政规模开支扩大。

二是普通大城市的金融支持城镇化效率仍然有所欠缺,其金融结构有待优化,金融资源的投向不如特大城市多元化。从金融结构角度,2000—2010年,大城市主要的融资平台为城投类公司,融资结构以贷款为主,辅以少量的企业债,鲜有从股票市场融资。从金融资源投向角度,工业领域偏多,从而使得工业化对城镇化支持较多。2008—2009年,我国推出了一揽子刺激计划,对31个城市2008—2010年面板数据进行EGLS回归,发现金融支持的效应为正,且在10%的水平上显著,说明这段时期的金融资源向融资平台倾斜,城市基础设施投入明显加大,对城镇化的支持效应有所提升。

(3)城镇化质量较高的36个城市面板回归分析

36个城镇化质量较高城市的回归结果为表4中的模型8。将其与特大城市和普通大城市的结果比较,似乎找到了财政金融配合支持城镇化的较优策略。一是重视金融发展程度对城镇化的后续推进效应,金融发展指数提高1%,将增加0.03%的城镇化率。二是重视财政支出对城镇化的持续支撑效应,财政支出规模占比提高1%,将增加0.7%的城镇化率。三是统筹推进工业化、服务业化发展,两者对城镇化的贡献率基本接近,工业化略高一些。结合前面的分组模型,本文认为,对于特大城市,应更加突出发展服务业;对于大城市,特别是还处于工业化前中期的中西部城市,应该更重视工业化。

（三）计量结论分析

基于计量结果,本文从影响的程度、渠道上,从总体和分组角度探讨了财政支出规模、金融发展程度、金融生态环境对城镇化的贡献。研究表明:

一是从总体上看,就2000—2010年而言,财政支出和金融发展程度对中国城市的城镇化贡献效应是有差别的,财政支出效应强于金融发展,因为我国这11年的城镇化进程不是“人的城镇化”,而是“城的城镇化”过程,财政和金融对基础设施建设的支持效应显著。但由于我国城市的工业化、财政支出规模/GDP等不断接近可持续的极限,这种支持效应将在下一阶段减弱。同时,多元化的融资结构、健康的金融生态环境对城镇化仍将有充足的可持续空间。

二是从分组看,中国的城市发展差异巨大,不同城市在城镇化的不同阶段,应该有着不同的财政金融配合支持策略。特大(超级)城市作为区域性经济金融中心,其金融业和高端服务业的发展对城镇化尤为重要;普通大城市的持续财政支出有助于改进基础设施和公共服务,工业化仍然是城镇化的重要助推器。最后,结合36个城镇化质量较高的城市面板数据,本文认为,城镇化的财政金融配合存在较优的折中策略,必须统筹考虑财政支出、金融发展、工业化、服务业化四者的关系。一般来说财政支出、工业化、基础设施建设在城镇化的前、中期贡献多一些,金融发展、服务业发展在城镇化的中、后期贡献多一些。

三是特大(超级)城市的城镇化越来越具有较强的金融集聚、服务业集聚特征。根据面板模型,可清晰地看到了金融和第三产业对特大城市、超级城市的城镇化的“催化器”效应,而这一效应在普通大城市并不明显。因此,本文对王小鲁、夏小林(1999)、Chun-Chung AU和Henderson(2006)的中国城市人口最优规模为100万~400万区间的观点表示值得商榷,进一步支持麦肯锡(2009)、周其仁(2012)有必要继续发展超级城市的观点,这可能是挡不住的趋势①。我们认为,中国作为人口经济大国,在不同的经济大区内有必要再增加几个类似北京、上海的经济金融中心城市或增长极核②,北京、上海也应进一步扩张为金融辐射力更强的超级城市③。这可能是中国“世界工厂”模式转型升级的重要着力点,即超级城市作为城市群的增长极,

① 从理性判断上,既然美国、日本都分别有3个以超级城市为核心的大都市区,中国人口分别是美国、日本的4倍、10倍多,中国多几个超级城市也符合这一简单逻辑。

② 当然,这绝不是地方行政干预和中央政策优惠的结果,我们更加期待不同城市在金融中心的市场化竞争的结果。

③ 其弊端是超级城市的交通、环境等“城市病”,可期待有更先进、更集约的城市管理技术解决这一问题。当然,就目前北京、上海的城市规模而言,纽约、东京等已经有先进经验可以借鉴。

通过大力发展金融、科技为代表的现代服务业,在城市群中更好地发挥核心和枢纽作用,支持我国“新四化”的融合发展。

四是金融生态环境对城镇化不同时期、不同规模城市的城镇化都有特殊的意义。尽管中国的城市发展差异较大,但绝不能忽略金融生态这样的“软环境”制度建设。从实证结果,可深刻感受到其对于具备金融中心特征的特大城市及发达地区城市发展的“加速器”效应,二、三产业特别是第三产业都会受益,由此带动城镇化率的提升。不重视金融生态环境的城市,短期内可能会从财政金融资源的行政性安排、过度城市开发建设中受益,但长期来看将存在后续动力的问题,这是一个值得持续重视的话题。

六、中国不同类型城市的财政金融配合支持——对策设计

城市经济学特别强调城市集聚效应的研究,如马歇尔(Marshall,1920)最早从动态角度分析了行业内集聚经济产生的原因及对行业增长的重要性,这种动态的行业内集聚经济被称为马歇尔外部效应;雅各布斯(Jacobs,1961,1969)非常强调城市经济的发展来自于城市内产业的多样化,这种动态的跨行业集聚经济被称为雅各布斯外部效应。有关研究表明,20万~100万人口的城市具有更为显著的马歇尔外部效应,100万人口以上的城市具有更为显著的雅各布斯外部效应。因此,前者应采取政策措施促进重点和主导产业的发展,积极扶持小企业和同行业企业聚集,后者则应该鼓励产业多样化、产业间合作和创新活动。本文根据上述定义,主要将其归为三类,并分别研究其财政与金融支持的特征:

(一)特大城市与城市群(400万人口以上)

1.特大城市基本情况

根据联合国人口与发展委员会的报告,超级城市是指人口超过1000万以上的城市①。如果采用广义的概念,将包含所辖农村人口的1000万人口以上的城市定义为超级城市,我国目前就有9个(表4),其中7个城市的地区生产总值过万亿(除成都、武汉)②。麦肯锡(2009)认为到2025年,上述9个城市中的8个(除苏州)都将成为城市人口超1000万的城市。不过,从现阶段城区人口统计而言,我们认为这些仍然是特大城市,或者称为未来的“超级城市”。

① 2010年,联合国发布的《世界城市状况报告》指出,一些大城市开始合并形成更大规模的“巨型城市区”,报告列举了已有的三个最大的巨型城市区,香港—深圳—广州(1.2亿人),名古屋—大阪—京都—神户(2015年有望达到6000万人),里约热内卢—圣保罗(4300万人)。

② 成都、武汉的GDP也正在接近万亿规模。

表4　中国现有的1000万人口以上城市分布　　单位:万人

项目	上海	北京	重庆	成都	天津	广州	苏州	深圳	武汉
行政级别	直辖市	直辖市	直辖市	副省级城市	直辖市	副省级城市	地级市	副省级城市	副省级城市
常住人口	2380	2069	1837	1418	1413	1270	1055	1055	1012
城镇化率	89%	86%	68%	67%	82%	84%	72%	100%	71%

注:①本表数据来源于各城市2012年统计公报。由于数据缺失,广州市常住人口采用2010年全国普查数据,成都和武汉分别采用2011年、2010年数据。

②本表数据含城市下辖的农村人口。

③重庆是直辖市的架构、中等省的规模,为增强可比性,本文采用了其"1小时经济圈"的常住人口数据。如果算上重庆全辖人口,2012年常住人口为2945万。

2.具备的特征

一是特大城市人口密度还将持续增加。这些特大城市基于其规模经济效应、较多的发展机会和路高收入预期,以及行政体制、全国城镇体系规划①等原因,未来还将会继续成长壮大。

二是高端制造业、现代服务业和产业多样化是巨型城市的重要特征。比如,北京、上海作为最早出现的两个超级城市,其服务业占地区生产总值比重接近发达国家经济中心城市的水平,金融业、商贸和信息产业是这两个城市产业的重要支柱。我国特大城市的服务业也将进一步发展。

三是集约化发展趋势将更加明显。随着我国城市发展的"土地财政"模式的淡化,以及更大的资源承载压力,超级城市将更加注重城市建设的内涵集约式发展。表5为全球最高建筑100强在我国特大城市的分布。

表5　全球最高建筑100强在我国特大城市的分布

城市	北京	上海	天津	重庆	广州	深圳	成都	武汉	苏州	合计
数量	0	5	1	2	4	3	0	1	1	17

数据来源:高层建筑与城市住宅委员会(CTBUH),2013年,其中进入100强的最低高度为282米。

① 2010年由住房和城乡建设部发布,其中北京、上海、天津、重庆、广州为国家中心城市,成都、深圳、武汉为区域中心城市。

3.城市群的基本情况

我国政府规划中已明确提出支持发展城市群。目前,长三角城市群、珠三角城市群、京津冀城市群明显处于城市群发展的第一梯队。此外成渝城市群、武汉城市群、山东半岛城市群、海峡西岸城市群、中原城市群、辽中南城市群、关中城市群等7个城市群具有较强的发展潜力,与上述3个城市群相加形成10大城市群。

4.我国城市群的基本特征

一是差异化发展趋势明显。我国城市群分布差异较大,特别是作为内陆城市群的代表,成渝城市群、中原城市群、武汉城市群虽有发展的潜质,但与沿海城市群还有较大的差距。

二是城市群内部交通设施将更加发达。大规模的基础设施是我国在全球竞争的优势所在,十大城市群则是高铁、客专、高速公路的核心枢纽,以及通信、电力等各类骨干基础设施的集聚地。

三是中心城市在城市群中尚未充分发挥增长极作用。当前“扁平化”的发展特征不利于发挥城市集聚经济和规模经济效应,无法形成统一的劳动力市场和产品市场,并可能引发产业结构失衡和经济转型的困难。这正是未来我国需要发展超级城市的原因所在。

四是具有高度分工的制造业和服务业体系。由于城市群的规模效应和集聚效应,其知识密集型经济特征比较显著,这样的导向就是中心城市的高水平、专业化人才的扎堆,服务业中的金融、信息技术、商贸、物流、创意设计、文化、旅游、教育、广告、法律等产业,既专业化又多样化,同时由于高收入人群最多且集中,其消费性服务业也会繁荣,这正是纽约、伦敦等世界级超级城市的核心竞争力所在。同时,依托超级城市的高端服务业和知识经济溢出效应,邻近中小城市将成为高技术产业、专业化制造业、高附加值制造业的生产基地,或者承担超级城市的可贸易的中低端服务业转移,这已经在美国三大都市圈和日本三大都市圈中有着丰富的实践经验①。

5.特大城市与城市群的财政与金融配合支持模式

一是更加注重支持高端服务业转型。金融业本身就是现代服务业的重要组成部分,超级城市要想成为国际或区域金融中心,需加大财税支持力度,改善金融生态环境,同时加快推进地方金融改革创新,吸引金融要素资源聚集,以期在金融中心竞争中取得优势地位。

二是金融积极促进产业由中低端向高端制造业、高技术产业、生态低碳产业转型。这需要大力培育资本市场,加快建立风险投资机制,积极发展风险投资基金,培养相关人才。

---

① 当然,全球制造业外包的趋势也是很明显的。比如苹果公司研发基地在加州,却将生产基地外包到中国。全球主要汽车公司也是全球布局,即使在中国的生产基地布局也是比较分散的。

三是为城市群的集约化、网络化、智能化发展提供财政金融支持。超级城市内部、城市群之间的交通网络优化，轨道、铁路、快速公交、通信等，未来将实现一体化连接，有较大的投资空间，这需要市政债、资产证券化或财政资金的强力支持，大型银行也会有较多的贷款空间。

四是考虑财政与金融体系与城市群的适度对接。在保持现有城市群行政架构的独立性基础上，应建立城市群相关协调组织，并赋予一定的行政与财政权力①。

在金融支持方面，可考虑在各类政府协调性机构的政策与财政支持下，由城市政府之间合作发行专项市政债，支持城际交通建设、城市群环境共同治理等。在多样化的金融体系上，可借助超级城市拥有的金融中心的地位，充分发挥其各类金融要素市场和现代金融机构的辐射功能。同时，应避免超级城市拥有的大型金融机构过于"独大"，在城市群的中小城市中，应积极发展区域性、社区性金融组织，满足个性化的小微金融、专业金融需求。

（二）大城市（100 万~400 万人口）

1.基本情况

从表 6 可以看出，地级市（含副省级城市、计划单列市）中，剔除超级城市后，达到 100 万人口以上特大城市级的有 118 个。地级及以上城市是我国城市发展的重要力量，占全国人口的三成。

表 6 我国地级市基本情况

人口数量	400 万以上	200 万~400 万	100 万~200 万	50 万~100 万	20 万~50 万	20 万以下
全部地级市及以上城市（288）	14	31	82	108	49	4

数据来源：中国统计年鉴 2012。

2.具备的特征

一是流动人口同样呈上升趋势。二是大城市是我国制造业和外向型经济的主力军。地级以上城市占到了我国工业总产值的 55%、外商投资企业产值的 76%、进出口总额的 99%。三是大城市具有较强的扩张潜力。

3.大城市的财政与金融配合支持模式

一是注重对制造业承接、转型升级和生产生活性服务业的支持，通过发展国家

① 事实上，我国已有类似的 3 个国家级协调组织，包括国务院三峡工程建设委员会、国务院南水北调工程建设委员会办公室和国务院扶贫开发领导小组办公室。

级高新区、经开区①及各类工业园,加大招商引资力度,避免产业空心化。从金融角度,要促进金融机构、金融资源在大城市的聚集,建立与大城市配套的金融体系。

二是在支持城市开发方面要因地制宜。大城市经济发展程度、财政实力差异较大,不应盲目发展或过分超前,过于追求粗放扩张,导致建设土地浪费和新旧城巨大的投入差距。在房地产开发方面,应汲取鄂尔多斯等地的“空城”导致的泡沫教训,确保房地产金融平稳运行。发展轨道交通②、铁路、公路、机场、市政设施,应注重融入城市群规划,减少融资平台贷款,更多借助市政债等公开融资工具融资,接受金融市场和投资者监督。

三是侧重支持“人”的城镇化。大城市将拥有最多的中产阶层,这是未来拉动我国消费增长的主力军。因此,金融业要注重向消费金融转型,发展首套房、汽车、大宗耐用消费品、教育、旅游等消费信贷。将消费金融公司试点城市范围向大城市扩大,同时降低准入门槛。进一步优化银行卡刷卡环境,扩大用卡范围。在财政支持方面,为吸引技术型人才和产业工作,避免外来人口向“城市病”压力更大的超级城市转移,大城市要注重将财政支出更多地用于民生,促进转户人口与原有居民共同享有较好的公共服务、宜居的城市环境。

(三)中小城市和小城镇(100万人口以下)

1.基本情况

中小城市主要指10万~100万人口的城市,在我国的行政级别一般对应县(县级市)和部分地级市,县(县级市)有1992个;小城镇数量更多,有19881个③。近2万个小城镇发展差异性很大,平均镇区人口1.1万人。千强镇镇区平均人口7.1万人,主要分布在东部,超过10万人口的镇有152个,其中最多的广东东莞市长安镇人口达到57万人④。但中西部地区小城镇的规模普遍偏小,平均只有0.95万人⑤。

2.具备的特征

一是行政等级化的城市管理体制,造成中小城市和小城镇公共服务不足。二是规模经济不足,产业发展成为难题。三是城市集约化建设不足。尽管我国中小城市和小城镇未来城镇化的潜力最大,但事实上,其城镇化的问题最多、挑战最大。

---

① 我国的国家级高新区和经开区分别由国务院指导科技部、商务部具体审批,截至2012年末,分别有105个和195个。

② 截至目前,我国共批准了36个城市的轨道规划,总里程达5790千米,数据转引自《中国建设报》,2013年6月14日。

③ 数据来源于民政部。

④ 数据来源于国家发改委城市和小城镇改革发展中心。

⑤ 来源于《建制镇统计资料》。

3.财政与金融配合支持模式

一是加快行政、财政体制改革,加大财政投入。首要的问题是实现省直管县,以及将大的小城镇①升格为县辖市。这样做的目的是让具有规模效应的县城和小城镇能够获得相应的财权,提高中央和省级的基础设施投入比例和财政留成比例,扩大各类经济社会管理权限。这是改革小城镇的体制性问题所在。

二是着力构建完善的中小城市和小城镇金融服务体系。中小城市和小城镇是县域、农村金融的主战场,应着力在这些区域构建多样化的社区金融服务体系,包括社区银行、村镇银行、民营银行、小贷公司、担保公司等。加强金融网点布局,并利用手机银行、网络银行缩小与大城市的金融服务差距。鼓励地方政府建立小微企业信贷风险补偿基金、融资性担保公司,支持小微企业信息整合,加快推进中小企业信用体系建设。

三是采用更加开放的态度促进中小城市和小城镇基础设施建设。具有一定实力的中小城市应积极发行市政债。许多小城镇仍不具备独立财权,应鼓励各类民间资本投资小城镇具有收益的基础设施建设。推进公用事业改革,允许市政服务外包。同时,配套以相应的贷款、债券、公私合作等融资渠道。

四是充分发挥财政对金融的撬动效应。根据重庆经验,以财政贴息或财政奖补方式,发展小额担保贷款、微型企业贷款、农村"三权"抵押贷款、小额保证保险贷款,鼓励农民工和市民通过创业实现在各类小企业、生产生活类服务业中就业,减缓就业的巨大压力。支持模式的共同思路是,通过财政资金的少量投入,实现对民生类贷款的风险补偿和有效担保,从而由金融机构、政府、贷款企业或个人共同承担风险②。

五是适度培育消费金融发展。中小城市和小城镇居民收入相对偏低,但也有潜在的金融消费需求。应根据中小城市和小城镇特点,针对不同的收入群体,设计差异化的消费信贷产品,重点培育首套房、大宗耐用消费品等信贷需求。根据城镇化过程中进城务工人员等群体的消费特点,设计小额、快捷的消费金融产品,提高金融服务的匹配度。

七、新型城镇化中财政与金融配合支持的可持续发展机制

(一)可持续发展的短中期举措

1.提升地方债务透明度

一是建立有效的地方债务统计制度。短期看,对地方债务进行清理、核实、审计

① 据测算,将5万人以上的小城镇升格为市,将新增1000个市。

② 根据十八届三中全会的提法"发展普惠金融"而来,国外则比较流行"包容性金融"(联合国,2005)的提法,但不管怎样,这将是中小城市和城镇的财政和金融配合支持的重点。

很有必要。从中长期来看,应将几年一次地方债务“普查”与每年抽样调查、自查相结合,形成年度甚至季度统计制度,这需要更高层面的政府性规章制度甚至国家立法。二是具有规范融资平台财务报表制度。各类融资平台都应按编制科目详细的会计报表,并经审计后,向地方政府、地方人大、审计署等报告,确保其真实、全面地反映其财务状况。条件成熟时,应推行通过网站等方式定期公开发布。三是健全对地方政府及融资平台债务的外部监督体制。国际经验表明,对地方政府及其下属经济实体的有效监督体制和独立、强大的审计功能,是避免其过度举债、盲目投资和腐败的重要因素。

2.遵守中期财政规划和融资平台举债规划

一是将地方政府债务收支纳入预算管理。在地方政府统筹安排下,财政部门须进一步完善预算管理,在收入方面,要将政府非税收入全部纳入预算管理,形成统一的财政收支管理权。在此基础上,集中管理政府各类债务收支,将直接显性负债、直接隐性负债、或然显性负债、或然隐性负债归口财政部门统一管理,履行统计、总量控制和债务偿还使用的监测管理,努力扭转多头举债、权责不清的局面。

二是制订执行地方政府中期财政规划。国际经验表明,制订并通过中期的跨年度财政预决算规划,并使每年的实际预决算与之相适应,有助于避免地方政府的过度举债行为。建议各级地方政府制订严格的财政预算五年规划,形成严格的财政预决算指标,特别是在以各类基础设施建设为代表的长期公共资本投资上,应形成较为严格的五年中每年投融资规模,并与当地各类固定资产投资、重大基础设施建设和保障性住房建设等目标高度适应。

三是建立相应的外部监督机制。从短期来看,建议中央利用税收返还和转移支付的重要权力,处理好现有存量债务,调节地方政府过度投资行为,与各省政府签订相关协议,给出明确的债务处理条件,强化自身硬约束行为。从中期看,在前述要求地方政府建立中期财政规划的基础上,应该探索建立长效的地方财政责任机制,即严格要求地方政府遵守其中期财政规划,否则会降低或者直接截留税收返还和转移支付,从而督促地方政府建立举债偿债的硬性约束机制。

3.地方政府我国地方债务最优规模设计

总体原则是:确保现有地方债务存量水平基本不变,通过“稳定存量、约束增量”的方法和经济发展、财政收入增长中化解的思路,不断降低比例,将地方债务控制在占我国GDP20%~30%的适度水平。

其理由是:一是与中国自身纵向比较,我们有债务重整的历史借鉴。樊纲(1999)提出了“国家综合负债”的概念,认为国家综合负债包括政府债务(国债)、银行坏债和全部外债,经过估算,1997年底中国的国家综合负债率为47.1%(樊纲,1999)。世界银行当时估计,中国所有公共债务(包括显性及隐性债务)累积起来,估计已经达到GDP的100%。因此,21世纪初我国开始重整金融企业坏账并取得良好成效。当前,我国政府显性负债占 GDP 比重已接近 50%。从某种程度看,已接近了 21 世纪初的金融业重整的临界水平。即使考虑我国财政实力增强,已经消除了部分隐性负债和政府欠账,中央和地方政府负债不高于 50%、融资平台负债不高于 25%,也可作为较为审慎的债务规模。

二是与各国横向比较分析,给出较好的安全债务边际。美国市政债具有类似我国融资平台债务的性质。截至 2011 年末,美国市政债券存量规模为 37435 亿美元,占美国 GDP 的比重在 20%左右。从 2002 年以来,美国市政债券发行量持续走高,债券余额占 GDP 比重保持在 15%~20%,发行违约率不到 1%,因此可以算是比较安全的债务边际线①(表 7)。

表 7 我国地方债务现状与国际上地方债务控制目标横向比较(2010)

国 别	债务余额/GDP	财政赤字/GDP	债务余额/财政收入
中国	26.7%②	8.5%(剔除转移支付)、0.01%	261%(剔除转移支付)、145%
印度	25%~28%	指定日期前消除	—
秘鲁	—	<1%	<100%
阿根廷	—	—	<15%(剔除转移支付)
澳大利亚新南威尔士州	6%	<0.8%	—

数据来源:审计署公布的 2010 年末地方性债务余额为 10.7 万亿元,占当年 GDP 比重为 26.7%。

融资平台贷款普遍额度大、期限长,用途监督存在一定困难,信用风险仍需予以关注。新兴市场经济体对地方债务限制较为严格,均不高于欧盟设定的债务警戒线标准,而我国的债务率指标明显更加接近警戒线标准。我国近几年总体负债占比上升速度也比较快,远高于 GDP 增速。更为重要的是,我们测算的是全国各地方政府的合计情况,由于各地债务和财政实力参差不齐、差距较大,一些地方可能风险更大。

三是融资平台仍将长期担当我国城镇化和交通基础设施的重要载体。城镇化率上升 1 个百分点,就会带动投资数万亿元。融资平台更加透明、规范后,现有土地储备整治和城市开发模式还将继续,融资平台债务占 GDP 比重过度限制在 20%之内,也许不能满足我国城镇化高速发展的需要。此外,我国 2015 年底前建设 3600

① 也有不同看法,比如有些经济学家认为美国由于国际金融危机持续影响,会导致地方政府收入下降,形成上千亿美元规模的市政债违约,但从美国 100 多年的市政债历史来看,这样高的违约率可能性并不大,市政债一直在美国被视为安全性仅次于国债的债券。

② 中国人民银行重庆营业管理部课题组(2011)年根据公开资料测算。

万套保障房,需要 4.7 万亿~5 万亿元资金①,以 1/3 的政府资本、2/3 的资金需要向社会融资计算,又会形成 3 万亿元以上的融资平台债务,这些新增债务,可能刚好弥补近年来融资平台贷款被清理偿还后的债务下降。

因此,在我国的历史经验和美国债务边际安全线经验借鉴上,在今年较长一段时期,我国融资平台债务规模不宜再行扩张,占 GDP 比例最好不宜超过 25%。对于基础设施建设仍处于高峰期的中西部地区,其举债规模可以从全国总盘子进行结构调整和额度倾斜。由于融资平台还将继续承担政府城镇化、保障房等重要的公共产品提供服务,也不应明显压缩现有债务。

4.风险预警与评估体系

一是构建静态风险预警指标体系。结合国际经验及我国有关地方政府的实践,按照可测、可控的设计原则,从短期角度可以设计偿债率(当年还本付息额/当年地方综合财力)等指标,从中长期可以设计债务率(年末政府债务余额/当年地方综合财力)、负债率(年末债务余额/当年 GDP)、赤字率(当年本级财政赤字/当年 GDP 指标)等指标。上级政府可以委托相关部门开展上述一些指标的核实与审计。

二是探索构建地方债务风险评估多维评价框架。要想全面评估一个地方政府债务或辖区融资平台的可持续性,需要考虑许多内外因素,比较重要的因素包括综合财力、融资平台现金流状况、金融生态、经济发展潜力,这些因素决定了增长率、举债空间、政府守信程度,从而将会决定融资平台可持续的动态平衡。因此,建议在对地方债务风险预警中加入每年风险综合评估的环节,通过各省市进行横向对比,或者本省市自身时间序列的纵向对比,更好地了解自身风险状况。

5.将土地融资与地方债务统筹管理

适度降低土地金融、土地财政的依赖程度。针对融资平台,应设置土地使用权融资的比例上限,引导融资平台提升依靠其他收入现金流融资的比例。同时,应将土地交易收入的一部分抽出建立土地信托或特别基金,督促地方政府更加依靠地方财政中期规划来实现收支、举债的动态平衡。

建立更加审慎的融资平台利用土地融资的金融政策。对土地储备抵押贷款加强监测管理②,融资平台所拥有的土地储备,今后在进行抵押贷款时应进一步限

① 根据住房和城乡建设部测算,1000 万套保障房政策所需的年度投资在 1.3 万亿~1.4 万亿元,由于市县政府需无偿划拨土地兴建保障房,这一成本不包括土地成本。

② 《国土资源部 财政部 中国人民银行 中国银行业监督管理委员会　关于加强土地储备与融资管理的通知》(国土资发〔2012〕162 号)指出,土地储备机构向银行业金融机构获得的土地储备抵押贷款,“不得用于城市建设以及其他与土地储备业务无关的项目”,且“贷款期限最长不超过五年”,并受到财政部门的贷款额度审批限制。同时,还对各类融资平台提出了类似的要求,即“本《通知》下发前名录以外的机构(含融资平台公司)名下的储备土地,应严格按照《通知》的要求逐步规范管理”。

制用途和贷款期限。信贷政策上,应增加对土地使用权融资时的抵押条款限制,包括数量限制和条件限制,比如适度降低土地使用权抵贷比①。

采用更加严格的会计方法。国际上对土地会计记账时,普遍采用历史成本法或取得成本法。为了审慎起见,我国地方政府应在自身对土地资产的管理过程中,内部采用市场价值法进行评估和管理。对外,则按照历史成本法审慎反映其价值状况,以及利用土地的历史价值或当期价值进行融资。

(二)可持续发展的长期举措——财税关系、政府考核机制与地方债务控制模式

1.理顺中央与地方的财税关系

在现有分税制体制下,可逐步、长期探索增加地方财力和财政自主权的合理办法:

一是根据我国公共财政改革导向,明确中央与地方的事权和相应的支出职责。厘清由中央承担却交给地方的事权,加大相应的财政转移支付力度,特别是一般性预算转移支付的力度。

二是财政管理体制的扁平化改革。财政管理体制长期发展方向是逐渐向中央、省、市县三级,形成"一级财权、一级税基、一级事权",这将减少传递链条和代理成本,加强基层财政的自治权。可以配合这项改革为契机,优先保证县级政府一般性转移支付需求,增加县域可支配财力。

三是探索市、县级政府稳定的税基来源。未来三级财政管理体制改革成功的一个重要因素,是不断探索市、县级政府稳定的税基来源,而非依靠上级财政的转移支付和税收分成。财产税应逐步上升为市、县政府的主体税种②。

2.完善中央对地方考核机制

要避免今后政府性投资和举债过快增长,地方政府应彻底转变唯 GDP 的观念。但从地方实际的执行效果来看,大部分地方政府 GDP 和投资增长竞争仍在继续,官员政绩的考核、职位晋升与地区经济发展仍然密切相关。中央应加快指标多元化的政绩指标考核体系,并严格执行,督促各级政府加快转变政绩观思维和经济增长方式。

3.探索中央对地方债务管理的最优模式

Singh 和 Plekhanov(2005)分析了 44 个国家的数据,认为没有一种控制模式是

① 各金融机构现有信贷政策中,土地使用权的抵贷比都达到了60%以上。

② 重庆和上海于2011年开始试点。当然,开征房产税对中国社会各界而言高度敏感,社会上往往将其视为政府打压房价的手段,学术界则更多地将其视为财税体制重大改革的重要举措,调控房价是次要的。

最优的,制度安排取决于一些其他的制度变量,如上级政府转移支付大小(财政纵向不平衡)的程度、上级政府救助历史及财政报告质量(表8)。

表8　地方政府债务控制模式类型划分

类　型	国家数量				
管理模式	合计	新兴国家	工业国家	有救助历史	无救助历史
市场无约束	13	5	8	6	7
自建规则型	3	1	2	1	2
顶层规则型	12	6	6	4	8
行政控制型	15	13	2	7	8
协商控制型	9	2	7	4	5
合计	52	27	25	22	30

注:转引自 Singh 和 Plekhanov(2005),IMF。

本文认为我国当前地方债务控制模式以行政控制为主,但又具备一定的中央政府规则型与市场型特征,未来改革发展应基于如下几点考虑:

一是长期采取行政控制型模式是不可持续的。行政控制型是发展中国家、新兴市场经济体在财政分权探索初期的发展模式,但发达经济体普遍都不采用这种模式,毕竟行政控制存在很多信息不对称和监管套利因素。特别是我国地方政府通过巧妙采用融资平台模式,形成了事实上的潜在巨大的地方债务,充分说明了地方债务控制"宜疏不宜堵"。

二是应逐步探索向中央制定规则型模式转变。基于我国财政转移支付较大的规模,中央政府可以掌握较大的谈判话语权,同时我国地方政府承担了较多的事权,未来融资冲动还将持续存在,因此,中央制定规则型的总体模式是必然的中长期选择。同时,协商控制型可以降低中央政府对地方政府债务融资情况了解的不对称性,我国也可进行该类模式的适度探索。

三是我国的地方债务必须融入市场约束模式的特征。这既是我国发展强大的国际、国内债券市场的需要,更是地方债务本身接受市场化约束、避免我国国情中"新官不理旧债"的需要。

因此,我国未来的地方债务风险管理,可能具有多重模式特征,即以中央制定规则控制的总体模式为主、市场化约束模式为次、中央与地方协商模式为辅。除行政控制型以外的其他三种债务控制模式,都要求提升地方债务透明度、促进财务报告的标准化。没有地方政府和融资平台举债透明化改革进程,地方债务风险管理的最优模式探讨将是无本之木。同时,国际经验已表明,中央对地方无条件救助的事后代价很大,未来一旦不可避免地出现救助行为,地方政府将始终承担主要责任,救助必须以地方政府付出代价或加强自律、接受进一步改革为前提,否则双方将会陷入一次又一次的“救援”循环怪圈。

附录

附表 1　42 个城市面板的总体回归分析模型中的样本城市

北京市、天津市、重庆市、上海市、广州市、深圳市、成都市、武汉市、沈阳市、南京市、杭州市、石家庄市、呼和浩特市、哈尔滨市、大连市、长春市、苏州市、无锡市、常州市、南通市、徐州市、扬州市、宁波市、温州市、台州市、合肥市、芜湖市、福州市、厦门市、济南市、青岛市、烟台市、淄博市、潍坊市、郑州市、长沙市、南昌市、中山市、东莞市、惠州市、昆明市、西安市

附表 2　11 个特大城市面板模型中的样本城市(城区人口 400 万以上)

北京市、天津市、重庆市、上海市、广州市、深圳市、成都市、武汉市、沈阳市、南京市、杭州市

附表 3　31 个大城市面板模型中的样本城市(城区人口 100 万~400 万)

石家庄市、呼和浩特市、哈尔滨市、大连市、长春市、苏州市、无锡市、常州市、南通市、徐州市、扬州市、宁波市、温州市、台州市、合肥市、芜湖市、福州市、厦门市、济南市、青岛市、烟台市、淄博市、潍坊市、郑州市、长沙市、南昌市、中山市、东莞市、惠州市、昆明市、西安市

附表 4　36 个城镇化质量较高的城市面板模型中的样本城市

深圳市、北京市、上海市、克拉玛依市、中山市、东莞市、厦门市、苏州市、广州市、天津市、南京市、常州市、无锡市、大连市、东营市、舟山市、青岛市、杭州市、乌鲁木齐市、成都市、莆田市、长沙市、沈阳市、台州市、宁波市、嘉兴市、大庆市、武汉市、玉溪市、南通市、镇江市、淄博市、西安市、三亚市、扬州市、盘锦市

注:①附表 4 以城镇化质量高低进行排序,本表中城镇化质量最高的是深圳市。

②附表 4 数据来源于中国社科院城市所(2013):《中国城镇化质量综合评价报告》,根据城市数据缺失情况适当有所删减。

参考文献

[1] 爱德华·格莱泽.城市的胜利:城市如何让我们变得更加富有、智慧、绿色、健康和幸福[M].刘润泉,译.上海:上海社会科学出版社,2011.

[2] 樊纲.论“国家综合负债”——兼论如何处理银行不良资产[J].经济研究,1999(5):11-17.

[3] 方红生.中国地方政府扩张偏向的财政行为:观察与解释[J].经济学(季刊),2009(8).

[4] 傅勇.财政分权、政府治理与非经济性公共物品供给[J].经济研究,2010

(8):4-15.

[5] 傅勇,张晏.中国式分权与财政支出结构偏向:为增长而竞争的代价[J].管理世界,2007(3):4-12.

[6] 亨德森.中国城市化面临的政策问题与选择[M].北京:中信出版社,2007.

[7] 谷小菁,王定祥.中国金融发展与城市化进程[J].金融理论与实践,2011(9):69-74.

[8] 郭庆旺,贾俊雪.财政分权、政府组织结构与地方政府支出规模[J].经济研究,2010(11):59-72.

[9] 贾康,白景明.县乡财政解困与财政体制创新[J].经济研究,2002(2):4-9.

[10] 简新华,黄锟.中国城镇化水平和速度的实证分析与前景预测[J].经济研究,2010(3):28-39.

[11] 赖丹馨,费方域.公私合作制(PPP)的效率:一个综述[J].经济学家,2010(7):97-104.

[12] 李超,孙辉.中国市场经济建设中财政与金融关系[M].北京:中国金融出版社,2009.

[13] 李峰清,赵民.关于多中心大城市住房发展的空间绩效——对重庆市的研究与延伸讨论[J].城市规划学刊,2011(3):8-19.

[14] 梁彭勇,梁平,任思慧.中国金融发展与城市化关系的区域差异[J].上海金融,2008(2):14-17

[15] 林毅夫,刘志强.中国的财政分权与经济增长[J].北京大学学报(哲学社会科学版),2000(4):5-17.

[16] 陆铭,向虎宽,陈钊.中国的城市化和城市体系调整:基于文献的评价[J].世界经济,2011(6):3-25.

[17] 孙浦阳,武力超.金融发展与城市化:基于政府治理差异的视角[J].当代经济科学,2011(2):43-52.

[18] 万广华,蔡昉.中国的城市化道路与发展战略:理论探讨与实证分析[M].北京:经济科学出版社,2012.

[19] 王小鲁,夏小林.优化城市规模,推动经济增长[J].经济研究,1999(9):22-29.

[20] 汪小亚.中国城镇城市化与金融支持[J].财贸经济,2002(8):31-34.

[21] 吴超,钟辉.金融支持我国城镇化建设的重点在哪里[J].财经科学,2013(2):55.

[22] 徐现祥,王贤彬,舒元.地方官员与经济增长——来自中国省长、省委书记交流的证据[J].经济研究,2007(9):18-31.

[23] 徐现祥,王贤彬.晋升激励与经济增长:来自中国省级官员的证据[J].世界经济,2010(2):15-36.

[24] 张浩然,衣保中.城市群空间结构特征与经济绩效——来自中国的经验证据[J].经济评论,2012(1):42-47.

[25] 张军,高远,傅勇,等.中国为什么拥有了良好的基础设施?[J].经济研究,2007(3):4-19.

[26] 张军,高远.官员任期、异地流动与经济增长——来自省级经验的证据[J].经济研究,2007(11):91-103.

[27] 张晏.分权体制下的财政政策和经济增长[M].上海:上海人民出版社,2005.

[28] 张宗益,许丽英.金融发展与城市化进程[J].中国软科学,2006(10):112-120.

[29] 周飞舟.分税制十年:制度及其影响[J].中国社会科学,2006(6):100-115.

[30] 周黎安.晋升博弈中政府官员的激励与合作——兼论我国地方保护主义和重复建设问题长期存在的原因[J].经济研究,2004(6):33-40.

[31] 周黎安.中国地方官员的晋升锦标赛模式研究[J].经济研究,2007(7):36-50.

[32] 周其仁.城乡中国[M].北京:中信出版社,2013.

[33] 周小川.完善法律制度 改进金融生态[N].金融时报,2004-12-7.

[34] 周小川.走出危机僵局需要设计新的激励机制[J].中国金融,2012(18):4-6.

[35] 周业安,章泉.财政分权、经济增长和波动[J].管理世界,2008(3):6-15.

[36] 周沅帆.我国地方政府投融资平台资金来源及偿债能力研究[J].金融监管研究,2012(5):26-40.

[37] 周战强,乔志敏.金融发展、财政投入与城镇化[J].城市发展研究,2011(9):17-20.

[38] 袁志纲,绍挺.土地制度与中国城市结构、产业结构选择[J].经济学动态,2010(12):28-35.

[39] 中共中央关于制定国民经济和社会发展第十二个五年规划的建议[EB/OL].[2010-10-27] www.xinhuanet.com.

[40] 中华人民共和国国民经济和社会发展第十二个五年(2011—2015年)规划纲要[EB/OL].[2011-03-16] www.xinhuanet.com.

[41] 中共中央关于全面深化改革若干重大问题的决定[EB/OL].[2013-11-15] www.xinhuanet.com.

[42] 中国社科院城市所《城镇化质量评估与提升路径研究》创新项目组.中国城镇化质量综合评价报告[R].北京:中国社会科学院,2013年.

[43] 清华大学公共管理学院.中国市级政府财政透明度研究报告(2010—2011)[R].北京:清华大学,2012.

[44] 上海财经大学公共政策研究中心.中国财政透明度报告——省级财政信息公开状况评估[R].上海:上海财经大学,2009;2010;2011.

[45] 中国人民银行重庆营业管理部.省级融资平台金融杠杆运用研究[R].重庆:中国人民银行重庆营业管理部,2010.

[46] 中国人民银行重庆营业管理部.融资平台风险防范机制设计研究[R].重庆:中国人民银行重庆营业管理部,2011.

[47] Andrews R B. Mechanics of the urban economic base: historical development of the base concept[J]. Land Economics, 1953, 29(2):161-167.

[48] Annez P C, Linn J F. An agenda for research on urbanization in developing countries: a summary of findings from a scoping exercise[R]. Washington: World Bank, 2010(5476).

[49] Blanchard O, Shleifer A. Federalism with and without political centralization: China versus Russia[R]. Cambridge: National Bureau of Economic Research, 2000(7616).

[50] Au C C, Henderson J V. Are Chinese cities too small? [J]. The Review of Economic Studies, 2006, 73(3):549-576.

[51] Burnside, Craig. Fiscal sustainability in theory and practice: a handbook [M]. New York: World Bank Publications, 2005.

[52] Cao Y, Qian Y, Weingast B R. From federalism, Chinese style to privatization, Chinese style[J]. Economics of Transition, 1999, 7(1):103-131.

[53] Dematteis G. Towards a unified metropolitan urban system in Europe: Core centrality versus network distributed centrality [J]. Urban networks in Europe, 1996:19-28.

[54] Dobkins L H, Ioannides Y M. Spatial interactions among US cities: 1900—1990[J]. Regional science and urban Economics, 2001, 31(6):701-731.

[55] Black D, Henderson V. A theory of urban growth[J]. Journal of political economy, 1999, 107(2):252-284.

[56] Peterson G E. Land leasing and land sale as an infrastructure-financing option[R]. Washington: World Bank, 2006 (4043).

[57] Peterson G E, Kaganova O. Integrating land financing into subnational fiscal management[R].Washington: World Bank, 2010(5409).

[58] Gottmann J. Megalopolis or the Urbanization of the Northeastern Seaboard [J]. Economic geography, 1957,33:189-200.

[59] Helpman E. The size of regions[J]. Topics in public economics: Theoretical and applied analysis, 1998:33-54.

[60] Henderson J V. The sizes and types of cities[J]. The American Economic Re-

view, 1974, 64(4):640-656.

[61] Henderson V. The urbanization process and economic growth: The so-what question[J]. Journal of Economic growth, 2003, 8(1):47-71.

[62] Hofmann A, Wan G. Determinants of urbanization[R]. Manila: Asian development bank, 2013(355).

[63] Lienert I. Should Advanced Countries Adopt a Fiscal Responsibility Law? [R]. Washington: International Monetary Fund, 2010(1-45).

[64] Jacobs J. The death and life of great American cities[M]. New York : Vintage, 1961.

[65] Jacobs J. The economy of cities[M]. New York: Vintage, 1969.

[66] Kim K H. Housing finance and urban infrastructure finance [J]. Urban Studies, 1997, 34(10):1597-1620.

[67] Lucas R E. On the mechanics of economic development[J]. Journal of monetary economics, 1988, 22(1):3-42.

[68] Marshall A. Principles of economics: An introductory volumen[M]. London: Macmillan and Company, 1920.

[69] Kiyotaki N, Moore J. Credit cycles[J]. The Journal of Political Economy, 1997,105:211-248.

[70] O'sullivan A. Urban economics[M]. 4th ed. New York: The Mc Graw - Hill Companies, 2000.

[71] Oates W E. Fiscal federalism[M]. New York: Harcourt Brace Jovanovich, 1972.

[72] Qian Y, Weingast B R. China's transition to markets: market-preserving federalism, Chinese style[J]. The Journal of Policy Reform, 1996, 1(2):149-185.

[73] Qian Y, Weingast B R. Federalism as a commitment to perserving market incentives[J]. The Journal of Economic Perspectives, 1997, 11(4):83-92.

[74] Qian Y, Roland G. Federalism and the soft budget constraint[J]. American Economic Review, 1998, 88(5):1143-1162.

[75] Plekhanov A, Singh R. How should subnational government borrowing be regulated? Some cross-country empirical evidence[R]. Washington: International Monetary Fund, 2006:426-452.

[76] Ter-Minassian, Teresa, et al. Fiscal federalism in theory and practice [M]. Washington: International Monetary Fund, 1997.

[77] Romer P M. Increasing returns and long-run growth [J]. The journal of political economy, 1986:1002-1037.

[78] Tabuchi T. Urban agglomeration and dispersion: a synthesis of Alonso and Krugman[J]. Journal of urban economics, 1998, 44(3):333-351.

[79] Teranishi J. Interdepartmental transfer of resources, conflicts and macro stability in economic development[J]. Economic Development and Roles of Government in the East Asian Region, 1997.

[80] United Nations. World Urbanization Prospects: The 2011 Revision[R]. New York: United Nations, 2011.

文章审稿人:钟子明

利率调控框架的完善

——规则与工具选择①

中国人民银行重庆营业管理部货币信贷处课题组

课题主持人：杨育宏

课题组成员：古旻　余翔　罗杰　刘炼

一、研究问题的提出

2013 年利率市场化改革取得重要进展，2013 年 7 月 20 日全面放开金融机构贷款利率和票据贴现利率管制，不再对农信社贷款利率设立上限；9 月 24 日，市场利率定价自律机制正式成立；10 月 25 日，贷款基础利率集中报价和发布机制正式运行；12 月 12 日开始实行《同业存单管理暂行办法》。随着这一系列改革措施的推出，利率市场化改革进入攻坚区和深水区。

国外的经验显示，此时发生金融危机的概率会有所上升。一方面，贷款利率管制放开后贷款定价在商业银行经营中的重要性明显提升，贷款定价的竞争程度明显提高，利率的波动幅度也会较管制放开前有所加剧，因此需要进一步完善利率调控框架对银行贷款定价进行引导。图 1 给出了隔夜、1 周和 2 周上海银行间市场拆放

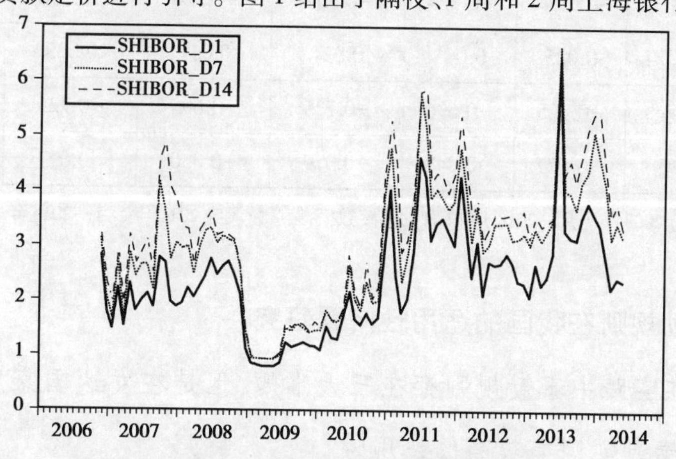

图 1　隔夜、1 周和 2 周 Shibor 利率趋势图

注：SHIBOR_D1、SHIBOR_D7 和 SHIBOR_D14 分别表示隔夜、1 周和 2 周 SHIBOR 利率。

① 为 2014 年度中国人民银行重庆营业管理部重点研究课题，获评“二等奖”。

利率(Shibor)的趋势图。从图中可以看出,2010年以来Shibor利率的波动幅度有所加大,最高峰值和波动频率也有所上升,这表明了不但需要密切关注货币市场利率的波动变化,而且需要进一步完善利率调控框架加强调控力度。

另一方面,随着金融创新的不断涌现、银行间支付体系的技术变化以及电子货币的发展,主要依靠货币供应量的调控方式会面临货币需求高度不稳定以及货币供应量与市场利率之间相关性减弱的问题,需要完善利率调控框架为货币政策更好地发挥稳通胀促增长的职能作出贡献。如表1所示,如果把2008年以来的时期分为两个阶段,这两个阶段中货币供应量与市场利率的相关性出现明显变化。M1与各类市场利率的负相关关系变为了正相关关系,M2与各类市场利率的负相关系数绝对值也从0.69以上下降到了0.08以下。表明了货币供应量与市场利率之间的负相关关系有所削弱。这意味着货币需求函数有显著变化,继续依赖数量型调控的难度已经增加,价格型调控需要发挥更大的作用。伴随着国际收支大幅顺差的局面有所缓解,对冲操作的被动性开始降低,这也为价格型调控的实施提供了更为可行的空间。因此,研究如何进一步完善利率调控框架具有明确的现实意义。

表1　货币供应量与各类市场利率的相关系数

	隔夜Shibor利率	1周Shibor利率	隔夜银行间同业拆借利率	1周银行间同业拆借利率	隔夜银行间债券回购利率	1周银行间债券回购利率
M0(第1阶段)	0.073	0.125	0.075	0.147	0.071	0.125
M0(第2阶段)	0.165	0.160	0.157	0.153	0.167	0.154
M1(第1阶段)	-0.354	-0.324	-0.354	-0.324	-0.356	-0.324
M1(第2阶段)	0.025	0.061	0.024	0.051	0.025	0.055
M2(第1阶段)	-0.725	-0.696	-0.725	-0.695	-0.725	-0.698
M2(第2阶段)	-0.077	-0.047	-0.079	-0.050	-0.077	-0.053

注:第1阶段为2008年1月—2010年12月的月度数据,第2阶段为2011年1月—2014年5月的月度数据。

二、泰勒规则在我国的适用性问题研究

(一)在实践中泰勒规则存在三大难题,但是在发达国家应用较为普遍,显示了泰勒规则有较高的适用性

泰勒规则在具体应用中存在三方面的难题。一是中性的实际短期利率的规范定义问题,中性实际短期利率值随参考区域和参考期不同变动范围较大,如何从中选出合适的值有一定难度;二是通货膨胀率的选择,当经济出现供给冲击时,核心通

货膨胀率与消费者价格会出现一定的偏移，而测算核心通货膨胀率有一定难度；三是产出缺口的测量有一定困难，估计方法不同数据差异较大，甚至经济合作与发展组织（OECD）与国际货币基金组织（IMF）对美国和德国产出缺口的估计值也存在明显差异。Kozicki（1999）的研究表明，因为以上三个问题产生的测算差异，规则参考值会偏差约1.5个百分点。

但是从发达国家的实践来看以上三个问题是有办法加以克服的。1987年之后德国的利率变化就与泰勒规则所决定的路径大致吻合。许多研究表明，德国央行的利率由通货膨胀（CPI）现值和预测值、汇率（马克兑美元）、美国短期利率、实际GDP增长或工业产值共同决定，并且有较高的利率平滑性。尽管欧洲央行在实践经验方面相对有限，但是从数据走势可以发现，与德国央行一样，泰勒规则也能够对欧洲央行的利率走势做出较好的解释。1989—1995年日本央行的利率政策也与泰勒规则较为吻合，只是在1995年之后由于日本央行进行货币刺激，短期利率水平接近于零，因而低于泰勒规则的参考值。总体来看，泰勒规则在发达国家应用较为普遍，显示了泰勒规则有较高的适用性。

（二）泰勒规则在我国的适用性需考虑过程和结果两个方面

泰勒规则认为名义利率的调整应主要对三个指标做出反应：一是产出缺口，二是通货膨胀水平相对于通胀目标的偏离程度，三是实际均衡利率水平。通过利率调节使得经济保持在一个稳定而且持续增长的理想状态。这就隐含了两个层面的意义，也就是说利率调整与宏观经济之间应保持一种双向因果关系。一方面，央行应根据实际均衡利率、产出缺口和通胀水平相对于通胀目标的偏离程度对短期名义利率做出调整；另一方面，短期名义利率的调整会通过影响市场主体的行为和预期对产出和通胀水平产生影响，推动经济走向稳定持续增长的路径。在许多发达经济体，由于金融市场深入发展，利率市场化程度高，价格型调控的工具应用较为成熟，利率与实体经济的联系较为顺畅，因此泰勒规则相关研究中对于利率调整对产出和通胀水平的影响关注不多，主要关注利率对产出和通胀做出反应的过程。但是对于新兴市场国家，如果利率市场化还有待进一步推进，价格型调控尚未成熟，在考虑泰勒规则的适用性时就应该注意两个层面的适用性问题。

因此，泰勒规则是否适合在我国使用包括两个方面的适用性问题。一是过程的适用性，泰勒规则要求短期利率根据产出缺口和通胀率与通胀目标率的偏离度进行调整，这就需要考虑我国央行对短期利率的调整是否能适用泰勒规则要求的这一过程。《中国人民银行法》明确规定，货币政策目标是保持货币币值的稳定，并以此促进经济增长。因此经济产出和通货膨胀水平也是我国货币政策关注的焦点，产出和通胀水平变动与利率调整的联系较为紧密。在推进利率市场化改革过程中，利率调控框架已初步成型。在政策利率方面，回购利率、再贷款工具利率、再贴现利率、央票发行利率、贷款基础利率等利率已经形成了较为完善的政策利率体系；在操作目标利率方面,Shibor利率、银行间同业拆借利率和银行间债券回购利率与政策利率联系紧密,具备了较高的可调控性。这与发达经济体政策利率加操作目标利率的调控框架已较为接近,因此短期利率调整已初步符合泰勒规则的过程要求。主要的待完善之处是还未明确公布政策利率和操作目标利率的具体选择,对于利率走廊调控方式的使用也有待完善,所以利率调整过程的适用性程度还有待实证检验。

二是结果的适用性,泰勒规则要求利率的调整通过影响市场预期和行为实现调控产出和通货膨胀水平的结果,因此需要考虑我国利率调控是否具备了实现泰勒规则所要求的结果的能力。目前我国已全面放开贷款利率管制,货币市场、债券市场利率和本外币贷款利率均已放开,利率市场化改革已取得重要进展。在微观层面,金融机构的财务硬约束进一步强化,自主定价能力不断提高,企业和居民也更为适应了利率的市场化定价。因此从调控能力看,利率向金融市场各类产品传导的渠道已经较为顺畅。但是一些经济主体的财务软约束问题依然存在,对利率变化的敏感度还有待提高;银行存款利率仍有一定的管制,还没有完全实现市场化,所以利率调整能否灵活有效地引导市场主体的预期和行为,实现调控产出和通货膨胀的目标还存在争议,需要进行实证检验。

(三)计量分析方法和数据说明

1.利率平滑调整泰勒规则的时变参数估计方法

根据以上的分析结果,接下来通过两个方面的计量经济分析对泰勒规则的过程适用性和结果适用性进行实证检验。

根据泰勒(1993)的论文,泰勒规则的具体表述为:

$$i_t = \bar{i} + \pi_t + \alpha(\pi_t - \pi^*) + \beta y_t \tag{1}$$

其中:i_t 为第 t 期的央行政策工具或者操作目标的短期名义利率;$\bar{i}$ 为长期均衡实际利率;π_t 为第 t 期的通货膨胀率;π^* 为通货膨胀率目标;y_t 为第 t 期的产出缺口,也就是第 t 期实际GDP偏离潜在GDP的百分比,α 和 β 为常数。这一公式的政策含义在于,只有在实际利率与均衡利率相等,实际产出与潜在产出没有缺口时,通胀率与目标通胀率一致,经济才处于稳定的持续增长状态。因此,其中的 i_t 也可以理解为泰勒规则所建议的利率值,在采用泰勒规则调整利率时的利率目标值。

根据Clarida等(2000)的研究,如果系数 $\alpha>1$,$\beta>0$,那么通胀率和产出的变化会根据实际利率的变化同向,使得宏观经济向稳态收敛,反之则会导致宏观经济波动幅度加大。因为货币当局考虑让利率做出平滑调整以降低对经济的冲击,所以短期利率通常会缓慢地向泰勒规则建议的目标值进行调整,因此有:

$$i_t = (1-\delta)i_t^* + \delta i_{t-1} + v_t \tag{2}$$

其中:i_t^* 为泰勒规则所建议的利率目标值;δ 为利率调整的平滑程度,也就是货币当局每次会根据利率目标制作出部分调整,仅消除 $t-1$ 期利率与 t 期利率目标值之间

偏差的 $1-\delta$;υ 为随机扰动项。

将式(1)代入式(2)可以得到考虑了利率平滑调整的泰勒规则:

$$i_t = (1-\delta)[\bar{i} + \pi_t + \alpha(\pi_t - \pi^*) + \beta y_t] + \delta i_{t-1} + \upsilon_t \tag{3}$$

对式(3)进行估计可以得到长期均衡利率 $\bar{i}$、通胀缺口的调整参数 α、产出缺口的调整参数 β,以及利率调整幅度参数 δ。

在传统的泰勒规则参数估计中,各参数的设定在样本期内是固定的,这显然与事实情况不符,因此受到众多研究的质疑(如 Clarida, et al.,2000;Cogley 和 Sargent,2005;Kim 和 Nelson,2006;Boivin,2006)。以我国为例,随着改革开放的进一步推进,特别是利率市场化改革的深入,长期均衡利率在不同阶段会出现显著变化,利率对通货膨胀和产出变化的反应以及利率调整的平滑幅度也会随时间的变化出现变动。为反映这种泰勒规则参数中的时变特征,在以下的计量分析中将长期均衡利率 $\bar{i}$、通胀缺口的调整参数 α、产出缺口的调整参数 β,以及利率调整幅度参数 δ 都设定为时变参数,满足随机游走过程 $\chi_t=\chi_t-1+\varepsilon_t$,其中 ε_t 为随机扰动项,并且与 υ_t 相互独立。这就可以构建时变参数泰勒规则的状态空间模型,通过基于误差分解的卡尔曼滤波与极大似然方法进行估计。

为检验泰勒规则的结果适用性,还需要分析利率对通胀和产出等实体经济的调控能力。根据以往的文献,计量分析中首先在单位根检验之后,采用向量自回归分析法对利率与实体经济变量的相互关系进行分析,然后通过格兰杰因果检验、脉冲响应函数以及 Cholesky 方差分解方法进一步明确两者关系。鉴于 2013 年 7 月以来利率市场化改革有重要进展,计量分析中还将对比 2013 年 7 月前后利率调控能力的变化,以便为利率调控框架的完善提供参考。

2.数据说明

①名义利率变量采用银行间同业拆借隔夜利率数据。根据以往的研究文献,在时变参数泰勒规则估计方面,主要采用季度数据。沿用郑挺国和刘金全(2010)、刘金全和张小宇(2012)等众多学者的数据选择,选取全国银行间同业拆借市场拆借利率为名义利率变量。目前我国银行间同业拆借市场市场化程度高,利率变动较为敏感,而且各期限利率相关性高,与政策利率联系紧密,在利率传导中发挥着重要的承上启下的作用,较银行间债券回购利率更能反映资金的真实价格,因此适合作为名义利率变量。鉴于 2007 年以来隔夜拆借的发生额最大,最具代表性,所以计量分析中将采用隔夜同业拆借利率作为名义利率的指代指标。限于数据的可获得性,数据的时间范围为 2002 年一季度至 2014 年三季度。

②通货膨胀率采用消费价格指数指标,目标通胀率采用每年通胀率目标值。衡量通货膨胀率的指标有生产者价格指数(PPI)、消费价格指数(CPI)和 GDP 平减指数。其中 GDP 平减指数范围覆盖面广,但是由于计算复杂,资料搜集困难,因此在以往的研究文献中没有被采用。而生产者价格指数则不能反映服务价格的变动情

况。所以计量分析中采用消费价格指数作为通货膨胀率指标。这也是以往研究文献的普遍选择。其季度指标根据每月CPI月度同比变化的季度算术平均数作为季度通货膨胀率指标。在目标通胀率方面,为避免固定目标通胀率的不足,计量分析中采用每年发改委《国民经济和社会发展机会执行情况与下一年国民经济和社会发展计划草案的报告》中对下一年度CPI的控制目标。通过测算每季度通货膨胀率与年度目标的差额就得到通货膨胀缺口的数据,这使得目标通胀率的动态变化得以反映在数据中。

③产出缺口的估算采用HP滤波方法。在以往文献中估算潜在产出有生产函数法、卡尔曼滤波法、Beveridge-Nelson法和Hodrick-Prescott滤波法。根据郭庆旺和贾俊雪(2004)对多种潜在产出估算方法的比较分析,HP滤波法和生产函数法对我国产出缺口的估算比较一致,因此计量分析中将采用HP滤波消除趋势法。这也是郑挺国和刘金全(2010)、刘金全和张小宇(2012)等众多学者采用的方法。产出指标采用国内生产总值以2001计算的实际值,通过X11方法进行季节调整,采用HP滤波估算潜在产出Y^*,然后估算产出缺口$y_t=100\times\ln(Y_t/Y_t^*)$,也就是实际产出关于潜在产出的百分比对数偏离度,这也是Castelnuovo(2007)、郑挺国和刘金全(2010)等研究采用的估算公式。

④分析利率调控能力时采用工业增加值、投资、消费、出口和PPI的月度数据。为更好地分析利率调控实体经济的动态变化,充分容纳利率调控的滞后效应,在分析泰勒规则的结果适用性时主要采用2002年1月—2014年9月的月度数据。这也为对比2013年7月前后调控能力的变化提供了可能。利率指标仍然采用银行间隔夜拆借利率、为了进行比较分析,还采用企业人民币贷款加权平均利率作为第二个利率指标。工业增加值采用规模以上工业企业工业增加值当月同比变化率指标,对于2012年1月、2013年和2014年1、2月的数据缺失采用插值法估算。投资采用固定资产投资完成额不变价当月同比变化率指标,对个别缺失月份数据采用插值法估算。消费采用社会消费品零售总额实际当月同比变化率指标,限于数据可得性,范围从2003年1月起。出口采用出口额当月同比变化率指标。因为生产价格指数对利率等成本价格的反应更为敏感,所以价格指标采用当月PPI同比变化率指标。其中工业增加值、投资、消费、出口指标均采用X11方法进行了季节调整。以上所有数据来源于人民银行网站、统计局网站和Wind数据库。

(四)实证分析结果

1.时变参数泰勒规则估计结果表明我国短期利率调整过程与泰勒规则的建议过程较为相符

采用状态空间模型卡尔曼滤波估计的泰勒规则时变参数如表2所示,4个时变参数都在10%的显著性水平内统计显著。模型中时变参数的估计结果由图2—图5给出。

表 2　利率平滑调整时变参数泰勒规则估计结果

	最终状态	标准差	Z 统计量	概率
均衡利率	2.4023	0.1800	3.3180	0.0009
通胀缺口调整系数	0.2787	0.0256	2.7109	0.0067
产出缺口调整系数	0.2163	0.0303	1.7748	0.0759
利率平滑调整系数	0.7514	0.0781	9.6260	0.0000
Log likelihood	−55.2011	AIC 信息准则		2.2480

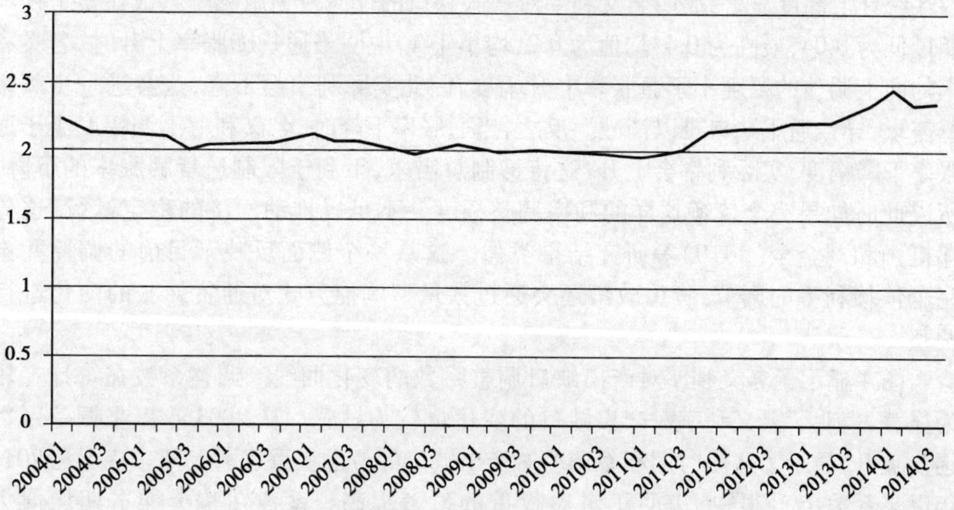

图 2　均衡利率的变化趋势

图 3　通胀缺口调整系数变化趋势

图2显示了名义均衡利率的变化曲线,在样本期间名义均衡利率有一个缓慢变化的趋势,特别是2013年以来名义均衡利率有一个向上的变化,这准确捕捉到均衡利率在这一时期的上扬态势。均衡利率在整个样本期最低为1.96%,最高为2.45%,均值为2.1%,由于采用的是隔夜拆借利率而不是七天拆借利率,所以均衡利率估计值略低于郑挺国和刘金全(2010)的结果。

图3显示了名义利率对通胀缺口调整系数的变化曲线,自2008年以来调整系数显著上升,表明了这一时期利率调整对通货膨胀变化的关注度明显提高,但在2014年后系数有所回落,表明利率调整对通货膨胀的考虑权重有所下降。调整系数在统计上高度显著,表明名义利率对通胀缺口的反应较为敏感。系数在整个样本期最低为0.04,最高为0.4,均值为0.2,均小于1,说明当通货膨胀率上升时,名义利率的向上调整的幅度小于通胀率上升幅度,因此实际利率会下降,这会进一步刺激总需求,导致通胀缺口难以消减。反之,当通胀率下降时,名义利率下调幅度小于通胀率下降幅度,实际利率会上升,这将抑制总需求,不利于限制通货膨胀率的下降。所以此时如果完全依赖这样的利率调整幅度并不足以推动经济的稳定运行,这与郑挺国和刘金全(2010)等研究结果类似。这从一个侧面反映了目前的调控并不完全依赖利率的调节,货币政策还会通过数量型调控方式对通货膨胀的变化进行调整。

图4显示了名义利率对产出缺口调整系数的变化曲线。调整系数在统计上较为显著,表明了名义利率对产出缺口的变化也较为敏感。从2008年以来调整系数逐步上升,显示了这一时期利率调整对产出缺口的考虑权重逐渐上升。特别是2014年以来系数上升很快,表明了考虑权重的显著提高。系数在整个样本期均值为0.07,近期保持在0.2左右,除个别时点外均大于0。因此当实际产出大于潜在产出

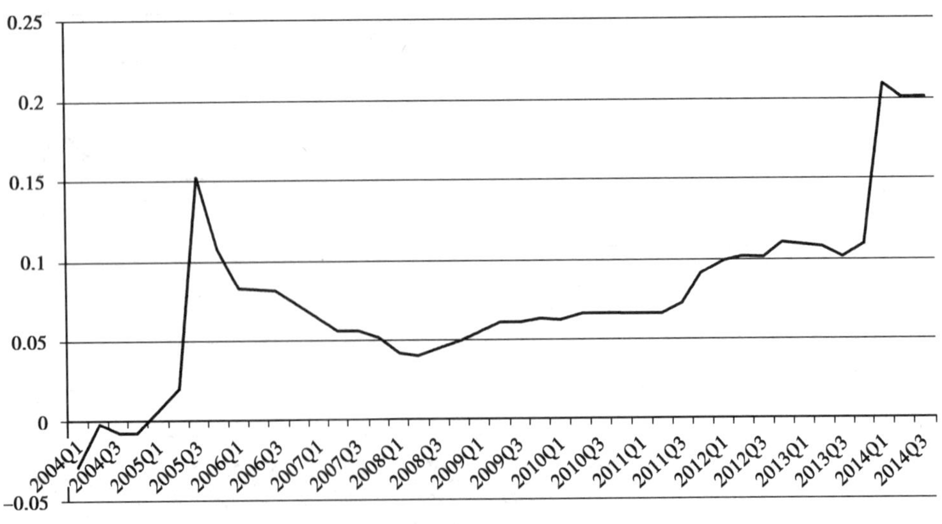

图4　产出缺口调整系数变化趋势

时利率上升,会抑制总需求并限制产出缺口的扩大;反之,当实际产出低于潜在产出时利率会下降,刺激总需求,促进实际产出的增长。所以这样的产出缺口利率调整参数在绝大部分时间里有助于消除产出缺口促进经济稳定增长。这与郑挺国和刘金全(2010)等研究结果一致。

图5显示了利率平滑调整系数的变化曲线,从2011年以来调整系数稳步提高,表明了在利率调整中对平滑程度的要求越来越明显。系数在统计上显著,说明了名义利率调整过程中上期的利率水平是重要参考,平滑调整的意图很明显。整个样本期间调整系数均值为0.48,2011年以来保持在0.7左右,表明名义利率向泰勒规则建议利率目标的调整权重每期会控制在约0.3以内。这说明我国利率调整过程中的规则性要求已经很明显。

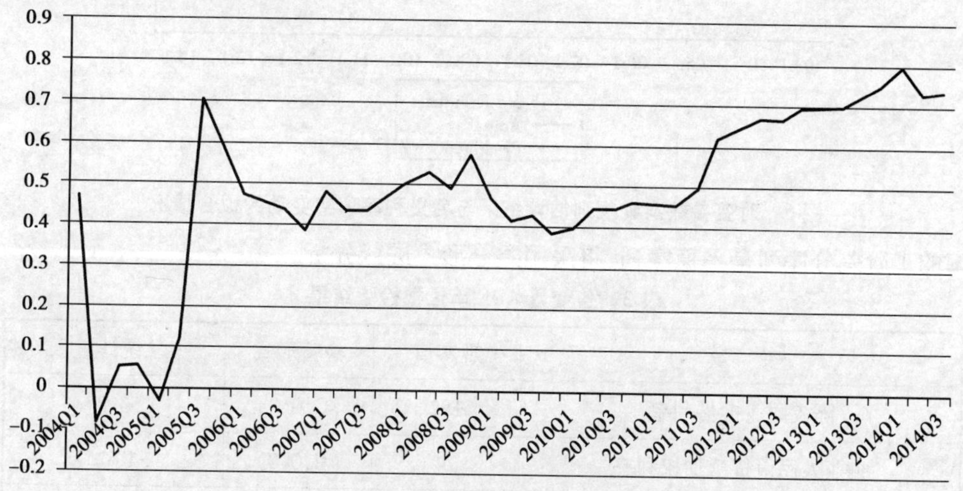

图5 利率平滑调整系数变化趋势

图6给出了状态空间模型卡尔曼滤波估计结果与名义利率事实变动的拟合情况,估计曲线和事实曲线变化趋势一致,重合度较高,这表明我国2002—2014年名义利率调整情况与泰勒规则的过程要求较为符合。对比德国、美国、日本的类似图表可以发现,这种拟合程度已经接近发达经济体短期名义利率与泰勒规则建议利率的拟合程度。所以,我国的短期名义利率的调整过程能够适用泰勒规则的过程要求。

2.利率对实体经济调控能力的实证检验

(1)整个样本期间利率对实体经济的调控主要反映在产出和投资方面,影响总体还较为有限

为检验名义利率调整对实体经济的调控能力,以下分别检验利率与工业增加值、投资、消费、出口和价格指标的相互关系。首先对各时间序列变量进行ADF单位根检验,结果由表3所示。除企业人民币贷款加权利率变量外其他变量都是平稳序列,可以采用向量自回归等计量分析方法进行参数估计,企业人民币贷款加权利

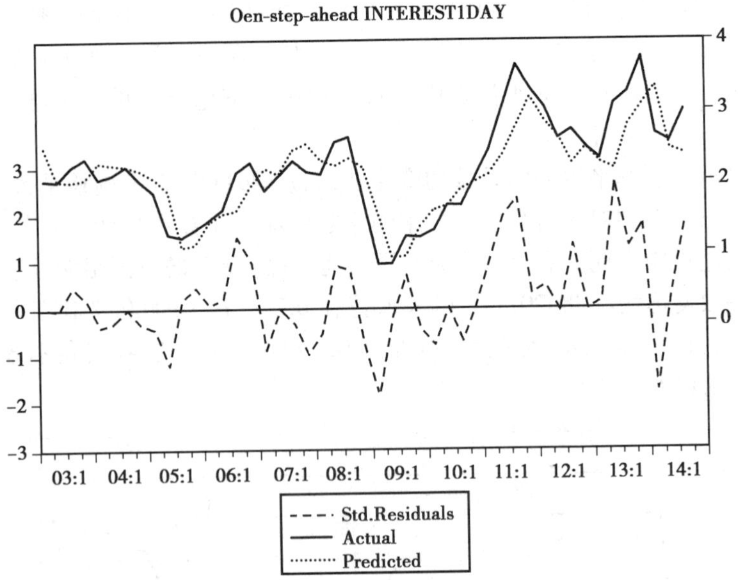

图6　时变参数泰勒规则估计结果与名义利率事实变动的拟合情况

率的1阶差分序列是平稳序列,将采用差分形式进行分析。

表3　各变量ADF单位根检验结果

变　量	观察值	检验形式	t 统计量
隔夜同业拆借利率	152	(C,0,0)	-4.5318***
企业人民币贷款加权利率	74	(C,0,0)	-1.6257
企业人民币贷款加权利率1阶差分	73	(C,0,0)	-5.2109***
工业增加值当月同比	151	(C,0,1)	-3.3820**
固定资产投资完成额当月同比	152	(C,0,0)	-4.8242***
社会消费品零售总额当月同比	138	(C,0,2)	-2.4284#
出口额当月同比	151	(C,0,1)	-2.6168*
PPI当月同比	150	(C,0,2)	-3.1891**

注:检验形式中的C表示包括了常数项,随后的0表示没有包括趋势项,之后的数字表示滞后阶数。滞后阶数的选择根据SC信息准则。原假设为检验的变量有一个单位根,***、**、*和#分别表示在1%、5%、10%和15%的显著性水平上统计显著。

向量自回归模型的参数估计结果如表4所示,隔夜拆借利率与工业增加值、投资、PPI变化率有显著的负相关关系,而对消费和出口的负相关关系在统计上不显著。这种负向影响在滞后1~2个月就有体现。其中,隔夜拆借利率与投资的负相关关系在1个月就有所体现,而利率与工业产出的负相关关系在2个月才明显出现。由于企业人民币贷款加权利率采用了1阶差分形式,对所有变量的负相关关系均不显著(限于篇幅,结果略)。这主要是由于企业加权利率在这一时期是非平稳序列,难以直接分析与实体经济平稳序列的联系。

表4 隔夜拆借利率与实体经济变量的VAR分析

解释变量 \ 被解释变量	工业增加值	固定资产投资	消费品零售	出口额	PPI
被解释变量滞后1期	0.4905	0.6623	0.4144	0.4416	1.7337
	(0.0703)	(0.0625)	(0.0795)	(0.0742)	(0.0503)
	[6.9782]	[10.5945]	[5.2110]	[5.9547]	[34.4437]
被解释变量滞后2期	0.2820		0.3828	0.4272	−0.7830
	(0.0700)		(0.0789)	(0.0741)	(0.0501)
	[4.0319]		[4.8544]	[5.7636]	[−15.6278]
隔夜拆借利率滞后1期	0.0925	−1.0024	−0.1837	−0.4604	0.0495
	(0.3680)	(0.4378)	(0.2459)	(1.4967)	(0.0929)
	[0.2512]	[−2.2895]	[−0.7474]	[−0.3076]	[0.5331]
隔夜拆借利率滞后2期	−0.6051		−0.0779	−0.3278	−0.1229
	(0.3709)		(0.2468)	(1.5032)	(0.0933)
	[−1.6316]		[−0.3158]	[−0.2181]	[−1.3179]
常数项	4.2796	10.7432	3.1467	4.3647	0.2631
	(1.1342)	(2.1967)	(1.0223)	(2.6457)	(0.1524)
	[3.7732]	[4.8907]	[3.0782]	[1.6498]	[1.7261]
R-squared	0.5764	0.5287	0.6155	0.6737	0.9800
Adj.R-squared	0.5648	0.5224	0.6040	0.6648	0.9794
F-statistic	49.6611	83.5667	53.6273	75.3647	1781.970
Log likelihood	−341.914	−421.612	−257.333	−554.182	−134.379
Schwarz SC	4.6948	5.6467	3.8801	7.5063	1.9460

注:滞后期数的选择根据SC信息准则,圆括号中为标准差,方括号中为t统计量。

表5给出了隔夜拆借利率与实体经济变量的格兰杰因果检验结果,其中隔夜利率与工业增加值和投资变量存在显著的单向因果关系,隔夜利率是影响工业增加值和投资变化率的格兰杰原因。但是隔夜利率对其他实体经济变量的影响还不够显著。

表5 隔夜拆借利率与实体经济变量的格兰杰因果检验

原假设	观察值数	滞后阶数	F统计量
隔夜利率不是工业增加值的格兰杰原因	151	2	2.3623*
工业增加值不是隔夜利率的格兰杰原因	151	2	0.0077
隔夜利率不是投资的格兰杰原因	151	2	2.8499*
投资不是隔夜利率的格兰杰原因	151	2	1.1313
隔夜利率不是消费的格兰杰原因	139	2	1.0228
消费不是隔夜利率的格兰杰原因	139	2	0.9564
隔夜利率不是出口的格兰杰原因	151	2	0.2833
出口不是隔夜利率的格兰杰原因	151	2	1.1892
隔夜利率不是PPI的格兰杰原因	151	2	1.1127
PPI不是隔夜利率的格兰杰原因	151	2	0.4658

注:*表示在10%的显著性水平上统计显著。

为进一步分析利率对产出和投资的冲击效应,以下通过脉冲响应函数进行分析,结果如图7所示。隔夜拆借利率一个新息的变化会从第2期起对产出产生负向冲击,在第6期左右达到峰值,而对投资的负向冲击从第1期就出现,在第4期左右达到峰值随后逐渐衰减。

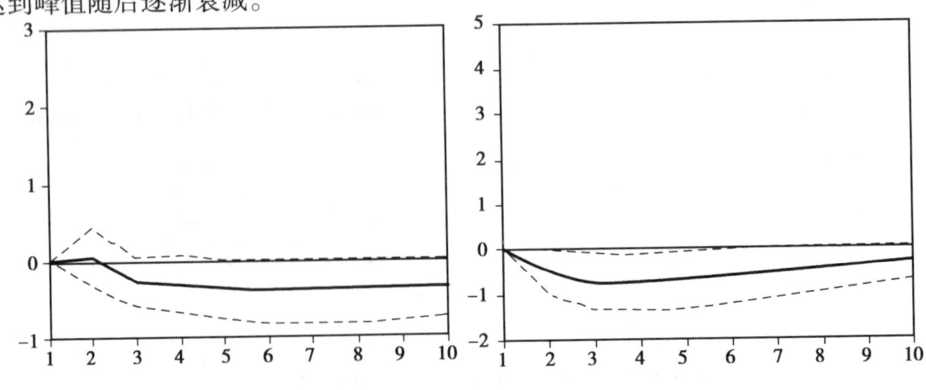

图7 隔夜拆借利率对产出(左)和投资(右)的脉冲响应分析

为分析利率影响的具体大小，可以通过 Cholesky 方差分解方法对影响进行估计，结果如表 6 所示。结果表明隔夜拆借利率变化对工业增加值和投资变化的解释度稳定在 10%以内，总体上的影响仍然偏小。利率对产出和投资的调控作用仍较为有限。

表 6 Cholesky 方差分解结果

时期	标准差	工业增加值自身	隔夜拆借利率	标准差	固定投资自身	隔夜拆借利率
1	2.368	100.000	0.000	3.915	100.000	0.000
2	2.637	99.966	0.034	4.759	98.801	1.199
3	2.933	99.165	0.835	5.160	97.049	2.951
4	3.099	98.370	1.630	5.384	95.360	4.640
5	3.231	97.154	2.846	5.521	93.974	6.026
6	3.327	95.907	4.093	5.608	92.927	7.073
7	3.401	94.655	5.345	5.664	92.173	7.827
8	3.458	93.494	6.506	5.700	91.645	8.355
9	3.503	92.455	7.545	5.724	91.282	8.718
10	3.538	91.554	8.446	5.740	91.036	8.964

(2)2013 年 6 月之后的分样本期利率与实体经济的联系明显加深，对产出的影响力显著增大

对 2013 年 6 月之后分样本估计的结果由表 7 所示，隔夜拆借利率与工业增加值和出口的负相关关系更为显著，而且系数绝对值显著增大，说明隔夜拆借利率与产出和出口的联系更为密切。但是与投资的系数改变了符号而且统计上不显著，这可能是由于这一时期一些大投资项目出台使得投资总体数据对利率变化不敏感。另外，对消费的系数显著为正，表明居民消费变化对于利率的负向敏感度仍不显著。

表 8 的格兰杰因果检验支持了以上分析，隔夜拆借利率与工业增加值之间由单向因果关系变为了双向因果关系，表明不但利率对工业增加值有调控作用，而且利率调整过程中对工业增加值的情况也更为关注。表 9 的方差分解结果显示，隔夜拆借利率变化对工业增加值变化的解释程度显著上升，表明利率对产出的调控作用已有明显改善，但是对投资的调控作用还较为有限。这表明了自 2013 年 7 月利率市场化改革进一步推进以来，实体经济特别是工业产出对利率调控的敏感程度有所提

高,货币政策调整过程中对利率调整的应用程度明显加大,改革的初步成效已经有所显现。

表7 隔夜拆借利率与实体经济变量的VAR分析(2013年6月之后的分样本)

解释变量 \ 被解释变量	工业增加值	固定资产投资	消费品零售	出口额	PPI
被解释变量滞后1期	0.7436	0.8777	-0.0301	0.8210	1.0982
	(0.2044)	(0.2020)	(0.2347)	(0.3064)	(0.2183)
	[3.6383]	[4.3452]	[-0.1284]	[2.6798]	[5.0309]
被解释变量滞后2期	0.4659		0.1194	0.2169	-0.8074
	(0.3816)		(0.1908)	(0.3290)	(0.1678)
	[1.2209]		[0.6256]	[0.6592]	[-4.8117]
隔夜拆借利率滞后1期	-1.5187	0.4708	-0.0993	-11.1259	0.0996
	(0.5388)	(0.3778)	(0.1215)	(6.2573)	(0.1686)
	[-2.8187]	[1.2462]	[-0.8171]	[-1.7781]	[0.5904]
隔夜拆借利率滞后2期	0.5821		0.23914	1.02338	-0.0980
	(0.1749)		(0.0742)	(2.5172)	(0.0844)
	[3.3284]		[3.2236]	[0.4066]	[-1.1624]
常数项	0.5748	0.2911	9.6717	31.5623	-1.1525
	(2.0336)	(3.4887)	(2.4761)	(15.4803)	(0.5734)
	[0.2827]	[0.0835]	[3.9061]	[2.0389]	[-2.0101]
R-squared	0.8202	0.6877	0.7101	0.5305	0.8130
Adj.R-squared	0.7403	0.6356	0.5813	0.3218	0.7299
F-statistic	10.2625	13.2121	5.5124	2.5421	9.7813
Log likelihood	-6.7576	-24.0211	6.7570	-45.4438	5.7426
SchwarzSC	1.9079	3.7444	-0.0228	7.4345	0.1221

注:滞后期数的选择根据SC信息准则,圆括号中为标准差,方括号中为t统计量。

表 8　隔夜拆借利率与实体经济变量的格兰杰因果检验

原假设	观察值数	滞后阶数	F 统计量
隔夜利率不是工业增加值的格兰杰原因	14	2	5.9433**
工业增加值不是隔夜利率的格兰杰原因	14	2	6.7977**
隔夜利率不是投资的格兰杰原因	14	2	3.9778*
投资不是隔夜利率的格兰杰原因	14	2	0.4356
隔夜利率不是消费的格兰杰原因	14	2	5.8889**
消费不是隔夜利率的格兰杰原因	14	2	1.1698
隔夜利率不是出口的格兰杰原因	14	2	1.8172
出口不是隔夜利率的格兰杰原因	14	2	0.4726
隔夜利率不是 PPI 的格兰杰原因	14	2	0.7444
PPI 不是隔夜利率的格兰杰原因	14	2	1.0922

注：*、**、***分别表示在 1%、5%和 10%的显著性水平上统计显著。

表 9　Cholesky 方差分解结果（2013 年 6 月之后的分样本）

时期	标准差	工业增加值自身	隔夜拆借利率	标准差	固定投资自身	隔夜拆借利率
1	0.489	100.000	0.000	1.342	100.000	0.000
2	0.657	70.172	29.828	1.798	98.690	1.310
3	0.760	69.858	30.142	2.113	97.939	2.061
4	0.796	64.163	35.837	2.352	97.521	2.479
5	0.798	64.064	35.936	2.541	97.266	2.734
6	0.803	64.519	35.481	2.694	97.097	2.903
7	0.808	64.108	35.892	2.820	96.978	3.022
8	0.812	64.099	35.901	2.925	96.891	3.109
9	0.814	63.881	36.119	3.014	96.824	3.176
10	0.814	63.877	36.124	3.088	96.772	3.228

(五)小结

采用我国 2002—2014 年时间序列数据的分析表明,利率平滑调整时变参数泰勒规则与我国短期利率的调整过程较为相符,在过程适用性方面泰勒规则的适用性较高。在结果适用性方面,由于我国正处于数量型调控向价格型调控的转变过程中,利率对产出和价格等实体经济的调控能力还比较有限。但是自利率市场化改革进一步推进以来,利率与实体经济的联系更为紧密,对产出的影响显著增大。因此通过进一步深化利率市场化改革,逐步加大价格型调控工具的作用,疏通利率向实体经济发挥影响的传导渠道,将有助于提升泰勒规则在我国的适用性。

三、政策利率与操作目标利率的选择

(一)国外选择政策利率与操作目标利率的经验启示

1.发达经济体的政策利率选择以央行再贷款或回购利率为主,操作目标利率主要是相近期限的货币市场利率

从欧美国家的实践看,完善利率调控框架,需要设定政策利率和操作目标利率,通过政策利率的调整以及其他政策工具的作用将操作目标利率调控到适当的水平上,并通过操作目标利率向市场其他利率进行传导,进而为实现货币政策目标发挥作用。如表 10 所示,在发达经济体央行的调控框架中,一般会选择央行的再贷款或者回购利率作为政策利率,选择期限较为接近的货币市场利率作为操作目标利率,在采用了利率走廊模式的央行,还会结合央行存贷款便利的利率形成操作目标利率的上下限,以此将操作目标利率逼近到合适的水平。

表 10 部分国外央行政策利率和操作目标利率选择

中央银行	政策利率	操作目标	常设借贷便利
美联储	联邦基金利率(等价于隔夜拆借利率)	隔夜货币市场利率	贴现窗口
欧洲央行	两周回购利率	隔夜、1 个月或者 3 个月货币市场利率	存款和边际再融资便利
英格兰银行	两周回购利率	隔夜、1 个月或者 3 个月市场利率	无
日本银行	隔夜拆借利率	隔夜货币市场利率	无

2.经验启示

国外的实践经验表明,在完善我国利率调控框架过程中需要确定政策利率和目

标利率,这构成了增加价格型调控力度和构建利率走廊调控体系的前提条件。一旦确立合适的政策利率和操作目标利率,就能够为数量型调控向价格型调控的转换做好前期的准备。

(1)政策利率和操作目标利率的选择需要保证货币政策传导的有效性

从新兴市场国家的经验来看,政策利率和操作目标利率的选择必须要保证货币政策传导中利率渠道的畅通。金融市场是利率渠道的主要传导路径,金融市场的发达程度、效率和市场利率之间的有效关联等是影响政策利率传导和效果的重要因素。因此首先需要选择最具传导效力的代表性市场利率进行培育,形成市场利率之间的有效关联,为操作目标利率的选择做出铺垫。目前实施政策利率的新兴市场国家基本都实现了利率市场化,并且逐渐形成了具有代表性的市场利率体系。这些市场化利率为中央银行提供了目标利率或利率锚,也为利率政策在金融市场的有效传导提供了可能。

(2)政策利率与操作目标利率之间需保持可控的联系

操作目标利率是利率政策发挥效力的中间环节,一方面受市场供需状况所影响,另一方面需要具有较高的可控性以便政策利率调整的政策意图能够得以体现。也就是说,政策利率需要具有对货币市场利率,特别是对操作目标利率的稳定而显著的影响力。为保持可控的联系,政策利率与操作利率之间的期限特征需要较为接近,而且需要有相关的政策工具加以配合。如韩国央行为配合 7 天回购利率作为政策利率,通过定期开展 7 天回购交易、推出流动性调节贷款和存款等流动性管理工具,不仅确立了 7 天回购利率的政策利率地位,而且通过构建利率走廊,将隔夜拆借利率维持在特定区间内,保持了市场利率的相对稳定。

(3)操作目标利率需要具有较为广泛的影响力

利率政策调整的最终目的是对市场主体的行为和预期产生引导,从而对宏观经济进行调控,所以操作目标利率还需要具有促成最终目的的实现的影响力,也就是需要操作目标利率不仅能够将政策利率的调整意图传导到金融市场,从长期看还需要有广泛的影响力将政策意图传导到整个宏观经济层面。这一方面需要注重选择市场中影响力最为显著的代表性利率,另一方面也需要央行对备选利率加以培育,对影响力的发挥渠道加以疏通。

综上所述,目前面临的问题是在央行直接确定的利率中是否有利率已经具备了政策利率的性质,市场利率中哪一种利率适合作为操作目标利率。政策利率需要具有对货币市场利率,特别是对操作目标利率的稳定而显著的影响力;而操作目标利率需要具有可调控性、可传导性和广泛影响力三个特征,也就是易于接受政策利率的调控,及时准确地向市场其他利率传导政策信号,对于金融和经济有较为广泛的影响力。这就需要对备选对象是否具有以上特征进行实证检验,从而为选择政策利率和目标利率提供参考。

(二)实证分析方法和数据说明

根据相关文献的分析,在政策利率方面,本文的实证分析将聚焦于央票发行利率、再贷款利率、贷款基准利率和央行正回购利率①,而对于贷款基础利率(LPR),由于目前数据量还较少将不作分析;在操作目标利率方面,将聚焦于各期限的 Shibor 利率、银行间同业拆借利率、银行间债券回购利率。

由于分析将聚焦于多个时间、序列、利率、变量的两两相互关系,因此将采用时间序列计量分析方法。根据数据的可获得性,分析中将主要采用 2008 年 7 月—2014 年 5 月的月度数据。为减轻非线性的影响,所有变量都进行了对数化处理。为防止变量的非平稳性对模型参数估计的影响,所有变量都进行了 ADF 单位根检验。各变量的英文缩写和单位根检验结果如表 11 所示。由于参与分析的所有变量均为 1 阶单整变量,直接采用 OLS 分析方法会出现参数估计偏误,因此实证分析中将主要采用协整分析方法对变量之间是否具有稳定的相互关系进行检验。

表 11 变量英文缩写和 ADF 单位根检验结果

变量(对数形式)	英文缩写	观察值	是否差分	滞后阶	t 统计量
隔夜 Shibor 利率	LnSHIBOR_D1	67	否	3	-1.528
隔夜 Shibor 利率	LnSHIBOR_D1	67	是	2	-6.062***
1 周 Shibor 利率	LnSHIBOR_D7	65	否	5	-1.304
1 周 Shibor 利率	LnSHIBOR_D7	65	是	4	-4.590***
2 周 Shibor 利率	LnSHIBOR_D14	65	否	5	-1.382
2 周 Shibor 利率	LnSHIBOR_D14	67	是	2	-5.390***
隔夜银行间同业拆借利率	LnBORRATE_D1	67	否	3	-1.513
隔夜银行间同业拆借利率	LnBORRATE_D1	67	是	2	-6.090***
1 周银行间同业拆借利率	LnBORRATE_D7	65	否	5	-1.255
1 周银行间同业拆借利率	LnBORRATE_D7	65	是	4	-4.657***
隔夜银行间债券回购利率	LnREPO_D1	67	否	3	-1.525
隔夜银行间债券回购利率	LnREPO_D1	67	是	2	-6.095***

① 由于多数期限的正回购利率在时间上不够连续,因此只能采用 28 天正回购月度加权利率。因为数据在时间上不连续,所以本文没有对逆回购利率进行分析。

续表

变量(对数形式)	英文缩写	观察值	是否差分	滞后阶	t 统计量
1 周银行间债券回购利率	LnREPO_D7	65	否	5	−1.304
1 周银行间债券回购利率	LnREPO_D7	65	是	4	−4.586***
企业人民币贷款加权利率	LnLOANRATE	67	否	3	−2.029
企业人民币贷款加权利率	LnLOANRATE	69	是	0	−5.034***
社会融资新增额	LnSOCIAL	59	否	11	−1.148
社会融资新增额	LnSOCIAL	59	是	10	−6.172***
央票发行利率	LnCPRATE	39	否	2	−1.628
央票发行利率	LnCPRATE	39	是	1	−3.732***
28 天正回购利率	LnCPREPO_D28	68	否	2	−1.731
28 天正回购利率	LnCPREPO_D28	68	是	1	−4.085***
6 个月以内贷款基准利率	LnBP_M6	68	否	2	−2.426
6 个月以内贷款基准利率	LnBP_M6	68	是	1	−3.720***
20 天以内再贷款利率	LnRELOAN_D20	70	否	0	−0.936
20 天以内再贷款利率	LnRELOAN_D20	69	是	0	−6.548***

注:滞后阶数的选择根据 AIC 信息准则。原假设为检验的变量有一个单位根,***表示在 1%的显著性水平上统计显著。限于数据的可获得性,央票发行利率的时间范围为 2008 年 7 月—2011 年 12 月,央行 28 天正回购利率的时间范围为 2008 年 7 月—2014 年 5 月。

(三)实证分析结果

1.操作目标利率的实证分析

首先分析备选操作目标利率的传导性,表 12 列出了各期限的 Shibor 利率、银行间同业拆借利率、银行间债券回购利率的相关系数。从表 12 可以看出,各类货币市场利率之间的相关性较高,联系比较密切,能够相互传导,而且各类市场利率自身各期限之间的相关程度也较高①。

① 限于篇幅没有列出银行间拆借利率和银行间债券回购利率自身各期限利率的相关系数,但是结果是类似的。

表 12 各期限市场利率相关系数

	SHIBOR_D1	SHIBOR_D7	SHIBOR_D14	SHIBOR_M1	SHIBOR_M3	SHIBOR_M6	SHIBOR_M9	SHIBOR_M12
SHIBOR_D1	1.000	0.976	0.957	0.932	0.828	0.759	0.753	0.754
SHIBOR_D7	0.976	1.000	0.991	0.969	0.887	0.817	0.812	0.812
SHIBOR_D14	0.957	0.991	1.000	0.985	0.905	0.829	0.823	0.822
SHIBOR_M1	0.932	0.969	0.985	1.000	0.924	0.847	0.836	0.833
SHIBOR_M3	0.828	0.887	0.905	0.924	1.000	0.971	0.962	0.957
SHIBOR_M6	0.759	0.817	0.829	0.847	0.971	1.000	0.998	0.996
SHIBOR_M9	0.753	0.812	0.823	0.836	0.962	0.998	1.000	0.999
SHIBOR_M12	0.754	0.812	0.822	0.833	0.957	0.996	0.999	1.000
REPO_D1	1.000	0.976	0.958	0.933	0.829	0.760	0.753	0.754
REPO_D7	0.977	1.000	0.991	0.970	0.885	0.813	0.809	0.809
REPO_D14	0.959	0.991	0.999	0.985	0.899	0.823	0.817	0.816
REPO_D21	0.954	0.986	0.995	0.990	0.897	0.816	0.809	0.808
REPO_M1	0.938	0.972	0.984	0.998	0.909	0.831	0.821	0.818
REPO_M2	0.928	0.966	0.981	0.995	0.931	0.857	0.847	0.843
REPO_M3	0.907	0.948	0.963	0.979	0.955	0.895	0.883	0.879
BORRATE_D1	1.000	0.976	0.957	0.932	0.828	0.758	0.751	0.752
BORRATE_D7	0.976	1.000	0.991	0.970	0.883	0.811	0.806	0.806
BORRATE_D14	0.960	0.992	0.999	0.983	0.897	0.819	0.812	0.811
BORRATE_M3	0.879	0.926	0.943	0.957	0.977	0.937	0.929	0.926

注:数据的时间范围为 2008 年 7 月—2014 年 5 月。D1—D21 表示利率的期限为 1—21 天,M1—M12 表示利率的期限为 1—12 月。

因此,下一步将对备选利率的影响力进行比较,分析备选利率对企业人民币贷款加权利率和社会融资新增额的影响。这将反映出备选利率对宏观经济金融的影响力。表 13 的结果表明①,三类市场利率与企业人民币贷款加权平均利率之间都具有稳定的相互关系,市场利率与贷款利率之间的稳定联系已经建立。表 14 的格兰杰因果检验也表明了三类市场利率都是贷款利率的格兰杰原因,三类市场利率与贷款利率之间都是双向的因果关系,市场利率作为资金供需的批发市场与零售市场的贷款定价有相互的影响。因此在企业人民币贷款利率方面,三类市场利率的影响力没有表现出明显的差异。

表 13 市场利率与企业人民币贷款利率的协整检验

LnSHIBOR_D1 与 LnLOANRATE(滞后 2 阶)				
没有协整关系	Trace 统计量	27.744***	Max-Eigen 统计量	16.155**
最多 1 个协整关系	Trace 统计量	4.589**	Max-Eigen 统计量	4.589**
LnSHIBOR_D7 与 LnLOANRATE(滞后 2 阶)				
没有协整关系	Trace 统计量	21.659***	Max-Eigen 统计量	17.147**
最多 1 个协整关系	Trace 统计量	4.512**	Max-Eigen 统计量	4.512**
LnBORRATE_D1 与 LnLOANRATE(滞后 2 阶)				
没有协整关系	Trace 统计量	20.735***	Max-Eigen 统计量	16.181**
最多 1 个协整关系	Trace 统计量	4.554**	Max-Eigen 统计量	4.554**
LnBORRATE_D7 与 LnLOANRATE(滞后 2 阶)				
没有协整关系	Trace 统计量	21.530***	Max-Eigen 统计量	17.150**
最多 1 个协整关系	Trace 统计量	4.380**	Max-Eigen 统计量	4.380**
LnREPO_D1 与 LnLOANRATE(滞后 2 阶)				
没有协整关系	Trace 统计量	20.985***	Max-Eigen 统计量	16.402**
最多 1 个协整关系	Trace 统计量	4.583**	Max-Eigen 统计量	4.583**
LnREPO_D7 与 LnLOANRATE(滞后 2 阶)				
没有协整关系	Trace 统计量	21.578***	Max-Eigen 统计量	17.110**
最多 1 个协整关系	Trace 统计量	4.468**	Max-Eigen 统计量	4.468**

注:*、**、***分别表示在 1%、5%和 10%的显著性水平上统计显著。滞后阶数的选择根据 AIC 信息准则。限于篇幅,协整关系不止一个的方程参数估计不再列出。

① 限于篇幅,以下的实证研究结果只列出了对代表性期限的 Shibor 利率、银行间同业拆借利率和银行间债券回购利率的分析结果,其他期限的利率分析结果是类似的。

表 14　市场利率与贷款利率的格兰杰因果检验

原假设	滞后阶数	F 统计量
LnSHIBOR_D1 不是 LnLOANRATE 的格兰杰原因	2	5.243***
LnLOANRATE 不是 LnSHIBOR_D1 的格兰杰原因	2	3.962**
LnSHIBOR_D7 不是 LnLOANRATE 的格兰杰原因	2	6.493***
LnLOANRATE 不是 LnSHIBOR_D7 的格兰杰原因	2	4.839**
LnBORRATE_D1 不是 LnLOANRATE 的格兰杰原因	2	5.284***
LnLOANRATE 不是 LnBORRATE_D1 的格兰杰原因	2	3.914**
LnBORRATE_D7 不是 LnLOANRATE 的格兰杰原因	2	6.642***
LnLOANRATE 不是 LnBORRATE_D7 的格兰杰原因	2	4.359**
LnREPO_D1 不是 LnLOANRATE 的格兰杰原因	2	5.230***
LnLOANRATE 不是 LnREPO_D1 的格兰杰原因	2	3.948**
LnREPO_D7 不是 LnLOANRATE 的格兰杰原因	2	6.451***
LnLOANRATE 不是 LnREPO_D7 的格兰杰原因	2	4.873**

注：*、**、***分别表示在1%、5%和10%的显著性水平上统计显著。滞后阶数与协整检验的滞后阶数保持一致。

接下来分析备选利率对社会融资规模的影响。表15的结果表明，在社会融资方面，三类市场利率都与社会融资新增额变量有稳定的相互关系，市场利率与社会融资之间的稳定联系已经建立。从协整方程的系数来看，三类市场利率的影响力也在伯仲之间，大致相当。表16的结果也表明了，三类市场利率与社会融资之间的格兰杰因果关系不存在显著差异，隔夜期限的三类利率都与社会融资新增额变量有双向的因果关系。隔夜市场利率的变化对社会融资新增额有调节作用，而社会融资新增额的变化也会对市场利率产生影响。

为进一步分析三类市场利率对社会融资新增额的影响大小，以下采用了Cholesky方差分解方法进行了分析。表17的结果表明，三类市场利率中Shibor利率对社会融资变量方差分解的贡献度要稍大于其他两类市场利率，但是三类市场利率之间的差异并不特别显著。

结合以上的分析结果，三类市场利率之间存在较高的相关关系，而且对贷款利率的传导和对社会融资新增额的联系也较为稳定，因此三类市场利率作为操作目标利率的备选对象差异不十分显著。但是Shibor利率目前的社会接受程度略高于其他两类市场利率，而且对社会融资的影响力也相对略高一些，因此是操作目标利率的合适选择对象。

表 15 市场利率与社会融资新增额的协整检验

LnSHIBOR_D1 与 LnSOCIAL(滞后 2 阶)				
没有协整关系	Trace 统计量	16.801**	Max-Eigen 统计量	14.848**
最多 1 个协整关系	Trace 统计量	1.954	Max-Eigen 统计量	1.954
协整方程为:LnSOCIAL = 0.315LnSHIBOR_D1 (0.207)				
LnSHIBOR_D7 与 LnSOCIAL(滞后 3 阶)				
没有协整关系	Trace 统计量	21.954***	Max-Eigen 统计量	20.317***
最多 1 个协整关系	Trace 统计量	1.637	Max-Eigen 统计量	1.637
协整方程为:LnSOCIAL = 0.204 LnSHIBOR_D7 (0.149)				
LnBORRATE_D1 与 LnSOCIAL (滞后 2 阶)				
没有协整关系	Trace 统计量	16.817**	Max-Eigen 统计量	14.887**
最多 1 个协整关系	Trace 统计量	1.931	Max-Eigen 统计量	1.931
协整方程为:LnSOCIAL = 0.316 Ln BORRATE_D1 (0.207)				
LnBORRATE_D7 与 LnSOCIAL (滞后 3 阶)				
没有协整关系	Trace 统计量	21.995***	Max-Eigen 统计量	20.410***
最多 1 个协整关系	Trace 统计量	1.585	Max-Eigen 统计量	1.585
协整方程为:LnSOCIAL = 0.206 Ln BORRATE_D7 (0.150)				
LnREPO_D1 与 LnSOCIAL (滞后 2 阶)				
没有协整关系	Trace 统计量	16.793**	Max-Eigen 统计量	14.819**
最多 1 个协整关系	Trace 统计量	1.973	Max-Eigen 统计量	1.973
协整方程为:LnSOCIAL = 0.318 LnREPO_D1 (0.208)				
LnREPO_D7 与 LnSOCIAL (滞后 3 阶)				
没有协整关系	Trace 统计量	21.881***	Max-Eigen 统计量	20.237***
最多 1 个协整关系	Trace 统计量	1.645	Max-Eigen 统计量	1.645
协整方程为:LnSOCIAL = 0.203 LnREPO_D7 (0.149)				

注:*、**、***分别表示在 1%、5%和 10%的显著性水平上统计显著。滞后阶数的选择根据 AIC 信息准则。

表16 市场利率与社会融资新增额的格兰杰因果检验

原假设	滞后阶数	F 统计量
LnSHIBOR_D1 不是 LnSOCIAL 的格兰杰原因	2	4.193**
LnSOCIAL 不是 LnSHIBOR_D1 的格兰杰原因	2	3.535**
LnSHIBOR_D7 不是 LnSOCIAL 的格兰杰原因	3	2.104
LnSOCIAL 不是 LnSHIBOR_D7 的格兰杰原因	3	3.929**
LnBORRATE_D1 不是 LnSOCIAL 的格兰杰原因	2	4.083**
LnSOCIAL 不是 LnBORRATE_D1 的格兰杰原因	2	3.534**
LnBORRATE_D7 不是 LnSOCIAL 的格兰杰原因	3	2.111
LnSOCIAL 不是 LnBORRATE_D7 的格兰杰原因	3	3.706**
LnREPO_D1 不是 LnLnSOCIAL 的格兰杰原因	2	4.032**
LnSOCIAL 不是 LnREPO_D1 的格兰杰原因	2	3.481**
LnREPO_D7 不是 LnLnSOCIAL 的格兰杰原因	3	2.107
LnSOCIAL 不是 LnREPO_D7 的格兰杰原因	3	3.906**

注:*、**、***分别表示在1%、5%和10%的显著性水平上统计显著。滞后阶数与协整检验的滞后阶数保持一致。

表17 社会融资新增额的方差分解

LnSHIBOR_D1 与 LnSOCIAL			
时期	方差	LnSOCIAL 自身	LnSHIBOR_D1
1	0.429	100.000	0.000
2	0.463	89.628	10.372
3	0.483	90.485	9.515
4	0.485	90.121	9.879
5	0.488	90.176	9.824
6	0.488	90.187	9.813
7	0.489	90.155	9.845
8	0.489	90.139	9.861
9	0.489	90.107	9.893
10	0.489	90.085	9.915

续表

LnSHIBOR_D7 与 LnSOCIAL			
时期	方差	LnSOCIAL 自身	LnSHIBOR_D7
1	0.441	100.000	0.000
2	0.463	94.064	5.936
3	0.484	94.517	5.483
4	0.486	94.344	5.656
5	0.488	94.381	5.619
6	0.488	94.385	5.615
7	0.489	94.351	5.649
8	0.489	94.322	5.678
9	0.490	94.284	5.716
10	0.490	94.253	5.747
LnBORRATE_D1 与 LnSOCIAL			
时期	方差	LnSOCIAL 自身	LnBORRATE_D1
1	0.430	100.000	0.000
2	0.463	89.890	10.110
3	0.483	90.728	9.272
4	0.485	90.381	9.619
5	0.488	90.432	9.568
6	0.488	90.443	9.557
7	0.489	90.409	9.591
8	0.489	90.392	9.608
9	0.489	90.359	9.641
10	0.489	90.335	9.665
LnBORRATE_D7 与 LnSOCIAL			
时期	方差	LnSOCIAL 自身	LnBORRATE_D7
1	0.441	100.000	0.000
2	0.463	94.039	5.961
3	0.484	94.503	5.497

续表

LnBORRATE_D7 与 LnSOCIAL			
时期	方差	LnSOCIAL 自身	LnBORRATE_D7
4	0.485	94.342	5.658
5	0.488	94.376	5.624
6	0.488	94.379	5.621
7	0.489	94.342	5.658
8	0.489	94.310	5.690
9	0.489	94.269	5.731
10	0.490	94.236	5.764
LnREPO_D1 与 LnSOCIAL			
时期	方差	LnSOCIAL 自身	LnREPO_D1
1	0.430	100.000	0.000
2	0.463	89.978	10.022
3	0.483	90.808	9.192
4	0.485	90.455	9.545
5	0.488	90.508	9.492
6	0.488	90.518	9.482
7	0.489	90.487	9.513
8	0.489	90.471	9.529
9	0.489	90.439	9.561
10	0.489	90.417	9.583
LnREPO_D7 与 LnSOCIAL			
时期	方差	LnSOCIAL 自身	LnREPO_D7
1	0.442	100.000	0.000
2	0.463	94.143	5.857
3	0.484	94.595	5.405
4	0.486	94.425	5.575
5	0.488	94.461	5.539
6	0.488	94.464	5.536

续表

LnREPO_D7 与 LnSOCIAL			
时期	方差	LnSOCIAL 自身	LnREPO_D7
7	0.489	94.430	5.570
8	0.489	94.401	5.599
9	0.490	94.363	5.637
10	0.490	94.331	5.669

2.政策利率的选择

为了对政策利率的选择提供参考,需要分析央票发行利率、再贷款利率、贷款基准利率和正回购利率对操作目标利率的影响力,也就是分析哪一种利率能够更好地实现对目标利率的调控。根据以上分析所确定的 Shibor 利率作为操作目标利率,接下来首先通过协整检验对备选利率进行比较分析。限于篇幅,对于再贷款利率和贷款基准利率,本文只列出了具有代表性的 20 天以内再贷款利率和 6 个月以内贷款基准利率的相关分析结果,采用其他期限的这两种利率也是类似的结果。

表 18 的结果表明,只有央票发行利率与 Shibor 利率之间具有稳定而唯一的协整关系。其他备选政策利率与 Shibor 利率之间的协整检验显示有一个以上的协整关系。这意味着备选政策利率与 Shibor 利率之间的稳定联系都已经建立,但是央票利率与 Shibor 利率之间稳定的相互联系更为易于确定。

表 19 的格兰杰因果检验结果表明,央票发行利率是 Shibor 利率的格兰杰原因,他们之间主要是单向的因果关系,央票发行利率能够对 Shibor 利率发挥单向的影响。而贷款基准利率以及正回购利率与 Shibor 利率之间是双向的因果关系,一方面贷款基准利率和正回购利率会对 Shibor 利率产生影响;另一方面 Shibor 利率的变化也会触发贷款基准利率和正回购利率的调整。而再贷款利率不是 Shibor 利率的格兰杰原因。格兰杰因果检验的结果显示了央票发行利率对 Shibor 利率的影响更为单向可控。

为进一步分析三类备选政策利率对 Shibor 利率的影响大小,以下再次采用 Cholesky 方差分解方法进行分析。表 20 的结果表明,三类利率中央票发行利率对 Shibor 利率方差分解的贡献度最大,在 1—10 的期限中每一个期限的贡献度都要远高于其他备选政策利率。其次是 28 天正回购利率,对 Shibor 利率变化的解释度也比较高。

综合以上分析,央票发行利率与 Shibor 利率的相互联系更为易于确定和单向可控,而且央票发行利率对 Shibor 利率的影响更大,因此央票发行利率是政策利率的合适选择,可以与 Shibor 利率构成合适的政策利率加操作目标利率的利率调控框架。

表18 备选政策利率与Shibor利率的协整检验

LnCPRATE 与 LnSHIBOR_D1(滞后2阶)				
没有协整关系	Trace统计量	22.183***	Max-Eigen统计量	20.121***
最多1个协整关系	Trace统计量	2.061	Max-Eigen统计量	2.061
协整方程为:LnSHIBOR_D1=1.196LnCPRATE (0.073)				
LnCPRATE 与 LnSHIBOR_D7(滞后2阶)				
没有协整关系	Trace统计量	23.869***	Max-Eigen统计量	21.755***
最多1个协整关系	Trace统计量	2.114	Max-Eigen统计量	2.114
协整方程为:LnSHIBOR_D7=1.230 LnCPRATE (0.073)				
LnCPRATE 与 LnSHIBOR_D14(滞后2阶)				
没有协整关系	Trace统计量	23.800***	Max-Eigen统计量	21.858***
最多1个协整关系	Trace统计量	1.942	Max-Eigen统计量	1.942
协整方程为:LnSHIBOR_D14=1.311 LnCPRATE (0.080)				
LnBP_M6 与 LnSHIBOR_D1 (滞后1阶)				
没有协整关系	Trace统计量	26.030***	Max-Eigen统计量	21.727***
最多1个协整关系	Trace统计量	4.303**	Max-Eigen统计量	4.303**
LnBP_M6 与 LnSHIBOR_D7 (滞后3阶)				
没有协整关系	Trace统计量	20.716***	Max-Eigen统计量	16.239**
最多1个协整关系	Trace统计量	4.477**	Max-Eigen统计量	4.477**
LnBP_M6 与 LnSHIBOR_D14 (滞后3阶)				
没有协整关系	Trace统计量	22.271***	Max-Eigen统计量	17.183**
最多1个协整关系	Trace统计量	5.088**	Max-Eigen统计量	5.088**
LnRELOAN_D20 与 LnSHIBOR_D1 (滞后1阶)				
没有协整关系	Trace统计量	28.404***	Max-Eigen统计量	22.661***
最多1个协整关系	Trace统计量	5.742**	Max-Eigen统计量	5.742**

续表

LnRELOAN_D20 与 LnSHIBOR_D7（滞后 1 阶）				
没有协整关系	Trace 统计量	28.470***	Max-Eigen 统计量	23.515***
最多 1 个协整关系	Trace 统计量	4.955**	Max-Eigen 统计量	4.955**
LnRELOAN_D20 与 LnSHIBOR_D14（滞后 1 阶）				
没有协整关系	Trace 统计量	27.826***	Max-Eigen 统计量	23.221***
最多 1 个协整关系	Trace 统计量	4.606**	Max-Eigen 统计量	4.606**
LnCPREPO_D28 与 LnSHIBOR_D1（滞后 1 阶）				
没有协整关系	Trace 统计量	18.757***	Max-Eigen 统计量	15.750***
最多 1 个协整关系	Trace 统计量	3.007*	Max-Eigen 统计量	3.007**
LnCPREPO_D28 与 LnSHIBOR_D7（滞后 2 阶）				
没有协整关系	Trace 统计量	19.151**	Max-Eigen 统计量	15.101**
最多 1 个协整关系	Trace 统计量	4.050**	Max-Eigen 统计量	4.050**
LnCPREPO_D28 与 LnSHIBOR_D14（滞后 1 阶）				
没有协整关系	Trace 统计量	19.019**	Max-Eigen 统计量	15.506**
最多 1 个协整关系	Trace 统计量	3.512*	Max-Eigen 统计量	3.512*

注：*、**、***分别表示在 1%、5%和 10%的显著性水平上统计显著。滞后阶数的选择根据 AIC 信息准则。协整方程括号中为标准差。限于篇幅，只列出了仅有唯一协整关系的方程参数估计。

表 19　备选政策利率与 Shibor 利率的格兰杰因果检验

原假设	滞后阶数	F 统计量
LnCPRATE 不是 LnSHIBOR_D1 的格兰杰原因	2	6.490***
LnSHIBOR_D1 不是 LnCPRATE 的格兰杰原因	2	1.776
LnCPRATE 不是 LnSHIBOR_D7 的格兰杰原因	2	7.189***
LnSHIBOR_D7 不是 LnCPRATE 的格兰杰原因	2	2.338
LnCPRATE 不是 LnSHIBOR_D14 的格兰杰原因	2	5.412***
LnSHIBOR_D14 不是 LnCPRATE 的格兰杰原因	2	3.133*
LnBP_M6 不是 LnSHIBOR_D1 的格兰杰原因	1	5.495**

续表

原假设	滞后阶数	F 统计量
LnSHIBOR_D1 不是 LnBP_M6 的格兰杰原因	1	5.603**
LnBP_M6 不是 LnSHIBOR_D7 的格兰杰原因	3	6.936***
LnSHIBOR_D7 不是 LnBP_M6 的格兰杰原因	3	2.912**
LnBP_M6 不是 LnSHIBOR_D14 的格兰杰原因	3	6.519***
LnSHIBOR_D14 不是 LnBP_M6 的格兰杰原因	3	3.418**
LnRELOAN_D20 不是 LnSHIBOR_D1 的格兰杰原因	1	1.059
LnSHIBOR_D1 不是 LnRELOAN_D20 的格兰杰原因	1	4.657**
LnRELOAN_D20 不是 LnSHIBOR_D7 的格兰杰原因	1	0.416
LnSHIBOR_D7 不是 LnRELOAN_D20 的格兰杰原因	1	4.689**
LnRELOAN_D20 不是 LnSHIBOR_D14 的格兰杰原因	1	0.079
LnSHIBOR_D14 不是 LnRELOAN_D20 的格兰杰原因	1	5.688**
LnCPREPO_D28 不是 LnSHIBOR_D1 的格兰杰原因	1	4.348**
LnSHIBOR_D1 不是 LnCPREPO_D28 的格兰杰原因	1	3.707*
LnCPREPO_D28 不是 LnSHIBOR_D7 的格兰杰原因	2	4.475**
LnSHIBOR_D7 不是 LnCPREPO_D28 的格兰杰原因	2	2.653*
LnCPREPO_D28 不是 LnSHIBOR_D14 的格兰杰原因	1	0.787
LnSHIBOR_D14 不是 LnCPREPO_D28 的格兰杰原因	1	7.196***

注：*、**、***分别表示在1%、5%和10%的显著性水平上统计显著。滞后阶数与协整检验的滞后阶数保持一致。

表 20　1 周 Shibor 利率的方差分解

LnCPRATE 与 LnSHIBOR_D7			
时期	方差	LnSHIBOR_D7 自身	LnCPRATE
1	0.204	100.000	0.000
2	0.301	91.382	8.618
3	0.373	76.238	23.762

续表

LnCPRATE 与 LnSHIBOR_D7			
时期	方差	LnSHIBOR_D7 自身	LnCPRATE
4	0.431	67.245	32.755
5	0.476	65.159	34.841
6	0.512	65.919	34.081
7	0.536	66.761	33.239
8	0.549	67.065	32.935
9	0.556	67.109	32.891
10	0.559	67.140	32.860
LnBP_M6 与 LnSHIBOR_D7			
时期	方差	LnSHIBOR_D7 自身	LnBP_M6
1	0.215	100.000	0.000
2	0.304	94.263	5.737
3	0.359	88.905	11.095
4	0.397	85.901	14.099
5	0.425	84.366	15.634
6	0.446	83.536	16.464
7	0.461	83.040	16.960
8	0.474	82.720	17.280
9	0.483	82.503	17.497
10	0.490	82.352	17.648
LnRELOAN_D20 与 LnSHIBOR_D7			
时期	方差	LnSHIBOR_D7 自身	LnRELOAN_D20
1	0.210	100.000	0.000
2	0.304	92.682	7.318
3	0.363	91.021	8.979

续表

LnRELOAN_D20 与 LnSHIBOR_D7			
4	0.405	91.576	8.424
5	0.436	92.394	7.606
6	0.460	93.069	6.931
7	0.478	93.566	6.434
8	0.492	93.915	6.085
9	0.502	94.154	5.846
10	0.509	94.313	5.687
LnCPREPO_D28 与 LnSHIBOR_D7			
时期	方差	LnSHIBOR_D7 自身	LnRELOAN_D20
1	0.212	100.000	0.000
2	0.298	94.077	5.923
3	0.352	87.843	12.157
4	0.391	84.114	15.886
5	0.420	82.186	17.814
6	0.443	81.182	18.818
7	0.460	80.621	19.379
8	0.473	80.282	19.718
9	0.484	80.066	19.934
10	0.492	79.925	20.075

注:采用其他期限的 Shibor 利率也得出类似的结果。限于篇幅此处不再列出。

(四)小结

随着利率市场化改革的推进,以及货币供应量与市场利率之间的关系出现显著变化,市场利率的波动有所加剧,这使得进一步完善利率调控框架、逐步发挥价格型调控的作用成为了利率市场化改革过程中必然需要作出的选择。从国外的实践经验来看,完善利率调控框架需要确定政策利率和操作目标利率。这在国内的研究文献中还存在争议。通过时间序列计量经济学分析方法对备选利率变量的比较分析表明,Shibor利率、银行间同业拆借利率和银行间债券回购利率之间的相关程度较高,因而都具备较好的传导性和对企业贷款利率和社会融资的影响力,在符合操作目标特性方面的差异性不大,但是考虑到Shibor利率有更高的社会接受程度和略高于其他两类市场利率的影响力,因而更适合作为操作目标利率。但是还需要注重对Shibor利率进行培育以进一步提升其影响力。政策利率方面,央票发行利率表现出了与Shibor利率更易于确定的相互联系,而且这种联系更为单向可控,影响力也远大于贷款基准利率和再贷款利率,因此更为适合作为政策利率。近期操作力度有所增加的正回购业务,其利率的影响力也比较大,具备成为政策利率的潜力,但是如果要成为合适的政策利率,还需要进一步的培育工作。

所以央票发行利率和Shibor利率的政策利率加操作目标利率组合是目前进一步完善利率调控框架的更优选择。通过明确这样的利率调控框架有助于进一步发挥价格型调控的作用,充分发挥利率传导渠道在制定和实施货币政策过程中的作用。

四、利率走廊工具的应用经验和启示

(一)发达经济体采用利率走廊工具的经验

1.德国和欧洲央行的利率走廊工具应用实践表明,其宽度的调整能够应对不同形势下的政策需要

从1985年开始,德国央行就通过设定利率走廊来控制货币市场利率的波动范围。利率走廊的上限被定义为伦巴德利率(中央银行对商业银行的抵押贷款利率),下限是央行的贴现率。实践中,伦巴德利率在充当货币市场利率的上限时较为有效;但是再贴现利率作为下限的作用较为有限。由于中央银行对商业银行在央行的存款并不付息,商业银行的剩余资金只有在拆借市场上拆出以获得收益,商业银行可以以低于央行再贴现利率在拆借市场拆入资金,货币市场的利率也易于突破利率走廊下限,因此利率走廊主要通过上限发挥作用。

1998年7月,欧洲中央银行借鉴了德国联邦银行的做法,但改进了利率走廊的上下限设定。走廊上限由隔夜边际借贷便利利率决定,边际借贷便利通常是市场中成本最高的融资形式,原则上没有数量限制,用于满足交易方暂时的流动性需求,但是作为借贷抵押品的资产必须达到欧洲央行设定的合格标准①。隔夜存款便利利率作为下限,这种工具在理论上可以无限制地吸收流动性。以公开市场操作主要再融

① 一级资产必须是来自欧元区内部的以欧元计价的债务证券,而且必须达到较高的信用标准、可以通过记账的方式转移,而且必须存入欧元区成员国央行或者欧洲央行确定的合格的中央证券托管机构。这些资产还必须在合格的市场上市、挂牌或交易。二级资产必须是欧元区内经济实体发行或担保的以欧元计价的债券或股票,而且需要成员国央行认定相关实体财务健康,为成员国央行接受。

资利率为政策利率作为利率走廊的波动中枢。如图 8 所示,在利率走廊设立的初期,上下宽度是有区别的,边际借贷便利利率被设定为高于目标利率 150 个基点,存款便利利率低于目标利率 100 个基点,从 1999 年 4 月起利率走廊的宽度长期维持在 2 个百分点,但是在 2008 年金融危机期间,由于欧洲央行的流动性供给操作,隔夜拆借利率逼近利率走廊的下限,走廊宽度于 2008 年 10 月收窄为 1 个百分点,并于 2009 年初恢复到 2 个百分点,随后于 2009 年 5 月调整到 1.5 个百分点。由于欧元区经济疲软、信贷增长乏力,2014 年 6 月,欧洲央行下调主要再融资操作利率至 0.15%,同时下调存款利率 10 个基点至-0.1%,首次实施负存款利率,利率走廊宽度收窄至 0.5 个百分点。2014 年 9 月,主要再融资操作利率下调 10 个基点至 0.05%,边际借贷便利利率降低 10 个基点至 0.3%。存款利率降低 10 个基点至-0.2%。实践结果表明,欧洲央行利率走廊设定富有成效,隔夜货币市场利率在利率走廊的上下限区间的中间位置呈较为平滑的小幅波动态势。

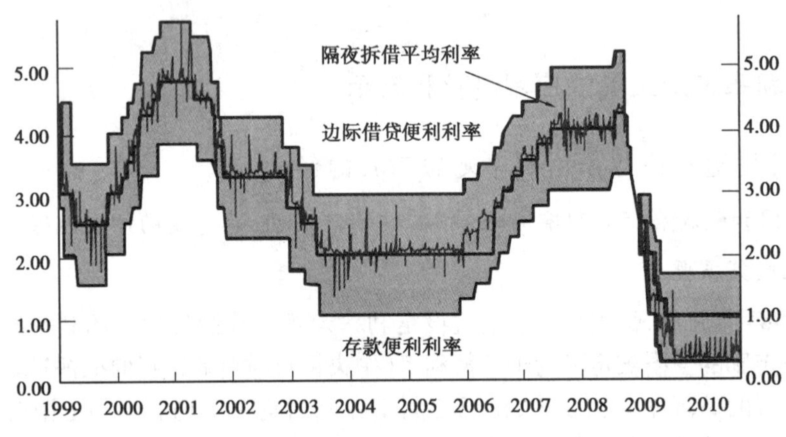

图 8　欧洲央行利率走廊的走势

数据来源:欧洲央行网站。

2.瑞典央行的负利率走廊下限实验表明,存款便利利率为负值并不能对商业银行在央行的存款产生大的影响

1994 年瑞典央行取消准备金制度后,引入了利率走廊工具,以央行存贷款利率为上下限,回购利率为政策利率,斯德哥尔摩银行间拆借利率为操作目标利率。上下宽度有区别,贷款利率高于回购利率 55 个基点,而存款利率低于回购利率 95 个基点,总体宽度为 1.5 个百分点。2000 年 12 月之后,走廊上下宽度变为一致,总体宽度仍然为 1.5 个百分点。为应对全球金融危机,2009 年 4 月利率走廊收窄为 1 个百分点,而且回购利率从 1%下调为 0.5%,利率走廊下限触及 0 值。2009 年 7 月回购利率进一步下调至 0.25%,利率走廊下限首次成为负值。但是商业银行仍然在央行保有大量存款,表明了商业银行在央行的存款不仅仅出于收益目的,还有流动性或者结算方面的考虑。危机过后的 2010 年 7 月,回购利率重新上调至 0.5%,但是利

率走廊宽度扩大至1.5个百分点,因此利率走廊下限仍然为负。直到2010年9月瑞典央行再次上调回购利率,利率走廊下限才转负为正。如图9所示,利率走廊的平行上移也带来了操作目标利率的波动上扬,移动过程中利率波动性有所增加,这表明了利率走廊过于频繁地移动会带来额外的利率波动成本。

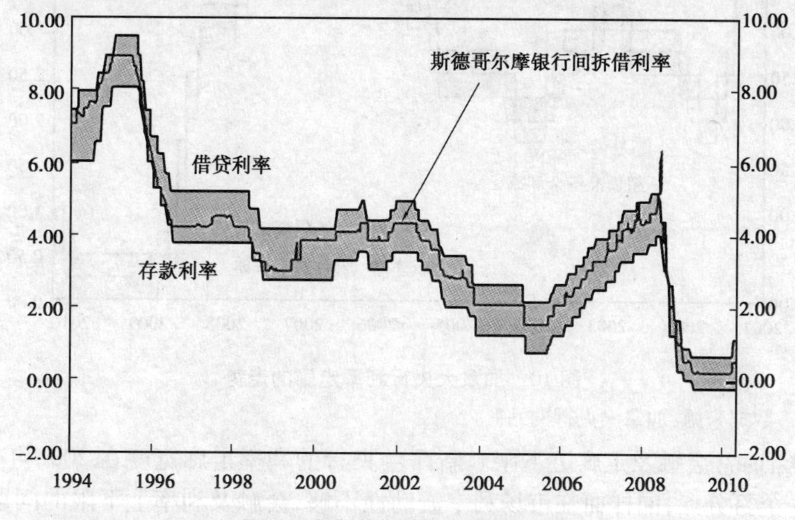

图9　瑞典央行利率走廊的走势

数据来源:瑞典央行网站。

3.加拿大利率走廊的宽度较窄,易于出现触及上下限的情况

1999年2月,加拿大央行引入新的实时大额电子结算系统,规定商业银行必须采用其进行最终结算,这使得参与结算的银行可以准确监测自身在系统上的收支情况并知晓交易日结束时的资金流净值。以此为契机,加拿大央行设定了利率走廊来调控银行间隔夜拆借利率,上限为央行流动性借贷利率,下限为商业银行超额准备金利率,设立初期的走廊宽度为50个基点,多数时间内维持在这一宽度。由于宽度较其他国家的利率走廊来说明显偏窄,因此市场拆借利率波动性不够,在波动时会出现触及上下限的情况。

4.其他发达经济体的利率走廊应用经验

英格兰银行也是将借款便利利率和存款便利利率设定为利率走廊的上下限,两周回购利率为政策利率,市场隔夜拆借利率为操作目标利率,走廊宽度在2008年全球金融危机之前多维持在2个百分点,全球金融危机期间收窄为0.5个百分点,随后恢复到0.75个百分点。由于宽度较大,因此利率波动幅度相对要大一些。

挪威央行也是以央行存贷款利率为走廊的上下限,银行间拆借利率为操作目标利率,2008年之前走廊宽度多维持在2个百分点,但是2008年全球金融危机期间和之后走廊宽度收窄为1个百分点。澳大利亚央行的利率走廊宽度多维持在0.5个百分点,只是在2008年金融危机期间有所收窄。由于走廊宽度较窄,因此市场利率波

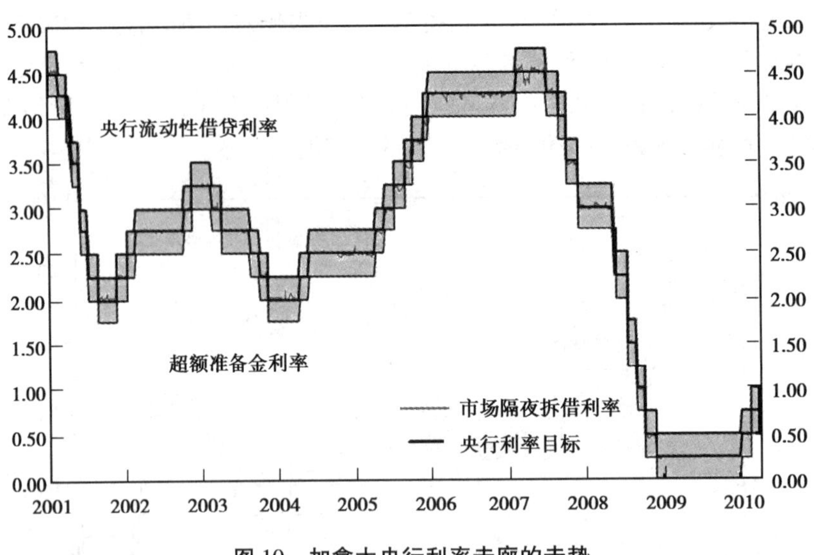

图 10　加拿大央行利率走廊的走势

数据来源:加拿大央行网站。

动性不够,时常会触及走廊上下限。新西兰央行的利率走廊宽度在 2007 年之前保持在 0.5 个百分点,同样面临市场利率波动性不够,会触及利率上下限的问题,随后有所放大,维持在 1.5 个百分点,市场利率的波动性开始有所体现。

(二)对我国应用利率走廊的启示

1.利率走廊的上下限多设定为央行存贷款便利利率

根据国外的实践经验,利率走廊的上限多设定为央行为商业银行提供基础货币的利率,也就是再融资的利率,在期限上可以是 1 天、1 个月或者几个月。这种利率使得商业银行能够在需要基础货币时能够以此向央行融资。从宏观上看,这种利率使得银行体系的总货币需求在央行指定的利率水平下能够得到满足。融资过程中还可以要求商业银行提供合格的抵押品。利率走廊的下限多设定为央行为商业银行的存款支付利息的利率,也可以是超额准备金的付息利率,在期限上多设定为 1 天。这种利率工具使得央行能够以给定利率吸收货币市场的流动性,也使得商业银行能够在短期内在央行存款并以给定利率获得收益。与此相对应,我国于 2013 年 1 月设立的常设借贷便利形成的利率与利率走廊上限的条件更为接近,较再贴现和再贷款利率更为接近国外利率走廊的上限设定,因此可以作为我国利率走廊的上限。而我国目前的央行存款利率较为常用的只有超额准备金付息利率,因此可以作为我国利率走廊的下限。

2.走廊宽度多在 0.5~2 个百分点

国外的实践中,多数利率走廊的宽度在 0.5~2 个百分点,过窄的利率走廊宽度不利于市场对利率发挥影响,市场利率的波动性不足,易于触及走廊的上下限。过宽的利率走廊宽度不利于发挥对市场利率的调控作用，市场利率的波动性会过高。在非正常的危机时期，利率走廊需要收窄以发挥央行的流动性调节职能。过于频繁的利率走廊移动也会产生额外的利率波动成本。结合我国的情况，利率走廊宽度的设定适合由窄到宽的渐进过程，在初期利率走廊适合从 0.5 个百分点的设定开始，然后以 0.5 个百分点的跨度初步扩大宽度，以调节市场利率在合适的程度上波动，并且在出现异常情况时，及时对走廊宽度作出调整，对于实施负值的利率走廊下限应保持谨慎。

3.利率走廊上下限的非对称调整具有政策调控价值

在土耳其央行的实践中，利率走廊上下限的非对称调整释放出明确的政策信号，有助于对国内国外金融市场参与者的行为和预期产生政策影响。因此，我国在探索构建利率走廊时不仅需要考虑利率走廊的最优宽度、政策利率和操作目标利率的选择，走廊上下限的动态变化也是政策设计需要充分考虑的问题。应设立预案对走廊上下限的动态变化作出考虑，以便在面对复杂的国内外经济形势时充分发挥利率走廊非对称调整的政策调控价值。此外，土耳其央行对政策工具成功的组合运用对我国如何搭配运用一系列的政策工具有启发意义。在政策工具的组合上不但要明确每个工具可以影响哪些变量以及影响大小，还需要考虑工具长短处和相互作用，以及如何充分发挥这种相互作用的积极意义。在面临复杂的国内外经济形势时，通过政策工具作用的发挥以及作用之间的此消彼长可以使货币政策更好地兼顾各项政策目标。

4.利率走廊作用的发挥需要支付系统、再贷款抵押品制度等方面的支撑

从各国的实践看，利率走廊要充分地发挥作用除了上下限和宽度设定的合理性需要考虑之外，还需要政策利率与操作目标利率之间确立稳定的联系，以及目标利率向金融市场和其他市场传导渠道较为顺畅，这样才能使得利率走廊的调控作用有所发挥。现代化的支付系统有助于央行和金融机构及时了解流动性需求并通过政策工具得以实现。再贷款抵押品制度的完善也将为利率走廊的上下限功能的实现产生重要影响。此外，货币政策声誉的确立以及央行与市场主体沟通方式和渠道有效性的提升也有助于发挥利率走廊的政策引导和调控效果。所以，在采用利率走廊之前还需要进一步注重选择和培育政策利率、操作目标利率以及央行存贷款利率，疏通利率传导渠道，加强现代化支付系统建设，完善再贷款抵押品管理制度，构建有效的货币政策沟通方式，着力提升货币政策声誉，以更好地发挥利率走廊的积极作用。

五、结论与政策建议

随着利率市场化改革的推进和数量型调控有效性的降低，进一步完善我国的利率调控框架，加强价格型调控的作用，是迫切需要解决的问题。为完善利率调控框

架,需要对框架中规则和工具这两大要素的设定进行深入的研究。①国外的利率调整普遍采用泰勒规则,主要发达经济体的短期利率调整过程与泰勒规则的建议值重合度很高,表现出了泰勒规则较高的适用性。根据泰勒规则的内涵,其应用对利率调整过程和调控能力有明确的要求,因此其适用性问题包括过程适用性和结果适用性两个层面。采用我国2002—2014年时间序列数据的分析表明,利率平滑调整时变参数泰勒规则与我国短期利率的调整过程较为相符,在过程适用性方面,泰勒规则的适用性较高。在结果适用性方面,由于我国正处于数量型调控向价格型调控的转变过程中,利率对产出和价格等实体经济的调控能力还比较有限。但是利率市场化改革进一步推进以来,利率与实体经济的联系更为紧密,对产出的影响显著增大。②在政策利率和操作目标利率的选择上,根据可传导性、可调控性和影响力三项标准,通过时间序列计量经济学分析方法对备选利率变量的比较分析表明,Shibor利率、银行间同业拆借利率和银行间债券回购利率之间的相关程度较高,因而都具备较好的传导性和对企业贷款利率和社会融资的影响力,在符合操作目标特性方面的差异性不大,但是考虑到Shibor利率有更高的社会接受程度和略高于其他两类市场利率的影响力,因而更适合作为操作目标利率。还是其影响力还有待通过进一步的培育工作加以提升。政策利率方面,央票发行利率表现出了与Shibor利率更易于确定的相互联系,而且这种联系更为单向可控,影响力也远大于贷款基准利率和再贷款利率,因此更为适合作为政策利率。此外,正回购利率对货币市场利率的影响也比较大,具备成为政策利率的潜质,但是还需要进一步培育以提升其调控力。③利率走廊的作用机制在于利益诱导和告示政策意图,其优势在于调控操作目标利率的波动,以降低货币政策操作成本和引导市场预期和行为。根据国外利率走廊工具的实践经验,利率走廊的上限多设定为央行为商业银行提供基础货币的利率,也就是再融资的利率;下限多设定为央行为商业银行的存款支付利息的利率,也可以是超额准备金的付息利率。多数利率走廊的宽度在0.5~2个百分点,过窄的利率走廊宽度不利于市场对利率发挥影响,市场利率的波动性不足,易于触及走廊的上下限。过宽的利率走廊宽度不利于发挥对市场利率的调控作用,市场利率的波动性会过高。在非正常的危机时期,利率走廊需要收窄以发挥央行流动性供给的功能。利率走廊上下限的非对称调整也能够释放出明确的政策信号,有助于对国内国外金融市场参与者的行为和预期产生政策影响,而且利率走廊作用的发挥需要货币政策声誉、支付系统建设、再贷款抵押品制度等方面的支撑。

因此,可以初步确定泰勒规则作为我国利率调控框架中的首选规则,其中的利率平滑调整力度和对产出和通货膨胀的反应强度可以根据经济金融形势的变化进行调整,但是还需要进一步深化利率市场化改革,逐步加大价格型调控工具的作用,疏通利率向实体经济发挥影响的传导渠道,才能进一步提升泰勒规则在我国的适用程度。央票发行利率和Shibor利率的政策利率加操作目标利率组合是目前进一步完善利率调控框架的更优选择,如果要选择近期使用力度较大的正回购利率作为政策利率还需要进一步培育以提升其影响力。在探索构建我国的利率走廊工具过程中，常设借贷便利形成的利率与利率走廊上限的条件更为接近，可以作为我国利率走廊的上限。而超额准备金付息利率可以作为我国利率走廊的下限。利率走廊宽度的设定适合由窄到宽的渐进过程，在初期利率走廊适合从0.5个百分点的设定开始，然后以0.5个百分点的跨度初步扩大宽度，以调节市场利率在合适的程度上波动，并且在出现异常情况时，及时对走廊宽度作出调整，对于实施负值的利率走廊下限应保持谨慎。同时，应设立预案对走廊上下限的动态变化作出考虑，以便在面对复杂的国内外经济形势时充分发挥利率走廊非对称调整的政策调控价值。此外，在采用利率走廊之前还需要进一步注重选择和培育政策利率、操作目标利率以及央行存贷款利率，疏通利率传导渠道，加强现代化支付系统建设，完善再贷款抵押品管理制度，构建有效的货币政策沟通方式，提升货币政策声誉，为了更好地发挥利率走廊的积极作用。只有从规则和工具上做出明确的选择，进一步完善我国的利率调控框架，并创造条件充分发挥规则和工具的积极作用，才能为我国调控方式的转变做好调控框架上的准备。

参考文献

[1] 胡志鹏.中国货币政策的价格型调控条件是否成熟[J].经济研究，2012(6):60-72.

[2] 蒋贤锋，王贺，史永东.我国金融市场中基准利率的选择[J].金融研究，2008(10):22-36.

[3] 李宏瑾，项卫星.中央银行基准利率、公开市场操作与间接货币调控[J].财贸经济，2010(4):13-19.

[4] 刘斌.最优货币政策规则的选择及在我国的应用[J].经济研究，2003(9):3-13.

[5] 刘金全，张小宇.时变参数“泰勒规则”在我国货币政策操作中的实证研究[J].管理世界，2012(7):20-28.

[6] 陆军，钟丹.泰勒规则在中国的协整检验[J].经济研究，2003(8):76-85.

[7] 彭红枫，鲁维洁.中国金融市场基准利率的选择研究[J].管理世界，2010(11):166-167.

[8] 万晓莉.我国货币政策能缩小宏观经济波动吗？——基于货币政策反应函数的分析[J].经济学(季刊)，2011，10(2):435-456.

[9] 王建国.泰勒规则与我国货币政策反应函数的实证研究[J].数量经济技术经济研究，2006，23(1):43-49.

[10] 王志强，贺畅达.时变货币政策规则对利率期限结构的动态影响分析[J].宏观经济研究，2012(10):21-29.

[11] 项后军,于洋.通货膨胀预期视角下的货币政策对资产价格反应问题的研究[J].统计研究,2012,29(11):41-48.

[12] 谢平,罗雄.泰勒规则及其在中国货币政策的检验[J].经济研究,2002(3):3-12.

[13] 徐明东,陈学彬.中国微观银行特征与银行贷款渠道检验[J].管理世界.2011(5):24-38.

[14] 姚余栋,谭海鸣.央票利率可以作为货币政策的综合性指标[J].经济研究,2011(S2):63-74.

[15] 张辉,黄泽华.我国货币政策利率传导机制的实证研究[J].经济学动态,2011(3):54-58.

[16] 张小宇,刘金全.“泰勒规则”在中国经济运行中的经验证据[J].财经研究,2010(11):127-134.

[17] 赵进文,高辉.中国利率市场化主导下稳健货币政策规则的构建及应用[J].经济学(季刊),2004,3(S1):41-64.

[18] 郑挺国,刘金全.区制转移形式的“泰勒规则”及其在我国货币政策中的应用[J].经济研究,2010(3):40-52.

[19] Axilrod S H, Lindsey D E. Federal Reserve System Implementation of Monetary Policy: Analytical Foundations of the New Approach[J]. The American Economic Review, 1981, 71(2):246-252.

[20] Ball L. Efficient rules for monetary policy[J]. International finance, 1999, 2(1):63-83.

[21] Barro R J, Gordon D B. Rules, discretion and reputation in a model of monetary policy[J]. Journal of monetary economics, 1983, 12(1):101-121.

[22] Bindseil U. Monetary policy implementation: theory, past, and present[M]. Oxford: Oxford University Press, 2004.

[23] Boivin J. Has U.S. Monetary policy changed? Evidence from drifting coefficients and real-time data[J]. Journal of Money, Credit and Banking, 2006, 5: 1149-1173.

[24] Brüggemann R, Riedel J. Nonlinear interest rate reaction functions for the UK[J]. Economic Modelling, 2011, 28(3):1174-1185.

[25] Bullard J, Schaling E. Why the Fed should ignore the stock market[J]. Federal Reserve Bank of St. Louis Review, 2002, 84.

[26] Levin A T, Wieland V, Williams J. Robustness of simple monetary policy rules under model uncertainty [M]//Monetary policy rules. Chicago: University of Chicago Press, 1999:263-318.

[27] Clarida R, Gali J, Gertler M. Monetary policy rules and macroeconmic stabili-

ty: Evidence and some theory[J]. The Quarterly Journal of Economics, 2000, 115(1): 147-180.

[28] Cogley T, Sargent T J. Drifts and volatilities: monetary policies and outcomes in the post WWII US[J]. Review of Economic dynamics, 2005, 8(2): 262-302.

[29] Friedman B M. The future of monetary policy: the central bank as an army with only a signal corps? [J]. International finance, 1999, 2(3): 321-338.

[30] Kim C J, Nelson C R. Estimation of a forward-looking monetary policy rule: A time-varying parameter model using ex post data[J]. Journal of Monetary Economics, 2006, 53(8): 1949-1966.

[31] Kydland F E, Prescott E C. Rules rather than discretion: the Inconsistency of optimal plan[J]. Journal of Monetary Economics, 1999.

[32] Kozicki S. How useful are Taylor rules for monetary policy? [J]. Economic Review-Federal Reserve Bank of Kansas City, 1999, 84(2): 5-25.

[33] Martin A, Monnet C. Monetary policy implementation frameworks: A Comparative Analysis[J]. Macroeconomic Dynamics, 2011, 15(S1): 145-189.

[34] Rabanal P. Monetary Policy Rules and the US Business Cycle: Evidence and Implications[R]. Washington: International Monetary Fund, 2004(164).

[35] Svensson L E O. Inflation forecast targeting: Implementing and monitoring inflation targets[J]. European economic review, 1997, 41(6): 1111-1146.

[36] Taylor J B. Discretion versus policy rules in practice [C].//Carnegie-Rochester conference series on public policy. North-Holland, 1993, 39: 195-214.

[37] Whitesell W. Interest rate corridors and reserves[J]. Journal of Monetary Economics, 2006, 53(6): 1177-1195.

[38] Woodford M. Inflation stabilization and welfare[R]. Cambridge: National Bureass of Economic Research, 1999(8071).

[39] Woodford M. Monetary policy in a world without money[J]. International Finance, 2000, 3(2): 229-260.

文章审稿人:李研妮

汇率变化与房价波动

——来自中国房地产市场的证据[1]

中国人民银行重庆营业管理部金融研究处课题组

课题主持人:陈徐

课题组成员:顾胥　韩鑫韬　孔文佳　韩静　李研妮　黄觉波

葛志苏

一、引言

2007年8月,美国次贷危机突然爆发,房地产泡沫破灭,全世界陷入了自20世纪30年代大萧条(Great Depression)以来最为严重的金融危机。随着美国次贷危机爆发,房产价格泡沫破灭,全球经济增长下滑,以房地产价格为代表的资产价格与宏观政策的关系已经成为国内外研究的热点。国外一些中央银行也开始在"特定时期"更多关注资产价格的大幅波动对经济增长的影响。在这场突如其来的次贷危机中,房地产价格及其价格"泡沫"的破灭无疑对货币政策产生了深远影响。

我国自1998年实行住房制度改革以来,房地产市场发展迅速,居民资产结构中不动产份额持续增加,房地产投资已经成为我国经济增长的重要动力。但是由于房地产价格增长过快,导致房价/收入、个人购房贷款增长率/个人收入增长率等宏观指标屡创新高,不仅严重影响了经济结构转型,还威胁到社会稳定。从全国总体来看,1999—2010年,房价一直大幅度增长,平均增速达5.5%,2009年和2011年的上半年有所回落,但之后又冲高至2013年7月末的6.5%。房地产价格的飙升已经超出了普通居民的购买力。截至2011年末,我国平均商品房价格与居民收入之比达到8.1,其中北京15.3、上海12.2、天津10.4、广东9.2、重庆7.2,已经远远超出了世界银行划分的"房价收入比3~6倍的合理区间"。那么,是什么导致我国房地产市场价格的持续上涨呢?又是通过什么途径影响房地产价格呢?

特别是2005年7月21日,人民币汇率结束长达十年之久的"盯住制",我国开始实施以市场供求为基础,参考一篮子货币,有管理的浮动汇率制度。至此,人民币开始进入升值通道,截至2013年7月末,人民币对美元名义汇率已累计升值25%,同时,长期以来,我国国际收支中经常项目和资本与金融项目表现为双顺差,使得人民币升值预期不断升温,表现为反映境外对人民币汇率预期的人民币无本金远期交

---

① 为2013年度重庆金融学会招标课题,获评"一等奖"。

割汇率(NDF)大部分时间处于升值中,2005 年 7 月末—2013 年 7 月末,香港一年期人民币 NDF 买价近 2/3 的时间是贴水状态。

房地产市场作为一个投资型市场,汇率的低估和汇率预期升值会引起境外资本的大量流入,其目的是为了获得人民币升值汇兑收益和房价上升增值收益的“双价差”。大量外资进入房地产市场进行房地产投资套利对我国房地产市场产生了重大影响,在一定程度上推动了我国房价的进一步上涨。根据国家统计局数据显示,2005—2011 年,人民币对美元汇率上涨了 22%,全国房地产开发资金来源中外商直接投资增长了 300%,至 689.5 亿元,同时,70 个大中城市新建住宅平均价格上涨了 50%(见图 1)。在国家颁布外资限购令后,外资购房占比有所降低,但部分隐蔽的非法交易并没有统计在内。总体而言,这些数据足以说明外资很可能对房地产价格造成了一定程度的冲击。

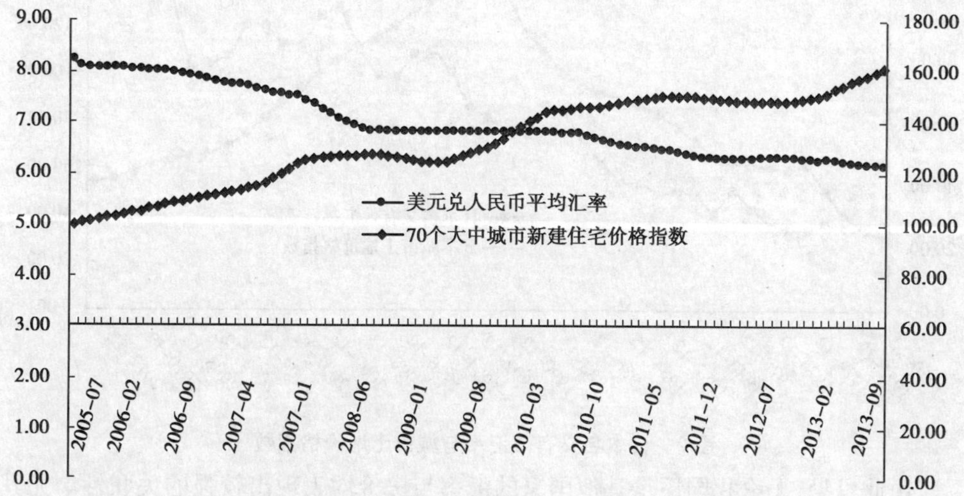

图 1　人民币汇率与 70 个大中城市新建住宅价格指数走势

注:70 个大中城市新建住宅价格指数通过其环比指数计算,以 2005 年 7 月为基期。

从国际经验看,一些国家由于汇率变动而引发的本国房地产价格大幅波动,并致使本国经济陷入低谷,甚至经济倒退多年,一蹶不振。其中,日本和泰国最具代表性。1985 年,日本在签订“广场协议”后,其日元开始大幅升值,从而吸引了大量外资进入房地产市场。1985—1992 年,日元名义有效汇率由 39.08 升至 64.27,涨幅达 64.5%,在此期间,国际投机资本大量涌入日本房地产市场,日本城市土地价格一路飙升,涨幅达 63.1%①,形成了严重的房地产泡沫。随着日本房地产泡沫的破灭,日本城市土地价格从 1993 年开始一路下跌,截至 2012 年末,降幅达 58.6%,房地产价格的大幅下滑导致了日本经济长达到 20 年的萧条(图 2)。1991 年,泰国接受了国

① 数据来源:Wind 数据库——全球宏观经济数据库。

际货币基金组织的第八条款,1992 年开放离岸金融市场,加上泰国房地产项目较高的利润,促使国际资本大量进入泰国房地产业。1989—1996 年,泰国发放的住房贷款总额增长超 5 倍;1992—1997 年 6 月末,泰国地价攀升了 40%以上。在亚洲金融危机的冲击下,1997 年 7 月 2 日,泰国被迫宣布实行管理下的浮动汇率制,随后泰铢在金融风暴中贬值了近 100%。与此同时,大量投机资金纷纷撤离,大规模抛售房地产,导致房价急剧下跌,仅 1997 年下半年,曼谷的房价就下跌了 20%~30%,泰国经济陷入泥潭。这说明汇率与房价的关系在实践中以国际投资资本为中介存在较强的相关性,汇率的大幅波动很可能对房地产价格产生巨大影响,进而冲击本国金融业和实体经济。

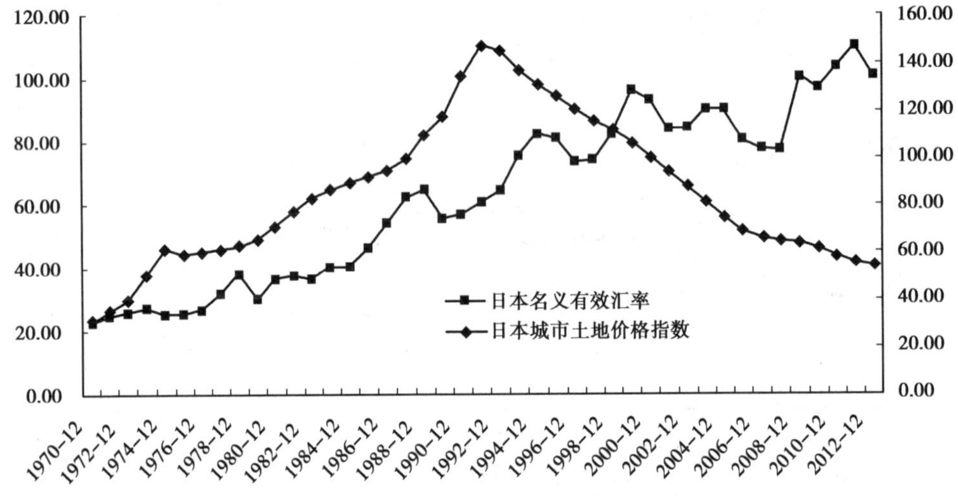

图 2 日本名义有效汇率与城市土地价格指数

由此可见,无论我国还是其他国家的汇率与房价均表现出较强的关联性。尤其是近年来,在人民币升值的背景下,我国房价不断上涨,对我国经济平稳较快增长造成了两难困境:一方面使得房地产开发投资及其附属产业成为经济增长的重要动力,其对经济增长的贡献率一度超过 20%①;另一方面房价的不断攀升成为影响社会稳定的一个重要因素,房地产市场成为中央政府宏观调控的重要目标。在这个过程中,人民币汇率和全国房价同步上涨的趋势已经开始引起一些学者对汇率与房价联动关系的关注(朱孟楠,2011;王爱俭,2007;周京奎,2006;等)。然而,从目前的文献来看,大多研究仍主要集中于探讨货币政策与房地产价格的关系,汇率政策与房价相互关系的研究成果还不多,“人民币汇率上升是否是导致房价上扬的重要‘推手’?”“人民币汇率变化是否造成了房价波动?”“如果汇率确实对房价产生了显著影响,那么货币政策的房地产价格传导渠道还是否畅通呢?或者说在考虑汇率变化

① 数据来源于中国指数研究院《年终解读:房地产业作为经济支柱产业的作用几何》。

的情况下，央行应如何调控房价的波动呢？”这些问题都值得深入研究。

本文的结构安排如下：第一部分是引言；第二部分是汇率波动对房价的传导机制，综合介绍了房价的货币政策传导机制、汇率对房价的传导机制以及当前汇率与房价关系的相关研究成果；第三部分汇率变化与房价波动的国际案例分析，重点分析了日本和泰国因汇率变化对房价波动的影响，以及两国中央银行货币政策的应对；第四部分通过 MVGARCH 模型和变参数模型实证分析了汇率变化与房价波动的相互关系；第五部分总结了本文的主要结论，并提出政策建议。

二、汇率波动对房价的传导机制

从汇率市场化的角度来看，汇率政策是独立于货币政策的，所以，货币政策规则中是否应该考虑汇率，在学术界存在一定的争论，但是汇率与利率、货币供应量等货币政策工具均存在紧密的联系，特别是当汇率传递不完全时，汇率波动很可能影响最优货币政策(Sutherland，2005)。因此，如果汇率波动对房价或者实体经济造成显著影响，很可能涉及货币政策的变化。综观国内外关于汇率政策、货币政策与资产价格的理论研究，对于货币政策的传导机制研究较多，而对汇率的传导机制研究相对有限，本文对相关研究成果进行了综述。

(一)关于房价的货币政策传导机制

房地产是一种重要的耐用消费品，同时也是一种能创造或储存财富的投资品。房地产价格能通过财富效应(Friedman，1957)影响消费，通过托宾 Q 效应(Tobin，1969)影响投资，通过“金融加速器(Financial accelerator)”效应影响金融稳定性等。这些房地产价格与总需求要素之间的理论联系表明货币当局可以监控房地产市场的发展，但是中央银行实施货币政策并非容易，一是由于可靠数据的缺失，估值方法的繁杂以及市场运行的不可预测性使得不易在早期直接发现过度的房价波动；二是预测用于调控不动产市场的货币政策的效果存在技术性难题(Haibin Zhu，2003)。所以，在实践中，货币政策能否盯住房价等资产价格，如果要盯住，又如何去对待？一直是学术界争论的焦点。Jarociński 和 Smets(2008)认为，尽管房价对于经济状况和利率水平存在内生性，但是将房价纳入货币政策考虑中可能会更有助于判断货币政策的立场随着时间推移是否需要发生改变。与之相反的是，Mishkin(2007)认为，使用标准化模型去解释房地产价格变化的能力是有限的。他强调了与房地产价格相关的货币传导渠道的不确定性，建议采用“先发制人”(pre-emptive)的策略以免房地产价格泡沫突然破灭造成更大的经济损失。

目前，我国学术界主要集中在“房地产价格的货币政策传导机制”是否成立方面进行研究，主要存在以下 4 种观点：一是从总体上认为我国房地产价格的货币政策传导机制是有效的(丁晨、屠梅曾，2007；戴国强、张建华，2009)；二是央行通过货币供给量对房地产价格的调控渠道是畅通的(高波、王先柱，2009)；三是由于利率缺乏弹性,央行通过利率来调控房地产市场,成效不大(梁云芳、高铁梅、贺书平,2006);四是房地产价格是中央银行货币政策利率反应函数的重要内生影响变量,中央银行可以将房地产价格波动作为内生性影响因素,纳入前瞻性利率规则中(赵进文、高辉,2009)。但是房地产价格的货币政策传导机制是否成立与我国中央银行的货币政策操作能否调控房地产价格是两个不同问题,房地产价格的货币政策传导机制的成立只是说明了货币政策的应用途径存在房地产价格这条通道,然而货币政策的传导能否顺利通过房地产价格这条通道达到调控目的是不确定的。

(二)汇率波动对房价的传导机制

汇率波动对房价的传导机制主要是探讨汇率波动影响房价变化的渠道和路径。Goldberg 和 Knetter(1997)将汇率传导机制分为直接传导和间接传导,认为在开放式经济体中两条传导机制同等重要;Taylor(2000)又提出预期传导机制:当公众预期汇率变化将长期持续时,价格水平会因预期通胀的调整而变化,此时汇率传导效果最高。这几个传导机制最终的落脚点都放在了货币供应量上,即最终都归结于过多的货币追求缺乏供给弹性的房地产市场而导致的房价上涨。

1.预期效应

预期效应是指如果预期本币升值,则投资者愿意持有更多的本币,而尽量减少通过汇率而兑换为外币,因为如果本币真实升值后,可以兑换为更多的外币。然而持有本币是有机会成本的,它必须要以一定的方式存在,可以购买金融资产、房地产等投资品。而同时,如果投资者预期房地产市场会带来更高的收益率,将形成房地产市场的投机需求,从而推动房价上涨。实际上,单纯的预期效应主要针对是国内市场。见下面的传导关系。

本币升值→预期效应→本币减少兑换外币→预期效应→房地产投资需求增加→房价上涨。

2.流动性效应

流动性效应主要表现为境外资金对本国房地产市场的投机活动。当本国货币具有升值预期或持续升值时,投资者首先把外币兑换成本国货币并在本国购置房地产,等本国货币升值后,投资者再将持有的房地产在价格上涨后出售,并兑换成外币,就可得到货币升值以及房地产价格上涨两方面的收益。由于房地产供给在短期内较难增加,这种房地产投机需求势必拉高房地产价格。相反,当本国货币发生贬值时,这些投机者将抛售持有的房地产,导致房地产价格下跌。从这个意义上说,流动性效应的作用机制包含了预期效应。见下面的传导关系。

本币升值或预期升值→外资流入→预期房价上涨→房地产投资需求增加→房价上涨。

3.财富效应

财富效应包含两个渠道。一方面,当本币升值后,引起外资进入国内市场,其中一部分流入资本市场。“热钱”的流入使得资本市场需求增加,从而使得资产价格上扬。投资者因持有的资产价格上涨而实现了财富增加,从而刺激消费,进一步刺激房地产市场的需求增加,导致房价上涨。另一方面,当本币升值时,意味着进口商品价格下降,出口商品价格上升,进口增加,出口减少。从而国内商品供给数量增加,供给增加必然带来国内商品价格的下降,从而使得居民的财富相对增加。用比本币升值前更少的资金获得相同的效应之后,剩下多余的购买力就会寻找投资项目,最终流向房地产领域,从而引起房地产市场需求增加,导致房价上涨。见下面的传导关系。

①汇率升值→外资流入→房价上涨→居民财富增加→购房消费需求增加→房价上涨。

②汇率升值→商品价格下降→居民财富增加→购房消费需求增加→房价上涨。

4.通货膨胀效应

通货膨胀效应是指当本币持续升值或者预期升值时,央行为了维持本币汇率稳定,会对外汇市场进行干预,向市场投放本币回笼外币,扩大本币供给,同时减少市场上的外币数量。本币供应量和外币需求量的突然增加,必然引起外汇市场上货币价格的变动,从而达到减弱本币升值和升值预期的目的。但是央行这一干预的结果,往往易引发国内通货膨胀。人们为避免通货膨胀带来的资产损失,纷纷将货币转向保值增值性较强的实物资产,房地产则因为其较高的保值增值特性成为人们追捧的对象,而房屋数量有限,短期内又不可能增加,结果过多的货币涌入房地产市场,追求数量有限的房屋,导致了房地产价格的暴涨。见下面的传导关系。

汇率升值→央行干预外汇市场→形成通货膨胀→抛货币买资产→房价上涨。

5.溢出货币供应和信贷扩张效应

溢出效应是指由于本国货币升值,出口受到抑制,导致国内对外贸易企业不景气,失业率增加,国民收入减少,经济萎靡。为了刺激国内经济,中央银行会采取扩张性的货币政策,增加货币供应量。同时,降低商业银行贷款利率,放大市场信贷投放量。此时,存在一部分资金流向房地产领域,从而房地产需求增加,导致房价上涨。见下面的传导关系。

本币升值→物价下跌、出口抑制→经济紧缩→扩张性货币政策、放大信贷量→房价上涨。

综上所述,汇率波动对房价的作用机制主要体现两个方面:一是直接构成对房地产市场的需求,例如外资购房,或者由于财富效应本国居民需求放大等直接引起需求放大进而导致房价上涨;二是间接构成对房地产市场的需求,即通过了宏观经济基本面的货币供应量作为中介,增大房地产需求。例如由于通货膨胀而导致的国内资本流向房地产和由于货币供应量与信贷扩张而进入房地产的需求,都是以货币供应量作为中介,最终放大房地产市场的需求。因此,对于房价的分析,应该建立在构建其供求均衡的基础上。

(三)汇率与房价的相关实证研究

从目前的文献看,汇率与房价关系的实证研究主要是针对汇率与房价的关联性,而且大多数研究表明是汇率与房价之间是存在相关关系的,但是在关联的方向性、程度大小等方面存在差异,而且考虑到不同的历史阶段,汇率与房价的关联形态也有会有所不同。主要存在两种观点:一是认为汇率与房价存在正向关系,表示直接标价法下,汇率的下降或者货币的升值,会带来房地产价格的下跌(Norman, Michael 和 Nicholas,1988;Earl 等,1999;杜敏杰、刘霞辉,2007);三是汇率和房价存在不确定关系,王文胜(2008)分析人民币汇率与资产价格的相关关系中,指出在正常情况下人民币汇率与资产价格之间必然存在一定的正相关性,但是当汇率与资产价格的变化是由投机或者不稳定外在因素造成,而不是由内在的条件催生时,那么它们之间的相关性会消失,甚至在某些时候呈现显著的负相关。

三、汇率变化与房价波动的国际案例

鉴于各国汇率变化对本国房价的影响各异,本文采用案例分析方法,对作为发达经济体的日本和新兴市场的泰国两个经济体的汇率变化对房价波动的传导实践进行了研究,并对相关经验进行总结,从而为我国在适当时采取合适的货币政策提供参考。

(一)日本汇率变化对房价波动的传导实践

1.日元升值历程

第二次世界大战后,日本通过发展出口导向型经济,将汇率定在 1 美元兑换 360 日元的固定水平,刺激国内出口,随着布雷顿森林体系的解体,不断积累的贸易顺差开始推动日元步入升值通道。日元升值历程大致可以分为 4 个阶段:

第一阶段从 1971 年至 1973 年 2 月。1971 年 12 月西方十国财政部长在华盛顿达成“史密森协议”,协议决定将日元兑美元汇率升至 1 美元兑 308 日元,升值 14.4%,但“史密森协议”并没能阻止美国贸易逆差继续扩大的步伐,1973 年 2 月美国宣布美元对黄金贬值 10%,在这种情况下,日本被迫向浮动汇率制过渡。

第二阶段从 1973 年 2 月至 1985 年 9 月。日元由 1 美元兑 308 日元逐步升值为 1 美元兑 200~250 日元,最大升值幅度达 33%左右,后来稳定在 240~250 日元。然而伴随着日元的升值,美国对日本的贸易逆差不但没有减少反而在逐渐增加,美国贸易逆差的逐年扩大以及国内财政赤字的居高不下,最终促使美、英、德、日、法五国于1985年9月22日在纽约签署了旨在推动主要货币对美元升值的“广场协议”。

第三阶段自1985年“广场协议”后，日元开始加速升值，在协议生效后不到3个月的时间里，日元快速升值到1美元兑200日元，1986年年底升到l美元兑152日元，1995年达到l美元兑103日元；随后，日元汇率由升转跌，1998年跌至1美元兑144日元，1999年欧元诞生，日元的升值预期才基本消除，日元汇率走势变得相对稳定。

第四阶段从2009年至2012年末，随着全球金融危机的爆发，欧元区债务危机加重，公众对美国财政悬崖的担忧，日元重新回到升值轨道，2011年9月，创下1美元兑76.84日元的历史新高。2012年12月，安倍晋三当选日本首相后，实行积极宽松的“安倍经济学”政策，日元汇率开始下跌。

2.汇率变化对日本房价波动的影响

日本城市地价从20世纪70年代初开始上涨，进入20世纪80年代以后，地价上涨速度进一步加快(见图2)。从1971年地价开始上涨，到1991年达到顶峰，20年间日本城市地价上涨了3.8倍。1991年初，日本土地资产总额达2389万亿日元，比1985年末增加了1.4倍。日本的地价上涨形成了巨大的资产泡沫，进一步推动土地担保价值的升高，企业从银行获得的贷款越多，企业利润和经济增长预期上升，房价和实体经济互推上涨，导致房产泡沫越吹越大。房产泡沫推动了投机需求者的增加，而对房地产的真实需求并没有显著增长，所以服务价格与资产价格之间的关系被切断了，房价的上涨并没有带动房租的上涨。1986—1990年，日本房地产价格大约上涨80%，但消费价格中的房租价格仅上涨7%左右。

3.日元升值过程中的货币政策

自1971年起，日本中央银行实行了宽松的货币政策，以应对日元升值可能引发的通货紧缩和经济衰退。1971—1979年，日元开始对美元升值后，日本的实际利率基本都为负，从20世纪80年代开始才逐步转正，虽然1982—1985年日本经济增长带动了实际利率的上升，但受“广场协议”后日元大幅升值的影响，自1986年起，日本的实际利率又进入缓慢下降的趋势，基本都在2%以下的水平上低位运行。

1985年9月，“广场协议”后日元对美元的大幅升值严重打击了日本的出口，经济增速由1985年的6%迅速跌落至1986年的2.8%，为了应对经济增速放缓，日本中央银行在1986年1月至1987年2月的短短14个月时间里，连续5次降低中央银行贴现率，从5%大幅降低到2.5%，不仅创日本历史的最低，而且也是当时世界主要国家的最低利率。同时，日本的货币供应量也持续上升，造成流动性过剩的局面。在宽松货币政策和积极财政政策的刺激下，1987年日本经济增速开始回升，1988年达到7%。此时，日本国内经济已开始出现过热现象，货币政策失误与国内外汇储备快速增加等因素导致了国内资金供需矛盾加大，在市场缺乏有利投资机会的情况下，过剩资金大量流入房地产和股票市场，导致资产价格暴涨。

虽然资产价格飞涨,但由于日元升值产生的通货紧缩效应,日本经济增长和国内物价依然保持了稳定,导致日本中央银行相信日本经济仍处于正常运行之中,从而没有针对国内高企的资产价格和浓厚的投机氛围相应地调整货币政策,加之国际上的政治压力,日本将2.5%的战后最低利率水平维持了两年多,在这段时期内保持日美利差达到3%以上。随着国内资产价格泡沫的过度发展和来自各方的压力,1989年日本中央银行决定改变货币政策方向,修正已经实施两年多的低利率政策以抑制国内过热的经济,将贴现率提高0.75个百分点,至3.25%;1989年底,主张不惜一切代价抑制泡沫的三重野康出任日本中央银行行长,进一步将贴现率提高到4.25%,结束了日本的超低利率时代;从1989年5月至1990年8月,日本中央银行5次上调中央银行贴现率,达到6%的历史高位。1990年4月,日本大藏省对不动产融资开始实行总量控制,要求银行对房地产公司贷款的增长速度不得超过其贷款总额的增长速度。同时,日本中央银行通过“窗口指导”,要求所有商业银行将当年第4季度的新增贷款减少30%;到1991年,日本商业银行实际上已经停止了对不动产业的贷款。日本中央银行的货币供应量增长速度也从1989年的12%下降至1991年的2.3%。

过于迅猛的紧缩政策使得市场资金骤然紧缺,房价泡沫迅速破灭。1990—1991年,日本全国地价下跌了46%。1991—1992年,东京的住宅地价下跌了22%,大阪的住宅地价下跌36%,名古屋的住宅地价下跌13%,到1994年,东京等地的房价跌幅都超过了50%。至此,房地产市场的资产泡沫彻底破裂。在日本特有的法人相互持股制度和主银行制度下,资产价格泡沫的崩溃又迅速殃及企业和商业银行,商业银行的不良贷款比率及坏账率大幅上升,银行资产也因所持股票的市场价值大幅缩水而迅速恶化,而银行信贷资产和非信贷资产质量的双双恶化导致了进一步的信贷紧缩。日本政府虽然从1991年7月开始实行扩张性的财政政策,并大幅降低再贴现率,甚至实行“零利率政策”,但仍未能刺激日本经济,日本经济陷入了利率政策完全失效的“流动性陷阱”,由此步入历时超过20年的通货紧缩和经济萧条。

(二)泰国汇率变化对房价波动的传导实践

1.泰铢升值历程

20世纪80年代中期以来,泰国实行“变相”国定汇率制度,将本国货币与美元挂钩,以促进本国的出口。但进入90年代后,随着国际市场上美元的日趋坚挺和泰国外汇储备的激增,盯住美元的泰铢被迫开始升值。泰铢的升值大致可以分为2个阶段:

第一阶段从1984年6月至1996年7月,泰铢汇率缓慢上涨阶段。1984年11月,泰国开始实行盯住一篮子货币的汇率制度。同时,为弥补经常项目持续逆差,泰国中央银行开始通过吸引资本流入弥补逆差,先后放开了外国直接投资和证券投资,并允许从国外融资来发放泰铢和外币贷款。经过一系列开放政策的实施,泰国在1984—1996年的年均经济增速超过了7%，但同时也促使国外资本大量流入，进而导致泰国总体顺差和外汇储备激增。1984年11月至1996年7月，泰国外汇储备增长了近18倍，导致泰铢面临较大的升值压力。1993年1月至1996年7月，泰铢实际有效汇率突破浮动范围，上涨了2%。与此同时，泰铢升值又导致泰国央行不断抛售外币吸纳本币，致使国内银行紧缩，利率不断上升。1993年1月至1996年7月，泰国央行贴现率由9%上涨至12.5%。国内外利差的扩大又导致泰铢对美元汇率的循环升值。

第二阶段从1996年8月至1997年6月，泰铢汇率加速上涨阶段。从1996年下半年开始，随着美元的加速升值，实际盯住美元的泰铢也相对进一步升值，经常项目赤字增大，泰国中央银行被迫进一步提高利率以吸引资本不断流入，然而利率的高企削弱了国内经济，国外资本开始大量流出。从1997年初开始，国际投机资本借机对泰铢发起了连续攻击，泰铢汇率市场出现了恐慌性抛售。由于泰国中央银行利用外汇储备不断对外汇市场进行干预，至1997年6月末，泰铢实际有效汇率依然上涨了9%。随着外汇储备的耗尽，泰国中央银行于1997年7月2日宣布放弃盯住汇率制度，实行有管理的浮动，泰铢对美元汇率当日下跌达20%。

2.汇率变化对泰国房价波动的影响

在较强的升值预期及过于宽松的金融政策下，促使国际游资大量流入，1993—1996年，国外资本流入量占到当年GDP的7%~10%，而且集中流向了房地产市场。与此同时，泰国的银行业也大举进入房地产市场，1993—1996年，泰国住房贷款总额从3285亿泰铢增长至7055亿泰铢，1997年进一步增加到7932亿泰铢。1993—1996年，泰国房地产价格上涨了近400%。在金融危机爆发以前的1996年，泰国的房地产业已处于全面危险的境地，房屋空置率持续升高，其中办公楼空置率竟达50%。随着价格的不断上涨与投机资本的持续增加，房地产的价格远远高于与之对应的内在价值，由此导致房地产泡沫的形成。

3.泰铢升值过程中的货币政策

20世纪80年代，出于经济发展的需要，泰国选择了固定汇率制，将本国货币与美元挂钩，以促进本国的出口。这种汇率安排在一定时期内刺激了泰国出口增加，并在一定程度上鼓励了外资流入，使得泰国经济保持了十多年的高速增长。但随着20世纪90年代国际市场上美元的日趋坚挺，盯住美元的泰铢汇率也随之升值，从而直接打击了本国的出口，贸易逆差迅速扩大，经济增速放缓。1997年的东南亚金融危机爆发，泰铢遭国际投机者不断抛售，泰国中央银行被迫放弃固定汇率制。事后，许多专家学者将泰国缺乏弹性的盯住汇率制认为是引发亚洲金融危机的重要诱因，或者是促使金融危机迅速从泰国传递到其他东南亚国家的重要传染渠道（王宇，2005；刘旺霞，2011；等）。

随着泰国于20世纪七八十年代陆续开始放松金融管制，固定汇率制度、资本自由流动和独立货币政策之间的矛盾越来越明显,中央银行货币政策的独立性不断被削弱,无法根据国内经济运行形势的变化进行相应调整。在贸易逆差不断扩大的形势下,泰国中央银行为维持盯住美元的固定汇率制,不断在外汇市场上抛售外币吸纳本币,致使国内银行紧缩,利率不断上升。特别是金融危机期间,泰国中央银行为了应对投机者对本币固定汇率制的冲击,更是将利率提高到历史新高。1993—1999年,泰国中央银行的贴现率上涨了近4个百分点,至13%左右。同时,高利率加大了企业债务负担,迫使企业转而向国际金融市场寻求低成本筹资,从而进一步扩大了对外负债规模。1997年泰国外债达到900亿美元,相当于GDP的50%,其中,短期外债占到了60%(王宇,2007)。

1996年,由于经常项目逆差迅速扩大、泰国经济形势恶化、使泰铢面临巨大的贬值压力。为了维持盯住制度,泰国中央银行通过增加对外汇市场的干预力度来保持泰铢稳定。国际投机资本趁机从1997年初开始对泰铢发起了连续攻击。1997年2月,泰国出现了第一次泰铢贬值风波,泰国中央银行动用20亿美元的外汇储备干预外汇市场,平息了这次风波。1997年5月12日,国际金融市场上再次盛传泰铢贬值,引发泰铢汇率大幅波动。泰国中央银行通过“东亚中央银行总裁会议”的会员国,联合新加坡中央银行干预外汇市场,投入120亿美元,并行政命令严禁本地银行拆借泰铢给索罗斯等国际投机者,最终将汇率维持在25泰铢兑1美元的价位,但此时,泰铢贬值压力进一步增加,外汇市场出现了恐慌性抛售。而泰国中央银行在多次干预后,外汇储备大幅下降。截至1997年6月末,泰国外汇储备下降了300亿美元,失去了继续干预外汇市场的能力。1997年7月2日,泰国政府被迫宣布放弃盯住汇率制度,实行有管理的浮动汇率制度,当天泰铢汇率最低曾达到1美元兑32.6泰铢,贬值幅度高达30%以上。随着亚洲金融危机的全面爆发,从1997年7月初至2000年12月末,泰铢实际有效汇率贬值幅度达16.5%。

(三)总结

1.货币政策应该独立“关注”资产价格

日本的房价膨胀是在低通货膨胀的情况下发生的,而低通胀条件下的房价泡沫破灭可能会对经济产生更大的危害。因为在这种情况下,房价的实际调整只能通过名义价格的更大幅度下降来实现,而名义价格的急剧下降会对家庭、企业和金融部门的资产负债状况产生严重冲击,进而危及金融体系和国民经济安全。因此,即使在经济增长、物价稳定的形势下,中央银行也应当把资产价格纳入货币政策的监测目标范围之中。面对日本出口的强劲增长,日本央行被迫接受国外条款,加速了日元升值,导致经济“一蹶不振”,这也提醒我们货币政策和汇率政策一定要保持独立性。

2.实体经济才是一国不断发展的稳定动力

日本和泰国的经验,实质上说明了实体经济的竞争力才是“硬道理”,而非房地产经济。在本国货币升值预期和短期国际资本流入的冲击下,形成的房地产泡沫对经济具有非常大的危害。其泡沫破灭的结果或者像日本一样长达20年的经济停滞,或者如泰国,危机中的迅速、剧烈调整。

四、汇率变化与房价波动的实证研究

(一)模型选取

前文的传导机制分析和理论分析表明,汇率变化与房价波动的联动关系不是直接发生的,其中介——货币供应量发挥了关键作用,而影响货币供应状况的一个关键因素就是利率,而且,房地产商开发贷款和购房者按揭贷款已经成为当前我国房地产开发资金的主要来源,那么,利率对房价的影响就更加重要了。由于房价和汇率都可能呈现非线性状况,所以不能仅以房价、汇率、货币供应量和利率间的线性互动关系去简单考察。因此,本文将扩展到房价与汇率货币政策工非线性关系,采用多元GARCH模型,反映一个变量值的波动对另一个变量值的动态影响,具有重要的现实意义和理论意义。

多元GARCH模型(MVGARCH)是在广义自回归条件异方差模型(GARCH)的基础上发展起来的。GARCH模型由于考虑到单变量时间序列的时变方差特性而被广泛应用,但是它们没有同时考虑到变量方差协方差之间的相互影响。在现有的文献中有几种不同的多元GARCH模型,主要包括:VEC模型(Bollerslev,1988),但VEC模型的参数太多,在研究对象过多的情况下,估计困难,而且常相关系数矩阵缺乏时变特征;于是Bollerslev、Engle和Wooldridg(1988)发展了一种受约束VECH模型的条件方差——斜方差矩阵,称为对角VECH模型,但是对角VECH模型对波动的刻画可能不够全面,无法度量多个市场之间的相关关系和波动溢出效应;Engle和Kroner(1995)在Baba,Engle,Kraft和Kroner研究的基础上提出的BEKK模型解决了VECH要确保H矩阵总是正定型的这一难题,不过涉及多个资产变量时,“维数灾难”依然存在。为了解决相关系数矩阵的时变特征问题,Engle(2002)又提出了DCC模型。GARCH模型现在已广泛应用于国内外的金融市场研究中。目前,国外学者也已开始在房地产市场研究中尝试应用GARCH模型(Cotter和Stevenson,2006;Cannon,Miller和Pandher 2006;Miller和Peng 2006;Long和Bao,2007等)。由于国内的房地产数据存在时间维度问题,据笔者了解,王擎和韩鑫韬(2009)首先应用对角BEKK模型估计了房地产价格与国内生产总值和货币供应量的波动关系,但是严格来讲,数据时间长度仍然有限,模型最后的收敛效果一般。

为了分析房地产价格分别与货币政策三种工具变量(货币供应量、汇率和利率)的动态变化关系,本文建立二维向量自回归多元GARCH(VAR-MVGARCH)模型。

首先考虑房地产价格与货币政策工具变量之间的向量自回归 VAR(1)形式:

$$\begin{pmatrix} y_{1,t} \\ y_{2,t} \end{pmatrix} = \begin{pmatrix} \alpha_1 \\ \alpha_2 \end{pmatrix} + \begin{pmatrix} \beta_{11} & \beta_{12} \\ \beta_{21} & \beta_{22} \end{pmatrix} \begin{pmatrix} y_{1,t-1} \\ y_{2,t-1} \end{pmatrix} + \begin{pmatrix} \gamma_1 \\ \gamma_2 \end{pmatrix} Dummy_{1,t} + \begin{pmatrix} \omega_1 \\ \omega_2 \end{pmatrix} Dummy_{2,t} + \begin{pmatrix} \varepsilon_{1,t} \\ \varepsilon_{2,t} \end{pmatrix}$$

其中,$y_{1,t}$是房地产价格在 t 时刻的变化率,$y_{2,t}$是货币政策工具变量(货币供应量或利率或汇率)在 t 时刻的变化率。$Dummy_{1,t}$是虚拟变量,从1996年1月至1998年12月取值为0,从1999年1月至2010年3月取值为1。γ_1 是1998年我国房改前后房价变化的差别截距系数,γ_2 是1998年我国房改前后各工具变量变化的差别截距系数。$Dummy_{2,t}$也是虚拟变量,从1996年1月至2010年4月取值为0,从2010年5月至2010年12月取值为1。ω_1 是2010年我国各城市“限购”政策批量出台前后房价变化的差别截距系数,ω_2 是2010年我国各城市“限购”政策批量出台前后各工具变量变化的差别截距系数。矩阵 β 中的元素表示变量信息的传导:β_{11}表示房价变化受到自身上一期的影响;β_{12}表示从各工具变量到房价的线性溢出,如果 β_{12}显著异于零,表示工具变量能够影响房价的变化;β_{22}表示工具变量的变化受到自身上一期的影响;β_{21}表示从房价到各工具变量的线性溢出,如果 β_{21}显著异于零,表示房价的变化能够反映工具变量的变化;α_i 是常数项,$\varepsilon_{i,t}$是残差项。

对于房价分别与汇率、货币供应量和利率动态变化关系,本文使用 MV-GARCH-BEKK 模型来分析,该模型为:

$$H_t = C'C + \sum_{k=1}^{n} A'\varepsilon_{t-k}\varepsilon'_{t-k}A + \sum_{k=1}^{n} B'H_{t-k}B \tag{1}$$

其中,$\varepsilon_t = H_t^{1/2}\xi_t$,$\xi_t$: $i.i.dN(O,I)$,矩阵 C 是一个下三角常数矩阵,A 和 B 是 $n\times n$ 参数矩阵。$n\times n$ 矩阵 A 的元素 a_i 反映了波动的 ARCH 效应。$n\times n$ 矩阵 B 的元素 b_i 反映了波动率传导的持久性(Persistence),即波动的 GARCH 效应。本文通过 AIC 和 SC 准则的综合判断,确定了最优滞后阶数是1,而且大多数使用 GARCH 类模型的实证显示滞后一阶的模型即可对时间序列有相当良好的配置,故本文将选择二元 BEKK(1,1)模型,该模型可以写成矩阵向量的形式:

$$\begin{bmatrix} h_{11,t} & h_{12,t} \\ h_{21,t} & h_{22,t} \end{bmatrix} = \begin{bmatrix} C_{11} & \\ C_{21} & C_{22} \end{bmatrix}^T \begin{bmatrix} C_{11} & \\ C_{21} & C_{22} \end{bmatrix} + \begin{bmatrix} a_{11} & a_{12} \\ a_{21} & a_{22} \end{bmatrix}^T \begin{bmatrix} \varepsilon_{11,t-1} & \varepsilon_{12,t-1} \\ \varepsilon_{21,t-1} & \varepsilon_{22,t-1} \end{bmatrix} \begin{bmatrix} a_{11} & a_{12} \\ a_{21} & a_{22} \end{bmatrix} +$$

$$\begin{bmatrix} b_{11} & b_{12} \\ b_{21} & b_{22} \end{bmatrix}^T \begin{bmatrix} h_{1,t-1}^2 & h_{1,t-1}h_{2,t-1} \\ h_{2,t-1}h_{1,t-1} & h_{2,t-1}^2 \end{bmatrix} \begin{bmatrix} b_{11} & b_{12} \\ b_{21} & b_{22} \end{bmatrix} \tag{2}$$

式中,$h_{ii,t}$表示某个变量的条件方差,$h_{ij,t}$表示两个变量之间的条件协方差。a_{ij}表示 i 变量的 ARCH 效应对 j 变量未来波动的冲击,b_{ij}表示 i 变量的波动持久性对 j 变量未来波动的影响。其中 $i,j=1,2$。1代表房价的变化率,2代表各工具变量的变化率。考察房价对工具变量是否存在显著的波动溢出效应,在于检验系数 a_{12}和 b_{12}是否显著异于零。考察工具变量对房价是否存在显著的波动溢出效应,在于检验系数 a_{21}和 b_{21}是否显著异于零。

在随机误差项服从正态分布的假定条件下，上面设定的二元 BEKK 模型的参数可以通过最大化下面的对数似然函数来估计：

$$l(\theta) = -\frac{TN}{2}\log 2\pi - \frac{1}{2}\sum_{t=1}^{T}(\log|H_t| + \varepsilon'_t H_t^{-1}\varepsilon_t) \tag{3}$$

此式中，θ 表示所有待估计的未知参数，N 是资产的数量，T 是观测值的数量，其他符号与前面模型一样。对 θ 的极大似然估计是渐进正态的，因而可以运用有关统计推断的传统过程。

（二）数据的收集与处理

目前，大多数研究都是用房价的绝对指标去研究货币传导机制，但是本文认为针对实际意义去选择研究数据很重要，因为观测宏观经济是否“平稳”，主要是依据经济增长率的变化这种相对指标，也就是说，即使需要货币政策调控房地产市场，为了保持房价变化的合理性，中央银行应该针对房价增长率的变化去制定调控的策略，而不是针对房价绝对数的变化。所以本文选取 1996 年 1 月至 2010 年 12 月的房价增长率、人民币对美元汇率、货币供应量以及银行间同业拆借市场利率的月度数据为样本，每个变量获得观测值 179 个。其中，房价增长率以国家统计局编制的“国房景气指数”中的房地产销售价格指数（本月）转化为月度增长率代表；货币供应量采用 *M*2 数据；人民币对美元汇率采用中美两国物价指数修正的实际汇率；银行间同业拆借市场利率选取银行间 7 天内同业拆借加权平均利率。其数据均来自中经网统计数据库和 Wind 数据库。为了消除异方差性，同时保证进入向量自回归多元 GARCH 模型的变量平稳性，本文分别用对数差分来表示每个变量的变化率。*RE* 代表房价增长率的变化率，*M*2 代表货币供应量变化率，*ER* 代表实际汇率变化率，*IR* 代表利率变化率。

（三）平稳性检验

在对经济变量的时间序列进行分析之前，首先要进行单位根检验，以判别序列的平稳性。只有平稳的时间序列才能进行回归分析。在此对序列采用 ADF 检验，其结果见表 1。由表 1 可知，*RE*、*M*2、*ER* 和 *IR* 4 个变量均在 1%显著性水平通过了平稳性检验。这说明本文所处理的数据适合做时间序列分析。

表 1　数据序列平稳性检验结果

变量	(c,t,p)	AIC	SC	ADF 统计量值	ADF 临界值			单整阶数
					1%	5%	10%	
RE	(0,0,1)	2.9543	2.9721	−6.8434	−2.5780	−1.9426	−1.6155	I(0)
*M*2	$(c,0,3)$	3.0372	3.1276	−6.8690	−3.4679	−2.8779	−2.5756	I(0)

续表

变量	(c,t,p)	AIC	SC	ADF统计量值	ADF临界值			单整阶数
					1%	5%	10%	
ER	$(c,1,1)$	-0.1122	-0.0404	-4.7075	-4.0107	-3.4354	-3.1417	I(0)
IR	$(c,0,1)$	8.2316	8.2673	-15.7311	-3.4672	-2.8776	-2.5754	I(0)

注:检验类型括号中的第一项 c 表示检验平稳性时评估方程中的常数项,为0表示不含常数项;第二项 t 表示时间趋势项,为0表示不含时间趋势项;第三项 p 表示自回归滞后的长度;AIC和SC准则来评价效果,选择AIC和SC最小的检验类型,如果AIC和SC结果矛盾,则以AIC准则为标准。

(四)VAR-MVGARCH模型结论

为了研究房价与汇率之间的信息传导关系,本文基于VAR-MVGARCH模型分析了房价增长率与汇率、*M*2和利率之间的动态变化关系,在VAR部分采用Bayesian估计,MVGARCH-BEKK部分采用BFGS算法进行最大似然估计。

条件均值方程VAR(1)结果(见表2)显示了房价增长率分别与*M*2变化率、汇率变化率和利率变化率之间动态线性变化关系。房价增长率与汇率变化率之间的系数 β_{21} 显著,表示房价增长率的变动对汇率的变化存在负向显著影响。这说明房价的上涨会导致人民币对美元升值。其原因可能与房地产行业投资、投机氛围较重有关。朱孟楠等(2010)在假设国内只存在技术性交易投资者的情况下,从理论和实证上发现:房价与汇率存在联动效应,即如果房地产价格上涨,其预期房价将进一步上涨,根据相应的需求方程,国外投资者的需求将上涨,人民币存在升值压力,同时,这又导致国际资本进一步流入,人民币进一步升值。刘莉亚(2008)发现“热钱”的涌入的确显著地推动了住宅价格尤其是豪华住宅价格指数的上升,并且住宅价格指数变化率的波动中有约20%是由于境外“热钱”发生异动所致。同时,房价增长率与汇率之间的系数 β_{12} 显著,显示汇率的变动对房价增长率的变化也产生负向的显著影响,说明中央银行可以通过汇率工具对房价进行有效调控,即美元兑人民币升值1%,房价增长率将下降0.25%。

表2　VAR(1)模型各参数估计结果

参数	房价与*M*2		房价与汇率		房价与利率	
	$i=1$	$i=2$	$i=1$	$i=2$	$i=1$	$i=2$
α_i	-0.048 (0.724)	1.492*** (0.000)	-0.052 (0.397)	-0.002* (0.077)	-0.415*** (0.000)	-0.867 (0.261)

续表

参数	房价与 $M2$		房价与汇率		房价与利率	
	$i=1$	$i=2$	$i=1$	$i=2$	$i=1$	$i=2$
β_{1i}	0.527*** (0.000)	0.067 (0.220)	0.795*** (0.000)	−0.250* (0.087)	0.674*** (0.000)	0.249 (0.443)
β_{2i}	0.048 (0.216)	−0.090*** (0.007)	−0.019*** (0.000)	0.282*** (0.000)	0.008*** (0.001)	−0.021 (0.663)
γ_i	0.182* (0.098)	−0.080 (0.629)	0143** (0.046)	−0.014*** (0.000)	0.282*** (0.000)	−1.100 (0.193)
ω_i	−0.408* (0.063)	−0.041 (0.886)	−0.006 (0.568)	−0.086* (0.089)	−0.107* (0.071)	4.152*** (0.000)

注:括号中为 P 值,* 表示在 0.1 显著性水平下显著;** 表示在 0.05 显著性水平下显著;*** 表示在 0.01 显著性水平下显著。

此外,房价增长率与利率变化率之间的系数 β_{21} 显著,表示房产增长率的变动对利率的变化存在正向的显著影响,房价的加速上涨会导致利率的提高。这说明为了抑制房价的过度上涨,长期来看,中央银行很可能采取了提高利率的办法来增加房地产市场供需双方的贷款资金成本和时间价值成本,进而调控房地产价格的过度波动。另一方面,房价增长率与利率变化率之间的系数 β_{12} 不显著,说明中央银行主动采用利率工具去调控房价是无效的。这可能与城镇化带来的住房刚性需求以及投资者的预期有关;同时,由于房地产业较高的利润率,提高利率对其融资影响较弱。房价增长率与 $M2$ 变化率之间的系数 β_{21} 和 β_{12} 均不显著,说明中央银行通过货币供应量去直接调控房地产价格是无效的。实际上,从 2009 年我国放松信贷管制以来,$M2$ 增长了 31%,而房价增长率的平均变动幅度只有 1%。

虚拟变量的系数 γ_i 反映了 1998 年前后房地产市场的结构变化,从数值上可以看出,1998 年以后,房价增长率的变化受到汇率、$M2$ 以及利率的影响更大。其原因是 1998 年以前,我国房地产市场还未完全市场化,房地产分配以及房地产价格主要是由行政力量决定的,自然货币政策工具对房地产价格没有显著影响。1998 年后,我国房地产行业市场化了,房地产的繁荣带动了 60 多个其他相关行业的发展,货币政策也不得不"关注"到房价的影响。房价增长率与汇率变化率之间的 γ_2 系数显著,说明汇率的变动会对 1998 年后房价增长率的变化作出更加显著的反应。一方面,这可能与国际资本对我国房地产行业的投资、投机行为有关。房价的加速上涨促使大量国际获利资本进入中国,导致人民币升值。另一方面,这可能与我国汇率改革后人民币加速升值有关。从 2005 年 7 月开始,人民币对美元的汇率出现大幅度波动,截至 2013 年 6 月末,人民币对美元累计升值超过 28%。虚拟变量的系数 ω_i 反映了 2010 年 4 月前后“限购”对房地产市场的影响,从估计结果看,“限购”实施后,全国房价增速出现明显下滑。

系数 a_{12} 和 b_{12} 反映了房价增长率对汇率变化率、$M2$ 变化率和利率变化率是否存在波动溢出效应;系数 a_{21} 和 b_{21} 反映了汇率变化率、$M2$ 变化率和利率变化率对房价增长率是否存在波动溢出效应。条件方差方程 MVGARCH 结果(见表 3)显示:房价增长率对汇率变化率存在显著的波动溢出效应,其溢出大小为 62.3%,这说明我国房价的波动很可能引起了汇率的变化,特别是国外投资者因为房价的上涨而把大量资本输入中国,致使人民币汇率加速升值。同时,房价的波动对 $M2$ 变化率和利率变化率均存在显著的波动溢出效应,其溢出大小分别为:20.2%和 224.4%。

表 3　MGARCH(1,1)各参数估计结果

参数	房价与 $M2$		房价与汇率		房价与利率	
	$i=1$	$i=2$	$i=1$	$i=2$	$i=1$	$i=2$
a_{1i}	1.166*** (0.000)	−0.449*** (0.004)	0.897*** (0.000)	−0.024*** (0.000)	1.334*** (0.000)	2.884*** (0.010)
a_{2i}	0.086* (0.063)	−0.466*** (0.000)	0.183 (0.496)	1.918*** (0.000)	0.050*** (0.000)	0.861*** (0.000)
b_{1i}	0.361*** (0.004)	0.157 (0.151)	0.788*** (0.000)	0.789** (0.000)	−0.004*** (0.019)	−3.758*** (0.001)
b_{2i}	0.280*** (0.000)	0.736*** (0.000)	0.413*** (0.000)	0.290*** (0.000)	−0.020*** (0.000)	0.794*** (0.000)

注:括号中为 P 值,* 表示在 0.1 显著性水平下显著;** 表示在 0.05 显著性水平下显著;*** 表示在 0.01 显著性水平下显著。

汇率变化率对房价增长率也存在显著的波动溢出效应,其溢出大小为 17.1%,远大于 $M2$ 变化率和利率变化率对房价增长率的溢出大小:7.8%和 0.3%。这表明中央银行货币政策对房地产价格的非线性传导渠道是畅通的。如果中央银行实施管理的汇率浮动去调控房价增长率,可能会有助于房价的“平稳走势”。另一方面,汇率的变化会导致房价增长率的波动更大,即对汇率的敏感性已经超过利率。这可能说明国内外资本对我国房地产市场的投资、投机氛围比较严重,如果中央银行通过汇率来调控房价增长率的波动,“药效”比较强烈,中央银行应该选择房价波动比较大的时机进行反向操作,同时,如果人民币汇率出现下跌趋势,国内外投资资本也可能加速撤离中国,造成更大的经济波动。

但是中央银行是否容易通过盯住波动而干预房价呢? 通过房价增长率分别与

汇率变化率、M2 变化率和利率变化率的条件相关系数(见图 3)发现,房价增长率与汇率变化率和利率变化率的条件相关系数的波动一直比较剧烈,波幅在-0.8 与 0.8 之间,房价增长率与 M2 变化率相关系数的波动变化更大。这种房价增长率与汇率变化率等之间相关度的不确定性为中央银行汇率政策和货币政策的操作均提出了挑战,暗示中央银行需要时时面对房价增长率的变化不断做出新的有效的决策才能直接盯住房价增长率的波动。而且这种相关度的不确定性很可能破坏房价增长率与经济增长率比较稳定的关系(王擎和韩鑫韬,2009),导致经济增长出现过度波动。

(五)模型的诊断

下面对模型进行诊断性检验,以确定模型使用是否适当。在滞后 16 阶的情况下,表 4 显示了房价增长率与汇率变化率、M2 变化率和利率变化率之间的 VAR-MGARCH 模型诊断估计结果。通过观察,发现各收益残差及残差平方都不存在自相关,残差项为序列无关的白噪声,表示所选用的模型合适。

表 4 模型诊断性检验结果

参数	房价与 M2		房价与汇率		房价与利率	
	$i=1$	$i=2$	$i=1$	$i=2$	$i=1$	$i=2$
$Q(16)$	17.865 (0.315)	15.782 (0.431)	17.914 (0.365)	34.912 (0.278)	18.344 (0.346)	22.418 (0.245)
$Q^2(16)$	22.843 (0.119)	23.115 (0.247)	21.970 (0.315)	34.1981 (0.433)	-0.478 (0.368)	21.664 (0.295)

(六)进一步的验证:汇改前后的动态反应弹性

为了进一步刻画我国房价波动与汇率变化的动态过程,本文利用 1996 年 1 月至 2010 年 12 月的月度数据,建立同时包括汇率变化率、M2 变化率和利率变化率对房价增长率影响的变参数模型。本文根据对模型的诊断和对比,发现如下模型能较好刻画各工具变量对房价的影响:

$$RE_t = \beta_1 + \beta_{2,t} \times M2_{t-1} + \beta_{3,t} \times ER_{t-3} + \beta_4 \times Du_1 \times ER_{t-3} + \beta_{5,t} \times IR_{t-2} + \beta_6 \times Du_2 + \beta_7 \times Du_3 + e_t \quad (4)$$

$$Du_1 = \begin{cases} 0 & 1996\text{年}1\text{月}—2005\text{年}6\text{月} \\ 1 & 2005\text{年}7\text{月}—2010\text{年}3\text{月} \end{cases}$$

$$Du_2 = \begin{cases} 0 & 1996\text{年}1\text{月}—1998\text{年}12\text{月} \\ 1 & 1999\text{年}1\text{月}—2010\text{年}3\text{月} \end{cases}$$

$$Du_3 = \begin{cases} 0 & 1996\text{年}1\text{月}—2010\text{年}4\text{月} \\ 1 & 2010\text{年}5\text{月}—2010\text{年}12\text{月} \end{cases}$$

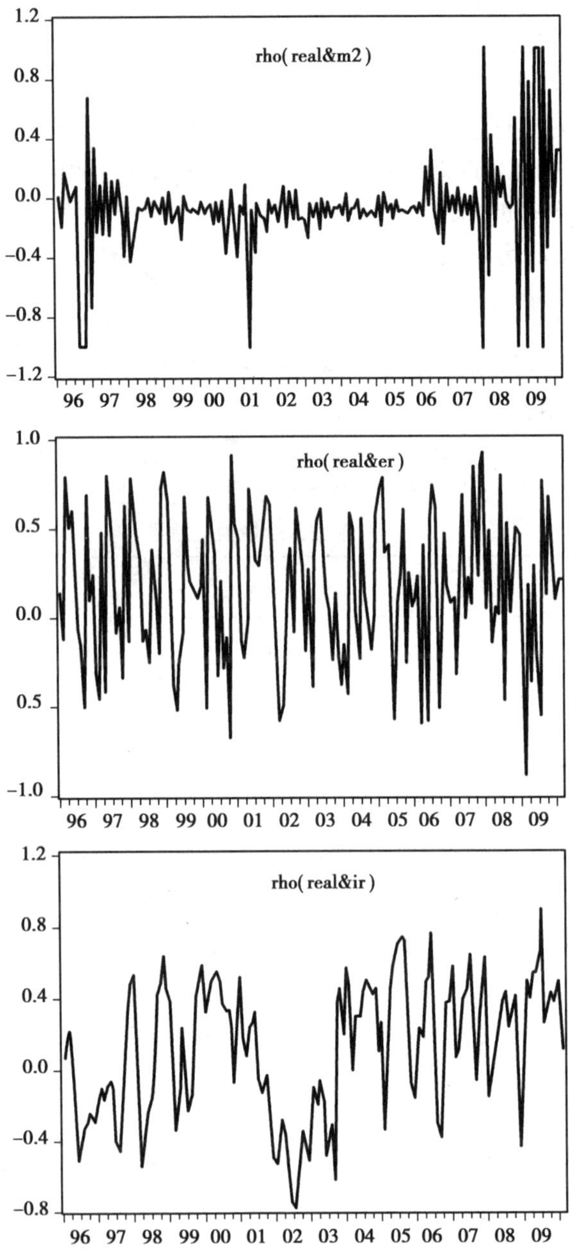

图 3 房地产价格增长率分别与货币供应量、汇率和利率的条件相关系数

式中,β_{2t}、β_{3t}、β_{5t}为房价增长率对 $M2$ 变化率、汇率变化率和利率变化率的弹性;β_1、β_4、β_6 和 β_7 是待估计的固定参数;e_t 为残差项;Du_1 为虚拟变量,因为前面的分析显示无论汇率对房价增长率的线性影响还是波动影响都很大,所以本文设置 2005 年 7 月我国外汇改革以前的虚拟变量为零,2005 年 7 月至 2010 年 3 月的虚拟变量为1;Du_2是反映1998年我国房地产改革变化前后的虚拟变量;Du_3是反映2010年4月前后住房“限购令”的虚拟变量。结果显示:$\beta_1=-1.069$(Z统计量为-5.079),$\beta_4=12.357$(Z统计量为0.572),$\beta_6=1.135$(Z统计量为4.246),$\beta_7=0.446$(Z统计量为9.766),其弹性系数估计值见图4。

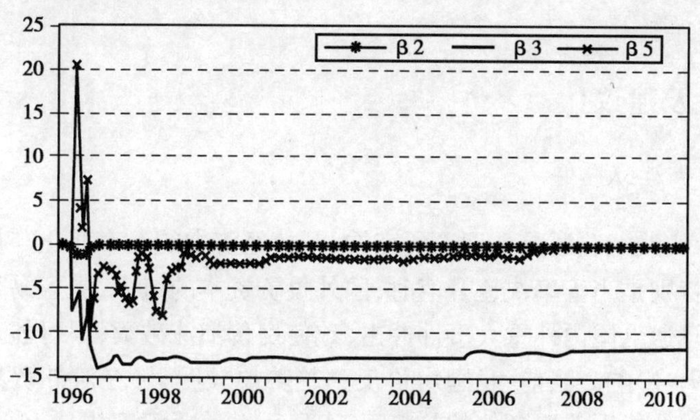

图4　房价增长率的货币供应量、汇率和利率弹性

房价增长率的汇率弹性非常显著,汇率的变动会造成房价增长率的大幅波动,特别是从1996年开始,我国实现了经常项目下的自由兑换,房价增长率的汇率弹性在一年内突然暴增至14.1%(绝对值),即人民币对美元升值速度提高1%就会导致房价增长率上涨14.1%。此后,房价增长率的汇率弹性虽然逐渐缓慢走低,但是弹性系数一直维持在-11%以上。值得注意的是,虚拟变量的估计参数β_4并不显著,显示出2005年7月的汇率改革对房地产价格增长率的汇率弹性的影响并不大。结合实际数据看,2005年7月汇率改革后,人民币进入升值通道,大量国际“热钱”流入推动了房地产投资规模的扩大和房价的上涨,截至2010年12月,房价增长率平均变化93.2%,而汇率变化率的平均值为33.6%,这反映了汇率的变化会导致房价增长率的加倍波动。但是房价增长率的平均变化率在汇率改革前后只相差7%,而汇率的平均变化率在汇率改革前后相差33.2%①,而且房价增长率的变化率与汇率变化率的差距有逐步扩大的趋势,反映了房价增长率对汇率的弹性逐步缩小。这种现象说明了汇率对房价增长率影响的边际效应递减规律,即人民币升值速度加快会导致房价加速上涨,但是随着人民币继续升值,房价上涨的速度会逐渐降低。

此外,房价增长率的利率弹性在2001年以前变动比较剧烈,2001年后开始稳定了,弹性系数基本维持在-1.5%左右,说明利率波动增加1%,房价增长率就会下降

① 以国家统计局公布的月度房地产价格指数和人民币对美元汇率(均为名义变量)采用算术平均方法计算变化率(注意所有负数要取绝对值),发现1996年2月至2005年6月,房地产价格平均变化86.7%,汇率平均变化-0.004%;2005年7月至2010年12月,房地产价格平均变化93.2%,汇率平均变化-33.6%。

1.5%。不过从 2007 年开始,房价增长率的利率弹性又迅速下降,直至 2010 年 12 月其弹性系数都不显著异于零,说明中央银行现在通过利率来调控房地产价格可能是无效的。房价增长率的货币供应量弹性基本维持在零值及其附近波动,显示出货币供应量的变化几乎不会引起房地产价格增长率的变动,这与本文在前面 VAR 模型中的估计结果一致。

五、结论及建议

(一)主要结论

①无论从实践经验还是从理论研究看,开放经济中的汇率变化与房价波动均存在相互影响,特别是当汇率快速升值时,国外投资资本的流入,更容易导致国内房价泡沫集聚,一旦遇上国内外重大事件冲击,致使房价泡沫破灭,很可能对国内经济产生持久性的不良影响。当前,我国房价反弹趋势比较明显,在对外贸易顺差进一步缩小,新兴经济体货币普遍贬值的趋势下,人民币兑美元汇率依然上行,尽管拥有很多“限制”政策,但是在资本逐利的背景下,不可放松对国外资本的流动监测。

②经验数据表明,在房价上涨期间,利率和 $M2$ 的变动对房价增速的影响远不如汇率变动造成的影响,这可能间接说明了国外资本或者国内准备投资国外的资本,对国内房价增长产生了显著的“助推剂”作用。在当前汇率市场化改革的背景和趋势下,随着资本账户的逐步开放,中央银行不适合通过干预汇率,来遏制国外投资资本进入房市,从而稳定或缓和房价增长速度,而且从汇率变动对房价增速的反应弹性趋势看,汇率对房价的影响是逐渐减弱的,预计随着人民币升值到一定幅度,其对房价增速的影响亦逐渐消失。

③2005 年的汇率改前后,汇率变动对房价增速的影响没有显著差异。一方面,这可能说明我国中央银行“一篮子”货币中,美元的权重非常大,所以,人民币兑美元汇率的变化对房价增速波动的影响在汇改前后没有显著差别。另一方面,这也说明汇率改革后,人民币加速升值与房价增速提升趋势比较同步,人民币升值确实间接助推了房价上涨。但是,从实证结果看,房价增长率与汇率变化率、$M2$ 变化率和利率变化率的相关性波动都比较剧烈,使得中央银行的操作变得困难。从近几年的情况看,利率和 $M2$ 调控对房价增速影响并不大,汇率又不能随便干预。反而,2010 年在全国兴起的“限购令”对抑制房价增速暂时起到了重要作用,所以,房价增速的合理调控,最好的工具不见得是货币政策或者汇率政策,可能通过一些市场化供需匹配政策或者行政化的命令更容易稳定房价走势。

(二)政策建议

①继续实施稳健的货币政策,坚决抑制房价泡沫。在汇率升值预期下,货币供应机制是人民币汇率变化对房价波动传导的主要机制,因此,有效控制该传导机制

是控制房价泡沫的关键。建议从两方面入手:一是控制市场中的流动性,宽松的货币政策是导致房价泡沫的主要原因,因此,有必要继续实行稳健的货币政策,保持货币供应量增速与实际 GDP 增速和物价水平相适应;二是采取结构型货币政策与信贷政策抑制流动性进入房地产市场;采取结构型的货币政策有针对性地控制房价泡沫,并继续实施结构型的信贷政策,如继续提高房地产信贷门槛,继续实施基于不同目的购房的差别贷款利率,对房地产开发贷款实行窗口指导,控制"影子银行"资金变相进入房地产市场,等等。当然,需要解决的重要问题还有如何确定衡量房价泡沫的指标,以确定房价泡沫的存在与否和严重情况。

②继续深化汇率制度改革,增强人民币汇率弹性。人民币升值预期通过两种渠道作用于总需求,从而刺激房价上涨:一是对货币供给造成压力,在缺乏充分对冲的情况下会带来货币扩张,刺激总需求和房价上升;二是即使货币当局成功地完成了冲销任务,保持了货币供给增长的基本稳定,人民币升值预期本身还是会刺激总需求和房价上升。建议深化汇率制度改革,继续扩大人民币汇率双向波幅范围,避免人民币单一升值趋势,同时,保持人民币汇率在合理均衡水平上的基本稳定,逐步实现资本项目开放,增加国际游资的投机成本。从目前来看,小额、持续、波动地进行人民币升值是从汇率角度出发缓解房价泡沫的方式,因为小幅度升值可以缓解本币升值带来的各种负面影响,持续、波动升值可以缓解各方对人民币升值的预期。

③加强跨境资本流动的引导和监测。一方面,随着房地产业外资流入占比的提高,而实体产业的外商直接投资占比逐渐降低,我国政府及中央银行应该积极发挥"领路人"作用,将国外资本引入能够带动经济发展的生产领域。鼓励外商直接投资向能够带动我国科技和经济发展的高新技术产业、新能源和节能环保产业等领域转移。另一方面,针对短期国际资本不断流出的趋势,应该加大跨境资本流动监测。在强化房地产企业、银行和个人异常资金流入的非现场监测的同时,进一步加大对异常资金流出的非现场监测和检查力度,并加强与其他经济体对资本流动数据共享,共同防范跨境资金流动风险。

④协调好利率与汇率政策。实证发现,中央银行通过利率工具对房价进行了适当调控,但效果并不明显,实际上,这也反映了在人民币升值背景下,利率政策面临的两难困境:一方面,国内房地产投资高涨,需要通过利率杠杆抑制过度需求;另一方面,如果利率太高,或者超过国外利率,又会造成人民币进一步升值的压力,从而刺激国际投机。同时,在人民币升值引发通货紧缩担忧的情况下,高利率也会打击国内需求,从而使经济陷入低迷。因此,应该在协调利率和汇率政策的前提下,谨慎地使用利率政策调控房地产等投资过热产业。

⑤合理调整房地产的供给结构。面对临时性的房价泡沫集聚,中央政府可以继续采取一些强制性的行政命令,消除临时隐患,但是从长期来看,中央政府还是应该从供需结构矛盾入手,强调市场机制的主导作用,引导房地产市场合理发展。中央政府应该尽量减少各项政策对房地产消费产生刺激作用,对于房地产投资、税收、贷

款等都应该适当采取紧缩的调控策略。地方政府应把主要精力放在产业转型升级、中小城镇化建设和提高大城市整体竞争力上,加强对房地产金融和土地供给的调控,根据市场需求的变化来调节房地产开发产品的类别,严格控制高端房地产项目的发展规模,大力支持经济适用房和廉租房的建设,确保中低收入居民能够购买自用居住型房屋。面对未来的城镇化进程,中央政府还应该对房地产市场未来20年的需求规模进行整体把握,以控制合理的供给总量和结构。

参考文献

[1] 戴国强,张建华.货币政策的房地产价格传导机制研究[J].财贸经济,2009(12):31-37.

[2] 丁晨,屠梅曾.论房价在货币政策传导机制中的作用——基于VECM分析[J].数量经济技术经济研究,2007,24(11):106-114.

[3] 杜敏杰,刘霞辉.人民币升值预期与房地产价格变动[J].世界经济,2007,30(1):81-88.

[4] 高波,王先柱.中国房地产市场货币政策传导机制的有效性分析:2000—2007[J].财贸经济,2009(3):129-135.

[5] 郭永俊.人民币汇率与消费者价格波动的实证研究[J].中国物价,2009(7).

[6] 梁云芳,高铁梅,贺书平.房地产市场与国民经济协调发展的实证分析[J].中国社会科学,2006(3):74-84.

[7] 刘莉亚.境外“热钱”是否推动了股市、房市的上涨?[J].金融研究,2008(10):48-70.

[8] 刘旺霞.波兰和泰国汇率制度改革经验与启示[J].改革与战略,2011,27(1):180-182.

[9] 栾培强.人民币汇率变动对物价和资产价格影响的实证分析——基于货币视角的考察[D].上海:复旦大学,2010.

[10] 王爱俭,沈庆劼.人民币汇率与房地产价格的关联性研究[J].金融研究,2007(6A):13-22.

[11] 王擎,韩鑫韬.货币政策能盯住资产价格吗?——来自中国房地产市场的证据[J].金融研究,2009(8):114-123.

[12] 王宇.泰国的退出:宏观政策的失误——从“盯住汇率制度”退出的路径选择和经验教训(四)[C]//中国金融学会第八届优秀论文评选获奖论文集,北京:中国金融学会,2005.

[13] 王宇.亚洲金融危机10周年:泰国金融危机之根源[N].中国经济时报,2007-04-17.

[14] 赵进文,高辉.资产价格波动对中国货币政策的影响——基于1994—2006

年季度数据的实证分析[J].中国社会科学,2009(2):98-114.

[15] 周晖,王擎.货币政策与资产价格波动:理论模型与中国的经验分析[J].经济研究,2009(10):61-74.

[16] 周京奎.利率、汇率调整对房地产价格的影响——基于理论与经验的研究[J].金融理论与实践,2006(12):3-6.

[17] 朱孟楠,刘林,倪玉娟.人民币汇率与我国房地产价格[J].金融研究,2011(5):58-71.

[18] 朱孟楠,刘林.短期国际资本流动、汇率与资产价格——基于汇改后数据的实证研究[J].财贸经济,2010(5):5-13.

[19] Bollerslev T, Engle R F, Wooldridge J M. A capital asset pricing model with time-varying covariances[J]. The Journal of Political Economy, 1988, 96:116-131.

[20] Bollerslev T. Modelling the coherence in short-run nominal exchange rates: a multivariate generalized ARCH model[J]. The review of economics and statistics, 1990, 72:498-505.

[21] Cannon S, Miller N G, Pandher G S. Risk and Return in the US Housing Market: A Cross-Sectional Asset-Pricing Approach[J]. Real Estate Economics, 2006, 34(4):519-552.

[22] Cotter J, Stevenson S. Multivariate modeling of daily REIT volatility[J]. The Journal of Real Estate Finance and Economics, 2006, 32(3):305-325.

[23] Day R H, Huang W. Bulls, bears and market sheep[J].Journal of Economic Behavior and Organization, 1990, 14(3):299-329.

[24] Dieci R, Westerhoff F. Heterogeneous speculators, endogenous fluctuations and interacting markets: a model of stock prices and exchange rates[J].Journal of Economic Dynamics and Control, 2010, 34(4):743-764.

[25] Earl D. Benson: Canadian/U. S Exchange Rates and Nonresident Investors: Their Influence on Tesidential Property Values[J]. Journal of real estate research, 1999(18).

[26] Engle R F, Kroner K F. Multivariate simultaneous generalized ARCH[J]. Econometric theory, 1995, 11(1):122-150.

[27] Engle R. Dynamic conditional correlation: A simple class of multivariate generalized autoregressive conditional heteroskedasticity models[J]. Journal of Business & Economic Statistics, 2002, 20(3):339-350.

[28] Goldberg, Knetter. Good Prices and Exchange Rates: What Have We Learned? [J]. Journal of Economic Literature, 1997, 35(3):1243-1272..

[29] He X Z, Westerhoff F H. Commodity markets, price limiters and speculative price dynamics [J]. Journal of Economic Dynamics and Control, 2005, 29(9):

1577-1596.

[30] Miller N, Peng L. Exploring metropolitan housing price volatility[J]. The Journal of Real Estate Finance and Economics, 2006, 33(1):5-18.

[31] Norman G, Miller M A, Sklarz N O. Japanese Purchases, Exchangerates, and Speculation in Residential Real Estate Markets[J]. Journal of Real Estate Research, 1988,3(3):39-49.

[32] Sutherland A. Incomplete pass-through and the welfare effects of exchange rate variability[J]. Journal of international economics, 2005, 65(2):375-399.

[33] Taylor J B. Low inflation, pass-through, and the pricing power of firms [J]. European economic review, 2000, 44(7):1389-1408.

文章审稿人:韩鑫韬

我国市场化利率调控和传导机制建设问题研究[①]

中国人民银行重庆营业管理部课题组

课题主持人：王江渝

课题组成员：阎希曦　廖勇刚　江泓洁　胡资骏　刘刃　汪会敏　王睿

一、绪论

(一)选题背景及意义

《金融业发展和改革"十二五"规划》已明确指出，要稳步推进利率市场化改革，继续完善中央银行利率调控体系，疏通利率传导渠道，确保利率市场化改革按照"放得开、形得成、调得了"的原则稳步推进。十八大报告也将稳步推进利率市场化改革作为金融改革的关键性战略，并要求加强宏观调控目标和政策手段机制化建设。人民银行行长周小川在2013年《中国金融》第2期撰文指出，形成市场化利率调控和传导机制是利率市场化改革的重要内容。

根据发达国家市场化利率调控和传导实践看，市场化利率调控和传导必须以强有力的央行调控为前提，以基准利率建设为核心，以完善畅通的传导机制为基本要求。

自2007年初人民银行推出上海银行间同业拆借利率(Shibor)以来，我国基准利率市场建设取得长足进步；而随着央票、回购、SLO等公开市场操作工具的推出和熟练运用，央行对于Shibor和市场利率的调控愈加有效，中国的市场化利率调控和传导机制建设取得了长足进展。

但对比利率市场化的要求看，我国基准利率(Shibor)建设还存在诸多问题，公开市场操作与利率市场化的调控要求还不相匹配，围绕着基准利率的传导机制尚不通畅，尤其是对长端利率的影响还有所欠缺。总体来看，我国市场化利率调控和传导机制还存在诸多缺陷和不足。

为此，本文旨在立足于人民银行金融宏观调控部门的视角，结合利率市场化改

---

① 为2013年度中国人民银行重庆营业管理部重点研究课题，获评"一等奖"。

革的宏大背景,面对人民银行由数量型调控向价格型调控的转轨要求,围绕着人民银行如何通过公开市场操作更好地引导市场基准利率,如何引导长端利率,进而影响实体经济等现实问题,提出完善我国利率传导机制的政策建议。

(二)文献综述

利率调控和传导机制一直以来都是国外学者研究焦点。Cook 和 Hhan(1989)对美国联邦基金利率变化和长期利率真实变化进行了相关性分析。研究发现,随着国债期限的增加,二者之间的相关性在减弱,但并不会消失,即使是 10 年期的国库券,联邦基金利率每增加一个百分点,其利率也会增加 10~15 个基点。Bernanke 和 Blinder(1992)通过对银行资产结构的实证研究,分析了利率政策的传导机制。研究发现,联邦基金利率提高会导致存款量的立刻减少,并在 9 个月后达到影响峰值,且维持在该水平;联邦基金利率提高后 6 个月内,银行持有证券会明显减少,但贷款量调整变化不大;6 个月后证券持有量开始回升,而贷款量下降;到两年时,证券持有量恢复到原有水平,存款量的下降完全体现为贷款量的下降。

我国国内学者对于市场化利率调控和传导的研究总体可以分为两个阶段。第一个阶段是 Shibor 推出以前(2007 年以前)。由于当时市场上尚未提出官方基准利率的概念,学界讨论更多地将焦点集中于选择什么利率作为基准方面。陈时兴(2001)则认为国债利率将来有可能成为中国市场经济条件下的基准利率。姚小义与王学坤(2003)认为,应以同业拆借利率作为利率市场化过渡时期的基准利率,而在长期内宜以债券利率作为基准利率。戴国强、梁福涛(2006)在对金融市场基准利率的基本属性进行总结的基础上,通过相对完整的基准性计量检验,得出用银行间质押式回购利率作为中国金融市场短期基准利率优于其他利率的结论。

第二个阶段,Shibor 推出以后(2007 年后)。而自 Shibor 推出以来,我国学者和业内人士就 Shibor 的运行、优势与不足,以及未来发展前景与方向等发表了各种观点和建议。易宪容(2007)指出,尽管 Shibor 的推出是中国金融市场利率市场化最为重要的一步,但 Shibor 要成为真正的基准利率并非易事。易纲(2009)指出,Shibor 的市场代表性不断提高,以其为基准的市场交易不断扩大,Shibor 在货币市场的基准地位初步确立;但目前还存在 3 个月以上报价质量不高等问题,具体表现为交易价格包含了某些超出市场安排的因素,包括与对手方的其他利益安排、利益调整等,Shibor 作为定价基准的作用急待加强。方先明、花昱(2009)的实证结果表明,Shibor 具有较高的稳定性,具备作为金融产品定价的基础。张林、何广文(2009)通过对包括 Shibor 在内的货币市场利率体系的实证研究发现,短期 Shibor 的利率基准性较好,准确反映了短期货币市场资金供求状况,是市场化的基准利率;而中长期 Shibor 虽然受到一定程度的非市场化因素扰动,但也较好地反映了市场对利率未来变动的预期。冯宗宪、郭建伟、霍天翔(2009)认为,Shibor 拥有的基准利率特性最为全面,适合成为中国的市场基准利率。张晓慧(2011)提出了提高 Shibor 基准地位

Shibor 完全能够承担货币政策传导中介指标的角色。纪敏、牛慕鸿(2013)认为市场化利率建设核心在于确定中央银行目标利率,健全中央银行利率调控体系。

(三)创新之处及实用价值

本文创新之处主要体现在三个方面:

一是研究思路较具系统性,这在现有文献中并不多见。纵观全文,本文的研究是以市场化利率调控和传导三个环节"央行调控引导、影响市场利率、影响实体经济"为主线,运用多种分析方法,系统探讨了人民银行公开市场操作对 Shibor 引导效应、Shibor 影响其他市场利率影响以及对最终实体经济影响效应等三方面的内容。而在目前诸多文献中,研究多集中于其中 1~2 个环节,对三个环节进行系统完整的分析尚不多见。

二是研究角度较具务实性。本文的研究完全立足于人民银行,着眼于为我国央行加快建立和完善货币政策传导机制,推进利率市场化改革进程提供了有益参考。与现有不少文献"重过程分析,重问题剖析,轻政策建议"的特点略有不同,本文的研究在"重过程分析,重问题剖析"的同时,也"重政策建议",且高度关注政策建议的可操作性,尽力促使本文建议务实有效。

三是研究观点较具辩证性。本文的诸多观点没有一味地从众或迎合,而是在充分考虑"正反"两面、历史与现实、国际与国内等多方面因素后进行的辩证性思考。如对人民银行公开市场操作当前存在问题的认识,以及人民银行完善公开市场操作、强化 Shibor 引导效应的路径设计等方面就是如此。

二、市场化利率调控和传导机制的理论与实践

(一)市场化利率调控和传导机制的理论疏理

魏克赛尔是最早研究利率传导机制的学者。魏克赛尔提出了通过变更银行利率来调节经济的三个命题:第一,中央银行变更利率,商业银行将随之作相应地变更;第二,整个长短期利率体系将随着中央银行利率而变动;第三,借款人和储蓄人对利率变动的反应具有弹性。该理论从中央银行变动利率开始,通过影响商业银行的行为来影响利率体系,影响借款人和贷款人的行为,进而影响经济活动。

在魏克赛尔之后,凯恩斯进一步发展了利率传导机制理论。在 1936 年出版的《就业、利息和货币通论》一书中,凯恩斯较为系统地提出了货币政策利率传导机制理论。凯恩斯关于货币政策的传导过程具体体现为:当中央银行实行扩张性货币政策时,货币供应量 M 增加,使得人们持有的货币超过了其灵活偏好程度,因此希望将货币替换成债券,使得债券需求增加,其价格相应上涨,债券价格上涨促使利率 i 下降,当利率下降到小于资本边际效率时,就会刺激投资 I 增加,投资增加通过乘数作用,使有效需求和总产出 Y 的增长。根据凯恩斯的利率传导理论,在利率传导过程中,有两个原因可

能导致利率传导机制失效:一是流动性陷阱;二是投资的利率弹性。

20世纪90年代以来,利率逐渐取代货币供应量成为西方国家货币政策的中介目标,利率水平在货币政策体系中的作用不断加强。Taylor(1993)用一个简单的政策规则来说明货币政策的制定,这就是著名的“泰勒规则”,其模型表达式为:

$$i_t = r^* + \pi_t + h(\pi_t - \pi^*) + gy_t \tag{1}$$

其中,i_t为短期名义利率;r^*为长期均衡的实际利率;π_t为通货膨胀率;π^*为中央银行目标通货膨胀率;y_t为产出缺口。

(二)发达国家市场化利率调控和传导实践

1.美国利率调控和传导实践①

美国目前的利率体系主要由以下几类利率构成:一是联邦基金利率。二是商业银行存贷款利率。目前,美国金融机构的存贷款利率基本上都是由市场决定的,没有浮动的限制。三是金融市场工具利率,包括货币市场工具利率和资本市场工具利率。

尽管各种利率都由市场定价,但美联储对利率的调控非常有力和有效。美联储能通过政策工具,影响银行体系的准备金和联邦基金利率。银行体系的准备金的变动在影响商业银行贷款规模从而影响货币供应量的同时也影响商业银行存贷款利率。联邦基金利率的变动则在影响商业银行存贷款利率的同时,引起货币市场短期利率的变动。短期市场利率的变化和人们预期的改变,以发达的金融市场(包括货币市场、信贷市场、外汇市场和证券市场等)为依托,通过存贷款利率的调整、新的借贷合同、期货、远期协议等方式将短期变化传导给长期利率。长、短期利率变动的影响迅速波及整个金融市场,引起各种金融资产价格的变动,进而引起实质经济中投资、消费的变化,影响货币政策的最终目标——产出、通胀目标等。

总体上看,美联储利率传导机制的实施过程分为三个阶段:第一,美联储通过公开市场操作、法定准备金和贴现率三大货币政策工具的操作,对货币政策操作目标,即联邦基金利率(短期利率)产生影响;第二,联邦基金利率变化对长期利率产生影响;第三,长期利率影响最终目标的实现。

2.英国利率调控和传导实践

与美国相似,英国同样具有高度发达的金融市场体系,但由于伦敦长期作为主要的国际金融中心,巨额资本进出频繁,经济的开放度更高,因此英格兰银行长期以来非常关注汇率的稳定。但在1992年英镑危机后,英格兰银行在货币政策操作上不再盯住汇率,明确地将抑制通货膨胀作为货币政策的唯一目标。

---

① 本节主要参考文献8和文献9。

英格兰银行最主要的货币政策工具是短期官方利率。1996 年以前,官方利率主要是英格兰银行的贴现率,1996 年以后,英格兰银行在公开市场上的回购利率成为最主要的短期官方利率,而目前运用最多的是期限为两周的回购利率。由于英格兰银行对货币政策工具的操作并不能直接控制通货膨胀水平,因此必须借助一些重要经济变量的传导作用,而这些经济变量就形成了货币政策的传导渠道,包括市场利率、资产价格、汇率、预期信心等,通过上述渠道影响社会总需求,进而实现稳定的通货膨胀目标。其主要传导过程如下:

第一,官方利率变动影响市场利率。市场利率是最主要的传导渠道,主要包括 3 个月银行间市场利率、抵押贷款利率以及 10 年期政府债券利率。官方利率变动对市场利率的影响程度,取决于利率调整被市场预期到的程度,以及对未来政策变化预期的影响。实证研究表明,英国官方利率的变动会立即影响到货币市场的短期利率,包括回购利率和同业存款利率,稍后,官方利率的变动又会使各银行相应调整其基准存、贷款利率。

第二,官方利率变动影响资产价格。在其他条件不变的情况下,官方利率变化会导致债券、股票等金融资产的价格下降。

第三,官方利率变化会对汇率产生影响。虽然官方利率的变化对汇率的影响取决于对国内外利率及通货膨胀率的综合预期,因而不确定,但在其他条件不变的情况下,官方利率上调会使本币汇率立刻升值,反之亦然。

第四,官方利率变化影响对未来经济形势的预期及信心。它首先影响金融市场的参与者,之后通过对未来劳动力收入、就业、销售及利润预期的影响,又影响到经济中的其他部分。但这种影响很难确定。例如,官方利率上调,市场可能会认为是经济增长速度超出了央行的预测,从而导致对未来增长和收入更为乐观的预测和信心;相反,市场也可能会认为官方利率上调是央行认为有必要放慢经济增长速度,以控制通货膨胀。

总之,虽然英格兰银行只能控制官方利率,但官方利率的变化会影响到市场利率、资产价格、汇率和预期信心,由此通过整个银行体系的信用和更广泛的经济体系来影响企业和家庭的行为,从而对通货膨胀施加影响。

(三)从理论和实践看市场化调控和传导机制的基本特点

1.市场化利率传导机制可分为三个环节

从总结美国、英国等国实践经验来看,市场化传导机制大体遵循以下路径:“央行调控→基准利率→其他市场利率或金融产品定价→居民、企业消费与投资行为→影响社会总需求或供给→货币政策最终目标。”分解来看,这条路径具体包括以下三个环节:

一是央行调控引导环节,即中央银行货币政策操作对基准利率具有强有力的引导效应。

二是基准利率传导环节，即基准利率变动能够对市场利率体系或金融产品定价产生引导效应。

三是影响实体经济环节，即基准利率变动能够通过对市场利率体系的引导，对实体经济产生有效影响，进而实现货币政策最终目标。这一环节需以第二个环节为支撑。

2.培育基准利率体系是建立市场化利率调控和传导机制的核心环节

从国际经验看，基准利率体系的培育是实现利率市场化的核心要素。发达国家在利率市场化进程中，在建立市场化利率调控和传导机制的同时，都对基准利率体系建设不遗余力。如美国利率市场化成功的重要经验之一，就是抓住美国联邦基金市场的市场主体和交易客体多元化、市场业务和交易方式多样化、融入用途和融资效用广泛化、融资技术和市场运行高效化、市场范围日趋国际化等有利环境和时机，不断完善以美国联邦基金利率为核心的基准利率体系，使美国联邦基金利率成为瞬时反映美联储政策意图，并有效联结向其他市场利率传导的桥梁。

3.公开市场操作是央行进行市场化利率调控的重要手段

从美国、日本、英国、欧洲等国家和地区市场化利率调控经验看，央行调控基准利率最常用的工具便是公开市场操作。各国央行公开市场操作总体具有以下三个特点：

一是公开市场操作一般具有较为明确的目标。二是公开市场操作一般频率较高。如FOMC公开市场业务均为每日操作一次。三是公开市场操作需依赖成熟的金融市场。

基于以上三个特点，本文以基准利率为切入点，以市场化利率传导的三个环节为主线，重点研究人民银行对Shibor的调控和Shibor向市场利率、市场主体传导效应，剖析我国当前利率传导机制中存在的问题，进而提出相关建议。

三、人民银行对基准利率的引导效应分析

随着我国利率市场化的推进，市场基准利率体系的建设成为极其重要的问题。为了提高金融机构的自主定价能力，稳健推进利率市场化，健全货币政策调控，央行自2007年正式推出报价机制的中国货币市场基准利率——Shibor。可以说，Shibor是存、贷款利率实现上下限管理以来，人民银行围绕强化金融机构定价能力、维护市场秩序所涉及的一项基础性工作，是利率市场化改革从放松管制向深层次机制建设推进的体现。同时，公开市场操作是我国货币政策日常操作的主要工具。本部分拟通过实证研究方法，探讨人民银行公开市场操作对Shibor的引导效应。

(一)人民银行公开市场操作对基准利率的引导效应分析

1.数据准备及来源

人民银行货币政策的操作工具主要包括公开市场操作，法定存款准备金率和再

贴现政策,其中以公开市场操作运用得最为频繁。人民银行公开市场业务主要包括债券回购交易、现券交易和发行中央银行票据。债券回购操作一直是央行进行公开市场业务很重要的工具,现券交易的量比较少。从统计数据看,人民银行债券回购操作多为正回购,期限为28天的回购交易次数最多。同时,自2004年以来,因对冲外汇占款,人民银行持续性和规律性地发行央行票据,并主要以3个月期票据和1年期票据为主。基于此,本文主要利用央行票据发行利率和正回购利率对我国货币市场基准利率的引导效应进行研究(变量选取和数据来源见表1)。

表1 货币操作对Shibor引导效应分析的变量说明

变量名称	变量代号	时间期限及样本数量	数据来源
央行票据利率	YP3M	2006.10.12—2011.12.22共245个数据	人民银行网站
	YP1Y	2006.10.10—2011.12.27共227个数据	人民银行网站
央行正回购利率	ZHG28D	2008.9.18—2013.3.14共122个数据	人民银行网站
Shibor	SH1M	与ZHG28D保持一致	上海银行间同业拆放利率网站
	SH3M	与YP3M保持一致	
	SH1Y	与YP1Y保持一致	

注:变量名称中的D表示日,M表示月,Y表示年(下同)。

2.实证分析过程及结果

利用ADF平稳性检验方法得知,所有数据本身不平稳,但其一阶差分都是平稳的,即所有数据均为一阶单整序列。进一步通过Granger因果检验得出以下三个结论:一是在10%显著水平下,三个月的央行利率与三个月的Shibor互为Granger原因;二是在1%显著水平下,1年期的央票利率与1年期Shibor也互为Granger原因;三是在1%显著水平下,央行28天正回购操作会对1月期的Shibor形成产生影响,但Shibor对正回购利率影响不大(表2)。

表2 Granger因果检验结果

	原假设	F-Statistic	Probability	结论
检验模型1	Shibor3M不是YP3M的Granger原因	18.6537	1.24E-07	拒绝原假设
	YP3M不是Shibor3M的Granger原因	2.58274	0.077 69	拒绝原假设

续表

	原假设	F-Statistic	Probability	结论
检验模型 2	Shibor1Y 不是 YP1Y 的 Granger 原因	42.6828	5.65E-16	拒绝原假设
	YP1Y 不是 Shibor1Y 的 Granger 原因	263.316	0	拒绝原假设
检验模型 3	ZHG28D 不是 Shibor1M 的 Granger 原因	12.4985	0.00037	拒绝原假设
	Shibor1M 不是 ZHG28D 的 Granger 原因	0.82341	0.3585	接受原假设

进一步通过 ECM 模型分析发现,央行票据、正回购操作与 Shibor 之间已经存在长期均衡关系。均衡方程中的系数表明,当 Shibor 利率偏离长期均衡关系时,公开市场操作会产生一个相反方向的调整动力,使 Shibor 重新恢复至均衡水平。

3.主要结论

实证研究表明,人民银行通过发行央行票据、回购等公开市场操作可以对 Shibor 产生较为明显的引导作用。尤其在央票发行方面,央票利率与 Shibor 利率互相影响,表明货币政策操作工具与 Shibor 的联系已十分紧密。我国货币政策的利率传导机制在从货币政策工具操作→市场基准利率的变化这一环节上较为畅通,其具体传导途径包括:央行正回购利率→Shibor;央行票据利率→Shibor 等。

(二)对比国际经验看,我国公开市场操作机制设计尚不能适应市场化调控要求

1.我国公开市场操作目标和参考目标利率都缺乏明确性

一是公开市场操作目标具有多重性。张文越(2012)利用 2004 年以来央行证券资产、M1、工业增加值的月度数据进行实证分析表明,M1 和工业增加值都是影响央行证券资产的 Granger 原因。这充分表明在日常操作中,除了以超额准备金率为目标外,人民银行公开市场操作还要考虑货币信贷、经济走势等多方面因素。

二是我国公开市场操作目前还没有建立稳定的参考利率目标。从人民银行公开市场操作实践看,当前我国公开市场业务操作仍以数量目标为主,同时密切关注货币市场利率。实证分析表明,除 Shibor 外,央行票据利率对货币市场上的拆借、回购利率都有显著影响。这意味着货币市场上的拆借、回购利率以及 Shibor 均是公开市场操作关注的指标性利率,我国公开市场操作尚缺乏稳定的利率目标。

我国公开市场操作目标和参考目标利率都缺乏明确性，也在一定程度导致公开市场操作传递的政策信号不甚明朗，进而降低了市场微观主体的敏感度。

2.公开市场操作频率较低且主动性不强

一是频率较低。目前，我国公开市场操作频率为一周两次，远低于美联储、澳大利亚央行一天一次的频率。

二是公开市场操作缺乏主动性。近些年随着外汇储备逐年扩大，我国基础货币供应大幅增加。为了维持汇率的稳定，人民银行通过发行央票调控货币供应量，冲销由外汇占款带来的基础货币增长。在发达国家量化宽松货币政策等因素影响下，央票发行规模越来越大，而且受外汇占款大量增加的影响，公开市场业务主动性逐渐弱化。2013 年，随着外汇占款的大幅增长，人民银行又重启了停止近一年的央行票据发行。

同时，央行票据对冲流动性的力度很大程度上取决于市场机构的债券投资及流动性管理的需求。随着中央银行票据供给的不断增加，市场机构在中央银行票据发行定价上也将与中央银行形成博弈。定价低难以吸引市场机构，定价高会加大热钱流入的风险，而且可能会带动货币市场利率和其他债券发行利率的上升，从而对市场预期产生影响。

3.央行票据成本较高

央行票据利息支付会给中央银行带来一定的财务成本，此外，如果发行余额过大，利息支出也会扩大基础货币供给。同时，央行票据与国债相比期限短，同属国家信用，更受商业银行青睐，因此央票发行会对国债产生一定的替代效应。实证分析也表明，国债利率的制定需要参考央行票据发行利率。

（三）客观看待当前公开市场操作存在的问题

1.我国公开市场操作目标的多重性是由货币政策多目标制所决定的

我国货币政策具有多重目标。多目标制是由现阶段的国情决定的。当前中国经济正处在改革转轨期间，市场化程度、货币政策运行机制和传导机制与发达国家都有所不同，也不同于市场化程度较高的新兴市场国家，采取货币政策单一目标制并不符合中国国情。特别是与实行通货膨胀目标制的国家相比，中国的国际收支平衡问题比较突出。经常账户盈余很大，货币供给增长的压力也很大。人民银行必须进行大量的对冲操作，以收回多余的货币供应。

公开市场操作是最重要的货币政策工具之一，它必须服务于货币政策最终目标。货币政策的多目标直接决定了我国公开市场操作必须统筹兼顾经济增长、国际收支和低通胀目标。

2.正确认识央票发行的成本问题

从各国金融调控实践看，金融调控都是有成本的，区别只是在于调控的成本由谁负担。美联储通过吞吐美国国债实施公开市场操作,调控成本实际上是由美国财政部承担。而我国发行央行票据的初衷,是为了弥补手持国债数额过少的不足,也是在财政部无法形成短期国债滚动发行情形下的现实选择。

从央行票据发行实际效果看,其利率已经承担多重职能。除了传统的对冲职能外,还兼具熨平货币市场波动和确定基准利率的功能特别是随着汇改的不断推进,熨平货币市场波动和确定基准利率的功能也不断强化。而熨平货币市场波动和确定基准利率的实质,就是以央行票据来承担短期国债的功能。在国债期限结构不合理和短期国债严重缺乏的情况下,央行票据连续滚动发行既解决了市场短期品种不足的缺陷,又完善了固定收益产品收益率曲线,有助于短期基准利率的形成。实证表明,当前人民银行公开市场操作已经能对 Shibor 造成影响,在引导市场基准利率方面取得了长足进步,特别是央行票据利率已能与 Shibor 形成互动。从调控性角度出发,央行票据完全能胜任价格型调控背景下的公开市场操作工具。因此,不能简单地因为央行票据成本问题,而否认央行的功能与作用。

四、我国市场化利率传导效应分析:基于 Shibor 视角

本部分对人民银行公开市场操作对 Shibor 的引导效应进行了分析探讨,即对市场化利率调控和传导的第一环节进行了分析。本部分着重研究 Shibor 对其他市场利率和实体经济的影响效应,即进行第二环节和第三环节的效应分析。

(一)基准利率向其他市场利率的传导效应分析

1.Shibor 对市场短期利率的引导效应分析

结合现有文献和充分考虑数据的可获得性,选取全国银行间同业拆借市场利率和银行间市场债券质押式回购利率作为市场短期利率的代表(选取的变量和数据来源见表 3)。经过 ADF 检验,各变量本身并不平稳,但均为一阶单整序列。

对相同期限的 Shibor 和银行间同业拆借市场利率(IBO)、银行间市场债券质押式回购利率(RO)进行 Granger 因果检验。检验结果表明(见表 4):

一是各个期限的 Shibor 对银行间市场债券质押式回购利率(RO)均不产生影响,反而在短期期限品种(1D、1M 和 3M)中,会受到 RO 影响,说明 Shibor 报价行在报价时很有可能参考了同期限的 RO 利率,也说明 Shibor 对市场利率的引导性还需进一步加强。

表 3　Shibor 对市场短期利率的引导效应分析的变量说明

变量名称	变量代号	时间期限及样本数量	数据来源
银行间市场债券质押式回购利率(RO)	RO1D、RO7D RO1M、RO3M	2006.10—2013.02 共 77 个数据	人民银行网站
	RO1Y	2006.11—2013.02 共 52 个数据	

续表

变量名称	变量代号	时间期限及样本数量	数据来源
银行间同业拆借市场利率(IBO)	IBO1D、IBO7D IBO1M、IBO3M	2006.10—2013.02 共 77 个数据	人民银行网站
	IBO1Y	2007.01—2013.02 共 54 个数据	
Shibor	SH1D、SH7D SH1M、SH3M SH1Y	2006.10—2013.2.具体数据根据模型需要取值。	上海银行间同业拆放利率网站

二是 Shibor 对银行间同业拆借市场利率(IBO)的影响比较明显,1 个月、3 个月、6 个月和 1 年期的 Shibor 均是相同期限 IBO 利率 Granger 原因。考虑到 IBO 属于实际交易,可以认为 Shibor 报价具有一定的真实性。但隔夜 Shibor 与 1 天的 IBO 之间不存在因果关系。

表 4 Shibor 对市场短期利率的因果关系检验结果

原假设	P 值	结论	原假设	P 值	结论
IBO1D 不是 SH1D 的 Granger 原因	0.81642	接受	IBO3M 不是 SH3M 的 Granger 原因	0.18835	接受
SH1D 不是 IBO1D 的 Granger 原因	0.31298	接受	SH3M 不是 IBO3M 的 Granger 原因	0.00387	拒绝
RO1D 不是 SH1D 的 Granger 原因	9.80E-12	拒绝	RO6M 不是 SH6M 的 Granger 原因	0.65066	接受
SH1D 不是 RO1D 的 Granger 原因	0.33674	接受	SH6M 不是 RO6M 的 Granger 原因	0.0986	接受
RO1M 不是 SH1M 的 Granger 原因	4.60E-10	拒绝	IBO6M 不是 SH6M 的 Granger 原因	0.14713	接受
SH1M 不是 RO1M 的 Granger 原因	0.30089	接受	SH6M 不是 IBO6M 的 Granger 原因	0.00013	拒绝
IBO1M 不是 SH1M 的 Granger 原因	0.4482	接受	IBO1Y 不是 SH1Y 的 Granger 原因	0.820 49	接受
SH1M 不是 IBO1M 的 Granger 原因	0.00884	拒绝	SH1Y 不是 IBO1Y 的 Granger 原因	0.000 24	拒绝
RO3M 不是 SH3M 的 Granger 原因	5.50E-07	拒绝	RO1Y 不是 SH1Y1 的 Granger 原因	0.41236	接受
SH3M 不是 RO3M 的 Granger 原因	0.09213	接受	SH1Y1 不是 RO1Y 的 Granger 原因	0.29344	接受

进一步运用误差修正模型计算发现,1 个月、3 个月、6 个月和 1 年期的 Shibor 均是相同期限 IBO 利率之间还具有较为稳定的长期均衡关系。以 3 个月期限的 Shibor 和 IBO 为例,经过计算,它们之间的长期均衡关系如下:

$$DIBO3M = 0.8567 \times DSH3M - 1.045 \times (IBO3M(-1) - 0.9942 \times SH3M(-1)) \quad (2)$$

(0.048,0.000)[①] (0.120 5,0.00 0)

其中 R-squared=0.869297,F-statistic=432.3110,Prob(F-statistic)=0.000

上述方程还表明,当 IBO3M 与 SH3M 偏离均衡水平时,SH3M 的变动还会产生一个相反方向的自动调整作用,使得 IBO3M 重回均衡水平。

2.Shibor 对市场长期利率的影响分析

为研究 Shibor 对长期利率的影响效应,选取 10 年期和 15 年期的交易所企业债回购利率作为市场长期利率的代表。而考虑到 9 个月和 1 年期 Shibor 样本数据的有限性,将 3 个月 Shibor 作为变量进行重点分析。

运用 VAR 和脉冲相应模型分析发现,当 3 个月 Shibor(SH3M)产生一个标准差的冲击后,10 年期和 15 年期交易所企业债利率(JYSQYZ10Y、JYSQYZ15Y)产生的变动微乎其微。进一步利用方差分解函数发现,从第 1 期到第 10 期,SH3M 对 JYSQYZ10Y、JYSQYZ15Y 变动的解释力度最大不超过 5%。这充分说明,Shibor 对市场长期利率的影响还十分有限(图 1)。

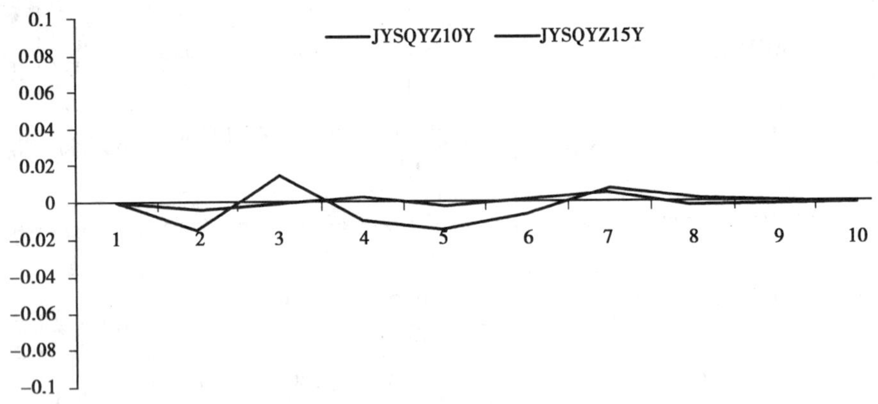

图 1 10 年期和 15 年期交易所企业债利率对 SH3M 一个标准差冲击的反应图

同时,运用 10 年期和 15 年期的交易所国债回购利率与相同期限交易所企业债分析发现,交易所国债回购利率对企业债利率具有较强的引导作用,国债回购利率的一个标准差冲击对企业债利率的冲击较明显。这表明国债回购利率在长期中的基准作用要远大于 Shibor。

① 括号前者为标准差,后者为 P 值。

3.主要结论

首先,Shibor对超短期的银行间同业拆借市场资金供求的反应还不太敏感。实证表明,7天以上期限的Shibor对银行间同业拆借市场利率(IBO)的影响已经比较明显,但隔夜Shibor与1天的IBO之间不存在因果关系,说明Shibor对超短期资金供求的反应尚缺乏敏锐性。

其次,Shibor对银行间市场债券质押式回购利率的引导性较弱。Shibor对银行间市场债券质押式回购利率(RO)不产生影响,反而在短期期限品种(1D、1M和3M)中会受到RO影响,说明Shibor报价时很有可能参考了同期限的RO。

再次,Shibor对市场长期利率的影响还十分微弱,国债回购利率在长期中的基准作用要远大于Shibor。

总体来看,Shibor对当前市场短期和长期利率的引导作用均存在一定局限性。

(二)基准利率向实体经济传导效应分析

要分析Shibor对于实体经济的影响,应先疏理出Shibor对实体经济的传导渠道。只有在传导渠道比较通畅的情形下,分析Shibor与实体经济的关系才有意义。

1.Shibor对实体经济的传导渠道分析

经过比较分析发现,票据市场能把企业、商业银行、中央银行有机地联系在一起。中央银行可以通过对基准利率的控制,来影响票据市场利率,进而影响票据市场融资规模,由此实现货币政策向实体经济的传导。

从实际情况看,Shibor通过票据利率向实体经济传导已具备一定基础和条件。首先,票据市场交易量和存量增长迅速。2012年末,我国票据贴现余额贴现20447.40亿元,较2000年增长近9.2倍。其次,我国票据市场利率已基本实现市场化。再次,票据融资已成为企业短期融资的重要方式。2012年,我国新增票据融资占企业新增短期间接融资(短期贷款+票据融资)的比重超过10%。最后,票据市场经营的专业化程度不断提高,票据市场专营机构数量不断增多。

因此,票据市场利率可以作为Shibor向实体经济传导的渠道之一。根据货币政策在票据市场上的传导过程,可以将其传导机制表示为:货币政策操作→市场基准利率→票据市场利率→票据融资规模→总产出。由于已有众多学者对“票据市场利率→票据融资规模→总产出”的传导进行了系统分析,且观点结论趋于一致,本文对这部分的研究则以借鉴为主,不再重复,将研究重点置于“市场基准利率→票据市场利率”这一环节上。

2.数据准备及实证分析结果

以中西部6个月的银行承兑汇票直贴利率代替票据利率,变量名称为PJ。以6个月的Shibor为基准利率代表,变量名称为SH6M。票据直贴利率来源于中国票据网,Shibor来源于上海银行间同业拆放利率官网。数据期限均为2012年以来的日度数据。采用ADF单位根检验方法表明,在5%的显著性水平下,所有变量的水平序列都是非平稳的,而一阶差分是平稳的,即都是I(1)序列。

Granger检验表明,在10%的显著性水平下,不论是从短时间看(滞后期为1),还是从较长时间看(滞后期为10),Shibor与票据贴现利率之间均不存在显著的格兰杰因果关系。这也意味着,当前从Shibor向票据利率传导遇到阻滞。因此,尽管当前“票据市场利率→票据融资规模→总产出”的传导较为通畅,但由于Shibor暂时还无法快速充分向票据利率传导,Shibor对实体经济的影响还十分有限(表5)。

表5 票据利率与Shibor之间的Granger因果检验结果

原假设	滞后期	F-Statistic	Probability	结 论
DPJ不是DSH6M的Granger原因	1	1.33630	0.27932	不存在因果关系
DSH6M不是DPJ的Granger原因		1.31407	0.28632	
DPJ不是DSH6M的Granger原因	4	2.05846	0.15933	不存在因果关系
DSH6M不是DPJ的Granger原因		1.70673	0.19906	
DPJ不是DSH6M的Granger原因	10	0.74079	0.64066	不存在因果关系
DSH6M不是DPJ的Granger原因		0.89847	0.52568	

3.主要结论

以上分析表明,“市场基准利率→票据市场利率→票据融资规模→总产出”是Shibor影响实体经济的一条可行途径。但当前Shibor与票据贴现率之间尚无明显的因果关系,Shibor还不能对票据利率造成影响,导致Shibor向实体经济传导存在阻滞。

(三)主要结论

1.Shibor对货币市场其他利率的引导作用有限,即第二环节传导存在一定障碍

首先,7天以上期限的Shibor对银行间同业拆借市场利率(IBO)的影响比较明显,但隔夜Shibor与1天的IBO之间不存在因果关系,说明Shibor可能对超短期资金供求的反应还不太敏感。其次,Shibor对银行间市场债券质押式回购利率(RO)均不产生影响,反而在短期期限品种(1D、1M和3M)中,会受到RO影响,说明Shibor报价时很有可能参考了同期限的RO利率,但Shibor对RO的引导性较弱。再次,Shibor对市场长期利率的影响还十分微弱,国债回购利率在长期中的基准作用要远大于Shibor。从目前情况看,建设以Shibor和国债收益率为核心的基准利率

体系确实是我国利率市场化进程中的较优选择。

2.Shibor 向实体经济的传导存在阻滞,即第二环节的传导障碍导致整个传导过程出现中断

“市场基准利率→票据市场利率→票据融资规模→总产出”是 Shibor 影响实体经济的一条可行途径。实证表明,当前 Shibor 与票据贴现率之间尚无明显的因果关系,Shibor 还不能对票据利率造成影响,这也间接说明我国货币市场、债券市场利率对信贷市场的利率影响仍不显著。这是制约 Shibor 向实体经济传导的最大障碍。

五、制约我国市场化利率传导的因素分析

从实证分析可以发现,当前我国基准利率传导机制最大的障碍在第二环节,即基准利率无法向其他市场利率有效传导。本部分即着重探讨造成 Shibor 传导阻滞的主要原因。

(一)从基准利率基本要求看,Shibor 基准作用的发挥“内外交困”

1.Shibor 报价机制本身有待完善

合格的基准利率应该具有较强的期限传导体系,能较好地体现“黏性”特征。对 2006 年 10 月 8 日以来的各个期限的 Shibor 利率数据的统计属性进行初步分析,结果如图 2 所示。

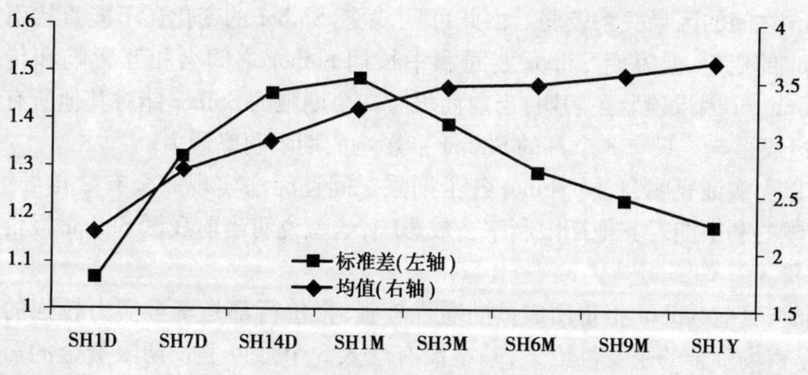

图 2 各期限 Shibor 标准差与均值示意图

从图 2 中可以看出,一是 Shibor 利率的标准差的变化随着期限的增加呈现倒 U 形,期限最短和期限最长利率标准差较小,中间期限利率的标准差较长,其中以 1 个月期限的 Shibor 利率标准差最大。这说明最短期和最长期的 Shibor 利率波动性较小,而处于中等期限的利率波动较大。

二是中长期限的 Shibor 利率相关性明显更高于较短期限 Shibor 利率。从相邻期限利率的相关系数看,1 个月 Shibor 利率与 3 个月 Shibor 利率之间的相关系数最小(表 6)。

表6　各期限 Shibor 利率之间的相关系数表

	1D	7D	14D	1M	3M	6M	9M	1Y
1D	1	0.9260	0.8874	0.8786	0.7626	0.6970	0.6854	0.6812
7D	0.9260	1	0.9528	0.9123	0.7732	0.7080	0.6995	0.6971
14D	0.8874	0.9528	1	0.9480	0.7940	0.7285	0.7201	0.7186
1M	0.8786	0.9123	0.9480	1	0.8794	0.8096	0.7962	0.7925
3M	0.7626	0.7732	0.7940	0.8794	1	0.9792	0.9721	0.9681
6M	0.6970	0.7080	0.7285	0.8096	0.9792	1	0.9984	0.9963
9M	0.6854	0.6995	0.7201	0.7962	0.9721	0.9984	1	0.9992
1Y	0.6812	0.6971	0.7186	0.7925	0.9681	0.9963	0.9992	1

在平稳性检验的基础上,对各期限 Shibor 分别进行格兰杰(Granger)因果检验。由于各个期限的 Shibor 都是 I(1)序列,因此在进行格兰杰因果检验中,以上述变量的一阶差分作为研究对象,检验结果见表7。检验结果表明,在1%的显著性水平下,隔夜(1D)、1周(7D)与1周(14D)的 Shibor 之间有明显的因果关系、3月(3M)、6月(6M)、与1年(1Y)的 Shibor 之间也存在明显的因果关系,但短期限与较长期限的 Shibor 之间的因果关系较弱。由此可见,短期 Shibor 的变化还不能直接引起中长期 Shibor 的变化,但短期 Shibor 之间和中长期 Shibor 之间会相互影响和传导。同时,从 Granger 因果检验还表明,当前尚没有一个期限的 Shibor 能对其他所有期限的 Shibor 造成影响。只有3个月的 Shibor 能影响的期限利率最多。

从以上实证表明,我国 Shibor 各个期限之间还无法实现完全有效传导,尚没有某个期限的利率能对其他期限利率造成影响,这就说明当前我国 Shibor 报价机制还有待完善。

同时,目前 Shibor 报价团成员同质性较强,报价行都是资金实力较强的金融机构,也是市场资金的主要供给方,基本没有融入3个月以上长期限资金的需求。而各行对货币市场业务的安全性要求往往大于对盈利性的考虑,这就导致市场长期资金的供给并不旺盛。因此,市场对 Shibor 报价准确性始终存有疑虑,特别是 Libor 操纵案的曝光更是加剧了市场的担忧。

2.市场交易量,尤其是中长端交易量支撑不足

一是拆借市场规模小,对 Shibor 的支撑略显不足。Shibor 作为拆放利率,对应于银行间信用拆借市场,然而该市场的交易量相对于债券回购市场一直处于弱势地位。截至2013年3月18日,在市场现存的287只浮动利率债券中,以 Shibor 为基准的仅占13.5%,而采用1年期定期存款利率作为定价基准的浮动利率债券占比高达

表 7　各期限 Shibor 因果关系检验结果

变量 1	变量 2	T 统计量	P 值	是否存在因果关系	变量 1	变量 2	T 统计量	P 值	是否存在因果关系
DSH1D	DSH7D	5.28202	0.02169	是	DSH3M	DSH1D	1.97245	0.1604	—
	DSH14D	35.1665	3.80E-09	是		DSH7D	3.69656	0.05472	是
	DSH1M	0.66561	0.41472	—		DSH14D	12.2195	0.00049	是
	DSH3M	12.7606	0.00037	是		DSH1M	7.18163	0.00745	是
	DSH6M	0.03404	0.85364	—		DSH6M	13.0432	0.00031	是
	DSH9M	0.05315	0.81771	—		DSH9M	11.9649	0.00056	是
	DSH1Y	0.06891	0.79296	—		DSH1Y	11.7418	0.00063	是
DSH7D	DSH1D	9.09997	0.0026	是	DSH6M	DSH1D	0.03411	0.8535	—
	DSH14D	97.9572	0	是		DSH7D	0.51537	0.47294	—
	DSH1M	13.0371	0.00032	是		DSH14D	2.62446	0.10545	—
	DSH3M	0.00692	0.93372	—		DSH1M	2.65568	0.1034	—
	DSH6M	1.59083	0.20741	—		DSH3M	63.9016	2.70E-15	是
	DSH9M	0.35770	0.54988	—		DSH9M	6.11952	0.01348	是
	DSH1Y	0.45334	0.50086	—		DSH1Y	14.1488	0.00018	是

续表

变量 1	变量 2	T 统计量	P 值	是否存在因果关系	变量 1	变量 2	T 统计量	P 值	是否存在因果关系
DSH14D	DSH1D	10.8104	0.00103	是	DSH9M	DSH1D	0.11528	0.73426	—
	DSH7D	10.7350	0.00108	是		DSH7D	0.02249	0.88082	—
	DSH1M	48.6015	4.80E-12	是		DSH14D	0.62928	0.42775	—
	DSH3M	0.06002	0.8065	—		DSH1M	0.46478	0.49551	—
	DSH6M	0.30578	0.58036	—		DSH3M	87.0239	0	是
	DSH9M	0.00313	0.95536	—		DSH6M	0.66373	0.41538	—
	DSH1Y	0.02118	0.8843	—		DSH1Y	15.6899	7.80E-05	是
DSH1M	DSH1D	17.9482	2.40E-05	是	DSH1Y	DSH1D	0.04734	0.82778	—
	DSH7D	14.9885	0.00011	是		DSH7D	0.14009	0.70824	—
	DSH14D	125.877	0	是		DSH14D	0.86813	0.35163	—
	DSH3M	11.5295	0.0007	是		DSH1M	0.26103	0.60949	—
	DSH6M	0.13500	0.71336	—		DSH3M	102.165	0	是
	DSH9M	0.28980	0.59043	—		DSH6M	9.40252	0.00221	是
	DSH1Y	0.20285	0.6525	—		DSH9M	14.9934	0.00011	是

82.6%。这也从侧面说明了利率“双轨制”对 Shibor 传导效应的影响。同时,目前拆借市场的成交集中于短期交易,中长端交易的缺失使得其无法提供对 Shibor 提供足够的数量支持。

二是以金融衍生品为代表的创新产品发展不足影响了 Shibor 的应用性。从国际经验看,3 个月期的 Libor 能对其他利率进行有效传导的一个重要因素,就是大量浮动利率贷款以及远期、互换等衍生品定价计息都参考了 3 个月期限的 Libor。而我国金融市场上,利率互换、远期交易等以 Shibor 为结算基准的利率衍生产品在种类上和规模上发展仍显滞后。据中国外汇交易中心公布数据,2013 年 2 月人民币利率互换成交名义本金总额为 1955.69 亿元,其中以 3 个月的 Shibor 为参考利率的名义本金总额仅占 10.8%。

3.金融市场信用体系发育略显滞后

国内金融机构信用环境的缺失,尤其是大金融机构缺乏对中小金融机构信用度的认同,是拆借交易规模始终落后于债券回购交易的重要原因。而造成这种情况的一个重要因素就是国内金融同业财务信息不够透明、公开,缺乏客观、公正、权威的银行信用评级机构和中介服务机构。一些较小的银行或一些非银行金融机构即使获得了评级,但因评级机构权威性不足难以得到大型商业银行的认可。

(二)从传导链条看,“双轨制”是影响市场化利率传导的关键因素

利率市场化是一个复杂的系统工程,基准利率建设只是其中的关键环节之一。基准利率要切实发挥作用,必须依靠其他各个环节的协调配合。“双轨制”是我国利率市场化改革的基本路径。客观看,“双轨制”的路径选择符合我国利率市场化渐进式改革的总体原则和我国特殊国情。但“双轨制”的存在对 Shibor 的顺利传导带来极大挑战。

一是各报价行在 Shibor 报价时容易受到法定基准利率的影响。从图 3 可以直观看到,1 年期 Shibor 利率与 1 年期存款基准利率走势基本保持一致,甚至在利率上升周期 Shibor 也表现出了较强的跟随特征。

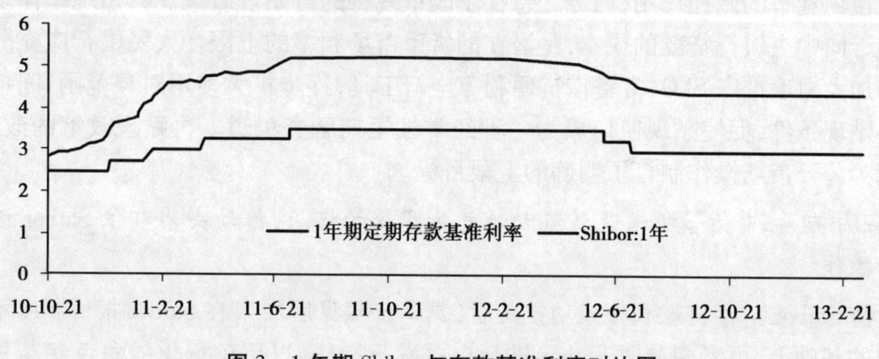

图 3 1 年期 Shibor 与存款基准利率对比图

二是利率“双轨制”很大程度导致了利率市场分割,进一步制约了Shibor的传导效应。“双轨制”的客观存在使得当前市场产品定价可以参照不同的利率为基准,直接导致我国债券发行利率、央票利率、货币市场利率、存贷款市场利率、理财产品市场利率之间无法实施有效联动,进而削弱了Shibor对市场利率的传导效应。这也是Shibor难以向票据贴现利率和银行间市场债券质押式回购利率传导的重要原因。

三是利率“双轨制”也削弱了人民银行、政府对Shibor的推动作用。在人民银行和政府部门的积极推动下,当前我国中长期企业债全部参照Shibor发行。但在实际操作中,企业债发行利率仍是由询价方式获得,然后根据Shibor值调整浮动加点数。在询价过程中,官方基准利率仍起到了重要参考作用。

六、完善我国市场化利率调控和传导机制的政策建议

(一)完善我国公开市场操作的建议

1.短期内,提高公开市场操作频率,丰富央行票据期限品种,进一步强化货币政策工具的协调配合

一是提高公开市场操作频率。人民银行可考虑适当增加公开市场操作频率,考虑央行票据发行的局限性,可逐步增加回购交易操作频率和额度,如从每周三次逐步增加到每日一次。

二是建议丰富央行票据的期限品种。当前我国央行票据期限结构主要是3月期、6月期、1年期和3年期,以3月期和1年期为主。与国债发行相比,央行票据发行期限明显偏短。在国债市场尚不发达的情形下,可以考虑增加长期票据品种,如发行3年期、5年期,甚至10年期、30年期的央行票据。长期票据的发行可以减少集中到期偿付的压力,提高流动性管理的灵活性。人民银行还能对不同期限的票据实施组合管理,以降低冲销成本,提高货币政策调控的效率。

三是进一步强化公开市场操作与其他货币政策工具的配合。发挥公开市场操作对市场利率的调控作用,当务之急在于改革现行的再贴现政策。再贴现率体现商业银行向中央银行贷款的成本,是潜在的货币市场利率的上限。人民银行应充分利用和加大力度推广SLO、常备借贷便利等全新工具,逐步扩大使用对象范围,间接放宽再贴现条件,促使贴现窗口成为一种经常性短期融资渠道。再贴现政策的改革,实际为公开市场操作制订了明确的上限目标。

2.中期看,着力多渠道改善流动性总体宽松的格局,推动央票盯住Shibor进行发行操作

待Shibor与存贷款利率成功挂钩后(具体步骤见后文),在Shibor报价制度不断完善的基础上,可考虑参照Shibor进行央票发行操作,以更市场化的角色参与货币市场交易。实施这一步骤,必须依托货币环境改善的强力支持,需多渠道改善流动

性总体宽松的格局,提高货币政策操作的主动性,缓解央行票据对冲压力,弱化央票对冲属性,增加更多的基准利率调控属性。

一是抓重点,加快推进跨境贸易人民币结算。二是进一步增强人民币汇率弹性。不断提高人民币汇率的市场化程度,使之能够在更大程度和更广范围反映外汇市场供求的变化,并加强汇率政策和利率政策的配合,实现内外部相对均衡统一。三是合理使用外汇储备,减轻外汇储备规模压力,逐步削弱外汇储备与货币供给的内在联系,并通过外汇储备的收益弥补央行公开市场操作的成本。

3.远期看,逐步完善国债市场,以国债作为公开市场操作的主要工具,并启动“利率走廊”的调控模式

一是逐步完善国债市场。其一,加快财政税收体制改革,建立稳定的财政收入增长机制,进而促使我国国债发行不再以弥补财政资金缺口为主要目的。其二,配套我国经济增长方式转变进程,优化国债资金投向,不再以基础设施建设项目为投资重点。如可同时发行建设债券、储蓄债券、可转换债券等国债品种。其三,在国债发行目的和性质改变的基础上,扩大国债规模,并调整国债期限结构,增加 4 周、13 周、26 周和 52 周的短期国债。其四,着力引导和扩大中央银行和商业银行等机构投资者的国债持有规模。

二是待国债市场较为发达且央行、金融机构资产配置中国债占比较高的情形下,人民银行可将国债和央行票据共同作为公开市场操作的主要工具。

三是确定新的超额存款准备金率和再贴现率形成机制,宣布采用利率走廊调控模式,即形成以超额存款准备金率为下限、再贴现率为上限的利率走廊,人民银行通过公开市场操作,保证 Shibor 利率在利率走廊内波动。

当然,远期看人民银行调控框架转变,也可考虑采用美国经验。即货币政策委员会每年在规定时间内开会讨论设定比较明确的利率目标。由于我国货币政策的最终目标的多维化,会议频率可以稍高,如考虑每月一次。会议上设立的 Shibor 目标水平需立即对外宣布。人民银行公开市场业务的目标就是尽量将 Shibor 维持在目标值附近。这不仅有利于实现央行对基准利率的强力调控,也能促使央行货币政策的出台更具备可预测性,提高决策透明度,有利于预期管理。

(二)完善我国市场化利率传导机制的建议

1.逐步尝试将 Shibor 与存贷款利率挂钩

为有效缓解利率“双轨制”对 Shibor 基准性地位的挑战,建议进一步扩大存款利率的上浮上限,激发商业银行自主定价动力。在此基础上,可考虑逐步将 Shibor 与存贷款利率挂钩。

首先,将 Shibor 与贷款利率挂钩。商业银行可以尝试对企业客户提供固定、浮动两种方式进行选择,浮动利率可在同期限 Shibor 或付息周期一致的 Shibor 上加点

实现,但其规则仍需遵守人民银行相关规定。同时,商业银行还需调整相关的存贷款合同和条款,修订利率定价及调整规则等。待企业客户贷款制度顺利实施一段时期后,再将此套制度复制到个人贷款业务上。

其次,参照美国利率市场化经验,以发行大额可转让同业存单为突破存款利率上限的突破口。大额可转让同业存单利率以 Shibor 为基准。为避免对法定利率体系造成冲击,初期可采用最大限额(如不超过 500 万元)和人民银行审核制,逐步放大限额直至取消,并将审核制最终转化成备案制。在大额可转让同业存单推行过程中,还应逐步扩大市场交易主体,初期先对金融机构、企业开放,二级市场交易在银行间市场进行,以后逐步放开到个人客户。

再次,简化存贷款利率结构,保留部分基础性利率期限、档次(如一年期存款利率),其他期限利率可以逐步以 Shibor 作为报价基准。

2.建立多层次报价体系,进一步完善 Shibor 报价机制

第一层是保留现有报价行的设计机制,主要代表市场上大型机构的资金状况,也更多代表了市场资金融出方的意愿。第二层是中小银行以及非银行同业机构间的报价,这更多代表市场资金融入方的意愿。将第二层次报价作为对第一层次 Shibor 的补充和印证,确保 Shibor 报价能更客观地反映市场资金真实状况。

为有效防止报价行的联合操纵,结合美元 Libor 操纵事件的经验教训,可考虑对第一层次报价行进行扩容,如引入更多的大银行或大型保险公司。在收集所有报价银行的利率报价后,随机选择 16 家银行作为报价子集,然后去掉最高 1/4 和最低 1/4的银行报价计算出剩余 8 家银行报价利率的平均值,作为 Shibor 利率对外发布。

3.加快衍生品创新,增强 Shibor 报价,尤其是中长端报价的合理性

建议进一步鼓励创造和利用“Shibor 利率互换工具”进行套利交易,促进 o/n-1Y 报价的合理性;鼓励和引导金融机构开发类似于 OIS、SWAP、Cap/Floor 的利率走势交易新型衍生产品,将短期利率与中长期利率直接联系起来,进一步发现资金价格,并提高 3M~1Y 报价的合理性。同时,在保证监管机构能够对市场进行监测的前提下,可考虑放宽衍生产品市场的准入限制,允许更多的市场主体参与创新产品的开发和交易。

4.稳步扩大 Shibor 影响范围,巩固基准地位

继续推动各报价行和其他金融机构积极发行、承销和投资以 Shibor 基准的浮息产品,并在内部资金转移、同业存款、票据融资、利率衍生品及理财产品等产品定价时,积极使用 Shibor 作为基准利率。

(三)市场化利率调控和传导效应的配套措施

1.加强对报价行的监管

一是建议尽快发布 Shibor 报价程序规程,要求各家报价行建立内外部审计制

度，并进一步完善报价行间的隔离机制。明确对报价行之间报价利率协同行为的认定、查处和处罚细则。建立拆借市场主体与监管机构交流和信息传导机制，提高监测分析质量。

二是进一步加强对 Shibor 报价行报价情况的监测分析和考核。按照构建宏观审慎政策制度框架的要求，将各金融机构的利率定价行为作为其稳健经营状况的重要考量因素。

2.积极推动信用评级及中介机构的发展

建议央行、银监会等主管机构，大力扶持培育国内统一、权威的信用评级体系，定期评级并予以披露，给市场参与和管理者提供一个权威、透明、清晰的信用参照体系，给市场成员一个公开、公平的信息披露途径。

3.继续加强 Shibor 宣传推广

一是积极引导报价成员行和同业拆借参与行在全行员工范围内开展集中学习活动，对员工进行关于 Shibor 业务的知识讲座和培训，使员工对于 Shibor 具有深刻的认识和了解。二是鼓励银行业务人员在与企业客户接触的过程中，对企业给予详细而专业的指导，在企业中普及推广 Shibor。同时，银行的营业网点应充分利用直接与客户接触这一优势，通过各种宣传媒介向广大客户推介 Shibor。三是利用《金融时报》等有影响的报纸或杂志进行宣传或理论探讨，适当在相关媒体披露 Shibor 工作有关动向等。

参考文献

[1] 李东荣.加强金融市场基准利率体系建设稳步推进利率市场化——李东荣在 2010 年度 Shibor 工作会议上的讲话[J].中国货币市场，2011(6)：14-8.

[2] 易纲.进一步确立 Shibor 的基准性地位[J].中国货币市场，2008(1)：7-12.

[3] 中国人民银行调查统计司课题组.我国利率市场化：历史、现状与政策思考[J].中国金融，2011(15)：13-15.

[4] 张晓慧.全面提升 Shibor 货币市场基准利率地位[J].中国金融，2011(12)：23-25.

[5] 纪敏，牛慕鸿.市场化利率体系建设的核心[J].中国金融，2013(16)：49-50.

[6] 马理，黄宪，代军勋.银行资本约束下的货币政策传导机制研究[J].金融研究，2013(5)：47-59.

[7] 张丹.我国基准利率选择和培育问题研究[D].北京：中国人民银行金融研究所，2008.

[8] 古旻.中国"双轨制"利率传导机制及效应研究[D].重庆：重庆大学，2010.

[9] 张莉.我国货币政策的利率传导机制及效率研究[D].苏州：苏州大

学,2010.

[10] 张一中,杨宇俊.Shibor中长期利率基准性建设初探[J].中国货币市场,2010(10):28-31.

[11] 人民银行上海总部调研部课题组.Shibor革命及其经济意义[J].上海金融,2008(7):5-9.

[12] 郭田勇,王忠冕.中国利率市场化路线图[J].社会观察,2012(5):23-25.

[13] 李鹏.刍议利率目标区的货币政策[J].商业经济研究,2006(2):48-49.

[14] 陈勇,吴金友.对我国货币市场利率体系传导机制的实证研究[J].上海金融,2008(5):27-29.

[15] 王颖,李浩勇.对我国利率市场化改革的理性思考[J].经济问题,2006(6):63-64.

[16] 刘兴先,颜永琦.改革开放以来我国利率水平的演变及调控功效[J].中共福建省委党校学报,2007(7):62-67.

[17] 柏宝春,孙松,王晓艺.货币市场基准利率实证研究——基于Shibor的分析[J].金融与经济,2009(7):23-26.

[18] 潘耀明,胡莹,仲伟周.基于利率途径的货币政策传导效果实证研究[J].上海金融,2008(3):47-51.

[19] 彭兴韵.加强利率机制在货币调控中的作用[J].经济学动态,2008(2):60-76.

[20] 周纲,陈金贤.利率传导机制分析[J].经济经纬,2009(3):124-128.

[21] 胡朝晖,丁俊峰.利率市场化条件下我国基准利率的选择及Shibor运行效果评析[J].武汉金融,2009(5):38-40.

[22] 徐彦,许歆,金隽.美国利率传导机制对我国利率市场化的启示[J].经济论坛,2005(11):6-8.

[23] 张林,何广文.我国货币市场基准利率Shibor实证分析与运行评价[J].金融理论与实践,2009(4):9-12.

[24] 杜金岷,郭红兵.我国货币政策对基准收益率曲线影响的实证研究[J].理论月刊,2008(9):6-11.

[25] 李晓晴.我国利率市场化的几个理论问题[J].经济问题,2005(8):2-4.

[26] 中国工商银行城市金融研究所课题组.银行间市场基准利率体系选择及Shibor运行分析[J].金融论坛,2008(4):3-8.

[27] 庞晓波,朱毅,尹嘉琳.中国金融改革进程中的利率敏感性问题研究[J].当代经济研究,2008(10):48-52.

[28] 王森,蒋贤锋.中国利率调整对消费作用的实证分析[J].求是学刊,2006(2):60-66.

[29] 唐安宝,周建平,刘志超.中美货币政策利率传导机制实施过程和传导效

果的比较分析[J].南方金融,2005(6):22-25.

[30] 唐安宝,何凌云.中美利率政策产出效应的比较分析:1996—2006[J].环球金融,2007(11):54-59.

[31] 方先明,花旻.Shibor 能成为中国货币市场基准利率吗[J].经济学家,2009(1):85-92.

[32] 武建新,张智勤.基于基准利率视角的 Shibor 和我国国债收益率比较研究[J].证券与保险,2008(8):32-35.

[33] 张林,何广文.我国货币市场基准利率 Shibor 实证分析及运行评价[J].金融理论与实践,2009(4):9-12.

[34] 杜金岷,郭红兵.我国货币政策对基准收益率曲线影响的实证研究[J].专稿理论月刊,2008(9):5-11.

[35] 谢平,焦瑾璞.中国货币政策争论[M].北京:中国金融出版社,2002.

[36] 张友先,董芳菲.浅谈利率市场化条件下我国基准利率的选择[J].金融前沿,2011(3).

[37] 杨文梅.利率市场化条件下 Shibor 的基准性实证研究[D].北京:中国人民银行金融研究所,2010.

[38] 陈可.美日短期利率系统的比较分析及其对我国的启示[J].华南理工大学学报,2007(6):42-47.

[39] Ryo Kato, Nobuyuki Dana Sudo, Tomoo Yoshida. Real and Financial Linkage and Monetary Policy:Summary of the 2011 Annual International Conference Organized by the Institute for Monetary and Economic Studies of the Bank of Japan[J]. Monetary and Economic Studies,2011,29:1-18.

[40] Matteo Ciccarelli, Eva Ortega, Maria Teresa Valderrama. Heterogeneity and cross-country spillovers in macroeconomic-financial linkages[J]. Preliminary and Incomplete, 2012(3).

[41] Castro V. Can central bank's monetary policy be described by a linear Taylor rule or by a nonlinear rule[J]. Journal of Financial Stability, 2011,7(4):228-246.

[42] Walsh, Carl E. Monetary Theory and Policy [M]. Cambridge: The MIT Press,2003.

文章审稿人:钟子明

中央银行财务实力与货币政策调控

——基于动态面板数据 Sys-GMM 模型的实证检验[①]

中国人民银行重庆营业管理部会计财务处课题组

课题主持人:邓军

课题组成员:刘华 胡东 何梅 陶昱 窦魁 王兴莹

一、引言

(一)选题背景

中央银行作为金融体系的核心,其整体实力与金融体系的稳定息息相关,而财务实力(Financial Strength)无疑是其实力的主要内容。长期以来,无论是学术界还是实务部门,都没有对央行财务实力给予足够的关注,主要是因为中央银行垄断货币发行,它可以通过发行货币获得铸币税来重新资本化,使其基本不存在破产的情况(Fry,1992;Stella,1997;Ize,2005;Buiter,2008)。即使发生损失甚至负资本,也不会影响央行偿债或新增负债的能力,中央银行财务实力并不直接构成央行履职的"硬约束"。但如果央行因亏损过大而被迫发行过量货币,或持续依赖发行货币来偿付债务,则会导致名义货币量迅速上升,影响央行控制物价的政策目标,过量的流动性也会对金融稳定产生负面影响。弱财务实力的央行为避免进一步恶化财务状况还可能不愿执行符合调控要求的政策,财务状况就会对央行货币政策操作产生约束。同时,在考虑一些政治经济因素时,央行财务脆弱将导致政府更严格的监管,极端情况下会要求政府注资,这将影响央行的独立性、公信力和声誉(Jeanne 和 Svensson,2007)。因此,考虑到货币政策目标以及一些"软约束",央行应该更加重视其资产负债表,严重的财务困境可能会对央行有效对外履职及维护公信力产生负面影响。

对我国而言,由于改革开放以来积累的大量外汇储备带来了流动性冲销难题,大大增加了人民银行的冲销成本;人民银行与财政关系尚未完全理清,仍承担很多准财政职能;加上人民银行对金融机构救助不重视回报,更多的是无偿救助,使人民银行财务实力也受到较大损害,影响到人民银行的货币政策调控。因此,研究中央

---

① 为 2013 年度中国人民银行重庆营业管理部重点研究课题,获评"一等奖"。

银行财务实力对货币政策的影响,探索提升央行财务实力的途径,对我国就具有重大的现实意义。

（二）文章结构

本文沿着前人的研究思路,深化并拓展关于央行财务实力与货币政策关系的分析。第一部分引言,介绍选题背景、文章结构及创新之处,明确本文有三大创新之处;第二部分文献综述,介绍中央银行财务实力的研究脉络,分析现有的两种研究结论;第三部分中央银行财务实力与货币政策:一个理论模型,建立理论演化模型对央行财务实力与货币政策的相关关系进行理论分析;第四部分实证研究设计,从静态和动态两个层面选择财务实力衡量指标,设定实证模型和研究样本选择;第五部分实证研究结果,选取计量方法——动态面板数据 Sys-GMM 模型进行实证分析,得到央行财务实力对货币政策效果和操作有显著影响的结论;第六部分中央银行财务实力的影响因素,分析指出中央银行职责范围、独立程度、面临的主要风险、会计制度及利润分配机制都对央行财务实力有重要影响;第七部分增强中央银行财务实力的政策建议,从厘清央行职责范围、建立风险评估体系、提高资产收益率、完善利润分配制度、建立资本补充机制和财务缓冲机制等方面提出政策建议。

（三）创新之处

首先,研究主题新。本文是国内首次对央行财务实力与货币政策调控的相关关系进行理论和实证研究的文章,提出并解答了“央行财务实力是什么”“央行财务实力对货币政策有什么影响”“怎样增强央行财务实力”等问题。

其次,研究方法新。本文基于央行的政策目标,首次构建理论模型对开放经济条件下央行财务实力与货币政策的相关关系进行深入刻画,并理论结合实践,选取有代表性的发达及发展中国家央行的数据进行实证检验,运用更适合样本数据的计量方法——动态面板数据 Sys-GMM 模型,使研究结果更具可信度。财务实力指标选择上更为丰富,包括静态和动态两个层面。

再次,研究内容新。本文扩展了以往研究的内容,不仅从货币政策效果角度进行分析,还从货币政策操作角度分析央行财务实力对货币政策制定的影响,使央行财务实力与货币政策关系的分析更为全面,货币政策效果衡量指标包括调整的通货膨胀率、金融稳定指数,货币政策操作衡量指标为利差变量。

二、文献综述

关于中央银行财务实力的含义,现有文献并没有形成一个统一的认识。Stella（2005）和 Cargill（2006）认为央行财务实力是中央银行弥补潜在损失的能力,即财务能力。BIS（2011）、Archer 和 Moser-Boehm（2013）更进一步,认为中央银行财务实力不仅包括央行动用财务资源保持其资产负债表健康的能力,还包括央行可以动用的所有财务资源,是财务能力和财务资源的统称。根据后一种定义,我们可以将财务实力视为央行的一种综合实力。

关于中央银行财务实力的作用,现有的文献大多关注它与货币政策效果之间的联系,尤其关注物价稳定这一政策目标。Stella(1997)最早观察到中央银行资本金损失的问题,提出净值为负将损害央行独立性,并影响政策目标尤其是物价稳定目标的实现。随后Stella(2003)通过实证检验发现,弱财务实力的央行往往与高通胀率相关,其平均通胀率达到23%,是财务状况较好央行的两倍。Ueda(2004)通过对委内瑞拉和牙买加20世纪80年代和90年代的数据进行研究也发现弱财务实力往往与高通胀相关。Sim(2004)、Bindseil等(2004)、Stella(2005)和Ize(2005)也得到类似结论。这类结果被Stella和Lönnberg(2008)总结为"政策破产"(policy insolvency),用来描述央行财务脆弱性对货币政策目标实现的负面影响,指出这种"政策破产"将会发生在央行发生重大损失的情况下,央行财务实力与政策效果之间存在负相关关系。

对这种负相关关系,国外学者进行了一些实证检验。Klüh和Stella(2008)对15个拉美和加勒比地区国家中央银行1987—2005年的数据进行实证分析,发现央行财务实力与通货膨胀率之间的确存在负相关关系,并且这种负相关关系具有统计上的显著性,还通过多项检验证明这种负相关关系对不同样本国家、控制变量、估计方法、财务实力衡量指标都具有稳健性。Stella(2008,2011)的实证研究也得到类似的结果,并发现当一些国家央行重新资本化以后,通胀率出现明显下降。但近来对智利央行(Restrepo等,2009;Cukierman,2011)和捷克央行(Cincibuch等,2008;Frait and Holub,2011)的实证研究却得出不同结果,认为弱财务实力并不总是会阻碍货币政策效果,央行职责范围、独立性、汇率制度、财政责任等方面的影响更为显著。BIS(2011)的研究也认为央行财务实力与通胀之间的负相关关系可能并不具有显著性,其显著性受到研究样本、财务实力衡量指标、控制变量选择、计量方法的很大影响。

除此之外,一些研究认为中央银行财务实力可能与央行公信力(Credibility)更相关(Ize,2005;Stella,2005;Buiter,2008),指出公信力对货币政策实施至关重要,为保持公信力,央行必须保持良好的财务状况。

目前国内研究中央银行财务实力的文献很少,还没有专门文献对财务实力影响货币政策的内在机理进行理论和实证研究,仅有的文献局限于分析央行资本金和外汇储备。任康钰(2012)的研究限于央行资本金,对央行资本金性质、必要性、最适水平、补充机制进行了文献综述,并分析了资本金对央行货币政策效果的作用。燕华凯(2012)对央行财务实力的内涵进行了介绍,提出一个评价央行财务实力的概念框架,并对我国央行财务实力进行了分析,指出冲销成本、储备资产损失和承担准财政职能是影响我国央行当前财务实力的主要因素。熊奕、邹雨童(2010)对我国央行的冲销成本和会计利润进行了估算,指出不断扩大的外汇储备规模,加上人民币汇率升值,将对我国央行资产负债表产生影响,使人民银行的冲销操作难以持续。

三、中央银行财务实力与货币政策:一个理论模型

现有文献多是从实证角度分析中央银行财务实力与货币政策效果的联系(如 Dalton 和 Dziobek,2005;Stella 和 Lönnberg,2008;Klüh 和 Stella,2008;Stella,2008,2011;Sweidan,2011;Cukierman,2011),鲜有对它们的内在机理进行理论分析的文献。本文从一个简化的中央银行资产负债表入手,基于央行有效对外履职及维护公信力的目标,构建理论模型分析中央银行财务实力与货币政策的联系。

(一)中央银行财务实力内涵

Stella(2008)对中央银行财务实力的定义为:中央银行在实现履职目标过程中受其财务状况制约的程度。本文认为:中央银行财务实力是中央银行以实现币值稳定和金融稳定等政策目标为前提,运用和管理财务资源保持其资产负债表健康的能力,包括财务资源和财务能力两个方面。从静态角度考虑,中央银行财务实力包括资本金以及财务缓冲;从动态角度考虑,包括持续盈利能力和利润分配政策。除此之外,我们衡量中央银行财务实力也考虑以下因素:一是央行垄断货币发行权形成的无须偿还的负债;二是央行拥有主动权的负债,如商业银行准备金;三是政府的隐含担保,会在必要时弥补央行亏损。

(二)模型设定

不同于商业银行,本文认为中央银行的首要目标应是强化货币政策调控,维护央行公信力。为达到这个目标,央行必须避免长期持续的亏损,防止给外界传递严重的负面信号,影响央行公信力和正常履职(Ize,2005;Buiter,2008)。因此,央行就需要保留一定的资本并获取盈利,而这两者正是构成中央银行财务实力的主要内容(Stella,2003;Klüh 和 Stella,2008)。为便于理论分析,本文构建一个简化的资产负债表(表 1)。资产方包括净外汇资产和证券资产,负债和权益方包括通货、净计息债务和资本,并且假定计息资产和债务的利率均为央行制定的政策利率,资本包括权益和商业银行准备金。

表 1 简化的央行资产负债表

净外汇资产(*NFA*)	通货(*M*)
证券资产(*SEC*)	净计息债务(*L*)
总资产(*TA*)	资本(*K*)

根据简化的资产负债表,可以得到如下恒等式:

$$NFA_t + SEC_t = M_t + L_t + K_t \tag{1}$$

1.净外汇资产

央行的外汇资产可能会包含多种货币,以 s_t 代表 t 时期一篮子货币的名义汇率,Q_t 为一篮子外币资产规模,则净外汇资产为:$NFA_t = s_t g Q_t$。

净外汇资产的价值受汇率变动和外币利率 i_t^f 的影响,

$$\begin{aligned} NFA_{t+1} &= s_{t+1} g Q_t + s_{t+1} g Q_t g i_t^f \\ &= \frac{s_{t+1}}{s_t} g NFA_t + \frac{s_{t+1}}{s_t} g NFA_t g i_t^f \\ &= NFA_t g \frac{s_{t+1}}{s_t} g (1 + i_t^f) \end{aligned}$$

令 $\frac{s_{t+1}}{s_t} = 1 + \Delta s_t$,代入展开得到:

$$\begin{aligned} NFA_{t+1} &= NFA_t g \frac{s_{t+1}}{s_t} g (1 + i_t^f) \\ &= NFA_t g (1 + \Delta s_t) g (1 + i_t^f), \\ &= NFA_t g (1 + \Delta S_t + i_t^f + \Delta s_t g i_t^f), \end{aligned}$$

略去二阶小量 $\Delta s^t g i_t^f$,得到:

$$\begin{aligned} NFA_{t+1} &= NFA_t g (1 + \Delta s_t + i_t^f) \\ &= NFA_t g (1 + y_t^f) \end{aligned} \tag{2}$$

其中,y_t^f 为外汇资产的综合收益率,有关系式:

$$y_t^f = \Delta s_t + i_t^f \tag{3}$$

2.证券资产

证券资产是中央银行运用自有资本进行投资、进行货币政策操作而产生的资产,其价值变动与投资收益率有关。

$$SEC_{t+1} = SEC_t g (1 + i_t) \tag{4}$$

其中,i_t 为央行制定的政策利率,本文假定证券资产的投资收益率就为政策利率。

3.净本币债务

定义净本币债务为通货和净计息债务之和,$NDL_t = M_t + L_t$,它的变化由利息支付、运营支出和股利支付决定。得到:

$$NDL_{t+1} = NDL_t + L_t g i_t + OL_t + DIV_t \tag{5}$$

其中,$L_t g i_t$ 为央行的利息支付,OL_t 为央行运营支出,DIV_t 为股利支付。

4.资本

根据(2)、(4)、(5)式,可以得到央行资本的变化为:

$$K_{t+1}=NFA_{t+1}+SEC_{t+1}-NDL_{t+1}$$
$$=NFA_{t}g(1+y_{t}^{f})+SEC_{t}g(1+i_{t})-NDL_{t}-L_{t}gi_{t}-OL_{t}-DIV_{t}$$
$$=K_{t}+NFA_{t}gy_{t}^{f}+SEC_{t}gi_{t}-L_{t}gi_{t}-OL_{t}-DIV_{t} \quad (6)$$

5.利润

央行在股利支付前的利润可以表示为：

$$PL_{t}=NFA_{t}gy_{t}^{f}+SEC_{t}gi_{t}-L_{t}gi_{t}-OL_{t} \quad (7)$$

考虑开放经济条件下的平价理论，我们对(7)式进行进一步分析。

根据购买力平价理论，可以得到：$s_{t}=q_{t}g\dfrac{P_{t}}{P_{t}^{f}}$，$q_{t}$ 为实际汇率，P_{t} 为本国物价水平，P_{t}^{f} 为国外物价水平。对其进行差分处理，得到：

$$\Delta s_{t}=\Delta q_{t}+\pi_{t+1}-\pi_{t+1}^{f} \quad (8)$$

其中，Δs_{t} 为名义汇率变动，Δq_{t} 为实际汇率变动，π_{t+1} 为本国通胀，π_{t+1}^{f} 为国外通胀。

根据利率平价理论，可以得到：$1+i_{t}=(1+i_{t}^{f})g\dfrac{s_{t+1}}{s_{t}}$，而$\dfrac{s_{t+1}}{s_{t}}=1+\Delta s_{t}$，代入展开得到：

$$1+i_{t}=(1+i_{t}^{f})g(1+\Delta s_{t})$$
$$1+i_{t}=1+i_{t}^{f}+\Delta s_{t}+i_{t}^{f}g\Delta s_{t}$$

略去二阶小量 $i_{t}^{f}g\Delta s_{t}$，得到：

$$i_{t}=i_{t}^{f}+\Delta s_{t}$$
$$=i_{t}^{f}+\Delta q_{t}+\pi_{t+1}-\pi_{t+1}^{f} \quad (9)$$

与(3)式对比，可知，在均衡的条件下，外汇资产的综合收益率就等于本国政策利率，$y_{t}^{f}=i_{t}$。

因此，央行利润可以表示为：

$$PL_{t}=NFA_{t}gy_{t}^{f}+SEC_{t}gi_{t}-L_{t}gi_{t}-OL_{t}$$
$$=NFA_{t}gi_{t}+SEC_{t}gi_{t}-L_{t}gi_{t}-OL_{t}$$
$$=(NFA_{t}+SEC_{t}-L_{t})gi_{t}-OL_{t}$$
$$=(M_{t}+K_{t})gi_{t}-OL_{t}$$
$$=(M_{t}+K_{t})g(\Delta q_{t}+\pi_{t+1}+i_{t}^{f}-\pi_{t+1}^{f})-OL_{t} \quad (10)$$

(三)模型分析

由(10)式，可以导出通胀决定公式：

$$\pi_{t+1} = \frac{OL_t + PL_t}{M_t + K_t} - \Delta q_t - i_t^f + \pi_{t+1}^f$$
$$= \frac{\frac{OL_t + PL_t}{TA_t}}{\frac{M_t + K_t}{TA_t}} - \Delta q_t - i_t^f + \pi_{t+1}^f$$
$$= \frac{OLA_t + ROAA_t}{NIBL_t} - \Delta q_t - i_t^f + \pi_{t+1}^f \tag{11}$$

其中,$OLA_t = \frac{OL_t}{TA_t}$代表运营支出占总资产的比重,$ROAA_t = \frac{PL_t}{TA_t}$代表总资产收益率,$NIBL_t = \frac{M_t + K_t}{TA_t}$代表无息负债资产比率,衡量央行的资本水平。*ROAA* 和 *NIBL* 就构成中央银行财务实力的主要内容(Klüh 和 Stella,2008),其中 *ROAA* 为动态层面的衡量指标,*NIBL* 为静态层面的衡量指标。

由(11)式可知:①央行的盈利能力与通胀成正向关系,提高央行的利润反而会助长通胀;央行的资本水平与通胀成反向关系,使央行资本保持在一个较高水平可以有效控制通胀;央行运营支出与通胀成正向关系,减少运营支出能更好地控制通胀。由此,央行要稳定物价,应该着眼于提高资本水平,降低运营支出。从财务实力的角度,以资本水平代表的财务实力越强,越能帮助央行有效控制通胀。

②以直接标价法表示的汇率变动与通胀成反向关系,表明提高实际汇率,也就是使本币贬值,能更好地控制通胀。目前采用固定汇率制的国家大多都是锚定美元,在美元贬值的大背景下,这些国家货币也被动贬值,因此,采用固定汇率制的央行对通胀有更好的控制力。

③外币利率与本国通胀成反向关系,因为较高的国外利率将导致资本外流,从而减轻本国的通胀压力。国外通胀与本国通胀成正向关系,表明开放经济体会明显受到国外通胀带来的输入型通胀影响。这两个变量是外生变量,央行无法控制。

另外,根据(10)式可知,央行利润实际上等于铸币税收入 $M_t gi_t$ 加上资本收入 $K_t gi_t$,再减去运营支出 OL_t,即:

$$PL_t = M_t gi_t + K_t gi_t - OL_t \tag{12}$$

从(12)式可知:①当央行财务实力很弱时,即$(M_t+K_t)<0$,提高利率只会使央行财务状况更糟,央行有足够的动机保持低利率,使央行对提高利率的调控要求熟视无睹,财务脆弱对央行货币政策操作产生了显著的约束;②当央行财务实力较好时,即$(M_t+K_t)>0$ 同时 $PL_t<0$,央行为改善自身资产负债表,有维持高利率的动机,使央行对降低利率的调控要求犹豫不决,财务实力对货币政策操作也产生了显著的约束;③当央行财务状况很好时,即 $PL_t>0$,财务实力对货币政策的约束就比较小,央行可以根据调控要求制定恰当的利率决策。因此,央行财务脆弱会对货币政策操作产生显著的约束,使央行顾及自身的资产负债表而不愿执行符合调控要求的政策。

四、实证研究设计

(一)变量选择

1.解释变量

由于各家央行采用的会计政策不同,因此选择恰当的央行财务实力衡量指标就成为经验研究的重点和难点(Benecká 等,2012)。对会计政策的差异,一些学者的处理方式是将央行资本金加上“其他项目净值”除以总资产作为财务实力衡量指标(Klüh 和 Stella,2008;Stella,2003 和 2008)。Stella(2010)和 Bini-Smaghi(2011)提出央行财务实力应是经济资本,不只包括会计资本,还要考虑铸币税收入这个潜在的财务缓冲,Stella(2010)的处理方式是将通货加上资本作为央行财务实力的更宽泛衡量指标。其他学者还提出以净现值来衡量央行财务实力(Fry,1993;Stella,1997;Cincibuch 和 Vávra,2001)。此外,Cargill(2006)认为,央行还必须有一定的盈利,因为它需要有足够的收入来弥补提供货币服务的成本。综合以上学者的研究,本文选择 4 个解释变量来衡量央行财务实力。

①权益资产比率(*ETA*)。代表央行以自身资本对冲资产风险的能力,这个指标计算简单,是衡量央行财务实力的标准指标,但范围较窄、解释力不强。

$$CBFS^1 = \frac{权益}{总资产}$$

②无息负债资产比率(*NIBL*)。以权益加上无息负债净值除以资产计算得到,代表央行所有的潜在收入,这是央行资本的更广义衡量指标。无息负债净值为无息负债减去无息资产,无息负债包括通货、不计息的商业银行准备金等,它能为央行带来铸币税收入。

$$CBFS^2 = \frac{权益 + 无息负债 - 无息资产}{总资产}$$

③平均资产收益率(*ROAA*)。以净利润除以平均总资产,衡量央行总资产产生利润的能力。

$$CBFS^3 = \frac{净利润}{平均总资产}$$

④平均权益收益率(*ROAE*)。以净利润除以平均权益,衡量央行资本金产生利润的能力。

$$CBFS^4 = \frac{净利润}{平均权益}$$

2.被解释变量

现有的研究多集中在研究央行财务实力与通胀目标之间的关系,侧重于评价央行财务实力对货币政策效果的影响。本文更进一步,同时考察财务实力对央行货币政策操作的影响,研究央行财务实力对货币政策制定的约束程度。因此,被解释变量就包括货币政策效果及操作的指标选择。

①货币政策效果衡量指标。现有的文献大多以通货膨胀率作为衡量货币政策效果的指标,如 Klüh 和 Stella(2008)以购买力下降程度作为货币政策效果的衡量指标。但金融危机后,宏观审慎监管受到越来越多的重视,维护金融稳定已成为央行货币政策的重要目标之一,央行财务实力必然会影响其金融稳定目标的实现。因此,本文将金融稳定指数作为货币政策效果的另一个衡量指标。

故而本文构建的货币政策效果衡量指标有两个:

a.调整的通货膨胀率(d)。参考 Klüh 和 Stella(2008),本文根据各国的通货膨胀情况构造调整的通货膨胀率,$d_t=\dfrac{\pi_t}{1+\pi_t}$,用来处理某些年份的恶性通货膨胀异常值。

b.金融稳定指数(FSI)。按照 IMF 的金融稳健指标体系(IMF,2006),衡量一国的金融稳定程度包括 5 类核心指标和 6 类鼓励指标,而资本充足性是 5 类核心指标中的关键性指标,基于数据可得性和可比性,本文选择资本充足性作为金融稳定程度的代理指标,具体计算为监管资本占风险加权资产的比重。

②货币政策操作衡量指标 MPC。利率是金融体系的关键价格指标,也是央行制定货币政策、进行宏观调控的关键操作变量,在央行货币政策体系中有重要的作用。20 世纪 90 年代以来,西方各国普遍都通过调节短期货币市场利率来调控经济,稳定物价水平,并取得广泛成功,著名的“泰勒规则”(Taylor Rule)就是对利率调节规则的经典描述之一。Taylor(1993)利用理性预期模型对西方七个国家数据进行动态随机模拟,研究发现根据目标差距进行利率调整最有利于中央银行保持产出和价格稳定,并提出经典泰勒规则公式。同时,Taylor(1999)提出,可以用利率的实际值与泰勒规则值的偏离程度来衡量“政策偏误”(Policy Mistakes),并以此来作为评价和判断货币政策操作的依据。因此,本文以央行政策利率与泰勒规则利率的偏差作为货币政策操作的代理指标,来反映央行财务实力对货币政策制定的影响。利率偏差的计算如下:

首先根据标准泰勒公式得到泰勒规则利率,本文所用的标准泰勒公式为:

$$i_t = i^f + \pi_t + h(\pi_t - \pi^*) + g\tilde{y}$$

$$= (i^f - h\pi^*) + (1+h)\pi_t + g\tilde{y}$$

其中,i_t 为实际利率,i^f 为均衡利率;π_t 为通货膨胀率,π^* 为目标通货膨胀率,$(\pi_t-\pi^*)$代表通胀缺口;$\tilde{y}=100\times\dfrac{y-y^*}{y^*}$,$y$ 为实际产出,y^* 为潜在产出,$\tilde{y}$代表产出缺口;h 和 g 均为常数。

然后,以各国实际政策利率减去泰勒规则利率,得到的利率偏差就作为货币政策操作的代理指标 *MPC*。

3.控制变量

根据货币政策效果和操作的影响因素,本文选择如下控制变量:

①原油价格指数(*Oil*)。原油价格对企业生产成本有显著的影响,可以用来代表周期性的全局因素。

②经济发展水平(*GDP*)。由于本文主要考虑一国居民的财富水平对货币政策的影响,因此采用人均 GDP 指标,而没有采用很多文献使用的 GDP 增长率。我们预期它与通货膨胀的关系为负,因为现实中越发达的国家通胀水平越低,而且 GDP 也可以间接代表一国企业机构的运营实力。

③金融发展水平(*FIR*)。一国金融市场的发展程度主要反映在直接融资和间接融资的便利程度,因此本文采用上市公司市值和银行提供的国内信贷占 GDP 的比重作为代理变量,衡量各国直接融资和间接融资的发展程度。

④贸易开放度(*TO*)。关于贸易开放与通胀联系的研究最早见于 Romer(1993),研究发现它们之间存在负向关系,因为贸易开放可以减少通胀对一国收入的侵蚀。本文采用进出口贸易占 GDP 比重来衡量。

⑤金融开放度(*FO*)。金融开放对一国的物价控制和金融稳定都有重要影响,本文借鉴 Chinn 和 Ito(2008)的研究成果,采用 KAOPEN 指数来衡量一国的金融开放度,数值越大表明央行对资本账户的管制越松,跨境金融交易越便利。

⑥汇率制度(*ERR*)。一般而言,采用固定汇率制的国家越容易避免高通胀并保护本国金融市场,而且也可以对货币当局产生严格限制,避免过度扩大基础货币,本文采用虚拟变量来表示各国采用的汇率制度。

⑦货币政策制度(*MPR*)。经验研究表明(Batini 等, 2005),采用通胀目标制的央行更容易控制通货膨胀,本文采用虚拟变量来表示各国采用的货币政策制度。

⑧资产价格波动(*Stock*)。金融危机的实践已经表明,资产价格波动越大,金融市场就越容易陷入动荡。本文预期资产价格波动对金融稳定将产生负面影响,以股价指数的波动率作为代理指标,反映金融资产价格的波动情况(表 2)。

表 2 控制变量

变量名称	变量符号	度量方法	数据来源
原油价格	*Oil*	原油价格指数	IMF
经济发展水平	*GDP*	人均 GDP	世界银行
金融发展水平	*FIR*	上市公司市值和银行提供的国内信贷占 GDP 的比重	世界银行

续表

变量名称	变量符号	度量方法	数据来源
贸易开放度	*TO*	进出口贸易占 GDP 的比重	世界银行
金融开放度	*FO*	KAOPEN 指数	Chinn 和 Ito(2008)
汇率制度	*ERR*	固定汇率制为 0,浮动汇率制为 1	IMF AREAER
货币政策制度	*MPR*	通胀目标制为 1,其他为 0	Mishkin 和 Schmidt-Hebbel(2007)
资产价格波动	*Stock*	股价指数波动率	IMF

(二)实证模型

Klüh 和 Stella(2008)的研究仅着重于货币政策效果,而且仅限定在通胀控制这一单一目标上,研究比较单一而且不能反映金融危机后各国监管当局政策目标的变化。本文沿着央行财务实力与货币政策关系的研究思路,并进行大幅拓展,分别从货币政策效果和操作两个角度考察中央银行财务实力对货币政策的影响,建立如下研究模型。

模型一:

$$d_{i,t} = \alpha + \beta_1^j CBFS_{i,t}^j + \beta_2 Oil_{i,t} + \beta_3 GDP_{i,t} + \beta_4 FIR_{i,t} + \beta_5 TO_{i,t} + \beta_6 FO_{i,t} + \beta_7 ERR_{i,t} + \beta_8 MPR_{i,t} + \beta_9 Stock_{i,t} + \varepsilon_{i,t}$$

用于检验中央银行财务实力与通货膨胀的关系。

模型二:

$$FSI_{i,t} = \alpha + \beta_1^j CBFS_{i,t}^j + \beta_2 Oil_{i,t} + \beta_3 GDP_{i,t} + \beta_4 FIR_{i,t} + \beta_5 TO_{i,t} + \beta_6 FO_{i,t} + \beta_7 ERR_{i,t} + \beta_8 MPR_{i,t} + \beta_9 Stock_{i,t} + \varepsilon_{i,t}$$

用于检验中央银行财务实力与金融稳定的关系。

模型三:

$$MPC_{i,t} = \alpha + \beta_1^j CBFS_{i,t}^j + \beta_2 Oil_{i,t} + \beta_3 GDP_{i,t} + \beta_4 FIR_{i,t} + \beta_5 TO_{i,t} + \beta_6 FO_{i,t} + \beta_7 ERR_{i,t} + \beta_8 MPR_{i,t} + \beta_9 Stock_{i,t} + \varepsilon_{i,t}$$

用于检验中央银行财务实力对央行货币政策制定的影响程度。

(三)样本选择与数据来源

本文选取 14 个发达及发展中国家和地区央行①作为研究对象,这些国家在发达

---

① 14 个国家和地区包括:美国、欧洲央行、英国、日本、巴西、俄罗斯、印度、南非、澳大利亚、加拿大、韩国、新加坡、瑞典、瑞士。

及发展中国家中均具有很强的代表性。样本时间范围为 2002—2012 年,包含最近的金融危机期间,能较好地反映中央银行财务实力强弱在应对金融危机时的效果。本文所需的央行财务实力数据均来自 BankScope 数据库,其他数据来自 Wind 数据库、IMF 以及世界银行。

五、实证研究结果

(一)计量方法选择

由于本文所选变量较多,很可能存在自相关以及内生性问题,因此,本文根据所选数据和模型特征,采用动态面板数据 GMM 估计方法进行实证分析。由于 GMM 估计方法分为系统 GMM 与差分 GMMG 两类,其中系统 GMM 估计相对于差分 GMM 估计方程来说具有更好的有限样本特征,且估计的结果更加有效,因此本文使用系统 GMM 方法进行估计。动态面板系统 GMM 估计又可以进一步分为一步系统 GMM 估计(One-step GMM)和两步系统 GMM(Two-step GMM)估计。由于两步系统 GMM 估计的标准差存在向下偏倚特征,所以在实证应用中通常使用一步系统 GMM 估计方法(Bond,2002)。综合以上分析,本文选择一步系统 GMM 估计方法来进行模型求解。

(二)模型实证结果

1.中央银行财务实力与通货膨胀

总体来看,中央银行财务实力与通货膨胀之间的相关关系并不如 Klüh 和 Stella(2008)研究反映的那么显著,除了 $CBFS^2$ 以外其他指标都不具有统计显著性,而且并不是所有财务实力指标都呈现出预期的反向关系。这是由于:①权益资产比率仅以央行资本金作为财务实力的衡量指标,解释力不强,而且各家央行的资本金计算标准也不一致,导致其显著性不如更广泛的无息负债资产比率指标;②*ROAA* 和 *ROAE* 两个盈利性指标呈现出正向的关系与我们的预期不符,主要是因为通胀上升使流通中的货币增加,提升了名义利率,通过带来更高的铸币税收入使央行的盈利增加,因此反映出来的就是正向的关系。从统计显著性的角度分析,*NIBL* 指标的显著性达到 1%,影响系数为-0.154,表明提高该项指标能显著控制通胀水平;而从盈利性指标来看,*ROAA* 和 *ROAE* 都没有统计显著性,并且系数为正,表明提高央行盈利能力并不能显著控制通胀水平,我们在现实中也发现一些央行即便发生亏损也仍能保持温和通胀的情况。这些结论与前文理论模型的分析一致,表明为控制通胀,中央银行应着力提升其财务实力,着力的重点应在于提高 *NIBL* 比率,考虑更广泛的央行资本水平,而央行盈利对通胀控制并不具有统计显著性,央行对于名义上的盈利不必过多关注。

对控制变量,实证结果表明,原油价格、经济发展水平、汇率制度、货币政策制度是通货膨胀的重要影响因素。其中,原油价格显示出预期中的正值,并且都在 1%的显著水平,表明原油价格对通货膨胀有显著的正向影响;以人均 GDP 衡量的经济发展水平显示出预期中的负值,并且显著性水平都较高,与现实中发达国家的通胀水平一般较低的情况相符;汇率制度的统计结果也支持采用固定汇率制的央行能更好控制通胀的观察;货币政策制度的统计结果与预期相符,显著性都达到 1%的水平,表明通胀目标制的央行能显著降低通胀水平,对通胀控制的效果更好,与 Batini 等(2005)的研究结论一致。金融开放度只在两种情形下具有统计显著性,表明央行通过对资本账户的管制来实现通胀控制并不稳定。而贸易开放度的统计结果并没有显示出如 Romer(1993)研究发现的负向关系,金融发展水平和资产价格波动对通胀控制的影响也不显著(表 3)。

表 3　中央银行财务实力与通货膨胀实证结果

	d			
	$CBFS^1$	$CBFS^2$	$CBFS^3$	$CBFS^4$
Oil	0.3269***	0.1553***	0.3025***	0.2774***
GDP	−0.5355***	−0.6171***	−0.4585**	−0.4199***
FIR	−0.2725	−0.0229	−0.1942	−0.1893
TO	−0.6944	−0.4866	−0.7004	−0.7284
FO	−0.5658	−0.3243	−0.7301**	−0.7588**
ERR	2.9682*	1.8969*	3.0185**	3.1218**
MPR	−3.0162***	−2.2108**	−3.2093***	−3.2645***
Stock	0.0839	0.2038	0.0831	0.0677
Constant	−1.9894	−3.9791	−1.0906	−0.6488
$CBFS^1(t\text{-}1)$	−0.0950			
$CBFS^2(t\text{-}1)$		−0.1540***		
$CBFS^3(t\text{-}1)$			0.0232	
$CBFS^4(t\text{-}1)$				0.0219
Hansen test(p-value)	0.0105	0.0002	0.0115	0.0103
Maximum lag for GMM-type instruments	2	2	2	2

注:***、**、*分别表示在 1%、5%、10%的统计水平上显著。

2.中央银行财务实力与金融稳定

金融稳定指数是本文新加入的因变量,现有文献还没有针对央行财务实力与金融稳定相关关系的实证研究。本文所做的研究发现,以盈利能力为代表的央行财务实力对一国金融稳定有比较显著的影响,并且该影响为正向,即央行财务实力越强,一国金融体系越稳定。Sweidan(2011)就曾指出,在当前金融体系遭受重创、全球经济陷入衰退时,可能更要求央行保持健康的资产负债表。具体来看,*ROAA* 和 *ROAE* 对金融稳定的影响都达到5%的显著性水平,并且影响系数为0.0036和0.0034,说明提高央行的盈利能力可以显著提高金融体系的稳定程度,主要原因在于如果央行盈利能力越强,央行可用来救助困难金融机构的流动性就越多,金融机构发生流动性危机导致系统性金融危机的几率就越小,金融体系也就越趋于稳定。权益资产比率和无息负债资产比率对金融稳定的影响较小,都只在10%的显著性水平,表明提高这两项对维持金融体系稳定作用不大,这可能是因为这两项指标衡量的都是央行的资本水平,资本金在一般情况下很少动用,而留存收益划转又有严格的制度规定,因此即便金融体系发生危机也不能快速变现来救助困难机构,使得高资本央行维护金融稳定的作用不是那么显著。

对控制变量,金融开放度、汇率制度和资产价格波动都对金融稳定有显著影响。金融开放度对金融稳定的影响为正,显著性水平达到5%,表明一国金融体系越开放,央行对资本账户的管制越松,越有利于金融体系的稳定。放松资本管制,虽然在短期内可能会带来波动,但长期来看,资本的自由流动有利于央行通过市场化的手段消化风险,充分发挥市场机制的作用,实际上有助于金融体系的稳定。汇率制度的分析结果显示,采用固定汇率制的央行越容易维持金融体系稳定,这主要是因为采用浮动汇率制的央行可能会遭受外汇重估损失,降低央行维护金融稳定的能力。资产价格波动与金融稳定的关系符合预期中的负向,而且都在1%的显著性水平,说明资产价格大幅波动会显著降低金融体系的稳定性,这个结论也得到现实世界的充分验证。其他控制变量对金融稳定的影响均不显著,值得一提的是金融市场发展水平对金融稳定的影响也不显著,这可能是因为金融市场发展水平与金融稳定并没有对应关系,高度发达的金融市场如果没有得到充分监管,可能还会诱发金融风险,这可能就是金融危机爆发于发达国家的原因(表4)。

表4 中央银行财务实力与金融稳定实证结果

	FSI			
	$CBFS^1$	$CBFS^2$	$CBFS^3$	$CBFS^4$
Oil	0.0175	0.0104	0.0076	0.0032
GDP	0.0567	0.0481	0.0463	0.0438

续表

FSI				
	$CBFS^1$	$CBFS^2$	$CBFS^3$	$CBFS^4$
FIR	0.0569	0.0774	0.0819*	0.0882*
TO	-0.0437	-0.0501	-0.0460	-0.0475
FO	0.0552**	0.0616**	0.0563**	0.0576**
ERR	-0.2422***	-0.2182**	-0.2044**	-0.2030**
MPR	0.0160	0.0076	-0.0038	-0.0049
Stock	-0.1022***	-0.0945***	-0.0971***	-0.0996***
Constant	1.6376***	1.4272***	1.3567***	1.3043***
$CBFS^1(t\text{-}1)$	0.0174*			
$CBFS^2(t\text{-}1)$		0.0023*		
$CBFS^3(t\text{-}1)$			0.0036**	
$CBFS^4(t\text{-}1)$				0.0034**
Hansen test(p-value)	0.0000	0.0000	0.0000	0.0000
Maximum lag for GMM-type instruments	2	2	2	2

注:***、**、*分别表示在 1%、5%、10%的统计水平上显著。

3.中央银行财务实力与货币政策操作

实证结果显示,中央银行财务实力对货币政策制定有显著影响,弱财务实力会限制央行提高政策利率,导致政策利率与均衡的泰勒规则利率之间产生负偏差,而财务实力强的央行对政策利率制定则有更大的自由度,这与前文理论模型的分析结果也是一致的。从央行资产负债表的角度,政策利率决定央行到期支付的利息大小,政策利率越高,央行到期需要支付的利息就越多。而央行资产大部分为外汇储备或无息资产,对政策利率大小并不敏感。因此,财务实力弱的央行在制定政策利率时会受到自身资产负债表状况的影响,会更多顾及提高政策利率带来的不利后果,使利率决策偏离均衡泰勒规则。具体来看,权益资产比率和 *ROAE* 对货币政策制定的影响达到 1%的显著性水平,*ROAA* 对货币政策制定的影响也达到 5%的显著性水平,表明中央银行应提高其财务实力,以减轻自身财务状况对其货币政策决定的负面影响,使央行货币政策对经济变化做出及时、有效的反应。

对控制变量,金融市场发展水平对央行货币政策行为有显著的正向影响,表明提高金融市场发展水平可以缩小政策利率与泰勒规则利率的偏差,减轻对央行货币政策行为的约束。这主要是因为在发达的金融市场,价格信号比较准确,利率能够如实反映市场的资金供需状况,央行的利率决策也能够贴合实际情况,制定的政策利率与泰勒规则利率之间的偏差就比较小。其他控制变量对央行货币政策行为的影响不显著,表明央行的货币政策行为更多的是与自身因素相关,外部因素的影响较小(表 5)。

表 5　中央银行财务实力与货币政策操作实证结果

	MPC			
	$CBFS^1$	$CBFS^2$	$CBFS^3$	$CBFS^4$
Oil	−2.9650	−2.6043	−2.7181	−3.0567
GDP	3.5979***	1.9335	1.5582	1.5924
FIR	4.8347***	4.1975**	4.2735**	4.7686***
TO	−0.1912	0.0513	−0.0086	−0.3940
FO	−2.1963*	−1.0824	−0.7796	−0.8393
ERR	11.1526***	4.6316	4.3557	4.5801
MPR	−11.6794**	−2.8299	−3.3301	−4.4103
Stock	−0.7209	−0.1616	−0.1604	0.2822
Constant	−42.8316***	−27.5803**	−22.8822*	−23.1472*
$CBFS^1(t\text{-}1)$	1.4790***			
$CBFS^2(t\text{-}1)$		0.0837		
$CBFS^3(t\text{-}1)$			0.2496**	
$CBFS^4(t\text{-}1)$				0.3015***
Hansen test(p-value)	0.0000	0.0001	0.0000	0.0000
Maximum lag for GMM-type instruments	2	2	2	2

注:***、**、*分别表示在 1%、5%、10%的统计水平上显著。

对以上实证结果的分析表明,央行财务实力确实对货币政策有比较显著的影响,提高财务实力应成为央行政策制定中重点考虑的部分。

①通过提高无息负债比重和铸币税收入,可以加强央行的财务实力,对通胀控制有显著作用,而提高名义收入并不能有效控制通胀水平。央行采用通胀目标制也对通货膨胀有很显著的控制作用。

②以盈利能力衡量的财务实力对金融稳定有较强的显著性,表明提升央行的盈利水平有助于维护金融体系的稳定,而以资本水平衡量的财务实力则对维护金融稳定的显著性较低。央行对资本管制越松,一国金融体系越开放,越有利于央行维护金融稳定目标的实现。

③央行财务实力对货币政策操作有显著影响,财务脆弱使央行不愿实施符合调控要求的政策,弱财务实力对央行货币政策制定产生了显著的约束。

(三)稳健性检验

首先,我们考虑一国发展阶段差异对本文实证的影响,将样本国家分为发达国家和发展中国家两类,分别进行回归分析,得到的结果如表6所示。可以发现,虽然系数有差异,但显著性水平与之前的检验结果基本一致。其次,为避免指标选择对回归结果的影响,本文采用替代指标进行重新检验。我们用实际通货膨胀率 *CPI* 代替调整的通货膨胀率 d,用流动性代替资本充足性作为金融稳定指数 *FSI* 的衡量指标,流动性的计算为流动资产对短期负债的比率,可以发现相关回归结果和之前的结果基本一致。

表6　稳健性检验结果

		$CBFS^1$	$CBFS^2$	$CBFS^3$	$CBFS^4$
发达国家	d	−0.3935*	−0.2111***	0.0414	0.0447
	FSI	0.0230**	0.0058	0.0033**	0.0008
	MPC	0.5147	0.2462**	0.1357*	0.1212*
发展中国家	d	−0.0248*	−0.0086	0.0044	0.0059*
	FSI	0.0196	0.0200**	0.0095*	0.0093**
	MPC	1.1616*	0.5264	0.0411**	0.0923**
CPI		−0.2723	−0.1520*	0.0459	0.0359
FSI		0.0163	0.0415**	0.0013*	0.0055**

注:***、**、*分别表示在1%、5%、10%的统计水平上显著。

六、中央银行财务实力的影响因素

根据理论及实证分析,可知央行财务实力对中央银行对外履职有非常显著的作用。在实践中，中央银行职责范围、独立程度、面临的主要风险、会计制度及利润分配机制都对央行财务实力有重要影响。

（一）中央银行职责范围

一般而言，中央银行承担着制定和执行货币政策、维护金融稳定、经营外汇储备、经理国库和发行货币等职责。但现实中，一些中央银行还承担着很多准财政职能，导致央行面临较大的风险损失，对央行财务实力有很大的负面影响。Fry（1993）研究发现，央行承担准财政职能会损害其独立性，削弱央行货币调控的能力，并最终影响到货币政策目标的实现。同时，金融危机以来，很多国家央行还承担了救助困难机构的职责，通过一系列非常规货币政策稳定金融市场，使央行资产负债表规模大幅膨胀，也对央行财务实力也产生了显著的影响。

（二）中央银行独立程度

各国一般通过中央银行法规定中央银行的权责，同时对中央银行的独立性进行界定。中央银行在多大程度上拥有自主权对其财务实力有很大的影响。如果法律规定中央银行对经营运作有相当的独立性，并设置独立于政府的决策委员会，那么央行就可以根据货币政策调控目标和自身资产负债表情况进行灵活的政策操作，避免政治因素对央行决策的影响，有助于避免财务状况恶化并提升央行财务实力（Cukierman，2011）。

（三）中央银行面临的主要风险

中央银行面临的风险主要有汇率风险、利率风险、信用风险、流动性风险和操作风险，各种风险对央行财务实力的影响程度不一。

1.汇率风险

汇率风险主要来自中央银行持有的外汇头寸，大量持有外汇储备可能会给中央银行带来高成本和风险，特别是在汇率升值的背景下，中央银行将将面临高额的重估损失，极大地削弱央行财务实力。如巴西中央银行因雷亚尔升值造成 2009 年、2010 年的汇率损失分别为 48.66 亿雷亚尔和 28.42 亿雷亚尔，使巴西中央银行净利润显著下降。

2.利率风险

利率风险主要来自大量持有有价证券等利率敏感性资产，使利率风险敞口大幅上升，如加拿大银行，2010 年持有的国债和政府债券占总资产比重为 95.49%，2011 年这一比例为 96.66%。市场利率的波动将直接影响有价证券的价值。在对有价证券进行重估时，这种公允价值因市场利率波动而产生的变化将直接形成未实现损益，进而对央行损益产生影响。

3.信用风险

在中央银行日常业务中,信用风险主要来自中央银行履行最后贷款人职责而开展的再贷款和再贴现等业务带来的对手方违约风险。在金融危机期间,中央银行向金融机构提供流动性支持,或维持重要金融机构的偿付能力而提供的担保、注资、直接购买低信用评级债券等,这些措施进一步加大了中央银行面临的信用风险。这些风险可能会给中央银行带来的损失,造成央行财务状况欠佳。

4.流动性风险

一般认为中央银行没有流动性风险,因为中央银行总能用货币创造的方式支付到期债务。但从资产变现难易程度这一角度考量央行资产流动性问题,发现央行在特殊情况下形成的部分资产几乎不具有可交易性,也就缺乏了流动性,进而可能制约货币政策工具的运用。比如,加纳财政部曾经向加纳中央银行发行债务凭证用以弥补央行损失,但这些债券是无息、不可转让的,到期日也不明确(Stella,2008)。这种“粉饰”资产负债表的债券没有流动性可言。再比如,向倒闭破产机构金融机构发放的再贷款,没有抵押,没有收益,市场也不可能接受。因此,中央银行在衡量财务实力时,需要考虑资产的流动性风险以应对未来出现的流动性风险损失。

5.操作风险

操作风险主要来自中央银行不完善、有问题的内部程序或操作系统,或工作人员操作不当引起的风险。某些时候,外部事件也会给中央银行带来操作风险。如内部程序流程设计中存在隐患,操作人员存在舞弊,在岗位设置上存在不相容岗位未分离,由于自然灾害或突发事件等外部因素也可能影响系统的正常运行等都可能在客观上引起操作风险。在财务实力评估体系中,需要将此类风险考虑在内。

(四)会计制度及利润分配机制

目前,各国中央银行采用的会计标准主要分为三类:一是传统类型,即大量采用历史成本计价模式,基本没有资产和负债的价值重估;二是采用国际会计准则模式,大量采用价值重估,重估的未实现损益按照分类的不同分别计入损益和所有者权益;三是采用欧元体系会计原则,采用非对称处理。会计核算不改变经济实质,但会计制度和利润分配机制的不恰当组合可能会影响中央银行的财务实力。例如,中央银行如果以公允价值计量,将公允价值变动产生的未实现收益计入损益表,可能会因此上缴未实现收益,但出现未实现损失时,中央银行却难以得到弥补,最终损耗了中央银行的财务实力。因此,保持良好的分配机制对保全中央银行资本、提升中央银行财务实力具有重要意义。

七、增强中央银行财务实力的政策建议

(一)厘清职责范围,明确央行权责

厘清中央银行职责范围,最重要的就是厘清与财政的政策关系,核心问题是如何在中央银行和社会公众之间平衡资源需求。中央银行需要获得与承担职责相匹配的财务实力,因此,应从制度上界定到底是中央银行还是政府承担相应政策的财务后果。在此基础上,通过资产负债表分部类核算,或设立特殊目标工具(SPV)和特殊账户,将持有外汇储备的未实现汇兑损失、履行准财政职能形成的损失、危机时期救助金融机构的成本收益等财务风险从中央银行资产负债表剥离,实质是将中央银行的资产负债表分为有担保部分和无担保部分,有担保部分的风险收益由政府承担。同时,要加强央行独立性程度,避免政府不必要的政治干预,使央行决策符合调控要求,减少决策扭曲带来的财务风险和损失。

(二)建立风险评估体系,分散化解央行风险

央行面临的各种风险对央行财务实力影响甚大,因此,建立一套科学完整的风险评估体系显得尤为重要。中央应研究建立有效的金融风险防范和处置机制,制订一套科学完整的风险测量指标体系,量化各项业务开展过程中面临的各种风险。建立存款保险制度,完善金融风险分摊机制,防范系统性风险,建立有序的市场化风险处置和退出机制。改进外汇储备经营管理,优化币种结构,降低流动性冲销成本与资产损失风险。完善抵押品政策,避免接受那些市场流动性较差的资产作为抵押品,防范可能的财务风险。

(三)提高资产收益率,控制运营成本

央行盈利能力是财务实力的重要部分,对央行维护金融稳定、优化调控手段意义重大。因此,央行应着力提升资产收益率,如增加央行低成本负债,包括提高法定准备金率获取稳定的资金,谨慎利用发行货币获得铸币税收入。同时,大力控制央行运营成本,减少不必要的成本支出。在增收控支的基础上,提升央行资本的收益水平,增强央行财务实力。

(四)完善利润分配制度,建立资本补充机制

保留一定比例的资本对央行有效对外履职、维护公信力意义重大。Sullivan(2003)就强调明确央行利润或损失分配规则的重要性,认为应该在法律中明确利润或损失的计算方法,以及资本的补充机制。当央行大部分利润都上缴财政时,通过利润留存来补充资本的过程就较为缓慢,不利于央行财务实力的有效提升。因此,需要完善利润分配机制,提高利润留存的比例,通过增加利润分配增强央行的财务实力。同时,还需要建立一套资本补充机制,这一机制同时也会对货币政策执行及

其效果产生影响。

(五)实施审慎会计制度,健全财务缓冲机制

会计政策并不能减少损失的可能性,只能改变确认损失的时间,从而改变中央银行分配利润给股东或政府的时间。中央银行应实施审慎会计政策,要及时反映潜在的资产损失,尽量将公允价值变动产生的收益留在资产负债表,避免转移未实现的收益。同时,健全财务缓冲机制,加强对风险资产的评估分类管理,并在此基础上建立专项准备金和动态准备金制度。专项准备金用于弥补各种风险带来的损失,动态准备金的主要目的是在经济繁荣期多计提准备、在经济不景气时释放,以缓解顺周期效应。

参考文献

[1] 任康钰.中央银行资本金:文献综述[J]. 国际金融研究,2012(6):36-45.

[2] 熊奕,邹雨童.央行财务实力与冲销操作可持续性分析[J]. 广东社会科学,2010(2):20-26.

[3] 燕华凯.中央银行财务实力研究[J]. 金融纵横,2012(5):15-20.

[4] Batini N, Kuttner K, Laxton D. Does inflation targeting work in emerging markets? [J]. World Economic Outlook, 2005, 161:186.

[5] Benecká A, Holub, Kadl čáková et al. Does central bank financial strength matter for inflation? An empirical analysis[R]. Prague: Czech National Bank, 2012(3).

[6] Bindseil U, Manzanares A, Weller B. The role of central bank capital revisited[R]. Frankfurt: European lentral Bank,2004(392).

[7] BIS. Central bank finances[R]. Beset: Bank for International Settlement, 2011.

[8] Bond. Dynamic Panel Data Models: A Guide to Micro Data Methods and Practice[R]. London: Institute for Fiscal Studies,2002(CWP09/02).

[9] Buiter W H. Can central banks go broke? [J]. CEPR Policy Insight, 2008(24).

[10] Cargill T F. Is the bank of Japan's financial structure an obstacle to policy? [J]. IMF Staff Papers, 2005, 52(2):311-334.

[11] Cargill T F. Central bank capital, financial strength, and the Bank of Japan[J]. FRBSF Economic Letter, 2006(11).

[12] Chinn M D, Ito H. A new measure of financial openness[J]. Journal of comparative policy analysis, 2008, 10(3):309-322.

[13] Cincibuch M, Vavra D. The Value of a Central Bank in a Transition Economy (in Czech)[J]. Czech Journal of Economics and Finance, 2001, 51(11):574-590.

[14] Cincibuch M, Holub T, Hurnik J. Central bank losses and economic convergence[J]. Czech Journal of Economics and Finance, 2009, 59(3):190-215.

[15] Dalton J, Dziobek C. Central Bank Losses and Experiences in Selected Countries[R]. Washington:International Monetary Fund, 2005, 05/72.

[16] Fry M J. Can a central bank go bust? [J]. The Manchester School, 1992, 60 (S1):85-98.

[17] Fry M J. The fiscal abuse of central banks[R]. Washington:International Monetary Fund, 1993, No. 93/58.

[18] IMF. Financial Soundness Indicators:Compilation Guide[R]. Washington:International Monetary Fund, 2006.

[19] Ize A. Capitalizing central banks:a net worth approach[J]. IMF Staff Papers, 2005, 52(2):289-310.

[20] Jeanne O, Svensson L E O. Credible commitment to optimal escape from a liquidity trap:The role of the balance sheet of an independent central bank[J]. The American Economic Review, 2007, 97(1):474-490.

[21] Klüh U H, Stella P. Central Bank Financial Strength And Policy Performance:An Econometric Evaluation[R]. Washington:International Monetary Fund, 2008(08/176).

[22] Romer D. Openness and Inflation:Theory and Evidence[J]. The Quarterly Journal of Economics, 1993, 108(4):869-903.

[23] Sims C A. Fiscal Aspects of Central Bank Independence. In European Monetary Integration.// Sinn, Widgren, Kothenburger[M]. Cambridge: The MIT Press ,2004.

[24] Stella P. Do central banks need capital? [R]. Washington:International Monetary Fund, 1997(97/83).

[25] Stella P. Why central banks need financial strength[J]. Central Banking, 2003, 14(2):23-29.

[26] Stella P. Central Bank Financial Strength, Policy Constraints and Inflation [R]. Washington:International Monetary Fund, 2008(08/49).

[27] Stella P. Minimising monetary policy[R]. Basel: Bank for International Settlement, 2010(330).

[28] Stella P. Central bank financial strength and macroeconomic policy performance[M]. New York:Routledge, 2011.

[29] Stella P, Lonnberg A. Issues in central bank finance and independence

[R]. Washington:International Monetary Fund, 2008(08/37).

[30] Sweidan O D. Central bank losses:causes and consequences[J]. Asian-Pacific Economic Literature, 2011, 25(1):29-42.

[31] Taylor J B. Macroeconomic policy in a world economy: from econometric design to practical operation[M]. New York:W.W.Norton, 1993.

[32] Taylor J B. A historical analysis of monetary policy rules [M]//Monetary policy rules.Chicago:University of Chicago Press, 1999.

[33] Ueda K. The role of capital for central banks[C]. Fall Meeting of the Japan Society of Monetary Economics, 2003.

文章审稿人:周谦毅

再贷款抵押品管理体系研究[①]

中国人民银行重庆营业管理部货币信贷处课题组

课题主持人:杨育宏

课题组成员:张晓昱　古旻　刘松涛　余翔　罗杰

一、引言

(一)理论意义

2008 年金融危机以来,欧美主要发达经济体的央行再贷款抵押品管理体系承受了很大的压力。为此,再贷款抵押品管理框架的改进成为了金融界关注的热点之一。中央银行长期以来承担着促进经济增长、维护金融稳定的职责,然而如果再贷款抵押品管理体系出现问题,不但会造成不良再贷款的增长,而且会使央行的流动性管理处于被动地位,从而影响央行履行金融管理职能。所以,一个良好的再贷款抵押品框架具有重要意义,不但有助于维护央行资产负债表的健康,而且有助于激励商业银行谨慎地管理流动性。

然而,为了构建一个运转良好的再贷款抵押品管理体系,还有许多问题需要得到解决。抵押品在再贷款操作中发挥怎样的作用?怎样通过抵押品管理强化其积极作用?抵押品管理应该遵循怎样的目标和原则?怎样的抵押品是可以接受的?在不同的经济运行阶段是否应该采用不同的标准?再贷款抵押品管理有怎样的风险?采取怎样的措施才能更好地控制风险?这些问题的解决,有助于为进一步完善再贷款抵押品管理框架提供理论指导,所以本文研究具有明确的理论意义。

(二)现实意义

对于新兴市场经济体来说,伴随着经济的快速增长,近十年来主要面临的是市场上结构性的流动性过剩,因而还没有出现较强的再贷款需求。但是随着全球经济金融形势的变化,一些新兴市场经济体已经出现了资本大量流出,流动性偏紧,再贷款需求上升的局面。这种情况在未来的经济发展中还可能多次出现。因此,新兴市场经济体有必要未雨绸缪,做好再贷款抵押品管理框架的研究探索工作,以便为构建完善的再贷款抵押品管理体系做好准备。

---

① 为 2013 年度中国人民银行重庆营业管理部重点研究课题,获评“二等奖”。

现阶段，我国仅在公开市场操作、再贴现、再贷款等几个规章制度中规定央行向金融机构提供资金可以使用担保贷款的方式，制度规定较为零散，对抵押品的要求也不尽统一，还没有形成一个统一的制度进行规范。正是出于这样的考虑，《2013年中国人民银行分支行货币政策工作安排》(银货政〔2013〕1号)明确提出了要“加强对中央银行抵押品管理的研究。各分支行要深入研究发达经济体中央银行抵押品管理经验，重点分析抵押品管理框架的要素、特点、历史演变以及应对国际金融危机和欧洲主权债务危机的改革措施等，研究抵押品管理与货币政策操作、宏观审慎框架的关系。结合我国国情，研究分析如何建立具有中国特色的再贷款抵押品管理体系”，并且指定了重庆营管部要对此进行重点研究。

二、文献综述

一直以来，抵押品在货币政策操作中的作用一直没有得到足够的重视。但是在此次欧美金融危机中，由于货币市场流动性短缺，欧美金融机构间的资金拆借发生困难，银行只有更多地从央行融入资金来解决自身的流动性问题。由此，抵押品在金融流动性管理中的重要作用开始凸显出来，央行合格抵押品政策也成为货币政策中的重要组成部分。

向诗猛等(2005)对支农再贷款和发展再贷款进行了研究，认为需要及时修改发展再贷款抵押担保制度的有关规定，建议对发展再贷款的抵押担保规定作出相应的调整，另可从相关法规条例中明确政府担保、政府承诺的法律有效性，以此减少中小金融机构不必要的借贷成本，真正促进其成长壮大。胡彦宇和张帆(2013)对美联储和欧洲央行货币政策操作中合格抵押品制度框架进行了介绍，并就完善我国合格抵押品制度框架提出了具体的操作建议。杨金梅和张军(2012)分析了抵押品创造金融流动性的过程，对雷曼破产后金融流动性大幅萎缩的原因进行了解释，认为合格抵押品的减少及抵押品流动速度的下降是流动性短缺的主要原因，最后将抵押品市场与全球主要央行的非常规货币政策相联系，提出扩大抵押品规模、提高抵押品再抵押次数及密切关注抵押品市场潜在风险的政策建议。

三、不对称信息条件下再贷款抵押品作用的理论分析

在再贷款市场存在不完全信息的情况下，假定一家银行出于经营需要，向央行申请金额为A的再贷款资金，再贷款利率为i，如果用P_1表示银行获得再贷款的概率$(0 \leqslant P_1 \leqslant 1)$，$P_2$表示银行经营成功按时归还再贷款的概率$(0 \leqslant P_2 \leqslant 1)$，银行提供的抵押品价值为$C$，抵押品的变现率(变现金额与账面价值之比)为$r(0<r<1)$，央行运用再贷款工具的社会目标价值为$S$，这表示了央行进行再贷款操作调控流动性、有效实施货币政策所考虑的社会层面上的经济金融价值，当社会目标价值S很大时，对于银行拖欠还款概率$(1-P_2)$以及抵押品变现率r和价值C的考虑就处于次要的地位，如近期的欧美金融危机期间，美联储、欧洲央行为化解金融系统风险、缓解流

动性紧张局面,大幅度扩展合格抵押品范围,增加交易对手方类型和数量,为金融市场提供流动性支持就是出于社会层面上的经济金融价值的考虑。相反,在一般情况下单次再贷款操作的社会目标价值 S 并不突出,此时对于银行拖欠还款概率($1-P_2$)以及抵押品变现率 r 和价值 C 的考虑就居于主要的地位,也就是央行更为看重保障再贷款资金的安全。

那么在一次再贷款操作中央行的期望收益为:

$$E = P_1[P_2(1+i)A + (1-P_2)rC + S] \tag{1}$$

在理论上,央行如果仅靠调整再贷款利率来覆盖风险会存在问题。因为银行的经营中预期收益与风险成正比关系,而且风险较高的银行融资成本相对更高,当再贷款利率 i 不断提高时,那些低风险的银行由于利率超过了其预期盈利水平会逐步地退出再贷款市场,再贷款申请者队伍中高风险银行的占比会逐步提高。当再贷款利率提高到一定的程度时,再贷款市场中将只有高风险银行的参与,市场的整体风险上升了,这将不利于提高央行再贷款操作的期望收益。因此在再贷款供需双方信息不对称的情况下,央行仅仅依靠提高再贷款利率控制风险可能产生"逆向选择"问题,所以在再贷款操作中还需要对交易对手方的经营情况、财务状况进行了解,并且采用一系列完善的再贷款管理体系控制风险,实现再贷款政策工具的预期目标。

根据(1)式,如果再贷款操作中银行经营成功按时归还再贷款的概率 P_2 独立于再贷款利率 i,则有:

$$\frac{\partial E}{\partial i} = P_1 P_2 A \geqslant 0$$

这意味着期望收益 E 是利率 i 的增函数,再贷款利率越高,越有利于央行在再贷款操作中覆盖风险提高预期收益。

但是如同以上所分析的,由于存在"逆向选择"问题,银行不能按时归还再贷款的概率并不独立于再贷款利率 i,也就是说再贷款操作中银行经营成功按时归还再贷款的概率 P_2 随着再贷款利率 i 的提高而降低,P_2 是 i 的减函数,$P_2 = P_2(i)$,且:

$$\frac{\partial P_2}{\partial i} < 0$$

因此(1)式可以表示为:

$$E = P_1\{P_2(i)(1+i)A + [1-P_2(i)]rC + S\} \tag{2}$$

因此有:

$$\frac{\partial E}{\partial i} = P_1 P_2(i) A + \frac{\partial P_2(i)}{\partial i} P_1[(1+i)A - rC] \tag{3}$$

(3)式表明,再贷款利率对再贷款操作预期收益的影响可以从两个方面来看,第一个方面是利率变化对风险覆盖能力的效应 $P_1P_2(i)A>0$,利率每提高一个单位,央行再贷款操作覆盖风险的能力增加 $P_1P_2(i)A$;第二个方面是利率变化的风险效应

$\frac{\partial P_2(i)}{\partial i}P_1[(1+i)A-rC]$,这可以分为三种情况来分析:

一是当 $C<\frac{(1+i)A}{r}$时,由于$\frac{\partial P_2}{\partial i}<0$,$\frac{\partial P_2(i)}{\partial i}P_1[(1+i)A-rC]<0$,再贷款利率每提高一个单位值,央行再贷款操作的期望收益下降$-\frac{\partial P_2(i)}{\partial i}P_1[(1+i)A-rC]$。

二是当 $C>\frac{(1+i)A}{r}$时,由于$\frac{\partial P_2}{\partial i}<0$,$\frac{\partial P_2(i)}{\partial i}P1[(1+i)A-rC]>0$,再贷款利率每提高一个单位值,央行再贷款操作的期望收益提高$\frac{\partial P_2(i)}{\partial i}P_1[(1+i)A-rC]$。

三是当 $C=\frac{(1+i)A}{r}$时,$\frac{\partial P_2(i)}{\partial i}P_1[(1+i)A-rC]=0$,再贷款利率变化的风险效应为零。

以上的分析表明,抵押品相对于再贷款本息$(1+i)A$ 的价值 C 越大,也就是银行提供的再贷款抵押品价值越大,央行再贷款操作利率调整的风险效应更有可能为正,再贷款操作面临的逆向选择风险更小;相反,银行提供的再贷款抵押品价值越小,再贷款操作利率调整的风险效应更有可能为负,逆向选择风险更大。所以在信息不对称环境中,抵押品在再贷款操作中有助于央行控制风险,保障再贷款资金的安全。因此,央行在再贷款操作中需要加强合格抵押品范围管理,结合完备的抵押品价值评估制度,保证抵押品价值达到足以控制风险的水平,以充分发挥抵押品保障再贷款资金安全的作用。

从另一个角度来看,抵押品的变现率 r 也对风险的控制有重要意义。给定抵押品的价值 C,当 $r<\frac{(1+i)A}{C}$时,$\frac{\partial P_2(i)}{\partial i}P_1[(1+i)A-rC]<0$,再贷款利率每提高一个单位值,央行再贷款操作的期望收益下降$-\frac{\partial P_2(i)}{\partial i}P_1[(1+i)A-rC]$。当 $r>\frac{(1+i)A}{C}$时,$\frac{\partial P_2(i)}{\partial i}P_1[(1+i)A-rC]>0$,央行再贷款操作的期望收益提高$\frac{\partial P_2(i)}{\partial i}P_1[(1+i)A-rC]$。这表明,抵押品变现率 r 的取值对于再贷款操作中的风险防范也很重要。央行在再贷款操作时可以通过设定合理的合格抵押品范围、强化抵押品评级管理、设定恰当的抵押品扣减率以及完善抵押品托管处置将变现率 r 保持在较高的水平上,由此更好地控制再贷款操作中可能存在的逆向选择风险,保障资金安全。

将(3)式中再贷款利率变动产生的对风险覆盖能力的效应和风险效应结合起来看,如果前者与后者之和为正,也就是负面的风险效应没有抵消掉提高利率所增强的风险覆盖能力,则$\frac{\partial E}{\partial i}>0$,再贷款利率的提高会带来央行预期收益的上升;如果两者之和为负，$\frac{\partial E}{\partial i}<0$，也就是负面的风险效应超过了正面的风险覆盖能力提高效应，那么再贷款利率提高反而使得央行预期收益下降。如果两者之和为零，$\frac{\partial E}{\partial i}=0$，也就是负面风险效应与正面的风险覆盖能力提高效应相互抵消，此处对应的再贷款利率 i^* 就是使得再贷款操作预期收益最大化的最优利率。与之相对应的有一个最优还款概率 P_2^*，央行在再贷款操作中可以对交易对手方愿意接受的再贷款利率及其还款概率进行评估，只有愿意支付的再贷款利率高于 i^* 且按时还款概率高于 P_2^* 的银行才能获得再贷款，其余情况拒绝再贷款申请，以此保障再贷款资金的安全。

根据(2)式还可以分析银行按时归还再贷款概率 P_2 对预期收益的影响：

$$\frac{\partial E}{\partial P_2}=P_1[(1+i)A-rC] \tag{4}$$

上式的含义是直接明了的，当 $C<\frac{(1+i)A}{r}$ 时，抵押品的价值变现后不足以覆盖再贷款本息，所以 $\frac{\partial E}{\partial P_2}>0$，银行按时归还再贷款概率 P_2 越高，央行再贷款操作预期收益越高；当 $C>\frac{(1+i)A}{r}$ 时，抵押品的价值变现后足以覆盖再贷款本息，$\frac{\partial E}{\partial P_2}<0$，银行按时还款概率 P_2 就算下降，再贷款操作预期收益仍然可以增长。当 $C=\frac{(1+i)A}{r}$ 时，$\frac{\partial E}{\partial P_2}=0$，此时的抵押品价值 C^* 可以被视为一个最优抵押品价值，与此相对应的有一个最优的按时还款概率 P_2^*。为了保障资金安全，央行在再贷款操作时可以对交易对手方提供的抵押品价值及其还款概率进行评估，只有抵押品价值高于 C^* 且按时还款概率高于 P_2^* 的银行才能获得再贷款，其余情况拒绝再贷款申请，这样有助于对再贷款操作的风险进行控制。

以上的分析进一步印证了抵押品在再贷款操作中的重要意义，它可以作为保障再贷款资金安全的一项重要政策工具。分析结论具有两个方面的政策启示。一是央行在再贷款操作中可以根据最优贷款利率 i^* 和最优还款概率 P_2^* 对再贷款操作中的风险进行控制；也可以根据最优抵押品价值 C^* 和最优还款概率 P_2^* 对是否满足再贷款申请进行判断；或者将三者结合起来强化对再贷款风险的控制。二是央行在再贷款操作中可以通过设定合理的合格抵押品范围，结合完备的抵押品价值评估制度，确保抵押品价值足以覆盖风险，以充分发挥抵押品保障再贷款资金安全的作用；还可以通过设定合理的合格抵押品范围、强化抵押品评级管理、设定恰当的抵押品扣减率以及完善抵押品托管处置将抵押品变现率保持在较高的水平上，由此更好地控制风险，确保再贷款资金安全。

四、全球主要国家央行抵押品管理体系及其新变化

总体来看,发达经济体央行抵押品管理体系主要包括合格抵押品范围、抵押品评估、风险控制以及托管处置四个部分。

(一)合格抵押品范围

合格抵押品是在货币政策操作中,央行允许或要求交易对手方提供的作为直接交易或偿债担保资产的统称。为了维护中央银行资产安全,防范信用风险,引导金融机构抵押品管理,在全球主要发达经济体中,中央银行向金融机构提供流动性时,要求借款方提供足额的合格抵押品是比较普遍的做法。

1.主要国家抵押品的定义和分类

由于各国在抵押品数据的覆盖面和定义方面有明显的差异,首先需要对各国抵押品类别的划分进行分析。各国央行对某些资产的分类方法有一定的差异。如欧元区法国、德国、意大利、西班牙等国的央行将私人部门的资产支持债务工具(资产支持证券 ABS,资产支持商业票据 ABCP)归为 B 类抵押品,而其他央行将其归为 C 类或 D 类抵押品。政府担保债券一般归为 B 类抵押品(由于这些债券是由私人部门发行的),但在加拿大、韩国的央行则被归为 A 类抵押品。因此各国央行归类的各类抵押品的覆盖面是不一样的,如 B 类抵押品包含的资产类别较为广泛(包括无抵押的债券,无抵押但有担保的债券,担保债券,ABS 等)。

2.主要国家合格抵押品范围及其变化

在明确抵押品数据的覆盖面和定义之后,就可以对主要国家合格抵押品的标准及其变化进行分析。表 1 列出了主要国家合格抵押品的构成及其最新变化情况。

表 1 主要国家合格抵押品的范围及其变化

	2007 年 6 月之前(金融危机前)	2008—2009 年	2012 年 7 月
主要 A(不少于 50%)	加拿大、印度、日本、韩国(贷款工具和逆回购操作)、墨西哥、英国、美国(如果剔除贴现窗口)	加拿大、印度、日本、韩国、墨西哥	澳大利亚、印度、日本、韩国(贷款工具和逆回购操作)、墨西哥
主要 A+B	澳大利亚、瑞士、意大利	瑞士(常设借贷便利)	意大利
主要 B(不少于 50%)	欧元体系、德国、西班牙、瑞典	澳大利亚(2008)、德国、瑞士(公开市场操作)、西班牙、瑞典	瑞士(贷款工具)、德国、西班牙、瑞典(贷款工具)

续表

	2007年6月之前（金融危机前）	2008—2009年	2012年7月
其他	法国（主要是D）、美国（如果包括贴现窗口、主要是C）	澳大利亚（2009、主要是D）、欧元体系（B+C）、法国（B+D）、意大利（2008、A+B+D；2009、B+D）、英国（A+C）、美国（如果剔除贴现窗口和买断，2008，A+D；2009、混合）、美国（包括贴现窗口、主要是C）	欧元体系（B+D）、法国（主要是D）、英国（C）、美国（无回购、只有买断和证券借贷；贴现窗口、主要是C）
特殊情况			加拿大（无借贷），瑞士（无公开市场操作）

数据来源：BIS Markets Committee（2013）。

从表1可以看出，有些央行主要接受一个类别的抵押品（一般是A类），而其他国家的央行可接收较多类别的抵押品。尽管如此，这并不意味着交易对手总会充分利用抵押品范围广泛的优势，或总是将流动性最差的抵押品抵押给中央银行。如日本银行的抵押品范围较广，但其接收到的抵押品中大约90%为A类资产，其中2/3是政府债券，这可能是由于日本政府债券的数量相对充裕，从而减少了使用其他类型抵押品的需要。

一些央行倾向于主要接受B类抵押品。但B类抵押品范围广泛，可能包含无抵押的、有担保的或者有抵押的证券。如瑞典央行接收到的抵押品中超过87%是B类资产，其中大部分是国内的担保债券。相比而言，欧元体系接收到的B类资产种类多样，2009年前大部分是无抵押的银行债券和担保债券，之后大部分是担保债券和资产支持证券。

有些央行的抵押品组成是相对稳定的，部分是由于其抵押品框架保持相对狭窄。当然，也有部分央行的抵押品框架变化明显，比如在危机期间，澳大利亚央行的A类抵押资产占比显著下降，被B类抵押资产超越，随后又被D类抵押资产（RMBS，ABCP）超越，目前A类抵押资产的占比已经恢复到危机前的水平。类似地，在危机期间，美联储贷款工具接收到的抵押品组成更为多样，如果考虑贴现窗口接收到的抵押品，美联储的抵押品组成中主要是C类资产。

危机前，央行接受的合格抵押品主要为A、B两类；危机后，部分国家央行占比超过50%的抵押品资产类型变为A、B、D类资产并存的格局。变化原因有两个方面：一是抵押品政策为配合危机期间非常规政策而作出调整。如澳大利亚危机前以A+B类为主，危机期间则主要接受B类，危机后又以A类为主，英国由危机前A类为主调整为危机后B类为主,再调整为D类为主。二是市场环境发生变化。如欧元区由于欧债危机、市场环境恶化,其抵押品构成由B类为主过渡到B+D类,其成员国法国、德国和意大利也发生类似变化。

表2　主要国家央行接受的抵押品资产类型的变化情况(截至2012年7月)

国别	公共部门证券	金融机构债	担保债券	其他资产支持证券(如ABS、MBS、RMBS、CMBS、ABCP)	公司债	非证券资产(如非流通的贷款)	跨境资产	
							可以任何货币计价	只能以外币计价
澳大利亚	=	=>	New	New	New		New	
加拿大	=	=		New	=	New	=>	New
欧元区	=	=	=	=	=	=>	=	New
印度	=					=		
日本	=>	New		=	=>	=>	=	New
韩国	=					=		
墨西哥	=	New		New	New	=	New	New
新加坡	=>						New	New
瑞典	=	New	=>	=	=		=	=
瑞士	=	=	=		=		=>	=>
英国	=	New	New	New	New	New	=>	=>
美国	=	=	=>	=	=	=>	=	=

注:=表示这一资产是合格抵押品。>表示与2007年年中相比,这一资产中更多的子类资产成为合格抵押品。New表示这一资产是2007年年中之后变为合格抵押品的。

数据来源:BIS Markets Committee(2013)。

如表2所示,金融危机爆发后,为实施非常规流动性支持措施,除印度、韩国、瑞士和美国外,其他8家央行均扩大了合格抵押品范围。其中,按类型看,有5家央行将外币资产纳入抵押品框架,各有4家将金融机构债券和ABS等其他资产支持证券纳入抵押品框架,各有3家将企业债和任何货币计价资产纳入抵押品框架,有2家将担保债券纳入抵押品框架。按国别看,墨西哥和英国分别新接受5种抵押品,澳大利亚新接受4种,日本和新加坡各新接受2种,欧元区和瑞典各新接受1种。

3.合格抵押品差异化程度的比较

从合格抵押品标准的差异化程度来看,欧元区、澳大利亚、瑞典、瑞士、日本的央行对所有操作和工具实行了统一的抵押品适用标准。美国、英国、加拿大、墨西哥、韩国、新加坡、印度的央行则对不同的操作或者贷款工具实行差异化的适用标准。在这些差异化的适用标准中,流动性保障工具通常允许使用流动性差一点的抵押品,而常规的再融资操作只接受流动性较好的抵押品。这表明接受流动性较差的抵押品意味着更高的贷款定价,以便为央行的资产负债表提供一定的保护。一些国家的央行还设定有一定的例外条件,允许央行在特定情况下自主决定接受一些超出合格抵押品标准范围之外的抵押品。如澳大利亚储备银行的框架明确了央行在"特殊情况"下可以决定接受相关方资产支持证券(ABS)作为抵押品;英格兰银行的扩展抵押品定期回购(ECTR)工具比其他工具接受的抵押品范围更宽泛,但只有当英格兰央行认为"整个市场范围内出现了实际的或可预期的罕见流动性紧张局面"时才能这样做。

4.合格抵押品发行人范围的比较

从合格抵押品的发行人来看,印度储备银行和新加坡金融管理局制定的范围相对较为狭窄,主要接受国内公共部门债券。相反,欧元区系统、日本、瑞典、瑞士则是统一宽泛的代表,允许接受私人部门金融和非金融实体发行的债券。介于两者之间的则是加拿大、韩国、墨西哥、英国和美国央行,他们对公开市场操作等工具实行狭窄的适用标准,对常设贷款便利等工具则实行宽泛的适用标准。

5.合格抵押品管理方式的比较

从抵押品的管理方式来看,英国、瑞士、澳大利亚、新加坡、印度、墨西哥的央行对抵押品实行定向管理,交付的抵押品与特定的贷款或回购挂钩。欧元区系统、瑞典、日本则采用集中的抵押品管理体系,即不同来源的抵押品全部集中到一个抵押品池,贷款由整个池子的价值作保,和池中的单个资产脱钩。介于两者之间的是美国、加拿大、韩国的体系,采用了定向和集中混合管理,其中的美国和加拿大央行对于公开市场操作的抵押品采用定向管理方式,对于常设贷款便利的抵押品则采用集中管理的方式,韩国央行对两种常设贷款便利的抵押品采用集中管理方式。

(二)抵押品评估

建立抵押品管理框架的核心是对抵押品的价值评估,从发达国家央行经验看,评估方式的选择则主要取决于抵押品的市场化程度。对于债券等市场化资产,主要参考外部信用评级,并适当结合内部信用评级。由于债券是标准化的市场化资产,外部信用评级具有专业性和统一性,是市场普遍接受的信用标准。但考虑外部信用评级具有明显的顺周期性,国际金融危机后,发达国家央行从宏观审慎原则出发,也开始注重结合内部信用评级评估市场化资产的价值。

对于非市场化资产,主要参考央行内部信用评级。非市场化资产信用评估最重要的是对银行贷款的评估。由于外部评级机构很难接触到银行贷款的相关信息,这方面的评估主要由内部信用评级部门完成。以欧元区为例,目前欧元体系抵押品评估框架(ECAF)共有四种评级来源,包括外部信用评级机构、成员国央行内部信用评估体系(ICAS)、商业银行内部评级体系和第三方管理的评级工具,对于银行贷款等非市场化资产的评估主要由ICAS完成。ICAS在评估银行贷款方面具有天然优势。法国、德国、西班牙和奥地利等国央行的ICAS历史悠久,都拥有庞大的数据库、独特的分析方法和强大的分析能力。长期以来,他们在本国央行再融资操作中从事银行贷款的抵押评级,积累了丰富的经验。同时,由于其庞大的数据库几乎囊括了国内所有企业,特别是中小企业,从而能很好地解决中小企业信贷没有信用评级而无法充当合格抵押品的问题。此外,ICAS对被评级企业不收取费用,从而避免了外部信用评级存在的利益冲突问题,也规避了商业银行内部评级体系容易出现的道德风险问题。而部分国家央行由于直接评估债务人信用存在一定的操作难度,因此也会选择使用商业银行内部信用评级,如美联储等。

表3给出了主要国家的信用评估方式,主要依靠内部评估的央行略多于主要依靠外部评估的央行。欧元区和美国的信用评估的做法比较相似,主要考虑以下几个方面。一是法律监管的有效性。主要考察抵押品、交易对手的行为能否明确被当地相关法律有效监管。二是合格抵押品的独立性程度。主要考察合格抵押品与交易对手的关联程度,最小化交易对手和抵押品发行人的联合违约概率。三是合格抵押品的信用风险。主要通过内外部评级结果考察抵押品的违约概率是否在监管机构的容忍范围内。四是合格抵押品的流动性风险。主要通过内部评价机制考察抵押品的流动性情况,评估流动性风险。五是合格抵押品的市场风险。通过监测抵押品的市场价值或运用内部模型逐日计算理论价值,评估抵押品市场价值的波动风险。六是交易对手信用风险。主要考察提供合格抵押品的交易对手的资本充足程度、资产质量、管理水平、盈利水平、流动性等方面,评估其信用风险情况。

表3　主要国家信用评估方式

国家	信用评估	国家	信用评估
欧元区	内部和外部的评级都会接受,服从于共同的框架	美国	对用于常设贷款便利和大多数信用工具的抵押品都采用外部评级
澳大利亚	外部	英国	内部
加拿大	外部	日本	内部
瑞典	外部	韩国	内部
瑞士	外部	新加坡	内部
		墨西哥	内部

具体来看,美联储的内部风险评估机制主要包括针对主体的骆驼信用评分(CAMELS)和针对抵押品资产的美联储内部评估体系,欧洲央行则采取欧元区各国央行的内部评估机制(ICASs)、交易对手内部评估体系(IRB)和第三方评估工具(RTs)共同对合格抵押品资产的风险和价值进行内部评估。美联储和欧洲央行分别通过 NRSRO 和欧洲央行信用风险评估机制(ECAF)对外部信用评级机构进行认证。目前,欧洲央行、美联储都认可标普、穆迪、惠誉等大型国际评级机构的评级结果。在运用上。欧美两家央行对有价证券类抵押品的信用风险评估主要以外部评估为主,内部评估为辅;而对贷款类抵押品,则正好相反。

2008 年金融危机以来,多国央行均认识到外部信用评级在防范风险方面的局限性,而信用评级机构的顺周期性也被认为是金融危机发展深化的重要原因。所以多国央行都努力降低外部信用评级在抵押品政策中的作用,转而更加依赖内部信用评级。在调查的 12 家央行中,除了美国、加拿大、澳大利亚、瑞典、瑞士等 5 家央行主要依靠外部信用评级外,其余 7 家则更多地依靠内部信用评级。

(三)风险控制

央行向交易对手方提供有抵押的资金融通之后,仍然面临抵押品的市场风险和流动性风险。原因在于抵押品在交易期间价值会发生变动,这种变动可能来自于市场的因素也可能来自个体的因素。抵押品价值可能发生下降从而难以保障央行资金的安全,因此需要采取措施持续地对风险加以控制。发达经济体中央银行的抵押品风险控制手段较为一致,主要包括设置抵押扣减率、限定高质量抵押品的范围、动态调整抵押品机制、限制抵押品集中度等。

1.设置抵押品扣减率

抵押品扣减率就是央行在要求对手方提供抵押品时规定抵押品初始价值高于融资金额的幅度。设置抵押扣减率是降低金融机构违约风险和逆向选择可能性的首要手段。中央银行一般根据抵押品的信用评级、剩余期限、利率结构设置抵押折扣,以反映抵押品的信用风险和流动性风险。在实际操作中,部分中央银行也根据需要对特定的交易对手或者抵押品附加抵押折扣,如英格兰银行对外币计价的抵押品附加一定的折扣。在许多央行扩大抵押品范围后,对信用等级不高的资产,一般根据资产的信用等级、违约概率、特有风险、流动性、到期日、资产价格波动等因素适用一定的扣减率,以折价后的余额为基准向交易对手提供资金,以规避信用、利率、外汇和流动性风险。扣减率的计算涉及多个步骤,基本的计算依据是抵押品资产在市场环境恶化的情况下价值减损的可能性。实践中,欧美央行一般采用在险值(Value at Risk)来考察抵押品资产价值减损的程度,减损较大的资产扣减率也较高;对于没有历史价格信息的非上市资产(如贷款),则运用压力测试模型或情景分析模型进行分析。此外,央行在制定扣减率时,还要考虑自身的风险偏好、政策工具的运作期限、抵押品资产变现的难易程度等。如果央行的风险偏好较低、期限较长,则抵押品的扣减率一般较高;同时,如果抵押品资产不能快速、完全的变现,则央行应该考虑变现过程中的时间成本和价值损失,对其规定较高扣减率。表4给出了美联储和欧洲央行扣减率的具体数值。

表4 美联储和欧洲央行抵押品扣减率的具体情况

抵押品分类	美联储	欧洲央行
第1类:政府等公共部门发行的债券	国债:1%~8%;公共机构债券、超主权债:2%~9%;市政债、其他国家主权债、其他国家公共机构债等2%~11%	国债、央票:0.5%~13%;公共机构债券、其他国家主权债等:1%~29%
第2类:非金融机构发行的各类企业债券	3%~12%	1.5%~38%
第3类:金融机构发行的债务工具	全覆盖债券:3%~8%;商业抵押支持证券等:2%~10%;商业票据等:3%	大额全覆盖债券:1%~29%;其他全覆盖债券:1.5%~38%;其他:6.5%~46%
第4类:资产担保证券	2%~18%	16%
第5类:各类银行贷款	4%~56%	8%~64.5%

资料来源:美联储网站、欧洲央行网站、胡彦宇和张帆(2013)。

2.限定高质量抵押品的范围

为防范信用风险,多数央行倾向于接受高质量资产作为抵押品。通过对抵押品资产进行内外部信用评级,央行可以选择信用等级高的资产作为合格抵押品,从而最大限度降低可能面临的信用风险。例如,加拿大、墨西哥、印度、日本、韩国央行接受的抵押品资产主要是公共部门发行的证券。

3.动态调整抵押品机制

调整抵押品机制是控制市场风险的手段。由于市场风险外生于抵押资产,当市场状况恶化时,所有的资产价格将会受到影响,追加抵押品机制可保证央行提供流动性操作始终有足额抵押品。在持有抵押品资产的过程中,央行需要对资产的市场价值进行逐日持续监测,这就需要央行建立抵押品的市估值模型。对流动性好的上市交易资产,估值依赖最新的市场价格;对未上市交易的资产或流动性不好的上市交易资产,需要央行建立估值模型进行价值评估,如美联储、欧洲央行等均已建立抵押品价值评估模型。同时,央行要根据事先设定的标准,调整抵押品的保证金水平,以降低市场风险。当抵押品价值低于一定标准时,央行将发出追加抵押品通知,此时交易对手需相应提供额外资产或支付现金补足差额或者偿还部分中央银行借款。

4.限制抵押品集中度

如果央行持有的大量资产变现能力较弱,则央行在变现时将会遭受更大的价值损失或耗费更长的变现时间。同时,如果央行持有大量的单一交易对手提供的抵押品或单一发行人发行的抵押品,则央行将面临很大的交易对手和发行人的违约风险。为降低上述的抵押品资产、交易对手和发行人集中度风险,部分央行对合格抵押品发行人、特定交易对手提供的抵押品类型和特定发行人提供的抵押品总额占比做出限制。以避免在变卖抵押资产时引起市场波动。如欧洲央行限制非担保债券抵押品的数量,英格兰银行限定单个发行人的抵押品数量。

5.近期国外央行进一步改进风险控制的措施

2008 年金融危机爆发以来,多国央行开始对风险控制措施做出改进:一是调整扣减率,应对较高外汇风险。例如,日本央行全面降低抵押品扣减率,美联储降低贴现窗口长期贷款的抵押品扣减率,瑞典银行提高以美元和日元计价抵押品的扣减率。二是建立抵押品估值模型。例如,美联储采用内部模型估计抵押品公平市场价格,欧洲央行采用以现金流量折现模型估计抵押品理论价格,英格兰银行采用适用较高扣减率的理论价格评估抵押品市值。三是降低抵押品占比限额。例如,加拿大央行对非抵押贷款组合的抵押品占比从危机期间的 100%降低到 20%,瑞典银行对央行发行的担保债券的占比限额从危机期间的 25%降低到 0,欧洲央行对无抵押银行债券设定占比限额。

(四)托管处置

为提高货币政策操作的效率,发达经济体中央银行都建立了标准的抵押品池,要求交易对手在中央银行预先存放抵押品或者备案抵押品。托管方式的选择主要取决于资产的市场化程度,对于债券等市场化资产,由市场机构托管。对于贷款等非市场化资产,由于没有标准化的合约,在托管、转移等方面存在较多限制,在纳入抵押品池时,一般委托借款金融机构或者第三方机构托管,也可由中央银行集中托管。部分中央银行还建立了电子记账系统,对抵押贷款进行无实体化处理,简化贷款资产的评估和转让程序,如法国央行、日本银行。处置贷款等非市场化资产是一个复杂的问题,中央银行一般选择双边或者拍卖方式卖出贷款,也可以持有贷款到期。

以美联储为例,抵押品的交付和管理通过了多个渠道来完成。对于证券等市场化资产,有联邦清算系统(Fedwire Securities Service)、美国证券集中保管结算公司(Depository Trust Clearing Corporation)、证券结算与托管国际系统(Clearstream)、欧洲结算系统(Euroclear)四个渠道。联邦清算系统主要服务美国国债、政府支持企业证券、外国政府债券、外国政府担保债券、布雷迪债券(美国财政部支持的可转换债券)等抵押品,这些证券类抵押品通过联邦清算系统交付或者转移,以电子形式记录在系统中各申请融资机构的美联储账户上。美国证券集中保管结算公司主要服务于所有美国国内发行的各类证券债券,美联储成员银行都在这一公司开立一个抵押品账户,因此所有的美国证券集中保管结算公司会员银行都能够通过这一渠道交付抵押品,非会员机构也可以通过会员银行交付抵押品,这一渠道能够实现抵押品通过电子形式的交付或转移。而证券结算与托管国际系统和欧洲结算系统主要服务美国国外政府、机构或企业的证券债券,通过这两个渠道交付抵押品需要申请机构、清算系统公司和联储银行形成一个三方协定。

对于贷款组合等非市场化资产,抵押品有借款人保管、第三方保管和联储银行保管三种形式,借款人保管的形式使融资申请机构能够保留对其贷款的物理控制,但只有联储银行认可的合格金融机构才能采用这一形式,相关的要求包括金融机构需要有合适的文档存储设施、合格的记录查询系统等。对于商业贷款组合作为抵押品的情况,金融机构还需要提交其内部风险评级政策情况给联储银行,联储银行会根据金融机构的评级体系、内部信贷评估程序等情况来确定贷款的质量、价值以及是否适合作为抵押品。一旦金融机构满足以上条件,就可以通过借款人保管的形式管理抵押品,但是需要定期提交关于贷款组合的价值等相关信息。第三方保管形式下由独立的第三方机构对作为抵押品的贷款组合进行管理,这要求第三方保管者必须同意联储银行对抵押品的优先权,必须有一个健康的财务状况、合适的文档存储设施、记录查询系统,并定期保管抵押品的相关情况。联储银行保管形式主要针对一些有形资产(如期票),这些资产的特征是不需要金融机构的进一步操作就可以变现。

五、构建再贷款抵押品管理体系的思考

(一)我国再贷款抵押品管理体系现状

我国的再贷款抵押品管理还有待完善。在一些货币政策工具的管理办法中对再贷款抵押品有比较分散的规定和要求,这些要求还有待进一步的整合和系统化。再贷款合格抵押品的范围目前仅限于国债、政策性金融债和未到期已贴现商业汇票等,若要进一步发挥再贷款抵押品的作用,需要对合格抵押品范围进行扩展和分类,使之与管理框架的总体目标相适应,而且合格抵押品的要求也需要得到进一步的明确。还有就是针对再贷款抵押品的评级体系还没有建立起来,这也限制了合格抵押品范围的进一步扩展。表 5 列出了目前我国一些货币政策工具管理制度中有关的合格抵押品要求。

表 5 我国货币政策工具管理制度中有关的合格抵押品要求

货币政策工具	方 式	合格抵押品要求
公开市场操作	直接交易、正逆回购交易	央票、国债、政策性金融债
再贴现	再贴现贷款(期限不超过 4 个月)	未到期已贴现商业汇票
短期再贷款	质押贷款(期限不超过 3 个月)	国债、人民银行融资券、人民银行特种存款凭证、金融债和银行承兑汇票
支农再贷款	担保贷款(期限在 1 年以内,展期共计不超过 2 年)	国债、人民银行特种存款凭证、金融债和银行承兑汇票

资料来源:人民银行网站。

(二)再贷款抵押品管理体系的建设构想

1.合格抵押品的范围选择

央行的货币政策操作包括多种货币政策工具,由于各种工具的期限结构、交易对手、操作程序都有所区别,因而出于风险管理的考虑,各政策工具的范围应有所区别。如果采用单一抵押品框架,尽管方便建立统一的抵押品池,有助于提高流动性供给的灵活性和及时性,但是会面临道德风险和逆向选择等诸多问题。如实行单一抵押品管理框架的欧洲央行和日本银行的抵押品池中,流动性较差的债券和贷款占比较高。所以多层次的抵押品管理框架比较符合我国国情。在多层次的抵押品管理框架下,可以根据货币政策工具的交易对手和交易频率确定合格抵押品范围。对于交易对手数量比较有限、交易频率比较固定的政策工具,如公开市场操作,合格抵押品的范围可以相对较小,可以只包括国债等高等级债券。而再贷款工具的交易对手更为广泛,其中的中小金融机构占主要部分,而且工具的针对性强、操作灵活,因此需要更大的合格抵押品范围。

再贷款操作要求提供抵押品的主要目的是为了限制信用风险,因此需要更为关注抵押品的价值而不是其流动性。考虑到我国的再贷款抵押品管理体系正处于不断完善的过程中,扩展合格抵押品的范围也应循序渐进,结合抵押品评级和风险管理制度的建设情况谨慎选择合格抵押品的种类。首先应该纳入的是国债;其次是应该纳入金融债和银行承兑汇票;然后可以考虑在债券市场中选择发行量大的高等级债券作为合格抵押品,如银行间债券市场的超短融债券,发行主体主要是 AAA 央企及其核心子公司,风险相对可控,发行期限都是在 1 年内,具有较高的流动性,而且目前的存量一直保持稳步增长,2013 年 1—10 月超短融债券的发行量已达 6446 亿元人民币。因此在逐步扩大合格抵押品范围时可以优先选择超短融债券。

此后如需进一步扩大合格抵押品的范围,则需要建立完善的抵押品评估制度,对企业债券、信贷资产、商业票据等抵押品进行风险和等级评估,结合抵押品管理的总体目标,适时适度地纳入一些抵押品作为补充。在注重第一、第二个总体目标,也就是在经济正常运行时期为保证央行资产安全、注重货币政策操作有效性的时期,合格抵押品范围应以国债、金融债和银行承兑汇票等无风险或低风险抵押品为主,占比至少在50%以上。在注重第三个目标,也就是应对复杂经济形势时,需要根据市场流动性情况和抵押品供需关系,将部分风险较小的企业债券、商业票据和信贷资产纳入合格抵押品的范围,帮助金融机构更好地处理流动性问题,增强金融系统在复杂经济形势中的稳健性。在注重第四个目标,也就是力求促进和推动债券市场的进一步发展时,需要选择合适的债券产品进入合格抵押品范围,充分发挥合格抵押品定义对市场的引导作用,促进市场对特定抵押品种类的认可,有针对性地推动债券市场的发展。也可以通过提高特点债券产品的市场认可度,实现对特定政策扶持行业或者领域的政策支持。具体的目标导向和合格抵押品范围如表6所示。

表6　不同经济环境下合格抵押品范围的选择

经济环境	经济正常发展时期	经济形势较为复杂的时期	推动特定债券种类发展时期
主要目标	以保障央行金融资产安全、提升货币政策操作有效性为主要目标(第一、第二总体目标)	增强货币政策工具应对复杂经济形势的能力(第三总体目标)	引导市场对特定债券种类的认可,促进债券市场发展(第四总体目标)
主要的合格抵押品范围	合格抵押品范围应以国债、金融债和银行承兑汇票等无风险或低风险抵押品为主,占比在50%~90%	合格抵押品范围应以国债、金融债和银行承兑汇票等无风险或低风险抵押品为主,占比至少在50%	合格抵押品范围应以国债、金融债和银行承兑汇票等无风险或低风险抵押品为主,占比50%~70%
合格抵押品的其他补充	从长期来看,可适当考虑发行量大的高等级债券作为合格抵押品的补充	将部分风险较小的企业债券、商业票据和信贷资产作为补充,占比控制在50%以内	选择合适的债券种类作为补充,占比控制在50%以内

2.抵押品评估

为了实现再贷款管理体系的总体目标,保障央行金融资产安全,提高货币政策工具操作的有效性,增强货币政策应对复杂经济形势的能力,需要对再贷款操作的抵押品的相关情况进行评估,估算其价值和有关风险。从欧美各国的经验来看,区分抵押品类别采取差异化的抵押品评估方式是较为一致的选择。具体来说,对于市场化的资产(如债券),外部评级为主,内部评级为辅的方式较为适合。债券等市场化资产在我国已经形成了比较标准化的外部评级机制,但是仅依靠外部评级方式也是不完善的,原因在于外部评级具有顺周期的特征,在宏观经济出现大幅波动时也呈现出较大的波动性,不利于准确地呈现抵押品的市场化价值;而且我国的评级行业实力还比较弱、专业人才不足、独立性有待进一步提高,如果完全依赖外部评级不利于充分实现抵押品管理体系的四大总体目标。所以对于债券等市场化资产需要引入双评级制度或者内部评级制度进行补充。双评级制度是指在债券发行过程中,由两家评级机构对发行人或所发债券进行评级并各自独立公开评级结果。美国、日本、韩国、印度等国均已陆续建立对债券等产品的双评级制度。这样的制度安排有助于抑制评级机构之间的恶性竞争,提高评级机构声誉损失的成本,提升公信力;而且通过制定恰当的双评级政策还可以为本土评级行业的发展产生推动作用。内部评级制度是指央行内部建立对市场化资产的评级体系,全面考虑资产发行人的信用、财务情况以及资产的价格变化情况进行价值评估。

对于信贷资产等非市场化资产,由于从外部获得资产的相关信息比较困难,外部评级方式不适用于此类资产,因此需要央行建立内部评级制度,采用以内部评级为主的方式,适当参考金融机构自身对非市场化资产的评级。内部评级制度可分为两个层次,第一个层次是从监管的角度对交易对手方金融机构的总体情况进行评级,结果用于量化评估对手方的总体情况是否适合进行再贷款操作、恰当的操作额度以及折扣率等具体操作系数是怎样;第二个层次是对具体非市场化资产进行评级,结果用于量化评估该资产是否能够用于再贷款抵押,并对资产的抵押价值等具体再贷款操作系数进行评估。

第一个层次的金融机构评级目前比较有代表性的是美联储所采用的骆驼信用评分(CAMELS)制度。骆驼信用评级的指标共分为六类:资本充足性、资产质量、管理水平、盈利状况、流动性和市场风险敏感度。资本充足性主要考察总资本、一级资本和风险资产及其比例情况等;资产质量主要考察风险资产的数量、逾期贷款的数量及发展趋势、呆账准备金充足状况、贷款集中程度、资产管理人员素质,以及银行的投资政策等;管理水平主要考察金融机构经营方针、内控制度、管理层素质、内部审计和外部审计的情况;盈利能力主要考察净盈利情况、资产收益质量、盈利来源是否有不正常因素、利润留存、分红倾向、收益变化趋势等;流动性主要考察存款贷款波动、近期可能出现的流动性变化等;市场风险敏感度主要考察利率、汇率、商品价格、股票价格等市场价格波动对金融机构盈利和资本的影响程度。对这六类指标进行逐项评估之后根据一定的权重汇总为总的评级结果。类似于贷款的五级分类法,应用于再贷款管理的评级结果可以分为五类:A.信用情况非常好,能够应付市场变化,可以满足再贷款融资需求;B.信用情况比较好,经营稳健,可以满足一定的再贷款融资需求;C.存在一定的问题,再贷款操作有一定的风险,再贷款融资需求要加以控制;D.经营状况不佳,有倒闭风险,再贷款操作存在风险,需要谨慎处理其再贷款融资需求;E.近期可能倒闭,应停止其再贷款融资需求。

第二个层次的非市场化资产评级需要充分发挥央行征信系统的信息数据库资

源,对信贷资产的价值和风险做出评估。具体的指标可分为五类:一是法规政策指标,对非市场化资产及其涉及的抵押行为是否符合法规和政策的要求做出评估。二是资产的独立性指标,对非市场化资产与交易对手的关联程度进行评估,估算可能存在的交易对手和资产发行人的联合违约风险,以判断资产的独立性程度是否符合再贷款抵押品管理要求。三是资产的信用风险指标,对资产作为抵押品的违约风险进行评估,估算风险是否符合再贷款抵押品管理要求。四是资产的流动性风险指标,对非市场化资产的流动性情况进行评估,估算其流动性风险是否符合再贷款抵押品管理要求。五是资产的市场价值指标,根据资产的具体类别通过运用计量经济学模型对资产价值及其波动范围进行估算,评估资产作为再贷款抵押品的价值区间,判断交易对手方所提供的资产是否达到其再贷款融资需求所需要的抵押品数额。根据这五个指标的综合评级适合采用一票否决制汇总方法,也就是说五个指标任何一个达不到要求就表明了交易对手方所提供的非市场化资产不符合再贷款抵押品管理的要求,如果是资产价值不够或者其他的可以通过措施改进并达标的,应要求交易对手方加以更改,否则拒绝相应的资产作为再贷款抵押品进行融资。

通过以上两个层次的评级工作,能够为再贷款抵押品管理中的交易对手方及其非市场化资产的相关情况做出量化评估,确立交易对手方准入条件以及非市场化资产的达标条件,为再贷款抵押品总体目标的实现提供科学的参考。

3.风险控制

再贷款抵押品管理需要注重对相关风险的控制才能更好地发挥保障央行金融资产安全、增强货币政策应对复杂经济形势等作用。具体的风险控制措施主要包括设置抵押折扣率、规定高质量抵押品的范围、调整抵押品机制、限制抵押品集中度等方面。

①抵押折扣率的选择通过降低违约风险、减少可能的资产损失、防范逆向选择帮助再贷款操作控制风险。折扣率的设置需要考虑多个维度:第一个维度是抵押品本身的特征,如评级结果、剩余期限、利率结构、抵押品发行人的信用、财务状况等,根据评级结果的高低采用由低至高的折扣率以规避违约风险、对于以外币计价的抵押品采用一定的折扣率以规避外汇风险,根据抵押品的流动性、到期日采用一定的折扣率以规避流动性风险和利率风险,根据抵押品的价格波动情况采用一定的折扣率以规避市场波动风险。市场化资产折扣率的计算需要采用在险值(以下称 VaR)金融计量学模型评估各种情况下抵押品价值减损的可能性,以此决定折扣率的高低。VaR 模型能够估算特定时间段里给定概率下可能发生的最大损失。如一定数量的证券 30 天内有 98%的概率其在险值(VaR)是 1000 万,那么投资者可以预期任何 30 天期间这些证券 100 次有 98 次其价值不会损失超过 1000 万。对于信贷等非市场化的资产则运用压力测试模型或情景分析模型进行分析其价值的未来变化情况,以此决定采用的折扣率,这就需要考察类似抵押品资产的变化情况或者分析和

估算影响此类非市场化资产的关键因素的可能变化趋势。

折扣率的设置需要考虑的第二个维度是政策的操作问题，如央行自身的风险偏好、政策工具的运作期限、宏观经济金融形势的需要，以及抵押品变现的难易度等。如果风险偏好较低，再贷款期限较长，则适用于较高的抵押品折扣率，反之则反是。如果宏观经济金融形势需要对特定的再贷款抵押品加以鼓励，或者形势所迫需要加大对某种类型抵押品的接纳，则可以对特定抵押品采用较低的折扣率，如果抵押品变现较为困难，则应将变现的时间成本和可能的价值损失考虑在内，采用更高的折扣率。对于证券等市场化资产，央行可以通过设定 VaR 模型的门槛概率和时长将第二个维度的一些考虑因素加入进来。如一家极端风险厌恶的央行可以将门槛概率设定到99%而不是90%，而时长的设定应考虑融资工具的到期时间。对于贷款等非市场化资产，也可以在压力测试模型或情景分析模型中加入这些因素的考虑。

此外，由于 VaR 只是估算了门槛概率下的预期损失，对于门槛概率之外的情况不能加以分析，所以有必要采用预期损失（Expected Shortfall）或者条件 VaR 等模型作为补充，在扣减率的估算时更为全面地考虑各种风险。

②规定高质量抵押品的范围。为实现保障央行金融资产安全的目标，需要在设定合格抵押品范围时就加以控制以规避风险，根据评级结果谨慎选择高等级的抵押品才能更好地控制风险。此外，应在再贷款抵押品管理框架中明确央行可以根据具体情况有选择地接受或者拒绝合格抵押品范围中的某些类别或者选择接受的数额，以便于再贷款操作中根据现实情况对抵押品管理进行微调。

③抵押品的动态监测和调整。由于经济形势和市场情况的变化会影响抵押品的价值，因此需要对抵押品的价值和风险进行实时的监测以保证资产的安全，一旦抵押品价值下降、风险增加时就需要重新评估抵押品是否能够覆盖操作风险，必要时要求交易对手方提供额外资产或支付现金补足差额或者偿还部分中央银行借款。对于市场化的资产，可以定期根据市场反映的信息定期对资产价值和相关风险加以评估。对于非市场化资产，可以建立内部的估值模型定期评估资产价值和风险。如固定收入债券的动态监测一般采用现金流量折现法模型，该模型用资本的加权平均成本将未来的现金流折算为现值以测算资产的价值潜力。而对于资产支持证券等抵押品的价值监测则要复杂一些，需要对证券发行人提供的历史数据进行分析，或者利用相似类型证券的标准情况加以分析。

动态监测的频率设定需要权衡抵押品价值更新的需要与监测成本。从多数央行的频率设定来看，每天监测的频率是适合的，既能够有助于防范抵押品价格大幅度下降的风险，所产生的成本也可以接受。一旦监测到抵押品的价值下降到了再贷款金额以下，央行就需要启动抵押品调整操作，要求交易对手方补交额外的抵押品以重新达到要求。如果出现抵押品价值的上升形成了多余的抵押品，央行也可以允许交易对手方提前收回部分超额的抵押品。由于补充抵押品的操作也是有一定操作成本的，所以央行有必要设定一个门槛值，只有抵押品价值偏离再贷款金额一定幅度时,才启动抵押品调整操作。这也就需要央行在设定抵押品扣减率时就充分考虑门槛值设定的幅度,以便抵押品在初次交付时就留有门槛值的空间。

④限制抵押品集中度。为避免再贷款抵押品过度集中于特定的交易对手方、资产类型或者发行人,需要通过政策规定一系列的占比限额。通过限定单个交易对手方或者特定交易对手类别提供的抵押品占比最高限额,有助于分散违约风险,并且可以使得再贷款操作对特定的交易对手实现倾斜并且对某些风险较高的交易对手进行约束。同样的,限制某些资产类型或者单个发行人的资产占比有助于分散化风险,避免再贷款操作对该类资产市场的稳定发展造成影响。

4.托管处置

为加强对再贷款抵押品的管理,需要对抵押品的交付或者托管作出规定。借鉴欧美国家的经验,可以在再贷款操作时要求交易对手方在中央银行预先存放抵押品或者备案抵押品。对于债券等市场化资产,抵押品的交付或转移可以通过国内或者国际清算系统来进行。通过国内清算系统交付或转移是最为简便的方式,只需要央行事先确认清算系统的相关法规政策能够支持央行在交易对手方违约时保有对抵押品的所有权,这样央行就可以通过清算系统中的账户实现对抵押品的持有。而通过国际清算系统交付转移抵押品则会给央行带来一定的运营成本,所以央行通常需要与国外其他央行合作,通过其他央行托管抵押品。对于其他的非市场化资产,交付或转移过程耗时更长,央行需要评估其是否满足合格抵押品条件并通过有效的合同文件保证抵押品的合规交付。因此,有必要设定一个此类抵押品资产的前置步骤,由交易对手方在申请融资前就向央行申请对准备作为抵押品的资产进行评估并准备相关合同文件,以便提前启动相关程序节省时间。对于贷款等非市场化资产,在再贷款操作时可以由中央银行集中委托第三方金融机构托管。

一旦发生违约情况需要处置抵押品资产时,央行会面临选择要么出售抵押品资产要么持有抵押品资产到期。这一选择很大程度上受到市场环境的影响。一旦交易对手方的违约影响了市场定价功能,那么央行需要选择持有抵押品直到市场对抵押品资产的定价恢复到合理水平。此外,央行还需要考虑出售抵押品资产对市场的影响以及金融系统的流动性情况。如果将抵押品出售给其他交易对手方则会减少整个金融系统的流动性,这就需要央行在随后的货币政策工具操作中进行进一步的对冲操作,特别是金融市场流动性紧张情况下尤其需要如此。如果抵押品资产是央行不希望持有的,或者不愿意因为持有而减少了金融系统再贷款规模,或者受法规限制不能长期持有,那么央行有必要将其出售。如果持有抵押品资产对再贷款规模影响较小,或者其影响可以被流动性需求的增长所抵消,或者抵押品类型适合央行持有到期,那么央行可以选择持有抵押品资产。

六、结论

一个良好的再贷款抵押品框架具有非常重要的意义,不但有助于维护央行资产负债表的健康,而且有助于激励商业银行谨慎地管理流动性。在近期的欧美金融危机中,央行合格抵押品政策成为影响金融流动性的关键因素。总体来看,发达经济体央行抵押品管理体系主要包括抵押品范围、评估体系、风险控制以及托管处置四个部分。①在全球主要发达经济体中,中央银行向金融机构提供流动性时,要求借款方提供足额的合格抵押品是比较普遍的做法。2008 年金融危机爆发后,为实施非常规流动性支持措施,8 家央行扩大了合格抵押品范围。一些国家的央行所有操作和工具实行了统一的抵押品适用标准,另外一些国家的央行则对不同的操作或者贷款工具实行差异化的适用标准。②建立抵押品管理框架的核心是对抵押品的价值评估,从发达国家央行经验看,对于债券等市场化资产,主要参考外部信用评级,并适当结合内部信用评级;对于非市场化资产,主要参考央行内部信用评级。近期的欧美金融危机以来,多国央行都意识到了需要降低外部信用评级在抵押品政策中的作用,转而更加依赖内部信用评级。③发达经济体中央银行的抵押品风险控制手段较为一致,主要包括设置抵押折扣率、规定高质量抵押品的范围、动态监测和调整抵押品机制、限制抵押品集中度等。危机以来,多国央行对扣减率进行了调整,以应对较高外汇风险;建立抵押品估值模型更好地评估抵押品价值;降低抵押品占比限额,以限制抵押品集中度。④欧美国家的央行也都建立了标准的抵押品池,要求交易对手在中央银行预先存放抵押品或者备案抵押品。

结合我国国情,我国再贷款抵押品管理体系的构建需要服从四个总体目标:一是保证央行金融资产的安全:通过设定恰当的合格抵押品范围、再贷款率、抵押品扣减率以及抵押品评级和风险评价制度,有助于防范再贷款操作给央行金融资产带来的风险,保证央行资产的安全;二是提升货币政策操作的有效性:建立系统的再贷款抵押品管理体系,制定恰当的合格抵押品范围,有助于更好地发挥再贷款等货币政策工具的有效性;三是增强货币政策工具应对复杂经济形势的能力:一个完善的再贷款抵押品管理体系需要考虑各种经济形势下货币政策操作的需要,充分考虑可能存在的金融风险,搭建有效控制风险的机制,预留足够的调整空间;四是促进和推动债券市场的进一步发展,从政策层面推动金融市场特别是债券市场的持续健康发展,为社会融资渠道的多元化发挥积极影响。

为此,①需要建立多层次的抵押品管理框架,循序渐进地扩展合格抵押品的范围,结合抵押品评级和风险管理制度的建设情况谨慎选择合格抵押品的种类;结合不同经济环境下再贷款抵押品管理体系总体目标的重点变化动态调整合格抵押品范围。②建立完善的抵押品评估制度,对企业债券、信贷资产、商业票据等抵押品进行风险和等级评估,结合抵押品管理的总体目标,适时适度地选择合格抵押品范围。对于债券等市场化资产除了主要依靠外部评级之外,还需要引入双评级制度或者内部评级制度进行补充。对于信贷资产等非市场化资产,需要建立两个层次的内部评级制度。第一个层次是从监管的角度对交易对手方金融机构的总体情况进行评级,结果用于量化评估对手方的总体情况是否适合进行再贷款操作、恰当的操作额度以及抵押品扣减率等具体操作系数是怎样;第二个层次是对具体非市场化资产进行评级,结果用于量化评估该资产是否能够用于再贷款抵押,并对资产的抵押价值等具体再贷款操作系数进行评估。③还需要通过设置抵押扣减率、规定高质量抵押品的范围、动态监测和调整抵押品机制、限制抵押品集中度等政策措施控制再贷款操作风险,折扣率的设置需要考虑抵押品本身的特征和政策的操作问题两个维度,在抵押品范围的规定中应明确央行的自主裁量权,而且需要对抵押品的价值和风险进行实时的监测才能保证资产的安全。④对于债券等市场化资产,抵押品的交付或转移可以通过国内或者国际清算系统来进行。对于贷款等非市场化资产,在再贷款操作时可以由中央银行集中委托第三方金融机构托管。一旦发生违约情况需要处置抵押品资产时,需要综合考虑金融环境、市场流动性情况、金融机构再贷款需求以及抵押品资产类型采取进一步的处置行动。

参考文献

[1] 胡彦宇,张帆.央行货币政策操作中合格抵押品制度框架介绍与启示[J].金融发展评论,2013(5):70-79.

[2] 荆州市中心支行课题组.中小金融机构再贷款的实际效应与理性探索[J].金融研究,2005(6):169-176.

[3] 杨金梅,张军.现代金融流动性创造中的抵押品渠道[J].金融理论与实践,2013(1):13-16.

[4] Markets Committee. Central bank collateral frameworks and practices[R]. Basel: Bank for International Settlement, 2013.

[5] Gray S, Chailloux A, McCaughrin R. Central bank collateral frameworks:Principles and policies[R]. Washington:International Monetary Fund, 2008.

[6] Cheun S, von Köppen-Mertes I, Weller B. The collateral frameworks of the Eurosystem, the Federal Reserve System and the Bank of England and the financial market turmoil[R]. Frankfurt: European Central Bank, 2009.

[7] Singh M, Stella P. Money and Collateral[R]. Washington:International Monetary Fund, 2011.

文章审稿人:葛志苏

IFRS 9“预期损失模型”的实施对我国银行业影响研究[①]

中国人民银行重庆营业管理部会计财务处课题组

课题主持人：王俊森

课题组成员：窦魁　陶昱　王兴莹　张玮

一、引言

（一）研究背景和意义

2014 年 7 月，国际会计准则理事会（IASB）发布 IFRS 9 金融工具的最终版本，将金融工具的分类和计量、金融资产减值和套期保值会计全盘纳入，全面取代 IAS 39 金融工具确认和计量。全球金融危机的爆发引发了各界对会计准则的反思，而 IFRS 9 的出台则是 IASB 对各方诉求的积极响应，该准则全面阐述了金融工具会计处理的所有方面——分类、计量、减值以及套期保值会计处理。IFRS 9 准则中采用了前瞻性的“预期损失模型”，确认预期信用损失并在报告日更新预期损失金额，以反映信用风险的变化。同时，IFRS 9 对所有需要考虑减值的金融资产（包括按摊余成本计量的金融资产、以公允价值计量且其变动进入其他综合收益的债权性金融资产、应收款、贷款承诺和金融担保合约等）采用相同的减值处理方法，大大降低了 IAS39 的复杂程度。虽然 IFRS 9 要到 2018 年 1 月 1 日才开始强制实施，但新准则将会对银行业金融机构产生长久与深远的影响。

预期损失模型的运用，将对我国金融业乃至宏观运行产生怎样的影响，在此影响下如何促进我国经济金融健康平稳发展，这无疑是值得我们思考和研究的重大课题。

（二）研究内容和方法

本文采用银监会贷款 5 级分类的方式模拟“预期损失模型”的三阶段信用风险损失的确认过程，通过违约概率、违约损失率、违约风险暴露来计算信用风险中减值准备的计提金额。首先，采用 16 家上市银行的年报数据来模拟推导计算“预期损失模型”下减值准备的计提金额，分析其对上市银行利润波动的影响。其次，利用银监

① 为 2015 年度中国人民银行重庆营业管理部重点研究课题，获评“二等奖”。

会统计报表中的银行业总量数据，采用向量自回归和脉冲响应函数，来估算“预期损失模型”下对商业银行的总体影响。

(三)创新之处

本文创新之处有三点：一是研究内容新，IFRS 9准则在2014年7月才出台，相关的研究才刚刚开始；二是研究方法新，对个体研究时采用贷款5级分类数据，模拟预期损失模型的三阶段风险确认过程，同时对总量数据上采用向量自回归和脉冲响应函数，来估算“预期损失模型”下对商业银行的总体影响。

二、文献综述

(一)关于金融资产减值的研究综述

1.贷款损失准备计提的作用

Beatty等(1995)得出了贷款损失准备是银行管理资本的一种工具的结论。Beaver和Engel(1996)研究表明股票收益与非自由裁量的贷款损失准备负相关，与自由裁量的贷款损失准备正相关。Kanagaretnam等(2004)以计提税和拨备前的利润作为分类变量，研究发现当盈余管理前的利润处于极端(较高或较低)时，银行更倾向于使用贷款损失准备进行盈余管理。Beatty和Liao(2011)的研究发现没有及时提取贷款损失准备金的银行在经济衰退时会相应缩减信贷，贷款损失准备计提的不及时性会放大资本监管的顺周期性。

2.预期损失模型的争议

陆建桥、朱琳(2010)和郑伟(2010)认为预期损失模型自诞生以来伴随的争议从未停止，中国对其态度总体是贬多褒少。王菁菁、刘光忠(2014)认为预期损失模型的争议有以下几点：①“12个月”的评估期缺乏有力的理论支持；②“首日损失”确认有失合理，会造成新增贷款发放减少的负面影响；③“违约”定义弹性过大，会导致不同企业对违约解读各异，增加企业操纵空间；④信用质量“显著恶化”界定不清，判断难度大；⑤“折现率”选择未予清晰指导等。同时，他们还认为从中国金融机构内部风险管理体系看，要使内部管理水平满足预期损失模型的适用条件，至少需要在业务梳理与分类、数据积累、定价和管理模式改进、内外部评级机制改善、人员培训等方面做出一定的努力。

(二)关于新准则对银行影响的研究综述

朱虹、吴新胜(2015)认为预期损失模型对我国中小银行存在挑战，IFRS 9规定金融机构在处理各项金融资产的减值计提时，需要根据历史数据对未来宏观经济情况、信贷投放区域经济发展水平、信贷投向行业情况、信贷客户盈利状况等进行预测，但我国部分中小银行成立时间短，新设机构未能完整经历整个经济周期，更不具备应对金融危机的经验,无法保障在经济周期各阶段,尤其是经济下行时对各项金融资产未来 12 个月的预期信用损失或整个生命周期的信用损失进行准确估计。在当前我国中小银行减值计提方法与 IASB 预期损失模型存在较大差异的情况下,如果在我国中小银行范围内推广预期损失模型,将给中小银行日常经营带来较大挑战。漆佳(2015)认为对于已按新资本协议要求进行信用风险管理的大型商业银行,实施预期损失模型也将面临多重挑战,如:①急需拓展基础数据库;②需将违约概率模型预测拓展到整个存续期;③需要将现有的 12 个月违约概率转换成“贯穿周期型”的违约概率。漆佳(2015)进一步认为在会计新规下,五级分类与减值三阶段是否存在对应关系,值得进一步思考。IFRS 9 新模型的第三阶段“已减值贷款”与不良贷款基本对应,但阶段一与正常类、阶段二与关注类是否存在简单对应关系仍需探讨。商业银行极有可能面临以下尴尬情况:按照会计准则的预期损失模型,对信贷资产的信用风险进行了三阶段划分并分别计量了减值损失,但加总的计提结果却无法满足银监会规定的贷款拨备率和拨备覆盖率指标的要求,为了达到监管要求,商业银行只能重新校准模型,调试模型参数,但牺牲了减值模型的时效性、透明度和稳定性。

(三)金融资产减值准备主要计提模型

①已发生损失模型(IAS 39、《企业会计准则 2006——金融工具的确认与计量》)。资产减值损失的发生需要客观事件的发生且可以估计,根据账面价值与可回收现金流的差额计算贷款减值。该模型的优点是以客观事实为基础,具有很高的可靠性,缺点是顺应周期性明显,无法体现银行真实的损失程度。

②预期损失模型(IASB,FASB)。以摊余成本计量的金融资产在初始确认时,便估计可能存在的预期损失,并将其反映在实际利率中。后续计量根据信用风险的变化估计预期信用损失确定预计现金流量净值,进而确定减值损失。该模型的优点是能够平衡企业的利润,消除顺应周期性,缺点是可能被管理层用于盈余操纵。

③公允价值模型(美国财务会计准则公告第 157 号)。所有金融资产以公允价值计量,资产减值损失以公允价值的变动来体现。该模型的优点是公允价值能够体现更强的相关性和谨慎性,缺点是顺应周期性更加明显,更具主观性和盈余管理的操作性。

④信用风险模型(巴塞尔银行监管机构)。更强调审慎的风险监管思想,通过对信用风险的计提和风险资本的建立,促使银行建立全面风险管理体系。该模型的优点是考虑的信用风险只是在一年之内,可操作性很强,缺点是存在一定的管理层操纵。

⑤经济周期动态减值模型(金融稳定协会 FSB)。基于预期损失进行前瞻性估计,逆周期建立准备金,以宏观经济周期确定金融资产减值,并动态地调整。该模型的优点是能够平衡企业的利润,消除顺应周期性,缺点是操作困难,主观性估计较高,不适用于对外报告。

三、IFRS 9中金融资产减值准则的比较与分析

(一)IFRS 9金融资产减值准则的背景及内容

1.IFRS 9金融资产减值准则的背景

IFRS 9中金融资产减值模型的研究是取代国际会计准则《金融工具:确认与计量》(IAS 39)的第二阶段项目。IAS 39采用已发生减值损失方法对以摊余成本计量的金融资产进行资产减值的计提。已发生损失模型由于对金融资产采用了摊余成本的计量方法而饱受争议。金融危机爆发以来,国际会计准则委员会(以下简称IASB)开始寻找可能的更为有效的替代减值模型,并采取了一系列方式方法改进已发生损失模型,积极研究制定预期损失模型。2008年,美国财务会计准则委员会(FASB)与IASB共同成立了金融危机咨询小组(FCAG),并联手启动了“金融工具的确认和计量”的改进项目,就目前全球金融危机和监管环境潜在的变动对会计准则的影响向准则制定机构提供建议,以期望制定出高质量会计准则。自2008年3月开始,IASB发布了6份征求意见稿、一份补充文件和一份讨论稿,对金融工具准则进行改进和完善,其中涉及金融资产减值准则的议程(表1)。

表1 金融资产减值准则议程

时 间	议 程
2008年3月	IASB发布了关于如何简化金融工具会计计量的讨论稿(《Reducing Complexity in Reporting Financial Instrument》),其中提出要对金融资产减值模型予以改进
2009年6月	IASB开始探讨金融资产减值的预期现金流量模型的可能性,并面向全社会广泛征求意见
2009年11月	IASB就采用预期现金流量模型预计金融资产减值损失的模型发布了《金融工具:摊余成本和减值(征求意见稿)》,建议对金融工具减值采用“预期损失模型”(Expected loss model)取代《国际会计准则第39号——金融工具:确认与计量》(IAS 39)规定的已发生损失模型(Incurred loss model)。IASB在该征求意见稿中提出,自金融资产初始确认起就应确认预期信用损失,将该预期信用损失体现在实际利率中。后续资产负债表日,需要对预计现金流量估计进行修正,并将重新评估的预期信用损失变动影响金额计入当期损益
2011年1月	IASB以及FASB联合发布了《金融工具:减值》增补征求意见稿,对IASB在2009年发布的征求意见稿《金融工具:摊余成本和减值》的补充和完善,该补征意见稿将金融资产划分为“好账户”(Good book)和“坏账户”(Bad book)确认金融资产预期信用损失

续表

时 间	议 程
2013 年 3 月	IASB 在收到的反馈意见的基础上发布《金融工具:预期信用损失(Expected Credit loss)》征求意见稿,提出了预期信用损失的三阶段模型——按金融工具信用质量是否显著变化/是否存在客观减值迹象,将金融资产预期信用损失及利息收入的确认和计量划分为三个阶段,并不再强调将预期信用损失反映在折现率中分期摊销这一体系的完整性
2014 年 7 月	IASB 正式发布《国际财务报告准则第 9 号——金融工具》(IFRS 9)终稿,最终确立金融资产减值的三阶段预期损失模型

2.IFRS 9 金融资产减值准则的内容

IFRS 9 中对于减值的要求是基于预期损失模型,将替代 IAS 39 中的已发生损失模型。预期损失模型适用于所有金融资产(包括以摊余成本计量、公允价值计量且其变动进入其他综合收益的债权性金融资产、应收租赁款、应收账款、贷款承诺和金融担保合约等)。IASB 在 IFRS 9 中提出,自金融资产初始确认起就应确认预期信用损失,将该预期信用损失体现在实际利率中。后续资产负债表日,需要对预计现金流量估计进行修正,并将重新评估的预期信用损失变动影响金额计入当期损益。报告主体将金融工具按照预期信用风险及其变动情况划分为三个阶段,分别采取不同的减值损失及利息收入的确认和计量进行会计处理。

第一阶段:对于在资产负债表日具有低信用风险(如"投资级别")或初始确认后信用质量没有显著恶化的金融工具,按照 12 个月预期信用损失金额确认减值准备,即仅考虑未来 12 个月中的可能违约所导致合同现金流量预期不足的部分,并根据资产账面价值总额(即不扣减预期信用损失)来计算利息收入。

第二阶段:对于初始确认后信用质量有显著增加且由此导致信用质量不能视为低风险但没有客观减值迹象的金融工具,按照整个期间预期信用损失金额确认减值准备,即考虑金融工具在整个期间任何一个时点上的可能违约所导致合同现金流量预期不足的部分,仍按资产账面价值总额计算利息收入。

第三阶段:对于在资产负债表日存在客观减值迹象的金融资产,按照整个期间预期信用损失金额确认减值准备,并按该资产账面价值净额(扣减预期信用损失)计算利息收入。

(二)IFRS 9 金融资产减值准则与我国现行准则之间的比较分析

我国现行会计准则与国际趋同,对金融资产减值的规定主要是依据国内准则《企业会计准则 2006——金融工具的确认与计量》及国际准则 IAS 39《金融工具:确认和计量》做出的。两个准则均采用已发生损失模型(ILM),由客观证据显示该金融资产未来现金流将出现的损失,并以未来现金流折现为基础,计提减值准备。IFRS 9 颁布后,将在 2018 年全面替代 IAS 39,最根本的变化是从已发生损失模型转化为预期损失模型。现将预期损失模型和已发生损失模型进行比较(表 2)。

表 2　预期损失模型与已发生损失模型对比

	预期损失模型			已发生损失模型
	第一阶段	第二阶段	第三阶段	
计提减值准备的时点	有低信用风险(如“投资级别”)或初始确认后信用质量没有显著恶化	初始确认后信用质量显著恶化但没有客观减值迹象	在资产负债表日存在客观减值迹象	在资产负债表日存在客观减值迹象
减值准备的确认和计量	按照 12 个月预期信用损失金额确认减值准备	按照整个存续期间预期信用损失金额确认减值准备	按照整个存续期间预期信用损失金额确认减值准备	将金融资产的账面价值减至预计未来现金流量(不包括尚未发生的未来信用损失)现值(按原实际利率折现)的差额确认减值准备
利息收入的确认和计量	根据资产账面价值总额来计算利息收入	按资产账面价值总额计算利息收入	按资产账面价值净额(扣减预期信用损失)计算利息收入	根据合同利率或不考虑预期损失计算的实际利率,乘以摊余成本在不同会计期间调整确认收入
实际利率的确定	实际利率的确定是基于初始账面价值和预计未来现金流(不包含尚未发生的未来信用损失)			实际利率的确定是基于初始账面价值和针对未来预期信用损失而调整的预计未来现金流

表 2 列示了两个模型的区别之处,详细说来,主要有以下几个方面:

①减值确认的时点及依据不同。“已发生损失模型”要求在金融资产出现存在减值的客观证据的情况下确认减值准备。在估计金融资产的未来现金流时,会计主体通常仅考虑的是已发生损失的影响,而对尚未发生的信用损失产生的影响不作考虑。在这种模型下,金融资产减值准备是预计未来现金流现值与贷款账面价值的差额,计提的减值准备额将会影响当期损益。“预期损失模型”要求会计主体在进行初

始确认时,金融资产的内在组成部分包含预期信用损失。在后续计量阶段,不再根据是否存在表明金融资产发生减值的客观证据,而是直接根据预计未来信用损失确认和提取金融资产减值准备,整个存续期持续重估预期信用损失,按照修订后的预期现金流现值与账面价值之间的差额计提减值准备。

②计算未来现金流现值时所使用的折现率不同。"已发生损失模型"折现率的确定是基于金融资产初始账面价值和预计未来现金流量,不包括尚未发生的未来信用损失。在"预期损失模型"中,需要在初始确认时就对其预计的损失进行估计,并对扣除了预期损失后的未来净现金流进行折现,使其等于金融资产的初始账面价值,由此得出"预期损失模型"中的折现率。

③贷款利息收入的确认基础不同。以商业银行贷款为例,商业银行在"已发生损失模型"下是基于贷款合同的相关规定,按照实际利率法在不同期间进行调整。"预期损失模型"是基于包括预计信用损失在内的现金流量确认的利息收入,以该种方式计算的利息收入中包含了预期损失的溢价。

(三)IFRS 9 预期损失模型与 Base1 Ⅱ、Ⅲ预期损失模型比较分析

IFRS 9 中采取的预期损失模型,借鉴了巴塞尔委员会的有关预期损失的概念,在计量预期信用损失时引入了违约概率和预期损失率等风险管理监管指标计量要素。新准则下商业银行贷款损失准备计提与 Base1 Ⅱ、Ⅲ预期损失的原理方法有一定的一致性,但也存在一些差异,现将两模型对比分析如下:

①模型计量的对象一致。预期损失模型与巴塞尔协议中的信用风险计量模型规范的均为预期损失,对预期损失进行计量是二者共同的目标,预期损失则为二者共同的计量对象。

②模型计量的方法相互借鉴。巴塞尔协议关于预期损失计算的成熟做法是:预期损失=违约概率×违约损失率×违约风险暴露,该模型主要考虑未来 12 个月的短期信用风险。IFRS 9 也借鉴了这一计算模型。但 IFRS 9 和 Base1 Ⅱ、Ⅲ在对模型参数估计上存在一些差异。对于该模型中 3 个参数的估计,Base1 Ⅱ、Ⅲ主要以历史数据作为判断依据,IFRS 9 则在考虑历史数据的基础上更多依赖于对于未来信用风险的预测和报告主体的主观判断。

③损失识别期间不同。按照巴塞尔新资本协议,损失一般定位为未来 12 个月可能发生的所有违约事项,损失识别期间面向未来 12 个月。而 IFRS 9 中,将金融资产按三阶段分类,对不同阶段的金融资产分别预计未来 12 个月预期损失和整个存续期间预期损失。

(四)IFRS 9金融资产减值准则评述

IFRS 9在减值问题上的主要目标是给报表使用者提供关于金融工具预期信用损失的有用信息,因此IFRS 9采用了前瞻性的“预期信用损失模式”,确认预期信用损失并在报告日更新预期损失金额,以反映信用风险的变化。预期损失模型有诸多优点,如实呈现金融资产的价值与收益,反映潜在的经济现象;能够缓解已发生减值损失模型的顺周期性;会计处理与银行等金融机构的风险定价机制相吻合。同时,预期损失模型也存在一些缺点。新模型在理论上不符合现有会计准则的相关规定,同时在实务上操作难度大、实施成本高。预期损失模型下,减值损失的确认不依赖损失触发事件,主要根据资产信用质量变化,使得预期信用损失的估计,存在人为操纵的空间。

四、IFRS 9减值准则对我国的影响

(一)推进我国会计准则修订步伐

在我国会计准则与国际会计准则趋同的大背景下,IFRS 9减值准则的发布从客观上推动了我国会计准则的修订步伐向纵深发展。为应对国际金融危机,G20、FSB倡议制定一套全球统一的高质量会计准则。2010年4月,财政部发布了《中国企业会计准则与国际财务报告准则持续趋同路线图》,宣布我国的企业会计准则将与国际财务报告准则持续趋同。这也意味着随着IFRS新准则的陆续出台,我国会计准则修订的步伐必须不断加快。IFRS 9将于2018年1月1日生效,为实现会计准则的趋同,对金融工具相关准则的修订已迫在眉睫。在准则修订过程中,除了要考虑我国的实际情况,在条款上做出特殊规定外,还要兼顾解决与现有会计概念框架的冲突。以减值准则为例,IFRS 9将未来预计发生的损失在本期财务报表中进行确认,不符合权责发生制将属于本期已经实际发生的费用在本期确认的原则。此外,IFRS 9规定初始确认后信用发生减值的金融资产及购入时原生信用受损的金融资产按照账面净额计算利息收入,即不确认预期信用损失部分的利息收入,这不符合现有收入确认原则(预期信用损失既没有发生主要风险和报酬的转移,企业也没有丧失对其的控制)。

准则制定完成后,为了保证新准则能与IFRS 9同步实施,财政部门还将面对企业进行大量的、系统的会计人员培训,改变会计人员以事实为基础计提减值的传统观念,树立以预测为基础计提减值的新意识。在培训中要就贷款五级分类如何与“三阶段”模型衔接,如何合理判断报告期金融工具信用风险是否显著增加,如何就预期信用损失进行列报和披露等内容进行有针对性的辅导,以保证新减值准则能够落地实施。

(二)对金融监管规则提出挑战

从本质上说,IFRS 9 提出的预期信用损失模型具有前瞻性的特点,能够达到监管者的要求,因而也得到了巴塞尔银行监管委员会等监管机构的认同。但在具体实施方面,金融监管机构仍然需要对现有制度进行重新审视。在拨备政策方面,《商业银行贷款损失准备管理办法》中规定的监管红线为:拨备覆盖率 150%,贷款拨备率 2.5%,其中涉及的指标有:不良贷款余额、计提的减值准备(拨备)、贷款总额。IFRS 9实施后,对不良贷款如何认定将会是一个难题。现有政策规定的不良贷款是基于贷款五级分类而言的,五级分类中的次级、可疑、损失类贷款归类为不良贷款。五级分类对不良贷款的认定是基于已发生损失的,其表述包括借款人的还款能力出现明显问题、借款人无法偿还贷款本息等。而在新准则下,对贷款质量的认定基于对预期信用损失的判断,这对现行政策会造成颠覆性的冲击。另一个难题在于判断现有的监管指标是否需要调整。在新准则下,贷款减值准备的计提金额将大幅增加,假定对不良贷款定义有所调整,则需要考量继续采用拨备覆盖率 150%的标准是否能达到防范风险的目的。

(三)银行业减值准备或大幅上升

2015 年,德勤发布了《国际财务报告准则全球银行调研(五):找准方向》,调研范围覆盖全球 59 家主要银行。调查显示,全球 85%的银行预计,IFRS 9 对信贷风险的新规将导致贷款损失准备金提高,其预期信贷损失准备金金额将超出按巴塞尔协议规定计算得出的金额,部分银行甚至认为最高增幅可达 50%。在这种预期下,银行将直接面对减值准备计提金额增加所带来的一系列问题。在不良贷款余额和不良贷款率不断双升的不利条件下,多提减值准备会使原本就不高的净利润增速进一步放缓,影响银行的财务表现,容易被报表阅读者理解为负面信息。对净利润的削弱还将减少银行的利润留存,不利于保障及提升资本充足率。在风险加权资产不断膨胀的情况下,如果利润留存不能给资本增加提供很好的支持,那么在资本充足率监管指标的压力下,银行将不得不寻求发明新型资本工具这一高成本的资本补充方式,给银行造成新的压力。

(四)企业需重构内部管理流程

预期信用损失模型的应用不只涉及会计部门的账务处理,从实际改为预期的减值准备计提方式从本质上改变了企业的业务流程,企业需要对内部流程进行全面改造,以适应新准则带来的改变。业务部门在金融资产购买业务发生时需要判断金融资产是否有源生信用风险,风险管理部门需要在每个报告期对金融资产进行评估,衡量信用风险是否显著恶化,并对违约概率、损失概率、实际利率等指标进行计算;

会计部门就计算结果进行账务处理,并做好报表的列报和信息披露;科技部门要提供全程的系统支持,保障海量的数据信息能得到合理的运用。同样,预期信用损失的评估结果也将运用到企业的多个部门。以贷款为例,预期信用损失会成为业务部门对贷款定价的基础,以保证贷款收益能覆盖成本;会计部门将根据计提的减值评估银行拨备覆盖率、资本充足率等指标是否符合监管要求,风险管理部门将根据评估结果不断调整企业的风险管理方式,优化信贷资产结构。

(五)减值模型构建难度大

银行业无疑是受金融工具减值准则影响最大的行业,银行有大量的金融资产,截至 2015 年 3 季度,16 家 A 股上市银行的金融资产总额已突破 20 万亿元。要对规模庞大的金融资产应用预期信用损失模型计提减值准备势必是一项浩大的工程。2015 年 2 月,巴塞尔委员会发布了《关于预期信用损失会计模型应用的指引》征求意见稿,这将成为银行构建预期信用损失模型的基础。该指引对信用风险管理的实务操作和监督管理机制设置了 11 条原则。但该指引的要求都是原则性的,银行在充分吸收指引原则的基础上,还将综合考虑历史数据、当前状况和前瞻性信息来构建一套可操作的预期信用损失减值模型。在模型构建中,银行往往参考巴塞尔协议Ⅱ的内部评级模型,按照违约概率、损失概率和风险敞口等因素计算预期信用损失。但这种方式仍需要做很多调整,如内部评级模型预测期只有 1 年,不能满足“三阶段”模型中后两阶段的预测;预测中不仅要包含历史数据,还要充分考虑数据的前瞻性;要将违约概率从周期平均值转化为时点值,成为当前经济条件下的违约概率。在模型构建中,银行将在数据评估、模型开发、人员培训等多个环节付出大量的前期投资,对银行而言,成本压力凸显。

五、IFRS 9 金融资产减值准则对上市银行的影响的实证研究

(一)假设的提出

2014 年 7 月,IASB 发布了《国际财务报告准则第 9 号——金融工具》(IFRS 9)终稿,此准则将于 2018 年 1 月 1 日正式生效。新准则提出有关贷款损失准备金的计提模型用预期损失模型替代 ISA 39 中的已发生损失模型。IFRS 9 采用了前瞻性的“预期信用损失模型”:信用风险自初始确认后在并未出现显著恶化的情况下,将会根据未来 12 个月内预计由于违约事件而引起的信用损失计提准备金;如果信用风险出现了显著恶化,准备金将会基于整个生命周期的预期信用损失来计提。预期损失模型不再要求企业以识别信用损失事件为确认信用损失的前提,而是强调对“预期”的判断,自金融工具初始计量时,即对金融资产整个存续期内的预计损失

进行估计。从理论上看,预期损失模型能够在经济上行期间提高拨备水平,在经济繁荣期间减少计提拨备,同时能够较早地识别和确认信用损失,有助于贷款损失准备的积累以应对经济衰退期间出现的大量贷款损失。因此提出假设:

H1:采用预期损失模型能缓解旧模型的顺周期性。

在预期损失模型下,未来可能发生损失被各期分摊,可使损失确认和各期利润更为平滑。此外,采用预期损失模型的一个重要原因是通过转变贷款减值准备计提模型从而降低亲周期效应,减少上市银行主体的利润的波动性。因此我们做出如下的假设:

H2:采用预期损失模型后,上市银行的利润在利润表中表现得相对比较稳定,即:利润的波动性减弱。

(二)指标选取和数据来源

1.研究对象

IFRS 9 没有提供具体测算预期损失的计量方法,金融机构需通过各种内部和外部数据、历史数据完成预期损失计量工作。鉴于 IASB 在 IFRS 9 中提出的预期损失模型与目前国内银行业广泛运用的减值计提方法存在较大差异,且在我国大部分银行机构应用预期损失模型存在诸多难点(王菁菁、刘光忠,2014)。因此,为预估新国际会计准则中预期损失模型减值计提方法对我国商业银行的潜在影响,本文以 16 家上市银行为研究对象,借鉴巴塞尔资本协议 2、3 中的预期损失模型,对关键指标进行假设及估计,估算预期损失模型下计提的贷款损失准备金。本文采用贷款损失准备金额来近似估算银行业金融机构的资产减值损失计提金额,主要是银行业金融机构的资产减值损失绝大部分为贷款损失准备,该指标可以较好地反映银行业金融机构的经营发展情况。

2.指标选取

根据前面所述,H1 主要考察贷款减值准备是否存在顺周期性,因此选取贷款拨备率和 GDP 增速进行对比分析。H2 主要考察上市银行的利润,剔除所得税因素的影响,我们主要选取上市银行的税前利润作为考察指标,用税前利润的标准差来衡量利润的波动性。

3.数据来源

本文选取 2010—2014 年信贷数据为调整样本,所用到的相关数据来源于 Wind 数据库和 16 家上市银行年报。

(三)预期损失模型下贷款减值准备的估计

1.总体思路

参照IFRS 9预期损失模型对信贷资产的分类,第一类信贷资产自初始确认以来信贷质量未曾发生严重恶化,应计提未来12个月内的预计信用损失;第二类和第三类资产为自初始确认以来信贷质量发生严重恶化但没有客观信用损失证据和报告日存在客观证据表明已发生减值的金融资产,应确认预计生命周期的信用损失。因此,报告日贷款减值准备余额应为三阶段信贷资产应计提的贷款减值准备之和,应在报告日分别对三阶段信贷资产计提减值准备。公式如下:

$$\text{本期贷款减值准备余额} = \sum_{i=1}^{3} \text{第 } i \text{ 个阶段贷款损失准备}$$

2.信贷资产三阶段的估计

在IFRS 9的预期损失模型中最重要的思想是将金融资产按照金融工具信用质量是否显著恶化、是否存在客观减值迹象,将金融资产预期信用损失及利息收入的确认和计量分为三个阶段。目前,在银监会的统一政策指导下,我国商业银行建立了贷款风险分类方法来监控贷款组合风险状况。根据银监会贷款五级分类办法,贷款按风险程度总体分为正常、关注、可疑、次级及损失五类,五级分类的主要定义如表3。

表3 贷款五级分类标准

正常类	借款人能够履行合同,没有足够理由怀疑贷款本息不能按时足额偿还
关注类	尽管借款人目前有能力偿还贷款本息,但存在一些可能对偿还产生不利影响的因素
可疑类	借款人的还款能力出现明显问题,完全依靠其正常营业收入无法足额偿还贷款本息。即使执行担保,也可能会造成一定损失
次级类	借款人无法足额偿还贷款本息,即使执行担保,也肯定要造成较大损失
损失类	在采取所有可能的措施或一切必要的法律程序之后,贷款本息仍然无法收回,或只能收回极少部分

根据该五级分类的定义以及IFRS 9中预期损失模型三阶段对于贷款类别的认定,我们假定正常类贷款为第一阶段的信贷资产;关注类贷款无客观的减值证据但存在不利影响的因素,假定其为处于第二阶段的信贷资产;最后三类(可疑类、次级类和损失类)为已减值贷款和垫款,一项或多项事件证明客观减值证据存在,并出现

损失，假定其为处于第三阶段的信贷资产。

3.三阶段计提减值准备估算方法

针对第一类信贷资产，本文借鉴巴塞尔资本协议的内部评级法对其预期 12 个月内的预期损失进行估计。内部评级法认为非违约债项的预期损失等于交易对手的违约概率、违约损失率和违约风险暴露三者的乘积。类似地，我们假设第一阶段的预期损失用公式表示为：

$$EL = PD \times LGD \times EAD$$

针对第二、第三类信贷资产，本文将逾期贷款中发生减值的贷款占比（*LECL*）作为预计生命周期信用损失率。

具体指标含义及取值说明详见表 4。

表 4　指标定义

指　标	指标名	含　义	本文取值
EL	预期损失	银行可以预先估计的损失	
PD	违约概率	贷款在一段给定的时间内出现违约的可能性	本文用正常类贷款迁徙率作为违约概率，取 16 家上市银行 2010—2014 年正常贷款迁徙率均值，为 2.25
LGD	违约损失率	贷款违约银行损失占债权的比例	本文应用 50%作为违约损失率
EAD	违约风险暴露规模	因债务人违约所导致的可能承受风险信贷业务余额	正常类贷款余额
LECL	全期信用损失率	信贷资产在整个存续期内信用损失占债权的比例	逾期贷款中发生减值的贷款占比，本文取 16 家上市银行 2010—2014 年均值，约为 60%

（四）实证结果分析

1.我国上市银行贷款减值准备顺周期性分析

根据前文所述的方法，本文利用历史数据对 16 家 A 股上市银行 2010—2014 年的贷款减值准备按预期损失模型进行了重新估计（详见表 5）。

表5 16家A股上市银行贷款减值准备计提情况

单位:百万元

年份 银行	2010		2011		2012		2013		2014	
	调整后	调整前	调整后	调整前	调整后	调整前	调整后	调整前	调整后	调整前
平安银行	67.65	64.25	115.19	105.66	163.77	125.18	245.85	151.62	394.64	210.97
宁波银行	28.33	13.80	33.44	20.03	34.78	30.53	38.89	38.87	56.50	53.12
浦发银行	202.00	223.76	245.46	291.12	325.87	357.47	404.24	417.49	608.52	537.66
华夏银行	150.19	130.73	155.38	172.59	176.98	203.07	208.81	224.43	308.73	238.84
民生银行	221.83	198.48	242.26	269.36	318.34	330.98	375.97	348.16	539.72	385.07
招商银行	301.78	292.91	338.48	367.04	397.84	411.38	499.95	487.64	721.73	651.65
南京银行	28.64	19.02	35.23	26.01	40.06	33.06	42.71	39.04	52.36	53.39
兴业银行	156.55	117.71	166.04	143.14	209.48	246.23	264.65	363.75	452.93	438.96
北京银行	98.14	71.29	127.90	95.33	144.94	132.75	130.93	160.10	160.05	205.70
农业银行	3013.17	1687.33	3000.09	2298.42	2968.66	2799.88	2956.56	3221.91	3478.82	3580.71
交通银行	765.62	464.37	760.17	563.65	892.76	676.71	917.11	733.05	1180.41	769.48
工商银行	2536.40	1671.34	2670.98	1948.78	2769.18	2204.03	2822.76	2409.59	3856.17	2575.81
光大银行	198.66	182.73	189.94	210.43	244.06	258.56	283.80	241.72	484.97	280.25
建设银行	2188.74	1431.02	2312.47	1712.17	2487.89	2024.33	2673.43	2286.96	3389.27	2516.13
中国银行	1876.23	1228.56	2219.46	1396.76	2379.47	1546.56	2401.72	1680.49	2727.38	1885.31
中信银行	236.99	182.19	279.13	232.58	373.51	353.25	472.26	412.54	814.96	515.76
合 计	12070.93	7979.50	12891.61	9853.06	13927.60	11733.97	14739.65	13217.36	19227.17	14898.81

根据表 5 可以看出,在 IASB 的预期损失模型下计提的贷款减值准备水平将大幅提高,相比未调整前增长幅度约为 10%~50%。

表 6　16 家 A 股上市银行贷款损失准备计提情况(单位:百万元)

年　度	贷款减值准备余额		发放贷款总额	贷款拨备率	
	调整后	调整前		调整后	调整前
2010	12070.93	7979.50	333030.62	3.62%	2.40%
2011	12891.61	9853.06	381672.29	3.38%	2.58%
2012	13927.60	11733.97	435188.32	3.20%	2.70%
2013	14739.65	13217.36	491881.67	3.00%	2.69%
2014	19227.17	14898.81	549741.65	3.50%	2.71%

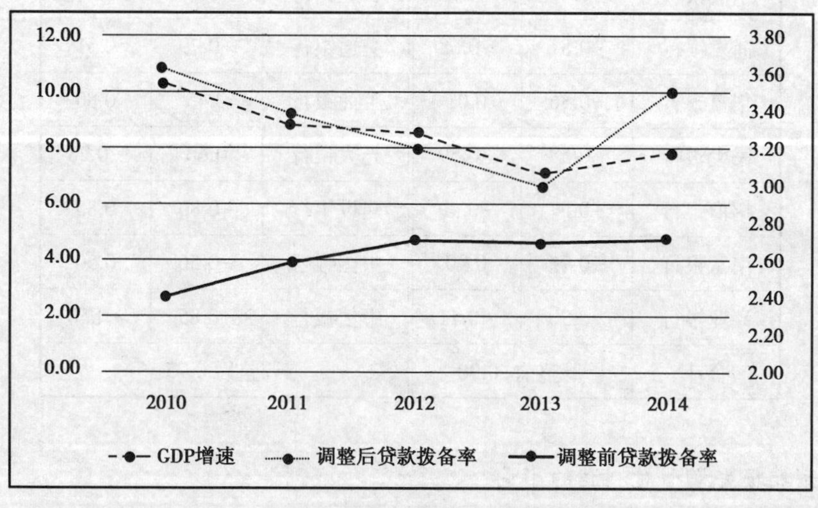

图 1　16 家 A 股上市银行顺周期性分析

通过对表 6 和图 1 的分析,得出以下结论:

(1)贷款拨备率分析

贷款拨备率反映了商业银行对贷款损失的弥补能力以及对贷款风险的防范能力。2010—2014 年,我国上市银行贷款和贷款减值准备余额呈上涨趋势。调整前贷款拨备率整体呈上涨趋势,自 2011 年完成 2.5%以上的监管要求。调整后贷款拨备率较调整前更高,2010—2013 年呈下降趋势,2014 年出现转折性增长。

(2)贷款拨备率和 GDP 增速的相关性分析

按照现行会计准则,我国上市商业银行贷款减值准备存在较明显的顺周期性。贷款拨备率是衡量贷款减值准备金计提是否充足的指标,2010—2014 年,贷款拨备率和GDP增速间的相关性为-0.90,总体上呈现反向变动关系,即当GDP增速增加,经济繁荣时,现行会计准则下贷款减值准备金计提相对减少,而当GDP增速减少,经济衰退时,贷款减值准备金计提相对增加,存在顺周期效应。而调整后贷款拨备率和GDP增速间的相关性为0.75,总体上呈现正向变动关系。此外,表7反映了各上市银行贷款拨备率与GDP增速的相关性。从该表看出,调整前共14家银行贷款拨备率与GDP增速呈负相关关系,调整后,7家银行的相关系数由负变正,仅7家银行的相关系数为负。证明调整后的贷款减值准备无明显的顺周期性。综上所述,运用IASB的预期损失模型计提贷款减值准备在一定程度上解决了已发生损失模型中的亲周期问题,支持了本文的假设H1。

表7 16家A股上市银行贷款拨备率与GDP增速的相关性

银行名称	调整前	调整后	银行名称	调整前	调整后
平安银行	-0.70	-0.76	北京银行	-0.84	0.77
宁波银行	-0.89	0.72	农业银行	-0.94	0.97
浦发银行	-0.81	-0.68	交通银行	-0.79	0.51
华夏银行	-0.36	0.01	工商银行	0.45	0.80
民生银行	-0.58	-0.59	光大银行	0.60	-0.28
招商银行	-0.57	-0.49	建设银行	-0.80	0.85
南京银行	-0.75	0.90	中国银行	-0.56	0.50
兴业银行	-0.90	-0.41	中信银行	-0.85	-0.58
合计	调整前-0.90		调整后0.75		

2.预期损失模型对利润的影响

(1)描述性统计结果

对调整前后的税前利润进行描述性统计分析得到表8所示的结果。经过调整之后,税前利润的标准差、偏度和变异系数都有所减小,这说明调整后税前利润的波动性减少,因此应该支持原假设H2。

表8 调整前后税前利润波动性的描述性统计结果

	N	极大值	极小值	均值	标准差	偏度	变异系数
调整前税前利润	80	361612.00	2839.34	81702.29	93378.52	1.437	1.1429
调整后税前利润	80	360744.82	2838.01	81712.21	93378.28	1.434	1.1428

(2)对调整前后税前利润波动性的进一步分析

根据16家上市银行调整前税前利润和调整后税前利润的标准差(详见表9),可以看出经过调整后,除南京银行、北京银行调整后标准差比调整前的标准差略有上升之外,其余14家银行调整后税前利润标准差比调整前的标准差均有所下降。其中平安银行的标准差下降幅度较大,因此,总体上造成了税前利润调整后的标准差小于调整之前的标准差。

表9 各上市银行税前利润标准差情况

银行名称	调整前税前利润标准差	调整后税前利润标准差
平安银行	6875.98	6833.73
宁波银行	1603.13	1602.68
浦发银行	14483.09	14441.03
华夏银行	6372.56	6329.24
民生银行	15355.80	15294.83
招商银行	16296.72	16261.99
南京银行	1605.70	1608.07
兴业银行	14932.20	14907.87
北京银行	4423.81	4435.40
农业银行	44479.79	44270.12
交通银行	13827.05	13774.80
工商银行	57605.76	57317.47
光大银行	8536.78	8460.00
建设银行	49312.30	49133.11
中国银行	35285.27	35281.48
中信银行	10373.88	10300.74

通过上述的分析,可以得出如果在2010—2014年上市银行的贷款减值准备按照预期损失模型的方法计提,商业银行贷款减值准备余额将显著增加,税前利润的波动性将减小,对旧模型所带来的顺周期性有所缓解。因此,按照国际会计准则委员会的要求在2018年开始执行新准则,可以预测在未来的几年,若采用预期损失模型的方法计提,税前利润的波动性会减小,重要的是现采用的已发生损失模型计提贷款减值准备的方法的弊端——明显的亲周期性,能得到有效的缓解。

(五)从总量数据研究“预期损失模型”对商业银行的整体影响

1.对变量进行平稳性检验

根据实际经济发展经验来看,“预期损失模式”对商业银行的整体影响,可以通过贷款损失准备、资产充足率、净利润等渠道来观测,因此本文考虑通过建立包含资本充足率、贷款损失准备、净利润的向量自回归(VAR)模型,来估算预期损失模式对商业银行的影响。

表10 变量指标设计

指 标	简记符号	计算公式
资本充足率	ZB	资本净额除以风险加权资产期末总额
贷款损失准备	DK	对实际贷款损失准备进行季节调整,再取对数
净利润	JL	对实际净利润规模进行季节调整,再取对数

2.数据及其平稳性

资本充足率、贷款损失准备、净利润等指标来源于Wind数据库宏观统计数据。宏观数据中贷款损失准备、净利润指标从2010年第4季度开始统计,资本充足率从2009年第1季度开始统计,在数据选择上,我们选取了2010年第4季度至2015年第2季度宏观统计数据。检验结果表明,所有变量在0.1的显著性水平下是平稳的,且变量之间存在协整关系(表11和表12)。

表11 各变量的平稳性检验

变量	检验类(c,t,k)	ADF统计量	显著性水平	检验结论
ZB	(c,0,0)	-4.02120	0.00770	平稳
DK	(c,t,0)	-3.37372	0.08840	平稳
JL	(c,0,0)	-6.77901	0.00000	平稳

表12 序列协整检验结果

原假设	统计量(P值)	λ-max统计量(P值)
0个协整向量	30.63073(0.0070)*	21.53310(0.0131)*
至少1个协整向量	9.097633(0.1634)	8.246663(0.1593)
至少2个协整向量	0.850970(0.4114)	0.850970(0.4114)

注:“*”表明在5%的显著性水平下拒绝原假设

3.模型建立

建立以 DK、JL、ZB 为变量的 VAR 模型,其中:ε 代表随机干扰项,下标 t 代表时期。按照 AIC 信息准则最小化原则,确定最佳滞后阶数为 2。模型检验结果总体令人满意,经检验,该模型的所有根模的倒数都小于 1,即位于单位圆内,所以模型是稳定的。

$$\begin{bmatrix}\Delta\ln(DK)_t\\ \Delta\ln(JL)_t\\ \Delta\ln(ZB)_t\end{bmatrix}=\begin{bmatrix}0.02\\ -0.06\\ 0.002\end{bmatrix}+\begin{bmatrix}0.01 & 1.07 & -0.009\\ 0.11 & -0.69 & -0.001\\ 0.92 & -5.61 & 0.15\end{bmatrix}\begin{bmatrix}\Delta\ln(DK)_{t-1}\\ \Delta\ln(JL)_{t-1}\\ \Delta\ln(ZB)_{t-1}\end{bmatrix}+$$

$$\begin{bmatrix}0.35 & 1.55 & -0.02\\ -0.05 & -0.24 & 0.01\\ 0.93 & -4.24 & 0.05\end{bmatrix}\begin{bmatrix}\Delta\ln(DK)_{t-2}\\ \Delta\ln(JL)_{t-2}\\ \Delta\ln(ZB)_{t-2}\end{bmatrix}+\begin{bmatrix}\varepsilon_{1t}\\ \varepsilon_{2t}\\ \varepsilon_{3t}\end{bmatrix}$$

4.脉冲响应函数分析

由于 VAR 模型是一种非理论性的模型,无须对变量作任何先验性约束,因此在分析 VAR 模型时,往往不分析一个变量的变化对另一个变量的影响如何,而是分析当一个误差项发生变化时,或者说模型受到某种冲击时对系统的动态影响。在下列各图中,横轴表示冲击作用的期间数(季度),纵轴表示各变量增长率的变化幅度,曲线表示脉冲响应函数,曲线两侧的虚线是脉冲响应函数加减两倍标准差的值,表明冲击响应的可能范围。

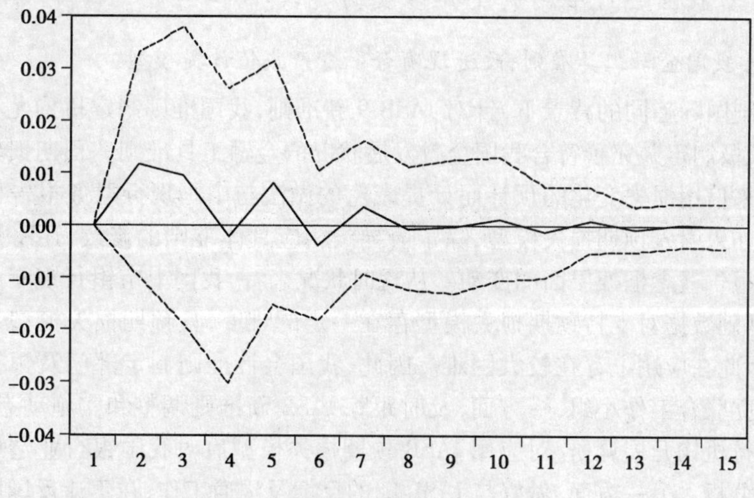

图 2　贷款减值准备对净利润的冲击

图 2 为贷款减值准备一个标准差单位的冲击对净利润增长率的影响,总体而言贷款减值准备的冲击引起净利润增长率的提高,在第 2 个季度达到正向影响的极大值,到第 4 个季度影响基本消失。贷款减值准备的增长率对净利润增长率存在正向

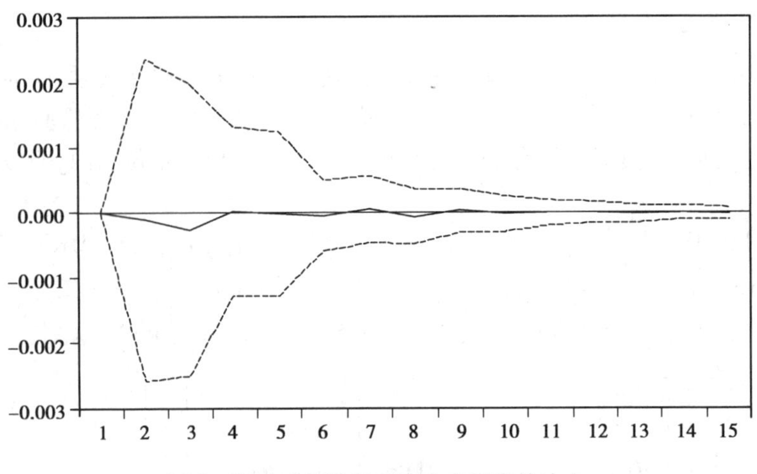

图3 贷款减值准备对资本充足率的冲击

响应机制,但对这种冲击的响应不具有持久性。图3为贷款减值准备一个标准差单位的冲击对资本充足率的影响,在第3个季度达到谷底,其后影响减弱。贷款减值准备的增长率对资本充足率存在负向响应机制,且对这种冲击的响应持续时间更短。

六、政策建议

(一)对我国会计准则制定和修改的建议

1.完善我国金融工具准则,改进现有金融资产减值计提模型

在准则国际趋同的背景下,针对IASB 9新准则,我国准则制定机构尤其需要认真研究,积极制定并完善符合我国金融发展状况的金融工具准则。预期损失模型依赖于对未来信用损失变化的预计而计提减值的做法与中国现行财务报告概念框架不一致。如果引入预期损失模型,除了会导致相应具体准则的修改,还将从根本上引发财务报告概念框架层面的变动。从现时状况来看,我国上市银行现有贷款定价及系统、基础数据对支持预期损失模型存在一定的难度,且预期损失模型系统化成本较高,因此在应用上存在较大困难。因此,我国会计准则制定部门及银行业监管机构应成立联合工作小组,一方面,及时跟踪IASB新准则调整和实施动态,并深入我国各银行机构开展调研,对应用IASB预期损失模型后对我国银行业造成的冲击进行实证分析。另一方面,做好与IASB间的反馈及沟通工作,在不违反国际会计准则的前提下尽快出台适合我国金融资产减值计提办法。

2.加强与监管部门沟通,协调会计准则与监管准则关系

会计准则与金融监管的目标不同。会计目标是会计确认、计量和报告的出发点,核心要求是满足利息相关者的决策需求。金融监管的本质目标是维持金融体系

的稳定性。预期损失模型的提出,一定程度上反映了会计准则制定机构对金融稳定和审慎监管要求的回应,但是会计准则与监管规则是两个不同领域的规范。会计信息可以成为监管指标的起点,通过相关调整达到监管要求,但是不能要求会计信息直接为金融监管服务。会计准则的制定立足于会计目标和财务报告相关概念框架基本理念,在满足会计信息使用者的决策需求下,考虑相关监管规则。我国为应对预期损失模型,在会计准则修订方面应明确会计本质目标,在模型具体应用层面,借鉴金融监管规定,加强与监管部门的沟通,提高政策的可操作性、针对性和协调性,以减轻商业银行实施多套标准的压力,降低报告主体执行成本。

(二)对商业银行的建议

1.建立信息归集系统,加强数据积累与分析

采用预期损失模型进行金融资产减值准备计提,需要考虑银行可合理获取的最佳信息,包括历史信息、当前状况以及在资产负债表日对未来情形及经济环境的合理及可靠的预测。一是考虑到使用预期损失模型要基于整个经济周期对贷款的预期损失作出估计,这需要定量因素必须至少基于一个完整的经济周期,即使在中国经济缺乏完整周期的情况下,也要尽可能收集、积累、整理足够的相关内外部数据,为模型的建立提供足够的支持;二是预期损失模型对违约概率、违约损失率的计算要求与内部评级法存在差异,还有存续期如何确定也是新问题,而违约概率和违约损失率的确定多需要运用历史数据,而我国商业银行在该方面的数据不全面。因此,银行应建立全面信息归集系统,通过对历史数据的搜集、整合,深入分析、挖掘,将历史数据转化为可供使用的预期值,以估计贷款预期信用损失。

2.完善信用评估系统

预期损失模型的应用要求银行考虑经济和市场条件的未来变化及这些变化如何影响预期现金流量,同时,要求银行依赖完善的、稳健的信用系统估计预期信用损失和信用风险自初始确认以来发生“显著”变化的时点。银行应建立完善的信用评估系统,充分利用可获得的内部和外部信息,对贷款的违约情况作出准确判断,对贷款的信用风险进行动态监测,评估违约概率、预期损失率。如针对贷款人的信用评级,可以将一些拥有外部评级的大客户的评级结果与银行内部信用风险评估结果进行对比,逐步提高内部评级的合理性;对于无外部评级的客户,银行应强化贷后监管工作,对借款人财务状况、主要股东的信用情况等进行动态监测,并将监测结果定期报告,以期对预期信用损失的测算更为客观。

3.加强模型验证和参数管理,防止利润操纵

采用预期损失模型意味着复杂的模型设计、庞大的数据运算以及大量的假设和参数设置。越是复杂的计算,越是牵涉大量的参数设置和管理判断,主观影响的空间越大。在模型应用的过程中,盈余管理的诱惑或干扰可能难以抗拒。因此,商业

银行需要加强内控管理,建立独立于模型开发、应用的团队,加强对模型设计和调整的验证、管制,对有关判断、假设和参数设置进行独立分析审查。同时,商业银行要建立相适应的报告路线,对可能存在的盈余管理冲动进行防范和化解,防止利润操纵伤害到银行的风险抵御能力和财务报告的真实性。

4.进一步完善定价体系,合理转移成本

从理论和本文的结论上看,预期损失模型将会增加商业银行准备金计提,同时也为准确计量具体贷款的拨备成本提供了可能。商业银行应通过进一步完善贷款定价体系、加强风险定价、贷款利率调整等手段,保障收入覆盖风险成本。

参考文献

[1] 步丹璐,叶建明.资产减值、披露格式和信息含量[J].上海立信会计学院学报,2009(4):49-57.

[2] 代冰彬,陆正飞,张然.资产减值:稳健性还是盈余管理[J].会计研究,2007(12):35-42.

[3] 方舟,倪玉娟,庄金良.货币政策冲击对股票市场流动性的影响[J].金融研究,2011(7):43-56.

[4] 陆露,邵晓辉.基于预期损失模型的金融资产减值准备计提[J].财会月刊,2012(23):81-83.

[5] 刘滢.浅析资产减值准备与财务指标分析[J].财经界,2013(5):133-134.

[6] 毛新述,戴德明,姚淑瑜.资产减值会计计量问题研究[J].会计研究,2005(10):35-41.

[7] 漆佳.金融资产减值会计新规对商业银行风险管理的挑战[J].国际金融,2015(9):24-28.

[8] 隋玉明.公允价值计量和金融资产减值相关理论研究[J].广西财经学院学报,2010,31(1):87-92.

[9] 谭燕.资产减值准备与非经常性损益披露管制——来自中国上市公司的经验证据[J].管理世界,2008(11):129-142.

[10] 王菁菁,刘光忠.金融工具减值预期损失模型的演进与会计准则体系变迁[J].会计研究,2014(5):37-43.

[11] 张继勋,何亚南.资产减值的可转回性、管理层责任与管理层投资决策[J].南开管理评论,2014,17(4):78-87.

[12] 朱虹,吴新胜.IASB预期损失模型对我国中小银行影响分析[J].金融纵横,2015(1):21-26.

[13] Beatty A, Liao S. Do delays in expected loss recognition affect banks’

willingness to lend? [J]. Journal of accounting and economics, 2011, 52(1): 1-20.

[14] Liang, Hong, Chen, et al.. Impairment of financial assets: the expected loss model[J]. Financial Regulation Research, 2014.

[15] Kanagaretnam K, Lobo G J, Yang D H. Joint tests of signaling and income smoothing through bank loan loss provisions[J]. Contemporary Accounting Research, 2004, 21(4): 843-884.

[16] Komissarov, Kastantin, Rick. Impairment of Long-Lived Assets [J]. CPA Journal, 2014, 84(5).

[17] Maria H. The IFRS 9 Standard: Assessment of the Impacts on the European Banking Industry[J]. Series Economic Sciences, 2015, 15(1).

文章审稿人:李研妮

社会老龄化趋势下的金融需求和金融服务研究[①]

中国银行重庆市分行课题组

课题主持人：马超龙

课题组成员：孙召华　王利英　段炼　余宗辉

一、一种态势：社会人口老龄化概述

（一）社会人口老龄化的理论内涵

人口老龄化是指老年人口占总人口的比重不断上升的过程。1956 年联合国出版了《人口老龄化及其社会经济后果》一书，书中将 65 岁定义为老年人口年龄的下限。联合国人口司在每两年更新的《世界人口前景》中，运用老年人口比例、人口年龄中位数、少儿人口比例、老少比以及抚养比等指标，对全球各国各地区的人口老龄化程度、速度和社会影响进行评估和预测，并为各国的人口普查和分析工作所借鉴。人口老龄化在本质上反映的是人口的年龄结构效应。引起年龄结构上升的因素也就是导致人口老龄化的直接因素，人口学研究表明生育率的下降和死亡率的上升以及人口迁移对人口老龄化有直接的影响。人口老龄化是经济社会发展和人口年龄结构演变的必然结果，也是全球正在面临的共同挑战。

（二）社会人口老龄化趋势的现状

当今人口老龄化已成为一个突出的社会问题，引起了国际社会的普遍关注。根据联合国《世界人口前景》(2010 年版)，2010 年全球 60 岁及其以上、65 岁及其以上的人口比例已经分别达到了 11.02%和 7.6%，并且呈逐年上升趋势，预计 2050 年将达到 21.83%和 16.23%。以欧洲、北美为代表的发达地区老龄化程度较为严重。2010 年发达地区 65 岁以上人口比例达到了 15.94%，预计到 2050 年将占到25.71%。与其他国家相比，我国老龄化程度也越来越明显，而且呈现出老年人口规模巨大、老龄化发展迅速、未富先老的主要特征。国务院《关于加快发展养老服务业的若干意见》近日公布，提出到 2020 年全面建成以居家为基础、社区为依托、机构为支撑、覆盖城乡的养老服务体系。截至 2012 年，我国已建成的各类老年服务机构为 4.4 万

① 为 2013 年度重庆市金融学会招标课题，获评“一等奖”。

个,拥有床位410多万张,而我国60周岁以上老年人已达1.94亿,现有养老机构无法满足日益增长的社会养老需求。财政部科研所副所长白景明谈到“我国已经进入人口老龄化快速发展阶段,60周岁以上老年人口在2020年将达到2.43亿,2025年将突破3亿。我们面临的问题是,养老机构的建设赶不上老年人的增长速度,供需矛盾将更加突出。”①根据2012年国家统计局数据显示,中国60岁以上的老年人占总人口的11%,这表明我国已经进入老龄化社会,预计到2020年,全国老年人将达到2143亿,占总人口的17%,到2040年将形成高峰。预计到21世纪中期,中国老年人口将超过4亿人,其中80岁以上的老龄人口将不少于8000万人。以重庆市为例,根据重庆市2010年第六次全国人口普查主要数据公报,全市常住人口为2884.62万人,与上年相比,增加25.62万人,增长0.90%。其中65岁及以上的人口为333.41万人,占总人口的11.56%。根据2011年重庆市1%人口抽样调查主要数据公报,2011年全市常住人口为2919万人,与上年相比增长1.19%,其中65岁及以上人口占11.57%,比重上升0.01个百分点。根据2012年重庆市1%人口抽样调查主要数据公报,2012年全市常住人口为2945万人,与上年相比增长0.9%,其中65岁及以上人口占11.58%,比重上升0.01个百分点。从2010年至2012年重庆市统计数据来看,近年重庆市老年人口占比超过了总人口的11%,而且老年人口比重呈逐年上升趋势,这一数据结果与国家统计数据所反映的趋势相吻合。

(三)社会老龄化对经济社会的影响

在社会人口老龄化趋势下,老龄人口比重越来越大,用于投资和家庭财富积累的储蓄总额也将减少。就一般趋势而言,人口老龄化的表现一方面是老龄人口增加,在总人口中的比重上升,伴随着人口老龄化程度逐渐提高,使劳动力总量相对下降;另一方面表现为劳动力人口质量的下降,由于劳动力年龄上升,体力与接受新事物的能力下降而对劳动生产率的提高带来不利影响。所以老龄化也将使得进入劳动年龄的人口比重出现下降,从而形成劳动力供给困难的局面,而且劳动力供给不足的问题也将越来越显著。同时,老龄化的发展将导致养老金负担的加重。人口老龄化意味着抚养系数的提高,其趋势是越来越少的经济活动人口抚养越来越多的老龄人口。由于人口老龄化速度加快、程度提高,人口平均寿命大幅延长,达到法定年龄领取退休金的数目日益庞大,将进一步加重政府的财政负担,这也是当今社会保障制度面临的难题。人口老龄化使家庭收入水平降低,从而影响家庭人均消费水平的提高,人口老龄化和老年人口数量的增加,需要政府拿出更大的财政资金完善社会保障制度,增加老龄人口消费,减少了积累基金的数量,影响社会投资规模。老龄化对资本市场资金面也有影响,会导致资本市场的资金外流或短缺。人口老龄化进一步加大了中国资本积累的不确定性,导致经济增长的波动。因此,从长期的趋势

① 社会办养老,政府帮一把[N].人民日报,2013-9-23.

来看社会人口老龄化给社会经济发展带来的消极影响多于积极影响。随着人口老龄化速度加快,程度加深,进入人口高龄化阶段后,许多利将逐渐转化为弊,出现弊大于利的结果,呈现出效用递减趋势。随着人口老龄化进程的加快,养老也已成为我国面临的最重要的民生问题之一。商业银行等金融机构也在积极寻找途径介入养老金这一新的业务领域,企图在养老金体制转轨中获取制度变迁带来的“制度红利”。老年人的金融需求一直是分析和理解社会金融发展问题的难点和关键。金融市场应该怎样去应对现在和未来的人口变化?面对未来庞大的老龄化人口金融消费群体,如何制定有效的金融资产政策来匹配老龄化人口的投资需求,显著提升其生活水平,又能使得老龄人口消费市场焕发出勃勃生机、有效拉动经济增长,这是我国金融研究学者及政府部门所面临的巨大挑战。

二、一个迭变:社会老龄化趋势下的金融需求

(一)金融需求理论概述

需求就是指在一定时间内和一定价格条件下,消费者对某种商品或服务原因而且能够购买的数量。需求与通常所说的需要不同。需求的构成要素有两个:一个是消费者愿意购买,即有购买欲望;二是消费者能够购买,即有支付能力,二者缺一不可。经济学意义上的需求一般指的是有效需求,不单单是一种心理上的欲望,它是能力和愿望的统一体。金融需求实际上应该定义为金融消费主体再既定收入和财富范围内能够并且愿意持有金融产品的数量。金融需求是一种派生需求,派生于人们对日常生活需要和商品消费的需求。包含三个金融需求层次:一是生活需求,包括日常消费、临时性消费和大项消费,如婚丧嫁娶、购房、子女教育等;二是生产需求,是指在生产经营活动过程中对资金的需求;三是发展需求,是指社区养老公共基础设施建设对资金的需求。这三个层次的需求基本涵盖了老龄化金融需求主体的需求内容。

(二)老龄化趋势下金融需求的独特性

中国20世纪70年代末进入人口红利时代,2012年左右达到高峰,然后逐年衰减。与人口红利衰减相对应的是人口老龄化的加剧,庞大的人口红利盛宴结束以后,中国注定会面临严重的“人口负债”问题。据世界银行预测,2021年后我国60岁以上人口占比将达到18%左右。如果不能选择一个有效的养老金融机制及时对养老金资产积累和运营作出恰当的安排,中国的老年经济安全就会受到威胁。从前面的国际经验来看,增加养老体系的多样性和提高养老金的内生性供给,在满足基本的养老保障前提下,积极发展商业银行养老金市场是解决这个问题的有效途径。根据中国国家老龄委提供的数据,目前中国老年人用品市场的需求量为10万亿元左右,而现阶段全国为老年人提供的产品不足10%,离市场需求差距很大。因此,加

强老龄人口消费问题的研究，特别是金融需求和金融消费问题研究，对于开发老年消费市场，促使消费结构与产业结构的变动，刺激经济增长都将产生深远的影响。从这一角度来看，这是一个具有理论意义与现实意义的重要课题。对于目前我国庞大的老龄人口来说，从消费行为的角度来看，其重要属性就是群体的差异性较大，且这一群体具有较高的消费独立性，横跨了以往从经济赤贫、消费短缺到经济增长、物质生活丰盛两个时代，消费者多年累积形成的消费习惯和消费方式在短时间内是很难改变的，因此消费境况很难随着经济基本面的调整、消费环境的变迁而做出颠覆性的变革，其对国家刺激消费政策的反映也显得麻木和滞后。但是，这并不意味着我国老龄人口的消费习惯和消费境况难以提升和改变，美国、欧共体、日本等国家和地区的经验也证实了这一点，只要国家政策制定和实施到位，老龄人口消费市场定会焕发出勃勃生机，而且其带来的益处不仅仅局限于经济层面，其在政治、社会、文化生活等方面都会带来有益的影响。因此，我们立足于中国的社会背景，在政府、企业、其他辅助部门、社会团体、非营利性组织等多元互动的基础上，针对我国老龄人口这一差异群体设计出更加具体、可行、纵横交错的政策链，在短期内通过改善老龄人口的职业属性和结构、提供特色的产品服务、提高老龄人口的消费换新率等措施逐步革新我国老龄人口的消费理念；在长期内则通过进一步完善社会保障体系、城乡二元的政策渗透、老年人消费形式和内容的彻底更新等措施来系统改善我国老龄人口的待老观念和消费习惯，以实现有效引导我国老龄人口消费的目标。

（三）开展老年金融服务的意义和条件

开展老年金融服务，满足不断迭变的金融需求具有重要的现实意义。首先大力发展养老服务业具有显著的社会和经济效益。老年人是社会的宝贵财富，他们曾经为国家、社会和家庭作出过贡献，其晚年生活应当得到切实保障，老年人对养老生活的满意程度是影响社会稳定的重要因素。大力发展养老服务业，不断满足广大老年人的物质生活、精神文化和身心健康的需求，能够有效提高包括广大老年人在内的全体人民的生活质量，对促进家庭和睦、人际关系融洽、构建社会主义和谐社会具有直接而深刻的影响。同时，大力发展养老服务业，能够有力地带动相关行业发展，增加就业岗位，推动当地经济增长，具有显著的社会和经济效益。面对人口老龄化发展的趋势和老年人口不断增多的现状，党中央和政府未雨绸缪，十分关注老年人的福祉、关心老年人的生活质量，倡导加快发展社会养老事业，并在政策上给予大力支持和优惠。各地各级党委、政府也要充分认识发展养老服务业的重要性、必要性与紧迫性，为社会力量举办养老机构提供良好的氛围和环境，使之成为建设我国养老服务体系的一支重要力量，从而不断推动养老服务业的快速、健康发展，努力形成能够满足不同老年人多层次、多样化服务需求的养老服务新格局。面对未来庞大的老龄人口消费群体，国家如何制定有效的消费政策、老年群体如何进行合理化的资产配置，使得我国老龄人口的安养水平得以显著提升，又能使得老龄人口金融消费市场焕发出勃勃生机,有效拉动经济增长,推动经济社会稳健发展,这是我国政府各级相关主管部门和金融业服务机构面临的巨大挑战。

现在开展老年金融服务也具备了一些客观条件。对老年人来说,生活中处处有金融需求。金融服务进社区是在社区民生金融需求日益增长、有效金融服务供给相对短缺下的产物。如果金融服务成为社区助老服务中的一个“增值”项目,不仅能够培育老年人理财市场,而且能够激发老年人对金融服务的需求继而满足之。随着时代变革,未来老年人的金融需求不容被忽视,发展社区金融服务,为社区居民尤其老年人的日常生活带去极大便利,并改善老年人金融、理财市场发展滞后的现状。发展城市社区老年金融服务建设是一个长期事业,我国目前已经具备开展城市社区老年金融服务的客观基础。首先,老年人的金融需求正随着老年人口比重的上升而日渐突出。目前我国老年人口已经达到1.3亿,占总人口的比重已近11%,2025年到2040年又将从2.84亿增长到4亿多。在未来的近半个世纪中,我国老年人口将一直呈迅速增长的发展趋势。老龄化时代的到来,为银行业提供了庞大的老龄人市场。一些商业银行开始细分老年群体市场服务,从金融关怀的层面为老年人提供专属金融服务,并已经取得经济效益。以中信银行推出的七彩华龄卡为代表,问世一周年发卡量即超过2.2万张,青岛22000多名老年人都享受到了七彩华龄卡提供的金融和一系列增值服务。其次,随着老年群体收入的增加,老年人的理财、融资需求会变得更加突出。虽然我国还没有实际的统计数字统计老年群体的存款、基金、股票等其他金融投资的规模,但是参考其他老龄化国家如日本的老年金融服务,可以清晰地看到潜在的老年金融服务市场。在日本老年金融品种类繁多,有倒按揭、保险、证券投资、实物投资等。高龄者族群在投资分配上的平均情况是:储蓄约占22%,投资性实物资产约占13%,金融投资约占11%。即投资性的资产配置约占24%,是高于储蓄的。中国老龄科学研究中心的一项调查显示,我国城市60~65岁的老年人口中约有45%还在业,他们除有退休金之外,还有额外的收入;我国城市老年人中有42.8%拥有存款,2010年老年人的退休金总额达到8383亿元,据预测到2020年将达到28145亿元,到2030年将增加到73219亿元。老年群体储蓄高、消费少,对于商业银行来说,老年客户的潜在价值不可小窥。老年人都有储蓄,还有养老津贴和固定养老金,随着老年人经济收入增加,“老年”存款将是各商业银行个人存款业务的增长潜力之一。最后,社区金融服务健康发展的趋势。在金融监管机构的大力倡导下,各银行纷纷响应开展各种社会公益活动普及老百姓金融知识,将金融服务送进居民社区。城镇居民的经济类知识水平日益提高,学习金融知识热情高涨。近年来,我国金融业取得了突飞猛进的发展,金融活动日益广泛地渗透到社会生活的各个方面。与此相应的是,人们对金融的关注程度不断提高,学习金融知识的热情不断高涨,提高自身金融素养的需求也越来越迫切。但金融行业的政策性、专业性较强,金融产品和金融服务越来越丰富,对金融消费者的辨别能力和选择能力提出了更高要求。于是有关部门采取了多项措施,大力加强公共金融教育,努力提高公众金融素养。银监会将11月28日作为2010年中国银行业公众教育服务日,首次在全国范围内开展公众教育服务日活动。全国范围的各政策性银行、国有商业银行、股份制商业银行、邮政储蓄银行、城市商业银行、外资银行、农村信用社、信托公司等金融机构都已经参与到"公众教育服务日"的活动中。中国银监会还专门设立业务创新监管协作部,其主要职能之一是加强对银行业务创新的研究、协调和引导,为业务创新提供支持。同时,也承担着推动公众教育的工作职能。目前,我国金融业积极主动地承担起了公众教育的社会责任,广泛深入地向公众普及相关金融知识,这对于增强广大金融消费者的风险防范意识,保障其合法权益,促进现代金融业稳健发展意义非常。

三、一个冲突:金融资产配置服务与社会老龄化

(一)扩大我国老年群体金融消费存在的瓶颈

从营销学和经济学角度来看,有效扩大我国老龄人口消费有两个瓶颈,即消费主动权的转移与强化以及大规模群体差异对刺激消费政策的稀释。首先,由计划经济向市场经济转型过程中,消费的主动权(或控制权)逐步落实到老年消费者手中,特别是改革开放30多年来我国经济迅速发展,人民收入显著提高,社会产品极大丰富,使得我国老年居民的消费主动权显著提升并强化,该主动权的终极表现是老年消费者有条件和能力按照其主观意愿和志趣来安排其相关金融消费与生活;其次,我国幅员辽阔,人口众多,东部、西部、南部、北部、中部形成了不同的金融消费文化和生活区隔,不同收入、不同背景、不同学历、城乡二元等诸多的差异也就稀释了金融消费政策的实施效果。综上,在制定我国老龄人口金融消费对策时要重点分析考察我国老龄人口的群体金融消费特征、金融资产配置服务的切实需要以及人口经济的多元差异,只有这样才能使得引导老龄人口的金融消费对策落到实处。从发达国家经验来看,人口老龄化之后人口的规模会骤减,以往与大规模人口相契合的基础设施投入会在未来人口老龄化之后变为沉没成本,同时,基于即期的其他方面投资也会随着人口老龄化的加剧而使投资回报远远少于预期。因此,人口年龄结构的变动对经济的影响是最为直接的,人口老龄化随之带来的有效劳动力资源供给不足,使得我国的制造业、加工业以及外商直接投资等许多部门面临产能缩减,单位用工成本的上升也会使得企业成本优势骤减,市场竞争力下降,并使得未来最优人均消费增长率下降。特别是我国这样一个人口大国,人口老龄化的负面效应会随着较大的人口基数而空前放大,到时候对我国经济发展的影响也是很大的。此外,庞大的老龄人口会给国家的财政带来负担,也增添了金融企业的经营成本。从某种程度来讲,未来老龄人口手中保有的财富俨然已经成为拉动经济发展的蓄水池,如何把蓄水池中的水引入"金融发展河床",是有关主管部门未来必须要重点思考的问题。在制定我国老龄人口金融消费政策的过程中,在充分考量我国老龄人口金融消费对经

济发展的影响过程中,首先要明确的是老龄人口金融消费政策的出发点和落脚点一定是有效提升我国老龄人口的安养水平,满足其切身的金融资产配置需要,其次才是如何借此有效发展金融市场,只有这样才能有效保证我国绝大多数的老龄人口过上高质量、有品质的金融服务生活,才能在制定相关对策时有效落实科学发展观。

(二)现有金融资产配置服务不能满足实际需求

家庭是老年人最主要的生活领地,家庭所在的社区是晚年生活的第二空间。中国《九大城市老年人状况抽样调查》表明,城市老年人一年中经常在住地附近活动的占50.1%,在家门口活动的占65.5%,经常在市内活动的占15.6%,经常离开本市去外地活动的仅占1.4%,这说明大多数老年人的日常活动是在居住社区之内,绝大多数老年人的日常生活空间除了家庭就是社区。可见,社区是开展老年金融服务和助老服务的主要场所。老年人由于其生理、心理和经济收入等方面的特征,对社会金融活动产生“特殊”需求。目前,我国现有的养老机构规模已经远远不能满足社会对养老服务的需要,支持和鼓励社会力量兴办养老机构已成为时代发展的必然要求。在我国一方面退休年龄偏低而人口寿命延长。有调查显示,我国企业职工平均退休年龄只有53岁,而第六次人口普查显示,2010年我国人均预期寿命已达74.83岁。中国目前已进入世界老龄化程度较高国家之列。2012年末,我国大陆60周岁及以上人口占总人口的14.3%,大大超过10%的老龄化社会国际标准。另一方面,社会养老金缺口日益增大。由于现行养老金支付“现收现支”的方式,即由年经在职人员支付的养老保险被直接用来支付已退休人员的养老金。随着中国人口红利期的逐渐消退,养老金缺口越来越大。中国银行首席经济学家曹袁征称,到2013年,中国养老金的缺口将达到18.3万亿元。

充足稳定的养老金供给是养老保障制度的核心和可持续发展的关键。我国的快速老龄化将导致抚养结构的根本性转变,养老金缴费者急剧减少和领取者大量增多,养老金供需矛盾日益尖锐。这表明现有的金融资产配置服务已经不能满足社会老龄化趋势下的现实需求。根据社科院研究结果,2011年以后的30年里,中国人口老龄化将呈现加速发展态势;到2030年中国65岁以上人口占比将超过日本,成为全球人口老龄化程度最高的国家;到2050年社会进入深度老龄化阶段。一方面,我国现行养老保险制度的资金支付压力逐年加大。1980年我国在职职工与离退休人员之比为7.5∶1,2004年锐减到3∶1,养老负担急剧加重。另一方面,由于社会保障支出水平的刚性特点,降低养老金支付必然会遭到人们的抵制,尤其会遭遇来自靠养老金生活的退休人员的强烈反对,为了保持既定的待遇水平,养老保险费率只有不断地提高,这又会加重在职职工、企业和国家的负担,制约经济的可持续发展,最终必然对养老保险制度的运行基础造成伤害,使养老保险制度难以运行下去。人力资源和社会保障部的数据显示,2012年全国城镇新增就业人口高达1266万人,年末城镇登记失业率为4.1%。根据中国人口与发展研究中心副研究员陈佳鹏估计,退休年龄从60岁上调至65岁,每年将增加8.33%生产人口。根据中国社会科学院世界社保研究中心主任郑秉文的测算,我国退休年龄每延迟一年,养老统筹基金可增长40亿元,减支160亿元,减缓基金缺口200亿元。[①] 老年人由于年纪大,行动迟缓,视力听力下降,接受新事物比其他年龄段人群慢,对先进的金融设施有畏惧心理。金融服务纳入社区,如何开展、整合和管理还是难题。另外,我国的老龄化虽然严重,但是毕竟我国自古崇尚养儿防老,依托社区的居家养老矛盾目前并不突出。我国老龄化国情的重要特征是"未富先老"。长期以来老年人收入有限,老年人群不是商业银行个人理财的主要目标客户,商业银行内部产品开发和服务资源分配等投入老年金融这一块业务的几乎没有。老年群体在财务收入上的弱势现状直接导致在中国老年人的金融产品不多,量身定做的产品则更少。虽然生活中处处都有金融需求,但是在人们的印象中,银行总是高高在上,和人们保持着一定的距离。金融行业遵循著名的"二八定律",即20%的高端客户创造了80%的利润,只要抓住这20%的人群,就抓住了市场80%的份额。因此唯有中高端客户才是金融企业眼中的"香饽饽",金融的特殊服务都向贵宾倾斜。当前我国这一代老年人没有自我养老和投资养老的主观意愿,同时也不具备理财和开展各种金融服务的基本条件。老年人金融服务公益性和慈善性的成分居多。一方面政府和金融监管机构的政策优惠和引导是开展这项服务的前提条件;另一方面我国社区金融处于起步阶段,"社区银行"等社区网点机构还没有积累丰富经验。老年人作为特殊群体,他们的金融需求的满足和金融服务的开展和普通银行业务的要求是不同的,金融机构积极开展老年金融专项业务有一定难度,尤其体现在平衡盈利和公益的问题上。

(三)独特化需求呼唤建立高效的资产配置服务

当今社会是一个多元化的社会,由于老年人群的年龄、家庭背景、身体状况、社会地位、收入水平和文化素养等具有较大差异,个人爱好也有较大差别,不同老年人选择的养老模式也会有所不同。如健康状况良好且有工作意愿的老年人希望能找到适合自己的工作机会;经济状况良好且注重生活质量的老年人希望享受舒适、健康、高品质的老年生活;有爱好和特长的老年人希望进一步培养和展示自己的才华,提高生活品位;高龄、残疾、患有慢性疾病和生活不能自理的老年人希望在医疗康复设施相对完善的养老机构中得到长期、专业的医疗、康复、护理服务等。因此,以人为本,创新模式,建设能够满足不同老年人群需求的多样化、高回报的金融资产配置服务十分必要。老年人家庭面临的风险较高,家庭为应对风险往往偏好于长期储蓄。很多家庭在住房、医疗、子女教育等方面的很多支出仍然需要由家庭自身承担,家庭在进行资产配置时,不可避免地偏好于对风险较小的资产进行投资,储蓄也就成为了最优的选择,为满足预防性动机而进行高储蓄也是我国居民一个普遍的特

① 中国"延迟退休"面临的现实困境[N].重庆日报,2013-9-23.

征。老年群体金融意识薄弱。由于中国资本市场起步相对较晚,很多老一代居民没有接受过系统性的专业教育和相关的金融知识的培训,更多的是对其他投资者的行为进行模仿,投资意识和投资行为具有很强的随意性和盲目性。在老年人金融消费选择的风险偏好上,老年人面对损失和收益时的选择态度上,表现出风险厌恶特征,他们更倾向于确定性的收益,尽量规避风险。因此,老年群体独特化的金融需求呼唤建立高效的金融资产配置服务。

四、一组建议:基于老龄化趋势下的金融服务

(一)优化金融资产服务的现实意义

人口老龄化不仅仅是我国未来面临的一个重要发展问题,也是世界上的许多国家面临的问题。人口老龄化带来的经济金融冲击,需要当今金融服务机构提供更高效、更贴心的金融资产配置等方面的周到服务。在美国,老年人一般选择到老人公寓、老人院和老人护理院等机构养老。政府通过引入市场竞争机制,向私营机构“购买服务”来发展老人服务业,联邦政府和地方政府会向入住私人机构的老人提供费用资助,加上保障基金、商业保险补贴、政府养老金等,真正由个人支付的只占原费用很小一部分。日本国家和地方政府通过委托和招标的形式,将80%左右福利设施交由民间社会福利法人具体经营和管理,土地由当地免费提供,国家直接经营的福利设施仅占20%左右。政府负责制定标准和规则,给低收入老年人一定的养老补助金,让老年人自己选择养老服务,促进养老服务的社会化。当前学界对人口老龄化给经济发展带来的机遇也已有共识。预计到2020年,我国老年人将达到2.43亿,这便预示着数万亿规模的养老产业亟待开发。若我国的老龄产业得以有效开发,老龄金融消费市场得以迅速发展,其对拉动我国内需、化解当前金融危机的负面影响、提升我国金融服务水平将起到重要作用。如今,老龄经济已经成为众多发达国家的战略重点,其推行的政策和不断推进的老龄产业化经验十分值得我们研习。我们可以发现,我国老龄人口消费对于我国经济增长具有显著的影响,并且随着我国老龄人口数量的不断增长以及人们对于物质生活和精神生活需求的日益提高,老龄人口消费对于我国经济增长的影响逐渐加强。其中,城镇老龄人口消费的增长速度明显高于农村老龄人口消费的增长。同时,城镇老龄人口对于第三产业具有较为突出的影响。我们通过对我国老龄人口消费总量进行计量分析预测,在未来40年内,随着老龄人口生活来源的增加,老龄人口的生活消费总支出定会大幅攀升。2010年,我国老龄人口消费总量约为11796亿元,约占消费总量的9.83%。而伴随经济发展水平的不断提高和人口老龄化程度的进一步加深,到2020年,我国老龄人口的消费总额将达到21106亿元,占总消费额的11.82%,2025年的老年消费总额即可涵盖2002年全部人口的消费量。到2040年,老龄人口消费水平将增至172581亿元,约占全年消费总额的1/5,此时,老年人的人均消费水平可达到43362元。此外,在有效引

导我国老龄人口消费的同时,还要有针对性地盘活老龄人口手中的固定资产。随着我国经济的发展,人民生活水平的提高,老龄人口保有的固定资产也逐渐增多,而这些固定资产往往以代际转移的形式从老龄人口手中转移到其子女手中,在此过程中有大量的资产贬损或流失,若能有效通过财务杠杆来盘活其手中的固定资产,便能有效增加流动性,促进经济的进一步发展。

(二)基于微观短期层面的具体建议

国内有学者做过调查,在储蓄、债券、基金、外汇、黄金、期货、房地产、股票、保险、彩票、收藏和其他(主要是高风险高回报的金融产品)产品选择上,老年人最期望投资的产品集中在基金、保险、债券及股票这四类资产上。储蓄作为资产配置的优先级别大幅下降,甚至低于对专业知识要求和进入资本门槛都相对较高的外汇、收藏等资产。同时在未来的期望投资计划中,选择黄金作为投资产品的比例要高于选择房地产的比例,在考虑到中国房价泡沫以及黄金作为硬通货的保值功能等因素后,这样的结果也可以理解。虽然彩票投资往往属于风险极端偏好者的行为,但作为一种杠杆效应极其明显,投资单位成本较低的品种,加之于媒体宣传中过分夸大彩票投资的收益,促使部分老年人会选择彩票作为一种资产选择,但占比不是很高。而选择高风险高收益的期货产品的比例是除彩票以外最少的,主要原因可能在于金融期货产品在我国刚刚起步,居民家庭对这类产品还没有充分的认识,需求相对较小。因此,基于微观层面,可以从以下几个方面着手。

一是通过金融机构为老龄人口提供专业化的金融资产配置服务,满足老龄人口金融消费的需要和提升其金融消费水平。老龄人口的年龄和健康状况会显著影响其金融消费行为。针对我国目前的人口老龄状况和金融消费环境,特别需要银行业金融机构为其提供专业化的金融产品和金融服务。这里的专业化具体分为两部分:即老龄市场的专业化金融需求和市场专业化的老龄产品供给。一方面,老龄市场的专业化是指与老龄人口生理和年龄特征相关的产品和金融资产配置服务的专业化;另一方面,市场专业化的老龄产品供给是指在金融产品研发、流通、销售环节充分考量老龄人口的便利性和特殊性,即一般化的市场(涵盖所有与普通人日常生活相关的产品或服务市场)针对老龄人口特性提供差异化的金融产品或资产配置服务,以体现金融企业对老龄人口的关怀。

二是开展针对老龄人口的特色金融服务,普及金融消费者理论知识,提升其金融投资消费需求。一方面,适度鼓励老龄人口选择商业性寿险,或医疗保险,拓宽老龄人口的保险投递渠道,各大保险公司应该加大相关寿险的研发和推广,以应对我国老龄化不断加剧的实况,同时需要国家监管部门对此类保险加大监管力度,保障老龄人口的投保安全;另一方面,完善老龄人口的信贷机制,消除目前我国的信贷条款对我国老龄人口在信贷周期和信贷额度上的歧视,并开展以家庭为单位的信贷模式,特别是开展老龄人口与其子女之间的“代际金融服务”,既能有效降低老龄人口的过度储蓄,使其转化为投资,又能拉动家庭消费。

三是合理培育和提高老龄人口的金融消费换新率。我国老龄人口金融消费换新率持续走低才是我国老龄人口金融消费长期低迷的症结所在。老龄人口与其他年龄阶层人口在金融消费上的差异主要体现在选购金融产品和特殊高端金融资产配置服务上。可以把老龄人口金融消费与子女金融消费相捆绑,开展以家庭为单位的老龄金融消费优抚计划。在按揭住房方面,在汽车、生活必需品、医疗、保险和投资等方面都可以开展老龄人口和子女金融消费协同捆绑模式,以上这些消费模式的核心要义是“家有老人,必然优惠”,其终极目标是促进家庭养老模式切实有效地开展,以减轻国家和社会的负担。通过国家政策和市场化的优惠,推动金融企业努力来提高我国老龄人口的金融消费换新率,设计出契合该年龄特征的特色金融商品和资产配置服务,给予该类群体一定的价格优惠、服务优惠和智力支持,以优惠的市场交易条件来引导老龄人口多年的金融消费习惯,以达到扩大金融消费的目的。

四是积极构建社区老年金融服务,针对老年人独特金融需求提供贴心的金融服务。社区老年金融服务建设涉及多个独立部门,如众多金融机构、社区助老点、社区助老服务供应方、资金结算、社保、各行政管理机构、房产商等。开展老年金融服务需要处理福利和公益的关系,协调各部门的利益,平衡金融机构之间的竞争关系等,因此社区老年金融服务是一个系统工程,需要分阶段进行。首先,在社区金融服务建设的初级阶段,老年金融服务平台是“银行网点+社区助老服务点”。商业银行需要重视开展老年人金融服务,把老年人长期压制的需求释放出来。开发适合老年人的理财产品,向老年人宣传理财产品,提高技术服务水平,培养一支专门的社区金融服务理财队伍等。开展社区老年金融服务意味商业银行需要投入人力和财力,政府相关部门可以提供老年服务业务收入税收优惠减免等措施鼓励商业银行加入社区金融服务建设队伍。其次,社区老年金融服务是居家养老服务的组成部分之一。社区老年金融服务又不同于一般养老服务,大部分金融相关服务必须是信息化的和自助式的。社区的金融服务由于成本和运营效率等因素,不可能每个社区都有银行网点和以传统柜面服务为主,未来它一定是利用现代化科技手段,以电话银行、手机银行、自助银行、网上银行等形式,打破服务的空间和时间限制,使人们充分享受到“足不出户”的即时金融服务。社区和商业银行应当承担起辅导老年人使用先进金融设备的能力。最后,鼓励金融创新,在社区银行和社区金融发展中期阶段,尤其是如果已经建立起成熟的社区助老服务配套设施,老年金融服务应当正式加入到社区助老体系。如社区养老院的老年人、孤寡老人、居家养老的老年人在社区商业网络的一切消费都能“记账式”消费,每月用养老金账户进行月结,用金融服务将老年群体和便捷的助老服务联结,由“一卡通”或者“一键通”方便老年人消费结算。金融创新还包括“以房养老”等“新兴”模式的试点。针对一些“懒于”自己理财或者没有能力和精力的老年人,以及没有子女或子女不孝顺、被“啃老”的老年人可以把养老金中的一部分或全部放入养老金托管基金,由基金会支付该老人所有生活费用直至老人逝世，等到老人过世后剩余养老金和基金投资盈余分配按老人遗嘱或法律程序分配给子女。综上所述，社区老年金融服务包含三个层次内容，宏观上体现全面铺开社区金融服务，包括社区金融机构的网点、各种自助设备、网络银行等先进硬件设施建设；微观上体现在人性化服务，包括金融知识普及惠及所有老年人，金融机构的助老服务措施（人员、流程、费率优惠等），在新社区建设时将老年金融服务纳入社区助老中心信息服务系统（取决于社区养老服务中心建设规划）；最后是老年金融产品开发和开展。城市社区老年金融服务的发展倚赖社区金融服务的蓬勃发展。目前，我国的社区助老服务和社区金融服务都处于初级摸索发展阶段，各个省市各个城市的服务标准和建设规划不统一，发展社区老年金融服务，能够充实社区助老服务和社区金融服务的内容，同时发展社区老年金融服务是顺应时代发展的，维护老年人权益，减轻政府对于老龄化社会负担。

（三）基于宏观长期层面的制度化建议

一是政府积极引导，完善金融市场制度，以降低老年人金融消费预期的不确定性。影响老年人进行金融资产多元化投资的因素有很多，主要的原因可以归为以下几类：一是自身能力的约束，对相关金融产品特征及属性认识不够，表现为相关专业知识的缺乏；二是相关制度不完善，家庭资产配置受到先天约束，养老、医疗、教育等不确定性因素导致老年人需要持有较多的低风险低收益资产以满足其预防性动机，影响了家庭整个金融资产的配置效率，这需要政府切实完善社会保障制度、医疗保险制度，解决居民家庭的后顾之忧；三是信息不对称，市场交易主体存在着道德风险。对于股票、期货市场，在机构与散户的博弈中，机构往往占上风；在保险市场上，家庭对保险公司提供的诸多保险产品缺乏信任，因此规范市场参与主体的行为势在必行。

二是鼓励引导各金融部门开发适合居民需求的金融产品，满足老年群体独特的金融资产配置需求。老年人由于受到专业知识的限制，在投资不同的金融产品时风险不能够有效地进行控制。结合目前居民家庭的资产配置情况和股票、储蓄、衍生品、基金等相关金融产品对家庭的适用程度，我们认为基金作为一种专业理财的工具，目前可能更加适合于老年人进行投资。特别是基金定投等方式，通过不同资产种类的开放式基金可以满足不同风险偏好的老年人的金融需求，又能实现保值增值的目的，以此来满足不同老年人家庭的理财目标。同时，结合不同的理财需求，政府可以引导居民和金融机构合作，由金融机构开发一些多样化的类似定投的保险产品和保本类理财产品，满足不同老年群体的理财规划目标。

三是构建纵横交错的金融养老保障体制，提升老龄人口的实际收入和购买力。鉴于我国目前社会保障的突出问题，通过群体分层、城乡互动、消费补贴三个措施与传统的国家、企业、个人三支柱结合，形成纵横交错的社会保障网络，以提高我国不同地区、不同阶层的老龄人口的社会保障水平，实现提高老年群体的实际购买力、扩大其金融消费的目的。对于群体分层来讲,由于中国目前的基尼系数一直居高不下,于是在社会上形成了明显的阶层划分,老龄人口更是如此,故应根据老龄人口收入和阶层的不同实施不同的社保模式,并可适当提供金融养老保障机制。对于城乡互动来讲,就需要推动城镇的社会保障模式向农村转移,把农村老龄人口有效纳入国家社会保障体系,充分发挥国家、地方、集体的资源优势,加大农村社会统筹的建构力度,强化对农村劳动力的现收现付的征缴力度,强化城镇医疗对农村的支持和转移的力度,鼓励农村有条件的农民购买适合农村特点的商业养老保险,提供充分的农村金融服务;对于消费补贴来讲,社保除了金钱支持之外,需要一些实物来做具体的补充,即金融消费补贴。对于我国领取低保的老龄人口来说,其每月领取的微薄的金钱在如今消费价格指数居高不下的消费环境中,实在是捉襟见肘,而市场上的金融商品由于存在着生产成本以及高额的流通成本、销售成本,更不能对此类群体实施折价销售,在这样的背景下就需要国家、企业设计出平价或折价商品,以补贴的方式供应给不同收入、不同阶层的老龄群体,而老龄人口的补贴金融商品平价和折价的实现是通过削减产品的流通成本和营销成本以及国家的财政补贴来实现的。

四是建立我国老龄人口金融资产配置福利供给系统,有效搭建老龄人口金融消费平台。对于我国的老年人来讲,需要明确自身可以在当前社会层面受惠的金融福利有哪些,自身所接受的来自于政府或其他金融企业提供的福利究竟有多少?或者政府主管部门以及我们的企业,在面对我国老龄化人口这一庞大群体时所能提供的优抚项目有哪些,以及在这些项目中的权责是什么?有哪些服务型的金融服务和金融理论知识的普惠制益得。因此,这就需要我们在新形势下,建立我国老龄人口金融资产配置福利供给系统,以有效搭建我国老龄人口的金融消费平台。参照国外的成熟经验,并结合我国老龄人口具体的生活境况,我们主要应从健康医疗保险、经济安全保障、教育休闲储蓄、居住安养计划、心理社会适应等几个方面来建构我国老龄人口安养的金融资产配置福利系统。该系统的建立,能够有效引导我国老龄人口的金融消费,让我国的老龄人口清晰地了解金融消费生活的组成部分,享受和谐社会带来的金融福利。

五、结语

我国已经进入老龄化,并且在不断加速重度老龄化的进程。老龄化给我国的经济社会发展带来了一系列的严重挑战。如果不能采取有效的措施加以应对,不仅会影响经济的持续发展,更会影响社会的稳定与和谐。人口老龄化是社会发展的必然趋势,是经济、社会、文化、科技进步的产物。老年群体的金融需求与金融资产配置服务的创新与发展,是一个复杂的系统工程。同时,它的制度约束性特征比较明显。影响和制约的主要因素有宏观经济环境、金融环境、财政环境、税收环境、人口环境、社会组织环境、文化环境、科技环境、法律环境和监管环境等要素组成。各要素之间,相互作用,相互影响,相互渗透。西方发达国家大部分早在50年前就已进入老龄化国家的行列,其银色市场开发已日趋完备。我国人口众多,老龄化所产生的经济、社会问题也会比西方国家复杂,需要国家、各级相关主管部门和广大金融业机构整合资源,运筹协调,把它作为一个战略性的大问题及早策划、重点部署,这将对满足老年群体独特金融需求,提升对老年群体的金融优质服务和社会的可持续发展产生深远的影响。

参考文献

[1] 李丽辉.社会办养老,政府帮一把[N].人民日报,2013-9-23.

[2] 白靖利."延迟退休"面临的现实困境 [N].重庆日报,2013-9-23.

[3] 田怡冰.社会老龄化趋势下的养老金融风险及应对[J].重庆金融,2013(2).

[4] 杜市伟,蔡明超.老龄化背景下居民资产配置研究[J].科学技术与工程,2012(6).

[5] 张松.中国人口老龄化背景下的养老保险研究[D].长春:吉林大学,2009.

文章审稿人:黄觉波

基于企业视角的前瞻性货币政策传导机制研究[①]

中国人民银行重庆营业管理部金融研究处课题组

课题主持人：陈徐

课题组成员：顾胥　韩鑫韬　孔文佳　韩静　李研妮　黄觉波　葛志苏

一、引言

（一）问题的提出

货币政策有效性是货币政策制定者十分关心的问题，也是经济理论界长期争论的问题之一，特别是2008年全球金融危机爆发以来，传统货币理论和政策的有效性受到普遍质疑，日本、美国等发达国家纷纷转向非常规的量化宽松货币政策，越来越多的中央银行开始关注并采用前瞻性货币政策[②]，在此背景下，如何进一步提高我国货币政策调控的有效性已成重要议题。

一直以来，货币政策有效性的研究主要集中于货币政策对实体经济有没有影响，即货币供给变化是否导致实际经济重要变量变化的问题，实际上，这又涉及货币中性问题。古典主义、凯恩斯主义、货币主义、理性预期学派（新古典主义）和新凯恩斯主义等经济学流派对货币政策是否有效提出了自己独树一帜的观点及理论依据。伴随着经济流派观点的论争，国外经济学者纷纷对货币政策调控的效率展开理论与经验分析，如Saving（1973）、Cover（1992）、Wong（2000）、Bernanke 和 Blinder（1988）、Taylor（1993）、Mishkin（2001）、Cecchetti 等（2006）等。这些文献均立足于宏观经济主体，但仅从宏观层面开展研究将可能产生两方面缺陷（Ogawa，2002）：一是宏观数

---

① 为2014年度重庆市金融学会招标课题，获评“一等奖”。

② 前瞻性货币政策的目的在于使得市场的预期与央行的政策意图保持一致。尽管各国央行纷纷表示要增强货币政策的前瞻性，但是其效果究竟如何却存在争议。从积极的角度上来说，未来利率的预告可能会揭示一些其他的沟通手段所不能披露的信息。同时，在面临货币政策时间滞后性的问题上，央行的前瞻指引可能会以一种有利的方式影响公众和市场的预期（盛长琳，2014）。在国内，2010—2014年的人民银行总行工作会议均提出增强政策调控的前瞻性。2009年和2011年的两次中美联合声明也提出“采取前瞻性的货币政策”。在国外，美联储、英国央行、欧洲央行、日本央行等中央银行还推出了前瞻性指引，引导公众预期。

据模型模糊了货币政策作用的渠道,因而无法考察货币政策传导的微观机制和微观效应;二是宏观数据模型无法揭示金融市场的不完备性对公司投资的影响。目前,从实体经济的微观主体作为切入点的研究不多,微观基础的缺失将阻碍货币政策传导(谢平,2000),所以,研究货币政策传导问题时应充分关注微观基础(周小川,2004)。

特别是最近十几年来,一些货币政策规则得到了广泛应用。所谓“规则”,是指在货币政策实施之前,事先确定据以操作货币政策的程序或原则,即无论发生什么情况,中央银行都应按照事先确定的规则进行操作。例如直接以通货膨胀或者通货膨胀预期为目标的货币政策规则被近来 G7 国家(包括新西兰、加拿大、英国、瑞典、芬兰、澳大利亚和西班牙)作为一种创新性的解决货币政策时滞问题的方法所采纳。美国国会对实行通货膨胀目标制的可行性也进行了公开的讨论,受这些“规则”影响,货币政策中介目标也出现了变化。1993 年美联储明确表示将货币政策中介目标由货币供应量转向利率,这一时期美联储开创的经济高增长、低通胀和低失业率的奇迹已成为其他国家央行学习的典范。同年,美国经济学家 Taylor 提出了以利率作为中介目标的简单货币规则。在此基础上,国内外经济学家展开大量研究和拓展,Clarida 等(2000)及后来的经济学家将其拓展到前瞻性利率规则,但从目前的文献来看,这种“规则”研究仍然集中于宏观数据层面的分析,“规则”的微观基础依然较弱,也即,这种利率规则制货币政策是否具有对微观经济主体的传导效应,从而增强货币政策的有效性,这些都是值得进一步研究的问题。

货币政策传导的微观基础一般有 5 个方面(白鹤祥,2010):一是银行信贷和利率渠道;二是企业资产负债表渠道;三是居民资产负债表渠道;四是银行监管渠道;五是资产价格渠道。自 Bernanke 等(1989)结合金融加速器效应研究货币政策传导的企业资产负债表渠道以来,企业微观基础与宏观货币政策的关系开始备受关注,所以,本文将结合前瞻性货币政策和企业资产负债表传导理论,拓展前瞻性利率规则模型,研究我国货币政策的微观传导机制。

(二)创新之处

第一,我国自 1988 年开始有独立的货币政策概念以来,中央银行充分利用各种货币政策工具进行操作的调控体系日趋成熟。但是,许多学者认为我国货币政策的有效性程度并不高,特别是在前瞻性货币政策日益普及背景下,还有许多地方值得改进和完善。本文正是试图从分析我国货币政策的实际调控效果出发,提出在泰勒规则的基础上,构造一个适合我国国情的前瞻性货币政策反应函数,然后对其进行实证检验。

第二,基于泰勒规则的传统前瞻性货币政策模型更多的是考虑通货膨胀缺口、产出缺口等宏观经济变量,忽略了微观经济变量,特别是在当前我国经济转型发展期,微观经济主体行为对货币政策传导机制的影响越来越明显,因此,本文尝试构建了一个反映企业资产负债表的综合状况指数,并以开放经济为背景,将其加入传统前瞻性货币政策反应函数,以完善我国转型期的货币政策规则体系的设计。

第三,本文创新性地将宏观预期因素(通货膨胀、产出等)和微观因素(资产价格、企业资产负债表)均引入泰勒规则进行综合研究,特别强调了利率政策的企业资产负债表传导渠道,并且考虑到中央银行利率操作的平滑行为,使得研究更符合实际,研究结论的可信度更高,有助于为完善我国货币政策操作规范做好理论准备。

第四,本文从宏观和行业两个层面,综合验证了包含企业资产负债表因素的前瞻性货币政策规则的微观传导路径,这种宏观和微观结合的研究方法更具实践意义,可以反映前瞻性货币政策对哪里行业的反应更大(或更小),有助于中央银行及时把握前瞻性货币政策的制定和传导效率的检验。

二、文献综述

(一)货币政策的企业资产负债表传导机制

Bernanke 和 Gertler(1989)首先结合企业资产负债表研究了货币政策传导的有效性,提出广义信贷渠道的理论框架,将企业投融资过程中存在的信息不对称引入真实经济周期模型,发现中央银行通过货币政策能有效调控企业的资产负债表,这样企业向银行借款的能力就会受到波及,进而影响企业经营能力,从而实现货币政策通过微观企业对整体宏观经济的传导。随后,Bernanke 和 Gertler(1995)根据信贷渠道的作用机理再次分析了企业资产负债表与货币政策的关系,认为,货币政策可以通过影响银行可贷资金规模和企业资产负债表的质量或财富净值,进而影响企业的投融资决策。Kiyotaki 和 Moore(1997)从企业固定资产的角度研究发现,在大部分贷款都依赖抵押担保的经济中,企业固定资产扮演了重要角色,其与信贷约束动态交互影响,形成一种强烈的传导冲击效应。Kiyotaki 和 Moore(2001)指出,政府可以通过降低利率使企业资产负债表好转。Vijverberg(2004),Mizen 和 Vermeulen(2005),Aivazian 等.(2005)分别以不同国家或地区的数据研究了货币政策与企业投资支出的关系,结论是货币政策会从不同的渠道影响企业的投资行为。Angelopoulou 和 Gibson(2009)通过分析投资现金流对企业货币资金的敏感性,证明了资产负债表渠道的存在。

目前,我国利用企业微观数据研究货币政策对企业资产负债表的传导影响的文献并不多,特别是对企业投资、现金流变动等问题的论述还不充分。彭方平和王少平(2007)从企业微观层面检验了 2000—2004 年我国利率政策的有效性,发现货币政策可以通过改变政策利率或影响国债到期收益率来调控资本成本,进而影响公司的投资行为。张西征和王静(2010)以沪深两市 1999—2006 年制造行业上市公司的面板数据为基础,研究了制造企业投资率与政府政策利率之间的关系。白鹤祥(2010)通过 SVAR 模型研究了货币供应量 M0 对工业企业和上市制造业企业资产负债表的影响,发现企业资产负债表微观传导效应在我国货币冲击引发的产出波动中发挥了重要作用,企业整体资产负债表状况的改善有助于减轻货币冲击的波动。朱新蓉和李虹含(2013)结合上市公司数据,运用面板向量自回归模型,对货币资金、投资资金进行了检验,发现13个行业的资产负债表渠道传导基本有效。

总体来看,国内外学者对货币政策的企业资产负债表传导机制研究有一定的共识,即货币政策的企业资产负债表传导机制是不可忽视的,而且在货币政策传导机制中可能比较重要。但对于这一传导机制在我国的表现特征,还缺乏系统性的探讨,特别是在强调货币政策引导预期的新形势下,货币政策和企业资产负债表变化是如何相互影响的,还值得进一步探讨。

(二)前瞻性货币政策的传导机制

目前研究货币政策最成熟和最具有政策影响的理论之一就是泰勒规则。泰勒规则主要是描述短期利率如何针对通胀缺口和产出缺口的变动作出反应,其自身具有简单而有效的特点,被美联储、欧洲央行、英格兰银行等货币当局的货币政策实践所证实和采用。泰勒规则最早由Taylor(1993)基于美国历史数据的实证分析提出,之后国内外学者对它的探讨和研究层出不穷。多数研究的结果均表明,货币当局应根据通货膨胀率和实际总产出与目标值之间的缺口来调节央行基准利率。

受20世纪70年代的理性预期理论影响,Clarida,Gali和Gertler(2000)认为货币政策的传导机制存在时滞性特点,建议货币当局应在对未来经济状况预测的基础上调控名义利率水平,于是在泰勒规则的基础上提出了前瞻性泰勒规则,即动态的泰勒规则。King(2000)也发现实际利率的变动更依赖于其自身上一期的水平,加入利率上一期水平的泰勒规则的模拟性更好,利率变化具有明显的平滑性。之后众多学者开始建立前瞻性的利率反应函数。Obstfeld和Rogoff(1995)、Ball(1999)和Svensson(2000)考虑了开放经济中的汇率因素,将汇率变动作为内生因素加入泰勒规则,结果表明货币规则在一定程度上对汇率变动作出了反应。Molodtsova和Papell(2009)将泰勒规则引入到传统的汇率预测模型中,最后发现利用泰勒规则能够对美元的短期汇率进行有效预测。近年来,全球股市和房市的剧烈波动,国外学者们开始将资产价格纳入泰勒规则中,探讨资产价格与利率之间的长期影响关系。Kiyotaki和Moore(1997、2001)等通过实证方法证明了资产价格通过泰勒规则这种货币政策传导机制对经济具有直接影响,但是基于货币政策自身的有效性不主张货币当局干预资产价格。Hayat和Mishra(2010)提出并估计广义的泰勒规则,来测度第二次世界大战后的货币政策的敏感度,最后结论表明美联储的货币政策对经济活动反应不足,建议货币政策可以参考广义的泰勒规则。

国内学者对泰勒规则也进行了有益的探讨。谢平和罗雄(2002)检验泰勒规则在我国的适用性情况,并指出标准泰勒规则有效地衡量了中国货币政策运用水平。卞志村和管征(2005)利用简单的IS曲线方程和前瞻性的菲利普斯方程,并引入真实产出和通胀率作为内生变量,构造了一个前瞻性模型来分析央行确定最优货币政策规则的过程。刘斌(2006)利用广义矩方法估计了一个宏观经济模型,发现前瞻性行为的权重系数超过0.6,说明了预期对我国的产出及通胀的决定均起到重要的作用。张屹山和张代强(2007)在Clarida等提出的前瞻性泰勒规则基础上构造了一个适合我国国情的前瞻性货币政策反应函数,研究发现前瞻性货币政策反应函数能很好地描述同业拆借利率、存贷款利率及两者利差的具体走势。李涛和傅强(2011)实证表明,考虑资产价格波动的前瞻性泰勒规则对市场利率模拟更好,建议将资产价格作为内生变量纳入央行利率规则之中,并提高政策前瞻性。金成晓和马丽娟(2011)在充分考虑政策预期与利率平滑行为的情况下,利用DSGE-VAR模型构建了前瞻性货币政策与通货膨胀预期管理以及适度经济增长之间动态的、随机的一般均衡关系,并对货币政策执行效果进行预测。

总体而言,国内外学者对泰勒规则及其衍生的前瞻性货币政策进行了很多有意义的研究,但在实证分析中基本上仍采用宏观变量,如何将微观企业因素纳入前瞻性泰勒规则,研究“前瞻性规则利率”与微观企业资产负债表的相互影响,对完善货币政策传导机制,具有重要的现实意义。本文在梳理前人研究成果的基础上从企业资产负债表、现金流量表、利润表出发,构建一个企业综合状况指数,并将此指数纳入到前瞻性货币政策反应函数中,用以弥补宏观数据模型模糊货币政策作用的渠道,无法考察货币政策传导的微观机制的缺陷,来考察前瞻性货币政策对微观企业传导的影响机理。

三、货币政策中介目标选择与我国利率政策的实践

(一)货币政策中介目标选择

目前大部分国家的货币当局认为货币政策能够对经济产生重要影响,是政府调控经济的主要政策工具之一。那么货币政策是如何影响经济的呢?泰勒(2000)就学者们关于货币政策传导机制的不同观点进行了阐述,认为货币政策传导机制主要有以下3种主要观点:第一种是“金融市场价格”理论。该理论在新规范宏观经济学研究中较普遍,强调货币政策冲击对价格和金融资产(包括债券价格、利率和汇率)收益率的影响,以及对企业和家庭消费决策的影响。随着一国经济开放程度的不同,汇率在资产价格中的重要程度也随之不同。第二种关于货币政策传导机制的观点是“信用”理论。信用理论侧重描述银行等金融中介的变化情况,因而对于信贷和公司现金流的定量分析在这种理论中尤为重要。第三种是名义变量如何影响实际变量的变化,包括其中的黏性(Rigidities)如何解释等。大部分对货币政策规则效果的研究使用诸如交错定价(Staggered Price-setting)和固定工资理论中的变量来衡量货币冲击。

总体来看,货币政策传导机制主要可以分为货币渠道和信贷渠道。货币渠道意

味着利率作为货币政策中介目标。中央银行通过货币政策操作影响短期利率,进而影响长期利率,利率的变化又影响实际部门的产出,从而实现最终目标。对于利率作为货币政策中介目标的适合程度,McCalfum(1983)的实证研究认为利率是比货币总量更好的货币政策行为指标,因为利率涵盖了货币总量的预测能力(Litterman 和 Weiss,1985),此外 Friedman 和 Kurrner(1992)通过 VAR 检验认为商业票据利率与3个月国库券的利差对真实收入的预测能力不仅高于货币总量,而且显著高于单独使用其中任何一个利率。这证明了包含长短期利率信息的收益率曲线作为货币政策中介指标的重要性。泰勒(1993)提出泰勒规则,认为在各种影响物价水平和经济增长率的因素中,真实利率是唯一能够与物价和经济增长保持长期稳定关系的变量,调整真实利率应当成为货币当局的主要操作方式。

在发达经济体,利率可以作为货币政策操作的中介目标,例如美联储在金融危机前实行盯住利率的货币政策操作,形成了以频繁微调为特色的利率政策。我国在1996 年将货币供应量确立为货币政策中介目标,但由于我国利率一直未完全放开,金融机构存款利率仍不是由市场资金供求状况自由决定,而是由货币当局制定,并贯彻政府的政策意图。目前,我国利率政策仍然是货币当局通过变动官方利率对经济进行调控的政策,利率在我国货币政策体系中扮演着重要的角色。

(二)我国利率政策实践

1949—1978 年是我国利率的“黑暗”时期(杨琨,2008),利率基本上被冻结了30年,被紧紧控制在远低于均衡利率的一个固定水平上。这段时期的僵化利率政策严重偏离经济运行状况,利率对经济的调控功能几乎失效。自 1979 年以来,中央银行才开始运用利率调节总供给与总需求,利率成为宏观调控的重要工具。1979 年至今,中国人民银行对金融机构存贷款利率进行了多次调整,特别是 1996—1999 年连续 7 次调低利率以提振国内需求,显示出我国对运用利率政策进行宏观经济调控的重视。

1979—1985 年,中央银行开始运用利率来影响总供给与总需求,提升利率水平,矫正“文革”之前被过度压抑的利率。这段时期国内经济步入正常发展轨道,生产发展引起投资资金需求增加,居民收入提高,社会总需求持续增加,但社会消费品供给远远小于社会购买力,导致物价上涨和国家财政出现赤字,信贷资金比较紧张。政府面临的首要问题是尽快扭转利率水平异常低下、档次种类过于简单的不合理状况,以此扩大信贷资金来源。在此期间,中国人民银行分别于 1979 年 4 月、1980 年4 月、1982 年 4 月、1985 年 4 月和 8 月五次提高存款利率。前三次调整是在国民经济比例严重失调状况得以扭转、经济稳步发展而引起投资资金需求增加的背景下做出的,而 1985 年的两次提高利率是因为工资价格体制改革的推行引起结构性物价上涨,导致综合物价指数上升。同时,为了解决存贷款利率部分倒挂的不合理现象,在 1982 年提高贷款利率;为了抑制过高的投资需求和物价上涨,1985 年 4 月和 8 月分别提高了流动资金贷款利率和基本建设贷款利率。事实证明,这一期间的利率调整基本符合当时的经济形势,为经济建设拓宽了资金来源,吸收了大量资金储备。贷款利率的提高有助于增加银行盈利能力,也对企业使用信贷资金加以约束,促使企业合理有效使用资金,从而有利于发挥利率政策对物价稳定等经济目标的调控作用。

1986—1995年,在市场经济和金融体系逐步完善的背景下,利率政策作为央行干预和调节经济的重要工具得到了充分的运用,利率随经济周期波动而变化。这段时期的利率政策调整呈现出一个非常明显的特征——随着国民经济扩张与收缩的周期有规律地波动,利率政策富有弹性、升降灵活。1988年和1989年的“价格闯关”政策导致我国出现严重的通货膨胀,造成银行挤兑和抢购商品现象,极大地影响经济和金融的健康稳定发展。对此,中国人民银行于1988年9月和1989年2月两次提高了存贷款利率,对稳定物价、抑制过度货币需求起到了积极的作用。随着通货膨胀得到控制,在物价指数逐渐回落、商品市场出现疲软的情况下,人民银行又分别于1990年3月、8月和1991年4月连续三次大幅度下调了存贷款利率。针对从1992年开始的经济过热和通货膨胀日益高企等问题,人民银行于1993年5月、7月和1995年又三次上调利率,至1996年中国经济顺利实现“软着陆”,实现了较低通货膨胀率和较高经济增长率的目标。

1996—2007年,这段期间利率的频繁调整是我国货币政策操作的显著特点。1996年5月—1999年6月,中央银行在37个月内连续七次下调存贷款利率,引起了社会的广泛关注。1996年“软着陆”后,随着通货膨胀率降低,原有的名义利率水平造成实际利率较高,不适应稳定的经济增长水平,也造成企业的利息负担。因此,1995年5月、8月和1997年10月中国人民银行连续三次下调利率,这三次利率下调的基本特征是“恢复性调整”,并非出于放松银根的考虑,央行为防止贷款增长过快,还加大了收回再贷款的对冲操作力度,而1998年3月、7月、12月和1999年6月,人民银行短期内四次下调利率,则是针对1997年10月以来中国首次出现物价负增长的现象,试图通过下调利率适度放松银根,运用货币政策扩张经济、治理通货紧缩,属于“调控性调整”。这七次连续降息,与其他经济政策共同作用,使我国成功应对了亚洲金融危机的冲击,经济增长率保持了7.8%的较快增长,也减轻了企业的财务负担。但是由于货币市场不发达导致储蓄的利率弹性较低,商业银行放贷积极性不高,以及货币政策传导机制不畅导致货币供应量对利率变动敏感度不大等原因,七次利率下调对主要金融指标的总量影响不明显,导致利率下调对诸如投资、消费等经济指标的影响不大。值得一提的是,1996年放开同业市场拆借利率,完全由货币市场资金供求变化决定,是我国利率市场化进程中的重要一步。2004年由于低利率导致持续储蓄分流,影响金融系统自身稳定,经济运行中房地产需求过热引发一系列投资过热,造成通货膨胀率持续上升并且对银行信贷构成严重威胁,2004年10月29日中国人民银行8年来首次上调基准利率0.27个百分点。此次利率调整幅度不大，反映了人民银行的谨慎性和对效果反馈的观望。从2006年开始，为应对大量涌现的流动性，人民银行进入了以频繁上调存款准备金率和小步渐进加息为特征的货币政策操作进程。2007年，面对过热的经济环境，人民银行更是10次上调存款准备金率。准备金的频繁调整反映了货币信贷具有较大扩张压力的事实，其政策目的在于使用市场化的方式控制银行体系流动性供给，维护央行政策目标的可信度。

2008年以来，面对金融危机的冲击和传统货币政策理论的暂时“失灵”，我国货币政策操作更加注重价格型货币政策工具的运用和创新。由于受国际金融危机的影响，我国经济增速开始放缓，GDP增长率从2007年的14.2%降至2013年的7.8%、2014年第3季度的7.3%。为保证经济增长，人民银行依据“区别对待、有保有压”的原则，在2008年下半年连续5次下调利率，一年期存贷款基准利率从年初的4.14%和7.47%降至年末的2.25%和5.13%。同时，人民银行还降低了再贷款利率、再贴现率和存款准备金率。由于四万亿大规模投资所导致的流动性过剩问题并未得到根本性的解决，而且2009年的物价下跌主要是对国际金融危机的反应，因此，当金融危机对我国经济的影响基本消除后，物价水平从2010年初开始迅速反弹，至2010年12月末，CPI较上年同期上涨了4.6%，为应对潜在的通货膨胀，人民银行在2010年末连续2次提高利率，一年期存贷款基准利率从年初的2.25%和5.31%升至年末的2.75%和5.81%。2011年，人民币兑美元的升值幅度在5%左右，涨幅创历史新高，汇率变动通过影响外汇收支，从而导致国内资金市场供求发生变化，国内流动性持续“过剩”，物价不断走高，因此，2011年2月、4月和7月，人民银行连续三次上调存贷款基准利率，这些利率政策的调整对抑制不断上涨的全国物价起到了积极作用，至2011年12月末，全国居民消费价格同比上涨4.1%，涨幅为当时最近15个月来最低。2012年我国经济开始下行，人民银行连续两次下调存贷基准利率，目的是释放货币政策目标移向促进实体经济回暖的重心上，鼓励投资和消费，而且，物价继续下滑，给降息留出空间，这也是国际政策协调的举措，欧洲央行、澳央行均出现降息。2013年，人民银行全面取消贷款利率7折下限，由金融机构自主确定贷款利率水平，标志我国利率市场化改革迈出重要一步。

从以上分析可以看出，1979年以来我国利率政策调控具有以下特点：

①从1984年中国人民银行正式履行中央银行职能以来，我国货币政策操作方式一直处于不断摸索过程中，1993年金融体制改革之前具有制度变迁的影响，规则的货币政策难以应付各种经济变量之间结构关系的急剧波动；另一方面也是受当时盛行的主张国家干预经济运行的经济思潮影响。

②利率政策调控具有直接性和滞后性。中国人民银行直接规定商业银行的各种存贷款利率，对利率实行严格管制，调整官方利率是利率政策操作的主要方式。1996年以来，我国实际利率为负值的情形屡见不鲜，这说明我国名义利率的调整幅度远低于通货膨胀的波动幅度。

③中央银行独立性受限,利率政策调整并不完全依照通货膨胀率和产出增长率的变动,同时还要考虑政府意图以及调整经济结构和地区发展平衡等因素。自从1986年中国人民银行正式行使央行职能以及1997年《中国人民银行法》颁布后独立性有了一定改善,但是独立性的提高并不明显。这在一定程度上制约了利率政策调整的幅度和灵活性。

④利率市场化稳步推进。我国的利率市场化一直贯穿于我国金融市场培育和发展的全过程。从1996年同业拆借利率市场化到1997年债券利率市场化再到2013年贷款利率市场化,人民银行一直按照"三先三后"战略,稳步推动利率市场化改革,存款保险制度的研究已基本成型,预计下一步将在经济稳定时期,进一步推动利率市场化改革。

⑤事实证明我国相机抉择的货币政策在考虑经济增长与物价稳定双目标的情况下,收效较小。因此,我国的货币政策操作可以探寻新的逻辑和方法论基础。近年来,我国货币政策操作方式已开始出现明显变化,主张货币政策按规则行事得到越来越多的认可,但是对任何规则不加分析的简单取舍都不利于我国货币政策操作的有效实施,探讨适合我国的货币政策操作方式非常有必要。

四、前瞻性泰勒规则

(一)泰勒规则

泰勒规则主要是描述短期利率如何针对通胀缺口和产出缺口的变动作出反应,由于其简单而有效的特点,被美联储、欧洲央行、英格兰银行等货币当局的货币政策实践所证实和采用。

Taylor(1993)根据美国历史数据测算出来美联储的利率调控规则为:

$$i_t^* = r^* + \pi_t + \alpha(\pi_t - \pi^*) + \beta\tilde{y}_t \tag{1}$$

其中,i_t^* 为短期名义利率,r^* 表示长期均衡实际利率,π_t 为过去四期平均通货膨胀率,π^* 表示目标通货膨胀率,$\pi_t-\pi^*$ 代表通胀缺口,$\tilde{y}_t$ 代表真实产出缺口,$\tilde{y}_t=100(y_t-y_t^*)/y_t^*$,$y_t$ 为 t 期真实GDP,y_t^* 代表 t 期潜在GDP。

泰勒规则只是描述了通货膨胀率和产出缺口对利率的影响,而且这种关系仅仅说明对美国一定时期的利率调控规则拟合性较好;但对于另外一些时期或其他经济体,泰勒规则的适用性和应用性有可能受限。因此,为探索其在不同经济体和不同时期的特点、性质及适用性,各国经济学家从动态角度(前瞻性和滞后性)、是否纳入汇率因素、资产价格因素、平滑性等多个角度对泰勒规则进行了扩展。

(二)普通前瞻性泰勒规则

受20世纪70年代的理性预期革命影响,Clarida,Gali和Gertler(2000)认为由于货币政策的传导机制存在时滞性特点,因此货币当局应在对未来经济状况的预测基础上调控名义利率水平,这样将进一步提高利率对未来可能出现的经济不稳定的反应速度,有助于政策目标的实现。假定短期名义利率为货币政策的主要调控工具,其主要是根据未来通胀缺口和产出缺口作出调整,则前瞻性泰勒规则方程可表示为:

$$i_t^* = r^* + \pi^* + \alpha[E_t(\pi_{t+k} | \Omega_t) - \pi^*] + \beta E_t(\tilde{y}_{t+p} | \Omega_t) \quad (2)$$

其中 i_t^* 表示货币政策目标利率,r^* 表示长期均衡实际利率,$E_t(\pi_{t+k} | \Omega_t)$ 表示在 t 期可得信息的情况下对 $t+k$ 期通胀水平的预期,同理 $E_t(\tilde{y}_{t+p} | \Omega_t)$ 表示对 $t+p$ 期产出缺口的预期,Ω_t 表示 t 期可得信息集,α,β 为通胀、产出缺口预期的系数。

(三)考虑利率平滑的前瞻性泰勒规则

学术界一般认为,央行利率的制定很大程度上受到前期利率水平的影响,因此对利率进行平滑能够更好地反映利率实际变化情况。利率平滑一方面可以减少金融市场的波动,避免出现大幅度的调整造成金融市场动乱;另一方面有助于引导经济主体对市场的预期,从而有意识地引导经济主体自身行为。Orphanides(2003)通过实证表明泰勒规则引入利率平滑因素后,较原标准泰勒规则对实际观察到的货币政策具有更好的拟合性和指导意义。利率平滑行为可以表示为:

$$i_t = \rho i_{t-1} + (1 - \rho) i_t^* + v_t \quad (3)$$

其中,ρ 代表利率的平滑程度,取值范围为(0,1),意味着货币当局不是完全根据目标利率设定当期利率水平,而是根据目标利率进行部分调整,即每次调整的利率幅度仅消除实际利率和目标利率差别的 $1-\rho$。因此 ρ 可被看作是利率动态变化中衡量平滑性特征的指标。v_t 为利率外在冲击的随机扰动,i_t 为 t 期实际名义利率。

结合(2)、(3)式,可得基于利率平滑的前瞻性泰勒规则:

$$i_t = \rho i_{t-1} + (1 - \rho)\{r^* + \pi^* + \alpha[E_t(\pi_{t+k} | \Omega_t) - \pi^*] + \beta E_t(\tilde{y}_{t+p} | \Omega_t)\} + v_t \quad (4)$$

对(4)式进行整理化简,且将(4)式中的不可观测的预期变量用实际变量进行替代,因此在对(4)式进行整理前不妨设:

$$E_t(\pi_{t+k} | \Omega_t) = \pi_{t+k} - \varepsilon_{\pi,t+k}$$

$$E_t(\tilde{y}_{t+p} | \Omega_t) = \tilde{y}_{t+p} - \varepsilon_{\tilde{y},t+p}$$

其中 $\varepsilon_{\pi,t+k}$,$\varepsilon_{y,t+p}$ 分别为 $t+k$、$t+p$ 期随机扰动,于是(4)式可变为:

$$i_t = b_0 + b_1 + \rho i_{t-1} + b_2(\pi_{t+k} - \pi^*) + b_3 \tilde{y}_{t+p} + \varepsilon_t \quad (5)$$

其中,$b_0 = (1-\rho) r^*$,$b_1 = (1-\rho)\pi^*$,$b_2 = \alpha(1-\rho)$,$b_3 = \beta(1-\rho)$,复合随机扰动 ε_t 可以表示为:

$$\varepsilon_t = v_t - \alpha(1 - \rho)\varepsilon_{\pi,t+k} - \beta(1 - \rho)\varepsilon_{\tilde{y},t+p}$$

(四)考虑其他因素的前瞻性泰勒规则

随着国内一些学者研究的深入,目前部分研究中已考虑到货币增长、汇率、资产

价格等因素对货币政策的影响,于是将这些因素加入到前瞻性泰勒规则反应函数中,从而得到了基于不同因素的扩展性泰勒规则:

考虑货币供应的前瞻性泰勒规则(张屹山和张代强,2007):

$$i_t^* = r^* + \pi^* + \alpha[E_t(\pi_{t+k}|\Omega_t) - \pi^*] + \beta E_t(\tilde{y}_{t+p}|\Omega_t) + \gamma M_{t-1} \quad (6)$$

其中,M 为货币供应量增长率。

考虑汇率因素的前瞻性泰勒规则(黄昌利和尚友芳,2013):

$$i_t^* = r^* + \pi^* + \alpha[E_t(\pi_{t+k}|\Omega_t) - \pi^*] + \beta E_t(\tilde{y}_{t+p}|\Omega_t) + \delta E_t(e_{t+q}|\Omega_t) \quad (7)$$

其中,$E_t(e_{t+q}|\Omega_t)$ 表示 $t+q$ 期汇率水平的预期值。

考虑资产价格因素的前瞻性泰勒规则(李涛和傅强,2011,孟彩云和王聪,2012等):

$$i_t^* = r^* + \pi^* + \alpha[E_t(\pi_{t+k}|\Omega_t) - \pi^*] + \beta E_t(\tilde{y}_{t+p}|\Omega_t) + \delta E_t(e_{t+q}|\Omega_t) + \varphi E_t(s_{t+m}|\Omega_t) + \varphi E_t(h_{t+n}|\Omega_t) \quad (8)$$

其中,$E_t(s_{t+m}|\Omega_t)$ 表示根据第 t 期的信息对 $t+m$ 期股票价格缺口的预期,$E_t(h_{t+n}|\Omega_t)$ 表示根据第 t 期的信息对 $t+n$ 期房地产价格缺口的预期值。

(五)考虑企业综合状况指数的前瞻性泰勒规则

货币政策理论认为,不管是货币渠道,还是信贷渠道,货币政策对实体经济活动的影响主要体现在改变企业的融资成本和融资环境,进而影响企业的投资行为。已有的研究文献主要从企业内部融资约束和外部投资机会两个角度研究货币政策对企业投资行为的影响。

首先从企业内部融资约束出发,靳庆鲁等(2012)认为盈利能力代表了公司未来的投资机会,比较分析了不同盈利能力的公司对货币政策的反应。黄志忠和谢军(2013)从企业投资内部现金流敏感性的角度出发,认为企业的内部现金流敏感性反映了企业对内部现金流的依赖程度,也反映了企业投资时所面临的融资约束,他们综合研究了货币政策和区域金融发展水平以及内部现金流敏感性对企业投资率的影响。其次从企业外部投资机会出发,西方学者一般使用企业的托宾 Q 值来代表企业未来的投资机会。托宾 Q 值本身能够较好地控制宏观经济发展水平对公司投资的影响,当宏观经济发展速度较快时,公司市值上升;反之经济发展速度变缓,公司市值下降。

货币政策的变化固然会影响实体经济的表现,但是反过来实体经济的发展又会影响中央制定货币政策的方向。当基准利率过高时,企业的投资热情降低,经济的发展速度就会放缓。当实体经济过于萎靡不振时,中央银行就会降低基准利率,此时企业的融资成本下降,势必会加大投资,实体经济复苏。由此可见,货币政策和企业的投资能力是相辅相成的,货币政策反应函数必须考虑企业的综合状况。

本文使用主成分分析法对企业净资产收益率 ROE、内部现金流比率 CF、托宾 Q 值 3 个指标进行主成分分析，提取企业综合投融资能力主成分来衡量企业的综合状况，再将企业综合状况指数 $Crop$ 纳入扩展后的前瞻性泰勒规则，以此构建同时包含宏观和微观信息的前瞻性泰勒规则函数，可以观察中央银行货币政策对微观企业的传导机制。

企业综合状况指数的计算方法如下：

$$Crop = \alpha_1 ROE + \alpha_2 CF + \alpha_3 Q \tag{9}$$

其中，ROE=净利润/净资产，CF=当期经营性现金净流量/当期固定资产，托宾 Q=(股东权益市值+期初与期末负债均值)/期初与期末总资产均值。

考虑汇率、资产价格、货币供应量和企业综合状况指数后的货币政策反应函数如下：

$$i_t^* = r^* + \pi^* + \alpha[E_t(\pi_{t+k} | \Omega_t) - \pi^*] + \beta E_t(\tilde{y}_{t+p} | \Omega_t) + \delta E_t(e_{t+q} | \Omega_t) + \varphi E_t(s_{t+m} | \Omega_t) + \varphi E_t(h_{t+n} | \Omega_t) + \lambda M_{t-w} + \theta C_{t+u} \tag{10}$$

其中 C_{t+u} 表示的是根据第 t 期的信息对第 $t+u$ 期企业综合状况指数缺口①的预期，M_{t+w} 是对 $t+w$ 期货币供应量增速的预期。根据(3)式，可得基于利率平滑的前瞻性泰勒规则：

$$i_t = \rho i_{t-1} + (1-\rho)\{r^* + \pi^* + \alpha[E_t(\pi_{t+k} | \Omega_t) - \pi^*] + \beta E_t(\tilde{y}_{t+p} | \Omega_t) + \delta E_t(e_{t+q} | \Omega_t) + \varphi E_t(s_{t+m} | \Omega_t) + \varphi E_t(h_{t+n} | \Omega_t) + \lambda M_{t-w} + \theta C_{t+u}\} + v_t \tag{11}$$

对(11)式进行整理化简，且将(11)式中的不可观测的预期变量用实际变量进行替代，因此在对(11)式进行整理前不妨设：

$$E_t(e_{t+k} | \Omega_t) = e_{t+q} - \varepsilon_{\pi,t+q}, E_t(s_{t+k} | \Omega_t) = s_{t+m} - \varepsilon_{s,t+m}, E_t(h_{t+n} | \Omega_t) = h_{t+n} - \varepsilon_{h,t+n}$$

其中 $\varepsilon_{\pi,t+q}$、$\varepsilon_{s,t+m}$、$\varepsilon_{h,t+n}$ 分别为 $t+q$、$t+m$、$t+n$ 的随机扰动项，于是(11)式可变为：

$$i_t - r^* - \pi^* = \rho(i_{t-1} - r^* - \pi^*) + b_1(\pi_{t+k} - \pi) + b_2\tilde{y}_{t+p} + b_3 e_{t+q} + b_4 s_{t+m} + b_5 h_{t+n} + b_6 M_{t-w} + b_7 C_{t+u} + \varepsilon_t \tag{12}$$

其中，$b_1 = a(1-\rho)$，$b_2 = \beta(1-\rho)$，$b_3 = \delta(1-\rho)$，$b_4 = \varphi(1-\rho)$，$b_5 = \varphi(1-\rho)$，$b_6 = \lambda(1-\rho)$，$b_7 = \theta(1-\rho)$，$\varepsilon_t = v_t - \alpha(1-\rho)\varepsilon_{\pi,t+k} - \beta(1-\rho)\varepsilon_{\tilde{y},t+p} - \delta(1-\rho)\varepsilon_{\pi,t+q} - \varphi(1-\rho)\varepsilon_{\pi,t+m} - \varphi(1-\rho)\varepsilon_{\pi,t+m}$ 复合误差项 ε_t 与 $\varepsilon_{\pi,t+k}$、$\varepsilon_{\tilde{y},t+p}$、$\varepsilon_{\pi,t+q}$、$\varepsilon_{\pi,t+m}$、$\varepsilon_{\pi,t+n}$ 都是序列无关的。由于方程(12)包含预期变量，因而采用普通最小二乘法估计不是有效的，为此广义矩方法(Generalized Method of Moments，GMM)是通常采用的一个估计方法。

---

① 企业综合状况指数缺口用每一期的企业综合状况指数减去历史平均综合状况指数表示。

GMM方法由于限制条件较少,不要求扰动项的准确分布信息,仅需要知道一些矩条件,允许随机扰动项存在异方差和序列相关,从而是目前估计前瞻性方程的一个有效方法。

五、变量选取及数据处理

(一)样本区间的选择

考虑到数据的可得性及2005年的汇率改革[①],本文实证样本采用2005年第1季度至2014年第2季度共38个样本点数据。另外,由于本文模型采用前瞻性预期的形式,因此实际的计量分析中时期t是指从2005年第1季度至2014年第1季度。

(二)利率

Taylor(1993)在泰勒规则的研究中选用货币市场基准利率作为名义利率的替代变量。我国在样本期虽存在一定程度的利率管制,但银行间同业拆借利率、票据贴现利率、债券回购利率及民间借贷利率的市场化程度较高。刘明志(2006)认为银行间同业拆借7天利率和债券回购交易比例较高,且利率走势比较平稳。[②] 综合比较四种高市场化利率的可得性和有效性,本文效仿大多研究者(如谢平和罗雄,2002;张屹山和张代强,2007;等),选取银行间同业拆借7天利率作为短期名义利率变量。Clarida、Gali和Gertler(2000)将均衡实际利率视为平均联邦基金利率与平均通货膨胀率之差,所以,本文将实际均衡利率用样本期银行间同业拆借7天利率平均值减去目标通胀率来表示,为-0.14%。

(三)通货膨胀水平

通货膨胀水平在泰勒规则中通胀应使用何种价格变量,以及应该选择多长的通胀期,目前学术界还没有完整统一的规则。Taylor(1993)主要采用的是年度GDP缩减指数,而国内相关研究中大多采用CPI作为通胀指标。本文通胀率参考黄昌利和尚友芳(2013)的研究,将CPI同比增长率作为通胀率,目标通胀率按照每季平均值计算为2.99%。

(四)产出及产出缺口

本文选用季度GDP作为产出指标。考虑到官方公布的数据为名义GDP,需以CPI估算真实GDP,即真实GDP=名义GDP×100/CPI;采用最通用的X-12加法对真

① 2005年7月21日,我国开始实行“以市场供求为基础、参考一篮子货币进行调节、有管理的浮动汇率制度”。人民币汇率不再盯住单一美元,形成更富弹性的人民币汇率机制。

② 刘明志.货币供应量和利率作为货币政策中介目标的适应性[J].金融研究,2006(1).

实 GDP 进行季节调整,并定基处理(设定 2000 年=100),再利用 H-P 滤波法估计潜在产出,最后得到产出缺口,产出缺口=(季节调整的真实 GDP-潜在 GDP)/潜在 GDP。

(五)汇率

本文选取 BIS 编制和发布的人民币实际有效汇率指数。考虑到文中在前瞻性研究中用了产出缺口和通胀缺口,为保持一致,本文采用人民币实际有效汇率与均衡汇率的差值作为汇率的缺口指标。均衡汇率用人民币实际有效汇率指数的历史平均值表示。

(六)资产价格

资产价格一般以房地产价格和股票价格为代表。其中,国房景气指数在房地产价格指数中最具代表性,因此我们选其作为房价指数的替代变量。国房景气指数是一套针对房地产业发展变化趋势和变化程度的综合量化反映的指数体系,以 100 为临界值,当指数高于 100 为景气空间,低于 100 则为不景气空间。本文参考黄昌利和尚友芳(2013)的研究,采用实际值与平均值之差作为房价缺口。我国股票价格指数主要有上证综指和深证综指两种,考虑到两者存在明显的相关关系,为避免多重共线性的问题,本文选取上证综指的收盘价来反映股票市场的价格水平。利用上证综指收盘价与平均值之差作为股价缺口的替代变量。

(七)货币供应量

从 1996 年开始,我国央行开始采用 M1 和 M2 作为货币政策的调控目标,根据货币供应量目标来确定基础货币供应量以间接调控宏观经济;1998 年开始取消信贷规模控制,使用货币供应量作为唯一中介目标,这表明货币供应量作为我国货币政策主要目标的重要性逐渐提高。所以,本文选取 M2 同比增速作为货币供应量指标。

(八)企业综合状况指数

企业综合状况指数用主成分分析法对 2005 年第 1 季度至 2014 年第 2 季度我国所有上市公司的企业净资产收益率 ROE、内部现金流比率 CF、托宾 Q 值 3 个主要投融资指标进行分析,然后根据式(6)构建可比较的企业综合状况指数,选取历史平均企业综合状况指数表示企业综合状况指数的长期平均值,并用当期企业综合状况指数与长期平均值之差表示企业综合状况指数缺口。

六、前瞻性货币政策在我国的经验分析

(一)平稳性检验

为避免伪回归,本文利用ADF检验对各个经济变量进行单位根检验发现,利率和货币供应量增长率在99%的置性水平下是一阶单整的,而通胀缺口、产出缺口、汇率缺口、股价缺口、房价缺口和企业综合状况指数增长率均是平稳序列(表1)。因此,本文利用EG两步法检验利率和货币供应量增长率之间是否存在协整关系。在第二步通过对残差进行ADF检验发现,其在99%置性水平下是平稳的,即两个一阶平稳序列是存在协整关系的。接着,本文对残差序列与通胀缺口、产出缺口、汇率缺口、股价缺口、房价缺口和企业综合状况指数增长率进行Johansen检验,发现他们之间存在6个协整关系(表2),其中一个是以利率为应变量,包含其他所有变量为自变量的协整关系。因此,利率、通胀缺口、产出缺口、汇率缺口、股价缺口、房价缺口、货币供应量增长率和企业综合状况指数增长率存在协整关系,可以进行回归分析。

表1 数据序列平稳性检验结果

变 量	(c,t,p)	AIC	SC	ADF 统计量值	P 值	单整阶数
i_t	(0,0,1)	1.661	1.705	−5.415	0.000	$I(1)$
$Л_t-Л^*$	(0,0,1)	2.300	2.388	−4.341	0.000	$I(0)$
y_t	(0,0,3)	4.287	4.267	−2.170	0.031	$I(0)$
e_t	(0,0,1)	3.753	3.800	−3.273	0.002	$I(0)$
s_t	$(c,1,3)$	8.432	8.702	−4.522	0.005	$I(0)$
h_t	$(c,1,1)$	3.533	3.709	−3.917	0.022	$I(0)$
M_t	(0,0,1)	4.402	4.446	−4.253	0.000	$I(1)$
C_t	(0,1,1)	15.083	15.171	−5.813	0.000	$I(0)$

注:检验类型括号中的第一项c表示检验平稳性时评估方程中的常数项,为0表示不含常数项;第二项t表示时间趋势项,为0表示不含时间趋势项;第三项p表示自回归滞后的长度;AIC和SC准则来评价效果,选择AIC和SC最小的检验类型,如果AIC和SC结果矛盾,则以AIC准则为标准。

表 2 协整检验结果

原假设	迹统计量	特征值	P 值
None *	512.1855	159.5297	0.0000
At most 1 *	331.9477	125.6154	0.0000
At most 2 *	205.3582	95.75366	0.0000
At most 3 *	126.942	69.81889	0.0000
At most 4 *	77.7195	47.85613	0.0000
At most 5 *	38.75685	29.79707	0.0036
At most 6	7.844671	15.49471	0.4822
At most 7	0.20237	3.841466	0.6528

注：* 表示在 0.05 显著性水平下拒绝原假设。

(二)泰勒规则反应函数估计

由于标准泰勒规则没有预期变量，所以本文对标准泰勒规则式(1)采用 OLS 进行回归分析，验证变量之间的同期相关关系，估计结果见表 3 中的模型 1。回归结果显示，通胀缺口系数在 99%置性水平下显著，而产出缺口系数不显著，且调整 R^2 仅为 0.34，说明泰勒规则在我国适用性不是很强。同时，DW 为 0.30 较小，说明存在自相关问题。因此，需对标准泰勒规则进行拓展，首先在原来回归分析的基础上加入平滑因素 i_{t-1}，并以此来剔除自相关问题，估计结果见表 3 中的模型 2。回归结果显示，调整 R^2 为 0.78，说明考虑平滑因子的泰勒模型能够显著提升最优拟合度；平滑因子系数为 0.74，且在 99%置性水平下显著，说明我国货币政策制定中短期名义利率很大程度上考虑了前期的利率水平。

接下来，在以上回归方程的基础上根据估计结果的显著性和调整 R^2 的大小，依次加入汇率缺口、股价缺口、房价缺口、货币增速、企业综合状况指数缺口 5 个变量，结果见表 3 中的模型 3 至模型 8。从估计结果看，在引入汇率缺口的基础上加入产出缺口、股价缺口、房价缺口、货币增长率和企业综合状况指数增长率后，调整 R^2 均在 0.83 左右，DW 值均在 2 附近，6 个模型的拟合度都比较好。通胀缺口和汇率缺口对短期名义利率的系数均显著,其中,通胀缺口在不同反应函数下的反应系数在0.098~0.163,反应系数偏小,显示短期名义利率对通胀的反应并不充足;汇率缺口在不同反应函数下的反应系数在0.12~0.175,显示汇改以来短期名义利率对汇率缺口的反应相对较大。其他变量(包括产出缺口、股价缺口、房价缺口、货币增长率和企业综合状况指数缺口)对短期名义利率的反应系数均不显著。同时,泰勒规则表现出明显的平滑现象,平滑因子在0.725~0.843,表明央行能够根据经济发展变化,对利率进行主动调节(张屹山等,2007)。

表 3 泰勒规则反应函数估计结果

参数	模型 1	模型 2	模型 3	模型 4	模型 5	模型 6	模型 7	模型 8
ρ		0.737 *** (0.000)	0.824 *** (0.00)	0.822 *** (0.000)	0.741 *** (0.000)	0.843 *** (0.000)	0.828 *** (0.000)	0.725 *** (0.000)
$\Pi_t-\Pi^*$	0.249 *** (0.001)	0.083 * (0.090)	0.10 ** (0.028)	0.098 ** (0.041)	0.144 * (0.073)	0.105 ** (0.026)	0.107 ** (0.024)	0.163 * (0.071)
y_t	0.035 (0.431)	0.029 (0.386)	0.021 (0.511)	0.020 (0.538)	0.021 (0.505)	0.019 (0.553)	0.028 (0.391)	0.027 (0.433)
e_t			0.120 ** (0.016)	0.125 ** (0.016)	0.134 ** (0.016)	0.130 ** (0.013)	0.149 ** (0.014)	0.175 ** (0.014)
s_t				−0.002 (0.661)				0.000 (0.850)
h_t					−0.030 (0.520)			−0.042 (0.425)
M_t						0.003 (0.448)		0.002 (0.724)
C_t							0.000 (0.374)	0.000 (0.457)
调整 R^2	0.340	0.779	0.824	0.825	0.827	0.828	0.829	0.835
DW 值	0.304	1.724	2.040	1.979	1.934	2.120	2.105	1.974

注:模型 1 至模型 8 的变量均使用同期数据进行估计,* 表示在 0.1 显著性水平下拒绝原假设。** 表示在 0.05 显著性水平下拒绝原假设。*** 表示在 0.01 显著性水平下拒绝原假设。

(三)前瞻性泰勒规则反应函数估计

研究前瞻性泰勒规则的关键之一是如何选取自变量可预期的期数,即式(12)中 k,p,q,m,n,w 和 u 的取值。从通胀缺口来看,刘斌(2004)①使用仅包含通胀缺口的前瞻性泰勒规则进行测算发现规则利率相对通胀缺口至少存在 3 个季度的滞后效应,中央银行应考虑未来 3 个季度通胀率可能出现的变化,才能使货币政策的调整对经济的稳定起到重要作用,所以,本文选取 $k=3$;从产出缺口和汇率缺口来看,由于 GDP 是季度数据,根据 Clarida 等(2000)的估计经验,选取产出 $p=1$;从汇率缺口和资产价格缺口来看,由于人民币汇率和股票指数每个交易日末均存在收盘价,原则上可以及时了解当前的汇率变化和股价变化,不需要根据过去数据及时对当前进行预期,所以选取 $q=0,m=0$,但全国房地产数据的公布一般会延迟,而且随着“房价泡沫”风险的蔓延,房价缺口预期显得非常重要,所以选取 $n=1$;从货币供应量 M2 增长率来看,根据 Mehra(2000)和张屹山等(2007)的研究,选取 $w=-1$;最后,考虑到企业经济数据公布的滞后性,本文设定企业综合状况指数缺口滞后 1 期,即 $u=-1$,反映上一期企业综合状况指数缺口对本期规则利率的影响。

接下来,本文采用 GMM 广义矩估计前瞻性泰勒规则反应函数,工具变量集合包括常量、滞后两阶的名义短期利率、预期通胀缺口、产出缺口、汇率缺口、股价缺口、房价缺口、滞后 1 阶的 M2 增长率和滞后 1 阶的企业综合状况指数缺口。

从估计结果看,加入企业综合状况指数缺口后的前瞻性泰勒规则反应函数的调整 R^2 和 DW 值均优于没有考虑企业综合状况指数缺口的模型(见表 4)。比较模型(6)和模型(5)可以看出,加入企业综合状况指数缺口后,调整 R^2 和 DW 值均有所提高,且平滑系数、通胀缺口、汇率缺口分别增加了 0.07 个百分点、0.003 个百分点、0.003 个百分点,说明利率变动在考虑企业因素的情况下对通胀预期、汇率预期更加敏感。值得注意的是,如果模型加上不显著的 M2 增长率,平滑系数一般在 0.6 左右,不加上 M2 增长率,平滑系数在 0.8 左右,较很多国内学者估计的结果小 0.1,例如张屹山等(2007)、黄昌利等(2013)。平滑系数的大小到底预示着什么呢? Sack 等(1999)对利率平滑行为究竟是货币当局对宏观经济条件持续性的被动反应还是主动调节提出了质疑,认为如果利率平滑行为仅仅是货币当局对宏观经济的被动反应,那么就有理由相信滞后利率项的系数应该比较小;反之,如果这一系数较大,说明利率平滑现象是货币当局的主动调节。实际上,本文认为我国利率调节更多的是主动调节,比如,央行通过公开市场操作间接调控同业拆借利率,但同时也存在一些

① 刘斌.最优前瞻性货币政策规则的设计与应用[J].世界经济,2004(4):12-18.

被动调节的成分,比如市场资金突然吃紧,导致央行被动投放合理货币,干预市场利率。

短期利率对通胀缺口的反应系数随着解释变量的增加而增大,且越大越显著,反映的实际情况是随着通胀预期增加,利率将提升。最高为加入企业综合状况指数缺口后的0.105,即预期下个季度的通胀缺口偏离均衡值1个单位,利率将偏离平均值0.1个单位。同时,这也说明在考虑微观企业因素后,央行货币政策对预期通胀缺口的反应较为充足的。

短期利率对产出缺口的反应系数在0.073至0.115,11个模型的估计结果均显著,且估计系数大于静态泰勒规则反应函数(见表3和表4)。系数为正,表明利率与未来产出缺口同方向变化,即在预期产出缺口加大、经济出现过热的情形时,应提高利率以收紧货币政策,同时这也说明我国利率政策对产出的调整是较为充分的。

短期利率对汇率缺口的反应系数在0.06左右,即汇率缺口变动1个单位,短期利率将变动0.06个单位。黄昌利等(2013)认为当实际有效汇率缺口减少时,人民币呈贬值趋势,意味着国内出口将进一步增加,经常项下盈余增加,我国外汇储备已经处于较高水平,货币当局可能会通过降低利率方式以减少国际短期资本流入。

短期利率对股价缺口的反应系数在-0.01左右,且均显著,即股价缺口缩小1个单位,短期利率将增加0.01个单位。由于利率和股价是同期数据,实际上,这反映了中央银行货币政策对股价的直接影响,且股价对利率变动具有显著的敏感性,即利率提高,收紧货币政策有助于减少股价向上波动;利率降低,放松货币政策,将加大股价向上波动。

短期利率对房价缺口的反应系数在0.06至0.08,这表明下一期房价缺口变化与本期利率调整成正向关系,即预期下一期房价景气指数增加,缺口扩大时,本期短期利率将上升;预期下一期房价景气指数减少,缺口变小时,本期短期利率将下跌。这说明中央银行的利率政策对房价的失调可以起到短期抑制作用,但是由于反应系数较小,利率干预的成本是非常大的,且货币政策与资产价格之间并没有直接的联系(周小川,2007)以及货币政策主要管理总需求的目标(周小川,2014),所以,在“成本—收益”框架下,货币政策并不适应针对资产价格。

表 4　各扩展前瞻性泰勒规则反应函数估计结果

参　数	模型 9	模型 10	模型 11	模型 12	模型 13	模型 14	模型 15	模型 16	模型 17	模型 18	模型 19
ρ	0.690*** (0.000)	0.743*** (0.000)	0.773*** (0.000)	0.459** (0.035)	0.507*** (0.009)	0.577*** (0.001)	0.706*** (0.000)	0.741*** (0.000)	0.756*** (0.000)	0.545*** (0.005)	0.798*** (0.000)
b_1	0.020 (0.538)	0.013 (0.697)	0.052* (0.053)	0.101*** (0.017)	0.100** (0.018)	0.103*** (0.009)	0.033 (0.222)	0.026 (0.356)	0.070*** (0.003)	0.105*** (0.006)	0.063** (0.022)
b_2	0.099*** (0.008)	0.091** (0.011)	0.066** (0.011)	0.119*** (0.009)	0.115*** (0.007)	0.115*** (0.004)	0.103*** (0.001)	0.097*** (0.002)	0.073*** (0.006)	0.114*** (0.007)	0.090*** (0.004)
b_3		0.057 (0.148)	0.068* (0.018)	0.061** (0.046)	0.061* (0.053)	0.064*** (0.004)		0.044 (0.231)	0.052* (0.055)	0.059** (0.030)	0.062*** (0.005)
b_4			−0.008 (0.118)	−0.011* (0.073)	−0.010* (0.090)	−0.010** (0.023)			−0.008** (0.028)	−0.011*** (0.029)	−0.008** (0.025)
b_5				0.085* (0.080)	0.083** (0.075)	0.066* (0.089)				0.062 (0.125)	
b_6					0.002 (0.504)	0.003 (0.216)					0.005 (0.651)
b_7						0.022*** (0.000)	0.021*** (0.001)	0.019*** (0.001)	0.020*** (0.002)	0.018*** (0.000)	0.022*** (0.000)
调整 R^2	0.806	0.824	0.842	0.828	0.836	0.882	0.857	0.861	0.881	0.875	0.889
DW 值	1.921	1.938	2.013	1.721	1.792	1.930	1.954	1.951	2.03	1.817	2.231

注：模型 9 至模型 19 的变量均使用前瞻性函数式（12）数据进行估计，* 表示在 0.1 显著性水平下拒绝原假设。** 表示在 0.05 显著性水平下拒绝原假设。*** 表示在 0.01 显著性水平下拒绝原假设。

短期利率对货币供给增长率的反应系数不仅非常小,而且均不显著,这说明当前货币供给变化对利率的影响不大。范从来(2004)等认为当前货币供应量作为货币政策中介目标的局限性并不能否定它的重要性,关键是要创造出有利于货币供应量发挥中介目标功能的货币调控机制。张屹山等(2007)认为在当前利率管制条件下,央行在控制货币供应量使货币总量达到调控目标之外,还要维持利率稳定,但是央行无力同时非常有效地控制利率和货币总量,因为当货币市场受到货币需求冲击时,为了维持管制利率,就必须适应货币需求的变动,相应地变动货币供应量。

短期利率对企业综合状况指数缺口的反应系数为0.02左右,且所有模型的估计结果在99%置信水平下均显著,这说明微观企业综合状况能影响短期政策利率的制定,且存在“逆周期”影响。当企业整体投融资环境持续良好时,则央行可提升利率,给企业过热投资降温;当企业整体投融资环境持续恶化时,则央行可降低利率,改善企业投融资环境。

整体来看,加入企业综合状况指数缺口后的前瞻性泰勒规则反应函数能更准确预测规则利率,说明微观企业投融资状况能影响利率制定,也间接说明前瞻性规则利率能够有效传导微观企业。最后,将考虑了汇率缺口、股价缺口、房价缺口、货币供给增长率和企业综合状况指数缺口后的前瞻性泰勒规则利率(模型14)、传统泰勒规则利率(模型2)与现实的短期名义利率进行比较(图1),可以发现,传统泰勒规则估计的规则利率比前瞻性泰勒规则估计的规则利率波动性更大,前瞻性泰勒规则估计的规则利率与短期名义利率的拟合度相对更高。

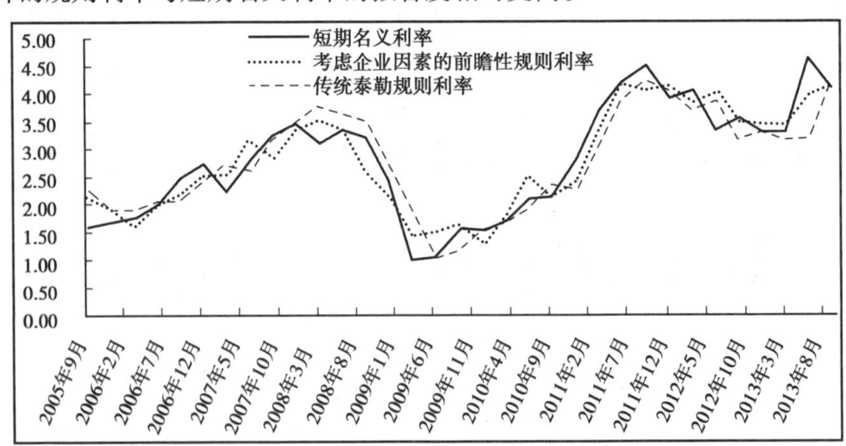

图1　前瞻性泰勒规则扩展模型(14)、传统泰勒规则模型(2)与短期名义利率的比较

为了更准确分别比较我国前瞻性泰勒规则利率、传统泰勒规则利率与现实的短期名义利率的关系,本文首先采用T检验和非参数检验中的威尔科克森符号等级检验(Wilcoxon Signed-Rank Test)方法来检验前瞻性泰勒规则利率、传统泰勒规则利率分别与现实的短期名义利率是否存在一致性变化,其检验的原假设为:

$$H_0:前瞻性泰勒规则利率/短期名义利率=1$$

传统泰勒规则利率/短期名义利率 =1

从检验结果看，前瞻性泰勒规则与短期名义利率的关系接受原假设，即前瞻性泰勒规则与短期名义利率的变化幅度比较一致，传统泰勒规则与短期名义利率的关系也接受原假设，即传统泰勒规则与短期名义利率的变化幅度存在一致性（见表5）。所以，前瞻性泰勒规则利率、传统泰勒规则利率与短期名义利率都比较一致，但考虑企业综合状况的前瞻性规则利率接受原假设的程度很大（见 *P* 值），所以，本文认为考虑企业综合状况的前瞻性泰勒规则利率对短期名义利率的预测更精确。

表5　前瞻性泰勒规则利率、传统泰勒规则利率与短期名义利率的相关统计检验

关系类型	*T* 统计量（*P* 值）	*W* 统计量（*P* 值）	*S* 统计量（*P* 值）
前瞻性泰勒规则与短期名义利率	-0.058 （0.954）	-0408 （0.683）	0.791 （1.000）
传统泰勒规则与短期名义利率	0.911 （0.369）	-1.079 （0.281）	0.607 （1.000）

（四）分行业的前瞻性泰勒规则反应函数估计

考虑到不同行业对经济周期的“适应性”不同，其可能对货币政策的反应是不一样的，比如，在经济上行期间，虽然货币政策开始紧缩，但由于预期经济前景依然较好，房地产价格将持续攀升，导致房地产投资增长；同时，一些耐用消费行业由于收益率相对较低，其投资持续下滑。所以，本文接下来将按证监会（2012 年）分类的 17 个不同行业①的 2580 家上市公司检验前瞻性泰勒规则利率的反应。

从估计结果看，各行业调整 R^2 基本位于 0.85 左右，*DW* 值在 1.6 至 2.0，估计情况较好，但稍弱于所有上市公司整体估计结果（表 6 和表 7）。从平滑系数看，17 个行业的平滑系数均显著，其中，14 个行业均大于 0.5，显示央行货币政策对这些行业的主动影响更多，但科学研究和技术服务业、教育业、文化、体育和娱乐业 3 个行业的平滑系数在 0.5 以下，说明央行利率政策主动针对科研、文化、教育产业的调整较少，这些产业可能更多受市场利率自身波动的影响。

15 个行业的通胀缺口系数显著，17 个行业的产出弹性系数均显著，分别占行业个数的 88.24%、100%，这说明从细分行业来看，通胀预期和产出预期同样是前瞻性利率参考制定的重要标准，且 14 个行业的产出缺口对利率的敏感性高于通胀缺口对利率的敏感性；但房地产业和建筑业对通胀预期不敏感，在一定程度上说明以房

① 证监会行业分类（2012）包含农、林、牧、渔业、制造业、采矿业、房地产产业、金融业、教育业、综合等 19 个行业，但是居民服务、修理和其他服务业这一类还未有上市公司，且综合类行业定位较模糊，所以本文考察的是剔除以上两个行业后其余 17 个行业对前瞻性规则利率的反应。

地产价格为代表的资产价格与消费物价指数(CPI)的相对独立性。

15个行业的汇率缺口系数、12个行业的股价缺口系数均显著,分别占所有行业的88.23%、70.59%,这说明中央银行可以通过规则利率来有效应对实际有效汇率变动和股价变动对经济造成的影响,但不同行业的影响存在非对称性。10个行业的房价预期缺口系数不显著,占比58.82%,显示房价对政策利率制定的影响不大,这与前文模型(18)的估计结果比较类似。只有农、林、牧、渔业和房地产业2个行业的估计结果显示短期利率对货币供给增长率的反应系数显著,说明前瞻性利率对货币供应量的反应并不充分,这与前文模型(13)、模型(14)和模型(19)的估计结果相似。

14个行业的短期利率对企业综合状况指数缺口的反应系数显著,占行业个数的82.35%,这说明大部分上市公司的综合状况能影响短期政策利率的制定,央行可以通过包含微观因素的前瞻性规则利率来影响宏观经济环境。但不同行业系数差异较大,在0.004~0.101,教育业的综合状况对利率影响最大,卫生和社会工作业的综合状况对利率影响最小,这可能与行业自身特点以及在国民经济中的重要性相关。整体来看,短期利率对企业综合状况比较稳定的行业反应较小,对企业综合状况波动较大的行业反应较充分。

表6　分行业扩展前瞻性泰勒规则利率的相关统计检验(一)

参数	农、林、牧、渔业	采矿业	制造业	电力、热力、燃气及水生产和供应业	建筑业	批发和零售业	交通运输、仓储和邮政业	住宿和餐饮业
ρ	0.604*** (0.001)	0.592*** (0.001)	0.522*** (0.008)	0.504*** (0.007)	0.327* (0.097)	0.518** (0.015)	0.525*** (0.008)	0.562*** (0.004)
b_1	0.072* (0.056)	0.093** (0.020)	0.101** (0.020)	0.094** (0.028)	0.058 (0.205)	0.103** (0.026)	0.092** (0.034)	0101** (0.023)
b_2	0.095*** (0.011)	0.091** (0.011)	0.115*** (0.007)	0.134*** (0.002)	0.142*** (0.001)	0.108** (0.021)	0.121*** (0.007)	0.115*** (0.006)
b_3	0.046* (0.070)	0.109*** (0.006)	0.055 (0.124)	0.008*** (0.000)	0.081*** (0.003)	0.062** (0.016)	0.042 (0.197)	0.063** (0.021)
b_4	−0.006 (0.231)	−0.064 (0.225)	−0.010* (0.082)	−0.008* (0.099)	−0.009 (0.101)	−0.012** (0.033)	−0.010* (0.084)	−0.011* (0.045)
b_5	0.049 (0.169)	0.051 (0.179)	0.080* (0.064)	0.080* (0.095)	0.066 (0.112)	0.073 (0.131)	0.067 (0.130)	0.071 (0.107)
b_6	0.023** (0.043)	0.003 (0.255)	0.002 (0.486)	0.002 (0.490)	0.002 (0.434)	0.003 (0.377)	0.002 (0.479)	0.003 (0.278)

续表

参数	农、林、牧、渔业	采矿业	制造业	电力、热力、燃气及水生产和供应业	建筑业	批发和零售业	交通运输、仓储和邮政业	住宿和餐饮业
b_7	0.051 * (0.054)	0.018 ** (0.012)	0.018 ** (0.015)	0.0480 *** (0.005)	0.037 *** (0.001)	0.046 ** (0.043)	0.027 (0.171)	0.038 * (0.081)
调整 R^2	0.861	0.867	0.838	0.854	0.861	0.857	0.847	0.860
DW 值	1.933	1.923	1.796	1.684	1.604	1.710	1.739	1.859

注：* 表示在 0.1 显著性水平下拒绝原假设。** 表示在 0.05 显著性水平下拒绝原假设。*** 表示在 0.01 显著性水平下拒绝原假设。

表 7　分行业扩展前瞻性泰勒规则利率的相关统计检验(二)

参　数	信息传输、软件和信息技术服务业	金融业	房地产业	租赁和商务服务业	科学研究和技术服务业	水利、环境和公共设施管理业	教育	卫生和社会工作	文化、体育和娱乐业
ρ	0.538 *** (0.003)	0.520 *** (0.001)	0.558 *** (0.003)	0.543 *** (0.002)	0.470 ** (0.027)	0.532 *** (0.002)	0.488 * (0.011)	0.567 *** (0.005)	0.488 * (0.014)
b_1	0.068 ** (0.070)	0105 *** (0.006)	0.064 (0.157)	0.097 ** (0.025)	0.104 ** (0.028)	0.103 ** (0.026)	0.101 * (0.021)	0.104 ** (0.012)	0.107 * (0.024)
b_2	0.118 *** (0.004)	0.123 *** (0.001)	0.107 *** (0.007)	0.121 *** (0.003)	0.108 ** (0.015)	0.067 * (0.055)	0.119 *** (0.006)	0.097 ** (0.029)	0.117 *** (0.006)
b_3	0.042 * (0.062)	0.059 ** (0.023)	0.108 *** (0.003)	0.077 *** (0.002)	0.057 ** (0.042)	0.114 *** (0.004)	0.064 ** (0.015)	0.069 ** (0.028)	0.0669 ** (0.042)
b_4	−0.007 (0.128)	−0.009 ** (0.042)	−0.008 (0.228)	−0.011 ** (0.046)	−0.011 ** (0.049)	−0.009 ** (0.049)	−0.009 * (0.076)	−0.012 ** (0.039)	−0.011 * (0.089)
b_5	0.056 (0.172)	0.087 ** (0.027)	0.069 (0.113)	0.088 * (0.079)	0.066 (0.167)	0.075 * (0.084)	0.089 * (0.091)	0.074 (0.109)	0.094 * (0.085)
b_6	0.002 (0.343)	0.004 (0.144)	0.005 * (0.083)	0.003 (0.296)	0.002 (0.490)	0.003 (0.230)	0.003 (0.411)	0.002 (0.382)	0.002 (0.504)

续表

参　数	信息传输、软件和信息技术服务业	金融业	房地产业	租赁和商务服务业	科学研究和技术服务业	水利、环境和公共设施管理业	教育	卫生和社会工作	文化、体育和娱乐业
b_7	0.036*** (0.002)	0.003*** (0.003)	0.014** (0.020)	0.029 (0.180)	0.020** (0.021)	0.035*** (0.002)	0.101* (0.079)	0.004* (0.069)	0.009 (0.625)
调整 R^2	0.876	0.873	0.848	0.858	0.853	0.873	0.852	0.853	0.834
DW 值	1.842	2.011	2.017	1.766	1.665	1.861	1.649	1.938	1.729

注: * 表示在 0.1 显著性水平下拒绝原假设。** 表示在 0.05 显著性水平下拒绝原假设。*** 表示在 0.01 显著性水平下拒绝原假设。

七、结论与建议

(一)主要结论

本文构建了一个反映企业资产负债表的综合指数并将其引入前瞻性泰勒规则,创建了包含宏观和微观因素的货币政策利率反应模型,并依据中国的实际数据从宏观和行业两个层面对拓展后的前瞻性泰勒规则进行了检验和比较,显示前瞻性利率传导的企业资产负债表渠道基本有效。

①标准泰勒规则并不适用我国。从本文估计的泰勒规则结果中可以看出,标准泰勒规则并不适用于我国,仅通胀缺口能有效地反映短期名义利率的变化,因此有必要对泰勒规则进行拓展。加入平滑因素后,发现利率平滑因子高达 0.8 左右,说明货币当局调整货币政策存在明显的惯性特征和主动意愿,在很大程度上会主动根据上一期的利率水平进行货币政策的制定和调整。同时,在人民币升值过程中,汇率波动也是货币政策考虑的重要因素。

②动态泰勒规则要优于静态泰勒规则。考虑通胀、产出等变量的前瞻性预期以及货币供应量增长率和企业综合状况指数缺口的滞后变量后,模型的整体拟合度更优,而且除了货币供给量增长率以外,通胀缺口、产出缺口、汇率缺口、股价缺口、房价缺口和企业综合状况指数缺口 6 个变量都能反映短期名义利率的变化。这说明动态的泰勒规则相对更适合我国实情。

③货币政策对微观企业资产负债表的反应显著。无论是从整体模型还是分行业的模型均可以发现,反映微观企业整体资产负债表的企业综合状况指数对央行货币政策的反应基本都是显著的,但是从反应系数大小看,央行货币政策对企业综合

状况的反应系数都很小,相比之下,短期利率对通胀缺口和产出缺口的反应系数相对较高,两者均相差0.08个点左右。这说明央行关注通胀水平和产出水平甚于微观企业投融资水平,货币当局调整利率可能更多的是针对产出缺口反应。

④货币政策对股票价格影响较大,但不适宜考虑房地产价格。所有动态泰勒规则模型显示,股票价格能比较有效地反映货币政策的变化,但是股票价格的反应系数较小,而房地产价格的反应系数均不显著,其原因可能是资产价格波动不仅受货币政策影响,还受市场参与者的预期、外部经济因素的影响,并且货币政策主要影响短期利率,而资产价格反映人们对长期利率水平的预期(李涛等,2011)。这显示央行货币政策可以关注资产价格的变化,但在"成本—收益"框架下,还不适合根据资产价格变化做出调整。

(二)政策建议

整体来看,我国的短期名义利率调整对预期通胀率、预期产出、企业综合状况等指标存在显著的动态反应,显示包含宏观和微观因素的前瞻性泰勒规则在我国的适用性,但是反应系数都不大,运用利率调控经济运行的货币政策可能具有内在不稳定性。为进一步完善我国的利率体制,加强运用利率调控经济运行的货币政策的内在稳定性,本文提出以下政策建议。

①货币政策决策要更加关注微观传导路径,将企业资产负债表渠道的传导效应纳入前瞻性货币政策的决策体系。中央银行在制定和实施货币政策时不仅要关注宏观因素,还要考虑微观因素,结合整体与局部,创新前瞻性货币政策决策方式,利用全方位信息充分评估货币政策执行力度,提高货币政策调控的科学性和预见性。

②完善经济指标监测体系,加强货币政策的前瞻性。完善通货膨胀监测体系,根据物价水平和人们预期变化对宏观经济影响程度的估计作出相应判断;完善经济产出统计体系,合理确定适合我国的潜在GDP测算方法,进一步推动前瞻性货币政策在我国的量化和适用性;同时,加强对全国企业(不仅是上市企业)投融资数据的分类收集,从企业规模大小、行业类别等角度分别建立企业综合状况指标监测体系,随时监测货币政策传导的企业微观渠道。

③加强金融监管,规范资产市场行为。随着我国资本市场和房地产市场的发展壮大,资产市场在社会经济总资本中的比例越来越大,资产价格的剧烈波动将不可避免地影响货币政策效果,因此,需要加强金融监管,规范资产市场行为,防范银行市场与资产市场风险的传染,尤其是在当前经济震荡期,更需要关注资产市场价格的变动。

④继续推进利率市场化改革,提高中央银行调控货币市场利率的能力。进一步完善存款准备金、再贴现与再贷款机制,扩大公开市场短期流动调节工具(SLO)、常设借贷便利(SLF)、贷款基础利率(LPR)集中报价以及补充抵押再贷款(PSL)等新型工具的实施频率和规模,创新中央银行各种操作工具,完善引导货币市场利率变动的机制。

参考文献

[1] 白鹤祥.中国货币政策传导微观机制研究[M].北京:中国金融出版社,2010.

[2] 卞志村,管征.最优货币政策规则的前瞻性视角分析[J].金融研究,2005(9):31-38.

[3] 黄志忠,谢军.宏观货币政策、区域金融发展和企业融资约束[J].会计研究,2013(1).

[4] 金成晓,马丽娟.最优货币政策规则、通货膨胀与经济增长[J].吉林大学社会科学学报,2011(6):110-117.

[5] 靳庆鲁,孔祥,侯青川.货币政策、民营企业投资效率与公司期权价值[J].经济研究,2012(5):96-106.

[6] 李涛,傅强.考虑资产价格波动的前瞻性泰勒规则及实证检验[J].统计与决策,2011(17):137-140.

[7] 刘斌.最优前瞻性货币政策规则的设计与应用[J].世界经济,2004(4):12-18.

[8] 刘斌.稳健的最优简单货币政策规则在我国的应用[J].金融研究,2006(4):22-38.

[9] 刘明志.货币供应量和利率作为货币政策中介目标的适应性[J].金融研究,2006(1):51-63.

[10] 柳永明.通货膨胀目标制的理论与实践:十年回顾[J].世界经济,2002(1):23-30.

[11] 彭方平,王少平.我国货币政策的微观效应——基于非线性光滑转换面板模型的实证研究[J].金融研究,2007(9A):31-41.

[12] 盛长琳.前瞻性货币政策效果待检验[N].新金融观察报,2014-02-03.

[13] 谢平.新世纪中国货币政策的挑战[J].金融研究,2000(1).

[14] 谢平,罗雄.泰勒规则及其在中国货币政策中的检验[J].经济研究,2002(3):3-12.

[15] 杨琨.开放经济条件下的前瞻性货币政策反应函数研究[D].南京:南京师范大学硕士论文库,2008.

[16] 张西征,王静.利率调整如何影响公司投资——基于上市公司数据研究的发现[J].经济与管理研究,2010(2):56-62.

[17] 张屹山,张代强.前瞻性货币政策反应函数在我国货币政策中的检验[J].经济研究,2007(3):20-32.

[18] 周小川.“十一五”时期中国金融业改革发展的成就[J].中国金融,2010

(24):10-13.

[19] 朱新蓉,李虹含.货币政策传导的企业资产负债表渠道有效吗——基于中国数据的实证检验[J].金融研究,2013(10):15-27.

[20] Aivazian V A, Ge Y, Qiu J. The impact of leverage on firm investment: Canadian evidence[J]. Journal of corporate finance, 2005, 11(1): 277-291.

[21] Angelopoulou E, Gibson H D. The balance sheet channel of monetary policy transmission: evidence from the United Kingdom[J]. Economica, 2009, 76(304): 675-703.

[22] Ball L. Efficient rules for monetary policy[J]. International finance, 1999, 2(1): 63-83.

[23] Bernanke B S, Blinder A S. Credit, money, and aggregate demand[J]. The American Economic Review, 1988, 78(2): 435- 439.

[24] Bernanke B, Gertler M. Agency costs, net worth, and business fluctuations[J]. The American Economic Review, 1989,79: 14-31.

[25] Bernanke B S, Gertler M. Inside the Black Box: The Credit Channel of Monetary Policy Transmission[J]. The Journal of Economic Perspectives, 1995, 9(4): 27-48.

[26] Cecchetti S G, Flores-Lagunes A, Krause S. Has monetary policy become more efficient? A cross-country analysis[J]. The Economic Journal, 2006, 116(511): 408-433.

[27] Clarida R, Gali J, Gertler M. Monetary policy rules and macroeconomic stability: Evidence and some theory [J]. Quaterly journal of economics, 2000, 115(1): 147-180.

[28] Cover J P. Asymmetric effects of positive and negative money-supply shocks[J]. The Quarterly Journal of Economics, 1992,107:1261-1282.

[29] Friedman B M, Kuttner K N. Money, income, prices, and interest rates[J]. The American Economic Review, 1992 , 82: 472-492.

[30] Hayat A, Mishra S. Federal reserve monetary policy and the non-linearity of the Taylor rule[J]. Economic Modelling, 2010, 27(5): 1292-1301.

[31] King M. Changes for Monetary Policy: New and Old, Seminar Papers for Monetary Policy Rules[R].Washington: Znternational Monetary Fund, 2000, (03/11).

[32] Kiyotaki N, Moore J. Credit Cycles[J]. The Journal of Political Economy, 1997, 105(2): 211-248.

[33] Litterman R B, Weiss L. Money, Real Interest Rates, and Output: A Reinterpretation of Postwar US Data[J]. Econometrica: Journal of the Econometric Society, 1985,53: 129-156.

[34] McCallum B T. A reconsideration of Sims' evidence concerning monetarism [J]. Economics Letters, 1983, 13: 167-171.

[35] Mizen P, Vermeulen P. Corporate investment and cash flow sensitivity: what drives the relationship? [R]. Frankfurt: European Central Bank,2005:(485).

[36] Mishkin F S. The transmission mechanism and the role of asset prices in monetary policy[R]. New York: The National Bureau of Economic Research, 2001 (8617).

[37] Molodtsova T, Papell D H. Out-of-sample exchange rate predictability with Taylor rule fundamentals[J]. Journal of International Economics, 2009, 77(2): 167-180.

[38] Obtsfeld M, Rogoff K. Exchange rate dynamics redux[J]. Journal of Political Economy, 1995, 103(3): 624-660.

[39] Orphanides A. Monetary policy evaluation with noisy information[J]. Journal of Monetary economics, 2003, 50(3): 605-631.

[40] Ogawa K. Monetary Transmission and Inventory: Evidence from Japanese Balance-Sheet Data by Firm Size[J]. Japanese Economic Review, 2002, 53(4): 425-443.

[41] Saving T R. On the neutrality of money[J]. The Journal of Political Economy, 1973, 1- 2: 98-119.

[42] Svensson L E O. Open-economy inflation targeting[J]. Journal of international economics, 2000, 50(1): 155-183.

[43] Taylor J B. A historical analysis of monetary policy rules[M]//Monetary policy rules. Chicago: University of Chicago Press, 1999.

[44] Vijverberg C P C. An empirical financial accelerator model: Small firms' investment and credit rationing[J]. Journal of Macroeconomics, 2004, 26(1): 101-129.

[45] Wong K F. Variability in the effects of monetary policy on economic activity [J]. Journal of Money, Credit and Banking, 2000, 32: 179-198.

文章审稿人:韩鑫韬

人口老龄化对资产配置及金融结构的影响研究

——以重庆为例[①]

中国邮政储蓄银行重庆分行、重庆蓝洋融资担保股份有限公司联合课题组

课题主持人：陈波　胡定核

课题组成员：黄志勇　黄倩　杜坤海

一、导论

（一）选题背景与研究意义

人口老龄化是20世纪末以来世界范围的重大社会问题。人口老龄化是指总人口中因年轻人口数量减少、年长人口数量增加而导致的老年人口比例相应增长的动态。国际上通常把60岁以上的人口占总人口比例达到10%，或65岁以上人口占总人口的比例达到7%作为国家或地区进入老龄化社会的标准。我国2000年第五次全国人口普查显示，65岁以上的人口占总人口的7.10%[②]，已经进入国际公认的老龄社会。根据2006年2月全国老龄工作委员会发布的《中国人口老龄化发展趋势预测研究报告》的预测，到2020年，60岁及以上的老年人口将达到2.48亿，占总人口的17.17%，2050年老年人口将超过4亿，占总人口的30%[③]。因此，人口老龄化将成为中国社会、经济发展中带有全局性、战略性的重大问题，人口老龄化也将对居民金融结构及资产配置产生影响。根据生命周期理论，随着年龄结构的不断变化，家庭的储蓄和金融资产的再配置将随之改变，这种同质性变化将会对金融机构以及金融机构提供的金融工具的竞争力产生显著的影响。重庆作为中国最年轻的直辖市，人口老龄化程度居于全国前列，选取其作为样本进行研究具有代表性和先进性，不仅有利于重庆金融的发展，也将对我国其他省市提供有益的借鉴。

---

① 为2013年度重庆市金融学金融领域重大决策咨询课题，获评“优秀奖”。

② 国家统计局：《第五次人口普查数据（2000年）》，访问时间：2008-07-28。

③ 全国老龄工作委员会：《中国人口老龄化发展趋势预测研究报告》，访问时间：2006-02-24。

(二)研究思路和研究方法

1.研究思路

本文将深入研究人口老龄化对金融结构及资产配置的影响,在总结前人相关研究的基础上,拟采用《新中国60年统计资料汇编》《中国人口统计年鉴》《中国金融统计年鉴》中的相关数据,用劳动年龄占总人口的份额、人口抚养比、65岁及以上老年人口比重等指标作为解释变量来反映重庆市人口老龄化情况,用居民手持现金、储蓄、证券、保险等分别作为被解释变量,并纳入相关的控制变量,采用相关分析、最小二乘法、格兰杰因果检验等计量方法论证和分析人口老龄化对金融结构及资产配置的影响,根据实证的结果对金融发展提供切实可行的政策建议。

2.研究方法

①文献研究:重点对关于国内外金融结构、金融资产配置、人口老龄化等相关文献进行研究,并在此基础上,结合我国的实际情况,剖析人口老龄化对金融结构及资产配置的影响。

②理论与实证相结合的方法,本文将采取理论与实证相结合的方式,基于经济金融理论,并利用可获取的1997—2010年的时间序列数据,建立计量模型实证分析人口老龄化对金融结构及资产配置的影响。

(三)研究内容及创新之处

本文将以重庆为例,以1997—2010年的时间序列数据为基础定量研究人口老龄化对金融结构及资产配置的影响,分析老龄人口对金融资产选择的偏好,促使金融结构变迁能满足市场的需求,并为相关制度的完善和促进我国老龄人口金融资产需求的多元化提供有益的借鉴。

本文主要创新之处在于:

①从人口老龄化视角研究其对金融结构及资产配置的影响,选题视角新颖,目前在国内相关研究非常少,具有一定的前沿性。

②将在理论研究的基础上采取实证研究的方法定量研究重庆人口老龄化对金融结构及资产配置的影响,使得研究建立在现实的基础上,从而提出的相关建议也将更符合实际。

③充分考虑城乡差异,将分别分析重庆市城镇居民和农村居民对金融结构及资产配置的影响,并分析其区别,以便使研究更有针对性,从而提出相关政策建议。

二、文献综述

(一)老龄化与储蓄

在对人口年龄结构和居民储蓄之间的关系研究上,莫迪利安尼(1975)的生命周期理论是最系统、最有影响的。该理论认为,一个人有平衡其终生消费的偏好,当其处于工作阶段会积极储蓄,退休后则开始消耗已有储蓄。按照生命周期理论,人口老龄化程度的加深将导致居民储蓄率下降。在莫迪利安尼之前,Coale 和 Hoover(1965)就提出过“抚养负担假说”,该理论认为赡养老年人和抚养小孩都会对储蓄产生负的效应,它们的上升都会降低社会储蓄水平。

近年来,国内学者也对该问题进行了研究。于学军(1996)认为,中国人口老龄化会对储蓄水平造成不利影响,进而通过影响资本的积累和投资影响经济发展。杜本峰(2007)也认为人口老龄化会降低我国储蓄率和投资率。张学辉(2005)认为,人均收入增长率与总抚养比(老人抚养比和少儿抚养比之和)呈负相关关系,与社会储蓄率呈正相关关系,而且不同阶段对经济的影响也是不同的。苏春红、刘小勇(2009)基于门限面板模型认为老龄化对储蓄的影响不能一概而论。王森(2009)也得出了类似的结论,他运用向量自回归模型,认为我国老龄化对居民储蓄率的影响只有1%,远远不及居民收入增长率和通货膨胀率对储蓄率的影响。

(二)老龄化与保险

逻辑上养老金制度的推行会降低居民储蓄率,因为养老金的推行会降低人们对未来消费的不确定性预期,从而会增加当前消费。例如,彭松建(1987)的研究发现,20世纪60年代,瑞典在实行普遍性的养老金制度后,储蓄率得到了快速、大幅下降。

更多则是集中于老龄化对养老金等契约式储蓄机构的影响的研究。国外的学者研究表明,老龄化将促进养老金等契约式储蓄机构的发展。1996年世行研究报告《老龄化与养老金体制:中国的改革选择》就建议中国应对老龄化应该选择建立基金。Supanah(2001)也认为中国保险改革的方向是基金制。Poterba(1998)提出契约式储蓄机构为实施风险管理提供了一种有效的手段,而且论文中智利的经验也证明了养老金改革有助于契约式储蓄机构的发展。Blommestein(2001)、Davis(2006)都认为老龄化给基金制的养老金机构带来了发展机遇。

进入21世纪,国内学者对老龄化与养老金也有较广泛的研究。姜向群(2003)研究了我国人口老龄化对退休金缴费负担的影响。李旭东(2006)的研究发现,不论基于需求还是供给角度,人口老龄化都将对养老保险支出产生显著的影响。杨霞(2010)认为推动以后中国养老保险改革的最主要的动力将是我国养老市场的需求。

(三)老龄化与资本市场

有学者研究了人口老龄化对金融资产价格的影响。Yoo(1997)通过实证分析了人口老龄化与金融资产价格的关系,认为人口的年龄结构对金融资产的价格产生了影响。Brooks(2000)采用一般均衡的跨期迭代模型对两者关系进行了研究,研究结果表明,人口老龄化的各个阶段对股票和债券价格是有不同影响的。

Bakshi 和陈志武(1994)基于生命周期理论,认为人们年龄结构的变化会导致资产选择的变化。A.Boersch-Supan 和 J.K.Winier(2001)认为人口老龄化对工业国家带来严峻冲击,而给资本市场带来的影响会更加巨大。

资本市场成熟度不同,会影响养老保险基金运作和管理方式。上文已经提到,绝大多数的学者研究表明,我国养老保险改革的方向应该是基金制,那么养老基金要得以有效实施,就需要一个完善的资本市场。何毅(2011)认为应该建立、健全多层次资本市场,大力发展新三板、债券市场,规范风险投资和私募股权投资市场的发展,适时推出国际板,完善主板、中小板、创业板发行体制和退出机制的市场化改革,提高资产证券化水平等。

(四)老龄化与金融创新

金融创新涉及金融制度创新、金融产品创新等多方面。关于人口老龄化与金融创新的研究,国外学者的研究主要集中于老龄化对养老保险的不断完善过程。Vittas(1999)、Walker 和 Lefort(2000)等认为,养老基金等机构投资者的专业化一定程度上推动了金融创新。Holzmann(1997)、Lglesias(1999)和 Yermo(2005)等研究了智利养老体制改革对金融创新的促进作用。Bodie(1999)研究了养老金改革与金融创新的关系问题。Poterba(2005)基于 Poterba(2001)的模型研究了人口老龄化对资产的收益率、金融资产估值、不同金融产品的需求,以及资产配置等方面的潜在影响。

国内的学者庄朝荣(2005)、郑秉文(2007)对上述的方面都有相关的研究。我国城乡二元结构决定了我国特殊的二元养老保险结构,几乎所有学者都认为中国养老事业的核心问题将是农村现行养老保障制度的创新。

三、重庆市人口老龄化及其金融资产配置的基本现状

(一)重庆市人口老龄化的基本现状

1.重庆老龄化程度严重

首先,重庆人口老龄化程度高。一般来说,一个国家或地区 65 岁以上人口占总人口的比重达到 7%,即标志其进入老龄化社会。根据 2010 年第六次全国人口普查结果,29 个公布数据的地区中,有 24 个地区步入了老龄化社会。其中,重庆是老龄化程度最高的地区,全市 65 岁及以上人口占比达到了 11.56%。长期以来我国计划生育政策的坚决贯彻执行、人民生活水平的提高以及医疗卫生条件的改善等,使老人的健康状况不断改善,死亡率不断下降,进而引起老年人口数量增加。

图 1 是 2003—2011 年重庆和全国老龄人口比重的折线图。从此图不难看出,重庆的老龄化比率长期远高于全国老龄化水平,特别是 2005 年以来,该数值一直在 11%以上,且保持逐年上升的趋势。

其次,重庆人口老龄化速度快。如表 1 所示,从老年人口的绝对数量和比例

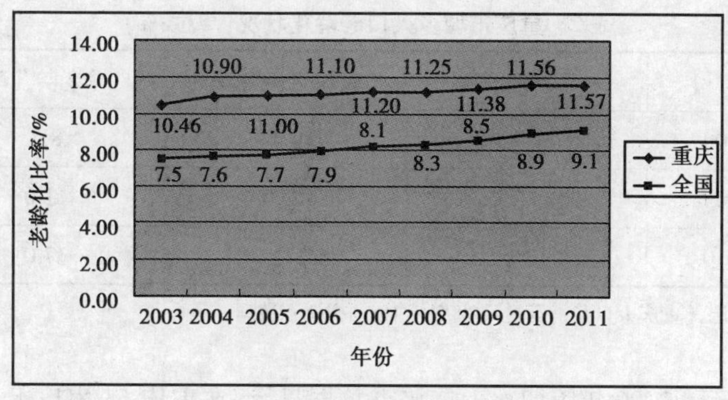

图1　2003—2011 重庆和全国老龄人口占总人口的比率

数据来源:《中国统计年鉴》和《重庆市统计年鉴》。

来看,1990 年,第四次人口普查数据显示,重庆市 65 岁及以上人口有 168.29 万人,占总人口数量比重为 5.8%;2000 年,第五次人口普查数据中这一比重为 8.8%,高于第四次人口普查时 3.0 个百分点;2010 年,第六次人口普查这一比重达到了 11.56%。从人口年龄中位数来看,1990—2000 年,年龄中位数由 26.7 岁提高到 33.8 岁,提高了 7.1 岁;2000—2007 年,人口年龄中位数由 33.8 岁提高到 39.3 岁,提高了 5.5 岁。以上数据表明,重庆人口老龄化正处于加速进程中,老龄化问题应引起高度重视。

表1　重庆市 1990—2010 年主要年份年龄结构

年龄结构类型		0~14 岁人口比重	65 岁及以上人口比重	年龄中位数
国际标准	年轻型	>40%	<4%	<20 岁
	成年型	30%~40%	4%~7%	20~30 岁
	老年型	<30%	>7%	>30 岁
重庆市	1990	21.7%	5.8%	26.7 岁
	2000	23.3%	8.8%	33.8 岁
	2010	19.3%	11.56%	39.3 岁

资料来源:《重庆人口普查资料》。

2.重庆农村老龄化程度高于城市

由于我国有大量的农村青壮年劳动力向城市流动等因素,使我国农村老龄问题更加突出。根据 2011 年的“全国农村老龄问题高峰论坛”,目前我国农村人口老龄化程度已经达到 15.4%,而全国平均水平是 13.26%,高出平均水平 2.14 个百分点,高于城市老龄化程度,而且这种差距还有不断扩大的趋势。

表2　重庆市城乡人口老龄化状况(单位:%)

年　份	城市老龄化率	农村老龄化率	总老龄化率
2000	7.7	9.1	8.8
2005	9.7	12.0	11.0
2010	13.2	21.5	17.0

资料来源:《重庆人口普查资料》,2005年1%抽样调查数据。

如表2所示,2000年第四次人口普查数据显示,在重庆65岁以上人口中,城市老龄化比率为7.7%,农村为9.1%,农村老龄化程度比城市高出1.4个百分点;2005年1%抽样调查数据显示城市老龄化比率为9.7%,农村为12.0%,农村老龄化程度比城市高出2.3个百分点;2010年第六次人口普查数据显示,城市老龄化比率为13.19%,而农村这一比例达到了21.45%,农村老龄化程度比城市高出8.26个百分点。可见在重庆,农村老龄化程度高于城市,并且这一趋势呈逐渐扩大的趋势。

3.养老来源城乡差距大

根据第六次人口普查数据,重庆65岁以上的老年人中,大约67%的城市老年人依靠离退休养老金生活,22.6%的老年人依靠家庭成员供养。但在农村,以养老金作为生活来源的比例仅为3.6%,超过51%的老年人依然依靠家庭成员供养。虽然近年来我国社会保障取得很大发展,不过,横向比较来看,城乡老龄人的养老来源差距还是很大。从社会保障事业健全的发达国家经验来看,老年人生活的主要收入来源还是养老金。

4.老龄人口中,男性少于女性

根据第六次全国人口普查结果,2010年重庆市常住人口数为2884.62万人,其中,60岁以上的老年人口有502.44万人,占常住人口的比重为17.41%。在502.44万的老年人口中女性占248.56万人,男性占253.88万人,性别比(女=100)为102.14,高于第五次全国人口普查的数据。

数据还显示,75岁以后,女性老龄人口总数高于男性老龄人口总数,而且随着年龄的进一步增长,女性老人比男性老人高出更多,即男女性别比更高。见表3。

表3　第六次人口普查重庆市75岁以上老龄人口分性别情况

性　别	合　计	75~79岁	80~84岁	85~89岁	90~94岁	95~99岁	100岁以上
男	556633	304833	170557	61723	15998	3324	198
女	646410	324729	200959	86294	27369	6431	628

数据来源:重庆第六次人口普查数据。

5.重庆经济发展滞后于老龄化进程

根据发达国家经验,人口老龄化进程应该与经济发展水平相当,以便有充足的经济实力应对人口老龄化。然而与发达国家"先富后老"相比,重庆却具有明显的"未富先老"的特点。世界上已进入老龄化的国家和地区的人均 GDP 至少在 1 万美元左右,以日本为例,在 65 岁以上人口比重达到 10%时,其人均国内生产总值已达到 11335 美元。而据重庆统计局《2011 年重庆市国民经济和社会发展统计公报》显示,2011 年重庆市人均国民生产总值为 34500 元,2011 年重庆 65 岁以上人口比重已经达到 11.56%,显然重庆现有的经济发展水平还不够应对目前的老龄化程度。

(二)重庆市金融结构的基本现状

1.重庆金融业总体情况

重庆是中西部唯一的直辖市,2009 年,《国务院关于推进重庆市统筹城乡改革和发展的若干意见》明确提出要把重庆建设成为长江上游地区金融中心。自 1997 年 6 月 18 日以来重庆已经直辖 16 年,这 16 年无疑是重庆金融行业发展最快的时期,综合实力已居中西部各省市前列。

16 年里,重庆金融体系不断完善,从直辖之初的银行"一家独大"、主导金融的局面,逐步形成了银行、证券、保险和金融中介门类齐全、多业并举的活跃局面。金融资源总量不断增长,与直辖前相比,金融服务功能不断增强,全市银行业资产规模翻了几倍,资产证券化率在西部处于领先地位,上市公司数目大量增加,全市保费收入增速也是全国第一,区域金融机构实力不断增强,风险得到有效控制,金融领域对外开放取得突破性进展,已成为西部十二省区市外资金融机构入驻最多的城市。重庆还积极支持和鼓励包括私募股权投资基金、担保公司、小额贷款公司、融资租赁公司、信托公司以及风险投资公司等"六小"金融企业的发展。

2.重庆金融资产结构现状

基于居民作为投资者的角度,结合重庆金融市场实际,本文将重庆的金融资产简单分为居民储蓄、股票、债券、保险等,虽然还有其他形式的金融资产,但我们有理由相信以上四种金融资产足以代表重庆金融资产。表 4 的数据是重庆直辖以来金融资产的存量数据。

表 4 重庆金融资产结构状况 单位:亿元

年 份	居民储蓄	债券筹资	股票筹资	保费收入
1997	580.67	4.85	26.76	19.52
1998	724.54	3.4	3.75	22.77
1999	909.1	4.1	7.21	25.39

续表

年　份	居民储蓄	债券筹资	股票筹资	保费收入
2000	1085.36	0	22.63	27.71
2001	1317.17	0	4.73	33.72
2002	1595.01	15	3.16	46.17
2003	1896.56	0	3.74	57.93
2004	2189.73	0	15.65	66.51
2005	2545.85	17	0	73.1
2006	2949.05	30	14.63	93.24
2007	3228.15	20	26.37	124.68
2008	3988.96	45	12.73	200.55
2009	4908.68	105	17.56	244.7
2010	5839.66	74	149	321.08

数据来源:《重庆统计年鉴》。

由表4可以看出,直辖以来,重庆金融资产增长十分迅速,并开始走向多元化。居民储蓄存款一直是最主要的金融资产类型,占据绝对优势,其他金融资产的相对数量随时间总体上都有上升。为了更好地了解金融资产结构的现状,我们可以观察各项金融资产比重的变动情况,如表5所示:

表5　重庆各项金融资产比重的变动情况

年　份	居民储蓄	债券筹资	股票筹资	保费收入
1997	0.9191	0.0077	0.0424	0.0309
1998	0.9603	0.0045	0.0050	0.0302
1999	0.9612	0.0043	0.0076	0.0268
2000	0.9557	0.0000	0.0199	0.0244
2001	0.9716	0.0000	0.0035	0.0249
2002	0.9612	0.0090	0.0019	0.0278
2003	0.9685	0.0000	0.0019	0.0296
2004	0.9638	0.0000	0.0069	0.0293

续表

年　份	居民储蓄	债券筹资	股票筹资	保费收入
2005	0.9658	0.0064	0.0000	0.0277
2006	0.9553	0.0097	0.0047	0.0302
2007	0.9497	0.0059	0.0078	0.0367
2008	0.9392	0.0106	0.0030	0.0472
2009	0.9304	0.0199	0.0033	0.0464
2010	0.9148	0.0116	0.0233	0.0503

数据来源:《重庆统计年鉴》。

从表5不难得出,居民储蓄一直是重庆金融资产的主要构成部分,直辖以来,居民储蓄存款占比一直在90%以上。此外,可以看出,从2005年开始,居民储蓄存款的比重持续下降,说明重庆金融资产已开始走向多元化。

3.重庆的金融机构现状

近年来,重庆金融机构体系不断完善,金融机构数量已名列西部第一。目前,重庆金融业已发展到银行、证券、保险、信托、基金以及外资金融机构等各类金融机构齐全的局面,各金融板块发展态势总体向好。以2010年末的数据为例,重庆市银行业分行或法人金融机构数量已达到57家,机构数量较"十五"末增长了一倍,重庆已成为中西部银行业金融机构种类最为齐全的地区;法人证券公司1家,营业部增加到96家,法人期货公司5家,法人基金公司1家;保险方面,2010年底重庆有法人保险机构3家,各级分支机构1195家;还有法人财务公司1家,法人信托公司2家,法人金融租赁公司1家,以及超过百家的小贷公司、担保公司等。此外,还有汇丰、荷兰、渣打等23家外资银行分支机构入驻重庆,也有美国利宝等多家国际大型保险机构在重庆陆续开业。

四、重庆市人口老龄化对金融结构及金融资产配置的影响

(一)指标选取及来源

本文的基础性数据来源于各年《重庆统计年鉴》(1997—2010年),并有部分数据来源于其他科研成果。为了准确客观反映我国老龄人口与金融资产需求结构变化的关系,我们选取重庆65岁及以上老龄人口在总人口中的占比反映人口结构的变化,选取居民储蓄、居民持有债券、居民持有股票以及居民保险准备来衡量我国居民金融资产配置。自1997年6月18日重庆成为直辖市,因此,选取1997以后的数据更能反映重庆金融结构及居民金融资产配置的变化,并且研究的结果对重庆经济

金融发展更有借鉴意义。

(二)重庆市人口老龄化对金融资产配置的影响

本文将运用相关分析、最小二乘法、格兰杰因果检验等计量方法定量研究重庆市人口老龄化对金融资产配置的影响。分析涉及的指标有 65 岁及以上人口占比、储蓄占比、债券占比、股票占比和保险占比。

1.相关性分析

相关性分析是指对两个或多个具备相关性的变量元素进行分析,从而衡量两个变量因素的相关密切程度。表 6 是运用 Pearson 相关性检验获得的 65 岁及以上人口占比与储蓄占比、债券占比、股票占比和保险占比的相关系数。65 岁及以上人口占比与储蓄占比在 5%的置信水平下显著负相关,相关系数为-0.121;65 岁及以上人口占比与债券占比在 1%的置信水平下显著正相关,相关系数为 0.408;65 岁及以上人口占比与股票占比在 5%的置信水平下显著负相关,相关系数为-0.441;65 岁及以上人口占比与保险占比在 5%的置信水平下显著正相关,相关系数为 0.579。

表 6 65 岁及以上人口占比与金融资产配置的相关系数表

65 岁及以上人口占比	储蓄占比	债券占比	股票占比	保险占比
相关系数	-0.121**	0.408***	-0.441**	0.579**

注:*、**、*** 分别代表在 10%、5%和 1%水平下显著。

2.回归分析

相关性分析只涉及变量之间是否具有线性关系,因此进一步选用回归分析确定变量之间的回归方程。

从图 2 可以看到,65 岁及以上人口占比与储蓄占比两者的关系呈倒 U 形,而非简单的线性关系,随着 65 岁及以上人口占比的上升,储蓄占比先上升后下降。

表 7 65 岁及以上人口占比与储蓄占比回归分析

方 程	模型汇总					参数估计值		
	R^2	*F*	*df*1	*df*2	*Sig.*	常数	*b*1	*b*2
线性	0.015	0.177	1	12	0.681	96.559	-0.145	
二次	0.667	10.998	2	11	0.002	10.865	18.375	-0.975

从表 7 的输出结果可知 65 岁及以上人口占比与储蓄占比之间的回归方程:

$$y = 10.865 + 18.375x - 0.975x^2$$

$$R^2 = 0.667 \qquad F = 10.998$$

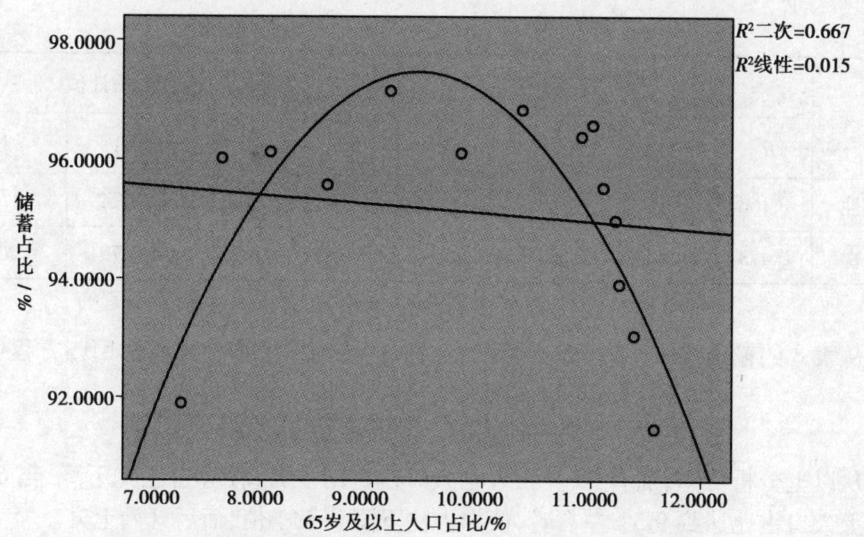

图2　65 岁及以上人口占比与储蓄占比的散点图

从以上分析可知,随着 65 岁及以上人口占比的上升,储蓄占比先上升,当 65 岁及以上人口占比达到 9.5%左右时,储蓄占比达到最大值,而后开始下降(图 2)。

从图 3 可以看到,和与储蓄占比的关系相反,65 岁及以上人口占比与债券占比的关系呈 U 形,随着 65 岁及以上人口占比的上升,债券占比先下降后上升。

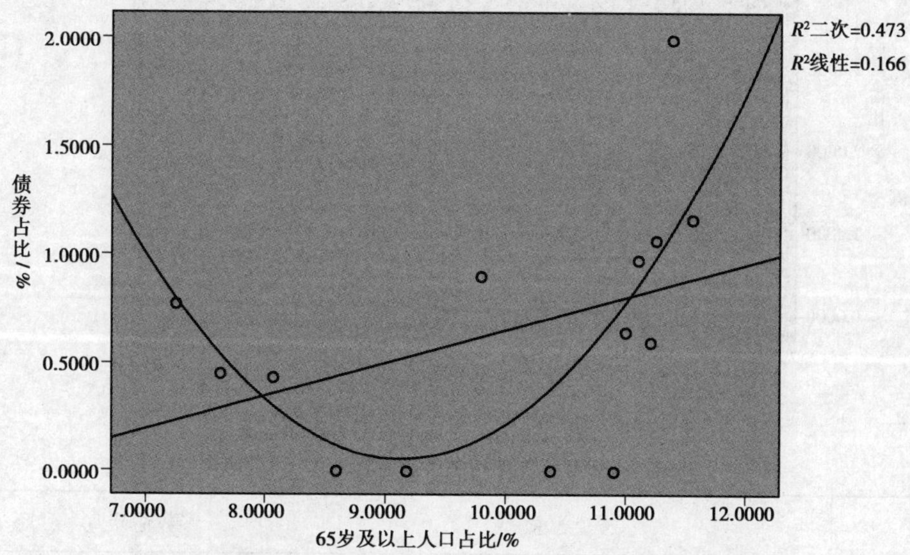

图3　65 岁及以上人口占比与债券占比的散点图

表8 65岁及以上人口占比与债券占比回归分析

方程	模型汇总					参数估计值		
	R^2	F	$df1$	$df2$	$Sig.$	常数	$b1$	$b2$
线性	0.166	2.393	1	12	0.148	−0.870	0.152	
二次	0.473	4.935	2	11	0.030	17.372	−3.791	0.207

从表8的输出结果可知65岁及以上人口占比与债券占比之间的回归方程:

$$y = 17.372 - 3.791x + 0.207x^2$$

$$R^2 = 0.473 \qquad F = 4.935$$

从以上分析可知,随着65岁及以上人口占比的上升,债券占比先下降,当65岁及以上人口占比达到9.3%左右时,债券占比下降到最小值,而后开始上升。

从图4可以看到,65岁及以上人口占比与股票占比的关系也呈U形,随着65岁及以上人口占比的上升,股票占比先下降后上升。

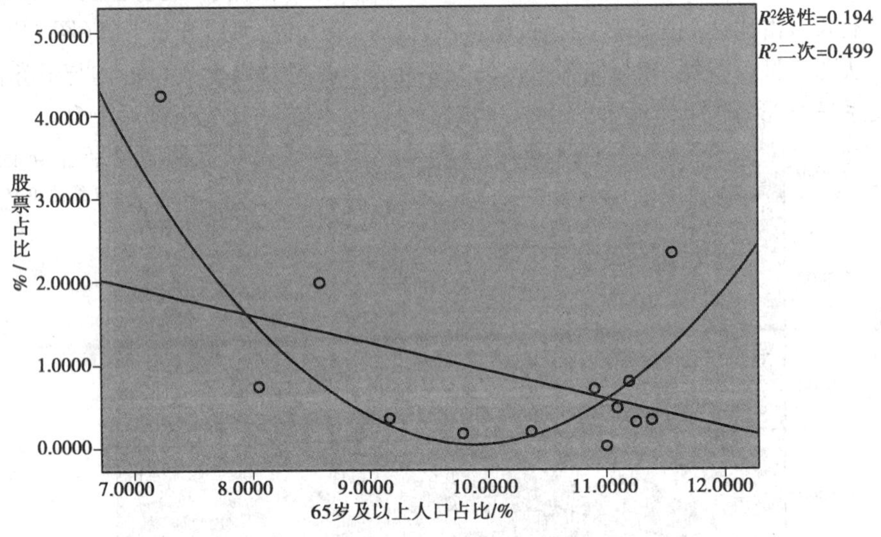

图4 65岁及以上人口占比与股票占比的散点图

表9 65岁及以上人口占比与股票占比回归分析

方程	模型汇总					参数估计值		
	R^2	F	$df1$	$df2$	$Sig.$	常数	$b1$	$b2$
线性	0.194	2.890	1	12	0.115	4.284	−0.337	
二次	0.499	5.469	2	11	0.022	41.567	−8.394	0.424

从表9的输出结果可知65岁及以上人口占比与股票占比之间的回归方程：

$$y = 41.567 - 8.394x + 0.424x^2$$

$$R^2 = 0.499 \qquad F = 5.469$$

从以上分析可知，随着65岁及以上人口占比的上升，股票占比先下降，当65岁及以上人口占比达到10%左右时，股票占比下降到最小值，而后开始上升。

从图5可以看到，65岁及以上人口占比与保险占比的关系也呈U形，随着65岁及以上人口占比的上升，保险占比先下降后上升。

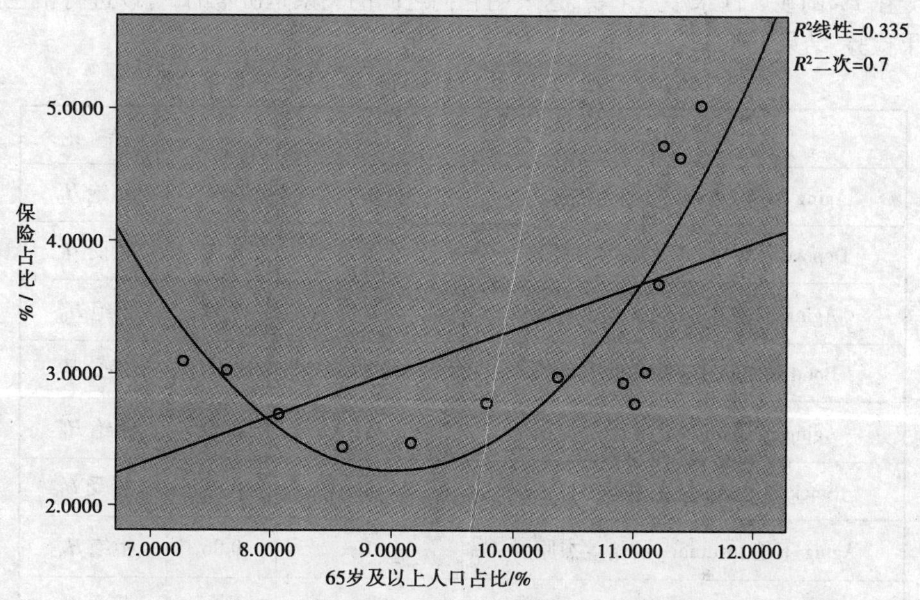

图5　65岁及以上人口占比与保险占比的散点图

表10　65岁及以上人口占比与保险占比回归分析

方　程	模型汇总					参数估计值		
	R^2	F	$df1$	$df2$	$Sig.$	常数	$b1$	$b2$
线性	0.335	6.058	1	12	0.030	0.032	0.329	
二次	0.700	12.848	2	11	0.001	30.368	-6.227	0.345

从表10的输出结果可知65岁及以上人口占比与保险占比之间的回归方程：

$$y = 30.368 - 6.227x + 0.345x^2$$

$$R^2 = 0.7 \qquad F = 12.848$$

从以上分析可知，随着65岁及以上人口占比的上升，保险占比先下降，当65岁及以上人口占比达到9%左右时，保险占比下降到最小值，而后开始上升。

3.格兰杰因果检验

为了进一步识别65岁及以上人口占比与储蓄占比、债券占比、股票占比和保险占比之间的因果关系,将利用格兰杰因果检验来判定,在计量经济分析中,要进行变量间的格兰杰因果检验,首先要进行协整检验,只有变量间具有协整关系,才能进行格兰杰因果检验。协整检验发现,65岁及以上人口占比(Aging)与储蓄占比(deposit)、债券占比(Bond)、股票占比(Stock)和保险占比(Insurance)等变量的一阶差分在1%的显著性水平下平稳,这表明它们之间的关系是协整的,可以进行格兰杰因果检验,结果见表11。

表11 65岁及以上人口占比对金融资产配置格兰杰因果检验

原假设 H_0	滞后阶数	P	结 论
Aging 不是 Deposit 的格兰杰原因	1	0.01	拒绝 H_0
Deposit 不是 Aging 的格兰杰原因	1	0.12	接受 H_0
Aging 不是 Bond 的格兰杰原因	2	0.09	拒绝 H_0^*
Bond 不是 Aging 的格兰杰原因	2	0.56	接受 H_0
Aging 不是 Stock 的格兰杰原因	4	0.09	拒绝 H_0^*
Stock 不是 Aging 的格兰杰原因	4	0.61	接受 H_0
Aging 不是 Insurance 的格兰杰原因	1	0.06	拒绝 H_0^*
Insurance 不是 Aging 的格兰杰原因	1	0.28	接受 H_0

注:*代表0.10的显著性水平;其他默认0.05的显著性水平。

从表11可知,65岁及以上人口占比是储蓄占比、债券占比、股票占比和保险占比之间的格兰杰原因,重庆65岁及以上人口占比的变化能够解释储蓄占比、债券占比、股票占比和保险占比的变化。

综上所述,目前,重庆市人口老龄化与储蓄占比呈现负相关关系,而与债券占比、股票占比和保险占比之间呈现正相关关系,其中,居民储蓄占比在金融资产中所占份额是绝对多数,但比例是下降的。

(三)人口老龄化对金融结构及配置的影响

目前,我国金融结构表现为银行贷款为主导的金融体系,然而,未来的变迁趋势更倾向于以银行贷款、债券、银行和机构投资者为主导的金融体系。引起这一变化的主要渊源是中国的人口老龄化引起的社会保障制度改革以及市场的全球化发展。

随着人口老龄化,人们的风险意识趋于保守,引起对养老保险的重视,家庭资产的投资结构也趋保守,更青睐于安全性,而不是盈利性。契约性储蓄机构能够提供长期稳定更具有指向性的收入,从而能满足老龄化的人口安全性投资需求,因此,形成了银行传统业务的地位下降和契约式储蓄机构为代表的机构投资者稳步上升的局面。

我国人口老龄化引起的社会保障制度改革导致金融机构变化的同时,也引起了我国金融工具结构的变化,这一变化取决于解决养老金隐性债务所采取的方式。一方面,由于养老金债务的财政属性决定了资金的来源必须是国有资产,一般认为采用股权和债权两种方式。由于养老金的安全属性,无论开始是什么形式的资产,但是要确保养老金的收益和安全,一般都会选择债权的形式。同样,个人账户也会如此,出于盈利和安全性考虑,老龄人口也会倾向于债权类证券资产的投资。这样一来,我国的金融工具由原来的银行存款一统天下的格局演变成银行存款和债权类工具并存以及债券类工具领先的格局,但这种局面的形成取决于我国社保改革的力度,以及隐性养老金的处理方式和速度。

随着人口老龄化,老年人受制于活动能力等各方面功能的退化,金融行为方面将逐渐趋于保守,表现为绝对安全性资产储蓄的占比居高不下,主要有以下几个方面的原因:

一方面,当前的养老保险制度还不完善,担心老无所养,导致储蓄率居高不下。当前人们的养老保险分为三类:一类是政府公务员的养老保险由政府负担;另一类是企事业单位由单位与职工共同负担,每月缴费,退休领取;最后一类是私营企业主、无固定职业和农村人员,主要是靠自己和子女的收入来养老。目前养老较为有保障的是政府公务员和企事业单位员工,对于占比较大的无固定职业人员的养老保险,政府相对投入有限,由于担心老无所养,因此导致储蓄率的居高不下。

另一方面,金融机构产品体系较为单一,缺少投资渠道,导致储蓄率居高不下。当前我国的金融体系主要是以银行为主导,银行受利率尚未完全市场化的影响,依靠相对较为简单的存贷差就可以获取较为可观的盈利,创新能力略显不足,导致目前银行产品主要以贷款、存款、收益率较低的理财产品和国债等,股票市场风险较高,老年人难以承受,其他诸如保险、信托等机构相对较少,产品也相对较为单一,类银行现象较为突出,因此缺少投资渠道也是导致储蓄率居高不下的原因之一。

最后,金融机构的创新服务意识不强,也导致储蓄率居高不下。由于利率未完全市场化,导致金融资源错配现象突出,银行等金融机构不需要太多的创新就可以获取较为可观的盈利,因此创新意识不强。同时,由于单个老年人收入来源有限,主要以养老金和子女给予的资金为主,加之老年人知识较为有限,不能够及时跟上科技的发展步伐,占用较多的窗口资源,银行未开设专门的席位办理老年人金融服务,这也是导致储蓄率长期居高不下的原因之一。

五、结论与政策建议

(一)研究结论与发现

本文以重庆为例,研究人口老龄化对金融结构及资产配置的影响。对65岁以上研究得出随着重庆市65岁及以上人口占比的上升,储蓄占比先上升后下降,而债券占比、股票占比和保险占比先下降后上升,其中,居民储蓄占比在金融资产中所占份额是绝对多数,但比例是下降的。说明目前我国老龄人口所持金融资产仍以银行存款为主,但随着人口老龄化的进一步深入,这一比例会逐渐下降,也就是说我国居民对存款的需求会越来越小,同时股票、保险的需求将进一步提升,虽然股票投资相对其他金融工具来说风险比较高,但是由于它有较高的回报率,对于想实现金融养老的老龄人来说,具有很大的诱惑力。居民保险准备的提高,是基于自己的老龄生活保障,为了应对天灾人祸带来的损失而不至于影响自身的生活质量,因此,保险投资越来越受到人们的重视。

居民金融资产配置的变化必将会导致我国金融结构的变化。目前,我国金融结构主要是以银行贷款为主导的金融体系,未来的变迁趋势将向银行贷款和债券、银行和机构投资者为主导的金融体系发展。因为随着我国人口老龄化的进一步加深,人们的风险意识将趋于保守,引起对养老保险的重视,家庭资产的投资结构也将更青睐安全性,而不是盈利性。

(二)政策建议

1.改善养老金体制,建立多层次的养老金体系

当前的养老金体制已经面临着越来越多的挑战,迫切需要对当前的养老金体制予以完善,建立多层次的养老金体系。首先,做实个人养老金账户的管理,建立以个人养老金为主的养老体制;其次,强调家庭在养老中的重要作用,鼓励子女积极赡养老人;再次,积极推动商业性养老机构的发展,鼓励企业和员工参加企业年金和储蓄性的商业保险。从而形成以个人为主,商业为辅和政府促进的多层次的养老金体系。

2.积极出台政策措施,促进养老基金等契约式金融机构的发展

当前老年人最主要的金融资产的配置仍主要为储蓄存款,但是由于我国利率尚未市场化,导致储蓄存款的利率水平长期低于市场水平,为提高收益,提高老年人的生活水平,满足老年人投资理财的需求,建议积极出台政策措施,建立养老基金、养老保险等机构,促进我市契约式储蓄机构的发展,这也符合我市2017年基本建成以金融结算为特征的长江上游区域性金融中心的思想。

3.鼓励金融机构加大金融产品的研发和创新,满足老年人口日益增长的金融需求

由于随着65岁及以上人口占比的上升,老龄化人口对储蓄存款的需求将出现先上升后下降,对债券、股票和保险的需求先下降后上升的需求,表明老龄化人口除对银行存款需求之外,表现出强烈的对债券、股票和保险的兴趣,因此金融应加大金融产品的创新,大力推出安全性好的盈利性较高的国债、基金和保险产品,以适应老年人的需求。同时,调整信贷机构,逐渐安排一定的信贷资金支持老年人相关产业的发展,比如老年人医疗卫生和养老的资金需求,推动老年人产业发展。

4.鼓励金融机构加强对老年人的金融服务,满足老年人日益增长的金融需求

一方面可以开设老年人服务专区或者专柜,专门为老年人服务;另一方面对于情况特殊的老年人,提供客户经理双人上门服务,解决老年人行动不便的问题;或者可以对持有老年人证的老年人优先办理业务,减少等候时间等。通过多方面的措施,来提升老年人对金融服务的满意度。

5.加强老年人风险教育,做好风险防范工作的同时丰富老年生活

老年人休闲时间较多,部分老年人对金融产品知识比较了解,但仍有相当大部分老年人对金融知识不了解,仅仅靠金融机构对金融产品解释往往不够,为保障老年人权益,应加强老年人风险教育工作,做好风险防范工作,同时也可以丰富老年人的生活。

参考文献

[1] 于学军.中国人口老化与储蓄[J].人口与经济,1996(3):10-17.

[2] 杜本峰.人口老龄化对金融市场的影响分析[J].经济问题,2007,334(6):111-113.

[3] 张学辉.人口红利、养老保险改革与经济增长[D].北京:中国社科院研究生院,2005.

[4] 苏春红,刘小勇.老龄化的储蓄效应分析[J].山东大学学报,2009(3):26-31.

[5] 王森.中国人口老龄化与居民储蓄之间关系的实证分析——基于1979—2007年的数据[J].石家庄经济院学报,2009,32(4):7-11.

[6] 彭松建.西方人口经济学概论[M].北京:北京大学出版社,1987.

[7] 姜向群.人口老龄化对退休金负担影响的量化研究[J].人口研究,2006,30(2):51-55.

[8] 李旭东.贵州人口老龄化、经济增长对养老保险支出影响实证研究[J].西北人口,2010,31(6):87-92.

[9] 杨霞.基于灰色模型的中国农民养老保险需求测算——生命周期理论的视角[J].广东金融学院学报,2010,25(6):94-102.

[10] 何毅.关于当前金融消费需求对商业银行影响的研究[J].国际金融,2011(12):55-61.

[11] Boersch-Supan A H, Winter J K. Population aging, savings behavior and capital markets[R]. National bureau of economic research, 2001.

[12] Brooks R J. Asset market and savings effects of demographic transitions [D]. New Haven: Yale University, 1998.

[13] Bergantino S M. Life cycle investment behavior, demographics, and asset prices[D]. Boston: Massachusetts Institute of Technology, 1998.

[14] Blommestein H J. Ageing, pension reform, and financial market implications in the OECD area[R]. Torino: Center for Research on Pensions and Welfare Policies, 2001.

[15] Poterba J M. Population age structure and asset returns: An empirical investigation[R]. New York: The National Bureau of Economic Researeh, 1998 (6774).

[16] Poterba J. The impact of population aging on financial markets[R]. New York: The National Bureau of Economic Researeh,2004(10851).

[17] Supan Axel. Global Ageing: Issues, Answers, More Questions [D]. Mannheim: University of Mannheim, 2004.

[18] Blake D, Burrows W. Survivor bonds: Helping to hedge mortality risk [J]. The Journal of Risk and Insurance, 2001 ,68(2): 339-348.

[19] Cox S H, Lin Y. Natural hedging of life and annuity mortality risks[R]. Berkeley: Center for Risk Management Insurance Research, 2004.

[20] Cowley A, Cummins J D. Securitization of life insurance assets and liabilities [J]. The Journal of Risk and Insurance, 2005, 72(2): 193-226.

文章审稿人:孔文佳

区域经济与金融

重庆融入“一带一路”经济发展战略有关问题研究

——跨境人民币与金融业“走出去”①

重庆银行股份有限公司、重庆银行金融研究院

课题主持人:甘为民

课题组成员:刘建华 陈邦强 周晓 张进 陈瑶 易笑天
康继军 邓涛 张洪铭 王婷婷

一、“一带一路”背景下的跨境人民币

2009 年 7 月起开始的跨境人民币结算开始从上海市、广州、深圳、珠海、东莞 4 个城市先行开展试点工作,开启了人民币国际化之旅。2011 年 8 月,央行宣布将跨境贸易人民币结算境内地域范围扩大至全国,随着跨境人民币全面展开,跨境人民币结算量的不断增加。随着“一带一路”战略的实施,将有助于推动人民币在岸与离岸间跨境循环机制的形成。

(一)学界视角下的跨境人民币

学界解释人民币成为结算货币有以下观点:

1.Grassman 原则

Grassman(1973)、Magee(1973)、Viaene 和 De Vries(1992)、Carse、Willamson 和 Wood(1979)、Van Nieuwkerk(1979)对一国及跨国的研究发现,出口国货币占据结算的优势,更倾向于将出口国货币作为结算工具。

2.话语权原则

Grassman(1973)、Page(1977,1981)、Mafree 和 Rao(1980)的研究认为,贸易双方中相对发达国家的货币更易被用作结算货币。

3.异质性贸易原则

McKinnon(1979)研究认为,贸易产品差异化,决定了出口商享有更大的市场权力,则更可能以本国货币结算。Oi,Otani 和 Shirota(2004)的研究发现,日元在产品

① 为 2015 年度重庆市金融学会招标课题,获评“一等奖”。

更加差异化的行业中使用较多,例如自动化行业。

4.大份额原则

国际贸易占较大份额国家的货币更可能用作结算货币。

5.币值稳定原则

即通胀率相对较低和通胀波动率相对较低国的货币更容易成为贸易结算货币(Magee 和 Rao,1980;Bacchetta 和 Van Wincoop,2002)。

6.制度完善原则

外汇市场和银行系统相对完善国家的货币更可能被用于贸易结算(Swoboda,1968;Baron,1976;Magee 和 Rao,1980。

(二)发展跨境人民币的意义

跨境人民币是发挥其国际结算职能,由进出口贸易双方选择用人民币对贸易货物做标价、报关、款项结算。

一种货币的国际一般经历三个阶段:贸易结算、金融交易计价、成为储备货币,而跨境结算是人民币走出去的第一步。

随着人民币地位的提升,出现人民币在地区替代其他货币将成为可能。由此将进一步增强我国在国际经济交易的话语权和海外对人民币的信心,从而增加了对人民币的需求,促进中国的经济增长的可持续发展。

(三)跨境人民币结算的方式

目前,人民币跨境结算主要是通过以下四种合作方式进行:第一种,双边贸易本币结算,这主要是中国与一些发展国家之间,例如中俄已经签署双边本币结算协议;第二种,双边本币互换协议,目前我国已经与新加坡、新西兰、澳大利亚等国家及中国的香港地区签订了双边本币互换协议;第三种,边境贸易本币结算,这主要是在边境活动的时候直接采取人民币结算,中国已经与一些东亚邻国如蒙古等国采取这样的交易措施。第四种,与国际组织如国际货币基金组织、亚洲开发银行等,在人民币参股的情况下,实行人民币交易。这四种方式为人民币跨境结算的进一步发展提供了很好的发展途径。

(四)跨境人民币的分析

从微观角度分析其的需求和供给状况,跨境贸易人民币结算呈现以下特点。

1.跨境人民币发展的趋势

(1)跨境结算较快增长

按照央行统计数据,截至 2013 年第三季度,银行累计办理跨境贸易人民币结算业务 1.1 万亿元,同比增长 37.5%。其中,货物贸易结算金额 0.7 万亿元,服务贸易及其他经常项目结算金额0.4万亿元。跨境贸易人民币结算实收4400.7亿元,实付6562.1亿元,收付比为1∶1.5。

(2)周边化跨境趋势明显

人民币跨境结算主要发生在与我国有着紧密经贸联系的亚洲周边国家和地区,尤以东盟为重点,最主要的客户集中在新加坡及中国的香港和澳门地区。主要亚洲周边国家和地区的结算量占80%左右。

(3)进口高于出口

人民币进口付款在人民币结算总额中占到80%~90%。根据《货币政策执行报告》,2011年收付比由2010年的1∶5.5上升为1∶1.7,2013年第三季度上升为1∶1.5。

2.跨境人民币结算的需求

贸易结算货币的选择涉及进出口双方的利益,以下按照境内企业与境外企业对人民币结算的需求进行分析。

(1)境内企业的需求

国内进出口企业自改革开放以来主要采用外币进行贸易结算,其中90%以上采用美元结算,从单纯考虑结算货币的角度,本币结算的便利化和无汇率风险使得国内进出口企业对人民币结算具有巨大的潜在需求。但在当前采用人民币结算的国内企业要受原有结算制度和流程、美元全球网络、中国出口产品结构三大因素的制约。

(2)境外企业的需求

对境外企业,人民币是外币,因此一笔交易是否选择人民币结算存在竞争性。如果境外贸易伙伴初始的结算货币为本币,则现在要求其改用人民币结算的几率并不大,因为从本币结算改为外币结算意味着要面临汇率风险和额外的汇兑手续,这无形中增加了贸易成本。如果境外贸易伙伴初始的结算货币为第三国货币,则其转而选择人民币结算的可能性会大大提高。

但总体来看,国外企业在选用人民币结算时要受以下因素制约:其一,人民币的来源。境外企业在选择采用人民币结算时,如开户行可能没有人民币供应,将制约人民币结算发展。其二,境外人民币汇率的稳定性。其三,企业要面临退出原来支付网络的成本。

3.跨境人民币结算的供给

人民币结算业务的供给涉及建立高效、便捷的人民币国际清算系统和涵盖保值避险、跨境投融资、贸易融资等产品的跨境人民币服务体系。相比外资银行,内资银行和大型跨国银行对人民币结算业务及相关产品的供给具备以下特点:

(1)国内银行对人民币结算业务的供给充足

国内商业银行是人民币跨境结算的主要渠道。目前国有大行已构建或基本实现人民币海外服务网络,但对人民币结算业务的供给表现出周边密集化的地域特点,即对周边国家的服务网络更为完善。

(2)外资银行的供给增加

首先,大型跨国银行对人民币业务积极推动,但就其推出的人民币相关产品来看,境内银行提供的人民币相关产品更为全面和细化。其次,周边国家和地区的商业银行对人民币业务陆续参与。新加坡、日本、马来西亚、韩国等国家和我国香港地区的商业银行都陆续加入人民币结算系统,有的开始提供人民币外汇金融衍生产品。

二、跨境人民币服务与金融中心的建设——对上海金融业“走出去”的调研

上海从建设国际金融中心的角度,将推进跨境人民币结算纳入金融中心建设工作的内容之一,对促进当地金融业外向型发展起到较好的作用。

(一)跨境人民币服务的范畴

按照世界贸易组织对国际服务贸易提供方式对跨境人民币服务涉及的主要内容如表1和图1所示。

表1　跨境人民币金融服务

提供方式	进　口	出　口
跨境提供	境外金融机构向境内主体提供人民币金融服务,如前海试点的香港机构向前海企业提供人民币贷款	境内金融机构向境外主体提供人民币金融服务,如境内金融机构向RQFII机构提供的结算和托管服务
境外消费	境内主体赴境外期间消费当地金融机构提供的金融服务,如居民个人出境游过程中使用银联卡在当地信用卡POS机刷卡消费	境外主体来我国境内消费金融机构提供的金融服务,如境外个人来我国旅游住宿时使用VISA卡在我国的POS机刷卡支付房费
商业存在	外国金融机构来华设立营业性金融机构向我国主体提供金融服务,如花旗银行上海分行向我国主体提供的人民币金融服务	我国金融机构去境外设立营业性金融机构向当地主体提供金融服务,中国银行纽约分行向美国主体提供的人民币金融服务
自然人流动	金融领域的专家服务(境外专业人士来华提供金融服务)	金融领域的专家服务(境内专业人士去境外提供金融服务)

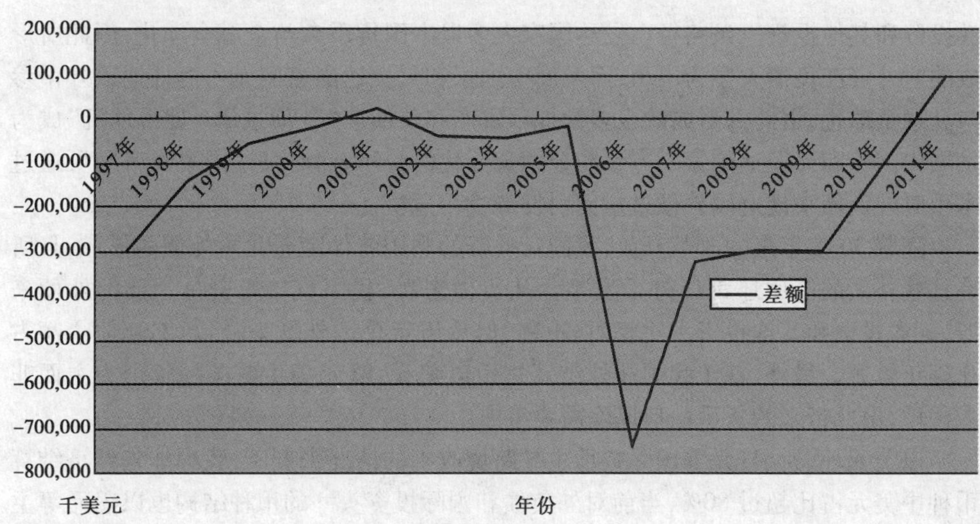

图1 全国跨境金融服务趋势

我国的跨境人民币金融服务[①]始于2009年7月跨境贸易人民币结算试点之际，并随着实体经济跨境活动中对人民币使用的扩大而逐渐得到发展。

(二)跨境人民币服务的政策框架

从金融服务国际贸易的角度来看，本币金融服务与外币金融服务的差别在于：本币金融服务是依托本国金融体系来为主来完成的，而外币金融服务则是依托他国(货币发行国)的金融体系来为主完成的。因为在国际货币清算规则的作用下，所有货币资金都存放在其发行国的银行体系内，发行国银行是全球本币金融服务的承载主体。就人民币而言，所有人民币包括走向国际的人民币都存放在我国境内，并依托境内的银行体系来完成跨境及国际的人民币清算服务，由此构成我国金融服务依托人民币的出口。以此角度出发，评估和分析我国当前的人民币跨境服务，主要可以分为以下六大类：跨境人民币结算服务、跨境人民币账户服务、跨境人民币清算服务、跨境人民币融资服务、跨境人民币投资服务以及跨境人民币担保服务。相关的政策安排也是从这六个方面来开展的。这六个方面的金融服务也契合了人民币货币职能的跨境发展情况，可以一并评估。

(三)国际规则运用

按照施俐娅等(2010)对金融全球化路径[②]的分析，货币国际化有直接投资、证

① 2004年我国为香港地区银行开展个人人民币业务安排了人民币清算渠道，由于这项业务由人民银行提供，因此不能归入商业金融服务。此外，边境地区也有部分银行以对开账户的方式提供人民币账户服务，但仅限于账户结算，没有其他配套，因此，也不能作为规范的跨境人命币金融服务来衡量。

② 施琍娅.货币、金融国际化与经济金融化传导关系的研究[D].上海：上海社会科学院.2010.

券投资和其他投资三条路径。发达国家大多以本国货币参与金融全球化,因此所形成的对外资产负债大多为本币,而发展中国家和欠发达国家则无一例外地以外币参与金融全球化,由此而形成的也多为外币资产和负债。“外债过量=货币危机”成为发展中国家和欠发达国家一方参与金融全球化的警示,而对发达国家而言则可通过本币对外负债来规避因外债过量而引发的货币危机。

随着 30 多年来的改革开放,我国对外资的利用就伴随着我国外债的形成,且所有这些外债的借用还都以外币发生。从负债来看,我国直接投资是主要的外债来源,证券投资和其他投资占比相对较小。但从历年登记外债来看,短期外债余额占比逐年攀升。另外,基于我国涉外结算货币以美元、欧元等主要国际货币为主而非人民币,由此带来的货币敞口风险需要考虑。

以美元、欧元、日元等国际货币主导跨境收支的情况来判断,我国涉外经济结算币种中美元占比超过 80%,当前对外负债和国际投资头寸的币种结构也以美元等主要国际货币为主。这意味着人民币对这些货币汇率的任何波动都将导致我国对外负债状况发生变化。具体来说,外币升值意味着我国对外负债的增加,而外币贬值则意味着我国对外负债的减少。另外,由于短期外债近年来一直在增加,表明短期内偿付外债的压力相对较大。

因此,从战略层面,亟待改变我国目前对外负债的币种结构,增加本币负债份额,降低外币负债份额是金融全球化的必须要做的调整。要利用好本币结算这一国际规则来赢得风险管理的主动性。

(四)适应人民币国际化的金融中心建设

关于货币国际化的路径,可以根据一国货币职能从国内到跨境继而到国际的递进发展来进行分析。货币首先在其发行国内作为法定一般等价物发挥各个职能;进而产生本国货币的境外持有,带动境外离岸市场金融业务的活跃;继而推动本国货币成为媒介货币而用于无本国参与的各类国际经贸及投、融资活动。

就人民币而言,我国是发行国,意味着是人民币资产的主要生产国,可交易人民币资产主要集中在我国。因此,从人民币国际化路径来看,通过实体经济贸易往来中的对外输出以及对外直接投资中对人民币的采用,可以构成有效的人民币输出;境外接受人民币作为贸易投资的结算货币即构成我国的人民币对外负债;允许境外持有的人民币存款投资我国各类可交易的人民币资产,对我国而言,只是将对外的人民币存款类负债转换为对外人民币证券类负债,不影响整个负债规模,只是负债结构的调整。

(五)对重庆建设金融中心的启示

当前,重庆建设功能型金融中心,要从传统意义上的“靠量堆砌”思路转向功能型的设计与打造思路。而顺应人民币跨境走向国际,并以此为依托的政策安排有待深入研究。

1.金融对外开放相关政策的适时调整

金融服务业对外开放可以分为市场准入开放和跨境贸易开放两方面。市场准入的开放主要集中在机构的市场准入方面，而跨境贸易的开放则主要集中在“跨境提供”“境外消费”以及“自然人流动”三个领域。

(1)开放金融服务业的市场准入

我国当前金融服务业的市场准入情况，对外开放主要依据2000年我国加入世界贸易组织时的开放承诺表。其中包括了主体类机构的市场准入和辅助类机构的市场准入两大方面。

(2)金融服务的跨境贸易发展

金融服务以“跨境提供”方式开展的国际贸易主要是指境内居民向境外非居民提供以及境外非居民向境内居民提供两个方向上。

①货币市场。我国境内人民币货币市场集中在银行间同业拆借中心并受到政策的保护性支持；境外各外币的货币市场除了发行国境内外，主要的国际货币大多存在一个离岸货币市场，如欧洲美元、欧洲日元市场等。人民币离岸货币市场以香港地区为主，尚处于发展的初级阶段。

②外汇市场。目前境内的人民币外汇市场集中在中国外汇交易中心并得到政策的保护性支持；境外的人民币外汇市场集中在香港地区，并已呈现向新加坡、伦敦等地扩展的趋势。

③资本市场。境内资本市场以有组织的市场为主，包括交易所股票市场和银行间债券市场；近年来还出现了股权交易市场、产权交易市场以及所谓的三板交易市场等。境外资本市场除了有组织市场外，还有庞大的场外交易市场。境外人民币资本市场处于发展初期，集中在香港等地。

2.加快外债币种的结构优化

由于我国的国际收支币种以美元、欧元等主要国际货币为主结算。因此，应利用人民币国际化启动的有利形势，加快外债币种结构调整，特别是实体经济领域的外债币种结构的调整。

3.构建适应人民币国际化的金融服务体系

重庆要适应未来人民币成为可自由兑换货币，尤其是功能型金融中心建设要着力不断加大金融业对外开放，完善金融市场服务体系的建设。

(1)涉外金融服务税收体系建设

这种依托双边税收协定来对境外银行开立的国际同业往来账户征收预提税的做法已经不适应人民币国际化的需要。

(2)涉外金融服务自律体系建设

在重庆设立由境内外机构共同参与的、能立足金融中心实践与国际同行进行交流沟通对话并参与国际金融行为规范制订的专业性社团组织就非常必要。

(3)涉外金融服务规则体系建设

涉外金融服务规则体系建设需要从以下方面进行破题:一是市场交易规则体系;二是市场主体行为规则体系;三是市场监管行为规则体系;四是清算托管服务规则体系。

4.完善监管体系

从以下方面着手:留住货币定价权;完善立足人民币开放金融市场和金融服务业;按机构审慎监管和宏观审慎管理为条线建立我国的跨境资金流动审慎监管框架;整合跨境资金流动监测资源,建立全方位跨境流动监测体系。

三、金融机构“走出去”的案例分析

(一)金融机构“走出去”的背景

人民币国际化背景下,金融机构是走出去的排头兵。尽管金融机构在国内也可以为中国企业“走出去”提供服务,但由于许多国家、地区对外来投资有各种政策和法律的限制。所以,要为企业“走出去”提供更好的服务和支持,就需要金融机构“走出去”,以更好地服务于企业“走出去”,更好地推进人民币国际化和国家战略转型。然而目前,我国金融机构“走出去”的步伐远远落后于实体产业“互联互通”的需要,这种不对称的发展模式急需改变。因此“一带一路”战略的推进,顺应人民币国际化背景下的金融“走出去”是金融机构的重大使命。

沈炳熙(2012)对我国银行业“走出去”的研究认为,工商银行、农业银行、中国银行、建设银行、交通银行、招商银行、中信银行和广发银行在境外35个国家和地区设立了111家分行和子公司。中国商业银行海外机构的营业收入868亿元,税前利润412亿元,其中国际化程度比较高的中国银行2010年海外业务的利润为330亿元,占其全部利润的27.95%。

(二)海外银行金融机构案例

1.花旗银行并购发展

花旗银行于1812年成立,经历了约200年的风吹雨打,1992年成为全球银行业的领头羊。花旗银行先以并购成为美国以至全球最大的金融集团,而后再加快在海外的布局。首先,在1998年花旗银行的母公司花旗公司(Citi Corp)和旅行者集团(Travelers Group)宣布合并。1994年,花旗银行在俄罗斯开设第一家外国独资商业银行;1995年,在阔别了中国45年后,花旗银行开设了第一家具有全面业务的分行,并于同年在越南和南非开设了分行。1998年在与旅行者集团的合并后,花旗银行的母公司成为全球一家拥有超过7000亿美元资产,超过一亿客户的花旗集团。2001年,花旗银行以125亿美元收购墨西哥第二大金融机构——墨西哥国民银行

(Banamex、Grupo);2004 年,花旗银行以 27.3 亿美元收购韩国中等规模的银行 KorAm Bank;同年花旗悉数抛售持有的台湾富邦金融控股集团 10.2%股权;2006 年花旗银行收购中美洲最大信用卡发行机构 Banco Uno 第一金融集团(GFU);2007 年花旗银行宣布合并台湾的华侨商业银行,同时在中国台湾注册成立花旗(台湾)商业银行,并以新注册的花旗(台湾)商业银行为存续银行;同年花旗银行收购智利第二大银行 Banco De Chile。花旗银行"走出去"的方式在全球银行业中具有示范意义。

2.汇丰银行海外本土化发展

汇丰银行在中国香港成立后,经过近百年的发展,1961 年汇丰银行在香港已开设了 19 家分行。与此同时,汇丰银行在亚太地区的业务也得到快速发展。在 1962 年汇丰银行已经先后在 10 个国家设立了 43 家分行和办事处,这一步伐在当时的同业中居于领先地位。1965 年,汇丰银行利用金融风暴时机收购了竞争对手——恒生银行,持有 51%的股权,进而稳步向全球扩展。在 20 世纪 60 年代以后,随着香港金融业的不断发展,汇丰银行实际上以私人商业银行的身份承担着多种中央银行的职能,扮演着准中央银行的职能。这其中包括发行钞票,香港银行结算中心的管理权,最后贷款者角色以及享有香港行政局席位。汇丰不但能够提前知道中国香港政府的关于金融方面的重大决策,而且自身还是游戏制定者,在高居香港金融界的金字塔的顶端把握着香港金融界的命脉。

3.德意志银行"攻城拔寨"

德意志银行初期成立的目的是成为一家囊括所有金融业务的机构,这家机构尤其应该为德国对欧洲及其他国家的贸易提供金融支持,从而更好地服务德国的企业。1888 年,以德意志银行为首的银行集团获得了建造与运营土耳其阿纳托利亚地区铁路的许可证,这标志着德意志银行开始向在 19 世纪末获利丰厚的铁路进行投资。随后德意志银行在第一次世界大战后和第二次世界大战后先后对德国本土的企业进行了投资,其中包括德国汉莎航空公司,联合钢铁厂,戴姆勒-奔驰股份有限公司等工业与能源公司。经过第二次世界大战后数十年的积累,截至 2002 年,德意志银行作为一家全球大型全能银行,其投资已经涉及金融、工业、地产、建筑、租赁以及管理等各个领域。

1989 年德意志银行收购了伦敦投资银行摩根建富,借助摩根建富作为平台进军国际投资银行业务。1999 年 6 月,德意志银行与纽约投资银行集团签署并购协议,使得德意志银行凭借其 7950 亿欧元的总资产值成为了当时世界上最大的银行。2001 年 9 月,德意志银行宣布并购美国资产管理公司斯卡德,从而宣布了其成为世界第四大资产管理公司。相应地,在并购之后,其在美国、欧洲以及亚太区的资产管理业务增长迅速。

(三)国内金融机构案例

1.银行业

近年来,中资银行顺应“一带一路”战略,不断推进海外布局。2009年末,仅5家大型商业银行在境外设立了86家一级营业性机构;截至2014年末,已有20家中资银行业金融机构共在海外53个国家和地区设立1200家分支机构,中资银行境外总资产超过1.5万亿美元。2014年,工行设立墨西哥子行、英国伦敦分行、缅甸仰光分行;中行设立了匈牙利分行、阿联酋阿布扎比分行、泰国子行和新西兰子行;农行设立了卢森堡子行、俄罗斯子行和澳洲悉尼分行;浦发、民生银行设立新加坡分行;招行设立了卢森堡分行、伦敦代表处升格为分行。①

2.证券业

随着我国资本市场逐步放开,中资证券机构也在积极“走出去”。在这一进程中,中国香港发挥着桥头堡的重要作用,成为各券商、基金公司以及期货公司国际化的首要落脚地。

在国际化业务方面,人民币国际化的进程和资本市场逐步放开,为我国证券机构业务“走出去”带来良机。截止到2013年2月28日,具有QDII资格的金融机构总数达到110家,包括28家银行,46家证券类公司、28家保险公司和8家信托公司,获批额度分别为105.6亿美元、457亿美元、239.67亿美元和49亿美元。

3.保险业

相比其他金融机构,我国保险业“走出去”进程较为缓慢。2011年金融类对外直接投资流量中,保险业仅占比1.7%。国内保险公司“走出去”方式主要是立足港澳、面向世界,开展海外业务。目前,我国有六家保险公司在香港上市。1998年与荷兰国际集团合资设有太平洋安泰人寿有限责任公司②。在国家“一带一路”对金融机构“走出去”的战略支持下,竞争激烈的国内保险业必加快步伐推进海外发展。

(四)对重庆金融机构“走出去”的启示

1.金融机构“走出去”要有一个整体性、前瞻性的战略目标规划

金融机构“走出去”需要建立一个前瞻性、多层级、递进式的目标体系,并对“走

① 《中国银行业发展报告(2015)》。

② 2010年12月27日,建设银行牵头的联合投标团被上海联合产权交易所确定为中标投资团,成功受让太保集团挂牌出让的太平洋安泰50%股权。同日,建设银行及共同投资者与太保集团签署了《产权交易协议》,该行购买太平洋安泰1%股权。经中国保险监督管理委员会批准,两项交易分别于2011年6月24日、6月29日完成交割手续。2011年7月6日,上海工商行政管理局正式核准太平洋安泰人寿保险有限公司企业法人营业执照变更事项,自该日起,太平洋安泰人寿保险有限公司正式更名为建信人寿保险有限公司。

出去”要有一个整体性、前瞻性的战略目标规划，依据当前自身所具备的条件和外部竞争环境及态势，明确当前目标处于哪一个层级，需要多长时间演进到下一个目标层级。

依据目标实现的难易程度，中国金融机构“走出去”的目标层级由易到难依次为：

第一，在海外发行金融债券、股票，或者设立代表处，初步融入全球金融大舞台，学习海外资本运作的经验，收集大量政策、文化、法律、经济、金融方面的信息，为开展具体业务夯实基础。

第二，在海外设立代理行，迈开海外实质性经营的第一步，开始谋求网络布局。

第三，在海外设立分行、子行以及通过并购参股或者控股海外金融机构，配合国内客户延伸海外金融服务，不断提升核心竞争优势和风险管理能力，逐步完成重点区域布局。

第四，逐步提高子行的比重，对当地经济金融方面的法律和政策了如指掌，不断消弭文化隔阂，逐步进入当地主流社会。为当地企业和居民提供差异化、多元化和标准化的金融服务，与海外顶级金融机构建立战略联盟伙伴关系，联手开拓市场，形成良性的协同机制，布局全球式网络。

第五，引领国内企业海外扩张布局，为推进人民币国际化这一国家战略提供强有力支撑并作出有益贡献。

2.金融机构“走出去”应遵循几项原则

第一，审慎有序推进。金融机构“走出去”更需要理智与科学谋划，审慎而有序推进。“走出去”要与行业大势变化合拍，顺势而为。国内金融机构“走出去”要与国内实体经济与产业链向海外延伸的节奏合拍，与国内实体经济海外拓展进程形成有效互动。“走出去”要与自身能力匹配。切忌冒进，要循序推进。

第二，内外兼顾，协同发展。不能简单地将“走出去”理解为“一走了之”，只顾在海外市场拼杀而弃国内市场于不顾，应统筹好国内和海外两个市场，让两个市场充分地关联和互动，内外呼应，充分发挥“1+1>2”的协同作用和风险分摊机制。

第三，目标明确，战略清晰，动态调整。

3.金融机构“走出去”应选择适合自身的机制与模式

①时机的把握。“一带一路”沿线国家，国情与外部环境错综复杂，充满变数，随时都可能有来自政治、经济，尤其是宗教的冲突。因此，金融机构必须审时度势，并根据国内外时势来谋篇布局，做好抉择。

②地域的拓展。文化差异和冲突是影响中国金融机构“走出去”地域选择的一个关键变量。鉴于此，中国金融机构“走出去”的地域选择时应遵循文化距离由近及远的原则，分步拓展。

③业务的开拓。首先，中国金融机构“走出去”应做大做强自身的核心优势业

务,待条件成熟后再谋求业务多元化的拓展。其次,中国金融机构在海外开拓业务既要以中资企业为主要客户,又要加强为东道国企业和居民提供金融服务的能力,大力拓展中高端客户,逐步融入当地主流社会。在这方面,日本的经验和教训可供我们借鉴。20世纪80年代末,驻美日本银行购买了大部分的美国国债和地方债,并向美国企业提供大量贷款,已融入当地主流金融市场。而日本证券公司在海外的扩张却采取了一种截然不同的做法,其大部分金融服务面向日本企业,对东道国企业和居民的渗透远不如日本银行。20世纪90年代初,日本经济泡沫破灭后,日本经济开始了“失去的10年”,日本企业陷入困境,因此,对日本企业过度依赖的日本证券公司在海外的业务也遭遇萎缩。再来看中国的经验。工行纽约分行除了为中资企业提供金融服务以外,还以“积极融入当地主流金融市场”为业务拓展提供指导方针,努力与当地主流市场中的高端企业,如沃尔玛、凯雷投资、波音等,建立全面的业务合作关系。

④机构类型的演进。按由先到后的时序或者由低到高的层次来说,海外机构设立的类型依次应是代表处、分行、子行。因此,金融机构到海外应注重“内生性”扩张。

四、离岸人民币业务产品的探索

(一)商业银行离岸人民币业务现状

1.人民币NRA业务

NRA(Non-Resident Account,非居民账户),即境内外汇账户,是指境内银行为境外机构开立的境内账户。在央行2010年10月下发《境外机构人民币银行结算账户管理办法》后,NRA账户的吸存范围从外币扩展到了本外币,这一举措为NRA账户吸收人民币存款打开了通路,也形成了一条境外人民币资金的回流通道。

(1)跨境人民币远期信用证境外融资业务

与普通的外币信用证相比,人民币信用证不占用银行外债指标。该项业务同时也会套做NDF业务,以锁定汇率。通过办理该项业务,境内外企业不仅可以获得境内人民币存款利率高于境外外币融资利率的收益,还可获得人民币远期升值的收益。

(2)人民币代付业务

人民币代付业务,又称买方付息贴现业务,是境内银行根据进口商的资信情况、财务状况和资金回流时间,在进口商出具信托收据并承担融资费用的前提下,依据核定的海外代付额度,为进口企业提供最佳的海外代付期限,指示海外银行代进口商在信用证、进口代收、T/T付款等结算方式下支付进口款项所提供的短期融资方式。

(3)跨境购汇业务

考虑到境外购汇价格低于国内购汇价格的市场特点,银行推出这样的一项新业务可以吸引需要对外付汇的企业,有效地为企业降低购汇成本。推出跨境购汇业务能够提高商业银行与离岸市场其他银行或机构的竞争力,在人民币国际化的进程中,凭借本土银行的优势获得更多的利益。

2.离岸人民币市场

自2009年我国政府着手推进人民币的跨境流通,由此催生了人民币离岸金融市场,例如我国香港、台湾地区和新加坡、伦敦、芝加哥等人民币离岸金融市场。香港凭借着中央政府支持以及作为内地同世界紧密联系的桥梁等优势,在人民币离岸金融市场中走在全球前列。

(1)离岸人民币业务

中国香港离岸人民币市场的建立和发展得益于中央政府的政策推动和管制放松,香港离岸人民币金融业务经历了由易到难逐步推进的过程。

①离岸人民币存贷款业务。离岸人民币存贷款业务发生量已成为衡量人民币离岸金融市场发展程度的重要指标。香港是当前发展最为成熟的离岸人民币市场,其人民币存款业务在2004年就开始出现,2010年以后得到迅速发展;贷款业务则主要从2009年开始起步,但进展相对缓慢。

②离岸人民币债券。香港离岸人民币债券业务的发展是与大陆和香港两地政府的政策推动密切相关的。离岸人民币债券主要包括两种,即点心债与合成债。点心债是以人民币计价、以人民币结算的债券,是完全性的离岸人民币债券;而合成债是以人民币计价、以美元结算的债券。

③离岸人民币衍生品。香港离岸人民币资金交易类业务的发展与离岸人民币金融产品的创新密切相关,当前香港离岸人民币市场已经推出了无本金交割人民币远期(NDF)、可交割人民币远期(DF)、可交割人民币期权、离岸人民币外汇掉期等多种离岸人民币汇率衍生品和可交割人民币利率互换、可交割人民币利率互换期权等离岸人民币利率衍生品。

④离岸人民币资产管理。香港离岸人民币资产管理类业务主要包括离岸人民币保险业务和离岸人民币基金业务。中国人寿保险(海外)股份有限公司于2010年推出了人民币储蓄保险,取得了较好的市场反响。这种银行保险模式为离岸人民币保险业务的发展提供了一定的有利条件,香港离岸人民币保险业务可以通过相应银行的支持而得到快速发展。

在离岸人民币基金业务方面,从海通资产管理(香港)公司于2010年8月发行首只离岸人民币基金算起,香港离岸市场上已经有多只以人民币计价的公募、私募基金,这些基金的出现增加了香港市场及海外市场的人民币投资渠道。

(2)离岸人民币业务的影响因素

在相关政策稳步推进、市场容量不断扩大的背景下,香港离岸人民币市场在初期经历了一个快速的发展历程。2011年中以来,香港市场上商业银行离岸人民币业务的增长出现了一定的停滞,这种情况的出现既受到了商业银行和相关企业自身利益动机的影响,也与香港离岸市场的市场环境和价格形成机制有一定关系。

(二)商业银行发展离岸人民币业务的意义

我国银行业的生存和发展环境也变得更加的复杂,不仅有来自各方面的巨大压力,银行业之间以及非银行金融业之间的竞争也将变得更加激烈。而离岸人民币业务有可能成为业务增长点。

①更多中间业务收入来源。金融衍生产品业务等属于表外业务,能带来手续费收入。在人民币国际化的背景下,中资银行可以更好地发展货币类金融衍生产品,如远期外汇合约、外汇期货、外汇期权、货币互换等,从而转变中资商业银行的业务类型,提高其金融产品创新和获取低风险利润的能力。

②促进国内银行战略转型。其一,丰富境外融资渠道,拉动负债业务发展。其二,丰富资产业务,转型盈利模式。其三,倒逼国内银行“走出去”顺应国际化布局,提升竞争力。

(三)商业银行离岸人民币业务创新

相对于商业银行的国内业务和传统的国际业务,在人民币国际化过程中的人民币产品创新所涉及的因素具有其特殊性。

1.丰富产品体系

第一,完善跨境产品体系,满足差异化需求。跨境人民币业务发展的速度最快、规模也最大,是人民币国际化发展的基础。第二,加强产品创新,提供多元化服务。随着人民币在国际上接受程度的不断提升,不同客户对于涉及人民币的金融产品和服务将会更加多样。

2.标准化产品与个性化产品相结合

随着人民币国际化的发展,国内的中小型企业对外贸易在一定程度上也会选择使用人民币作为贸易计价和结算货币,提供标准化产品将成为商业银行满足中小型企业的必要选择。现阶段我国商业银行在针对标准化产品的设计中有着明显的不足。重庆金融机构走出去针对中小型企业发展人民币产品大有可为。

3.建立高效的清算网络

我们面临的问题,不仅是海外的人民币存量不足,而且有限的资金也因为渠道不畅使用效率较为低下。为此,商业银行应在海外积极设立更多的清算行;允许和鼓励金融机构在境内或海外的分支机构开立人民币同业往来账户,由该境内银行代理进行人民币资金的跨境结算和清算。

4.加强与国外金融机构之间的合作

人民币国际化启动以来,得到了世界很多国家政府和企业的积极响应。对于商业银行而言,也需要进一步加强和国外金融机构之间的合作,共同推进人民币国际化的进程,为人民币产品的创新创造积极的外部环境。

(四)对重庆银行业的启示

1.重庆市商业银行离岸人民币面对的难题

(1)资产负债管理的挑战

资产负债管理方面,人民币国际化使得国内商业银行资产负债表从国内延伸到国际,同时来源于国际市场的资产和负债在资产负债表中的占比会越来越大,这对国内商业银行的管理能力提出新的考验。

流动性管理方面,人民币国际化带来银行客户的国际化和服务市场的国际化,要求银行能够24小时满足流动性管理的需要。资产负债和流动性管理的难度给银行带来了巨大的挑战。

(2)风险管理水平的加强

与国内市场相比,离岸人民币金融市场自由化程度更高,蕴藏的风险也更多更大,在全球经济金融纷繁复杂的大环境下,走出国门的商业银行风险管理压力不容低估。国内银行应在尚未做大国际经营前,抓紧学习和掌握相关风险管理理念和管理技巧。

(3)创新不足人才短板的弥补

创新不足主要表现在两方面。一是产品类型较少,定价能力不足。二是产品创新附加值较低,创新常与市场需求脱节。归根结底是因为高素质创新人才团队存在短板。

(4)业务系统的不断升级

目前,我国相当一部分商业银行的后台系统仍然处于本外币隔离的状态,部分人民币业务系统仅适用于国内业务,与境外人民币创新业务的需求还有一定差距。在国际化的进程中,其所面临的资产负债情况越来越复杂,再加上大量的表外业务的存在使得风险的度量和监控的难度不停增大。现有的业务系统和风控系统已经无法满足现有的需求,我国商业银行急需加大后台系统建设。

2.重庆市金融机构开展离岸人民币业务的启示

(1)明确清晰的工作原则,构建完善的业务发展机制

商业银行需要从主权货币视角,厘清跨境人民币业务发展思路。具体而言,需要在流程设计、产品运用、绩效考核、制度安排等方面加强对跨境人民币目标客户的拓展,建立可持续的客户基础。

商业银行需要在全行范围内建立高效的沟通和信息共享机制,实现总分行之间、境内行与境外行之间有关跨境人民币汇率、利率、价格、产品与服务、客户、项目、政策等信息的即时共享,形成相互支撑、相互带动、共同发展的良好局面。

(2)制定高效有针对性的工作措施

商业银行可以考核目标为导向,落实责任制,促使各分行、各部门从战略高度重视跨境人民币业务发展。

商业银行应着眼于不同类型客户的需求差异,有针对性地开展跨境人民币相关业务的服务工作。

(3)巩固传统优势,推动产品开发

在产品开发和业务发展上,商业银行应该以产品与服务为抓手,促进业务快速发展。具体而言,可以从信用证、托收、汇款等传统结算产品入手,引导并培育客户在跨境交易中以人民币计价并结算,提高跨境人民币业务发生量在国际结算量中的占比。商业银行可以大力拓展协议付款、协议融资、人民币出口风险参与、跨境人民币贷款等跨境贸易融资与跨境贷款业务,在审慎选择客户的前提下,通过境内外联动,促进跨境贸易融资与投融资业务的发展。

在创新方面,应该持续推进产品创新,立足客户需求,在跨境联动、币种运用、境外结售汇、信托/保险合作等重点领域积极开展产品创新,以创新赢市场,以创新赢客户。

(4)制定有针对性的地域发展战略

重庆市商业银行在立足本土基础上,利用好“中新合作”“川渝经济圈”的机遇,积极走出重庆,到周边地区发展人民币投融资及跨境资金业务,更大范围地培育跨境人民币区域市场,扩大人民币结算规模。

(5)加强人民币国际化政策与市场研究力度

分析发现,监管部门的政策导向是决定跨境人民币业务发展的最重要因素之一。重庆市商业银行应当持续根据政策制定和市场发展的最新动向,以政策指引和市场需求为机遇,提前抢占市场。

(6)落实风险管理,保障业务健康发展

首先是提高风险防范意识,加强风险管控。与此同时,还应重视业务操作的合规性,对于政策框架范围内的业务,要严格依照政策规定办理;对于政策框架尚未明确的业务,须征求监管机构的许可并获取政策支持,确保业务全流程操作的合规性。

五、重庆金融业融入“一带一路”的决策建议

重庆市特殊的区位环境为融入“一带一路”提供了良好的条件。首先,长江上游经济中心的地位使重庆市具有与龙头呼应配合的作用和对西部地区的示范作用。其次,以重庆市为起点的渝新欧国际铁路联运大通道直达德国杜伊斯堡,是丝绸之路的重要载体,承担向西开放作用,对重庆市的经济增长有很大的促进作用。再者,重庆市还可以通过昆明进入越南或缅甸,再通过印度洋或南中国海,可直接联系21世纪海上丝绸之路,这也是重庆市另一个经济路优势。位于一带一路和长江经济带

战略节点，也将极大地促进重庆市对外经济增长，拉动本地企业的融资需求，促进本地金融业融入“一带一路”。

（一）建立“一带一路”国家的科学评估机制

“一带一路”涉及64个国家，由于在政治、文化、宗教以及经济发展水平等方面的差异，重庆金融业走向这些国家存在诸多不确定的因素，甚至风险，由此，建立一套符合国际规范的科学的考察评估机制可避免盲目性。

按照基础设施、经济发展水平、制度完善承担、政治环境对64个国家进行考察和评分，采用模糊层次聚类分析法得到64个国家的综合评分并排序（图2）。

图2显示，分数越高排名靠前的国家，其综合条件越有利于重庆金融业考虑选择进入的国家。综合分数排名前10的分别为新加坡、俄罗斯、哈萨克斯坦、沙特阿拉伯、越南、阿联酋、马来西亚、波兰、黑山及卡塔尔。排后10位的依次为伊拉克、约旦、东帝汶、缅甸、尼泊尔、巴基斯坦、孟加拉国、叙利亚、阿富汗和也门。

对“一带一路”国家按区域进行排名，可根据所在区域的综合情况得到更具参考价值的结果（图3）。

（二）扩大重庆跨境人民币业务

1.重庆跨境人民币结算现状

2010年，上海、重庆、广州等城市开展跨境贸易人民币结算试点，“一带一路”战略推进后，重庆跨境人民币交易得到较快增长。人民银行重庆营业管理部提供的统计数据，2010年全市跨境人民币收付结算量不足10亿元；2014年，跃升为1601.9亿元，年均增速高达2.8倍；2015年1—9月，达到1612.3亿元，结算总量居全国第九，继续保持中西部第一。其中，经常项下结算金额837.1亿元，同比增长97.0%；资本项下结算金额774.9亿元，同比增长11.8%。828家企业参与跨境人民币业务，同比增长27.4%。

2.重庆跨境人民币业务具有的特点

①大型企业参与形成带动。跨国企业集团跨境人民币资金集中运营正式启动。重庆对外经贸（集团）有限公司、重庆钢铁（集团）有限责任公司共办理跨境双向人民币资金池业务4.82亿元。3家外资股权投资基金合伙企业累计办理人民币资本金汇入4.68亿元。重庆易极付科技有限公司成功办理服务贸易对外付款人民币结算业务，跨境电子商务人民币结算业务已覆盖货物贸易和服务贸易。

②全市跨境贸易人民币结算涉及境外95个国家和地区，涵盖亚、非、北美、南美和大洋洲，其中，“一带一路”国家达23个。截至2015年6月底，参与企业达1367家，企业累计人民币结算金额达4062.07亿元，约为全市企业节约成本逾80亿元。2014年，全市跨境人民币收支占本外币涉外收支的比重，由2010年的不足1%上升至23.6%。

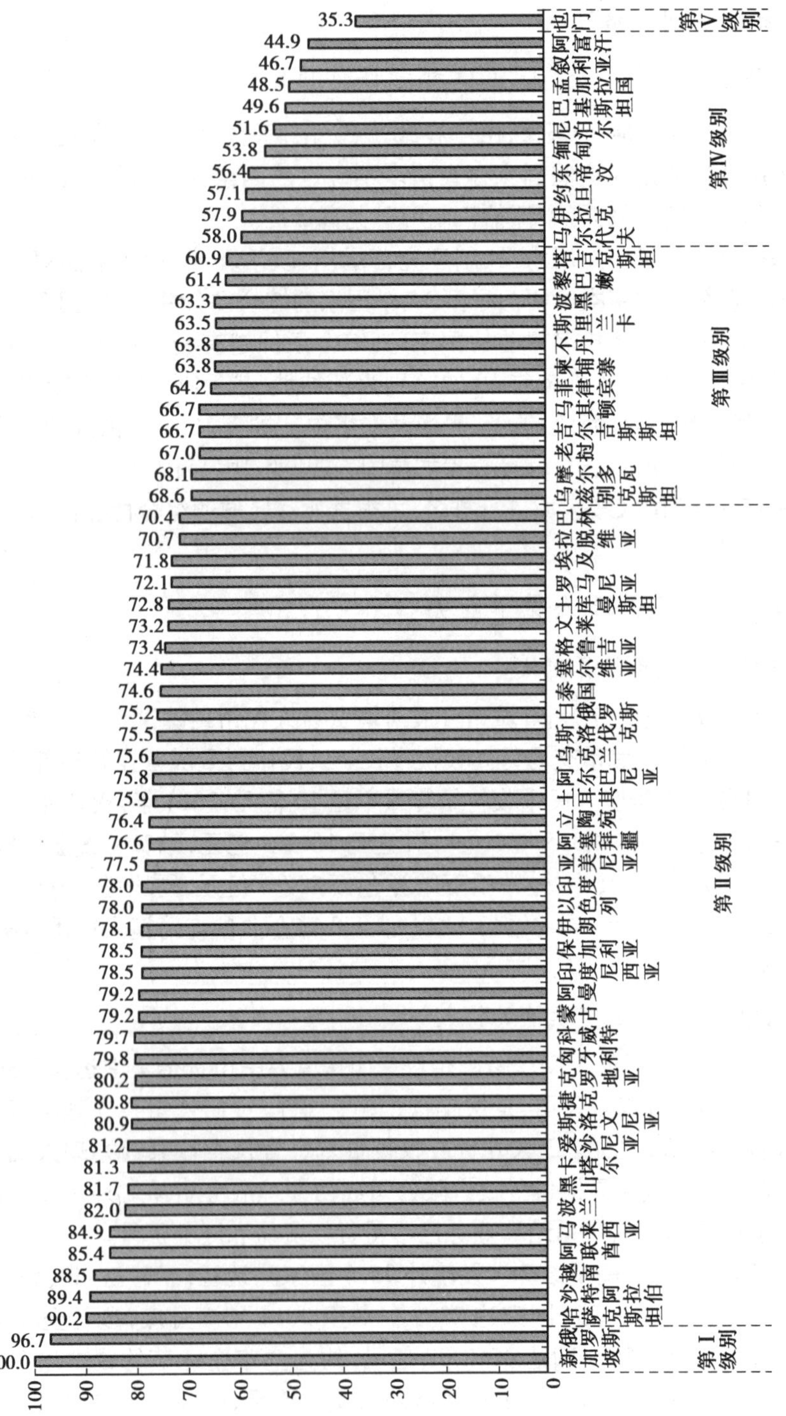

图2 “一带一路”国家与地区投资前景综合排序

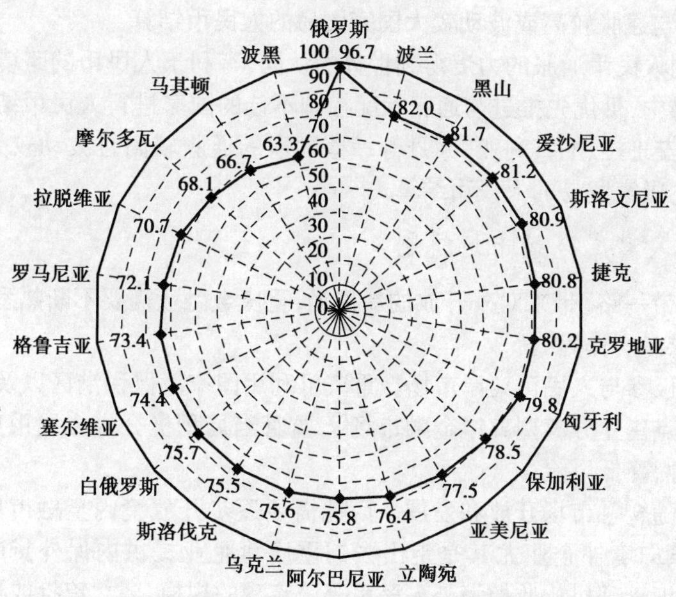

图3 "一带一路"中东欧国家投资前景综合排序

3.扩大跨境人民币结算的主要路径

(1)提升异质性商品贸易占比,促进人民币跨境结算

随着世界自由贸易的进一步发展,我国在轻、重型制造业和电子行业的进出口都将大幅增长。这意味着,未来中国的产业内贸易,即异质性商品贸易将出现较快增长。

重庆推进新型工业化将不断提升制造业优势,并在国内拥有巨大的产业内市场,可以利用产业政策使目标产品在重庆及西部获得经济规模,从而使这一产品的最终生产聚集在重庆,进而扩大该产品出口。根据国际贸易结算货币规则,异质性商品贸易倾向于以出口国货币计价,那么中国的异质性商品出口越多,人民币就能越多地执行结算货币职能。增加高附加值产品(异质性商品)出口在总出口中的比重,是重庆实体产业转型升级进而增加人民币结算的重要手段,因此要发挥好重庆异质品出口,切实打好人民币跨境结算的基础。

(2)推进与相对不发达国家贸易的人民币结算

根据国际贸易结算规则,发达国家与发展中国家的贸易中,发达国家货币占优势。而中国虽然是发展中国家,但与相对更不发达国家的贸易中,人民币应占据优势。因此,在重庆的贸易伙伴国家中,可优先推进与一些相对不发达的国家进行人民币贸易结算。另外,国家发达与否还体现在市场发展方面。相对完善的外汇市场和银行体系有利于本国货币结算。因此,在把握国家进一步改革外汇市场和银行体系政策机遇的同时,可以寻求与市场更不完善的国家发展人民币结算贸易。

(3)推进与通胀较高或波动较大国家贸易的人民币结算

我国控制人民币通胀的力度得到世界的认同,有利于人民币的跨境结算。在重庆的对外贸易中,可优先推进与通胀状况控制不佳的国家进行人民币结算。例如俄罗斯、非洲的安哥拉、尼日利亚、苏丹等一些国家的通胀较高且波动较大,因此可考虑推进与上述国家贸易的人民币结算。

(三)引入离岸金融市场机制

随着“一带一路”带来对外开放的新格局,重庆金融业需要不断熟悉国际金融市场规则并力求有所作为。

第一,积极参与人民币离岸市场。重庆可利用国家级保税港区以及待获批的自贸区政策,试点建立分离型离岸金融市场①,监管当局积极介入人民币离岸业务中,尽量做好合规,降低风险。

第二,跟随金融市场开放和发展。因此需要逐步开放境内金融市场,金融机构需要积极探索向境外企业尤其是走出去的重庆籍企业提供内保外贷的融资业务。同时,需要外汇管理机构监控境外人民币跨境流动的规模,建立审批或核准制度。

第三,建立应对人民币汇率变化的对冲机制。重庆市金融机构需不断把握外汇市场变化、利用具备外汇经营专业能力的金融机构建立应对人民币汇率变化的对冲机制,减少对实体行业的冲击。

(四)中小金融机构参与“东盟”人民币区域化

经过多年的经济贸易往来,目前泰国、越南、缅甸、老挝等周边国家已把人民币作为支付和结算货币。印度尼西亚、菲律宾、马来西亚等国一些银行已开办人民币存款及人民币其他业务。新加坡政府积极筹备开展人民币离岸中心工作。菲律宾等国已明确将人民币纳入外汇储备。中越、中老、中缅边境地区边贸、旅游、投资等领域70%以上使用人民币结算。研究发现,人民币在部分国家已经起到“货币锚”的作用。

①推动高层交流合作。进一步强化与东盟各国高层对话交流机制,分层次与东盟国家开展有针对性的交流合作。

②促进区域内各国金融机构与重庆建立互动。一是探索区域内债券市场的合作;二是国家现行监管体制下,探索重庆与东盟诸国间的金融机构互设。

③推动跨境人民币贷款,设立重庆—新加坡人民币投资基金。

④参与新加坡建设人民币离岸市场,促进重庆结算中心的建设。

(五)提升城市的要素聚集功能

对要素资源聚集的能力是一个城市社会经济发展到相当水平而产生出的重要

---

① 分离型离岸金融市场是专门为非居民交易所创设的,一方面便于金融管理当局对在岸业务、离岸业务分别加以监管,另一方面可以较为有效地阻挡国际金融市场对国内金融市场的冲击。

功能。作为地缘上承担“一带一路”与“长江经济带”重要枢纽的区域中心城市,重庆在政策环境、区位环境、经济环境和产业配套环境方面具有比较优势。因此,提升要素的聚集能力是重庆未来发展的重要举措:

1.切实推进“长江上游地区金融中心”的进程

“一带一路”、长江经济带等国策给重庆带来旺盛的投融资需求和加快金融业发展的机遇。地方政策方面,重庆市政府出台了《关于加快建设长江上游区域性金融中心的意见》(渝府发〔2013〕3号),提出鼓励创新,加大开放,健全体系,服务实体经济等金融发展目标,加强重庆市金融业的发展。

健全金融机构体系,做大金融产业规模;发展创新型金融机构,实现综合化经营;发展各类金融中介服务机构;发展多层次资本市场,拓宽直接融资渠道,加强区域性场外市场建设。

2.培育金融业对外服务能力

重庆要支持金融机构依托重庆出口加工、贸易产业链,开发国际化金融服务产品和工具,积极发展面向国际市场的离岸结算业务。支持金融机构大力发展电子商务国际结算,完善电子商务真实性认证体系。

3.营造服务外向型经济的软环境

主要涉及:①涉外金融服务税收体系建设;②涉外金融服务自律体系建设;③涉外金融服务规则体系建设;④适应金融开放的风险预警监测防控体系建设。

4.与决策层建立沟通机制,争取金融开放政策的先行先试

如:①跨境人民币的监管政策。②立足跨境人民币对金融市场和金融服务业的先行先试。③适用于内陆开放口岸的跨境资金流动审慎监管框架。

5.支持金融机构与企业实施“走出去”战略

探索在纽约、中国香港等国际金融中心设立重庆市的金融窗口公司,强化金融招商。鼓励金融机构通过贷款、担保、保险等方式支持企业海外项目融资和贸易融资。积极推动重庆企业赴海外上市,推进重庆企业在境外发行外币、人民币债券。支持在渝金融机构充分利用国际网络,切实配合外汇服务创新试点,促进企业贸易投资便利化,利用远期、掉期等工具帮助企业规避汇率风险。

文章审稿人:孔文佳

对当前重庆区域金融改革的路径研究[①]

中国人民银行重庆营业管理部金融研究处课题组

课题主持人：陈徐

课题组成员：顾胥　韩鑫韬　孔文佳　韩静　李研妮　黄觉波　葛志苏

一、引言

当前我国正处在经济转型升级的关键时期，加快推进金融改革，提升金融服务实体经济能力，已成为我国经济改革的重点内容。2012 年 9 月，中国人民银行发布《金融业发展和改革“十二五”规划》，明确指出要加快金融改革，建立金融宏观审慎政策、促进人民币汇率改革和利率市场化改革，强化监管等金融各领域的改革发展。党的十八大报告明确指出，要深化金融体制改革，健全促进宏观经济稳定、支持实体经济发展的现代金融体系，金融稳定是经济发展的重要保障。随着我国金融体制改革的进一步深化，金融改革的模式也由以往的单一的自上而下的改革变为自上而下和自下而上两种改革方式并存，由以前的以强制性制度变迁为主转为政府引导的诱致性制度变迁为主，并形成了以上海、深圳、天津、重庆等为代表的区域金融体制改革典型地区，为我国的金融体制改革完善不断积累经验。

重庆市作为西部唯一的直辖市，集大城市、大农村于一体，是典型的“大城市带大农村和大库区”的格局，城乡差别显著，在一定程度上是我国城乡经济金融发展的一个缩影。2007 年 6 月，在中央高度重视农村发展、致力于解决“三农”问题的现实背景下，重庆市获得“全国统筹城乡综合配套改革试验区”资格。此前，我国的综合配套改革试验区全部在东部，国家首次批准在西部地区设立改革试验区，标志着重庆及西部地区中央改革发展布局中的地位不断提升。金融体制改革是重庆统筹城乡综合配套改革试验的重要内容和必要支撑。2007 年，经中国人民银行、银监会批准，重庆市被列为全国银行间市场产品创新试验区、金融综合经营改革试点区。国发 3 号文明确提出将重庆建设成为长江上游地区金融中心。之后，重庆市政府先后出台《重庆第十一个五年规划金融业发展重点专项规划》等多项文件，不断推进长江上游金融中心建设。在此背景下，有必要结合全国发展战略，系统研究梳理重庆区域金融改革战略，进一步推动统筹城乡发展并为区域金融改革积累经验。

---

① 为 2014 年度中国人民银行重庆营业管理部重点研究课题，获评“一等奖”。

二、金融改革创新的国内外经验

(一)国内经验

我国各地金融改革意识强烈,到目前为止,国内已形成十大区域金融改革试点,虽然改革内容各有侧重,但金融改革在不同区域仍然可以互相借鉴,吸取彼此的改革经验。

1.上海自贸区

自2013年9月成立以来,上海自贸区在投资准入、金融服务、外汇管理、投融资便利化、风险防控等多个方面推进新制度的尝试。

第一,投资准入方面。负面清单是上海自贸区最显著的标志和最有可能向外推广的新制度探索之一。负面清单相当于投资领域的"黑名单",其中要列明针对外资的与国民待遇、最惠国待遇不符的管理措施,或业绩要求、高管要求等方面的管理限制措施。负面清单是国际上重要的投资准入制度,目前国际上有70多个国家采用"准入前国民待遇和负面清单"管理模式。

2013年10月,上海自贸区推出首版负面清单,涵盖了18个国民经济行业门类中的1069个小类,共计190条管理措施。2014年7月,自贸区负面清单2014年版推出,特别管理措施由原来的190条调整为139条,同比缩减26.8%。与2013版相比,新版负面清单呈现以下特点:一是开放度进一步提高。取消了14条管理措施,放宽了19条管理措施,进一步开放比率达17.4%。二是透明度进一步增加。无具体限制条件的管理措施由55条缩减为25条,并明确了部分无具体限制条件管理措施的条件。例如,明确了投资直销的条件,即投资者须具有3年以上在中国境外从事直销活动的经验,且公司实缴注册资本不低于人民币8000万元。三是与国际通行规则进一步衔接。根据国际通行规则,对2013年负面清单中14条对内外资均有限制或禁止要求的管理措施,不再列入负面清单。主要涉及高耗能、高污染的制造业领域,如新版负面清单已删除限制投资联苯胺、颜料、涂料生产;限制投资电解铝、铜、铅、锌等有色金属冶炼等规定。

第二,金融服务方面。2014年,上海自贸区先后发布2批共18个金融创新案例,涉及9方面金融创新。

一是存款利率市场化创新。从3月份开始,人民银行放开了自贸区内300万美元以下的小额外币存款利率上限,自贸区率先实现了外币存款利率完全市场化。目前已有多家银行开展小额外币存款业务。

二是自贸区企业融资创新。包括为企业和非银行金融机构办理从境外借入人民币资金业务、试验区跨境并购融资业务、三方联动跨境银租保业务等案例。

三是自贸区支付结算创新。包括第三方支付机构与商业银行合作开展跨境电子商务人民币支付结算、跨国公司经常项下跨境人民币集中收付、大宗商品衍生品交易结售汇服务等业务案例。

四是自贸区企业资金管理创新。包括开展跨国公司外汇资金集中运营管理试点、跨境人民币双向资金池等业务案例。

五是自贸区对外直接投资创新。简化股权投资企业跨境投资流程、以备案代替审批,提高了股权投资企业境外投资的效率。

六是自贸区内金融机构集聚创新。小额贷款公司、中外资银行、金融租赁公司、证券公司、资产管理公司、期货公司、保险公司等金融机构在自贸区设立分支机构并开展业务。

七是自由贸易账户开立和相关业务创新。主要包括自由贸易账户开立和资金划转、自由贸易账户贸易融资等案例。

八是进一步拓展人民币跨境使用范围。主要包括境外银团人民币借款、人民币跨境集中收付和轧差净额结算、个人经常项下跨境人民币结算业务等案例。

九是进一步落实外汇管理改革措施。主要包括自贸试验区外汇资本金意愿结汇业务、自贸试验区直接投资外汇登记等案例。

第三,外汇管理方面。外汇管理部门出台了支持试验区发展总部经济和新型贸易、简化直接投资外汇登记手续、支持试验区开展境内外租赁服务、取消区内机构向境外支付担保费的核准、支持银行开展面向客户的大宗商品衍生品的柜台交易等举措。2014 年 2 月,外汇管理局出台《关于印发支持自贸区建设外汇管理实施细则的通知》。根据意见要求,外汇管理政策进行 4 个方面创新:一是简化经常项目收结汇,购付汇单证审核;二是简化直接投资外汇登记;三是放宽对外债权债务管理;四是改进跨国公司总部外汇资金集中运营管理,外币资金池以及国贸结算中心外汇管理试点政策。

第四,投融资便利化方面。上海自贸区在促进投融资汇兑便利化方面进行的探索包括:一是区内企业在办理跨境直接投资项下涉及的跨境收付、兑换业务时,可直接向银行办理,与前置核准脱钩;二是所涉及的跨境投融资主体范围包括企业、非银行金融机构、个体工商户等主体;三是跨境融资更加便利,区内机构根据经营需要,可按规定从境外融入本外币资金;四是赋予区内主体结合自身生产经营和跨境商务活动的特点在更大空间内充分利用区内和境外金融市场管理对冲相关风险。

第五,风险防控方面。2014 年 2 月,总行发布《关于切实做好中国(上海)自由贸易试验区反洗钱和反恐怖融资工作的通知》,注重上海自贸区加强对反洗钱、反恐融资、反逃税的监管。总行会同上海市政府和金融监管部门,加强监测分析,密切关注跨境异常资金的流动;按年度对区内机构进行评估,根据评估结果对区内机构实施分类管理,并建立相应的扶优限劣机制。

2.天津滨海新区

天津滨海新区在开发开放中推出以完善现代金融服务体系和金融改革创新为

要点的试点,2008 年 3 月由国务院批准实施,主要目标是支持天津滨海新区创建与社会主义市场经济体制相适应的现代金融服务体系。主要内容包括:开展金融业综合经营试点,增强金融企业服务功能;创新和完善金融机构体系;改革外汇管理制度;积极支持在天津滨海新区设立全国性非上市公众公司股权交易市场;优化金融环境等。

3.广东珠三角地区

2012 年 6 月,《广东省建设珠江三角洲金融改革创新综合试验区总体方案》获批,改革思路分为 3 个部分:一是以珠江三角洲地区为主体,辐射带动粤东、粤西、粤北地区,加强与港澳合作,对已经部署的各项金融改革积极探索,先行先试。二是在梅州市推进农村金融改革创新综合试验,提升农村的金融服务质量和水平。三是在湛江市推进统筹城乡协调发展金融改革创新综合试验,推动城乡金融协调发展。改革具体路径如下:建设现代金融市场体系和多层次资本市场,拓宽直接融资渠道;不断完善金融组织体系,深化地方金融机构改革;加快促进金融产品和金融支持服务创新,加强创新性金融服务实体经济力度;促进珠三角地区金融的一体化发展,优化金融资源配置;建立与港、澳的金融合作机制,促进粤港澳三地的金融协作;探索城乡金融统筹发展机制,形成相关的金融服务体系。

4.深圳前海地区

2009 年 5 月《深圳市综合配套改革总体方案》审批通过,将深圳金融体制改革的目标定位于依托香港,以创新为目的,以产业金融为主的区域金融中心。一是深化与香港的金融业务合作。促进深港跨境实时支付系统和票据联合结算系统的建设,完善海外现钞回流机制,吸引国内对国际市场的需求;与香港协同开展国际业务,扩大香港在内地的金融腹地,将香港开展的对内地的金融业务聚集在深圳,成为对内地具有吸引力的资金聚集地;支持前海的股权交易所的改革发展,促进与中国香港地区的双向跨境贷款试点创新,扩大代办股权转让试点发展,促进债券市场发展。二是人民币国际化试点稳步推进。借助前海开发开放的契机和毗邻香港的区位优势,加快人民币 FDI 和 RQFII 试点,推进深圳证券交易所开展 ETF 试点,加快深港银行双向跨境人民币贷款业务的展开,扩大在深圳的跨境人民币业务。三是完善市场化运作机制。推动运作机制市场化,加强金融企业的股份制改革;促进资源配置的市场化,继续巩固深圳外汇调剂中心、证券交易所、外汇交易中心的发展,进一步深化中小企业板和创业板市场的发展;加强金融产品市场化,创新金融机构业务,在股票、债券、基金、期货和保险领域进行产品创新;强化调控方式市场化,促进深圳市信用评级协会和信用协会的发展,完善中小企业融资平台建设,实现中小企业融资制度创新。

(二)国外经验

1.英国伦敦

一是离岸账户与在岸账户并行操作提高资本流动自由度。伦敦作为“内外一体型的国际离岸金融中心”,其离岸金融业务采用离岸账户与在岸账户并行操作的方式,允许资金在境内外自由流动。如伦敦的银行可以进行欧洲英镑结算业务,非居民在交纳一定的准备金和相关税金后,也可以直接经营在岸业务和国内业务,使得本国居民或非居民在同一账户下可同时进行操作。二是实行利率优惠。离岸金融中心建立之初,英国当局为促进本国经济复苏,准许伦敦商业银行以较优惠的利率吸收美元存款,办理以美元为通货的信贷业务,逐步推动伦敦成为离岸金融中心。三是发行美元存款证。20世纪60年代,美国金融机构为绕开美国政府限制美元外流的政策,相继在伦敦设立分支机构并发行美元存款证。美元存款证作为可以在二级市场流通转让的美元定期存单,为非银行金融机构的参与提供了便利条件。四是允许发行欧洲债券。欧洲美元债券率先在伦敦市场发行与流通,其他非英镑债券纷纷效仿,大量国际资本在伦敦自由流动,使得伦敦成为欧洲债券市场。

2.美国纽约

20世纪80年代,为应对伦敦离岸金融市场的冲击,恢复和保持美国本土的国际金融活动,美国推出国际银行设施(International Banking Facilities,简称IBF)。国际银行设施是指经美联储批准,专门为美国境内银行、在美国注册的外资银行分支机构以及艾奇法公司(Edge Act Corporation)设置的一套系统独立的、只反映其国际金融业务往来的资产负债账户系统。以上机构可通过该账户系统向美国非居民提供存贷款等金融服务,并享受美联储规定的法律豁免条件和税收优惠待遇。

为推动IBF的设立与发展,美国相关政府和部门推出了一系列政策措施并进行立法调整。一是政府首先放宽“自愿对外信贷限制计划”(VFCR)对非居民的贷款限制,允许金融机构在一定数额内对非居民吸收存款及发放贷款。二是纽约清算协会提出设立IBF构想,并提交纽约州立法委员会,后获纽约州批准给予IBF地方税减免。三是美联储对D条例和Q条例进行修正,突破利率和资本流动限制,允许建立IBF。按照规定,IBF的法定储备金与欧洲美元享受同等待遇,其成员间交易不受存款准备金、存款保险、利率上限等规定的限制;境内银行可为境外存款账户提供与欧洲美元相似的优惠利息。四是大多数州颁布法律,实施了针对IBF收益的特别税收提案或放宽其他限制,允许IBF不受州和当地税法的制约以鼓励离岸金融业务发展。

为了保持IBF的正常运行和稳健运营,美联储对IBF采取了管理措施,防止监管套利行为。一是禁止IBF为美国居民提供服务,IBF服务对象仅限于美国的非居民和其他的IBF机构。如果从事本国业务的美国银行从本行所属的IBF借入资金,视为向外国银行借入资金,其必须按规定缴纳欧洲货币存款准备金。二是对 IBF 从事的存款业务期限和额度作出限制。IBF 对非银行外国居民和企业的存款必须达到 2 天以上才能转账和取现,且存款额度不得低于 10 万美元。三是禁止 IBF 发行各类可转换工具(negotiable instrument),如大额可转让存单(CD)、银行承兑业务以及票据转让业务等。四是允许 IBF 对外国非银行企业经营存贷款业务,并可扩展到这些企业在美国以外的分支机构,但必须遵从资金外用的原则,即 IBF 可以向外国非银行企业发放贷款,但贷款者所得款项必须用于在美国以外从事经营活动;同样,IBF 可以接受外国非银行企业的存款,但此资金也只能用于企业在美国之外的经营活动。五是允许 IBF 与其他金融机构进行二级市场交易,交易标的可以包括贷款、证券、大额可转让存单以及银行票据等,但交易工具必须由美联储批准,且应遵循资金外用的原则。

3.日本东京

20 世纪 80 年代,东京离岸市场(JOM,Japanese Off shore Market)在日本政府支持下建立,具体措施包括:一是实行新外汇法,明文规定允许日本居民使用外币进行存贷款业务,并规定居民及企业可以合法使用日本资金投资境外;二是规定离岸业务的利率由市场根据资金供求关系而决定,不进行政府干涉;三是离岸账户中的存款无须参加保险;四是虽然离岸账户向非离岸账户进行转账操作时需根据转账金额提取一部分准备金,但离岸银行无须提取法定准备金;五是离岸账户免除存款利息。

日本政府对东京离岸市场的监管措施。一是对服务对象进行明确的规定。国内市场上,只有具备外汇经营资格的银行中符合相关条件者才可以向大藏省申请办理离岸业务。国际市场上,要求交易方必须为外国法人、政府、国际金融机构以及外汇银行境外分支机构。在具体交易过程中,外汇银行还需对交易方提供相关证明材料,对其属性进行确定。二是稽会制度的规定。从事离岸业务的外汇银行必须开设专门的离岸账户,与普通国内账户分账管理。离岸账户不可进行结算业务,离岸账户中的日元资金只能通过普通账户与日本银行进行结算,而其他货币单位的资金则可以选择在美国或东京结算。同时,为限制大量日元资本流出境外,还规定每日离岸账户的存贷款差不得超过上月贷款余额的 5%;并且每月离岸账户的存贷款总额应相等;另外,外汇银行的离岸账户的资产与负债计入外汇资产负债项目中,接受金融监管局的监管。三是业务范围的规定。外汇银行离岸账户中的资金不得用于外汇、票据、证券以及掉期交易,而且该资金必须为非结算用资金,但不限制交易货币种类。四是税收方面的规定。政府对离岸业务原则上免征利息税,但不免除法人税及手续费收入税。

4.新加坡

20 世纪 60 年代,新加坡批准美洲银行成立专门经营境外美元业务的机构,象征亚洲美元市场正式建立。随后,新加坡政府出台一系列措施,推动新加坡成为全球重要的离岸金融中心。

鼓励政策方面,一是实行税收优惠。全面废除亚洲美元债券、存款证、信用证及担保书等单据的印花税;废除非新加坡居民的利率收入预扣税。二是积极支持离岸金融业务创新。金融机构先后发行亚洲美元债券、大额美元浮动利率可转让存单、大额美元固定利率可转让存单等新型金融工具。三是逐步开放外汇市场。取消对外汇以及居民投资亚洲美元市场的管制,允许居民开办外币账户进行外币储蓄等业务。四是开放银行业务范围。对银行经营范围采取执照分类措施,用以区分离岸业务与在岸业务。牌照共分为全能银行、限制银行、离岸银行和全能资格银行执照等4类(表1)。其中,全能资格银行执照由新加坡金融监管局于1999年创立,目的是降低涉及离岸业务的银行无法取得全能银行执照的监管规则影响,扩大离岸金融机构业务范围。

表1　四种执照业务范围的对比

执照类型	相关规定
全能银行执照	允许经营一切境内外业务,允许增设分支机构,允许设立储蓄、定存及往来账户
限制银行执照	不得设立储蓄账户,非银行客户设立定存账户下限为25万新加坡元,不得设立分支机构
离岸银行执照	不得设立储蓄账户,非居民非银行客户的计算存款下限为25万新加坡元,不得向境内非银行客户发放短期贷款、发放中长期贷款下限为100万新加坡元且上限为7000万新加坡元
全能资格银行执照	允许境外银行增设分支机构,共享ATM机,同时提高了限制银行和离岸银行在新加坡元互换交易中的融资上限,取消境外银行持有本国银行股权的上限

限制政策方面,新加坡政府对新加坡元使用进行严格管制。实施分类许可制度,严格限制外资银行经营新加坡元业务,规定所有金融机构的新加坡元账户与非新加坡元账户完全分离,严禁新加坡元用于金融投机,限制新加坡元的境外使用,利用电子支付系统实时监测经营新加坡元银行的新加坡元账户(包括新加坡元政府证券),严格执行新加坡元非国际化方面的各项法规。

三、重庆金融改革历程及特点

(一)改革历程

重庆在国家改革战略中的地位历来非常重要。从1997年重庆成立直辖市,到2014年李克强总理在重庆主持研讨长江经济带建设,中央和重庆市委分别连续11

次和连续4次对其经济改革发展作出了重大战略部署(表2)。特别是2007年6月重庆市获准成立"全国统筹城乡综合配套改革试验区"以来,作为支持统筹城乡发展的重要力量,金融改革部署分别从中央层面和重庆市层面不断加快。

1.中央层面政策规划部署

2007年重庆市被批准成为统筹城乡综合配套改革试验区和全国统筹城乡商贸改革试验区;同年,经中国人民银行、银监会批准,重庆市被列为全国银行间市场产品创新试验区、金融综合经营改革试点区。2008年中央政府正式明确重庆"我国重要的中心城市之一,国家历史文化名城,长江上游地区经济中心,国家重要的现代制造业基地,西南地区综合交通枢纽"的五大定位;2009年,在中国人民银行和中国银行业监督管理委员会共同出台的《关于进一步加强信贷结构调整促进国民经济平稳较快发展的指导意见》(银发〔2009〕92号)中,首次将重庆明确纳入国家金融类战略规划;2009年国务院下发《关于推进重庆统筹城乡改革和发展的意见》(国发〔2009〕3号文),明确提出支持重庆建设长江上游地区金融中心,增强金融集聚辐射能力,并提出多条有关金融改革的政策,包括设立六七个要素市场,金融结算、银证保改革及农村金融改革等。2013年11月,十八届三中全会《决定》提出,加快同周边国家和区域基础设施互联互通建设,推进丝绸之路经济带、海上丝绸之路建设(即"一带一路"),形成全方位开放新格局。2014年3月,十二届全国人大二次会议通过李克强总理的政府工作报告,提出"依托黄金水道,建设长江经济带。以海陆重点口岸为支点,形成与沿海连接的西南、中南、东北、西北等经济支撑带。"同年4月,李克强总理在重庆主持召开座谈会,研究依托黄金水道建设长江经济带,为中国经济持续发展提供重要支撑。

2.地方层面政策规划部署

重庆已经确定建设区域性金融中心、抢占西部金融制高点的具体规划,确立了"到2015年建立长江上游金融中心"的基本框架、到2020年实现"长江上游地区金融中心"的战略目标。2009年4月28日,《重庆市统筹城乡综合配套改革试验总体方案》获国务院批准。重庆综改方案"一拖八",包括八个方面的内容,分别是"农业发展与农业基础设施""农村社会事业发展""统筹城乡就业和社会保障体系""内陆开放型经济试验区""统筹城乡土地利用改革""统筹城乡财政管理体制""统筹城乡金融管理体制""设立城乡统一的土地交易所"。2011年1月,发布《国民经济和社会发展第十二个五年规划纲要》,提出建设内陆金融高地的发展目标。2011年12月,重庆市政府第115次常务会议通过《重庆市金融中心建设"十二五"专项规划》提出加快建成以产业发展和投融资活动为基础的结算型区域性金融中心框架体系。2013年2月重庆市政府下发《重庆市人民政府关于加快建设长江上游区域性金融中心的意见》,加快长江上游区域性金融中心建设。

表2　1997—2014年中央及重庆市委对重庆经济改革战略的定位

时　间	战略定位	通过形式
1997年3月	重庆成为中西部首个直辖市	第八届全国人大代表第五次会议
1999年9月	重庆成为西部大开发12省市之一	中共十五届四中全会正式提出“国家要实施西部大开发战略”
2004年12月	三峡库区发展规划主要地区	国家发改委制定的《三峡库区经济社会发展规划》经国务院批准实施
2005年10月	成渝地区列入国家“十一五”规划	中共十六届五中全会通过《中共中央关于制定国民经济和社会发展第十一个五年规划的建议》
2007年3月	西部地区的重要增长极、长江上游地区的经济中心、城乡统筹发展的直辖市	十届全国人大五次会议期间,胡锦涛总书记参加重庆代表团的时候提出“314”部署
2007年6月	全国统筹城乡综合配套改革试验区	国家发改委下发《国家发改委关于批准重庆市和成都市设立全国统筹城乡综合配套改革试验区的通知》
2009年1月	长江上游金融中心	国务院下发实施《关于推进重庆市统筹城乡改革与发展的若干意见》(国发〔2009〕3号)
2010年6月	两江新区成立	继上海浦东新区、天津滨海新区之后,我国第3个国家级开发开放重点新区——两江新区在重庆正式成立
2011年1月	内陆开放高地	国发〔2009〕3号提出重庆“积极探索内陆地区发展开放型经济的新路子”。2011年1月,重庆发布《国民经济和社会发展第十二个五年规划纲要》,提出了建设内陆金融高地的发展目标
2011年4月	渝新欧铁路全线开通	2011年4月5日凌晨,一列从重庆发出的国际铁路联运专列安全到达德国杜伊斯堡,这标志着“渝(重庆)新(新疆)欧(欧洲)”国际铁路联运大通道全线开通
2011年12月	结算型区域金融中心	重庆市政府第115次常务会议通过《重庆市金融中心建设“十二五”专项规划》提出加快建成以产业发展和投融资活动为基础的结算型区域性金融中心框架体系

续表

时　间	战略定位	通过形式
2013 年 2 月	长江上游区域性金融中心	2013 年 2 月重庆市政府下发《重庆市人民政府关于加快建设长江上游区域性金融中心的意见》
2013 年 11 月	丝绸之路经济带和海上丝绸之路	十八届三中全会《决定》提出，加快同周边国家和区域基础设施互联互通建设，推进丝绸之路经济带、海上丝绸之路建设(即"一带一路")，形成全方位开放新格局
2014 年 3 月	长江经济带	3 月 5 日，十二届全国人大二次会议通过李克强总理的政府工作报告，提出"依托黄金水道，建设长江经济带。以海陆重点口岸为支点，形成与沿海连接的西南中南、东北、西北等经济支撑带。"同年，4 月 28 日，李克强总理在重庆主持召开座谈会，研究依托黄金水道建设长江经济带，为中国经济持续发展提供重要支撑

(二)改革特点

1.扬长避短，建设"另类"金融中心

目前，从主要城市的金融发展情况看，北京聚集了全国大多数大型商业银行和保险公司的总部，而上海、深圳的金融市场较发达，所以，重庆根据自己的特点，摈弃了重点发展传统金融产业的思路，积极打造"另类"金融中心，在全国进行了诸多尝试。一是大力发展离岸金融结算，在国家外管总局的支持下，重庆首次在全国放开离岸金融结算账户，成功引进 1000 亿美元的笔记本电脑加工贸易离岸金融结算，涉及惠普、宏碁、华硕等巨头，2012 年的结算量就达到 900 多亿美元，预计的 2015 年加工贸易离岸金融结算将达到 3000 亿美元。二是积极发展电子商务国际金融结算，重庆现在跟世界上最大的电子商务结算网站美国的贝宝公司合资在渝建了一个结算公司，2012 年结算量达到 50 亿美元，预计 2015 年将达到 500 亿美元。三是大力发展金融要素市场。2007 年以来，重庆已先后建立重庆联合产权交易所、重庆农村土地交易所、重庆农畜产品交易所等 7 大要素市场，大大活跃了资本流动。

2.以"三权"抵押贷款为突破口，发展农村"大金融"

重庆作为全国城乡统筹综合改革试验区，70%以上的人口均居住农村，而且大部分是丘陵地区，"大农村"的特点非常突出，针对这一特点，2010 年以来，重庆市以"便捷、优惠"为着力点，通过采取"提前确权，简化流程，减免费用，设立便民金融自助服务点"等一系列措施，推动农村土地承包经营权、农户房屋和林权(简称"三

权”)抵押贷款快速发展。截至 2014 年 9 月,重庆市全金融机构“三权”抵押贷款累计投放 622.2 亿元,贷款余额达 304.7 亿元,同比增长 42.4%。

3.以创新公租房融资为抓手,发展“保障性”金融

2010 年以来,重庆在全国率先开展了大规模的公共租赁住房建设。根据建设规划,2010 年以来,重庆在全国首先试行了 3 个方面的融资创新。一是成立 2 大国有投融资平台作为融资主体,并注入 3 万亩储备土地,相当于投入超过 200 亿元的资金;二是积极推动银行资金、公积金、社保资金等投向公租房,目前,社保基金以及中国人寿和中国人保等保险公司准备投入 200 亿元;三是建立了科学合理的资金回流机制,主要通过公租房出租、转让以及配套商业用房等的合理定价来实现。

4.成立政府平台推动金融机构改革

政府成立“重组平台”——渝富公司,以土地储备为资产,参与金融机构改革,开辟了金融机构重组发展的新道路,被誉为“渝富模式”。渝富公司经过打包处置不良债务和不良债权抵债收购土地、债权重组置换土地、帮助企业环保搬迁和破产、危旧房改造拆迁、结合城市规划实施土地储备等方式收购储备土地 4 万余亩,并通过盘活土地资产,先后参与收购重组重庆商业银行(现已更名为重庆银行)、重庆农村信用合作联社(现已更名为重庆农村商业银行)、重庆国际信托、西南证券等企业 30 多亿元不良资产,使得重庆金融机构重焕生机。

(三)改革成绩

1.重庆金融业总体发展情况

2014 年 1—9 月,重庆市金融业增加值达 805.88 亿元,占 GDP 比重达 8.7%,同比提高 0.3 个百分点,进一步巩固了金融业在重庆经济中的支柱产业地位。截至 2014 年 9 月,重庆辖内银行业金融机构(分行或法人)数量达到 87 家,资产总额 34683.37 亿元,同比增长 11.73%;本外币各项存款余额 25086.73 亿元,同比增长 11.41%;本外币各项贷款余额 20178.55 亿元,同比增长 14.46%;贷存比持续保持在 80%以上高位,信贷资源集聚辐射态势明显;商业银行不良贷款率为 0.39%,处于西部最低。

2.重庆市金融改革取得的成绩

一是改革地方金融机构,增强地方法人金融机构服务能力。近年来,重庆对本地金融机构进行了“脱胎换骨”式改革。重庆农村商业银行、重庆银行、三峡银行、西南证券等地方法人金融机构通过债务、股权、机构重组,重焕生机。2009 年,重庆进行农村信用社改革试点,经过增资扩股、统一法人、处理不良资产等一系列改革后,重庆的农村信用社组建成为重庆农村商业银行。2010 年重庆农村商业银行在香港联交所成功上市,是中国首家在海外上市的农村商业银行。2003 年重庆银行启动增资扩股改革,资本总额由 3 亿元扩充至 16 亿元,当年在国内城市商业银行的资本

金排位跃居西部第一,全国第六。2013 年 11 月,重庆银行在香港联交所上市,成为首家在港成功上市的内地城商行。2007 年三峡银行在国内第 1 个以信托方式彻底剥离不良资产改组成功,成为专业的"库区银行",目前三峡银行是国家三峡后续工作资金的主办银行。2009 年,西南证券在上海证券交易所挂牌上市,成为中国第 9 家上市证券公司,是重庆第 1 家 A 股上市金融机构。通过上述改革创新,重庆重树了本地法人金融机构,增强了其服务能力。

二是以发展创新型机构为重点,不断完善金融机构体系。重庆大力引进银行、证券、保险等金融机构,同时积极引进创新性金融机构,发展非银行金融服务。先后设立花旗贷款公司、昆仑金融租赁公司、重庆汽车金融公司、机电控股财务公司和重庆金融后援服务公司等机构,填补了机构门类空白。着力发展互联网金融,引进阿里巴巴、苏宁来渝设立互联网小贷公司、担保公司;打造出瀚华、蓝洋等在国内初具影响力的小微金融服务机构品牌。引进新华人寿西南管理总部、交通银行信用卡中心等一批传统银行保险区域总部和功能总部,总数达到 16 家。支持地方法人金融机构向外扩张,新设省级分支机构 13 家,总数达到 45 家。

三是以拓展非银行融资为核心,拓宽直接融资渠道。先后争取区域集优债、中小企业私募债、公租房定向融资工具、跨境电子商务外汇支付等产品全国首批试点资格。加强政银企对接协调,先后与银行间交易商协会、港交所、新交所、农业银行、平安集团等国内外各类金融机构、交易所签署战略合作协议,争取资源倾斜。大力推进债券融资,"十二五"以来,通过企业债、公司债和银行间债务融资工具等债券融资超过 1300 亿元,是"十一五"5 年的 2.8 倍。推动保险资金直接投资"破冰",已累计引进 110 亿元资金投向基础设施和园区。支持股权投资、融资租赁、金融租赁等创新型机构发挥融资作用,截至 2014 年 3 季度,小贷公司贷款余额 671.5 亿元,居全国第 3 位,规模较 2010 年末增长 7 倍。

四是以"三农"、小微金融服务为主线,强化薄弱环节金融服务。引进和发展村镇银行、小贷公司等涉农中小金融主体,目前重庆已成立 24 家村镇银行和 161 家小贷公司。稳健推进"三权"抵押贷款创新,逐步完善资产评估、风险补偿、抵押资产处置、财政奖励等配套措施,提高银行担保积极性。积极推进农行"三农"金融事业部改革,将辖内 21 个县支行和 4 个贫困区支行整体纳入事业分部管理,建立了事业分部"总行—市分行—县支行"的三级管理体制。引导主要涉农银行布放惠农通机具超过 1 万台,发放惠农卡 245.7 万张,覆盖 90%的行政村金融服务空白。截至 2014 年 9 月,重庆涉农贷款余额 3776.2 亿元,有力地支持了重庆农村经济发展。同时,重庆创新微型企业创业扶持贷款,按贷款与企业资金 1∶1 的比例服务九类创业人群,贷款余额达到 62.1 亿元;创新开展小额贷款保证保险,为 200 余家小微企业提供增信,融资 3.5 亿元。

五是以金融创新和开放为指引,夯实金融发展动力。获批外资私募股权投资基金、跨境人民币基金等机构创新试点资格,引进中邮电子支付、宏碁、伟士等一批结算总部。积极推进内陆开放高地建设,积极争取国家外管总局支持,重庆首次在全国放开离岸金融结算账户,推进笔记本电脑加工贸易离岸金融结算,引进惠普千亿美元级的亚太结算中心;首创国际电子商务交易真实性认证体系,引入贝宝、阿里巴巴2家电商结算,开展电子商务国际结算;试点跨境贸易人民币结算。通过上述措施,努力打造“结算”型金融中心。创新重庆涪陵林权交易所、重庆文化产权交易中心、重庆再生资源交易中心等一批交易场所,使得重庆交易场所总数达到12家。通过企业海外上市、设立外资金融机构和创新型机构等途径,2011年以来引进外资32.9亿美元。

六是以防范金融风险为基础,改善金融发展环境。成立重庆市金融工作协调联席会议制度,中央在渝金融监管部门与地方金融监管部门协同配合,强化对创新型机构、金融要素市场的监管,坚决打击非法金融活动,防范金融风险。截至2014年6月,银行不良贷款率0.39%,小贷公司不良贷款率0.34%,担保公司代偿率0.88%,质量全国领先。

四、重庆市金融改革存在的问题

(一)金融基础较弱,仍有待提高

第一,金融集聚辐射水平不高,金融集聚规划引导不够。重庆市仅有9家法人金融机构,其中仅1家法人证券公司,与沿海发达地区比、与金融中心标准比差距较大。现有交易市场交易量还较小,交易品种不多,定价影响力有限,总体还处于起步阶段。同时,存在各金融集聚区域过度竞争、金融机构总部布局分散,以及部分核心区硬件条件需加快完善等问题,核心区集聚辐射功能还未能显现。

第二,直接融资与间接融资结构不平衡。银行贷款在社会总融资量中仍占绝对比重,2014年前3季度,重庆本外币贷款余额20178.55亿元,企业债券发行额约738.5亿元,股票筹资额188.43亿元,直接融资所占比重较小。

第三,信息披露、信用评级等基本市场约束与激励机制尚未完全建立和发挥作用。目前,重庆还缺乏专业的评级机构为金融市场的发展提供增值和信用服务。例如,重庆着力发展“三权”抵押贷款,但是目前仅有1家林权专业评估机构,远远不能满足市场需求。

第四,金融改革创新力度仍显不够。国发〔2009〕3号文落实还有缺憾,电子票据中心、保险创新实验区等未落实做实。向国家争取的金融改革发展政策力度不够,全国性股份制商业银行牌照等迟迟未能落地。前海、温州等地部分金融创新政策需要进一步争取国家支持在重庆试点。

第五,城乡配置不均衡,农村金融服务还有待增强。例如,在农村发行的金融产品直接套用服务城市客户的准入标准和业务流程,与现阶段“三农”现实需求不匹配,导致“三农”客户的金融需求无产品支持,无流程配合。同时,农村“三权”贷款推进难度较大，截至2014年9月末，重庆银行业三权抵押贷款余额164.15亿元，同比下降23.34%。

第六，金融领域开放不足，缺乏高层次人才储备。一方面，重庆市金融领域对内对外开放程度还有待提高。民间资本进入金融领域不足，还没有民营为主体的银证保金融机构；对外开放不足，在境外人民币回流、离岸结算等方面还有待进一步突破。另一方面，高端金融人才不足。高层次人才缺乏，领军人才不足、人才结构性矛盾仍显突出等问题仍然存在。

（二）“自下而上”的改革面临金融抑制，难以有效发挥作用

重庆为统筹城乡发展而扩大金融服务的试点，是一系列“自下而上”的改革，对全国金融改革和发展具有“风向标”的作用，但是由于我国金融抑制和过度监管的存在，以及地方权限的束缚，导致这种“自下而上”的改革在很多方面不能有效发挥作用，阻碍了金融改革的进行。例如，国发〔2009〕3号文提出“依托全国金融市场中心建设整体布局，待时机成熟后，优先考虑在重庆设立全国性电子票据交易中心”，但是电子票据交易中心的建设又需要中央相关部委的审批，所以，国家对重庆这种“自下而上”的改革希望在某些时候又成了“自上而下”式的改革，反而阻碍了金融改革的试点。

（三）“自上而下”的改革措施缺乏实施细则，具体操作存在困难

重庆金融改革也是一场“自上而下”的改革，国家对重庆金融改革出台了很多指导性文件，但是在改革实践中，“自上而下”都发现存在很多操作性难题，由于国家有关部委没有出台一些改革创新项目的相关实施条件和实施细则，导致一些改革试点仍然无法开展。例如，国发〔2009〕3号文提出重庆“探索发行用于市政基础建设的项目收益债券”，但是由于前期相关工作没有成熟，这项改革一直没有放开试行。

（四）中央地方金融监管部门在履职方面需要进一步协调

金融办作为地方政府主管金融工作的部门，在推动地方金融改革发展过程中，存在一定的“抢位”“错位”和“空位”现象。例如，重庆市金融办希望央行能够按照金融办的一些要求发布相关金融统计数据，以“更有利于反映地方金融业的发展成效”“抢位”意图明显。再如，受地方政府利益驱动，金融办在小贷公司这类地方机构的融资引导上，或多或少都会出现与中央调控相悖的情况，存在明显的“错位”问题。又如，金融办出于保护地方经济发展的私心和受限人力资源不足，存在对融资性担保公司监管“空位”的问题。

五、重庆金融改革创新的策略选择与分析

（一）主体思路

针对重庆集“大城市、大农村、大山区、大库区”于一体的区域特点，从2007年胡

锦涛总书记的“314”部署到 2014 年李克强总理的“长江经济带”,中央对重庆金融改革发展的定位始终是基于对多层次经济主体的综合服务,概括起来就是“一统两兼顾”,即服务城乡统筹,兼顾区域协同发展,兼顾国内与国际两大市场。因此,重庆在新一轮金融综合改革中应把握 3 条主线:一是注重改革的综合性。不同于温州民间金融、丽水农村金融、云南沿边金融等特色金融改革,重庆金融改革必须是综合性的金融改革,既要发展城市金融,又要兼顾农村金融,既要协调国内区域经济,又要发展对外开放经济。二是坚持改革的同质性与特质性并存。重庆的城市经济与上海、深圳等沿海城市具有类似性,农村经济也与云南、丽水等省市具有相似性,同时,重庆还具有独具特色的“另类”金融模式,因此,重庆金融综合改革既要吸收全国其他区域金融改革的优点,又要继续发扬自己的特色。三是加强改革的协同性。重庆位于“丝绸之路经济带”和“长江经济带”的重要交合点,金融改革不仅涉及自身,更关系到国家经济发展的重大战略部署,因此,重庆金融综合改革要积极发挥以点带面和点面结合的示范推动作用,带动区域经济整体协调发展。

(二)着力点

一是打造金融改革重要窗口,形成区域经济增长极。将两江新区建设作为内陆开放金融改革的重要窗口,支持两江新区在金融改革中先行先试。加强主动对接,承担重大金融改革试点任务。争取中央赋予两江新区自由贸易区定位,或者金融综合改革试验区定位,打造一揽子先行先试的政策环境。出台支持两江新区及其他金融核心区和金融后台服务区建设的意见,以新设金融机构聚集地、中高端金融结算、金融服务外包为三个重要特征,做好功能定位。

二是坚持城乡互动,促进一体化金融服务体系的形成。在城市金融发展中,要坚持壮大金融机构组织体系,加快发展互联网金融,创新金融业态,建立多元化的金融要素市场、资本市场等资金融通渠道,完善“生人”社会金融体系。在农村金融发展中,要坚持发展普惠金融,通过“以小见大”的方式完善“熟人”社会金融体系。最终,形成“生人”中有“熟人”,“熟人”又成“生人”的自然良性发展局面。

三是提升跨境金融服务水平,打造内陆对外开放高地。一方面,发挥全国唯一的惠普离岸结算、全国少有的跨境电子商务“双试点”、西部前列的跨境人民币结算和第三方支付机构等优势,将重庆建成集离岸结算、跨境电子商务结算、跨境人民币结算、第三方支付结算等为一体的综合型跨境金融结算高地。另一方面,比照上海自贸区及各金融综改区先行先试政策,向上争取直接投资项下人民币结算相关业务试点资格,切实推进外汇管理简政放权,为“走出去”企业及跨国经营组织提供更加适宜的金融服务,使重庆成为中西部跨境投融资便利化高地。

四是发挥区域协同效应,提升金融综合改革效率。重庆与其他城市在区域经济发展中不可避免地存在竞争,但从长远来看更多的将是合作共赢,且主动地合作共赢有助于加快金融改革步伐。无论“长江经济带”还是“丝绸之路经济带”都是一个整体，而不仅仅是一个城市，所以，重庆在金融综合改革过程中要积极主动发挥纽带作用，既要实现区域资源合理集聚，又要积极带动周边区域发展，进一步增强重庆在全国的竞争力、影响力和辐射力。

五是优化金融发展环境，切实推动金融改革顺利实施。建立公平公正的金融法制环境，根据国家金融改革整体方向，以放松管制、鼓励创新为重点，从重行政审批转变为重监测分析，从重微观管制转变为重宏观审慎管理，从"正面清单"转变为"负面清单"，激发金融领域的改革创新动力。加强监管协作、金融信用服务体系、金融法制建设，加大金融法制宣传教育，打造内陆开放金融生态区。大力发展会计审计、法律等各类专业性服务机构。统筹推进金融人才高地建设。

（三）主要内容

1.对外开放

（1）创新境内外账户体系

一是争取以两江新区为载体，成立外汇和人民币跨境管理特别试验区，探索通过设立本外币自由贸易账户实现分账核算管理，开展投融资创新业务。按照"先本币，后外币"的原则，从本币自由贸易账户起步，待条件成熟时再扩展到外币。二是允许试验区内的居民和非居民开立人民币自由贸易账户，自由贸易账户可办理经常项下、直接投资项下的跨境资金结算以及跨境融资和担保等业务。条件成熟时，账户内本外币资金可自由兑换。自由贸易账户与境外账户、境内区外的非居民账户以及自由贸易账户之间的资金可自由划转，但居民自由贸易账户与境内非自由账户之间的资金划转视同跨境业务管理。

（2）推动跨境人民币业务创新

一是争取开展跨境人民币贷款业务试点。允许试验区内符合条件的企业从境外借入人民币资金，专门用于区内生产经营、区内项目建设以及境外项目建设等。借入资金不得投资于有价证券和金融衍生品，不得购买理财产品，不得用于购买非自用房地产，不得用于委托贷款等。跨境人民币贷款采取行业负面清单和额度管理方式，限制或禁止负面清单行业的企业从境外借入人民币资金；根据离岸人民币市场业务发展情况、区内发展需求和国内宏观调控需要，对区内企业获得境外人民币贷款实施余额管理。二是研究设立人民币海外投资基金。探索设立人民币对外股权投资基金，根据有关规定在银行间市场和海外金融市场发行以人民币计价的金融产品，支持企业"走出去"。推动境内银行为境外项目提供人民币贷款，支持境内非银行金融机构开展人民币境外放款业务。三是探索开展要素市场跨境人民币业务。针对重庆各类要素市场发展情况，建立与相关部门的沟通协调机制，及时了解跨境人民币结算需求，以重庆联合产权交易所、重庆再生资源交易中心有限公司等中介机构为载体，积极探索要素市场跨境人民币结算业务，助推重庆要素交易市场拓展境外投资者，创新交易模式。

(3)便利跨境直接投资

一是探索建立外商投资企业资本金意愿结汇制度,加快推进外商直接投资外汇资金结汇管理改革。优化直接投资人民币结算业务流程,取消人民币资本金专用存款账户数量限制,便利外商投资经营。二是放宽境外外汇放款额度管理,支持境内企业向境外具有股权等关联关系的企业放款,调整境外投资前期费用管理,支持境内企业“走出去”。三是探索跨境直接投资按规定与前置核准脱钩,直接向银行办理所涉及的跨境收付、兑换业务,便利外资企业“走进来”、中资企业“走出去”。四是试点个人跨境投资。允许试验区内就业并符合条件的居民个人按规定开展包括证券投资、直接投资在内的各类境外投资。试验区内居民个人应使用本人自有合法金融资产进行对外投资,对外投资的资金不得超过其自有金融资产的一定比例。试验区内居民个人境外投资本金及收益既可存放在境外,也可以调回境内。探索试验区内个体工商户根据业务需要向其在境外经营主体提供跨境贷款。在试验区内就业并符合条件的非居民个人可按规定开展包括证券投资在内的各类境内投资。

(4)促进对外融资便利化

一是推动外债管理便利化。探索区内企业的境外母公司按有关规定在境内资本市场发行人民币债券;探索区内注册并实际经营和投资的企业赴境外发行人民币或外币债券,鼓励发债筹集资金在境外使用,确有回流区内使用需要的,可按有关规定进行管理。二是改进融资租赁收付管理,支持区内金融租赁公司、融资租赁公司开展跨境融资租赁业务,允许在向境内承租人办理融资租赁时收取外币租金。

(5)深化外汇服务和管理改革

一是深化货物贸易和服务贸易外汇管理改革,进一步完善海关特殊监管区域、贸易融资、贸易信贷等便利化管理措施,促进对外贸易发展。探索会员企业货物进出口资金结算、结售汇便利化措施,支持两江新区充分发挥保税监管区域特殊政策及“渝新欧”铁路物流优势,在保税港区建立大宗商品交易市场。二是完善个人外汇兑换服务,开展个人本外币兑换特许业务试点,推动主要台资企业聚集地银行机构开展新台币兑换业务,指导银行开展外币兑换机业务,推动业务创新。三是进一步推进外汇市场发展,引导区内银行开展外汇理财产品、本外币衍生产品业务创新,深化金融外汇服务。

2.区域发展

(1)打造立体金融城和金融后台服务区,加速区域金融中心建设

一是打造“解放碑—江北嘴—弹子石”金融城。在金融城内推行单独的税收优惠、土地倾斜、财政支持、购房优惠、人才倾斜等政策,完善金融基础设施,促进金融(或类金融)机构总部、金融资源和金融人才向金融核心区汇集,形成重庆特色的“三角”立体金融城。同时,积极争取在金融城推广上海、深圳、天津等城市的金融改革经验和金融创新政策,大力发展互联网金融等创新性金融实体。二是建设金融

综合后台服务区。在两江新区、南岸区等金融城临近区域重点发展人民银行金融综合服务基地、金融外包服务基地、金融机构发行库、数据中心、银行卡中心、研发中心、呼叫中心、灾备中心、培训中心等金融后台服务机构。集中选址布局重庆农村商业银行、重庆银行、西南证券等本土金融(或类金融)机构的后台服务中心。同时,注重建设管理咨询、信用评级、资产评估、会计、法律等金融中介服务机构。

(2)创新完善金融机构组织体系,满足区域多样化的投融资需求

一是发展壮大市属法人金融机构。鼓励和支持市级地方法人金融机构跨区经营,争取将重庆银行或三峡银行升格为全国性股份制银行,增强辐射能力。完善三峡银行公司治理结构和经营业绩,推动三峡银行尽快在境内(外)上市。做强昆仑金融租赁公司,借鉴"上海远东金融租赁"模式,争取海外上市。与兵工集团、兵装集团等在重庆业务量比重较大的大型国企衔接,争取在渝建立自保公司。组建具有金融综合经营专业水准的国有金融控股集团,整合重庆本土金融资源。积极争取设立法人银行、证券、金融租赁、再担保及货币经纪公司等金融机构。二是积极引进组建各类金融机构。支持银行、证券、期货、保险、基金、信托、融资租赁等各类金融机构在渝设立分支机构以及区域性总部、业务管理总部等总部性机构。争取国际知名金融控股集团、私募股权投资机构、金融外包服务机构等在渝设立分支机构。借助"渝新欧"国际通道和长江黄金通道,尝试敦促渝富集团与全国财险规模较大的公司合作组建专业物流保险公司。引导重庆本土3家法人保险机构与全国知名的顺丰、德邦等大件物流公司合作,建立细分领域的快递或货运类保险公司等。三是加快发展互联网金融。培育第三方网络支付机构,打造支付机构产业集群,加大培育和扶持具有引领产业发展能力的本地龙头支付企业。规范发展P2P、跨境支付、众筹、网络理财、网络保险等互联网新兴金融业态,并积极争取有关试点。设立基于互联网的商业性征信公司,成立互联网金融产业投资基金、互联网数据交易市场。依托物流园、西部网商(虚拟)电子商务产业园项目等,发展物联网供应链金融、金融产品垂直搜索与销售等专业化互联网金融机构。同时,借助电信网、广播电视网、互联网三网融合的趋势,进一步创新金融服务手段与工具。四是培育发展民营金融。鼓励民营企业投资设立民营金融机构,争取在全国开展民营银行试点。优化村镇银行股权结构,扩大村镇银行覆盖面,引导村镇银行在乡镇开设分支行。争取国务院同意,探索在渝试点民营资本主发起设立村镇银行、社区银行。鼓励民间资本在依法合规、风险可控的前提下,探索开展农村合作金融组织试点。培育管理机制完善和盈利能力突出的小额贷款公司,推动发展村镇银行或民营银行。

(3)建设多层次的金融市场体系,实现区域要素资源的优化配置

一是发展区域产权市场。提升重庆OTC市场吸引力,适时对接全国新三板市场,并研究探索向国外投资者开放的路径。引入PE、VC机构,创新PE、VC等私募机构与金融机构的合作模式,支持科技型中小企业发展。打造汽车、电子信息、页岩气等大型产业基金,支持本土产业集群发展。设立战略性新兴产业国家级创业投资

母基金,提速两江新区开发。成立重庆环境交易所,开展清洁发展机制(CDM)项目和基于碳排放权的金融服务,在四川、云南、内蒙古等CDM较多地区设立办事处,推动重庆碳交易所与全球最大的气候交易所——欧洲气候交易所合作,将重庆打造成中西部主要的碳交易中心。二是积极利用银行间市场融资。强化与中国银行间市场交易商协会合作,积极争取在渝设立银行间市场融资创新示范区,进一步完善企业发债项目储备库和培育机制。支持金融资产交易所与中国银行间市场交易商协会合作,推动私募债融资加快发展。鼓励并推动重庆市地方法人银行申请获得银行间市场承销商资格,加快拓展银行间市场承销业务,为本地企业提供更好的银行间市场融资服务。研究推动资产支持票据(ABN)、房地产投资信托基金(REITS)、公租房贷款资产证券化、市政债和信贷资产证券化等融资项目及具体实施方案。三是发展区域大宗商品市场。利用“两带一路”的区位优势,在郑州、大连商品交易所的基础上,以向境外投资者开放、形成更具国际影响力的商品价格为重要目标,争取设立全国第三个大宗商品交易所,并配合制定相关的税收、保税交割等方面政策。允许国内外商品交易所在园区内设立期货仓库,为国内大宗商品买家节约贸易、运输成本。探索在保税港区建立大宗商品交易市场,在现货与期货的中间地带进行交易模式的有益探索。四是培育区域外汇交易市场。适应我国与非储备货币国家贸易发展趋势,增设本外币兑换服务点,开展本外币兑换特许业务试点,扩大进入全国银行间外汇市场交易的参与主体,支持货币经纪公司在银行间外汇市场开展外汇经纪业务,构建更为开放、多元的金融外汇市场体系。

3.城乡统筹

(1)构建农村金融改革发展政策支持体系

向总行争取将符合条件的农商行县域分支机构纳入支农再贷款发放范围。加强差别化存款准备金率管理,争取对县域内村镇银行执行比正常水平低6~7个百分点的存款准备金率。完善县域银行业法人金融机构将新增存款一定比例用于当地贷款的考核激励机制。发挥民贸民品贷款优惠利率政策作用,支持少数民族地区民族贸易和民族特需商品企业发展。支持“三农”金融服务成效突出的法人银行发行“三农”专项金融债。鼓励和支持符合条件的优质涉农企业发行短期融资券、中小企业集合票据、中小企业集合债等非金融企业债务融资工具,支持优质区县平台在银行间市场发债。

(2)稳步推进农村金融重大专项工作

认真落实新型农业经营主体主办行制度,实现城市发展新区和渝东北、渝东南两大生态区四类县域新型农业经营主体金融服务全覆盖。实施好金融支持美丽乡村建设“四大工程”,在秦巴山、武陵山连片特困地区探索建立金融扶贫示范区(县)。推进“贫困村互助资金组织金融服务提升计划”,探索创新扶贫信贷产品模式。

(3)探索金融支持农村土地改革

推动建立全市统一的农村产品评估、收储、流转、处置服务平台,促进农村产权流转交易公开、公正、规范运行。深化以农村土地承包经营权、农村居民房屋和林权等“三权”为核心的农村产权抵押融资,相关贷款余额持续保持全国前列;稳步探索开展农村土地收益权保证贷款,结合实际不断创新各类符合法律规定的农(副)产品订单、保单、仓单等权利质押贷款,以及农用生产设备、机械、林权、水域滩涂使用权等财产抵(质)押贷款品种。

(4)探索金融支持新型城镇化建设

推动形成新型城镇化投融资机制,在防范潜在地方债务风险和金融风险的前提下,构建激励与约束相容的投融资机制和金融服务体系。建立多层次资本市场,完善地方政府发债机制,推广运用公私合作(PPP)模式,发展资产证券化和绿色信贷,满足新型城镇化进程中的政府多样化融资需求。

(5)深化农业保险改革

继续扩大政策性农业保险试点区域和险种,推广菜篮子工程保险、渔业保险、农房保险等新型险种,全面拓展商业性种植、养殖业保险。探索开展农村小额人身保险,推动扩大小额贷款信用保证保险试点。争取建立农业大灾风险准备金和风险共担赔付机制,调动保险机构参与农业保险积极性。积极引进法国安盟等国际农业保险巨头与本土保险公司开展合作,探索内陆农业保险新模式。

(6)完善农村基础金融设施

推进改善农村支付服务环境业务综合试点工作,力争到“十二五”末,县域及农村地区人均银行卡持有量达到2张,ATM、POS机布放在全市农村乡镇全覆盖。探索加强财政金融合作,引导银行通过在“两翼”地区设立分支机构,加大自助机具、“流动银行”、社区农村便民服务点建设力度等,完善农村金融服务网络。扩大银行卡助农服务范围,发挥助农服务点的综合金融服务优势,安全、稳妥开展财政直补发放、代理转账、汇款等业务,实现新农合、新农保、公用事业费用缴纳等新功能。探索新型农村支付服务模式,因地制宜推广银行卡、手机支付等非现金支付工具。深入开展现金服务“三项工程”。推动金融IC卡在区县的多领域运用。在更多条件成熟的区县建设农村和小微企业信用体系试验区,构建“农户、居民、企业”三位一体的信用信息数据库,推动解决县域地区中小企业、涉农领域贷款难问题。

(7)优化农村金融生态体系

加强财政金融合作,推动建立较为完善的信用担保、贷款风险补偿、涉农贷款增量奖励、新型农村金融机构定向费用补贴、小额担保贷款贴息等奖补机制,进一步发挥财政资金对农村金融改革发展的杠杆激励作用。推进多元化的融资担保体系建设,鼓励有条件的区县设立涉农担保基金或涉农担保公司,创新农村互助担保机制和信用风险分担机制。以浙江丽水和巴南模式为范本,全面推进全市农村信用信息收集工作,打造安全可信的农村信用信息系统。

参考文献

[1] 张杰.中国金融制度的结构与变迁[M].上海:上海三联书店,1997.

[2] 孙国峰.中国金融改革的近距离思考[M].北京:中国经济出版社,2012.

[3] 唐旭等.中国金融改革:理论、路径与构想[M].北京:中国金融出版社,2008.

[4] 张跃文.中国金融体系的结构与变革[M].北京:中国社会科学出版社,2010.

[5] 张天祀.我国金融监管体制改革的目标及路径选择[J].中国金融,2009(18):71-72.

[6] 王华庆.金融创新理性的思考[M].上海:上海远东出版社,2011.

[7] 诺斯.经济史的结构与变迁[M].陈郁等,译.上海:上海三联书店,1994

[8] 周振海.改革开放以来的中国金融体制改革研究[D].东北师范大学博士学位论文,2007.

[9] 纪琼晓.中国金融监管制度的变迁[D].武汉大学博士学位论文,2005.

[10] 耿骥,孔张宾,宗慧清.从“温十二条”看温州金融综合改革[J].东方企业文化,2012(14):188.

[11] 边俊利.滨海新区金融产品创新:实践与思考[J].南方金融,2010(1):83-86.

[12] 杜强.滨海新区金融改革创新促进环渤海区域金融合作[J].求知,2010(10):34-35.

[13] 张建军.深圳金融改革创新的经验与启示[J].中国金融,2010(18):26-29.

[14] 李宝峰.美国建设国际金融中心的经验借鉴及其启示[J].商业经济研究,2011(6):82-83.

[15] 孟静.伦敦金融城变迁对中国建设金融功能区的启示[J].商业经济研究,2011(1):53-54.

[16] 魏思思.纽约及伦敦金融中心对北京建设国际金融中心的启示[J].时代金融,2010(2):52-54.

[17] 李兵兵.开曼群岛离岸金融中心的发展[J].中国证券期货,2009(2):44-48.

文章审稿人:韩鑫韬

重庆发展金融外包产业的战略研究①

中国人民银行重庆营业管理部、中国银行重庆市分行联合课题组

课题主持人：陈玉海

课题组成员：马超龙　王俊森　李波　万庆　黄煌
何玲枢　傅宏　何姝彦

一、绪论

（一）研究背景及意义

在新信息技术和全球化日益加深的背景下，世界各国经济越来越紧密地联系在一起。当代世界经济中一个很重要的特征就是发达国家产业结构调整和转移的步伐正在加快，在全球性产业大转移的背景下，不仅制造业在更广泛的范围内从发达国家转移到发展中国家，而且作为新兴产业的现代服务业也加快了从发达国家向发展中国家的转移速度，从而使得服务外包产业发展与全球化进程紧密联系在一起，同时也推动着全球化进程的深化。管理大师彼得·德鲁克（Drucker，1989）②在其《大变革时代的管理》一书中曾预言："在10到15年，任何企业都会将所有'支持性'，而不'产生收入'的工作以及任何不提供向高级发展的机会和活动、业务'外包'（outsourcing）出去"。在过去的二十年里，外包的迅速发展证实了大师们的预言，外包已成为当前企业界与理论界关心的一个热点。

进入21世纪以来，随着经济全球化的深入发展和信息技术的快速进步，国际服务外包成为新一轮产业转移的主体和推动世界经济繁荣的重要动力，国际金融服务外包更是蓬勃发展。德勤咨询公司研究表明，2001年全球只有不到10%的金融机构进行离岸外包，2008年这个比例已经超过了75%。2008年全球金融离岸外包市场产值较2005年翻了一番，占全球服务业离岸外包规模的45%。全球金融服务机构，尤其是发达国家金融机构越来越多地将原来自行承载的业务转交给外包商。

随着我国加入WTO，金融业的竞争日益激烈，国内金融机构越来越集中关注自己的核心业务。中国商业银行等金融企业的相继成功上市，使其对外包服务的需求日益扩大。这势必会导致我国金融服务外包市场的需求不断扩大，金融服务外包将

---

① 为2013年度重庆市金融学会金融领域重大决策咨询课题，获评"优秀奖"。

② 彼得·德鲁克.大变革时代的管理[M].上海：上海译文出版社，1999.

会日益快速发展。2009 年中国国务院批准了 20 个服务外包示范城市:大连、西安、成都、上海、深圳、北京、杭州、天津、南京、武汉、济南、合肥、长沙、广州、重庆、哈尔滨、大庆、无锡、南昌、苏州,以促进服务外包行业的发展;推动 100 家世界著名跨国公司将其有一定规模的服务外包业务转移到中国,培育 1 000 家取得国际资质的大中型服务外包企业,全方位承接国际服务外包业务,并不断提升服务价值,实现 2010 年服务外包出口额在 2005 的基础上翻两番①。

近年来,重庆金融业取得了突飞猛进的发展,金融生态环境明显改善,为金融服务外包发展打下了良好基础。2012 年,重庆市金融业增加值达 915.65 亿元,同比增长 30%,是 2006 年的 4.3 倍,占 GDP 比重达 8.0%,进一步巩固了金融业在国民经济中的支柱产业地位(2011 年的占比是 7%,居全国第三)。截至 2012 年末,重庆各类型金融机构已达到 509 家,银行业金融机构的利润增速和利润率均远高于全国平均水平。金融机构门类齐全,外资金融机构数量、金融机构网点和从业人员密度居中西部前茅,并不断吸引中外金融机构将总部设在重庆。随着重庆金融市场规模实力、技术水平、集聚力和辐射力日益加强,对金融服务提出更多和更高的需求。

目前,虽然多家全国知名金融外包服务龙头企业正在积极与重庆接洽,希望在渝发展金融外包业务,但是,重庆还没有出台关于打造金融外包服务产业的相关举措,所以,本文将结合国内外金融外包产业的发展趋势和重庆的区域经济特点,提出重庆发展金融外包产业的定位、模式及其路径选择。

(二)建设金融服务外包业的必要性

一是落实国家产业发展战略的重要举措。目前,服务业外包已经成为产业结构调整的鼓励类行业。金融服务外包是服务外包产业的重要组成部分,也是推动我国产业结构转型、参与服务业全球产业链分工、从而使我国由“世界工厂”向“世界办公室”转型的重要力量。因此,建设金融服务中心,向金融机构提供金融服务外包,正是积极落实国家产业发展战略的重要举措。

二是推动区域金融中心建设的重要途径。从重庆市发展战略的角度看,市政府按照《国务院关于推进重庆市统筹城乡改革和发展的若干意见》(国发〔2009〕3 号)要求,推动长江上游地区金融中心建设,并制定了《重庆市金融中心建设“十二五”规划》(渝府发〔2011〕113 号文件印发)。重庆市第 4 次党代会提出建设“三中心两集群一高地”的战略目标。2012 年 10 月 29 日,市政府第 137 次常务会议通过《重庆市人民政府关于加快建设长江上游区域性金融中心的意见》提出,到 2017 年,将重庆基本建成为以金融结算为特征的长江上游区域性金融中心。重庆通过发展金融服务外包产业,建立区域金融服务中心,有利于全面发展业务流程外包(BPO)、

---

① 《商务部关于实施服务外包“千百十工程”的通知》(商资发〔2006〕556 号). 中华人民共和国商务部外国投资管理司.

信息技术外包(IPO)、知识流程外包(KPO)和资产管理外包(CMO)等金融服务,从而为吸引各类金融机构及总部入驻重庆提供功能完善、服务得力的载体。

三是加快吸引和集聚相关金融服务产业的需要。金融产业集聚有利于带动区域经济空前繁荣,成为提升区域竞争力的强大推动力。发展金融服务外包产业,将有助于吸引金融机构入驻和集聚金融配套服务设施。目前,北京、上海、天津、成都等城市均在大力发展金融服务外包产业,并取得一定成效。重庆通过发展金融外包服务产业,将为金融机构有效降低服务成本,推动金融机构和金融服务企业之间合理分工、密切合作,构成相互连接的业务链条,催生更多金融创新工具和其他金融服务机构发展,为区域金融市场和地方经济发展提供强劲动力。

四是提高生产效率、优化社会资源配置的需要。从整个社会角度看,外包可以提高生产效率,实现社会资源的优化配置,避免社会整体资源的浪费,对金融保险业而言通过外包降低成本的效果尤为显著。而不同类型的金融机构或外包业务所造成的成本下降幅度也有所不同,银行节省成本幅度最大,其次是从事资本市场业务的金融机构,如基金、证券公司,保险业节省成本是金融业中最低的。金融离岸外包满意度总体较高,且明显优于在岸外包。外包能较好的提升企业价值和服务质量。

二、国内金融服务外包发展概述

(一)我国金融服务外包发展概述

1.我国金融服务外包发展现状

我国金融服务机构在业务外包领域还处于起步阶段,主要集中于 IT 相关业务、信用卡业务的外包,外包模式主要局限于一一对应型。2002 年 10 月,高阳公司与深圳发展银行签订灾备外包服务协议,该合同持续 10 年,总额约 3 亿,成为国内银行业第一个 IT 系统外包大单。2003 年 1 月,国家开发银行开创银行业合作先例,与中国电信集团公司和中国网络通信有限公司在北京签署网络外包框架协议。2003 年 11 月,中国光大银行与联想 IT 服务正式签约,联想 IT 服务将成为其核心业务和管理会计系统建设及咨询项目的总承包商,项目合同金额达数千万元;IBM 获得了招商银行 IT 外包的大单;实达外设获得广州建行服务大单。

目前,金融服务外包出现了加速的趋势。除了上述与 IT 技术有关的部门外,也有些银行在尝试 BPO,如将标准化的个人住房贷款业务委托给第三方。人事用工、信用卡的销售、理财业务宣传、贷前调查等业务也出现了外包的趋势。如在北京、上海等地有的银行在对操作层面员工使用问题上已经出现了人事代理,即银行向人事代理中介机构付费,由中介机构负责按要求向银行选派员工。上海则有专门为银行做销售的公司。他们经过银行的培训,专门从事包括信用卡、基金产品、理财产品等的销售活动。在青岛等地,银行的贷前调查已部分由专业调查公司来承担,而信贷手续则由律师事务所来承担,贷后检查由担保公司、会计师事务所等承担。

2.我国金融服务外包市场分析

中国金融企业认真了解服务外包还是在2000年以后,但发展速度引人注目。从ITO到BPO,已经有相当数量的银行或保险企业采用了这些方式来作为战略规划或实践。总体看来,我国金融外包服务市场还没有成熟,规模与国外先进相比存在差距。

同国外同行一样,将IT业务外包也是国内企业最先尝试的项目。对于国内银行业来说,外包主要集中于IT业,主要业务有数据录入、信用卡信息核实、电子账单催收、系统开发与维护、网上银行等。保险业对IT的应用相对银行较少,有一些保险公司外包其保单印制等业务,还有一些已经涉及IT服务,例如华道数据公司目前针对保险业可以提供保全业务处理、保费催缴、契约回访等外包服务①。ITO非常适合金融业的标准化程度高的特点,在今后几年里,金融企业为了在危急中减低成本,依然会高速发展其ITO业务,据北京信通四方企业顾问有限公司2008年2月发布的《中国ITO市场趋势预测2007—2011》研究结果显示,预计到2011年,中国IT外包市场规模将超过124亿元人民币,较之2006年,年均复合增长率约为21.7%,发展稳健。其中金融行业将是IT外包服务最主要的应用市场之一,未来5年,金融行业IT外包规模年均复合增长率预计将超过24%②。

BPO在近两年来也逐渐受到国内金融企业的重视,尤其是国内中小型金融机构开始探讨这种外包模式。小型国有商业银行,地方性保险公司与信托公司,中小型券商,以及一些业务尚未展开的新证券机构和计划将非核心业务专业化的大型证券机构形成了金融服务外包的主要市场和客户。这些中小金融机构在资源控制和高层管理上不能与大型金融机构相比肩,所以利用外包的形式来解决软硬件建设和成本效率难题成为他们发展的契机,正是这些金融机构的存在,使得开拓更高层次的金融服务外包市场成为可能。例如,华道数据与中意保险公司的寿险理赔业务流程外包合作是国内保险理赔外包这一高端BPO业务领域的首次尝试,合作的范围包括案件扫描、医疗账单处理、小额案件审核等功能为一体的理赔流程全新外包解决方案。处理效率是原来的3~5倍③。从商业管理的角度来看,BPO外包方式是一种商业价值链的向上提升,这种模式已经成为跨国金融机构提高核心竞争力的不二法门,并最终会席卷我国金融业,所以我们要抓住机遇,利用后发技术优势将我国的BPO市场做大做强。

相比之下,KPO在我国的发展才刚刚起步,很多人都还不了解其具体运营方式,相对ITO和BPO而言,KPO外包的是比较核心的,战略性的业务,而不是外围的业务流程;因此常常涉及战略层面,还不是运营层面,复杂程度明显高于ITO以及

① 杨晓莉.论我国银行事务外包及监管制度构建[D].厦门:厦门大学,2006。

② 聂峰.金融BPO业务与人力资源培养模式研究.经济学家网站.

③ 仲晓东.商业银行核心能力的识别[J].财会研究,2005(9):66.

BPO。但对我国金融服务外包企业总体而言,由于相关专业高素质人才缺乏以及金融业发展的现状,有足够能力可以胜任提供高水平的 KPO 服务的公司非常少。特别在金融服务领域,可以预见到 KPO 的国内市场将很广阔。企业为了赢得竞争和发展的优势,都需要最好的咨询建议,需要专业化商业知识。这些需求的增加会使 KPO 的市场规模很快增长,虽然现在从事 KPO 的企业数量上和规模上都有限,但未来的成长一定很快。所以,从现在我国从事 ITO 与 BPO 的公司就要重视培养 KPO 的人才,努力在这块蛋糕中占据可观的份额。

3.我国金融服务外包发展存在的问题

(1)对金融服务外包缺乏足够认识

虽然近年来我国金融服务外包取得了令人瞩目的发展,中央政府和地方政府也根据情况出台了各种支持政策,但总体来说,只有少数城市有形成外包基地,培养外包企业的土壤和环境,大部分地区的官员对外包的具体发展前景还不太了解,定位不明。

(2)金融企业外包业务的范围过于狭窄

相当一段时间里,中国金融业的外包就只是 IT 外包,到今天依然如此,这固然是国内外包市场不成熟的表现,也是因为金融企业的 IT 标准化高等特点以及 IT 技术方面成本高,想降低成本的原因。BPO 业务虽然有外包商可以提供,但由于不够成熟,国内金融企业很少考虑或者是有所顾虑。

(3)国内市场缺乏本土专业金融外包服务商

从外包服务商的经营范围和规模类别来看,目前承接中国金融企业外包项目服务商主要是外资或合资的大型国际 IT 企业,本土企业除联想集团外,几乎都没有参与金融业务外包项目中来,反映出国内市场中极度缺乏处于绝对优势的大型专业金融外包服务公司。

(4)人才供需和培养问题显现

虽然我国有足够的潜在外包服务劳动力,但随着国际企业大量将服务型业务外包到中国,当前和未来几年的专业型人才明显不足。一直以来,我国外包企业的业务大多是劳动密集型的,如保险业的契约录入、银行业中的数据录入等,员工的技术要求相对不高,管理人员也很少接受过管理专业的培训。因此,加强外包业人才的培养与开发,提高其认证资格水平尤为重要。

(5)急需建立针对外包商的准入评级体系

由于缺乏对外包服务商的资格审查制度和准入评级体系,致使金融企业无法有效对外包商的技术实力、管理水平、安全设施,社会信誉等因素进行综合评定。我国的外包商企业质量不一,良莠不齐,外包安全的关键就是信息的安全性,很多金融业之所以对 BPO 望而却步,就是对外包企业的信息保密度存有戒心,不能放开手脚与他们合作。

(6)相关法律和监管制度仍不健全,缺乏纠纷处理和风险防范机制

就监管制度来说,当前我国对金融服务行业监管的方式是要求国内金融服务机构进行分业经营,根据金融服务机构类别进行监管。这种监管方式在当前金融外包商业务界限模糊化的实际情况下,难以应对国内金融服务业的加速开放的趋势和挑战,也不适应混业经营发展趋势的要求,不利于培养优质大型的外包商①。

4.我国金融服务外包的趋势

随着中国金融机构流程改造,后台集中工作的稳步推进,其外包需求也将不断释放,同时鉴于越来越激烈的金融行业竞争,企业对借助外包提升效率、降低成本的要求会更加迫切。中小型金融机构为弥补自身能力短期内的不足,也会更多地借助外包之力。而目前中国金融外包行业服务外包渗透率还比较低,(渗透率:按照金融行业服务外包支出占金融行业运营总支出的比例计算。)金融行业服务外包支出仅占整体金融业运营支出的0.53%,而同期美国金融行业服务外包支出占到了其运营支出的1.86%,相比之下,中国还是具备很大的市场发展潜力。未来金融服务外包规模的提升将主要来自于中国经济实力的增长和金融产业的深化和金融服务外包渗透率三方面②。其中,中国经济实力的增长和金融产业的深化分别具体体现在GDP的增长和金融产业占GDP的比例上。随着中国振兴十大产业规划的实施与开展,未来中国的服务外包还将继续增长。整合并购将成为中国拓展国际金融外包市场不可逆转的趋势。

(二)重庆金融服务外包发展概述

1.重庆金融服务外包发展现状

近年来,重庆服务外包产业快速发展,已成为促进本地经济又好又快发展的绿色引擎。2011年,渝中区、北碚区、永川区、北部新区、重庆西永微电子园等18个区域挂牌服务外包示范区,当年的重庆服务外包离岸结算额迅速攀升到4亿美元。2012年1—10月,重庆共计完成7.1亿美元离岸结算额,同比增长208%,环比增长22.4%。从涉及金融服务外包来看,目前,重庆正在着力打造3个新兴金融服务外包中心。

(1)巴南国际金融服务外包中心

2012年,巴南区引进深圳联合金融集团,建设重庆国际金融服务外包中心,预计建成后年产值达2000亿元,年贡献税收150亿元。重庆国际金融服务中心包含“金融前台服务”“金融后台外包”“金融配套服务”三大战略布局。一是建设巴南龙洲湾金融服务外包总部基地项目,投资人民币22亿元,占地面积约为134亩,总

① 赵新元.知识流程外包(KPO)代表着下一代外包服务.

② 花桥金融外包研究中心.中国金融业服务外包2009年度报告[M].北京:中信出版社,2009.

建筑面积约为35万平方米，规划入驻银行、证券公司、基金公司、保险公司、小额信贷公司、金融服务外包企业的总部及西南区域总部。二是建设重庆巴南金融服务产业园项目，投资人民币50亿元，占地约1100亩。建设信息技术外包基地（ITO）、业务流程外包基地（BPO）及知识处理外包基地（KPO）。规划入驻数据中心、票据影像中心、信用卡管理中心、结算中心、理财管理中心、信贷管理中心、现金管理中心、客户服务中心、金融机构智能监控中心、金融职业培训中心、金融产品研发中心。三是建设长江汉普顿国际金融旅游度假岛项目，投资人民币125亿元，包括汉普顿金融小镇1540亩，以先进的云计算信息技术、金融国际会务为核心，打造一个适宜办公、度假于一体的金融家栖息聚集地，构建国际金融商务度假小镇。该项目经渝府发〔2012〕18号文件批准列入2012年重庆市重点项目。

（2）永川服务外包产业园区

目前，金融服务业的外包趋势正不断加强。成立于2008年的永川服务外包产业园区，是重庆主城以外唯一的服务外包基地城市示范区。永川坚持“城园融合”发展思路，在新城核心区—兴龙湖现代商务区规划2平方千米打造金融服务外包产业，与重庆内其他区域形成错位发展，明确了“支持成长的西部金融后台交付中心”的总体定位，围绕金融后台产业链，重点发展金融后台软件开发和IT服务、灾备中心和数据中心、呼叫中心、数据处理和后台服务，力争到2015年，引进并培育40家规模以上金融外包企业，金融外包产业实现40亿元人民币的产值；引进4家规模以上总部和金融机构共享服务中心，金融外包产业从业人员达到4万人，建成重庆金融后台业务承接中心、辐射成渝及中西部的重要金融后台聚集区、承接长三角、珠三角以及环渤海金融外包二次转移及总部聚集区。

（3）江津金融后援服务基地

目前，江津服务外包企业已经增至20家，离岸服务外包结算额达3322万美元。2012年，江津金融后援服务中心开工建设，预计5年内完成投入（2012—2016年）。重庆金融后援服务中心项目建设内容主要分为金融后援服务项目和配套地产开发项目。根据建设安排，重庆金融后援服务中心拟于2012年10月份启动首期项目一期场平及骨干道路路网工程；2013年上半年启动首期数据中心、金融产品研发中心、呼叫中心、培训中心、客户服务中心等项目建设，于2014年完成一期项目全部建设，并启动配套地产开发项目。届时金融后援服务中心将粗具规模，到2016年金融后援服务中心项目将完成投资70亿元，届时一座功能完善、配套齐全的国际化金融综合体将在江津拔地而起。

2.重庆金融服务外包发展趋势

预计到2015年，重庆市服务外包产值将达到1500亿元。目前，重庆在BPO、ITO和KPO三个方面的业务占比分别为32%、41%和27%。这也说明重庆服务外包业务正从产业链的中低端，逐渐向高端领域拓展（表1）。

表1　18个服务外包示范区功能定位

区　域	功能定位
渝中区	以总部经济、互联网、电子商务、金融结算等产业为主导
北碚区	以国家大学科技园为中心,重点发展动漫、软件外包等产业
永川区	重点发展呼叫中心,通信软件、信息安全、数据处理、平台软件等为特色的软件产业
重庆西永微电子产业园区	重点发展软件研发、服务外包、游戏、总部经济等产业,形成较大规模的软件信息产业集群
两江新区	重点发展以云计算、数据中心为核心的高端软件服务外包产业
万州区	重点发展软件测试以及创意产业
大渡口区	打造全国领先的安防产业基地和物联网产业基地
江北区	重点打造高附加值、低成本、智力密集型的服务外包产业
沙坪坝区	重点打造文化创意、研发设计、教育培训等服务外包产业
九龙坡区	建立软件及服务外包产业园、国家西部工业技术设计中心
南岸区	重点打造手机、物联网产业
北部新区	重点打造软件、金融、总部经济为代表的服务外包产业
渝北区	重点发展动漫设计、文化创意、机械制造研发设计等服务外包产业
巴南区	打造集金融后援服务、人才培养、呼叫服务、数据录入处理、软件研发、网游动漫创意制作等产业
长寿区	重点发展装备制造和电子信息产业集群,建成以电子信息、软件研发等为主的服务外包产业
江津区	重点培育软件产业、金融中心、结算中心、工业技术等产业
合川区	重点发展软件研发、动漫创意、工业设计、供应链管理和金融后台服务等产业
万盛区	在发展笔记本及相关信息、软件服务业的基础上,向软件设计开发,数据信息管理、动漫等方向发展服务外包产业

三、国内主要金融服务外包产业园区建设经验

(一)北京金融服务外包产业园区

1.基本情况

北京是全国的政治经济文化中心,是国家金融决策中心、金融管理中心、金融信息中心和金融服务中心,这为发展金融服务外包奠定了雄厚基础。北京是我国金融机构总部集中地,众多的金融机构给金融服务的发展提供了巨大的市场需求,使北京拥有其他城市无法比拟的中央金融政策优势和国际金融总部资源优势。

北京市以促进现代服务业发展为目标,以承接跨国公司离岸外包业务、提高外包企业竞争力为核心,以发展高附加值的服务外包为重点,以软件与信息服务外包、金融服务外包、技术研发外包、商务服务外包、物流服务外包、生物医药外包、设计创意外包、财务管理外包、人力资源外包等领域为主要发展方向;大力发展离岸服务外包市场,积极拓展欧美和日本市场,打造离岸外包交易中心。

2.外包发展环境

(1)基础环境

北京市无线通信基础设施的建设已经基本完善。北京的宽带用户随着带宽增宽而不断增加,据 CNNIC 数据显示,2007 年北京市的上网用户人数达到 737 万户,比 2006 年增长了 57.5%。完善的通信基础环境对于北京大力发展服务外包,特别是建立服务外包离岸中心提供了坚实的保障。北京是中国重要的航空、铁路和公路交通枢纽,是重要的国际交流中心。在北京首都国际机场运营的航空公司共有 78 家,其中有国内航空公司 15 家,国际及港澳航空公司 63 家。截至 2006 年,北京首都机场开通了 127 个国内航点,172 个国际航点。近年来,北京首都机场航班起降架次达到 50 万架次,旅客吞吐量约 9000 万人次,位于世界前列。

(2)人力资源

从服务外包人才的供给情况看,北京的高校数量、在校大学生数都居全国第一,软件人才普遍素质较高,通过 CMM/CMMI 认证的企业数量也是位居全国第一,在高端人才方面占据了一定的优势。

(3)政策环境

2008 年 5 月,北京市政府发布《关于促进首都金融业发展的意见》,明确北京要建设成为“具有国际影响力的金融中心城市”,并详细规划了北京金融业发展的空间布局和市场体系建设,即“一主一副三新四后台”,其中“四后台”指稻香湖金融服务区、西城德胜金融后台服务园区、通州商务金融服务园区和朝阳金盏金融后台服务园区 4 个金融服务区。四个金融后台服务区各有分工侧重,差异定位形成互补效

应。北京市设立发展服务外包联席会议制度。第一,安排地方配套资金,北京市各级政府将从地方财政中安排服务外包产业发展专项资金。第二,按照《商务部关于做好服务外包“千百十工程”人才培训有关工作的通知》的要求,在地方政府财政专项资金中安排服务外包人才培训配套资金用于培训服务外包实用人才。对于符合《北京市吸引高级人才奖励管理规定实施办法》规定范围和条件的高级人才,可按有关规定给予奖励。第三,支持服务外包企业通过国际认证,按照《商务部关于做好服务外包“千百十工程”企业认证和市场开拓有关工作的通知》的要求,在地方政府财政专项资金中安排不低于商务部专项资金两倍金额的配套“中小企业国际市场开拓资金”,支持取得国际认证或升级的服务外包企业维护和进一步完善已经取得的国际认证。第四,北京率先开通企业融资“绿色通道”,为软件出口企业解决流通资金的贷款问题,提供快捷、便利的融资担保服务,同时对担保费、贷款利息进行补贴。

(二)上海金融服务外包产业园区

1.基本情况

上海是发展金融服务外包业务较早的城市之一。上海市不仅是中国的经济金融中心、交通枢纽和对外贸易口岸,也是科学技术、文化教育事业的重要基地,同时上海还是中国长江三角洲经济商圈的核心城市。上海市是商务部首批被授牌的中国服务外包示范城市之一,不仅拥有完善的通信与交通基础设施环境,还有学科齐全的服务外包人才储备。

上海金融服务外包产业发展的战略目标是力争经过5~10年的努力,把浦东金融服务外包产业真正发展成浦东现代服务业的重要支柱。使浦东成为我国金融服务外包创新发展的主要基地之一,成为亚太地区离岸金融服务外包业务的承包和转包中心。

2.外包发展环境

(1)基础环境

一是拥有便利的交通环境。上海市作为国际航运中心,拥有浦东、虹桥两大机场,便利的交通环境为服务外包的发展提供了必要的条件。二是拥有良好通信基础环境。服务外包产业发展的另一大基础条件——通信基础环境在上海也得到了长足的发展。上海共有9条国际海底光缆登陆,从上海进出的国际通信容量占全国的七成。上海是目前在建的太平洋海底直达光缆系统的主要登陆点之一。三是金融信息服务基地建设走在全国前列。上海市银行卡产业园是全国首个以金融机构后台服务部门为主要服务对象的金融信息服务机构集聚区。四是金融软件外包服务企业集聚走在全国前列。浦东软件外包产业发展走在全国前列,上海浦东软件园作为浦东软件外包产业发展的国家级产业基地集聚了一大批知名软件外包企业。五是金融后台服务发展走在全国前列。上海市金融信息服务基地内已经形成了金融机构后台服务部门集聚，拥有众多银行、证券、保险等金融机构的后台服务中心和银行卡业务中心，如中国银联、平安保险呼叫中心和营运中心、汇丰数据中心等。浦东新区金融后台服务部门的集聚已经形成了一定规模，并逐渐吸引了一批专业金融外包服务机构入驻浦东新区，逐渐形成了产业的集聚效应，为浦东发展金融服务外包营造了良好的产业生态环境。六是金融服务外包产业环境建设走在全国前列。首先，陆家嘴金融贸易区金融前台建设已经取得了良好的成绩，为金融后台服务和金融服务外包产业打下良好的基础。其次，上海市政府发布《关于促进上海服务外包发展的若干意见》，明确提出要将上海建成全球服务外包重要基地的目标，并明确提出支持、发展金融服务外包产业以及建设金融后台服务示范基地的目标。

(2)人才资源

上海市作为中国科技与教育基地，拥有学科齐全的人才队伍，“科教兴市”战略的大力实施提升了上海人才的整体素质。目前，上海软件产业共有各类专业人才30万人左右，其中65%以上拥有本科及本科以上学历，9%拥有硕士学位，2%拥有博士学位。上海有普通高等学校60所，其中理工院校24所，每年毕业的计算机类学生4.5万人左右。上海还积极推进软件学院的建设，目前，上海共有4所示范性软件学院，分别是上海交通大学软件学院、华东师范大学软件学院、同济大学软件学院和复旦大学软件学院，四所学院每年招生人数总计约700人，其中研究生约150人。此外，上海有500多家社会力量办学的计算机应用技术培训机构，所提供的计算机技术培训人次近10万，其中软件技术方向的占30%以上。

(3)政策环境

2009年4月，国务院发布了《关于推进上海加快发展现代服务业和先进制造业建设国际金融中心和国际航运中心的意见》。与此相适应，上海市政府高度重视服务外包产业的发展，先后出台了《上海市人民政府印发关于促进上海服务外包发展若干意见的通知》《上海市高新技术产业开发区高新技术企业认定办法》《关于转发财政部、国家税务总局、海关总署〈关于鼓励软件产业和集成电路产业发展有关税收政策问题的通知〉及本市实施意见的通知》《上海市促进高新技术成果转化的若干规定》《上海市人才发展资金管理办法》等鼓励政策。同时，各大服务外包园区也出台了推动服务外包的相关政策，如：《浦东新区促进现代服务业发展的财政扶持政策》《浦东新区促进高新技术产业发展的财政扶持政策》《上海市张江高科技园区“十一五”期间扶持软件产业发展的实施办法》《“十一五”期间张江高科技园区财政扶持经济发展的暂行办法》等，以通过政策推动上海服务外包产业的发展。

(三)天津金融服务外包产业园区

1.基本情况

天津市位于渤海湾的中心位置,是中国北方重要的港口城市,作为商务部正式授牌的服务外包示范城市之一,天津发展服务外包产业不仅具有天然港口和区位的优势,天津市还在人力资源、基础设施、综合商务成本等方面集聚了发展服务外包产业的优势和潜力。服务外包产业作为天津"十一五"期间重点扶持的产业方向之一,得到了政府的大力推动。2007年天津市启动了服务外包产业基地,服务外包发展主要集中在三个方向:金融服务外包、生物医药服务外包和基于机械和电子制造业的嵌入软件和产品设计服务外包产业。

天津金融谷位于天津市宝坻京津新城,是环渤海经济圈的中心腹地,距离北京75千米、天津40千米、唐山70千米,周边毗邻多条高速公路和国道。规划占地15平方千米,起步区7平方千米。天津金融谷是按照天津市人民政府《关于同意天津市京津金融服务外包园区开发建设的批复》(津政函〔2011〕15号)设立的,由天津市国有公司、天津市宝坻区国有公司及合生集团共同投资开发的金融产业城,是天津市"十二五"重点工程之一。天津金融谷规划建设包括:管理区、银行区、保险区、证券区、担保区、基金区、产品研发区、业务外包区、业务服务配套区、生活居住区、文娱休闲区、教育科研区、行政办公区、交通枢纽区、中小企业总部区、大企业总部区、公共服务区、商业商务区等功能区,以专业化服务立足于金融外包行业。起步区规划以产业区为主、配套设施为辅。目前,已有邮储银行、华夏人寿、中信外包等企业相继签约进驻。天津金融谷与北京首都金融总部、于家堡世界金融区错位发展、功能互补、相互支撑、协调联动;与各地服务外包基地相互促进、共同发展,将构建有强大影响力的现代金融服务园区。

2.外包发展环境

(1)基础设施

天津市海、陆、空立体交通网络发达,京哈、京沪、京津三条铁路干线在此交汇,并外接京广、京九、京包、京承、包兰、兰新等干线。天津港是中国北方最大的国际性现代化多功能贸易港口,天津滨海国际机场是中国北方航空货运中心。天津市通信网络基础设施完善,拥有10 G宽带骨干网、355 M超大容量国际出口,网络传输以光缆传输为基础,可向用户提供国内、国际电话服务,以及电报、传真、无线通信、可视电话、数据传送等非语音服务。

(2)人才资源

天津市是一座科技和教育事业比较发达的城市。天津市拥有包括南开大学、天津大学等国际著名高校在内的45所高等院校,在校生40.17万,其中有电子信息及软件学院的18个,相关学科专业230个;天津市还有各级各类中等职业技术学校

389所,在校学生13.68万人,服务外包人才储备充足。

(3)政策环境

天津市作为授牌的服务外包示范城市,已经制定了相关土地、税收、人才引进等方面的优惠政策。2008年2月出台了《天津新技术产业园区加快软件与服务外包产业发展的鼓励办法》,2007年3月印发了《天津市促进服务外包发展若干意见》,以及《天津经济技术开发区促进服务外包产业发展的暂行规定》《天津新技术产业园区内资高新技术企业初审管理办法》《天津新技术产业园区创新基金匹配资金申请受理办法(试行)》《天津新技术产业园区鼓励在华苑产业区(环外部分)投资的奖励办法》《天津市软件产品和集成电路产品增值税税收优惠管理办法(暂行)》《天津新技术产业园区"火炬发展金"管理监督办法(试行)》《天津新技术产业园区"火炬发展金"申请受理办法(试行)》《鼓励软件产业和集成电路产业发展有关税收政策问题》《天津市免征营业税审批程序的通知》《天津市政府关于〈批转市科委关于加快我市软件产业发展实施意见〉的通知》《天津新技术产业园区设立"火炬发展金"暂行办法》《天津新技术产业园区鼓励高新技术企业进驻天津新技术产业园区国际创业中心(天津新技术产业园区留学生创业园)的暂行办法》等一系列政策,在产业扶植、财税优惠、培训支持、人才奖励、创新支持等方面对服务外包企业给予大力扶持。

(四)深圳金融服务外包产业园区

1.基本情况

深圳作为区域金融中心,凭借紧靠香港国际金融中心的地域优势,"香港接包深圳服务"的格局正在形成,深圳成为香港金融业个人理财中心等服务性机构和辅助环节业务外包的落户地和承接地。深圳毗邻澳门,开拓澳门客户的地缘优势显著。深圳金融业和高科技行业发展快,集聚了大量IT、软件和金融专业人才,可以大力承接境内及港澳地区金融服务外包,兼顾海外金融服务外包。

2007年"服务外包"被深圳政府列为重点扶植的八大高端服务业之一。深圳市作为商务部第一批授牌的服务外包示范城市之一,软件外包是其服务外包产业的支柱。深圳与香港地区、澳门地区和东南亚毗邻,得天独厚的区域优势吸引了一大批从事金融服务、软件开发的香港企业。经过长时间的发展积累,深港软件界已经形成了广泛而紧密的联系与合作,共同面向国际市场,开创了香港接单、深圳开发的模式,给予了"前店后厂"概念新的内涵。

目前,一大批香港软件企业已加速向深圳转移业务,以期完成企业结构的优化与转型。以软件外包为支柱的深圳服务外包产业在深圳得到了迅速发展。深圳市服务外包产业的发展是以研发、运营和维护为主的ITO与物流、供应链管理、金融服务、数据处理为主的BPO为发展特色,并且逐步向高端过渡。深圳市软件产品种类以行业应用、综合管理、专业应用、通信设备等产品为主线。

深圳部分金融机构在市内各区建立了自己的仓储、灾备等后台处理中心,一些外资金融机构如中银(香港)等在深圳设有后台处理中心。外包服务商除深圳金融电子结算中心、威豹押运公司、鹏元资信评估公司3家专营机构外,另有30多家企业兼营金融服务外包业务。仅上述3家专营机构2009年外包业务总收入就已达到10亿元人民币。银行服务外包程度比证券、保险深。2009年深圳40家银行外包项目支出占营业总支出0.74%,67.5%的银行已将部分业务外包。外包项目以信息技术和业务流程为主。前者包括网络设备、计算机硬件、第三方软件、应用软件、办公系统等维护;后者包括银企服务、票据仓储、现金管理、凭证影像等。兼营金融外包业务的服务商大部分属于外向型企业。对6家兼营金融外包业务的企业调查显示,这些企业均为外商投资企业,4家企业的服务或产品以出口为主,只有2家企业以国内市场为主。金融外包服务商规模较小。对6家兼营金融外包业务的企业调查显示,注册资本规模多数在3000至5000万元之间,人员规模100至500人和1000人以上企业各3家,人力成本均超过50%,有的达到84%。

深圳市金融外包服务业发展呈现出良好态势。据人民银行深圳中心支行的统计。2010年全市200多家金融外包企业实现了28.42亿元的产值,承接的合同项目金额共计23.68亿元。2011年4月。我国首家金融服务外包协会——“深圳市金融服务外包协会”正式揭牌。预计到2020年,深圳金融服务外包基地将拥有一批龙头企业,产业链条完整,在全国取得竞争优势,并向外地大规模辐射并购,产值超过300亿元人民币。

2.外包发展环境

(1)基础环境

深圳市拥有海、陆、空现代化的立体交通网络。目前,深圳市货运量达21320万吨,客运量23957万人。京广、京九两大铁路大动脉在深圳交汇。深圳国际机场已开通18条国际航线、90条国内航线,机场旅客吞吐量达1836万人次。深圳现有港口泊位152个,其中61个万吨级以上的泊位,港口年货物吞吐量17598万吨,港口集装箱吞吐量1 847万标箱。作为服务外包重要的基础环境之一的通信与网络也在深圳得到了稳定的发展,2006年,全市固定电话用户达到377.39万户,移动电话用户1 494万户。国际互联网用户232.85万户。互联网用户数占全市总人口的27.5%。

(2)人力资源

深圳市有10所全日制高校,非全日制高校1所;另有52所市外院校在深圳设点开办非全日制高等教育,13所网络学院在深圳开通了远程网络教育。由于深圳市作为改革开放的窗口,每年都吸引着来自全国各地的高校毕业生。2006年,深圳市从事开发、生产高新技术产品企业的长期职工总数为972893人,从事高新技术产品研究、开发的科技人员148576人,从事高新技术产品研究、开发的科技人员

137045人。从事高新技术产品研究、开发的科技人员比上年增长47.7%，占职工总数的比重为15.3%。

(3)政策环境

深圳市政府曾先后制定出台了《深圳市人民政府印发关于加快深圳市服务外包发展的若干规定的通知》、中共深圳市委、深圳市人民政府2004年1号文件《关于完善区域创新体系推动高新技术产业持续快速发展的决定》《深圳市人民政府关于进一步扶持高新技术产业发展的若干规定》《深圳市关于加快高新技术产业人才队伍建设和人才引进工作的若干规定》《关于贯彻〈关于进一步扶持高新技术产业发展若干规定〉的实施办法》等。

(五)国内金融服务外包的主要类型及特点

详情见表2。

表2　国内金融服务外包的主要类型及特点

发展类型	发展特点	备　注
京沪型	地理位置、资金、技术人力资源等优势使其发展为金融服务外包的战略中心城市。主要以专门的金融服务外包基地为载体，金融前后台联动发展，自主创新占领国内金融外包服务的前沿	北京、上海
区域互助型	以天津与北京的合作为例，天津借助与北京的近距离优势，加强与北京在金融服务外包产业价值链的各环节分工与合作，实现资源互助，优势互补。服务外包企业在北京设立机构获取订单，在天津建立交付中心，以低成本、规模化发展外包服务业务，形成外包服务产业错位发展	深圳与香港、杭州与上海、天津与北京等
政府推动型	成都深居内陆，外包业务多为离岸式，域内公司对国外的运作模式缺乏了解，在知识产权保护方面也存在其地方局限性。政府的配套扶持政策是推动其金融服务外包产业发展的重要推手。通过出台多项配套政策，为其建设金融服务外包产业园区提供良好的政策环境	

(六)国内开展金融服务外包城市的主要政策

详情见表3。

表3　国内开展金融服务外包城市的主要政策

城市	税　收	人才培训支持	公共服务平台建设	通信服务	企业扶持政策	企业用地政策	知识产权保护	人才引进	其他
北京	对技术先进型企业减按15%的税率征收企业所得税,职工教育经费按不超过企业工资总额8%的比例根据实际企业所得税税前扣除,离岸服务外包业务收入免征营业税	每新录用一名大学(含大专)以上学历员工从事服务外包工作,并签订1年以上《劳动合同》的,给予企业每人不超过4500元的定额培训支持。对符合条件培训机构培训的大专以上学历从事服务外包业务人才,给予培训机构每人不超过500元的培训支持	设立本市服务外包产业发展配套资金,额度不少于本年中央支持资金的2倍,支持建设各类公共服务平台	双回路一级环网供电、双备份网络系统、双局向双路由语音数据通信、高速宽带国际数据端口	加大信贷支持力度,创新信贷支持模式。鼓励创业投资向服务外包企业倾斜,支持境外上市。给予账户开立,资金汇兑等便利		对知识产权保护和打击侵权给予资金支持	建立服务外包业务人才库和服务外包人才网络招聘长效机制	
上海	增值税、营业税两免,企业所得税两免三减半	给予培训机构培训支持;本市劳动者参加培训予以补贴	鼓励在上海现代服务业联合会中成立服务外包专业委员会	增加带宽,双局向双路由的语音和数据通信;双回路的一级环网供电	设立服务外包外汇绿色通道,跨国公司允许其向境外关联公司支付代垫、分摊费用		把卢湾区、闵行区、长宁区、浦东区作为服务外包知识产权试点	便利户籍及居住证申领;外籍从业人员,给予办理居留许可证和多次出入境便利	建立上海服务外包统计指标体系、试行服务外包统计制度

深圳	对技术先进型企业减按15%的税率征收企业所得税，职工教育经费按不超过企业工资总额8%的比例根据实际企业所得税税前扣除，离岸服务外包业务收入免征营业税	每新录用一名大学（含大专）以上学历员工从事服务外包工作，并签订1年以上《劳动合同》的，给予企业每人不超过4500元的定额培训支持。对符合条件培训机构培训的大专以上学历从事服务外包业务人才，给予培训机构每人不超过500元的培训支持	举办中国国际软件和现代化服务外包交易峰会、参加国际服务外包展会	增加宽带	企业100人以上租用面积2000平方米以上，奖励200万~500万元；外包企业优先申请发展基金	租房补贴每平方米租30%。设立“大企业直通车”，方便入境	对于知识产权保护给予资金支持	高管1000元/月住房补贴；外籍人员办理居留许可和多次往返签证	
天津	区内服务外包企业按实缴五税的留成部分，前5年全额奖励，后5年减半；人才中介营业税两免两减半；培训机构减半	鼓励企业和机构建立大学生实训基地，按核准的实训人数予以500元/人/月的实习补贴，最长不超过6个月	支持企业和机构开展产业发展研究和创新推动工作、搭建公共服务平台和技术支撑平台、联合攻关、技术联盟等活动，予以经费支持	提供专线接口，或双路由设置。国际专线费用30%支持	世界500强、国内外软件100强设立企业和机构，予以300万元至500万元鼓励资金	租用面积<1000平方米按20元/平方米每月予以租赁资金资助，>1000平方米按10元/平方米每月予以租赁资金资助。租赁资助期限3年		1.大本35岁以下；2.中职或硕士年龄45岁；3.本科、高职以上，45岁以下可随迁爱人及独身子女。建立户籍“绿色通道”	要求：1.运营业收入>1200万元；2.金融外包收入比例>50%；3.大专以上员工>70%

续表

城市	税　收	人才培训支持	公共服务平台建设	通信服务	企业扶持政策	企业用地政策	知识产权保护	人才引进	其他
杭州	服务外包>100万美元企业,比上年增加税收留成部分返还。服务外包<100万美元返还50%。出口1美元奖励0.01元	政校、校企合作,建立培训基地;引进知名培训机构和大型企业开展培训;批准开展培训企事业单位和社会培训机构,给予奖励	鼓励企业创建公共科技服务平台,对服务外包企业实施平台建设的,给予总投入20%~30%事务资助;建立信息网,搭建交流平台	双回路供电、自备发电机、双备份网络系统和足够带宽的国际数据端口	来杭投资企业,注册资本≥1亿元,给予一次性资金补助;来杭落户企业总部,购建自用办公用房(含租赁用房),按每平米计算,落户地财政给予补贴		2009年8月发布《杭州市服务外包知识产权保护若干规定(征求意见稿)》	聘请海外留学人员和国内享受政府特殊津贴的专家,所支付咨询费、劳务费计入成本。引进各类人才,尤其是高层次紧缺服务外包人才	全市支持服务外包发展资金1亿元/年
昆山	新增的营业税、所得税等地方留成部分100%奖励。对于各类人才个人所得税地方留成部分30%~50%奖励	培训经费补贴;人才输送院校奖励;人才中介机构奖励;建立公共培训师资库	自筹资金投资服务外包技术支持公共服务平台、公共信息网络、专业软件等,市服务外包产业发展专项资金一次性给予最高300万元扶持,设立中国金融外包峰会永久会址	国际通信专线费三年内由省财政给予30%补贴,补贴金额≤30万元/年	设立中国总部,≤500万元补贴,境内外行业领军企业总部,≤200万元补贴;年营业收入≥5亿元企业,税收地方留成部分前5年100%奖励,后5年减半。年营业收入≥50亿元企业税负高于15%部分	根据不同情况给予房租减免等优惠	2007年出台《软件服务外包知识产权保护的若干意见》	设立≥1亿元/年优秀人才专项资金。个人所得税奖励,住房补贴,交通补贴,特殊贡献奖励	采用一事一议、一企一策;技术先进型企业认定标准,金融BPO企业为大专以上员工占总数30%以上

成都	三税之和留成部分20万元/年，返一半，50万元/年返70%；新创办软件企业，自获利，两免三减半；出口额1%资金扶持	协调当地教育机构与入驻公司合作，定向培训相关人才。培训基金每人1000~2000元不等	设立专门管委会，统一提供生产保障设施、生活后勤配套、规范周到管理等。建立金融维权“绿色通道”		设立成都市金融业发展专项资金。市财政从2009年开始每年安排不低于5000万元资金，专项用于扶持金融业加快发展	房租一定程度上减免		大专以上的人才，签一年劳动合同可落户成都；对从事管理等的人员给予所得税奖励，期限5年	

四、重庆发展金融服务外包的SWOT分析

(一)发展外包的环境

1.基础环境

成为直辖市后,重庆的基础建设及硬件配套设施不断升级,能源供应条件逐步改善。重庆是中国西部地区唯一水、陆、空运输为一体的综合立体交通枢纽城市,是西部的物流中心。重庆有三个机场,其中重庆江北国际机场可起降波音747大型货机。目前已开通至名古屋、首尔、新加坡、曼谷、达卡、香港、澳门等地的国内国际(地区)航线110条。重庆现有21条干线公路,已建成5条省际高速公路,正在建设的有3条,2010年高速公路通车里程达到2000千米,形成“二环八射”的高速公路交通网络。重庆电力供应安全可靠,是中国电力最有保障的几个城市之一。

2.人力资源

重庆服务外包人才资源丰富,培养体系完善,成本优势明显。重庆现有高等院校56所,且大多设有计算机软件或信息服务的相关专业,每年毕业软件与信息服务相关专业毕业生达8000人。重庆市现有各类IT从业人员近20万人,软件及信息服务从业人员达5万人。随着惠普-卡耐基·梅隆培训项目、新东方等一批国内外知名培训项目在重庆的启动和顺利开展,加上重庆市软件及信息服务外包人才培养公共服务平台、重庆市软件及信息服务外包实训基地等一系列平台和支撑机构不断建设和完善,使重庆形成了较为完整的人才培养体系,为产业发展提供了有利的人才保证。重庆人力综合成本较低,竞争优势明显。重庆IT行业平均年薪比全国平均水平低34.9%,软件人力资源成本低于东部发达地区30%~40%。重庆的软件人力资源年均成本15000~40000元人民币,大大低于沿海发达地区以及印度等地,对承接国内外软件产业转移具有较大的优势。为ITO和BPO的离岸外包提供了良好的基础。

3.政策环境

目前,重庆市人民政府出台《关于加快建设长江上游区域性金融中心的意见》(渝府发〔2013〕3号),明确提出要实现市第四次党代会提出的“三中心两集群一高地”战略目标,大力发展金融产业,加快建设长江上游地区金融中心。同时,还明确提出要建设西部金融后服基地,鼓励两江新区、江津区、永川区、巴南区等具备人力、通信等资源条件的区域重点发展呼叫中心、数据处理中心、灾备中心等金融后服机构,力争2017年建成西部金融后台服务基地。随着全球经济中心的转移,在国家经济发展的推动下,重庆建设金融中心城市的进程将迎来新的机遇。

（二）发展机遇

1.国内金融机构前后台业务分离进程进一步加快

根据金融业前后台业务分离加快的发展趋势，我国金融机构也逐渐认识到前后台业务分离的必要性，纷纷探索本企业前后台业务分离的发展模式。以 2004 年为标志，我国各大银行按照数据大集中的基本要求，纷纷建立数据中心等后台服务基地。在重庆金融机构中，有总部级金融机构，在实现数据大集中后，承担了全国所有分支机构的后台业务处理，使业务规模猛增，也引起后台业务成本的快速增长。来自国内外金融业的竞争压力和金融机构内部成本收益核算的硬约束，使在重庆金融机构纷纷选择交通便利、地价成本低、环境良好的郊区建设后台业务基地。

2.跨国金融机构后台业务呈现向内地转移的趋势

据德勤会计师事务所估计，随着全球金融外包业务发展，在未来 5 年内，仅美国就有总值为 3560 亿美元的金融业务将外包给海外机构。近年来，各大国际金融机构纷纷将后台业务向印度、中国、菲律宾等低成本国家转移，这已成为不可阻挡的国际大趋势。2006 年 12 月 11 日，中国已全面开放金融业，大批跨国金融机构纷纷抢入中国市场。北京作为中国的金融管理中心和信息发布中心，具备地理位置、交通通信、政策制定、投资环境、专业人才等多方面的优势，正在成为跨国金融机构建设后台基地和业务外包进入中国的首选地之一。由于西部地区特有的地域优势，目前，大批外资金融机构和金融服务业机构纷纷前往重庆洽谈后台业务基地建设和外包业务事宜。

（三）存在的不足

1.银行、证券、保险各行业服务外包发展程度不一

保险业服务外包接受程度高，深入到新契约录入、定损、理赔、保全等业务环节。银行业中，信用卡业务外包起步早，但整合程度低且规模小，如 16 家信用卡发行银行中，只有 6 家采用了外包，外包服务商处理的信用卡不足总发卡量的 3%；除信用卡外，其他银行业服务外包仍处于起步阶段，较多集中在单点外包和非实时业务方面。目前，证券业服务外包业务很少。

2.金融服务外包业务单一，高端业务发展不够

目前金融服务外包以信息技术外包（ITO）为主，业务流程外包（BPO）不够，而知识处理外包（KPO）较少。ITO 如四大国有银行软件开发、技术研究、支持推广业务均外包给了隶属于总行的软件开发中心，中小银行多数将信息技术外包给专业公司；BPO 主要是基础数据输入、普通数据处理等低成本、劳动力密集的中低端业务，而第三方支付清算等技术含量和附加值高的高端业务尚未发展服务外包。

3.金融外包服务商有待发展

目前,重庆本土金融外包服务商依附性强,发展零散,规模较小,没有处于绝对优势的专业金融服务外包公司,离国外有实力的外包服务商如埃森哲(Accenture)、IBM、凯捷、塔塔(Tata)、萨帝扬(Satyam)等还有很大差距。

总之,在金融创新和国际金融服务外包发展的今天,我们应该理性地考虑重庆地区的条件和其在金融业务分工中的可能作为,努力成为金融外包服务的提供地,从而使区域金融服务体系包含更广泛的功能。

五、打造重庆金融服务外包产业

(一)重庆金融服务外包产业的发展框架

目前,重庆在建设金融中心工作中偏重于引进金融机构总部或附属于总部的后台中心或呼叫中心,以及离岸金融结算机构,而为金融机构服务的金融外包企业的引进和培育没有引起足够的重视。虽然,从业务形态来看,“后台”与“外包”是完全不同的两个概念和业务形态①,但是“外包”服务与“后台”发展密切相关。国际经验表明,银行“后台”业务正趋向于“外包”。所以,重庆发展金融服务外包产业应该结合自身优势,定位于发展中高端金融服务外包产业,具体有2个方向:一是发展离岸金融结算业务;二是发展高附加值的金融外包业务。

重庆应该充分利用外资金融机构聚集和高端人才储备充足的优势,大力发展离岸金融外包业务,吸引外资金融机构自建外包机构以及国际外包巨头落户重庆,并且鼓励本地外包服务商做大做强,争取承接更多的离岸业务,把重庆建设成为“世界办公室”。同时,在发展金融外包业务中,注重发展ITO外包中附加值较高的业务以及BPO业务中的金融数据处理和灾难备份业务、银行卡业务、客户服务、财务和会计服务、营销服务、营运业务以及研发设计等业务,在将来条件成熟后,再着力发展更高端的KPO业务。

(二)重庆金融服务外包产业的发展模式

1.重庆金融服务外包产业的发展条件

一是国家政策积极鼓励发展金融外包产业。2009年9月,中国人民银行等6部委联合出台了《关于金融支持服务外包产业发展的若干意见》,要求全方位提升银行业支持服务外包产业发展的水平。同年,国务院办公厅出台的《关于促进服务外包产业发展问题的复函》(国办函〔2009〕9号)同意将重庆确定为首批20个服务外包示范城市之一。其后,国家先后出台了多项措施,在融资、税收、基础设施建设、知识产权保护、人才引进和培训等方面给予一系列政策支持。所以,重庆发展金融服务

① 张桥云、曾志耕.大力发展金融服务外包促进成都金融中心建设[J].西南金融,2011(7).

外包产业的政策优势明显。

二是重庆具有发展金融服务产业的良好基础。直辖以来,重庆市经济发展保持较快发展。重庆市金融业运行总体平稳,对全市经济社会又好又快发展起到了重要的推动作用。截至2012年末,重庆各类型金融机构已达到509家,银行业金融机构的利润增速和利润率均远高于全国平均水平。重庆金融机构门类齐全,外资金融机构数量、金融机构网点和从业人员密度居中西部前茅,并不断吸引中外金融机构将总部设在重庆。随着重庆金融市场规模实力、技术水平、集聚力和辐射力日益加强,对金融服务提出更多和更高的需求。多家全国知名金融外包服务龙头企业积极与重庆接洽,希望在渝积极发展金融外包业务。

三是已开展大量基础性工作。近几年,重庆营业管理部成立相关研究小组,围绕建设区域金融中心开展了一系列理论研究和市场调研,尤其是充分调研了金融机构对金融服务外包的潜在市场需求,与不少金融机构达成了合作共识。同时,还全方位、多角度考察沿海地区相关经验,争取金融服务中心建设的高标准、高起点。上述工作为金融服务中心建设奠定了良好基础。

2.重庆金融服务外包产业的发展路径

重庆在发展金融服务外包产业中,应该坚持合理规划、有序推进,除了考虑经济效益,更应该注重社会效益,可以在18个服务外包中心中,着重挑选1~2个代表性的区域,集中发展金融外包服务产业,形成一定规模的产业园区,促进金融外包服务业的规范化和规模化发展。力争经过5~10年的努力,把重庆金融服务外包产业真正发展成重庆现代服务业中的重要支柱产业,为使重庆成为我国金融服务外包创新发展的主要基地之一,成为长江上游金融中心奠定坚实的基础。

(1)建设一个基地——重庆市金融服务外包产业基地

根据国际金融服务外包产业的发展趋势以及重庆市金融服务外包产业发展的现状和优势,建设重庆市金融服务外包产业基地(园区),这一基地将具备以下4大基本功能:一是产业集聚创新功能。集聚金融信息产品的研发与生产,形成国内外金融信息产品的技术创新中心、业务创新中心和运营机制创新中心。二是金融后台服务功能。吸引国内外金融机构后台核心业务向上海集中,形成国内商业银行的跨行信息交换中心、国内外各类金融机构的数据处理中心,与重庆区域金融中心前台服务相呼应,形成完善的金融后台服务功能。三是国际金融服务外包承接功能。承接以欧美发达国家和中西部地区为主的金融机构数据处理业务的转移,促进重庆成为国际性的金融服务外包业务的接发包中心。四是辐射带动功能。通过整合现有的重庆金融服务资源,以巴南区为核心枢纽,发挥辐射带动作用,带动重庆乃至长江上游地区服务外包产业和其他现代服务业的发展,进而推动重庆和长江上游区域的产业升级。

(2)搭建一个平台——金融综合服务平台

按照“政府引导、市场化运作、企业化管理、专业化服务”的指导方针,以人民银行重庆营业管理部建设“三库多中心”为依托、延伸开展多种商业化增值服务的综合性金融服务平台。其中,“三库”是指由重庆营业管理部管理的3级人民币发行库,包括人民银行总行重点库、重庆分库和重庆中心支库。“多中心”主要包括现有的钞票处理中心、守卫押运中心和拟在未来逐步设立的央行数据异地灾备中心、金融电子结算中心和全国电子票据交易中心等金融基础设施。在此基础上,再考虑延伸开展商业银行现金库租赁和守卫、现金押运配送、社会化钞票复点清分、金融机构数据灾备、非金融机构支付结算、金融票证仓储和影像管理、金融人才培训和输出、电子结算数字签章等各类社会化金融服务外包业务。

(3)发展六大类业务

根据目前重庆现有的条件和优势,发展金融服务外包产业,应积极发展金融数据处理和灾备业务、银行卡业务、客户服务、结算业务、营运业务以及研发设计等六大类业务。

金融数据处理和灾备业务:以中国人民银行未来异地灾备中心和征信管理系统为核心,积极引进金融机构的灾备机构和建设中小金融机构灾备共享平台,发展灾备业务;引进国内外金融机构的一些数据处理系统,发展包括清算、结算、客户数据管理中心等业务,发展以数据集中为特征的各类金融机构的信息处理业务等。

银行卡业务:以重庆本土3家法人银行的数据中心为核心,逐步集中银行卡业务管理,同时,引进中西部区域一些具竞争力的银行卡中心,发展信用卡的流转业务(收单、信息转接、资金结算等)和市场拓展业务(发卡、客户信息管理等);力争成为中西部最重要的银行卡后台数据处理中心之一。

客户服务:客户服务是金融服务外包产业发展的一项重要业务之一。一方面它通过电话、传真、E-mail、短信等多种途径主动为客户服务;另一方面它在内部管理功能上,通过知识库管理对金融范围内的业务、信息、资料、政策等内容进行收集和处理。所以,要大力引进高科技技术,建设金融服务外包呼叫中心,将改变传统的服务方式,使呼叫中心在功能上发生质的飞跃。

结算业务:积极打造“结算”型金融中心。加工贸易离岸结算,结合自身特色,在人民银行和国家外汇管理局的支持下,继续引进发展全球计算机制造基地,进一步带动富士康、广达、英业达等大型外包企业入驻,壮大惠普千亿美元级的亚太结算中心规模,引进其他结算中心。同时,电子商务国际结算,完善国际电子商务交易真实性认证体系,引进全球电商结算公司落户重庆。

营运业务:建立金融服务外包企业营运业务,业务范围涵盖金融服务外包业所包含的核心业务和非核心业务,主要功能是对外承接外包业务,同时将所承接的金融服务外包业务的分拆、集成和转包。

研发设计:根据金融服务外包市场的发展变化,不断设计金融服务的新产品、新服务,以适应国内外金融服务外包市场专业化、精细化、多样化发展的需求。

六、政府在建设产业园区过程中与当地人民银行合作前景

(一)出台金融政策支持园区建设及发展

一方面,地方政府给予外包服务企业相应的税收优惠。在税收方面政府应积极推进对外包服务企业的税收优惠,相关政策的深入和逐步实施将有力地推动金融外包服务的发展。另一方面,地方政府和当地人民银行可以积极引导银行为服务外包企业提供金融服务。统筹安排专项资金,为外包企业发展提供贷款等融资支持,用于扶持园区内服务外包产业发展。大力拓宽外包企业投融资渠道,对金融服务外包企业的贷款,应探索建立有效的融资担保机制,如用软件产品等无形资产进行抵押贷款、鼓励风险投资、社会民间资本投资和外商直接投资服务外包产业。

(二)金融外包服务的监管机制

地方政府和当地人民银行要优化促进金融服务外包发展的监管环境。金融业外包包括6个步骤:金融机构竞争力和战略分析、识别最合适外包的金融服务、制定外包需求、外包商评估与确定、协商与签约、项目执行与过度,关系管理及终止契约。由于金融服务外包活动存在着诸多潜在的风险,因此,在外包过程中的上述环节需要评估、防范风险,即全方位的风险管理。政府本着维护发包方合法权益,对外包服务企业加强监督和评估,尽快建立监督框架。人民银行尽快出台文件,规范银行业金融机构的外包活动,保障银行业金融机构的业务持续经营。规定银行业金融机构开展外包活动应当制定外包的风险管理框架以及相关制度,并将其纳入全面风险管理体系,确定与其风险管理水平相适宜的外包活动范围。

(三)业务险管理体系和应急预案,提高抗风险能力

金融机构尤其监管部门对金融业务外包活动的风险控制要求严格,因此,金融外包服务商应借鉴国外金融服务外包监管要求,应对可能发生的风险和突发事件制定管理体系和应急预案,对于承包业务的各种意外情形,如遇到不可抗力无法完成承包事务、内部技术或者骨干人员的变动等影响承包合同履行等,应涉及必要的应急计划。

(四)建立支持金融外包服务业发展的法律框架

一方面,政府应出台一系列保护专利、保护客户知识产权的相关法规,积极出台隐私信息保护等法规,加大保护知识产权的力度,增强国外客户对安全的信心,营造出有利于承接金融服务外包的外部环境。另一方面,人民银行可积极协助政府制定相应的司法处理程序及仲裁制度,一旦出现金融外包纠纷,可以使得发包方和服务商对法律的诉求得到满足。此外,重庆可以在全国范围内作为金融服务外包相关法

律的试点。另外,还应加强重庆金融服务外包的宣传力度,整合金融资源的有效途径,通过定期举办高层次金融服务外包论坛,为供需双方提供平台,让更多的客户认识了重庆的金融服务外包业务。

(五)联合培养各类人才服务于园区

一方面,通过政府提高公共服务和培训支持来解决人才问题,政府通过构建不同层次的人才培养计划,实现高端人才集聚效应,人才储备的总体需求要适应金融服务外包市场的发展。鼓励高等院校、职业技校和培训机构与人民银行合作,利用人民银行在金融业内拥有的专业优势,聘请金融业内知名学者、专家授课,培养既懂金融业务也会IT技术的复合型人才。建立服务外包人才培训基地,将理论知识与企业实习紧密结合,缩短人才培养周期,以适应外包服务的快速发展。另一方面,招揽海外留学生回国创业,设立专门的人才引进基金,引进高端人才,在简化出入境手续、落户以及提供住房等待遇方面实行优惠,给予政策倾斜和提供创业的便利。

(六)合理规划园区功能,满足多层次需求

金融服务外包园区作为城市的功能区域,在本质上,它都必须具备明显的城市或城区属性,以提供金融后台服务这一特定功能为主导,其他功能为配套的、具有较为完整城市社会功能的功能区。在金融后台服务园区的规划上,必须从城区社会生活配套的角度,提出人员居住、生活。娱乐、交通等解决方案,重视区位与空间结构、用地功能、交通规划等多学科领域研究。

(七)鼓励金融外包服务企业开拓创新,保护自主知识产权

对符合条件的服务外包企业取得的重大社会或经济效应的知识产权项目,通过专项资金的形式给予奖励,加强知识产权保护。研究制定保护知识产权和个人信息安全的法规和行业规范,保护信息安全。充分发挥行业协会的作用,大力倡导企业诚实守信,遵守国际上的信息保护规则,保护客户商业秘密,在服务外包产业基地内设立保护知识产权举报投诉服务机构,加强软件盗版等各类侵害知识产权行为的打击力度。

七、促进重庆金融服务外包发展的政策建议

(一)创造良好的金融业发展环境

首先,加强政府对金融业改革和发展规划的组织和领导工作。明确政府在金融业发展中的角色定位、政策取向;确定金融业阶段性发展目标;建立金融发展协调机制,加强与中央有关部门,以及中央在渝单位的沟通和联系,及时掌握和了解重大决策,协调好金融业重大项目的规划和发展布局,就金融业的发展统一认识,统一目标,统一行动。

其次,强化政府的金融服务意识,对金融机构及个人给予财税优惠。发挥地方政府的监管服务职能,为金融机构提供高效的金融服务;政府相关部门通过联系制度,定期听取金融机构的意见和要求,及时解决经营、发展中遇到的问题;制定地方性税收优惠政策;在金融机构所得税个人所得税、管理层任免程序和监管方面作一些大胆的探索性的尝试,完善金融机构发展的配套体系,降低金融机构运行成本,为金融机构创造良好的外部环境。

再次,加大政府对各类金融资源的整合和推介力度。以政府为主导制定重庆金融业整体包装措施,加大对外宣传的力度;依托重庆、成都及周边地区丰富的金融教育资源,定期举办国际金融论坛,为国际、国内金融人才搭建交流的平台。

最后,重点在于加强对知识产权和客户信息安全的保护,建立和完善外包服务商的资格审查和信用评级制度,明确外包商和金融机构的权利义务,规范纠纷处理机制,建立有效的外包监管制度,并借鉴国际监管通行惯例,加强监管的国际合作。

(二)提升金融服务外包业务基地功能

金融服务外包业务基地的建设要根据目前我国金融服务外包业务发展的现状和国际金融服务外包业务发展趋势,借助研究机构的力量,制定长远的发展规划和切合实际的实施步骤。金融服务外包业务首先提供一些独立、特殊的金融功能服务,即菜单服务模式,如文书类业务、客户服务、客户系统软件开发、客户信用评级、支票图像、数据管理、ATM 服务和 E-banking 等。提供一揽子服务则是将金融服务外包业务与 IT 结合,形成一个更加完整的外包服务供应链,即要求外包商提供更高水平、高效率的一套完整的服务计划。整体外包则是金融机构将某一个业务品种交由外包商负责,例如,个人消费信贷业务、行业发展研究等。外包商由原来的服务提供者转变为金融机构的战略合作伙伴,成为其整体运作的一个组成部分。

(三)积极开拓国际金融服务外包业务市场,成为离岸外包业务中心

金融服务外包业务市场呈现的一个明显趋势就是跨国外包。重庆金融服务外包业务基地的建设,不仅要满足国内市场的潜在需求,例如,进入中国市场的外资银行、非银行的金融机构对金融服务外包业务不断增长的需求,而且要具备全球视角,积极开拓国际市场,主动争取到离岸外包业务和整体外包业务,成为国际离岸外包业务中心,将金融服务外包业务链不断延伸。为此,基地要以良好的金融生态环境、专业化的优质服务和政策支持赢得客户,不仅可以提高本国外包商的竞争力,在国际市场打响中国品牌的金融服务外包业务,而且可以创造国内就业机会,增加收入。

(四)推动重庆金融服务外包业务资源的整合,打造金融外包服务的中国品牌

重庆金融服务外包业务资源的整合包含两个方面的含义:一是基地(产业园)在提供多种服务模式时,要形成核心业务,有利于整合目前市场上零散的外包商,同时

有利于参与国际市场竞争,提高我国金融服务外包业务在国际上的知名度和竞争力,有利于扩大业务范围,接到更多离岸外包业务的订单。二是要形成规模经济。众多零散的小规模的外包商,增加了外包买方选择的难度。规模小的外包商难以适应外包业务发展的要求,在竞争中处于劣势。那些占有优势的外包商在即将到来的外包兼并战中掌握主动权,新组合的外包商能够享有规模经济产生的成本降低的好处,提高资源的使用效率,增强实力,不断发展壮大,形成代表中国服务品牌的外包商。

参考文献

[1] 袁洪飞.中国金融服务外包概况及战略选择[J].商业经济研究,2011(3):42-43.

[2] 王江,齐晓玲.中国金融服务外包发展竞争力分析[J].中国市场,2010(18):23-25.

[3] 姜荣春.金融服务外包:国际趋势与中国实践[J].银行家,2010(2):86-88.

[4] 魏希娥,赵一蓉.金融服务外包风险管理研究方法探究[J].东方企业文化,2011(4):33.

[5] 齐亚芬.金融服务外包的风险与防范[J].环渤海经济瞭望, 2011(4):32-35.

[6] 杨凤华.长三角地区金融服务外包业务统筹发展的思考[J].上海金融,2011(4):105-109.

[7] 薛彤.北京发展金融服务外包业务的条件与政策建议[J].特区经济,2010(8):76-77.

[8] 李庭辉.加快我国金融服务外包发展的思考[J].新金融,2011(7):60-63.

[9] Görg H, Hanley A. International outsourcing and productivity: evidence from the Irish electronics industry[J]. The North American Journal of Economics and Finance, 2005, 16(2): 255-269.

[10] Cui L. How Could Chinese Private Bookstores Survive? [J]. China's Foreign Trade, 2012(2):46-47.

[11] Geishecker I. Outsourcing and the demand for low-skilled labour in German manufacturing: new evidence [R]. Berlin: German Institute for Economic Research (DIW),2002(313).

[12] Bhagwati J, Panagariya A., Srinivasan T.N. The muddles over outsourcing [J]. The Journal of Economic Perspectives, 2004, 18(4): 93-114.

文章审稿人:韩静

重庆市 PPP 发展的现状、模式与建议①

国家开发银行重庆市分行课题组

课题主持人:周亮

课题组成员:毛爽　杨眉　王维

一、重庆市 PPP 发展现状分析

(一)重庆市 PPP 发展现状

重庆市开展探索 PPP 模式已经有 10 余年,从 2002 年组建"八大投"公司引领地方政府投融资平台模式,到重庆奥体中心、江北机场、三峡博物馆等项目的"代建制"模式,都是早期重庆 PPP 模式的有益探索。2014 年 7 月 22 日重庆市委常委会会议审议通过《关于 PPP 投融资模式改革的工作方案》,将发展基础设施建设融资 PPP 模式列入 25 个先导型专项改革之首,由此重庆成为了地方政府中将 PPP 模式推进至具体实施阶段的先行者。2014 年 8 月 7 日,重庆市举行 10 个 PPP 项目的集中签约仪式,项目涉及资产总额超过 1000 亿元,涉及高速、轨道、铁路、公共设施、港口物流、土地整治 6 个领域。这标志着重庆市 PPP 投融资模式改革正式进入具体实施阶段。相关数据显示,重庆市 2014 年正式签约的 PPP 项目资金就已经超过 1300 亿元。2014 年 12 月,重庆市轨道交通三号线工程被列为财政部首批 PPP 示范项目之一,包括一期、二期及南延伸段工程。2015 年 2 月 4 号重庆召开国资工作会议,会议指出开展基础设施建设投融资 PPP 模式试点,探索科学合理设定政府与社会资本合作建设基础设施的权责利边界。重庆地方政府在基础建设投融资方面对 PPP 模式寄予厚望,2015 年以来,进一步打通 PPP 融资渠道成为重庆相关方的重点工作,因为这是地方政府"实现投融资方面可持续"的优选途径。

目前,重庆已在多个领域采取 PPP 模式进行投资建设。交通运输方面,与中铁建签订合作备忘录,将已建成通车的 2200 千米高速公路选 500 千米进行经营管理,同时选择有实力的企业全力推进市郊铁路建设;市政设施方面,政府已建成并投用了两个垃圾焚烧发电厂,并与三峰环境产业集团采取 BOT 模式合作,签约建设第三垃圾焚烧发电厂、第四垃圾焚烧发电厂。在已用 BOT 模式建设了白洋滩水厂、悦来水厂两个大型水厂的基础上,2014 年政府与中法水务采取 BOT 模式投资建设寸滩水厂;港口物流

---

① 为 2015 年度重庆市金融学会招标课题,获评"一等奖"。

方面,重庆港务物流集团于2015年与国投交通控股公司正式签署合资合作协议,双方采取BOT模式,在果园港件散货码头等项目上开展合作,项目投资达43亿元,此项目将有利于长江沿线战略伙伴投资企业港口间的呼应与协同,也将使重庆港口获得更多的对流货源。同时,社会资本的进入,在较大程度上缓解了项目公司还本付息的资金压力,也增强了项目在银行的资信度。2015年4月14日,重庆市土地和矿业权交易中心发布了重庆广阳湾国际生态智慧城土地一级整治项目招标公告,成为重庆市首宗土地一级整治PPP项目。项目总用地面积约2167亩,投资总额约为29.27亿元。2015年5月16日,重庆市首个水利类PPP项目——彭水凤升水库项目正式动工开建。凤升水库项目PPP投融资方案于2015年3月获得市级批复,并于5月初完成社会招标工作,总投资5.75亿元,目前整个项目已正式破土开建。2015年7月28日重庆市再次集中签约33个PPP合作项目,总额1300亿元。这批项目既有高速公路、轨道交通等基础设施,也包括社会停车场、医院、保障房等民生项目。2014年8月签约1300亿13个PPP合作项目,9个已开工建设,其余4个将于近期开工。2015年再次签约的这批项目,不仅数量多,涵盖面广,而且市区两级政府的项目都有,标志着重庆PPP改革已由点到面,从市级到区级全面推开。

在市政府各部门以及社会资本的推进下,重庆市PPP模式发展态势一片大好,落地项目快速增加。目前虽然政府层面积极筹备,频繁推出项目,但受制于法规、制度等不完善性,重庆PPP模式应用过程中还是显得不太成熟。主要表现在:首先,PPP项目的投资界定不尽合理。从国际先进经验看,一个成熟的PPP项目在确定总投资前需要经过规划、设计、论证,甚至包括对施工队伍的招投标等程序。只有当施工队伍的招投标完成,并以招投标这种竞争机制锁定的造价为基础,项目的投资才是可控的。然而现在有的PPP模式是先有项目,至多有一个初步设计的投资概算。依据这个概算来引入投资者,并由项目公司去组织施工招投标,有的项目引入的投资者甚至直接就是施工方;其次,社会资本尤其是民营经济参与仍然不够活跃。重庆2014年签约的13个PPP项目中,有7个项目引入央企,其他引入的社会资本有外资及外地国企,而无国内民营企业,另外有两个项目引入的社会资本是本地国企;再次,国开行、中国农业发展银行和中国进出口银行表现积极,而商业银行等金融机构落实显得不足。自国家PPP相关政策出台以来,国开行积极贯彻国家宏观经济政策,并联合相关部门与金融机构推进PPP模式的开展工作。相比而言,商业银行、证券、保险等金融机构热情不高。目前PPP项目主要通过银行贷款融资,由于建设周期长、项目收益有限,不确定因素多,PPP项目融资一直存在较多困难。出于风险管控等原因,金融机构当前大多仍处于谨慎状态;最后,融资模式也显得过于单一,主要是以商业银行贷款、政策性银行贷款为主,项目融资租赁、信托、资产证券化、项目收益债、社会基金等创新融资模式应用相对较少。由于政府授予特许经营权遭遇立法空白,多数项目的合作方并未经过公开竞争选择,部分项目其实也只是与意向企业签订合作备忘录,项目内容和合作方式等细节均未确定。实际上重庆

2014年1300亿PPP项目中,签约落地的规模有限,真正签约并落实的项目并不多。

(二)重庆市PPP发展面临的问题

1.PPP法治基础不足,法规制度尚待完善

PPP项目具有复杂性和长期性,需要相关的法律法规作为基础支持。而目前全国层面上PPP的相关法律法规,如《国务院关于创新重点领域投融资机制社会投资的指导意见》《政府和社会资本合作模式操作指南》《财政部关于推广运用政府和社会资本合作有关问题的通知》以及《国家发展改革委关于开展政府和社会资本合作的指导意见》等大多都是国务院及国家部委层面的文件,而对PPP模式推广和实施做出安排的基本法律相对缺乏,且绝大部分属于对PPP模式指导性、原则性文件,操作性不强。

从重庆市来看,2014年重庆市人民政府印发了《重庆市PPP投融资模式改革的工作方案》,提出PPP项目工作中须把握的基本原则、PPP的主要使用范围以及重庆市将重点推进PPP模式的基础设施领域等,但并未对PPP项目实施过程中的具体问题和工作步骤作具体阐述,可操作性不强。同年,重庆市发改委制定并印发的《政府和社会资本合作项目通用合同指南》《重庆市PPP合作通行协议指导文本》,对PPP项目合同的通行条款内容进行规范,但是涉及的内容尚需要进一步完善,较难形成相应的制度。而且,对PPP项目的投融资方案、项目的评估及监管方法、社会资本的选择方式和标准、运营过程中争端处理方法等问题缺乏相关政策法规。因而,重庆市PPP模式的推广仍须继续夯实法律基础,并据以形成相应的制度保障,才能保证PPP模式的长足发展,从而促进重庆市新型城镇化的快速推进。

2.PPP模式中政府、金融机构、社会资本边界设计不明确

边界设定是有效地明确合作方在具体操作过程中的风险、收益的前提,PPP模式中的边界设计主要包括项目定价权的归属,政府、金融机构和社会资本之间的权责及履行。

定价权方面:因为在传统的投融资模式下,政府依靠财政以及政府信用获得的贷款进行基础设施项目的建设和管理,集融资、建设和运营管理于一身,因而定价权也自然属于政府。然而引入社会资本,开展PPP模式之后,项目的定价权就需要将社会资本的参与度、项目本身的性质、收益的获得方式以及基础设施使用者对价格的要求纳入共同考虑,因此出现了一些项目可以完全市场化定价,一些项目可以市场与政府结合定价,而部分项目仍须政府定价的情况。但是目前由于重庆市处于PPP模式推广应用初期,尚未理清这几类情况的具体范围,使得定价权并不明晰。

政府、金融机构和社会资本的权责及履行方面:金融机构以及社会资本在项目的设计、融资、建设以及运营等环节都各有其优势和劣势,且不同项目的性质不同,所以在项目的具体实施过程中应该根据合作各方的优势以及项目的性质明确各方

的权益和职责,以提高项目整体的建设和运营效率。

从政府的职责角度来看,PPP 模式下政府的职责应该包括为 PPP 项目的具体运作提供法律、法规以及政策保障,在经济上给予合理的支持,对项目的运行实施监管,不干预参与合作的私营企业的正常经营活动,在对项目的承诺上保持谨慎,预留后续的调整空间,等等。然而在实际的 PPP 项目运行过程中缺乏相关的法律法规作支撑,政府和企业之间的出资情况也需要讨论明确,对项目的监管方式因没有相关规定而在实际过程中容易演变为对企业运作的干预,且由于目前重庆市正大力推进 PPP 模式,在 PPP 项目合同签订时,考虑到项目的建设时间和谈判过程所需时间,政府部门往往会做出让步,承担一些应由私营企业承担的职责。

从社会资本的角度来看,私营企业在 PPP 模式下应该根据特许经营协议的内容,承担相应风险和费用,负责完成协议所确定的任务,如融资、建设以及项目设施的运营和维护等,并享有按约获得合理收益的权利。但目前由于缺乏相关经验以及技术能力不足等原因,在项目建设过程中困境重重,造成不能按时完工或者项目质量有待提高等问题。

从金融机构的角度来看,理论上金融机构应该在 PPP 模式中发挥非常重要的作用,可以提供资金支持也可以直接参与其中,然而目前重庆市金融机构在 PPP 模式中的参与程度仍然有待提高。

3.PPP 风险分担机制不健全

风险的辨识和合理分担是高效运用 PPP 模式的关键,因而风险分担机制的建立、健全对 PPP 项目的运行至关重要。然而,目前重庆市 PPP 模式的风险分担机制尚未健全。重庆市发改委制定并印发的《重庆市 PPP 合作通行协议指导文本》是目前重庆市签订 PPP 合同的主要依据,也是 PPP 项目合作各方分担风险的重要依据,合作协议中确定政策变更风险由政府承担,社会资本方承担违约风险,政府在发生政策变更后给予社会资本一定补偿,社会资本方须在运营期内缴纳履约担保金额,但都未确定相应比例,并未形成相应机制,且由于目前重庆市正大力推进 PPP 模式,在 PPP 项目合同签订时,考虑到项目的建设时间和谈判过程所需时间,政府部门往往会做出让步,因而使得风险未能在各合作方进行明确地分配。

PPP 模式的运行过程中不仅存在政策变更风险和违约风险,还包括成本超出预期风险、企业经营风险、利润风险、财务风险、价格规制风险、争端解决风险、技术风险、环境风险和不可抗力风险,等等,这些风险并未在《重庆市 PPP 合作通行协议指导文本》得以体现,且缺少其他文件对相应的风险分担情况作合理规定,重庆市 PPP 模式的风险分担机制需要进一步完善。

4.PPP 价格确定和收益分配机制不健全

关于城市基础设施公共产品或服务的定价,存在一个客观的矛盾,即消费者(公众)总是期望质优价廉的公共产品或服务,私人投资却期望获得最大化的利润,而政府则夹在中间左右为难,并且大多数地方政府缺乏基于成本涨跌的调价机制理念与科学操作能力,定价水平难以平衡社会公众和投资者的利益。

建立科学的价格调节机制和利益分配机制是实现公共部门与民营部门之间“双赢”以及 PPP 项目顺利进行的保障。价格的合理确定和收益分配机制的建立主要取决于定价权的归属和定价标准。

定价权方面:前文已提到 PPP 模式中政府、金融机构和社会资本边界设计中的定价权已不再全然属于政府,而是根据不同情况下差异化确定。根据“十三五”规划对 PPP 项目的分类,可将目前的定价权进行如下归纳:

一是对于具有明确的收费基础并且经营收费能够完全覆盖投资成本的经营性项目,可以实行市场定价;二是对于收费不足以覆盖投资成本、需要政府补贴部分资金或资源的准经营项目,可以实行政府定价加补贴;三是对于缺乏“使用者付费”基础、主要依靠“政府付费”回收投资成本的非经营性项目,可通过政府购买服务,价格由双方协定。然而目前具体的 PPP 项目的类型划分标准并不明确,因而相应项目的定价权归属容易出现争议,而由此决定的收益分配存在较大不确定性。

定价标准方面:任何定价方式都应考虑到成本以及私营企业合理的利润空间。目前,对于 PPP 项目合理利润率的设定主要采用固定比率,忽略了通货膨胀以及利率变化等因素的影响,私营企业面临的财务风险较大,影响到社会资本参与 PPP 项目的积极性。

5.金融机构的项目选择与产品服务能力尚需拓展

金融机构支持 PPP 项目的重要问题之一就是项目选择问题。近几年,重庆市对 PPP 项目的信贷规模相当可观,但是项目的成功率并不高。由于信息的搜寻和项目选择成本等原因,金融机构需建立专门的内部评估审查机构,进一步提高对 PPP 项目的评估能力,增强金融机构对项目的科学选择能力。

PPP 项目对资金的需求较大,需要金融积极参与和支持。国开行在支持和保障 PPP 项目发展方面做得相对较好,例如国开行通过提供授信的方式支持重庆市棚户区的改造项目,并着力通过与其他金融机构的合作带动更多的金融机构参与支持 PPP 模式的发展等。

商业银行可以通过多种方式参与 PPP 模式,如通过发放贷款和运营投行资金的形式满足 PPP 项目融资需求的投贷模式,直接的贷款业务、银行理财、资产证券化,以及股权融资和融资租赁等。然而目前除了较少的大型商业银行正积极制订 PPP 金融解决方案,努力参与到 PPP 项目中外,大部分商业银行对于 PPP 模式的态度相对保守,或者主要提供传统的贷款支持,而未开展项目咨询服务、融资方案设计等专门针对 PPP 项目的业务,仍然担任着传统的信贷服务机构角色,而未实现向综合性服务商的角色转变。保险公司、证券公司以及信托公司也可以更多地参与到 PPP 模式中,如开发险种为 PPP 项目的履约风险、运营风险以及实施过程中的不可抗力风险等承保,证券公司也应通过资产证券化、资管计划以及另类投资等方式积极参与PPP项目。但目前由于其传统的业务模式以及资金等方面的问题而未很好地为PPP项目的运行提供相应的产品和服务。

6.公共项目公私合作的专业及管理人才缺乏

PPP项目的管理涉及私人投资者的选择、合同的谈判、资金筹措、生产经营管理、收益计算与分配、资产的监测监督、合同纠纷的解决等多方面的问题,程序复杂,专业性强,需要专门的技术和管理人员来管理和实施。此外,因为PPP模式的运作采用项目特许经营权的方式进行结构融资,还需要比较复杂的法律、金融和财务等方面的知识。这就需要政府重视相关专业人才的培养和引进,同时专业化的中介机构能够提供具体专业化的服务也尤为重要,他们对项目的运作提供技术指导,帮助政府管理决策人员了解PPP应用于基础设施建设项目的工作程序、运作方式、项目评估、可行性论证、招标文件编写、PPP谈判要点等知识,使项目的准备、谈判、实施过程更加顺畅。而重庆市在PPP模式应用专业人员的培养方面尚未形成与公共项目公司合作相匹配的良好环境,民营企业也缺乏专业的技术和管理人才,且缺乏中介机构提供具体专业化的服务,造成目前PPP项目的前期谈判周期长、建设工作量大、风险控制效率低下、运营过程纠纷频发等问题。

二、重庆市PPP发展可应用模式

(一)公共交通项目——高速公路

除开由政府或者国有企业负责高速公路建设项目的各个阶段这种比较传统的公共服务供给方式,通常有两种PPP模式让私人资本参与到高速公路建设和运营项目中,即建设—经营—移交模式(BOT)和移交—经营—移交模式(TOT),而在实际操作中,我国的高速公路建设通常使用BOT+EPC模式。

1.建设—经营—移交模式(BOT)

我国的高速公路项目由地方政府发起,由中央政府批准建设。在项目核准之后,项目的建设任务通过招投标的方式转给私人企业,私营企业从政府公共部门手中获取高速公路项目的特许权协议,作为项目投资者和经营者负责安排融资、开发、建设并在特许期内经营获利,特许权期间通常为30年;特许期满后,政府部门根据协议无偿或支付一定量资金从私营企业手中收回高速公路项目。我国BOT项目的融资结构通常为30%来自于中央和地方政府,65%来自于本国贷款,剩下的5%来自于外国贷款。拥有特许权的私人企业会聘请咨询公司,评估项目的成本收益,为项目的建设购买保险。私人企业可能会与其他的承包商、监理机构、运营维护单位签订合约,将项目二次发包。

2.移交—经营—移交模式(TOT)

TOT方式可以看作是对BOT方式的改进。这种模式通常用于已经处于运行状态中的项目。政府将已经建设好的项目的经营权有偿转移给私人经营者,在项目特许期内,由其进行运营管理,私人经营者可以收取费用以收回他用于购买经营权的初始投资。在特许期届满之后,经营权转回给政府,政府运用出售经营权所获得的资金开发新的高速公路。这种方式的优势在于政府不用等待高速公路经营本身所带来的收益来收回初始建设投资,当经营权转移时就能够取得资金。

3.建设—经营—转让+设计—采购—施工总承包模式(BOT+EPC)

EPC(Engineering Procurement Construction)模式是指公司受业主委托,按照合同约定对工程建设项目的设计、采购、施工、试运行等实行全过程或若干阶段的承包。通常公司在总价合同条件下,对所承包工程的质量、安全、费用和进度负责。BOT模式简要分为建设、运营和移交三个阶段,建设阶段工程的施工可以采取多种方式,BOT+EPC模式就是在建设阶段采用EPC的方式,即由EPC方负责工程的设计、采购和施工。EPC模式的介入,使项目的规模化效应得以发挥,降低了高速公路项目中建设招投标和工程管理的质量、安全和廉政风险,同时对投资股东双方在追求投资效益、控制成本、质量和工期目标方面趋于一致,并充分发挥总承包方的规模优势和设计、施工组织的整体优势,提高管理水平、缩短建设周期。

(二)公共交通项目——轨道交通

国内的轨道交通建设项目根据政府资金参与到项目的不同阶段主要分为两种PPP运作模式,建设期补偿模式(“自建+PPP”“BT+PPP”)和运营期补偿模式。除此之外,还有“轨道+土地”(PPP+TOD)模式。

1.建设期补偿模式

该模式是指把整个地铁项目分为A、B两个部分。A部分为永久性设施包括地铁车站、轨道和洞体等土建工程的投资和建设,由政府出资的投资公司来完成或者采取BT模式进行建设;B部分为与以后运营效率及运营成本密切相关的设施包括车辆、信号等设备的投资、运营和维护,由社会投资组建的PPP项目公司来完成。政府部门与PPP项目公司签订特许经营协议,按照提供服务的质量、安全、效率等指标,对PPP项目公司进行考核。

(1)政府出资建设A部分

A部分为永久性设施包括地铁车站、轨道和洞体等土建工程的投资和建设,由政府出资的投资公司来完成,在项目成长期,政府将其投资所形成的A部分资产无偿或以象征性价格租赁给PPP项目公司,为其实现合理的投资收益提供保障;在项目的成熟期,通过调整A部分资产租金的形式,收回部分政府投资,同时避免PPP项目公司产生超额利润;在项目特许期结束后,PPP项目公司无偿将地铁项目的全部资产移交给政府或续签经营合同。

(2)采取BT模式建设A部分

A部分投资建设,采用BT投融资建设方式,即投资方与政府授权主体签署《投资建设合同》,并独资成立项目公司,投资建设完成后由政府在3~5年内回购,政府提供回购担保。投资方单独投资建设的A部分建设完成移交政府后,政府与特许经营公司签订《资产租赁协议》,将A部分资产租赁给特许经营公司使用。

建设期补偿模式适用于前期资金要求巨大、中后期经济强度比较强的项目。对于政府来说,通过对项目的分拆,吸引了社会资金,降低了政府财政资金压力,将一部分风险转移给社会投资者,并促进了运营管理水平的提高;对于社会投资者来说,企业自主经营、自负盈亏,市场化程度高,项目吸引力大。该模式的难点是特许经营期较长,一般为30年,不可预见因素较多,项目的风险与收益很难在政府与投资者之间平衡。

2.运营期补偿模式

该模式是指轨道交通项目的投资、建设和运营由私营部门组建的PPP项目公司负责,政府部门以预测客流量和实际票价为基础,预先核定项目公司的运营成本和收入,对产生的运营亏损给予相应补贴。在项目投入运营后,当实际发生客流量比预测客流量增加或减少的幅度超过一定比例,其超过部分所形成的损益,由政府和项目公司按一定比例共同承担或享有,即相应增加或抵扣项目公司年度政府运营补给,预测的客流量在特许期内还可分为若干调整期。特许期结束后,企业同样要无偿将项目全部资产移交给政府。

运营期补偿模式中,政府一次性投入少且支出均匀,并且政府和项目公司合理共担风险和收益,有效降低了项目公司的收益风险同时避免其获得超额的垄断利润。该模式的项目建设资金以债务融资为主,资金到位快,操作成本低,符合大城市几条地铁新线同时建设对巨额资金的迫切需要政府的补偿逐年进行,而一次性补偿投入少,财政压力相对较小客流量风险由政府部门、项目公司、社会运营商共同分担,比较合理;特许经营期比较灵活,可十年左右为一个特许期,时间相对较短,不可预见因素少。该模式的难点是政府部门需要对现行补贴制度进行优化和革新,建立科学透明的补偿规则。

3.“轨道+土地”(PPP+TOD)模式

所谓“轨道+土地”协同运作模式,是指利用城市轨道交通和沿线土地开发的相互促进作用,将两者统一运作、统一开发的模式。

TOD(Transit-Oriented-Development)模式,即以公共交通为导向的发展模式,是规划一个居民或者商业区时,使公共交通的使用最大化的一种非汽车化的规划设计方式。具体说来,它是以公共交通为导向的土地一级和特定土地二级综合开发模式,以公共交通的站点为中心,在一定步行范围内,一般考虑5~10分钟步行路程,约400~800米距离,来建设高密度功能复合型的社区。TOD模式在国外应用广泛,但在我国应用还较少。

PPP+TOD 模式是对轨道交通建设中"轨道+物业+产业"理念的新探索。目前，我国只有佛山地铁 2 号线采用"BOT+TOD+EPC"进行建设。

(1)独立开发模式

即轨道交通与土地分别由轨道交通企业、土地专业开发主体独立开发，政府将土地一级开发后招、拍、挂所得增值收益作为轨道交通建设资金来源，土地专业开发主体获取二级开发收益。

(2)综合开发模式

即轨道交通与土地由轨道交通企业一个主体进行综合开发，轨道交通企业既负责轨道交通建设又负责土地开发，土地开发所得收益作为轨道交通建设资金来源。

(3)合作开发模式

即轨道交通由轨道交通企业开发、土地由轨道交通企业与土地专业开发主体合作开发，土地一级开发招、拍、挂所得增值收益及轨道交通主体进行土地二级开发按股权所得收益作为轨道交通建设资金来源，土地专业开发主体按股权比例获取土地二级开发收益。此模式下，又根据轨道交通企业与土地专业开发主体合作时点分为取地前合作和取地后合作两种模式。

(三)公用设施项目——燃气供应

1.BOT 模式

BOT 模式是一种有效的直接投资模式，政府对项目的支付不再是一次性的巨额投入，而是通过出让"特许经营权"，用气费和少量财政预算来支付给投资者。对企业而言，由于有气费和财政预算担保，因此具有风险低、投资回报稳定的优势。BOT 燃气项目所可能遭遇到的风险包括由于建设超期、费用超支等引起的项目无法按期完工的风险；由于技术、原料和经营方面造成的运营风险；由于可能的气价和用气量变化以及气资源费用变化引起的市场风险、金融风险以及因政策改变所带来的风险，因此必须审慎地对企业的运营收益、设施的利用期限以及租税和财务状况加以评判。实践中，BOT 模式运用较多，并大都取得了不错的效果。

2.TOT 模式

TOT 项目是将已建成甚至投入使用的燃气设施的转让，是存量资产或现有资产的转让，因此成功地避开了在建设过程中面临的风险和矛盾。它和项目一样，都属于燃气特许经营模式，都是将管网设施以及收费权留给政府，而将燃气设施的某一单元(一般是气厂)在限期内转让给企业。由于 TOT 模式是由民间企业或外商企业直接租赁管理现有项目，不需要承担建设期的风险和土地征用等问题，有较大的吸引力，因此可以说特许经营的方式是这种完全按照市场机制的运作方式，既发挥了企业追求利益的积极性，又解决了政府管理体制改革中遇到的一些问题，是一个好办法,也是发展我国城镇燃气的重要途径。

3.合资模式

合资模式也是中国燃气特许经营普遍采用的形式之一,通常针对某一特定燃气项目成立专门的项目公司,然后由该城市的国有单位与专门项目公司合作成立合资公司。通常情况下,民营方向合资公司出资金,国有方出资产,合资公司负责经营。在合同期满后,如果双方协议不再延长,那么合资公司的固定资产即为国有方所有。在合资的模式下,由于政府资金或其他形式的资本注入,可提高投资者的信心,降低投资风险。同时,政府作为股东,便于规制项目的收费。但合资模式对于政府与企业签订合同的严谨性要求更高。

(四)公用设施项目——污水处理

根据私营部门在项目中的参与程度,我国的污水处理分为四种运营模式:公有公营、公有私营、私有私营和用户与社区自助,在公有私营和私有私营模式中包含有PPP运营模式。

公有私营的模式属于比较彻底的市场化的运营模式。在这种模式下,通过授权合同或者租赁的方式,污水处理设施的运营和再投资由政府转移向私营企业,由私营企业进行基础设施的大部分投资、管理、运营,同时,项目中的商业风险和盈利也属于私营企业。主要包括BOT、TOT以及托管运营3种模式。BOT和TOT模式中,私营企业都有特许经营权,但是运营期满后,所有权归公共部门所有;托管模式属于管理服务外包模式。私有私营模式中,主要有BOO模式应用较多。

1.BOT模式

BOT模式是政府和投资者先签订合同,投资者组建项目公司并筹资建设污水处理设施,完成建设后,在合同期内有特许经营权和维护设施的责任,私营企业可以在特许运营期内收回投资和取得利润,特许期结束后,私营企业将会无偿的将运营良好的污水处理设施移交给政府。

将BOT模式应用于污水处理设施的建设中,其优点有很多。对私营企业而言,可以通过收取污水的处理费来降低BOT的风险,得到稳定的投资回报率;对于政府而言,通过BOT融资,政府可以将社会的闲散资金用于基础建设,缓解政府的财政压力。民营资本的介入私营企业为了收回投资和取得一定的利润,表面上可能会使得政府和公众的负担加重,但是民营资本的介入,除了带来资金,同时还能够提高运营效率,减低运营成本,实际上是减轻了政府和公众的负担。因此,对比政府建造和运营项目,BOT项目是否更具有优势取决于上述两个因素的共同作用。

2.TOT模式

TOT模式是政府建成的污水处理厂在资产评估基础上公开向社会招标,出让特许经营权和资产,出资者中标后购得该设施后拥有特许经营权,然后组建项目公司运营该项目,在合同期内通过收取污水处理费收回成本并取得一定的利润,待合同期满后,将运行良好的污水处理设施再无偿的移交给政府。

从实质上看,政府采用TOT模式是通过将污水处理厂租赁给私营企业,私营企业向政府支付一次性的租金。对于政府而言,政府不仅通过收取租金来回收建设的资金,而且解决了污水处理厂的运营问题,对于私营企业而言,只需成立项目公司运营项目,收回租金,而无须承担建设内的风险,虽然投资回报率比BOT的要低,但是仍然具有很大的吸引力。做好污水处理厂的资产评估工作和正确合理地确定投资和回报率是TOT模式能够正常运作的关键所在。

3.托管运营模式

根据国际上的做法,在保证设施产权公有的前提下,可以采取管理合同和服务合同形式委托民营企业参与设施的运营。服务合同是指为了降低运营成本,或从民营企业获得一些特殊的技术和经验,将设施运营中的某一部分承包给民营企业。管理合同是指为了增加企业对设施管理的自主性,减少政府对日常管理的干预,将整个设施运营的所有管理责任委托给民营企业。如2001年,深圳市将龙田和沙田污水处理厂以管理合同方式承包给民营企业运营后,估计政府每年可以节省120多万元的财政开支,运营成本降低20%左右。管理合同模式下的运营主体是纯粹的民营企业,在提高效率和服务质量方面有较充分的市场体制与机制保障。另外,由于运营期间的支出和从政府取得的服务费相对稳定,管理合同模式对于民营企业的经济风险较小,但收益率也相对较低。同样,管理合同模式仍然无法解决政府建设资金短缺的难题。

4.BOO模式

建设—拥有—经营(BOO)模式是指私人部门进行投资和建设,但是项目并不移交给公共部门,也即私人部门永久性的拥有和运营建成的基础设施,事前需要和政府签订一系列合同以保证基础设施的公益性,而且受政府的监督和管理。

在污水处理BOO项目中,政府可以利用可以调控的资源例如特许经营权来吸引民营资本投入污水处理行业,对污水处理厂进行投资、建设和运营,污水处理厂提供的污水处理服务由政府来购买。

BOO模式的好处有很多,首先是政府不用花钱就可以通过民营资本的投资来完成污水处理厂的建设和运营,对政府来讲提高了其对社会公共物品的承载能力,同时也提高了城市承载能力,对于私营企业来讲,投资者可以利用政府给的优惠和政策高效、高质量地完成污水处理厂的建设和运营,从而降低了污水的处理成本,在招标过程中也可以利用公开招标,通过最低价中标的原则能够使得中标者以较为低廉的污水处理价格处理污水,从而减轻了城市居民的负担,同时,污水处理厂的运营以及监督管理会更加简单和有效。

(五)公用设施项目——垃圾处理

根据城市垃圾处理的行业特征,可以采取公有私营、公私合资和特许经营三大类PPP运营模式。

1.公有私营类(政府投资—私人经营模式)

政府投资—私人经营模式主要是指由政府投资建设设施,然后通过各种合同形式将设施的运营与维护外包给私营部门,所有权(产权)为政府所有,经营权为私营企业所有。公有私营类可细分为服务合同、管理合同和租赁合同等几种。

(1)服务合同(Service Contract)

指与环卫设施有关的某些特定的服务,以合同的形式承包给私人部门去完成。除特定的被承包出去的服务外,政府公共部门仍然对设施的管理和维护承担全部的责任,并承担全部的商业风险。例如,在一些垃圾堆肥处理项目中,出于专业技术的考虑,垃圾处理企业(一般为环卫事业单位或国有企业)将堆肥产品的深加工(磷肥生产)外包给专业的私营企业。

(2)管理合同(Management Contract)

管理合同是指为了增加企业对设施管理的自主性,减少政府对日常经营管理的干预,将整个设施运营的所有管理责任委托给民营企业。

(3)租赁合同(Leasing Contract)

政府负责基础设施投资、建设以及固定设备的更新和修理费用,私人企业向政府支付一定的租赁费用并负责运营资金和日常维护费用。当然,对于旧的垃圾处理设施,可采取“租赁—建设—运营(LBO)”模式,即鼓励私人企业对所租赁的设施进行维修改造、技术升级等,允许其收回投资成本并获得合理的利润。该模式实现了经营权和所有权的完全分离,使私人企业能够在更大程度上发挥管理和技术优势,并承担了大部分或所有的商业风险。例如,深圳龙岗中心区于1999年以租赁的方式将垃圾焚烧发电厂交给加拿大瑞威环保技术有限公司负责运营,双方约定:区政府保证每天不少于300吨垃圾进厂处理,瑞威公司自行解决各项运营管理费用,并每年上缴承包款300万元,设备折旧费430万元,发电收入超收部分60%缴给龙岗区政府,承包期满后保证向龙岗区政府移交一个运行稳定、设施完好的垃圾处理厂和一支业务熟练的技术和管理队伍。

2.公私合资类

指政府和私人公司通过合资建立新公司,或者对原国有企业的国有股份的部分出让使之成为混合所有权的公司,按照市场方式运作,根据其出资比例共担风险和共享收益。公私合资类可细分为国有股权/产权出售模式和准BOT模式。

(1)国有股权/产权出售模式

国有股权/产权出让是指政府将国有环卫企业的部分产权/股权转让给民营企

业或外资企业,形成多元投资和现代公司治理结构,同时政府授予新合资公司特许权,许可其在一定范围和期限内经营特定业务。该模式是我国公用事业市场化改革运用较多的方法。如2002年,重庆市水务集团与法国苏伊士集团旗下的中法水务共同组建中法水务投资(重庆)有限公司(外方用现金收购重庆市水务集团江北地区现有部分资产,重庆市水务集团则以现有实物资产投入,外方占有60%的股份,合作期限为50年),新成立的合资公司主要负责开发重庆市主城区北部片区的供水项目,满足重庆市北部地区45万人的饮水需要。

(2)准BOT模式

与传统的BOT模式的主要区别在于项目投资结构上的不同,政府(或代表政府的投资机构)通过直接出资或以土地等出资作为项目公司的股东之一,项目操作依然按照BOT模式。如已建成的由国债支持的绍兴垃圾焚烧项目、北京经济技术开发区污水处理厂等就是采用准BOT模式,重庆同兴垃圾发电厂实际上也采用该模式。

3.特许经营类

私人参与部分或全部投资,并通过一定的合作机制与政府分担项目风险、共享项目收益。根据项目的实际收益情况,政府可能会向特许经营公司收取一定的特许经营费或给予一定的补偿,项目的所有权最终归政府所有,因此一般存在使用权和所有权的移交过程,即合同结束后要求私人部门将项目的使用权和所有权移交给政府。特许经营类可细分为BTO①、BOT、BOO、TOT 4种,与前述各领域类似。

(六)基础设施项目——土地整治

土地整治指对低效利用、不合理利用、未利用以及生产建设活动和自然灾害损毁的土地进行整治,恢复并提高土地利用价值的生产活动。该生产活动本身并没有产品产出,主要价值依托于土地项目自身增值而实现。从城乡土地区域性划分而言,目前主要的土地整治分为两种形式:农村土地整治和城市土地整治。

农村土地整治是政府的一项非营利性公益投资,是在一定的区域内,按照土地利用总体规划确定的目标和用途,以土地整理复垦开发和城乡建设用地增减挂钩为平台,推动田、水、路、林、村综合整治,改善农村生产、生活条件和生态环境,促进农业规模经营、人口集中居住、产业聚集发展,推进城乡一体化进程的一项系统工程。其目的是改善土地利用结构和生产生活条件,增加可利用土地面积和有效耕地面

---

① BTO:建设—转让—运营:私人部门负责为基础设施融资并负责其建设,一旦建设完毕,该私人部门就将基础设施的所有权转移给有关的政府主管部门。然后,政府把该项基础设施以长期合约的形式将其外包给该私人部门,在合约规定的租期内,由私人部门负责基础设施的运营,并可以通过向用户收取一定费用的方式以及其他有关的商业活动,收回自己的投资并取得合理回报。该模式其实是BT模式与租赁模式的结合。

积,提高耕地质量,提升土地利用率和产出率。

城市土地整治指采用工程措施,对二次开发或者开发存在困难的城市土地进行综合整治,增加城市用地面积,提高土地的利用价值和利用效率,促进城市化进程和城市土地的利用率。

由于两类土地整治的作用对象、治理措施和整治目的各不相同,因此相应的 PPP 运作模式也要区别对待。

1.农村土地整治

农村土地整治可以细分为两类:即自用土地整治使用和非自用土地整治使用。

(1)民间主动融资模式(PFI)

自有土地整治使用指的是企业对整治后的农业用地留作自己经营使用的土地整治,这类土地一般都是开发程度不高但是开发的潜力很大,土地整治之后能对企业经营产生较大的经济效益。以采用民间主动融资(PFI)方式,即政府根据土地的实际情况和设施的需要,对土地整治提出目标和预期,通过招投标由获得特许权的公司对土地进行整治和开发利用,整治结束后给予企业一定时期的经营权,企业可以免费或者低价的对土地进行开发利用,特许期结束后私人企业再将土地完整的、无债务地移交给政府。

(2)BTO 模式

非自用土地整治使用指的是企业单纯地对农业用地进行整治以提高其利用价值,整治完毕后土地仍归还农村集体或再次承包,而整治企业自身并不介入后续土地使用,这类土地如废弃厂矿的土地生态恢复以达到再生利用的标准,废弃的荒地或丘陵地带开发为适宜耕种的耕地或梯田,鱼塘、果园等经济农业需要改变土地的使用形式。可以采用建设—移交—运营(BTO)方式,即政府对土地整治提出方案和目标,后将土地交给私人企业进行整治,土地整治结束后即将土地连同相应的建设设施移交政府,后政府再将土地的部分收益权与私人企业分享,如私人企业可以享有部分果园承包费和农业产出。

(3)重庆市“地票”交易模式

农村土地整治与城市土地整治相比,盈利性较差,缺乏足够的现金流,利用 PPP 模式进行农村土地整治首先要解决的就是资金问题,“地票”交易则为农村土地整治 PPP 项目提供了相应的现金流。

2.城市土地整治

城市土地整治也可以分为两类:即土地整治后自行开发的土地和整治之后交还政府重新挂牌出让的土地。

(1)BOT 模式

对于土地整治后自行开发的城市土地,一般都是公共事业项目如公园、公立博物馆等,这类土地项目一般都是以服务公众社会为主,因此项目本身并没有经济效益,但是这类项目的经营运营项目一般会产生附加收益,如公园内的摊位经营出租等。因此可以采用建设—运营—移交(BOT)方式,即政府将土地交给私人企业进行整治,进行公共事业项目的建设,同时将该项目的经营权交给私人企业,待项目完工后政府仍拥有公共事业项目的所有权,项目本身并不以盈利为目的,但是项目的配套设施和附加服务的经营权和收益权交由私人企业,带特许经营权到期后有政府全部收回。

(2)BT 模式

对于土地整治后由政府统一收回,并重新以挂牌出让的方式经营的土地从项目,这类项目的土地一般是废弃的建筑用地或尚未平整的土地,这类土地一般自身价值很大,但是还需要一定的时间和资金投入(如拆迁、现有建筑的拆除,土地的清理等)才能达到直接开发的标准。可以采用建造—移交(BT)方式,即政府将一定范围的土地交给私人企业进行整治,私人公司与政府签约或合作成立新公司,项目公司以阶段性业主身份负责某项基础设施的融资、建设直至该土地达到直接开发所需要的状态,后政府将土地收回后通过公开招标挂牌出让,由于这类土地经过整治后可以直接开发,节省了中标公司的整治费用,而且还节省了公司的时间成本和资金成本,项目建设期缩短,风险随之降低,因而这类土地的价值更高,土地出让所得的收益由政府和私人企业分享。

三、重庆市 PPP 发展建议

(一)创新开发性金融在 PPP 项目中的运行模式与机制

要重视开发性金融对 PPP 模式的重要推动作用,着力创新开发性金融在 PPP 项目中的运行模式与机制,将开发性金融和 PPP 模式紧密地结合起来,加快提升开发性金融促进和服务重庆市经济社会的能力,引领社会资本参与重庆市经济建设,积极推动 PPP 模式在重庆市基础设施建设和公共服务领域的应用,提升社会公共服务供给质量和效率。

首先,推动建设开发性金融良性运转的制度、规则和体系,构建市场化的良好融资平台,不断推进平台治理结构、法人、现金流和信用等建设,完善贷款“借、用、还”三位一体机制,理顺财政和信贷融资的关系。大力支持开发性金融+PPP 模式参与政府投资项目,促进政府和投资方共同分担风险、共享收益,增强持续融资能力,加快基础设施建设。

其次,创新开发性金融在 PPP 项目中的运行机制。开发性金融应以“政府入口—开发性金融孵化—市场出口”运营模式介入 PPP 项目,重点是对“开发性金融孵化”环节的创新。

最后,重视开发性金融+PPP 项目中的金融工具创新。可以从股权、债权、夹层融资、资产证券化、银证保联盟等方面实现与 PPP 项目的有机结合。开发性金融机构要善于利用股权类的产业基金、永续委托贷款、并购贷款等模式对PPP项目进行开发性金融孵化,利用债券类的项目收益票据、银团贷款、项目融资租赁、结构化融资、资产证券化等模式为PPP项目公司提供资金支持以及金融服务。

(二)建立PPP项目价格调节与浮动收益率机制,提高PPP项目运行效率

PPP项目缺乏合理定价机制以及对企业的“约束性条款”,容易导致项目出现暴利或严重亏损。因此,政府对于PPP项目都应该设定一个合理的收益上下限,实行动态调整的收费定价或政府补贴机制,价格高了就下调,价格低了就涨价或增加补贴,最终让社会资本盈利但不暴利,形成长期稳定的投资回报预期。也就是说,所有PPP项目都要保证政府公共服务部门、社会资本利益共享。一方面,必须确保PPP项目具有一个相当于社会平均利润率的最低收益水平,让投资者“有钱可赚、有利可图”且盈利相对稳定,对社会资本产生足够的吸引力;另一方面,也要避免政府完全兜底市场风险、社会资本获得无风险高额回报的现象,不能一味追求吸引资金而给予社会资本过多承诺。

操作层面,可考虑引入“价格上限”“成本包干”“市政服务定价挂钩CPI”等价格制定和政府贴息、建立补偿基金、税收减免等调整方式,兼顾公益性和盈利性的双重要求。

(三)捆绑私人产品,配补PPP项目的收益来源

当政府希望通过PPP模式获得的公共产品或服务属于非经营性(没有任何价格机制和现金流入,主要产生社会效益)或准经营性(有价格机制和现金流入,但无经营利润,成本无法收回)时,可以为该公共产品或服务配补适当的私人产品并捆绑提供,从而克服PPP项目收费困难或收费不足的难题,即所谓的公共物品供给的捆绑模式或联合供给模式。通常可以采取3种方式:

1.增补资源开发权,弥补PPP项目收益不足

借鉴香港地铁和深圳地铁4号线的成功经验,政府以对PPP项目公司进行补偿的方式,将基础设施或公用事业项目(地铁、隧道、环境治理等)周边一定数量的资源(如土地、旅游、矿产)的开发权出让给PPP项目公司,以捆绑的方式提高项目公司的整体盈利能力,以确保项目投资者获取合理回报,调动投资者的积极性,即所谓的资源补偿项目融资模式。

2.授权提供配套服务,拓展PPP项目盈利链条

当PPP项目供给的基础设施或公用事业建成后,必需相应的配套服务才能正常运转时,政府可授权PPP项目公司提供这种可以产生预期收益的配套服务(如餐饮、物业、绿化),从而通过延长价值链创造现金流,补偿主体项目的资金收支缺口。

3.开发PPP项目的副产品,增加收益来源

PPP项目公司在提供政府需求的公共产品或服务时,可以附带生产出更具经营性的副产品(如广告、建筑作品知识产权的授权使用等),以此弥补主产品项目在收益上的不足,具体策划方案既可由公共部门主动提出,也可由社会资本策划提出、公共部门审核批准。

(四)创新PPP产品交易模式,扩展PPP项目的市场深度

当前的PPP项目投资规模较大,投资周期长,且多是非标准化和非证券化项目,这导致PPP资产转让市场很难活跃,投资者风险不易转移。本文认为:①PPP产品设计要确立普通合伙人(或领投人)与有限合伙人(或跟投人)机制。即可在PPP产品设计上按照《合伙企业法》确定普通合伙人(GP)和有限合伙人(LP)的合伙人机制,抑或借鉴众筹模式中的领投人与跟投人机制,并根据项目的特殊性制定特定损益分配条款,确定政府及相关实体参与特定PPP项目的身份和角色,用法律的形式明确各自的权责;②PPP产品设计要实行分级证券化基金模式,优化投资者结构和运营环境。即把参与PPP项目的各方权责与损益分配机制,内嵌到PPP产品设计中,使PPP具有硬约束。同时,不论是合伙人制、领投/跟投的众筹模式,还是分级基金模式等,都旨在对PPP产品的证券化、标准化处理,使其能在股权和金融交易所交易,创造PPP动态优化的投资者结构和动态优化运营机制的环境。

(五)建立区(县)PPP项目负债刚性约束机制,规避地方PPP投资冲动

面对PPP热潮,重庆市不同层级政府表现不一致,市政府表现相对成熟冷静,操作过程实际而且创新,而区县政府则显得热情高涨,投资冲动倾向明显,这需要引起我们从宏观到微观方面的高度重视。PPP模式是政府与社会资本合作共同建设基础设施和提供公共产品及服务,其建成项目本质上说是政府给予投资者远期承诺的或有债务。如果地方政府缺乏刚性约束机制,来制约地方政府的投资冲动,那么从以往的经验教训来看,新一轮的PPP热潮将很有可能成为地方政府投资冲动带来高债务的新途径。市政府要做到对区(县)政府的PPP项目具体数据和推广情况的准确把握,建立约束机制对地方PPP项目严格管控和规范,引导区(县)政府坚持"宁缺毋滥"的原则,对于项目条件成熟的项目要经过监管部门充分考察论证之后才允许上马,而对于条件不成熟风险不可控的项目坚决不予放行。此外,市政府应统一规范各区(县)政府对投资者的承诺向社会透明公开,并将远期承诺按照市政府债券收益率折现,政府或有负债纳入负债总规模中进行上限控制,并经重庆市人大按照预算程序审议,从而规避区(县)PPP投资冲动,确保债务规模和项目风险可防可控。

(六)构建PPP项目风险分担机制,激发社会资本的参与热情

PPP模式在运行过程中不仅存在政策变更风险和违约风险,还包括因公共建设项目的建设延期、设计更改以及申请许可失败等原因造成建设成本高于预期而带来的成本超出风险;企业运营和维护成本过高,或者公共项目的建设质量或容量低于预期或规定的水平而引起的经营风险;由于所提供的公共服务需求不足或定价过低所导致的利润风险;因没有充分的收入流保值措施和过高的融资成本带来的财务风险;政府规制者因政治因素而限制合作关系中的私营企业及时合理地提高价格所引起的价格规制风险;随民营企业和政府部门之间发生纠纷而产生的争端解决风险;由于有缺陷的建筑技术造成工期延误所导致的技术风险;因政府利用公共设施提供公共服务时对环境产生破坏,而私营部门接受之后被要求对环境进行治理的环境风险;由于战争和其他灾难等不可预知和不可控制行为的发生而带来的不可抗力风险等。这些风险均应在《重庆市PPP合作通行协议指导文本》得以体现,并经过监管部门审议出台其他相关文件对相应的风险分担情况作合理规定。PPP模式的核心之一是要在我国新型城镇化建设中建立科学的风险分配机制,只有对风险进行有效、合理的分配,才能激发民间资本参与热情。因此,应遵循对风险最有控制力的一方控制相应的风险,承担的风险程度与预期所得回报相匹配,以及各方所承担的风险有上限的原则,并考虑政府风险管理能力、项目回报机制以及市场风险管理能力,合理地在各合作方分配PPP运行过程中的风险。

(七)加大金融机构政策保障,拓宽PPP项目融资渠道

PPP项目对资金的需求量较大,需要金融机构积极参与支持。但目前PPP项目主要通过银行贷款融资,由于建设周期长、项目收益有限,不确定因素多,PPP项目融资一直存在较多困难。出于风险管控等原因,除了国开行和政策性银行表现积极,商业银行当前大多仍处于谨慎状态。这就需要政府为金融机构提供相关政策保障,减少其风险顾虑。

此外,政府应放宽PPP相关领域的资金限制政策,允许保险基金、社保基金、住房基金等大型基金在基础设施领域投资PPP项目。放宽这些基金的投资限制,不仅能够改善基础设施投资不足的局面,而且能够大大缓解各种基金的经营压力。商业银行方面,大部分商业银行对于PPP模式的态度相对保守,仍然担任着传统的信贷服务机构角色,建议商业银行应转变思维,积极拓展项目咨询服务、融资方案设计等专门针对PPP项目的业务,实现向综合性服务商的角色转变。保险公司、证券公司以及信托公司也可以更多地参与到PPP模式中,如开发险种为PPP项目的履约风险、运营风险以及实施过程中的不可抗力风险等承保,证券公司也应通过资产证券化、资管计划以及另类投资等方式积极参与PPP项目。

(八)完善重庆市PPP政策规章制度,推进PPP模式本地化创新发展

PPP模式是政府与市场主体就公用事业的合作,必须依靠制度化保障才能维护多方权益,规章制度的健全有助于市场参与者降低交易成本,为PPP发展提供制度性的土壤。加快制定可操作性强的PPP相关制度,覆盖PPP项目运行所涉及的财政、投融资、价格、市场准入、退出以及质量监管等方面,对PPP模式的投融资方案、项目的评估及监管方法、社会资本的选择方式和标准、运营过程中争端处理方法等问题做出明确规定,为PPP模式的应用和推广奠定制度基础,提高PPP模式运行的效率和成功率。特别需要指出的是,在地方条例尚未出台而本地PPP项目已进入论证或签约的阶段,可以通过项目指南、示范性合同给予社会资本有效引导和明确预期。

(九)成立重庆市地方PPP管理机构,着力构建PPP监管体系

由于PPP专业性较强,需要由专门的机构负责,才能更好地提升PPP项目的操作效率。发达国家的经验也表明,专门的PPP工作机构可以有效规范政府行为,减少多头管理,提高PPP项目的透明度,提升PPP项目运行效率。

建议重庆市设立PPP工作机构,专门负责PPP项目的制度建设、项目储备、招投标管理、合同管理、融资支持、项目监管、争议协调等管理协调工作。PPP项目长达数十年的合同期以及复杂的管理过程,需要政府建立健全的监管体系。由于PPP是政府和私营机构的合作,那么在PPP模式监管框架形成的过程中,政府作为监管政策的制定者,制定监管框架时要充分征求利益的相关方,包括投资者、运营者、消费者的意见,使监管法规既能保证基础设施服务的质量,又能保护有关利益方的合法权益。这就需要政府建立健全强有力的监督管理制度,建立全周期项目监督机制。在准入期加强对项目适用性和竞争程序的监督,在建设期加强对资金使用的监督,在运营期加强对服务质量的监督。

(十)加快PPP专业人才队伍建设

从政府的角度来看,一方面可以通过向相关工作人员开展专题培训,重点学习PPP的基本内涵、运作模式以及管理模式等,同时还应涉及金融、法律、财务等方面的知识,从而培养管理和指导实施PPP项目的专业人才;另一方面,可大力引进相关专业人才,为重庆市PPP模式的发展注入新鲜血液。从企业的角度来看,企业内部也应加强PPP专业人才的培养和引进,从而增强企业在PPP项目招投标过程中的竞争力,以及项目的实施和管理能力。

文章审稿人:周谦毅

区域金融风险预警指标体系与实证研究

——以重庆为例①

中国人民银行重庆营业管理部金融稳定处课题组

课题主持人：温江勇

课题组成员：胡伟　刘林　严秀丽　刘姝姝　李云飞　吴斯
易娟　刘科星　纪宝林

一、引言

随着金融体系的快速发展和深化，金融系统成为宏观经济的核心组成部分，不仅金融发展的程度掣肘着经济的发展，金融体系的波动更是“牵一发而动全身”迅速波及整体经济。历史上金融危机的多次爆发证明了金融风险传染性和扩散性特征会使局部性的金融风险逐步扩散和传染到其他社会经济部门，进而形成整个金融体系的金融风险。累积到一定程度后，整个金融体系的金融风险就可能会爆发大规模的金融危机。即使是在宏观经济的总量均衡条件之下，局部地区所发生的金融风险在累积到一定程度时也会引发区域性的金融危机。然而通过研究金融危机的处置经验表明，对危机爆发时点前的预测和行动干预，能有效降低风险扩散的程度以及减少危机处置成本。因此，发掘与金融风险和危机相关的波动性指标，并且形成实时有效的金融风险预警系统成为预防金融风险、防范危机爆发的先决条件。

从金融监管角度看，通过开展风险预警，对金融重要指标的时滞误差和波动原因分析，能够找到引发风险的关键因素，这能够为监管工作提供有效的信息依据和重要决策参考，从而降低危机发生概率和减少风险处置成本。进一步健全系统性、区域性金融风险监测评估和预警体系，这是全国金融工作会议和周小川行长提出的一项重要工作任务。目前，我国金融风险监测评估体系已逐步建立并得到完善，但预警体系还没有一个明确的工作方向和工作思路，借鉴国内外研究成果，针对区域经济金融发展特点，积极探索建立区域金融风险预警体系已刻不容缓。从国内外情况看，对金融风险预警的研究主要集中在国家层面，在现实中指导地区实践的操作性不强。此外，我国各地区经济金融发展水平不同，金融风险形成因素和表现特征各异，采取统一形式的预警机制和模式，其适用性必然大大降低。必须因地制宜地

---

① 为2013年度中国人民银行重庆营业管理部重点研究课题，获评“二等奖”。

根据各地方实际情况开展金融风险预警研究，制定符合现实要求的政策方案。当前，伴随建设长江上游金融中心步伐不断加快，重庆金融体量日益增大。与此同时，利率市场化建设正深入推进，金融业的市场竞争与合作更加频繁，交叉性金融风险亦成为影响区域金融稳定的重要因素，金融活动的不稳定性和不确定性增加，金融运行的波动加剧。因此，为维护重庆经济金融体系稳健发展的态势，建立适应其经济金融发展特点的预警体系，具有特别重要的政策意义和实践意义。

国际上对区域金融预警有关文献较少，主要集中于国家层面风险的预警研究以及金融危机预警模型研究。对国家层面风险预警有代表性的研究包括：美国商业环境风险情报研究所的E.T.汉厄（20世纪60年代）设计了第一个反映经济政治环境风险的评价指数——国家风险预测指数，亦称富兰德指数。该指数是由定量评级体系、定性评级体系和环境评级体系构成的综合指数。富兰德指数以0~100表示，指数越高表示风险越低，指数越低表示风险越高。风险等级则相反，1级表示风险最小，2级、3级则风险逐步增大，以此类推。该情报所根据数据既对即期风险情况给予综合打分，还对未来1年后、5年后的综合分数进行预测。美国银行家欧·梅耶（1998）根据对国际上18家银行、跨国公司进行国际风险预测的指标进行了归纳、综合并分类。从大的方面分为三类，即国家宏观经济状况的指标体系、对外经济联系的指标体系、国家政治社会环境的指标体系。他选取了113个的指标对国家的风险进行监测。日本公司债务研究所对国家风险进行了研究，提出的国家风险评价内容包括：内乱、暴动及革命的危害性，政权的稳定性，政策的持续性，产业结构的成熟性，经济活动的干扰，财政政策的有效性，金融政策的有效性，经济发展的潜力，战争的危险性，国际的信誉地位，国际收支结构，对外的支付能力，对外资的政策和汇率政策等。它设计的风险等级采用的是评分方法，以0~10分表示风险程度的高低，10分表示风险最低，0分表示最高。分别对上述内容进行打分，然后求出综合分。风险等级设立为A、B、C、D、E五级，风险由低向高排列。

在预警模型方面，具有研究代表性的有：Frankel和Rose（1996）提出的FR概率模型（Probit Model）假设金融事件是离散且有限的，投机性冲击引发的货币危机是由多个因素综合引起的。该模型根据105个发展中国家1971—1992年的数据构建概率回归模型，认为引发金融危机的因素有多种并且相互独立，通过计算这些因素的联合概率，便可以知道危机发生的概率。Sachs，Tornell和Velasco（1995）选择了危机成因类似的一组国家作为研究对象，以月度横截面数据为样本，用这些横截面数据回归而建立预警模型，因此称为横截面回归模型。该模型确定了对危机形成有重要作用的变量，同时定义了危机指数，通过多元线性回归模拟，计算出了STV横截面回归模型，然后用参数估计后的STV横截面回归模型外推估计某个国家在未来某一年发生危机的可能性，这个可能性借助危机指数的大小来反映。Kaminsky，Lizondo和Reinhart（1999）在回顾一系列金融危机实证研究的基础上提出了著名的KLR模型，这是当前最为重要的预测模型。该模型是一种非参数分析方法，它首先通过研究已有货币危机发生的原因来确定预警指标,然后通过对历史数据的统计分析来发现显著的先行指标,并根据这些指标来预测危机发生的可能性。

国内对区域金融风险预警系统的研究主要侧重于两个方面:一是对区域金融风险预警系统指标的选择,二是应用不同的研究模型建立区域金融风险预警系统并开展实证研究。李智军、王桓、翟向祎(2004)从系统风险和非系统风险的角度,赋予了系统性风险指标和非系统性风险指标。其非系统性风险指标选取了安全性、流动性、资本充足性、盈利性、管理操作5个次级指标,系统性风险指标从全国经济、河南经济、河南教育、河南企业、河南金融5个角度,选取了河南省GDP增长率、河南省财政教育支出占财政支出比率、河南省工业企业资产利润率、河南省金融秩序等15项指标。易传和、诸彩云(2004)将区域金融稳定指标分为核心指标和相关指标两大类。其中核心指标又包括资本充足性、资产质量、盈利能力、流动性和管理能力5大类24个指标,它们从微观方面考察区域内金融机构的综合状况;相关指标包括政府调控能力、企业效益市场风险性、债务清偿能力、增长能力和银行业总规模等6大类13个指标,它们从侧面评价区域金融的稳定状况,是对核心指标的补充。殷兴山、孙景德、徐洪水(2005)将区域金融稳定评价指标体系的建立从区域银行稳定状况、区域经济发展状况、区域金融运行环境3个方面考虑。区域银行稳定状况选取了贷款质量状况、GDP贷款比、存款贷款比、人民币存款增长率、储蓄存款占比5个指标;区域金融运行环境则选取了区域信用度、区域金融信任度、区域金融秩序、区域金融监管效率、突发事件状况5个指标。崔艳娟、张凤海、徐晓飞(2008)将区域金融风险指标分为金融运行环境指标、宏观指标、微观指标3大类,具体又分为居民消费价格指数增长率、信贷增长量、金融案件发案率等10个指标,把定性和定量指标相结合构建风险预警体系。

二、重庆金融风险表现与预警指标体系的构建

(一)重庆金融风险的历史表现与趋势

重庆是我国最年轻的直辖市,在西部经济发展中具有举足轻重的地位。直辖之初,重庆是全国金融风险较高的地区之一。从1998年开始,重庆因乱集资、乱批设金融机构、乱办金融业务即金融“三乱”而引发的金融风险一触即发。到1999年3月全面清理整顿时,重庆市共有金融“三乱”机构2000多个,吸收公众存款200亿元。由于管理混乱、人员挥霍浪费等原因,重庆金融“三乱”机构亏空巨大,出现严重支付危机。此外,国企数百亿元不良债务压得银行喘不过气来。资料显示,2000年末时,重庆市金融机构不良贷款率达到28.8%,全行业亏损4.1亿元。同时,重庆国际信托投资有限公司、西南证券等几家地方金融机构因宏观经济环境和自身经营管理原因走到退市边缘。

为了化解金融风险,提升金融业活力,重庆市在金融领域进行了一系列关键性

改革:对于处于退市边缘的地方金融机构,重庆市通过出售股权、重组债务和引进新股东等方式,使这些金融机构重获新生;在处置银行不良贷款和化解国企债务上,重庆市则探索建立了打包处置不良资产的“重庆模式”。2004 年以来,重庆市通过成立全国首家地方性资产管理公司——渝富公司打包处置不良资产,使银行和工商企业都卸下了重负。随后,地方金融机构重组改制顺利起步,重庆银行、重庆三峡银行、重庆农村商业银行三家重庆地方银行法人机构在 2005 至 2008 年间先后完成了重组改制。

经过一系列金融改革和制度创新,重庆金融业发生了脱胎换骨的改变,金融功能日益完善,金融业态日渐丰富,目前已成为长江上游四省市中银行业机构门类最为齐全和聚集效应最为明显的地区,金融业的壮大不仅消化了历史遗留问题,而且风险抵御能力有亦明显增强。2012 年末,重庆银行业资产规模突达到 2.8 万亿元,银行不良贷款率仅为 0.47%,全行业实现净利润 433 亿元;辖内证券业市场交易额达 9874 亿元,辖内唯一法人证券公司——西南证券,总资产规模增至 172 亿元;保险业资产总额达 837 亿元,保险密度 1129 元/人。重庆金融业上市公司已增至 3 家,区域影响力显著增强。

尽管如此,我们应始终清醒地认识到,金融业是经营风险的行业,随着重庆金融体量规模日益壮大,新的风险隐患正在积聚。较为明显地表现在五个方面。一是经济转型发展中带来的风险溢出效应。当前社会经济各领域改革进入“深水区”,转型发展中所积累的产能过剩、国企改革矛盾升级、中小企业转型升级难以及城乡统筹发展后劲不足等问题与风险将不同程度传导并影响到重庆金融体系,由此带来的潜在风险值得关注。二是地方融资平台风险是目前金融风险防控的重点领域。重庆融资平台债务风险虽在可控范围内,但随着市场化程度的加深,以政府信用作支撑的融资平台后续融资将变得困难,流动性风险亟待考验。三是房地产信贷风险不容忽视。在不断加码的国家房地产调控政策环境下,房地产价格必将理性回归,不排除出现房价下跌的可能,这使押品市场面临考验,银行所面临的信用风险将会显著上升。四是交叉性金融风险正在增大。金融子行业内的同业交易风险不断增大,同业资产规模较直辖前上升了数倍。此外,产融结合趋势日益紧密,所带来日益复杂的交叉性风险。五是地方金融创新失败风险。以激活金融要素市场为着力点的地方金融改革近年来发展迅速,重庆自 2008 年来已先后成立了 12 个金融要素交易市场,同时,今后金融服务业向民间放开,也将出现不同经营风险偏好的中小型金融机构,其营运的成败直接影响金融业整体信誉和声誉。此外,互联网金融作为金融创新的一股原生力量,正爆发出快速的发展态势,同时也潜藏着与传统金融争抢渔利以及风险责任划分不清等风险。

综上所述,区域金融风险是一个波动往复的过程,重庆地区金融风险一度经历了较为严重的金融风险时期,但伴随金融改革的推动,大部分存量金融风险和相伴的历史遗留问题得以消除和化解,为未来重庆金融业的平稳发展打开了广阔空间。

但随着金融要素市场改革信号的进一步释放,市场化程度进一步加深,重庆金融业面临的发展环境更加复杂,新的金融风险隐患前所未有,值得所有金融从业者和监管部门提高风险防范意识,适时采取有效举措防控并分散风险,确保平稳健康持续增长,早日实现建设长江上游金融中心的目标。

(二)金融风险预警系统的构成

预警是度量某种状态偏离预警线的强弱程度,发出预警信号的过程。也可以说预警是当危机或灾害来临之前,预报不正常状态发生的时空范围,事先发出警报或警告,以便采取预防措施,防患于未然,避免或减少损失。区域金融风险预警是指对某一地区经济金融运行中各种风险发现、认识,进而估计、衡量和预先报警,并寻求最佳的控制对策,以最小的成本来达到控制风险、减轻其损失、获得整体安全保障的管理方法。区域金融风险预警主要涉及风险识别、监测、度量和部分风险控制过程。金融风险预警系统的预警过程是通过输入预警指标,系统对指标进行处理,输出真实、有效的预警信号,对未来区域金融体系的健康状况进行预测,以便决策者及时采取适当的防范措施。图 1 描述了金融风险预警系统的预警过程。

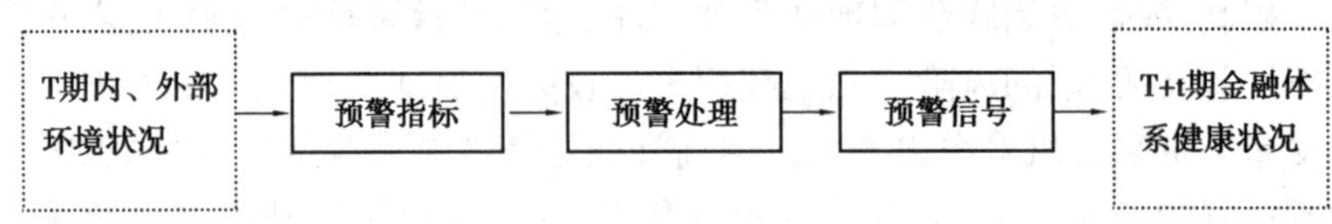

图 1 金融风险预警系统的预警过程

(三)区域金融风险预警指标体系的构建原则

目前,我国对区域金融稳定规定的基本标准是,在辖区内做到“信用观念强,资产质量高,金融执法严,金融案件少,金融秩序好”。具体表现为“四无”,即无重大违规违法经营行为,无重大支付风险和重大金融风险发生,无恶性金融竞争行为,无乱办金融业务、乱集资活动。作为国家层面金融风险预警的补充,构建区域预警指标体系应突出以下 4 个方面原则:

一是宏观审慎原则。以区域金融体系整体风险度为预警目标,预警指标应体现系统性、全局性特征及区域金融发展特点。因此,预警指标体系应剔除微观层面的指标,如单个企业的经营风险指标、银行的单一风险指标都不应成为指标体系的构成要素。二是准确性原则。为了充分发挥区域金融风险预警指标的职能作用,必须要求数据来源真实可靠,数据处理准确无误,评价指标符合实际。这就要求在设计区域金融风险预警指标体系时,应充分考虑已有资料来源的限制及资料渠道的真实可靠程度,尽量选用具有标准统计规范的数据。三是灵敏度原则。实现预警功能必须要求指标灵敏可靠,进入预警指标体系的指标要求灵敏度高,指标数值的较小变化就能直接反映出区域金融风险的变化情况。也唯有如此,监管部门才能及时发现风险和问题所在,并相应采取措施维护金融稳定。四是互补性原则。区域金融系统内部的关系错综复杂,而且正是这种错综复杂的关系影响了区域金融稳定的效果,所以在设计任何一个指标时都要考虑到整个系统的结构,使指标之间相互联系、相互补充,客观、真实、全面地反映区域金融风险变化,否则便会造成评价结果的失真。

(四)重庆金融风险预警指标体系的构建

影响金融稳定的因素不胜枚举,各种因素的相对重要性及相互作用也因一国或一地区的发展水平、经济规模、经济结构、经济周期、市场发达程度和政府干预程度的不同而大相径庭。因此,指标体系构建成为既重要又特殊的环节。目前,我国维护金融稳定框架要求对宏观经济、金融机构、金融市场、金融基础设施和金融生态环境5大方面进行分析和监测。因此,本文所构建的预警指标体系也要能够全面体现这些方面的情况。同时,按照识别风险、控制风险风险基本环节,把金融风险预警指标体系划分为两大预警层次:第一个层次是用表征风险的指标刻画相应类别的风险大小;第二个层次是用表征风险抵御(抵补)能力的指标刻画风险吸收能力。这两大层次同时看时,方能客观看待风险的实际大小,进而对预警风险提供帮助。此外,为解决重大风险事件发生时,量化预警方法灵敏度不足的问题,本文尝试建立了风险预警调整机制。区域金融风险预警指标体系结构图如图2所示。

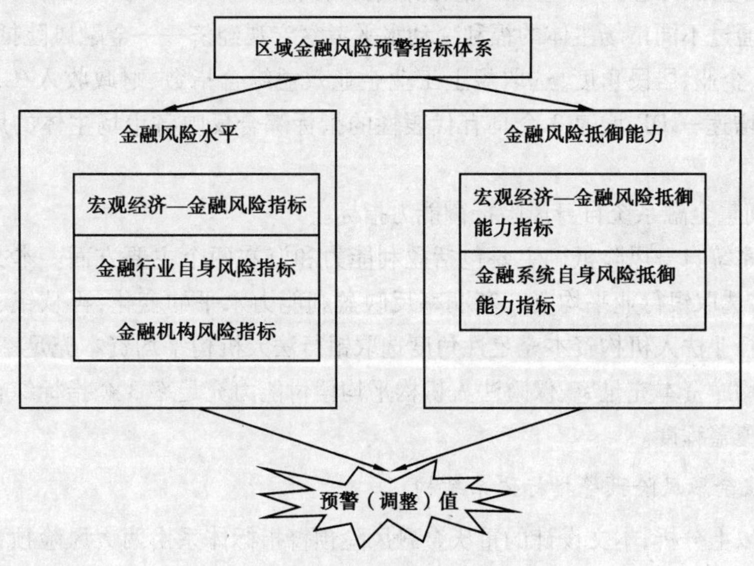

图2 区域金融预警指标体系总体框架

1.区域金融体系风险水平表征类指标

(1)衡量宏观经济——金融风险指标

经济金融紧密相连,经济发展状况将对金融稳定产生关键影响。为了准确地反映重庆地区经济金融宏观风险,本文选取了区域景气状况、通货膨胀率、房价泡沫化指数、区域经济热度预期指数4个指标综合反映经济发展健康状况。

(2)衡量金融行业自身风险指标

金融部门自身的稳健状况直接关系到区域金融风险程度大小。为了达到指标预警的灵敏性和有效性,本文从银行体系层面选择了6个关键核心指标从业务发展、资产质量、资本充足状况、发展持续性等方面反映金融部门的稳健程度,分别是信贷余额/GDP、融资平台贷款占比、银行业不良贷款率、TED利差、同业关联性比率、银行经营状况景气预期指数。

(3)衡量金融机构风险指标

区域法人金融机构是具有区域系统重要性影响的风险媒介,其经营好坏将直接关系到区域金融体系的安全。因此,法人金融机构风险变化将直接影响到区域金融体系整体风险水平。本文所选取的指标重在考察流动性风险状况,包括银行流动性覆盖率、寿险公司退保率;此外,区域金融机构突发事件涵盖了不可量化的经营风险非预期因素,我们从人民银行风险监测角度设计区域金融机构突发事件严重度这一事件驱动型指标,将更好地动态预警机构风险变化。

2.区域金融体系风险抵御能力表征类指标

(1)衡量宏观经济——金融风险抵御能力指标

本文通过不同市场主体的福利变动水平考察宏观经济——金融风险抵御能力,既从政府、企业、居民角度,选取规上工业企业效益综合指数、财政收入/GDP、城镇居民收入增速-GDP增速3个具有代表性的指标综合反映各市场主体的风险抵御能力。

(2)衡量金融系统自身风险抵御能力指标。

金融系统自身风险抵御主要包括盈利能力和资本两个主要方面。本文从全行业的角度,选取银行业平均资产利润率反映盈利能力水平的变化,再从银、证、保三大金融子行业法人机构资本充足性角度选取银行法人机构平均资本充足率、证券法人机构平均净资本充足率、保险法人机构平均偿付能力充足率3个指标综合评价损失风险的覆盖程度。

3.重庆金融风险预警指标体系结构

根据以上分析,本文设计的重庆金融风险预警指标体系由两大风险预警层次,5种风险类型,共20项预警指标构成,详见表1。

表 1 重庆金融系统风险预警指标体系

风险预警层次	风险类型	变量	预警指标	指标内涵	数据来源
区域金融体系风险总体水平	宏观经济—金融风险	$a11$	地区经济景气状况[①]	地区经济景气度能够判断未来金融风险状况及趋势	重庆市统计局
		$a12$	通货膨胀率	一方面影响实际利率和汇率,另一方面反映各项经济金融政策有效程度	重庆市统计局
		$a13$	房价泡沫化指数[②]	房价过快上涨带来泡沫化经济,过快下跌必然引发金融动荡	重庆市统计局(计算得出)
		$a14$	区域经济热度预期指数[③]	反映未来微观经济主体对经济走势的看法,具有心理预期先行性特征	人行重庆营业管理部(计算得出)
	金融行业风险	$a21$	信贷余额/GDP	信贷量增长应与 GDP 增长相适应,信贷增长过快或不足都是金融体系潜在风险因素	人行重庆营业管理部(计算得出)
		$a22$	融资平台贷款占比	严控平台融资规模是降低区域金融风险的重要举措	人行重庆营业管理部(计算得出)
		$a23$	银行业不良贷款率	不良贷款规模和比例变化情况直接说明了金融风险变化趋势	重庆银监局
		$a24$	TED 利差[④]	衡量银行同业间的交易对手风险。利差上升则银行间借贷成本提高,导致流动性风险增大	Wind 数据库(计算得出)
		$a25$	同业关联性比率[⑤]	衡量银行业交叉性风险程度的重要参考指标	人行重庆营业管理部(计算得出)
		$a26$	银行经营状况景气预期指数[⑥]	反映未来微观经济主体对银行业走势的看法,具有心理预期先行性特征	人行重庆营业管理部(计算得出)
	金融机构风险	$a31$	银行流动性覆盖率	衡量银行法人机构的流动性风险的重要监测指标	重庆银监局
		$a32$	寿险公司退保率	衡量保险法人机构的流动性风险的重要监测指标	重庆保监局
		$a33$	区域金融机构突发事件严重度[⑦]	金融机构突发事件是重要的金融风险非量化指标	人行重庆营业管理部

续表

风险预警层次	风险类型	变量	预警指标	指标内涵	数据来源
区域金融体系风险抵御能力	宏观经济—金融风险抵御能力	$b11$	规上工业企业效益综合指数	从企业经济效益角度衡量其对宏观风险的抵御能力	重庆市统计局
		$b12$	财政收入/GDP	从财政稳健角度衡量其对宏观风险的抵御能力	重庆市统计局(计算得出)
		$b13$	城镇居民收入增速-GDP增速	从家庭财务稳健角度衡量其对宏观风险的抵御能力	重庆市统计局(计算得出)
	金融系统自身风险抵御能力	$b21$	银行业净利润增幅	从银行业自身内源积累角度衡量对金融风险的整体抵御能力	重庆银监局
		$b22$	银行法人机构平均资本充足率⑧	地方法人银行机构资本实力直接关系到地区金融体系的稳健性	辖区法人银行
		$b23$	证券法人机构平均净资本充足率	地方法人证券机构资本状况直接关系到地区金融体系的稳健性	辖区法人证券公司
		$b24$	保险法人机构平均偿付能力充足率	地方法人保险机构资本状况直接关系到地区金融体系的稳健性	辖区法人保险公司

注:①计算公式为:地区GDP增长率-全国GDP增长率。

②计算公式为:房价增长速度/GDP增长速度。

③该指标为人民银行分支机构调统部门按季度开展企业家问卷调查后汇总计算出的衡量未来经济热度的统计值。

④计算公式为:银行间同业拆借利率-国库券收益率。

⑤计算公式为:(存放同业+拆放同业+与其他金融机构进行的买入返售+金融机构间的衍生产品交易形成的衍生金融资产+对其他金融机构的承诺+银行承兑汇票贴现)/资产总额。

⑥该指标为人民银行分支机构调统部门按季度开展银行家问卷调查后汇总计算出的衡量未来经济热度的统计值。

⑦严重度等同于《中国人民银行重庆营业管理部金融机构突发事件应急管理办法》中对风险等级的划分。

⑧计算公式为:净资本/各项风险资本准备之和。

(五)区域金融风险预警区间与权重空间

区域金融风险预警区间的划分是根据金融风险的大小把金融风险划分为几种不同的状态。总的来说,风险区间的划分是个定性问题,从划分程度上看,涉及对风险程度的理解和认识。首先,与金融风险相关的两种极端状态分别是金融安全和金融危机。区域金融安全是指区域金融业在遭受外部威胁与冲击时,能够确保金融体系的安全,并能够持续保持稳健运行与发展的态势;而金融危机,它是金融风险积累到一定程度时的总爆发,表现为大量金融机构顷刻倒闭,整个区域内的金融业一片混乱,金融体系最终全面崩溃。在明确这两种极端状态的基础上,根据预警能度的客观需要,本文把这两种极端状态之间再划分出 4 种预警状态,分别是基本安全、轻度风险、风险、严重风险。因此,本文的区域金融风险预警区间共 6 种状态,分别是:安全、基本安全、轻度风险、风险、严重风险、危机,预警的基本目标就是判断当前时期所处的状态,并采取措施防范风险(表 2)。

表 2 区域金融风险预警区间划分

风险状况	预警区间	金融运行状况
安全	90~100	各项预警指标均在安全区内,金融市场稳定,金融运行有序,金融机构稳健发展
基本安全	80~90	个别指标接近预警值,金融机构运行平稳,金融发展态势良好
轻度风险	70~80	部分预警指标下滑,出现金融风险事件,但金融业整体稳定
风险	60~70	一半左右的预警指标出现恶化趋势,金融风险事件不断,已影响到整体金融稳定
严重风险	40~60	大部分指标恶化,金融动荡,经济衰退
危机	0~40	各指标均处于危机状态,银行倒闭,货币大幅贬值,经济萧条,社会动荡

在指标体系形成后,下一步是确定各预警指标的预警区间临界值以及权重赋值。预警区间临界值的选取主要基于业界公认标准和专家意见,对没有公认标准且专家意见不一致的情况,本文针对辖区经济金融发展特点采取历史数据比较法确定该指标的预警区间临界值。预警指标权重体系的确定主要借鉴了层次分析法(AHP)思想,对风险类型及预警指标两个层次均采用了专家赋值法。各预警指标权重、预警区间详见表 3。

表3 重庆金融风险预警指标体系权重分配及赋值区间

单位:%

风险预警层次	风险类型	指标名称	变量	风险贡献 权重(%)		风险等级 安全	基本安全	轻度风险	风险	严重风险	危机
区域金融体系风险总体水平	宏观经济-金融风险	区域景气状况	$a11$	20	5	[0,2]	[-1,0]或[2,4]	[-2,-1]或[4,6]	[-3,-2]或[6,8]	[-4,-3]或[8,10]	<-4或>10
		通货膨胀率	$a12$		5	[0,3]	[-1,0]或[3,5]	[-2,-1]或[5,7]	[-3,-2]或[7,9]	[-4,-3]或[9,11]	<-4或>11
		房价泡沫化指数	$a13$		5	[0,0.5]	[0.5,1]	[1,1.5]	[1.5,2]	[2,2.5]	>2.5
		区域经济热度预期指数	$a14$		5	>50	[45,50]	[40,45]	[35,40]	[30,35]	<30

区域金融体系风险总体水平	金融行业自身风险	信贷余额/GDP	*a*21	30	5	[100,120]	[120,130]	[130,140]	[140,150]	[150,160]	>160
		融资平台贷款占比	*a*22		5	<15	[15,20]	[20,25]	[25,30]	[30,40]	>40
		银行业不良贷款率	*a*23		5	<4	[4,5]	[5,6]	[6,7]	[7,8]	>8
		TED 利差	*a*24		5	<1.5	[1.5,2.5]	[2.5,3.5]	[3.5,4.5]	[4.5,5.5]	>5.5
		同业关联性比率	*a*25		5	<20	[20,30]	[30,40]	[40,50]	[50,60]	>60
		银行经营状况景气预期指数	*a*26		5	>85	[80,85]	[75,80]	[70,75]	[65,70]	<65

续表

风险预警层次	风险类型	指标名称	变量	风险贡献权重(%)		风险等级 安全	基本安全	轻度风险	风险	严重风险	危机
区域金融体系风险总体水平	金融机构风险(重在衡量流动性风险)	银行流动性覆盖率	$a31$	15	5	>110	[100,110]	[90,100]	[80,90]	[70,80]	<70
		寿险公司退保率	$a32$		5	[0,2]	[2,4]	[4,6]	[6,10]	[10,20]	>20
		区域金融机构突发事件严重度	$a33$		5	当期无突发事件	三级事件数=1	三级事件数=2或二级事件数=1	三级事件数≥3或二级事件数=2	二级事件数≥3或一级事件数=1	一级事件数≥2

区域金融体系风险抵御能力	宏观经济-金融风险抵御能力	规上工业企业效益综合指数	*b*11	15	5	>200	[190,200]	[180,190]	[170,180]	[150,170]	<150
		财政收入/GDP	*b*12		5	>24	[21,24]	[18,21]	[15,18]	[12,15]	<12
		城镇居民收入增速——GDP 增速	*b*13		5	>2	[0,2]	[−2,0]	[−4,−2]	[−6,−4]	<−6
	金融系统自身风险抵御能力	银行业净利润增幅	*b*21	20	5	>25	[20,25]	[15,20]	[10,15]	[5,10]	<5
		银行法人机构平均资本充足率	*b*22		10	>12	[10,12]	[8,10]	[6,8]	[4,6]	<4
		证券法人机构平均净资本充足率	*b*23		25	>150	[130,150]	[110,130]	[90,110]	[80,90]	<80
		保险法人机构平均偿付能力充足率	*b*24		25	>150	[130,150]	[110,130]	[90,110]	[80,90]	<80

(六)区域金融风险预警指标数据的综合度量

1.指标数据的标准化处理

为达到量化预警的目标,需要对每个指标进行标准化处理。本文采用映射法将各指标实际值映射为[0,100]区间内的标准分数值。做法如下:首先,已经统一设置不同风险状态及其预警区间上、下限,将每一指标根据其在不同风险预警区间上限和下限的相对位置,按照相同的比例映射到风险状态区间的对应位置。

2.预警值的综合度量计算

将各预警指标值映射为标准分数值后,最后一步是将各指标分数进行综合处理,得到总体预警值。计算方法如下:

宏观经济—金融风险($A1$)$=\sum w_i \cdot a_{1i}(i=1,2,3,4)$,其中,$w_i$ 和 a_i 分别是区域宏观经济预警指标权重和映射的标准分数值。

金融行业自身风险($A2$)$=\sum w_i \cdot a_{2i}(i=1,2,3,4,5,6)$,其中,$w_i$ 和 b_i 分别是区域金融行业预警指标权重和映射的标准分数值。

金融机构风险($A3$)$=\sum w_i \cdot a_{3i}(i=1,2,3)$,其中,$w_i$ 和 c_i 分别是区域金融机构风险预警指标权重和映射的标准分数值。

宏观经济—金融风险抵御能力($B1$)$=\sum w_i \cdot b_{1i}(i=1,2,3)$,其中,$w_i$ 和 c_i 分别是区域宏观经济-金融风险抵御能力预警指标权重和映射的标准分数值。

金融系统自身风险抵御能力($B2$)$=\sum w_i \cdot b_{2i}(i=1,2,3,4)$,其中,$w_i$ 和 d_i 分别是区域金融系统自身风险抵御能力预警指标权重和映射的标准分数值。

总体预警值计算方法如下:

总体预警值(T)$=U_1 \cdot A1+U_2 \cdot A2+U_3 \cdot A3+U_4 \cdot B1+U_5 \cdot B2$,其中 U_1、U_2、U_3、U_4、U_5 分别为宏观经济-金融风险、金融行业自身风险、金融机构风险、宏观经济-金融风险抵御能力和金融系统自身风险抵御能力的权重。

总体预警值(T)是取值在[0,100],其值越小,风险程度越大,反之则越小。通过比较各预警时段(季度)该值的大小,可以监测和预警区域金融风险,为区域经济政策及风险控制决策提供参考依据。

(七)重大金融事件的预警处理

总结国内外金融危机发生发展的过程,我们不难发现,风险演化一般是由事件驱动的,并且金融风险事件性质和程度直接影响未来风险变化趋势,这可以说是金融风险变化的规律,同时也为我们提前判断未来风险变化趋势提供指导。

比照前述指标体系构建思路,我们同样把重大事件划分为3大层次,分别是区域宏观经济—金融风险重大事件、区域金融体系自身重大事件、区域金融机构重大事件,并把事件风险重要性划分为一般风险和严重风险两种程度。从性质上看,一般风险指事件发生后,主要冲击人们心理预期,风险基本处于可控范围,未发生实质性损失;严重风险指事件的结果已击溃人们的心理预期,风险很大程度上不可控,产生了实质性的风险损失。当期一般风险可能在延后几期就变为严重风险，视事件本身发展变化情况而定。预警调整处理方法如表 4 所示。

表 4　重大金融事件预警处理方法

重大事件类型	性质程度	处理方法
区域宏观经济-金融风险重大事件	一般风险	该类风险值×0.9
	严重风险	该类风险值×0.8
区域金融体系自身重大事件	一般风险	该类风险值×0.9
	严重风险	该类风险值×0.8
区域金融机构重大事件	一般风险	该类风险值×0.9
	严重风险	该类风险值×0.8

三、重庆金融风险预警实证分析

(一)预警周期与数据

预警周期设定是建立风险预警体统的重要前提，也是开展风险预警实践所必须安排的重要环节。从量化预警看，预警周期与数据频率紧密相关，以月度数据为来源所开展的预警，其预警周期即为月度，也就是预警的有效前置期间为 1 个月，同理，以季度和年度数据为来源所开展的预警，其预警的有效前置期为 1 个季度和 1 个年度。超过预警前置期的预警为无效预警。本文从开展预警有效性和宏观层面预警需要出发考虑预警周期，太短的预警周期对宏观层次的预警来说必要性不大，太长的预警周期又失去开展预警工作实践的意义。因此，本文综合考虑数据来源、预警效能和开宏观层次预警的客观需要三个方面情况，设定预警周期为半年度。在下文实证中，预警指标体系的各指标序列时间范围为 2008 年上半年至 2013 年上半年。

本文实证基础数据中的经济类数据来自重庆市统计局公布的统计季报，金融类数据来自人民银行及银监、保监部门的统计报表以及法人金融机构报送的报表。

(二)重庆金融风险预警值的计算

根据前文设计的重庆金融风险预警指标体系，运用层次分析法综合评价的思路计算了每个时期的金融风险预警值，见图 3。

从图 3 可以看到，2008—2013 年，重庆金融风险预警值最高为 85.2 分，最低为 79 分，分处于【基本安全】和【轻度风险】预警区间内。从各期预警值的变化看，最低值出现在 2009 年，之后预警值波动上升至 2010 年末，之后又缓步向下，这样的风险变化趋势大体与 2008 年国际金融危机后，国内实行一系列保增长政策，降低外部影响的节奏一致，说明重庆地区金融风险与国内宏观环境变化联系紧密。

值得一提的是，2013 年 6 月的原始预警值为 83.9 分，较前一期值略微上升 0.8

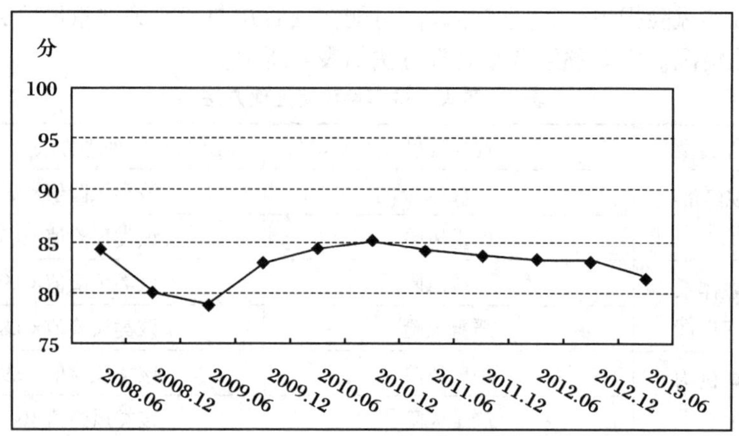

图3　重庆金融风险预警值(2008.06—2013.06)

分,但考虑到6月中旬全国银行间市场流动性出现“紧张”的系统性局面,重庆个别法人银行的拆借利率一度出现了“飙升”,这已基本符合重大事件风险预警调整机制的触发条件,为此,本文按照该设计机制调整方法,给予金融体系自身风险对应的预警分乘上一个惩罚系数,调整后的预警值为81.5分。

我们再把风险预警两大层次的预警值标示在平面图上,看看实际风险结构变化,见图4。

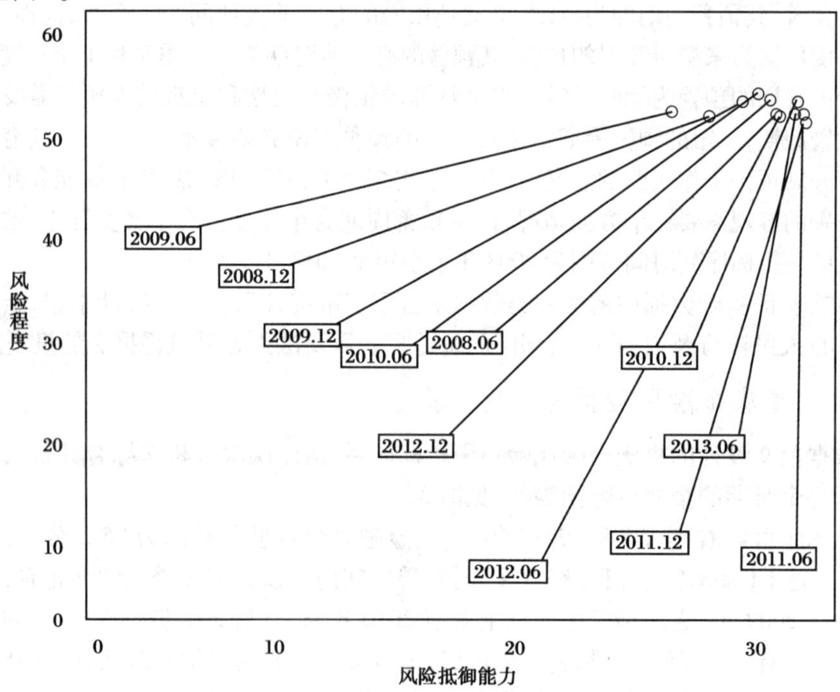

图4　重庆金融风险预警值分解

从图 4 可以看到，以风险程度和风险抵御能力二维表征的重庆金融风险预警值大体处于风险平面图的右上角，且居于对角线两侧，说明风险程度与风险抵御能力总体上是协调匹配的。除两个点(2008.12、2009.06)在对角线左上角外，其余个点都处于对角线上或右下角，这也说明在国际金融危机期间，国际国内大环境对重庆金融风险整体程度产性一定负面冲击，但从 2010 年开始，随着金融风险抵御能力方面指标的逐步修复向好，使重庆风险总体水平得以降低，金融风险又步入新的波动周期。

四、结论

在当前我国金融改革开放向纵深推进，局部性、区域性的金融不稳定因素逐渐凸显的形势下，各区域创建适合当地金融风险特点的预警指标体系，对影响区域金融稳定的风险及其要素进行客观、准确的评估，为决策者掌握和控制区域金融风险提供有效的诊断依据，提高防范和化解区域金融风险的水平，对于维护我国金融稳定和社会经济可持续发展，有着十分重要的现实意义。本文在通过构建重庆金融风险预警指标体系并开展实证研究和分析，得出以下结论：

一是要对金融风险开展预警，首先要对当地金融风险状况要有全面深刻的认识。因此，本文从梳理重庆地区金融风险的历史和趋势出发，在充分借鉴国内外学者的研究成果的基础上，结合人民银行金融稳定监测分析工作实践，设计了一套切合重庆区域特色的金融风险预警指标体系，具体由两大风险预警层次，5 种风险类型，共 20 项预警指标构成，并对各个指标的临界值区间等作了详细的说明。

二是在设计出金融风险预警指标体系后，本文根据层次分析法建模思路给出了风险预警指标体系的权重，然后开展了实证分析。通过实证研究显示，本文所设计的金融风险预警指标体系能够映射重庆金融风险的动态变化，指标体系中各指标的先行性、系统性等特征证明其达到一定的预警能效，因此较好地验证了重庆金融风险预警指标体系设计的合理性、科学性和可行性。

三是量化预警必须与金融从业者或监管者的经验判断相结合才能充分发挥预警的真正功效。特别是对以重大风险事件引致的风险非线性变化，量化指标往往不具灵敏度，预警功效将大幅降低，需要设计预警调整机制以增强预警的有效性。对此，本文同时设计了一套重大风险事件预警调整的方法，在实证中也做了考量，取得一定效果。

四是建立完善区域金融风险预警指标体系是一项牵涉面广、要求高、难度大的工作，需要各地央行部门、金融监管部门及社会各界学者深入研究，广泛实践，不断提高区域金融风险预警指标体系的科学性，并充分发挥其预警作用，切实维护地区金融稳定。

参考文献

[1] 仲彬，刘念，毕顺荣.金融风险预警系统的理论与实践探讨[J].金融研究

2002(7):105-111.

[2] 李智军,王桓,等.区域银行业风险评估问题研究[J].金融稳定与金融调控——中国人民银行青年文集.2004(3):64-75.

[3] 易传和,褚彩云.区域金融稳定评价指标体系研究[J].济南金融,2004(11):55-59.

[4] 吴海霞,邢春华,孙婵娟.运用“信号分析法”建立我国金融风险预警系统[J].金融论坛,2004(6):51-56.

[5] 欧阳禹,申焕章,黎和贵.区域金融稳定问题与评价指标体系研究[J].重庆工商大学学报,2005(2):65-70.

[6] 殷兴山,孙景德,等.区域金融稳定评价体系与实证分析[J].上海金融,2005(3)46-48.

[7] 周才云.区域金融稳定预警指标体系与风险防范[J].商业研究,2006(4):146-148.

[8] 崔艳娟,张凤海,等.区域性金融危机预警体系的构建与检验[J].商业研究,2008(11):67-69.

[9] 沈悦,王小霞,等.AHP 法在确定金融安全预警指标权重中的应用[J].西安财经学院学报,2008(3):65-67.

[10] 谭中明.区域金融风险预警系统的设计和综合度量[J].软科学,2010(3):73.

[11] 尤旸.区域金融风险指标体系的设计及实证[J].经济研究导刊,2010(28):77-78.

[12] Friedmann J. Regional development policy. A case study of Venezuela [M]. Cambridge: The MIT.Press ,1968(3):11-13.

[13] Frankel J A, Rose A K. Currency crashes in emerging markets: An empirical treatment[J] . Journal of International Economics, 1996, 41(3): 351-366.

[14] Fry M J. Money Invest and Banking in Economic Development [M] . Baltimore: The John Hopkins University Press,1998.

[15] Kaminsky G L, Reinhart C M. The twin crises: the causes of banking and balance-of-payments problems[J] . American economic review, 1999,89(3): 473-500.

文章审稿人:黄觉波

重庆银行业竞争与中小企业融资成本关系研究[①]

重庆市大渡口融兴村镇银行课题组

课题主持人:李木祥

课题组成员:杨运哲　王清　孙成东　赵锋

一、银行业市场竞争与中小企业融资的理论分析

(一)相关概念的界定

1.银行业市场竞争

市场竞争是市场经济的基本特征之一,是市场经济中同类经济行为主体为自身利益考虑,增强自身经济实力,排斥同类经济行为主体的相同行为的表现。市场竞争的内在动力是各个经济行为主体自身的物质利益,以及为丧失自己的物质利益被市场中同类经济行为主体所排挤的担心。

银行业市场竞争是指在银行业市场中,单个银行为了自身的利益与其他银行在某些领域增强自身实力从而排斥其他银行的表现。影响银行业市场竞争的因素包括银行业市场结构、市场竞争程度等。本文从银行业市场结构和银行业市场竞争程度两个方面展开研究,分析我国银行业市场竞争的变化和不同所有权性质银行业市场竞争对中小企业贷款可得性的影响。

市场结构是指同一市场内企业间市场关系的表现形式及其特征,主要包括买方之间,卖方之间,买卖双方之间,市场上已有的买卖方与正在进入或潜在可能进入市场的买卖方之间在数量、规模、份额和利益分配等方面的关系和特征,以及由此决定的竞争形势。银行业市场结构是指银行业市场中银行类金融机构数量、市场份额、规模上的相对关系以及由此决定的竞争形式。

银行业市场集中度的指标可以度量银行业市场结构。通常度量市场集中度的指标有 CRn 指数、赫芬达尔(HHI)指数、H 统计量和 Lemer 指数等。

2.商业银行成本

商业银行的成本是指商业银行在从事业务经营活动过程中发生的与业务经营

---

① 为 2015 年度重庆市金融学会招标课题,获评“二等奖”。

活动有关的各项支出。商业银行成本不仅从静态看表现为物化劳动与活劳动的集合,而且从动态看主要表现为价值增值与价值转化的过程。资金这一特殊商品经过商业银行这一媒介,从货币转化为资本,参与社会价值创造和价值增值活动,使物化劳动和活劳动在资本的媒介与催化下实现增值并转化为“增量”货币。从这个意义上说,商业银行成本既是商业银行媒介资金与社会生产活动的必要消耗,又是商业银行推动社会价值运动的必要补偿。

商业银行成本从大类上可以分为筹资成本、营运成本和资产损失成本。筹资成本是商业银行将货币转化为资本的价值转化活动所发生和将要发生的成本,是商业银行的主要成本,主要表现为各类利息支出——存款利息支出和借款利息支出;营运成本是商业银行营运过程中所耗费的营业费用,如机构网点成本、人员工资成本、各种管理费用、技术设施设备投入等;商业银行的资金损失,即信贷风险损失,也是商业银行经营成本的重要构成。

3.中小企业融资理论

中小企业对于我国国民经济的发展起到了重要的作用,要使其在激烈的竞争环境中生存和发展下来,急需解决其资金需求难题,关注中小企业融资问题是国内一直研究的问题,研究中小企业信贷问题最具有开创性、代表性的两大理论是银企规模共生理论和银行信贷配给理论。

(1)银企规模共生理论

该理论认为银行规模应该与同样规模的中小企业贷款相匹配,这里的规模指的是雇员的多少、分支机构多少、贷款额度的大小,从而形成了“大银行适合给大企业授信、中小银行适合给中小企业授信”的观点。金融共生理论指规模和性质各不相同的金融组织及各种企业或区域经济之间在同一共生环境中相互作用实现和谐与可持续发展,达到一种金融生态平衡的状态。先有了金融共生理论,随之而产生了银企规模共生理论。在我国,各种行业各类公司发展都相对不平衡,特别是银行业金融机构尤其明显,我国金融机构仍然是以四大国有商业银行为主,地方性和股份制银行正在慢慢地发展和壮大,其他中小金融机构更是发展缓慢,并且还很多机构存在不完善,在这样的背景下,我们有必要考虑银企规模共生理论是否适合我国的行情和特点。

(2)银行信贷配给理论

根据目前研究情况来看,解决中小企业融资问题成了国内外学者重要关注话题,如何解决中小企业融资困境成了关键问题,因此提出了针对中小企业信贷配给问题,部分文献估算和实证检验了信贷缺口的规模及影响因素。信贷配给是银行在面对企业对贷款的大量需求时,是通过实行信贷配给,部分的满足借款企业融资需求。银行信贷配给理论认为当面对实际贷款利率低于市场均衡利率时,会出现大量企业对融资贷款量的超额需求,但是银行并不会因此而提高利率来使市场达到均衡状态,银行会以比竞争条件下的均衡利率更低但能使银行预期收益最大化的利率下对企业实行信贷配给。在信贷配给中,那些愿意出更高利率的借款企业可能会因为选择高风险项目而不被银行批准,继而降低银行的资产质量,因此,即使银行有多余资金也不会提高利率放贷给企业而使自己利益受损。因此,通过信贷配给可以很好地鼓励那些拥有良好信用记录、风险偏好低的企业,将那些具有低信用度、偏好高风险的企业排除信贷市场之外。同时,他们也认为不能通过提高抵押物的要求来解决信贷配给,因为通过提高抵押物的方式也会引起道德风险和逆向选择,将会使企业面临信贷违约风险,从而减少银行的预期收益。

李志赟(2002)从我国的银行业集中度和中小企业规模大小出发,认为银企之间严重的信息不对称,使得中小企业融资成本高,抵押担保难,而贷款银行也面临较大的风险。成本高,主要是因为银行每笔贷款交易成本差不多,但中小企业的贷款规模比大型企业要小得多,所以贷款的单位成本就比较高;抵押难是因为中小企业一般缺乏足值的固定资产作为抵押物,而且抵押的程序烦琐、评估费用高,使得增加了企业的贷款融资成本;风险大是因为银行在向中小企业贷款时不能完全掌握中小企业的经营情况,小企业缺乏规范的会计制度、规模小、生产又具有很大的不确定性,很容易在遇到特殊情况下倒闭,银行对企业经营状况不够信任。在这些因素的共同作用下,中小企业很难获得贷款。王霄和张捷(2003)则从内生化抵押品和银行规模均衡信贷配给方面对中小企业贷款难作了解释。他们将企业资产规模、风险类型与抵押物价值相联系,同时考虑到银行难以辨别贷款抵押品价值和银行对企业的审查成本对贷款额的影响,得出结论即使是资产规模较大,但是具有高风险投资项目的企业仍然因为没有足够的具有价值的抵押物而退出信贷市场,这从另一个角度解释了企业贷款难的原因,不仅仅是小企业难以获得贷款,大企业也有可能面临融资难现象。

(二)银行业市场竞争理论与市场竞争程度的测度方法

1.银行业市场竞争理论分析

将银行业纳入产业组织理论是产业组织理论在金融学中的进一步发展。产业组织理论以产业、市场为研究对象,探讨市场结构的特征与类型,厂商在不同市场结构中的竞争行为表现,社会资源的配置效率和相关的经济政策。从 20 世纪 60 年代开始,产业组织理论开始运用到银行业等服务业,代表有 Monti-Klein (1972)的垄断银行模型、Salop(1979)的垄断竞争市场上银行竞争行为模型,Stahl (1981)和 Yanelle(1989)的双重 Bertrand 寡头市场竞争模型等。学者们对银行市场竞争的研究分为两种假说:第一,“市场势力假说”,该假说认为市场集中导致垄断,集中度或市场份额与价格和利润之间存在正相关关系(Hanna 1989;Berger 1995)。第二,“效率结构说”(Stigler,1964;Shaffer,1994),该假说认为大银行的竞争能力更强,大银行的存在是市场竞争优胜劣汰的结果,在集中的市场中,大银行的效率更高。然而,不论是早期还是近期研究成果,对以上两个结论都未得出明确的结论,这是由于学者们的研究方法和研究对象不同,结论也不尽相同。如Papadopoulos(2004)对1986年至1989年18个欧洲国家的银行利润及影响因素的研究中,结果不支持效率结构假说,而Park和Weber(2006)对1992年至2002年韩国的银行利润影响因素的研究中,银行利润对银行绩效有着显著的影响,研究结论支持效率结构假说。

我国学者也作了类似的研究。于良春、魏源(1999)运用赫芬达尔指数(HHI)和市场集中度对我国银行业的市场结构、行为、绩效的实证研究发现,中国银行业市场结构高度集中,呈现国有银行的垄断和低效并存的现象。袁鹰(2000)的研究认为,虽然中国商业银行的市场集中度偏高,但却没有表现出银行规模经济特征。李建国(2001)提出,为了提高中国银行业的市场效率,必须要打破现有的垄断格局,形成合理的银行业市场竞争状态。高波、于良春(2003)指出,缺乏有效的银行业市场竞争是我国银行规模不经济的重要原因。陆益美(2005)测算了我国银行业资产、存款和贷款的市场集中度,证明了我国银行业垄断竞争的特点显著,这既不利于中小企业的融资困境,也制约了区域经济的发展。因而根据国内外的研究文献表明,有关银行业市场竞争的理论依然主要是从银行业结构假说和市场竞争程度进行展开分析。

2.银行业市场竞争程度测度方法

市场集中度是对市场竞争程度进行衡量的主要指标。市场集中度指在某一市场中,某类厂商控制市场份额的程度,反映了这个市场中的竞争或者垄断程度。某一市场的集中度越高,说明该市场中某类厂商的市场份额越高,即市场垄断程度就越高。本文将主要以CRn指数、HHI指数分析银行业市场竞争度。

(1)行业集中度CRn指数

行业集中度指数是指该行业的相关市场内前n家最大的企业所占市场份额(产量、产值、销售量、销售额、职工人数、资产总额等)的总和。CRn指数是指行业中前几家最大企业的有关数值占行业比重,式中n通常取4或者8。一般来说,这一指标数值越高,表明行业垄断性也越高。银行业市场集中度是指在银行业中最大的前n个银行的存款额(贷款额或资产额)占银行业总存款额(总贷款额或总资产额)的比例。银行集中度的高低反映了大型银行和中小型银行在整个银行体系中的规模分布,描述了大型银行和中小型银行在对不同企业提供资金方面进行的分工。一般来说,银行集中度越高,市场的竞争程度就越低,表明银行业的垄断性越高。

根据美国经济学家贝恩对产业集中度的划分标准,将产业市场结构划分为寡占型和竞争型两类,具体分类可参见表1。

表 1　以 CRn 指数为基准的市场结构分类表

市场结构＼集中度	CR4 值/%	CR8 值/%
寡占Ⅰ型	CR4≥85	—
寡占Ⅱ型	75≤CR4<85	CR8≥85
寡占Ⅲ型	50≤CR4<75	75≤CR8<85
寡占Ⅳ型	35≤CR4<50	45≤CR8<75
寡占Ⅴ型	30≤CR4<35	40≤CR8<45
竞争型	CR4<30	CR8<40

资料来源：杨公朴，夏大慰.产业经济学教程[M].上海：上海财经大学出版社，1998.

(2)赫芬达尔指数

赫芬达尔指数，简称 HHI 指数，是一种测量产业集中度的综合指数。它是指一个行业中各类市场竞争主体所占全行业总收入或总资产百分比的平方和，其结果可以计量市场份额的变化，即市场中厂商规模的离散度。赫芬达尔指数的理论基础源于贝恩(Bain)的结构-行为-绩效理论(Structure-Conduct-Performance)，即 SCP 理论。贝恩的这一产业组织理论表明市场结构会影响厂商的行为，并最终影响厂商的绩效。SCP 理论认为，市场集中程度与市场垄断力之间存在着某种正相关关系。随着市场集中度的提高，市场垄断会逐渐取代市场竞争。反之，如果市场集中度降低，市场竞争会取代市场垄断。

赫芬达尔指数是测量市场集中度指标中较好的一个，它具有如下特点：一是当市场中只有一家企业时，该指数等于 1；当市场中存在 n 家企业规模大小相同时，该指数等于 $1/n$，因此这一指数值在 $1/n \sim 1$ 之间变动，数值越大，企业规模分布越不均匀。二是赫芬达尔指数兼有绝对集中度和相对集中度指标的优点，该指数对行业中存在众多小型企业的市场份额小幅度变化反映很小，而对规模较大的企业的市场份额反映很敏感。三是该指数不受规模分布和企业数量的影响，是测量产业集中度中较好的指标。赫芬达尔指数是经济学界和政府管制部门使用较多的指标。该指数较好地克服 CRn 指数的不足，能反映企业数量及其相对规模的变化，在产业组织理论的实证研究中应用较多。赫芬达尔指数计算的公式如下：

$$H = \sum_{i=1}^{n} (x_i/T)^2$$

其中，n 代表该行业企业总数，X_i 代表各企业相关数值，T 代表市场总规模。以 HHI 为基准的市场结构分类如表 2 所示：

表 2　以 HHI 为基准的市场结构分类表

市场结构	寡占型				竞争型	
	高寡占Ⅰ型	高寡占Ⅱ型	低寡占Ⅰ型	低寡占Ⅱ型	竞争Ⅰ型	竞争Ⅱ型
HHI 值	HHI≥3000	3000 > HHI ≥1800	1800 > HHI ≥1400	1400 > HHI ≥1000	1000 > HHI ≥500	500 >HHI

资料来源:崔晓峰.银行产业组织理论与政策研究[D].北京:中国社会科学院,2005.

3.银行业市场竞争与中小企业获得贷款关系研究

Petersen 和 Rajan(1995)认为,通过实证研究美国中小型企业贷款样本数据,发现在银行集中度较高的市场中,新生的企业贷款获批率较高,并且更容易获得定价较低的贷款,这是因为在垄断的市场中,银行不担心客户资源的流失,可以通过其垄断地位向发展中的中小企业先发放一些低利率的优惠贷款来吸引客户,待其发展壮大之后收取相对较高的利率以分摊前期融资的成本。反而在竞争程度加剧的市场中,银行由于市场驾驭能力和在贷款谈判中的支配能力下降,由于担心竞争对手争夺客户资源,因此银行不愿意采用跨期分摊成本的贷款策略对企业进行授信,更不愿意花费成本再与企业培养合作关系。因此,这会造成在竞争激烈的信贷市场中的银行不愿意与出于成长阶段的中小企业建立关系,使中小企业获得贷款的机会变得更小。

另外,Ogura(2007)运用日本 2003 年的贷款数据也得出了与之相似的结论,他认为参与竞争银行的数量与企业获得关系型融资的概率呈反向关系;同时,市场者参与竞争的银行数量的增加也会使新生企业的信贷可得性下降,因此,他认为银行业较高的集中度对中小企业获得贷款的概率有所提高,也有助于借款客户的信贷约束下降,以及对银企间信息的传递效率提高等。

唐建新和陈冬(2006)分别采用县城、大城市的银行业 HHI 指数对银行业市场结构进行分析,结果发现在二元金融结构的大环境下,大城市和县级以下城市的银行业市场结构呈两极化趋势,城市银行业市场集中度逐年下降,市场业竞争激烈程度呈上升趋势;而县级城市银行业市场竞争程度在降低,市场集中度逐年下降,且中小企业融资状况也会受到该地区的银行业竞争程度的影响,因此,城市地区中小企业融资情况有所变好,但县级以下城市中小企业融资环境却因此变差。

但在银行业市场竞争程度与中小企业融资成本关系方面,未得到一致结论,本文尝试采用重庆市场竞争程度与一年期贷款利率数据,从实证方面入手来探索这一问题。

二、重庆银行业市场竞争的现状分析

(一)重庆银行业的发展现状

1.重庆银行业的发展历史

1995年,重庆市银行业存款总额不足1000亿元,经过这十几年经济的发展,银行业迅速崛起,存贷款总额大幅度增长,信贷规模不断扩大,对经济的增长作出了巨大的贡献。2008年爆发的全球金融危机,重庆银行业通过考验,依然保持了稳健上升的步伐。第一阶段(1995—2000年),重庆市银行业平稳增长,在1997年存款余额超越千亿元。第二阶段(2001—2005年),重庆银行业规模加快了增长步伐,在四年的时间里从2001年的存款2500亿元快速增长到了2005年5000亿元。第三阶段(2006—2014年),整个银行业的发展突飞猛进,依然保持了飞速增长的劲头,到2009年突破万亿元大关,2011年更是突破1.5万亿元的大关,2014年存款达2.5万亿元。如此庞大的存款规模为重庆市经济发展提供了源源不断的资金动力。银行业存款规模经历着高速发展的阶段,贷款规模也紧跟势头不断上升。1995年底,重庆银行业贷款总额只有755.39亿元,到2000年的时候便突破了2000亿元的总额。从2001年开始,整个银行业的贷款规模发展较之前的发展速度快了很多,2010年再次突破1万亿元。

改革开放之后,重庆对本市的银行业进行改革,不断优化自身的结构组织体系,一批一批的外资企业不断入驻重庆市,带来了大量的机遇和挑战。到目前为止,重庆银行业已形成了一个以人民银行和银监会为监管主体,国有五大银行、本地三家法人银行(重庆农村商业银行、重庆银行和三峡银行)和股份制银行为主体,其他商业银行、外资银行等为补充的多元化、竞争性的银行组织体系。随着银行业结构的不断改革,大量外资资金进入了银行业,民营资本也开始向银行业迈进,整个市场的竞争也将趋于激烈。相应的国有银行在市场的份额不断降低,存贷款规模也随着股份制商业银行、外资银行的进入表现出了走低的趋势。这些股份制商业银行、城市商业银行和外资银行发展观念先进,创新意识强,体制新颖,管理模式高效,一定程度推动整个银行业的发展变迁,但国有银行仍然是市场的中坚力量,占据了目前市场的主要部分,这种现象在重庆主城外的区县表现得尤为明显。

1997年的中央金融工作会议重点强调了"加快建立现代金融体系和金融制度",并确定了"收缩各国有商业银行机构,发展中小金融机构"的基本政策。随后,包括农业银行在内的四大国有商业银行按照会议精神,开始不断收缩县及县以下机构。重庆市县域及以下各类金融机构数持续下降,尤其是在2000年至2009年网点收缩趋势明显。据统计,2009年末,重庆市主城九区以及各区(县)共设有各类金融机构网点 3651 家,较 2000 年锐减 787 家,降幅达 17.73%。县域及农村地区每万人拥有金融网点仅有 0.97 家。农村银行网点撤并出现“三集中”的特点:农行从乡镇大量撤出机构网点,向城市经济集聚区集中;农村合作金融机构从村庄大量撤销代办站,向乡镇所在地和县域经济发达区集中。村级金融服务成为空白点,乡镇以下银行业务几乎由农村合作金融机构独家垄断,县域金融竞争很不充分,城乡金融服务的覆盖率差距拉大。

近年来,这些收缩网点现象又出现一定的逆转。各种银行机构纷纷设立新网点,增设新机构,开拓市场。随着重庆主城区的银行密集度日益增高,竞争激烈,而远郊区县城镇化进程及经济的快速发展,加上中央层面大幅度对“三农”“小微”等薄弱领域的支持政策的密集出台,部分银行机构,尤其是股份制银行及异地城商行机构开始奔赴区县新设机构网点,如部分股份制银行响应国务院和银监会号召,也迫于自身拓展渠道,开拓市场的需要,在区县设立“小微支行”“社区支行”及传统支行,这种步伐近两年有加快的趋势。同时,国有银行业随着城镇化进程的加快,城镇面积的拓展,开始新增网点,加强其影响力,加快与其他银行的竞争。此外,新型农村金融机构近年来增长迅猛,如重庆,2008 年的第一家村镇银行——大足汇丰村镇银行设立,到 2014 年末已经有村镇银行 34 家,基本上覆盖重庆各个区县,且其总部法人在各个区县,灵活高效的服务,促使其自身也发展迅猛。目前,已经构成了服务“三农”“小微”的主要力量之一。与此同时,重庆各种非银行金融机构(持有银监会颁发的牌照的机构)也逐渐丰富,目前已经成立的有消费金融公司,财务金融公司、租赁金融公司等机构。

2.重庆银行业的发展现状

截至 2014 年末,重庆银行业各项存款余额 2.52 万亿元,比 2013 年增加 2625 亿元,增长 10.4%,高于全国水平 0.8 个百分点。各项贷款余额 2.06 万亿元,同比增长 14.6%,高于全国水平 1.3 个比百分点;存贷比 83.4%,高于全国平均水平 7.4 个百分点。全年累计实现净利润 562.5 亿元,同比增长 9.7%,效益较好。重庆银行业共有各类银行网点 4528 家,法人及市分行机构 98 家(含租赁、财务等持有银监会颁发的牌照的公司),各类支行及网点 4401 个,自助银行 1749 个,从业人员数 69397 人。2014 年末重庆银行的存款,贷款,资产,利润为 2007 年末的 4 倍、7 倍、4 倍。目前重庆市有 3 家政策性银行、5 家国有商业银行、23 家股份制商业银行分支机构;地方性金融机构方面,有 369 家银行一级支行;还有 13 家外资银行机构。目前,重庆每平方公里网点数为 0.076 个,每万人网点数为 2.092 个,每亿元 GDP 为 0.44 个。重庆银行业在实现速度上快速发展的同时,也出现了质量上的提升(表 3)。

表3　重庆银行业历年基本情况表　　单位:亿元

年　份	存款余额	企业存款	储蓄存款	贷款余额	短期贷款	中长期贷款	税后利润
1997	1147.92	429.42	580.67	1224.01	873.14	248.06	—
1998	1359.52	438.8	724.54	14433.65	978.51	299.59	—
1999	1638.21	544	909.1	1693.64	1093.09	398.22	—
2000	1982.21	645.54	1085.36	1966.4	1246.81	470.7	—
2001	2377.99	750.81	1317.17	1969.97	1043.84	631.26	—
2002	2903.42	909.43	1595.01	2338.17	1191.17	754.57	—
2003	3512.82	1098.15	1896.56	2976.67	1378.85	1010.69	—
2004	4105.09	1230.85	2189.73	3309.13	1362.75	1346.91	35.35
2005	4784.76	1337.05	2545.85	3779.28	1471.86	1810.83	28.4
2006	5587.5	1551.98	2949.05	4443.84	1510.73	2392.26	70
2007	6662.36	1997.71	3228.15	5197.08	1597.12	3220.7	117.74
2008	8102	2377.48	3988.96	6384.03	1617.52	4093.5	137.71
2009	11084.8	3770.43	4908.68	8856.56	1499.85	6563.63	174.29
2010	13613.9	4666.88	5839.66	10999.87	1686.11	8705.32	263.8
2011	16128.8	8254.62	6990.25	13195.16	2529.81	9968.14	370.04
2012	19423.9	9851.06	8361.64	15594.18	3626.89	10919.76	433.27
2013	22789.17	13140.76	9648.41	18005.7	5153.08	12183.85	539.64
2014	25160.11	14357.05	10803.06	20630.69	5905.9	13723.1	591.89

资料来源:《重庆统计年鉴2012》及2013年和2014年重庆银行业监管概览。

(二)重庆银行业的竞争格局

目前,重庆各银行业中,国有银行仍然为一支强有力的力量,其资产仍占重庆银行业总量的近半壁江山。且随着这经济发展的放缓,存贷利差的收缩,其他中小型银行易受经济波动影响,国有银行强大的网络渠道优势,后台支持能力使其竞争优势将进一步明显。部分股份制银行根据其自身特点和多年的发展逐渐形成了自身的一定特色,如招商银行擅长在个人理财及高端客户中有自身的特色产品和经营理念,民生银行在为小微企业服务中,推出了系列特色小微产品,受到了广大小微企业的欢迎,其他股份制银行也在加强自身的渠道建设和产品开发,市场影响力不断扩大,股份制银行在目前重庆银行业中也是一支强有力的力量。但这些特色均需进一步扩大和增强,且部分股份制银行尚未形成自身的特色,部分银行的产品游走在监管政策的边缘,依靠监管套利来获取客户,开展竞争。重庆的本地三家法人银行,则依托自身的持续改革及重组上市,加上重庆本地政府及国有企业的支持,发展迅速,且也形成了较大的市场影响力。异地城商行等中小银行依靠对中小企业的特色服务及相应灵活的经营体制,赢得了客户青睐。村镇银行迅速崛起,基本覆盖重庆各个区县,凭着灵活高效的服务,已成为服务“三农”“小微”的主要力量之一。重庆外资银行则在重庆日益扩大的对外开放中,实现了自身的发展,但外资银行机构目前在重庆银行地区的市场份额及影响力均较弱。

(三)重庆银行业发展在竞争方面中可能存在的问题分析

重庆银行业金融机构尽管近年来在监管部门引导下,自身的实践探索中,努力差异化经营,建立竞争优势,市场呈现出一定的良性竞争格局和趋势,但仍存在着一定问题。

1.依托规模扩张开展竞争,自身特色化仍不明显

在目前条件下,部分银行机构欲通过增设分支机构,拓展市场规模,并争相营销大客户、大企业,对这些客户倾注大量营销资源与其他银行争夺。同时,部分机构按照美国的商业银行的大而全的模式,增设新的金融机构类型,设立所谓“金融百货公司”和金融控股公司以增强市场力量。部分银行为达到上述目标,采取不断累加各种业务指标的考核方式,为了完成指标,又不得不倡导员工激情的企业文化(这在国外商业银行是很少见到的);其外在表现则是:银行在经营目标、市场定位、营销策略、经营方式等诸多核心的方面,同质化倾向严重,虽然银行数量并不算多,但都挤在一条狭窄的道路上你追我赶,根本缺少适度的市场层次划分,加之银行作为服务性行业,其产品一般并不属于专利保护范畴,一家银行推出的产品,任何一家银行均可模仿,使得这种倾向更为严重。很显然,若是利益与规范相比,选择规范的概率也许会较大;但若是生存与规范相比,选择生存的可能性就会更高。置稳健经营的原则于不顾,不考虑银行是负债经营,必须承担更大的社会责任,经济周期的变化在银行经营上会有更集中的体现,提出或在指标考核中追求所谓的“超常规、跨越式”发展,恰恰反映了这一点。因此,在过度竞争引发的朝不保夕的压力下,银行经营行为扭曲,员工营销心态浮躁、行为失范,市场秩序难以维护。

受到传统银行体制以及自身利益保障的影响下,重庆现行的金融体系中,甚至是全国,仍然占据着相对的垄断地位为国有商业银行,这些银行更愿意向有政府做隐性担保的国有企业提供贷款。而近年来,重庆市对于经济的推动作用越来越明显为非公有制经济。2010年,重庆市有超过十万家民营企业,重庆民营经济总量已超过全市的60%,为重庆的发展发挥了重要的作用。与此形成鲜明对比的是对于民营

经济的信贷支持力度,金融机构做得不够,仍然陷入资金缺乏、融资困难,众多中小企业陷入发展困境,制约着重庆市中小企业发展的瓶颈的效应比较突出。

这就是现实中难贷款与贷款难并存、结构化矛盾突出的现象。在大量企业仍然认为贷款较为困难,且价格高、收费多的同时,部分银行也在反映信贷政策的客户较少,难以完成贷款任务的现象。根本原因就是银行产品同质化,经营战略与策略的雷同,未形成差异化、有特色、贴近市场需求的产品。而近年来,各类小额贷款公司、民间借贷及网贷平台的大量出现,也部分说明银行机构还可以进一步创新产品,贴近客户。

2.恶性竞争现象时有发生

如部分银行机构为抢占信用卡市场,采取放松审查标准和申请条件,不顾客户的资信状况。部分银行为拉取大客户,采取压低贷款利率,提高存款利率等方式开展竞争。部分银行机构在竞争和考核的压力下,某些企业就采取"杀鸡取卵"的方式榨取企业利润,如存在以贷收费、贷款转存款这样的竞争形式,实际损害了企业正常利润,加大企业挪用贷款和贷款按期偿还的风险。

3.地方政府金融效率的关注不够,过于重视规模

重庆市金融、经济发展过程中,部分地方部门盲目扩张金融资产总量,盲目追求金融规模、极力引进新的金融机构。而对金融效率的重视不够,也未能充分认识到金融效率对经济增长比金融规模更大,同时其也未形成正面的激励增加金融质量和效率的考核机制。这导致大量的资金资本、人力资本等用于金融规模的盲目扩大中,让这些资本没有流向最有效率的地方。这样会使得这些资金、资本不能发挥自己的最大的价值,有可能会阻碍经济的更快速发展。

(四)重庆银行业的市场结构与市场竞争程度分析

市场结构是衡量市场竞争的一个重要指标,而市场份额、市场集中度、产品差异、规模经济和市场进入壁垒是影响市场结构的主要因素,其中,市场份额、市场集中度是影响银行业市场结构的两大决定性因素,因此,本小节对银行业市场竞争的分析围绕市场份额和市场集中度展开。

1.重庆银行业市场份额分析

市场份额是指某个企业销售额在同一个市场全部销售额中所占的比重。具体而言,在特定的市场中,厂商或者企业的数量越多,单个企业的销售额所占的比重就会越低,即市场份额越小,说明该市场的竞争程度越高。银行业的市场份额是指某个银行业务量在银行业全部业务量中所占的比重,即各银行的业务量的市场占有率。市场份额反映了银行业市场竞争程度的强弱,基于银行业的行业特性,银行业的市场份额可以通过三个指标说明,即各银行的存款比率 Rd,贷款比率 $R1$,总资产比率 Ra,考虑到数据的可获得性,本文采用存款比率和贷款比率两个指标说明市场

份额。本文列出了重庆的各类银行的市场份额。计算公式如下：

Rd=某类银行存款总额/重庆同期银行业存款总额

$R1$=某类银行贷款总额/重庆同期银行业贷款总额

当然，银行的业务不仅包括存、贷款业务，还包括各种表外业务和证券业务，但是由于存、贷款业务仍然是银行业的主要业务，而且表外业务和证券业务在商业银行业务中比重较小，因此，选用存款、贷款这两个指标已基本能说明问题。

根据历年重庆市金融年鉴显示，重庆银行体系中，包括国有商业银行、外资银行、全国性股份制银行、城市商业银行、农村商业银行、村镇银行。各类银行市场份额见图1和图2。由于交通银行在2007年改制成为国有商业银行，为了保证数据的连贯性，将交通银行2004—2007年的数据包含在国有商业银行中。

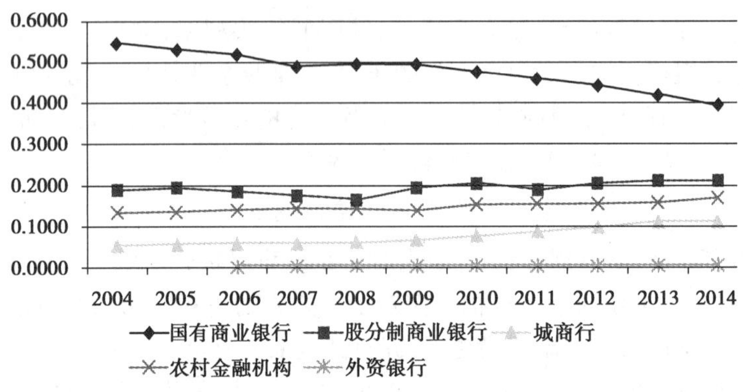

图1　重庆银行业存款市场份额趋势图

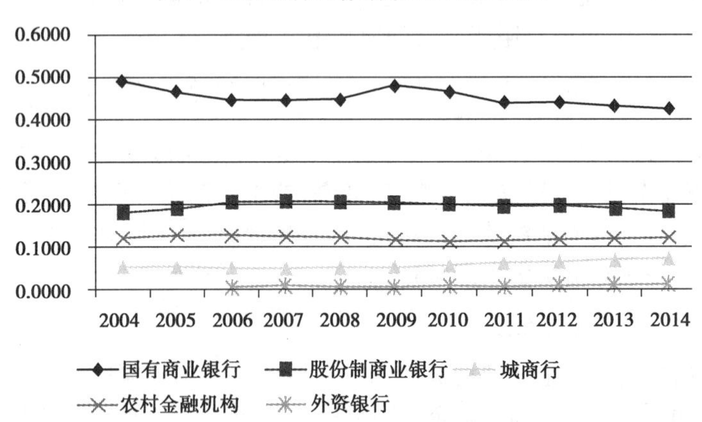

图2　重庆银行业贷款市场份额趋势图

随着银行业股份制改造和城市商业银行等多元竞争主体的出现，重庆银行业已经改变了过去国有银行一统天下的局面，从图1和图2可看出。从产权结构看，国有银行的市场份额呈下跌趋势，股份制商业银行的市场份额呈上升趋势，股份制商业银行的兴起对于改变国有银行独大的格局发挥了关键的作用。城市商业银行和农村金融机构也发挥了一定的作用,但是市场份额的变化比较稳定。外资银行所起的作用较小。

2.重庆银行业市场集中度分析

(1)重庆银行业 CRn 指数分析

①CR4 指数分析。重庆银行业的 CR4 指数是指四大国有银行的市场份额占整个银行业整个市场份额的比例,表 4 是重庆银行业 2004—2014 年存款和贷款的 CR4 指数。从重庆银行业的存款和贷款 CR4 指数可以看出,重庆的银行业仍处于寡占型。2014 年重庆银行业存款 CR4 指数由 2004 年的 50.0%降至 36.6%,2014 年的贷款 CR4 指数由 2004 年的 44.5%降为 39.9%,下降幅度较大,说明重庆银行业的市场集中度在降低,银行业的市场竞争趋于激烈化。

表 4 重庆银行业存款、贷款的 CR4 指标

年 份	存 款	贷 款
2004	50.0%	44.5%
2005	48.2%	42.4%
2006	47.3%	41.0%
2007	44.8%	41.2%
2008	45.5%	41.4%
2009	45.8%	44.5%
2010	44.1%	43.3%
2011	42.3%	40.9%
2012	41.0%	41.1%
2013	38.6%	40.4%
2014	36.6%	39.9%

②CR8 指数分析。分析重庆银行业的 CR8 指数,主要选择工商银行、农业银行、中国银行、建设银行、交通银行、重庆农村商业银行、重庆银行及中国民生银行这八家银行的市场份额占整个银行业整个市场份额的比例(表 5)。

表 5 重庆银行业存款、贷款的 CR8 指标

年 份	存 款	贷 款
2004	72.5%	67.4%
2005	74.8%	66.8%

续表

年　份	存　款	贷　款
2006	74.3%	65.1%
2007	71.8%	65.0%
2008	71.6%	64.6%
2009	71.9%	67.4%
2010	70.4%	65.0%
2011	68.5%	62.3%
2012	66.8%	62.5%
2013	64.6%	60.9%
2014	63.4%	60.2%

从重庆银行业的存款、贷款的 CR8 指数可看出,重庆的银行业仍处于寡占型。2014 年重庆银行业存款 CR8 指数由 2004 年的 72.5%降至 63.4%,2014 年的贷款 CR4 指数由 2004 年的 67.4%降为 60.2%,下降幅度较大,这也说明重庆银行业的市场集中度在降低,银行业的市场竞争趋于激烈化。

(2)重庆银行业 HHI 指数分析

在银行业研究中,银行业赫芬达尔指数被广泛运用来反映银行业的市场竞争或垄断程度,是银行业中各银行所占银行业存款额(贷款额)百分比的平方和。实际运用时结果需乘以 10000。如果市场中只有一家银行,则赫芬达尔指数等于 1,此时市场被认为是完全垄断的。当 H=0 时,该市场则是完全竞争市场。赫芬达尔指数强调了大银行的重要性,因为大银行的权数大,而中小型银行的权数小。重庆银行业的存款和贷款 HHI 指数如表 6 所示。

表 6　重庆银行业的存款、贷款 HHI 指数

年　份	存　款	贷　款
2004	942	777
2005	916	748
2006	903	730
2007	873	733
2008	880	730
2009	833	741
2010	838	699

续表

年份	存款	贷款
2011	790	640
2012	766	651
2013	728	631
2014	722	626

从重庆银行业的HHI指数可以看出,不论是存款HHI指数,还是贷款HHI指数,指数都在不断下降,表明重庆银行业的集中度逐年降低,竞争强度持续增强。这与其他学者研究的全国情况基本一致,即集中度不断下降。下降的原因有:一是重庆银行业不断引进新的金融机构,金融机构的种类和数量均出现了巨大飞跃。2007年重庆银行主要指市一级的分行及法人共计33家,2014年达93家(加34家村镇银行),重庆银行机构数量大幅增长;同时,非银行金融机构进一步丰富,有财务公司、汽车公司、金融租赁公司等,异地城商行也由2004年的无增至7家,村镇银行同样从无增至34家,外资银行也有大幅增长。二是重庆中小银行机构的金融创新增强,增长速度较快,加快了市场的竞争及分化。

三、银行业市场竞争对中小企业融资成本影响的实证分析

结合数据可得性及相关文献研究,本文选取贷款市场份额这个指标来反映重庆各类银行市场竞争情况,并以此分析其对中小企业融资成本的影响。

(一)被解释变量

中小企业融资成本 *Yt*:根据实际,中小企业一般向银行申请的一年期贷款,加上考虑到数据的可获取性,本文用银行发放一年期贷款的加权贷款利率表示。

(二)解释变量

国有商业银行2004—2014年贷款市场份额占比为 *GY*,股份制商业银行2004—2014年贷款市场份额占比为 *GFZ*,城市商业银行2004—2014年贷款市场份额为 *CSH*,农村金融机构2004—2014年贷款市场份额占比为 *NXS*。如前文所述,值得说明的是,此处城市商业银行所统计的数据包括城市商业银行、城市信用社,农村金融机构所统计的数据包括农村商业银行、农村信用合作社及村镇银行,以下不做赘述。另外,通过第二部分的分析,得出外资银行机构目前在重庆银行地区的市场份额及影响力均较弱的结论,因此本文没有选择外资银行的市场份额。

另外,本文引入重庆市的 *GDP* 增速作为控制变量,这是因为重庆的金融市场发展状况被证明与当地经济发展状况是高度相关的,引入该变量能够更好地辨别出真实信贷市场结构对中小企业借贷成本的影响。为了数据的准确性,本文使用的 *GDP* 增速

是通过 *GDP* 平减指数调整之后计算出的实际 *GDP* 增速,其中变量的含义如表 7 所示。

表 7 各变量的含义

变 量	含 义
Yt	*Yt*=银行业发放贷款加权利率
GY	*GY*=五大国有商业银行贷款数额/重庆银行业总贷款
GFZ	股份制商业银行贷款数额/重庆银行业总贷款
CSH	城市商业银行贷款数额/重庆银行业总贷款
NXS	(农村商业银行+农村信用社+村镇银行)贷款数额/重庆银行业总贷款
HHI	各类银行期末贷款余额分别占银行业金融机构全面贷款余额之比的平方和
GDP	重庆实际 *GDP* 增速

(三)数据

本文所采用的数据来源于《重庆统计年鉴 2012》及 2013 年和 2014 年重庆银行业监管概览以及人民银行重庆营业管理部内部数据,主要为 2004—2014 年国有商业银行贷款市场份额百分比、股份制商业银行贷款市场份额百分比、城市商业银行贷款市场份额百分比和农村金融机构贷款市场份额百分比。因为各类银行的贷款市场份额能够查阅到 2004—2014 年的数据,因此,选取各类银行的贷款市场份额来反映银行业市场机构。因为本文研究银行业市场竞争对中小企业融资成本的影响,故选择百分比这样一个相对数值,而不是绝对数,这样就可以不需要对基期作出相应调整。

(四)模型

$$Y_t = \alpha_0 + \alpha_1 GY_t + \alpha_2 GFZ_t + \alpha_3 CSH_t + \alpha_4 NXS_t + \alpha_5 HHI_t + \alpha_6 GDP_t + \varepsilon_t \quad (1)$$

(五)回归结果与分析

本文运用 EViews6.0 做计量分析,为了结果的准确性,对公式(1)中的各变量取对数,利用 OLS 方法分析结果如表 8 所示。

表 8 回归结果

	coefficient	std.error	t-Statistic	Prob
C	-13.5062	5.830129	-2.316621	0.0267
LOG(*GY*)	-15.15257	10.888784	-1.391576	0.1074
LOG(*GFZ*)	-0.953021	0.665216	-1.432648	0.0652
LOG(*CSH*)	1.030713	0.425078	2.42476	0.0264

续表

	coefficient	std.error	t-Statistic	Prob
LOG(*NXS*)	2.403619	1.071349	2.243544	0.0314
LOG(*HHI*)	−2.870863	0.947880	−3.02872	0.0154
LOG(*GDP*)	−1.173057	0.584687	−2.0063	0.0478
R^2	0.871306	—	—	—
F-statistic	5.190012	—	—	—
Prob(F-statistic)	0.029819	—	—	—
Durbin-Watson stat	2.138534	—	—	—

回归结果显示,R^2 为0.87,接近于0.9,说明拟合度比较理想,且Durbin-Watson stat大于2,说明该模型有效。

①从表8可看出,*GY*的系数不显著,即国有银行市场份额占比越大,但对中小企业的融资成本影响不大。长久以来国有商业银行的信贷投放主要针对大型国有企业,配套的信贷审批机制也主要服务于大中型企业,中小企业因规模小、抗风险能力低等原因,国有商业银行涉足较少,对中小企业提供的贷款是有限的。

随着银行业竞争程度的加剧,中小企业融资难问题更加突出。近年来,在我国不断深化的市场化改革以及股份制商业银行迅速升级,外资银行涌入市场的压力下,由于大城市地区的经济发展快速和大城市地区面临的资源争夺战争,国有银行为了降低经营和管理成本、提高决策的效率,采取了向大城市地区的集中发展的战略,大举从县城及以下城市退出,主要表现为信贷审批权限向上收,集中于大城市的分行和总行,存款的管理也由基层向上级行集中。因此授县级城市的支行,贷款信审的权限被降低,使中小企业特别是县级城市发展的中小企业更难从国有银行获得贷款。然而,即使大银行间的竞争加剧,也没有使银行向中小企业发放更多的贷款。国有银行的工作人员获得的收益激励和所承受的风险存在着严重的失衡,因此,中小企业在申请贷款时,其提供信息质量较低,银行只好选择提高贷款定价或"信贷配给"政策,使中小企业的获得贷款的机会变得更小。

②*GFZ*的系数*P*值在10%以内,说明*GFZ*的系数显著,即表明股份制银行的贷款份额占比对短期贷款利率有一定的影响。即股份制银行市场份额占比越大,说明更多的股份制银行涌入重庆金融市场,竞争激烈。根据股份制银行网站披露的年报可知,招商银行仅小微贷款占比高达38.64%,而民生银行的小微贷款占比达25%,股份制银行也在下沉客户群体,服务小微企业,但中小企业贷款一般具有"时间短、数额少、贷款频繁"的特点。据有关调查,平均每家中小企业贷款的数量是大企业的

0.5%,每笔贷款数量极少,而贷款的频率却是大企业的5倍,银行在处理中小企业贷款的管理、信息成本上也比大企业要多4~7倍。正是因为中小企业数量众多,单个贷款规模小但借贷次数多,贷款交易成本高,同时银行对每一笔贷款都要逐笔核实,增加商业银行的经营成本,降低银行对企业授信意愿。另外,中小企业融资讲究快捷简单,而银行贷款程序一般都较完整和复杂,需要经过长时间的审核和办理,无法满足小企业贷款的特点需求,这也导致中小企业融资成本高。

③*CSH*的系数呈现出显著的正数,说明城市商业银行与中小企业贷款成本呈正相关。城市商业银行直至2006年才允许跨地域经营。在发展的初期,城市商业银行成立之初面临着资本充足率不足、资产质量较差、不良贷款率较高等一系列问题。城市商业银行的定位是服务于本地中小企业,但是由于外部干预问题在这类银行中十分显著,大部分城市商业银行的大股东都是当地的地方政府,股东拥有资产收益权和监督权。随着城市建设的不断扩大,资金需求越发急迫,地方政府将资金供给压力不断转向控股的城市商业银行,目前,大多数城市商业银行形成了地方政府的“第二财政”,这和城市商业银行设立之初为中小企业提供资金的目标南辕北辙。但是,最近几年,一些代表性的城市商业银行开始差异化竞争,将中小企业金融服务作为主要业务,但城市商业银行受制于规模发展、跨区域经营、金融创新等方面的影响,导致目前市场占有率较低,传统业务占比较高,盈利能力不足,业务品种单一,资金成本较高。再加上民营、私营经济和外资、合资企业数量壮大,中小企业数量增长趋势惊人,产生了大量的贷款需求以及其他金融服务,虽然这些变化为城市商业银行的发展提供了新的业务增长点,但中小企业自身规模小、抗风险能力差的特点导致贷款利率同样较高,因此城市商业银行向中小企业投放贷款的利率相应较高,贷款投放量的增加并没有降低企业的借贷成本。

另外,这部分银行筹资成本比较高,并且政策对小微企业融资的支持力度不够,比如在财税政策上,缺乏针对小微企业融资方面的优惠和支持政策,导致银行不愿意自担风险扩大小微企业融资,所以小微企业融资成本高。

④回归结果显示*NXS*的系数呈现出显著的正数,表明农村金融机构(在重庆主要指农村商业银行和村镇银行)的贷款份额占比与中小企业贷款利率成正相关关系。农村金融机构的主要定位是服务“三农”,服务小微企业,因农业和农户的自身特点和农村信用环境的因素,为了覆盖风险,农村金融机构向其发放的贷款利率普遍较高。当前经济增速放缓对小微企业的冲击较大,相对大企业来说,小微企业具有生命周期短、抗风险能力差的特点,尤其是在经济波动时,违约概率增加,信用风险频繁暴露,银行对其风险管理难度相应加大,对银行的利润贡献度小。因此对于以利润最大化为经营目标的商业银行,为了发展业务,保护利润,则必然要更高的贷款利率,以覆盖高风险,因此农村金融机构的竞争程度与融资成本呈正相关关系。

另外,这类银行由于一些先天业务积累不足以及后天发展缺乏激励的动力,其发展还不能满足中小企业对金融资源的需求。在先天条件方面,尤其如村镇银行类的小型银行相比国有银行缺乏社会信任,这一方面也是因为国有银行具有国家信用作为隐形的存款保险,这使得大型国有银行在吸收存款方面具有一定的优势。同时,这也强化了国有银行对国民经济中的重要支配地位。而在后天发展过程中,小银行由于先天不足,其主要客户来自于具有地方政府背景的本地企业,这些企业又常常受到政策的影响转变经营体制,但为了想办法避开银行的债权要求,经常借兼并收购、联营、资产重组或者破产的方式使银行的债权处于悬空状态,由此也增加了小银行的不良资产数额。因此,小银行在受到以上这些来自各方面因素的影响,使之向中小企业提供融资服务比较优势受到限制。

⑤从回归结果可看出,银行业的市场集中程度(实证中用 HHI 表示)与企业的贷款利率呈负相关关系,即银行业竞争越激烈,那么企业的融资成本越高。银行业竞争激烈主要表现在存款竞争、贷款客户竞争、人才竞争、机构竞争等方面。在利率逐渐市场化的环境下,存款竞争导致理财产品盛行,存款利率提高,这就推高了资金成本,从而导致贷款利率上升。而为了吸引人才,直接的表现是薪酬待遇的提高,人力成本上升,导致运营成本上升,从而引起资金成本的上升,结果表现为贷款利率的上升。机构的竞争主要表现在网点的设立上,为了吸收存款,为客户提供更快捷、更方便的服务,银行都在大力开设网点,直接增加了运营成本,推高了资金成本,从而导致贷款利率的上升。银行业过度竞争优质企业,争相为优质企业提供贷款,在经济下行严重的情况下,违约风险更高,不良贷款率升高,为了保住利润,需要更高的贷款利率来覆盖风险,因此银行业竞争激烈程度与企业的融资成本呈正相关关系。

四、结论及建议

(一)文章结论

本文基于 2004—2014 年重庆主要四类商业银行的时间序列数据,对银行业竞争结构与中小企业融资成本的关系进行了实证研究。结果表明,银行业竞争程度与中小企业融资成本呈正相关关系。由此,本文得到了以下结论:

第一,从 2004—2014 年重庆银行业的竞争程度不断加大,国有银行的市场份额逐渐缩小,中小银行发展迅速。重庆银行业的存款和贷款业务的赫芬达尔指数以及 CR4、CR8 指数都呈现下降趋势,说明重庆已经形成了以国有商业银行为主体,各种商业银行并存的银行业市场结构。

第二,从实证结果得出,国有商业银行对中小企业融资成本的影响不显著,主要是因为这类银行的市场定位并非中小企业,即使银行间的竞争加剧,也没有使这两类银行向中小企业发放更多的贷款,即使发放贷款,也会选择提高贷款定价;股份制银行市场份额占比对中小企业融资成本呈正相关关系,服务中小企业数量众多,单个贷款规模小但借贷次数多,同时银行对每一笔贷款都要逐笔核实,增加商业银行的经营成本,导致贷款交易成本偏高;城市商业银行、农村金融机构的贷款份额占比与中小企业贷款成本呈正相关关系,这些中小银行市场定位为中小企业,因小企业自身特点,为了覆盖高风险,通常给予中小企业较高的贷款定价。

第三,银行业的市场集中程度与企业的贷款利率呈负相关关系,即银行业竞争越激烈,那么企业的融资成本越高。近些年以来,我国银行业竞争日益加剧,在激烈的竞争环境中,银行的市场驾驭能力减弱,由于参与竞争的银行数量增多以及来自证券市场的竞争压力,使银行谈判和跨期分摊成本也变得越来越困难。因此,银行不愿意投资在与规模较小尚处于成长阶段或面临暂时财务困难的小企业的关系培养中,反而对中小企业实行信贷配给或收取较高的贷款利息,使中小企业融资难度大大提高。

(二)对策建议

从本文的验证来看及经济学基本理论上讲,银行适度的竞争能降低金融服务成本,激励金融创新,提高金融服务的效率和质量,降低金融服务的门槛,让金融服务带来的便利惠及更多的消费者。但激烈的竞争也会损害银行的金融稳定性,增加银行信用风险,尤其在目前银行所有权存在的代理关系、国家信用的支撑及监管有效性不够等因素,更容易导致恶性的竞争,进而增加企业的融资成本,导致不良资产的增加。一个地区容纳的银行数量在一定时期内是有限的,在目前银行破产机制尚不完善的情况下,重复建设大量同质化的银行不仅造成金融资源的浪费,而且容易引发银行的恶性竞争,积聚金融风险。因此结合重庆情况提出以下建议:

1.进一步放松市场管制,鼓励适度加强竞争

目前,尽管重庆银行个数及网点均实现了较大增长,但市场上的非法集资及民间贷款仍大幅增长,也从另一个角度说明了融资市场有待于进一步加强竞争。因此,一是减少市场准入壁垒。重庆近年来经济增长较快,对金融资源的需求较多,随着城市化进程及新农村建设的推进、城乡收入渠道呈多元化趋势,经济活动日趋复杂,他们的金融需求也变得复杂化、多样化,因此即使该地银行机构大幅度增长,仍然存在一定的市场空间。因此,减少对银行机构新增网点限制,进一步简政放权,使各银行机构根据自身的情况新增或减少网点,进一步活跃市场。二是适度设立中小民营银行,从体制上引入有活力的竞争者,使市场更加活跃。目前,重庆的银行业市场主体均为国有控股,没有一家真正意义上民营银行。民营银行的成立可以在体制机制、运行动力、解决产权不清晰、减少收费、与互联网结合等问题上提供另一种思路和方法,为经济及金融注入新的活力,发挥鲇鱼效应。同时也要注意,金融业的特殊性决定了放松管制的过程必须是循序渐进,而不能“一哄而上”。在监管体制尚未完全理顺、监管水平有待加强和提高的情况下,银行市场准入的过度开放只能弱化审慎监管的基础,其结果不仅没有提高银行业的整体效率,甚至还可能诱发新的金融风险,危及金融稳定。

2.加强监督,促进有效竞争

在金融监管不严的时候,放任竞争会带来过度竞争、无序竞争等许多问题,因此金融监管作为政府纠正市场失灵的必要手段,目的在于防范金融风险,规范金融秩序,保护存款人和公众的利益,保持金融市场的稳定、高效。从目前看,我国商业银行监管的有效性还较低,还未形成完善的金融风险监测、预警、防范体系,监管信息也未得到良好的应用。为了维护我国金融市场的有序运转,保持银行业的适度竞争,应从两方面着重加强:

一是健全适合我国金融市场情况的监管法律,并以之为核心,完善我国的商业银行监管体系。改革开放以来,我国商业银行监管立法有了长足发展,目前商业银行监管的法律体系包括以《银行业监督管理法》和《商业银行法》为核心,以金融违法行为处罚、外资银行管理等方面的行政法规为基础,以部门规章和大量规范性文件为主体,以及相关金融司法解释为补充的现代银行业监管法律体系。在此基础上,应进一步调整商业银行产权制度和公司治理结构的相关法律制度,在司法层面明确商业银行的商事主体地位,维护市场对市场主体的选择,提高金融资源的配置效率。完善市场准入制度,尤其是民营资本的市场进入标准,打破国有资本的垄断,培育多层次的市场主体。借鉴国际银行业风险监管的良好实践,完善风险监管法规,以及反洗钱、反恐融资方面的法律建设。

二是银行监管部门应尽早制定银行业竞争政策和系统性风险防范对策。银行业竞争政策是指参与市场竞争的银行在交易行为中必须遵守的基本准则。随着我国准许大批民营资本设立银行,以及互联网技术在银行业务中的广泛应用,银行业竞争的加剧必然会导致在某些市场或品种出现无序竞争,甚至恶性竞争。因此,银行监管部门应及早出台相关的竞争政策并贯彻实施,例如反不当竞争条例、银行业务经营规范等。银行业作为经营货币的信用中介,容易产生系统性风险,风险管理和安全防范至关重要。尤其是在银行贷款竞争激烈的背景下,如何避免银企关系的不稳定造成的企业违约事件和银行片面追逐高收益产生的道德风险,将是监管层长期的议题。

3.创新产品和服务,错位竞争,防止恶性竞争推动借贷成本上升

我国不同地区银行业的竞争程度也存在较大的差异,银行数量较多的地区往往在经济发达的大城市,这些区域银行竞争较为激烈,在广大的县域地区,银行的竞争不够充分,竞争程度较小,但不得不看到,银行的同质化在竞争激烈的城市也较为普遍,这不利于银行服务和产品的差异化,也不利于银行的长久发展,更不利于中小企业融资成本的降低。不同的银行应该对自己的产品和服务根据实际情况进行准确的定位,根据自己所拥有的比较优势,大银行和中小银行选择不同的贷款技术,选择不同的贷款对象企业,这样才有助于形成一个立体的多层次的竞争体系。若多数银行都集中于某些领域,一些银行由于迫于竞争的白热化以及利润的逐渐降低,就会

采取具有较高风险的行为,这将不利于银行的发展和整个银行体系的稳定。另外,银行也应该使得竞争不仅仅停留在存款和优质客户的竞争,而是提高自身的金融业务创新能力,推出优质高效的创新金融工具和服务品种,以此将竞争向纵深化方向发展。银行的业务创新从满足客户多元化的需求出发,以技术主导的创新为主流,兼顾银行中间业务的创新。因此,银行要设立业务创新的组织机构,完善鼓励创新的激励机制,并注重引进和培养创新人才,发挥员工最大程度的创新潜力。同时银行应当做好市场调查和市场预测,建立客户档案库,敏锐地发现客户的需求变化。根据自身的优势,做好市场细分,巩固与以往客户的关系,选定新的目标客户群,扩展发现新的目标客户。银行需要明确是以大型企业或中小企业或微型企业或者是个体工商户、“三农”或居民个人的市场定位,只有明确了自身的定位,才有可能确定自身业务品种的经营重点。这样,便可以建立一个立体的、有活力的银行竞争体系。

4.大银行应精简机构以节约放贷成本,小银行应使用先进技术来提高软信息生产能力

研究结论表明,国有银行及股份制银行竞争程度与中小企业融资成本关系不显著,而小银行竞争会增加企业的融资成本。因为大银行更多的是交易型贷款,小银行更多的是关系型贷款,交易型贷款依赖银行对借款企业的“硬信息”的处理,关系型贷款依靠银行对借款企业的“软信息”的生产。由此,大银行间的竞争体现在贷款成本上的竞争,而小银行间的竞争体现在软信息生产能力上的竞争。因此,大银行应该通过减少物理网点和人员冗余,使用“移动互联+信贷工厂”模式实现贷款的流程化和标准化,从而节约贷款成本,提高放贷效率,增加市场份额。而小银行应该注重信贷员生产软信息的能力,在对借款企业多维度、多方式调研的基础上,通过使用大数据处理技术准确挖掘企业的软信息,从而对企业做出准确的风险评估,并对关系型贷款合理定价,防止推高借贷成本。

5.完善小微企业风险分担体系

逐渐构建起以政策性担保机构作为主导、商业性担保机构作为主体、互助式担保机构作为有效补充的多层次的融资担保体系。

一是突出政策性担保公司的主导作用。整合不同区域的经济资源,推动构建跨地域政策性担保公司或再担保公司,集中资金投入,并通过定期的专项财政拨款来对政策性担保公司进行持续支持。

二是创新商业性担保机构的业务发展模式。要借鉴国外担保公司或信用保险公司的成功发展模式,在合规经营的前提下,探索创新担保机构业务模式,可以通过与风险投资、银行等机构进行合作的模式,实现商业性担保机构的可持续发展。例如富登担保有限公司,就是通过与中国建设银行、中国银行的强强联合获取客户,充分调动外部资源,实现风险分担、利益共享、“共赢”甚至“多赢”。由于小微企业具有轻资产、少抵押的特点,所以必须要创新反担保措施。推动担保机构和小微企业

融资方式的创新；推动多种分担风险方式，如联合担保、比例担保、再担保、再保险等；探索金融衍生产品的风险分散路径；建立立体化形式的融资性担保体系。

三是加强融资性担保机构与商业银行的合作。根据平等、自愿、公平等市场原则，商业银行基于资本实力、声誉、经营管理能力和风险管控能力等指标，合理选择业务合作的融资性担保机构范围，商业银行和融资性担保机构依据双方的实际风险控制能力，合理确定授信额度。建立放贷银行、被担保小微企业与融资性担保机构风险共担机制的构建，有利于防范银行的道德风险，使得小微企业、融资性担保机构与银行三者“风险共担，利益共享”，形成良好的发展环境。

四是设立中央融资性再担保机制。创新财政支持小微企业的融资方式，通过市场化运作为各类担保机构提供再担保服务，发挥财政资金的杠杆作用，分散和降低担保机构风险，增强行业的担保能力，为小微企业和“三农”发展提供更优质的融资担保服务。

6.推动小微企业信用信息体系建设

一是完善企业和个人信用信息基础数据库。建立全国统一的全面信用数据平台，研究出台相应的征信法律法规，在对企业隐私和商业机密提供法律保障的同时，为跨部门信息的连通或共享等征信行为提供法律基础和法律规范。同时，加强政府各部门之间的协调，解决信息互通中存在的行政性和技术性“瓶颈”。近期可在现有法律框架下，着重整合税收、工商、海关等对补充验证小微企业经营状况和信用表现最为重要的非金融类信息，探索合作模式和技术解决方案，降低征信中心和金融机构获取此类信息的成本。

二是进一步完善征信机构的小微企业征信和评级服务。第一，开发小微企业评级服务，辅助银行优化信贷决策。我国的征信数据同时覆盖正面信息和负面信息，具有良好的量化分析基础。在不断扩大征信内容的同时，可借鉴亚洲其他地区对小微企业评级产品的开发实践。第二，引入市场化管理的模式。比较国际上的公共征信机构和私人征信机构发现，公共征信系统往往由中央银行直接管辖，带有一定的监管目的，因此内容受限于中央银行管辖的信贷机构信息，服务提供也比较单一，而商业评级机构的市场驱动力更强，往往能根据市场需要开发多种征信产品和服务，发挥商业化运作的优势。

参考文献

[1] 李志赟.银行结构与中小企业融资[J].经济研究，2002(6)：38-45.

[2] 王霄，张捷.银行信贷配给与中小企业贷款——一个内生化抵押品和企业规模的理论模型[J].经济研究，2003(7)：68-75.

[3] 于良春，鞠源.垄断与竞争：中国银行业的改革和发展[J].经济研究，1999(8)：48-57.

[4] 袁鹰.中国银行业市场结构效应分析——兼论其对中小商业银行市场定位的影响[J].财经研究,2000(12):14-20.

[5] 李建国,曹昱.商业银行利润的变迁与竞争力、组织形式转换[J].上海金融,2001(11):44-46.

[6] 高波,于良春.中国银行业规模经济效应分析[J].经济评论,2003(1):124-128.

[7] 陆益美.银行结构与区域经济发展[J].经济体制改革,2005(1):104-107.

[8] 刘家顺,杨洁,孙玉娟.产业经济学[M].北京:中国社会科学出版社,2006.

[9] 唐建新,陈冬.银行业市场结构变化与中小企业融资环境分析[J].财会通讯·学术版,2006(2):36-42.

[10] 杨公朴,夏大慰.产业经济学教程[M].上海:上海财经大学出版社,1998.

[11] 李伟,韩立岩.外资银行进入对我国银行业市场竞争度的影响:基于Panzar-Rosse模型的实证研究[J].金融研究,2009(5):87-98.

[12] 崔晓峰.银行产业组织理论与政策研究[D].北京:中国社会科学院,2005.

[13] 李取,粟勤.关系型银行与中小企业贷款的可获得性——对中小企业问卷调查的实证分析[J].金融论坛,2011(16):51-58.

[14] 潘玲.我国银行业市场竞争与中小企业贷款技术——基于上市中小企业贷款数据的经验研究[D].成都:西南财经大学,2013.

[15] Xavier Freixas,Jean-Charles Rochet. Microeconomics of banking[M].Boston: The MIT Press, 2009: 132-154.

[16] Berger A N, Herring R J, Szego GP. The Role of Capital in Financial Institutions[J]. Journal of Banking & Finance, 1995, 19(3): 393-430.

[17] Stigler G J. The Journal of Political Economy[J]. A theory of oligopoly,1964(2): 44-61.

[18] Shaffer S. Bank Competition in Concentrated Markets[J]. Business Review, 1994(3): 3-17.

[19] Park K H, Weber W L. Profitability of Korean Banks: Test of Market Structure versus Efficient Structure[J]. Journal of Economics and Business, 2006,58(3): 222-239.

[20] Petersen M A, Rajan R G. The effect of credit market competition on lending relationships[J].Quarterly Journal of Economics,1995,110(2):407-443.

[21] Yoshiaki Ogura. Lending Competition, Relationship Banking and Credit Availability for Entrepreneurs [R]. Tokyo: Research Institute of Economy, Trade and Industry,2007:(36).

文章审稿人:顾胥

金融市场与金融风险

我国商业银行信贷风险防范机制重构研究①

中国人民银行重庆营业管理部调查统计处课题组

课题主持人：李林森

课题组成员：江泓洁　廖勇刚　胡资骏　何海鹰　赵俐佳　赵凌　余渊

一、绪论

（一）研究背景及其意义

商业银行在一国经济和社会发展中有着举足轻重的地位，关系着国民经济的命脉和经济安全。经济全球化和金融自由化的浪潮席卷全球。同时，伴随着信息技术的飞速发展，金融理论和金融实践都发生了翻天覆地的变化。这些发展和变化，一方面为金融发展提供了机遇，另一方面则给金融体系带来了前所未有的波动性，使金融机构面临着日趋严重的金融风险。尤其是 2008 年金融危机的爆发，不仅对一国乃至全球金融及经济的稳定构成了严重威胁，更对银行业的发展提出了严峻的挑战。商业银行信贷风险是关系经济发展、金融稳定的重要因素。

商业银行处于我国金融系统的核心，信贷资产又是银行资产的重要组成部分。数据显示，当前信贷资产占到银行资产的 70%以上，有些基层银行的收益性资产几乎全部是信贷资产，可以说信贷风险是商业银行面临的首要风险。这种风险将导致银行产生大量无法收回的贷款呆账，将严重影响银行的贷款资产质量，过度的信贷风险可致银行倒闭。因此，防范信贷风险是商业银行从事一切活动的基础和前提。在利率市场化推进的背景下，商业银行面临金融改革的冲击，商业银行急需搞好金融风险防范。

从实际情况看，在经济新常态背景下，信贷风险呈现系统性风险上升、表外业务发展迅速、银行体系外风险快速积聚、多种风险并发的特点，一些信贷风险逐渐暴露，甚至引发了一系列极端事件。如重庆川江船务公司，主要从事集装箱运输业务。受国内外经济环境及行业环境影响，该公司经营风险不断扩大。同时，该公司还涉及大量民间借贷无法偿还，企业现金流断裂，企业高管也因诸多原因失联、自杀，目前该公司在重庆辖内的多家商业银行贷款无法偿还。

---

① 为 2015 年度中国人民银行重庆营业管理部重点研究课题，获评“二等奖”。

(二)研究综述

国内在20世纪80年代末开始对信贷风险进行管理和研究,研究内容、研究范围和研究方法上都日趋成熟。

林榕芳(2007)认为,我国商业银行信贷风险管理水平比较滞后,主要问题有,一是我国许多银行已经建立了企业信用评级制度,部分银行甚至开发出信贷信用风险测量模型等,但与美国等西方国家先进的信用风险测量与管理水平相比,差距仍然非常大。二是落后的信贷风险技术管理水平。三是不完善的信贷管理内部控制制度。四是不健全的信贷风险外部监管与约束体系。卢信有(2003)建议通过风险识别、风险评估和风险监控的三个过程,同时构建信贷风险管理系统。赵宗俊等(2005)研究商业银行信贷风险管理形成机理,提出改善商业银行信贷风险管理的建议。孙凌云、吴宝宏(2006)阐述了银行当前存在着较为严重的信贷风险控制理念的缺陷和行为偏差,对控制信贷风险、完善信贷风险控制等方面提出了完善可行的建设性意见。

(三)研究内容与方法

本文对完善我国商业银行信贷风险管理防范机制进行了较全面和较深入地研究。首先,对国内外商业银行信贷风险管理防范机制研究理论进行了总结,并重点从国际上比较成熟的COSO企业风险管理核心框架入手,阐述了本文我国商业银行内部信贷防范机制构建的基本框架。其次,结合人民银行工作实际,以问卷调查和聚类分析法为手段,分析了不同类型商业银行信贷风险防范的现状和水平。再次,分析了新常态下商业银行信贷风险新特点和面临的挑战。最后,在前文研究的基础上,对完善我国商业银行信贷风险防范机制提出了相关建议。

第一部分阐述了选题背景、研究意义、研究内容以及创新点与不足。

第二部分对信贷风险管理机制的国内外研究进行综述,并构建了我国商业银行信贷风险防范的理论框架。

第三部分阐述了当前我国商业银行信贷风险防范机制的概况。

第四部分分析了当前我国商业银行信贷风险防范实际效应,基于K-Means聚类测评法对比中外资商业银行信贷风险管理机制。

第五部分分析了当前我国商业银行信贷风险防范效应欠佳的源头性因素。

第六部分结合信贷风险新特点,剖析了当前我国商业银行信贷风险面临的重构压力。

第七部分结合前文研究结论,对重构我国商业银行信贷风险防范机制提出政策建议。

(四)主要创新点与不足

本文在以下几个方面有所创新:

一是从点上研究信贷风险防范机制的多,但全面研究信贷风险防范机制的少。

现有文献对信贷风险防范的外部机制、信贷风险测评防范、信贷风险预警机制等方面进行了研究,但全面系统研究信贷风险防范机制的比较少。本文结合成熟的企业风险管理理论框架,构建我国商业银行集风险管理目标、风险管理组织架构、风险管理流程的全景式分析框架。

二是直接借鉴西方经验的研究较多,立足中国实际国情的较少。现有文献直接将新资本协议中风险管理的内容、技术模型运用于我国商业银行的信贷风险管理。而本文利用人民银行调查统计业务优势,创新性地利用调查数据,从微观层面入手,结合我国商业银行信贷风险管理现状,对商业银行在经济新形势下面临的挑战进行了深入分析。

三是从外部监管角度分析的多,从内部管理和自我约束分析的少。国内对商业银行信贷风险防范机制的研究主要集中在外部监管(如巴塞尔资本协议对银行信贷风险的要求)层面,但较少文献研究商业银行因自身风险防范内部因素问题导致的信贷风险防范机制失效,而本文则专注于研究新形势下,我国商业银行信贷风险内部机制的差距和改进方向。

四是整体研究的多,分类型研究的少。国内文献通常针对商业银行整体开展信贷风险管理研究,本文创新性地利用 K-Means 聚类测评方法对不同类型商业银行信贷风险内部防范能力进行了量化实证分析,以外资银行风险防范能力为基础,对大中型银行、小型银行在信贷风险防范能力上的差距进行了对比研究。

五是定性研究多,定量研究少。现有文献更多从定性角度研究信贷风险管理机制。本文结合人民银行数据优势,从定量角度分析商业银行信贷风险管理的各环节对信贷风险的影响机理。

本文主要侧重从商业银行信贷风险防范的内部管理入手,但强有力的外部监管方法也是商业银行信贷风险防范的重要内容,是未来研究的方向。

二、商业银行信贷风险防范机制的理论框架:基于企业风险管理理论

西方的商业银行已有 300 多年的历史,为银行的信贷风险管理奠定了坚实的理论基础。从亚当·斯密的资产管理理论、20 世纪 60 年代的负债风险管理理论、70 年代的资产负债综合管理理论到 80 年代的资产负债表外管理理论,西方银行信贷风险管理理论已成为一个较为系统的科学体系。比较有代表性的有美国的米歇尔·科罗赫、丹·加莱、罗伯特·马克(2005),他们强调用定量分析方法研究风险管理问题时,既要着眼于风险的识别和衡量,又要注重风险的控制和化解;既要着眼于单个金融产品的风险,更要注重整体资产组合的风险。卡罗尔·亚历山大(2004)则对操作风险的熟练框架、风险测量、统计模型、风险缓释技术、管理架构和风险资本以及风险管理流程设计等方面进行了研究。

良好的风险管理防范体系应有合理的组织架构和健全的运行机制。西方发达国家发展的内部控制理论和全面风险管理理论对于促进银行风险防范和控制的制

度化、系统化,确保风险管理的有效性具有重要指导意义,它们是商业银行构建现代风险防范管理体系的理论基础。

美国 COSO 委员会制定的内部控制整体框架自 1992 年发布以来已经被世界许多企业采用。为进一步强化企业风险管理,COSO 对其内部控制框架进行了扩展,并于 2004 年正式提出了企业风险管理(ERM)整合框架。该整合框架反映了现代风险管理体系的要求,对于促进企业风险防范和控制的制度化、系统化,确保风险管理的有效性具有重要的指导意义。银行是经营风险的企业,因此 COSO 风险管理框架同样适用于银行的风险管理,这为我国商业银行风险管理体系框架的建立和完善提供了理论指导。COSO 委员会制定的风险整合框架分为 3 个维度:第一维度是企业的风险管理战略目标。第二维度是全面风险管理的八个要素;第三维度是企业的组织架构。从其核心框架内容来看,商业银行内部风险防范机制内部要素应至少包括以下 3 个方面:

(一)风险管理战略目标

银行的信贷风险管理战略是银行根据利益相关者(股东、债权人、客户、员工)的价值取向,按照监管部门和巴塞尔协议要求,制定信贷风险管理的目标、原则、管理体系与管理模式。战略目标直接对风险偏好、政策、组织架构、管理流程等产生深远的影响。根据股东的战略目标和价值取向,传统的商业银行风险偏好又通常分为:激进型(承担高风险换取高收益)、稳健型(承担适度风险换取适中回报)、保守型(承担适度风险换取适中回报尽可能回避风险,追求低风险、低回报)3 种类型。

(二)风险管理组织构架

组织架构提供了计划、执行、控制和监督活动的框架,包括确定权力和责任的关键界区,以及确立恰当的报告途径。商业银行要在完善的公司治理结构基础上,建立董事会、高级管理层相互独立的立体的风险管理架构,实现银行所有者对经营者行为的监控以及高级管理层对分支机构的业务和管理风险的有效控制。通常来说,商业银行组织构架分为原始管理型、分散管理型、集中管理型、水平管理型等。

(三)风险管理流程

商业银行需要对信贷风险进行有效管理,即首先对风险进行识别和测量,在此基础上实施有效的风险防范和控制,及时预警可能发生的风险并化解风险,如图 1 所示。

一是风险测评。信贷风险异常复杂,变化莫测,要对其防范化解,首先必须用科学的方法对信贷风险进行识别和度量。信贷风险测评主要分为两个部分:风险的识别和风险的量化。

二是风险控制。风险管理主体对风险发生的概率和可能的损失程度而采取的措施和方案。

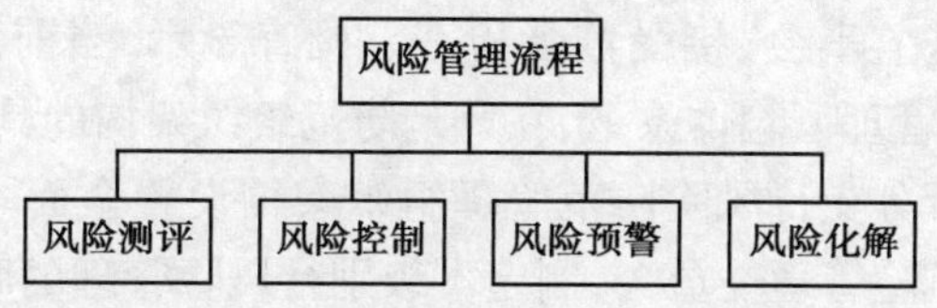

图1 商业银行风险管理主要流程

三是风险预警。风险预警是指商业银行以控制、降低信贷的风险度为目标,根据宏观经济环境、政策和微观经济主体的财务与非财务信息,运用科学的计量、合理的分析及早做出风险的综合评价体系。

四是风险化解。通过风险规避、抑制、分散和转移构建风险化解机制,从而降低风险损失程度以及不利影响。

三、当前我国商业银行信贷风险防范机制的概况分析

随着我国金融体制改革的推进,我国信贷买方市场逐步形成,商业银行面临更加激烈的外部竞争,在商业银行内部,不良资产严重困扰着正常的业务发展。在双重压力下,商业银行在信贷风险防范机制建设方面进行了一系列改革。为了解商业银行信贷风险防范现状,人民银行重庆营业管理部对辖内商业银行分支机构、法人银行等70余家金融机构,采用问卷调查的方式,对商业银行风险防范管理机制建设的现状进行了全面调查。

(一)信贷风险防范目标分析

从调查结果看,我国商业银行普遍设立了稳健经营的风险管理战略目标。但从实际情况来看,受盈利考核导向影响,商业银行经营战略目标很大程度上反过来决定其风险管理目标。如大型银行由于规模和客户优势,将资金大量投放低风险的大企业及热门行业,虽名义上为低风险业务,但一旦集中出现行业风险,则成为高风险的高发区。中小银行在与大型银行竞争中,主动调整定位,如部分股份制银行信贷投放主体多为风险较高的小微企业,通过定价来覆盖其所承担的风险,在一定程度上更接近风险激进管理。

(二)信贷风险管理组织架构分析

近年来,随着商业银行风险管理机制的不断变革,银行公司治理结构也得到了明显改变。从总体来看,目前我国商业银行普遍建立了“三会”独立运行的信贷风险管理体系。董事会是风险管理的最高决策机构,负责制定风险管理的战略、重大的信贷风险管理政策,对高级管理层风险管理的关键指标进行审核和问责。董事会下设风险管理专业委员会,主要负责审定重大风险管理原则和政策,以及风险管理的组织框架和运行机制,向董事会提出建议,确保风险管理政策与程序得到遵守。监事会对股东大会负责,负责监督董事长、董事及高级管理人员,风险管理政策、制度、

资产质量等都要保送监事会,接受监督检查。调查显示,当前我国商业银行在"三会"独立运作的集中管理风险体系下,在风险防范组织架构的具体设置上略有差别。

一是大中型银行分支行风险防范管理组织架构设置全面。大型银行一般在分行级均设有相应的风险管理委员会,制定本级别行风险管理的政策、制度和计划,解决风险管理中的重大问题。如农业银行下设部门包括风险管理部、信用管理部、资产处置部等。建设银行的信贷管理部是其信贷风险管理的综合部门,其下设风险管理部、信贷管理部、授信审批部、资产保全部等。同样,中型商业银行也较为重视分行级别的信贷风险管理,如华夏银行的总分行均分级设立独立的信用管理部门,实行垂直管理,其信用风险管理部内设授信管理中心、授信审批中心、资产保全中心,中心下再分设具体部门。

二是小型商业银行的信贷风险管理大多集中在总行,分支行风险管理架构相对较弱。调查显示,小型区域性银行的信贷风险管理办法均由总行风险管理委员会决定,根据风险层级的不同,总、分行各有一定权限。但总体来看,分行的审批权限较小,如富滇银行分行的审批权限仅为抵押担保一亿以内、保证担保4000万元以内,超出分行权限需报总行审批。但也有个别区域性银行,其风险管理组织架构也逐渐向大型银行靠拢。如重庆农村商业银行,其虽为区域性小型银行,但也和大型银行一样,建立了两级风险管理防范机构,即在总行和各分支行独立设置风险管理部。

(三)信贷风险管理流程分析

1.信贷风险测评方法有较大差异

信贷风险量化管理在西方发达国家银行信贷风险管理中扮演着越来越重要的角色。但从我国商业银行实践来看,风险测评长期以来以定性评价为主,但随着国外风险管理工具在我国的推广,银行在信贷风险测评方法上已有较大差别。

一是大中型银行在进行信贷风险测评已广泛运用风险量化模型。如中国银行已广泛使用计量模型展开测评,如市场风险管理就采用VAR模型进行风险量化,运用于利率风险、汇率风险、股票、商品价格、衍生品金融工具等多种交易中。中信银行以内部评级法与VAR计量模型相结合,根据影响因素的重要性确定考核权重,并从风险发生的可能性及严重程度两个维度识别风险。招商银行风险测评采用计量模型对公业务和对私业务区别计量,包含非零售内部评级体系和零售内部评级体系两个部分,如图2所示。

二是部分小型银行在风险测评的方法上主观程度较高。如重庆农商行目前仍采用信用评分法对信贷客户信用评级,在风险测评时未进行量化分析,仍主要依靠人工对风险进行主观判断。大连银行主要依靠客户经理主观分析调查。

2.信贷风险控制手段明显不同

一是大中型银行普遍开发了相应的信贷风险控制系统。如建设银行建立授信

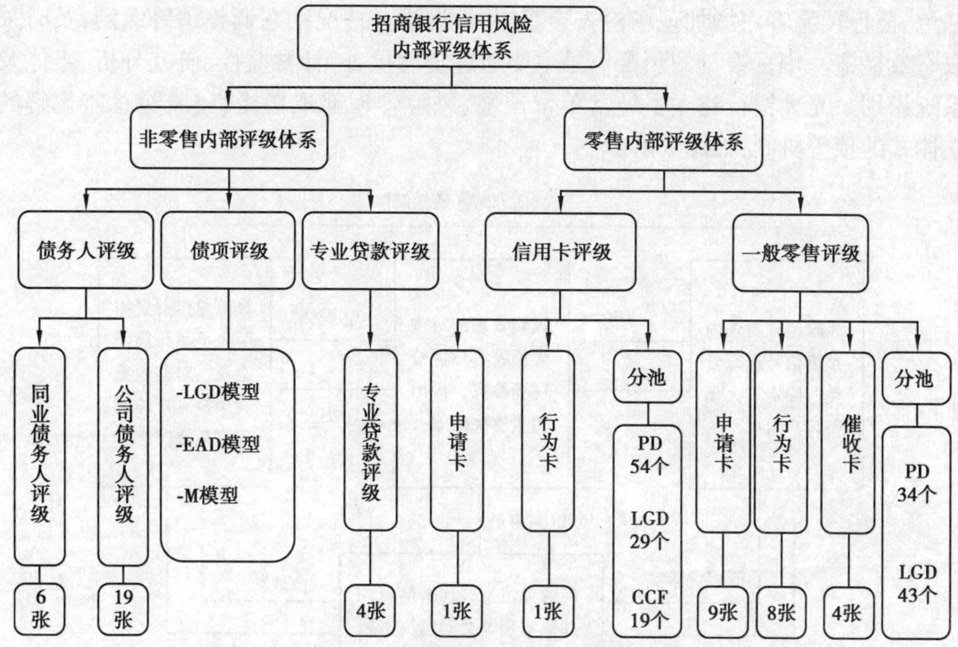

图2 招商银行内部风险评级体系

业务风险监测系统(CRMS),对行业限额、信贷政策执行情况进行实时控制。中信银行在信贷管理系统中,管理企业授信额度,当授信超权限时,系统将会进行提醒。招商银行已建立了信用风险管理系统,其中内嵌了客户管理系统、客户群管理系统、财务分析系统、客户评级管理系统等近20个系统。

二是小型银行普遍未专门建立相应的信贷风险管理系统,仅依靠传统的业务系统信息进行风险控制。如富滇银行的风险控制仍依赖传统的财务指标开展贷前调查、贷中审查和贷后管理。成都银行主要是通过个人和对公信贷系统进行额度管理和授权审批控制。

3.风险预警效率差别明显

一是大型银行普遍建立了相应的风险预警信息系统。农业银行建立了C3预警系统,将信贷系统、人民银行征信系统、银监会客户风险系统等内外部信息进行整合,实现了预警信息在贷前决策中的高度共享。建设银行开发了授信业务风险监测系统,通过整合风险前端(如行业、信贷政策等外部信息)、风险后端(财务状况指标预警、可疑资金流向预警、关注名单预警等),及时分析各种获得的信息,发现潜在的风险,并采取相应措施。

二是部分中型银行通常采取系统与人工监测相结合的预警方式,如中信银行的信贷风险系统包括宏观经济信息采集、行业信息、天眼系统(即采集各行业的企业负面影响信息),此3个系统发挥信贷风险预警作用。浦发银行的预警主要通过将企业违约、同业风险、行业风险、企业经营状况等多维信息建立三色预警库,对认定的红色、橙色预警客户增加现场检查频率,并根据检查情况动态调整预警级别,及时采取有效措施。华夏银行的预警信号主要通过贷后检查、日常监控、研究分析、媒体及系统识别。光大银行建立了经营单位预警、风险管理部现场检查、风险总监化解的立体式的预警机制,如图3所示。

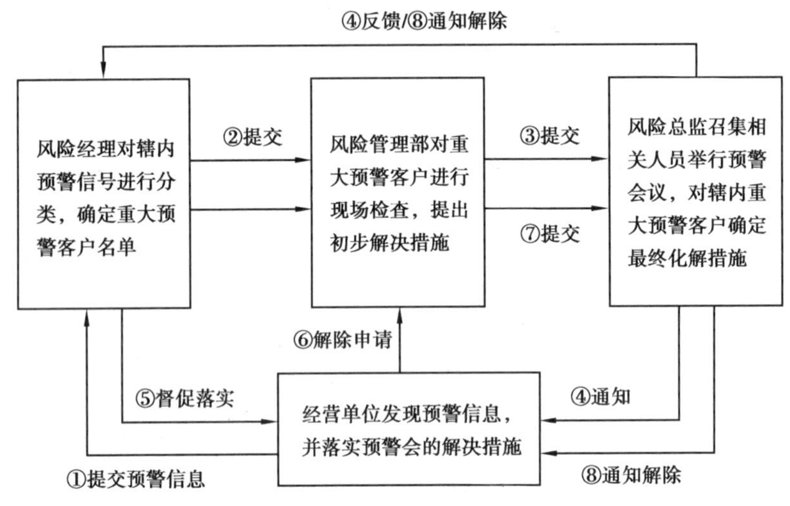

图3 光大银行风险预警流程图

三是部分小型银行在信贷风险的预警上仍主要采取手工预警的方式。如某小型城商行通过定期对借款人和授信项目的跟踪检查判断风险。某农村商业银行主要采在贷后管理环节通过信贷人员的现场和非现场的检查实行自下而上的风险预警,采用手工报送风险预警表的形式发出相应的风险警示信号。

4.风险化解方法大同小异

当前,我国商业银行的信贷风险化解手段主要为抵押和担保,但总体来看,大型银行风险化解方法更为丰富。大型银行的风险化解手段主要有再融资、债务重组、贷款重组、担保、抵押,还可根据情况对担保方式、还款期限、适用利率、还款方式等还款条件进行调整的处理手段。而部分小型银行过于依赖通过抵押、担保方式化解风险,如某农村商业银行侧重担保化解风险,该行与65家融资性担保机构均建立了合作关系,授信总额近400亿元。大连银行优先选择地理位置较佳、变现能力较强的抵押物作担保,抵押率严格控制在总行规定范围内,确保第二还款来源足值、有效,从而化解可能发生的信贷风险。

(四)小结

由于银行规模、经营理念不同,其内部风险管理机制也有所差别。如在风险管理目标上,大部分银行以稳健经营为目标,但受盈利考核导向影响,商业银行经营战略目标很大程度上反过来决定其风险管理目标。在信贷风险管理的组织架构上,大中型银行偏重层级式管理,小型银行更注重集中式管理;风控方式上,大中型银行更偏重信息的自动化程度,小型银行更多依赖人工进行风险控制。总体来看,近年来我国商业银行通过不断加快自身内部的信贷风险管理改革,如引入新的理念指导信贷风险管理、创新组织结构以实施新的管理模式、使用现金风险管理工具对信贷风险进行转移和分散等,取得了明显进步。

四、当前我国商业银行信贷风险防范实际效应分析:基于中外对比

从西方发达国家商业银行信贷风险管理经验来看,其通常采用各类组合管理方法和技术转移来分散贷款风险,风险防控更加完善和科学。因此,本文在做实证分析时将外资银行纳入分析样本,作为中资银行的分析参照对象。为了能够将信贷风险与信贷风险防范机制进行量化研究,本文用 K-Means 聚类方法将商业银行分为不同群体,分析出不同群体的信贷风险管理机制和信贷风险防范的水平。

(一)数据来源及样本分布

由于商业银行参与信贷风险管理的人员较多,每个员工的感受可能会存在偏差。通常,高级管理人员为信贷风险的“决策者”,普通信贷管理人员为信贷风险的“参与者”或“执行者”。为全面反映信贷风险防范机制对信贷风险的影响,本文将重庆市商业银行的信贷风险高级管理人员和业务骨干作为调查样本。样本分布如表 1 所示。

表 1　抽样样本分布

类　别	机构数	样本数
全国大型银行	5	50
中型银行	11	110
城商行	12	60
邮政储蓄银行	1	10
农村商业银行	1	10
村镇银行	32	96
外资银行	13	26
合　计	75	362

(二)信贷风险防范机制效应实证:基于 K-Means 聚类测评

1.模型的选择

聚类分析是根据一批样本的观测指标,按照一定的数学公式计算一些样本或一些参数(指标)的相似程度,并把相似的样品或指标归为一类,把不相似的样品或指标归为不同类别的分析方法,由于本文考察的是大样本量的横截面数据,而 K-Means 聚类方法(或称为快速聚类方法)对大样本量的处理效率非常高,因此,本文采用 K-Means 聚类方法对调查数据进行聚类分析处理。

2. K-Means 聚类分析评价指标的选取及测评步骤

(1)样本指标设定

因信贷风险管理目标、信贷风险组织架构、风险测评方法、信贷风险控制方法、风险预警机制程度、风险化解方法等均对信贷风险管理产生影响,因此将上述 6 个指标作为聚类的变量。其中信贷风险管理目标设有 5 个水平、信贷风险组织架构设有 5 个水平、风险测评方法有设 3 个水平、风险预警机制设有 5 个水平、风险化解方法设有 5 个水平。信贷风险管理效果(*Y*1)本文以 2015 年第 3 季度末的不良率为基准,不良率在 1%以下,取值为“1”,不良率在 1%~1.5%,取值为“2”,不良率在 1.5%以上,取值为 3。样本指标及分类水平如表 2 所示。

表 2 样本指标及分类水平

变量名称	变量的各个水平
不良贷款率(*Y*1)	1.在 1%以下 2.在 1%~1.5% 3.在 1.5%以上
信贷风险管理目标(*X*1)	1.非常保守 2.稳健偏保守 3.稳健 4.稳健偏激进 5.非常激进
信贷风险管理组织架构(*X*2)	1.非常完善 2.比较完善 3.一般 4.比较不完善 5.非常不完善
信贷风险测评的方法(*X*3)	1.定量分析较多 2.定量和定性相当 3.定性分析较多
信贷风险控制方法(*X*4)	1.非常多 2.比较多 3.一般 4.比较单一 5.非常单一
信贷风险预警机制的自动化程度(*X*5)	1.非常高 2.比较高 3.一般 4.比较低 5.非常低
信贷风险化解方法(*X*6)	1.非常多 2.比较多 3.一般 4.比较单一 5.非常单一

(2)分析步骤

根据问卷调查的实际情况,本节的聚类分析分为两个部分进行:第一部分是K-Means聚类过程,对信贷风险管理目标(*X*1)、信贷风险组织架构(*X*2)、风险测评方法(*X*3)、信贷风险控制方法(*X*4)、风险预警机制程度(*X*5)、风险化解方法(*X*6)这六项指标的每一个分类水平进行赋值,具体每个指标的水平数量及赋值情况可参见表2,水平数最多的指标取值范围为1~5,水平数最少的指标取值范围为1~3,不同的整数代表该指标的不同类别,再将每一个评价指标所取的数值作为该评价指标的观测值,并据此进行聚类;第二部分是聚类特征分析,将K-Means聚类过程的结果与调查所得到的银行信贷风险的分布数据作中心值分析,最终形成完整的分类族群的信贷风险防范行为特征。聚类分析结果如表3、表4所示。

表3　方差分析表

变量	聚类族群		误　差		*F*值	*P*值
	均方值	自由度	均方值	自由度		
*X*1	74.338	3	0.728	243	102.078	0.000
*X*2	322.032	3	0.641	243	502.462	0.000
*X*3	4.490	3	0.601	243	7.472	0.000
*X*4	20.689	3	0.551	243	37.528	0.000
*X*5	146.347	3	0.550	243	266.146	0.000
*X*6	85.409	3	0.621	243	321.53	0.000
*Y*1	36.521	3	0.635	243	263.25	0.000

表4　聚类分析结果

聚类类别	样本数	样本主要构成
风险控制良好类	40	外资银行为主
风险控制较好类	182	大中型银行为主
风险控制较差类	140	城商行、村镇银行为主

表 3 为 K-Means 聚类结果的族类间距离的方差分析,结果表明,族类间距离差异的概率值均小于 0.05,聚类效果非常好。根据各类别的特点,我们将其分为三大类,第一类样本 40 个,即风险控制良好类银行,主要为外资银行,该类银行信贷风险组织架构较为完善、测评方法定量分析较多、风险化解方法较多,且不良率较低。第二类样本 182 个,即风险控制较好类,该类银行风险组织架构较为完善、测评方法定量分析较多、风险化解方法一般,这部分银行主要是国有银行和部分股份制银行,且不良率处于中等水平。第三类样本 140 个,即风险控制较差类,该类银行风险管理组织架构一般、测评方法定性分析较多、风险化解方法一般及以下,不良率较高,主要是部分城商行和村镇银行。下面来分析各类样本的中心值。

表 5　各类别中心值

变量	风险控制良好类	风险控制较好类	风险控制较差类
*X*1	1.44	1.74	1.93
*X*2	1.80	2.11	2.00
*X*3	1.53	2.05	2.11
*X*4	1.85	2.05	2.78
*X*5	1.93	2.53	3.11
*X*6	1.97	2.11	3.11
*Y*1	0.67	1.33	2.38

从表 5 各组的中心值来看,风险控制良好类在信贷风险管理目标(*X*1)、信贷风险组织架构(*X*2)、风险测评方法(*X*3)、信贷风险控制方法(*X*4)、风险预警机制程度(*X*5)、风险化解方法(*X*6)等各方面优于风险控制较好类和风险控制较差类。风险控制较好类和风险控制较差类虽然在各方面有一定差异,但差异值较小,其在风险管理方面具有很多共性。因此,本文在后面分析中重点从大中型银行和中小型银行的共有的风险点和管理方面展开分析。

(三)研究结论

综上,不同类型商业银行的信贷风险防范机制存在显著差异。总体来看,大中型商业银行在组织架构、风险管理流程方面明显优于小型银行。并且通过 K-Means 聚类测评方法研究表明,与外资银行相比,我国商业银行总体都处于欠佳状态。这意味着,当前我国商业银行信贷风险防范机制的问题是整体性、全局性的,不能仅从局部、个体角度去考虑。因此,本文将对我国商业银行信贷风险欠佳的根源性问题展开分析和讨论。

五、当前我国商业银行信贷风险防范效应欠佳的源头性分析

随着经济发展速度逐步放缓至7%左右，银行信贷风险持续暴露。以重庆市为例，2015年10月末，重庆市不良贷款余额为192.17亿元，比年初增长106.52%，环比增长11.74%，不良率0.83%，比年初增加0.387个百分点，连续15个月环比“双升”。受实体经济去产能、去库存、去杠杆影响，银行风险防控压力不断上升，与经济快速增长时期相比，银行业传统的风险表现形式出现了新的特点。

（一）系统性风险有所上升，信贷风险由散点式向连片式风险暴露发展

经济增速的放缓，金融风险从单行业向多行业蔓延，零星式的风险向连片式风险发展，系统性风险呈上升态势。主要表现为：

1.房地产市场出现“拐点”风险，上下游行业风险呈放大态势

受前期房地产虚假繁荣影响，房地产企业项目扩张速度加快，其他行业经营者盲目进入房地产市场的风险在当前暴露较为充分。根据人民银行近期对山东、湖北、湖南、江西、河北、山西、内蒙古、天津和重庆等9省市167家中小房地产企业的调查发现，逾6成企业按期偿还年内到期债务存在困难，房地产开发行业资金链断裂风险增强。受房地产不景气影响，部分建筑企业所承建项目数量减少明显，或存在房地产企业拖欠工程款情况。同时，五金、建材等行业货物销量减少，大量货款不能到位，造成资金周转困难甚至断裂，还款能力持续恶化，房地产及其上下游行业的风险逐步放大。

2.批零、制造业等弱经济周期性的行业风险加快暴露

2015年2季度末，重庆市批零类不良贷款占全市不良贷款总额的32.03%，不良贷款占比为全行业第一，不良率达到1.96%，比上年同期上升0.93个百分点。其中煤贸、钢贸等批零行业的不良贷款增长较快。受经济下行影响，当前制造企业普遍面临市场需求不足、销售收入大幅减少、资金回笼困难；企业原材料、人工成本上升，挤压利润空间；企业整体税负较重，进一步压缩利润空间；大中型企业担保链危机推升不良贷款；银行贷款收紧，企业难继续通过再融资方式还款等问题。同时，部分批零业企业“不务正业”，进入房地产投资失败或收益不足以偿还贷款，导致企业财务状况恶化、还款能力不足，从而形成了不良贷款。

3.产能过剩行业信贷风险严峻

钢铁、煤炭等行业处于“高产能、高成本”的运行状态，企业增加节能减排投资的难度较大，“消化一批”过程中银行信贷风险也面临较大挑战。根据中国钢铁工业协会未公开数据显示，中国最大的101家钢铁企业的亏损总计达390亿元人民币；扣除来自非核心业务的盈利后，总亏损达720亿元人民币，超过去年盈利的两倍。在产能过剩行业集中、产能压减任务较重的地区，部分存量贷款难以在短时间内收回，

若强制压缩或退出,极易造成企业资金链断裂。企业兼并重组过程中易出现恶意逃废银行债务、悬空银行债权现象,“整合一批”蕴含的风险也不容忽视。

4.平台贷款风险值得关注

地方债务置换规模的逐步上升使得银行融资平台贷款总体规模得到控制,但值得注意的是,信贷渠道以外的其他各类融资快速增长,占全部融资的比重不断提高,其中相当部分资金实质仍来源于银行体系。加之平台贷款还款来源相对单一,财政风险与金融风险相互交织,容易形成“多米诺骨牌效应”,一旦土地出让收入增长放缓或融资受阻,将给融资平台带来较大的偿付压力。

5.个人信用卡、房贷等消费贷款不良上升

据近期人民银行对全国5省市76家银行机构、7.5万余笔个人信用卡逾期数据逐笔调查显示:受银行大量发卡授信,客户风险逐渐累积,经济增长放缓背景下,行业性客户风险凸显等多重因素影响,个人信用卡逾期现象大幅增加,且高额信用卡逾期多发,商贸流通、餐饮服务及房地产相关行业客户风险凸显。

(二)表外业务发展迅速,表内信贷风险表外化、隐蔽化

近年来,在金融市场的主体和功能的不断完善的基础上,随着宏观经济环境的变化和政策的不断调整,以银行为中心、以规避信贷调控和监管为主要目的金融创新业务开始逐渐兴起,并迅速成为商业银行信贷资产出表的主要手段。

1.表内信贷风险呈现表外化的特点

银行表外业务资金来源方都是金融体系,资金使用方多涉及融资平台、房地产等受调控行业,尽管各项具体业务所使用的金融工具、金融产品有所区别,但实质上的功能都体现为金融体系对实体部门的资金支持。部分表外业务是债权融资,这将直接增加政府、房地产等部门的杠杆率。还有部分表外业务名义上是股权融资,但设定有股权回购条款,或特定时间、特定触发条件的强制性股权交易条款,仍需承担按期付息和到期还本的义务,表面上优化了企业资产负债表,但实质依然是债权投资。此外,在“类信贷”投资投行业务中,企业除承担较高的利息水平外,还需支付通道费、顾问费等多项费用,进一步加大企业融资成本和还款压力,为银行信贷风险管理埋下隐患。

2.表外业务在一定程度上隐藏了银行真实的风险状况

2013年1月1日正式实施的《商业银行资本管理办法(试行)》中规定,投向工商企业的贷款风险权重为100%。而对于投行等业务,现行的监管规定尚未对投行业务的风险拨备计提、风险系数等作出明确规定。目前商业银行普遍没有计提投行业务的风险拨备,仅在税后计提了比例较低的一般准备。表外业务不仅绕开了合意贷款规模的宏观审慎调控,也弱化了微观上的资本约束监管,还能隐藏商业银行真实的风险状况。

(三)银行体系外风险快速积聚,对银行体系内的信贷风险传染性不断加大

近年来小贷公司、融资担保公司、典当行、小微金融交易平台等非传统金融机构异常活跃,P2P、众筹等互联网金融蓬勃发展,相关风险呈现出向银行体系传染的趋势。主要表现在以下几个方面。

1.小贷公司风险对银行风险的传导不断加大

当前,一些过度融资或资金宽裕的企业将银行信贷资金直接或间接转入小贷公司赚取利差,使得部分企业出现一边向银行借款,一边举借小额贷款公司的现象,一旦小贷公司风险出现恶化,必将引发小贷公司风险向银行传染蔓延。根据重庆营业管理部开展的调查显示,当前重庆大中型制造业企业注资小贷公司行为增多。调查显示,当前制造业企业出资开办的小贷公司占全部数量的2成多,且超6成注资制造业企业在银行有贷款。同时,开办的小贷公司投向受限领域贷款占比较高,向银行传染的风险加大。2014年以来重庆市制造业企业开办的小贷公司投向钢贸流通行业、房地产开发和钢铁制造3大受限行业的贷款共计18.64亿元,占该类小贷公司对公贷款总量的32.37%,较重庆市小贷公司平均占比高14.39个百分点。

2.担保公司风险持续向银行信贷领域传染

当前,银行在小微企业贷款方面多与民营担保公司有一定的合作。据多家国有大型商业银行反映,风险处置中最突出的问题即为融资担保业整体风险呈放大趋势。受经济下行影响,加之房地产行业整体出现供给过剩的情况,房产类押品价值特别商业地产实际价值出现一定幅度的贬值,担保能力明显下滑,融资担保业整体风险呈放大趋势。特别是民营担保机构,由于对外投资失败、代偿金额增长较快导致代偿能力下滑,担保能力严重虚化,相关风险进一步向银行传导。如某银行反映今年以来出现多家合作的民营担保公司资金链断裂,影响贷款正常收回。

3.民间融资风险向银行信贷领域加剧

据对重庆辖内200余家民间借贷样本企业的调查显示,2015年第二季度工业企业和批零行业民间借贷延期偿还金额为910万元,比第一季度增长28.2%,而上年同期尚未发生延期情形。实地调研中,房地产企业民间借贷违约个案最为突出。例如,重庆某建设集团资金链断裂,陷入停业状态,导致2014年向社会公众融资的1.6亿元迄今无法偿还,部分债权人已向法院提起诉讼。据对重庆辖内银行的调查发现,目前发现的形成不良贷款的企业大部分有民间借贷介入,虽然也有企业本身经营不善和对外投资失败的原因,但民间借贷的介入推高了企业融资成本和杠杆率,且由于具有一定隐蔽性,银行对贷款企业的融资和财务状况把控度下降,民间融资风险容易向信贷风险传染。

4.网络借贷风险爆发

大量网络借贷平台成立于2013年和2014年,由于风险具有滞后性,大量新增贷款在2015年到达最终兑付阶段。优于行业的超高速发展加上监管缺失,平台间对资产和资金的争夺激烈,经营和管理风险呈现加速累积状态。今年1—10月,新增问题平台684家,较去年同期增加4.60倍,且注册资本金在5000万元以上的问题平台就有112家之多。这些网络平台风险的爆发通过融资企业传导至银行信贷领域,进一步放大银行信贷风险。

(四)信用、市场、操作等多重风险进入并发期

1.信用风险快速上升

在经济下行背景下,部分企业无法偿还银行贷款,导致信用风险不断加大。随着企业风险加大,今年以来,企业逃废债规模呈现快速上升趋势,对银行资产质量、信用环境都有负面影响。对重庆全市48家银行的调查显示,样本金融机构2012年、2013年、2014年分别发生企业逃废债事件2、11、25起,涉及的贷款金额分别为2742万元、6055.27万元、71421.66万元,总体呈快速上升趋势。从行业分布上看,调查显示,发生逃废债的企业主要集中于批发和零售业、制造业、建筑业交通运输、仓储和邮政业这4个行业,占比分别为63.27%,30.61%,4.08%,2.04%。从逃废债类型上看,调查显示,企业逃废债的类型主要为法人逃逸、拒不执行人民法院和仲裁机构已生效的法律文书、其他恶意逃废银行债务的行为这3大类,占比分别为56%,34%,10%。

2.操作风险进入多发期

在银行资产规模快速增长的同时,整体经营管理水平特别是风险管理水平提升与发展速度不匹配。部分银行过度追求规模、市场份额增长,忽视了风险管控人员、技术、能力的建设,稳健审慎发展理念和合规经营意识相对滞后。因风险管理不到位、内控执行不严导致的操作风险隐患和违规问题突出,银行业各类风险事件和案件突发、多发、频发。

3.市场风险压力不断增大

随着金融创新速度加快,储户资产配置习惯改变等影响,大量的存款替代产品如理财产品的替代,间接抬高了商业银行资金募集成本。2015年9月末,全国理财产品余额已达19.99万亿元,较年初增长6.34万亿元,同比增长51.87%。9月末,理财产品预期收益率为4.54%,较一年期定期存款基准利率高出3.04个百分点。募集资金的高成本性,加之存贷款利差收窄,加大了商业银行的市场风险。

六、当前我国商业银行信贷风险防范机制面临的重构压力

过去近十年,银行业局部的信贷风险被高速增长和几近白热化的同业数字竞争所冲淡了。但在经济新常态下,商业银行的信贷风险出现系统性风险不断增大、信贷风险通过金融工具、金融机构相互传染、信用风险、市场风险和操作风险并发等态

势,商业银行信贷风险防范机制面临的重构压力,主要表现为以下 4 个方面。

(一)现行组织架构无法调节部门间利益冲突,容易导致风险防范流于形式

尽管目前我国近 8 成商业银行以稳健经营作为风险管理的目标,但在实际考核中仍然以效益考核为导向,使得商业银行做大资产规模和利润的动力不断增强,其组织架构无法保障经营目标的顺利执行,这也是当前商业银行信贷资产系统性风险逐步放大的主要原因。

1.逆向选择导致组织架构失灵

由于现行的内部管理及经营绩效考核机制下其利益的差异始终存在,虽然上级行从全行长远、整体利益出发,作为委托人要求分支机构按统一标准来选择配置对象,将有限的信贷资源配置优中选优;而分支机构作为代理人有追求短期和局部利益的冲动,总是根据其自身的利益来选择配置对象,信贷资源配置以完成考核指标和以获取近期的直接利益为目标。由于利益着眼点不同,两者在选择上难免有不一致甚至逆向的情况。

2.重形式、轻实质的组织管理使得信贷风险防范流于形式

尽管各商业银行为防范信贷风险纷纷建立了庞大的信贷风险管控制度体系,但上级行一方面失去信贷资源配置对象的信息优势,对信贷资源配置没有主动权以及缺乏有效的监控和制衡手段。基层机构为了促成业务合法合规,将主要精力放到了相关手续和形式要件准备上去,有的基层银行为了完成利润和信贷投放指标还协助客户编造信贷资料,甚至协助伪造或变造相关文件,为实质性信贷风险留下伏笔。近年来,在钢贸贷款纷纷倒下的过程中并没有看到实质上的信贷审查和尽职调查,有的地区钢贸贷款提供的甚至是完全“诈骗”式的资料,不仅交易虚假,而且担保物虚假及担保人信用虚构,令人触目惊心。

3.组织架构缺乏横向互动机制,“堵前门,开后门”现象突出

从风险管理的横向组织架构来看,各部门的利益诉求不一致,组织架构缺乏横向互动机制。商业银行普遍成立了设风险管理部、授信审批部等风险控制,风险控制部门希望“越紧越好”。而从公司部等业务部门来看,希望风险管理“越松越好”、业务规模“做大越好”。尽管风险部门对于部分受限行业“堵前门”,但业务部门为了维护大客户,通过投行部、资产管理部将表外资金投向受限行业。这种“堵前门、开后门”模式使得商业银行的信贷风险不减反增。

(二)风险测评方法缺陷较多,难以准确反映信贷风险

目前,我国商业银行信贷风险测评方法主要为评级法和定性分析相结合。即通过选取一定的财务指标和其他定性指标,并通过业务人员判断或其他方法设定每一指标的权重,由评级人员根据事先确定的打分表对每一个指标分别打分,再根据总分确定其对应

的信用级别。这一方法的特点是简便易行,可操作性强,但事实表明这一测评方法存在着以下明显的缺陷:一是评级的基础是过去的财务数据,而不是对未来偿债能力的预测。二是指标和权重的确定缺乏客观依据。由于影响评级对象信用状况的各个因素是相互联系的,需要利用一定的统计分析技术,确定影响受评对象偿债能力的主要因素及其相关系数。三是缺乏现金流量的分析和预测。长期以来,我国的商业银行将贷款企业是否拥有抵押品作为贷款的主要判断依据,内部评级法基本上没有对作为第一还款来源的现金流量的充足性进行分析和预测,不能真实反映评级对象未来的偿债能力。四是行业分析和研究明显不足。经济新常态下,行业的盛衰起伏不定,在信贷政策的趋势性分析上,银行择机应变的能力还颇有欠缺,银行内部对行业、产业乃至特定借款企业的趋势性分析严重短缺,这或许是经济新常态中银行无法回避的重大难题。

(三)信贷风险管控和预警能力较弱,风险防范明显滞后

商业银行基本都建立了“贷前审查、贷中检查、贷后复查”的贷款风险管控和预警机制,但“三查”工作做得不深不细,为信贷风险埋下隐患。一是当前贷前调查财务信息失真已经成为银行融资风险不确定的最为根本的原因。尤其是在经济新常态下,企业的经营环境日益复杂化,财务信息失真的问题将会更加复杂和严峻,传统上依靠客户财务数据所构建的各种信贷风险预测预警模型都将一定程度上失灵,尤其是以民间借贷和现金交易颇为盛行的环境中,西方银行积淀的信贷风险监控模型更加显得苍白无力。二是对贷款企业的后续管理较为放松,贷后检查流于形式,错过了贷款收回的最佳时机,失去了贷后检查的真正意义,这也是造成贷款预警机制失灵的主要原因。

(四)风险化解手段有限,难以处理连片式、并发式风险

目前,我国商业银行风险化解方法有展期、再融资、续贷、债务重组、司法处置、抵押担保等多种手段,其中,最主要的化解方法为抵押贷款或提供第三方保证贷款。如某农村商业银行担保信贷总额和抵押贷款分别占其信贷资产的 12%和 30.30%。但受经济下行影响,担保公司的担保能力明显下滑,民营担保风险更为突出,为信贷风险的防范埋下隐患。此外,信贷执行中的不规范还会出现企业间相互担保、多头担保或担而不保的现象,风险更加突出。商业银行信贷资产抵押物多为房地产,随着房地产市场的下行,其风险本身比较大,进一步加大了银行信贷风险。

七、重构我国商业银行信贷风险防范机制的政策建议

(一)新形势下,适时调整与商业银行经营特点匹配的信贷风险管理目标

从当前我国商业银行风险管理目标来看,虽大多明为稳健,但实则有激进之意。特别是近几年部分银行大力发展中小民营企业客户,但是在业务逐年发展的同时,风险管理发展滞后于新的业务发展,没有做到“风险先行”,缺乏对新业务、新产品的

风险管理意识。因此在新的经济新常态背景下，商业银行应及时调整风险管理目标，确立理性、清晰、审慎以及稳健的风险偏好，不能过分强调“寻求更高风险的回报”以及“追求最终零风险”等信念，避免授信客户在进入标准、政策导向、产品定位等内容上侧重于综合收益高的商业领域、客户、地区和业务领域，使之达到“尽可能以有限资源实现获得高综合收益”的最终目标。同时，商业银行应向全体风险管理人员和信贷人员广泛宣讲正确的风险管理理念、知识、规范和标准，大力倡导和强化风险意识，坚持“稳健、审慎、安全”的风险偏好。

（二）建立纵向管理、横向合作的多层次的风险管理组织架构

目前商业银行中不同部门之间通常缺乏协同性，导致风险的识别信息不对称，风险在恶化前未能及时识别、制止和化解。因此，当前商业银行应在完善当前垂直化和专业化的组织运作机制基础上，通过实现风险管理的独立运作，进一步加强多部门之间的横向沟通，提高风险信息的畅达程度，提高风险管理的专业化水平。此外，商业银行还应重视组织架构中风险管理人才的建设，通过建立科学、合理、切实可行的人才吸引、培养、开发、激励、保全的整体性战略，保证组织架构中风险人员配备的真正到位（图4）。

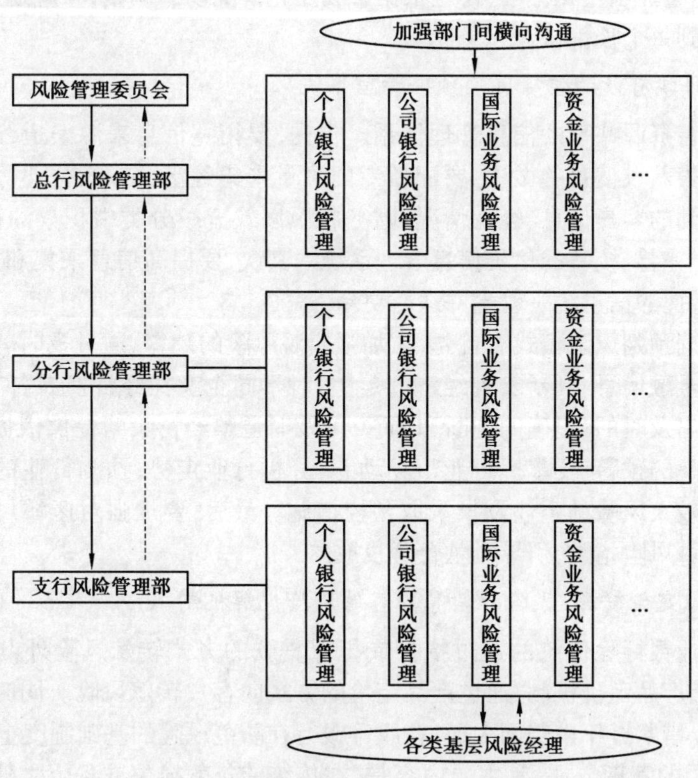

图4 商业银行风险管理内部组织架构

(三)结合自身实际,科学运用国外先进的信贷风险管理工具

1.引进先进的风险度量模型,提高信贷风险度量精度

除了J.P.摩根的信贷测量模型(VAR)外,现行国际上先进银行还普遍采取RAROC进行风险防范管理。RAROC不仅可以对现有的信贷风险/收益进行统一衡量,还可以作为贷款定价的基础,并协助进行资本分配计划的过程,但需要银行资产负债管理、内部资金转移定价、信用评级、资本分配等其他管理手段的配套支持。因此,我国商业银行需要充分的重视RAROC,并积极创造条件来利用RAROC。

2.制定动态调整的信贷风险控制管理政策

从短期来看,银行必须对其客户持续不断的贷款申请做出合理的回应以维持已有的银企关系;从长期来看,银行更需要区分每个客户的信用质量以决定是否维持或终止已有银企关系。对目前的国内银行来讲,应根据借贷环境的变化和银行政策的变化适时的作出调整。如根据商业银行发展战略、资本金水平、风险承受能力,制定详细的信贷营销战略规划和风险管理政策,可细分到行业、地区、产品、期限、客户等各方面,尽量提出量化标准,还应根据市场变化情况动态调整,并应通过手册或其他方式普及到每个授信从业人员。

3.建立科学有效的信贷风险预警管理系统

一是完善资源共享的信息管理体系。首先,要拓宽信息来源渠道,改变只依靠企业报送报表获取信息的做法,要配备专门力量采集经济、金融、行业等宏观信息,与日常收集到的客户信息、经营情况、财务状况以及五级分类中积累的微观信息结合起来,建立完善、统一的信贷信息管理系统。其次,要提高信息采集和加工的自动化水平,对掌握的信息统一管理并适时更新。

二是准确预判风险模式。首先,应加强宏观风险的预警,通过及时、广泛地收集国内外经济金融信息,判断宏观经济的走势,对不同企业在经济发展各个周期中面临的风险作出及时的、正确的判断和预警,为及时调整经营策略提供依据。其次,要加强行业风险的预警,要掌握行业市场动态,分析行业走势,预测行业的风险状况,对即将面临较大风险的企业及早采取预控措施。最后,要加强对区域风险的预警,测量信贷区域风险指数,引导贷款合理投放。

4.丰富以定价转移、风险补偿等内容的风险化解机制

我国商业银行除传统的通过抵押或担保贷款的方式转嫁风险外,应进一步完善、丰富信贷产品定价机制,通过产品定价的方式向客户转嫁风险。同时,在风险补偿方面,可以借鉴近年来美国大通、花旗等银行在防范风险的基础制度上建立的“经济资本制度”的管理方法,其主要内容是,在传统的贷款损失准备金之外,再建立一种“经济资本配置”的制度,借此防范非预期的贷款损失。由于有了一般意义上的准

备金,再加上经济资本制度的补充,就形成了这些大银行防范信贷风险的一块坚实盾牌,目前这一做法已得到巴塞尔委员会的认同。

参考文献

[1] 赖永飞.国有商业银行信贷风险成因与防范研究[D].广州:华南师范大学,2002.

[2] 刘宏伟.浅议商业银行的信贷风险管理机制[J].金融理论与实践,2002(5):16-18.

[3] 张俊才.我国国有商业银行信贷风险管理的制度创新研究[D].北京:清华大学,2003.

[4] 沈全芳.宏观经济不确定下的商业银行信贷风险防范研究[D].成都:西南财经大学,2012.

[5] 陈以平.商业银行信贷风险管理机制研究[D].重庆:重庆大学,2008.

[6] 林榕芳.论我国商业银行的信贷风险管理[D].厦门:厦门大学,2007.

[7] 徐斌.商业银行信贷风险及防范研究[D].济南:山东大学,2014.

[8] 薛顿,屈小爽.新形势下商业银行信贷风险防范浅析[J].企业导报,2010(3):150-151.

[9] 朱剑锋.借鉴国际银行经验构建我国银行业风险管理体系[J].国际金融研究,2004(4):70-77.

[10] 涂斌.金融风险控制与防范的制度分析[J].金融与经济,2005(6):34-35.

[11] 马蔚华.建立和完善防范操作风险的长效管理机制[J].中国金融,2005(16):9-11.

[12] 盛清才.法治:商业银行风险防范的必由之路[J].河南金融管理工程学院学报,2004(6):81-82.

[13] 杨凯生.银行风险防范和危机化解[M].北京:中国金融出版社,2000.

[14] 聂庆平.中国风险防范问题研究[M].北京:中国金融出版社,2000.

[15] 李红承.我国商业银行信贷风险管理研究[D].厦门:厦门大学,2016.

[16] 王元月,卢志光,刘玉刚.信用风险模型的构建方法及其应用[J].数量经济技术经济研究,2003(3):18-21.

[17] 杭州金融研修学院课题组.现代商业银行信贷资产风险管理研究[J].金融论坛,2005(12):17-25.

[18] 约翰·赫尔.风险——管理与金融机构[M].北京:机械工业出版社,2010.

[19] 冯守尊.赤道原则 银行业可持续发展的最佳实践[M].成都:西南财经大学出版社,2011.

[20] Charles W Mulford, Eugene E Comiskey. The Financial Numbers Game

[M]. Hoboken:John Wiley & Sons Inc,2002.

[21] Jarrow R, Lando D, Yu F. Default risk and diversification: theory and applications[M]. New York:Cornell University,Ithaca,2001.

[22] Almazan A. A model of competition in banking: Bank capital vs expertise [J].Journal of Financial Intermediation, 2002, 11(1): 87-121.

[23] Damiano Brigo,Massimo Morini,Andrea Pallavicini. Counterparty Credit Risk, Collateral and Funding: with Pricing Cases for All Asset Classes [M].New York:John Wiley & Sons Inc,2013.

[24] Ciby Joseph. Advanced Credit Risk Analysis & Management [M].New York: John Wiley & Sons Inc,2013.

[25] West R C. A factor-analytic approach to bank condition[J]. Journal of Banking and Finance, 1985, 9(2): 253-266.

文章审稿人:孔文佳

国企改革的资产证券化路径研究[①]

西南证券股份有限公司课题组

课题主持人：崔坚

课题组成员：侯曦蒙　崔秀红　黄仕川　刘浩　石倩

一、绪论

（一）研究目的与意义

1.研究目的

在理论研究方面，本文希望能够填补目前国内关于国企资产证券化的理论空白。国内外对于资产证券化理论已经有较多的研究，而如何将资产证券化应用在国有企业改革大潮中，目前还鲜有系统的梳理和探讨。本文分析了资产证券化工具对于国企改革的理论意义，讨论了国有企业进行资产证券化所面临的内在基础与外部环境，最后提出了适应不同类型国有企业资产证券化的具体路径，以及推动国资证券化的政策建议，以期为本轮国企改革实践提供新的理论基础和方法。

在实际应用方面，本文希望能为国企改革提供切实可行的资产证券化路径，加快国企改革的步伐，提高国有企业市场竞争力。现阶段，我国稳步确立了市场经济体制，并形成了“一行三会”的金融监管体制，已具备发展资产证券化的良好外部环境。同时，国有企业正在市场竞争的大环境和建立现代企业制度的大潮流下迎来了理念和制度的革新，形成了借助证券化工具进行国企改革的内在基础。因此，从内外部环境分析，我国国有企业的资产证券化将迎来绝好的时机。

2.研究意义

长期以来，国有经济一直是我国经济发展的“稳定器”，因此国企改革始终是我国经济体制改革的关键环节。国企改革的有力推进和平稳发展，无论是对于国有企业自身，还是对于整个国民经济健康运行和金融结构优化，都有着积极的作用。资产证券化路径的开拓，对国企改革下一步推进具有重大意义。

一方面，资产证券化的推进对国企改革有重要的理论意义。资产证券化是国企改革探索“公有制与市场经济有机结合”的成功尝试，实现了资本规模的扩大和资本

---

① 为2014年度重庆市金融学会招标课题，获评“二等奖”。

结构的优化,体现了国企去行政化和金融深化的趋势。

另一方面,资产证券化方式是国企改革实践的有力突破口。虽然国企改革获得过一定的成果与经验,但由于国有企业普遍存在资产庞大、人员众多、收益率低、职能负担重等特性,同时政府措施力度不够、针对性较差、资本市场工具结构和品种单一、国企投融资渠道狭窄,都是国企改革进入下一阶段将遇到的瓶颈。在这一背景下,研究如何有效开拓资产证券化路径,对于国有企业下一阶段进行混合所有制改革具有积极的指导意义。

(二)文献综述与评析

西方国家对资产证券化理论的研究较早已较成熟,而我国的研究起步较晚,早期主要是对西方国家资产证券化理论的引进与学习,1992 年才开始进行相关研究。

1.国外研究综述

(1)资产证券化的理论基础

对于资产证券化早期的理论研究主要集中在西方发达工业国家。早在 20 世纪 50 年代,资产证券化理论的研究就初现萌芽。Arrow 和 Debreu 最早通过数理统计方法证明,经济主体可以通过各种有价证券来最小化金融风险,从而达到防范金融风险的目的。1977 年,美国投资银行家 Lewis S. Ranieri 在《华尔街》杂志社中首次使用“资产证券化(Asset Securitization)”一词来讨论抵押贷款过手证券,资产证券化自此开始在金融界流行起来,并成为 20 世纪八九十年代金融创新的一个重要内容。前美联储主席格林斯潘曾说:“近 30 年来最主要的金融创新之一就是证券化。”这种新的金融工具彻底改变了传统的金融中介方式,借款人与贷款人之间架起了更有效率的融资渠道,为原始权益人提供了一种降低风险、多样化资产组合的手段。

(2)风险隔离理论

资产证券化一个核心理论是风险的隔离理论。Benveniste 和 Berger (1986,1987)从帕累托效应的角度分析了其风险隔离的机理,并指出资产证券化提供了一种出售成本和风险都更低的固定收益资产组合的机会。目前被我国学者普遍应用的则是 Frost (1997)提出的风险隔离理论。他认为与抵押担保制度相比较,资产证券化的破产隔离机制隔离了破产和重整的风险,从而避免了破产的成本。

(3)资产证券化的动因

除了风险隔离以外,很多学者也从不同角度出发综合性地解释资产证券化的动因。Greebaum 和 Thankor (1987)提出的金融媒介理论认为,资产证券化的动力基于信息经济学和交易成本。Lacobucci 和 Winter (2003)认为资产证券化减少了资本市场中的信息不对称现象。他们利用信息不对称模型研究了资产证券化和代理成本之间的关系,结果表明,资产证券化可以降低代理成本,提高公司效率,有效解决代理问题。Claire A. Hill (1996)认为在没有资产证券化的时候,投资者很难搜集投资机构信息并考核其信用在资产证券化条件下,信用增级以及专业机构的信用评级,减少了信息的不对称。Hess 和 Smith (1988), Zweig (1988)也认为,证券化资产的结构重组和信用增级使得发起人通过资产证券化融资比直接发行证券融资的成本更低。

(4)资产证券化是“炼金术”

另一个代表性理论认为,相比于债务融资,资产证券化能够降低企业融资成本。债务融资的成本构成一般包括贷款利息以及监管成本,其利率一般都会高于资本市场中的平均利率。Schwarcz (1994)认为,资产证券化的成本比较优势是其发展应用的主要驱动力,发起人获得的现金流现值超过了实施资产证券化的成本,即通过资本市场融资的成本会低于债务融资的成本。他把资产证券化形象地比作“炼金术”。此外,Rosenthal 和 Ocampo (1992)也认为,证券化可以把公司的整体风险和被证券化资产的信用风险相隔离来达到降低融资成本的目的,同时增加发起人资产的流动性。

2.国内研究综述

国内对资产证券化技术的介绍起步于 1983 年,对资产证券化的研究起步于何宗坤(1992)发表论文《金融资产证券化对银行经营成本与风险影响》。直到 1998 年,我国大陆对资产证券化的研究热潮才开始兴起。近年来,国内对资产证券化的研究发展较快,主要得益于对金融资产证券化过程中积累的经验和教训。理论研究取得的成果主要有以下 5 个部分:

(1)我国开展资产证券化的经济意义

关于我国开展资产证券化的经济意义,张超英(2000)认为,证券化可以把银行金融中介所提供的功能分为两个相互补充的部分,即市场提供一部分功能,金融公司或银行提供另一部分发起人功能,发起人风险由证券的投资者、提供保证的金融机构或保险公司等提供。李耀(2001)提出了一个新的分析框架,把资产证券化作为一种金融创新的一般融资技术来研究,他认为资产证券化可以减少企业的资本成本,增加企业的价值。

(2)可行性分析

关于中国开展资产证券化的可行性方面,王开国(1999)认为,从整个宏观市场来看,国民经济的市场化和金融深化有了一定的基础,资本流动有显著的提高,并逐步形成以资本为纽带的较完善的市场格局,国内居民的高额储蓄在需求来源上起到关键作用,国外资本市场的开放性以及国外投资需求也使得我国资产证券化具有广阔的市场和推行途径。洪道麟(2000)认为,基础设施资产证券化有大量的标的资产和巨大的市场空间,近年来,基础设施资产证券化的外部环境有所改善,有效推行降低基础设施建设的融资成本,有利于扩大内需,有其现实意义。

(3)必要性分析

关于我国开展资产证券化的必要性方面,我国学者首先探讨了资产证券化在基础设施建设方面的必要性和实现路径。沈丽(2001)、庞任平(2005)等学者从基础设施项目资金短缺和城建融资的风险及效率的角度阐述了城建投资采用证券化融资的必要性。阮青松与周隆斌(2003)探讨了我国开展资产证券化几种主要的可选择资产,也认为基础设施资产比较适合我国的经济和制度环境。黄篙(2003)指出证券化是基础设施建设的融资新路,可以充分利用基础设施投资基金、基础设施建设债券以及基础设施支持证券等多种形式吸引社会资金。郭凤平(2006)、杨波、杨亚西(2006)等学者提出了我国城市基础设施建设项目融资中资产证券化的应用方法和运作模式。此外,从金融市场发展的角度,高保中(2003)认为,资产证券化通过发行资产支持证券、分解金融市场的职能、多重繁衍信用和合理地重新配置风险,有利于优化我国的金融市场结构。

(4)开展资产证券化的路径

关于中国拓展资产证券化方面,涂永红、刘柏荣(2000)率先提出了在我国开展资产证券化的初步设想和安排。周明和陈柳钦(2004)、金宇森(2005)等学者分别提出了信托模式和信贷资产进行资产证券化的设计方案。陈洪(2007)结合我国的实际情况,提出了资产证券化的运行机制,对资产证券化的实际工作具有指导意义。

(5)资产证券化存在的风险

关于中国实施资产证券化的过程中存在的风险方面,针对资产证券化的风险监管体系,钱建国(2001)从金融监管的角度出发进行分析,他认为,我国实行证券化过程中存在的风险障碍集中体现在我国金融市场的监管体系不完善。巴曙松、刘清涛(2005)提出政府有关部门应当采取的配合措施,通过政策机制的调控,来引导市场选择适合实际情况的模式。除了监管体系外,赵胜来、陈俊芳(2005)从理论意义上总结了资产证券化存在的四大风险,即交易结构风险、信用风险、提前偿还风险和利率风险。梁志峰(2008)从制度经济学的角度切入分析,认为风险隔离是风险防范机制的核心,并着重强调了对于操作风险的防范。王保岳(2009)对资产证券化风险研究分的传统模式和现代模式进行了比较研究,首次提出现代资产证券化风险研究框架。

3.文献评析

总体来看,近年来国内理论界和业界关于资产证券化的研究成果较为丰富,随着美国次贷危机的爆发,学界将研究重点更多转向资产证券化的风险管理上。资产证券化的功能作用和风险防范对我国进一步推进资产证券化的稳健发展有着实际的意义。然而,目前国内对国有企业资产证券化问题的研究不够深入,也缺乏完整成熟的理论体系。因此,对国有企业资产证券化路径的进一步深入研究,对于提高国有企业改革效率、拓宽国有企业改革渠道、推进我国资产证券化、促进国民经济又好又快发展等方面都具有重要的积极意义。

(三)研究的主要内容及创新

1.主要内容

本文首先对国内外资产证券化相关理论进行了阐述,并介绍了资产证券化运作的一般模式及国外国内发展历程。其次,分析了国有企业改革与资产证券化的相互关系。再次,对国企改革的资产证券化路径进行了研究。最后,从政策环境、运行机制、市场环境等方面对国有资产证券化提出了政策建议。

2.创新之处

本文尝试进行的创新主要集中在以下几方面:在研究方法上,本文采用了战略外部环境分析的基本工具对影响国有企业资产证券化的政治、经济等环境因素进行了全面分析。在研究内容上,结合相关理论和中国国企改革当前环境提出了三条分别适合不同类型国企的资产证券化改革具体路线,为国企改革提供了具有可行性的具体指引。

二、资产证券化理论概述

(一)资产证券化的定义与分类

资产证券化就是把原本缺乏流动性但能够产生可预期的稳定现金流的资产(如抵押贷款、应收账款等)汇集起来,通过一定的结构安排对资产中风险与收益进行分割和重组,转换成可供金融市场上出售并流通的证券的过程。

从基础资产的种类来看,资产证券化品种已由早期的单一住房抵押贷款证券发展为一个多样化的资产证券产品系列,形成了一般抵押贷款证券(MBS)、狭义资产支持证券(ABS)以及担保债务凭证(CDOs)3 大系列品种。

MBS 下分为住房抵押贷款证券和商业抵押贷款证券两大类别,前者进一步分为优惠利率、次级及其他住房抵押贷款证券 3 个子类。狭义 ABS 根据基础资产可分为消费和汽车贷款、贸易应收账款、租赁和学生贷款等类别。CDO 下分为贷款担保债务凭证和债券担保债务凭证,这两者又都可分为套利型和资产负债表型两类。在资产负债表型下又衍生出发起人型与合成型两类(图 1)。

(二)资产证券化的一般运作模式

资产证券化的运作过程复杂且易于变化,具有创新能力强、产品种类多的特点。一般的运作流程(图 2)通常为:原始权益人(如专题一中的 FHA)将需要证券化的资产作为基础资产打包出售给特殊目的机构 SPV(如房利美),实现风险隔离;SPV 通过分割基础资产现金流和风险,实现资产重组,并进行证券化,之后对证券进行信用增级,最后由证券承销商向投资者发售,从而实现资产融资。

服务人主要负责按期收取证券化资产产生的现金流并转移给 SPV,同时也负责资产池的管理工作。如果是商业银行进行信贷资产证券化,通常由商业银行自己担任服务人,当然也有第三方机构担任服务人的情况,如在处理不良资产方面经验丰富的四大资产管理公司。受托人主要负责管理服务人收取的现金流并向证券投资者按时支付本息。

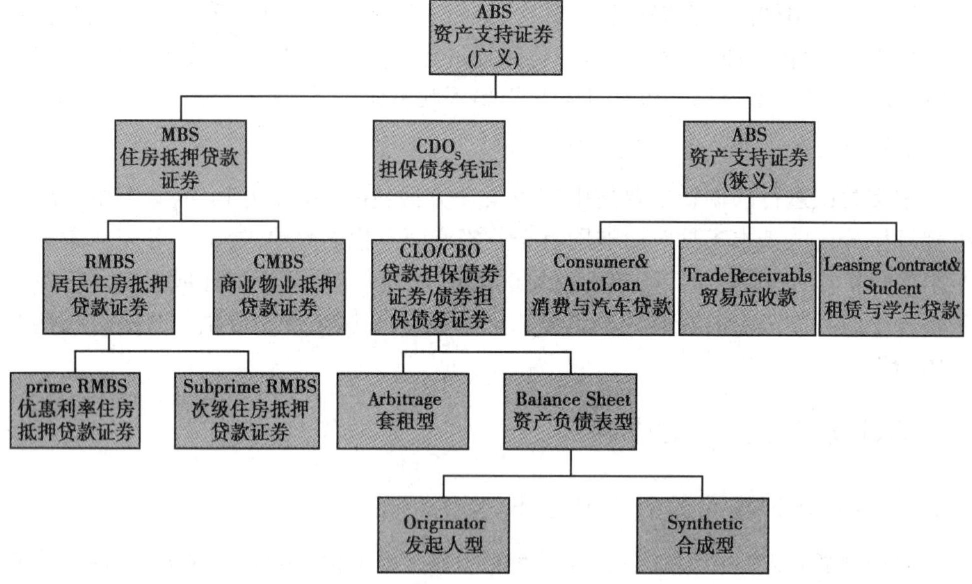

图1　美国资产证券化产品类别与演变路径

数据来源:Fitch Rating,西南证券研究发展中心。

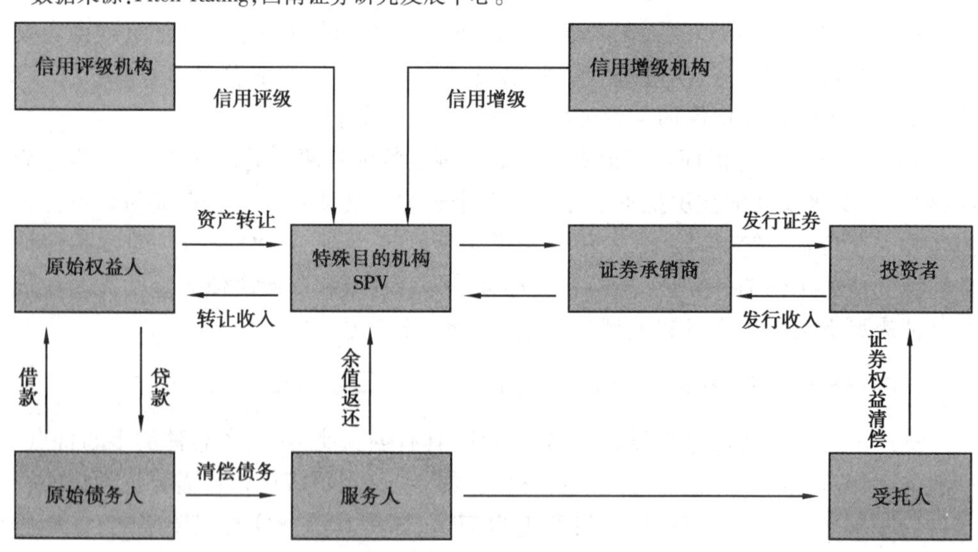

图2　资产证券化的一般模式

数据来源:西南证券研究发展中心。

(三)发达国家资产证券化的特征分析

1.美国

为了促使银行的抵押贷款回流到银行体系内,从而缓解银行信贷资产流动性不足问题,美国政府开启了住房抵押贷款二级市场,并于1968年推出了最早的MBS。

目前,无论从一级市场发行量还是二级市场交易量来看(图3、图4),MBS都称得上是与美国国债并重的产品。

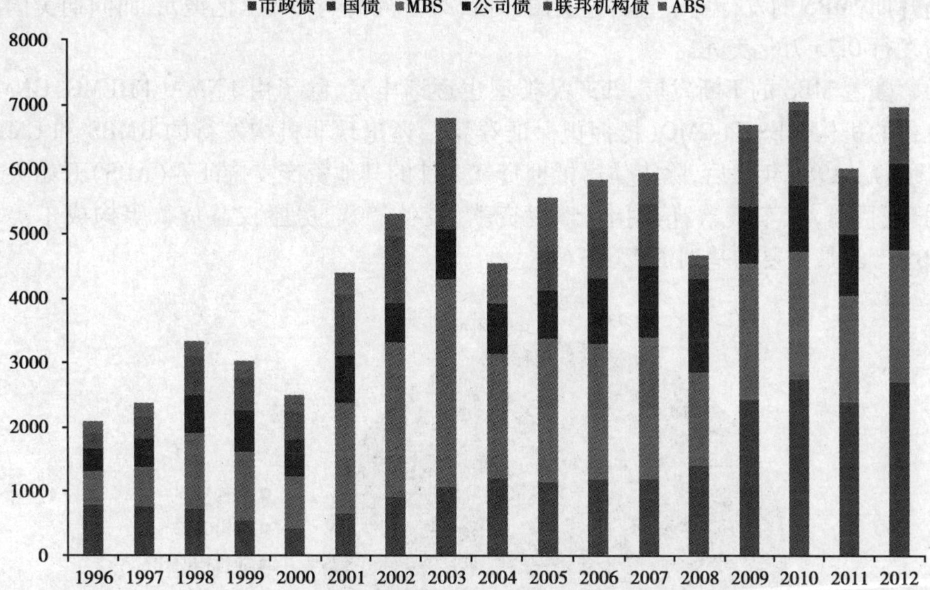

图3　美国固定收益产品一级市场发行量(十亿美元)

数据来源:SIFMA,西南证券研究发展中心。

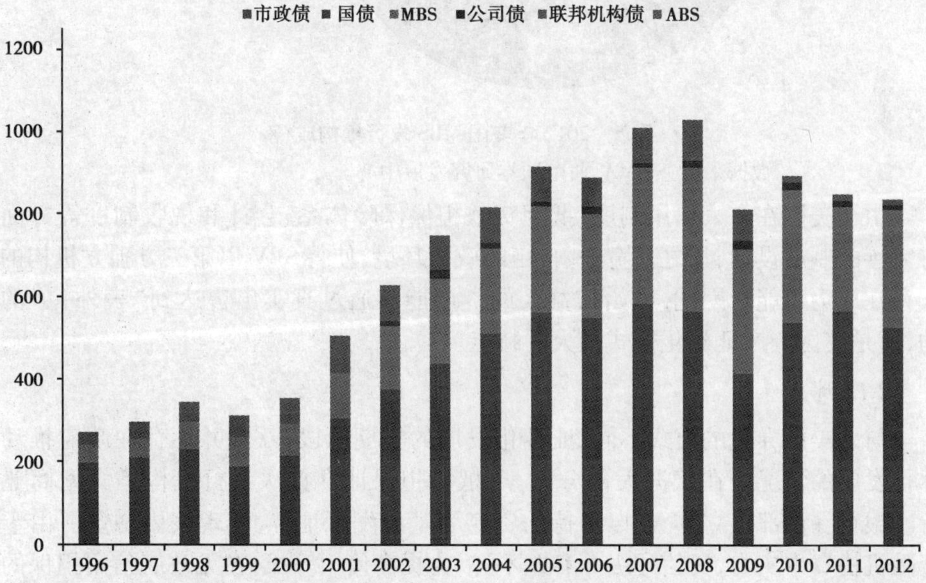

图4　美国固定收益产品二级市场交易量(十亿美元)

数据来源: SIFMA,西南证券研究发展中心。

2012年,国债和MBS的发行量分别占到美国固定收益产品发行量的33%和29.5%;二者的交易量分别占固收市场交易量的61.6%和33.8%。在次贷危机前的高峰期,MBS的发行量一直超过美国国债,2007年发行2.2万亿美元,而同期美国国债发行0.75万亿美元。

随着MBS的不断发展,其产品类型也逐渐丰富,除了由FNMA,FHLMC,GNMA发行的机构MBS和CMO(抵押担保证券)外,还出现非机构发行的RMBS和CMBS(图5)。1985年之后,除了住房抵押贷款之外的其他资产支持证券(ABS)开始大量涌现,目前,汽车贷款、信用卡、学生贷款、设备贷款、房屋权益贷款等构成了美国ABS产品最主要的基础资产(图6)。

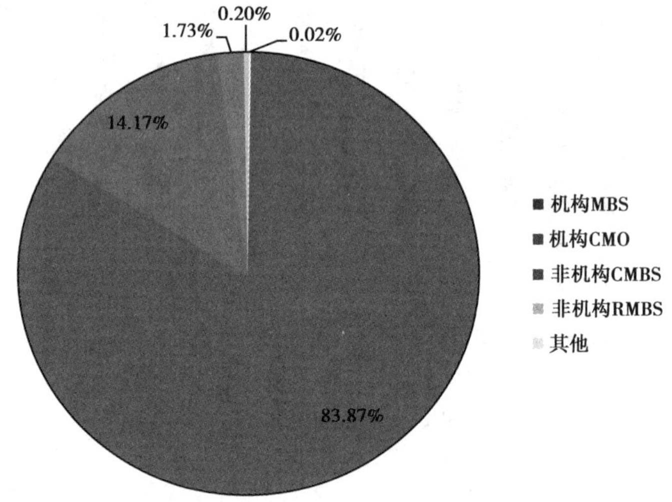

图5 2012年美国MBS发行量构成/%

数据来源:SIFMA,西南证券研究发展中心。

由于美国在个人信用制度、抵押贷款担保保险体系、会计和税收制度等方面具有完善的制度设计,加之其宽松、自由的政策环境,使得SPV以第三方独立机构的形式存在成为可能。因此,原始权益人的资产能够通过真实出售达到"表外化"的目的,这是美国资产证券化模式最大的特点。

2.欧洲

与北美证券化的模式不同,证券化发展的早期阶段,欧洲并不存在政府推动证券化发展的情况。在欧洲大部分国家,抵押担保证券首次发行机构是大型商业银行。银行在内部设立SPV,以自持的资产为基础发行证券,实现表内融资。由于各金融机构资本实力、资信评级等参差不齐,为提高信用等级,在无政府信用担保的情况下,发行者只能通过成本较高的外部或内部增级的方式提升证券等级,正是由于这种制度安排的缺陷,使得欧洲抵押贷款证券市场的发展一直落后于北美国家。

可以看到,次贷危机之前,欧洲证券化产品的发行量呈明显的上升趋势,2008

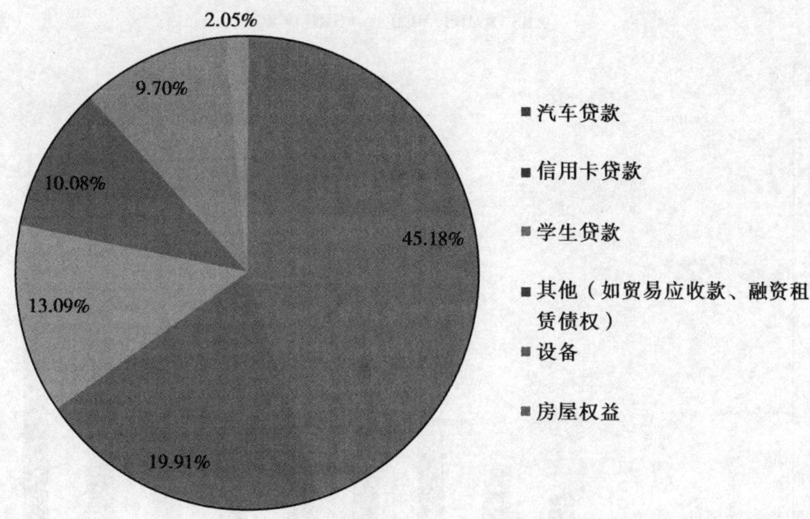

图 6 2012 年美国 ABS 发行量构成/%

数据来源：SIFMA,西南证券研究发展中心。

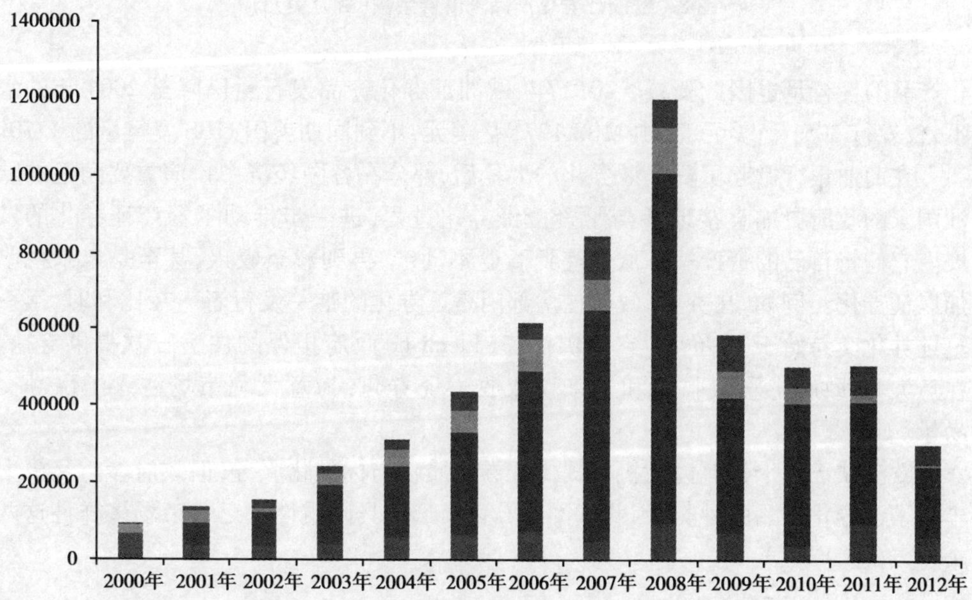

图 7 欧洲证券化产品发行量(百万美元)

数据来源:SIFMA,西南证券研究发展中心。

年达到顶峰,当年发行量为 1.21 万亿美元,其中规模最大的 MBS 发行量为 0.91 万亿美元(图 7、图 8),而同期美国 MBS 发行量已达到 1.40 万亿美元。次贷危机后,美国的 MBS 发行量并没有出现大幅下滑,但欧洲的 MBS 发行规模急剧收缩,整个证券

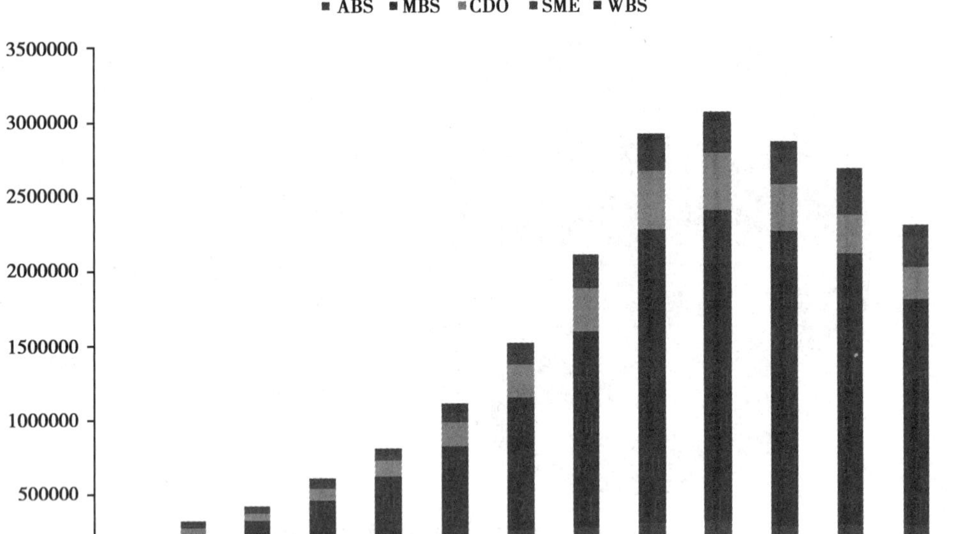

图8 欧洲证券化产品未清偿余额(百万美元)

数据来源:SIFMA,西南证券研究发展中心。

化产品的发行量也因此骤减。2012年,欧洲证券化产品发行量已降至2004年的水平,仅发行3051亿美元,其中MBS 1771亿美元,不到同期美国MBS发行量的1/10。

在商业银行掀起了资产证券化的大幕后,部分在各国经济中扮演重要角色的欧洲国家的政府更加直接地参与了资产证券化过程,进一步推动了资产证券化的发展。它们将自己的资产——从住宅到商业不动产,再到彩票收入,甚至是未来税收加以证券化。例如,在芬兰,政府住房部门是证券化的唯一发行者。在比利时,第一笔证券化交易始于1996年,它由佛兰芒(Flemish)政府担保的住房贷款提供支持。在意大利,政府将彩票收入和未来税收收入证券化,为意大利市场注入了巨额交易量。

欧洲缺乏一个强有力的机构提供证券同质化与标准化服务,但政府参与又极大丰富了证券化产品的种类,因此欧洲证券化市场兼具同质性缺乏与市场多样性这两个特点(图9)。

3.日本和韩国

在日本,资产证券化发展的初期表现为资产流动化。由于日本税法原则上不把信托作为课税对象,因此1973年的住宅贷款债权信托开启了利用信托进行资产流动处理的先河。20世纪80年代后,以企业债权为基础进行筹资的债权流动化发展开始加速,1993年,日本通过许可制等方式对资产流动化的相关经营者进行了必要规制,更好保护了投资者,从而推动了流动化进程。

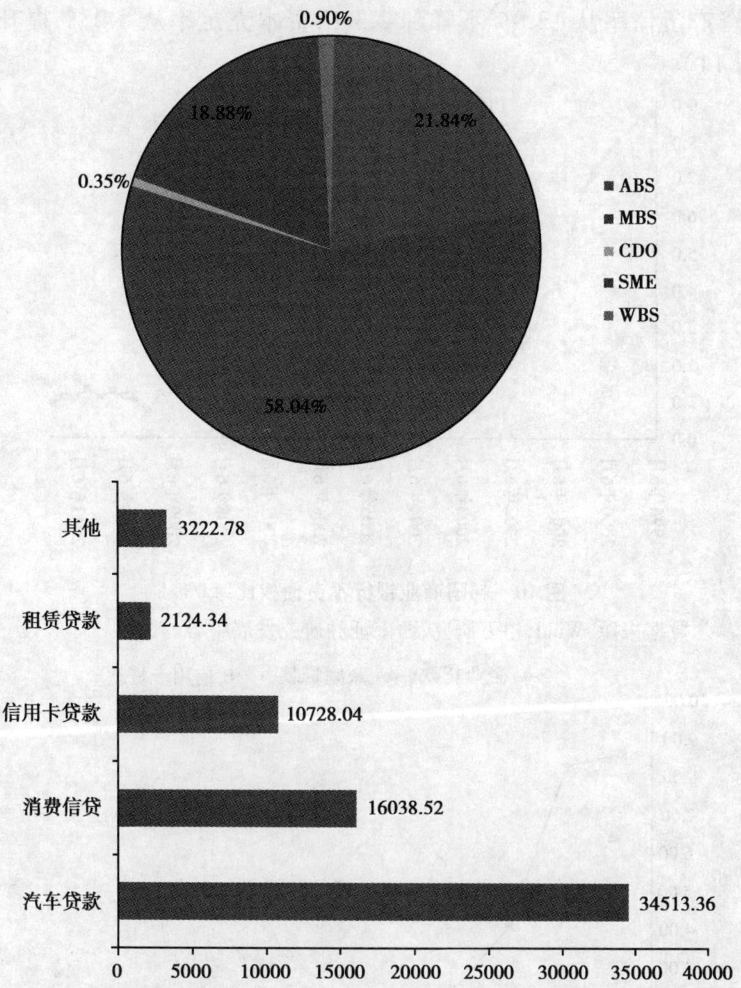

图9　2012 年欧洲证券化产品发行量构成及 ABS 基础资产种类(%,百万美元)

数据来源:SIFMA,西南证券研究发展中心。

1994 年 12 月,日本租赁公司在美国市场发行了资产支持证券(ABS)。1996 年 4 月日本国内开始允许发行 ABS,ABCP(资产抵押商业票据)。同年 9 月,Orient Corporation 发行了国内第一个 ABS。此后,为了提高金融机构资本充足率、推动不良金融债权处理、促进不动产市场交易发展、增加企业资金调度的手段及丰富投资标的,日本于 2000 年将《特定目的公司法》修改为《资产流动化法》,就资产证券化的基本结构采用双轨制,同时引进特定目的公司制度(SPC)及特定目的信托制度(SPT)两种导管体法制。

除日本外,韩国是亚洲地区资产证券化发展最快的市场。1998 年亚洲金融危机所产生的大量不良债权是韩国开展资产证券化的直接原因:从 1996 年 6 月到 2002 年底,韩国通过资产证券化共处理了 110 兆韩元的不良资产,金融机构的不良资产负债率从 12.9%下降到 2.3%,资本充足率从 8.23%提升至10.5%(图 10、图 11)。

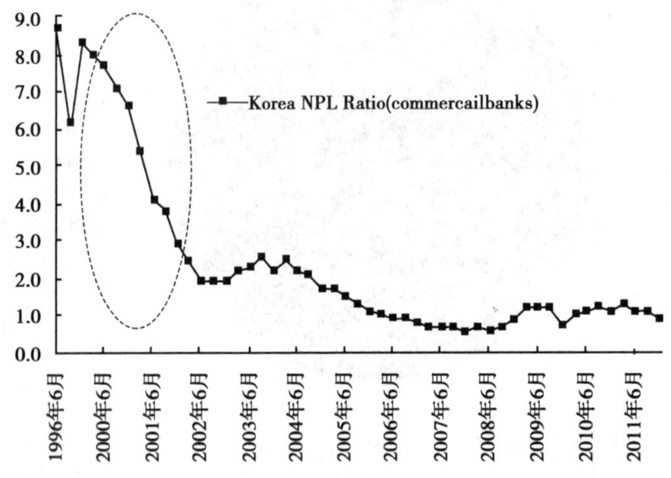

图 10 韩国商业银行不良债权比率/%

数据来源:Wind,申万研究,西南证券研究发展中心。

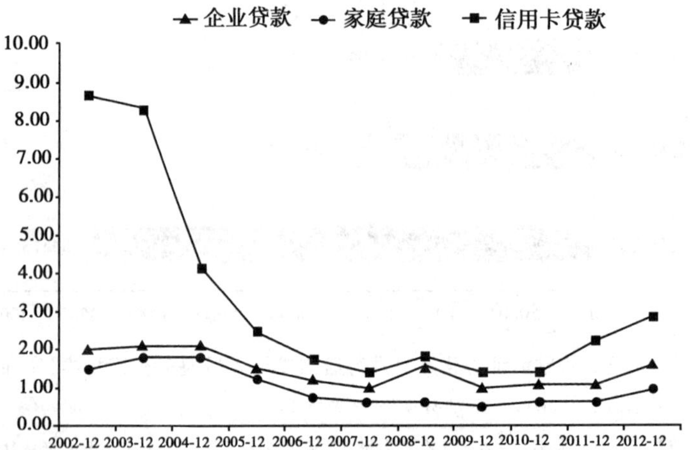

图 11 韩国商业银行贷款拖欠比率/%

数据来源: Wind,西南证券研究发展中心。

(四)我国资产证券化的发展历程

与美国资产证券化先发展后管制的路径相反,我国遵循的是先管制后发展的道路,纵观其发展历程,可以概括为:先境外后境内、先试点后推广。总的说来,我国资产证券化发展至今,共迈过了四道坎,分别是 1996—2000 年的离岸资产证券化、2001—2004 年的国内“准资产证券化”、2005—2012 年银行业金融机构的信贷资产证券化试点以及 2013 年以后的证券公司资产证券化业务转入常规。

1.离岸发展阶段(1996—2000 年)

在国内条件不成熟的情况下,我国通过借用国外成熟的环境及广阔的市场,开展了离岸资产证券化,即利用国外的 SPV,在国际市场上发行 ABS 或者 MBS 以筹集资金。目的是为了借鉴和吸收国外的先进经验,从而推动国内证券化市场的培育和发展。

离岸资产证券化是我国证券化发展的特殊阶段,其主要特点是借助境外 SPV,向境外投资者发行证券融资。这样可以避开国内相关软环境的束缚和制度的缺失,并能够学习成熟市场的运作经验,为国内开展资产证券化业务打下基础(表 1)。

表 1　离岸资产证券化典型项目

时　间	典型项目	操作流程
1996 年	珠海高速公路通行费资产证券化	珠海市人民政府以交通工具注册费和高速公路通行费收入为基础资产,分别发行了信用评级为 Baa3 和 Ba1 共 2 亿美元的债券,获得 3 倍超额认购。这是我国第一个在国际资本市场进行证券化融资的项目
1997—1999 年	中远集团航运收入资产证券化	中国远洋运输总公司以北美航运收入为支撑,先后于 1997 年和 1999 年分别发行了 3 亿美元和 2.5 亿美元的资产支持证券
2000 年	中集集团应收账款资产证券化	中集集团与荷兰银行合作,对公司应收账款进行设计安排,通过将未来 3 年内 8000 万美元的应收账款证券化,中集集团的负债率从 67.4% 降至 63.8%,应收账款盘活比率达 43%

资料来源:《中国离岸资产证券化的实践探索》《深圳中集集团的资产证券化案例解剖》,西南证券研究发展中心。

2.准资产证券化发展阶段(2001—2004 年)

准资产证券化阶段是把证券化活动从境外带回国内的重要一步,主要形式是不良信贷资产的证券化。一方面,1998 年亚洲金融危机后,国内商业银行的不良资产问题成为经济运行中的重大风险隐患。另一方面,住房商品化的兴起为房地产行业带去了繁荣,商业银行相关信贷资产迅速增加,为开展证券化提供了基础资产。2001 年 10 月 1 日《信托法》的实施弥补了国内资产证券化发展过程中所遭遇的SPV空缺的问题，为今后国内SPT形式的泛资产证券化活动铺平了道路。

资产管理公司(ACM)开创了国内不良资产“准证券化”的先河，其全新的交易模式为国内开展不良资产处置活动树立了成功典范，也为后来国务院批准同意进行资产证券化试点奠定了基础(表2)。

表2 准资产证券化典型项目

时 间	典型项目	操作流程
2003年	信达资产管理公司不良债权证券化	信达资产筛选了分布在全国不同地区、不同行业的20个项目，共15.88亿元组成资产池，由德意志银行在境外负责证券化的设计和实施
2003年	华融资产管理公司不良债权证券化	华融资产管理公司将132.5亿元不良债权资产打包，委托给中信信托设立财产信托，以“信托分层”的形式发行受益权凭证。这一“准资产证券化”方案首创了国内资产处置业务的全新交易形式
2004年	工商银行宁波分行不良资产证券化	宁波分行将辖区内13个营业部(支行)管理的26.19亿元信贷资产委托给中诚信信托(受托人)设立财产信托。中信证券(服务人)以此为基础设计证券化产品

资料来源：网络资料，西南证券研究发展中心。

3.资产证券化试点发展阶段(2005—2012年)

2005年2月，国务院正式批准同意开展信贷资产证券化业务试点工作，明确由中国人民银行牵头成立“信贷资产证券化试点工作协调小组”，并选择国家开发银行和中国建设银行作为首批开展此项业务的试点银行。至此，我国证券化进入试点发展阶段。

试点阶段最大的突破在于，“协调小组”在借鉴国外经验，结合国内实际情况的基础上，制定了一系列配套的政策法规，为证券化业务的开展扫除了法律、会计、监管及税收4大制度障碍(表3)。

表 3 资产证券化试点阶段出台的相关配套政策及其贡献

	日期	发文单位	政 策	贡 献
法律制度的突破	2005-4-20	人民银行、银监会	《信贷资产证券化试点管理办法》	明确了我国证券化试点工作的基本模式,界定了参与主体职能,为后续配套政策的出台奠定了基础
	2005-5-16	建设部	《关于个人住房抵押贷款证券化涉及的抵押权变更登记有关问题的通知》	明确了抵押权变更登记的条件、程序和时限,为现有住房产权抵押登记制度框架下实施债券担保权益的变更提供了低成本的解决方式
会计制度的突破	2005-5-16	财政部	《信贷资产证券化试点会计处理规定》	在会计确认标准上融合了国际上三种典型的资产证券化标准,明确了资产证券化各参与机构适用的会计标准
税收制度的突破	2006-2-20	国税总局	《关于信贷资产证券化有关税收政策问题的通知》	为了防止税收滥用,国税总局不同意制定专门的税收规定,但同意在税收中性前提下,一事一议
监管制度的突破	2005-6-13	人民银行	《资产支持证券信息披露规则》	明确受托机构应就可能对 ABS 投资价值有实质性影响的信息进行全面、及时披露,并对相关披露方式和时间,从保护投资者角度作了明确规定
	2005-6-15	人民银行	《中国人民银行公告》(2005)15 号	明确每期 ABS 实际发行额不应少于 5 亿元人民币,同期各档次 ABS 实际发行额不应少于 2 亿元,ABS 以现券买卖方式在银行间债券市场交易流通
	2005-7-25	人民银行	《资产支持证券交易操作规则》的批复	同意全国同业拆借中心发布的《资产支持证券交易操作规则》
	2005-7-27	人民银行	《资产支持证券发行登记与托管结算业务规则》的批复	同意中央国债登记结算有限责任公司发布的《资产支持证券发行登记与托管结算业务规则》
	2005-11-27	银监会	《金融机构信贷资产证券化试点监督管理办法》	针对有关金融机构在证券化交易中担任的不同角色,在市场准入、业务规则与风险管理、监管资本等方面提出一系列监管要求

续表

	日期	发文单位	政　策	贡　献
税收制度的突破	2006-2-20	国税总局	《关于信贷资产证券化有关税收政策问题的通知》	明确了信贷资产证券化业务试点中的有关税收政策问题

资料来源:《资产证券化及其在中国的试点研究》,西南证券研究发展中心。

在多个部门的联合推动下,资产证券化试点工作使国内严格意义上的证券化产品实现了历史突破,特别是以MBS和银行业金融机构作为发起人的ABS为代表的产品开始了具有中国特色的“市场化”发展。

4.资产证券化常规发展阶段(2013年至今)

2013年3月15日,证监会正式发布《证券公司资产证券化业务管理规定》,标志着试点近8年之久的证券公司资产证券化业务转入常规。我们将“新规”与原《证券公司企业资产证券化业务试点指引(试行)》进行比较,认为“新规”具有如下几方面的重大突破。

首先,降低了券商开展该项业务的门槛。新规取消了有关券商分类结果、净资本规模等限制,凡具备资产管理业务资格、最近一年未因重大违法违规行为受到行政处罚等基本条件的券商,均可申请设立专项计划发行资产支持证券。

其次,拓宽了券商开展资产证券化业务的模式选择范围。新规除了继续采用专项计划作为SPV外,还明确了SPV可以是证监会认可的其他形式,即为将来引入基金、特殊目的公司(SPC)等载体预留了空间。

再次,扩展了基础资产的内涵和外延。新规定将基础资产界定为可以独立、可以预测的现金流的财产权利或财产,诸如信贷资产、融资租赁债权、企业应收款、基础设施收益权等财产权利,商业物业等不动产(这与国外的商业物业抵押证券化CMBS和整体商业证券化WBS接轨)等均可作为证券化的基础资产。

最后,强化了证券化产品的流动性安排。新规明确指出公开发行的ABS可以证券交易所、证券业协会机构间报价与转让系统、证券公司柜台市场及证监会认可的其他交易场所进行转让。同时还引入做坐市商制度,允许券商为ABS提供双边报价服务。

三、国企改革与资产证券化

(一)国企改革概述

1.国有企业与国企改革

国有企业的概念有广义和狭义之分。狭义的国有企业是指企业财产所有权全部属于国家、依法具有独立法人资格的企业;广义的国有企业则是指国家和政府可以根据资本联系,对其实施控制或控制性影响的各种企业,包括全民所有制企业、国有独资企业、国家控股的有限责任公司和股份有限公司。可见,广义的国有企业概念所涵盖的范围更加全面,更符合现阶段我国市场经济和社会主义经济发展的本质特征。

关于国企改革的概念,我国目前存在不同的观点,如吴敬琏等认为国企改革是指通过国有资产的流动和重组,收缩国有经济战线,改善国有资产的配置结构和国有企业的组织结构,集中力量加强国家必保的行业和企业,使国有经济在社会主义市场经济中更好地发挥作用;史忠良等认为,国企改革是指通过国有资产的流动和重组,在适当收缩国有经济战线的前提下,重组国有企业的产业结构和组织结构,实行抓大放小,扶优扶强,使国有企业存量资产合理流动。

不同学者对国企改革的概念表述不尽相同,但其内涵都存在诸多共性,准确把握国企改革的概念应注意以下几点:应以国有资产流动和重组为改革手段,以调整升级国有企业的资源配置结构、企业组织结构和产业发展结构为改革核心,以充分发挥国有企业的基础带动作用、实现国民经济协调持续发展为改革目标,充分把握国有企业改革发展的时代机遇,探索国有企业发展的新动力源。

2.我国国企改革的历史进程

我国的国企改革始于1978年,总的来说,国企改革是一个“摸着石头过河”的“试错”过程,虽然国企改革具有明显的阶段性特征,但各个阶段间并无清晰明确的划分标准和时间节点,因此,实践界和学术界关于国企改革历史进程的阶段划分,也往往具有不同的认识。目前,主要存在两种观点:一是三阶段论,第一阶段为1978—1992年,国企改革的初步探索期;第二阶段为1993—2003年,国企改革的制度创新期;第三阶段为2004年至今,国企改革的纵深推进期。二是四阶段论,将国企改革的历程划分4个阶段,分别是从国有国营到放权让利(1978—1984年)、政企分开与两权分离(1985—1992年)、现代企业制度与抓大放小(1993—2002年)、股份制成为公有制的主要实现形式(2003年至今)。

四阶段论对三阶段论的第一阶段进行了进一步的细分和剖析,根据不同特征将其划分为两个阶段,从而有助于我们更深入地了解国企改革初步探索前期和后期的政策差异,准确把握国企改革的历程。

3.本轮国企改革的背景

2008年国际金融危机期间,国有企业的出色表现稳住了中国经济,作为中国经济基石的国有企业,充分发挥了宏观经济稳定器的作用,初步显现了以往国企改革的显著成效。然而,在国有企业高速发展的同时,也涌现出了诸多新的问题亟待解决。越来越多的国有企业被指借助政府和银行的关系垄断了社会资源,国企在经营以及分配制度上,正在被卷入与民争利的利益旋涡。目前国有企业越来越不能顺应市场经济的发展要求,国企改革需进一步深化推进,进而提升其整体创新能力、运行效率及发展潜力等。

(二)资产证券化是国企改革的突破口

国企改革至今大致经历了扩大企业自主权试点、实行以承包制为主题的多种经营方式、转换企业经营机制、建立现代企业制度以及国有资产监管体制改革等阶段。目前,实施资产证券化对企业的优化作用越来越被更多的地方国资委所认可,无论央企还是地方国企,都将国有资产证券化作为推进当前国企改革的重要抓手。

从国有企业上市的过程来看,企业经历上市前的股份改制(包括资产重组、评估等)、上市辅导(三会制度、业务结构等),到上市后"证券化"资产从原本单一的国资委监管进入到"六位一体"(国资委、证监会、交易所和行业协会、保荐机构等中介、投资者、社会舆论)的市场化监管,公开上市无疑是推进国企建立现代企业制度,完善国有资产监管体系最有力、最具效率的途径。当然,现阶段并非所有国企都具备公开上市的条件,对于那些暂不能通过上市实现资产证券化的国有企业,还可以通过多层次资本市场(如新三板、区域股权交易市场)实现股份的转让和流通,借助证券公司专项计划和金融衍生工具提高存量资产的流动性和使用效率,引入产业投资基金、直接投资等,帮助国企建立现代化的公司治理结构,促进企业做大做强。

总的说来,随着国内多层次资本市场体系的建设和完善,金融衍生品市场的逐渐放开,证券公司监管环境的放松和金融创新的不断深化,资产证券化必定成为国有企业下一步改革的突破口。

(三)资产证券化推进国企改革的理论意义解读

国有企业资产证券化,是中国经济体制改革、市场发育和经济发展中金融深化的具体表现,也是中国经济迈向市场经济中出现的,由此实现经济体制微观基础的再造,作为企业改革探索处理"公有制如何与市场经济有机结合"的成功尝试。

首先,经济体制改革改变了资源配置方式,确立了市场作为资源配置的基础地位,从而理顺了市场与政府之间的经济主体相互关系。市场经济活动的主体的企业经营目标,从计划经济体制下的"产值最大化"转到"资产市值最大化",由此引起企业在核算、理财、投资决策等各方面的变革。在"拨改贷"改革方式下,企业自身的理财空间扩大,国有企业"股份制改造"逐渐浮出水面。国企通过发行股票将存量资产折股,并公开向市场募集新的资本投入,放大企业资本规模,优化企业资本结构,多元出资的格局得以形成,企业资本与资本市场实现了对接。

其次,经济体制改革过程中金融制度变革和创新带来了"金融深化"。传统体制下,金融工具、融资方式十分简单、匮乏,传统的银行信贷又受制于严格的计划控制管理,企业行为表现出"行政色彩"。金融体制的配套改革使货币资本和现实资本发生分离,企业存量资产的折价计算方式发生了变化,金融工具和手段的丰富促使实体经济的服务方式和能力也产生了变革，逐步形成了经营主体借助金融工具手段实现企业发展目标的机制。

最后，“资产证券化”虽然在中国经历了近20年的发展，但从发达经济体的资产证券化演进层次来看，尚处于初级阶段，只表现为存量实体资产的记账和流转形式的改变。在成熟市场经济中，金融衍生工具极为丰富且层出不穷，对于实体经济中存在的资产，证券化手段通过创新的、结构化的衍生工具而被衍生使用，资本杠杆大幅提高，资本能力放大并被运用到极致，使资本逐渐游离于实体经济之外而自我发展，所谓的“财富效应”就被制造出来。仔细分析发达经济体的成长历史，其实就是一部金融杠杆化、资产证券层次化，通过金融工具创新最大限度发挥资本能力的历史！

四、国企改革的资产证券化路径

（一）国企改革的资产证券化环境分析

国企改革资产证券化的顺利进行与国有企业所处的外部环境密切相关，因此国有企业要进行资产证券化、探索适合不同类型企业的差异化资产证券化路径，首先必须全面客观地分析和掌握外部环境的状况及变化趋势，因此，本节对影响国有企业资产证券化的外部环境因素进行全面分析。

1.政治环境

21世纪，随着我国进入改革开放的新阶段，国内经济发展环境日益改善，与此同时也带来了政治环境的不断优化，各项有利于国有企业资产证券化改革的政策措施相继出台。从2004年的《国务院关于推进资本市场改革开放和稳定发展的若干意见》到2013年的《关于进一步促进资本市场健康发展的若干意见》，相关政府部门对于发展资本市场的决心越来越大，推动了国内多层次资本市场体系的不断建立和完善，也为国企改革指明了新的方向——即通过资本市场激发国有企业发展活力。

我国政府正积极探索国有企业改革的资产证券化模式，大力鼓励国企的资产证券化改革，并为此创造了良好的政治环境。2005年12月，《金融机构信贷资产证券化试点监督管理办法》正式生效，对市场准入、业务规则、风险管理、资本要求等诸多方面做了明确规定，使企业资产证券化在技术操作层面上得到了基本解决；2006年，财政部、国家税务总局联合发布《关于信贷资产证券化有关税收政策问题的通知》，对银行开展资产证券化业务的税收政策作出了明确规定，使相关操作流程得到进一步完善，降低了企业资产证券化的不确定性，为国有企业资产证券化奠定了政策基础。

与此同时，2012年召开的党的十八大指出，要毫不动摇巩固和发展公有制经济，推行公有制多种实现形式，深化国有企业改革，完善各类国有资产管理体制。此后，十八届三中全会进一步明确，必须毫不动摇巩固和发展公有制经济，坚持公有制主体地位，发挥国有经济主导作用，不断增强国有经济活力、控制力、影响力，推动国有企业完善现代企业制度。2013年12月,国务院国资委副主任黄淑和召开新闻发布会表示,国务院国资委将加快国有企业股权多元化改革,积极发展混合所有制经济;深化国有企业管理体制改革,健全完善现代企业制度;探索“以管资本为主加强国有资产监管”的新模式和新方法等。

可以看出,在资产证券化和国企改革双重浪潮的影响下,国企改革的资产证券化具有良好的政策环境,对国有企业的发展意义重大。

2.经济环境

在21世纪的第一个十年中,中国经济总量先后超过意大利、法国、英国、德国、日本等传统经济强国,成为世界第二大经济体,经济总量从2000年占世界总量不足4%提高到2012年11%左右。然而,值得注意的是,随着人口红利的逐渐消失,我国经济发展的主要驱动力也将随之由人口红利转变为改革红利,实现以改革促转型、促发展的目标,推动全社会各领域实现实质性突破。

国有企业作为经济社会中最重要的市场主体之一,巨大的资产规模、就业人数及社会影响,都决定了其将担负起改革发展先行者的重任。就2011年的数据来看,全国国有及国有控股企业(不含金融类企业,以下简称全国国有企业)14.47万户,资产总额85.37万亿元,所有者权益29.17万亿元,在册职工3672.4万人,离退休职工1655.3万人。2011年,全国国有企业实现营业收入39.25万亿元,实现利润总额2.58万亿元,上缴税金3.45万亿元,分别约占全社会工商企业的35%,43%和40%。其中,纳入国资委系统监管的企业资产总额、营业收入、利润总额、上缴税金分别占全国国有企业的71.2%,87.3%,80.7%和75.8%。可见,国有企业资产规模之大,进一步加强国有企业资产管理,提高资产利用率和收益水平任务迫切。

目前,实施资产证券化对企业的优化作用越来越被更多的地方国资委所认可,无论央企还是地方国企,都将国有资产证券化作为推进当前国企改革的重要抓手,并制定了具体的资产证券化目标:如广东省国资委在“十二五”规划中,要求80%以上集团至少控股1家上市公司,证券化率突破60%;上海市2012年国资证券化率已达35.24%,将继续推动企业集团优质资产注入上市公司,以实现“十二五”证券化率40%的目标;安徽省将国资证券化目标锁定在40%左右;云南省将“十二五”国资证券化率的目标定在50%等。可见,当前国企改革资产证券化具有良好的经济基础和环境,有利于这一新型国企改革路径的深化发展。

3.社会文化环境

在我国,资产证券化虽然属于新生事物,但是也具备了一定的社会发展基础。早在1996年,广东省珠海市就以交通工具注册和高速公路过路费为支持,由摩根士丹利投资银行安排,在美国成功发行2亿美元的债券,成为我国早期资产证券化的成功尝试;1997年,中国远洋运输公司以其北美的航运收入为支持发行了3亿美元的浮动利息商业票据;2005年,国内资产证券化第一单“中国联通CDMA网络租赁费收益计划”,在上海交易所的大宗交易系统挂牌交易,实际发行额度为32亿元,受到了市场的广泛认同和追捧。此后,我国企业资产证券化不断深化发展,积累了大量成功经验和社会基础,越来越多的企业意识到通过资产证券化盘活非流动资产的重要性。

在资产证券化的浪潮中,国有企业应充分把握和运用这一改革利器,吸收和借鉴国内外已有成功经验,探索出适应不同类型国有企业的资产证券化改革路径。

4.技术环境

当前,我国技术创新日新月异,信息化和科学技术的不断发展为国有企业改革及资产证券化提供了良好的技术支撑。信息技术的迅速发展为知识在企业间快捷的流动提供了可能性,知识技术溢出效应日益明显。一方面,良好的技术环境有利于国有企业各类创新活动的开展,激发了企业的发展活力和改革动力;另一方面,信息传播技术的不断进步,使得国有企业能够全面、高效了解经济中各类企业的发展状况和改革措施,并有利于其通过对现有改革措施的借鉴和创新,探索出适宜自身发展的改革路径。

此外,良好的技术环境也能够在国企改革资产证券化的过程中,为国有企业提供管理和运营上的技术支持,使技术因素与其他因素一起,推动国企改革资产证券化的顺利开展。

(二)国企改革的资产证券化路径分析

从已有经验和现有条件来看,国企改革资产证券化主要集中在竞争性领域的经营性国有资产,途径主要以公开上市为主,如未上市企业集团的整体上市、部分上市企业集团的整体上市等,除此之外,还包括直接投资及证券公司专项计划等。

1.路径一:公开上市

推进国有资产上市,实现证券化配置可以分为两大类:一类是未整体上市的企业集团的资产证券化上市形式;另一类是在部分业务板块已上市的基础上,企业集团资产实现整体证券化上市。

(1)未上市企业集团整体上市

未上市企业集团的整体上市可以使国企资产通过上市实现与资本市场的对接,主要包括四种途径,分别为接受授权的国有资产控股公司的整体上市、控股公司的主业资产实现上市、企业集团控制的多元化经营业务分别实现上市和通过对已经上市企业的收购或定向增发实现借壳上市(图12)。

第一,母公司整体上市。通过对接受授权的国有资产经营公司(企业集团、母公司)的不良资产和非主营业务进行重组、剥离等方式处置,使整个企业作为上市整体而不再有独立于上市公司之外的存续企业,实现资产证券化配置。这种方式最大的优点在于其可以使所属公司的主业比较清晰,尽可能避免了与母公司产生关联交易

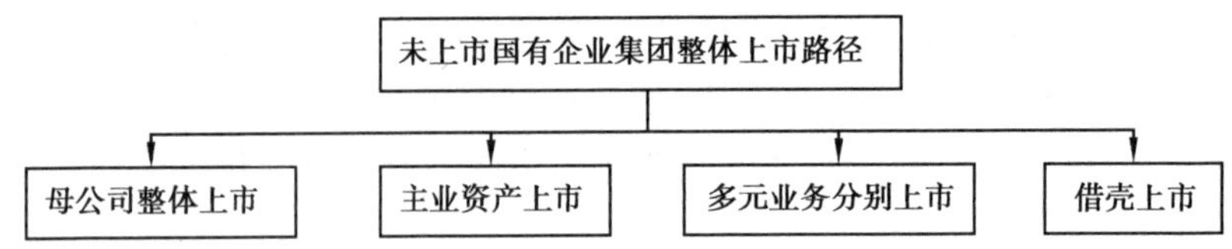

图 12　未上市国有企业集团整体上市路径

和同业竞争,使上市公司相对独立;而缺点则是国资委直接控股上市公司,可能会带来股权行使方面的问题。

第二,主业资产上市。通过将集团主营业务和与主营业务相关的资产经过改制重组后全部投入上市公司,而不将主营业务和资产留在母公司。这样可以实现公司集团主营业务领域的国有资产证券化配置,在组织模式上主要表现为“国资委—集团公司—上市公司”的结构框架。这种做法的优点在于其可以保证国有控股公司的较大部分资产实现证券化,而缺点则是相对于盈利能力强、经营效益好的主营业务而言,非主营业务资产的质量和盈利能力则明显不足,会导致集团出现冗员等问题,制约其实现更大发展。

第三,多元化业务分别上市。对于采取多元化综合经营模式的大型、特大型企业集团而言,若其多项主营业务和板块都符合上市要求,则可以通过采取将其不同业务板块分别包装上市的策略,提高国有资产的证券化率,实现集团内部绝大部分资产与资本市场的成功对接。然而值得注意的是,通过这一路径实现资产证券化应着重协调同一行业不同业务板块或不同行业多个业务板块之间的上市进度和节奏,以保障整个集团上市的有序进行和顺利实现。

第四,借壳上市。通过对上市公司股权收购或定向增发方式借壳上市,解决国有企业改革的资产证券化。由于目前上市还需要相关的审批考核,因此许多基本符合上市条件要求的非上市公司会通过以一定的价格收购已经上市企业的股权,或者是对已上市企业实行定向增发,来改变原上市公司的主营业务。然而,目前证监会对借壳上市在政策上有所限制,并且其要求已接近一般上市要求,加之借壳成本往往较高,因此采取这种方式对业绩条件和资本能力都有较高要求。

(2)部分业务板块已上市企业集团的整体上市

国有企业集团为实现做强做大上市公司的目标,在已有上市公司基础上,为避免同业竞争或关联交易,可通过两种方式进一步推进集团全部资产整体上市,见图 13。

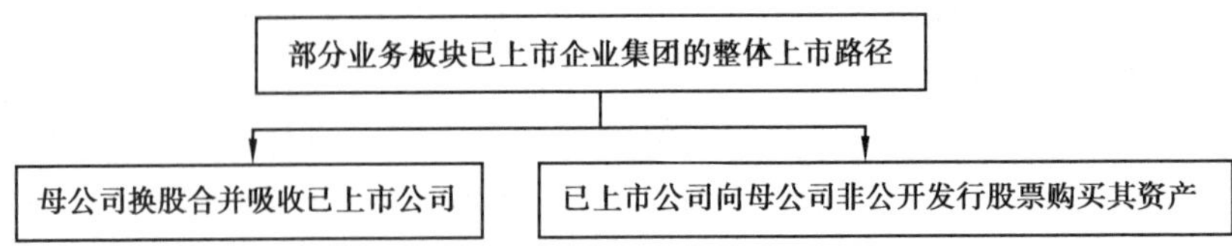

图 13　部分业务板块已上市企业集团的整体上市路径

其一，母公司经过股份制改造，发行股份吸收合并上市公司，实现整体上市，被合并上市公司退市并注销；其二，与上述方式相反，这一模式主要是已上市公司通过定向增发的方式，由母公司购买其发行股份，将母公司资产一次性或分次注入以实现整体上市。具体操作流程图如图 14 和图 15 所示：

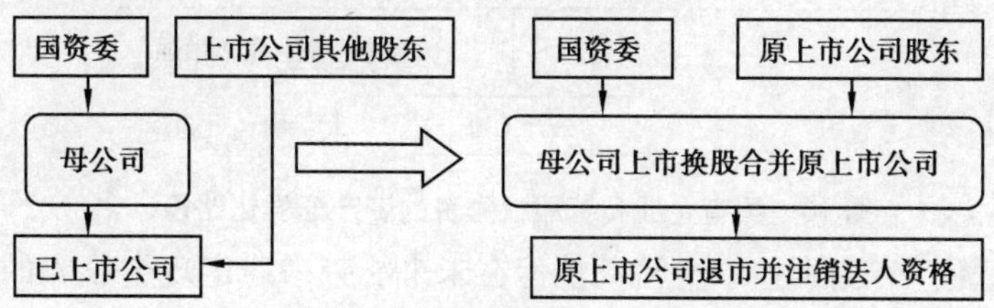

图 14　母公司换股合并吸收已上市公司模式

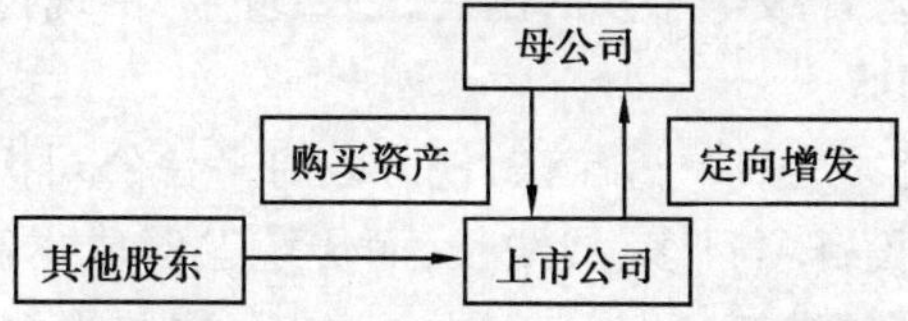

图 15　已上市公司向母公司非公开发行股票购买资产模式

2.路径二：私募股权融资

私募股权融资主要是指通过私募股权资本，面向特定投资者，以私募资本形式投资于非上市企业的权益，并对企业进行长期资本投资的一种融资方式。股权投资者在实施交易过程中，往往附带了将来的退出机制，即通过上市、并购或管理层回购等方式出售持股获利。这种融资方式所需的成本较少、门槛较低，是中小型国有企业资产证券化常采取的方式，能够有效解决其融资困难问题，促进企业在短时间内做大做强，随后再到公募市场公开上市。

国有中小型企业通过私募股权投资实现资产证券化具有诸多优点，如有效解决中小企业融资难问题，使其可以在一段时期之内获得稳定充足的资金来源；通过加强对企业的管理改善内部组织结构，提高企业运行效率；丰富企业外部资源，增强上市品牌效应等。通过私募股权投资，从各方面改善企业状况，以使企业达到上市标准和要求，进一步提高资产证券化率（图 16）。

3.路径三：证券公司专项计划

随着证监会正式发布《证券公司资产证券化业务管理规定》，意味着证券公司的该项业务正式转入常规发展。证券公司的专项资产管理计划作为 SPV 载体，可以对贷款类资产（如小贷公司贷款、汽车消费贷款、个人消费贷款等）、应收款类资产（如贸易应收款、信用卡应收款、融资租赁应收款）、收费类资产（如基础设施收费、门票类收入）、实体资产（如商业物业不动产），以及信托财产（如信托计划里的政府平台资产）实现证券化配置。其中，收益权信托、收益权债券等是非常重要的一种存量资产证券化方式。

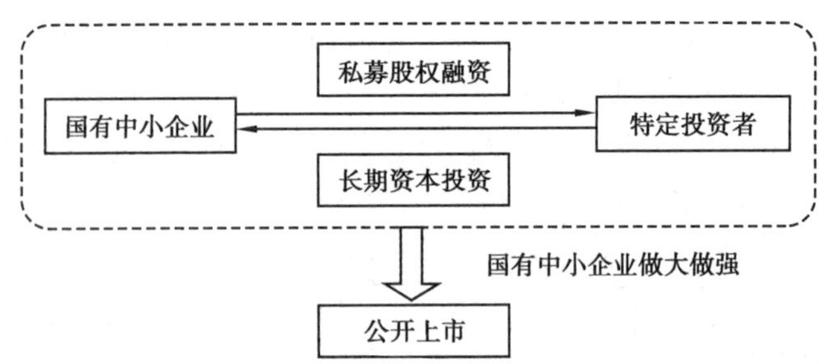

图16　国有企业私募股权融资的资产证券化路径

存量国有资产专指那些缺少流动性但在未来能带来稳定现金收入的资产,比如高速公路收费权、供排水收费权、商业地产租金、应收账款,以及房地产信托等,将这些资产收益权通过打包、评级等手段后出售,收回现金,实现再投入再发展。

(1)政府平台类ABS

以地方政府平台公司为例。近年来,地方政府平台公司担任了大量的基础设施建设任务,一方面因其投资项目多、战线长,而传统融资成本高,时常面临项目资金缺口、短期资金长期投资、借新还旧等问题;一方面,这些平台公司拥有大量的在未来产生稳定现金流的固定资产或长期投资项目,如应收账款、高速公路收费权、水电气及有线电视收费权、代建的政府BOT项目、房屋和设备租金等,这其中不乏质地较好的优良资产,为证券化提供了充足的基础资产来源。平台公司通过资产证券化,不但可以改善现有资产负债表结构,还能降低融资成本,获得所需资金,持续推动地方基本建设。

①模式概述。政府平台类ABS主要通过券商集合计划与信托计划的对接,完成证券化融资。具体地讲,券商通过发起若干小集合资产管理计划,将募集资金用于购买表内信托计划,受让政府平台资产(如来自于政府的应收账),并与该政府平台约定到期回购。当出现违约风险时,平台资产收益权产生的现金流可作为还本付息的保证。政府平台以其可处置资产(如储备土地)作为偿还抵押(见图17)。

②特点分析。这种通过发行小集合资产管理计划以购买信托资产的证券化业务模式,是在证监会新发布的“征求意见稿”基础上进行的一种大胆尝试:意见稿不再限制获得基础资产的具体方式,除转让方式外,为可能采用财产信托等其他基础资产转移方式留下了制度空间。该种资产证券化业务模式既能为投资者提供较高的预期收益,也能达到为政府平台提供便利的融资途径、盘活平台资产的目的。

(2)实业型国有企业(贸易)应收账款的资产证券化

在这一路径中,作为资产证券化主体的应收账款应具备低风险和高流动性等特点,以保障该融资模式的可行性。衡量应收账款能否作为资产证券化标的的标准,主要包括3个方面:一是,质量要求。即选择证券化的应收账款应考虑其多年的历史损失水平及其一致性,且最好参照以往损失按一定比率建立损失准备金。二是,规模要求。即证券化的应收账款应具备相当数量规模,以减少单位固定成本,提高

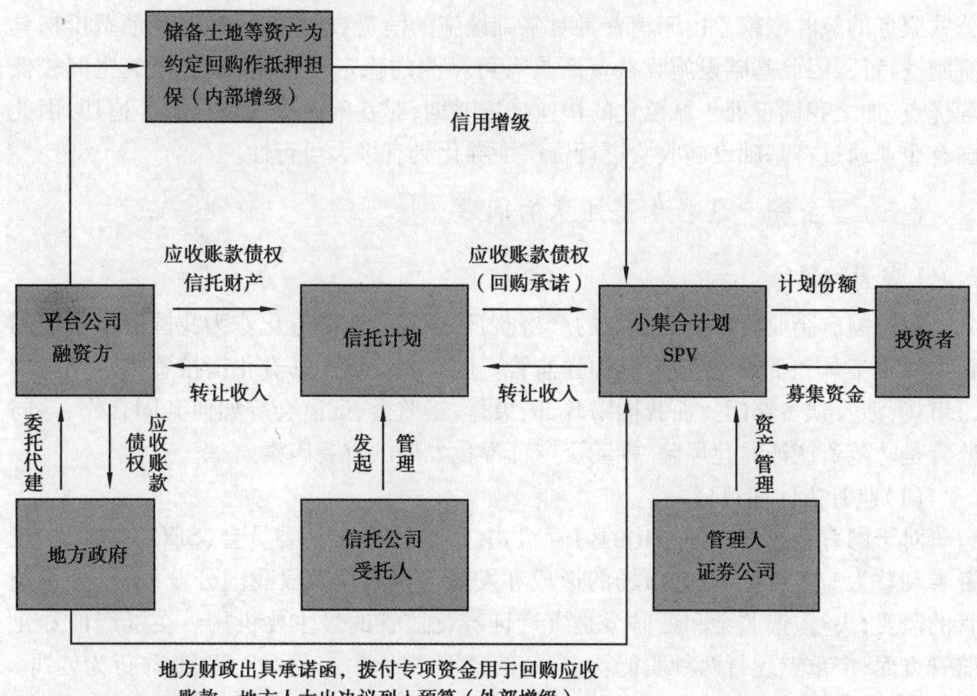

图 17 政府平台类资产证券化业务模式图

数据来源:西南证券研究发展中心。

融资效率。三是,期限要求。即证券化的应收账款期限不宜过长,否则会由于缺乏流动性而使消费者难以接受。

我国的国有企业,特别是大型国有企业,通常拥有大批质量良好的应收账款,因而对这些资产进行证券化具有较高的融资价值。这是由于,一方面应收账款相当于国有企业提供给债务人的无息贷款,会造成国有企业资金大量占用却得不到相应利息收入,而通过对其证券化可以实现资金的时间价值,增强资产变现能力,拓宽企业融资渠道;另一方面,应收账款资产证券化的实质是应收账款与现金流的置换,并不改变国有企业的权益和负债情况,但可以使企业具备高盈利能力和持续增长率,同时通过将资金再次投入生产经营活动中可为企业创造更高的利润。因此,将应收账款进行资产证券化,能够在很大程度上满足我国国有企业融通资金与盘活呆滞债权资产的双重需求。

(3)国有企业基础设施收费的资产证券化

目前,我国基础产业和基础设施建设大多为国有及国有控股企业所垄断。对国有企业基础设施收费的资产证券化主要是指在基础设施项目的初期开始运用企业资产证券化融资,出售的证券化资产是项目完成后产生的未来收入(如收费权),基础设施收费主要包括公共交通、公路、桥梁等公用设施收入以及电力、供水、通信等公共服务的应收账款。由于消费者对基础设施的消费数量较为稳定,且消费价格具有刚性特征,因此基础设施收费资产具有可预测的稳定现金流、缴费拖欠比例较低等优点,加之我国正处于城镇化的快速推进时期,对基础设施的需求十分迫切,因此国有企业通过将基础设施收费进行资产证券化具有极大可行性。

(三)国企资产证券化需注意的问题

1.监管问题

我国国有企业历来受到国家的严格监管,国有企业证券化作为我国资本市场的新型融资工具和手段,更应对其加强监管。国有企业资产证券化衔接资本市场与货币市场,涉及众多部门。而我国财政部、央行、银监会、证监会等如何共同合作、共同监管是防范资产证券化风险、推动资产证券化发展的重要因素。

(1)监管主体和目标

对于国有企业资产证券化的监管机构,美国证券交易委员会(SEC),以保护投资者利益为监督目标,促进市场的形成和发展。根据现阶段我国分业经营、分业监管的需要,央行、银监会和证监会是资产证券化监管的最主要机构。在资产证券化监管方面,应重点履行两种职能:一是对信息披露监管;二是对虚假、欺诈行为处罚。

(2)监管方式和内容

美国、日本和韩国均以市场为主导的集中监管模式,实行注册登记制。美国SEC主要监管信息披露,在监管资产证券化方面表现了高度的灵活性,有效地结合了法律的规定要求和实践的需要。我国资产证券化监管方式也应该是市场为主导的集中监管模式,就目前的实际情况来看,实行注册登记制尚有困难,可以实行审批或审核制。内容包括主体资格的认定、证券化品种、交易结构的审查、资产池技术性指标的审查等,最重要的一点,就是审查信息披露的全面性、真实性、准确性与及时性。

2.会计问题

我国财政部先后颁发了《金融机构金融资产转让会计处理暂行规定(征求意见稿)》《信托业务会计核算办法》。为适应信贷资产证券化试点的实践需要,又出台了《信贷资产证券化试点会计处理规定》该规定会计处理所涉及的会计主体,分别就发起机构、受托机构、贷款服务机构和投资机构等的会计处理进行了初步的规范,为金融资产和金融负债的确认和披露奠定了基础。

会计确认。国有企业资产证券化中的会计确认问题主要是发起人将准备证券化的资产转让时,是否可以将金融资产从原始权益人的账户和资产负债表内予以转销。

会计合并。《企业会计准则第33号——合并财务报表》中明确母公司控制的特殊目的主体也应纳入合并财务报表的合并范围。

会计披露。国有企业资产证券化交易中,复杂的合约安排使得资产的控制权与风险、报酬分离,并以各种相互独立的衍生金融工具为载体,分散给不同的持有方。

3.税收问题

在实务操作中,税收是其中一个关键问题。明确国有企业资产证券化在所涉及的环节中是否需要承担以及承担多少税收负担,同时它对国企资产证券化产品的价值评估也至关重要。

资产转让环节,当发起人以确定的价格将资产售予 SPV 时,其成交价格与账面价值很可能存在着差异时,发起人的收入是否会随之增加或减少?发起人与 SPV 签订转让合同是否要交纳印花税或转让税?发起人的转让行为是否要交纳营业税或增值税?发起人在转让资产时,为了达到相应的评级要求,常以一定的“折扣销售”资产,或通过“超额抵押”等方式为 SPV 提供资产信用的内部增级,是否可将“折扣销售”与“超额抵押”认定为发起人的成本支出并从其转让收入中予以扣除?类似的问题同样出现在证券发行环节和现金流偿付环节中。

4.定价问题

国有企业资产证券化的金融特点与一般商品不同。一般商品具有丰富多彩的使用价值,可以满足人们各种不同的需要,而金融商品的效用则是单一的,只能给人们创造现金流,其唯一目的也是追求对其未来现金流的索偿权。按照无风险套利理论,两股预期现金流的市场均衡价值价格必然相等,两种金融商品因此可以视为相同的,在金融商品的收益性、风险性、流动性中,目前还没有一个普遍认可的测量方法。

金融商品的收益性。在 Markowiz 关于投资组合理论的研究文献中,用金融商品未来收益的数学期望值作为金融商品收益性的定量测度。至今,得到金融领域一定的认可。

金融商品的风险性。目前,对金融商品的风险性一般用金融商品收益率的数学期望值予以测度。

金融商品的流动性。目前常用的两种方法为 Bid-Ask-Apread 法则和 Random-Walk-Hypothesis 方法。

(四)推动国企资产证券化的政策建议

加快推动国企改革的资产证券化进程,提高国有资本的流动性及利用效率,应坚持因时而动、因地制宜的原则,结合前文研究从政策环境、运行机制、市场环境等方面给出以下政策建议。

1.健全国企资产证券化制度,完善相关政策法规

第一,统筹规划国企改革的资产证券化战略方针和具体方向,坚持分层分类推进原则。通过综合考虑我国整体经济布局及产业规划,确定当前国企改革的资产证券化路径,并在此基础上形成国企改革的总体规划,统筹指导国企改革的后续工作。与此同时,国外企业资产证券化历程表明,国有企业资产证券化不能为证券化而证

券化,不能盲目定指标、限时间,而应根据实际情况分层分类、循序渐进开展。

第二,进一步完善法律税收制度,优化政策法规环境。一方面,由于国有企业资产证券化过程中所涉及的市场主体较多,且交易结构具有严谨性、有效性等特征,因此构建完善的法律框架,以保障这一过程的顺利实施;另一方面,实施税收优惠有利于降低证券化成本,激发相关市场主体的积极性。具体来说,税收优惠政策主要可包括免除资产产权转移和证券发行、交易过程中的印花税、降低或免除利息收入中应缴纳的营业税、降低投资者所得税、减轻公司型SPV的双重纳入负担等。

2.强化市场风险管理,完善国有企业上市保障机制

国有企业资产证券化既能使参与者从中获益,同时也伴随着一定风险,如信用风险、交易结构风险、欺诈风险、政策风险等。因此,国有企业在资产证券化过程中,应特别注重风险管理,通过信用增级降低风险,保护投资者避免质量风险。如通过第三方担保减少资产支持结构融资中存在的信用风险,以保证书和信用证的方式为资产质量损失和风险提供保证。

进一步完善国有企业上市保障机制,大大提高通过公开上市实现资产证券化的可能性。评估、审计、法律、产权交易等中介机构应积极探索合作机制,合理推动国有资本证券化进程。

3.建立健全多层次资本市场体系,推动投资者类型多样化

构建多层次发达的金融市场体系,为国有企业资产证券化奠定基础。资产证券化的产生和发展离不开发达的金融体系的支撑,在这一体系中,各主体扮演着不同的角色,并共同为企业实现资产证券化而服务。我国政府应充分发挥宏观调控的指导作用,建设多层次资本市场体系,加强金融市场中介组织建设,强化市场准入和从业标准,提高市场信息的及时性、准确性、完整性,增强企业资产证券化市场的透明度和效率,为企业资产证券化市场交易的成功进行奠定基础。

发展多元化的投资者,提升资产证券化产品的市场需求。国外资产证券化的产品的投资者主要包括保险公司、储蓄机构及投资银行等机构投资者,相对而言,我国的投资者构成则较为单一,因此应加大对机构投资者的培育力度,积极引入证券投资基金、保险公司、社会保险基金等,改善资本市场投资者结构,使机构投资者真正成为市场投资主体。为实现这一目标,国家相关法律应进行一定调整和放宽限制,以保证投资者投资行为的合法性和可行性。

4.创新国企资产证券化路径,探索不同类型企业的差异化模式

一是,继续扩大公开上市模式的应用范围,坚定不移地推动国有企业改制及整体上市。要实现国有资产证券化,其基本前提是国有资产实现了现代企业制度改造,即实现了国有资产的资本化或者股本化。因此,推动国有企业的股份制或者多元有限责任改造,并在此基础上真正按照相应的法人治理结构规范运行,是国有资产证券化的改革序幕和前奏。在这个过程中,应着重注意国有资产的优化重组,实

现国有资产资源向优势产业、优势企业和优秀企业家集中。

二是,探索新型资产证券化路径,为不同类型国有企业提供多样化选择。应紧紧抓住我国当前多层次资本市场发展的机遇,大力支持国有企业 IPO 发行新股,整合资源,剥离辅业和非主业资产,突出优势发展;利用分拆上市开辟新的融资渠道、整合同行业上市公司,做大做强企业集团;对资不抵债的上市公司,实现换壳和保值增值等。

五、总结与展望

资产证券化路径的开拓,一方面为国有企业改革拓宽了思路、提供了有力工具,有助于国有企业加快建立现代企业制度、扩宽融资渠道、转变经营方式;另一方面,资产证券化有助于提高国有资产监督管理的透明度,助推监管方式向管资本转型,利于国有资产保值增值,对整个国民经济健康有序发展具有积极意义。因此,本文在对资产证券化相关理论进行阐述,并对我国国企改革发展历程与现状进行剖析的基础上,对国企改革的资产证券化路径进行了相关研究,并得出了以下结论:

①目前我国已经基本具备发展国企改革资产证券化路径的良好环境。第一,随着政治环境的不断优化,各项有利于国有企业资产证券化改革的政策措施相继出台。第二,我国经济发展较快,并将逐步实现促转型、促发展目标,实施资产证券化对提高企业资金利用效率的作用也日益受到地方国资委认可。第三,我国对资产证券化作出了一些尝试,具备一定的社会文化基础。第四,信息技术的发展为资产证券化提供了技术支撑。

②现阶段国企改革资产证券化可行路径主要有 3 种。其最重要路径是公开上市,包括未上市企业集团的整体上市、部分上市企业集团的整体上市等。而私募股权融资有助于有效解决国有中小型企业融资难问题。除此之外,证券公司专项计划作为 SPV 载体,也可以对国有企业、应收账款类资产和基础设施收费类资产等实现证券化配置。

③在进行资产证券化改革过程中,应重点注意以下几方面问题。一是监管问题,要严格履行监管主体职责,明确监管方式和内容。二是会计问题,包括会计要素的定义、会计确认、会计计量、会计合并、会计披露。三是税收问题,明确国有资产证券化过程中税负负担对产品价值的影响。四是定价问题,考虑金融商品的收益性、风险性、流动性。

④本文为国企资产证券化改革提出了建议:健全国企资产证券化制度,完善相关政策法规;强化市场风险管理,完善国有企业上市保障机制;建立健全多层次资本市场体系,推动投资者类型多样化;创新国企资产证券化路径,探索不同类型企业的差异化模式。

最后,受限于参考资料和研究时间,本文仍有一些研究内容没有涉及或未深入探讨,今后的研究仍有较大进步的空间。特别地,本文对资产证券化路径的研究,主要建立在发达国家较为先进的资产证券化模式上,今后还可以进一步探索发展符合我国国情的具有中国特色的资产证券化模式,并充分发挥其对国企改革的推动作用。

参考文献

[1] Arrow K J, Debreu G. Existence of an equilibrium for a competitive economy [J]. Econometrica, 1954, 22(3): 265-290.

[2] Benveniste L M, Berger A N. Securitization with recourse: an instrument that offers uninsured bank depositors sequential claims [J]. Journal of Banking & Finance, 1987, 11(3): 403-424.

[3] Frost C W. Asset securitization and corporate risk allocation [J]. Landy-Talsa Law Review, 1977, 72.

[4] 王安乐.国有企业集团资产证券化研究[D].武汉:华中科技大学,2008.

[5] 吴丛宏.上海国有重点企业资产证券化路径研究[D].上海:华东师范大学,2009.

[6] 付路.国有企业整体上市专题研究[D].成都:电子科技大学,2008.

[7] 陆军芳.国有企业资产证券化初探[D].上海:复旦大学,2012.

[8] 田渭东.华弘证券公司资产证券化业务定位研究[D].西安:西北大学,2007.

[9] 江航翔.开放条件下中国离岸资产证券化研究[D].长沙:湖南大学,2008.

[10] 杨洁涵.美国商业银行资产证券化功能研究[D].长春:吉林大学,2011.

[11] 李寿男.美国资产证券化及其对中国的启示[D].长春:吉林大学,2010.

[12] 张彧瀛.试论深化我国国有企业改革、增强国有经济控制力的有效途径[D].长春:吉林大学,2005.

[13] 何韵.中国资产证券化问题研究[D].成都:西南财经大学,2010.

[14] 李勇.股权多元化形势下地方政府对国有企业资产监督方式研究——以甘肃为例[D].兰州:兰州大学,2011.

[15] 周茉.中国国有企业资产证券化融资研究[D].长春:吉林大学,2009.

[16] 管同伟.美国资产证券化的最新进展及其演变趋势[J].国际金融研究,2007(10):10-16.

[17] 陈禹志.探索和完善现代国有企业治理[J].上海国资,2011(12):22-23.

[18] 胡威.资产证券化的运行机理及其经济效应[J].浙江金融,2012(1):64-68.

[19] 陈璐.我国融资租赁资产证券化研究[J].经济视角,2011(4):185-186.

文章审稿人:黄觉波

国资国企改革的金融服务模式与路径研究

——基于私募股权基金市场领域[①]

浦发银行重庆分行、中信银行重庆分行联合课题组

课题主持人：王光

课题组成员：张翔　周全　艾向军　张静　肖艳　谭晓春
任雪凤　陈颂麒　李玮　邵文强　袁宁

一、国资国企改革的历史回顾、政策环境和现实背景

（一）从国企改革到国资改革：1978—2014年

国有企业能推进国家现代化、保障人民共同利益。深化国资国企改革是为提高国有资本运营效率和活力。从企业层面看，表现为企业活力、竞争力、效率和效益等问题，关键是建立健全公司法人治理结构，建立市场化经营机制；从国家层面看，是要解决“政企不分”“政资不分”的问题，完善国有资产管理体制。

国资国企改革先后历经放权让利、政企分开、建立现代企业制度、推进国资管理体制改革、全面深化国资国企改革等阶段，推动国有企业从依附于政府的生产实体逐步转变为独立自主的市场经营主体。

1.1978—1984年：放权让利与“利改税”

1979年7月，为打破高度集权的国有国营体制，赋予企业一定的经营自主权；1984年5月，国务院又赋予了企业自主经营、自负盈亏的权利。

1983年4月，推行“利改税”改革，通过开征国有企业所得税，转变国家参与国有企业收入分配的方式。1984年10月，实施利改税，由“税利并存”逐步过渡到完全的“以税代利”。

2.1985—1992年：政企分开与“承包制”

1984年10月，党的十二届三中全会认为政企不分是传统国有企业制度的根本弊端，通过所有权和经营权分离使企业成为独立经营、自负盈亏的商品生产者和经

---

① 为2014年度重庆市金融学会金融领域重大决策咨询课题，获评“优秀奖”。

营者。但突出问题是,企业包盈不包亏,助长了重生产、轻投资、拼设备等短期行为。同时,企业承包制按一户一率,不能公平竞争的弊端也日益暴露。

3.1993—2002年:现代企业制度建设与“抓大放小”

1993年11月,党的十四届三中全会认为国有企业应“产权清晰、权责明确、政企分开、管理科学”。

1995年9月,党的十四届五中全会提出:搞好整个国有经济需抓好大的,放活小的,即“抓大放小”。

这一阶段,大型国企着力进行股份制改制,中小国企改革则掀起一股兼并重组、破产和出售浪潮。国有资产得到优化壮大,中央对国有经济的控制力增强。

4.2003—2013年:国资管理体制改革与“股份制”

2003年3月,设立国务院国有资产监督管理委员会,界定了国有资产监管机构的职能,建立起“管人、管事和管资产”的国有资产管理体制。

2003年10月,党的十六届三中全会指出:大力发展国有资本、集体资本和非公有资本等参股的混合所有制经济,实现投资主体多元化,使股份制成为公有制的主要实现形式。

在新的国有资产管理体制改革推动下,国企改革进入以股份制为主要形式的现代产权制度改革新阶段。

5.2014年至今:全面深化国资国企改革

2013年11月,十八届三中全会通过的《中共中央关于全面深化改革若干重大问题的决定》(以下简称《决定》)提出:公有制经济和非公有制经济都是社会主义市场经济的重要组成部分。国有资本、集体资本、非公有资本等交叉持股、相互融合的混合所有制经济,是基本经济制度的重要实现形式,有利于国有资本放大功能、保值增值、提高竞争力,有利于各种所有制资本取长补短、相互促进、共同发展。

(二)全面深化国资国企改革面临的内外部环境

新一轮改革的背景发生了深刻的变化。一方面,经济全球化促进国际新型投资贸易规则不断推出,国有企业必须主动融入并遵循国际市场竞争规则;另一方面,国资国企改革也进入攻坚克难的新阶段。

1.全球投资贸易格局正在经历重大调整

美国自2008年高调宣布加入“跨太平洋伙伴关系协定”(TPP)谈判之后,一直不遗余力地推行新型贸易与投资规则。一旦完成,将重新划定西方世界的投资贸易格局。

对国有企业而言,“全球化”的含义发生了新的变化,今天必须按照国际惯例和新型规则,主动调整和改善经营机制,主动融入并遵循国际市场竞争规则,使自己成为国际市场的有机组成部分。

2.中国经济进入增长“新常态”

未来我国经济社会发展，将进入全面建设小康社会目标的攻坚期。这既是黄金发展期，是经济发展速度的换挡期，也是社会矛盾的凸显期。

(1)“三期叠加”成为中国经济阶段性特征

一是增长速度从高速增长向中高速增长换挡。一方面，人口红利衰退导致潜在增速下滑；另一方面，全球化红利趋减，外需和外资将从涨潮转为退潮。

二是结构调整将从失衡到优化再平衡。产业结构方面，未来十年中国将完成从工业大国向服务业大国的蜕变，在区域一体化基础上，从点到面，逐步构建“一弓双箭”的战略格局。

三是宏观政策将从“大投资”“宽货币”转向定向调控、精准调整。财政政策方面，简政放权，引导财政资金和社会资本的投资重点从经济建设向服务民生转变。货币政策方面，要从宽松货币走向稳健货币，从总量宽松转向结构优化。

(2)改革进入全面深化新时期

只有全面深化改革，从制度层面打破经济增长的供给瓶颈，才能对冲潜在增速的下行压力。

最关键的改革领域，首先是改革基本经济制度，提高全要素生产率。其次是行政管理体制改革和涉外经济体制改革等。

3.全面深化国资国企改革释放潜在势能

国有企业在中国经济发展中扮演着重要角色。截至2013年底，A股市场上共有977家国有企业，占公司总数的38.5%，但是国有企业的总资产、总股东权益、总收入与总利润占比均超过60%。

不过，现行国有资产管理体制和国有企业经营机制也存在较大弊端，难以有效激发其创新活力和经营动力。政府与企业边界不清晰必将导致国有企业现代企业制度不完善。同时，国企负责人的选拔任命和绩效考核带有浓厚的行政色彩，薪酬与绩效挂钩不紧密，缺乏长效激励约束机制，等等。

(三)全面深化国资国企改革的总体思路与热点

1.总体思路

(1)总体目标

十八届三中全会明确了全面深化国资国企改革的总基调。未来国资国企改革坚持公有制的主体地位，适应市场化、国际化的新形势，发挥市场在资源配置中的决定性作用，坚决走市场化道路，围绕产权制度改革，积极发展混合所有制经济，不断增强国有经济活力、控制力、影响力。

(2)基本原则

国资国企改革的基本原则是：坚持解放思想，坚持市场导向、坚持分类指导、坚持互促共赢、坚持统筹推进。进一步实行政企分开、政资分开，推进国有资本和非国有资本有机融合,健全现代产权制度,保障各种所有制经济产权和合法权益。

(3)推进路线图

整体而言,从现在起到2020年,国资国企改革将分3个阶段推进。

①2014—2015年,推出系列国资国企改革指导意见和实施方案,完善顶层设计,同时着力推进基层探索和实践。

②改革国有资本授权经营体制。未来三到四年,分批完成国有资本投资运营公司组建,对于中央各部门所属企业,尽快推向市场或并入相关的国有资本投资运营公司;支持有条件的国有企业改组为国有资本投资公司。地方所属国企中,省级国企参照中央模式进行改革。

③到2020年,国资监管机构将实现以管资本为主,进一步完善国资管理体制机制,优化国资布局结构,提升国有企业活力和竞争力。

2.三大切入点

从本轮国资国企改革的目标与措施看,基本切入点可归纳为三大层面:一是国资监管层面,即国资监管体制改革;二是产权制度层面,即推进混合所有制改革;三是经营层面,即国企完善现代企业制度。

(1)监管层面:三层级体制

十八届三中全会首次提出以管资本为主加强国有资产监管,组建若干国有资本运营公司,支持有条件的国有企业改组为国有资本投资公司。进一步明确和强调了“国资委—国有资本运营和投资公司—国有企业”三层次管理架构。

(2)产权层面:多元化产权

国有企业产权制度改革,是国企引入承担资产损失责任主体的最有效途径。重点是通过产权制度安排和股权结构设计,让外资、民资、管理层和员工持股,各类资本参与到国企管理和发展中来,积极发展混合所有制经济,构造出相互制衡的多元投资主体,通过实现产权/股权多元化,建立“协调运转、有效制衡”的治理结构。

(3)经营层面:现代化治理

建立现代企业制度,提升国企经营效率,是国资国企改革的重要目标。围绕公司治理结构建设和激励约束机制设计,国资国企改革将着重加大如下五方面制度建设(图1)。

3.“四项改革”措施

2014年7月15日,国务院国资委宣布启动“四项改革”试点,主要涉及国有资本投资公司、混合所有制、董事会授权改革和派驻纪检组等四项改革。本轮央企改革的关键词则是:打破垄断,拥抱市场,提高效能。

最值得资本市场关注的是改组国有资本投资公司试点和混合所有制试点。前者将探索国有资产管理体制由“管企业”向“管资本”转变,国有资本投资运营将服务于国家战略目标。后者将在六个方面推进混合所有制试点,意在提升央企经营效率。此外,董事会授权试点将赋予更多的权限和更强的激励机制,促进出资人和经

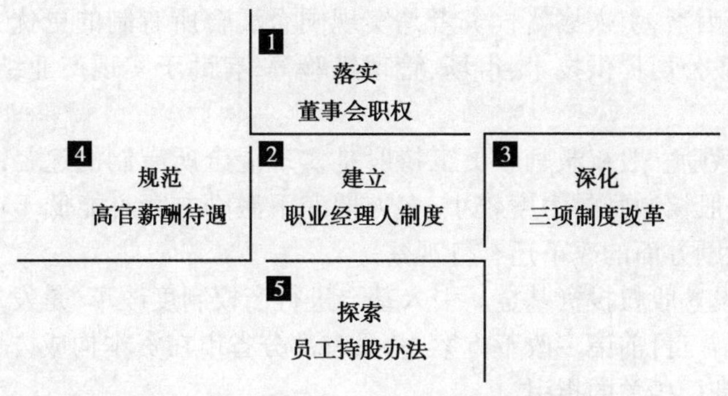

图1 未来国资国企改革五方面的制度建设

营管理者的目标更趋一致。

4.五大改革热点

根据《决定》要求和近期各地出台的改革方案,其改革重点,微观层面集中在深化国企分类监管、发展混合所有制经济、组建国有资本投资和运营公司、推进股权激励和员工持股等;宏观角度主要聚焦于优化国资结构布局、完善国资监管体制。

(1)深化国企分类监管

《决定》提出:要"准确界定不同国有企业功能",从而为进一步深化国资国企改革提出了分类监管的新要求。

从中央企业层面看,可以根据其主业贴近市场程度,将央企划分为:竞争类、垄断类和公益类。在此基础上,还可以进一步从行业特征出发进行更细致的划分,如行政垄断、自然垄断、公共服务、国家战略、一般竞争以及过度竞争等。

(2)发展混合所有制经济

在混合所有制实现形式上,梳理各地改革方案,可将主要方式归纳为五种,即改制重组、资产证券化、管理层激励和员工持股、引入战略投资者,以及引入或设立股权投资基金等。

①改制重组。多数省市都把国有企业的开放式改制重组,作为深化改革的"重头戏",而在改制重组方式和保障措施上,根据各地实际情况,存在一定的差异性。如天津和四川均提出了按照产业相近、行业相关、主业相同的原则,通过合并、划转、并购等多种方式,推进国有企业重组;重庆市提出了对国有企业改制重组中的资产评估增值、债务重组收益、产权权属转移等涉及的税费等,按有关规定给予优惠办理。

②资本证券化。利用国内外多层次资本市场,推动优质资产的注入、资产整合、整体上市,一直是国资国企改革中最为引人关注的焦点之一。如近期上海在混合所有制改革方案中提出,发挥国有控股上市公司资源整合优势,提高国有资本证券化水平;加快国有企业公司制股份制改革,实现投资主体多元化、经营机制市场化;探索建立特殊管理股制度,试点设立优先股。

③引入战略投资者。相较于直接出让国有股权,考虑到长期投资收益、舆论风

向、监管理念等因素,引入战略投资者是实现国企混合所有制的更优方案。战略投资者能够为入股公司提供技术、市场、管理经验等,有助于实现产业结构升级、国有资本做优做强。

④管理层激励。股权激励和员工持股是实现混合所有制的途径之一。与此同时,考虑到国企股权激励的力度较小、多方博弈下激励方案可能低于市场预期等情况,未来股权激励方面的改革还有待观察。

⑤引入或设立股权投资基金。引入基金进行产权制度改革,是发展混合所有制经济的创新举措。目前诸多改革方案中,只有部分省市在资本构成方面就国资与非公领域的合作进行相关的指引。

(3)完善现代企业制度

《决定》提出:“要推动国有企业完善现代企业制度,健全协调运转、有效制衡的公司法人治理结构;建立职业经理人制度,更好发挥企业家作用;建立长效激励约束机制,强化国有企业经营投资责任追究;国有企业要合理增加市场化选聘比例,合理确定并严格规范国有企业管理人员薪酬水平、职务待遇、职务消费、业务消费”(表1)。

表1 混合所有制主要实现形式一览

省市	改制重组	资产证券化	引入战略投资者	员工持股	设立基金
北京	鼓励有诚信、有责任、有实力的民营企业,参与国有企业改制重组	推动同行业和产业链上下游优质资产注入上市公司;到2020年,国有资本证券化率力争达到50%以上	积极引入战略投资者,加大一级企业的改制力度	鼓励关键岗位的企业经营管理者和科研技术骨干持股	鼓励国有资本与创业投资基金、产业投资基金、政府引导基金等各类资本共同设立股权投资基金,探索设立公益基金
天津	鼓励民间投资主体通过出资入股、收购股权、认购可转债等多种形式,参与国有企业改制重组	利用境内外多层次资本市场推进企业上市;到2017年底,重点集团至少拥有1家上市公司,经营性国有资产证券化率达到40%		符合法定条件、发展目标明确、具备再融资能力的国有控股上市公司,对核心骨干人员可实施股权激励	不同投资主体可以共同设立股权投资基金,参与国有企业改制重组,共同投资优势支柱产业、战略性新兴产业,开展对外投资

续表

省市	改制重组	资产证券化	引入战略投资者	员工持股	设立基金
广东	鼓励非国有资本通过股权收购、增资扩股、股权置换等途径依法参与国有企业改制重组	依托多层次资本市场，推动国有资产资本化、国有资本证券化	同步考虑品牌、管理、人才、技术等因素，注重选择实力强、信誉好、具优势的民营企业，实现战略协同、管理整合和文化融合	支持企业经营管理者、核心技术人员和业务骨干采取多种有效方式持股	探索以“母基金+子基金”等模式设立国有资本投资基金，以国有资本为引导，多渠道多形式吸纳非国有资本
重庆	支持民间资本、外商资本以及养老基金、保险基金、社保基金、产业投资基金、政府引导基金、主权基金等各类新型社会资本，参与国有企业改制重组	推进具备条件的国有企业实现集团层级的整体上市		关键岗位的管理者、业务骨干、核心技术人员	支持国有资本与各类资本共同设立股权投资基金
江西	加快推进国企特别是竞争性领域企业改制上市，鼓励民营资本、社会资本和境外资本等各类资本参与国企改制重组	支持创新型、成长型国企在全国中小企业股份转让系统挂牌	引进战略投资者，实现做大做强，促进先进制造业、高端服务业的发展	已改制为混合所有制的企业，允许员工个人出资入股或以投资公司、股权信托等方式持股；允许国企改制引入外部投资者时，同步实施员工持股	鼓励国有资本与创业投资基金、产业投资基金等各类资本共同设立股权投资基金
湖北	按是否公共服务类进行区分，灵活掌握国有股比例，分类推进调整重组	上市一批优势企业、重组一批上市公司、培育一批后备企业	通过引进战略投资者、股权置换、项目合作、改制上市等多种形式，实现国有企业投资主体多元化	应允许员工个人出资入股或以投资公司、股权信托、有限合伙企业等方式持股	

续表

省市	改制重组	资产证券化	引入战略投资者	员工持股	设立基金
湖南	推动开放性市场化重组整合,重点引进中央企业、大型民营企业、国内外其他优势企业	对暂时不具备上市条件的国有企业,引进各类投资者,为整体上市或核心业务资产上市创造条件		对国有资本准备退出的,处于相对控股或参股地位的,以及创新型、研发类、基金类国有企业,允许企业员工持股	支持国有资本与创业投资基金、产业投资基金、政府引导基金等各类资本共同设立股权投资基金

数据来源:根据各省市改革意见整理。

根据《决定》要求,目前各省市主要从规范法人治理结构、推进市场化选人用人及完善长效激励约束机制等方面,对推进现代企业制度进行了具体部署(表2)。

一是要形成多元平衡的公司治理结构。增加独立董事或者外部董事的决策权重,增加其他非国有股东的话语权。

表2 部分省市公司治理改革意见

省市	规范法人治理结构	推进市场化选人用人	完善激励约束机制
上海	法定代表人中心制、竞争类外部董事占多数、功能类和公共服务类外派财务总监	落实董事会选人用人权、合理提高市场化选聘比例,推行职业经理人制度	股权激励、现金激励、专项奖励
山东	提高外部董事比例,落实董事会三权	合理提高市场化选聘比例,建立职业经理人人才库,全面实施劳动合同制度	股权激励,区分市场选聘和组织选任的薪酬标准
江西	提高外部董事比例,落实董事会三权	建立市场化选人用人机制、5年左右,二级子公司全面推行职业经理人制度	股权激励、专项奖励、特别贡献奖
北京	提高外董比例、落实董事会三权,依法提出混合所有制企业董、监事人选	加大市场化选聘力度、上市公司推职业经理人制度,加强董、监事专业化、职业化、市场化水平	股票期权、岗位分红,建立责任追究制度

续表

省市	规范法人治理结构	推进市场化选人用人	完善激励约束机制
天津	独资公司3年内全部引入外部董事,竞争类外部董事过半,依法提出混合所有制企业董、监事人选	合理增加市场化选聘比例,逐步推行职业经理人制度	股权激励、股票期权、岗位分红权等
广东	推行以专业人士为主的外部董事制制度、合理确定董事会中外部董事所占比例,强化董事会决策机制	新设企业的高级管理人员以及国有企业的新增高级管理人员,积极探索实行市场化选聘、强化考核结果运用,建立健全退出机制,因非政策性或非不可抗力因素造成企业连续3年新增亏损的,调整企业主要负责人岗位	持股经营、技术入股、增量奖股、期股期权、探索建立中长期激励制度(增量利润奖励),到2017年,省属竞争性企业基本建立规范的长效激励制度
湖南	外部董事过半、落实董事会三权、加强监事会制度建设	推行领导人员任期制契约化管理,以业绩考核为导向,建立并完善国有企业领导人员退出机制	期股期权、岗位分红、激励基金、项目收益分红、科技成果入股
重庆	重视中小股东的建议权、保障出资人的提名权、外部董事过半、建立专业化、职业化董、监事队伍、落实董事会三权	探索混合所有制经济中国有股东代表选任新机制、推行职业经理人制度、建立以岗位为基础的市场化选人用人机制	差异化薪酬制度、企业年金制度
四川	落实董事会三权、外部董事过半、积极推行财务总监制度	建立职业经理人制度,加大市场化选聘力度,建立竞争择优、能上能下的选人用人制度	限制性股票,股票期权、股票增值权、超额利润分享、专项奖励

数据来源:根据各省市改革意见整理。

二是不仅要落实职业经理人市场招聘,还要实现有效的淘汰机制。目前多数国企其实已经实现了经理人的市场化选聘,但“能进不能出”局面仍然存在。为了更好地激励管理层,还需要依据业绩实行优胜劣汰,打通企业经营管理者的市场化“出口”。

三是建立和完善长效激励约束机制。中央层面重点是进行分类分层的薪酬管理和业绩考核;地方层面则根据不同的国企分类,实施不同的薪酬和激励机制改革。

(4)成立国有资本投资运营公司

《决定》指出:“完善国有资产监督管理体制,以管资本为主加强国有资产监管,改革国有资本授权经营体制,组建若干国有资本运营公司,支持有条件的国有企业改组为国有资本投资公司”(表3、表4)。

一是改组一批国有资本产业投资公司。为强化产业集聚和资源整合,推动涉及国家安全、国民经济命脉等重要行业和关键领域的国有企业发展壮大,可以在重要矿产资源开发、重大基础设施、国家战略储备、重要支柱产业、公共服务等行业,改组成为国有资本产业投资公司。

表3 中央层面国有资本投资运营公司

主要形式	国有资本产业投资公司	国有资本投资控股公司	国有资本股权运营公司
改组对象	公共服务、重要矿产资源开发、重大基础设施、国家战略储备、重要支柱产业,主业突出、具有一定的国际竞争力或处于国内行业领先地位	在若干支柱产业和高新技术产业中拥有重要骨干企业,具备合理配置资源、推进资本有序流动的市场化能力	根据需要逐步组建
实现功能	强化产业集聚和资源整合,推动涉及国家安全、国民经济命脉等重要行业和关键领域的国有企业发展壮大,承担国防、能源、信息、粮食等安全保障任务	推进国有资本合理流动,提高国有资本配置效率,在若干支柱产业和高新技术产业打造优强企业,引领行业模范执行国有产业政策、促进产业转型发展、维护市场秩序	持有整体上市公司或股权多元化公司的国有股权,经国资委授权,履行股东职责,做好股权管理相关工作;接受企业整体上市过程中剥离的辅业资产,孵化新企业,退出不具竞争力优势的企业;创立各类基金,按照市场规律选择各类有发展潜力、成长性较好的市场主体进行股权投资

续表

主要形式	国有资本产业投资公司	国有资本投资控股公司	国有资本股权运营公司
发展目标	通过并购重组等多种市场化手段，加大行业整合力度，提高产业集中度，加速产业转型升级，积极提升全球资源配置能力，提高跨国指数，最终发展成为世界一流跨国公司	广泛吸纳各类产业资本和金融资本，设立股权投资基金，推进所在支柱行业并购重组和行业整合，投资战略新兴产业、创新性和孵化期等高收益、高风险业务，放大国有资本功能，增强国有资本盈利能力	增强对上市公司市值的管理能力，根据证券市场行情变化适时进行股票的增持或减持；或根据市场竞争和发展情况，对所持股权在产权市场有序进退、合理流动

资料来源：根据国资委研究局、研究中心报告整理。

二是改组一批国有资本投资控股公司。为推进国有资本合理流动，提高国有资本配置效率，可以在若干支柱产业和高新技术产业中选取重要骨干企业，主要进行战略性投资和股权运营，并可广泛吸纳各类产业资本和金融资本，设立股权投资基金，推进所在支柱行业并购重组和行业整合。

三是组建若干国有资本股权运营公司。为做好国有股权管理相关工作，接受企业整体上市过程中剥离的辅业资产，孵化新企业，退出不具备竞争优势的企业，可根据需要逐步组建若干国有资本股权运营公司。

表4　地方层面国有资本投资运营公司

地区	政策导向
上海	坚持统筹规划、优化完善国资流动平台，发挥市场配置资源功能
山东	改建和新建国有资本投资运营公司，以国有股权管理和国有资本运营为重点，实现国资价值最大化为目标
江苏	省、市、县各级政府可新建或改建 1~2 家国有资本运营公司，推动国有资本合理流动
江西	通过改组或新设，逐步形成基础设施、战略性新兴产业发展、金融控股、创业投资、自然资源等国有资本投资运营公司；整合盘活各类国有资产，创新融资方式，增强投资融资和担保功能，推动企业市场化重组整合
北京	在现有一级企业的基础上，改组改造几家国有资本投资运营公司，经营所投资企业的国有资本，推进国资进退调整，优化配置领域，实现产业升级

续表

地区	政策导向
天津	加快公共服务类企业的整合，培育功能完善、保障有力、可持续发展的大集团，有条件的改组为国有资本投资公司
山西	改组为国有资本投资公司，强化产业聚集和资源整合；有序组建国有资本运营公司，以及经营国有资本为主要功能，推进国有资本在一般竞争性领域的合理流动与有序进退，提高国有资本配置效率
广东	把资本运作能力强、功能较为完备的企业发展为国有资本运营公司，以资本运营为主，实现资本价值最大化；主业优势突出、治理结构完善、风险管控健全的企业改组为国有资本投资公司，以投资、融资和项目建设为主，通过实业投资和资产经营实现资本保值增值
湖北	以优势产业和高新技术产业中的龙头企业为依托，改造、组建一批产业类国有资本投资公司，国资运营公司集中持有出资企业的国有股权，有效运营国有资本；建立国有资本投资运营平台资本补充机制，利用国有资本经营预算安排、企业利润留存、股票上市、私募基金、股权转让等方式补充资本，形成生生不息的资本循环
湖南	支持有条件的国有企业改组为国有资本投资公司，促进国有资本结构调整；打造服务民生和基础设施项目建设的政策性投融资平台、服务产业与金融结合的产融投资平台、金融控股平台，促进产业资本和金融资本的融合，服务全省经济社会转型升级
重庆	改组国有资本投资公司，强化产业集聚和资源整合；组建国有资本运营公司，持有整体上市公司或非上市公司部分国有股权；接受企业整体上市过程中剥离的辅业资产，孵化形成新企业，退出不具竞争优势的行业
四川	通过划拨股权及注入资源、资金等方式组建若干国有资本运营公司或改组若干国有资本投资公司，实施对国有资本的统一运作与管理

资料来源：根据各省市改革意见整理。

地方国资层面，在国有资本投资运营公司的成立方式上，多采取改组或改造。

一是专门从事国资经营的企业，具有改组为国有资本投资公司的便利条件，在改组后可能进一步突破原有的产业投资范围，向战略性行业、高科技产业等多点布局；

二是具有明确主业并同时拥有一定金融产业布局的实业集团，可以做围绕主业的产融结合；

三是结合各省国企现状进行的国资运营公司改组，主要目的在于整合省内资源、布局省内外/国内外资源和市场等。未来极有可能通过将合适企业改组为国资投资公司来实现行业重组兼并，加强对国外资源布局和市场开拓。

(5)股权激励和员工持股

十八届三中全会之后,各省市国资国企改革意见相继出台,现阶段,已出台的意见中大部分均对股权激励和员工持股作出了政策指引,使其成为本轮改革的又一大热点(表5)。

表5 部分省市股权激励和员工持股政策意见

地区	意 见
上海	符合法定条件、发展目标明确、具备再融资能力的国有控股上市公司,可实施股权激励或激励基金计划
山东	经营管理者、核心技术人员和业务骨干持股
江苏	职工持股可不搞平均分配,应该按照自愿持股原则,并根据持股人对企业的影响和贡献确定
江西	已改制为混合所有制的企业,允许员工个人出资入股或以投资公司、股权信托等方式持股;允许国企改制引入外部投资者时,同步实施员工持股
北京	鼓励关键岗位的企业经营管理者和科研技术骨干持股
天津	符合法定条件、发展目标明确、具备再融资能力的国有控股上市公司,对核心骨干人员可实施股权激励
山西	探索混合所有制企业员工持股
广东	支持企业经营管理者、核心技术人员和业务骨干采取多种有效方式持股
湖北	应允许员工个人出资入股或以投资公司、股权信托、有限合伙企业等方式持股
湖南	对国有资本准备退出的、处于相对控股或参股地位的,以及创新型、研发类、基金类国有企业,允许企业员工持股
重庆	关键岗位的管理者、业务骨干、核心技术人员
四川	允许在混合所有制企业实行员工持股
贵州	支持混合所有制企业员工持股,允许关键经营管理人员、技术核心人员和业务骨干入股参与企业改制
甘肃	混合所有制企业允许实行员工持股

数据来源:根据各省市改革意见整理。

各省市的具体意见主要呈现出两个方面的特征:

一方面是对于实施员工持股和股权激励的企业范围相对集中。多数省市的意见均明确提出了在混合所有制企业中实施。另有部分省市则从企业实际层面进行了约定,如上海、天津均提出了符合法定条件、发展目标明确、具备再融资能力的国有控股上市公司;湖南提出了对国有资本准备退出的、处于相对控股或参股地位的,以及创新型、研发类、基金类国有企业。

另一方面,在具体实施员工持股和股权激励的适用对象方面,多数地区均提出优先考虑业务骨干、技术骨干和中高层管理者。在具体措施上,江苏提出了应该按照自愿持股原则,并根据持股人对企业的影响和贡献确定;湖北提出了员工个人出资入股或以投资公司、股权信托、有限合伙企业等方式持股。

5.主要难点与敏感问题

所谓改革难点是牵涉各方利益,理论上虽已明确了解决路径,但实践操作上仍需解决种种约束条件。

(1)主要难点

一是化解国资委双重角色冲突难。国资国企改革最大的难点在于如何化解国资委的出资人角色和行政监管角色的冲突。作为国企监督者的国资委,目前掌管着国企高管的任命、业绩考核和部分经营决策,这种既具行政职能又是产权代表的“两权合一”问题亟待解决。

二是界定混合所有制的边界难。从各地混合所有制改革方案看,目前各地对混合所有制的边界界定和而不同(表6)。

表6　多个省市混合所有制的边界界定

省/市	具体内容
上海	除国家政策明确必须保持国有独资外,其余企业实现股权多元化,发展混合所有制经济,将国有企业分为三类:竞争类、功能类和公共服务类,功能类和公共服务类企业的竞争性业务资产上市
山东	除重要矿产资源、基础设施、公共服务等领域中的少数骨干企业保持国有资本控股外,其他企业的国有股权依据发展状况和市场规则有进有退
广东	除极少数承担国家政策性职能、特许经营和平台性质的国有企业以及授权经营的国有资本运营、国有资本投资公司外,其他国企均可实施资本混合,二级及以下竞争性国企基本成为混合所有制企业
重庆	在铁路、高速公路等领域推出一批有市场信号,有边界条件的重点项目;加大公共服务类企业非主业资产的剥离重组力度,开放竞争性业务,引导各类资本进入可市场化运作的基础设施、公共服务等领域
天津	对提供重要公共产品、重要民生等领域的核心骨干企业,国有资本保持控股;对优势支柱产业和金融业中的核心骨干企业,国有资本可以相对控股,除此之外的其他企业国有股权全部放开,按照市场规则有序进退、合理流动

数据来源:根据各省市改革意见整理。

三是组建国有资本运营公司操作难。目前尚有较大部分国有资产分布在文化国资、金融国资或财政部直接管理等领域,全部经营性国有资产呈现分而治之的格局。此外,与国有资本投资公司相比,国有资本运营公司主要负责管理资产,一般是功能类、持有型的,在公司设立和运作上更为复杂,如何借鉴淡马锡模式或基金模式进行实际操作,尚需更多研究和破局。

四是管理层激励和员工持股实现难。由于存在国有资产流失、股权激励范围和比例等难于界定等问题,实践推行难度较大。

(2)敏感区域

一是可否放弃国有控股权?控股权是国资国企改革中的首要敏感问题。一方面,严禁以国企改制为名放弃控股权,更不能改变重点国企的性质,这是始终坚持、加强和改善党的领导的坚实基础和有力保障。

二是如何合理定价国有产权?在产权交易中资产的合理定价既关系到交易各方的直接利益,也关系到国有资产保值增值目标的实现,国资定价过高过低均不合理,解决这一问题的根本,在于确保定价和交易过程的公开、公平、公正,提升定价和交易过程的透明度。

三是如何发挥市场作用推动国有产权的有序流转和优化配置?特别是推动企业国有产权进场交易。目前,由于产权转让市场不够完善,对于资源产权转让的估价缺乏较科学的方法,交易与定价透明度不高,可能导致国有资产产权流转中私下交易、暗箱操作与交易方资本权益被侵蚀,或造成国有资产的流失,这是操作实践中最大的担忧。

二、私募股权基金参与国资国企改革的机遇与主要模式

(一)私募股权基金:构建新型生产关系

从投资方式角度看,私募股权(PrivateEquity,PE)基金是指通过私募形式对非上市企业进行的权益性投资,在交易实施过程中附带考虑了将来的退出机制,即通过上市、并购或管理层回购等方式,出售持股获利。

1.私募股权基金的特性

私募股权基金的特性集中体现在"私募"和"股权"两方面。一是募集方式的非公开性;二是私募来的基金主要用于企业股权的投资,包括创业投资、成熟企业的股权投资,也包括并购融资等形式。

从运作机制看,在募资、投资、退出等不同阶段,形成了一种将出资人、管理者和劳动者既彼此分开又合而为一的制度安排,构建出一种现代新型生产关系。

(1)出资人对私募股权基金约束强

私募股权基金的主要出资人是机构投资者,经营的对象是资本,这样就形成了资本经营和企业经营的"分离"。由于机构投资者专注于资本经营,与基金公司的多轮谈判,合同的专属约定,形成特定监管,因此机构投资者对于基金运作情况的信息把握程度强,对于股权权益的保障和索取能力非常强。

(2)“GP+LP”的治理机制有效地实现了人力资本与社会资本的结合

私募股权基金公司通常采用有限合伙企业的组织形式,并将有限合伙制度的无限责任与有限责任相结合(General Partner+Limited Partner,GP+LP)。成立合伙公司时,基金经理要拿出一定金额成为基金的普通合伙人(GP),机构投资人作为有限合伙人(LP)只以其投资额为限对基金公司的债务承担有限责任。这种激励约束机制,合伙制企业无限责任的优势和股份制企业有限责任规避投资风险的优点很好地结合起来。

(3)对投资标的企业以对赌协议改变生产关系

在基金资本投入标的企业时,股权结构将进行重组:原股东的权益经评估作价折股,基金公司以投入资本或资本等价物折股,管理层则以一定数量的现金投入折股。在企业价值培育阶段,基金公司深度介入企业管理,并获得相应利益分配。在基金资本退出时,由一份激励约束功能强的对赌协议作出安排。管理层按时完成目标,可以按约定比例、约定价格从基金管理公司受让股权;管理层没有完成目标任务的,不仅工资奖金受损,还得按对赌合同约定低价向基金管理公司转让其所持有的股权。在私募投资的标的企业中,管理层是管理者也是股东,基金公司对企业进行严格监督,若按时完成对赌协议,管理层就能大幅增持企业股权,否则将减少酬劳甚至丧失股权。

基于拥有一套完整精巧的使人力资本与货币资本有机结合的机制,使得私募股权基金能够最大化整合机构投资人的资本和专业化管理团队的运营,从而构筑起新型的生产关系。

2.私募股权基金迎来大发展时期

近年国内股权投资政策环境有所改善,市场机遇不断涌现,为私募股权基金在国内的推广应用创造了基本条件。

(1)国内市场对私募股权投资的需求巨大

我国经济总量已经位列世界第二,未来东、中、西部地区产业升级换代和产业转移需求强烈。而国内市场直接投融资机制尚未成熟,资本饥渴现象普遍,资本不足、管理不善成为企业生产要素结合过程中的短板,大量具有发展潜质的企业急待资本投入和管理优化。作为一种新型的资本运营方式,兼具资本和管理优势的私募股权基金将具有广阔的天地。

(2)私募股权基金所需的政策环境逐步形成

全国人大常委会专门修订了《合伙企业法》,在其中特别增加了有限合伙章节,支持私募股权投资发展。国家发改委等十部委联合发布了《创业投资企业管理暂行办法》《产业投资基金试点总体方案》也已基本达成一致意见。十八届三中全会以来,又陆续出台了《关于全国中小企业股份转让系统有关问题的决定》《关于进一步推进新股发行体制改革的意见》《中华人民共和国公司法》修订《私募投资基金管理人登记和基金备案办法(试行)》《关于进一步优化企业兼并重组市场环境的意见》和《创业板上市公司证券发行管理暂行办法(征求意见稿)》等政策法规。这些频繁推出的利好政策文件,为国内股权投资市场提供了良好的政策环境。

(3)社会资本充裕,私募股权基金可以快速完成募集

国内投资项目多,投资回报高,国际资本对中国的投资需求旺盛;经过多年高速发展,国内的社会资本已经壮大,高额的居民储蓄和外汇储备已经形成了两个巨大的资本池,各类社会资本的投资能力得到增强。

(4)私募股权投资的退出通道逐渐通畅

私募债股权投资的退出方式主要是IPO和并购退出。近年投资者开始高度重视并购退出,并购交易不断创新高。随着IPO注册制改革持续推进,未来IPO放开为国内私募股权投资退出开辟新通道。

(二)私募股权基金参与国资国企改革的优势

私募股权基金能提供长期限、大额资金,并能提供增值服务,不仅可以满足国资国企改革对资金的需求,还有能提升国有企业治理能力。

1.私募股权基金的独特优势

私募股权基金在参与国资国企改革中,与传统信贷、发行债券等融资工具相比,具有独特竞争优势(表7)。

表7 私募股权基金、信贷资金、债券类资金的优劣势

对比	私募股权基金	债 券	信 贷
优势	更看重未来成长性而非目前的资产状况;可以引入战略投资人提升企业发展;作为资本金可以提高融资杠杆	融资资金量较大;由于税前列支,可以作为企业合理避税的途径	审批程序相对较快;常用工具
劣势	成本相对较高;股权和控制权可能被稀释	债券评级发行要求较高;到期需要还本付息	受信贷及货币政策影响较大,不稳定;需要抵押担保等
资金量	灵活,可以大量	可以大量	相对较少
期限	灵活约定;纯股权投资,期限较长,且无刚性兑付期限	固定期限还本付息	相对较短

续表

对比	私募股权基金	债　券	信　贷
融资成本	相对较高	较低	对于优质企业,贷款价格可能略高于债券价格

一是提供长期限资金。私募股权基金主要以战略投资者身份进入企业,在增值后获利退出,具有非常明确的提升企业价值的意愿和退出目的,与企业的发展目标一致,也满足了国有企业对中长期资金的需求,比较符合国资国企改革对于合作者的要求。

二是以营利为目的。私募股权基金以获取投资回报为目的,一般不涉及争夺企业实际控制权,国企原有控制人和管理层比较好接受。

2.为国资布局优化提供支持

国资未来重点布局在战略性新兴产业、先进制造业与现代服务业、基础设施与民生保障等关键领域和优势产业。私募股权基金提供资金和行业指引,形成金融叠加产业的双轮驱动(图2)。

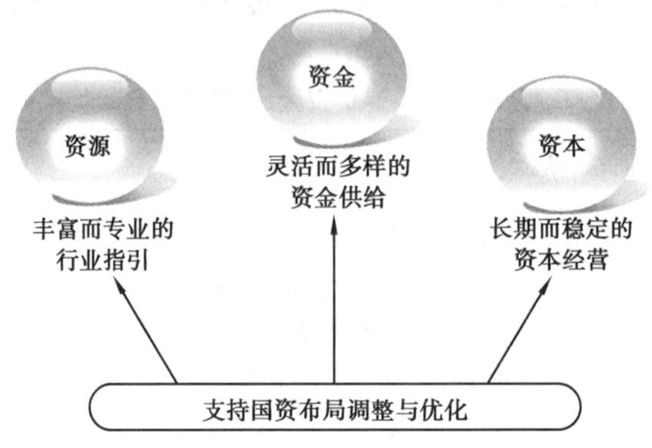

图2　私募参与国资布局优化调整的优势

(1)提供专业的行业分析

私募股权基金具有专业的行业判断力,能够洞悉产业成长周期和潜在风险,可为国资布局提供专业的行业分析和提供决策依据。

(2)提供灵活的资金

私募股权基金具有决策机制灵活、投资效率高等特点,为转型企业提供及时高效的资金。

(3)长期而稳定的资本经营

主权基金、社保基金等机构投资者的资金来源于公众,受公众委托进行资本经营,是一种长期而稳定的投资,近年也开始投资于私募股权基金。

3.为国企治理转型升级提供支持

本轮公司治理改革方面，强调了“推动国有企业完善现代企业制度”，私募股权基金将以市场化、专业化的视角，在治理思路和经营方式上为国有企业提供管理支持。

(1)带来先进的治理理念

私募股权基金投资目标企业后，可引入理念先进的管理团队，提供全方位的先进治理思路。

(2)提高运作效率

私募股权基金能够提高股权激励效应，提高经营效率，强化基金管理者和被投企业管理者的激励和约束机制。

(3)提供国际化的资源

通过引荐国际化的合伙人，引入海外资源背景或有外资 LP 的私募股权基金，为国企国资改革整合国内外资源。

(三)本轮国资国企改革带来的机遇

本轮国资国企改革，调资本化运作，注重引入非国有资本推进混合所有制发展。

1.推行混合所有制给私募股权投资带来的机遇

推进混合所有制是要形成投资主体多元化的股权结构，建立市场化的治理模式和经营管理机制，这将为私募股权基金参与国资国企改革带来机遇。

(1)垄断行业逐步放开

十八届三中全会以来，油气、电力、铁路和电信等垄断行业都在逐步破除垄断，对社会资本开放，引入竞争。

(2)央企混合所有制的分类推进

国资委已经确定将央企分成四类，有针对性地推进混合所有制，将根据不同类型的央企，确定国有资本持股的最高比例。

(3)破除国有股份独大地位

通过鼓励发展非公有资本与国有资本相结合的混合所有制企业，破解国有股独大导致的治理效率低下的问题。

2.优化国有资产，激活并购重组市场

(1)资本运作优化国资布局

从宏观层面看，国资国企改革的重点在于优化产业布局，将资本集中到优势产业，从非优势行业中退出。随着国家经济转型、产业整合和企业“走出去”战略的推进，国际国内并购市场风起云涌，为私募股权基金参与并购重组和产业结构优化提供了重大契机。

(2)国有资本充当投资运营平台

从平台资本拓展的差异看,可以区分为产业投资集团、国有资本运营中心两类。央企层面,以同行业中规模较大、实力较强、业内公认的企业集团作为发起人,改组建立综合性国有资本投资运营公司,央企将再掀分类合并浪潮。

3.组建并购产业基金

2012年国务院国资委印发的《关于国有企业改制重组中积极引入民间投资的指导意见》中提出“积极引入民间投资参与国有企业改制重组”,明确民间投资主体之间或者民间投资主体与国有企业之间可以共同设立股权投资基金,参与国有企业改制重组,共同投资战略性新兴产业。本轮国资国企改革过程中,国有资本或国有资产管理中心联合私募股权基金开展合作设立并购产业基金的案例将不断增多。

(四)私募股权基金参与国资国企改革的主要方式

在介入本轮国资国企改革的方式和路径选择上,可以从资本扩充、产业整合等不同角度介入。

1.资本扩充

国有企业在市场化进程中,因改制、扩张等原因,对资金有大量需求,企业对传统信贷资金带来的负债有所顾忌,股权类资金成为另外一种融资方式。私募股权基金通过拟上市投资、增资扩股和定向增发等模式参与国资国企改革。

(1)拟上市投资

以往私募基金主要通过拟上市投资参与国企改制,协助其完成IPO,在此过程中谋求一、二级市场差价。本轮国资国企改革中,已上市或未上市的垄断领域中,有不少优质资产可以剥离出来单独上市,将有大量优质资产走向市场化,私募基金可以在未来两三年内享受此轮红利。

(2)增资扩股

通过增资扩股路径,原大股东由绝对控股下调到相对控股,可募集大量资金用于企业自身发展,并撬动更多资源的整合,达到国有资产增值的目标。

(3)定向增发

定向增发机制是私募进入上市国企一条公开透明的路径。在上市公司相对透明的监管下,交易符合证监会规则既可,无须担忧因定价合理性而被清算问责,扫除后顾之忧。

2.产业整合

私募股权基金对特定行业的深入把握、行业研判和风险把控能力可为国资国企的产业整合提供丰富的资源支持。

①同业整合。私募股权基金通过对特定区域优势产业的全面覆盖和深度聚焦,

可向国资国企提供同业领域的优质项目。

②上下游整合。私募股权基金通过对跨区域国资产业布局的深入分析和国有企业所处产业环节的分析,提供行业定位和发展态势的研究,协助国资国企整合产业链上下游。

③跨境并购。私募股权基金可协助对收购标的估值、行业风险、汇率风险等方面的判断,为国企在并购前尽调、并购中各环节把控、并购后整合提供支持。

三、私募股权基金服务国资国企改革实证调研与典型案例

本轮国资国企改革的核心在于推进混合所有制。纵观近期推进改革的优秀实践者,主要涉及资产分拆重组、跨境收购、借壳上市、行业并购整合、定向增发引入战投等多种操作模式,主要典型案例如下:

(一)锦江股份:定向增发引战投

2014 年 6 月,锦江股份面向大股东锦江酒店集团和弘毅(上海)股权投资基金中心进行定向增发。其中,弘毅投资拿出 15 亿元,获得上市公司股份 12.43%,成为锦江股份第二大股东,并有权提名一名董事。

与传统市场操作不同,此次锦江股份大股东并未采取减持的方法,而是让上市公司以增发的方式引进战略投资者,且按照近 1∶1 的比例,向弘毅投资发行 1 亿股,向锦江酒店集团发行 1.01 亿股。此次定增完成后,弘毅介入公司董事会,将有助于改善法人治理结构(弘毅入股城投控股之后,占 11 席董事会之 2 席)。同时公司此次增发以及偿还部分贷款后,尚有超过 20 亿元资金用于酒店业务布局,有助于公司加速在市场集中度低、品牌集聚度尚不明确的中档商务酒店扩张,增强资源整合能力。

(二)国药控股:混合资本建平台

2003 年 1 月,国药控股有限公司正式成立。国药集团以医药流通业务的存量资产出资,占 51%股权;复星医药以 5 亿元货币资金出资,占 49%股权。经营管理人员由国药集团提名人员担任,复星医药按其股权比例派出董事,参与董事会决策。

借鉴复星医药资本运作经验,国药控股打破所有制限制,采取多元化股权结构,吸引兼并了大批优秀的地方企业。例如,河北省销售规模最大的医药企业集团——乐仁堂医药集团于 2011 年整合进入国药控股后,2013 年便成功实现百亿元销售规模目标。此外,国控河南、国控华鸿、国控天星和国控吉林四家企业进入国药控股后,依托中国医药集团总公司央企医药平台强大的管理、资源优势以及国药控股丰富的品种、网络、物流优势和全方位的支持,经营业绩快速增长。

这是当时中国医药商业领域首家混合所有制企业,也是实现公有经济和民营企

业全面融合的一次尝试。通过联合重组、资本运营、资源整合和集成创新,国药控股打造了一个全新的商业模式。

(三)绿地集团:公开市场谋运筹

2013年11月25日,绿地集团在上海联合产权交易所发布公告,拟增资扩股21亿股,对应扩股后的股权为20.15%,挂牌价格达到117.29亿元,绿地集团作为上海市属国资系统企业集团,增资扩股后,国有资本将降至50%以下。

在绿地集团增资扩股过程中,有三个方面做法较为突出:一是围绕公司未来的发展战略和主业定位,设定准入门槛;二是针对新引进战略投资人,进一步在资金规模、历史业绩、品牌声誉等方面,提出明确的资质条件;三是坚持全过程公开透明。

在上述原则指导下,绿地增资项目设计了3种情况:一是当投资者所认购的增资数量合计未达到18亿股时,则增资活动无条件终止;二是当所认购的增资数量合计达到18亿股但小于或等于21亿股时,则所有提交增资认购确认书的投资人即为增资方;三是当所认购的增资数量合计大于21亿股的,则计分排名,从高到低排序。事后证明,绿地增资项目属于第二种情况,5家机构投资者的增资数量达到18亿股但未超过21亿股,成功有效完成市场化增资。

四、私募股权基金服务国资国企改革的策略要点、支持方案与政策建议

(一)私募股权基金服务国资国企改革的策略要点

与前几轮国资国企改革相比,本轮改革内容更丰富、方式更多样,建议私募股权基金未来参与国资国企改革时,应着眼长远,创新模式,与国企共成长,结合不同区域、不同行业、不同企业个性化特点,积极制定可行、易操作且合规的投资策略。

1.紧盯产业导向,助力转型升级

(1)聚焦垄断性行业的放开

对于私募股权基金而言,无论是行政垄断行业还是自然垄断行业,在考虑进入与否时,均应综合考虑各类垄断性行业的市场准入门槛、政府管制程度,以改革破除垄断的力度。建议重点关注军工、金融等行政垄断性国企,以及电力、铁路、石油石化等网络型自然垄断性国企(表8)。

表8 垄断性行业准入门槛、改革力度、管制程度及投资机会

行业	准入门槛	改革力度	管制程度	投资机会
军工	较高	大	高	军工信息化、军产证券化、航空发动机专项等
石油石化	进出口门槛高,下游门槛低	大	较高	下游炼化、加油站等领域

续表

行业	准入门槛	改革力度	管制程度	投资机会
电力	发电门槛高，输配电门槛低	大	较高	输变电设备
金融	中等	大	较高	民营银行试点
铁路	中等	大	高	货运提价、高铁设备
航空	中等	较大	较高	通用航空
电信	发放牌照较严	较大	中等	基站设备
传媒	中等	较大	中等	积极转型的国有传媒

资料来源：根据网络资料整理。

(2)挖掘战略新兴行业潜力

结合国资布局的调整和未来产业成长潜力，建议重点关注“美丽中国”和“智慧城市”相关领域。

美丽中国概念。“美丽中国”涵盖“美丽、健康、快乐、安全”四大方面，目前中国人口老龄化、环境污染、食品安全等方面问题突出，而“美丽中国”主题正契合了当下的社会趋势，与节能环保、食品安全、医疗保健、文化旅游、电子游戏等相关行业将呈现高速增长。

智慧城市概念。2014 年 3 月，国务院印发《国家新型城镇化规划(2014—2020 年)》，对智慧城市建设提出六大建设方向，2014 年 8 月，发改委、工信部、科技部、公安部、财政部、国土部、住建部、交通部等八部委印发《关于促进智慧城市健康发展的指导意见》，提出到 2020 年，建成一批特色鲜明的智慧城市。

针对上述新兴产业，预计未来政府将加大中央预算内投资和节能减排专项资金支持力度，并在融资、项目审批、税收等方面加大政策优惠和扶持，以鼓励和引导社会资本积极参与。

2.甄选先行地区，分类拟定策略

在区域投资策略方面，结合地方政府改革动力和各地国资国企总量分布特点，建议私募股权基金着重从以下两个视角进行区域选择。

(1)关注改革方案明确、市场竞争环境优越的区域

北京、上海、广东等地可能是改革推进速度最快的省市，而江苏、浙江和北京对应的上市公司标的弹性最大，在引进战略投资者、推进员工持股和管理层股权激励等方面，政策力度更大，投资机会更为明显。

(2)关注改革意愿强烈、融资压力大的区域

一是如重庆,其地方政府债务占GDP的比重相对较大,在债务压力下,地方政府通过改革盘活存量、引入增量的意愿和动力非常强;二是如福建,已经针对地方国企集团层面提出了明确的改革目标、具体时间表和量化目标,下一步的推进计划相对清晰;三是如贵州,区域内国企上市公司数量较少,国资市值总量不高,地方政府运用这些公司作为国资国企改革平台的概率更大。

3.区分企业特点,定制参与模式

(1)中央企业投资重在分享效益空间

对于私募股权基金而言,进入央企的吸引力更多在于分享公司治理改进、垄断领域放开、盈利空间扩大所带来的经济效益。投资要点建议如下:

一是要持续跟踪改革排头兵企业;二是要重点关注率先实施股权激励、业绩考核、薪酬管理改革的企业;三是可以将目光转向央企下属的三级、四级子公司。

(2)地方国企投资重点考虑提升估值空间

对于私募股权基金而言,由地方国资委管控的地方国企,配套政策更为到位,审批流程相对灵活,与此类地方国企合作,成功的概率会更高一些。投资要点建议如下:一是要寻找潜力型国企;二是要围绕地方性国资运营/投资平台,不断创新业务模式;三是关注地方国企的"壳资源"。

(二)商业银行助推私募股权基金服务国资国企改革的支持方案

在本轮国资国企改革的进程中,商业银行需围绕私募股权基金全生命周期及产业链上下游,为国资国企改革提供多元化的金融服务,力争成为政府、国有企业的"资金供应商+资产管理服务商"。服务方案包括引入战略投资者支持方案、兼并重组支持方案、跨境服务支持方案、员工持股计划支持方案等。

1.引入战略投资者支持方案

随着国资国企改革进一步深化,行业垄断、市场限制将逐渐被打破,私募股权基金将越来越多地参与到国企引入战略投资者这一过程之中。目前地方政府的债务情况越来越透明化,且降低负债已经是明确要求。私募股权基金可以帮助企业拓宽融资渠道,合理搭配融资期限结构;优化资产负债结构和股权结构,获得长期稳定的资金来源;控制综合融资成本,提升客户股东价值回报;优秀的私募股权基金也可以协助管理企业。主要的方案包括:私募股权基金项目对接服务方案,私募股权基金结构化融资方案,私募股权基金投贷联动,私募股权基金托管服务方案。

2.兼并重组支持方案

本轮国资国企改革明确提出积极发展混合所有制经济,鼓励民间投资主体积极参与国有企业改制重组。随着国企市场化改革的推进,将涌现大量的兼并重组需求,而通过借助金融杠杆,推动并购整合和产业升级,此举将有效提升国企参与并购

的效率。一方面,商业银行可以通过多渠道、组合运用各类融资工具,克服融资比例、融资期限、贷款规模不足等直接贷款的各类限制,帮助企业客户设计最优化的并购融资安排,降低并购融资成本,延长并购融资的期限,提高并购融资的杠杆。另一方面,商业银行可以为私募股权基金所投资的国有企业提供并购退出的综合服务。

3.跨境服务支持方案

在经济一体化,金融全球化的大背景下,中国企业直接参与全球供应链分工合作的程度日益加深,境内"走出去"企业衍生出了巨大的跨境金融服务需求。商业银行的主要服务方案包括:跨境人民币双向资金池,境外并购融资,私募股权基金跨境服务支持。

4.员工持股计划支持方案

员工持股制度作为完善公司治理结构,增强员工的劳动积极性和企业的凝聚力的一种手段。实行员工持股,使职工不仅有按劳分配获取劳动报酬的权利,还能获得资本增值所带来的利益,对于留住公司骨干人才也具有十分重要的意义。商业银行的主要服务方案包括:咨询服务、融资支持、私募股权基金代理收付服务。

(三)国资国企改革引入私募股权基金的政策建议

作为各级国资出资部门和广大国资国企决策者,在积极吸引私募股权基金服务国资国企改革的过程中,应该坚持顶层设计引领、规则设计先行,坚持操作透明化、运作市场化、实施专业化,才能扬长避短、携手共进。

1.加强战略引领,严把规则程序

(1)加强规划,因势利导

建议国资监管及相关政策制定部门尽快按照国家和地方战略产业发展趋势,对适合引入私募股权基金的行业和企业作出清晰界定。

对于必须保持国有经济垄断地位的领域,如涉及国防安全的关键领域和国家重大战略储备项目,应明确限制私募股权的引入。

对于竞争性领域以及有利于国民经济发展的产业部门,可积极吸引私募股权基金的加入,加快推进国有企业的改组改制同时,通过国有资本运营做大做强。

对于城市运营保障等功能性国企,既要注重政府任务的指导性,又要注重机制的市场化,探索政府购买服务的"特许经营"的形式,力争以市场化机制配置资源,稳步推进政企分开。

(2)公开透明,合规运作

在混合所有制改革过程中,国资监管部门要制定公开、透明的国有资产和股权转让法定程序。一是加强国有资产和股权转让的程序规范和过程监督,杜绝任何未经批准出售国有资产和股权的行为。二是要对意向合作方数量设定下限,保持多个合作方竞争状态。三是要委托专业第三方机构参与转让过程,如邀请专业审计机构,依法进行国有资产和股权价值的评估,确保对国有资产价值评估的精准。四是为确保交易价格趋于透明,必须杜绝以下现象:只评估有形资产或对有形资产估价过低;忽视对企业长期经营的品牌、信誉、商标、技术诀窍、老字号商号,以及专营权、生产许可证等无形资产的评估等。

(3)量体裁衣,一司一策

按照先易后难、先竞争后垄断的顺序,未来竞争性行业将是率先改革的重点领域。引入私募股权基金参与竞争性领域国资国企改革的策略和步骤建议如下:首先是在股份制改造、引入外部资本以及本行业并购投资方面做得较好的企业。其次是国资持股比例较高,可出让的空间比较大的企业。再有则是大集团的小公司。一方面,提高资产证券化率已是大势所趋;另一方面,一些集团企业也希望快速将自身资产做大做强,会倾向于选择借壳上市等方式提高资产证券化率。

2.创新操作方式,稳步推进改革

实现国资国企与私募股权基金之间的和谐合作,既要满足私募股权基金的盈利性,实现预期投资回报,又要坚持国资整体布局和长远规划需要,在合作中实现共赢。同时,在此过程中,还必须充分考虑到社会维稳、文化冲突等关键因素。

(1)切实维护国企职工权益

在引入私募股权基金服务国资国企改革时,国资监管部门和国有企业必须高度重视的问题,就是国有企业职工安置问题。必须以合法合规、利益兼顾、平稳过渡、制度创新为原则,充分沟通,谨慎推进,防患于未然。在改革方案中,应明确约定对国企职工的安置原则和保障方式,绝不能把改革成本转嫁到职工头上。对于以往行之有效的管理制度,如职工培训制度、上升通道、权益维护机制等,应予以保留和坚持。

(2)明确约定管理、退出等关键要素

当前,不同私募股权基金对于企业投资后的管理要求有所不同。多数私募股权基金并不希望干预企业的日常经营管理,只是在企业决策时通过派出董事发挥积极作用。同时,私募股权基金的一个重要特征是:存续期满基金就会解散,投资者应得到相应回报。因此,在投资伊始就应考虑其退出的问题。在双方的合作协议中,应对对赌协议、反稀释条款、优先清偿条款等进行明确规定。

(3)注意文化融合和尊重企业家精神

相对于市场化企业,与国有企业合作,在包括沟通、效率机制、审批流程等很多细节方面存在的差异是比较大的。如果之前没有国有企业改制、重组的经验,可能会很难进行合作。所以,资本融合的过程,必然伴随着文化融合、企业家精神的融合。

3.强化准入考察,甄选合作伙伴

在引入私募股权基金等外部资本时,国资国企既要放低门槛,广引众智,同时也要着眼于长远发展和长期合作,加强对意向投资者的评估考察,主要建议从以下4个方面出发:

①注重私募股权基金的实力和影响力;

②关注私募股权基金的历史业绩;

③明确私募股权基金入股后的控制权;

④加强全过程风险控制能力评价。

4.借力专业平台,整合市场资源

企业改制重组应该大力借助产权交易市场和证券市场,充分发挥国有资本投资/运营平台和国有上市公司的作用,通过专业化运作、公开化定价,面向所有企业公开、公平、公正交易。

一是要充分发挥国有控股上市公司的平台优势,进行资源整合,推进竞争性资产、核心优质资产的注入,实现国有企业整体上市。

二是要组建国有资产流转和处置平台。无论哪一家国企转让产权资产,或是收购民营资产,都应借助平台公司负责统一处置,而非私自转让或委托某个机构转让。通过程序公正、过程透明,杜绝暗箱操作。

三是要让多层次资本市场成为主要的价格发现平台。从国际经验看,资本市场无疑是国资国企改革最主要的支撑平台,在股权转让合理定价方面,最“纯净”的路径就是通过公开透明的资本市场来为股权交易定价。

五、结束语

当前,新一轮深化国资国企改革大幕已全面开启。本轮国资国企改革,旨在增强各类所有制经济活力,通过国资实力与民资活力的有效融合,取长补短,优势互补,一方面完善国企现代企业制度建设,实现更深层次市场化改革,从而改善企业效益和增强核心竞争力;另一方面引入非公有制资本以激发社会资本的投资活力,促进经济的进一步发展。私募股权基金作为当前优化社会融资结构,建设多层次资本市场的一项重要战略安排,其本身所具备的专业化、市场化运作特点和灵活性等优势,将为本轮国资国企改革注入一道鲜明活力,并在其中扮演尤为重要的角色。

国资国企改革30多年历程中,私募股权基金身影并不鲜见。目前,试点央企和各地国资都在通过与私募股权基金合作创新国企对接资本模式,借力其资源优势与天然禀赋,共同探索合作空间和共赢机制,这种有益的尝试值得肯定。

从重庆地区国资国企改革实践看,过去十年,重庆努力推动金融类、工商产业类、基础设施投资类、国有资产管理类等国有企业的改革、重组、创新,通过债务处置、资产重组、减员增效等一系列改革措施,实现了健康快速发展。重庆市国资委的统计数据显示,目前重庆国资产家底1.8万亿元,2013年市属国有重点企业实现营收3709亿元,利润总额250亿元,上缴税金190亿元,分别同比增长13.8%,5.3%和10.8%,实现了平稳增长。重庆近年来推行大国资监管体制,实现管人管事管资产的统一,建立功能性国企服务城市建设;同时坚持整体上市路径,不断引入央企、外企和私企,推进国有企业股权多元化改革,无疑充当了先试先行的角色。但是,结合十八届三中全会新的指示精神,我们发现,目前重庆国资多元化改革深度仍不够,仍存在混合所有制比重不高、治理结构还不完善、经营机制仍待转换、国资监管存在管得过多、过细和不到位等现象。为此,重庆市四届人大二次会议政府工作报告明确表示,2014 年将继续深化国资国企改革。

目前,重庆国资国企改革的线路图已渐清晰。2014 年 2 月重庆市国资工作会议披露信息称,新一轮国资改革将以存量撬动、增量引入、放开项目为主要方式,以整体上市为基本路径,以集团层面股权多元化为重点,推动绝大多数国有企业发展为混合所有制企业,培育国有资本投资运营公司,建立国资有序进退机制。其中 2014 年的任务是:面向社会资本,推出首期总额约 2000 亿元的近 100 个开放项目;试点推动集团层面的股权多元化改革,力争 2~3 户取得实质性突破;推进川仪、重庆建工、重庆燃气等企业力争实现年内上市,同时编制市属国企三年上市规划;引入一批股权投资基金等民间投资主体参与国企改制上市、重组整合、对外并购。综上,本次重庆国资改革将呈现出“政府债务严格硬约束、混合所有制股权多元化、债务结构重组、批量上市”等主要特点,这为私募股权基金拓宽业务领域、延伸服务范围、提升服务能力搭建了更广阔的平台。

在上述宏观和现实背景下,希望本研究为有效推进重庆国资国企改革的金融服务贡献绵薄之力,同时为其他地区私募股权基金服务、国资国企改革提供一份借鉴参考。

文章审稿人:韩静

互联网金融对传统金融机构的影响①

重庆三峡银行、重庆银监局联合课题组

课题主持人:丁世录

课题组成员:姚姜军　艾飞　肖娟　何建明　岳传刚　籍磊

李夏　左为　王蘅

一、引言

互联网金融的发展是历史的必然,也是未来新逻辑的起点,更是社会经济新阶段全新的信息通信技术对金融产生革命性影响的开始。金融是对现有资源进行重新整合,实现价值等效流通,实行从储蓄到投资的过程。互联网金融本质上也是一种金融活动,不能独立于传统金融活动之外,它没有改变金融的本质,只是改变了金融的技术手段和交易渠道,提高了金融的效率和便捷性。因此,互联网金融是互联网与金融融合的产物,是借助互联网、云计算、大数据、人工智能等新兴技术实现资金融通、支付和信息中介等功能的高效、便捷运行的一种金融模式。在互联网金融崛起的过程中,传统金融机构面对着前所未有的机遇和挑战。深入剖析互联网金融对传统金融机构的影响,对传统金融机构发挥好现代社会经济的核心纽带作用,更好地服务于实体经济建设具有重要意义。

本文的研究主旨在于:从提升传统金融机构的经营管理水平入手,剖析互联网金融对传统金融机构的影响;以促进传统金融产业转型为着力点,展望传统金融与互联网金融的发展趋势;以前述分析为基点,提出应对策略,以期为推动互联网金融和传统金融的融合发展提供决策依据。后文结构安排如下:第二部分是互联网金融对传统金融机构的影响,第三部分是传统金融和互联网金融的融合趋势,第四部分是对策建议,最后是总结。

二、互联网金融对传统金融机构的影响

(一)对服务质效的影响

作为服务性行业,服务一直是传统金融行业生存发展的永恒主题,更是市场竞争的核心内容。在互联网去中介化的过程中,用户和传统金融机构的关系以及交互

---

① 为2015年度重庆市金融学会金融领域重大决策咨询课题,获评“优秀奖”。

渠道都发生了翻天覆地的变化,而“服务”这个核心也随之有了新的外延和内涵。

1.服务意识转变

我国的传统金融业具有较强的垄断性,随着市场经济的快速发展,同业市场竞争日趋激烈,很多金融机构把“服务第一”“客户至上”作为自身企业文化与对外服务口号,但具体的服务措施仍显刻板和被动,对非核心客户的开发与维护在一定程度上缺乏主动性。随着互联网金融时代的来临,大量互联网企业涉足金融业,推动了多种互联网金融业务模式的探索与发展,从最早的支付、收单,到小额融资、保险以及基金代销,呈现出一片蓬勃发展的局面。互联网企业不懈追求用户体验的提高,带动了金融服务整体水平逐渐提高。同时,互联网企业利用互联网用户群带来的规模优势,大幅降低金融服务费用成本,甚至出现大量免费服务。因此,传统金融机构将同时面对来自同业和来自互联网公司的竞争。在巨大的双重竞争压力下,传统金融机构的服务意识及服务模式产生了根本性变革,开始以智能化、专业化、特色化、休闲化的服务方式争取客户,以便捷的用户体验赢得客户,力求维系、巩固既有客户资源,挖掘、发展过去不被重视的非核心客户。

2.服务深度广度增加

互联网金融的发展催生了各种融合类需求,金融用户开始希望获得更加全面、深入的服务。例如原本基于专柜、专人的私人银行、个人管家之类定制化的个人服务,借用互联网走进了社区、街道,提到了线上。而企业用户也不满足于原有的投、融资类的服务,把目标放在了更加宽广的供应链体系上,希望金融机构能够提供包含信用信息咨询、交易撮合、跨区域、跨行业、一体化供应链类的金融服务。这样的新型市场需求,催生了一批基于互联网的跨界企业,他们正以互联网行业特有的创新力和执行力飞速地抢占新兴市场。在用户和竞争者的催逼下,传统金融机构必须拓宽原有服务的广度和深度,以适应互联网大潮的强力冲击。

3.服务方式变化

互联网技术可使部分传统柜面业务实现远程交易,各金融机构的柜员、大堂经理等柜面人员可以脱离物理网点的束缚,借用专业的互联网终端设备,走进社区、街道、深入用户家庭,为用户带来省时、省力、省心的专业智能化服务。例如,民生银行设立了社区金融服务站,并针对社区居民专门设计了一系列社区金融服务。运用安装了远程开卡应用的平板电脑推广开卡服务,不仅可以将客户的银行卡、持卡人照片、身份证明、开卡申请表等信息通过平板电脑传到银行后台,在短时间内完成开卡业务,还可一并开通手机银行和网上银行。同时,针对社区金融专门设计推出了“联名IC卡”,除了具有一般借记卡的功能之外,还集成了小区门禁卡、缴费卡和停车卡等多种功能。另外,民生银行的社区金融服务站中还设立了远程视频柜员机(VTM设备),可为客户提供购买理财产品、信托、保险等自助服务。类似这样的案例已经遍布全国各地,互联网技术及其带来的高效服务,使得传统金融机构原本如同“蹲点”式的服务方式,变得更加灵活、主动、人性化和智能。

(二)对内部流程管理的影响

流程是保障传统金融机构正常运行和防御风险的根基,飞速发展的互联网时代使传统金融机构的流程产生了深刻的变化。

1.流程目标和执行原则发生变化

长期以来,由于行业的垄断性、国家政策偏向性和信息不对称性的存在,银行获得了较大利润。因此,传统金融机构以往在流程设计时主要考虑保证风险可控、责任明晰,边界清晰,在执行上常常以“尽职免责”为原则。但在互联网时代,来自同业以及新兴竞争者的竞争压力迫使传统金融机构重新审视原有内部管理与工作流程,对流程制定的目标与过程进行调整。主要表现为:风险仍然是第一要素,但在风险可控的前提下,尽可能精简程序提高效率,并将之作为赢得客户的重要手段。同时,“尽职免责”不再是一种消极的工作方式,而是利用流程制度来保护创新的手段,使创新者不会因为担心创新过程中遭遇风险而畏缩不前。

2.流程更迭周期缩短

互联网化带来了新技术、新环境及全新的思维方式和工作节奏,传统金融机构多年不变的业务流程被迫发生变革,流程制定的节奏也越来越快。以重庆某商业银行为例,从 2013 年底开始进入互联网金融大潮,至今已经针对互联网业务、技术发展制订了近 30 项不同的管理控制与操作流程、规章制度,曾在一个月内确定了 5 项的新流程。同时,流程和制度在初步制定后需要不断进行增补和修改,紧跟互联网产品迭代升级的步伐。

(三)对组织架构建设的影响

为应对互联网金融带来的冲击,各传统金融机构相继对内部组织架构进行了中心化、专业化的改革调整,有针对性地建立起目标明确、边界清晰、责权对等的独立或半独立专门机构,整合优势资源聚焦目标领域进行专项攻关,变互联网金融的挑战为机遇,推动企业转型发展。传统金融机构对组织架构的调整主要包含以下三类:一是设立致力于发展互联网金融的专门部门。例如,中国银行设立了创新研发部,工商银行、农业银行、建设银行、交通银行等国有银行,以及华夏银行、光大银行、浦发银行等股份制银行都相继设立电子银行部,这些部门的主要特征在于,独立于传统业务条线部门,在其他部门的协同配合下,合理调配行内资源,主导全行互联网金融业务的发展与创新。二是建立针对性的事业部和子公司。例如平安银行成立了公司网络金融事业部,重点开发网络金融产品,提升其网络金融服务。民生银行设立了二级部门“直销银行”,其业务拓展不以柜台为基础,打破时间、经营地域范围、物理网点等限制,主要通过电子银行渠道营销金融产品、提供金融服务。三是设立专题组或项目组。这类项目组的目标明确,时间确定,资源调配灵活,可高效地完成某一产品或服务的开发设计,能够满足互联网产品、业务时效性较高的要求,这也是大多数传统金融机构开展互联网金融创新时的首选方式。同时,项目组可与各部门、各事业部及子公司并存,形成矩阵式组织架构,兼顾传统金融机构短期攻关与长期战略的统筹发展。

(四)对人才队伍建设的影响

人才队伍建设是传统金融机构发展壮大的重要推动力量,银行机构原本的人才选拔主要关注人才的泛金融知识背景及金融从业经历。在互联网时代,由于全新知识和技术的引入,以及相关思维体系、业务领域的扩展,传统金融机构吸收人才的领域被拓宽,不再局限于金融、财会、营销等泛金融领域,还需要各类信息技术、电子商务、自媒体管理、互联网营销以及其他生活类、娱乐类应用开发及运营人才,特别是需要大量IT人才以及大量既懂社会行为学又懂信息技术与大数据挖掘分析的新的经济复合型人才。例如上海银行2014年面向先进制造业、现代服务业、政府机关和事业单位招聘100名跨界人才作为客户经理,其岗位职责是充分发挥过去所在行业专业优势,与金融业务有效对接,拓展行业客户。这些原本与金融没有密切关系的跨界人才,给银行带来全新知识、技术以及新型业务,并对传统金融机构的思维方式及企业文化产生影响,最终转化为推动其发展的生产力。

另外,由于传统金融业的金融创新相对滞后,过于刻板的程式化工作模式压制了创新性人才的积极性,使各个层级的金融从业者流动到创新性更强、机会更多的互联网金融企业。因此,传统金融机构需要审视自身在人才建设方面的不足,转变经营思维,以发展的战略眼光建立健全金融创新机制和人才培养机制,完善人才激励机制,增强人才吸引力。

(五)对传统金融机构风险管理控制的影响

风险管理控制是关乎银行生存与发展的关键问题,既是稳健经营与盈利的保证,又关系到金融市场安全高效与国家宏观经济的稳定发展。在互联网金融的发展进程中,风险管控问题更加复杂,风控难度大幅增加,主要表现为以下三个方面。

1.风险种类增多

随着互联网技术的大量应用以及以互联网为依托的业务及商业模式创新的大量涌现,传统金融机构面临的风险类型不仅包含了原有的业务风险,还包括由互联网金融自身的技术性、创新性、试错性而衍生出另外一些需要引起重视的新型风险,如表1所示。

表 1 传统金融机构业风险分类

传统风险	信用风险 市场风险 流动性风险 操作风险 系统风险
互联网新兴风险	法律/监管风险 技术风险 信息安全风险 宣传/公关风险

资料来源:课题组归纳整理。

在新增的风险类型中,法律/监管风险源自于业务创新的探索性。由于外部监管政策的空白,一些业务创新运作于无规可循的灰色地带,待相关法律、监管政策补位完善后,部分不符合规范的业务模式必将花费较大代价进行调整,甚至会被监管机构叫停。技术风险源自传统金融机构生产率的提高对 IT 运行维护的更高要求,由于互联网的便捷性和普及性,使得行业务交易量以数量级的跨度急速提升,技术运行维护跟不上,将对传统金融机构的经营运转产生巨大影响。信息安全风险是信息流通过程中产生的风险,互联网大大提升了信息流通的广度和深度,用户的个人信息、账户信息、交易信息以及传统金融机构的各种内部信息都存在被泄露的风险。信息安全问题给保障传统金融机构经营秩序和维护客户权益带来了新的挑战,例如,2015 年 7 月,多名工行卡用户发现自己因"短信保管箱"业务而遭遇传统金融机构卡被盗刷,不法分子窃取了客户的相关信息和密码,然后利用客户信息开通了客户手机的"短信保管箱"业务,从而获取交易验证短信并盗取资金。此类事件并非个案,随着互联网化程度加深,作为资金、信息的密集度较高的行业,传统金融机构必然成为互联网犯罪恶意攻击的焦点。宣传/公关风险来自互联网媒体和自媒体。社交网络的飞速发展催生了互联网媒体和自媒体这种新兴的媒体形式,信息传播的速度和广度极速扩张,这将导致正面或负面信息的疯狂传播。作为社会经济的核心纽带,传统金融机构一旦出现经营、风险、信誉等方面的负面信息,将产生巨大的负面影响,不仅影响传统金融机构自身发展,而且可能会对社会经济秩序的稳定产生危害。

2.风险应对响应时限变短

互联网提升了信息传播效率,也同样提升了风险事件的影响力及破坏力。同时,随着互联网工具、技术的引入,传统金融机构的服务时段正往 7×24 小时的方向发展,每时每刻都可能发生金融交易。因此,留给传统金融机构从业者处理风险事件的"安全"时限缩短,从原本以"日"为单位的处理周期,变成以"小时"甚至"分钟"为单位的处理限期。只有建立快速有效的风险防控预警及处理机制,才能将风险可能造成的影响降到最低。

3.风险管控体系变化

新的风险形式催生了大量全新的风险管控体系。在应对风险的主体方面,传统的各个企业、个人各行其是,各自为战的模式已经无法适应互联网时代带来的风险挑战。以前文的工行事件为例:安全的漏洞并不是出现在传统金融机构或者移动运营商的自身的业务流程之中,而是出现在两个不同行业貌似毫无关联的流程交互之中。而更有说服力的证明是央行于 2015 年发布了《非银行支付机构网络支付业务管理办法(征求意见稿)》,要求支付机构要根据客户身份核实方式对个人支付账户余额的付款功能和交易限额进行分类管理。这虽然是针对“非银行支付机构”的要求,但可以从侧面表明央行已经认识到在互联网金融领域,银行原有的身份认证手段已不能满足风险管控的要求,需要结合“安全合法的外部渠道”通过交叉认证的方式来丰富认证手段,确保认证效果。这从根本上打破了风险管控主体的封闭、孤立现状,要求传统金融机构与同业、其他关联行业间在风险控制上进行充分合作,共同抵御互联网带来的风险冲击。

另外,互联网技术的发展为风险管控提供了大量全新的工具和方法。例如,CFCA(中国金融认证中心)联合各商业银行建立了“CFCA 交易监控及反欺诈系统”,通过收集海量交易数据进行“大数据”分析,利用“机器学习”等计算机信息技术,建立并丰富完善欺诈行为规则库,可以对交易行为数据进行实时分析,给出有效的预警和处置建议。此类基于“大数据”的风险管控方法被大量采用,改变了传统金融机构体系中大量依赖风控人员经验和实体抵押等手段的风控模式,把经验主导转变为数据驱动,从以实体凭证确认为中心变成了以模型计算预测为中心,大大提高了风险管控的客观性和科学性,同时通过计算机技术的引入节约了人力成本,提高了时间效率。

(六)对产品开发设计的影响

互联网金融对传统金融机构开发设计产品的整个流程都产生了影响,引导传统金融机构结合客户特点,倾听客户需求,开发出令客户满意的产品。具体而言,体现在以下几个方面:

1.设计方式的变化

传统金融机构主要采用中心化的客户等级分类模式,优质资产被更多地供应给高净值客户。在互联网金融的影响下,传统的资金筹集渠道、融资方式和信用评价方式被逐步改变,银行从重视资金规模效应转向重视需求规模效应。同时,互联网经济时代下的市场竞争压力敦促传统金融机构改变产品的设计方式以适应市场需求和互联网电子商务新规则,在产品设计上更加重视客户需求,更加重视客户体验,更加重视降低交易成本,设计开发出了一批 7×24 小时从线下转为线上应用环境的产品和服务。主要包括以下几个方面的改革创新:

第一，以大数据为支撑，从客户的年龄、社交、消费、财务、交易等数据入手，划分客户群体，并通过分析相关数据信息，掌握客户的流动性规律和需求定位。根据不同的客户需求，为客户量身定制个性化、差异化产品，提高客户对产品和服务的感知度、认可度和忠诚度。

第二，开展产品和服务创新，在巩固既有客户群体的同时，进行业务的无边界扩展，实时创新，发掘潜在客户资源。例如重视“长尾”属性的产品开发，发挥“长尾”效应，提高市场占有率。

第三，产品设计应重视产品的便利性，提高用户资金的收益率。例如一些理财产品在提高用户收益率的同时降低了最低申购和赎回的限制，提高了资金的周转效率，提高了市场竞争力。

第四，提升金融服务质量，进行各行业服务的跨界整合，研制开发综合服务产品，集合实现多种服务功能。例如重庆三峡银行的财富人生卡持卡客户可通过服务热线订购当季新鲜水果，并能享受到低于市面价格的超低专属特价。特别是财富人生金卡除了具有支付功能，持卡客户可享有客户姓名印制和个性化卡号服务，可以免费参加三峡银行的各类讲座、联谊、沙龙等活动，还可享受优先挂号、加油优惠等服务。

第五，降低金融服务交易成本，简化服务流程，减少中间环节，让普通客户平等地享有金融服务。

第六，发挥传统金融机构的自身优势，提高金融产品的安全性。互联网技术改善了金融服务效率，同时也使各类风险的扩散性、渗透性、危害性增强，金融产品的安全性被提到了前所未有的高度，在产品设计过程中要充分借助传统金融机构在产品设计方面的雄厚经验，同时借助互联网、大数据等技术优势，不断创新，提高产品的风险防御能力。

2.产品结构简单化

互联网金融面向的客户主要是大量的个人客户及少数企业客户，要在互联网上发售金融产品或提供服务，需要金融产品满足时效、简单、快捷、便于理解等特点，这就要求传统金融机构在设计互联网金融产品时，提供的金融产品结构不能太复杂，风险识别应简单，交易方式不能有重重验证过程而要追求简捷，才能得到金融产品在互联网网络中大批量获客、大批量交易的效果。

3.产品结构丰富化

互联网金融的发展使传统金融机构的产品结构更加丰富，一是银行、证券公司、保险公司的一些传统业务被搬上的互联网，如网络银行、网络证券交易、网销保险等服务的成功开展为传统金融业务注入了新的发展动力，同时借助银行自身的品牌、信用和资金优势展开线上线下相结合的服务，助推传统金融业务模式的改革转型。二是在金融资源整合基础上包装产生全新产品，例如 2014 年初，民生银行以网站、手机APP和微信银行为媒介,推出了直销银行,用极致体验、简单实惠、体贴周到的普惠金融吸引客户,培育民生自己的互联网金融生态圈,打造集存款、理财、基金、贵金属、贷款等为一体的产品体系。三是跨界合作产生交叉领域的新产品。由于银行传统的信息传播渠道有限,与互联网平台的联姻将有利于撮合金融交易,为互联网用户提供定制化的金融产品及服务。近年来,银行纷纷展开与互联网平台的深入合作,开发出以银行电商平台(例如建设银行、工商银行、招商银行在内的主要大型商业银行,以及成都银行、上海农商银行等中小银行已开设网上商城)、社交平台金融服务(例如微信银行、微博银行和宜信银行,以及微融资、微理财等服务)、移动金融(例如各类融合了金融服务、消费、娱乐等场景移动金融APP,以及与移动运营商合作,基于NFC-SIM卡模式的手机近场移动支付产品和服务)等为代表的互联网金融模式。

4.产品设计周期缩短

互联网金融的最大特点在于创新速度快、效率高。由于激烈的竞争导致某些产品需要不断地更新换代,使其生命周期短。银行长期形成的合规文化使其开展各项业务时首先强调的是规范,设计了很多制约环节和监控措施,导致其在创新产品时,因较长的流程和众多的制约难以快速响应客户需求。在互联网金融的强势影响下,银行开始重视创新和效率,在市场机会面前,设计的金融产品在风险可控情况下,将推出产品速度放在第一位。为此银行还设立了较高的风险容忍度和快速补偿机制,确保金融产品开发创新周期短,能以更快的速度推出产品。

5.产品效果评估方式改变

互联网金融发展过程中,各类市场主体不断进入,各类金融机构和非金融机构提供产品和服务供给逐渐过剩,消费者越来越挑剔,需求越来越个性化和复杂化。对传统金融机构开发设计出的产品的效果评估方式正在逐步发生改变。一是获得海量的客户是产品效果的最好验证。二是交易成本降低的程度。三是风险产生概率是否在设置的风险容忍度之内。四是交易过程是否快捷和简单。五是是否和其他消费领域跨界结合,以获取潜在的消费者和满足客户多样化的消费需求。

另外,在互联网经济环境下,产品效果的评估不再仅限于事后的统计分析,信息技术的发展、市场商机的瞬息万变、产品的快速更新迭代迫使金融机构必须实时关注产品效果,做好实时的跟踪、信息收集和反馈,并同步指导后续产品的优化。同时,金融产品服务的设计要立足金融本质,在逐利过程中更要重视金融资源的优化配置。因此,金融产品的效果评估是一个系统性的长期过程,不仅包括对某一产品的效果评估,还包括与之相关的后续服务和关联服务的评估和完善,再加上对互联网金融配套基础设施建设的完善,最终达到产品开发的长期愿景,提高金融效率,实现资金的有效融通。

三、互联网金融和传统金融融合发展的主要趋势

(一)互联金融市场前景广阔,传统金融主导地位不变

从现实情况看来,互联网金融具有强大的创新力、核心竞争力以及公众影响力,并将在试错中不断探索前进,市场前景广阔,在短期内将成为中国金融业发展的重要方向。但是,互联网金融不会颠覆传统金融行业,而将改善传统金融行业的业务渠道和经营工具,消除金融活动的时间和空间障碍,进一步拓宽金融业务的覆盖面。因此,积极运用高新信息技术革命的科技成果,主动融入互联网金融发展大潮,勇于直面互联网金融挑战,转变战略思维、发展理念、经营方向、管理模式、服务方式和盈利模式,开拓大众市场,发展普惠金融,将成为传统金融机构未来经营发展的首要战略任务。

随着利率市场化进程的加快推进以及我国政府"互联网+"相关政策的出台,互联网金融模式蓬勃发展,但传统金融机构在中国金融市场中的主导地位将在很长一个时期内不会改变。并且,银行将成为我国互联网金融的主导力量,目前,P2P 及众筹融资这两种主要的互联网融资模式的融资规模仅为全国商业银行的千分之四。因此,商业银行信贷仍然是企业融资的首选方式。同时,在金融体制的改革进程中,银行信贷资产证券化业务的发展将进一步巩固商业银行在互联网金融中的核心地位。

(二)线下支付工具逐步弱化,互联网支付渠道更丰富

传统金融服务工具与手段在相当长的一段时间内将持续存在,但伴随着高新信息技术的发展进步,其功能将逐渐弱化,电子服务工具将会蓬勃发展。传统金融机构的现金交易数量将呈现逐渐减少趋势,卡、存单、存折、保单等账户类的物理载体将逐渐减少,电子账户必然迅速兴起并将成为未来中国金融市场发展的主流结算支付工具。根据人民银行各年的"支付体系运行总体情况"的统计,从 2013 年到 2015 年 2 季度,以网上银行、电话银行和手机银行这三类电子渠道为基础的银行机构电子支付业务增长较快,如表 2 所示。同时,通过非银行支付机构进行的网络支付业务的数量和金额都在增加,据统计,2015 年 2 季度我国非银行支付机构处理网络支付业务量同比增长 142.14%,交易金融同比增长 107.75%。

表 2　银行机构电子支付业务情况

		2013 年	2014 年	2015 年 Q1	2015 年 Q2
业务笔数	数额/亿笔	257.83	333.33	227.39	249.76
	同比增长率(%)	27.40	29.28	较快增长率	较快增长率
业务金额	数额(万亿元)	1075.16	1404.65	772.54	594.15
	同比增长率(%)	29.46	30.65	较快增长率	较快增长率

注:Q1 和 Q2 分别代表 1 季度和 2 季度。

资料来源:人民银行历年的"支付体系运行总体情况"报告。

(三)优化网点建设将成必然,实现功能转型迫在眉睫

信息技术飞速发展将助推实体网点升级,实现O2O金融服务模式。随着线上客户持续增加,维护好线下业务市场,实现线上市场和线下市场的资源互通、优势互补,仍然是传统金融机构未来一个时期内立足市场发展的主要经营策略。

传统金融机构所设物理网点的职能定位将伴随着互联网金融的发展而转变,网点数量逐渐呈现负增长趋势,网点建设逐渐向智能化、精简化、个性化及人性化方向发展。例如,北京银行推出了“轻”网点模式的智能银行。同时,伴随着手机银行、微信银行、电视银行等用户可操作渠道的发展,工行等国有银行的网点数量开始出现负增长现象。同时,便捷的互联网金融服务促进了金融离柜交易的发展,据《2014年度中国银行业服务改进情况报告》的统计,2014年中国银行业金融机构离柜交易达1167.95亿笔,比上年增加204.56亿笔;交易金额达1339.73万亿元。

(四)柜面人员转型营销服务,人力资本更需优化配置

传统金融机构的从业人数增幅将放缓,人员需求结构将进一步调整,其中前台柜面人员比重降低,中后台人员比重增加,人才的专业背景与从业经验呈现多样化。随着网上银行、手机银行等离柜业务的增长,2014年,工、农、中、建、交等国有大行的柜员数量均呈现下降趋势,此类现象主要源于银行物理网点减少,例如工行在2014年共减少营业网点与实现功能分区营业网点128个与49个,这也是国有大行首次出现网点负增长。

(五)大数据战略助推金融发展,提升风控水平成为主旋律

互联网的发展将大数据技术引入了金融领域,目前国务院出台了《促进大数据发展行动纲要》确定了大数据发展战略,将引领金融机构步入全面提升运营水平、增强风险管理控制能力的新时代。

大数据技术将被利用于金融机构的前中后台各个业务领域,通过对海量客户信息的分类和关联分析,深入洞察客户需求、抱怨和投诉建议,有利于把握市场定位,实施精准营销、维护客户关系和改造服务流程,形成客户与银行间的良性反馈机制,为金融消费者提供人性化、差异化、精细化的服务。目前,浦发银行、华夏银行已将大数据技术引入具体的流程管理之中,改善了业务发展模式,提高了业务质量。

此外,互联网的发展扩展了人们的信息来源,但也造成甄别信息的困难,金融欺诈活动逐渐呈现出专业化、团队化、信息化的趋势,将加大实际金融活动中风控工作的复杂性和多变性,给传统金融机构的风险管理控制体系带来巨大挑战。大数据技术的发展运用则为传统金融机构开创了全新的风险管理控制模式。一方面,大数据有效防范金融诈骗,保障企业投融资安全。例如大数据公司百融金服利用互联网数据资源和大数据技术,为企业开展投资理财、精准营销、反欺诈、资产管理等精准服

务，帮助客户改善运营水平。另一方面，大数据能够为我国建立个人征信体系提供数据基础，有助于普惠金融健康发展。我国现行的人民银行征信系统主要基于银行的信贷记录来设计，只能覆盖约20%的人口，对个人信用的评价能力有限。大数据以人口统计数据、消费数据、网站行为数据、社交数据、金融数据等数据为基础，涵盖范围广泛，可对数据进行关联性分析，形成全面的个人征信报告，在为金融机构提供信用参考的同时，切实推动了普惠金融的发展。

（六）大力推动跨界合作，促进金融市场改革

在互联网金融与传统金融深度融合的进程中，跨界合作将是中国金融市场未来改革发展的主要方向，各类金融企业之间、金融企业和互联网企业之间、金融企业和其他企业之间将会以合作、重组或者兼并等方式共同发展。目前，这种跨界合作已初见端倪，例如，北京银行与小米公司、360公司、腾讯公司、芝麻信用都建立了合作关系，开启了商业银行应用互联网征信的先河。中信银行和海尔集团合作推出了供应链网络金融平台；万科联手搜房网发起了全国首单房产众筹；万科和腾讯理财通合作推出了地产互联网金融产品万科理财通；百度、阿里、腾讯三大巨头均和多家传统银行达成合作。

（七）证券保险变革获客方式，推动行业战略转型发展

目前，证券及保险行业的收入在很大程度上依赖于对线下客户的维护，数量众多的互联网用户资源有待发掘。为发掘互联网客户资源，证券、保险行业将变革获客方式，通过设计满足客户需求的产品或服务，优化业务流程，将提升用户体验、构建互联网金融平台有机地结合起来，在线实现了如开户、销售等一些标准化业务，降低运营成本和交易双方的信息不对称性。同时，互联网金融也给证券及保险机构带来新的压力和挑战，倒逼其转型发展，从技术水平、人才储备、服务质量、营销创新、模式变革、成本控制、风险管控等方面提高综合竞争实力。

（八）技术创新推动业务发展，开拓商业银行创利新局面

2013年以来，随着利率市场化进一步推进和贷款利率管制、存款利率浮动上限管制的进一步放开，商业银行面临市场竞争压力加大、利差收窄等多重挑战。同时，随着我国经济增速放缓，贷款增速及利润增速转缓将成为银行业的一种长期趋势，银行业必须把转变发展方式作为首要战略选择，提高信贷资金配置效率。以互联网为代表的信息通信技术的发展为业务的创新带来契机，提升了银行的创利空间，主要包含以下几个方面：

一是利用互联网、云计算和大数据等技术手段，建立数字化金融平台，升级物理经营渠道，扩展线上经营空间。

二是利用互联网思维进行流程改造，优化服务环境，降低运营成本。

三是转变服务意识，运用互联网渠道和大数据技术扩宽客户覆盖面，将服务实

体经济以及服务民生作为新的工作重点。可以通过大数据模式来降低信息不对称性,控制业务风险,促进银行零售业务、小微企业业务以及涉农金融业务的发展。

四是利用大数据技术建立大数据风险管理控制模式,提高风险管理控制效率和准确率,降低信用违约成本。

五是加大产品创新和跨界合作,依托互联网和大数据技术进行业务转型,将消费金融作为未来业务发展的重要方向。在互联网金融飞速发展的时代背景下,消费金融对商业银行来说不仅意味着向各阶层的消费者提供消费信贷,还包括为客户消费行为提供金融服务的整个过程,具体涵盖了客户的消费需求引导、产品开发、消费动作、支付结算、消费信贷、优惠促销、积分兑换,以及后续跟踪服务和消费行为分析等全流程。据央行的统计数据显示,我国消费贷款正以每年 20%以上的速度递增,但与国际上同等收入水平的国家相比,消费贷款占金融机构总贷款比重仍然较低。因此面对我国庞大的消费群体,消费信贷的发展空间巨大。艾瑞咨询预计,今后 3 年中国消费信贷规模将维持 20%以上的复合增长率,预计 2017 年将超过 27 万亿元。除了消费信贷,大型银行可依托电商平台发挥数据聚合效应,实现商品流、资金流和信息流的聚合统一。目前很多银行已经瞄准了消费金融这片业务蓝海,做出了一系列尝试。例如南京银行建立了消费金融业务线上办理渠道,并推出依托客户行为数据分析的在线营销 O2O 业务模式,首次实现了全流程在线的消费贷款办理;中国银行推出了“随借随还自助通”贷款,线下一次申请,线上循环使用,资金实时到账,可满足全方位的消费需求;江苏银行推出了“万事达电子旅行支票”比现金更安全,比信用卡更方便,能够满足境外旅游消费的支付需求;重庆银行与重庆百货联合组建了马上消费金融;浙江网盛生意宝股份有限公司和杭州银行等出资人欲共同设立杭银消费金融公司。

(九)加强信息技术安全风险防范,保障公众利益成为国家战略

截至 2015 年 6 月,中国网民规模达 6.68 亿,电子银行、网上理财、网购基金、电子支付、P2P 等互联网金融活动已经广泛融入互联网用户的生活中,各类互联网金融交易规模大幅增长。便捷的互联网金融模式提高了人们的生活质量,但由此产生的信息安全风险在今后都将成为互联网金融发展必须关注的焦点。据《2013 年中国网民信息安全状况研究报告》的调查,2013 年上半年,有 74.1%的中国网民遇到过信息安全问题,虽然信息安全的防范手段不断加强,防范能力不断提高,但新的信息安全事件的发生率依然较高,如图 1 所示。在金融业务的日常处理流程中,在客户端安全认证、信息传输、系统运行、数据信息保密、系统应急、内部控制、外包管理、流程操作、法律条款等方面的疏漏都会给互联网金融业务带来信息不安全风险。如果这些风险防范与控制不到位、不给力、不平衡,将会损害公众利益、给社会带来不稳定不和谐因素。因此,密切关注高新信息技术带来的风险隐患,有效加强高新技术风险防范与控制,切实维护广大公众利益,确保金融安全、社会稳定已经成为国家建

设的战略任务之一。

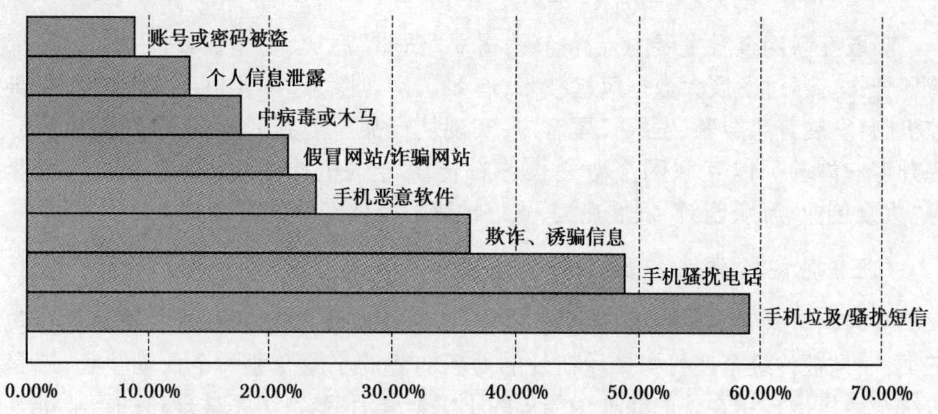

图1 2013年上半年中国网民各种安全问题的整体发生率

数据来源:《2013年中国网民信息安全状况研究报告》。

(十)金融市场监管更需与时俱进,将与社会经济建设发展同行

互联网金融是一种新兴的经济形式,还处于不断地创新与发展完善中。对互联网金融相关业务的外部监管不能拘泥于以往的传统框架中,需与发展并行。外部监管需注意宽严相济,把握尺度和分寸。一是保证互联网金融成长的宽松环境,为其发展留有余地,鼓励合理的金融创新尝试。二是加强对互联网金融平台的准入管理,加强此类企业的信息披露,明确互联网金融活动的监管条款,引导其在"试错"中逐步走向规范。三是紧跟互联网金融的发展步伐,随着社会诚信体系和相关法律规章制度的完善,建立健全互联网金融监管政策,严格控制互联网金融风险,维系金融体系的正常运转。中国人民银行等十部委发布《关于促进互联网金融健康发展的指导意见》(以下简称《指导意见》),拉开了互联网金融监管的序幕,宣告了互联网金融监管程序的启动,各类细化的监管措施都将逐步建立健全,推动金融业的稳健发展。

四、互联网金融和传统金融融合发展的对策建议

(一)确立互联网金融发展理念,以适应中国金融市场变革新业态

传统金融机构必须确立以互联网金融为补充的传统金融发展转型战略思想。一是转变经营理念,主动迎接挑战,切实做好与互联网金融的对接和融入,打造传统金融与互联网金融优势互补、资源整合的金融发展新格局,加快建立、完善传统金融、互联网金融协调发展的金融生态圈。二是坚持金融创新,确立传统金融机构互联网化的发展战略,加快传统金融发展战略转型。

(二)借鉴互联网金融发展的有益经验,推动金融业创新发展

吸取互联网金融发展的有益经验,树立“试错”思想,勇于探索,积极转型,探索跨界合作。通过发展大数据风控技术,有效识别风险、选择客户、合理定价,完善风控机制;发展普惠金融,发掘长尾客户;实现从产品至上到客户至上的转变,全方位提升客户体验。以互联网金融之长弥补传统金融机构之短,推动中国金融业投身“大众创业、万众创新”发展热潮,更好地服务实体经济的发展。

(三)抓住各类客户群体的特点,研发新型金融市场服务产品

互联网金融开辟了一些备受关注的新型业务领域,其涉及的客户群体主要包括三类:一是被传统金融机构排斥在外的处于弱势的小微企业和个人创业者;二是被传统金融机构排斥在外的并处于弱势的小额金融消费者;三是被现行的行业准入政策限制的并处于弱势的非金融机构。因此,传统金融机构应当围绕上述客户群体,有计划、有步骤地开展互联网金融平台建设,优化内部流程,研发金融产品,创新营销手段,开拓客户市场。

(四)改革内部机制与管理流程,打造错位发展新优势

在目前的竞争新格局下,传统金融机构应创新服务,重塑经营模式,提升市场核心竞争力。

①传统金融机构要依托现有业务领域,实施互联化、集约化、智能化改革,提升规模效益。应大力开展产品研发,狠抓线上业务市场营销,加强风险管理控制,将网络信息技术嵌入到供应链、产业链等金融服务全过程之中,通过与第三方展开合作,拓宽业务边界。

②传统金融机构要充分运用先进的现代化信息技术工具与手段,大力发展互联网金融业务,尤其在与互联网交叉渗透发展的市场竞争领域,重点推进经营发展战略转型。

一是搭建互联网金融发展平台。金融集团公司应整合内部资源,提供全面覆盖各个领域的综合化服务。单体金融机构可根据实际情况选择自建或加入其他机构的互联网平台。

二是突出互联网金融发展重点。传统金融机构要界定客户群体,明确目标市场,在个人和小微企业客户方面,要重点将金融服务融入各种现实的场景,利用移动互联、大数据、在线视频、人脸识别、虹膜识别等先进技术,为客户提供全程在线的金融服务;在综合化服务方面,要努力实现人流、物流、资金流、信息流的互通,对产业链获取和挖掘,提供主动性更强、综合化程度更高的金融服务;在金融同业方面,商业银行要提升系统开发、业务运营、产品销售能力,开放给有互联网金融发展需求的各类中小金融机构,与其构建同业合作共赢的生态圈。

三是构建互联网金融服务模式。搭建O2O服务体系,提供全程在线的客户服

务,充分开展跨界合作,打造一站式便捷服务模式。

③传统金融机构要全面形成差异化、特色化、品牌化、专业化、精细化的错位发展优势,着力打造特色经营发展新格局。

传统金融机构通过几十年的发展已经形成了庞大的产业链客户、商业客户及贸易客户群体。因此,作为传统金融机构的商业银行应该从企业客户的采购、生产、存储、运输、销售、结算、资金的回笼等每一个环节提供贴心关怀式的金融服务。一是建设开放共享的平台银行,全力推进互联网金融云平台建设,整合系统内、外的各种资源优势,实现“互联网+”的多个领域合作模式,建设具有特色的互联网金融产品体系。二是建设智慧银行。依托互联网、大数据等技术,运用O2O服务模式,精准定位客户,为客户提供差异化服务。三是建设普惠银行,打通普惠金融服务渠道,为个人、小微企业、“三农”、高新技术产业提供普惠服务。四是建设融入社区的小微银行。五是建设惠及百姓的零售银行。

(五)优化经营机构建设布局,调整营业网点功能定位

互联网金融的快速发展促使传统金融机构加快“轻资产、网点转型”的步伐,在优化网点布局的同时,探索网点逐步向“机构小型化、人力集约化、功能智能化、机具自助化、服务个性化、营销全员化”转型。一是在网点建设要从注重规模与数量向注重质量与效益转型,并适当控制或者减少网点的规模与数量。二是在网点的业务办理要从线下业务逐步向线下与线上业务转型,并适当减少柜面人员,增加营销人员。三是网点职能定位为既能为客户提供传统性的金融服务,又能提升客户体验、解决客户疑难。

(六)加快建立完善人才建设机制,抓紧培养新型金融人才

互联网银行、互联网证券、互联网保险、互联网理财等互联网金融业务如火如荼地展开;资产管理、风险管理、产融结合冲击着传统金融模式;地方债、信贷资产证券化、PPP、供应链金融、贸易金融、项目融资、融资租赁等融资方式不断创新;私募基金、对冲基金、量化基金等机构投资规模不断扩大……这些变化给中国金融业市场带来了巨大冲击。因此,培养新型金融人才将是引领金融创新和保障金融活力的核心工程。

第一,要培养综合经营型人才。市场化和资源配置的灵活性及复杂性,必然引导金融机构由传统型向综合经营型转化,人才培养应该充分加入资产管理、产业和金融结合趋势等新特点和新要求的内容。

第二,人才培养要适应金融发展新环境。金融产品的创新,模型交易、程序策略的广泛应用,特别是衍生品在我国的发展,在金融活动中必然融入更多数量模型和风险元素,培养熟悉国际规则的金融工程类、金融统计类、风险管理类人才是当务之急。

第三,人才培养需要同互联网金融发展建设同步推进。互联网金融、金融监管、金融信息化的发展要求运用大数据和网络技术有效率地开展各项业务,信用管理和评估、金融安全和大数据分析成为决策的关键,迫切需要培养三类人才:既懂金融业务又懂互联网技术与既懂市场营销又懂风险管理控制的多样型、复合型人才;有创新思维和实践能力的创新型人才;风险意识与法制思维兼备的管理型人才。

第四,人才建设培养必须符合中国金融市场建设新形势、新规则、新要求。

①根据中国金融市场新形势、新变化,增加教育培训新内容。可在金融专业基础理论知识中加大计算机与数学知识的内容比重,设置大数据技术、数据挖掘、网络安全、金融风险评估等课程,并且在专业课程中应当增加互联网融资与操作实务、信贷与供应链金融、互联网金融模型、互联网营销、互联网金融等相关课程。

②创新培训教育方式方法,加强新型金融人才在线学习。一是打破时间、地域限制,实现新型金融人才教育培训由线下向线上转变,以通过更低教育成本将优质而稀缺的教育资源覆盖到更多需要接受培训的人群,从而满足互联网金融发展对大规模人才培训的需求。二是搭建网络培训学习平台,加强互联网金融知识普及教育。三是通过碎片化、移动化、社区化和游戏化的多种方式,开展新型金融人才教育培训。

(七)坚持从严加强风险管理控制,确保互联网金融稳健发展

①确立经营发展为本、风险控制第一的经营管理思想,将风险防范控制融入互联网金融发展全部过程以及各个产品、各个岗位、各个环节,推进稳健经营、风险控制同步发展。

②建立缓冲数据仓库,构建信息技术防火墙。传统金融机构与互联网金融机构以及互联网企业合作程度将越来越频繁,合作空间更大、合作方式越来越多。因此,传统金融机构要搭建新的业务系统、新的大数据平台、新的风险管理控制体系,加快建立缓冲数据仓库、搭建信息技术防火墙,将传统金融机构、互联网金融机构以及互联网企业或者第三方信息技术合作机构的信息系统必须实现相对隔离,确保信息技术安全可靠,不出现任何风险。

③切实开展互联网金融发展风险评估,确保互联网金融业务市场稳健运行。互联网金融创新涉及的各个方面,包括了产品研发、线上业务、网上贷款审批、客户身份识别、项目合作建设等,这些都要求传统金融机构必须坚持成本可核算、风险可控制、市场化运作原则,切实认真开展事前调研论证、事中跟踪监测、事后检查评估,为互联网金融业务发展提供风险控制保障。

④建立完善风险防范控制管理机制,规范互联网金融业务行为。

(八)促进传统金融和互联网金融有效对接,积极打造合作平台

加强合作是中国金融业开拓创新的重大举措,也是确保中国金融市场稳步持续

向前发展的必由之路。传统金融机构需要坚持在“试错”中创新、在“包容”中发展，充分开展同业合作和跨界合作。

第一，传统金融机构要积极打造各种合作平台，通过购买信息技术工具、联合开发产品、共同组建风险防范系统等多种方式加强合作，充分利用第三方合作伙伴，快速扩大经营发展覆盖面，不断延伸金融服务领域。

第二，传统金融机构要与互联网金融机构、互联网企业以及其他互联网金融机构多方合作，运用好互联网金融这个中介属性定位，实现合作共赢。

第三，高度关注互联网金融并购重组。行业内实力强、起步早和市场占有率高的龙头企业，通过其自身的规模效应优势将实现大企业并重小企业、强企业重组弱企业的格局。在这个发展趋势中，传统金融机构将面临良好机遇，要积极探索大金融机构兼并或重组区县级的小金融机构、传统金融机构兼并或重组互联网金融机构、传统金融机构兼并或重组互联网企业模式，以及传统金融机构之间联合发展模式。

（九）探索混业经营，服务地方实体经济

互联网金融的崛起为金融机构带来了开放共享的信息资源，再造了金融机构的服务流程和组织结构，使金融服务项目更加灵活多样，混业经营将成为互联网金融与传统金融融合发展的重要方向。互联网平台为混业经营提供了载体，丰富了金融产品内涵，提高了资金运用效率，满足了客户的综合化服务需求，对服务地方实体经济起到积极作用。

（十）建立健全外部监管机制，切实规范金融市场发展

风险控制机制薄弱、监管政策法规缺位成为羁绊互联网金融发展的重要问题。为顺应我国“互联网+”政策的发展，规范互联网金融健康发展，需加强外部监管体系建设，完善各项监管政策、法规。

1.出台规范互联网金融业态的监管细则

监管部门应遵循国家十部委发布的《指导意见》，严格按照《指导意见》明确的职责分工要求，出台各类互联网金融业态的管理规则、操作流程、监管细则，对这些金融业态涉及的项目、产品、服务进行有效规范，确保互联网金融发展依法、合规、有效运行。

2.完善互联网金融业务法规

一方面，互联网作为金融延伸服务的手段，发展到今天仍然有许多的法律问题没有得到足够的重视。例如银行的储蓄存款、证券以及保险的非现场的开户、客户身份识别、电子文档的法律依据、电子财产的转让、分割、继承等这些问题，在中国法律层面还没有得到完全解决。还有在很多交易过程中需要有第三方认证、第三方法律作用的界定也需要法律支持。因此，需要国家有关部门出台或者调整修改有关法律条款规定，从法律层面进行规范。

另一方面,与互联网产业、互联网金融发展相伴的各类矛盾日益显现,其中涉及个人权益问题最为明显。网络赋予了公民极大的自由。但这种自由在无限扩大化之后,已经或者正在威胁到个人信息安全,尤其是隐私权。应加快立法进程,重点处理好公众言论自由与互联网言论自由的关系,有效防止网络侵权,加强对电子商务的管理,营造诚信文明的电子商务环境,并注重保护未成年人健康成长。同时应加快互联网地方立法,净化优化网络环境,促进地方互联网产业健康发展。

3.出台信托、资产管理计划收益权拆分转让监管政策

目前,信托、资产管理计划等各类收益权拆分转让的监管仍为空白,以“信托某某”“某某宝”“某某易”等互联网金融平台为例,收益权拆分转让常见的有信托计划收益权拆分转让、资产管理计划收益权拆分转让、质押信托计划收益权拆分转让等三种模式,并在运行中已经或者正在形成相对的风险。因此,需要国家有关部门出台其监管政策,规范信托、资产管理计划等各类收益权拆分转让行为,确保其健康发展。

4.建立互联网企业与互联网金融企业的分类监管机制

应准确界定互联网企业与互联网金融企业的业务边界,出台互联网企业与互联网金融企业非分类监管政策,构建两者共同满足广大客户市场需求、服务实体经济发展的新格局。

5.建立规范、统一的金融企业监管制度

传统金融与互联网金融同属于金融市场业务范围,建议“一行三会”将互联网金融统一纳入金融监管范围,全面统筹各类金融业态,以统一的监管尺度展开监督管理,打造公平监管环境。

6.以税收优惠政策鼓励互联网金融创新

为推动网络借贷、网络证券、网络保险、互联网基金销售等传统金融业务的互联网化,鼓励金融机构大力开展金融创新,应施行积极的税收优惠政策,推进金融机构转型发展。

7.建立、完善监管协调机制,共同维护互联网金融发展秩序

为净化发展环境,维护金融秩序,可由人民银行、工信部、公安部、财政部、工商局、法制办、银监会、证监会、保监会、互联网信息办等部门组成国家互联网金融发展领导委员会,并在各个省市成立互联网金融发展领导小组,并建立会议联席、沟通协调机制,明确工作职责,开展指导监督,加强沟通协调,共同推动互联网金融创新、防范互联网金融风险、打击互联网金融犯罪。

五、总结

以互联网、云计算、大数据、物联网为代表的信息技术革命,正强力助推互联网金融发展,互联网金融预示了未来金融市场的发展方向,将对传统金融机构建设产

生重大影响与冲击,带来新的发展压力。但是,互联网金融的本质是金融,它给传统金融行业带来的不仅仅是“颠覆”,更多的是变革创新与发展动力。所以,传统金融机构的转型升级在未来一段时期内将成为中国金融行业的发展主流。传统金融机构应主动作为、积极融入互联网发展潮流,吸取互联网金融在经营理念、发展方式、管理模式等方面的可取之处,重塑企业发展战略,加快经营转型和创新变革。同时积极开展与互联网企业及同业的跨界合作,探索综合化经营,努力打造特色化、差异化、品牌化、专业化、精细化、多元化的发展新优势,进一步提升自身的核心市场竞争力、风险管理控制力和经营价值创造力。

参考文献

[1] 霍学文.新金融,新生态[M].北京:中信出版社,2015.

[2] 张吉光.商业银行应对互联网金融挑战的八大趋势与六大问题[J].中国银行业,2015(3):38-42.

[3] 宫哲.银行步入大数据时代[N].中国城乡金融报,2015-9.

[4] 杜冰.“大数据+金融”:重塑金融风控模式[N].金融时报,2015-10-22.

[5] 尚福林.新常态下的银行业改革与发展[J].中国银行业,2015(2):8-11.

[6] 王峥,李建平.消费金融:商业银行新的业务增长点[N].深圳特区报,2014-11-19.

文章审稿人:李研妮

清分质量阈值参数与钞票质量对应关系实证研究[①]

中国人民银行重庆营业管理部课题组

课题主持人：白鹤祥

课题组成员：邓宗文　黄信标　熊劲　钟子明　顾胥　周昌林

李杰　张军　孔文佳

一、绪论

（一）研究背景

近年来，人民银行大力推进"人民币净化"工程，以全面提升流通人民币整洁度和假币"零容忍"，主要措施包括：一是制定商业银行全额清分时间表，全面提高流通人民币整洁度；二是开展银行业金融机构对外误付假币的专项治理工作，确保对外支付无假币。这两者均是建立在机械化大生产基础之上，更是建立在科学技术的应用基础之上。

但是在有效实施开展"人民币净化"工程工作中，当前有三个问题需要解决：一是人民银行残损人民币清分工作尚未达到整洁度目标。清分后的合格钞票中有油污、脏污等质量问题且比重较高，凸显清分设备质量阈值管理需要完善。二是银行业金融机构在推进全额清分工作中，尚无统一的适用的质量标准，清分质量参差不齐。三是目前缺乏科学有效的现金质量管理手段。

如何解决当前制约人民币整洁度提高和阻碍"人民币净化"工程有效实施的瓶颈问题，当前从管理上和技术上都缺乏这样的有效方法和手段。为此，人民银行某行通过理论研究发现可以使用清分机质量阈值技术手段解决这一全局性重大难题。通过确定清分机质量阈值参数与钞票质量的对应关系，解决清分设备管理和现金管理等问题。可从根本上、源头上根治流通人民币整洁度较差的问题，确保老百姓真正用上"干净钱"和"放心钱"。

---

① 为 2014 年度中国人民银行重庆营业管理部重点研究课题，获评"二等奖"。

（二）研究思路

人民币清分质量分类问题其实质是清分质量阈值的问题。对于大型清分设备来说，多年来固定某一套阈值进行生产，不断暴露出一些清分质量问题。对于小型清分设备来说，对清分质量也没有明确标准，清分质量参差不齐。在实际操作过程中，设备硬件和软件均达到一定技术条件时，不同质量阈值对清分质量影响较大。本文试图建立人民币质量的量化标准，通过对清分设备技术原理的探索和分析，寻找到清分设备阈值参数与钞票质量的对应关系。其基本思路如下：一是以《不宜流通人民币标准》为依据，建立人民币量化标准。根据这一量化标准，筛选出不宜流通人民币标准样钞。二是以标准样钞为标尺开展清分设备质量阈值研究，通过实证找到钞票新旧成数与机器设备质量阈值对应关系。三是质量阈值对应关系确定后，对各品牌机器设备进行上机测试，最后获得各品牌机器设备清分质量阈值的标准参数。

（三）应用价值

该研究确定了清分机质量阈值参数与钞票质量的对应关系，开创一条加强流通中人民币质量管理的全新思路，将有效解决清分设备管理和现金管理等问题。一是证明清分质量阈值参数与钞票质量之间具备对应关系，可通过标准参数值设置统一钞票清分质量。二是通过统一设置标准参数值，能大范围统一清分质量标准并提升流通钞票的质量水平。三是通过清分机全面深入测试及研究，对货币发行工作管理实践起到较好的指导作用。四是全面掌握在用清分机的技术性能，可有效提高清分机及阈值管理水平。五是发现了影响清分质量分类的主要因素，为有效解决清分机及清分质量问题找准了方向。六是测试工作获得厂家认可和高度评价，均认为测试对提高设备性能十分有效。

二、不宜流通人民币“标准样钞”制作方法研究——以人民币 2005 版 100 元券为例

重庆营业管理部在不宜流通人民币数字化标准基础上，引入了不宜流通人民币质量标准样钞（以下简称“标准样钞”，在整个研究材料中均使用这一简称）概念，将理论量化数字标准转化成样钞实物标准，解决了《不宜流通人民币标准》（北京版）缺乏可用性的问题。现将不宜流通人民币标准样钞制作方法介绍如下：

（一）“标准样钞”概念的引入

《不宜流通人民币标准》（北京版）首次将脏污程度用色密度值进行量化。合格钞最低标准的色密度值，是技术人员通过对全国不同地区、不同分类等级、不同券别钞票样本，采用指定分光密度仪标准获得的不合格钞色密度值的极小值。2005 版 100 元不合格人民币的色密度值极小值 $V=0.23$，即色密度值大于等于 0.23 的人民币为不宜流通人民币。《不宜流通人民币标准》（北京版）虽然实现了不宜流通人民币所有不合格

特征的数字化,但在实际工作中,并不能直接加以应用。通过分析,原因有三:

首先,人民币纸币不合格特征通常具有复杂性,是不规则、无规律的。既有表面的也有基质损伤的,既有整体的也有局部的,既有单个特征的,也有多个特征累加的情况。因此,无论是机读,还是人工识别,均存在一定误差。其次,关于脏污类表面质量问题,使用该数字化标准,由于机器传感器与制定标准的仪器完全不同,无法直接找到对应污染程度的参数设置,人的感官无法直接形成对应污染程度的基本概念,最终无法根据该数字化标准进行分类。再次,因清分设备品牌、型号众多,采用的应用软件、建模方法、图像分析技术,以及比对区域、分析程度等各不相同,因此脏污标准数值很难直接应用。

基于上述原因,我们引入了不宜流通人民币质量标准样钞概念。流通人民币质量分类以标准样钞为标尺,实现流通人民币质量分类的标准化,将各种品牌清分机及人工分类方法获得的质量效果有机地统一于该标准之下。

(二)标准样钞制作方法和步骤

1.样本选择标准

“标准样钞”制作前需选择合适的样本。根据《不宜流通人民币标准》要求,结合“标准样钞”特殊性,“标准样钞”样本必须满足表面质量、基质质量、重要公众防伪特征要求,见“标准样钞”样本选择标准表。经专家判断这15个指标符合标准要求方可选为“标准样钞”样本(表1)。

表1　“标准样钞”样本选择标准表

质量类型分类	详细指标	指标标准
纸张表面	水印区域污渍	单个污渍面积大于50平方毫米,累计大于60平方毫米为不合格
	印刷区域污渍	单个污渍面积大于100平方毫米,累计大于150平方毫米为不合格
	白边区域污渍	单个污渍面积大于50平方毫米,累计大于60平方毫米为不合格
	正面涂写、字迹	单个涂写面积大于100平方毫米,累计大于200平方毫米(以涂画笔迹封闭范围内计)为不合格
纸张基质	挺括度差	纸张绵软,手持钞票一端(食指、中指在下,拇指在上),另一端明显下垂为不合格
	孔洞	单个孔洞(包括缺失)面积大于10平方毫米,累计大于12平方毫米(以孔洞边际封闭范围内计)为不合格
	撕口	单个撕口长度大于10毫米,累计大于12毫米为不合格
	缺角	单个缺角面积大于20平方毫米,累计大于30平方毫米为不合格

续表

质量类型分类	详细指标	指标标准
纸张基质	折痕	折痕明显，单个长度大于20毫米，累计折痕长度大于3毫米为不合格。特别是水印区域需严格把握，其他区域可适当放宽
重要公众防伪特征区域	光变油墨面额数字受损	墨层受损其颜色无变化或变化不明显为不合格
	对印图案受损	污渍、字迹、涂写遮盖或缺失全部或1/4部分对印图案为不合格
	白水印受损	污渍、字迹、涂写遮盖或缺失全部或1/4部分白水印为不合格
	隐形面额数字受损	污渍、字迹、涂写遮盖或缺失全部或1/4部分隐形面额数字为不合格
	安全线受损	安全线缺损10毫米以上、缩微文字不清晰为不合格
	凹版印刷受损	凹印区域墨层脱墨或损伤致使无凹凸感或凹凸感不强或图像/纸张缺失为不合格

2.样本的色密度值测定选择方法

①准备一批2005年版100元人民币纸币，其中回笼完整券1000张和回笼残损券1000张混合，然后大致分成9份样品。

②由专家组成员(9人)，各自独立按表1对样品做如下选择：

a.初选。

第一步剔除明显合格的钞票。

第二步剔除有孔洞、缺角、撕裂、胶带、炭化等基质缺陷或明显折痕的钞票。

第三步剔除纸张表面有字迹、涂画、污渍(脏污不均匀或堆积)等有表面质量问题，并超出《不宜流通人民币标准》规定的钞票。

第四步剔除明显脏污油污不合格的钞票。

b.遴选。

每位专家通过多次重复上述步骤，遴选出符合要求的钞票各50张，共计450张。若达不到规定数量，按上述方法继续筛选。

c.综合选定。

专家组成员按表1《“标准样钞”样本选择标准表》，从遴选选出的样本中，综合选定脏污油污比较均匀的钞票300张，作为分光密度仪测试样本。综合选定计算方法见《基于模糊综合评价方法的标准样钞判别》。

3.分光密度仪测试样本的色密度值(V)

按采样点要求,用分光密度仪分别逐一测定每张钞票样本正背面色密度值 V。获得正面色密度值为 V_{m1},V_{m2},V_{m3},V_{m4};背面色密度值为 V_{n1},V_{n2},V_{n3},V_{n4}($m,n=0,1,2,3\cdots i$)。按此方法,测定所有样本的色密度值。钞票样本色密度值见表2。

表2 钞票样本色密度值测试统计表

序号	冠字号码	正面				均值1	背面				均值2	均值max
		V_{m1}	V_{m2}	V_{m3}	V_{m4}		V_{n1}	V_{n2}	V_{n3}	V_{n4}		
1	TT28866037	0.24	0.23	0.24	0.21	0.230	0.22	0.23	0.25	0.22	0.230	0.230
2	JD46660593	0.21	0.21	0.25	0.22	0.223	0.23	0.24	0.21	0.22	0.225	0.225
3	NQ41762537	0.24	0.26	0.26	0.24	0.250	0.23	0.25	0.2	0.21	0.223	0.250
4	LX67248633	0.22	0.21	0.22	0.24	0.223	0.21	0.21	0.21	0.23	0.215	0.223
5	KU87345552	0.25	0.27	0.23	0.21	0.240	0.19	0.22	0.22	0.22	0.213	0.240
6	CI23134625	0.21	0.22	0.25	0.24	0.230	0.23	0.24	0.23	0.22	0.230	0.230
7	YC67675863	0.22	0.23	0.26	0.24	0.238	0.21	0.23	0.22	0.21	0.218	0.238
8	IW81611061	0.25	0.31	0.27	0.22	0.263	0.24	0.28	0.21	0.2	0.233	0.263
9	GD16561264	0.24	0.26	0.27	0.26	0.258	0.24	0.25	0.22	0.24	0.238	0.258
10	XP63307197	0.21	0.26	0.26	0.26	0.248	0.23	0.26	0.22	0.27	0.245	0.248
⋮	⋮	⋮	⋮	⋮	⋮	⋮	⋮	⋮	⋮	⋮	⋮	⋮

4.色密度值的最大平均值计算

①正面色密度值均值 $\overline{V}_{mi}=\dfrac{V_{m1}+V_{m2}+V_{m3}+V_{m4}}{4}=\dfrac{\sum V_{mi}}{4}$;

② 背面色密度值均值 $\overline{V}_{ni}=\dfrac{V_{n1}+V_{n2}+V_{n3}+V_{n4}}{4}=\dfrac{\sum V_{ni}}{4}$;

③比较 $\overline{V}_{mi}$ 与 $\overline{V}_{ni}$ 的大小,($i=1,2,3,4$)。

通过比较,其中大者为该张钞票的色密度值。按此方法,最后获得所有样本的色密度值。

根据 V 值四舍五入对结果影响的程度,规定钞票样本色密度值偏离其标准值 V(0.23)0.005 以上时,即认为没有找到接近标准的样本,将按上述方法继续查找和测定,直到找到足够数量符合要求的标准样钞。

5.人民币纸币合格标准样钞选择

在上述测定样本中，对色密度值进行排序和比较，剔除 $V \geqslant 0.23$ 和 <0.225 的钞票，余下样本的色密度值区间为[0.225,0.23)。从理论上讲，色密度值在[0.225,0.23)区间内的钞票，均可作为人民币纸币合格钞的“标准样钞”。“标准样钞”也是合格钞票的最低标准。

为在视觉上形成对比和参照，最好选择 $V \geqslant 0.25$ 的不合格钞票若干张，与合格钞票最低要求实物标准形成较强的对比度，有利于标准样钞的应用。

(三)标准样钞库的建立

利用上述方法获得标准样钞1张，再选择色密度值接近0.13的较新钞票1张，选择明显不合格色密度值大于0.23的钞票1张，由这3张具有明显对比度的钞票组成标准样钞库。

为了确保标准样钞在应用过程中不被污染或风化变色，需要对其进行塑封保护处理。同时，需要将钞票正背面色密度值标注在标准样钞旁边，明示标准样钞级别。

三、基于层次分析法的“标准样钞”模糊综合判别

在人民币标准样钞制作过程中，需要选择色密度值测定样本，而选择样本的过程中，除了能清晰界定“明显合格”或者“明显不合格”的钞票外，介于“明显合格”和“明显不合格”之间的钞票则存在难以清晰划分“边界”的问题，具有模糊的概念，或者说如果由专家单独筛选，可能会由于各个专家的专业知识、认知程度的不一样，而造成对标准样钞的判定不一致。为此，建议建立模糊综合评估指标体系，采用科学的层次分析法(AHP)和专家调查法(Delphi)来对标准样钞进行模糊综合评估，根据综合评估结果来确定标准样钞，从而消除个别专家对标准样钞的误判，确保标准样钞判定相对客观、准确。

(一)剔除不模糊的钞票

标准样钞的判定过程中，首先应进行初选，先剔除“明显合格”和“明显不合格”的钞票，剔除标准如下：

①剔除明显合格的钞票。

②剔除有孔洞、缺角、撕裂、胶带、碳化等基质缺陷或明显折痕的钞票。

③剔除纸张表面有字迹、涂画、污渍(脏污不均匀或堆积)等有表面质量问题，并超出《不宜流通人民币标准》规定的钞票。

④剔除明显脏污油污不合格的钞票。

(二)建立模糊综合评估指标

基于标准样钞的指标具有层次结构特点，采用层次分析法分为3层，第1层目

标层 A,第 2 层准则层 B 包括纸张表面、纸张基质、公众防伪特征区域,第 3 层指标层 C 包括 15 个指标,见表 3。

表 3　标准样钞评估指标体系

目标层 A	准则层 B	指标层 C	指标说明
标准样钞评估	纸张表面 B_1	水印区域污渍 C_{11}	单个污渍面积大于 50 平方毫米,累计大于 60 平方毫米为不合格
		印刷区域污渍 C_{12}	单个污渍面积大于 100 平方毫米,累计大于 150 平方毫米为不合格
		白边区域污渍 C_{13}	单个污渍面积大于 50 平方毫米,累计大于 60 平方毫米为不合格
		涂写、字迹 C_{14}	单个涂写面积大于 100 平方毫米,累计大于 200 平方毫米(以涂画笔迹封闭范围内计)为不合格
	纸张基质 B_2	挺括度 C_{21}	纸张绵软,手持钞票一端(食指、中指在下,拇指在上),另一端明显下垂为不合格
		缺失 C_{22}	一般认定有孔洞、缺角、缺边、撕裂的为不合格
		折痕 C_{23}	折痕明显,单个长度大于 20 毫米,累计折痕长度大于 3 毫米为不合格。特别是水印区域需严格把握,其他区域可适当放宽
	公众防伪特征区域 B_3	光变油墨面额数字受损 C_{31}	墨层受损,其颜色无变化或变化不明显为不合格
		对印图案受损 C_{32}	污渍、字迹、涂写遮盖或缺失全部或 1/4 部分对印图案为不合格
		白水印受损 C_{33}	污渍、字迹、涂写遮盖或缺失全部或 1/4 部分白水印为不合格
		隐形面额数字受损 C_{34}	污渍、字迹、涂写遮盖或缺失全部或 1/4 部分隐形面额数字为不合格
		安全线受损 C_{35}	安全线缺损 10 毫米以上、缩微文字不清晰为不合格
		凹版印刷受损 C_{36}	凹印区域墨层脱墨或损伤致使无凹凸感或凹凸感不强或图像/纸张缺失为不合格

(三)确定指标权重

反假货币工作评价指标体系可以采用层次分析法和专家调查法相结合的方法来确定指标权重。通过指标两两比较,可以对系统中各有关因素进行评判,进而较为合理地制订定出具有同样层次结构的加权体系,把一个复杂问题表示为有序的递阶层次结构,然后通过专家的判断对各层次决策方案的优劣(即指标的重要性)进行排序。具体步骤如下:

1.相对重要性的比例标度和判断矩阵的构建

不同层次因素之间、指标之间对评价目标的贡献程度是不一样的,都有其相对重要性,这种因素之间的相对重要性的测算是由人的判断和经验来完成。在层次分析法的计算体例中,是运用比例标度法来对这些相对重要性进行量化评判,下表说明了相对重要性的比例标度(表4)。

表4 相对重要性的比例标度统计表

相对重要性的权数	定性标准	含 义
9	极重要	一个因素比另一个因素极重要
7	很重要	一个因素比另一个因素很重要
5	重 要	一个因素比另一个因素重要
3	略重要	一个因素比另一个因素略重要
1	相 等	两个因素一样重要
1/3	略不重要	一个因素比另一个因素略不重要
1/5	不重要	一个因素比另一个因素不重要
1/7	很不重要	一个因素比另一个因素很不重要
1/9	极不重要	一个因素比另一个因素极不重要

假定对评价对象的影响因素(指标)有 n 个,即 $X_1, X_2, \cdots, X_n$,给定一个准则,利用上面的相对重要比例标度方法,对 X_i 和 X_j 作相互比较判断,便可获得一个表示相对重要度的数字 a_{ij}。如此,就构成了 n 阶判断矩阵:

$$A = (a_{ij})_{n\times n} = \begin{bmatrix} a_{11} & a_{12} & \cdots & a_{1n} \\ a_{21} & a_{22} & \cdots & a_{2n} \\ \vdots & \vdots & \vdots & \vdots \\ a_{n1} & a_{n2} & \cdots & a_{nn} \end{bmatrix}$$

这个矩阵,称为判断矩阵。根据相互比较的特点,很明显地有:

$$a_{ij} > 0, a_{ji} = 1/a_{ij} \qquad i,j = 1,2,\cdots,n$$

判断矩阵中的量化数据是下一步进行量化处理的信息基础,它来源于各种专家对各因素之间相对重要性的经验判断。判断矩阵有以下几个明显的特征:一是对角度上的系数都等于1,因为两个相同因素与自身对比的影响总是相同的;二是它是一个互反判断矩阵,根据我们前面设定的相对重要性的比例标度,可以看出,如 X_i 比 X_j 极重要,系数为9,那么反过来 X_j 比 X_i 就极不重要,系数为1/9,所以,判断矩阵中以对角线为轴的对称位置的比较值均互为倒数;三是判断矩阵中不会出现负数。

2.判断矩阵的计算及其一致性检验

层次分析法的信息基础是判断矩阵,根据判断矩阵,利用排序方法可以得到各因素重要性的权重数排序。通过成对比较同一层次间各因素的相对重要性来估计它们之间重要性对比的数值,也就是可用成对比较方法得到判断矩阵。但是,通过成对比较得来的判断矩阵却可能导致不一致性的结论。例如,当指标 a,b,c 的相对重要性很接近时,它们之间成对比较时会发生 a 比 b 重要,b 比 c 重要,而 c 会比 a 重要的逻辑矛盾。因此,为了避免评判矩阵出现逻辑错误,层次分析法将对其进行一致性检验。

(1)通过判断矩阵计算其特征值和特征向量

用几何平均法来计算判断矩阵的特征值和特征向量,计算步骤如下:

几何平均法的计算步骤如下:

第一步:计算判断矩阵 A 的各行各个元素乘积:

$$m_i = \prod_{i=1}^{n} a_{ij} \qquad i = 1,2,\cdots,n$$

第二步:计算 n 次方根:

$$\overline{w}_i = \sqrt[n]{m_i}$$

第三步:对向量 $\widehat{W}=(\overline{w}_1,\overline{w}_2,\cdots,\overline{w}_n)^T$ 进行规范化:

$$\widehat{w}_i = \frac{\overline{w}_i}{\sum_{j=1}^{n} \overline{w}_j}$$

向量 $\widehat{w}=(\widehat{w}_1,\widehat{w}_2,\cdots,\widehat{w}_n)^T$ 为所求的特征向量。

第四步:计算 A 的最大特征值 $\lambda_{\max}$:

$\lambda_{\max} = \dfrac{1}{n}\sum_{i=1}^{n}\dfrac{(A\widehat{W})_i}{\widehat{w}_i}$,对任意 $i = 1,2,\cdots,n$,式中$(A\widehat{W})$ 为向量$(A\widehat{w})$ 的第 i 个元素。

(2)判断矩阵的一致性检验

为了测试评判的可靠性或一致性,层次分析法建立了一个一致性指标。在层次分析中引入判断矩阵 A 的最大特征值 $\lambda_{\max}$ 与 n 之差和 $n-1$ 的比作为度量判断矩阵偏离一致性的指标，即用 $CI=(\lambda_{max}-n)/(n-1)$ 来检查决策者判断思维的一致性。一般来说，决策者判断一致性的难度是随着判断矩阵阶数的增加而增大的。为了度量不同阶判断矩阵是否具有满意的一致性，引入判断矩阵的平均随机一致性指标 RI 值。对 $n=3-10$ 阶矩阵，层次分析法专家给出了它们的 RI，考虑到 1，2 阶判断矩阵总具有完全一致性，其 RI 自然应为零（表 5）。

表 5　1—10 阶判断矩阵的 RI 值

n	1	2	3	4	5	6	7	8	9	10
RI	0.00	0.00	0.58	0.902	1.12	1.24	1.32	1.41	1.45	1.49

资料来源：刘新宪，朱道立.选择与判断——AHP 层次分析法决策[M].上海：上海科学普及出版社，1990.

当阶数大于 2 时，判断矩阵一致性指标 CI 和同阶平均随机性一致性指标 RI 之比称为随机一致性比率，记为 CR，即：

$$CR=CI/RI$$

当 $CR<0.1$ 时，一般认为判断矩阵具有满意的一致性。超过比值后，必须调整判断矩阵，使之具有满意的一致性。

3.权重值

通过对 9 位专家的调查，根据上述计算方法，得出表 6 的权重值。

表 6　标准样钞综合评价指标权重值汇总表

目标层	准则层	指标层	权重值
标准样钞评定	纸张表面（权重值：0.2349）	水印区域污渍	0.3922
		印刷区域污渍	0.1731
		白边区域污渍	0.1928
		涂写、字迹	0.2419
	纸张基质（权重值：0.2942）	挺括度	0.2524
		缺失	0.4867
		折痕	0.2619
	公众防伪特征区域（权重值：0.4709）	光变油墨面额数字受损	0.2516
		对印图案受损	0.1809
		白水印受损	0.1654
		隐形面额数字受损	0.1758
		安全线受损	0.1311
		凹版印刷受损	0.0952

(四)设计调查问卷

为获取每个指标的定量数据,采取调查问卷的方法,对专家组成员进行调查,由专家对每张钞票的每个指标进行评价,评价结果为“合格”或者“不合格”,并填写表7。

表7 标准样钞专家调查问卷表

目标层	准则层	指标层	评定结果	
			合格	不合格
标准样钞评定	纸张表面	水印区域污渍		
		印刷区域污渍		
		白边区域污渍		
		涂写、字迹		
	纸张基质	挺括度		
		缺失		
		折痕		
	公众防伪特征区域	光变油墨面额数字受损		
		对印图案受损		
		白水印受损		
		隐形面额数字受损		
		安全线受损		
		凹版印刷受损		

对每个指标的“合格”“不合格”数量进行汇总,计算每个指标的“合格”和“不合格”比例。

(五)计算综合评价结果

1.构建评价指标集合

在评价指标体系中,目标层包括的准则层集合为:

$$A=(B_1,B_2,B_3)$$

其中,准则层B_1、B_2、B_3包括的指标层集合分别为:

$$B_1=(C_{11},C_{12},C_{13},C_{14}),$$

$$B_2=(C_{21},C_{22},C_{23}),$$

$$B_3=(C_{31},C_{32},C_{33},C_{34},C_{35},C_{36})$$

2.构建各指标层的权重集合

设准则层 B 对目标层 A 的权重集为：

$$b=(b_1,b_2,b_3),\sum b_i=1,\text{其中 } i=1,2,3。$$

指标层 C 对准则层 B 的权重集分别为：

$$c_1=(c_{11},c_{12},c_{13},c_{14}),\sum c_{1j}=1,\text{其中 } j=1,2,3,4;$$

$$c_2=(c_{21},c_{22},c_{23}),\sum c_{2j}=1,\text{其中 } j=1,2,3;$$

$$c_3=(c_{31},c_{32},c_{33},c_{34},c_{35},c_{36}),\sum c_{3j}=1,\text{其中 } j=1,2,3,4,5,6。$$

3.构建模糊评价矩阵

从指标层 C_{ij} 开始计算，确定“合格”与“不合格”的隶属度 r_{ij1},r_{ij2}，则 C_{ij} 的各指标评价集为：

$$r_{ij}=(r_{ij1},r_{ij2})$$

由于准则层 B 分别由 m 个指标构成，其相应的评价集可构造出一个模糊关系矩阵：

$$R_i=\begin{bmatrix} r_{i11} & r_{i12} \\ r_{i21} & r_{i22} \\ \vdots & \vdots \\ r_{im1} & r_{im2} \end{bmatrix}$$

经过矩阵变换计算得到准则层的评价集为：

$$\overline{A}_i=c_i\circ R_i,\text{其中 } i=1,2,3;\circ\text{ 表示变化符。}$$

同理，可得目标层 A 的模糊评价矩阵为：

$$\overline{A}=b\circ[\overline{A}_1,\overline{A}_2,\overline{A}_3]^T$$

4.进行模糊评价计算

经模糊评价矩阵变换运算，计算得出结果：

$$\overline{A}=(A_1,A_2)$$

其中 A_1,A_2 分别为合格与不合格的隶属度，根据最大隶属度原则作最终评价，将最大隶属度作为标准样钞评价结果。

（六）判别结果

对遴选样本进行逐一判别，由专家填写问卷调查表，分别汇总计算得到每个指标的合格、不合格隶属比例，见表 8。

表8　标准样钞专家调查结果统计表

目标层	准则层	指标层	评定结果	
			合格	不合格
标准样钞评定	纸张表面	水印区域污渍	0.8889	0.1111
		印刷区域污渍	0.7778	0.2222
		白边区域污渍	0.0000	1.0000
		涂写、字迹	1.0000	0.0000
	纸张基质	挺括度	0.5556	0.4444
		缺失	1.0000	0.0000
		折痕	0.7778	0.2222
	公众防伪特征区域	光变油墨面额数字受损	1.0000	0.0000
		对印图案受损	0.6667	0.3333
		白水印受损	1.0000	0.0000
		隐形面额数字受损	1.0000	0.0000
		安全线受损	1.0000	0.0000
		凹版印刷受损	0.8889	0.1111

1.构建各指标层的权重集合

$b=(0.2349,0.2942,0.4709)$；

$c_1=(0.3922,0.1731,0.1928,0.2419)$；

$c_2=(0.2524,0.4857,0.2619)$；

$c_3=(0.2516,0.1809,0.1654,0.1758,0.1311,0.0952)$。

2.构建模糊评价矩阵

$$R_1=\begin{bmatrix}0.8889 & 0.1111\\ 0.7778 & 0.2222\\ 0 & 1\\ 1 & 0\end{bmatrix}$$

$$R_2=\begin{bmatrix}0.5556 & 0.4444\\ 1 & 0\\ 0.7778 & 0.2222\end{bmatrix}$$

$$R_3 = \begin{bmatrix} 1 & 0 \\ 0.6667 & 0.3333 \\ 1 & 0 \\ 1 & 0 \\ 1 & 0 \\ 0.8889 & 0.1111 \end{bmatrix}$$

$$\overline{A}_1 = c_1 \circ R_1 = (0.7252, 0.2748)$$

$$\overline{A}_2 = c_2 \circ R_2 = (0.8296, 0.1746)$$

$$\overline{A}_3 = c_3 \circ R_3 = (0.9291, 0.0709)$$

3.进行模糊评价计算

$$\overline{A} = b \circ [\overline{A}_1, \overline{A}_2, \overline{A}_3]^T = (0.2349, 0.2942, 0.4709)\text{。}$$

$$\begin{bmatrix} 0.7252 & 0.2748 \\ 0.8296 & 0.1746 \\ 0.9291 & 0.0709 \end{bmatrix} = (0.8519, 0.1481)$$

根据最大隶属度原则，认定该张纸币隶属度大于50%即认为符合标准样钞的要求。通过上述计算结果可以看出，85.19%的样本专家判别认为符合标准样钞要求，14.81%的样本专家判别认为不符合标准样钞要求。

四、清分机质量阈值“标准参数值”确定方法

对钞票进行清分的重要工具就是清分机。清分机对钞票质量判断标准主要依据阈值参数的设定。而阈值参数是厂家技术人员根据自身对钞票质量指标的理解、认识进行设计的。清分机品牌不同，软件设计人员不同，一般来说阈值参数设计也不尽相同。因此，任何一款清分机其质量分类功能，是不同阈值参数的组合，是诸多要素的综合。综合阈值反映出来的质量分类效果，因设计精度、识别方式、配合程度、传输衰减、信号损失等，始终存在一定误差，很难找到阈值的“最佳值”。但通过科学细致地测试，可以找到一组“标准参数值”，作为该清分机符合要求清分质量阈值。现将质量阈值“标准参数值”确定方法介绍如下：

（一）确定清分机质量阈值的初始值

根据上述传感器及阈值参数有效性测试和分析，获得每个质量阈值的有效区间，通过逻辑关系和理论推导预测出质量阈值的初始值。初始值预测的准确性，将直接影响测试的进度和效率。将阈值有效区间和初始值填入表9中。初始值确定原则：

①以总行《不宜流通人民币标准》（北京版）和根据该标准制作的“标准样钞”为标准，以质量阈值有效性测试和分析为依据。

②选择质量阈值有效区间的值。一般选择阈值缓慢变化区或与剧烈变化区的临界区的值,这要视清分质量要求而定。

③一般首先较为细致地确定表面质量阈值的初始值,可以较粗略地确定基质质量阈值的初始值。

表 9 ××××型清分机有效阈值范围与初始值统计表

阈值名称									
阈值有效范围									
预测阈值									

(二)质量阈值设置与分析

①设置清分机质量阈值参数。通过清分机显示屏对话窗口质量阈值调整功能,设置各个阈值参数为初始值。

②随机选择钞票样本(一般每次 1 捆)进行清分,记录清分分类情况,并将拒钞、合格钞和不合格钞数记录在表 10 中。

表 10 质量分类与阈值关系统计表

测试日期	阈值编号	拒钞数	合格钞数	不合格钞数	备 注
	1				
	2				
	…				

③专家判断质量分类情况。每次清分后(一般前期 2~3 捆),专家组成员以《不宜流通人民币标准》(北京会议修订版)为标准,对合格钞和不合格钞,分别逐张与标准样钞进行比对判断,特别是整体质量比较模糊的钞票必须与标准样钞进行认真比对,然后将合格钞中不合格钞数和不合格钞中合格钞数填入表 11。

另外,对合格钞中不合格钞进行分类统计,按脏污、油污、字迹、折角/缺角、折痕、孔洞、撕裂和胶带等分类填入表 12 中,以便对各阈值有效性进行分类调整。通过初设阈值的有效性评价,为阈值调整方向提供决策依据。

表 11 质量分类与阈值关系统计表

清分样本数	合格数	其中不合格数	合格钞不合格占比(夹残率)	不合格数	其中合格数	不合格钞合格占比(夹好率)	综合正确堆叠率	备 注

表 12 合格钞不合格原因分类统计表

合格数	其中不合格数	脏污/油污	字迹	折痕	折角	缺角	孔洞	撕裂	胶带	其他

注:夹残率是指清分一批钞票样本,获得的合格钞中不合格钞数量占合格钞数量的比例;夹好率是指清分一批钞票样本,获得的不合格钞中合格钞数量占不合格钞数量的比例;综合正确堆叠率是指由清分机正确堆叠钞票数量的占比,计算方法见阈值有效性评价。

(三)阈值参数有效性评价

1.涉及阈值有效性主要指标

通过分析,采用清分夹残率、夹好率和综合正确堆叠率,可以较好评价清分质量阈值参数的有效性。三个指标表示采用某一组阈值参数清分一批钞票,所获得的合格钞、不合格钞、拒钞由专家判断后的质量分类情况。

夹残率即合格钞中不合格钞占比,夹好率即不合格钞中合格钞占比,综合正确堆叠率即由清分机正确分类的钞票数量占样本数量的比例。

2.主要指标计算

①夹残率$=\frac{H_b}{H}\times 100\%$;

②夹好率$=\frac{B_h}{B}\times 100\%$;

③综合正确堆叠率$=\frac{Q-J-H_b-B_h}{Q-J}\times 100\%$。

Q 表示清分数,J 表示拒钞数,H 表示合格钞数,H_b 表示合格钞中不合格钞数,B 表示不合格钞数,B_h 表示不合格钞中合格钞数。

3.相关标准

阈值参数有效性评价标准,由管理部门根据管理需要确定。根据总行关于流通中人民币整洁度要求,结合现有清分机技术水平,综合考虑清分机检测误差、专家判断误差等因素,确定相关标准如下:

①夹残率原则上不大于5%。在测试过程中,调整质量阈值参数获得的质量分类目标在5%以内,且越小越好。

②夹好率原则上不大于7.5%。在测试过程中,调整质量阈值参数获得的质量分类目标在7.5%以内,且越小越好。

③综合正确堆叠率原则上不小于93.5%。在测试过程中,确保综合正确堆叠率

在 93.5%以内,且越大越好。若上述两个指标发生冲突时,以确保综合正确堆叠率最大为原则。

4.有效性评价

在测试过程中,每调整一次阈值参数,均需将计算结果与相关标准进行比对分析。

①若夹残率远高于 5%,同时夹好率低于 7.5%,表明质量阈值参数过松,需要进一步收紧;

②若夹残率远低于 5%,同时夹好率高于 7.5%,表明质量阈值参数过紧,需要适当放松;

③综合正确堆叠率原则上不小于 93.5%。测试中,标准参数值对应质量分类评价,确保综合正确堆叠率在 93.5%以内,且越大越好。综合正确堆叠率由夹残率和夹好率共同决定。若夹残率和夹好率某一指标严重背离标准时,以确保综合正确堆叠率最大为原则。

依据上述三个指标实际,有针对性调节相应阈值参数,直到清分质量分类效果均达到较为理想为止。

(四)获得质量阈值“标准参数值”

通过上述测试、分析和评价,对清分机质量阈值参数进行反复调整测试,确保夹残率、夹好率和综合正确堆叠率三个指标获得相对稳定的质量分类,一般确保综合正确堆叠率为最大时,作为最终获得质量阈值的“标准参数值”。质量阈值的“标准参数值”,也是下一步开展清分机管理和统一清分质量标准的重要工具。

五、钞票质量与清分质量阈值参数对应关系对比测试及分析——重庆市场清分机质量分类情况对比验证分析

因清分机品牌、型号、软件版本不同,以及阈值指标和设计范围的不同,针对同一质量标准及标准样钞获得的清分质量阈值的“较佳值”并不相同。要想实现全辖或全国清分质量标准的统一,必须满足不同品牌、不同型号、不同软件版本的清分机质量分类达到一定关系要求。现对多种清分机的质量分类情况对比分析如下:

(一)测试设备样本选择

在测试过程中,采用大型清分机 2 台与 6 种品牌的小型清分机各 2 台作为测试样本进行对比测试。大型清分机品牌和型号为 BPS1040S,重庆市场占有率为 100%;小型清分机品牌型号为辽宁聚龙 JL305,重庆市场品牌市场占有率为 40.6%;日本光荣 UW500CNS,重庆市场品牌市场占有率为 24%;中钞信达 XD2196W,重庆市场品牌市场占有率为 16.2%;中智融通 CM400,重庆市场品牌占有率为 7.6%;依特诺 ET908(包括泓鼎 621),重庆市场品牌市场占有率为 6.7%。所选择设备测试样本的品牌占有率累计为 94.8%。

(二)多种清分机对比测试

1.各型号清分机分类能力测试

使用某品牌的一台清分机,逐一清分一批钞票,一般以一捆为单位。每清分一捆钞票后,由专家对该捆钞票的质量分类情况与标准样钞进行对比判断,获得合格钞中不合格数、不合格钞中合格数等指标,将获得数据填入表 13 中:

测试表明,清分机清分一批钞票样本,获得平均每捆钞票的拒钞数为 9.2 张;获得平均每捆钞票的合格钞数为 408.5 张,其中不合格钞为 35.1 张,夹残率为 9.0%;获得平均每捆钞票的不合格钞数为 582.1 张,其中合格钞为 44.2 张,夹好率为7.8%。清分机的平均综合正确堆叠率达 92.0%。

2.相同品牌型号清分机台间差测试

测试要求,一是选择同一品牌、相同型号的清分机,二是设定各清分机的质量阈值为前期获得的“较佳值”,三是使用相同的测试样本。台间差测试,清分样本不少于 5 捆钞票,且为随机选取。测试过程中,一捆钞票样本在一台清分机上清分后,随即在另一台清分机上清分,并分别记录数据,各设备清分数据见表 14。

测试表明,同品牌同型号清分机间平均每捆钞票拒钞相差 3.7 张,合格钞相差 17.1 张,不合格钞相差 17.8 张。平均合格钞台间差率、平均不合格钞台间差率、平均综合台间差率分别为 3.4%、4.8%和 1.9%。

3.小型机与大型机对比测试

测试过程中,小型清分机和大型清分机质量阈值分别设定为前期获得的“较佳值”,选取 7~9 捆钞票作为样本进行清分,然后记录各个指标。样本要求,合格率原则上大于 50%、20%~50%、20%以内的钞票样本分别不得少于 1 捆(1000 张)。测试方法,分别用大型和小型清分机清分同一捆钞票,然后分别统计清分分类数据。五种小型清分机分别与大型清分机清分数据见表 15。

测试表明,五种小型清分机与大型清分机平均清分 1 捆钞票拒钞、合格钞、不合格钞分别相差 2.5 张、16.4 张、18.5 张,相对大型清分机占比分别为 23.0%、3.6%、3.6%。小型清分机与大型清分机清分数据保持相对较小的差距。

(三)重要测试结论

①两口及以下微型清分机质量分类能力较差,应以三口及以上清分机作为统一分类标准的主体机型。

②大小型清分机质量分类能力差距不大,可以统一清分质量标准。

③同一品牌的清分机质量分类能力也有差异,可以相应改进硬件和软件技术。

④清分机阈值管理极度混乱,无法提供统一标准的质量合格的钞票,通过质量阈值参数与钞票质量对应关系研究,可以有效改进这一问题。

表13 各型号清分机质量分类情况统计表

型号	清分样本数量	平均拒钞数	平均合格数量	其中平均不合格数量	平均脏污	平均字迹	平均孔洞	平均撕裂	平均折角/缺角	平均胶带	平均不合格数量	其中平均合格数	平均正确堆叠数	平均合格中不合格率(夹残率)/%	平均不合格中合格率(夹好率)/%	综合正确堆叠率/%	备注
捷佳德 BPS1040S	9000	13.9	351.7	28.2	22.0	3.3	0.0	2.2	0.0	0.7	634.4	45.2	912.7	8.0	7.1	92.6	
中智融通 CM400	9000	17.1	472.5	25.8	14.6	6.4	0.0	4.6	0.0	0.1	510.4	36.6	920.5	6.5	8.6	93.7	
辽宁聚龙 JL305	9000	4.3	318.0	26.6	19.9	5.2	0.0	1.4	0.0	0.0	677.7	48.3	920.8	8.4	7.1	92.5	
中钞信达 XD2196W	9000	8.9	424.9	19.8	14.9	2.0	0.0	2.6	0.1	0.1	566.4	35.6	935.8	4.8	6.6	94.4	
温州泓鼎 HD621	7000	3.3	362.0	60.0	47.0	7.6	0.0	3.9	0.0	1.6	634.7	63.6	873.1	16.6	10.0	87.6	
日本光荣 UW500CNS	9000	7.8	522.0	49.9	39.2	7.7	0.0	2.9	0.0	0.1	469.1	35.6	905.7	9.6	7.6	91.3	
平均	8666.7	9.2	408.5	35.1	26.3	5.4	0.0	2.9	0.0	0.4	582.1	44.2	911.4	9.0	7.8	92.0	

表 14 同一品牌型号清分机台间差测试统计表

序号	设备型号	设备编号	清分样本数量(张)	平均拒钞数	平均合格数	平均不合格数量	拒钞台间差	拒钞台间差率/%	平均合格钞台间差	平均合格钞台间差率/%	平均不合格钞相差量	平均不合格钞台间差率/%	平均综合台间差率/%	备注
1	BPS1040S	1	5000	10.6	214.8	774.6	4.40	34.38	11.2	5.1	15.6	2.0	1.6	
	BPS1040S	2	5000	15.0	226.0	759.0								
2	CM400	1	5000	30.4	809.6	160.0	1.60	5.13	4.6	0.6	6.2	4.0	0.6	
	CM400	2	5000	32.0	814.2	153.8								
3	JL305	1	5000	13.5	672.3	314.2	4.00	34.78	18.5	2.8	22.5	6.9	2.3	
	JL305	2	5000	9.5	653.8	336.7								
4	XD2196W	1	5000	14.8	524.9	460.3	3.00	18.40	11.2	2.1	14.2	3.1	1.4	
	XD2196W	2	5000	17.8	536.1	446.1								
5	UW500CNS	1	5000	5.6	663.4	331.0	9.00	89.11	53.0	8.3	43.8	12.4	5.3	
	UW500CNS	2	5000	14.6	610.4	374.8								
6	HD621	1	5000	5.3	284.0	710.7	0.00	0.00	4.3	1.5	4.3	0.6	0.4	
	HD621	2	5000	5.3	279.7	715.0								
平均							3.7	30.3	17.1	3.4	17.8	4.8	1.9	

表 15　5 种小型清分机与 BPS 大型清分机对比测试统计表

序号	设备型号	清分数量	拒钞数	合格数	不合格数量	拒钞相差量	相对大型机拒钞差率/%	合格钞相差量	相对大型机合格差率/%	不合格钞相差量	相对大型机不合格差率/%	备注
1	BPS1040S	1000	18.5	494.9	487.1	1.38	7.4	22.38	4.5	23.25	4.8	
	CM400		17.1	472.5	510.4							
2	BPS1040S	1000	5.5	433.1	561.4	0.63	11.4	2.75	0.6	3.38	0.6	
	JL305		4.9	430.4	564.8							
3	BPS1040S	1000	7.6	415.8	576.6	1.25	16.4	9.13	2.2	10.25	1.8	
	XD2196W		8.9	424.9	566.4							
4	BPS1040S	1000	7.1	552.0	440.9	0.63	8.8	31.13	5.6	29.25	6.6	
	UW500CNS		7.8	520.9	470.1							
5	BPS1040S	1000	15.1	351.4	508.5	12.25	81.0	34.63	9.9	46.88	9.2	
	HD621		2.9	316.8	555.4							
平均	BPS1040S	1000	10.8	449.4	514.9	2.5	23.0	16.4	3.6	18.5	3.6	
	其他 5 种		8.3	433.1	533.4							

⑤清分机厂家专家对统一清分质量标准测试工作给予高度认可和好评。

上述测试结果,为日后统一不同品牌不同型号清分分类质量创造了条件。证明同品牌、同型号清分机之间,不同品牌清分机之间,以及小型清分机与大型清分机之间,可以找到钞票质量与清分质量阈值参数对应关系,可以运用清分质量阈值参数实现清分质量标准的统一。

六、清分机质量阈值指标和阈值参数分析

通过大量测试,对重庆辖区市场上品牌占比较大的六种大小型清分机的质量阈值指标和阈值参数设置进行了调查分析,现统计分析如下:

(一)各型清分机质量阈值统计

测试调查了包括捷佳德 BPS1040S、中智融通 CM400、辽宁聚龙 JL305、中钞信达 XD2196W、温州泓鼎 HD621、日本光荣 UW500CNS 等 6 种型号的清分机。重点测试调查了各型清分机质量阈值参数指标、阈值参数设计范围、执行阈值参数范围(ATM 阈值参数和流通阈值参数)。通过测试获得了清分机阈值参数有效范围和标准参数值。各项指标见表 16 至表 21。

表 16 捷佳德 BPS1040S 型质量阈值统计表

阈值名称	(图像)脏污	水印脏污	水印正面油污 1	水印背面油污 1	水印正面油污 2	水印背面油污 2	缺角	孔洞	图像撕裂	厚度撕裂	胶带
设计范围	$0\sim2^{16}$	$0\sim2^{16}$	$0\sim2^{16}$	$0\sim2^{16}$	$0\sim2^{16}$	$0\sim2^{16}$	$0\sim2^{16}$	$0\sim2^{16}$	$0\sim2^{16}$	$0\sim2^{16}$	$0\sim2^{16}$
执行阈值范围	60~120	30~100	19000(固定值)	17000(固定值)	2200~3200	2400~3200	80~200	10~18	60~300	3~10	10~20
参数有效区间	0~10	0~10	19000~25000	19500~25000	800~2100	800~2100	0~50	0~20	0~80	0~20	0~30
标准参数值	5	3	21500	20500	1345	1365	30	9	30	2	6

注:除油污 1 越大获得钞票质量越好外,其余值越小获得钞票质量越好。

表17 中智融通CM400型质量阈值统计表

阈值名称	新旧	脏污	脱墨	折角	孔洞	残损	裂痕	粘贴	特定1字迹
设计范围	0~255	0~255	0~255	0~255	0~255	0~255	0~255	0~255	0~255
ATM钞阈值	160	160	160	160	160	160	160	160	160
流通钞阈值	130	160	160	160	160	160	160	160	160
参数有效区间	100~150	200~255	—	200~255	150~255	200~255	200~255	125~175	175~255
标准参数值	141	205	—	240	220	230	225	160	225

注:阈值参数取值越大对质量要求越严格。

表18 辽宁聚龙JL305型质量阈值统计表

阈值名称	脏污	脱墨	字迹	涂鸦	折角	缺角	孔洞	胶条	备注
设计范围	0~63	0~63	0~63	0~15	0~15	0~15	0~15	0~63	
ATM阈值	20	25	5	5	3	5	5	1	
流通阈值	30	25	5	5	5	5	5	1	
参数有效区间	15~55	—	1~63	0~15	0~15	0~15	1~15	0~63	
标准参数值	26	—	1	1	5	3	2	1	

注:阈值参数取值越小对质量要求越严格。

表 19　中钞信达 XD2196W 型质量阈值统计表

序号	新旧	污　迹		污迹 3		旧笔迹		新笔迹				折　角		缺角	孔洞	撕裂	厚度	变形
	全幅面	面积	深浅	面积	深浅	面积	深浅	正面面积	正面深浅	背面面积	背面深浅	面积	灵敏度					
设计范围	0~255	0~250	0~250	0~250	0~250	0~250	0~250	0~250	0~250	0~250	0~250	0~250	10~100	0~2750	0~880	0~880	0~255	0~250
ATM 阈值	150	7	6	6	7	7	7	24	26	15	17	2	45	10	7	6	45	4
流通阈值	130	15	10	10	15	15	11	48	50	27	29	40	45	18	11	10	45	4
参数有效范围	120~170	0~10	0~10	0~10	0~10	0~20	0~20	0~50	0~50	0~50	0~50	0~60	10~100	0~60	0~60	0~60	0~60	0~80
标准参数值	145	3	2	5	3	5	2	20	13	15	15	35	45	40	20	5	45	4

注：新旧阈值参数取值越大对质量要求越严格，其余阈值参数取值越小对质量要求越严格。

表20 温州泓鼎HD621型质量阈值统计表

名 称	新 旧	笔 画	污 渍	残 缺	折 角	胶 条	备注
设计范围	0~100	0~255	0~10	0~10	0~10	0~10	
ATM钞阈值	80	60	9	9	8	7	
流通钞阈值	75	60	6	8	7	7	
参数有效范围	25~90	—	8~10	8~10	6~10	6~10	
标准参数值	75	—	10	10	8	8	

注:阈值参数取值越大对质量要求越严格。

表21 日本光荣UW500CNS型质量阈值统计表

名 称	局部新旧	油墨污损	水印污损	涂鸦1	涂鸦2	漂白检查	周边污损	形状	缺角	缺边	穿孔	折角	胶带	备注
设计范围	0~255	0~255	0~255	0~255	0~255	0~255	0~255	0~255	0~255	0~255	0~255	0~255	0~255	
ATM阈值	0	0	160	0	0	0	0	0	0	0	192	192	128	
流通阈值	0	0	80	0	0	0	0	0	0	0	192	192	64	
参数有效区间	127~255	127~255	31~223	1~255	1~255	127~255	127~255	200~255	200~255	200~255	200~255	120~255	120~255	
标准参数值	220	200	132	100	1	120	230	200	230	210	225	235	130	

注:阈值参数取值越大对质量要求越严格。

（二）质量阈值参数指标统计及设计范围

①捷佳德 BPS1040S 型清分机，质量阈值指标有 11 个，控制表面质量的指标有 6 个，控制基质质量的指标有 5 个。各个阈值的设计范围为 $0\sim2^{16}$。

②中智融通 CM400 型清分机，质量阈值指标有 9 个，控制表面质量的指标有 4 个，控制基质质量的指标有 5 个。各个阈值的设计范围为 0～255。

③辽宁聚龙 JL305 型清分机，质量阈值指标有 8 个，控制表面质量的指标有 4 个，控制基质质量的指标有 4 个。各个阈值的设计范围为 0～15 和 0～63。

④信达 XD2196W 型清分机，质量阈值指标的大指标有 11 个，在各个大指标细分后共计 18 个。控制表面质量的大指标有 5 个，小指标共计 11 个；控制基质质量的大指标有 6 个，小指标有 7 个。各个阈值指标的设计范围分为 0～255，0～250，0～880等。

⑤温州泓鼎 HD621 型清分机，质量阈值指标有 6 个，控制表面质量的指标有 3 个，控制基质质量的指标有 3 个。各个阈值的设计范围新旧为 0～100，笔画为 0～255，其余为 0～10。

⑥光荣 UW500CNS 型清分机，质量阈值指标有 13 个，控制表面质量的指标有 7 个，控制基质质量的指标有 6 个。各个阈值的设计范围均为 0～255。

（三）质量阈值指标分析

1.阈值指标数量分析

沈阳信达 XD2196W 型清分机有 18 个有效阈值指标，最为丰富。其次日本光荣 UW500CNS 型清分机有 13 个有效阈值指标，较为丰富。捷佳德 BPS1040S 型清分机有 11 个有效阈值指标，偏少。温州泓鼎 HD621 型清分机有 5 个有效阈值指标，辽宁聚龙 JL305 型清分机有 7 个有效阈值指标，中智融通 CM400 型清分机有 8 个有效阈值指标，均明显偏少。

2.阈值参数范围分析

阈值参数范围包括设计范围和有效范围两个方面。现对 6 种清分机的阈值参数范围分析如下：

①捷佳德 BPS1040S 型清分机阈值参数设计范围为万一级，较宽，而总体上阈值参数有效范围呈现严重参差不齐的情况。图像脏污和水印脏污阈值参数为 0～10，阈值参数的可调性较差，质量分类能力较弱，只能作为辅助质量检测指标；水印油污 1 和水印油污 2 阈值参数的有效范围较宽，分别为 19000～25000 和 800～2100，是控制表面质量的主要阈值指标，可以实现较为精细的调节和控制。其他基质阈值有效范围均在 0～80，已可以解决绝大多数基质质量问题。

②中智融通 CM400 型清分机阈值参数设计范围均为 0～255。新旧、脏污、字迹等控制表面质量阈值参数的有效范围分别为 100～150，200～255，175～255，从参数

范围看可以实现较好的质量分类,但由于表面质量指标数量有限,对提高质量分类效果受到较大限制。折角、孔洞、残损、裂痕、粘贴等基质阈值参数的有效范围为 200~255 和 125~175,可以解决绝大多数基质质量问题。

③辽宁聚龙 JL305 型清分机阈值参数设计范围为 0~63 和 0~15,从逻辑上分析其设计较为粗犷,不利于阈值参数的精细调节。脏污、字迹、涂鸦表面质量阈值参数的有效范围分别为 15~55,0~1,0~1,从整体上看,不但阈值指标较少,其有效参数范围也较窄,在理论上不支持清分机有较好的质量分类能力。折角、缺角、孔洞、胶条等基质质量阈值参数范围为 0~15 及 0~1,很难达到质量分类的精确调节和控制。

④中钞信达 XD2196W 型清分机阈值参数设计范围较为丰富,分别为 0~255,0~250,0~880,0~2750,10~100 等,从逻辑上有利于质量分类的调节和控制。新旧、污迹面积、污迹深浅、污迹 3 面积、污迹 3 深浅、旧笔迹面积、旧笔迹深浅、新笔迹面积、新笔迹深浅等控制表面质量的阈值参数有效范围空间分别有 50,10,10,10,10,20,20,50,50,从理论上具备较好的质量分类能力。折角、缺角、孔洞、撕裂、厚度、变形等基质质量阈值参数范围基本在 0~60,能够满足基质质量检测分类要求。

⑤温州泓鼎 HD621 型清分机阈值参数设计范围为 0~100,0~10。新旧、污渍等控制表面质量的阈值参数的有效范围为 25~90,8~10,由于指标较少,阈值参数有效范围有限,将严重影响质量分类效果。残缺、折角、胶条控制基质质量的阈值参数的有效范围为 8~10,范围太窄,无法实现有效阈值调节和控制。

⑥日本光荣 UW500CNS 型清分机阈值参数设计范围全部为 0~255,而且指标较多,从理论上有较好的质量分类能力。局部新旧、油墨污损、水印污损、涂鸦 1、涂鸦 2、漂白检查、周边污损等表面质量阈值参数有效范围分别为 127~255,127~255,31~223,0~100,0~1,127~255,127~255,上述基本上是局部特征阈值指标,阈值指标主要集中于水印区域,缺乏图像区域质量阈值指标和整体性质量阈值指标,会对钞票质量检测的准确性和稳定性有较大影响。上述局部特征,从理论上有较好的质量分类能力。形状、缺角、缺边、穿孔、折角、胶带等基质质量阈值参数有效范围为 200~255 和 120~255,具备基质质量检测分类要求。

3.在用质量阈值指标及参数的有效性分析

在对清分机在用质量阈值指标及参数,包括大型清分机执行阈值参数、小型清分机 ATM 钞阈值参数和流通钞阈值参数与阈值参数有效区间进行对比分析表明,其中存在无效阈值指标、处于无效区域阈值参数和未启用阈值指标,现将这 6 种清分机在用质量阈值指标及参数的有效性分析如下:

①捷佳德 BPS1040S 型清分机,处于无效区域阈值指标有 8 个,占 72.7%。

②中智融通 CM400 型清分机,处于无效区域 ATM 钞阈值指标有 6 个,占 66.7%;处于无效区域流通钞阈值指标有 5 个,占 55.6%;无效阈值指标 1 个(脱墨),占 11.1%。

③辽宁聚龙 JL305 型清分机,处于无效区域 ATM 钞和流通钞阈值指标 0 个,但

阈值参数范围较窄,相邻阈值对质量影响较大,可调性较差。其中无效阈值指标1个(脱墨),占12.5%。

④中钞信达XD2196W型清分机,18个阈值指标及参数均在有效范围之内且均有效。

⑤温州泓鼎HD621型清分机,处于无效区域ATM钞阈值指标0个,处于无效区域流通钞阈值指标1个,占16.7%;无效阈值指标1个(笔画),占16.7%。

⑥光荣UW500CNS型清分机,处于无效区域ATM钞阈值指标10个,占76.9%;处于无效区域流通钞阈值指标11个,占84.6%;未启用阈值指标9个,占69.2%。

(四)主要结论

一是部分清分机品牌部分质量阈值指标没有启用。二是个别清分机品牌个别质量阈值参数为无效阈值。三是多数清分机在用质量阈值没有处在质量阈值参数的有效范围之内。四是小型清分机ATM阈值参数和流通阈值参数组合之间存在严重不合理现象。在ATM阈值指标中,个别参数严重偏紧,而其他参数严重偏松,无法起到质量分类效果,清分夹残率和夹好率均偏高;而在流通阈值指标中,绝大多数参数严重偏松,清分夹残率严重偏高。五是部分质量阈值指标设计与人民币质量检测不够匹配,有的缺乏全幅面阈值指标,有的缺乏局部特征阈值指标,两者应配合设计使用。

上述清分机阈值问题,是导致当前清分质量参差不齐、流通钞质量、回笼钞质量普遍较差的最重要原因。这些问题,严重阻碍了当前"人民币净化工程"有效推进,严重影响流通人民币整洁度问题的有效解决。

七、结论

通过清分质量阈值参数与钞票质量对应关系实证研究,找到了清分质量阈值参数与钞票质量对应关系,各型清分设备间具备统一清分质量标准条件。使用质量阈值参数统一清分质量标准是科学的、可行的。而且在推进全额清分工作机械化大生产背景下,质量阈值技术手段是加强清分设备管理、解决清分质量问题、统一清分质量标准的唯一有效办法。通过质量阈值技术手段,使用数十组标准参数值即可实现某市乃至全国数万台清分设备的管理。在工作中,直接管理的是阈值参数和清分设备,最终达到的是清分质量和流通中人民币整洁度的管理。

通过清分质量阈值参数与钞票质量对应关系实证研究,最终可以达到以下三个管理目标:一是有效解决流通中人民币的整洁度问题,将市场流通人民币整洁度从平均不足75%提升到92%以上;二是减少残损人民币中的合格钞数量,降低误销毁率,从20%以上降至8%以内,从而每年节约印制成本至少10%以上;三是有效促进厂家技术革新和技术进步,改善清分机整体性能,提高设备质量分类能力,相应提高整洁度并降低夹残率。

文章审稿人:孔文佳

城市商业银行信用风险内部评级体系构建研究[①]

重庆银行课题组

课题主持人：甘为民

课题组成员：冉海陵　陈瑶　补冯林　谢益

前言

本文以重庆银行为案例，旨在探讨建立既符合城市商业银行目前业务情况和风险计量基础，未来还要达到巴塞尔新资本协议初级法要求的信用风险内部评级体系。

在本文的案例中，着力贯彻新资本协议所倡导的内部评级模型构建的理念、方法和思路，在重庆银行已有的客户和信贷业务信息，充分利用统计分析技术、方法来完成内部专家经验的挖掘提炼和模型构建，保障了内部评级模型的客观性。通过试点测试，对设计完成的模型进行了严格的数据验证和校准。为实现内部评级在信贷全流程中的有效融合，还以其为核心对相应的制度、流程、政策等进行系统性的改进。

总而言之，针对中小银行普遍存在的数据质量较差、人力物力投入资源有限等难题，坚持以应用落地为核心方向，建模过程中亦较好实现了统计分析和内部专家经验的取长补短，同时重视政策流程的配套建设，建立的城市商业银行信用风险内部评级体系，对于推动巴塞尔新资本协议框架下风险计量技术在城市商业银行落地实施的整体进度以及经济效益的提升都有着积极的作用。

一、实施背景

（一）是实施资本高级计量方法的核心工作

2012年6月，《商业银行资本管理办法（试行）》（以下简称《资本管理办法》）正式颁布，并于2013年1月1日起实施，要求商业银行在2018年底前全面达到《资本办法》规定的资本充足率监管要求，并从“建立健全工作机制”“加大资源投入力度”“进一步拓宽培训范围”等方面稳步推进《资本管理办法》实施。

《资本管理办法》充分融入巴塞尔协议Ⅱ中的三大支柱监管框架以及巴塞尔协

① 为2013年度重庆市金融学会招标课题，获评“一等奖”。

议Ⅲ的监管精神。其重大革新就是引入了资本高级计量方法,使得银行可以追求更为科学和精细的风险量化技术。

在银行现阶段面临的各类风险中,信用风险仍占主要地位。因此,银行实施资本高级计量方法的核心或重点仍落脚在信用风险。从国有银行和股份制银行实施资本高级计量相关项目的情况来看,信用风险高级计量方法的开发和应用过程体现出了其技术难度最大、人力财力耗费最多、项目周期最长,但管理效益也最明显的特点。

(二)是提升信用风险管理水平的最佳工具

信用风险高级计量方法包括内部评级法的初级法和高级法,二者均是利用银行内部的评级模型对信用风险的相关参数进行估算,其差异主要是估算参数个数的差异。无论哪种方法,通过内部评级法,即可以实现对客户风险进行准确的识别与排序,并对客户的违约概率进行预测,其风险量化结果可以作为快速审贷,合理定价,争取抵,质押物等风险缓释条件的依据,建立标准化的高效审批流程,从而在拓展客户市场尤其是中小企业市场时更好地体现风险与收益匹配的原则。

近年来,城商行的风险管理水平一直被公众和监管所重点关注,作为信用风险管理的最佳实践,内部评级法在有条件的城商行中推动实施无疑是提升其信用风险管理水平的最好途径。

(三)是建立基于风险考量的激励机制的必要基础

如果使用信用风险内部评级法,风险的精确计量使得经风险调整后的资本收益率(RAROC)应用于银行的经营管理成为现实。信用风险内部评级法可以精确计量每笔业务风险的大小和资本占用,商业银行可以测算单位贷款投入的资本占用和回报,通过差异化的资本占用和回报要求设定单一客户准入标准及定价,还可以通过对行业、区域和产品维度的动态优化配置实现贷款规模资源的高效投放,降低系统性风险和集中度风险。

如果使用权重法,由于风险计量较为简单,风险差异不能体现在资本耗用上,比如不同风险等级的客户在权重法下的实际资本耗用一样,不利于实现风险和收益的平衡。从这个角度看,只有实施高级计量方法有利于建立真正的经风险调整后资本收益的考核导向。

(四)是银行提高资本使用效率的重要工具

《资本管理办法》是资本充足率的计算规范和达标要求,资本计量高级方法实施与银行发展模式转变在管理理念与实现路径上高度契合。信用风险方面,内部评级法一方面可以有效区分客户风险并实现差异化的资本匹配,另一方面从行业普遍规律看,内部评级法通常会带来资本节约,这在资本成为银行重要的稀缺资源后显得更为重要。

综上所述,实施信用风险高级计量方法,建立内部评级体系的意义一是落实资本管理办法,实施资本高级计量方法的核心工作;二是要得到监管认可,银行必须要建立信用风险计量及应用的方法和机制,从而推动提升信用风险管理水平;三是有利于建立真正的经风险调整后资本收益的考核导向,为业务发展和结构优化提供指引;四是最实际的一点,就是在准确计量风险的基础上,资本计量高级方法通常会带来资本节约。

二、基本内涵

在银监会资本管理办法所倡导的资本高级计量方法整体框架下,通过借鉴业内最佳实践,全面贯彻内部评级法的理念、方法和思路,努力结合城商行实际,着力解决数据质量较差、人力物力投入资源有限等难题,充分利用成熟的统计分析技术和深入挖掘提炼内部专家经验,设计出既符合重庆银行目前业务情况和风险计量基础,又考虑未来达到资本高级计量方法要求的客户和债项二维信用风险内部评级体系,并且在严格验证通过后开发独立的评级系统以实现落地。在此基础上,紧抓内部评级在信贷全流程应用的主线,梳理完善内部评级应用的政策和流程,使其发挥明确风险导向、建立信贷准入门槛、提高业务处理效率、实施风险定价等作用。从而达到既提高信贷业务的处理效率,又促进现代信用风险管理技术的实际应用,全面提升城市商业银行的信用风险管理水平和核心竞争力。

三、内部评级体系解决方案

重庆银行于2011年底正式启动了内部评级体系建设的项目,结合到重庆银行的实际需求,提出了整体解决方案简述如图1所示。

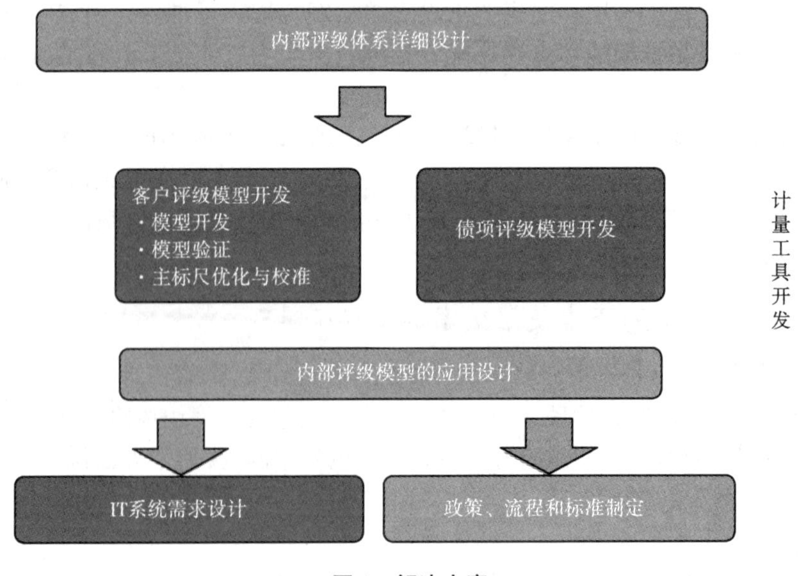

图1　解决方案

(一)非零售信用风险内部评级体系概要设计

根据监管要求、行业最佳实践并结合重庆银行具体情况,确定重庆银行的违约和损失定义。

参照银监会和巴塞尔协议信用风险暴露的划分标准,对重庆银行的非零售信用暴露进行划分并进行适当的细分,并根据暴露划分情况以及对应的数据状况,结合重庆银行业务需求和发展战略,确定需要开发信用风险打分卡的风险暴露。

对相关系统和数据进行分析,制订数据收集方案,采集或补录数据,实施数据质量检查,建立内部评级模型开发和验证的数据样本。

根据风险暴露划分标准,数据数量和质量,信贷组合在区域、行业、规模等维度的分布情况,并结合业务发展规划,制定客户评级模型和债项评级模型分类策略。

在此基础上,根据银监会相关指引和新资本协议的理念以及业内已被证明的最佳实践,结合实际情况,选择制订最优的非零售信用风险内部评级体系概要设计方案,并满足相关要求。

(二)客户评级模型开发

1.模型开发

在充分结合统计分析技术和专家经验的基础上,选择和确定风险因素、评分标准、风险权重等模型重要因素,并充分与专家沟通,确保模型能捕获主要风险要素,各要素应符合易于真实获取、有效区分风险的标准。另外,在内部客户评级模型中,应具有基本的财务数据反欺诈功能。

2.模型验证

按照监管指引要求,对评级模型的风险区分能力、准确性和稳定性进行验证。验证应采取多种新资本协议推荐的方法或业界常用方法,同时与其他可以参照的模型进行对比分析。

模型优化方法、优化过程、验证方法、验证过程、验证结论等均应形成完整的书面记录和报告。

3.客户评级模型的主标尺优化和校准

根据监管指引要求,结合同业标准,开发重庆银行评级主标尺,包括客户评级结构的确定、评级级别的划分和PD(违约率)范围等,评级模型和评分卡结果需匹配到主标尺。

将重庆银行主标尺与国内同业主标尺或外部评级机构主标尺进行校准,确保重庆银行评级结果与同业或外部评级机构评级结果有可比性。

4.债项评级模型开发

在当前损失数据有限的情况下,结合重庆银行风险缓释工具和信贷产品的实际情况,开发基于专家判断的客户评级模型,并得到包括经营机构、业务管理和评审部门的专家经验的验证和认可。

5.模型应用的政策流程

依据内部评级体系方案中所考虑的应用方向,对内部评级模型结果在贷前调查、授信审批、限额测算、风险定价等方面的应用制订具有可操作性的详细设计方案。

贷前调查:结合客户评级和债项评级模型,形成贷前调查指引,明确风险要点,提高贷前调查针对性。

授信审批:结合客户评级和债项评级模型,实现信贷准入功能。

限额测算:结合客户评级和偿还能力,开发客户单一限额模型,实现客户授信额度的建议功能。

风险定价:结合客户评级和债项评级模型,测算风险成本,实现风险定价功能。

6.系统开发

开发内部评级管理系统来保障内部评级体系顺利落地实施,建立客户评级和债项评级模型的运行、维护和监测工作的系统平台,实现与现有相关系统进行流程、数据整合,实现内部评级的计算引擎及财务数据反欺诈、单一客户限额、审批建议等功能。

四、具体实施过程

按照以上的整体解决方案,其实施过程的核心技术和重点就是客户评级模型(含违约概率模型和评分卡模型)及债项评级模型的设计开发。

在对重庆银行已有的违约数据以及贷款敞口数据进行统计分析的基础上,并结合到未来业务发展方向,最终确定选取工业和商贸服务业这两个最大的对公客户群体进行违约概率模型的设计开发,其余则采取评分卡模型的方式(表1)。而债项评级则由于没有足够的历史损失和回收数据来建立高级内部评级法下的LGD模型,亦采用评分卡模型的方式。三者具体的技术实施思路以下将具体阐述。

表1　模型分类及开发方式表

敞口分类	开发方式
工业	违约概率模型
商贸服务业	违约概率模型
房地产业	评分卡模型
建筑业	评分卡模型
事业单位	评分卡模型
小微企业	评分卡模型

续表

敞口分类	开发方式
一般公司	评分卡模型
担保公司	评分卡模型
金融同业	评分卡模型

(一)违约概率模型

本文违约概率模型开发的总体思路是:基于客户提供的财务数据来对比分析并选择出能够有效区分客户信用状况的财务指标,最终将这些财务指标纳入模型进行统计建模(Logistic 回归模型),以预测客户未来的违约概率,具体分为数据处理和建模两大块。

1.数据处理

在建模前,需花费大量的人力物力对历史数据进行梳理、补录,在收集形成源数据集后,重点对历史财务报表进行转换、质量校验以及匹配,形成可以用计算财务比率指标的数据宽表,并对客户进行好坏标志的界定。

2.建模工作步骤

在完成建模前的数据处理后,即进入建模过程。

针对行业建模需要选择相应行业客户的数据计算财务指标,并处理缺失值、异常值等情况,对候选变量进行删减。计算各个比率的 AR(准确率)指标了解该指标的区分能力。

将样本数据拆分为建模样本和验证样本,并按照 Bootstrap 方法扩充样本规模,基于扩充后的样本对财务比率进行 LOESS 非参数转换,然后对转换后的数据进行标准化处理,从而形成最终可以用于建模和验证的数据集。

使用 Logistic 回归方法在建模样本上开发模型,使用 Backward 以及 Score 方式生成候选模型以及相应的评价指标,对生成模型进行多种显著性检验。然后将通过检验的模型应用到验证样本上,得到验证样本集上模型的评价指标结果。最后综合以上结果并结合业务需求经验选择最终采用的定量模型形式和结果。

将选定模型与相对应的行业评分卡的定性评分结果相结合生成混合模型,对混合模型进行违约概率的校准,最后将校准后的模型结果映射到开发设定好的评级主标尺上,生成可以在全行范围内比较的客户评级结果。

(二)评分卡模型

本文的评分卡模型是在现有数据不能充分满足违约概率模型构建情形下采取的替代方案,但其并非简单的专家评分卡,而是充分利用有限的但不足以构建定量模型的定量数据,然后结合混合模型开发的思路,通过分析研究客户风险状态等级和风险因素的关系来完成模型构建,整个工作可以分成客户风险等级排序、风险因素筛选、建模三大块。

1.客户风险等级排序

由于违约数据量不足,在评分卡模型开发过程中就首先需要进行风险等级排序来确定客户的相对好坏,主要是行内专家基于自己的理解,对客户逐一进行信用风险程度进行有序打分,最终将样本客户分解至1~5的风险等级。

在完成客户风险排序后,即可利用完成的单变量以及多变量的统计分析技术对客户财务报表数据和风险排序结果进行分析,以发现定量因素与风险排序的相关关系,从而为行业内专家筛选定量指标提供参考。

2.风险因素筛选

根据不同行业,首先形成相应行业的候选风险因素长名单,在此基础上,再通过召开研讨会的形式,让其在之前定量分析的基础上再结合自身业务经验对每个风险因素进行打分。

在获取行内专家打分结果之后进行汇总计算,并按照平均分数将风险因素从高到低进行排序,确认长名单中最具该行业客户风险驱动(或区分、排序)的因素组合作为风险因素短名单。

3.建模工作步骤

(1)试点测试

在正式建模前,还需要进行试点测试,即将确认并完成风险排序的客户列表以及风险驱动短名单一起下发到相应客户经理,收集完成客户的相应数据信息。

(2)单变量分析

基于收集到的定性因素、定量因素进行单变量分析,包括定性因素的频数分析,定量因素的均值分析等,了解风险因素下客户整体的分布状况等。

(3)多变量分析

将风险因素与客户风险认定结果结合起来进行多变量分析。主要是分析判断风险因素对于客户风险排序的区分能力大小。

(4)构建模型

基于单变量、多变量分析结果构建开发候选的模型(或评分卡)组(3~5个),该候选模型组选择了不同的定性、定量指标的组合,提供了相应的统计分析结果,尤其是区分能力和排序能力指标。最后再与业务专家共同对候选模型进行选择。

(三)工业评分模型的开发

本文主要以工业企业评分模型开发过程为例,介绍重庆银行客户评分模型开发过程。工业评分模型的开发分为两部分,一部分是定性模型开发,主要采用试点测试法。一部分是定量模型开发,主要是计算违约概率统计模型(PD)模型。

1.定性模型的开发

(1)风险驱动因素和初始模板备选指标构成

工业客户的风险特征主要体现在5个方面:企业基本信息、经营状况、竞争力水平、管理水平、信用状况。

基于上述5个方面的风险驱动因素,本文首先拟定了工业企业评分模型初始因素,与行内专家组开展了分析研讨后形成了包含31个定性因素和4个调整项的备选因素长名单和选项模板。

(2)评分模型指标的初选

基于提供的初始备选因素和选项模板,重庆银行组织了17名专家进行讨论,并提出了4个新的备选因素。确定完所有备选因素以后,根据专家打分的排序结果,选取排名前15位的组成精简评分模型指标清单。

在经过进一步的讨论之后,对入选的精简指标进行了改良,确保与实际业务情况能够较好地结合。

(3)试点测试

以"2009—2010年度有贷款余额且具有连续两年的年度财务报表"作为筛选标准,确定了行内符合条件的工业企业共986户,经过随机抽取,拟定了工业企业评分模型试点测试名单,该名单包括159户工业企业。

在规定的回收期限内,共收回了125份测试结果,并对测试结果进行了汇总,并且就定性部分进行了统计分析。

(4)定性结果分析

针对测试回收的定性部分结果进行了统计分析并确定了最终的选项设计及其分数。

(5)确定权重

基于专家的选择意见,以及各个指标经济含义的适用性,讨论确定了由13个指标构成的评分模型,运用遗传算法确定了入选因素的权重分布,并且删除权重计算结果接近0的指标,最终形成了由10个指标构成的评分模型。

(6)评分模型成型

基于遗传分析结果确定的评分模型权重,组织重庆银行行内专家以研讨会形式对上述结果的合理性进行了讨论和确认。参会专家认为上述指标和权重的设置较好地反映了信用风险评估和信贷审批过程中重点关注的风险因素和风险因素的相对重要程度。专家讨论过程中未对该评分模型进行调整。

(7)试点测试样本得分

在最终评分模型结果的基础上,根据测试样本客户在评分模型中各个指标的得分与其相应权重计算出每个测试样本在模型中的总得分。

(8)评分模型结果验证

工业企业的试点测试样本一共包含 125 个客户,运用评分模型对每一个客户进行了评分,其中 123 家客户有专家评分结果(1~5 分)如表 2 所示。

表 2　专家评分结果分布

分　数	个　数
1	10
2	27
3	42
4	35
5	9
总数	123

最优的评分模型应该是分数最高的 10 家客户的专家评分为 1 分,之后的 27 家客户的专家评分为 2 分,直至分数最低的 9 家客户的专家评分为 5 分,但是实际情况很难达到这么精准。验证的准则是指专家评分与理想状况下的评分差值在正负 1 分之内的都在接受的范围内。一般情况下只要正负 1 分的比例占整个专家评分样本数的 80%以上,那么这个评分模型表现就是好的,则通过验证,验证结果显示所有 106 家客户的专家评分结果与理想状况下的评分差值都在正负 1 以内(86.18%),其中有 58 家客户与理想状况下的结果完全匹配(47.15%)。

2.定量模型开发

(1)开发流程

重庆银行使用统计方法建立信用评级模型采用的流程如图 2 所示。

(2)数据处理

本次选取重庆银行 2006—2010 年五年之中建立信贷关系的客户,提取客户基本信息、财务信息、信贷信息,在检验了数据质量,并完成了部分数据补录的基础上,构建了 77 个财务指标,用于后期的计算和筛选。在获得财务指标,并在计算出了财务指标值的基础上,完成了缺失值、极值的处理,进入变量的进一步分析阶段。

(3)单变量分析

在模型校准之前,建模的目标是找到这些财务指标与客户是否违约之间的关系。即根据计算得出的客户财务比率指标的信息,模型的输出应当能够较好地区分违约客户和正常客户。

单变量分析还包含对财务比率指标的基本统计分析,根据财务比率指标的缺失情况进行变量删减,并处理剩余变量的缺失值和极值。

①单变量区分能力分析。区分能力是单个变量的取值区分正常样本和违约样

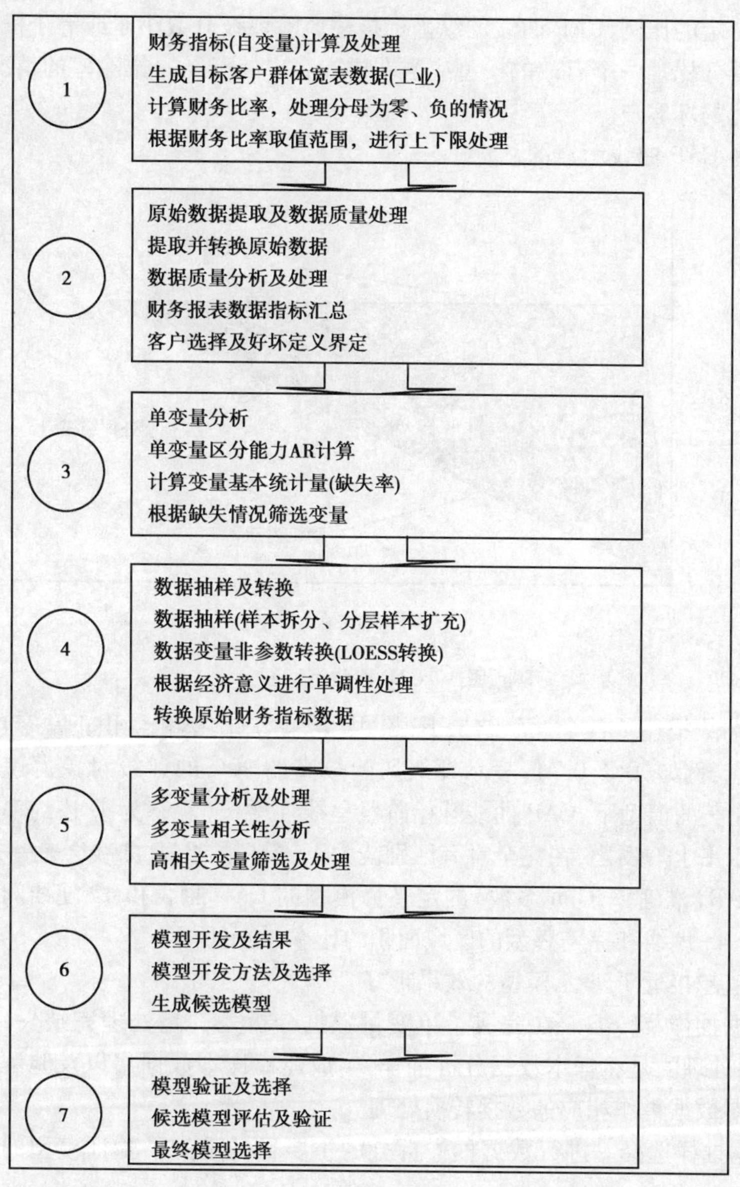

图 2　开发流程

本的能力,即针对每个变量,考虑正常样本与违约样本之间是否存在显著的差异。

在统计实践上,存在多种指标能够检验模型区分正常客户/违约客户的能力,其中累积准确曲线(Cumulative Accuracy Profile, CAP)及其主要指数准确性比率(Accuracy Ratio, AR)较为常见。

CAP 曲线及准确性比率 AR 描绘了每个可能的点上累计违约排除百分比。为了画出 CAP 曲线,需要首先自高风险至低风险排列模型的分数,然后对于横坐标客户总数中特定的比例,CAP 曲线的纵坐标描述风险评级分数小于或等于横坐标中的违约个数百分比。一个有效的模型应当在样本客户处于同一排除率的情况下,排除更高百分比的坏客户。

图 3 为 CAP 曲线示意图。

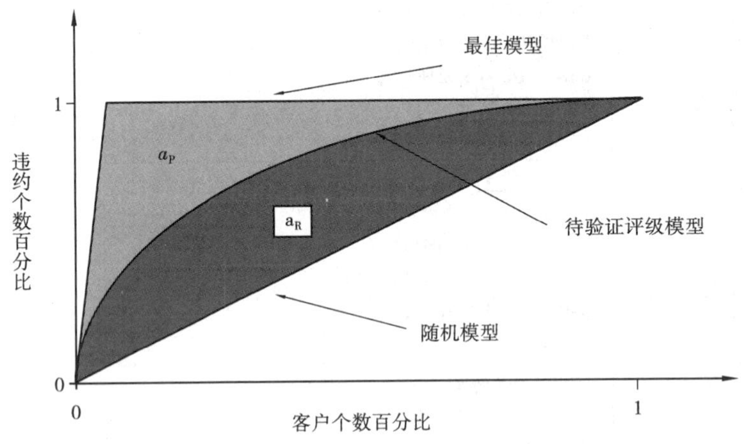

图 3　CAP 曲线示意图

CAP 曲线描述了各个评分结果下,累积违约客户比率和累积正常客户的关系。曲线上的点,例如(0.2,0.7),表示评级风险较高的 20%的评级对象占违约客户的 70%。在完美的模型下,CAP 曲线开始阶段呈线性增长(斜率为 1/违约率),然后稳定在 1 的水平上。反之,在完全没有区别能力下,模型的 CAP 曲线会是一条 45 度的直线。而 AR(准确率,Gini 系数)的定义为模型的 CAP 曲线和 45 度线间的区域面积,与介于 45 度线和完美模型的区域面积的比率,如下所示:

这个值越接近 1,表示模型的效果越好。

②数据抽样及转换。在完成了单变量数据分析尤其是处理完缺失、极值数据后,还需要处理的是将样本数据分拆抽样,生成建模样本数据集以及验证样本数据集。并针对数据集作相应的数据转换处理。

a.数据抽样选择。进行数据抽样拆分的主要目的是为了验证模型的稳定性和有效性。

在本文的分析中选择的是使用样本外数据验证方法(具体的模型验证过程及结果不再赘述),同时选择使用好坏客户标志为维度来分层抽样选择建模样本数据集和验证数据集,保证了在未来使用的验证模型数据集中有足够的坏样本存在,能够比较有效地评估模型的好坏。

在工业行业数据中,最终选择了 8 : 2 的划分方式,即使用 80%的数据用来开发模型,使用剩余的 20%的数据来模型验证。实际操作中,是分别在工业行业的好坏客户样本中分别按照该规则进行样本切分。

在分层抽样中，使用简单随机抽样选择80%的好坏样本，随机数的生成使用均匀分布随机数，即该随机数符合0到1的均匀分布，因此如果生成的随机数小于等于0.8，则该记录被设置标志为开发模型样本，否则为验证模型样本。

从抽样拆分结果上看，坏客户的抽样分布并不是完全按照80∶20进行分拆的，这是由于坏客户样本数过少，使得采用随机抽样时容易出现相对偏差的结果，这是正常也是可以接受的现象。

b.样本扩充。在目前的工业行业历史数据基础上，只能确认出的坏客户数据为47个，这个数据量并不足以建立一个比较有效、稳健的模型。

一般情况下，在建模数据量不足的情况下，可以使用一些统计方法进行样本的扩充。

本文使用Bootstrap方式获得样本的扩充。利用Bootstrap方法来完成某些参数的估计过程中，会生成不同的子样本集合，那么在参数估计的最后过程中，会生成一个包含了其所有估计参数所选择的样本集，而这个样本集的集合就是需要的扩充样本。

c.LOESS转换。在单变量分析中，采用AR值来评估变量的区分能力，它本质上就是分析违约风险预测能力较强的单个变量。但是，对于非单调的变量而言，AR并不能有效地代表该变量的实际区分能力信息。

本文使用LOESS转换这个步骤就是对单个变量的值进行转换，这些经过转换后的值作为最终多变量模型的输入。保证多变量模型（Logit模型）中，变换后自变量与应变量之间的关系是单调的、线性的模型。

在实际的数据分析中，有3个变量出现了无趋势情况，使得最后进入后续分析的变量数目减少为64个。

（4）多变量分析

在建立最终的多变量模型之前，还需要考虑多个变量之间的相关性，避免由于变量之间高度相关而引起的负面效果。

如果多变量模型中存在高度相关的自变量，则会出现以下问题：

①变量对应的系数不可靠。

②变量对应的系数的符号出错。

为了减弱自变量高度相关引起的负面影响，需要衡量自变量两两之间的相关性，并根据相关性情况对变量进行筛选处理，降低进入模型的自变量的维度。

在统计方法上，可以采用3种方法来进行变量降维剔除掉多变量间的高度相关性：直接计算自变量之间的两两相关系数、选择主成分分析（因子分析）完成高度相关变量的降维、变量聚类。本文中，选择第3种方法，即变量聚类的方式来完成多变量相关分析的降维。

表3展示了工业行业数据中变量聚类的最终结果，最终64个候选变量经过聚类后生成30个不完全高度相关的类别。

表3

30 Clusters	Variable	R-squared with		1-R**2
Cluster	Label	Own	Next	Ratio
		Cluster	Closest	
Cluster 1	利息保障倍数	0.6840	0.3311	0.4724
	利润债务保障倍数	0.7834	0.3615	0.3392
	收入负债比	0.8932	0.3845	0.1736
	总资产报酬率	0.9623	0.3744	0.0603
	长期资金报酬率	0.8314	0.4387	0.3004
	净资产报酬率	0.8412	0.3966	0.2632
	成本费用利润率	0.7973	0.3403	0.3072
	资本收益率	0.8992	0.3848	0.1639
	主营业务净利率	0.7965	0.3917	0.3345
	单位资产息税前利润	0.9271	0.4043	0.1224
	单位资产利润	0.9442	0.4043	0.0936
	净资产利润率	0.8135	0.3754	0.2986
Cluster 2	主营业务收入净额规模	0.6952	0.1132	0.3437
	资产总计规模	0.8753	0.1495	0.1466
	所有者权益合计规模	0.8844	0.1603	0.1377
	平均主营业务收入净额规模	0.7764	0.1007	0.2486
	平均资产总计规模	0.8826	0.1578	0.1394
	平均所有者权益合计规模	0.8859	0.1728	0.1380
Cluster 3	资本固定化比率	0.8205	0.3369	0.2708
	长期资金适合率	0.8205	0.3750	0.2872
Cluster 4	存货周转率	1.0000	0.3267	0.0000
Cluster 5	总资产增长比率	0.7259	0.2006	0.3429
	总负债增长率	0.9038	0.0305	0.0992
	流动负债增长率	0.8090	0.0572	0.2026
Cluster 6	存货与总资产比率	0.7830	0.1149	0.2452
	存货与流动资产比率	0.7830	0.2451	0.2874
Cluster 7	净利润增长率	0.8501	0.4066	0.2526
	主营业务经营利润增长率	0.8501	0.2481	0.1993
Cluster 8	流动负债偿付比率 a	0.9588	0.2152	0.0525
	流动负债偿付比率 b	0.9574	0.2092	0.0538

续表

30 Clusters	Variable	R-squared with		1-R * * 2
Cluster	Label	Own	Next	Ratio
		Cluster	Closest	
	流动负债偿付比率 *c*	0.9592	0.2153	0.0520
	流动负债偿付比率 *d*	0.9000	0.1869	0.1230
Cluster 9	营运资本周转期	0.7509	0.2421	0.3286
	经营利润与营运资金比率	0.7509	0.3158	0.3640
Cluster 10	流动资产周转率	0.7492	0.3726	0.3997
	固定资产周转率	0.7314	0.2761	0.3710
	总资产周转率	0.9438	0.3532	0.0868
Cluster 11	全部资本化比率	1.0000	0.1925	0.0000
Cluster 12	现金到期债务比	0.9276	0.0816	0.0789
	现金利息保障倍数	0.9276	0.0778	0.0785
Cluster 13	单位资产留存收益	0.7567	0.2101	0.3080
	资本积累率	0.7567	0.2176	0.3110
Cluster 14	付息债务结构比	1.0000	0.0870	0.0000
Cluster 15	应收账款负债率	0.8994	0.2191	0.1289
	应收账款流动负债率	0.8948	0.2572	0.1417
	应收账款与总资产比率	0.7318	0.2534	0.3592
Cluster 16	销售费用与存货比率	1.0000	0.0685	0.0000
Cluster 17	财务费用占借款比率	1.0000	0.0675	0.0000
Cluster 18	应付账款负债比	1.0000	0.1164	0.0000
Cluster 19	净负债比	1.0000	0.2141	0.0000
Cluster 20	应收账款周转率	1.0000	0.2020	0.0000
Cluster 21	有形净值与债务比率	0.9353	0.2887	0.0910
	资本充足率	0.9353	0.3944	0.1069
Cluster 22	资产现金回收率	1.0000	0.0859	0.0000
Cluster 23	流动负债结构比	1.0000	0.1836	0.0000
Cluster 24	主营业务毛利率	1.0000	0.2345	0.0000
Cluster 25	主营业务收入增长率	1.0000	0.1616	0.0000
Cluster 26	流动比率	0.7530	0.4589	0.4566
	速动比率	0.7392	0.4264	0.4546
	速动资产负债率	0.8760	0.3075	0.1790

续表

30 Clusters	Variable	R-squared with		1-R * * 2
Cluster	Label	Own	Next	Ratio
		Cluster	Closest	
Cluster 27	长期资产适合率	1.0000	0.3631	0.0000
Cluster 28	资产负债率	1.0000	0.1925	0.0000
Cluster 29	应付账款周转率	1.0000	0.2685	0.0000
Cluster 30	收入利息保障倍数	1.0000	0.2855	0.0000

从变量聚类分析的结果来看,30 个变量分组中每个分组内的变量之间高度相关,而不同组间的变量相关性则不强。

据此从变量聚类结果选择进行模型开发的候选自变量。在每个分组中选择在本组内区分能力最大的变量作为该组的代表,由此可以产生 30 个候选变量。

在分析过程的分析列表中,也发现在某些组内的变量之间的 Somers’D 值差距并不大,因此另一方面从业务操作中,在项目组内部结合财务专家的意见做出了一些基于业务考虑的变动。

经过分析及调整,形成了最终使用的进入模型开发的不相关的候选财务比率列表。

(5)模型开发及结果

在预测变量为分类变量的情况下,主要采用的技术有判别分析(Discriminant analysis)、Probit 分析、Logistic 回归分析和对数线性模型等。在实际操作中,应用最多的是 Logistic 回归分析。

Logistic 回归模型自变量的选择可以使用以下方法:前向搜索(Forward)、后向搜索(Backward)、逐步搜索(Stepwise)、得分方法(Score)。本文结合采用后向搜索以及得分方法来开发违约概率模型。

使用后向搜索后删减掉的指标列表,直接根据显著性水平直接删减掉不符合要求的 5 个指标后,剩余的变量都是在 5%显著性水平上显著的。

剩余 25 个变量的显著性 P 值都是小于 0.05 的,同时发现有多个变量的参数估计得到的结果是负值。按照转换后自变量与违约的实际关系,这里直接剔除所有变量为负的自变量,得到最终的模型候选变量集。

基于最终得到的候选变量集,可以使用得分方法开发候选模型了,由于在建立违约概率模型中,希望尽可能地控制进入模型的变量数目。在工业模型中,选定变量数目为 6 个至 10 个,然后使用得分方法在每个变量数目规模下选择最好的 4 个模型作为输出,这样会总共构建出 20 个候选的模型。

然后就候选模型可选变量的集合使用 Logistic 回归构建模型。

(6)模型验证与选择

即便已经完成了 Logistic 回归模型的开发过程,生产了基本的候选模型列表。进一步地,还需要对生成的候选模型检验统计验证,包含模型参数的显著性验证、样本内验证、样本外验证以及多重共线性检验等。基于以上的模型验证方法,除了在参数显著性方面可以考虑删除 8 个候选模型外,其余检验过程并没有发现通不过相应检验的模型,因此,根据模型开发及验证结果,最终提供给重庆银行选择的工业行业违约概率候选模型为 12 个。

根据这些可用的候选模型,进行了进一步的筛选,筛选的参考原则如下:

为避免模型噪声,每个模型因素总数建议控制在 10 个以下;

尽可能选择区分能力最高的模型;

进入最终模型的财务比率应该为日常信贷业务中常用的、容易理解的财务比率;

指标在模型中的重要性是在最终模型选择中的重要因素。

基于以上原则,确定了最终模型使用的指标及相关参数见表 4。

表 4　指标及相关参数

模型参数结构	模型参数描述	模型参数估计值
Intercept	截　距	-1.3479
FXZWJGB	付息债务结构比	0.5317
YFZKFZB	应付账款负债比	0.4843
ZYYWJYLRZZL	主营业务经营利润增长率	1.1568
ZZCZZBL	总资产增长比率	0.3513
ZYYWSRJEGM	主营业务收入规模	0.3141
ZCFZL	资产负债率	0.2824
ZBGDHBL	资本固定化比率	0.0980
JFZL	净负债比	0.2091
样本内模型验证能力		0.8523
样本外模型验证能力		

为了能够表明选择的模型具有一定的稳定性和外推性,按照模型开发的步骤,还会有一个关于模型的时间外样本验证,即使用不同于建模样本所在时间段内的数据来验证模型,和样本外验证的思路一致,只是样本采取的时间段有所区别。

按照本文所设定的违约窗口的定义,在这里采用 2011 年 6 月及以后有余额的客户进行分析。

实际上,进行时间外样本验证几乎是将原先模型开发的流程基于新的数据重新执行一遍,经过分析,最终选择确认的工业模型的时间外验证结果如表5所示。

表5　验证结果

数据集	样本总数	Log Likelihood	Misclassification Rate	Area Under the ROC Curve
时间外样本数据	398	-118.3	0.0729	0.7719

用ROC图形展现的模型效果如图4所示。

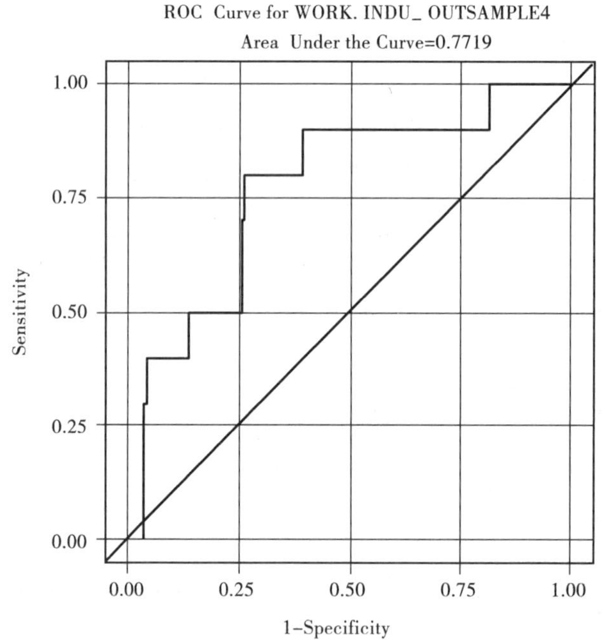

图4　时间外模型验证ROC图

时间外验证的模型结果的AUC值为0.7719,比起模型开发的结果0.8513有所下降,但是从理论上讲,仍然是一个可以接受的良好的指标。因此,从时间外数据验证模型的结果上看,模型基本保持了比较良好的区分性,也就表明模型具有一定程度的稳定性和外推性。

(7)客户评分及PD校准

上述完成的模型根据模型结构及相关的系数可以得到客户使用模型的评分结果,然后可以将评分结果应用按照模型校准确定的对应关系将得分映射到PD上。

(8)主标尺开发及模型校准

①主标尺设定。基于主标尺设定的原则,从穆迪以及标准普尔的评级设定以及

各等级间的平均违约概率,结合重庆银行的业务发展定位以及目标客户设定,将外部评级机构的低违约等级进行了部分合并,而将处于中间位置的信用等级进行进一步的细分,使其满足重庆银行所要求的违约概率分级的精细化要求。

最终,经过讨论,确定了应用于重庆银行的主标尺如表 6 所示。

表 6 主标尺

评级标志	违约概率中值	评级违约概率最小值	评级违约概率最大值
AAA+	0.015	—	0.030
AAA	0.095	0.030	0.160
AAA-	0.254	0.160	0.348
AA+	0.534	0.348	0.720
AA	0.861	0.720	1.002
AA-	1.213	1.002	1.424
A+	1.675	1.424	1.926
A	2.302	1.926	2.678
A-	3.099	2.678	3.519
BBB	4.150	3.519	4.781
BB	6.428	4.781	8.075
B	10.471	8.075	12.867
CCC	16.067	12.867	19.268
CC	23.137	19.268	27.007
C	63.503	27.007	100.000
D	100.000	100.000	100.000

在开发设置主标尺的过程中,一般要求每个评级标志的取值范围或者说每个内部评级的违约概率跨度应该近似呈现指数上升趋势。

按照本项目所设定的主标尺,该主标尺评级级别的违约概率跨度的趋势如图 5 所示,可以看出,该主标尺基本满足指数上升的趋势。

②中心违约趋势确定。按照中心违约趋势的估算方法,在文目中选择了从外部数据、内部数据估算以及行业对比基准三个方面的数据来完成对重庆银行工业行业的中心违约趋势计算。

结合穆迪长期(1970—2011 年)、近期(2006—2011 年)工业平均违约率,标准普尔长期(1981—2011 年)、近期(2008—2011 年)工业平均违约率,重庆银行内部数据(2005—2010 年)估算的上限违约率三方面的数据,并会同同行业的基准数据,

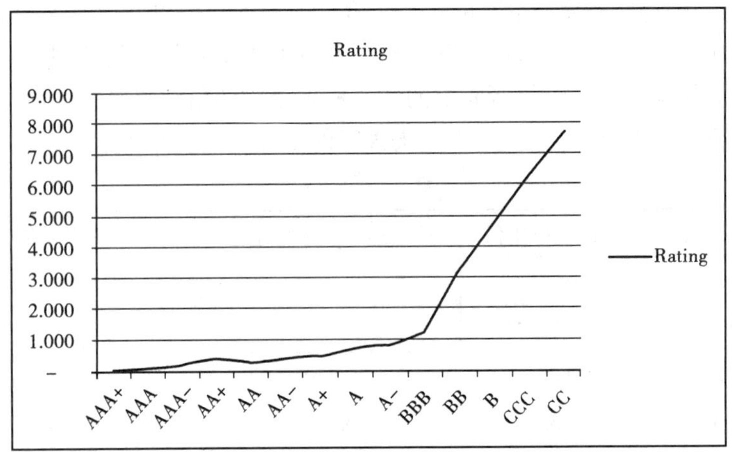

图5 主标尺评级级别的违约概率跨度趋势

按照权重法来完成最终重庆银行工业行业的中心违约趋势结果如表7所示。

表7 结果

	Moody's	Moody's-S	S&P	S&P-S	Internal Data	Benchmark of LB 1	推荐值
工业	15%	10%	15%	10%	30%	20%	2.04
	2.36	2.77	2.48	2.60	1.60	1.50	

③客户期望分布选择。在确定了银行的主标尺后,就需要将客户按照主标尺上违约概率的界定将客户划分到不同的信用等级上。

由于开发完成的模型是基于扩大后的违约定义来开发的,所以得到的关于客户的模型评分并不是严格意义上的违约概率,因此,无法直接使用主标尺上的违约概率的上下限界定来直接将客户划分到不同的信用等级上。

为了能够将主标尺与客户分布联系起来,使用分布法来完成模型的校准工作,将模型的得分经过转化映射到主标尺上去。因此,首先要确定将客户基于什么样的分布,在本文中选择使用穆迪所采用的Beta分布拟合方式来完成对客户期望分布的设计。

④模型校准结果。由于之前的违约概率建模所基于的数据有限,不能反映出至少一个完整的经济周期,因此模型最终的输出并不能反映客户真实的违约概率,而被视作具有评级排序能力的得分。模型校准是将模型的输出结果对应到真实的违约概率(保持其排序能力不变),经过主标尺的映射得到债务人的评级等级。

校准之后获得的违约概率和评级结果必须符合下列约束条件:

目标1:PD平均值=长期平均违约概率;

目标2:风险等级分布符合业务需要和风险管理要求;

目标 3:主标尺各个等级通过实际违约概率的检验。

本文采用试错算法进行校准,鉴于在前面约束条件下模型校准结果的解是无穷多的,因此还需要设定一些简单的评级设定。

设定 1:Beta 分布是右偏的,也就是说 α 值要小于 β 值;

设定 2:AAA 评级的比例是要小于 AAA-评级的比例;

设定 3:AAA 评级的比例要高于 2%;

设定 4:AAA-评级的比例要低于 10%;

设定 5:C 评级的比例要高于十万分之一。

在这几个设定以及前面的约束条件下,可以选择一个较佳的解作为校准结果。

然后利用线性插值的方式在模型的评分与主标尺的违约概率之间建立映射关系。

使用上述校准后,工业样本客户的信用评分分布如图 6 所示。

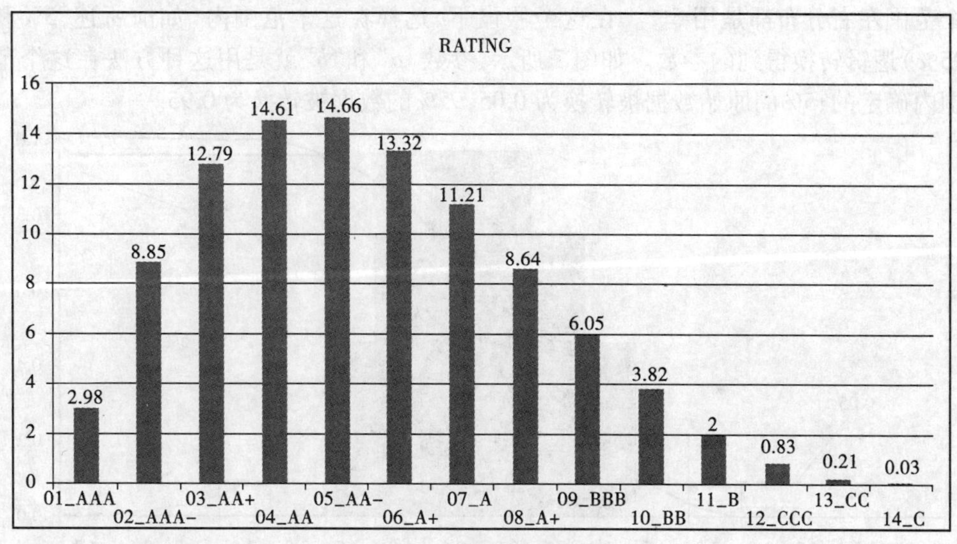

图 6 信用评分分布图

3.二次测试及校准

为进一步验证内部评级模型的准确性,重庆银行在第二阶段工作的基础上,在全行范围内开展了第二次试点测试。依据第二次试点测试数据,对部分评分模型的结构、内容进行了优化。

(1)基础数据的收集和整理

在第二次试点测试中,重庆银行共收回工业企业客户数据 422 条。

将各客户的财务指标、定性指标回收结果和风险排序按照客户号进行逐一匹配后,共得到 133 条完整的工业企业客户数据。

(2)混合模型的开发

在完成工业企业客户基础数据的收集和整理后,需采用科学合理的方法对统计模型和评分模型进行混合。

本文中尝试采用了多种转换方法将定量与定性数据转化为相同标准,并运行遗传算法察看运行结果。最终,选定了将定量数据采用 Logistic 转换转化为百分制分数,连同定性结果(百分制表示)共同运行遗传算法以确定各因素最终权重的方法。

在建模中,一个典型的方法就是对风险因素的原始值进行非线性转换。通常的方式是如下所示 Logit 函数转换:

$$X^T = \frac{1}{1 + e^{a+bX}} \tag{1}$$

其中,X^T代表风险因素转换之后的值;

X 代表风险因素的原始值。

转换的参数“a”和“b”的确定,需要假设数据的原始值在一个定好的范围内,这个范围左右分布都是用 5%。在这个假设下,选择在这个范围内(如前所述,5%和 95%)逻辑转换得到的参数。如图 7 所示,参数“a”和“b”就是用这种方法在这个范围内确定的,5%的原始数据被转换为 0.05,95%的数据被转换为 0.95。

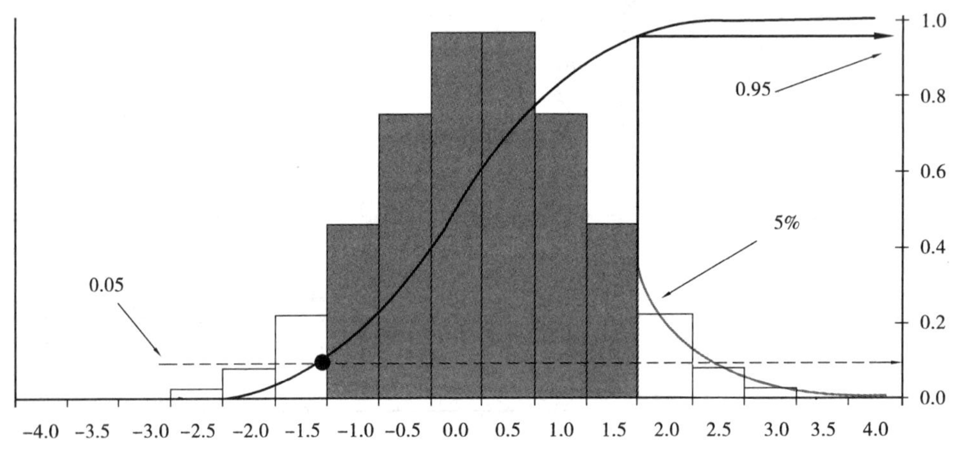

图 7　转换参数

把上述观点公式化,得以下两个等式:

$$\alpha = \frac{1}{1 + \exp(a + b \cdot F'_X(\alpha))}$$

$$1 - \alpha = \frac{1}{1 + \exp(a + b \cdot F'_X(1 - \alpha))}$$

其中,$F'_X(\alpha)$= The α×100 percentile of X,反解方程得 a、b 的计算公式为:

$$\alpha = \ln\left(\frac{\alpha}{1-\alpha}\right)\left(1 - \frac{2F'_X(1-\alpha)}{F'_X(1-\alpha) - F'_X(\alpha)}\right)$$

$$b = \ln\left(\frac{\alpha}{1-\alpha}\right)\left(\frac{2}{F'_X(1-\alpha) - F'_X(\alpha)}\right)$$

分别对工业企业统计模型中使用的 8 个定量指标进行分位数分析，代入 a、b 的计算公式，得到以上 8 个定量指标对应的 a、b 值。

将各工业企业客户的定量指标原始值 X，及该指标对应的 a、b 值代入公式(1)，即可将各定量指标的原始值 X 转换至 0—1 区间内的数值 X^T。

将各定量指标的百分制得分、定性指标的百分制得分及行业得分，结合行内专家对工业客户给出的风险排序，运行遗传算法，得到各指标的最终权重。

(3)模型结果验证

在最终评分模型结果的基础上，根据测试样本客户在评分模型中各个指标的得分与其相应权重计算出每个测试样本在模型中的总得分。同时行内专家对工业企业客户风险进行了排序。

将工业企业客户按照模型得分由高到低进行排序，按照风险排序的计数分别得到模型风险排序。通过对专家风险排序和模型风险排序进行比较，发现差距在正负 1 以内的客户数为 127 户，比例高达 95.5%，证明模型具有较好的区分和排序能力，且与客户实际状况相吻合。

(4)模型校准

重庆银行在确定了每个行业评分模型的主标尺信用评级的划定范围以及每个评分模型的长期违约率(CT 值)后，对工业企业评分模型进行了重新校准。

(四)债项评级模型

债项评级系统，是面向巴塞尔新资本协议高级法，建立以专家判断为基础的债项评级体系，同时符合重庆银行相关的业务实践，提升重庆银行在风险管理，债项评级，清收管理，抵、质押品管理等业务的水平。

1.债项评级模型的开发流程

图 8 对应的是债项评级模型整体框架，主要从四个方面对债项的 LGD 进行调整：

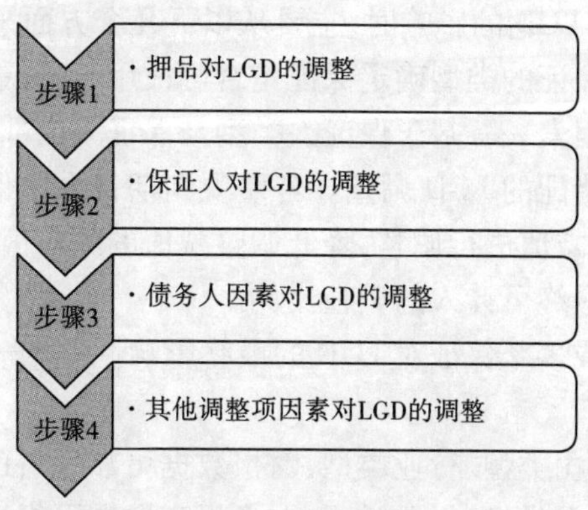

图 8　债项评级模型整体框架

2.模型因素及量化方式

(1)押品

押品的量化涉及的输入参数包括 6 个,其中,押品类型、押品的法律有效性、清收对社会稳定影响、未来 1 年宏观经济是否会衰退为定性参数;评估价值、评估日期为定量参数。

押品的量化过程如下:

步骤一,根据输入的抵、质押品类型,以及未来 1 年宏观经济是否会衰退来判断押品折扣率,得出考虑折扣率后的押品价值。

步骤二,在计算出考虑折扣率后的押品价值后,还需要考虑清收可能对社会稳定的影响来对押品余值进行调整,具体调整方式如表 8 所示。

表 8　调整方案

清收对社会稳定影响	清收折扣
不会影响社会稳定	0%
可能影响社会稳定	50%
一定影响社会稳定	100%

步骤三,根据房交所、法院等相关规定计算出相关的费用。

步骤四,计算考虑押品的 LGD。

$$\text{LGD} = \max\left\{\min\left[\frac{(\text{违约敞口} - \text{押品余值} + \text{费用总计})}{\text{违约敞口}}, 100\%\right], 0\%\right\}$$

(2)保证

保证的量化涉及的主要参数有:其中保证人类型、保证方式、内部评级为定性参数;保证金额、保证到期日为定量参数。

量化保证人因素对 LGD 的影响时,主要从以下几个方面来考虑:

步骤一,通过判断保证的类型确定保证是否可被用于降低 LGD。

步骤二,调整幅度因素——基于保证人类型与保证人内部评级的调整。

步骤三,考虑期限错配的 LGD 调整。若债项到期日大于保证到期日,则需要对步骤二中计算出的调整减值进行调整,降低调整减值的绝对值。

步骤四,每个保证最终可计入的调整比例。

步骤五,考虑单个或多个保证对 LGD 的最终影响。

(3)债务人因素

债务人因素包括公司类型、行业类型、财报数据可靠性、杠杆率四个方面。若该债务人同时满足所有公司类型、行业类型、财务报表数据可靠性及杠杆率的要求,则可以认定债务人因素合格,则对 LGD 的降低程度为35%×(1-杠杆率)。

(4)有信贷关系的银行个数

有信贷关系的银行个数作为调整 LGD 的一项考虑因素,该因素对于债务人 LGD 的调整表现为,随着与债务人有信贷关系的银行个数的增加,对 LGD 的调整由 LGD 减项逐渐递增为 LGD 增项。

(5)他行贷款占比

他行贷款占比作为调整 LGD 的一项考虑因素,该因素对于债务人 LGD 的调整表现为,随着他行贷款占比的提高,对 LGD 的调整由 LGD 减项逐渐递增为 LGD 增项。

(6)本行贷款总额敞口

若本行贷款总额大于 250,则对 LGD 调整为 0%;若本行贷款总额小于 250 万,则对 LGD 的影响为-5%。

(7)资本的机会成本

机会成本通过考虑损失的时间价值来对 LGD 进行调整,即将未来的 LGD 经过折现,得到评估日的 LGD 现值,具体计算公式如下所示:

$$LGD = 1 - (1 - \text{信贷环境与债项特征调整后的 LGD})/(1 + \text{有效利率})^{\text{预计清收时间}}$$

(五)模型应用

基于客户评级及债项评级的整个过程及结果,内部评级模型应用贯穿于授信全流程:

1.贷前调查指导

评级发起过程中,评级系统将根据客户所提供的基本信息、财务信息,并结合行业、地区等信息,提示客户经理对某些指标、项目进行重点调查,排除客户财务欺诈、虚假资料等情况,尽可能保证信贷资料的准确、完整。

2.授信准入

针对不同行业,实行授信准入的最低评级要求,排除违约风险较大的客户群,提高贷款质量。

3.限额测算

利用客户评级结果,结合客户资产数量、资产结构、现有负债情况、债项预评级情况,实现对集团客户、行业以及单一客户的风险限额管理,并应用于授信审批环节,指导客户的最高授信限额。

4.风险定价

通过客户评级、债项评级、风险限额等因素,共同确定贷款定价的区间,用于授信审批时的定价指导。

5.贷后管理

对不同的客户评级及债项评级结果,实现差异化的贷后管理策略,包括贷后监控频率、监控方式,并结合评级过程中提示的重要风险点,施行重点监控,以此提高贷后监控的针对性和效率。

(六)系统开发

根据模型开发结果,重庆银行充分考虑了系统管理、业务操作的便利性,以及与其他系统的兼容性、系统未来的课拓展性等因素,在全行业务操作人员、评审人员以及管理人员中,广泛征求系统开发需求,并据此开发出一套适用的评级管理系统。

重庆银行非零售信用风险内部评级系统,经过需求讨论、设计、开发、系统测试、压力测试、用户测试等阶段,已完成了系统建设工作。该系统包含客户评级模块、债项评级模块以及财务数据反欺诈、单一客户限额等功能,并逐步扩展到贷款定价、贷后管理等功能模块;实现了业务数据与信贷系统数据的交互,有效将评级结果数据整合入信贷管理系统,实现了和信贷审批流程的交互,使得评级结果能够及时反映到信贷审批流程中;通过建立非零售内部评级系统,并积极围绕系统开展模型治理、数据治理、应用的政策和流程改造,切实推动了内部评级在重庆银行的应用。

(七)组织保障

领导强力推动。成立领导小组,由行长亲自挂帅,定期听取项目总体进展报告。分管副行长高度重视和参与项目,每周亲自听取项目具体进展汇报,积极组织部门间的研讨会,多次带队赴分支机构就内部评级模型的适应性和流程优化进行调研等。

全行广泛参与。不仅成立了多部门业务骨干参与的项目小组,负责项目的日常工作。更为重要的是,还建立覆盖业务管理、风险管理部门和分支机构的业务专家小组,集中封闭参与项目关键过程中的研讨和阶段性成果的验收,尤其是在评分卡模型开发,以及定量模型开发的生成最终财务比率、单变量分析等环节,重庆银行业务专家都深度参与。而且,本文也非常重视一线客户经理的意见,如试点测试就覆盖了近一半客户,很好地保证了评级体系从指标选取、因素选项设计、权重分配等方面都贴合客户群体的实际情况。

五、实施难点及创新

在具体实施过程中,主要面临以下几个方面的难点。

一是数据和业务体量限制了统计模型开发,特别是低违约数据情况下,如何建立切合实际的风险计量模型难度不小。

创新措施:

一是充分利用统计分析技术。在补录已有的客户、债项数据信息基础上,充分利用成熟的统计分析技术、方法来完成模型构建。全面贯彻资本管理办法中倡导的内部评级模型构建的理念、方法和思路,并对开发完成的模型或评分卡进行严格的数据以及应用验证,以评估整个模型的稳定性、一致性以及在不同样本范围下的区分能力以及排序能力。

二是充分挖掘内部信贷专家经验。无论什么模型,都是采用定量分析方法来挖掘提炼内部信贷专家经验,尤其是在模型开发的指标筛选、变量分析、权重分配等环节,重庆银行业专家都深度参与,并利用专家对客户风险的排序来倒推和验证模型参数。而且在模型开发后,也非常重视一线客户经理的意见,开展多次试点测试,尽量保证了评级体系从指标选取、因素选项设计、权重分配等方面都贴合重庆银行客户群体的实际情况。

三是内部评级没有真正地融入授信业务全流程,出现评级和授信流程的"两张皮"的现象。

创新措施:

对相应的制度、流程、政策等进行系统性地改进,把内部评级的应用贯穿其中,既有利于实现内部评级与业务及管理流程的无缝对接,也有利于达到以内部评级为核心,在贷前、中、后实施信用风险管理标准。

具体体现为,第一,以内部评级模型各评分卡的分类策略作为授信全流程风险同质性资产划分的主要标准。在授信流程中,将具有风险同质性的资产归类管理,具有风险同质性的资产,其贷前、中、后所关注的风险点应基本相同。第二,作为信用风险管理最重要的工具,评级模型集中反映了授信全流程信用风险管理核心标准,通过对现有相关政策进行系统梳理和修改,提高内部评级对授信业务和管理流程各环节的影响,既有利于评级工具的逐步优化改进,也有利于授信流程信用风险管理水平提升。

四是财力投入巨大。从国有大型银行及全国股份制银行的财务投入看,类似项目的咨询费用动辄数千万,重庆银行之前的预算亦在千万左右。

创新措施:

结合到重庆银行的实际需求,有所为有所不为,把重要的内部评级模块(客户评级和债项评级)、核心应用打包,使得原来规划中的多个项目的核心工作内容整合到本项目中一并实施,既节约了项目成本,又加快了风险计量类相关项目的整体进度,同时也更能发挥以上工具的协同效应。同时,针对包括行业评级、流程优化在内的咨询项目由内部人员自己完成,实际投入 350 万元左右,远低于其他银行的投入和重庆银行内部之前的预算。

五是专业人才问题。对于国有银行及股份制银行而言,几乎都成立了动辄几十人的"新资办"专门从事高级计量方法相关项目的实施工作,对城市商业银行而言,第一,自身难以承担这么大的人力成本,第二,也难以吸引这么多的专业人才。

创新措施:

这个问题确实比较难以解决。重庆银行在项目实施过程中只能尽量克服,一是风险管理部作为牵头部门,在具体项目中除工作小组外,还成立业务专家团队,整合全行专家力量,参与项目关键过程中的研讨和阶段性成果的验收。二是在借助外部咨询机构时候,通过严格的项目管理来确保充足的人力投入,一定程度缓解人力紧张局面。三是充分挖掘员工潜能,通常一人要组织和参与多个项目,相对大行而言,这其实也有利于全方面提升员工专业技能,避免太局限于某个专业领域。

六、实施效果

(一)模型验证结论

为了对项目开发的模型进行验证,重庆银行以“2009—2010年度有贷款余额且具有连续两年的年度财务报表”作为筛选标准,从客户群体中随机抽取了各行业客户900户,交由业务经办客户经理,按照开发的评级模板进行评级。在规定的回收期限内,共收回了548份有效测试结果。按照既定的评级模型,对客户进行评分,并按得分情况进行1~5档风险排序。

另外,重庆银行组织评审部、信贷监控部等部门的业务专家,结合客户情况及个人经验,对客户进行1~5档的风险排序,并将此排序与模型得分排序进行比较,各行业分布及比较结果如表9所示。

表9 各行业分布及比较结果

行　业	有效回收户数	全匹配	占比/%	正负1档以内	占比/%
事业单位	16	10	63	16	100
担保机构	51	46	90	27	53
建筑业	124	107	86	59	48
一般公司	61	57	93	29	48
小微企业	49	41	84	19	39
工　业	123	106	86	58	47
商贸服务业	124	113	91	49	40
合　计	548	480	88	257	47

由此可以看出,按照1~5档的风险排序,业务专家排序结果与模型排序结果完全一致的客户占客户群体的88%,两者差异在1档以内的占47%,由此可以看出,模型对客户风险的区分能力较强。

(二)实施情况分析

重庆银行非零售内部评级系统试运行期间,累计完成客户评级3000余户。仍以工业评分模型为例,应用工业评级模型的客户共有597个,其评级基本分布如表10、图9所示。

表 10 评级基本分布

级 别	客户数	占比/%
AAA	6	1.01
AAA-	44	7.37
AA+	68	11.39
AA	76	12.73
AA-	79	13.23
A+	76	12.73
A	69	11.56
A-	70	11.73
BBB	77	12.90
BB	11	1.84
B	10	1.68
CC	11	1.84
合 计	597	100.00

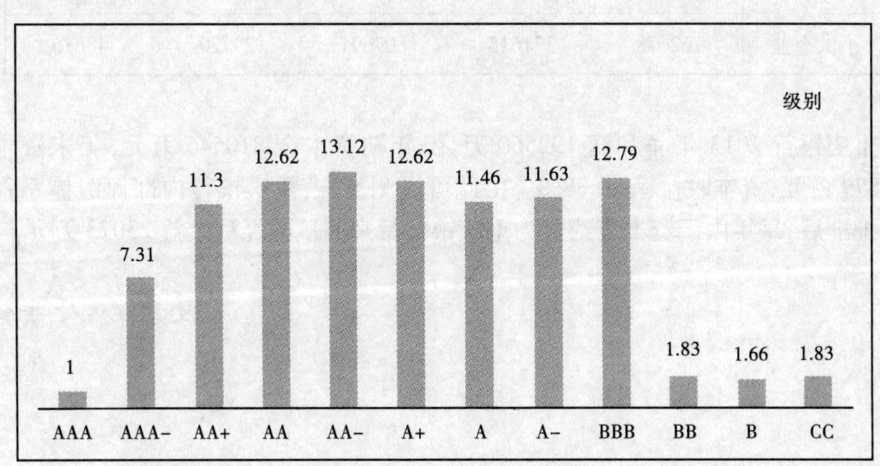

图 9 工业客户评级分布图

从客户评级分布图上可以发现，工业客户整体评级分布比较有区分度，从客户集中度的角度看，在比较核心的中部评级区域里，覆盖了大部分的客户，在最高的两个级别仅有8%的客户,而BBB等级以下的客户也只有5%左右。如果说其中有一定的更加具体的分析,需要查看BBB级别的客户是否可以有等级评低或高的问题。

总体上看,工业模型中客户的分布较为合理,运行效果与预期结果基本一致,模型结果能够运用到授信审批等环节。

(三)模型实施的经济效益

重庆银行新资本协议内部评级体系,目前主要应用于一般公司及小微企业的评级。截至2013年6月30日,重庆银行内部评级法覆盖的一般公司风险暴露5791646万元,小微企业风险暴露762678万元。

按照现行的权重法计算风险加权资产,一般公司按照100%计算风险权重,小微企业按照75%计算风险权重,上述两部分的风险加权资产为:6399337万元。并按照8%的资本要求,共需占用资本金511947万元。

在重庆银行新资本协议内部评级法下,考虑不同客户的PD及不同债项的LGD,并按照新资本协议的要求计算加权风险资产4984150万元,较权重法计算的加权风险资产少1415187万元。按照8%的资本要求,需占用资本金398732万元,较权重法下计算的资本金节约113215万元,如表11所示。

表11 经济效益分析

	风险暴露/万元	风险加权资产/万元		资本耗用/万元	
		内评法	权重法	内评法	权重法
一般公司	5791646	4612534	5791646	369003	463331
小微企业	762678	371615	607691	29729	48615

重庆银行2013年净利润192560万元,年初资本金810546万元,年末资本金1078879万元,资本收益率20.38%。由此可以测算,若重庆银行内部评级体系得到监管批准后,每年由于资本节约可为重庆银行带来间接的经济效益23073万元。

文章审稿人:黄觉波

基于 VaR 的城市商业银行市场风险度量及应用研究①

重庆银行课题组

课题主持人：冉海陵

课题组成员：陈瑶　补冯林　杨林

一、概述

（一）研究背景

城市商业银行作为我国银行体系的重要群体，近年来发展迅速，市场业务发展对市场风险管理提出了更高的要求，而其在市场风险量化工具方面还存在很大的不足。所以本文的研究成果——一套适用于城商行的 VaR 市场风险管理工具，具备普遍的代表性，对广大城商行有着较大的实用价值，既是顺应行业发展趋势的现实需要，亦是提升市场风险管理水平的迫切要求。

1.顺应行业发展新趋势的现实需要

新常态下商业银行依靠利差收益的传统盈利模式将难以为继，市场业务将逐渐替代部分信贷业务作为商业银行重要的利润来源。同时，随着我国利率、汇率市场化和资产证券化等进程的进一步加速，同时，交易业务规模逐步扩大，在逐步成为商业银行新的利润增长点的同时，其所蕴涵的市场风险也将逐步增大，特别是随着国内金融衍生产品市场发展，商业银行面临的市场风险将更大，也更为复杂，这都意味着市场风险管理将在银行风险管理中占据更加重要的位置。

2.满足自身市场风险管理水平提升的迫切要求

VaR（Value at Risk）是衡量金融资产或资产组合在未来资产价格波动下可能或潜在的损失。目前国际上已有超过 1000 家金融机构和非金融机构使用 VaR 限额进行市场风险的管理，国内多数大型商业银行和股份制银行也逐步应用 VaR 进行市场风险管理决策。可以说 VaR 模型已成为国际国内普及度和认可度较高的市场风险管理的量化工具。此外，VaR 模型也是实施新资本协议内部模型法的基础，是商业

---

① 为 2014 年度重庆市金融学会招标课题，获评“一等奖”。

银行市场风险管理水平提升的重要支撑。

(二)研究内容

本文先从 VaR 的基础理论入手,分析 VaR 模型的计算原理,在比较三种计算方法的利弊后确定本文 VaR 模型所采用的计算方法。同时,重点梳理和明确了债券估值模型和 VaR 模型的开发过程,通过开发 VaR 模型测算出重庆银行债券业务的估值和 VaR 值,并计算在压力情境下债券组合的市场价值和 VaR 值的变化,并将模型得出的结果与债券市场上认可度较高的中债估值进行比较,查找模型的不足,为后期模型的改进和优化打下基础。重点内容体现在以下四个方面:

①构建基于到期收益率的债券估值模型和收益率曲线模型。

②开发各类债券类型的风险价值的计量(VaR)方法和程序。

③建立基于返回测试的 VaR 模型验证和改进体系。

④建立基于组合 CVaR 压力测试的情景和方法。

(三)研究亮点

针对重庆银行现阶段在市场风险量化工具方面所存在的不足,本文通过理论与实际的结合,参考大量的文献资料和建模原理,基于历史模拟法重新建模计算 VaR 值,并提出改进计算 VaR 值的思路。创新点主要有以下几方面:

①充分利用 SAS 数据处理能力,实现建模技术程序化。

②严格模型验证和估值对比分析,确保模型合理性和准确性。

③发挥开发模型的实际应用价值。

二、理论基础与原理

(一)VaR 的定义

VaR,是“Value at Risk”的缩略写法,一般译为“风险价值”或“在险值”。即在一定置信水平和一定持有期内,某一金融工具或其组合在未来资产价格波动下所面临的最大损失额。Morgan 定义为:“VaR 是在既定头寸被冲销(be Neutralized)或重估前可能发生的市场价值最大损失的估计值”。Philippe Jorion(1996)定义 VaR 为:“给定置信区间的一个持有期内的最坏的预期损失”。

(二)VaR 模型的计算方法

风险价值(Value at Risk,VaR)是指在一定的持有期和给定的置信水平下,市场风险发生变化时可能对资产组合造成的潜在的最大损失。目前,金融市场开发了一系列金融产品估值模型,主要有方差/协方差矩阵法、历史模拟法和蒙特卡罗模拟法三种计算方法,虽然基于三种方法计算的风险价值很可能不相同,但三种方法间并不互相排斥,反而可以相互补充参考。

1.方差/协方差矩阵法

其基本原理是,首先假设损失数据服从一定的分布或密度函数,继而根据密度函数直接计算风险价值。方差/协方差矩阵法同其他方法相比具有较高的可行性,因为这类方法可以充分利用假设密度函数所包含的数学上的特性,只需利用公式即可计算出风险价值,但是如果假设的密度函数和实际损失数据不符,则会导致计算结果的错误。该法的优点在于运算较为方便,免去了大量烦琐的计算。然而,VaR 结果的准确性严重依赖假设的成立与否。当市场因子的未来变动不符合正态分布时,计算出的结果会产生较大误差。

2.历史模拟法

历史模拟法是一个简单的、非理论的方法,它对潜在市场因素的标准分布不作假定。该方法是运用市场因子的历史变动数据推测其未来可能的变动情况,并由此构建资产组合价值变化的概率分布。这种方法对市场因子未来的变动情况并没有做任何特定的假设,而是假定数据的历史变化直接对未来变化构成影响,用市场因子历史的改变量来预测组合未来的盈亏,计算其 VaR 值。

历史模拟法的优点在于其计算简单易行、容易理解,而且不需要对市场因子未来变化的概率分布作特定假设,完全体现了市场因素的实际分布,因此更加符合现实情况和实际运作。然而其缺陷在于一方面 VaR 值的准确性和可靠性完全取决于历史数据的准确性、可靠性以及所选取历史区间的长短;另一方面如果所选取的历史期间内发生了重大的经济变革和金融事件,导致市场因子的未来分布情况和历史分布情况差别过大时,历史模拟法下测算出的 VaR 值会与实际情况发生较大偏差。

3.蒙特卡罗模拟法

蒙特卡罗模拟方法论的基本做法是,重复模拟金融变量的随机过程,涵盖各种可能出现的情形。通过这种模拟,就可以再现组合价值的整个分布。蒙特卡洛模拟法与历史模拟法类似,不同之处在于它是根据市场因子历史变化的数据或既定分布假设下的参数特征,借助于随机方法模拟出市场组合的各种可能变化并由此构造出大量假定资产组合的变化值,最后确定 VaR 值。

目前,历史模拟法已成为市场风险的主要计量方法,它可以将不同业务、不同类别的市场风险用一个确切的数值(VaR 值)表示出来。国际先进银行在进行信息披露时,通常使用历史模拟法。

(三)压力测试的概念和方法

压力测试(Stress Testing)是一种测试和分析当市场出现极端情景(如存贷款利率大幅度波动或存款准备金率大幅上调等)时对资产组合影响的方法,通俗来讲,就是用以估测因市场条件发生小概率低频率的极端变化而致使资产组合遭受损失的可能性。压力测试是利用问一系列关于“如果……发生,则资产组合将损失多少?”的问题,从此发现原因及答案,是一套完整且合理的程序。在整合这些信息后,由金融机构管理者预测未来发生市场极端情况时面临的风险大小。压力测试使风险管理者可以前瞻性的预见可能发生的风险,由此对头寸的大小和结构进行优化。

一般来说,压力测试主要有三种设定情景的方法:简单情景设定、预测情景设定以及历史情景设定。

1.简单情景设定

模拟压力情景的捷径之一就是使用历史极端事件法。当风险管理者着重观察某个风险因子的变化对资产组合的影响时,首先假设其他风险因子不发生改变,其次管理者人为或根据历史情景设定目标风险因子波动的相对值和绝对数,最后重估在模拟情景下资产组合变化后的价值,资产组合的现值与组合重估值之差即在风险变化下的损益。

2.预期情景设定

既然市场变量处于相互关联的联动状态,那么在情景模拟时,考虑风险因子的相关性是至关重要的。例如,当构造一个本币大幅度贬值的情景时,由于蝴蝶效应使得本币的距值引发与本国有密切贸易往来的外国国家币种随之距值,而本币市场动荡也会迅速传染到本国的股票市场。因此,将风险因子之间的关系尽可能全面地反映在相应的情景变化当中是压力测试比较恰当的做法。

3.历史情景设定

设计压力情景另一条捷径是使历史事件重演。将历史上的极端市场波动包含在压力情景中是科学的也是必要的,比如2007年的美国次贷危机等或者包括由政治事件引发金融市场动荡等。为此,利用重大外部事件的风险因子的变动作为压力情景也是值得信服的做法。

三、开发过程与结果

(一)债券样本和数据说明

本次实证分析以重庆银行持有的共有185只债券,其中148只固定利率债券,14只浮动利率债、23只含选择权的债券。债券的基本信息表、现金流量表取自Wind数据库,债券收益率曲线数据取自中央国债登记结算有限责任公司。

(二)债券估值方法与计算

1.非标准收益率的估算

债券收益率曲线是反映一组货币和信用风险均相同,但期限不同的债券收益率的曲线。根据债券发行人的不同,可以分为国债收益率曲线、企业债收益率曲线等(表1)。

表 1　部分债券收益率曲线标准期限与对应收益率表

标准期限（年）	期限描述	地方政府债收益率曲线	银行间固定利率国债收益率曲线	银行间固定利率政策性金融债收益率曲线(国开行)
		收益率(%)		
0	0 d	2.7836	2.5136	2.9632
0.08	1m	3.6620	3.3920	3.9251
0.17	2m	3.6589	3.3889	3.9896
0.25	3m	3.6569	3.3869	3.9079
0.5	6m	3.6605	3.3905	4.1720
0.75	9m	3.6188	3.3488	4.1145
1	1y	3.6538	3.3938	4.1500
部分债券省略				

构建收益率曲线的一般方法，是利用市场上已知的债券到期期限与价格信息建立模型，推导出任意期限所对应的收益率。通常来说，债券价格与收益率为反向变动关系。中债收益率曲线采用的构建模型为 Hermite 插值模型，该模型特点为光滑性、灵活性较好。

具体的公式为：设 $0=x_1<\cdots<x_n=30$，已知 $(x_i,y_i)(x_i+1,y_i+1)$，$i,j\in[1,n]$，求任意 $x_i\leqslant x\leqslant x_n$，对应的 $y(x)$，则用单调三次 hermite 多项式插值模型，公式为：

$$y(x)=y_iH_1+y_{i+1}H_2+d_iH_3+d_{i+1}H_4$$

其中：$H_1=3\left(\frac{x_{i+1}-x}{x_{i+1}-x_i}\right)^2-2\left(\frac{x_{i+1}-x}{x_{i+1}-x_i}\right)^3$；

$H_2=3\left(\frac{x-x_i}{x_{i+1}-x_i}\right)^2-2\left(\frac{x-x_i}{x_{i+1}-x_i}\right)^3$；

$H_3=\frac{(x_{i+1}-x)^2}{x_{i+1}-x_i}-\frac{(x_{i+1}-x)^3}{(x_{i+1}-x_i)^2}$；

$H_4=\frac{(x-x_i)^3}{(x_{i+1}-x_i)^2}-\frac{(x-x_i)^2}{x_{i+1}-x_i}$

$d_j=y'(x_j)$，$j=i,i+1$ 为斜率

x_i：待偿期限；

y_i：收益率。

注意:由于中债没有公布 d_j 的具体计算方法,本文作者通过查阅文献以及试运算,得到了如下计算公式:

$$d_i = \frac{y_i - y_{i-1}}{x_i - x_{i-1}}, d_{i+1} = \frac{y_{i+1} - y_i}{x_{i+1} - x_i}$$

当待偿期限 x 前面仅有1个标准期限点,则直接使用 x 前后两点的斜率,x 为所求的待偿期限;x_{i-1}、x_i、x_{i+1}为与 x 相邻的关键时点,且 $x_{i-1}<x_i<x<x_{i+1}$;y 为所求的到期收益率;y_{i-1}, y_i, y_{i+1}:与 x_{i-1}, x_i, x_{i+1}对应的到期收益率。

通过以上插值模型,运用SAS软件,分别算出185只债券的以2013年8月2日,持有期为1天的非标准期限(代偿期)及对应的收益率(表2)。

表2　部分债券的非标准期限和对应收益率情况

债券代码	债券简称	非标准期限/年	收益率/%	债券代码	债券简称	非标准期限/年	收益率/%
10011	01国债11	8.2301	3.6899	302160	03国开16	0.0904	4.0246
28001	02中信债	4.1534	5.0997	882026	08中铝MTN2	0.2466	4.6892
30009	03国债09	5.2301	3.6242	980101	09蓉工投债	0.8384	5.7581
38018	03中信债(2)	10.3671	5.7133	980172	09亳州债	3.3534	6.3191
40205	04国开05	0.7041	4.1339	982044	09京投MTN2	0.6877	4.6943
50012	05国债12	7.2932	3.6457	1080028	10银城投债	3.6027	6.0397
部分债券省略							

2.债券全价和净价的估算

针对债券种类繁多,情况不一等特点,中央结算公司对于一般的债券主要是基于到期收益率,固定债券和浮动债券在处于最后付息周期和非最后付息周期的情况下日间估价全价的计算公式如下:

①对处于最后付息周期的附息债券、待偿期在一年以下的贴现债券、零息债券、到期一次还本付息债券:

$$PV = \frac{FV}{y \times \frac{D}{TY} + 1}$$

变量介绍:

PV:债券全价;

FV:债券到期时还本付息金额;

TY:债券计息年实际天数;

y:到期收益率;

D:从计算日到到期日的实际天数。

②对待偿期在一年以上的到期一次还本付息债券和零息债券:

$$PV = \frac{FV}{(1+y)^t}$$

变量介绍:

PV:债券全价;

FV:债券到期时还本付息金额;

y:到期收益率;

t:待偿期。

③对不处于最后付息周期的附息式固定利率债券:

$$PV = \frac{C/f}{(1+y/f)^{\frac{d}{TS}}} + \frac{C/f}{(1+y/f)^{\frac{d}{TS}+1}} + \cdots + \frac{C/f}{(1+y/f)^{\frac{d}{TS}+n-1}} + \frac{M}{(1+y/f)^{\frac{d}{TS}+n-1}}$$

变量介绍:

PV:债券全价;

C:票面年利息;

f:每年付息次数;

y:到期收益率;

n:剩余附息次数;

d:计算日至最近一个付息日的实际天数;

TS:本付息周期的实际天数;

M:债券本金值。

④对不处于最后付息周期的附息式浮动利率债券:

$$PV = \left[\frac{(R_1+S)/f}{[1+(R_2+y_d)/f]^{\frac{d}{TS}}}\right] \times M + \left[\frac{(R_2+S)/f}{[1+(R_2+y_d)/f]^{\frac{d}{TS}}+1}\right] \times M + \cdots + \left[\frac{(R_2+S)/f}{[1+(R_2+y_d)/f]^{\frac{d}{TS}+n-1}}\right] \times M + \frac{M}{[1+(R_2+y_d)/f]^{\frac{d}{TS}+n-1}}$$

其中:

PV:债券全价;

R_1:基础利率;R_1+S:票面利率(当期),见重庆银行债券基本信息表;

R_2:估值日基础利率,见标准待偿期到期收益率曲线数据表;

S:发行时的固定利差,见重庆银行债券基本信息表;

f:每年付息次数,见重庆银行债券基本信息表;

y_d:点差收益率,见标准待偿期到期收益率曲线数据表。其中,R_2+y_d 也即是标准待偿期到期收益率曲线数据表里的收益率曲线数值;

n:剩余附息次数;

d:计算日至最近一个付息日的实际天数;

TS:本付息周期的实际天数;

M:债券本金值。

⑤对不处于最后付息周期的含本金分期兑付条款的固定利率债券:

$$PV=\frac{CF_1}{(1+y)^{t_1}}+\frac{CF_2}{(1+y)^{t_2}}+\cdots+\frac{CF_n}{(1+y)^{t_n}}$$

其中:

PV:债券全价;

$CF_{1,2,\cdots n}$:第 1,2,…,n 次现金流;

$t_{1,2\cdots n}$:距计算日第 1,2,…,n 次现金流的时间长度;

y:到期收益率。

⑥各债券的应计利息,中债公司计算方法如下:

贴现债券、零息债券:$AI=\frac{100-P_d}{T}\times t$

利随本清债券:$AI=K\times C+\frac{C}{TY}\times t$

附息式固定利率债券、附息式浮动利率债券:$AI=\frac{C}{f}\times\frac{t}{TS}$

其中:

AI:每百元面值债券的应计利息额;

P_d:债券发行价;

T:起息日至到期兑付日的实际天数;

t:起息日或上一付息日至结算日的实际天数;

C:每百元面值年利息,对浮动利率债券,C 根据当前付息周期的票面利率确定;

K:债券起息日至结算日的整年数;

TY:当前计息年度的实际天数,算头不算尾。

f:年付息频率;

TS:当前付息周期的实际天数。

⑦各债券的净价计算公式则为 $PVjing=PV-AI$:

固定利率债券的估值相对比较简单,因其在发行时不考虑市场变化因素,规定利率在整个偿还期内不变的债券,其筹资成本和投资收益可以事先预计,不确定性较小,通过运用 SAS 编程技术,实现各类债券自动选择匹配的计算公式,得出 171 只固定债券的全价、应付利息和净价的估值(表 3)。

表 3 固定利率债券全价、应付利息和净价的估值情况表

序号	债券简称	估价全价	应付利息	估价净价	序号	债券简称	估价全价	应付利息	估价净价
1	01 国债 11	102.18	1.06	101.12	87	10 地方债 07	101.98	2.13	99.85
2	02 中信债	99.72	3.47	96.26	88	10 地方债 08	100.13	2.41	97.72
3	03 国债 09	103.76	1.14	102.62	89	11 国开 03	101.76	1.99	99.77
4	03 中信债(2)	95.95	0.71	95.25	90	12 国开 19	100.70	1.09	99.62
5	04 国开 05	100.57	1.04	99.54	91	12 国开 20	100.85	1.14	99.72
部分债券省略									

对浮动利率债券的计算,一方面假设了未来各期的利息支付都与当期相同,排除了未来基准利率变动的可能性;另一方面规定了浮动利率债券的基准利率调整要到下一个付息日进行,只要付息日未到,该浮动利率债券的基准利率还是调息前的水平,并且未来各年的利息支付仍然按照调息前的基准利率计算。目前浮动债券定价机制并不完善,参照中债公司浮动债估值原理,运用 SAS 编程软件,自动匹配计算公式,得出结果见表 4。

表 4 浮动利率债券全价、应付利息和净价的估值情况表 单位:元

序号	债券简称	估价全价	应付利息	估价净价	序号	债券简称	估价全价	应付利息	估价净价
1	10 营口债	109.50	1.13	108.37	8	09 国开 03	99.16	0.95	98.21
2	04 国开 06	101.28	1.27	100.01	9	09 国开 04	96.65	0.71	95.94
3	05 国开 24	100.60	2.25	98.35	10	09 国开 08	98.14	1.81	96.34
4	07 国开 03	100.64	1.15	99.48	11	09 国开 21	100.27	2.51	97.75
5	07 国开 06	98.51	0.80	97.70	12	12 国开 27	100.34	0.52	99.82
6	07 国开 08	98.07	0.64	97.43	13	11 武汉 SMEC	100.45	0.76	99.69
7	07 国开 09	97.98	0.51	97.47	14	10 泰达 MTN2	100.35	1.18	99.18

(三)债券 VaR 和 CVaR 的计算和分析

1.历史模拟法下的 VaR 技术思路

利用历史模拟法计量债券市场风险价值,首先需要熟悉市场风险计量 VaR 值的方法,行业内已有不少先进经验。在借鉴中央结算公司的经验后确定本文 VaR 值计

算的技术思路:

(1)对于固定利率债券,基于到期收益率,计算 VaR 值

①根据债券所对应的收益率曲线类型,找出具体曲线数据,通过 SAS 软件使用 Hermite 插值模型,计算债券在 251 个历史交易日的到期收益率。

②结合中债价格指标产品基本计算方法,确定每只债券所对应的日间估价全价公式,并将现金流、待偿期限与到期收益率代入公式,得出计算日的日间估价全价,再计算应计利息,从而计算出计算日的日间估价净价。

③计算出相邻交易日收益率的变动值 Δy,以及收益率的变动值由大到小的 $(1-Sig)\times250$ 的分位数,根据该分位数计算债券持有期 S 天后的日间估价全价以及日间估价净价。

④根据历史模拟法的基本原理,由此可以计算出债券在 Sig 置信水平下持有期 S 天后的 VaR 值,VaR=计算日的日间估价净价-S 天后的日间估价净价。

⑤分别计算由大到小前 $(1-Sig)\times250$ 个收益率对应的债券日间估价净价,取平均值为 $\overline{P}$,则在 Sig 置信水平下 S 天后的 CVaR 值为,CVaR=计算日的日间估价净价$-\overline{P}$。

(2)对于浮动利率债券,利用到期收益率数据,计算 VaR 值

①根据债券所对应的收益率曲线类型,找出具体曲线数据,通过 SAS 软件使用 Hermite 插值模型,计算债券在 251 个历史交易日的到期收益率。

②结合中债价格指标产品基本计算方法,确定出每支债券所对应的日间估价全价公式,并将现金流、待偿期限与到期收益率代入公式,得出 251 个历史交易日的日间估价全价,再计算应计利息,从而计算出 251 个日间估价净价。

③计算出相邻交易日日间估价净价的变动值 ΔP,以及净价的变动值由小到大的 $(1-Sig)\times250$ 的分位数为 ΔPcv,由历史模拟法的基本原理,可知该分位数下的 VaR 值即为 $-\Delta Pcv$。

④分别计算由小到大前 $(1-Sig)\times250$ 个日间估价净价,取平均值为 $\overline{P}$,则在 Sig 置信水平下 S 天后的 CVaR 值为,CVaR=计算日的日间估价净价$-\overline{P}$。

(3)基于到期收益率的组合 VaR 值与 CVaR 值计算

①按照计算单只债券 VaR 值与 CVaR 值的方法,算出组合债券中每只债券历史交易日的日间估价净价 $W_{ij}(i=1,2,\cdots,n,j=1,2\cdots251$,这里 $n=10)$。

②将债券组合中债券的市值比例作为权重,按照同时段变动的收益率所对应的债券日间估价净价加权计算债券的历史 250 天的组合日间估价净价 $W_j=\sum_{i=1}^{n} w_{ij}q_i(i=1,2,\cdots,n,j=1,2,\cdots,251,n=10)$。

③计算该债券组合相邻两天的价格波动幅度 $\Delta W_1,\cdots,\Delta W_{250}(\Delta W_1=W_1-W_2,\cdots,\Delta W_{250}=W_{250}-W_{251})$ 如表 5 所示。

表 5　组合 VaR 值与 CVaR 值计算表

日期	债券 1	债券 2	债券 3	…	债券 185	$W_j = \sum_{i=1}^{n} w_{ij} q_i$	ΔW
2013-08-02	$W_{1,1}$	$W_{2,1}$	$W_{3,1}$	…	$W_{185,1}$	W_1	ΔW_1
2013-08-01	$W_{1,2}$	$W_{2,2}$	$W_{3,2}$	…	$W_{185,2}$	W_2	ΔW_2
2013-07-31	$W_{1,3}$	$W_{2,3}$	$W_{3,3}$	…	$W_{185,3}$	W_3	ΔW_3
⋮	⋮	⋮	⋮	⋮	⋮	⋮	⋮
2012-08-02	$W_{1,251}$	$W_{2,251}$	$W_{3,251}$	…	$W_{185,251}$	W_{251}	ΔW_{250}

④在 99%的置信水平下，最大损失就是对应于 $N\times(1-99\%)$ 时的情况，$N=250$，故取第三个值，记为 W_{cv}，则该组合债券在置信水平为 99%持有期为一天的情况下，估价为 $W_t=W_1+W_{cv}$。

⑤由此可以计算得出债券组合在 99%的置信水平下持有期为 1 天的 VaR 值为：$W_1-W_t=W_1-(W_1+W_{cv})=-W_{cv}$。

⑥假设债券组合由小到大前 $(1-99\%)\times N$ 个日间估计净价的平均值为 $\overline{W}$，则债券组合在 99%置信水平下持有期为 1 天的 $\text{CVaR}=-\overline{W}$。

2.债券 VaR 和债券组合 VaR 的测算

(1)固定利率债券的 VaR 和 CVaR 的测算

重庆银行持仓债券中，共有 148 只固定债(不含选择权)，其中有 100 只固定债不含选择权且不含特殊条款，有 48 只固定债是本金分期兑付。因此，通过 SAS 程序，得到了固定债(不含选择权)的 VaR 值与 CVaR 值计算结果，不含选择权且不是本金分期兑付的固定债 VaR 值与 CVaR 值计算结果见表 6，不含选择权但是本金分期兑付的固定债 VaR 值与 CVaR 值结果见表 7。

表 6　不含选择权且不是本金分期兑付的固定债 VaR 值与 CVaR 值计算结果　单位：元

债券简称	本项目估算		中债公司		VaR 值差异	CVaR 值差异
	VaR 值	CVaR 值	VaR 值	CVaR 值		
07 湘泰格债	0.31	0.43	0.80	0.87	−0.09	−0.04
10 附息国债 29	0.48	0.64	0.58	0.64	−0.10	0.00
09 国债 02	0.39	0.62	0.48	0.62	−0.09	0.00
12 铁道 01	0.37	0.57	0.46	0.57	−0.09	0.00
08 蒙路债	0.12	0.14	0.04	0.10	0.08	0.04

续表

债券简称	本项目估算		中债公司		VaR值差异	CVaR值差异
	VaR值	CVaR值	VaR值	CVaR值		
09附息国债31	0.16	0.20	0.10	0.18	0.07	0.01
10附息国债40	0.35	0.38	0.28	0.30	0.06	0.08
08吉高速债	0.09	0.14	0.02	0.06	0.06	0.08
部分债券省略						

注:差异=本项目估算的结果-中债的估算结果。

由上表分析可知,本文计算的VaR值与中债综合业务平台公布的VaR值相比较,整体而言差异较小。本文计算的CVaR值与中债系统公布的CVaR值相比较,差异也比较小,只有2只债券的差异在0.1以上。它们是09附息国债05、09附息国债25,其中09附息国债05、09附息国债25的CVaR值差异只有0.1030,0.1013。

表7 不含选择权但含本金分期兑付的固定债VaR值与CVaR值计算结果 单位:元

债券简称	本项目估算结果		中债估算结果		VaR值差异	CVaR值差异
	VaR值	CVaR值	VaR值	CVaR值		
12青州债01	0.22	0.32	0.32	0.39	-0.10	-0.07
12秦开债	0.23	0.29	0.32	0.39	-0.09	-0.11
12盘锦建设债	0.24	0.33	0.31	0.38	-0.07	-0.05
13清河投资债	0.22	0.28	0.29	0.36	-0.07	-0.08
12许昌投资债	0.24	0.34	0.31	0.39	-0.07	-0.05
12张公资债	0.22	0.30	0.29	0.37	-0.07	-0.07
13太仓城投债	0.22	0.31	0.29	0.36	-0.07	-0.05
13綦江东开债	0.22	0.28	0.29	0.35	-0.07	-0.07
13滁州同创债	0.22	0.31	0.29	0.36	-0.07	-0.04
12百色开投债	0.20	0.30	0.27	0.35	-0.07	-0.04
13长兴岛债	0.23	0.30	0.29	0.36	-0.07	-0.05
部分债券省略						

由上述结果表可以看出,虽然通过对不含选择权但含本金分期的固定债的估值结果与中央计算公司的估值结果比较发现其差异较大。但是,此类债券的VaR值与CVaR值的计算结果与中央结算公司的VaR值与CVaR值计算结果差异普遍较小。

(2)浮动利率债券的 VaR 和 CVaR 的测算

重庆银行持仓债券中,有 14 只债券是浮动债,其中 2 只债券为城投债。通过 SAS 程序,得到如下浮动债的 VaR 值与 CVaR 值,并与中债公司的估值情况进行对比,结果如表 8。

表 8 浮动债 VaR 值与 CVaR 计算结果表 单位:元

债券简称	本项目估算结果		中债估算结果		VaR 值差异	CVaR 差异
	VaR	CVaR	VaR	CVaR		
12 国开 27	0.12	0.21	1.20	1.29	-1.08	-1.08
10 营口债	0.17	0.20	0.11	0.14	0.05	0.06
05 国开 24	0.17	0.27	0.12	0.23	0.05	0.05
10 泰达 MTN2	0.14	0.23	0.09	0.18	0.05	0.06
部分债券省略						

(3)固定利率含有选择权债券的 VaR 和 CVaR 的测算

重庆银行持仓债券中,有 23 只债券是含权债,其中 22 只债券为累进利率,1 只债券为固定利率。通过 SAS 程序,含权债的 VaR 值与 CVaR 值计算结果,如表 9。

表 9 含权债 VaR 值与 CVaR 计算结果表 单位:元

债券简称	本项目估算结果		中债估算结果		VaR 值差异	CVaR 值差异
	VaR	CVaR	VaR	CVaR		
09 民生 01	0.41	0.66	0.33	0.38	0.09	0.28
09 渝地产债	0.12	0.26	0.04	0.16	0.08	0.10
12 珠海交通债 02	0.33	0.43	0.26	0.34	0.06	0.10
09 蓉工投债	0.15	0.24	0.08	0.16	0.06	0.08
09 浙商债	0.15	0.24	0.09	0.17	0.06	0.07
11 新光债	0.43	0.54	0.37	0.46	0.05	0.09
部分债券省略						

(4)返回测试和结果

返回测试(Back Testing),也被称为现实检验(Reality Check),是实行内部模型法的定性标准之一,对检验风险模型生成的损失估计的合理性和准确性具有至关重要的作用。返回测试主要用来检测实际损失与预期损失是否一致的有效的统计方法,把 VaR 的历史预测值与实际实现值进行系统比较,可以提供改进 VaR 模型的方法。

返回测试的具体实施步骤如下:

①根据单支债券VaR值计算方法,算出债券计算日以及计算日前99天每天的VaR值,从后往前依次表示为VaR_1、VaR_2…VaR_{100}。

②根据中债系统历史日间估价净价,算出这100天中每天与前一天的价格波动情况$\Delta P_t = P_t - P_{t+1}, t=1,2,\cdots,100$,从后往前依次用$\Delta P_1$、$\Delta P_2$、…、$\Delta P_{100}$表示。

③将模型计算出来的每日VaR值与当天价格波动ΔP相比较,风险价值VaR应大于置信区间内的日间净价波动值,当风险价值小于价格波动时,即发生突破,统计发生突破事件的天数N。

④统计出债券各自处于巴塞尔三个区域的天数,因价格波动小于在线价值的概率为99%(假设置信区间为99%),则在100天中突破天数不应超过1天。如果超过,则说明模型估计的VaR值过于保守,低估了实际风险,均需要对模型进行调整。

为此,本文针对现含有185只债券的组合,提取出返回测试期间一直存在的债券组合,剔除返回测试期间已到期或者未发行的债券,得到了含有159只债券的债券组合。通过SAS程序,得到了组合债券的返回测试结果。在100天返回测试中,仅有1次突破,分别为2013年6月26日。分析其中原因,与2013年6月“钱荒”不无关系,所以市场情况不稳定,VaR值突破。根据返回测试的结果,可以说明本项目所采用的VaR值模型是可接受的。

四、基于VaR计算的压力测试

压力测试是一种以定量分析为主的风险分析方法,考虑不同风险之间的相互作用和共同影响,是对非正常情况下市场风险的衡量。本文的压力测试是基于市值变动的压力测试,即市场曲线整体平移的压力测试、收益率曲线关键年期变动的压力测试和考虑信用基差后的收益率曲线关键年期变动的三类压力测试情景。

1.基于市值变动的压力测试的基本步骤

基于市值变动的压力测试有三个测试,分别是市场曲线整体平移的压力测试、收益率曲线关键年期变动的压力测试、考虑信用基差后的收益率曲线关键年期变动的压力测试。具体的步骤如下:

①首先统计交易账户的投资情况并计算8月2日交易账户的净价市值。

统计交易账户面值:首先判断重庆银行现在持有的债券的剩余期限,即待偿期;其次根据“债券债户明细对账单”的“科目余额”统计各期限区间的交易账户面值。

统计交易账户净价市值:首先计算8月2日重庆银行持有的债券的单券估值净价;其次计算每只债券的净价市值总值=该债券的科目余额×单券估值净价/100。最后判断重庆银行现在持有的债券的剩余期限,即待偿期,统计各期限区间的交易账户净价市值。

②计算银行间债券市场收益率曲线整体平移的市值。

为剔除信用利差的影响，主要通过银行间固定利率国债收益率曲线变动来确定整个市场收益率曲线的整体平移幅度。根据上述基于历史模拟法进行压力测试使用的情景，分别以 130BP，180BP 和 230BP 为整个市场收益率曲线在一个月内的上移幅度，相应设定低、中、高三种压力情景。

根据上述低、中、高三种压力情景，整体平移市场收益率曲线，按照计算单券净价的方法计算日间估价净价，从而得出所有债券在低、中、高压下的压力净价。

③银行间债券市场收益率曲线关键年期变动。

a.以银行间固定利率国债收益率曲线为基准，确定整个市场收益率曲线变动的关键年限。确定的关键年期点为 1,3,5,7,10 和 15 年。

b.提取 2006 年 3 月 1 日至 2013 年 8 月 2 日的历史交易日，共计 1860 个交易日。

c.计算相邻的交易日的收益率波动，得到 1859 个收益率波动，并按从大到小进行排序，每个关键年期点（1,3,5,7,10,15）计算一次。

d.分别取 95%、97%和 99%的分位数，并对其放大三倍，作为低（1-95%）×1859、中（1-97%）×1859、高（1-99%）×1859 三种压力情景。

e.由于考虑未来一个月的压力测试，将上述分位数的日波动率通过时间平方根法转化为月波动率，具体计算公式为：

$$月波动率 = 日波动率 \times \mathrm{sqrt}(22)（假设月交易日数为 22）$$

具体结果见表 10。

表 10　压力测试情景

	1 年	3 年	5 年	7 年	10 年	15 年
95%	0.0500	0.0477	0.0516	0.0468	0.0425	0.0300
97%	0.0691	0.0629	0.0674	0.0610	0.0553	0.0400
99%	0.1120	0.1001	0.1066	0.1003	0.0843	0.0643
情景 1	0.7036	0.6712	0.7261	0.6585	0.5980	0.4221
情景 2	0.9723	0.8851	0.9484	0.8583	0.7781	0.5628
情景 3	1.5760	1.4085	1.5000	1.4113	1.1862	0.9048

根据上述压力情景，按照计算单券净价的方法计算所有债券的日间估价净价，从而得出所有债券在情景 1、情景 2、情景 3 下的压力测试交易账户净价。

④消除信用基差的影响。

a.按照重庆银行债券基本信息表中的字段“Wind 二级分类”将债券分为三类：

国家及准国家信用类债券、金融类债券、企业信用类债券,并按照分类将其对应的收益率曲线进行分类(表 11)。

表 11 压力测试债券分类表

债券分类	Wind 二级分类
国家及准国家信用类	国债、地方政府债、政府支持机构债、政策银行债
金融类	商业银行债、商业银行次级债券
企业信用类	一般企业债、一般中期票据、集合票据、其他金融机构债

b.分别计算各关键年期银行间固定利率商业银行普通债(AAA)和银行间固定利率国债收益率的差值占银行间固定利率国债收益率比值的逐日变动$(b_i-a_i)/a_i$、银行间固定利率企业债(AAA)收益率和银行间固定利率国债收益率的差值占银行间固定利率国债收益率比值的逐日变动$(c_i-a_i)/a_i$。

c.分别取 AAA 级金融债和国债,AAA 级企业债和国债逐日信用基差比值的平均值(即逐日变动的比值的平均值:$\frac{\sum[(b_i-a_i)/a_i]}{i}$和$\frac{\sum[(c_i-a_i)/a_i]}{i}$,作为信用基差影响下金融类债券和企业信用类债券各关键年期点变动与国债的差异(表 12)。

表 12 日波动率平均值比值

债券类型	1 年	3 年	5 年	7 年	10 年	15 年
国家及准国家信用类债券	1.00	1.00	1.00	1.00	1.00	1.00
金融类债券(AAA)	1.46	1.42	1.42	1.39	1.37	1.33
企业信用类债券(AAA)	1.49	1.47	1.47	1.44	1.42	1.37

⑤将表 10 的情景 1、情景 2 和情景 3 分别与表 12 的每类债券的比值相乘(矩阵相乘),得到表 13。

表 13 信用基差变化的压力情景

国家及准国家信用类	1 年	3 年	5 年	7 年	10 年	15 年
情景 1	0.70	0.67	0.73	0.66	0.60	0.42
情景 2	0.97	0.89	0.95	0.86	0.78	0.56
情景 3	1.58	1.41	1.50	1.41	1.19	0.90
金融类	1 年	3 年	5 年	7 年	10 年	15 年
情景 1	1.03	0.96	1.06	0.96	0.87	0.62

续表

国家及准国家信用类	1 年	3 年	5 年	7 年	10 年	15 年
情景 2	1.42	1.26	1.38	1.25	1.13	0.82
情景 3	2.30	2.01	2.19	2.06	1.73	1.32
企业信用类	1 年	3 年	5 年	7 年	10 年	15 年
情景 1	1.05	0.99	1.08	0.98	0.89	0.63
情景 2	1.45	1.30	1.42	1.28	1.16	0.84
情景 3	2.35	2.07	2.24	2.11	1.77	1.35

根据上述 9 个压力情景,按照计算单券净价的方法计算所有债券的日间估价净价,从而得出所有债券在各压力情景下的压力净价。

2.压力测试的结果

在某种程度上,压力测试在日益增长的更高置信水平上,可以被看作是 VaR 法的延伸。压力测试确认了 VaR 衡量的正常损失之外的损失。压力测试的主要优点是确认重庆银行所处位置的危险性。其使用使我们能够评估大的变动下投资组合的行为,因此风险管理者使用压力测试的原因是对 VaR 估计值进行真实检验和分析市场价格和利率(市场风险因素)对组合的影响。

(1)市场曲线整体平移

假定交易账户在未来一个月内不发生变化,并假定期间发生现金流的再投资利率为 0,分别以 130BP,180BP 和 230BP 为整个市场收益率曲线一个月内的平移幅度,通过 SAS 程序计算得出交易账户市值变动汇总见表 14,当市场出现 230BP 不利变动时,交易账户债券市值变动比率为 8.28%,约为人民币 14.2974 亿元。

表 14　交易账户市值变动汇总　　单位:亿元

	交易账户净价市值	+130BP	+180BP	+230BP
总计	172.6122	164.2285	161.2181	158.3148
市值变动		−8.3837	−11.3941	-14.2974
市值变动率		−4.86%	−6.60%	-8.28%

(2)收益率曲线关键年期变动

假定交易账户敞口在未来一个月内不发生变化,并假定期间发生现金流的再投资利率为 0,以表 16 中的压力测试情景作为整个市场收益率曲线关键年期在一个月内的变动幅度,通过 SAS 程序计算得出的压力测试结果见表 15。结果显示,关键年期的最大不利变动可导致交易账户债券市值变动1.89%,约为人民币3.2606亿元。

表15 三种压力情景下交易账户市值变动汇总 单位:亿元

	交易账户净价市值	情景1	情景2	情景3
总计	172.6122	171.0054	170.5193	169.3516
市值变动		-1.6068	-2.0929	-3.2606
市值变动率(%)		-0.93%	-1.21%	-1.89%

(3)考虑信用基差

外部冲击会对不同信用级别的债券产生不同的影响,可将这种差异归结为信用基差的影响。按照表13中的压力情景,对国家及准国家信用类债券、金融类债券和企业信用类债券分别进行压力测试,三种情景下的两账户市值变动情况见表16。通过SAS程序计算得出的结果显示,考虑信用等级的不同后,关键年期的不利变动可导致交易账户债券最大市值变动比率为2.26%,约为人民币3.9043亿元。

表16 考虑信用基差后的压力测试结果 单位:亿元

	交易账户净价市值	情景1	情景2	情景3
总计	172.6122	170.6779	170.0980	168.7079
市值变动		-1.9343	-2.5142	-3.9043
市值变动率		-1.12%	-1.46%	-2.26%

综上所述,从交易账户整体市值变动结果来看,最坏情景下,收益率曲线平移最大可能引起14.2974亿元的市值变动,收益率曲线关键年期变动最大可能带来3.2606亿元的市值变动,考虑信用基差后的收益率曲线关键年期变动最大可能带来3.9043亿元的市值变动。从变动比例上来看,收益率曲线平行上移230BP时市值变动达到8.28%,其他两种压力情景所带来的总体市值变动均未超过3%。将最大市值变动与银行止损限额进行比较,查看交易账户市值变动是否超出银行止损容忍范围,为决策提供参考。

五、结论

本文通过构建了基于到期收益率的债券估值模型和收益率曲线模型,在此基础上开发了各类债券类型的风险价值的计量(VaR)方法和程序,并建立基于返回测试的VaR模型验证和改进体系确保开发模型的科学性和准确性。同时考虑VaR在预测极端风险方面的局限性,项目还建立基于组合CVaR压力测试的情景和方法,来管理无法捕捉超出VaR临界值损失的问题。通过本文的开发和实施,建立了重庆银行债券的估值方法和流程,并根据压力测试的结果将VaR限额纳入了债券业务的市场风险限额体系中(如交易类债券 VaR、理财配置债券 VaR),切实提升了市场风险管理的量化水平,为应对利率市场化所带来新的市场风险管理挑战及实施巴塞尔新资本协议市场风险内部模型法奠定了坚实基础。

不可忽视的,本文所开发的 VaR 模型还存在一定的提升空间:①收益率曲线的构造较简单,本文主要是基于线性收益率曲线的假设,采用 Hermite 模型估算非标准期限对应收益率情况;②本文的研究主要是基于到期收益率进行债券的估值和 VaR 的测算,但基于即期收益率的估值合理性更强,且实际应用价值也更大。上述两个方面也是项目组后续优化 VAR 模型的重点方向。

参考文献

[1] Rubinstein M. Markowitz's Portfolio Selection: A fifty year restropective[J]. Journal of Finance, 2002(57): 1041-1045.

[2] Basak, Shapiro. Value at Risk Based risk Management: Optimal Policies and Asset Prices[J]. Review of Financial Studies, 2008(4): 371-405.

[3] Rockafellar, Uryasev. Conditional Value at Risk for general loss distributions [J]. Journal of Banking and Finance, 2012(26): 1443-1471.

[4] Castellacci, Siclari. The practice of Delta-Gamma VaR: Implementing the quadratic portfolio model[J]. European Journal of Operational Research, 2003(150): 529-525.

[5] 叶永刚. VaR 在证券投资基金风险管理中的应用研究[J]. 中国货币市场, 2003(8): 15-17.

[6] 赵先信. 银行内部模型和监管模型:风险计量与资本分配[M]. 上海:上海人民出版社, 2004.

[7] 胡盼. VaR 模型在我国商业银行风险管理中的应用[J]. 时代金融, 2013(18): 127-128.

[8] 刘晓星. 基于 VaR 的商业银行风险管理[M]. 北京:中国社会科学出版社, 2007.

[9] 黄明皓. 商业银行市场风险计量模型与管理工具研究[J]. 商业时代, 2012(2): 96-97.

[10] 范育涛, 费方域. 利率市场化、银行业竞争与银行风险[J]. 金融论坛, 2013(9): 3-6.

[11] 姚明德. 利率市场化改革对商业银行的影响与对策[J]. 金融会计, 2014(1): 19-26.

[12] 李菁. 利率市场化背景下城市商业银行盈利模式的转变研究[J]. 中国外资, 2014(2): 36-38.

[13] 李丽. 基于 VaR 的我国商业银行利率风险管理[J]. 当代经济, 2011

(1):118-119.

[14] 海威.基于VaR模型的商业银行利率风险管理研究[J].金融经济,2010(10):112-113.

[15] 张晔明.关于中小商业银行风险管理的思考[J].银行家,2011(6):61-63.

[16] 艾晨,蒋桂波,袁媛.利率市场化对城市商业银行盈利模式的影响分析[J].海南金融,2011(12):36-40.

[17] 刘飞,柯昌辉,宗树旺,袁媛.关于城市商业银行发展的分析[J].企业改革与管理,2014(4):127-128.

[18] 陆岷峰,周慧琦.新形势下我国城市商业银行的发展策略[J].宏观经济研究,2008(9):64-68.

[19] 胡茵.城市商业银行风险防范问题探析[J].经济视角,2013(2):34-35.

[20] 刘晓星.VaR与商业银行风险管理[J].现代管理科学,2006(4):98-99.

[21] 张玲.利率市场化条件下我国商业银行策略研究[J].时代金融 ,2014(2):162-164.

[22] 周毓萍,孔莉娜,黄彬.VaR方法在中国商业银行风险管理中的应用[J].当代经济,2006(3):82-84.

[23] 王楠.引入金融工程技术提升商业银行风险管理水平的思考[J].金融纵横,2013(2):19-23.

[24] 张宇婧.我国商业银行风险管理研究[J].区域金融研究,2013(1):67-72.

[25] 陆岷峰,张玉洁.中小商业银行风险管理特征与管理策略[J].金陵科技学院学报(社会科学版),2010(2):2-5.

[26] 吴琳.中小商业银行风险管理问题及其解决对策[J].山东财政学院学报,2011(6):92-96.

[27] 吴俊,杨林,李菊.我国商业银行风险管理体系再造研究[J].商业研究,2012(6):181-185.

[28] 陈可.我国城市商业银行发展中的问题及对策分析[J].西南农业大学学报(社会科学版),2006(4):31-34.

[29] 王晨,关颖,黄潇雨.后金融危机时期城市商业银行风险管理研究[J].经济纵横,2010(2):88-92.

文章审稿人:黄觉波

国际金融

离岸人民币市场发展中的风险评估及建议:基于欧洲美元市场发展规律的视角[①]

中国人民银行重庆营业管理部课题组

课题主持人:王江渝

课题组成员:张莉　胡国正　钟升　首余恒　贺涛　谭朋

一、导论

(一)研究背景及意义

离岸货币市场[②]的发展与货币国际化[③]紧密关联。离岸市场货币流出、回流及离在岸市场的联动,均会影响货币发行国的国际收支状况及金融市场稳健运行,带来的风险不容忽视。与在岸市场相比,离岸市场非货币当局管辖所及,运作机制更为复杂,参与主体更加多元,风险防控难度更大。在当前人民币国际化逐步推进的背景下,如何在统筹推动离岸人民币市场建设的同时加强风险评估与防范,成为必须加以研究、解决的重要课题。

从众多研究文献来看,欧洲美元市场[④]是国际上规模最大、最成熟的离岸货币市场,在国际金融体系历次重大变革中,经历了从自发到成熟的不同发展阶段。研究欧洲美元市场发展经验,对稳妥有序发展离岸人民币市场、促进人民币国际化具有

---

① 为2014年度中国人民银行重庆营业管理部重点研究课题,获评“二等奖”。

② 离岸货币是指存放在货币发行国以外并进行交易且不受货币发行国金融法令管制的货币,离岸货币市场是指经营离岸货币借贷和交易的市场。相对应,没有经营离岸货币的市场为在岸货币市场。

③ 根据IMF定义,货币国际化是指某国货币越过该国国界,在世界范围内自由兑换、交易和流通,最终成为国际货币的过程。

④ 欧洲美元是指“存在于美国以外银行体系中的美元(Marcia Stigum,1990)”或“美国以外的美元(Dufey和Giddy,1978)”。欧洲美元市场狭义上是指以欧洲银行为主的美元存款市场、借贷市场,是欧洲地区美元资金交易市场。随着参与银行的增加,欧洲美元市场的范围不断扩大,其定义也随之调整,现主要指经营美国以外美元存款交易的国际资金借贷市场。考虑到欧洲美元市场以美元存款、借贷为主的特征及研究数据的可得性,本文对欧洲美元市场作出如下界定:在美国之外的银行经营美元业务、且将美元作为外汇而非本国货币进行交易、记录的市场。

较强的借鉴意义①。同时,人民币国际化仍处于初级阶段,离岸人民币市场与欧洲美元市场存在差异,需要在总结归纳离岸货币市场发展规律基础上,立足人民币国际化现状和未来趋势进行综合研判。

基于此,本文在梳理欧洲美元发展经验的基础上,系统分析离岸货币市场的规律性特征、市场度量及风险,研判离岸人民币市场发展现状及趋势,提出有序发展离岸人民币市场、加强风险防范的决策参考。

(二)现有研究情况综述

从国际、国内现有研究文献看,主要研究方向是欧洲美元市场发展的基本情况、存款创造对美国货币政策的影响、相关的管理调控措施、对离岸人民币发展的对策建议等。

1.对欧洲美元市场发展的基本情况研究

包括对其产生动因、运行状况、发展特点等的分析、描述。研究共识是欧洲美元市场起源于在岸美元市场,在经济、政治、金融政策等综合影响下逐步发展壮大。Klopstock(1968)认为,欧洲美元存款根本上来源于美国银行体系,资金用于美国境内存贷款操作占比较高。Aliber(1980)认为,欧洲美元市场不受准备金要求、存款保险和利率上限的限制,由此产生的监管套利推动其发展。Dufey 和 Giddy(1978)认为,离在岸市场银行体系的联系是离岸市场得以迅速发展的必要条件,离岸机构与货币所在国境内银行能够维持自由的账户往来和头寸调拨,推动欧洲美元得以发展。

2.欧洲美元市场存款创造对货币政策的影响研究

主要基于部分准备金理论和非银行金融中介理论两方面内容开展。研究共识是欧洲美元存款创造会影响美国货币乘数及货币供给,但对影响程度的判断存在争议。Friedman(1969)认为,欧洲美元存款创造与美国银行体系类似,是部分准备金制度的产物,其迅速发展的原因在于欧洲美元银行只需保留很小比例的审慎准备金。Klopstock(1970)认为,欧洲美元体系与美国银行体系的实际运作存在差异,欧洲美元银行更像非银行金融中介,其贷款和投资只有小部分能够作为存款留在欧洲美元体系,大部分都回流美国境内,存款漏损较大,货币乘数较小。

3.货币当局对欧洲美元市场的应对研究

Frydl(1979)总结了关于如何管理欧洲美元市场的代表性观点,包括直接限制观点、混合银行体系观点、监管协调观点、维持现状观点等,具体措施包括在制定货币政策时将欧洲美元存款纳入考虑,消除境内银行系统和欧洲美元市场的利差,针

① 伍戈、杨凝(2013)研究认为,专门研究其他货币离岸货币市场的文献不多,主要原因在于与欧洲美元市场相比,其他货币在全球离岸市场所占比例很小。

对本国银行体系出台更加优惠的政策，各国货币当局联合行动等。从近期研究看，He 和 McCauley（2010）认为，离岸市场对本国货币和金融稳定性构成的风险需审慎管理，本国货币当局在制定金融政策时应将离岸市场的影响作为重要变量纳入考虑。

4.离岸人民币市场发展对策研究

段军文（2010）认为，发展离岸人民币业务既需要经济基础，又需要政府推动，需结合市场化程度、金融深化状况、监管能力等各方面因素，采取适合的离岸业务处理模式。McCauley（2011）认为，人民币境外使用规模的扩大反映了其与资本管制之间的复杂关系，当前我国资本管制整体仍然有效，制定允许人民币合理流入的适宜框架将降低离岸借贷所带来的风险。伍戈、杨凝（2013）认为，要进一步完善监测体系，评估离岸人民币对货币调控的影响，支持离岸人民币资金池建设。

从现有研究情况看，已经达成的共识：一是欧洲美元市场发展是经济、政治等多方面因素共同推动的结果，政策变量在其中也发挥了重要作用。二是离岸货币市场与在岸货币市场运行机制存在差异，对离岸货币市场而言，既有管制相对宽松等有利因素，也有存款漏损等不利因素，市场最终的发展是正反双方共同作用的结果。三是货币当局有必要对离岸货币市场进行适当干预，以控制相关风险。四是欧洲美元市场经历了不同发展阶段，其规律性特征及运行机制，对发展离岸人民币市场提供了借鉴、启示。

同时，现有研究在以下方面还存在不足：一是研究欧洲美元市场发展的一般性描述较多且集中于 20 世纪 60 年代①，对于其后期发展特征和规律缺乏跟踪研究，对交易类型、主体进行细分研究的文献更加缺乏。二是由于欧洲美元统计数据缺乏、统计方式不同②，基于不同视角开展的研究结论存在较大差异③，需要构建全口径的数据体系进行深入分析。三是跨境资金流动并非发达经济体关注重点，但在我国资本项目仍未完全放开的前提下，离岸人民币市场发展所带来的跨境资金流动④风险亟须关注研究。四是关于离岸人民币市场发展建议的针对性不足、可操作性不强，对跨境资金流动风险的关注不够，需要结合我国宏观调控和金融监管实际，予以细化和完善。

（三）本文研究方向及框架

本文选择离岸市场发展中的跨境资金流动风险作为研究对象，提出从资产负债

---

① 代表性的文献为 Altman 在 1961—1965 年发表 4 篇 IMF 工作论文，描述了欧洲美元市场的基本结构、运行特点、资金来源和用途、发展意义等。

② 如摩根通过其分支机构进行调查统计，英格兰银行统计只限于伦敦的美元市场等。

③ 伍戈、杨凝（2013）研究认为，欧洲美元市场对美国货币政策的影响如何应对存在较多争议，对于将哪些欧洲美元存款纳入货币定义、纳入何种定义、以何种权重纳入等问题，并没有形成统一意见。

④ 跨境资金流动是指资金从境内到境外、境外到境内的流动，可能涉及非居民之间、居民之间、非居民和居民之间。

角度进行度量、分类的研究方法,系统分析欧洲美元发展的规律性特征,评估离岸人民币发展现状、趋势及风险,并提出政策建议。

本文分为六部分。

第一部分为导论。介绍研究背景、现有研究情况,阐述研究框架、研究方向及创新之处。

第二部分为欧洲美元市场发展规律性特征及基于理论模型的风险分析。研究欧洲美元市场的本质特征、度量方法及内在机制,并从理论角度进行风险分析。

第三部分为欧洲美元市场发展现状及基于描述性统计的风险分析。对可得数据进行整合,分析欧洲美元市场现状,从主体角度进行离岸交易分类,并从描述性统计的角度进行风险分析。

第四部分为离岸人民币市场发展现状评估及基于理论角度的风险分析。归纳离岸人民币市场发展状况,评估其发展程度、机制,结合欧洲美元市场发展的规律性特征,从理论角度进行离岸人民币市场风险分析。

第五部分为离岸人民币交易类型、趋势及基于描述性统计的风险分析。对离岸人民币市场交易类型进行描述性统计分析,研判离岸人民币市场发展趋势,并从即期、远期不同角度进行离岸人民币市场风险分析。

第六部分为结论及建议。回顾总结全文研究结论,就有序发展离岸人民币市场、防范跨境资金流动风险提出政策建议。

(四)创新之处

一是跳出传统的离岸市场分析框架,选择从跨境资金流动风险角度开展分析,提出基于意愿准备金率、存款漏损率的理论模型,对欧洲美元市场发展导致的离在岸资金流动进行理论论证,弥补了现有研究空白。

二是对现有可得数据进行整合,提出从资产负债角度,区分银行和非银行部门、居民和非居民的度量方法,并构建了 1977 年至今的欧洲美元市场时间序列数据体系。

三是从交易主体角度对欧洲美元市场进行分类,对不同交易类型导致的风险进行描述性统计分析,弥补了现有研究在风险分析方面的不足。

四是结合欧洲美元市场规律性特征,对离岸人民币市场发展现状进行评估,对未来发展趋势进行预判,并提出基于即期、远期的不同视角风险分析,提升了政策建议的针对性、可行性。

二、欧洲美元市场发展规律性特征及基于理论模型的风险分析

现有文献对欧洲美元市场产生于在岸市场、资金来源于在岸市场等关系上,已基本达成共识①。本部分在此基础上,对欧洲美元市场发展情况进行总结,从其发展

① 见伍戈、杨凝(2013),He 和 McCualey(2012)。

的最终结果——形成对外资产负债的角度，构造理论模型，对欧洲美元市场发展的规律性特征进行研究，并提出基于理论模型的风险分析。

(一)欧洲美元市场的本质特征

根据现有文献[①]，欧洲美元市场体现出如下特点：一是以银行间的大宗批发交易为主；二是参与主体既包括各国中央银行、商业银行，也涵盖跨国企业、个人；三是资金往来自由，不存在存款准备金、存款保险等制度性要求；四是以银团贷款为主，中介链条较长。但是究其本质，欧洲美元市场只是一个簿记中心，其业务发展体现为虚拟的会计记账[②]，其实际的资金清算需通过美国国内金融机构渠道进行[③]。从清算角度看，经营欧洲美元的银行，不论是欧洲银行还是美国银行的境外分支机构，都会在美国境内银行开立资金账户用于存放实际的美元资产。因此，欧洲银行与美国境内银行能够就美元维持自由的账户往来和头寸调拨，是欧洲美元市场持续发展的前提[④]。美国从未对离岸银行清算进行限制，支持了欧洲美元市场的发展。

正是由于欧洲美元市场只是一个簿记中心，离在岸美元存款转移仅仅体现为不同主体资产负债的变化。如某境内银行客户将10亿美元存款从美国境内的花旗银行转移至欧洲的汇丰银行，汇丰银行在簿记10亿美元存款的同时以同业存款形式再存回其在美国境内的清算行账户。其净效应是美国银行体系的负债形式从存款转为同业负债，资金并未实际流出。

(二)对欧洲美元市场的度量方法

离岸市场缺乏统一的管理机构和正式的官方统计，影响到量化分析的深入性。结合欧洲美元市场的本质特征，本文从资产负债角度，构造欧洲美元市场的理论度量模型，解决规范化、标准化数据体系缺失问题。

1.欧洲美元市场规模的度量方法

根据欧洲美元市场的定义，其参与主体既有美国居民也有非美国居民，既有银行部门也有非银行部门。因此，基于资产负债角度构建以下等式，从不同层次对欧洲美元进行界定：

$$L = L_1 + L_2 \tag{a}$$

$$L' = L'_1 + L'_2 \tag{b}$$

$$L'' = L''_1 + L''_2 \tag{c}$$

---

① 资料来源：根据 Altman(1961)、McCauley(2012)、伍戈(2013)等文献整理得到。

② Friedman(1969)。

③ 美国银行间大额支付系统有全额清算的 Fedwire 和净额清算的 CHIPS(Clearing House Interbank Payments System)，超过95%的国际美元支付通过 CHIPS 进行处理。

④ Dufey and Giddy (1978)。

其中,L 为欧洲美元市场全部门口径的资产或负债;L_1 为美国以外银行对美国居民的美元资产或负债;L_2 为美国以外银行对非美国居民的美元资产或负债。上标′,″分别代表交易对手为银行部门和非银行部门,且有 $L=L'+L''$、$L_1=L'_1+L''_1$、$L_2=L'_2+L''_2$。

在 BIS 国际银行统计数据中分别查找按银行①、交易对手部门、交易对手所在地分类的跨境银行资产负债数据,并根据(a)、(b)、(c)式进行合并计算,可得到欧洲美元市场全部门口径资产负债 L、银行部门离岸货币资产负债 L'、非银行部门离岸货币资产负债 L''。上述计算的优点,一是实现了对欧洲美元市场整体规模的度量,且有自 1977 年以来的季度时间序列数据②,二是可以区分银行与非银行部门、美国居民与非美国居民,实现对欧洲美元市场主体结构的度量。

2.对全球美元市场规模的度量

在从资产负债角度对欧洲美元市场规模进行度量的基础上,运用美国官方公布的其国内银行资产负债数据衡量在岸美元市场规模,二者之和为离在岸市场加总的全球美元市场数据。其表达式为:

$$A = L + O \tag{d}$$

其中,A 为全球美元资产或负债;L 为欧洲美元市场资产或负债;O 为美国国内银行的本币资产或负债。

(三)欧洲美元市场自我扩张和约束机制分析

随着欧洲美元发展的逐步深入,欧洲银行开始将吸收的欧洲美元存款用于发放贷款,推动了欧洲美元市场的自我扩张。其基本机制是意愿准备金率制度,即虽然离岸市场本身并不要求银行为欧洲美元缴纳强制存款准备金,但欧洲银行会持有部分意愿存款准备金③,并以存款形式存放在美国境内同业。在假设不存在存款漏损(即获得贷款的借款人将存款仍然全额存在欧洲银行,而不调回美国境内)的前提下,可构建欧洲美元的存款创造模型如下:

基本假定:设银行持有的意愿存款准备金率为 a,a 为常数,且 $a\in(0,1)$。

在基期,欧洲银行从美国获得 1 笔美元存款转移 A;

在第 1 期,欧洲银行在美国银行存入准备金 $X_1=A\cdot a$,并发放贷款 $Y_1=A\cdot(1-a)$,获得贷款的客户再转存在欧洲银行;

在第 2 期,存入准备金 $X_2=Y_1\cdot a=A\cdot(1-a)\cdot a$,发放贷款 $Y_2=Y_1\cdot(1-a)=$

① 在 BIS 统计中,并无直接的银行所在地统计分类。本文根据交易货币定义对银行进行区分,货币发行国以外的银行指将该货币作为外汇进行交易的银行,货币发行国内银行指将该货币作为国内货币进行交易的银行。如美国境外银行指将美元作为外汇进行交易的银行,美国境内银行指将美元作为国内货币进行交易的银行。

② BIS 相关统计数据自 1977 年起。

③ Friedman 等认为,意愿存款准备金率小于强制存款准备金率。

$A\cdot(1-a)^2$ 并转存；

……

在第 n 期，存入准备金 $X_n=A\cdot(1-a)^{n-1}\cdot a$，发放贷款 $Y_n=A\cdot(1-a)^n$ 并转存。

分别对等比数列 X、Y 求和，可得：

$$\sum_{i=1}^{n}X_i=\lim_{n\to\infty}\frac{A\cdot a\cdot[1-(1-a)^n]}{1-(1-a)}=A$$

$$\sum_{i=1}^{n}Y_i=\lim_{n\to\infty}\frac{A\cdot(1-a)\cdot[1-(1-a)^n]}{1-(1-a)}=A\cdot\frac{1-a}{a}$$

则有：

欧洲美元存款创造为 $A+\sum_{i=1}^{n}Y_i=\frac{A\cdot(1-a)}{a}+A=\frac{A}{a}$ (1)

存放在美国银行体系的准备金存款为 $\sum_{i=1}^{n}X_i=A$ (2)

留存在欧洲市场的存款为 $(1)-(2)=A\cdot\frac{1-a}{a}$ (3)

综上，在不考虑存款漏损的情况下，初始金额为 A 的欧洲美元存款可派生出金额为 $A\cdot\frac{1}{a}$ 的欧洲美元，其中，与初始金额相同的 A 单位欧洲美元以同业存款的形式回流美国银行体系，$A\cdot\frac{1-a}{a}$ 以存款形式留存在欧洲银行体系（图 1）。

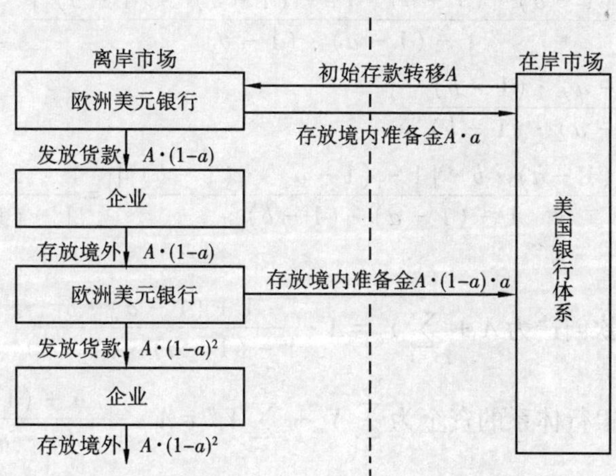

图 1 欧洲美元市场的自我扩张机制（不考虑存款漏损）

如果借款者将在欧洲美元市场获得的融资全部或部分调回美国境内使用，则形成了非银行部门欧洲美元存款的漏损，对欧洲美元市场存款创造形成制约。可构建相应模型如下：

基本假定：①设银行持有的意愿存款准备金率为 a，a 为常数，$a\in(0,1)$。②借款者将其获得的欧洲美元贷款调回美国的存款漏损率为 b,b 为常数,$b\in(0,1)$。

在基期,欧洲银行从美国获得1笔美元存款转移 A;

在第1期,欧洲银行在美国银行存入准备金 $X_1=A\cdot a$,并发放贷款 $Y_1=A\cdot(1-a)$;借款者将 $Y'_1=Y_1\cdot(1-b)=A\cdot(1-a)\cdot(1-b)$ 继续存放在欧洲银行,将 $Y''_1=Y_1\cdot b=A\cdot(1-a)\cdot b$ 调回美国境内。

在第2期,存入准备金 $X_2=Y'_1\cdot a=A\cdot(1-a)\cdot(1-b)\cdot a$,发放贷款 $Y_2=Y'_1\cdot(1-a)=A\cdot(1-a)^2\cdot(1-b)$;借款者将 $Y'_2=Y_2\cdot(1-b)=A\cdot(1-a)^2\cdot(1-b)^2$ 继续存放在欧洲银行,将 $Y''_2=Y_2\cdot b=A\cdot(1-a)^2\cdot(1-b)\cdot b$ 调回美国境内。

……

在第 n 期,存入准备金 $X_n=Y'_{n-1}\cdot a=A\cdot a\cdot(1-a)^{n-1}\cdot(1-b)^{n-1}$,发放贷款 $Y_n=Y'_{n-1}\cdot(1-a)=A\cdot(1-a)^n\cdot(1-b)^{n-1}$;借款者将 $Y'_n=Y_n\cdot(1-b)=A\cdot(1-a)^n\cdot(1-b)^n$ 继续存放在欧洲银行,将 $Y''_n=Y_n\cdot b=A\cdot b\cdot(1-a)^n\cdot(1-b)^{n-1}$ 调回美国境内。

分别对等比数列 X,Y,Y',Y'' 求和,可得:

$$\sum_{i=1}^{n}X_i=\lim_{n\to\infty}\frac{A\cdot a\cdot[1-(1-a)^n\cdot(1-b)^n]}{1-(1-a)\cdot(1-b)}=\frac{A\cdot a}{1-(1-a)\cdot(1-b)}$$

$$\sum_{i=1}^{n}Y_i=\lim_{n\to\infty}\frac{A\cdot(1-a)\cdot[1-(1-a)^n\cdot(1-b)^n]}{1-(1-a)\cdot(1-b)}=\frac{A\cdot(1-a)}{1-(1-a)\cdot(1-b)}$$

$$\sum_{i=1}^{n}Y'_i=\lim_{n\to\infty}\frac{A\cdot(1-a)\cdot(1-b)\cdot[1-(1-a)^n\cdot(1-b)^n]}{1-(1-a)\cdot(1-b)}$$

$$=\frac{A\cdot(1-a)\cdot(1-b)}{1-(1-a)\cdot(1-b)}$$

$$\sum_{i=1}^{n}Y_i''=\lim_{n\to\infty}\frac{A\cdot(1-a)\cdot b\cdot[1-(1-a)^n\cdot(1-b)^n]}{1-(1-a)\cdot(1-b)}=\frac{A\cdot(1-a)\cdot b}{1-(1-a)\cdot(1-b)}$$

则有:

欧洲美元存款创造为 $A+\sum_{i=1}^{n}Y_i=A\cdot\frac{1+(1-a)\cdot b}{1-(1-a)\cdot(1-b)}$　(4)

存放在美国银行体系的资金为 $\sum_{i=1}^{n}X_i+\sum_{i=1}^{n}Y_i''=A\cdot\frac{a+(1-a)\cdot b}{1-(1-a)\cdot(1-b)}=A$　(5)

留存在欧洲市场的存款为(4)-(5) $=A\cdot\frac{1-a}{1-(1-a)\cdot(1-b)}$　(6)

综上,在考虑存款漏损的情况下,初始金额为 A 的欧洲美元存款可派生出金额为 $A\cdot\frac{1+(1-a)\cdot b}{1-(1-a)\cdot(1-b)}$ 的欧洲美元,其中,与初始金额相同的 A 单位欧洲美元以存款或同业存款的形式回流美国银行体系，$A \cdot \dfrac{1-a}{1-(1-a)\cdot(1-b)}$以存款形式留存在欧洲银行体系①。

令(4)、(5)、(6)的系数分别为欧洲美元的存款创造乘数 m、存款调回（跨境资金流动）乘数 m_1、存款留存乘数 m_2，则有：

$$m=\frac{1+(1-a)\cdot b}{1-(1-a)\cdot(1-b)}、m_1=1、m_2=\frac{1-a}{1-(1-a)\cdot(1-b)}，且\ m=m_1+m_2$$

（四）基于理论模型的欧洲美元市场风险分析

由前述理论推导可知，在假定意愿准备金率 a、存款漏损率 b 均为常数的前提下，存款调回乘数 m_1 为恒定值 1，即通过欧洲银行向美国银行存入保证金、私人部门存款漏损的形式回流美国银行体系的欧洲美元为与初始存款转移量相同的常数。随着 a,b 取值的不同，影响欧洲美元存款创造乘数 m 及存款留存乘数 m_2，并体现为留存在欧洲市场的存款数额出现波动。从 m_2 的取值范围看，在 a,b 同时趋近 0 的情况下，其取值趋近于无穷大，在 a 趋近 1 的情况下，其取值趋近于 0（表 1，图 2）。

表 1　不同意愿准备金率、存款漏损率下的存款留存乘数 m_2 取值情况

	a 趋于 0	a 取值 a_1	a 趋于 1
b 趋于 0	∞	$\dfrac{1}{a_1}-1$	0
b 取值 b_1	$\dfrac{1}{b_1}$	$\dfrac{1-a_1}{1-(1-a_1)\cdot(1-b_1)}$	0
b 趋于 1	1	$1-a_1$	0

（五）研究小结

一是欧洲美元市场是离岸美元资产负债的综合性市场，在承担国际资金融通、结算功能的同时，也为跨境资金流动风险传播提供了通道。

二是欧洲美元市场是从在岸美元市场基础上衍生出的离岸市场，其依赖于在岸银行体系清算，单纯的存款转移并不导致资金实际流出美国。

三是欧洲银行以其在美国境内同业存款为准备金，在部分准备金率的基础上进行货币创造，推高了全世界的非银行主体所能持有的美元总量。

四是欧洲美元市场上的意愿准备金率 a、现金漏损率 b 决定了其存款创造乘数 m、存款留存乘数 m_2，但 a,b 由经济主体自行决定，不受监管政策约束，使得 m，

---

① 与前述不考虑存款漏损的(1)-(3)式相比，(4)与(1)相同，均为常数 A，(5)、(6)分别为(2)、(3)的一般形式，在 $b=0$ 的情况下，有(5)=(2)、(6)=(3)。

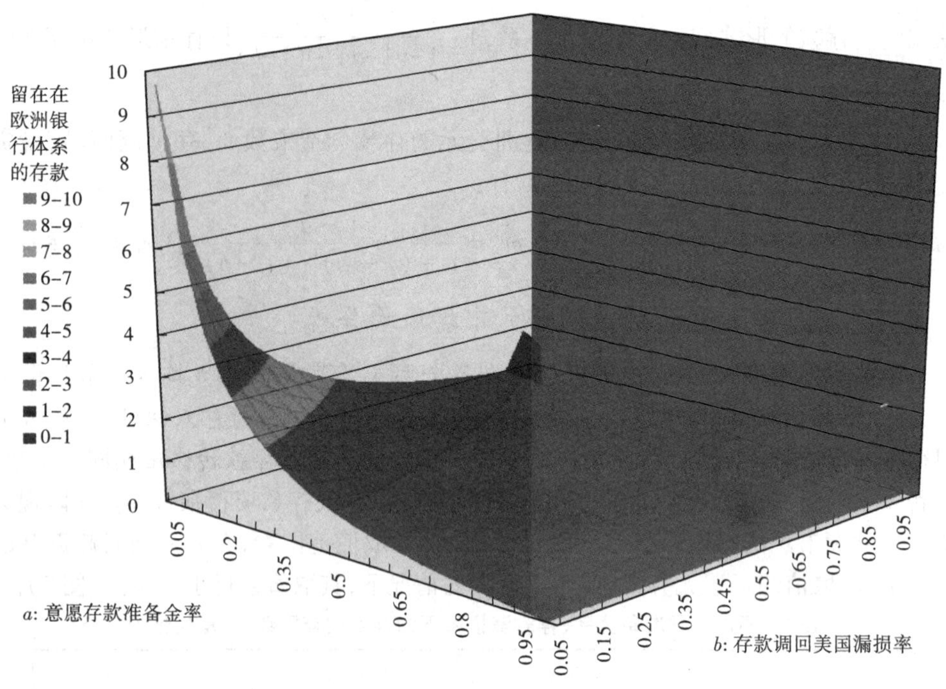

图2 a、b 及 m_2 取值情况三维图

m_2 具有内在不稳定性。

五是在正常情况下,欧洲美元存款调回美国银行体系的比例稳定可预判,其风险主要在于存款创造,即巨额的境外资金池放大了在危机冲击下,离在岸市场之间跨境资金大进大出的风险。

三、欧洲美元市场发展现状及基于描述性统计的风险分析

利用国际清算银行(BIS)数据①,构造自1977年以来欧洲美元市场全部门口径时间序列数据,分析欧洲美元市场发展现状及特征,对不同交易类型、不同交易主体进行细分分析。在此基础上,对跨境资金流动相关风险进行研究。

(一)欧洲美元市场整体发展状况

1.欧洲美元市场规模总体呈持续攀升态势,与在岸美元市场规模相当

从计算结果看,欧洲美元市场规模已超过10万亿美元。2014年2季度末,欧洲美元负债、资产分别为12.0万亿美元、13.1万亿美元。从发展趋势看,1977—

① 在BIS统计中,并无直接的银行所在地统计分类。本文根据交易货币定义对银行进行区分,美国境外银行指将美元作为外汇进行交易的银行,美国境内银行指将美元作为国内货币进行交易的银行。由于BIS统计数据自1977年起,所以本文的时间序列数据从1977年开始。

2008 年，欧洲美元市场呈单边增长态势。2008 年 1 季度负债、资产较 1977 年 4 季度分别增长 31 倍、30 倍。受次贷危机影响，欧洲美元市场规模在 2008—2010 年有所回落，2010—2011 年恢复增长；此后在欧债危机影响下，2011—2012 年再次小幅回落，并于 2013 年恢复增长(图 3)。

图 3 1977—2014 年欧洲美元资产负债金额 单位：亿美元

数据来源：BIS 国际银行统计数据。

2014 年 2 季度末，欧洲美元负债、资产占全球美元业务的比重分别为 48%，47%。从变化趋势看，1977—1988 年，欧洲美元市场占比逐步增长，从不足 30%增长至 50%。1988—2003 年，欧洲美元市场占比保持在 40%～50%波动。2003—2008 年，欧洲美元市场占比较快增长并超过 50%。2008 年金融危机后，欧洲美元市场占比下降，重新低于 50%(图 4)。

图 4 1977—2014 年全部门口径欧洲美元在全球美元业务中占比

数据来源：BIS 国际银行统计数据，美联储。

2.银行部门在欧洲美元市场的占比超过六成,较之非银行部门受国际金融危机的影响更大

1977年4季度至2014年2季度,银行部门持有的欧洲美元负债、资产平均占比分别为67%,60%,非银行部门持有的欧洲美元负债、资产平均占比分别为33%,40%。从变化趋势看,非银行部门占比总体呈上升态势,2014年2季度末,非银行部门欧洲美元负债、资产占比分别达到39%,44%(图5)。

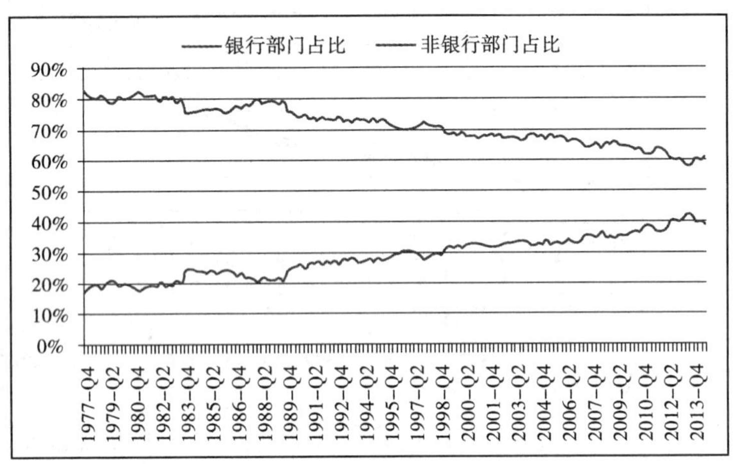

图5 1977—2014年部门欧洲美元负债占比情况

数据来源:BIS国际银行统计数据。

1977—2008年,银行部门、非银行部门欧洲美元资产负债规模总体上均呈单边增长。2008—2010年,在金融危机影响下,银行部门、非银行部门欧洲美元资产、负债分别回落19%,11%,银行部门跌幅更大。2010—2014年,非银行部门欧洲美元资产负债恢复增长,并超过危机前水平;银行部门欧洲美元资产负债受欧债危机影响,增长、下跌交替出现,至今仍未达到2008年危机前水平(图6)。

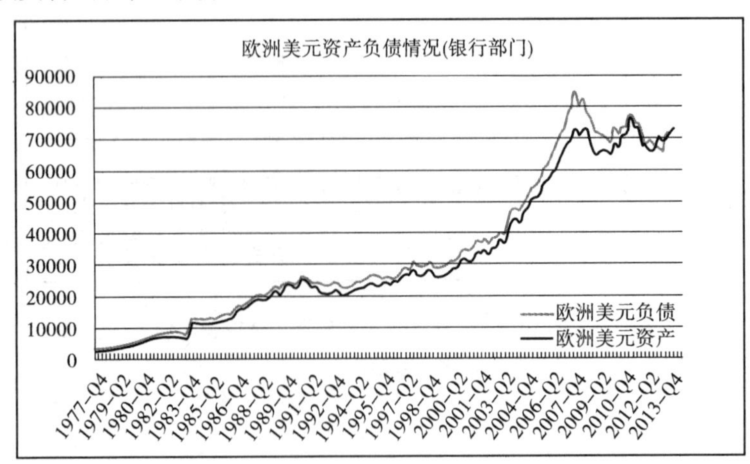

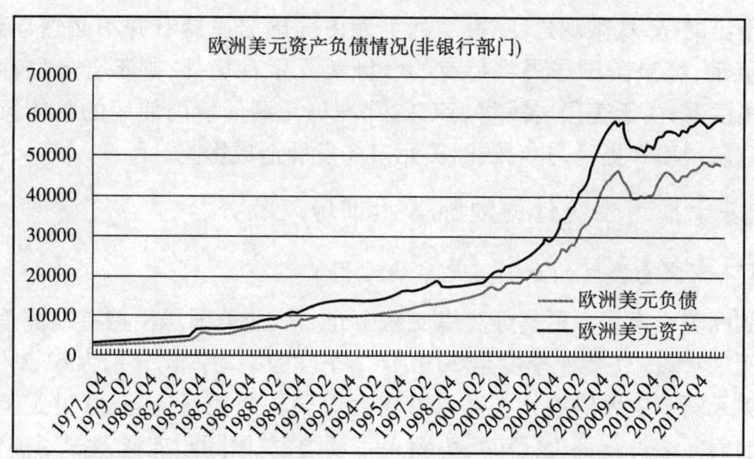

图 6　1977—2014 年部门欧洲美元资产负债情况　单位:亿美元

数据来源:BIS 国际银行统计数据。

(二)基于主体角度的欧洲美元交易分类

存款漏损率 b 是决定欧洲美元市场发展的重要变量,而离岸头寸持有者是美国居民还是非美国居民的主体性质,对于 b 具有显著影响①。因此,可从交易主体的角度,按照离岸市场的资金提供方、使用方是美国居民/非居民的不同组合,对欧洲美元交易类型进行分类,作为风险分析的基础。

1.纯离岸交易:非美国居民对非美国居民

在纯离岸交易中,非美国居民之间以美元进行借贷,这是国际化货币的典型交易形式,交易双方都与美国国内市场没有关联。对于此类交易,尽管通过美国国内的银行进行清算,但并不需要计入美国的国际收支统计。

2.纯双向交易:美国居民对美国居民

在纯双向交易中,美国居民将美元存入欧洲银行,其他美国居民再通过欧洲美元市场借回,从而形成一个循环,欧洲美元市场只是作为美国居民间的资金融通平台。纯双向交易产生的原因主要是监管套利,其作用在于规避存款准备金、资本充足率等监管,类似于影子银行。

3.国际净借贷:美国居民对非美国居民、非美国居民对美国居民

包括两种类型,在流出类型中,资金从美国居民流向欧洲美元市场,并被借给非美国居民;在流入类型中,资金通过欧洲美元市场从非美国居民流向美国居民。两种类型都是国际净借贷的范畴,并引起美国外债余额的相对变化。

---

① 若头寸由非居民持有,则在离岸市场自身循环的倾向更高;若头寸由居民持有,则调回在岸市场使用的倾向更高。

需要指出的是,从微观角度看,欧洲美元由美国居民持有并不必然导致相应的跨境资金流动,如果美国居民将持有的欧洲美元留存境外,则不会导致存款漏损。但从宏观角度看,由于美国居民将持有的欧洲美元调回境内使用的总体倾向更高,其整体存款漏损率 b 更高,并对欧洲美元市场发展造成影响。

(三)基于描述性统计的欧洲美元市场风险分析

1.基于不同交易类型的欧洲美元市场结构

一是欧洲美元市场主要是纯离岸交易中介。从非美国居民持有欧洲美元资产、负债的比例来看,1977年4季度至2014年2季度的平均占比分别为61.2%,67.2%,凸显欧洲美元资金主要供给方与需求方均为非美国居民。这与20世纪70年代以来大量石油美元通过欧洲美元市场为新兴市场国家、国际收支逆差国家提供融资等实际情况吻合。

二是欧洲美元市场在部分时段内成为重要的跨境双向交易平台。在欧洲美元市场形成之初,美国居民在其中的资产、负债占比较低,均不足20%。1995至2005年,美国居民持有的欧洲美元市场资产、负债占比逐步增长。2005年4季度,资产、负债占比分别增长至47.7%,34.4%的峰值。国际金融危机后,美国居民持有的欧洲美元资产负债占比又逐步下降。上述变化反映了在金融危机前,欧洲银行从美国货币市场基金借入美元,再投资到高收益的私人资产担保证券,以及危机后上述操作逆转的市场情况(图7)。

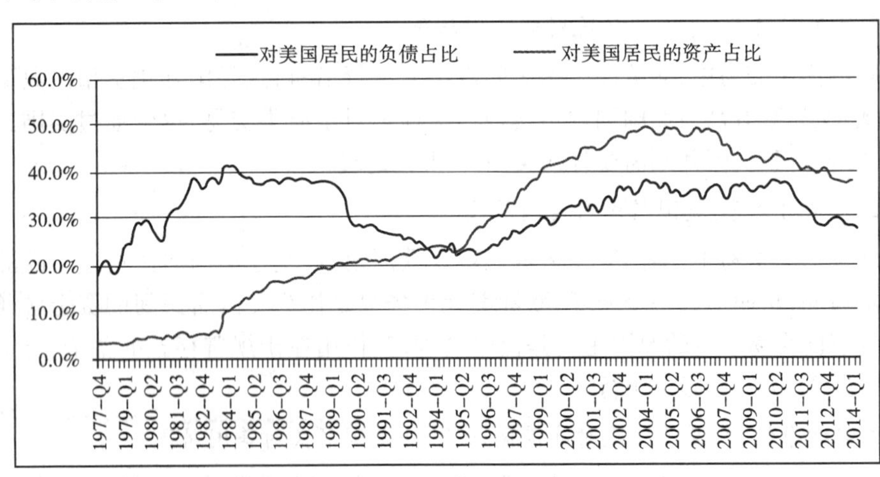

图7　来自美国居民的欧洲美元资产负债占比情况(非银行部门)①

数据来源:BIS国际银行统计数据。

三是国际净借贷在欧洲美元市场的占比相对较小。以美国境内银行公布的跨

① 1983年4季度的数据突变,是由于加勒比地区中心加入报告所致。

境银行间净资产、净负债作为衡量国际净借贷的指标①，与欧洲数万亿美元的市场规模相比，跨境银行间净资产、净负债在大多数时间段内均未超过2000亿美元，二者不在同一数量级。但是，国际金融危机后，美国境内银行跨境净负债快速增长，说明在美国经济向好、其他经济体复苏乏力的情况下，国际净借贷在欧洲美元市场中的重要性有所提升（图8）。

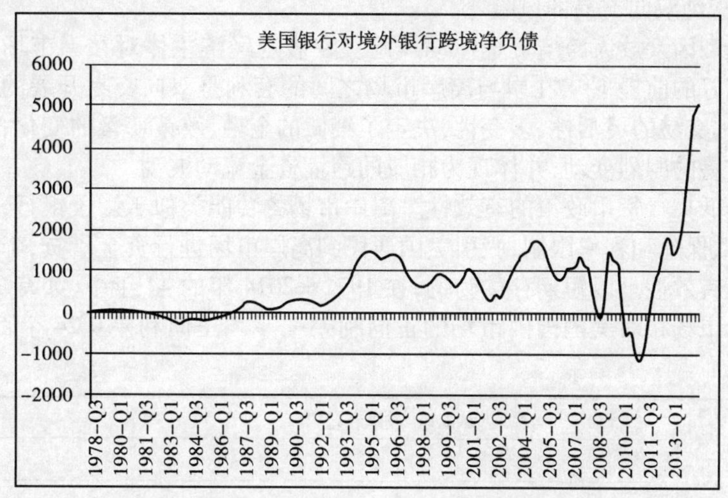

图8 1978年以来美国银行对境外银行跨境净负债 单位：亿美元

数据来源：BIS国际银行统计数据。

上述结果基本印证了前文理论分析。一是非美国居民较低的存款漏损率支撑了欧洲美元市场自我扩张。欧洲美元市场的主要功能是作为非美国居民之间的金融交易中介，非美国居民较低的存款漏损率对应较高的货币乘数，支撑了欧洲美元市场的扩张。二是美国居民较高的存款漏损率对欧洲美元市场扩张形成制约。除了非美国居民之外，美国居民同样是欧洲美元市场上的重要交易主体，而美国居民较高的存款漏损率，使欧洲美元市场并没有在缺乏监管的情况下无限制扩张。三是金融危机等系统性冲击对美国居民、非美国居民均造成影响。在金融危机期间，虽然美国居民在欧洲美元资产负债中的占比下降，但欧洲美元市场规模并未随着非美国居民交易占比的提升而扩张，说明在危机的系统性冲击下，美国居民、非美国居民均将资金调回美国避险，推动欧洲美元市场规模缩减。

2.基于描述性统计的欧洲美元市场风险分析

（1）基于纯离岸交易的风险

一是纯离岸交易对在岸市场的直接影响不大。纯离岸交易发生在非居民之间，其存贷款登记及相关交易的司法管辖都不在美国本土，尽管资金清算需流经美国银

① 在美国是净债权人时将美元从美国导向其他国家，在美国成为净债务人时将美元导入美国。

行系统,但对美国银行体系的影响不大。同时,欧洲美元市场为非美国居民提供了便利的投融资渠道,有利于巩固美元的国际货币地位。

二是离岸市场规模扩大隐含跨境资金流动风险。虽然纯离岸交易对在岸市场没有直接影响,但其较低的存款漏损率推高了欧洲美元市场规模,离岸市场作为位于境外的巨大资金池,可能在极端冲击下形成跨境资金流动风险。

(2)基于纯双向交易的风险

一是套利因素放大跨境资金流动风险。在假定经济主体对在岸市场较之离岸市场存在偏好的前提下①,在岸与离岸市场之间的套利是双向交易开展的根本驱动力量,而套利交易的灵活性、多变性,决定了细微的金融、政策变量的变化,均可能导致纯双向交易的剧烈变动,并体现为相应的跨境资金流动波动。

二是降低央行货币政策的有效性。离岸市场的功能类似于影子银行,不受存款准备金、存款保险和利率限制,吸引美国居民到离岸市场进行资金借贷,降低美国国内货币政策有效性。以短期存款为例,在1971—2014年的44年中,共有39年保持了欧洲美元市场相对美国国内市场的正向利差②,平均正向利差0.24个百分点(图9)。

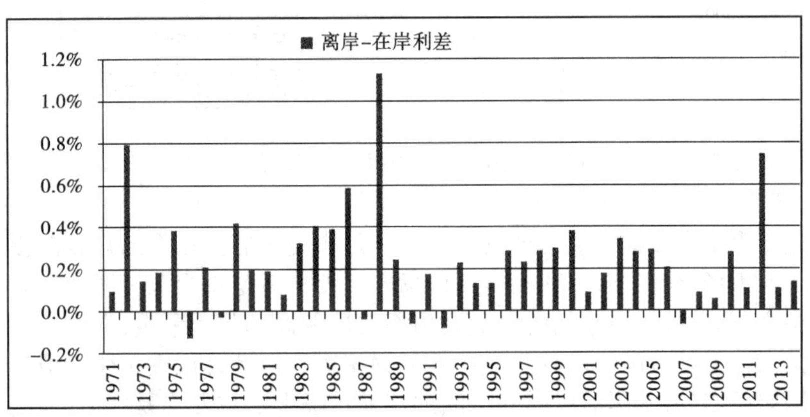

图9　1971—2014年离在岸美元短期存款利差对比

数据来源:美联储。

三是放大经济过热、高杠杆率风险。21世纪初,当美国银行受最小资本/资产比例和资本/风险加权资产比例限制时,欧洲美元银行却不受此限制,在国际金融危机前大量从美国货币市场基金借入美元,再投资到美国境内证券市场,杠杆率达到30~40倍,导致美国房地产过热并最终形成次贷危机。

四是汇率、利率波动从国际市场向境内市场传导的风险。离岸市场上的不可交割汇率、利率衍生产品定价,通过参与双向交易的跨国银行、公司等渠道,传导至在岸的金融市场,导致相应的在岸市场波动。

① Balbach和Resler(1980)。

② 数据计算方式:按月取算术平均。

(3)基于国际净借贷的风险

欧洲美元市场上较低的融资成本，强化了美国境内企业境外融资的冲动，若融资来源为非美国居民，则相应构成美国的外债。由于境外市场利率不受管制，且波动较大，可能存在负债过多的风险。

(4)其他风险

一是单一主权国家对货币监管的难度加大。欧洲美元市场作为分散在世界各地的离岸市场，不仅脱离了美联储管理，且涵盖多个东道国家和地区，单一主权国家难以对其实施有效监管。

二是放大国际金融市场波动。欧洲美元市场主要是银行间市场，交易规模较大，投机性大于美国国内市场。上述特点导致欧洲美元市场波动性高、波动幅度大，放大了国际金融市场波动，成为危机时期的“催化剂”。

三是造成美国本土企业与跨国公司之间的不平等竞争。非美国居民在欧洲美元市场上得到的价格优于美国居民，加大无法取得离岸融资的美国国内银行、企业经营压力，对经济发展造成负面影响。

综上，纯离岸交易虽然占欧洲美元市场的比重较高，但其直接影响相对有限，纯双向交易在欧洲美元市场中具有一定占比，且存在套利因素放大跨境资金流动、降低货币政策有效性等各类风险，其风险程度相对较高，应是政策制定者重点关注的领域(表2)。

表2 不同交易类型风险的系统重要性综合评价

交易类型	风险因素	交易的重要性	综合评价
纯离岸交易	1.直接影响不大 2.隐含跨境资金流动风险	主要交易类型	关注，但非主要风险
纯双向交易	1.放大跨境资金流动风险 2.降低货币政策有效性 3.放大经济过热风险 4.国际市场向国内市场的价格传导风险	在部分时段内重要	重点关注
国际净借贷	1.过多外债风险	占比偏低但增长较快	关注，并注意其由非主要风险转向主要风险
其他风险	1.单一国家监管难度加大 2.放大国际金融市场波动 3.企业之间的不平等竞争	—	关注，但非主要风险

(四)研究小结

一是作为离岸市场，欧洲美元市场在其资产负债运作自我扩张下，整体规模已经与在岸美元市场规模相当，且银行部门在其中占据主导地位。

二是欧洲美元市场主要是非居民之间的纯离岸交易中介，并在部分时段内成为居民之间重要的双向交易平台。居民和非居民之间的国际净借贷占比不高，但近年来增长较快。

三是不同主体存款漏损率 b 的差异对欧洲美元市场发展具有重要影响,在正常时期,非居民较低的存款漏损率支撑了欧洲美元市场自我扩张,而居民较高的存款漏损率对其形成一定制约。

四是在金融危机等外部冲击下,不同主体的存款意愿准备金率 a、存款漏损率 b 存在突变,并导致欧洲美元市场规模缩减、离在岸资金流动加大。

五是与不同交易类型相关的风险存在差异。纯离岸交易对在岸市场的直接影响不大。纯双向交易存在套利因素放大跨境资金流动、降低央行货币政策有效性、推动经济过热等风险,应是关注的重点。

四、离岸人民币市场发展现状评估及基于理论角度的风险分析

近年来,人民币国际化持续推进,离在岸之间资金往来趋于频繁。本部分结合对欧洲美元市场研究结论,对离岸人民币市场发展现状进行整体评估,并从理论角度对离岸人民币市场风险进行分析。

(一)离岸人民币市场发展总体情况

1.跨境人民币支付结算情况

一是跨境人民币结算较快增长。2014 年 1—9 月合计结算 5.5 万亿元,同比增长 59%。从差额情况看,跨境人民币结算为净支出,2012 年以来累计净支付 1.15 万亿元,为境外市场提供了人民币存款来源(图 10)。

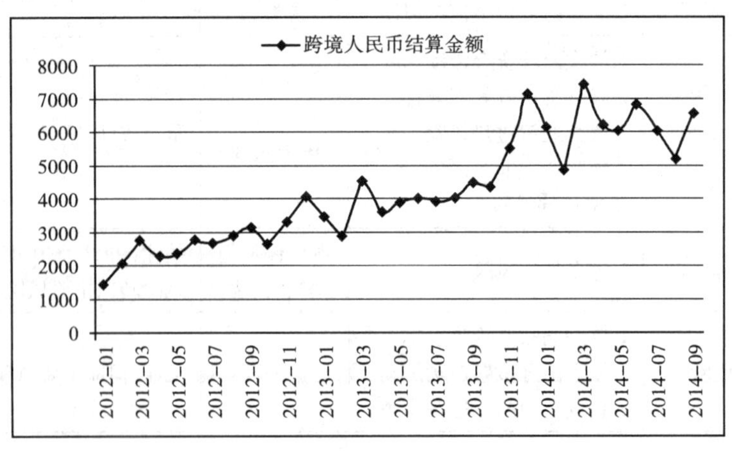

图 10　2012 年以来跨境人民币结算金额　　单位:亿元

数据来源:人民银行。

二是人民币国际支付地位提高,但占比仍较小。人民币作为国际支付货币在全球货币中的排名,2013 年 11 月进入前 10 位,2014 年 3 月上升至第 7 位。但绝对占比偏低,2014 年 9 月占比最高,也仅为 1.72%(图 11)。

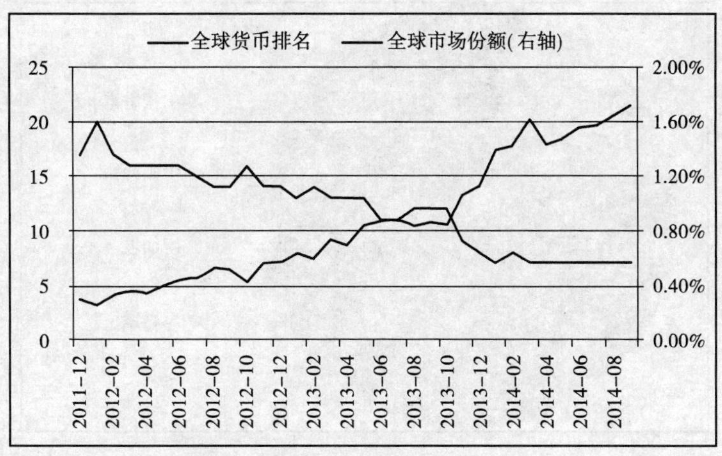

图 11　2011 年 12 月以来人民币在国际支付中的占比及排名

数据来源:SWIFT 统计。

2.离岸人民币存款①发展情况

中国香港是目前为止最大的离岸人民币市场。2003 年,允许香港居民在日度限额内购买人民币,但在兑换限额、缺乏结算用途等影响下,2003—2009 年人民币存款增长相对缓慢,2009 年末人民币存款余额 627 亿元。2009 年以后,随着跨境人民币结算的开展,香港市场人民币存款规模迅速扩大。2012 年以后,中国台湾、新加坡、卢森堡等其他离岸市场也推出人民币业务。2014 年 6 月末,各市场离岸人民币存款总额 15399 亿元,较 2009 年末增长 23.6 倍(图 12)。

① 由于全口径离岸人民币资产负债统计的缺失(BIS 等统计尚未涵盖),因此以存款、贷款等作为分析对象。

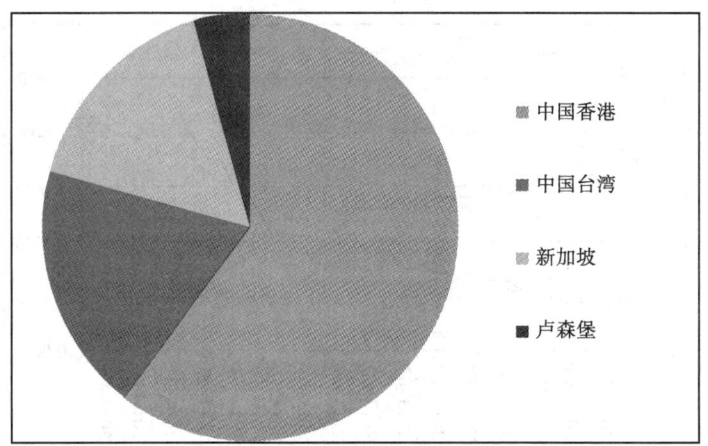

图12　2004—2014年离岸人民币存款增长情况　　单位:亿元(前)
2014年6月末各离岸人民币市场存款占比情况(后)

数据来源:Wind数据库,包括中国香港、中国台湾、新加坡、卢森堡四个市场数据。

3.离岸人民币贷款[①]发展情况

在国际市场美元融资超低利率、人民币接受程度不高等影响下,非居民借用人民币贷款的意愿不强,而居民借用离岸人民币贷款又存在管制[②],导致离岸人民币贷款市场发展相对缓慢。截至2013年末,各市场离岸人民币贷款余额1821亿元,相当于同期离岸人民币存款余额的13.9%(图13)。

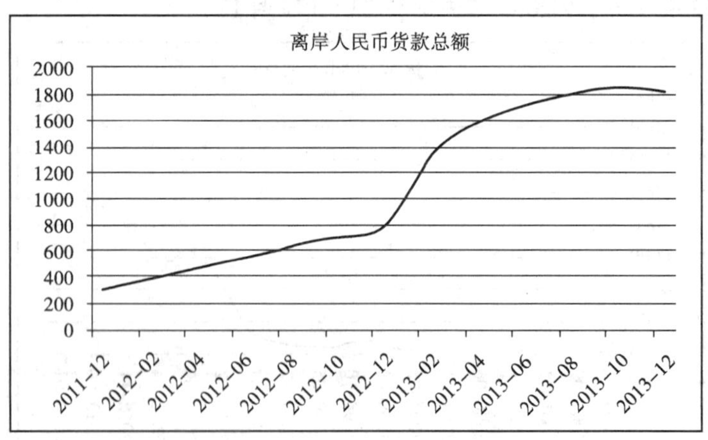

① 指不限定用途的普通贷款,不包括贸易融资。

② 目前,只在上海自贸区、深圳前海金融综合改革试验区等少数地区开展跨境人民币贷款试点。

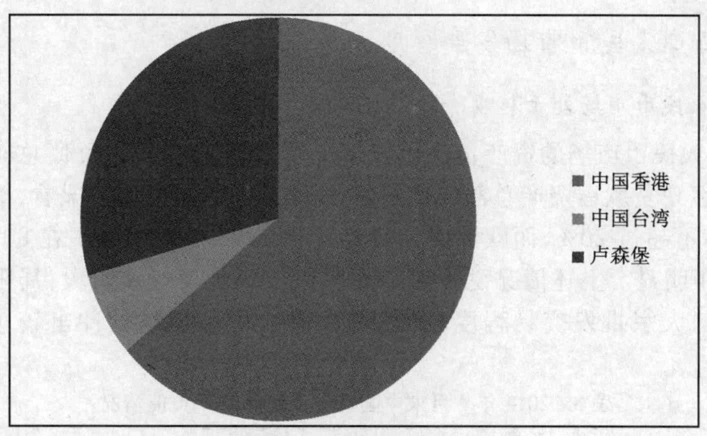

图 13　2011—2013 年离岸人民币贷款增长情况　　单位：亿元（前）
2013 年末各离岸人民币市场贷款占比情况（后）

数据来源：Wind 数据库，包括中国香港、中国台湾、卢森堡三个市场数据。

4. 离岸人民币债券发展情况

2007 年 6 月，人民银行允许内地金融机构在中国香港发行人民币债券，此后离岸人民币债券市场不断扩展。2014 年 1—9 月，离岸人民币债券市场的一级发行量达 4510 亿元。发行主体趋于多元，从最初的商业银行，到财政部、其他金融机构，再到非金融企业和民营企业。发行地也更加广泛，澳大利亚、德国、瑞士、卢森堡等国陆续加入离岸人民币债券发行（图 14）。

图 14　2007 年以来人民币国际债券和票据发行额　单位：亿美元

数据来源：BIS。

(二)离岸人民币市场发展程度评估

1.离岸人民币市场处于起步阶段

从离岸人民币市场的资产负债组成情况看①,客户存款占负债总额的比重超过 70%,但客户贷款占资产总额的比重不足 30%。从贷存比情况看,离岸人民币贷存比最高不超过 20%,而欧洲美元贷存比自 1995 年以来基本在 80%~95%波动,二者差距明显。上述情况说明离岸人民币市场处于起步阶段,局限于柜台交易,银行间的大宗批发交易程度较低,对在岸人民币市场的冲击较小(表 3、图 15)。

表 3　2014 年 9 月末中国香港人民币资产负债情况　　单位:亿元

资　产	金　额	占　比	负　债	金　额	占　比
其中:客户贷款	1668	22.2%	其中:客户存款	9445	74.1%
银行同业放款	2089	27.9%	银行同业借款	1464	11.5%
未偿还债券	3744	49.9%	可转让存款证	1831	14.4%

数据来源:根据香港金管局年报整理,为不完全统计数据。

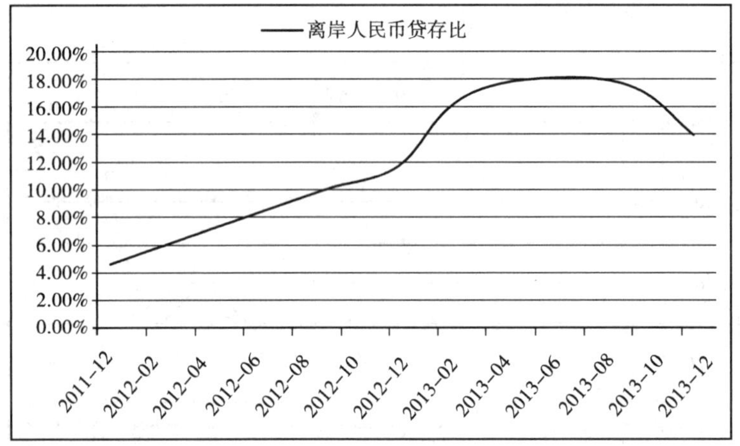

① 限于全口径离岸人民币资产负债统计数据的缺失,此处以香港离岸人民币市场作为分析对象。

图 15　离岸人民币贷存比(前)、欧洲美元贷存比(后)的对比

数据来源:Wind 数据库,BIS。

2.人民币离岸市场/在岸市场比例具有较大上升空间

从离岸市场与在岸市场之间的规模对比情况看,欧洲美元存款/在岸美元存款、欧洲美元贷款/在岸美元贷款①的比例自 1995 年以来分别在 40%~60%,30%~50% 波动。而离岸人民币存款/在岸人民币存款、离岸人民币贷款/在岸人民币贷款的比例分别不足 2%,1%,具有较大发展空间(图 16)。

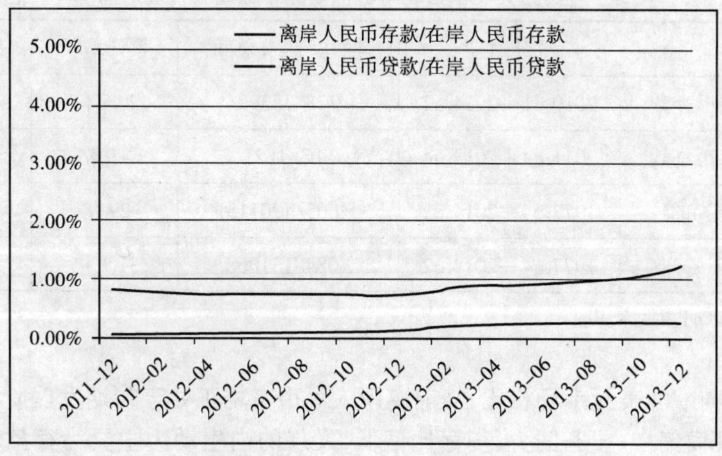

① 为保证统计口径可比性,以存贷款作为衡量离在岸市场发展状况的指标。

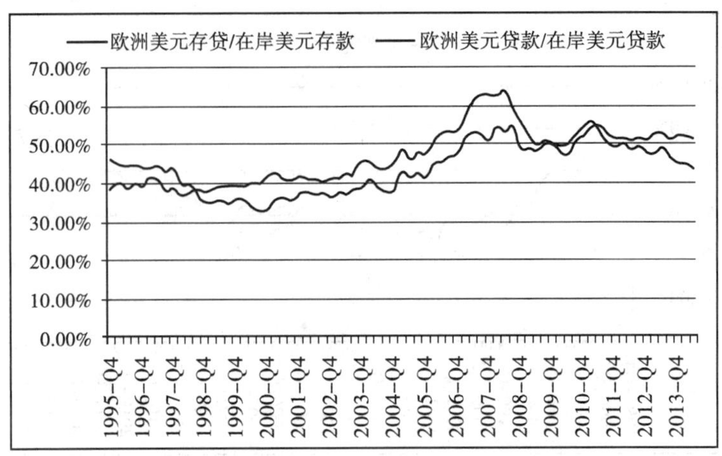

图 16 人民币(前)、美元(后)离岸/在岸存贷款比例的对比

资料来源:Wind 数据库,BIS,人民银行,美联储。

3.离岸人民币市场正处于较快增长的发展阶段

近年来离岸人民币存款、贷款季均增长率分别为 19.9%,24.9%,高于欧洲美元负债、资产①的季均增长率。此外,一是离岸人民币市场整体规模偏小,基数效应导致其增速相对较快。二是欧洲美元市场季均增速对应更长的统计时段,随着离岸人民币市场持续深入发展,其季均增速应会逐步回落②(表 4)。

表 4 离岸人民币市场与欧洲美元市场增长情况对比 单位:亿元、亿美元

	统计时期	期初/期末余额	累计增长	季均增长
离岸人民币存款	2010.q1—2014.q2	708/15399	20.8 倍	19.9%
离岸人民币贷款	2011.q4—2013.q4	308/1821	4.9 倍	24.9%
欧洲美元负债	1977.q4—2014.q2	4005/120115	29 倍	2.4%
欧洲美元资产	1977.q4—2014.q2	4084/131068	31.1 倍	2.4%

资料来源:Wind 数据库,BIS。

综上,与欧洲美元市场相比,当前离岸人民币市场正处于初期发展阶段,市场扩张较快但规模偏小、业务偏少、贷存比偏低,发展的内生动力主要为存款转移,基于货币创造的市场自我扩张机制尚未充分发挥作用。

① 由于 BIS 欧洲美元存款/贷款统计自 1995 年开始公布,为确保涵盖更长的统计时期,以欧洲美元负债/资产数据作为对比标的。

② 此外,BIS 统计自 1977 年开始,遗漏了欧洲美元市场发展初期数据,也是导致其增速偏低的原因。

（三）离岸人民币市场发展机制研究

1.离岸人民币在岸清算模式与欧洲美元市场相近

与欧洲美元清算模式相似，离岸人民币交易清算也需通过在岸银行体系完成。目前跨境人民币结算有两种清算模式，在代理行模式下，境外有资格参加人民币结算的银行在境内商业银行开设人民币同业往来账户，境内代理行代理境外参加行进行跨境结算和清算。在清算行模式下，由人民银行指定境外清算行，境外参加行将客户的人民币存款存入在清算行的账户，再由清算行转存入人民银行开设的账户。因此，欧洲美元市场基于准备金率 a、存款漏损率 b 的货币创造机制(4)、(5)、(6)式在理论上同样适用于离岸人民币市场。

2.准备金率变动对离岸人民币市场自我扩张具有重大影响

一是2004年，人民银行在为香港试行个人人民币业务提供清算安排时要求，参加行吸收的人民币存款，除保留适当头寸外，全部转存于授权的人民币业务清算行；清算行吸收其本身和参与行的人民币存款，除保留必要头寸外，全部存入人民银行深圳中心支行。此项规定意味着强制准备金率为100%，事实上限制了离岸人民币货币创造①。

二是在跨境人民币结算试点启动后，香港金管局于2010年7月规定，跨境人民币结算参加行的人民币现金及在清算行的结算账户结余之和不能低于其人民币客户存款的25%，即通过跨境人民币结算吸收的人民币存款强制准备金率为25%，较高的准备金率在一定程度上限制了离岸人民币市场扩张。

三是香港金管局于2013年4月撤销了25%的比例规定，标志着离岸人民币强制准备金率的取消，对货币创造的管制放松。

3.货币可兑换程度、利率差异影响离岸人民币市场发展

一是我国资本账户未完全开放，跨境人民币结算限于贸易、直接投资等有实际交易背景的项目，对境内居民参与离岸市场施加了部分限制②，使得离岸人民币来源、运用的渠道仍然相对有限。

二是在利率未完全市场化情况下，境内人民币利率总体偏高，市场主体更愿意将人民币存款调回境内，拉高了存款漏损率 b。此外，在美元超低利率情况下，离岸人民币贷款利率高于离岸美元贷款利率，抑制离岸人民币贷款需求，影响到离岸人民币信贷扩张。

---

① 2010年2月取消此项规定，只要不涉及进出内地的跨境资金流动，参加行可自由运用其人民币资金。

② 如限制境内居民参与境外衍生产品市场。

(四)基于理论角度的离岸人民币市场风险分析

1.离岸人民币市场发展对在岸市场的影响总体有限

在部分准备金率 a、现金漏损率 b 保持恒定的正常情况下,从离岸市场回流在岸的资金额等于初始存款转移量的一定比例,加之当前离岸人民币市场规模远小于在岸市场,离在岸之间资金大进大出的风险有限。

2.限制条件放松可能导致离岸资金池的风险相应扩大

在离岸人民币市场发展进程中,相关限制性条件导致 a,b 相对较高,影响到离岸人民币的信贷创造。随着人民币国际化、金融自由化进程的推进,相关限制条件逐步放松,可能导致离岸人民币市场扩张加快,并放大境外资金池相关风险。

3.非国际化货币条件下金融危机等冲击的影响可能更趋复杂

在国际金融危机等重大冲击下,除 a,b 可能发生突变之外,还存在人民币国际化接受程度相对较低,离岸人民币资金可能先进行货币转换(如转换成美元等避险货币)、再进行回流等新情况,对跨境资金流动的影响更加复杂。

(五)研究小结

一是离岸人民币市场处于初期发展阶段,市场扩张较快但规模偏小、业务偏少、贷存比偏低,发展的内生动力主要为存款转移,货币创造机制尚未充分发挥作用。

二是离岸人民币清算机制与欧洲美元相近,基于部分准备金率 a、存款漏损率 b 的扩张机制在理论上适用于离岸人民币市场,但监管政策、货币可兑换程度、利率市场化程度等因素,制约了离岸人民币市场的自我扩张。

三是当前离岸人民币市场发展对在岸市场的影响总体有限,未来限制条件放松可能导致离岸资金池风险扩大,且在非国际化货币条件下金融危机等重大冲击的影响更加复杂。

五、离岸人民币交易类型、趋势及基于描述性统计的风险分析

参照前述对欧洲美元市场的研究结论,分析离岸人民币市场交易类型,研判未来发展趋势,并在描述性统计的基础上对即期、远期风险进行研究。

(一)离岸人民币市场交易类型分析[①]

1.基本判断:离岸人民币市场主要为非居民对居民提供单向国际净借贷

(1)离岸人民币资金主要来源于非居民

2014 年 6 月末,中国香港人民币存款 9259 亿元,占香港银行存款总额的 12%。

① 如前所述,限于统计数据的可得性,本部分以中国香港人民币市场作为主要分析对象。

按主体划分,个人客户、海外企业客户、中国香港与内地的企业客户①占比合计近80%,主要资金来源为中国境外非居民(图17)。

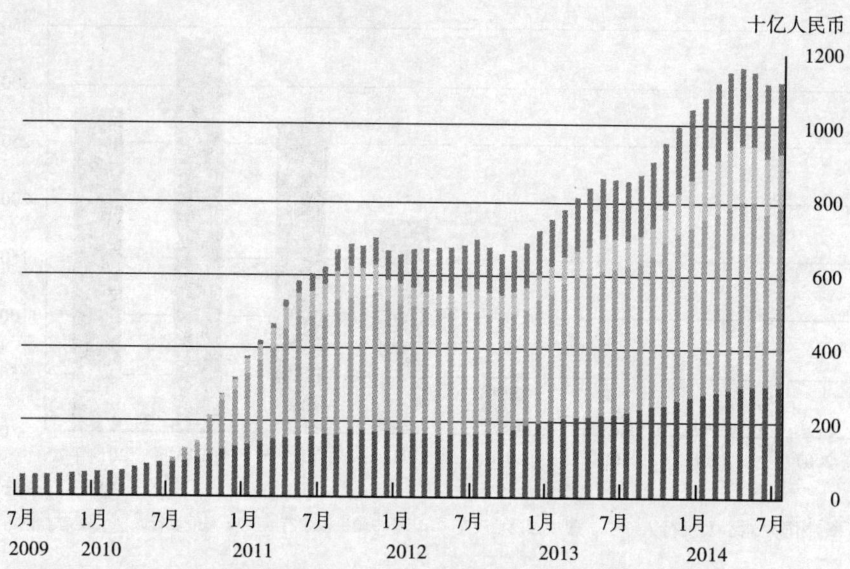

图17 中国香港人民币存款来源情况 单位:10亿元

数据来源:香港金融管理局。

(2)离岸人民币资金需求主要来源于境内

从人民币债券发行情况看,2014年上半年,中国香港离岸人民币债券发行总额1688亿元,其中海外发行人所占比例不足20%,中国内地私人、中国政府、中国香港发行人、存款证②等来自于中国境内的资金需求占比超过80%(图18)。

(3)离岸人民币收付大部分与在岸市场相关

2014年上半年,香港银行处理的人民币结算业务达29261亿元,其中中国香港与内地的结算业务占比达83.5%,大部分资金收付与在岸市场相关(图19)。

由资金来源于非居民、用于境内的流向可知,当前离岸人民币市场主要的交易类型为非居民对居民的国际净借贷,纯离岸交易、纯双向交易、居民对非居民的国际净借贷等其他类型交易占比较低。

2.原因分析:对离岸人民币交易类型统计结果的解释

(1)离在岸利率结构对统计结果的解释

一方面,在岸存款利率高于离岸,导致居民不愿意将资金存入离岸银行,使得离

① 其中大部分为中国香港本地企业或内地企业在港设立的离岸机构。

② 其中,90%的存款证发行人为内地银行、企业在港分支机构,资金调回境内使用。

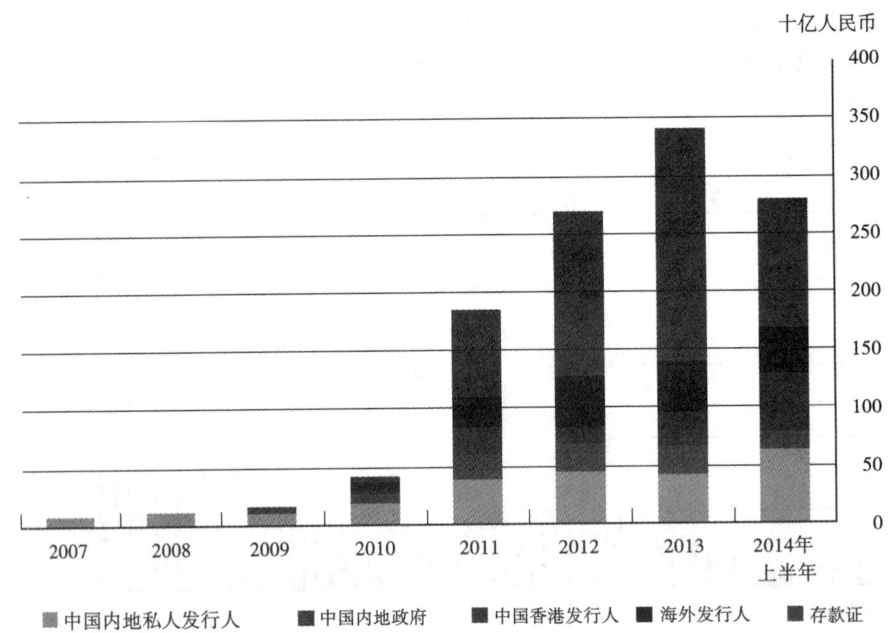

图 18　中国香港新发行的离岸人民币债务证券　单位:10 亿元

数据来源:香港金融管理局。

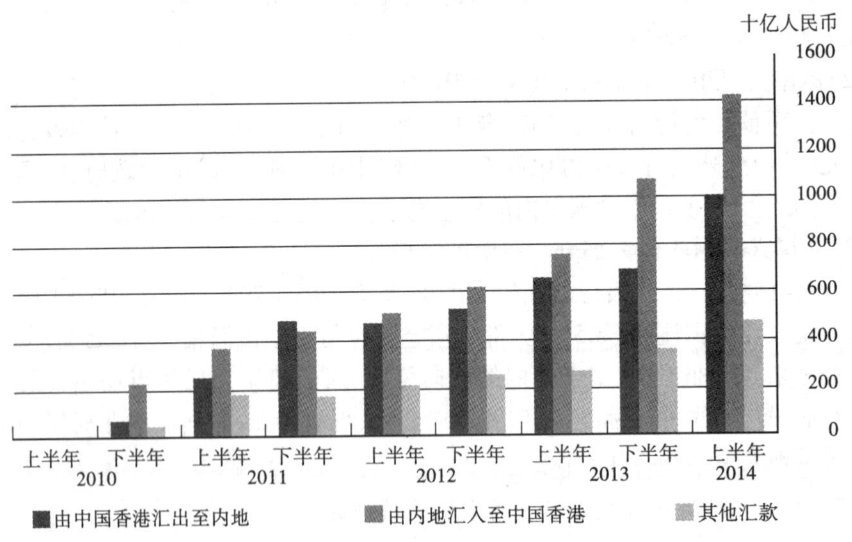

图 19　中国香港人民币结算汇款国别情况　单位:10 亿元

数据来源:香港金融管理局。

岸人民币来源只能依靠非居民。另一方面,离岸人民币融资成本高于国际市场美元融资成本、但低于在岸人民币融资成本,导致非居民不具备借用离岸人民币动机,而居民以离岸融资替代在岸融资,使得离岸资金主要流向居民(图 20)。

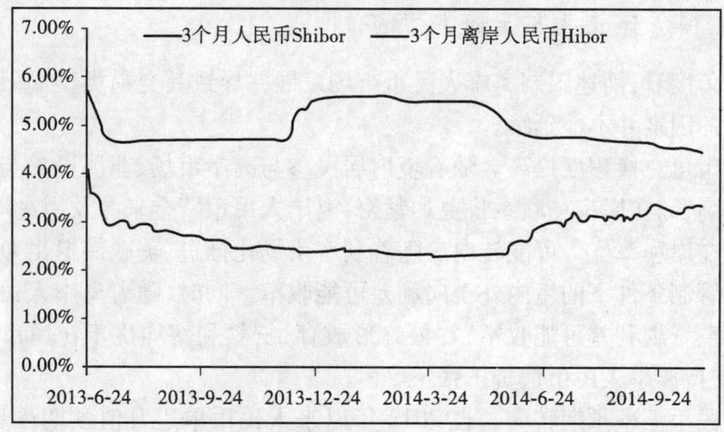

图 20　在岸人民币利率和离岸人民币利率比较

数据来源:路透数据库。

(2)离在岸投资渠道对统计结果的解释

当前人民币尚未实现可兑换,境外投资渠道相对匮乏,作为国际货币的投资属性、储备属性都不强,保值、增值的主要市场仍然在国内,也支持离岸资金从非居民回流至居民。

(3)人民币汇率预期对统计结果的解释

非居民不愿在离岸市场融资的另一原因是 2012 年之前的人民币单边升值预期导致的汇率风险敞口,在人民币升值情况下,即使融资利率成本较低,其收益也可能无法覆盖汇兑损失(图 21)。

图 21　CNH 即期汇率——境外 1 年期 NDF 衡量的人民币升值预期

数据来源:路透数据库。

综上,当前离岸人民币市场主要是非居民向居民提供融资的通道,且融资主要用于境内,对应较高的存款漏损率 b,并影响到其自身的货币创造。

(二)离岸人民币市场发展趋势研判

从长远角度看,前述限制离岸人民币市场发展并导致其交易类型局限于非居民向居民借贷的因素并不能延续。

一是货币可兑换程度提高。随着境内居民参与离岸市场、非居民参与境内市场的自由度提高,离在岸市场联系将更加紧密,离岸人民币资金来源及用途均将扩大。

二是离在岸利率优势可能转向。随着利率市场化推进、美联储退出 QE,当前基于国内利率管制条件下的境内外正向利差可能收窄。同时,随着离岸人民币市场规模扩大,其存、贷款利差可能收窄,并最终形成存、贷款利率均优于在岸市场的双向优势,从而支持离岸人民币信贷扩张。

三是人民币汇率预期转向。自 2012 年以来人民币单边升值预期逐步消除,双向波动在未来将成为常态,支持离岸人民币信贷及衍生产品等市场发展。

四是离岸市场深度和广度的拓展。在更为自由的监管环境下,离岸人民币市场产品创新快于在岸市场,并逐步改变离岸市场产品有限、规模偏小的现状,增强离岸人民币市场发展的内生动力。

综上,判断当前离岸人民币市场以非居民向居民国际净借贷为主的市场结构具有短期性,从长远角度看,离岸人民币市场自我扩张机制将逐步增强,并推动其加快发展。

(三)基于描述性统计的离岸人民币市场即期风险分析

从即期情况看,在离岸人民币市场规模偏小、自身货币创造功能有限的情况下,单纯与非居民向居民国际净借贷相关的风险不大,其主要风险来自于境内外价差套利及跨境人民币净支付导致的资金流动。

1.利差、汇差套利增大跨境资金流动波动

(1)离在岸汇差套利风险

市场结构、市场化程度的不同,导致离在岸市场汇率存在差异。在境内人民币汇率低于境外时,境内居民将外汇资金在离岸市场结汇后再调回,获取境外结汇收益;在境内人民币汇率高于境外时,将原本应以外汇形式对外支付的款项,改为以人民币形式调出境外购汇支付,获取境外购汇收益。上述操作容易在汇差变化时大起大落,放大跨境资金流动风险(图 22)。

(2)离在岸利差套利风险

在境内外正向利差条件下,经济主体通过离在岸利差及远期汇差构建组合套利策略,可实现基于"贸易融资+远期结售汇"的套利交易。上述操作成为推动跨境人民币结算增长的重要因素,且由于贸易融资期限较短,导致相应的流入、流出快速转换①。

---

①　主要体现为对流量的影响,对存量影响相对较小。

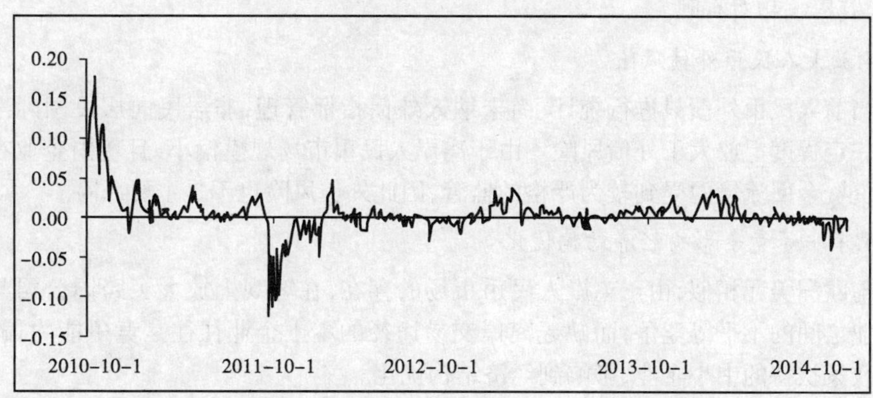

图22 2010年10月以来即期CNY-CNH汇差情况

数据来源：路透数据库。

2.跨境人民币结算净流出放大净结汇风险

自跨境人民币结算试点以来，跨境人民币总体支出大于收入且逆差规模扩大。2014年上半年，跨境人民币收支逆差5131亿元，同比增长3倍，推高银行结售汇顺差及外汇占款。从历史数据看，结售汇顺差与人民币收支逆差呈明显负相关，2012年以来，全国跨境人民币净支付占结售汇顺差的比例达26.7%（图23）。

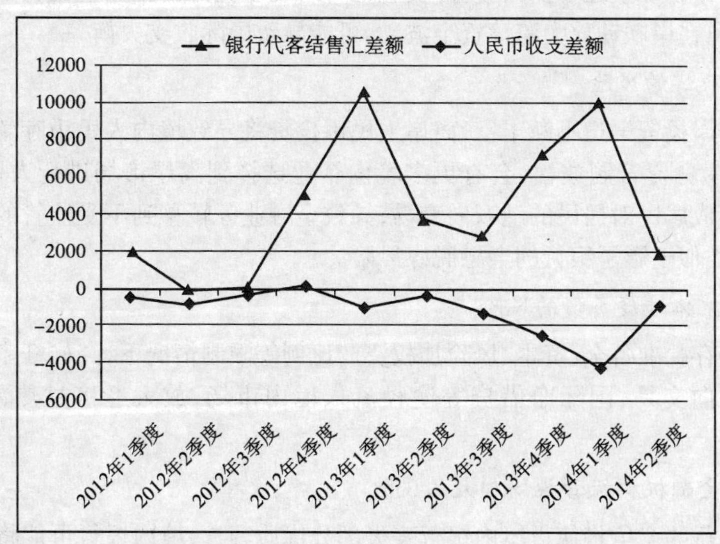

图23 2012年以来全国银行结售汇差额与跨境人民币收支差额 单位：亿元

数据来源：人民银行，外汇局。

3.增大国内货币政策调控难度

离岸市场的存在使得人民银行调控境内货币供给时需考虑更多变量，加大了货币政策调控难度。考虑当前离岸人民币存款规模偏小，在不存在危机冲击的正常情况下,其影响相对有限。

4.放大人民币外债风险

当前人民币外债只进行统计、尚未纳入外债指标管理,非居民向居民国际净借贷在一定程度上放大了外债风险。由于离岸人民币市场规模偏小,且境内企业在境外融资资金回流境内受到较为严格的监管,因此外债风险也不是主要风险。

5.不平等竞争影响经济结构优化

与欧洲美元相似,由于离岸人民币市场的存在,在客观上放大了跨国公司与本土企业之间的不平等竞争,而缺乏离岸交易途径的本土企业往往是竞争能力偏弱、需要政策扶持的中小企业,影响到经济结构优化。

(四)基于描述性统计的离岸人民币市场远期风险分析

随着人民币资本项目开放、利率、汇率市场化程度提升,境内外市场趋于一致、跨境人民币流动趋于均衡,与价差套利、人民币净流出相关的风险将减弱。同时,离岸人民币市场规模扩大、交易类型多元,将衍生出新的风险。

1.国际收支失衡的风险

随着意愿准备金率 a、存款漏损率 b 的逐步下调,非居民之间纯离岸交易增加,离岸人民币市场规模逐步扩大,境外资金池对跨境收支的潜在影响也将加大。在极端冲击下,离在岸联动放大跨境资金波动,可能导致国际收支失衡。

2.金融脱媒的风险

随着离岸投资渠道不断丰富,离岸人民币投资将导致境内人民币存款流出。同时,随着离岸融资管制放松,会有更多境内企业选择到离岸市场进行人民币融资。上述变化形成居民对居民的纯双向交易,导致金融业务转移到不受监管的离岸银行体系,造成类似于影子银行的金融脱媒风险。

3.经济主体过度负债的风险

在不受存款准备金、资本/风险加权资产比例等限制情况下,高杠杆率的离岸资金可通过双向交易、国际净借贷等途径流入境内市场,放大经济过热、投资泡沫风险。

4.境内金融机构经营挑战加大的风险

离岸银行的竞争将使得境内银行丧失部分优质客户,境内银行可能将更多信贷资源投放至高风险行业,放大银行业整体经营风险①。同时,境内银行参与离岸市场的国际化运作也会加大经营风险,对银行经营能力提出挑战。

① 1980—1984年,日本已经发生过类似的教训。

5.国际市场价格波动向国内市场传导的风险

离在岸市场价格趋于一致在减少套利空间的同时，也使得市场之间的相互影响加大。在外部波动冲击下，离岸市场价格波动将传导至在岸市场，加大宏观调控难度。

（五）研究小结

一是当前离岸人民币市场主要交易类型为非居民对居民的国际净借贷，其他类型交易占比较低，货币创造机制尚未发挥作用。

二是在人民币可兑换、离在岸利率优势转向等影响下，离岸人民币市场将从目前较为单一的国际借贷市场，转变为多种交易类型并存，自我扩张将加快。

三是从即期情况看，离岸人民币市场单纯与国际净借贷相关的风险不大，主要风险来自于境内外价差套利及跨境人民币净支付导致的资金流动。

四是从长远角度看，与价差套利、人民币净流出相关的风险将减弱，国际收支失衡风险、金融脱媒风险等将成为主要的风险（表5）。

表5 与离岸人民币市场相关的即期、远期风险定性分析结果

即期/远期	风险因素	主要风险
即期风险	1.利差、汇差套利增大跨境资金波动 2.跨境人民币结算净流出放大净结汇 3.存款转移增大货币政策调控难度 4.放大人民币外债风险 5.不平等竞争影响经济结构优化	1,2
远期风险	1.国际收支失衡 2.金融脱媒 3.经济主体过度负债 4.境内金融机构经营挑战加大 5.国际市场价格波动向国内市场传导	1,2,3

六、结论及建议

（一）研究结论

1.离岸市场具有自我扩张的内在机制

意愿准备金率 a、存款漏损率 b 决定了离岸市场存款创造乘数 m、存款留存乘数 m_2，但 a,b 由经济主体自行决定，不受监管政策约束，使得 m,m_2 具有内在不稳定性。

2.正常情况下离在岸市场资金不存在大进大出风险

在假定不存在外部冲击的情况下，a,b 保持基本稳定，离岸市场存款调回乘数

$m_1=1$,即通过留存准备金、存款漏损渠道回流在岸市场的资金额为恒定值,不存在大进大出风险。

3.危机情况下离岸资金回流在岸市场风险加大

离岸市场的主要风险在于通过货币扩张构建的境外巨大资金池,在金融危机等重大冲击导致 a,b 突变的情况下,大量离岸资金回流在岸放大跨境资金异常波动风险。

4.成熟的离岸市场主要是非居民之间、居民之间的资金融通平台

从欧洲美元经验看,其主要是非居民之间的纯离岸交易中介,并在部分时段内成为重要的居民之间双向交易平台。其中,纯离岸交易对在岸市场直接影响不大,纯双向交易所引致的相关风险应是关注的重点。

5.离岸人民币市场正处于初期发展阶段

从国际经验对比看,当前离岸人民币市场较快扩张但规模偏小、业务偏少、贷存比偏低,交易类型主要为居民对非居民国际净借贷,发展动力主要为存款转移,货币创造机制尚未充分发挥作用。

6.离岸人民币市场发展中的即期和远期风险存在系统性差异

从即期情况看,离岸人民币市场规模偏小,主要风险来自于境内外价差套利及跨境人民币净支付导致的资金流动。从长远角度看,随着离岸人民币市场深入发展,国际收支失衡、金融脱媒、经济主体过度负债将成为主要的风险。

(二)政策建议

一是完善离岸人民币市场统计,以对外金融资产负债及交易统计等直接申报为基础,持续完善交易统计项目、扩展数据报送主体范围,提升统计数据精确性,夯实监测分析数据基础。二是推进人民币资本项目可兑换和国际化,提升人民币可兑换程度,强化人民币避险属性,鼓励人民币境外流通,丰富离岸人民币交易类型,促进离岸人民币市场健康发展。三是借鉴美国 CHIPS 系统等建设经验,逐步完善人民币全球范围清算系统,畅通离在岸市场资金流通渠道,既可为离岸人民币市场发展提供支撑,也为在危机情况下加强管理提供抓手。四是完善货币政策实施框架,在制定货币政策时将离岸人民币因素纳入考虑,强化离在岸市场调控有效性。五是持续推进人民币汇率形成机制改革,深化境内金融市场建设,拓宽现行离岸银行试点范围,强化对离岸人民币的管理,为防范危机冲击影响提供有力抓手。六是丰富宏观审慎、微观审慎管理工具与政策预案,防范金融危机等异常情况下的跨境资金流动风险。

参考文献

[1] Aliber R Z. The integration of the offshore and domestic banking system[J]. Journal of Monetary Economics, 1980, 6(4): 509-526.

[2] Altman O L. Foreign Markets for Dollars, Sterling, and Other Currencies[J]. IMF Staff Papers, 1961, 8(3): 313-352.

[3] Frydl E. The debate over regulating the Eurocurrency markets[J]. Federal Reserve Bank of New York Quarterly Review, 1979, 4(4): 11-20.

[4] He, McCauley. Offshore markets for the domestic currency: monetary and financial stability issues[R].Basel: Bank for International Settlement,2010.

[5] Marcia Stigum. The Money Market [M]. 3d ed. New York: McGraw-Hill professional,1990.

[6] 巴曙松,黄少明.香港离岸人民币市场的发展路径及其影响[J].中国审计,2003(20):19-23。

[7] 陈亚温.欧洲美元市场探析[J].厦门大学学报(社哲版),1991(1):47-50.

[8] 段军文.离岸金融业务的国际经验借鉴[J].经济导刊,2010(11):16-17.

[9] 金川.欧洲美元的流动性创造分析[J].金融科学,1992(4):51-54.

[10] 牛薇薇.欧洲美元市场对与香港离岸人民币市场的启示[J].西南金融,2014(3):23-26.

[11] 伍戈,杨凝.离岸市场发展对本国货币政策的影响:一个综述[J].金融研究,2013(10):81-100.

文章审稿人:钟子明

我国应对FATF第四轮互评估对策研究[①]

中国人民银行重庆营业管理部课题组

课题主持人:段玲

课题组成员:江洁　王其宏　冯春江　郭姝佟　肖玲利　熊陈楚　王芮

一、FATF互评估概述

(一)互评估历史

FATF互评估指的是在反洗钱金融行动特别工作组(The Financial Action Task Force on Money Laundering,以下简称FATF)的组织下,各成员国派出专家对其他成员国反洗钱工作开展评估的机制。

1990年,FATF首次发布反洗钱《四十项建议》,1991年9月建立互评估工作机制,并对法国、英国、澳大利亚、丹麦、美国等28个国家开展第一轮评估,评估内容大致包含毒品犯罪威胁、反洗钱机制、反洗钱立法、履行FATF建议、政策建议等部分。

1996年,FATF在总结第一轮互评估经验的基础上对《四十项建议》进行修订,并依据新标准对成员国开展第二轮互评估。在该轮评估中,FATF认为各成员国在反洗钱立法及相关工作机制等方面刚起步,工作有效性有待加强,并据此首次提出关注成员国反洗钱工作开展的有效性问题。

2003年,FATF再次修订《四十项建议》,被简称为"40+9"建议,新标准更加完善、严格,得到联合国、国际货币基金组织、世界银行等国际组织和180多个国家和地区的承认,成为具有广泛影响力的国际标准。2005年6月开始,FATF对成员国开展第三轮互评估。

2012年2月,FATF再次修订并发布了新的打击洗钱、恐怖融资与扩散融资的国际标准(即新《四十项建议》或2012年版《四十项建议》),强调反洗钱工作的有效性,引入风险为本监管方法、国家洗钱风险评估等措施,推动各国落实国际标准要求。2014年5月,FATF正式启动第四轮互评估,评估范围涉及190多个国家和地区,预计2022年完成。目前,已完成对西班牙、挪威等国家的评估,计划于2018年对我国开展互评估。

---

① 为2015年度中国人民银行重庆营业管理部重点研究课题,获评"二等奖"。

20 多年来,FATF 不仅制定反洗钱/反恐怖融资国际标准,还通过互评估这一独特机制,推动国际标准在全球实施。因此,互评估最重要的价值就在于有效衔接国际标准制定与实施,使 FATF 成为各成员国参与全球治理的重要平台。

(二)互评估机制

FATF 互评估已经发展成为包括评估方法、评估报告撰写标准、提出后续改进措施、评估后续改进措施实施情况、惩罚措施等内容的一整套完整工作机制。

1.评估标准内容及方法

评估内容包括合规性评估和有效性评估两部分。合规性评估共有 40 项评估标准,评估的结果分为合规、大致合规、部分合规、不合规与不适用 5 类。被评估国"部分合规"与"不合规"评级合计不能超过 8 个,即合格线为"大致合规"与"合规"评级合计 33 个或以上,且有 5 项标准(标准 3、标准 5、标准 10、标准 11 和标准 20)的任何一项评级都不能是"部分合规"或"不合规"。有效性评估分为 11 个直接目标,评级分为高、较高、较低和低。在上述 11 个目标中,被评估国"低"评级不能超过 4 个,"较低"和"低"评级合计不能超过 7 个。即合格线为"高"和"较高"评级合计为 5 个或以上,且"低"评级不能超过 4 个。

2.惩罚措施

《四十项建议》规定,对来自于没有或未有效实施《四十项建议》的国家的客户,各国金融业需采取更为严格的客户身份识别措施。这意味着,该国包括金融业在内的多个行业和人员进入国际金融体系的成本提高,实际上产生了类似于金融制裁的后果。此外,FATF 还可以根据互评估结果,取消相关国家 FATF 成员国地位,或纳入不合作国家或地区名单,前者使得相关国家丧失利用金融力量参与全球治理的机会,后者使得相关国家直接面临 FATF 成员国的金融制裁。

(三)互评估机制的重大影响

一是国际标准制定及互评估得到主要国际金融组织的认可。在 1996 年开展的第二轮互评估开始,FATF 与地区性及国际性组织开展合作,国际标准制定及互评估尤其得到了国际货币基金组织和世界银行的认可。IMF 认为,洗钱和恐怖融资是利用了各国间金融系统发展的不均衡及监管有效性不足,对全球金融体系的健全性和稳定性造成巨大威胁。通过互评估,建立强有力的反洗钱机制,既可增进金融系统的稳健和安全,也有助于相关国家融入全球金融一体化,有利于提高全球经济金融监管水平。世界银行认为,推动发展中国家的经济社会发展,离不开治理系统的改善,FATF 互评估在打击涉税涉腐犯罪,以及追回侵占的资产等方面提供了较好的工作模式及建议,值得高度关注并借鉴。

IMF 与世界银行不仅参与国际标准制定,还直接派员开展评估,评估结果与 FATF 互评估结果具有同等效力,FATF 的互评估报告还成为国际组织金融稳定评估组成部分。FATF还参与了《联合国反腐败公约》履约审查、二十国集团(G20)反腐败机制等领域。

二是国际标准涉及范围不断扩大。互评估牵涉的领域不仅涉及金融领域,还涉及刑事、情报制度、国际合作等多个领域,远超出了一国金融制度范围。治理目标由最初的反毒品洗钱扩展到今天的反洗钱、反恐怖融资和反扩散融资。

三是国际标准推动金融参与国际治理的深度。FATF第四轮互评估高度重视有效性,即反洗钱/反恐融资体系是否发挥作用,是否达到政策设定的结果。有效性评价标准的引入使得金融力量参与国际治理的能力进一步加深,并推动全球治理规则走向一致。

(四)我国接受第四轮互评估的背景

FATF将于2018年对我国开展第四轮互评估,评价我国的反洗钱工作的合规性和有效性。国际标准的更新,以及有效性评价标准的引入,使我国面临较大的评估压力:

从运作机制来看,FATF已经成为有关国家利用金融力量参与全球治理的重要平台;从新《四十项建议》的内容来看,充分利用金融力量开展国家治理的理念得到充分体现;从美国的实践来看,反洗钱在国家治理中的地位不断提升。因此,要在国家及全球治理中有效利用金融力量,学习借鉴新《四十项建议》及先进国家的经验,成为必不可少的步骤。

从我国反洗钱工作发展来看,在进一步深化改革和对外开放的大背景下,需要强化对金融的驾驭和运用能力,更有效地发挥好金融在国家治理和参与全球治理中的作用。因此,改革开放发展新阶段对我国反洗钱工作提出了极高的要求。

基于FATF评估要求与我国反洗钱体系发展内在要求的一致性,有必要系统性地提出统筹内外需求的应对之策,而非机械地将新《四十项建议》的要求植入我国现有体制。唯有真正善于利用金融力量来加强国家治理和参与全球治理,我国反洗钱体系所面临的外部评估压力才能真正有所减轻。

为系统性地提出统筹内外需求的应对FATF互评估对策,有必要分析FATF互评估机制和《四十项建议》内容的演进,理清金融参与提升国家和全球治理能力的逻辑;研究美国反洗钱发展过程,掌握金融参与提升国家和全球治理能力的历史趋势。基于上述理论研究基础,将新《四十项建议》的具体评价标准与我国实际开展比对,才能发现新《四十项建议》要求融入我国实际的深层次障碍。因此,我国应对第四轮互评估的对策,应着眼于长远发展,考虑新《四十项建议》的原则及具体要求,结合我国实际及相关规划提出。

二、国际标准的发展与美国实践

(一)《四十项建议》的发展

1990年,FATF发布的《四十项建议》长度仅7页,如今扩展到130页,在金融等行业管理制度、金融等行业监管制度、情报制度、刑事制度、国内政策协调制度、国际政策协调制度六个方面提出的政策建议不断完善。

1.金融等行业管理制度的发展

FATF 根据洗钱和恐怖融资手法的类型和趋势，对金融等行业的特定业务、特定客户提出了针对性的管理措施。

一是明确从事特定金融业务的机构需加强管理。金融机构作为反洗钱义务主体，最开始定义为“银行业和各国确定的其他金融机构”，后演变为“从事特定金融业务的法人及其自然人”。并不是只要从事金融业务，就需要履行反洗钱义务，例如，对于保险机构，从事寿险业务及其他投资性质保险产品的保险公司及中介才被列为反洗钱义务机构。一些没有接受监管部门审慎监管的机构，但是从事的金融业务易于被犯罪分子利用，也是反洗钱义务主体，例如货币汇兑机构。

二是明确从事特定业务的非金融机构（简称“特定非金融机构”）和从业人员需加强管理。例如贵金属、珠宝和玉石交易商在接受特定限额以上的现金购买时，需要履行反洗钱义务。又如，律师、会计师、公证人在为客户提供以下服务时才需要履行反洗钱义务：为客户买卖房产、管理现金、有价证券和其他资产；为客户管理银行账户、证券账户；在公司设立、运营、管理活动中为客户管理出资的；为客户设立、运营和管理法人及其他法律实体安排的；为客户买卖企业实体的。这些特定业务有一个共同特点，就是对于犯罪资金具有吸引力。

三是对金融机构、特定非金融机构及其从业人员等义务主体提出反洗钱管理要求。FATF 在 1990 年版的《四十项建议》主要针对银行业提出加强管理的要求：建立相应内控制度，开展客户身份识别、交易记录保存和可疑交易分析报告工作。这些要求构成了加强相关行业管理的基本措施框架。之后，FATF 将这些要求应用于所有义务主体。并根据洗钱和恐怖融资手法的类型和趋势，针对金融业高风险客户或产品提出了更具针对性的客户身份识别要求。

四是提出对现金及金融票据加强管理的要求。为预防和打击利用现金洗钱的行为，FATF 在 1990 年版的《四十项建议》提出建立现金及金融票据出入境申报制度、金融业大额现金报告制度，这些要求在后续的《四十项建议》一以贯之。

五是提出加强对非营利组织、法人、信托及其他性质法律安排客户身份识别的基础性制度。要求各国加强对非营利组织、法人、信托及其他性质法律设立、变更时的身份识别，收集的信息应能为金融机构和特定非金融行业或从业人员开展客户身份识别时利用（2012 年版《四十项建议》建议 8 及其释义，建议 24、25）。

2.情报制度的发展

明确金融情报中心的定位。2003 年版《四十项建议》首次要求各国在国家层面建立金融情报中心，标志着金融情报制度成为对各国的强制性要求。2012 年版《四十项建议》进一步要求金融情报中心在各国反洗钱/反恐融资实践中，发挥为其他部门的工作提供支撑的核心枢纽作用(建议 29 注释 A)。

与此同时,金融情报中心职能得到拓展,体现如下:

金融情报中心收集信息的类别不断拓宽。2003 年版《四十项建议》要求金融情报中心集中接收可疑交易报告和其他涉嫌(potential)洗钱和恐怖融资的信息。2012 年版《四十项建议》将“其他涉嫌(potential)洗钱和恐怖融资的信息”改为“其他洗钱和恐怖融资相关信息”,并拓展至“其他洗钱罪上游犯罪信息”。这意味着金融情报中心职能的重大拓展,不仅关注洗钱和恐怖融资,还要关注洗钱罪上游犯罪;不仅收集可能“涉嫌”犯罪的信息,还可收集与犯罪相关的各类信息。

金融情报中心的分析职能强化。2012 年版《四十项建议》要求金融情报中心开发分析软件,并充分发挥人工分析的作用,既开展针对特定目标或特定活动和交易的微观分析,也开展洗钱和恐怖融资的趋势和方式的宏观分析,为宏观政策制定提供支持。

金融情报中心的移送职能更灵活。既独立地开展可疑交易分析移送工作,也可根据其他部门的请求开展分析和移送分析结果(2012 版《四十项建议》建议 29 的注释部分)。

3.刑事制度的发展

一是将刑事没收制度运用于打击洗钱犯罪及其上游犯罪、恐怖犯罪。可没收的犯罪资金范围,包括犯罪收益、犯罪工具,洗钱工具和已经被清洗的财产。

二是赋予有关部门足够的责任和权限实施刑事没收制度。对应予以或可能被没收的财产,应落实部门责任,发起相应的冻结、扣押程序(见 2012 年版《四十项建议》建议 30 注释),首次明确刑事没收制度的责任。赋予有关部门更大权限负责执行刑事没收制度,尤其值得注意的是,“未定罪没收制度”(允许未经刑事判决也可没收犯罪所得或犯罪工具)、“辩方举证制度”(由犯罪嫌疑人为资金来源合法性举证成为对各国的强制要求)。必要情况下,还可以对冻结、扣押或没收的资产采取管理措施。

三是设置洗钱罪打击对抗刑事没收制度的行为。设置恐怖融资犯罪打击恐怖融资行为,并明确应有部门负责调查洗钱和恐怖融资犯罪。

扩大洗钱罪上游犯罪,使刑事没收制度可以应用于这些犯罪,同时,也为打击对抗刑事没收制度的行为提供了刑事手段。

四是赋予相关部门打击洗钱罪及其上游犯罪、恐怖融资犯罪的必要手段。

4.监管制度的发展

一是明确存在风险的金融、特定非金融行业应建立监管制度。《四十项建议》明确提出,各国金融机构、特定非金融行业或从业人员均应受到监管,确保履行《四十项建议》相关要求(涉及金融机构,见 2003 年版《四十项建议》建议 23,2012 年版《四十项建议》建议 26;涉及特定非金融行业或从业人员,见 2003 年版《四十项建议》建议 24,2012 年版《四十项建议》建议 28)。监管机构有责任制定指引和提供反馈方式,对被监管机构进行指导,尤其是加强对识别和报告可疑交易的指导(2003 年版《四十项建议》建议 25,2012 年版建议 34)。金融监管机构加强准入管理,防止犯罪分子控制金融机构,不得允许设立空壳银行(2003 年版《四十项建议》)建议 23,2012 年版《四十项建议》建议 26)。

值得注意的是 2012 年版《四十项建议》提出了风险为本的方法。要求监管机构(建议 26 释义及建议 28 释义)对本国洗钱/恐怖融资风险、被监管机构所在行业,及其产品、服务、客户、管理风险有充分了解,在此基础上分配监管资源,确定使用的监管方法及使用频率。要求金融机构及特定非金融行业或从业人员开展风险评估,并根据风险评估结果采取针对性措施(建议 1)。

二是赋予监管部门必要权力。金融监管部门被赋予现场检查、非现场监管、处罚、风险为本监管等权力,具备获取监管所需信息的权力。特定非金融行业监管部门被赋予合规监管及处罚的权力。无论是金融监管部门还是特定非行业监管部门均配备充足的人、财、物资源,并具有必要的独立性。

5.国内政策协调制度的发展

2003 年版《四十项建议》建议 31 条,提出监管制度、金融等行业管理制度、刑事制度的协调问题,提出应建立机制,确保政策制定部门、金融情报中心、执法部门、监管部门之间,在反洗钱/反恐融资政策完善发展和实施中开展有效合作。作为合作机制的重要组成部分,2003 年版《四十项建议》建议 32 还提出主管部门应收集相关统计数据以对反洗钱/反恐融资体系的有效性进行评估。2012 年版《四十项建议》建议 1 进一步要求各国明确部门或机制,定期对国家洗钱/恐怖融资风险的状况进行评估,并根据国家洗钱/恐怖融资风险评估结果,制定国家层面的反洗钱/反恐融资政策,从而实现监管制度、金融等行业管理制度、刑事打击制度的协调。

6.国际政策协调制度的发展

利用国际公约机制推动各国政策协调。要求各国加入并执行的国际公约包括:《维也纳公约》《巴勒莫公约》《梅里达公约》和《联合国反恐融资公约》。

行业管理制度的协调。强制要求各国金融机构履行义务。1990 年版的《四十项建议》建议 21 要求金融机构应特别关注来源于不实施《四十项建议》的国家和地区的客户(包括金融机构),审查异常交易,并记录审查结果。金融机构在其他国家的分支机构也应该履行《四十项建议》的要求,即使其他国家完全没有或者没有完全实施《四十项建议》的要求,如果他国分支机构无法实施《四十项建议》的要求,则应该通知母国主管部门(1990 年版《四十项建议》建议 22)。这些要求在后续《四十项建议》中的得到延续。

监管制度的协调。为反洗钱/反恐融资目的,各国金融监管机构之间可交换监管信息,并为他国对跨国金融集团的监管提供协助(2012 版《四十项建议》建议 40

释义)。

金融情报制度的协调。金融情报中心应申请加入艾格蒙特集团,遵循该组织对金融情报中心及成员之间金融情报交换的要求(2012 年版《四十项建议》建议 29 释义)。还应允许对口执法部门之间、非对口执法部门之间根据相关原则开展情报交流(2012 年版《四十项建议》建议 40 释义)。

刑事打击制度的协调。要求各国应及时为其他国家涉及洗钱罪及其上游犯罪、恐怖融资犯罪的调查、起诉,及相关诉讼程序提供最大限度的司法协助。为此,应在要求各国建立机制或明确部门负责管理和及时处理司法协助请求。特别应与他国在资产冻结和没收方面开展合作、为洗钱/恐怖融资相关的引渡请求提供及时协助。

7.小结

新《四十项建议》的逻辑起点是建立“有效剥夺犯罪的经济和物质基础”的国家管理制度。依此逻辑对国家管理制度进行改造,首先体现在刑事制度中,是刑事没收制度的发展和完善。为适应新的刑事制度,必然要对金融及相关行业管理制度加以发展,体现为对存在洗钱和恐怖融资风险的行业加强管理,提出有针对性的管理措施,提升透明度,扫除刑事没收制度在金融及相关行业实施的障碍。

新《四十项建议》是一系列相互关联的政策组合。反洗钱、反恐怖融资以及反扩散融资需要在金融及相关行业的管理、犯罪刑事打击、情报收集和利用、国内和国际政策协调等领域建立相互配套的政策,才能达到目的。金融及相关行业在预防和打击犯罪方面发挥作用,需以其他领域的配套政策措施作为条件。

(二)美国反洗钱/反恐怖融资制度的发展

1.为应对特定犯罪形势而发展起来的刑事制度

美国反洗钱刑事制度是为应对特定犯罪形势而发展起来,从 20 世纪 70 年代开始建立,经过近 30 年的发展,到 21 世纪初基本成型,形成了符合本国国情,能有效打击犯罪又重视对公民财产权利保护的没收制度体系。特定犯罪形势指的是 20 世纪 60 年代以来,美国毒品犯罪和有组织犯罪严重影响了社会稳定,传统的法律手段在对付毒品犯罪及有组织犯罪方面明显力度不够。于是,在有效摧毁毒品犯罪及有组织犯罪活动的经济基础这一策略的指导下,1970 年开始,以 RICO 法(Racketeer Influenced and Corrupt Organizations Act)和《1970 年毒品滥用预防和控制综合法》的通过为标志,美国的没收制度开始建立起来,不仅包括刑事定罪后作为制裁种类的没收(即刑事没收),还包括判决之前对物诉讼(民事没收)。随着这一策略的成功,没收制度不断完善,使用范围迅速扩大,“9·11”之后,扩展至反恐怖法领域,目前美国共有两百多项法律中包括了没收条款。

需要注意的是,没收制度的完善需要在有效摧毁犯罪活动的经济基础与维护公民财产权利之间平衡。因为没收制度,尤其是民事没收制度简便、易行,但也容易损害公民财产权利。至 2000 年,美国发生了数十起民事没收行为被诉至最高法院的案件,导致国会出台了《2000 年民事没收改革法》(Civil Asset Forfeiture Reform Act of 2000),在民事没收的各个环节加强了对当事人权利的保护。

没收制度完善的重要步骤体现为洗钱罪的设立。这是因为,有效实施制度,需要以打击洗钱犯罪作为前提。洗钱对于毒品犯罪和有组织犯罪来说,是对抗没收的有效手段,因此,被称之为"毒品犯罪和有组织犯罪的命脉"。美国通过《1986 年洗钱犯罪法》,首次定义了洗钱犯罪。之后,美国不断通过新的法律,对洗钱罪及相关犯罪的规定进一步完善,如《1986 年洗钱控制法》(*Money Laundering Control Act*)、《1992 年阿农齐奥-怀利反洗钱法案》(*Annunzio-Wylie Money Laundering Suppression Act*)、《1994 年洗钱遏制法案》(*MoneyLaundering Suppression Act*)、《1998 年洗钱金融犯罪战略法案》(*Money Laundering & Financial Crimes Strategy Act*)。

2.与刑事政策协调而发展起来的金融等行业管理制度

对犯罪活动的预防和打击,需要从刑事政策延伸至金融管理政策。以《1970 年银行保密法》为例,就是打击毒品犯罪、有组织犯罪、税务犯罪等刑事政策在金融管理领域的延伸,立法的根本原因就是司法机关在调查犯罪所涉及的资金交易时无法获取相关信息。

制定行业管理政策要考虑行业成本的增加,提出针对性措施。《1970 年银行保密法》制定之时,国会就提出,立法要求不能过度增加金融机构的成本或者影响国际贸易的正常开展,行政部门在提出具体的交易记录保存和报告要求时,应考虑已有做法,减少不必要的成本。"9·11"之后,2001 年美国制定了《爱国者法案》(Patriot Act),列出了可能被恐怖活动利用的行业清单,包括金融中介、被当作金融机构的当铺、旅行社、参与房地产交易过户的机构或人员等。但同时,立法明确需由 FinCEN 针对特定行业制定指引,提出针对性的符合行业实际的反洗钱要求后,上述立法才能付诸实践,避免给金融机构增加不必要的成本。正是因为上述考虑,美国在扩展反洗钱义务主体方面十分慎重。

制定行业管理政策要考虑刑事打击政策的需求。例如,根据反恐、打击洗钱尤其是维护国家安全的需要,立法中提出加强跨境业务管理的要求:要求加强对涉及外国人的私人银行业务的客户身份识别;通过代理行账户要求美国金融机构加强对外国金融机构的监测;授权财政部可根据需要获取美国金融机构与国外金融机构交易的情况等。

美国行业管理政策与刑事打击政策的协调已经达到相当高度。例如,为防范虚拟货币等新兴支付方式可能对美国国家安全造成的不利影响,美国财政部通过修改货币服务业的定义,纳入相关虚拟货币机构,并指出,一旦比特币为代表的虚拟货币广泛使用,将视虚拟货币为现金,在使用环节进行监测,要求接受虚拟货币交易的商户按照现金收入报告要求报送虚拟货币使用情况。又例如,FinCEN 为协助有关部门打击毒品犯罪集团,遏制利用贸易洗钱,2015 年 4 月,对 700 家迈阿密电子产品出口商发布 Geographic Targeting Order,要求报送金额在 3000 美元以上的现金收入交易。

3.日益严格的金融监管制度

美国是多部门监管体制。FinCEN 承担了一定的监管职能,同时通过授权给货币监理署(OCC)、联邦储备银行(FRB)等机构,负责各自领域内的反洗钱监管。为确保监管有效,美国不断改进监管,形成了如下措施。

一是严格对报告机构的要求。《爱国者法案》要求金融机构必须建立反洗钱方案,以支持反洗钱数据报送要求。反洗钱方案包括建立内控措施、程序和流程;设立合规官负责反洗钱工作;开展持续的员工培训;对反洗钱方案的有效性开展独立审计四个方面。达到上述要求,金融机构需要投入较多资源,这就为反洗钱数据报送质量提供了资源方面保证。

二是统一检查尺度。FinCEN 牵头,与其他监管机构一道,针对需要检查的各类业务,统一编写了检查手册,统一不同业务中落实反洗钱要求的标准,解决不同监管机构之间监管标准不一致的难题。

三是处罚力度较大。《银行保密法案》将违反其规定的行为分为两种:一种是主观故意;另一种是过失。对于违反《银行保密法案》要求,存在主观故意的,是犯罪行为,要追究刑事责任,因此具有强大的威慑力。实践当中,往往通过天价的罚款金额实现和解。处罚决定会在网上公开,并会详细列出违反美国反洗钱法律要求的情形,大部分都涉及反洗钱数据报送的问题,具有很强的引导作用。

4.以充分挖掘反洗钱数据价值作为目标发展起来的金融情报制度

美国金融情报制度开始于 1974 年,经过了较长时间的探索,尤其是“9 · 11”之后,其制度、操作与现代大数据技术有机融合,得以快速发展。而其发展的根本动力在于实现反洗钱数据价值的最大化。美国 1970 年《银行保密法案》及 2001 年《爱国者法案》规定,反洗钱数据收集目的着眼于政府开展监管、税收、防范和打击犯罪、反恐活动的整体需要,不仅限于某一政府部门、某一具体领域使用。这一规定实际上成为了评价反洗钱数据使用情况的重要标准。从 1974 年开始报送反洗钱数据之初到 1990 年期间,美国反洗钱数据使用效率过低的情况受到立法部门严厉指责,甚至建议取消反洗钱数据报送。为提升反洗钱数据价值,美国在后续几十年采取了以下措施,使金融情报制度体现出新的特点。

一是明确金融情报机构独特运作方式。1990 年,美国财政部创设金融犯罪执法网络(Financial intelligence enforcement network,以下简称 FinCEN),明确其重要职责是对反洗钱数据能否有效使用负责。

FinCEN 具有整合、分析政府情报职责,能以反洗钱数据为核心,整合其他政府部门及社会数据,从而提供满足其他政府部门需要的数据,为推动反洗钱数据有效运用奠定坚实基础。目前,FinCEN 整合了反洗钱数据、其他政府部门数据和社会数据。

二是有效利用技术,整合和挖掘数据,提高数据使用效率及价值。"911"之后,为适应新的反恐形势要求,加快了信息技术的应用,以数据高效使用为目标,完善反洗钱数据类型及格式,提升反洗钱数据报送效率和质量,并以反洗钱数据为核心深度整合其他政府部门和社会数据,开发共享、交换、查询和分析平台,反洗钱数据内在价值和对反洗钱数据的应用能力进一步提升。

三是有效拓宽金融情报使用方式。FinCEN 承担推广反洗钱信息数据库使用职责,向数据库用户提供培训,并对数据库使用情况开展检查,确保符合信息安全和保密要求。用户主体涵盖各层级机构。FinCEN 反洗钱信息系统用户涵盖联邦、州、地方多个层级执法部门、监管机构。数量由 2003 年末的 1105 个增至 2011 年末的 12256 个。数据使用方式多样。用户可直接访问 FinCEN 反洗钱信息系统,查询特定交易记录和信息。特定用户如联邦调查局、特勤局、美国移民和海关执法局等,还可批量下载反洗钱数据,导入本部门数据库。数据在多个领域广泛使用。目前,反洗钱信息系统日均搜索量达 3 万次,在识别和打击犯罪、促进监管、维护国家金融安全、宏观政策制定等方面发挥了重要作用。

5.不同领域的政策创新协调成为反洗钱体系不断完善的关键

一是国会监督作用有效发挥。立法部门委托审计机构(如 GAO)对没收制度、金融等行业管理制度、金融情报制度等方面开展审计,发现不足,提出改进建议。例如 GAO 在 1979 年、1981 年和 1986 年提交的审计报告中指出,如果反洗钱数据的使用达不到立法之初确立的目的,应考虑全部或部分废除反洗钱数据报告制度。又例如 2012 年议会下设的某个调查委员会就对汇丰银行的违规情况开展检查,提出监管上存在的不足,对监管机构改进监管提出要求。这些审计从立法目的的角度对立法的合理性、执行的有效性开展分析,提出建议,对于反洗钱体系的完善具有重要意义。

二是反洗钱牵头部门高效发挥协调职能。牵头部门有效利用反洗钱战略、洗钱风险评估等方式,协调不同部门工作,改进刑事、金融等行业管理、金融情报等制度之间存在的不协调、不合理状况。美国曾经从 1999 年开始到 2002 年,连续四年每年发布《国家反洗钱战略》,提出各方面政策的改进措施。2005 年,在跨部门合作的基础上发布《国家洗钱威胁报告》,并在此基础上提出更具针对性的《2007 年反洗钱战略》。通过上述行动,在部门合作、开展风险评估、收集数据、协调政策制定等方面积累了较为丰富的经验。

6.反洗钱成为美国参与全球治理的重要手段

1989 年,美国作为 FATF 组织发起国之一,通过参与制定《四十项建议》,最大程度将其国内做法上升为国际标准,有效推动了各国制度的协调,利用其金融方面的影响力,积极推动反洗钱国际标准在全球的实施。

此外,FinCEN 发起设立艾格蒙特集团(Egmont Group),依托其国内反洗钱数据共享交换及使用平台,建立了连接 147 个国家(地区)金融情报中心的网络,可方便快捷的交换信息。这一整合全球信息的能力有效提升了美国在国际事务中的话语权。

7.小结

反洗钱国际标准是各国博弈参与全球治理的产物。即使是最早开展反洗钱的美国,在特定非金融机构和行业等方面也没有完全达到国际标准要求。

反洗钱制度发展的关键是针对特定犯罪形势,加强政策创新和协调,有效解决本国问题。各国应针对本国犯罪形势,按照“剥夺犯罪的经济和物质基础”这一策略的要求,加强政策创新和协调,改造刑事制度体系的同时,加强刑事政策与金融等相关行业管理和监管政策的协调,并充分发挥金融情报体系的作用。

反洗钱制度具有基础设施的特点。反洗钱制度不只在反洗钱、反恐怖融资、反扩散融资中发挥作用,而是应对一切可能与资金发生关联的犯罪的重要机制。

金融情报制度的发展有效提升反洗钱在国家治理体系中的作用和地位。金融情报制度与现代大数据技术有机结合,数据使用范围由预防和打击犯罪,拓宽至监管、政策制定、制裁等方面,反洗钱数据成为国家治理的基础数据。

三、我国反洗钱工作的现状与评估面临的挑战

(一)我国反洗钱工作取得巨大成就

我国反洗钱工作开始于 2001 年,起步落后于美国 30 年,用短短十几年时间,按照《四十项建议》的要求对反洗钱工作进行规划布局,顺利通过 FATF 第三轮评估,成绩巨大。体现为:

1.国内协调机制初步建立

2002 年 5 月,国务院批准建立反洗钱工作部际联席会议制度。联席会议成员单位包括人民银行、最高人民法院、最高人民检察院、外交部、公安部等 23 个部门。同时,我国以法律形式将协调机制的职责予以明确,《反洗钱法》第四条明确规定,除人民银行以外,国务院有关部门、机构和司法机关在反洗钱工作中应当互相配合。从法律上明确各部门间配合开展反洗钱工作的义务。在此基础上,人民银行与公安、检察、法院、纪委监察等部门间均已展开或部署反洗钱协调机制。

2.刑事制度得以改进

2007 年,洗钱罪被正式列入我国刑法,后经多次修订和完善,形成了由第 191 条、第 312 条和第 349 条共同构成的洗钱刑事立法。《刑法修正案(六)》明确了 7 类洗钱罪的上游犯罪,并对第 312 条修订为掩饰、隐瞒犯罪所得、犯罪所得收益罪。尽

管修订后的第 312 条的具体罪名不是洗钱罪,但实质上符合有关国际公约的要求。

2009 年,最高法院发布《关于审理洗钱等刑事案件具体应用法律若干问题的解释》,对《刑法》第 120 条的资助恐怖活动组织罪予以明确,并对洗钱罪的“明知”要件予以进一步明确,允许采用根据客观情况推定主观状态的原则,消除了司法实践中的分歧,提高审理洗钱罪的可操作性。

2011 年,我国印发《全国人大常委会关于加强反恐怖工作有关问题的决定》,授予金融机构和特定非金融机构发现涉恐资产立即冻结的权力。

3.金融等行业管理制度进一步完善,监管逐步加强

《反洗钱法》等一系列法规制度的出台,已经基本涵盖了 FATF 对金融机构提出的要求。反洗钱监管由人民银行、银监会、证监会、保监会等部门承担。同时,人民银行先后出台《反洗钱现场检查管理办法(试行)》等一系列文件,较系统地规定了人民银行对义务机构开展监督管理的程序和要求。《反洗钱法》第六章罗列了金融机构违反反洗钱义务的行为并规定了相应的法律责任。可采用的行政处罚包括:限期改正、罚款、停业整顿、吊销经营许可证,对直接负责的董事、高级管理人员和其他直接责任人进行罚款、给予纪律处分、取消任职资格、禁止从事有关金融行业工作。若金融机构的违规行为不属于《反洗钱法》中规定的上述特定行为,则人民银行可根据《中国人民银行法》第 46 条对其采取警告、没收犯罪所得、对机构和责任人员进行罚款等措施,罚款额可以是非法所得的 5 倍。

4.金融情报制度发挥作用

人民银行于 2004 年设立中国反洗钱监测分析中心,以履行收集、分析、监测和提供反洗钱情报的职责。目前,反洗钱监测范围已经覆盖到银行业、证券期货业、保险业、信托公司、金融资产管理公司、财务公司、金融租赁公司、汽车金融公司和货币经纪公司。2006 年,人民银行制定《金融机构大额交易和可疑交易报告管理办法》,所有金融机构通过电子接口报告大额和可疑交易。电子化平台提高了中国反洗钱监测分析中心获取反洗钱信息和给予反馈的能力。2012 年开始,按照“风险为本”原则,赋予金融机构更大的自主判断权,有效地提高可疑交易报告质量,减少“防御性”报告数量。

5.国际合作深入开展

我国于 2005 年成为 FATF 观察员,并于 2007 年成为 FATF 正式成员。2012 年,我国作为唯一发展中国家通过了 FATF 全会评估。

2009 年以来,我国反洗钱国际合作重点逐步转向参与反洗钱国际标准的讨论和修订。2010 年,欧亚反洗钱及反恐融资组织(EAG)将中文增加为其官方语言,并由我国派员担任副主席。同年 7 月召开的亚太反洗钱组织(APG)第十三届年会上,我国当选 2012—2014 年度联合主席国。

(二)面临的挑战

1.国际标准与我国现状比较存在较大差异

初步自评估结果显示:我国在合规性评级方面达到“大致合规”以上评级为25项(合格线为33项),有效性评级达到“较高”以上评级为2项(合格线为5项)。主要缺陷集中在以下领域:

一是特定非金融行业反洗钱和反恐怖融资制度缺位。早在2003年,FATF开展第三轮互评估时已要求各国应对房地产、贵金属和珠宝、会计师、律师、公证等特定非金融行业进行反洗钱和反恐怖融资监管。目前,多数FATF成员已落实此项要求。但由于诸多原因,我国至今尚未在特定非金融行业建立有效的反洗钱和反恐怖融资制度。这直接导致4项合规性评级和2~3项有效性评级的不合格,成为我国反洗钱和反恐怖融资体系的重要缺陷。

二是国家洗钱和恐怖融资风险评估尚处于尝试阶段。国家洗钱和恐怖融资风险评估是FATF第四轮互评估的基础。我国目前的洗钱类型分析工作虽然在一定程度上接近国家洗钱和恐怖融资风险评估,但由于该工作没有体现多部门参与,分析结果也未有效用于改进反洗钱政策,因此还达不到FATF的评估要求,也影响了多项评级尤其是有效性评级。

三是涉及恐怖融资和大规模杀伤性武器扩散融资管理措施严重不足。恐怖融资和大规模杀伤性武器扩散融资是FATF第四轮互评估的重点。目前,我国在打击上述两类融资行为的法律制度、具体案例、执行联合国安理会决议规定措施等诸多方面都存在严重不足。其中打击大规模杀伤性武器扩散融资的执行问题更为突出,几乎没有法律法规和具体案例可以支持,在有效性评级方面可能获得“低”评级(目前已经评估的国家尚未获“低”评级)。互评估报告一旦公布,极有可能造成不良的外交影响。

四是跨境现金运送管理存在漏洞。加强跨境现金运送管理是防范恐怖融资的重要措施,这一措施的核心是跨境大额现金和不记名可转让证券申报制度和信息通报制度。我国《反洗钱法》虽有此规定,但具体实施制度至今未出台。

五是金融情报机构履职存在各类制约。反洗钱监测分析中心在法律职责设定、信息获取途径、资源使用、对外情报交流等方面存在一定的制约性因素,影响了其有效履职。

六是法人和法律安排的透明度有待提高。由于法律制度等原因,我国对法人和法律安排的受益所有权缺乏明确定义,也未要求主动披露,因此容易形成法人和法律安排可能被用于洗钱或其他违法犯罪的风险。

2.国际标准与我国国情结合存在挑战

一是国情不同导致刑事制度无法直接移植。我国是大陆法系国家,新《四十项建议》中刑事制度的做法主要体现了英美国家的做法。由于大陆法系与海洋法系存在的区别,导致无法直接移植。以民事没收制度为例,在我国发展的现阶段如果直接广泛实施,在缺乏相关的更严格的公民财产权保护制度作为基础的情况下,可能导致公民财产权受损,善法变成恶法。又如,新《四十项建议》中没收与我国刑法中的没收并非同一概念。新《四十项建议》中的没收,实际上相当于我国刑法第六十四条规定的特别没收和追缴。而针对特别没收和追缴,并未如新《四十项建议》要求制定严密措施,确保有效实施。

二是行业管理要求缺乏针对性。从新《四十项建议》及英美国家的实践来看,是根据所从事的业务来决定是否纳入监管。而我国实施的是机构监管的做法,金融机构一般而言指的人民银行、银监、证监、保监负责监管的机构。这一国情的区别,导致新《四十项建议》的要求在我国落实时出现针对性不够问题。例如,保险行业中,将风险很小的财险业纳入反洗钱义务主体。另一方面,对那些未纳入"一行三会"监管范围的机构,但实际从事着特定金融业务且风险较高的机构,未及时提出反洗钱要求,例如小贷公司等。

此外,由于犯罪分子洗钱手法与英美国家存在差异,相关行业操作惯例与英美国家存在差异,导致新《四十项建议》的一些行业管理要求无法使用。例如,在我国,犯罪分子同样通过购买房产、开设公司或其他法律实体、利用现金、资金流入金融体系等方式洗钱,但与西方发达国家相比,由于发展阶段不同导致的交易习惯不同,律师行业在这些活动中的参与并不多。因此,以西方发达国家洗钱类型作为背景而提出的将律师行业纳入反洗钱体系的要求并不适用于我国国情。

三是金融机构技术、管理、人员积累不够。近年来,金融机构设立反洗钱专门机构或者指定内设机构负责反洗钱工作,对反洗钱工作的重视程度提高,但由于我国金融机构开展反洗钱工作的时间不长,技术、管理、人员积累仍然不够,导致金融机构落实反洗钱要求的最后 1 千米问题,即反洗钱的相关要求未得到业务部门的应有重视,未融入具体业务流程,特别体现为可疑交易报告完全依赖软件提取,未结合业务实际开展分析;人民银行发布的各类风险提示以文件转发告终,未体现在具体业务流程措施的改进上。这一现象需要予以高度重视,原因在于:一是导致金融机构合规风险加大,风险为本要求成为一句空话;二是导致反洗钱基本原则和要求无法在金融创新中体现,可能在短期内集聚较大风险,产生难以预料的后果。

四是金融情报制度的有效性面临严重挑战。以 2014 年为例,中国反洗钱监测分析中心共接收大额交易报告 4.04 亿份、可疑交易报告 1772.53 万份。向侦查机关移送可疑交易线索 282 份,其中,主动分析的 96 份,经总行可疑交易线索审核小组审核的分支机构上报研判线索 186 份。受理有权部门协查 1684 件,反馈 1699 份,反洗钱监测分析取得成效。但与发达国家相比,反洗钱数据的使用效率有待挖掘和提高。使用的情况与接收的报告数量对比,极易使金融情报体系的有效性受到质疑,人民银行面临较大的履职风险。

五是政策制定协调机制尚不成熟。政策制定协调机制的不成熟,导致了新制度与旧制度无法有效衔接,不同领域的制度无法有效衔接。刑事制度方面,体现为刑法191条(洗钱罪)、312条(掩饰、隐瞒犯罪所得、犯罪所得收益罪)、349条(窝藏、转移、隐瞒毒品、毒赃罪)在犯罪分类、量刑体系等方面的不协调,多次修订后仍未得到纠正。还体现为没收制度与洗钱罪的有效衔接不够,导致未能形成合力,在有效打击和遏制腐败、诈骗等严重影响我国社会稳定的犯罪行为中的作用未得到充分发挥。刑事制度与行业管理要求之间衔接不严密,例如针对违反反洗钱要求的义务主体,没有制定刑事方面的措施。金融情报制度与刑事制度未有效衔接,导致反洗钱数据的价值未得到充分挖掘。在加强现金及不记名可转让票据跨境管理方面,我国《反洗钱法》虽作出规定,但具体实施制度至今未出台。反扩散融资纳入新《四十项建议》后,意味着我国还需要进一步协调防扩散出口管制体系相关政策与反洗钱政策。

六是国际协调机制参与不够。新《四十项建议》体现我国的做法和诉求不多,我国反洗钱监测分析中心尚未加入艾格蒙特集团(Egmont Group)。

四、我国应对 FATF 评估的对策研究

《中共中央关于制定国民经济和社会发展第十三个五年规划的建议》在形成对外开放新体制部分,明确提出要完善反洗钱、反恐怖融资、反逃税监管措施,完善风险防范体制机制;积极参与全球经济治理,促进全球经济平衡、金融安全、经济稳定增长。应对 FATF 评估的对策应充分考虑我国的现有情况、相关规划,融会新《四十项建议》的原则及精神,提出既与国际接轨,又体现中国国情,解决中国问题的对策建议。

(一)基本原则

1.问题导向

从新《四十项建议》的内容来看,其政策建议不只在反洗钱、反恐怖融资、反扩散融资中发挥作用,而且是一个国家预防和打击犯罪基础设施的重要组成部分。从美国的反洗钱实践来看,政策制定与完善的过程与其国内特定犯罪形势紧密相关,是在打击特定犯罪过程中逐步发展和完善起来的。因此,即使是英美两国,其反洗钱制度也不完全相同,且没有完全按照新《四十项建议》的内容来制定和完善其反洗钱制度。

因此,利用国际标准来完善我国制度,要坚持问题导向,结合实际务求实效。不是要削足适履,做到完全符合国际标准的要求,而是从我国的实际问题出发,合理运用新《四十项建议》提供的技术措施,找到实现新《四十项建议》要求的路径。

坚持问题导向,首先要理念先行,接纳新《四十项建议》"剥夺犯罪的经济和物质基础这一策略"。其次,要搞清楚新《四十项建议》中每一条建议针对的问题和适

用条件,来龙去脉。最后,要结合我国实际问题和实际情况,对接新《四十项建议》要求。区分可直接适用、完全不适用、需要创造条件才能适用等多种情况,必要时还要结合实际有所创新,使反洗钱制度在我国有效发挥作用。

2.协调推进

新《四十项建议》涉及国家治理的六大方面,有效发挥作用的关键在于形成合力。从英美的发展来看,反洗钱制度发挥作用的关键也在于不同领域政策的有效协调,同一领域不同措施之间的有效协调。协调难以一步到位,往往涉及多个部门,应在制定标准、评价进展、督促执行中逐步得以实现。对于需要耗费的时间和投入的资源,我们应有充分认识。

因此,我们应探索构建反洗钱制度协调、执行和监督机制。首先,应该进一步做实反洗钱工作部际联席会议机制,开展国家洗钱风险评估,按照新《四十项建议》的原则要求,结合我国实际,对刑事制度、行业管理制度、监管制度、金融情报制度等予以梳理,发现不协调的地方和需要改进之处。之后,应制订工作方案,明确各部门责任、任务、目标及时间要求。最后,应对各部门执行情况和效果开展评估,探索建立监督机制。

3.降低成本

为适应各国发展阶段和国情不同的情形,新《四十项建议》建议 1 提出了评估风险和运用风险为本方法的要求。合理运用好这条规则,可以有效降低国际标准在我国实施的成本,对于通过第四轮评估大有好处。例如洗钱/恐怖融资风险评估最重要的运用方向是金融、特定非金融行业与从业人员管理要求的设计:一是在风险较低的情形下,对于 FATF 在某些行业采取反洗钱措施的建议,可以不适用;二是在风险较低的情形下,可以简化实施 FATF 要求的措施;三是对高风险的情形,应在相关行业采取相应的反洗钱措施。

对于我国来说,运用好新《四十项建议》建议 1 的要求,就是要在一些特定行业充分考虑不适用和简化的情形,有效降低国际标准的实施成本,以集中资源推动反洗钱要求在高风险行业的落实。

(二)对接新《四十项建议》要求的具体对策

1.自评估以构建对接新《四十项建议》规划

政策协调方面的不足,严重影响了我国反洗钱工作的深入开展。建设好国内政策协调机制,并依托该机制,加强规划与政策协调,不仅是我国顺利通过第四轮评估的关键,更是我国反洗钱机制充分发挥作用的关键。从国外经验来看,各国开展风险评估的方法、范围并不一致,对于我国来说,关键是从我国现状出发,把握好以下几个方面:

一是把问题作为评估的起点。应把当前严重影响我国社会稳定与安全的犯罪作为问题起点。例如:毒品犯罪、恐怖犯罪、腐败犯罪、税务犯罪等。明确问题起点,有利于有针对性地引入相关部门开展评估,实现反洗钱体系与现有体系的对接。

二是注重评估的系统性和整体性。在预防和打击上述犯罪过程中,金融及相关行业如何发挥作用这一命题下,全面审视刑事制度、金融等相关行业管理制度、金融等相关行业监管制度、金融情报制度、国际合作制度等存在的不合理、不衔接、不配套之处。

三是注重可操作性。在开展完评估之后,提出具有可操作性的建议。要具有可操作性,就要注意反洗钱体系改革措施与其他领域改革措施的相互配套和衔接。如果相关反洗钱改革措施单兵突击,没有考虑相配套的制度环境,即使能够完成,其实施效果也将大打折扣。例如,在反恐怖领域,加强与正在制定的《反恐怖法》的衔接;在反腐败领域,加强与正在制定的《反腐败法》的衔接,对接金融情报制度、腐败线索举报收集制度、金融及相关行业政治敏感人物的客户身份识别制度;在刑事司法领域,加强没收力度的措施应与规范查封、扣押、冻结、处理涉案财物的司法程序的改革措施衔接。

要以解决我国迫切需要解决的实际问题作为出发点,全面审视我国反洗钱制度存在的不足,结合互评估要求与我国实际,提出规划,合理安排时间进度,明确部门责任,有效推进落实,切实改进我国反洗钱各项政策不协调,反洗钱政策与其他政策不协调的状况。

2.逐步推进刑事制度改革

从自评估结果来看,刑事制度方面满足了一定的合规性和有效性要求,但作为金融力量发挥作用的基础性条件,仍然有极大改进空间。考虑到我国是大陆法系国家,按照新《四十项建议》直接改造我国刑事制度,可能导致"水土不服"的情况,因此应谨慎推进。具体策略应从预防和打击腐败、毒品、恐怖融资等特定犯罪出发,改造现有的刑事制度体系,不断总结经验,逐步实现与新《四十项建议》要求接轨。

一是改革没收制度。长期而言,应考虑纠正我国刑法中的没收概念与新《四十项建议》中没收概念不一致的问题,有利于开展国际合作。短期而言,应针对腐败、毒品和恐怖融资等特定犯罪,如何适用我国《刑法》第64条规定的特别没收和追缴,制定更为严密的措施,包括允许没收和追缴同等价值的财产,确保有效实施。还应考虑引入民事没收制度。在腐败、毒品、恐怖融资等犯罪中,往往没有特定的受害主体,引入民事没收制度,不会引发严重的公民财产权保护问题,是对有效剥夺犯罪分子犯罪收益这一策略的有效体现。民事没收制度在这些领域的实施,可以为在更大范围内的实施积累经验,确保风险可控。最后,应考虑建立与之配套的激励机制,通过允许相关办案部门使用没收财产作为办案经费等方式,提升相关办案部门积极性,推动有效剥夺犯罪收益策略的落实。

二是改革洗钱罪体系设计。理顺《刑法》312条、349条和191条之间的逻辑关系,进一步实现刑法体系与行政法体系的衔接,创设金融机构故意不履行反洗钱义务罪。

三是从打击恐怖、危害国家安全等犯罪角度出发,进一步理顺相关的刑事制度。进一步明确恐怖活动犯罪的定义,完善恐怖活动犯罪相关刑事措施。在进一步对外开放和国际局势复杂的大背景下,应在维护国家安全的主题下,及时建立针对特定国家和对象的包括贸易、金融等内容的制裁机制,并在此框架下建立有效利用安理会 1267 或 1373 委员会提出列名请求机制,实现与新《四十项建议》中有关恐怖融资定向金融制裁和扩散融资定向金融制裁要求的对接。

3.提升金融及相关行业管理制度的针对性

金融及相关行业管理制度的完善,最重要的表现是实现与刑事制度、金融情报制度等的对接,具体内容包括:为实施金融制裁、打击犯罪维护国家安全等需要,如何在金融及相关行业建立与之相配套的客户身份识别规则和可疑交易报告等规则,确保金融制裁要求可以得到及时执行,或为相关犯罪行为的打击提供及时的情报支撑等。根据我国现阶段的国情,还应该采取以下措施。

一是建立业务导向的监管要求。特定义务主体是否纳入反洗钱监管,其依据不是其是否取得行业牌照,而是其是否从事特定业务。

二是全面加强高风险业务的管理措施。包括现金管理、地下钱庄等。

三是结合我国国情提出通过购买房产、开设公司、利用现金方式洗钱的治理措施。

四是及时规范对互联网金融的监管要求。研究和建立适应互联网新兴支付方式的客户身份识别规则、可疑交易报告规则、客户身份资料及交易记录保存规则。加强对"点对点"交易为特征的金融风险应对,建立适应金融业新分工模式的反洗钱监管策略,加强对新技术的监管和引导。与其他互联网主管部门合作,推广互联网金融实名制,限制隐匿交易 IP 地址、来源技术的使用。加大与新金融行业的合作,了解支付、信用分析、大数据等技术的发展趋势,引导和鼓励新型金融机构在创新便捷、高效的金融产品的同时,关注产品的安全性,提升客户身份识别和可疑交易监测的技术水平。

五是实事求是推进特定非金融行业或从业人员的反洗钱监管要求。例如,新《四十项建议》要求律师、会计师、公证人在为客户提供服务时需要履行反洗钱义务,这是由于在英美西方国家,律师、会计师、公证人广泛参与为客户资金管理、财产或公司等各类法律实体业务,犯罪分子可通过这些行业隐匿身份,资金以中介机构名义流入金融行业,成功规避金融行业反洗钱措施,逃避司法机关对犯罪资金的追踪和没收。在我国,犯罪分子虽然也通过购买房产、开设公司、利用现金、资金流入金融体系等方式洗钱,但与西方发达国家相比,发展阶段不同,交易习惯不同,律师等行业在这些活动中的参与并不多。因此,以西方发达国家洗钱类型作为背景而提出的将律师等行业纳入反洗钱体系的要求并不适用于我国国情。建议与行业管理部门定期对特定行业的特定业务开展洗钱风险评估,以说明不适用的理由。

4.解决监管需要重点关注的问题

针对金融业在反洗钱管理经验、技术积累不够的现状,有针对性地采取监管措施。

一是完善政策。制定《金融机构洗钱风险管理体系框架指引》,明确公司治理、管理、操作等层面及不同部门职责分工的基本原则和要求,确保责任明确,分工合理,满足反洗钱制度制定、执行、完善的要求。引导金融机构建立有效传递落实反洗钱责任的管理安排;制定《金融机构业务洗钱风险管理指引》,针对不同业务,提出客户身份识别、可疑交易指标设定等管理措施。有效引导反洗钱部门与业务部门利用制度手段加强业务管理;制定《金融机构反洗钱大数据建设指引》,提出利用大数据手段和技术改进反洗钱信息收集、分析和报送的指导意见。有效引导反洗钱部门与业务部门利用技术手段加强业务管理。

二是改进监管方法。依据上述指引,更有针对性地对金融机构开展监管,制定和完善非现场监管指标体系,确定现场检查重点,提示风险,提出改进建议。

三是加大法人监管问责力度。对法人机构有效问责,推动金融机构总部切实履行管理责任。

5.推动大数据技术与金融情报制度融合

应利用前述风险评估机制,进一步加强金融情报制度与我国禁毒制度、反腐败制度、反恐怖等制度的衔接。同时,修订《反洗钱法》,扩大反洗钱数据使用范围,将反洗钱数据用于监管、税收、预防和打击犯罪、反恐等活动,提升国家治理能力,维护国家安全,为反洗钱大数据应用奠定制度基础。

人民银行作为反洗钱大数据发展与应用的主管部门,应承担促进反洗钱大数据发展与应用职责,负责收集反洗钱数据和构建反洗钱大数据,负责反洗钱大数据共享交换及使用平台的建设职责,统一管理和推广使用平台。

分阶段构建反洗钱大数据共享交换及使用平台。第一阶段以数据集中访问为重点。在对反洗钱大数据涉及的部门及数据进行摸底调查后,建立统一入口,访问分散在各部门的数据。第二阶段是以反洗钱数据为核心,深度整合政府其他部门反洗钱相关数据及社会数据,利用大数据技术,发展大数据分析工具,充分运用云计算技术,构建连接义务机构、监管机构、执法部门,高效、安全收集、存取、分析和使用数据的网络,为政府利用反洗钱大数据履职提供技术支撑。

6.加大全球治理人才培养力度

国际合作是国内政策及其实践的延续。理顺国内制度、体制、机制,实现与国际理念、原则、做法的接轨,是有效开展国际合作的基础。应加大人才培养力度,培养既了解我国金融等相关行业实际情况,又通晓国际反洗钱规则的人才,广泛参与国际合作,为我国进一步参与国际治理奠定人才基础。

一是更进一步参与国际标准制定。深度参与 FATF 相关标准和规则的制定工作,反映我国所处阶段与实际情况,降低国际标准和规则在我国实施所需的成本。

二是有效利用国际标准。加入艾格蒙特集团,与其他国家金融情报机构交换情报,提升我国的情报收集能力;善于运用反洗钱规则,在监管、打击犯罪、犯罪收益追缴、引渡等方面有效开展跨国合作。

7.构建反洗钱统计制度

一是在国家层面建立反洗钱工作数据统计机制。依托现有的反洗钱工作部际联席会议机制,尽快在国家层面明确反洗钱工作数据统计标准,定期收集反洗钱工作数据,为评估反洗钱工作的有效性,开展国家洗钱风险评估,以及开展反洗钱政策的顶层设计提供数据支撑。

二是反洗钱行政主管部门加强协调力度。反洗钱工作数据统计涉及监管、司法等多个部门及金融及特定非金融行业,要经过多个层级统计汇总,难度较大。人民银行作为反洗钱行政主管部门,需要进一步加强协调,承担数据统计的顶层设计职责,才能收集真实、可靠、可用的反洗钱统计数据,为科学决策奠定基础。

参考文献

[1] FATF.The forty recommendations of the financial action task force on money laundering [EB/OL].http://www.fatf-gafi.org,1990.

[2] FATF. Financial action task force on money laundering the forty recommendations[EB/OL]. http://www.fatf-gafi.org,1996.

[3] FATF. FATF 40Recommendations[EB/OL]. http://www.fatf-gafi. org,2003.

[4] FATF. FATF IX Special Recommendations[EB/OL]. http://www. fatf-gafi. org,2003.

[5] FATF. International standards on combating money laundering and the financing of terrorism & proliferation:the fatf recommendations[EB/OL].http://www.fatf-gafi.org,2012.

[6] FATF. Procedures for the fatf fourth round of aml/cft mutual evaluations[EB/OL].http://www.fatf-gafi.org,2013.

[7] FATF. Methodology for assessing technical compliance with the fatf recommendations and the effectiveness of aml/cft systems[EB/OL]. http://www. fatf-gafi.org,2013.

[8] GAO. Better use of currency and foreign accounts report by treasury and irs for law enforcement purposes[EB/OL]. http:// www.gao.gov,1979.

[9] GAO. Bbank secrecy act reporting requirements have not yet met expectations,

suggesting need for amendment[EB/OL].http://www. gao.gov,1981.

[10] GAO. Money laundering:Treasury's Financial Crimes Enforce- ment Network [EB/OL].http://www.gao.gov,1991.

[11] GAO. Money laundering: The Use of Bank Secrecy Act Reports by Law Enforcement Could Be Increased[EB/OL]. http://www.gao.gov,1993.

[12] GAO.Money laundering:FinCEN's Law Enforcement Support Role Is Evolving [EB/OL].http://www.gao.gov,1998.

[13] 李云飞.美国反洗钱刑事立法变迁研究[J].山东师范大学学报,2013,58(5):133-143.

[14] 何帆.刑事没收制度研究[M].北京:法律出版社,2007.

[15] 中国人民银行反洗钱局.中国反洗钱和反恐融资评估报告[R].北京:FATF(反洗钱金融行动特别工作组)2014报告,2014.

[16] 段玲,冯春江.互联网金融与反洗钱监管[J].中国金融,2015(4):86-87.

[17] 冯春江.美国防范虚拟货币风险的主要做法及启示[J].武汉金融,2015(2):42-44.

文章审稿人:周谦毅

人民币国际化进程中汇率的影响研究①

中国人民银行重庆营业管理部货币信贷处课题组

课题主持人:古旻

课题组成员:王红　余翔　邓翊平　吴恒宇

一、研究问题的提出

在近6年的发展历程中,在地域范围上,人民币跨境使用从3地试点逐步扩大到全国范围;在业务类型上,跨境人民币业务也逐渐实现了经常项目的开放②以及资本项下的直接投资和证券投资项目的部分开放。目前,上海自贸区、深圳前海等开展跨境人民币创新业务试点的地区,其创新业务大都集中在资本账户开放上。伴随随着人民币资本账户开放的逐步推进,资本项下跨境人民币业务创新必将成为推动人民币国际化的重要引擎。随着人民币国际化进入新阶段,为推动人民币国际化向纵深发展,需要更好地发挥政策推进合力,因此与其他经济金融政策相互协调配合的重要性更加突显。

国外经验表明,货币国际化背景下的开放进程中可能出现资本流动剧烈变化、汇率波动加剧、货币政策有效性受损、金融危机概率上升等诸多风险,其中汇率因素的作用需要特别关注。一方面,汇率与一国的对外贸易以及跨境资本流动特别是短期资本流动息息相关,而且与利率等货币政策的有效性关系密切;另一方面,人民币国际化背景下的资本账户开放因为外债以本币计价,偿债压力较为可控,因而主要面临的是资本流动和汇率相关风险。

关于汇率因素在货币国际化进程中的作用,在国际货币史上有两个典型的例子,德国马克依靠1979年建立起来的欧洲货币汇率联动机制以及此后的渐进式升值较好地完成了经常和资本账户开放,有力推动了马克国际化的进程;而在日元国际化进程中,1997年日元的大幅度贬值助推了亚洲金融危机的爆发,日本一系列银行和证券公司相继破产,日元国际化进程也受到显著负面影响。因此,在货币史上汇率与货币国际化进程有着密切联系。为更好地实施人民币国际化战略,稳步推进

---

① 为2015年度中国人民银行重庆营业管理部重点研究课题,获评"二等奖"。

② 目前,企业经常项下的所有业务均能以人民币进行结算,除部分试点地区外,个人经常项下的跨境人民币业务还仅限于货物贸易和服务贸易。但据报道,个人其他经常项下的跨境人民币业务,作为上海自贸区可复制、可推广的金融政策之一,即将在全国范围内推展开。

人民币资本项目可兑换,有必要研究在人民币国际化进程中汇率因素的作用,以便为政策之间的协调配合提供参考。因此,本文的研究具有明确的现实意义。

二、人民币国际化的现状及人民币资本账户开放的进程

(一)近6年来人民币国际化取得长足发展

跨境人民币业务自2009年启动以来,呈现快速发展势头。根据环球银行金融电信协会(SWIFT)的数据,2014年12月,人民币已成为全球第2大贸易融资货币、第5大支付货币、第6大外汇交易货币。其业务范围已覆盖所有经常项目以及资本项下的直接投资和部分证券投资项目,2014年,经常项目人民币结算金额6.55万亿元,同比增长41.6%。其中,货物贸易人民币结算金额5.9万亿元,同比增长42.6%,占同期货物贸易本外币跨境结算金额的比重接近20%;服务贸易及其他经常项目结算金额6565亿元,同比增长31.3%。对外直接投资(ODI)人民币结算金额1865.6亿元,同比增长117.9%;外商来华直接投资(FDI)人民币结算金额8620.2亿元,同比增长92.4%。截至2014年末,中国境内(不含港澳台地区,下同)银行的非居民人民币存款余额为22830亿元,主要离岸市场人民币存款余额约19867亿元,人民币国际债券未偿余额5351.1亿元。2015年11月30日,IMF执董会作出将人民币纳入SDR货币篮子的决定,将从2016年10月1日起,作为第五种货币,与美元、欧元、日元和英镑一道构成特别提款权货币篮子,人民币国际化迈入新的纪元。

(二)除了直接投资项目外,人民币跨境使用在资本项下还有一定的限制

1.资本市场证券交易

除境外机构尚不能在境内发行股票、境外金融机构暂不能在境内发行人民币债券外,其他资本市场证券交易都属于基本可兑换或者部分可兑换。从股票一级市场看,无论是主板市场、创业板市场,还是场外市场,现有政策尚不允许境外机构在境内发行股票。但从境内机构赴境外发行股票看,按照1994年施行的《国务院关于股份有限公司境外募集股份及上市的特别规定》(国务院令第160号)规定,“股份有限公司经证监会批准,可以向境外特定的、非特定的投资人募集股份,其股票可以在境外上市”,“股份有限公司向境外投资人募集并在境外上市的股份,采取记名股票形式,以人民币标明面值,以外币认购”。因此目前境内企业赴境外发行股票并无制度障碍,但因境外投资人需用外币认购股份,境内企业赴境外发行人民币股票还需证监会和总行予以进一步明确。从二级市场看,境外主体以人民币投资境内股票市场主要通过RQFII(人民币合格境外机构投资者)制度,境内主体以人民币投资境外股票市场主要通过RQDII(人民币合格境内机构投资者)制度,沪港通则打通了沪港股票市场交易互联互通。一是RQFII制度,2011年12月正式推出RQFII制度,允许人民币合格境外机构投资者投资境内证券市场,但RQFII有境外地域范围和额度限

制，境外地域目前仅限于中国香港、英国、新加坡、法国、韩国、德国、中国台湾、卡塔尔、加拿大、澳大利亚、瑞士等11个国家和地区。二是RQDII制度，2014年11月推出RQDII制度，允许人民币合格境内机构投资者开展境外证券投资活动。新华信托股份有限公司是目前重庆仅有的一家合格境内机构投资者（QDII），具有QDII资格的机构也自动取得RQDII的资格，新华信托具备开展人民币境外证券投资活动的条件。三是沪港通，2014年11月开始试点沪港通，沪港通既可方便内地投资者直接使用人民币投资香港股票市场，也可增加境外人民币资金的投资渠道，进一步便利了人民币在两地的有序流动。试点初期，对人民币跨境投资额度实行总量管理，并设置每日额度，实时监控。沪股通总额度为3000亿元人民币，每日额度为130亿元人民币；港股通总额度为2500亿元人民币，每日额度为105亿元人民币。

在债券一级市场上，从境内机构赴境外及中国港澳台地区发债看，目前主要在香港发行点心债。从国债发行看，财政部自2009年以来已多次在香港发行人民币国债。从金融债看，根据人总行和国家发改委共同发布的《境内金融机构赴香港特别行政区发行人民币债券管理暂行办法》，境内金融机构自2007年起可赴境外及中国港澳台地区发行人民币债券，但金融机构赴发行人民币债券的地域范围仅限于香港，且发债规模采取发生额管理方式。从非金融企业赴境外发行人民币债券情况看，按照国家发展改革委《关于境内非金融机构赴香港特别行政区发行人民币债券有关事项的通知》规定，境内非金融机构可赴香港地区发行人民币债券，但若将发债募集的人民币资金汇入内地则需经人总行同意。从境外机构在境内发债看，目前境外机构可在境内发行熊猫债。早在2005年国际开发机构就可申请在境内发行人民币债券。2014年9月，人民银行发布《关于境外机构在境内发行人民币债务融资工具跨境人民币结算有关事宜的通知》，境外非金融企业可在银行间债券市场发行人民币债券。在债券二级市场上，现有政策框架下，境外主体以人民币投资境内债券市场主要通过RQFII制度和境外机构投资银行间债券市场的制度①，境内主体以人民币投资境外债券市场则通过RQDII制度。

2.货币市场工具

从境外机构及中国港澳台地区参与境内货币市场交易看，除银行间同业拆借市场允许港澳人民币清算行②进入外，其余包括票据贴现市场、大额存单市场等，都不允许境外机构进入，但境外机构可通过QFII（RQFII）购买国内货币市场基金，境外

① 2010年8月起，境外央行或货币当局、港澳人民币清算行、境外参加行等三类机构可运用人民币投资银行间债券市场。目前，进入银行间债券市场的境外机构已由前述类机构拓展到国际金融机构、主权财富基金、保险机构、RQFII和QFII。

② 经人民银行和中国香港、中国澳门金融管理局认可，已加入人民银行大额支付系统并办理港澳人民币清算业务的银行为港澳人民币清算行。目前，香港地区的人民币清算行是中国银行（香港）有限公司，澳门地区的人民币清算行是中国银行（澳门）有限公司。

人民币业务清算行、境外参加银行可以在银行间债券市场开展债券回购交易。而境内居民可通过 QDII(RQDII)投资于境外货币市场工具,经外汇局批准还可在境外发行货币市场工具。

3.集体投资类证券①

在一级市场上,目前不允许非居民在境内发行集体投资类证券,境内居民经外汇局批准可在境外发行集合投资类证券;在二级市场上,非居民可通过 QFII(RQFII)投资于境内封闭式和开放式基金,境内居民可通过 QDII(RQDII)投资于境外的集体投资类证券。

4.信贷工具交易

一是商业信贷。商业信贷因其具有真实贸易背景,与经常账户密切相关,稳定性较强,风险相对较小。按规定,跨境贸易项下因预收延付而产生的居民对非居民的人民币负债,只需在人民币跨境收付信息管理系统(RCPMIS)中办理登记,允许货物贸易项下的人民币预收预付、延收延付。而企业货物贸易外汇项下的预收预付、延收延付自 2012 年 8 月 1 日起,也由之前的贸易信贷登记改为贸易信贷报告。此外,基于贸易而产生的贸易融资,现行政策允许银行为企业提供以贸易合同金额为限的跨境贸易人民币融资。

二是金融信贷。目前,境内非金融机构可开展人民币境外放款业务,外资企业可向其境外股东、集团内关联企业和境外金融机构借入人民币,上海自贸区、天津生态城、苏州工业园区、云南广西沿边金融改革试验区等试点区域内企业可开展跨境人民币贷款业务。金融信贷方面目前的限制主要是除部分试点跨境人民币贷款业务的地区外,中资企业暂不能从境外借入人民币。

三是担保、保证和备用融资便利。目前,尚未出台人民币跨境担保的系统管理规定,人民币跨境担保的管理规定散见于银发〔2011〕145 号、银发〔2013〕168 号等文件中,这些规定都较原则。按照这些文件的规定,境内银行机构和非金融企业可对外提供人民币担保。目前,人民币跨境担保的方式主要为人民币保函、人民币备用信用证。

5.不动产交易

目前尚不能直接以跨境人民币形式开展不动产交易。一是居民在境外购买不动产。按照 IMF 的评估,国内机构购买海外房地产须符合海外直接投资管理规定。目前,境内机构尚不能以投资目的直接用人民币购买境外不动产,境内个人也不能基于投资目的在境外购买不动产。二是非居民在境内购买不动产。现行政策对境外机构和个人在境内购房予以严格限制。按照《住房和城乡建设部、国家外汇管理

① 按照 IMF 对集体投资类证券的解释,集体投资类证券包括股权证、登记账目或其他证明对集体投资有投资收益的凭据,比如共同基金、单位投资信托。

局关于进一步规范境外机构和个人购房管理的通知》(建房〔2010〕186号)等有关文件的规定,在境内设立分支、代表机构的境外机构只能在注册城市购买办公所需的非住宅房屋,在境内没有设立分支、代表机构的境外机构不得在境内购买商品房,境外个人在境内只能购买一套用于自住的住房。境外机构和个人在境内购房,都采取外汇结汇方式支付购房款,暂不能从境外直接汇入人民币购房。三是非居民在境内出售不动产。无论非居民机构还是个人,其出售境内商品房取得的人民币资金,需购汇汇出,不能将出售房屋所得的人民币资金直接汇出。

6.个人资本交易

一是贷款。目前,既不允许居民个人向非居民个人提供人民币贷款,也不允许非居民个人向居民个人提供人民币贷款。二是礼品、捐赠、继承和遗产。除部分试点地区外,目前个人只能在跨境货物贸易、服务贸易中采用人民币进行结算,个人尚不能以人民币进行跨境的礼品、捐赠、继承和遗产方面的交易。三是海外移民的债务清偿。目前,海外移民与境内的债务清偿尚不能以人民币进行。四是资产转移。目前,个人尚不能以人民币方式向境外转移资产。五是博彩和中奖收入。如前所述,因个人跨境人民币业务目前仅限于货物贸易和服务贸易项下,博彩、中奖收入尚不能以人民币方式进行结算。

总体来看,人民币资本项目可兑换还有待进一步推进,在证券市场方面还有较多的管制,在国际借贷方面,对内对外跨境贷款在很多区域仍有较多的限制,在货币市场和外汇市场方面,对境内外主体的跨境交易还存在较多限制。目前人民币国际化状况下汇率因素的作用主要是经常项目和直接投资项目人民币跨境业务与汇率的关系。但是随着人民币国际化进入新阶段,下一步,人民币要从计价结算货币发展为国际金融交易货币、国际投资和储备货币,需要在资本项下推进人民币可兑换的步伐。2015年政府工作报告明确提出"稳步实现人民币资本项目可兑换,扩大人民币国际使用",人民币资本项目可兑换已经提上历史日程。因此本课题以下的研究主要分为三个部分。首先对人民币国际化与汇率的相互关系开展理论分析,然后就人民币国际化目前状态下汇率因素的作用进行实证分析,最后通过国际经验借鉴分析人民币资本项目可兑换进一步推进的情况下,可能面临的汇率风险及政策应对。

三、汇率与货币国际化关系的理论分析

(一)汇率对货币国际化的影响

根据货币国际化理论,一国的货币能否成为国际货币受供需两方面的影响,除了金融市场发展程度和跨境支付结算基础设施水平等供应方面的因素之外,需求方面的因素占据很重要的位置,对货币国际化的市场潜在需求有关键性的影响。

借鉴凯恩斯的货币需求理论,货币的跨境使用和境外持有需求主要源于交易需

求、预防性需求和投机需求。与国内货币需求影响因素有差异的是,由于全球有多种国际货币,国际货币的需求影响因素更多地表现为各币种相互比较之后的相对状况。其中,交易需求主要源于国际贸易和投资的需要,受货币发行国在国际贸易和投资中的相对地位、货币的相对服务效率和融资成本、汇率走势和预期以及交易双方货币偏好和惯性的影响,给定其他因素不变,一国货币汇率的升值走势和预期会鼓励货币接收方选择使用该种货币进行交易,会降低货币支付方使用该种货币的意愿,因此具体的影响还要看货币收付双方在确定交易币种方面的决定能力。可以确定的是如果一国的货币汇率波动频繁,贸易和非贸易商品以及资产的交易价格计算将更为困难,这就增加了交易成本和风险,损害了国际货币作为价值尺度、交换媒介、支付手段等作用的发挥。预防性需求源于不确定的支付需求,与交易需求的影响因素类似,只是还会受到其他国际货币全球流动性情况的影响,一种主要国际货币的全球流动性不足将推动其他主要货币预防性需求的上升,反之则反是。投机需求是市场参与者出于获利动机跨境使用或境外持有一国货币的需求。汇率走势和预期、在岸离岸市场汇率差异、投资者资产组合情况、各币种资产收益情况、各主要国际货币发行国宏观经济走势和物价走势等因素都会对投机需求产生影响。给定其他因素,一国货币的汇率升值走势和预期将鼓励市场参与者更多地持有该种货币及其计价资产,反之则反是。如果汇率频繁波动,将分化市场参与者对汇率走势的预期并增加其收益风险和持有成本,这就会降低相应的投机需求。在岸离岸市场汇率差异的扩大会鼓励市场参与者的汇差套利行为,因而增加相应的投机需求,反之则反是。

所以,货币国际化程度的提高必须满足一个重要前提条件,那就是国际市场对货币的价值要有信心,也就是市场预期货币的价值不会出现大幅持续波动。为调动各方面需求提升货币国际化水平,需要货币的对外币值保持相对稳定或稳中有升的态势。尽管在一些发达国家的金融市场有各种汇率避险金融工具可以选择,但是这些工具也只是实现风险在市场参与者之间的转移,而不是完全消除风险,而且工具的使用也需要付出成本。对于新兴市场国家来说,由于金融市场还有待进一步发展,在为市场参与者提供多样化的金融工具以规避汇率风险方面还有欠缺,因此国际市场对货币对外币值的走势更为敏感,汇率政策的重要性会进一步突显。

(二)货币国际化对汇率的影响

借鉴 He 和 McCauley(2012)从交易者身份对欧洲美元市场资金流动渠道的划分。货币国际化过程中由于各国的跨境经贸往来,在岸与离岸货币市场可能出现四种资金流动渠道。第一个渠道是完全的离岸资金流动,一国境外的货币供给者或支付者通过离岸市场向境外的该货币需求者或接受者提供资金,例如离岸市场的银行将货币资金贷给境外企业,境外贸易双方完成支付结算,境外主体通过在离岸市场发行债券向其他境外主体募集资金等情况。在这一渠道中,如果由于除汇率之外其他因素的影响货币供给出现上升或需求出现下降,会给该货币的离岸汇率带来贬值压力或形成贬值预期,反之则反是。由于存在在岸和离岸市场汇差套利行为,这可能给在岸汇率带来间接影响。

第二个渠道是完全的资金循环,一国境内的货币供给者或支付者将该货币通过离岸市场向境内的货币需求者或接受者提供资金,出现这种情况主要是为了规避在岸市场的监管,例如一些美国国内的美元资金供给者通过欧洲美元市场提供给国内资金需求者,规避一部分国内监管政策带来的成本,从而获得更高的资金收益率。在这一渠道下,供需双方相互依存,货币资金的供应方和需求方都在境内因而对汇率的影响较小。

第三和第四个资金流动渠道是通过离岸市场的资金净流入和流出,表现为一国境内的货币资金需求者或接受者通过离岸市场获得境外的该货币,或者境外的该货币资金需求者或接受者通过离岸市场获得境内的货币。这两个资金流动渠道会产生资金的净流入或者净流出,因而对汇率的影响更为直接,一旦离岸市场的货币需求和供给受到汇率之外其他因素影响出现显著变化,会对在岸汇率及预期产生直接冲击。特别是在一国的货币国际化达到一定的程度之后,由于非居民会持有相当规模的该国货币及其计价资产,其持有意愿会因为全球经济金融状况和资产配置偏好等众多因素影响而出现变化,这会对在岸市场的该国货币汇率及预期产生较大冲击。

所以,在理论上,一国货币汇率的变化和预期直接关系到国际市场对货币的信心和接纳度,对人民币国际化有重要影响。人民币国际化程度的提高也会增大境外人民币供需变化对汇率及其预期的影响。但是从发达国家的经验看,货币国际化的影响因素在各国存在差异,在人民币国际化过程中汇率因素有怎样的作用还有待实证检验。2014 年 3 月人民币汇率波动幅度有重要政策调整,这是否会改变汇率波动与人民币国际化的关系也有待检验。由于我国目前实行的是有管理的浮动汇率制度,而且人民币跨境使用政策实施仅 6 年时间,境外人民币存量相对有限,人民币国际化进程是否达到了可以影响汇率的程度,也还有待实证考量。接下来通过时间序列分析方法对这些问题进行实证研究。

四、当前人民币国际化与汇率关系的实证检验

(一)计量分析方法和数据说明

根据人民币国际化主要数据的可获得性,分析中采用 2011 年 12 月至 2015 年 4 月的月度时间序列数据,综合运用单位根检验、协整分析、格兰杰因果检验、方差分解方法、向量自回归分析方法,实证分析汇率与人民币国际化的关系。鉴于时间的跨度主要在 2012—2014 年,这期间金融市场、金融开放政策等货币国际化的供应方面因素数据变化幅度有限,适合用在更低频率的数据分析之中,因此本文分析中将

主要采用需求方面的人民币国际化影响因素作为控制变量,具体指标的定义和数据来源如下:

人民币国际化指标:一国货币国际化程度可以用该国货币在国际贸易和投资中作为计价货币或交易媒介的情况来指代,也可以用全球各国外汇储备中对该国货币的持有情况来反映。由于人民币作为外汇储备的时间较短,比重较小,因而以下的分析中主要采用人民币国际支付在全球市场的份额来表示,数据来源于 SWIFT 月报。根据相关文献的建议(李稻葵和刘霖林,2008;白钦先和张志文,2011;张志文和白钦先,2013),分析中还采用了经过 Logistic 转换的人民币国际支付份额指标。此外,为提升研究视角的全面性,分析中还采用香港离岸市场人民币存款规模指标作为人民币国际化的第二个指标,这有助于检验分析结果的稳健性,也有利于与之前的研究进行横向比较。

汇率指标:鉴于人民币汇率预期对市场参与者的重要影响(何帆等人,2011;朱鲁秀,2014;朱宗元和屠子恒,2015;吴立雪,2015),分析中首先采用美元兑人民币 1 个月非现金交割远期汇率(NDF)作为第一个汇率指标,以 1 美元兑人民币的数量来表示。为检验计量分析结果的稳健性,分析中还采用了人民银行公布的美元兑人民币月均即期汇率(CNY)作为第二个汇率指标。以往的研究已经指出了离岸在岸人民币汇率差异对香港人民币存款规模有重要影响(张明和何帆,2012;朱鲁秀,2014;吴立雪,2015),当人民币在香港市场上的外汇兑换率高于在内地市场上时,会导致有用汇需求的内地企业通过各种渠道将人民币资金转移至中国香港,在香港市场上兑换为外汇,这就增加了香港市场的人民币供给,因此在分析离岸人民币存款影响因素时还加入了 CNH 与 CNY 之差以控制这一影响。此外,在样本期间还有汇率政策的重大调整,因此有必要分析汇率波动幅度扩大对人民币国际化的影响,分析中将采用美元对人民币即期汇率(CNY)波动指标(当月平均汇率与上月平均汇率之差的平方)就汇率波动与人民币国际化的关系开展分阶段分析。汇率数据均来源于 Wind 数据库。

贸易份额指标:为控制中国在国际贸易中的地位变化对人民币国际化的影响,分析中采用中国在中、美、日、欧盟等国家及国际组织对外贸易总额(进口总额与出口总额之和)中的占比在反映这一变化,数据来源于 WTO 数据库。

价格差异指标:为控制人民币对内价值的相对变化对人民币国际化的影响,分析中采用中国消费者价格指数(CPI)月度值与欧、美、日 CPI 月度均值之差来反映价格的相对变化。数据来源于 Wind 数据库。

经济走势指标:为控制经济走势对人民币国际化的影响,分析中采用欧、美、日制造业采购经理指数(PMI)月度均值与中国 PMI 月度值之差来反映经济走势的变化情况,数据来源于 Wind 数据库。

(二)实证分析结果

1.汇率变化与人民币国际化:初步结果

首先对各变量进行 ADF 单位根检验,结果如表 1 所示。表 1 的结果表明,除汇率波动指标外,其他主要变量均为 1 阶单整变量,直接采用 OLS 分析方法会产生伪回归问题,因此接下来采用协整检验分析变量之间的关系。

表 1 ADF 单位根检验结果

变量名称	是否差分	检验形式	t 统计量
人民币国际支付份额	否	(C,0,0)	-0.067
人民币国际支付份额	是	(C,0,0)	-7.617***
Logistic 人民币国际支付份额	否	(C,0,1)	-1.761
Logistic 人民币国际支付份额	是	(C,0,0)	-9.391***
香港离岸市场人民币存款规模	否	(C,0,1)	-0.831
香港离岸市场人民币存款规模	是	(C,0,0)	-3.230**
美元兑人民币 1 个月远期汇率(NDF)	否	(C,0,2)	-0.934
美元兑人民币 1 个月远期汇率(NDF)	是	(C,0,1)	-4.529***
美元兑人民币平均汇率(CNY)	否	(C,0,1)	-1.042
美元兑人民币平均汇率(CNY)	是	(C,0,0)	-3.580**
香港美元兑人民币即期汇率 CNH 与 CNY 汇率之差	否	(C,0,1)	-2.290
香港美元兑人民币即期汇率 CNH 与 CNY 汇率之差	是	(C,0,0)	-4.388***
人民币即期汇率波动指标	否	(0,0,0)	-5.410***
人民币即期汇率波动指标	是	(0,0,1)	-7.378***
中国在中美欧日 30 国对外贸易额中的占比	否	(0,0,3)	0.542
中国在中美欧日 30 国对外贸易额中的占比	是	(0,0,2)	-6.700***
美欧日与中国 PMI 指数之差	否	(C,0,0)	-1.466
美欧日与中国 PMI 指数之差	是	(C,0,0)	-6.690***
中国与美欧日 CPI 价格指数之差	否	(C,0,1)	-2.496
中国与美欧日 CPI 价格指数之差	是	(C,0,0)	-9.779***

注:原假设为变量有一个单位根。检验形式(C,0,数字)中 C 表示包含常数项(0 表示不包含),0 表示不包含趋势项,数字表示滞后期数。由于汇率波动指标和贸易额占比指标波动较大无明显趋势和截距项,因此检验中未含常数项。滞后期数的选择根据 SIC 信息准则。**和***分别表示在 5%和 1%的显著性水平上拒绝原假设。

表 2 人民币国际收支份额协整检验结果

被解释变量:人民币国际支付份额 解释变量:人民币远期汇率 NDF、对外贸易额占比、PMI 指数差、CPI 价格指数差 滞后阶数:1 样本期间:2012 年 2 月—2015 年 3 月				
没有协整关系	Trace 统计量	77.684**	Max-Eigen 统计量	40.406***
最多 1 个协整关系	Trace 统计量	37.278	Max-Eigen 统计量	20.311
最多 2 个协整关系	Trace 统计量	16.967	Max-Eigen 统计量	11.020
最多 3 个协整关系	Trace 统计量	5.947	Max-Eigen 统计量	5.075
最多 4 个协整关系	Trace 统计量	0.872	Max-Eigen 统计量	0.872

注:**和***分别表示在 5%和 1%的显著性水平上统计显著。滞后阶数的选择根据 SC 信息准则。

表 3 人民币国际支付份额协整方程

人民币国际=0.582 贸易额占比-8.111 远期汇率 NDF-0.073CPI 价差-0.167PMI 指数差				
人民币国际	(0.080)	(2.678)	(0.164)	(0.083)
支付份额	[-7.244]	[3.028]	[0.442]	[2.022]

注:圆括号中的数值为标准差,方括号中为 t 统计量。

表 2 的协整检验结果表明,人民币国际支付份额与贸易额占比、远期 NDF 汇率、CPI 价差、PMI 指数差之间存在唯一的协整关系。协整方程的具体形式如表 3 所示。中国对外贸易在主要国家对外贸易额中的占比与人民币国际支付份额正相关,贸易额占比越高,中国在全球贸易中地位越重要,越有助于推动人民币国际化。人民币 1 个月 NDF 与人民币国际支付份额负相关,这意味着人民币会对美元升值的市场预期(NDF 远期汇率下降)有助于推动人民币的国际使用,这反映了人民币对外价值上升有助于为人民币国际化形成支撑。中国与美欧日 CPI 价格指数之差与人民币国际支付份额负相关,反映了 CPI 上升时人民币对内价值的相对降低对人民币国际化有负面影响,但是在统计上这种影响不够显著,可能的解释是,近几年中国 CPI 价格较好地稳定在合理范围内,因而没有表现出显著的负面影响。美欧日与中国 PMI 指数之差与人民币国际支付份额负相关,中国经济形势的走强有助于为人民币的国际使用提供支持,这反映了宏观经济情况对人民币国际化的影响。

为明确各变量之间是否存在因果关系,接下来通过格兰杰因果检验进行分析。结果如表 4 所示,远期汇率 NDF 是人民币国际支付份额变量的格兰杰原因,两者之间主要呈现单向因果关系,远期汇率变化对人民币国际化有显著的单向影响,而人民币国际化对汇率的单向影响在统计上不显著。其他变量与人民币国际支付份额之间的格兰杰因果关系在统计上不够显著,仅在 20%左右的显著性水平上存在一定的单向因果关系。

表4 人民币国际支付份额的格兰杰因果检验

原假设	滞后阶数	F 统计量
贸易份额不是人民币国际支付份额的格兰杰原因	1	1.832
人民币国际支付份额不是贸易份额的格兰杰原因	1	1.576
远期汇率 NDF 不是人民币国际支付份额的格兰杰原因	1	4.074**
人民币国际支付份额不是远期汇率 NDF 的格兰杰原因	1	0.406
CPI 价差不是人民币国际支付份额的格兰杰原因	1	0.151
人民币国际支付份额不是 CPI 价差的格兰杰原因	1	1.639
PMI 指数差不是人民币国际支付份额的格兰杰原因	1	1.294
人民币国际支付份额不是 PMI 指数差的格兰杰原因	1	1.127

注:**和***分别表示在5%和1%的显著性水平上统计显著。滞后阶数与协整检验的滞后阶数保持一致。

为量化变量的影响大小,接下来通过 Cholesky 方差分解方法进行分析。表5的结果表明,远期汇率 NDF 对人民币国际化支付变量的方差解释度最大,占20%以上,其次是贸易份额变量,解释度在8%以上,其他两个解释变量的解释度较小。这表明了汇率因素在人民币国际化进程中占据非常重要的位置,对人民币国际化有重要影响。

表5 人民币国际支付份额的方差分解结果

被解释变量:人民币国际支付余额						
时期	方差	被解释变量自身	贸易份额	远期汇率 NDF	CPI 价差	PMI 指数差
1	0.119	100.000	0.000	0.000	0.000	0.000
2	0.157	96.611	1.572	0.648	1.160	0.009
3	0.185	94.435	1.775	1.980	1.728	0.083
4	0.206	92.302	1.472	3.981	2.004	0.241
5	0.225	89.448	1.324	6.591	2.151	0.485
6	0.242	85.619	1.666	9.683	2.224	0.808
7	0.258	80.860	2.627	13.077	2.242	1.193

续表

被解释变量:人民币国际支付余额						
时期	方差	被解释变量自身	贸易份额	远期汇率NDF	CPI价差	PMI指数差
8	0.275	75.387	4.201	16.578	2.216	1.618
9	0.291	69.495	6.292	19.999	2.155	2.060
10	0.309	63.488	8.762	23.190	2.066	2.495

接下来采用经过Logistic转换的人民币国际支付份额指标作为被解释变量进行分析。协整检验、格兰杰因果检验和Cholesky方差分解方法的结果如表6至表9所示。变量之间的协整关系在1%的显著性水平上统计显著,协整方程中各变量的系数没有显著变化,只是远期汇率的系数绝对值略有增加,贸易份额的系数绝对值略有减少。格兰杰因果检验的结果仍然支持汇率对人民币国际化有单向的影响,两者之间为单向因果关系。方差分解结果中远期NDF汇率的解释度进一步上升至30%以上,这表明汇率因素在人民币国际化进程中有非常重要的作用。

表6 经Logistic转换的人民币国际收支份额协整检验结果

被解释变量:经Logistic转换的人民币国际支付份额 解释变量:远期汇率NDF、对外贸易额占比、PMI指数差、CPI价格指数差 滞后阶数:1　　样本期间:2012年2月—2015年3月				
没有协整关系	Trace统计量	85.412***	Max-Eigen统计量	42.416***
最多1个协整关系	Trace统计量	42.996	Max-Eigen统计量	21.864
最多2个协整关系	Trace统计量	21.133	Max-Eigen统计量	13.673
最多3个协整关系	Trace统计量	7.459	Max-Eigen统计量	6.760
最多4个协整关系	Trace统计量	0.699	Max-Eigen统计量	0.699

注:**和***分别表示在5%和1%的显著性水平上统计显著。滞后阶数的选择根据SC信息准则。

表7 经Logistic转换的人民币国际支付份额协整方程

Logistic = 0.409	贸易额占比-9.475	远期汇率	NDF-0.063CPI	价差-0.182PMI指数差
人民币国际	(0.051)	(1.715)	(0.104)	(0.083)
支付份额	[-8.026]	[5.527]	[0.604]	[3.421]

注:圆括号中的数值为标准差,方括号中的数值为t统计量。

表 8　经 Logistic 转换的人民币国际支付份额的格兰杰因果检验

原假设	滞后阶数	F 统计量
远期汇率 NDF 不是 Logistic 人民币国际支付份额的格兰杰原因	1	5.180**
Logistic 人民币国际支付份额不是远期汇率 NDF 的格兰杰原因	1	0.007

注：** 和 *** 分别表示在 5%和 1%的显著性水平上统计显著。滞后阶数与协整检验的滞后阶数保持一致。

表 9　经 Logistic 转换的人民币国际支付份额的方差分解结果

被解释变量:经 Logistic 转换的人民币国际支付余额						
时　期	方　差	被解释变量自身	贸易份额	远期汇率 NDF	CPI 价差	PMI 指数差
1	0.112	100.000	0.000	0.000	0.000	0.000
2	0.149	93.585	2.236	2.251	0.707	1.221
3	0.175	89.261	2.084	5.960	0.870	1.825
4	0.195	85.289	1.674	10.334	0.798	1.905
5	0.213	80.925	1.757	14.891	0.681	1.746
6	0.230	76.166	2.416	19.305	0.587	1.527
7	0.246	71.233	3.534	23.368	0.532	1.333
8	0.262	66.359	4.952	26.974	0.516	1.200
9	0.277	61.718	6.530	30.089	0.531	1.132
10	0.292	57.419	8.159	32.732	0.570	1.121

2.采用离岸人民币存款指标作为人民币国际化替代指标的稳健性检验

为检验以上计量分析结果的稳健性,接下来采用离岸人民币存款规模变量作为人民币国际化替代指标进行分析。表 10 和表 11 的结果表明,采用中国香港离岸人民币存款指标,人民币国际化与贸易额占比、NDF 汇率、CPI 价差、PMI 指数差之间仍然存在协整关系,各变量的系数统计显著。NDF 汇率与离岸人民币存款规模负相关,人民币会对美元升值的市场预期(NDF 远期汇率下降)有助于推动离岸人民币存款规模的增长。变量中 CPI 价差指标的系数由负转正,而且变为统计显著,表明中国与美欧日 CPI 价格指数之差增大与离岸人民币存款规模增长相关,这反映了离岸市场的人民币存款与内地的物价走势存在一定的联系。CNH 和 CNY 的汇率差指标与离岸人民币存款负相关,美元兑人民币离岸市场即期汇率越低(离岸人民币较在岸人民币对外价值更高)有助于吸引人民币资金进入离岸人民币市场。

表 10 采用离岸人民币存款指标的协整检验结果

被解释变量:离岸人民币存款 解释变量:远期汇率 NDF、对外贸易额占比、PMI 指数差、CPI 价格指数差、CNHCNY 汇差 滞后阶数:1 样本期间:2012 年 2 月—2015 年 3 月				
没有协整关系	Trace 统计量	111.341***	Max-Eigen 统计量	44.116**
最多 1 个协整关系	Trace 统计量	67.225	Max-Eigen 统计量	25.201
最多 2 个协整关系	Trace 统计量	42.024	Max-Eigen 统计量	21.031
最多 3 个协整关系	Trace 统计量	20.993	Max-Eigen 统计量	13.237
最多 4 个协整关系	Trace 统计量	7.756	Max-Eigen 统计量	7.122

注:** 和 *** 分别表示在 5%和 1%的显著性水平上统计显著。滞后阶数的选择根据 SC 信息准则。

表 11 采用离岸人民币存款指标的协整方程

离岸人民币存款=14434.26 贸易额 −160654.3 远期汇 +11281.03CPI−4791.807PMI −149143.2CNHCNY

占比	率 NDF	价差	指数差	汇差
(1917.29)	(76058.7)	(4440.14)	(2188.58)	(75714.8)
[−7.528]	[2.112]	[−2.541]	[2.189]	[1.970]

注:圆括号中的数值为标准差,方括号中的数值为 t 统计量。

表 12 的格兰杰因果检验结果表明,NDF 汇率是离岸人民币存款的格兰杰原因,两者之间仍然主要表现为 NDF 汇率对离岸人民币存款的单向影响,这与之前的结果一致。而 CNH 和 CNY 汇率差与离岸人民币存款之间存在显著的双向因果关系,一方面,汇率差会影响市场参与者向离岸市场供给人民币资金的决策,另一方面,离岸人民币存款规模的变化也代表了离岸市场资金供需的变化,因而会影响在岸离岸汇率差异。表 13 的方差分解结果表明,汇率方面的因素仍然是影响离岸人民币存款规模的主要原因,NDF 汇率可以解释离岸人民币存款规模变量方差的 25%以上,CNH 和 CNY 汇率差的解释度也达 30%以上,这支持了张明和何帆(2012)、朱鲁秀(2014)、吴立雪(2015)等学者的观点,离岸人民币存款市场受在岸离岸人民币汇率差异的重要影响,市场汇差套利行为的存在使得离岸人民币存款规模与汇差密切联系①。另外,PMI 指数差变量的影响较之前的结果要更大一些,表明经济相对走势的

① 注:我们也分析了 CNH 与 CNY 汇差对人民币国际支付份额的影响,但是这种影响很小,而且两者之间不存在格兰杰因果关系,限于篇幅,这里没有列出结果。

变化对离岸人民币存款的影响要大于对人民币国际支付份额的影响，市场参与者向离岸市场注入人民币资金时会更多地考虑经济走势的情况。

表 12　采用离岸人民币存款指标的格兰杰因果检验

原假设	滞后阶数	F 统计量
远期汇率 NDF 不是离岸人民币存款的格兰杰原因	1	25.390***
离岸人民币存款不是远期汇率 NDF 的格兰杰原因	1	0.200
CNHCNY 汇差不是离岸人民币存款的格兰杰原因	1	46.769***
离岸人民币存款不是 CNHCNY 汇差的格兰杰原因	1	5.787**
贸易额占比不是离岸人民币存款的格兰杰原因	1	0.054
离岸人民币存款不是贸易额占比的格兰杰原因	1	1.298
CPI 价差不是离岸人民币存款的格兰杰原因	1	2.003
离岸人民币存款不是 CPI 价差的格兰杰原因	1	1.896
PMI 指数差不是离岸人民币存款的格兰杰原因	1	5.639**
离岸人民币存款不是 PMI 指数差的格兰杰原因	1	2.767

注：** 和 *** 分别表示在 5%和 1%的显著性水平上统计显著。滞后阶数与协整检验的滞后阶数保持一致。

表 13　采用离岸人民币存款指标的方差分解结果

被解释变量：离岸人民币存款							
时　期	方　差	被解释变量自身	贸易份额	远期汇率 NDF	CPI 价差	PMI 指数差	CNHCNY 汇差
1	127.824	100.000	0.000	0.000	0.000	0.000	0.000
2	192.029	83.049	0.057	5.528	1.285	3.085	6.996
3	268.527	61.345	1.391	12.548	1.947	7.288	15.480
4	358.237	44.402	3.536	17.713	2.186	10.641	21.522
5	456.691	32.888	5.643	21.008	2.250	12.961	25.249
6	559.449	25.204	7.433	23.082	2.248	14.538	27.495
7	662.980	19.968	8.895	24.422	2.221	15.631	28.864
8	764.604	16.289	10.085	25.319	2.184	16.410	29.714
9	862.318	13.625	11.060	25.943	2.145	16.981	30.246
10	954.652	11.647	11.870	26.389	2.106	17.410	30.579

3.采用在岸美元兑人民币即期汇率指标作为汇率替代指标的稳健性检验

接下来采用第二个汇率指标,美元对人民币月均即期汇率检验结果的稳健性。表 14 至表 17 的结果表明,采用即期汇率变量仍得出类似的结果。变量之间存在统计显著的协整关系,即期汇率与人民币国际支付份额负相关,两者之间存在单向格兰杰因果关系,人民币升值有助于推动人民币国际化。只是在方差分解结果中,汇率变量的解释度有所下降,这表明了远期汇率变动较即期汇率变动对人民币国际化的影响更大,这与朱宗元和屠子恒(2015)对香港离岸人民币市场的分析结论一致。

表 14 采用第二个汇率指标的协整检验结果

被解释变量:人民币国际支付份额
解释变量:人民币即期汇率月度均值、对外贸易额占比、PMI 指数差、CPI 价格指数差
滞后阶数:1 样本期间:2012 年 2 月—2015 年 3 月

没有协整关系	Trace 统计量	80.851***	Max-Eigen 统计量	40.625***
最多 1 个协整关系	Trace 统计量	40.226	Max-Eigen 统计量	22.449
最多 2 个协整关系	Trace 统计量	17.778	Max-Eigen 统计量	11.576
最多 3 个协整关系	Trace 统计量	6.201	Max-Eigen 统计量	5.161
最多 4 个协整关系	Trace 统计量	1.040	Max-Eigen 统计量	1.040

注:** 和 *** 分别表示在 5%和 1%的显著性水平上统计显著。滞后阶数的选择根据 SC 信息准则。

表 15 采用第二个汇率指标的协整方程

人民币国际支付份额 = 0.610	贸易额占比 - 8.168	即期汇率 - 0.011	CPI 价差 - 0.176	PMI 指数差
	(0.082)	(2.885)	(0.173)	(0.091)
	[-7.473]	[2.831]	[0.063]	[1.933]

注:圆括号中的数值为标准差,方括号中的数值为 t 统计量。

表 16 采用第二个汇率指标的格兰杰因果检验

原假设	滞后阶数	F 统计量
即期汇率不是人民币国际支付份额的格兰杰原因	1	3.144*
人民币国际支付份额不是即期汇率的格兰杰原因	1	0.349

注:* 表示在 10%的显著性水平上统计显著。滞后阶数与协整检验的滞后阶数保持一致。

表 17 采用第二个汇率指标的方差分解结果

被解释变量:人民币国际支付余额						
时 期	方 差	被解释变量自身	贸易份额	远期汇率	CPI 价差	PMI 指数差
1	0.121	100.000	0.000	0.000	0.000	0.000
2	0.160	97.129	1.539	0.468	0.821	0.043
3	0.187	95.276	2.065	1.412	1.112	0.134
4	0.208	93.750	1.952	2.889	1.171	0.239
5	0.226	91.921	1.674	4.918	1.143	0.344
6	0.242	89.491	1.518	7.466	1.081	0.444
7	0.256	86.369	1.642	10.448	1.004	0.537
8	0.270	82.593	2.117	13.745	0.922	0.623
9	0.283	78.279	2.957	17.224	0.841	0.699
10	0.297	73.591	4.134	20.745	0.766	0.764

4.分阶段实证检验汇率波动与人民币国际化的关系

2014 年 3 月前后,银行间即期外汇市场人民币兑美元交易价浮动幅度出现重大政策调整,因此需要将样本期分为 2011 年 12 月—2014 年 2 月和 2014 年 3 月—2015 年 4 月两个阶段,检验汇率波动与人民币国际化的关系。根据表 1 的 ADF 单位根检验结果,汇率波动指标为平稳序列,因此分析中将两个人民币国际支付份额指标进行 1 阶差分,转换为平稳序列后通过向量自回归(VAR)模型进行分析,然后运用格兰杰因果检验分析两者的因果关系。

表 18 分阶段 VAR 分析结果

	人民币国际支付份额(1 阶差分)	人民币国际支付份额(1 阶差分)	Logistic 人民币国际支付份额(1 阶差分)	Logistic 人民币国际支付份额(1 阶差分)
	第一阶段	第二阶段	第一阶段	第二阶段
被解释变量滞后 1 期	-0.237	-0.043	-0.447	-0.037
	(0.193)	(0.265)	(0.167)	(0.267)
	[-1.223]	[-0.163]	[-2.681]	[-0.139]

续表

	人民币国际支付份额(1 阶差分)	人民币国际支付份额(1 阶差分)	Logistic 人民币国际支付份额(1 阶差分)	Logistic 人民币国际支付份额(1 阶差分)
汇率波动指标滞后 1 期	27.991	-377.946	40.964	-220.232
	(19.579)	(192.005)	(25.625)	(109.034)
	[1.430]	[-1.968]	[1.599]	[-2.020]
常数项	0.043	0.127	0.078	0.074
	(0.021)	(0.057)	(0.027)	(0.031)
	[2.055]	[2.244]	[2.869]	[2.346]
R-squared	0.150	0.288	0.315	0.306
Adj.R-squared	0.073	0.158	0.253	0.180
F-statistic	1.946	2.222	5.065	2.427
Log likelihood	28.748	7.844	21.938	16.03
Schwarz SC	-1.914	-0.555	-1.369	-1.726

注:第一阶段为 2011 年 12 月—2014 年 2 月,第二阶段为 2014 年 3 月—2015 年 4 月。圆括号中的数值为标准差,方括号中的数值为 t 统计量。

表 19 分阶段格兰杰因果检验

原假设	滞后阶数	F 统计量
第一阶段(2011 年 12 月—2014 年 2 月)		
汇率波动不是人民币国际支付份额(1 阶差分)的格兰杰原因	1	2.044
人民币国际支付份额(1 阶差分)不是汇率波动的格兰杰原因	1	0.004
汇率波动不是 Logistic 人民币国际支付份额(1 阶差分)的格兰杰原因	1	2.556
Logistic 人民币国际支付份额(1 阶差分)不是汇率波动的格兰杰原因	1	0.172
第二阶段(2014 年 3 月—2015 年 4 月)		
汇率波动不是人民币国际支付份额(1 阶差分)的格兰杰原因	1	4.424*
人民币国际支付份额(1 阶差分)不是汇率波动的格兰杰原因	1	6.063**
汇率波动不是 Logistic 人民币国际支付份额(1 阶差分)的格兰杰原因	1	5.028**

续表

原假设	滞后阶数	F 统计量
Logistic 人民币国际支付份额(1 阶差分)不是汇率波动的格兰杰原因	1	5.084**

注:*和**分别表示在10%和5%的显著性水平上统计显著。滞后阶数与VAR分析的滞后阶数保持一致。

表 18 的结果表明,2014 年 3 月前后汇率波动与人民币国际化的关系出现显著变化,2011 年 12 月—2014 年 2 月,由于月度汇率均值的波动幅度较小,汇率波动对人民币国际化的负面影响没有表现出来。2014 年 3 月之后,由于汇率波动幅度出现重要政策调整,双向波动的趋势明显,市场对汇率的预期出现分化,因此汇率波动对人民币国际化的负面影响变得非常明显。表 19 因果检验的结果也是如此,第一阶段汇率波动与人民币国际化的因果关系在统计上不够显著,但是在第二阶段汇率波动与人民币国际化表现出显著的双向因果关系,一方面,汇率波动会影响人民币国际支付份额的变化,另一方面,人民币国际支付份额的变化也会通过改变境外人民币供需,进而影响汇率的波动情况。这表明了汇率波动幅度限制的放宽使得汇率波动与人民币国际化的联系更加紧密。2%的幅度设置就足以使得汇率波动对人民币国际化产生显著影响,波动幅度越大,人民币国际支付份额的上升越困难。这与张志文和白钦先(2013)对澳元国际化的实证研究结论一致。

(三)实证分析小结

采用人民币国际支付份额和离岸人民币存款指标的计量分析结果表明,2011 年末以来,汇率与人民币国际化之间存在协整关系,人民币对美元的升值以及市场对人民币的升值预期都有助于推动人民币国际化程度的提高,反之则反是。汇率变化是人民币国际化的单向格兰杰原因,其量化的影响可以达到人民币国际支付份额方差的 20%~33%,因此是人民币国际化的主要影响因素。2012 年下半年以来人民币对美元的渐进升值为人民币国际化提供了强有力的支撑。由于我国目前实行的是有管理的浮动汇率制度,而且人民币跨境使用政策实施仅 5 年时间,境外人民币存量相对有限,因此人民币国际化进程还未对汇率产生显著的直接持续影响。

人民币国际支付份额和离岸人民币存款的影响因素较为接近,都受到汇率走势及其预期的显著影响。两者的影响因素差异在于,离岸人民币存款市场还受到在岸离岸汇率差异和宏观经济走势的重要影响。由于市场汇差套利行为的存在,在岸离岸汇差与离岸人民币存款的联系较为密切,并表现出相互影响。这反映出离岸人民币市场投机需求较为明显的特征。分阶段的分析表明,2014 年 3 月以来人民币波动幅度的重要政策调整促成了汇率与人民币国际化关系的重要变化,2014 年 3 月之后汇率波动与人民币国际化进程的关系更加紧密,两者之间出现了相互影响的双向因果关系,汇率波动幅度越大越不利于人民币国际化水平的提高。

五、人民币国际化进一步推进过程中的资本账户开放与汇率风险

(一)资本项下人民币跨境业务对汇率风险更为敏感

在理论上,资本账户开放有助于降低一国的资金成本,提升金融市场效率,从而推动一国投资水平的提高和资金更有效率的配置。但是也面临国际资金流入流出规模扩大、国际短期资本冲击等风险。汇率走势的大幅变化会对国际资本的流向产生影响,从而对资本市场产生冲击。所以在人民币资本项目可兑换推进过程中需要对汇率风险加以重视。

与经常和直接投资项目下的人民币跨境业务相比,资本项下其他项目的人民币跨境业务在资金流动方面存在三个方面的显著区别。一是“配置需求”原则,与经常和直接投资项目下的“实际需求”原则不同,在人民币资本项目可兑换条件下,市场主体出于风险管理和资产组合的需要,对境内外不同币种不同类型的资产和负债进行配置,其配置行为可能由于境内外多种因素的影响出现变化,产生人民币资金的跨境流动。二是人民币跨境资金的流动频率更高。经常和直接投资项目下的人民币跨境资金流动主要以实物的交易和投资为载体,流动相对缓慢,而资本项目下的人民币跨境资金流动主要以金融资产和负债为载体,具有更为集中的交易场所和资金划转系统,流动更为迅速。三是人民币跨境资金的流入流出规模将显著扩大。开放资本账户将使得跨境资金的流动渠道大幅增加,境内外人民币货币池进一步互联互通,因而跨境人民币资金流量会有所增加。例如,2014 年主要离岸人民币日均交易量已经达到 2300 亿美元,这些交易量一旦得以通过跨境渠道生成,将显著扩大人民币跨境资金流动规模。

正是因为以上三个显著区别,人民币资本项目下的资金流动更易于受到汇率因素的影响,可能引发资金流入流出的大幅度频繁变化,因此需要对汇率风险高度关注。为应对人民币资本项目可兑换推进过程中的汇率风险,需要从事前、事中、事后三个阶段做好准备工作,因此以下从人民币资本账户开放的条件培育、开放进程的推进,以及监测预警和应对方案三个方面进行阐述。

(二)为降低汇率风险,需加强人民币资本账户开放三大有利条件的培育

1.汇率制度和政策

资本账户开放与汇率制度和政策的关系在理论上的渊源最早可以追溯到米德(Meade)1951 年提出的二元冲突观点,认为在开放经济条件下,一国如果实行固定汇率制度,就只能主要运用影响社会总需求的政策来调节内外均衡。但是在一些特定的情况下,如国际收支顺差与通货膨胀率上升并存,或者国际收支逆差与失业率上升并存,那么仅靠单一的需求调节政策会出现内外部均衡的冲突,还需要增加一个政策工具,通过实施资本管制和外汇管制协助实现内外部均衡。因此固定汇率制

度和资本自由流动之间存在冲突。随后,蒙代尔和弗莱明对二元冲突进行了延伸,提出了开放经济条件下的 IS-IM-BP 模型,认为开放经济小国在资本完全自由流动和固定汇率制度条件下,货币政策对冲操作只是改变外汇储备的工具,最终只会导致固定汇率体系的崩溃,只有采用浮动汇率制度货币政策才独立有效。此后,克鲁格曼于 1999 年提出了“三元悖论”观点,在一个开放经济国家,货币政策独立有效、固定汇率制和资本自由流动这三个方面的目标难以同时实现,只能同时选择其中两个目标。因此,人民币资本项目可兑换推进过程中需要考虑汇率制度条件的情况。

而且在人民币资本项目可兑换推进过程中,随着人民币发挥越来越重要的国际货币的作用,会出现“特里芬难题”的风险,一方面,境外持有人民币的需求趋于上升,这就要求国际收支逆差来实现人民币输出,会给人民币带来贬值压力;另一方面,人民币作为国际货币又需要保持币值的相对稳定,不能持续逆差。要解决这一两难问题,将对汇率制度和政策提出很高要求。

在实行固定汇率制的国家,由于资本账户开放过程中资本自由流动程度上升对货币政策的独立有效性有负面影响,因此这些国家将需要在货币政策独立有效性与固定汇率制度之间作出抉择,要么采用固定汇率制度并逐步放弃使用货币政策影响国内经济活动,要么逐步向浮动汇率制转变。因此,从政策和制度层面考虑,目前实行的有管理的浮动汇率制度需要逐步加大汇率弹性,使得货币政策的独立有效性能够得到较好的维持。

在汇率制度层面,2015 年 8 月 11 日的人民币中间价形成机制调整正是在做出这样的努力。新的人民币汇率中间价报价机制规定,在每日银行间外汇市场开盘前,外汇市场做市商参考上日银行间外汇市场收盘汇率,综合考虑外汇供求情况以及国际主要货币汇率变化向中国外汇交易中心提供中间价报价。新机制将显著增强人民币汇率中间价的市场化程度,提高其作为市场基准的参考性,也将进一步满足人民币资本项目可兑换的汇率制度条件。未来可以根据发展需要,采取稳步扩大人民币对美元浮动幅度的方式,逐步实现人民币汇率更为自由的浮动,从而更好地与人民币国际化进程协调发展。

在汇率政策层面,可借鉴美国 1995 年以来提出的“强势美元政策”。当时美国正处于美元贬值周期之中,1995 美国财政部长鲁宾提出“强势美元政策”,核心是维持美元在国际结算、资本市场以及国际外汇储备之中的主导地位。以经济基本面对支撑,强调对内平衡优先,货币汇率应由开放的市场基于经济基本面情况决定。目前,人民币已经初步确立新兴强势货币的地位,1994 年至 2014 年 20 年间实际有效汇率指数升值了 90%以上,升值幅度在全球货币中居于第六位。未来中国经济的中高速增长和出口竞争力的持续提升也将为人民币的强势地位提供支撑。因此,在中长期推行强势人民币政策具有现实条件。具体来说,强势人民币政策需要首先实现真正的有管理的浮动,在一般状况下应尽量减少外汇市场干预行为,使得人民币汇率能上能下、双向波动,境内外汇率走势趋于一致,实现市场自主的出清。按照以对内平衡为主的汇率政策定位,通过强势的经济走势实现强势的人民币。并加强国际经济金融政策协调。

2.离岸人民币市场发展

离岸人民币市场的深入发展一方面可以为市场参与者提供丰富的金融产品,为汇率避险需求提供多样化的选择,降低人民币国际化进程中汇率风险的影响;另一方面离岸人民币市场的发展可以为境外市场参与者提供资产负债配置的渠道,形成较为稳定的境外人民币资金池和资金流循环网络,从而降低跨境人民币资金流动对汇率风险的敏感性。

以欧洲美元市场为例,欧洲美元市场规模一直保持持续稳定增长,并于2005年超过了美国货币供应量(M2)的规模(见图1)。其中,完全在离岸市场完成的资金流动居于主导地位,在2010年甚至达到欧洲美元市场资金交易的一半以上(He和McCauley,2012)。其次是资金供需双方都在境内的以离岸市场为通道的资金循环交易,在2008年金融危机出现之前一度接近欧洲美元市场交易份额的一半,但是由于危机的影响其份额在之后有所下降(He和McCauley,2012)。相比之下,资金供需双方分别在境内和境外的净流入和净流出渠道的资金流动数额要小得多。尽管在20世纪80年代经历了资金从美国净流出到净流入的转变,但是这两个渠道占欧洲美元市场交易的份额非常小。因此,欧洲美元市场规模的持续增长并未产生欧洲美元市场与美国之间资金流入流出的大幅度波动,为美元国际货币地位的保持发挥了积极作用。

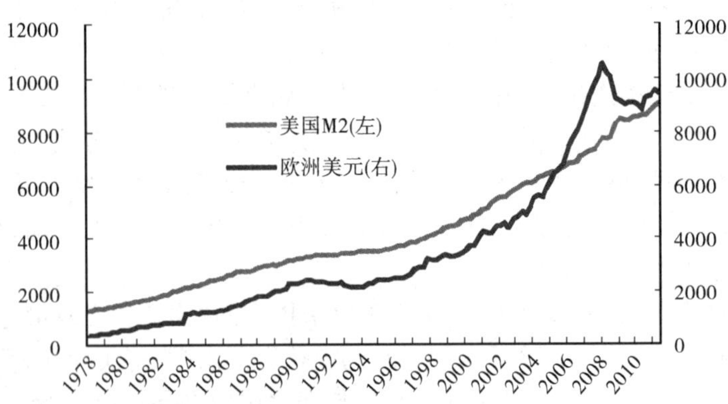

图1　欧洲美元市场规模与美国货币供应量　　　单位:十亿美元

数据来源:Federal Reserve Statistical Release 和 BIS Quarterly Review。

对于欧洲美元市场,美国金融监管当局首先采取的是约束本国银行的政策,限制其开展欧洲美元业务。但是随着欧洲美元市场的蓬勃发展,美国国内的国际金融业务增长乏力,加之金融机构对降低国际金融业务成本的需求日益增强,因此1981年美国出台了国际银行便利政策,创新在货币发行国国内设立离岸金融市场,以本币美元为经营货币,允许在美国的国内外银行机构开展国际存贷款业务,资产和负债均来自于境外的客户，不受存款准备金、存款保险等政策的监管，并且在许多州享受地方税收优惠政策。这一成功的制度创新使得美国在放松国内金融监管的过程中获得了一定的缓冲空间，推动了离岸金融市场的多元化均衡发展。

当前人民币离岸市场的发展已经取得了长足的进步，形成了以中国香港人民币中心为主，新加坡、韩国、马来西亚、英国、德国、法国、卢森堡、中国台湾等国家及地区人民币中心为支撑的人民币离岸市场网络，遍布亚、欧、美、大洋四大洲。但是离岸人民币业务的地域分布与我国的对外贸易区域结构的匹配度仍有待提高，例如俄罗斯人民币中心发展较慢，在巴西的人民币业务开展情况也不够理想，而且人民币各离岸市场的金融产品仍相对简单，有待进一步丰富。在推进人民币资本项目可兑换进程中，还需要进一步促进人民币离岸市场向纵深发展，拓宽离岸市场的人民币资金使用和融通渠道，推动人民币离岸市场的均衡稳定发展，从而更好地满足人民币资本项目可兑换的要求。

3.金融市场的稳健发展

稳健的金融市场有助于抵御外部冲击，减轻人民币资本项目可兑换推进过程中的汇率风险，从而更好地发挥人民币资本项目可兑换对经济金融的积极作用。国际经验表明，如果国内金融市场的改革与发展进程与资本项目可兑换进程不协调，易于受到外部冲击出现货币危机。

墨西哥在 1989 年开放了证券市场，随着资本项目可兑换的深入推进，由于忽视了国内金融市场改革的推进，导致证券业和货币市场畸形过度膨胀，形成严重的“证券泡沫”，大量境外资金涌入证券市场和货币市场，1990—1994 年墨西哥的外资流入中有 75%是证券投资等短期投机资金。随后由于墨西哥比索的贬值引发了资金大量外流，最终在 1994 年末爆发金融危机。20 世纪 80 年代后期泰国开放了资本账户，境外投机资本的涌入使得房地产泡沫加剧，由于投机资本的冲击导致泰铢大幅贬值和股市大跌，引发资本外流并于 1997 年爆发金融危机。阿根廷、巴西、委内瑞拉、印度尼西亚、韩国、马来西亚、菲律宾和土耳其等国都曾在开放资本账户之后出现货币危机，金融系统遭遇重创，这进一步显示了稳健的金融市场的重要性。

IMF 的专题研究也表明，资本项目可兑换推进过程中需要避免大幅财政赤字、国内外利率差异需要维持在较小的范围内、金融市场制度应较为完善、汇率和利率避险产品丰富，金融市场与其他事务市场之间的互动关系良好。因此在推进人民币资本项目可兑换过程中需要协调推动金融市场的改革与发展，注重培育金融市场的稳健性和抗外部冲击能力，拓展金融市场的深度，深化利率市场化改革并完善后续的市场利率定价自律机制建设，促进金融市场与实体经济协调发展。

（三）资本项目可兑换背景下人民币国际化汇率风险预警体系构想

人民币资本项目可兑换使得国际资本更易于跨境流动，一旦出现汇率风险，跨境资金流动的大规模动荡将给国内的经济金融系统带来较大冲击，因此需要在状况监测、风险预警和方案应对方面做好充分的准备。2011年2月美联储前主席伯南克在法国央行会议上的报告就指出,2003—2007年境外资金大量流入美国,购买政府债券和住房按揭贷款证券,长期压低美国国内利率,增大美元升值压力,正是2008年美国次贷危机爆发的主要原因之一。这显示了人民币资本项目可兑换推进过程中加强汇率风险监测预警的重要性。

1.人民币汇率风险预警体系目标

当资本项目实现可自由兑换后,人民币汇率波动与短期跨境资本流动之间的互动关系将逐步显现。一方面人民币汇率波动将促使市场主体重构其资产组合并导致资本跨境流动;另一方面,无论是汇率变动,还是其他外生冲击导致的资本跨境流动又将反过来进一步强化人民币汇率的波动程度。两者之间形成一个"正反馈"的循环。当这一循环演进到一定程度时,市场主体可能会因人民币汇率的大幅波动而产生对人民币币值稳定的疑虑,出现恐慌性的货币和资产替换行为,在加剧资本跨境流动的频率和规模的同时会对人民币国际化的前景产生直接的负面影响。因此,在监测预警的意义上,人民币汇率风险预警体系的目标是及时监控、识别和评估"人民币汇率波动所驱动的资本跨境流动的程度"。当这一"程度"高于某一可接受水平时,监管当局便应及时采取措施平抑市场波动,维护市场信心,避免风险的集聚爆发。

2.人民币汇率风险预警体系的构成

从构成预警体系的流程看,体系应包括数据采集、风险监控、风险识别、风险评估、应对措施、信息反馈等环节。预警体系的设立首先要建立实时更新的数据库,建立数据采集和分析体制;其次,预警体系需要对采集的数据进行实时处理,对异常数据予以提示和警告,监管部门在确保数据准确、真实的基础上,对数据进行归纳汇总,通过各类指标和分析方法对风险进行量化;然后由预警体系根据指标测算的结果,结合风险指标的阈值进行风险识别和分类,在此基础上向监管决策部门提供风险预警报告;最后,决策部门根据预警报告,结合应对预案,采取相关措施。此外,预警体系应自动跟踪措施执行情况,并将数据变化情况进行反馈,以及时反映风险处置措施的效果。

3.人民币汇率风险预警体系监测指标构建

(1)监测指标的构建原则

为准确识别和评估"人民币汇率波动所驱动的资本跨境流动的程度",监测指标应涵盖两个维度的数据。一个维度是反映人民币汇率波动特征的数据;另一个维度覆盖短期资本跨境流动的所有途径,包括经常和资本项下跨境人民币结算实际收付数据。

当风险暴露时,由于人民币汇率和资本跨境流动往往会在短期内发生大幅变动,因此在数据指标的选择上还行注重对数据频度的考察。选择频度较高的数据,如高频交易数据和日度数据,有助于汇总合成频度较高的监测指标,便于监管当局及时对人民币汇率风险状况作出响应,并采取相应的应对措施。

(2)观察指标的选取

综合考虑统计指标的经济重要性、可得性、频度等特征,本文选择如下统计指标作为观察指标,形成构建监测指标的底层指标体系。

①人民币汇率指标(表20):

表20　人民币汇率指标

指　标	内　容	频　度	来　源
在岸美元兑人民币汇率	反映在岸人民币汇率走势	高频(每日)	上海外汇交易中心
离岸美元兑人民币汇率	反映离岸人民币汇率走势	高频(每日)	香港财资市场公会
一年期在岸美元兑人民币远期汇率	反映在岸市场对人民币汇率走势的预期	高频(每日)	上海外汇交易中心
一年期离岸美元兑人民币远期汇率	反映离岸市场对人民币汇率走势的预期	高频(每日)	香港财资市场公会

②短期资本跨境流动指标(表21):

表21　短期资本跨境流动指标

指　标	内　容	频　度	来　源
跨境人民币实际收付差额	跨境人民币实际收入-跨境人民币实际支出	高频(每周)	RCPIMS系统
经常项下跨境人民币实际收付差额	经常项下跨境人民币实际收入-跨境人民币实际支出	高频(每周)	RCPIMS系统
资本项下直接投资跨境人民币实际收付差额	资本项下直接投资跨境人民币实际收入-跨境人民币实际支出	高频(每周)	RCPIMS系统
资本项下其他投资跨境人民币实际收付差额	资本项下其他投资跨境人民币实际收入-跨境人民币实际支出	高频(每周)	RCPIMS系统

(3)中间指数的合成

为便于监测和预警,需要通过指数编制方法将两个类别的观察指标进行汇总降维,形成两个中间指数,分别为人民币汇率中间指数(EI)和短期资本跨境流动指数(FI)。

常用的指数编制方法包括合成指数法和扩散指数法。扩散指数可以反映观察指标上升和下降的方向和位置,但不能反映观察指标上升和下降的程度,在衡量数据的波动性上信息量较少。另外,扩散指数在计算上要求满足统计的充足性,即需要长期的数据统计,更适用于度量观察指标的中长期变动趋势。合成指数可以反映同类观察指标中各序列的循环波动程度,在根据基准评价指标进行编制时,可主要用于衡量观察指标的短期波动性。因此我们选择合成指数法对人民币汇率中间指数和短期资本跨境流动指数进行合成。

指数计算方法。设 i 为观察指标序数,此处 $i=1,2$;j 为某一类观察指标中的变量;x_{ij} 为 i 类观察指标内第 j 个变量的数值,$\overline{x_{ij}}$ 为 i 类观察指标内第 j 个变量的基准评价值,指标计算公式分别如下:

正向指标:$C_{ij}=\dfrac{\overline{x_{ij}}-x_{ij}}{|\overline{x_{ij}}|}\times 100$

负向指标:$C_{ij}=\dfrac{x_{ij}-\overline{x_{ij}}}{|\overline{x_{ij}}|}\times 100$

在计算指数时需要将指标统一为同向指标,避免方向的相反。

合成中间指数: $CI_i=\sum\limits_j w_j C_{ij}$

其中,w 是对同类观察指标中不同变量赋予的权重,$\sum\limits_j w_j$。

在选择基准评价指标时,一个基本思路是参考国际组织和其他研究文献对各类观察指标合理波动区间的界定。但是一方面由于各国经济发展阶段、经济发展程度、运行状况、金融市场结构特点和经济特点等因素都存在差异,他国的历史经验判断未必能适用于我国的具体情形;另一方面由于研究目的的不同,一些指标也难以获取相应的国际参考数值。

解决的常规方法是根据我国的历史数据进行综合确定。但是目前我国正处于体制转轨过程中,由于在不同体制下的数据生成过程可能存在着本质的区别,将当前积累的历史数据用于测算未来资本项目可自由兑换情景下相关指标的基准评价值可能并不完全适宜,尤其是对于反映短期资本跨境流动的指标。

我们认为,一个现实的、可操作的方法是在设定基准评价指标时融入监管当局的判断。如对人民币汇率指标,可将监管当局所估算的均衡汇率水平作为基准评价值的初始值,待数据积累足够丰富后,再测算形成一个较为客观的均衡利率水平数值。对跨境收付的反映资本跨境流动的指标,则可将近几个交易周期实际收付的均值作为初始的评价值。

对指标权重的设定可遵循类似的方法,根据专家评分法形成初始权重系列,或简单假设每个指标的权重相等,在实践资料积累完善后,再根据如熵方法等数学方法测算出客观的权重值。

(4)监测指标的计算方法

取一段时间内的人民币汇率和短期资本跨境流动中间指标序列作为样本,建立VAR模型。

$$y_t = \gamma + B(L)y_{t-1} + \varepsilon_t$$

其中,$y_t = \begin{Bmatrix} FI_t \\ EI_t \end{Bmatrix}$,$\gamma$ 是常数向量,$B(L)$ 为系数和滞后算子矩阵,ε_t 是一个白噪声。

在估计得到稳健的VAR模型后,根据方差分解方法可得到人民币汇率中间指数对短期资本跨境流动中间指数的方差贡献率,此即最终的监测指标(WI),反映了"人民币汇率波动所驱动的资本跨境流动的程度"。

WI 介于0和1之间。当 $WI=0$ 时,短期资本跨境流动完全由人民币汇率之外的因素所决定,如国外央行货币政策的变化;当 $WI=1$ 时,短期资本跨境流动完全由人民币汇率的波动所驱动,相当于发生了货币危机,资本出现恐慌性外逃。

4.人民币汇率风险预警体系风险识别方案:以四级预警体系为例

根据 WI 的大小可以判断风险是否发生以及风险的程度,可以通过设置几个临界值来对此进行划分。以四级风险分类为例,假定存在 D_1,D_2,D_3,满足 $0<D_1<D_2<D_3<0$。

①当 $WI\in[0,D_1)$ 时,无风险发生。人民币汇率波动和资本流动波动处于正常可接受范围之内,属于市场的正常现象,可以不采取应对措施,等待市场自动出清。

②当 $WI\in[D_1,D_2)$ 时,低度风险发生。人民币汇率波动和资本流动波动开始出现异常,"正反馈"效应开始显现,市场上存在波动进一步加剧的趋势。监管当局至少应采取最低限度的应对措施,以缓释市场波动,稳定市场预期。

③当 $WI\in[D_2,D_3)$ 时,中度风险发生。市场对人民币币值稳定产生明显怀疑,资本跨境流动加速。监管当局应加强对市场的干预,同时强化与市场主体的沟通,以稳定市场信心,避免趋势进一步恶化。

④当 $WI\in[D_3,1)$ 时,高度风险发生。人民币汇率波幅进一步加大,资金跨境流动进一步加速,对人民币汇率制度的稳定性产生冲击,存在潜在的货币危机可能。监管当局可直接采取行政手段对市场进行干预。

对初始临界值的设定可根据各货币危机发生国和日本等货币国际化进程出现倒退、反复的国家的历史数据进行测算,同时体现监管当局对风险的容忍程度。之后,在对监测指标体系不断完善和实践资料积累的过程中,再逐步进行动态调整。

5.人民币汇率风险预警体系风险应对措施

根据预警体系监测指标显示的风险等级的不同,监管当局可遵循"由轻至重"的思路采取不同的风险应对措施组合。

一是加强舆论沟通,稳定市场预期。采取多种沟通方式向市场主体传达中国经济基本面稳中向好的信号,充分发挥汇率中间价的引导作用,稳定市场对人民币汇率中长期走势的预期,避免短期阶段性波动演变为趋势性的变化。

二是动用官方储备,干预外汇市场。运用官方外汇储备在外汇市场进行干预,将汇率波动范围切实保持在政策目标区间之内,避免汇率过度的偏离均衡水平。

三是加强宏观经济金融政策的配合,积极引导国际资本对收益的预期。防范资本流动过程中的“羊群效应”。主动调整国内财政和金融政策,加强国际经济主体对中国市场的信心。例如,可分阶段上调国内利率,提高人民币资产的收益率,扼制资本外流的态势。积极运用结构性调整政策,防止资产价格泡沫的膨胀。

四是加强宏观审慎管理政策的应用。可根据风险程度的不同确定宏观审慎政策的范围,综合运用多种政策工具,切断资本跨境流动的部分途径。

六、结论和政策启示

国际货币史表明,在全球主要经济体货币的国际化历程中汇率是重要的影响因素,因此有必要对人民币国际化过程中的汇率因素进行分析,以便为汇率政策与人民币国际化进程的协调配合提供参考。对经常项目和资本项目的逐项梳理表明,近六年来人民币国际化取得长足发展,除了直接投资项目外,人民币跨境使用在资本项下还有一定的限制。

在理论上,一国货币汇率的变化和预期直接关系到国际市场对货币的信心和接纳度,对人民币国际化会产生重要影响。但是从发达国家的经验看,货币国际化的影响因素在各国存在差异,在人民币国际化过程中汇率因素有怎样的作用还有待实证检验。时间序列计量分析结果表明,2011年末以来,人民币汇率及其走势预期对于人民币国际化进程发挥了重要作用,两者之间存在长期稳定的联系,这种影响较国际贸易地位变化的影响更大。此外,由于汇差套利行为的存在,除了受汇率走势的影响外,离岸人民币存款市场还受到在岸离岸汇差和宏观经济走势的重要影响,而且与汇差之间呈现双向因果关系。分阶段分析还表明,2014年3月以来人民币汇率波动幅度政策的放宽使得汇率波动与人民币国际化的联系更加紧密,令人民币国际化更易于受到汇率波动的负面影响。

相比而言,资本项下人民币跨境业务对汇率风险更为敏感。为应对汇率风险,人民币资本项目可兑换的推进过程中需要积极培育汇率制度政策、离岸人民币市场发展以及金融市场稳健发展的三大有利条件,推行强势人民币政策,真正实现人民币汇率的有管理浮动;推动离岸人民币市场向纵深发展,形成稳定的离岸人民币资金池和多样化的离岸人民币资产负债配置渠道;深化国内金融市场的改革与发展,促进金融市场与实体经济的协调发展。在资本项目可兑换进程中的次序选择上,需要遵循渐进式开放、先长期后短期、先企业后个人的原则,并且统筹考虑市场的成熟度和抗风险能力,稳步推进市场的开放。在事后的监测预警上,可以选择具有代表性的高频数据指标,及时反映可能出现的汇率风险,综合运用预期引导、外汇市场干预、宏观经济金融政策等手段加以应对。

这些结果能够为汇率政策和人民币国际化提供明确的政策启示:一是汇率政策在人民币国际化进程中有重要作用,人民币国际化需要汇率政策的积极配合。在提升人民币国际地位的过程中,需要避免汇率的大幅贬值,重视远期汇率所反映出的趋势性信息,做好人民币汇率市场预期的引导工作。保持汇率相对稳定的市场预期,能够为人民币国际化创造有利的对外币值条件。

二是汇率形成机制改革与人民币国际化息息相关。在推进汇率形成机制改革过程中需要统筹兼顾人民币国际化战略目标,重视 2014 年 3 月政策调整以来汇率波动与人民币国际化的负相关关系,探索研究建立区域汇率联动机制的可行性,保留必要时期干预汇率的恰当手段,加快完善人民币汇率中间价形成机制,为防范汇率大幅波动对人民币国际化的冲击做好应对准备。

三是需要关注人民币汇率波动幅度扩大后居民和非居民跨境人民币使用者面临的更大汇率风险,积极推动金融市场中汇率避险金融产品创新,为居民和非居民提供更为丰富的金融工具选择,防止离岸人民币对冲工具和以人民币计价的套期保值产品缺乏给人民币国际化产生阻碍,为境外市场主体更好地参与人民币国际化进程提供有利环境。

四是需要持续监测在岸离岸人民币汇差及其与人民币离岸市场发展的相互关系,防范人民币资金的大规模异常跨境流动,同时关注离岸人民币市场发展对在岸市场人民币汇率的影响,做好政策应对准备。在风险可控的条件下,积极拓展离岸市场人民币金融产品的深度和广度,增加人民币境外使用渠道,促进离岸人民币市场健康发展,支持人民币离岸市场在人民币国际化向纵深发展过程中发挥更为积极的作用。

五是 CPI 和 PMI 对人民币国际支付份额和离岸人民币存款的影响存在差异,这说明基于支付的国际化和境外人民币资产的持有对国内经济形势和物价形势的敏感度不同。增加人民币资产的境外持有、提高人民币国际化的水平,需要依靠稳定的经济增长和币值。

六是未来中国经济的中高速增长和出口竞争力的持续提升将为人民币的强势地位提供支撑。因此,在中长期推行强势人民币政策具有现实条件。以经济基本面为支持推行强势人民币政策,有助于提升人民币在国际结算、资本市场以及国际外汇储备之中的地位。

七是在推进人民币资本项目可兑换过程中需要协调推动金融市场的改革与发展,注重培育金融市场的稳健性和抗外部冲击能力,拓展金融市场的深度,深化利率市场化改革并完善后续的市场利率定价自律机制建设,促进金融市场与实体经济协调发展。

参考文献

[1] 白钦先,张志文.外汇储备规模与本币国际化:日元的经验研究[J].经济研究,2011(10):137-149.

[2] 付敏,吴若伊.德国马克国际化及其对中国的启示[J].经济理论与经济管理,2014(4):100-112.

[3] 何帆,张斌,张明,等.香港离岸人民币金融市场的现状、前景、问题与风险[J].国际经济评论,2011(3):84-108.

[4] 李波,伍戈,裴诚.升值预期与跨境贸易人民币结算:结算货币选择视角的经验研究[J].世界经济,2013(1):103-115.

[5] 李稻葵,刘霖林.人民币国际化:计量研究及政策分析[J].金融研究, 2008(11):1-16.

[6] 李晓.“日元国际化”的困境及其战略调整[J].世界经济,2005(6):3-18.

[7] Bacchetta P, Van Wincoop E. A theory of the currency denomination of international trade[J]. Journal of international Economics, 2005, 67(2): 295-319.

[8] Bottelier P, Dadush U. the Future of the Renminbi as an International Currency [J].International Economic Bulletin, 2011 (2).

[9] Chinn M, Frankel J. Will the Euro Eventually Surpass the Dollar as Leading International Reserve Currency[R]. Cambridge: National Bureau of Zconomic Research, 2005(11510).

[10] Chinn M, Frankel J. The Euro May Over the Next 15 Years Surpass the Dollar as Leading International Currency[R]. Cambridge: National Bureau of Zconomic Research, 2008(13909).

[11] Cohen B J. The Yuan Tomorrow? Evaluating China's Currency Internationalization Strategy[J]. New Political Economy, 2012, 17(3):361-371.

[12] Donnenfeld S, Haug A. Currency Invoicing in International Trade: An Empirical Investigation[J]. Review of International Economics, 2003(4):332-345.

[13] Dwyer J, Gerald P, Lothian James R.. The Economics of International Monies [R]. Bologna: CRZF, 2003(10).

[14] Eichengreen B. The Renminbi as an International Currency[J]. Journal of Poicy Modeling, 2011(5):723-730.

[15] Eichengreen B, Flandrean M. The Rise and Fall of the Dollar, or When Did the Dollar Replace Sterling as the Leading International Currency? [R]. Cambridge: National Bureau of Zconomic Research,2008(14154).

[16] Eichengreen B, Flandrean M. The Federal Reserve, the Bank of England, and the Rise of the Dollar as an International Currency[C]. Lucerne: Paper for the BIS

annual research conference, 2010(7).

[17] Frankel J. Internationalization of the RMB and historical Precedents [J]. Journal of Economic Integration, 2012(3):329-365.

[18] Friberg R. In Which Currency Should Exporters Set Their Prices? [J]. Journal of International Economics, 1998(2):177-192.

[19] Genberg H. Currency Internationalization: Analytical and Policy Issues[R].Hong Kong: Hong Kong Institute for Monetary Research ,2009(31).

[20] Goldberg L., Tille C.. Vehicle Currency Use in International Trade[J].Journal of International Economics, 2008(2):177-192.

[21] Grassman S. Currency Distribution and Forward Cover in Foreign Trade: Sweden Revisited[J]. Journal of International Economics, 1976(3):215-222.

[22] He D, McCauley R. Eurodollar Banking and Currency Internationalisation[J]. BIS Quarterly Review, 2012(6):33-46.

[23] Islam M S, Bashar. Internationalization of Renminbi: What Does the Evidence Suggest? [J]. World Review of Business Research, 2012(5): 65-85.

[24] Kawai M, Takagi S. The Renminbi as a Key Internaional Currency? Lessons from the Japanese Experience[C]. Panis: Asia-Europe Economic Forum, 2011-01-10-11.

[25] Kenen P. Currency Internationalization: An Overview[R]. Basel: Bank for International Settlement, 2009(61).

[26] Kroeber A. The Renminbi: The Political Economy of a Currency [R]. Washington: Brooking Znstitution, 2011(9).

[27] Krugman P R. The Return of Depression Economics[M]. New York: W. W. Norton, 1999.

[28] Maziad S, Farahmand P, Wang S, et al. Internationalization of Emerging Market Currencies: A Balance between Risks and Rewards[R]. Washington: Znternational Menetary Fund, 2011.

[29] Maziad S, Kang J S. RMB Internationalization: Onshore/Offshore Links [R]. Washington: Znternational Monetary Fund, 2012.

[30] Oi H, Otani A, Shirota T.. The Choice of Invoice Currency in International Trade: Implications for the Internationalization of the Yen[J]. Monetary and Economic Studies, 2004(1):27-63.

[31] Page S. The Choice of Invoicing Currency in Merchandise Trade[J]. National Institute Economic Review, 1981(1):60-72.

[32] Prasad E, Ye L. The Renminbi's Role in the Global Monetary System [R]. Washington: Brooking Znstitution, 2012.

[33] Tavlas S G, Yuzuru O. The Internationalization of Currencies: An Appraisal of

the Japanese Yen[R]. Washington: Znternational Monetary Fund,1992.

[34] Van Nieuwkerk M. Exchange Risks in the Netherlands International Trade [J]. Journal of International Economics, 1979(1):89-93.

[35] Viaene J M, De Vries C G. International trade and exchange rate volatility [J]. European Economic Review, 1992, 36(6): 1311-1321.

[36] Wilander F. An Empirical Analysis of the Currency Denomination in International Trade[R]. Stockholm: Stockholm School of Economics Insitute for Research,2004.

文章审稿人:韩鑫韬

宏观审慎视角下我国跨境外汇流动管理研究①

中国人民银行重庆营业管理部课题组

课题主持人：王江渝

课题组成员：张莉　胡国正　钟升　贺涛　首余恒　谭朋

一、导论

（一）研究背景及意义

随着我国深度融入全球经济，跨境外汇流动快速增长、波动加大，对相应的宏观风险防控提出更高要求。2001—2014 年，我国国际收支规模从 7800 亿美元增长到 10.5 万亿美元②，年均增长 22.1%。国际金融危机以来，银行代客涉外收支顺差在 2008—2014 年共有 3 年同比增长、4 年同比下降，流入、流出频繁转换。跨境外汇流动日趋大额化、复杂化，既放大了宏观经济金融风险，也对外汇管理提出了更高要求。同时，外汇管理改革深入推进，大量削减行政审批，对微观主体事前监管逐步放松，事中事后监测替代事前审批成为新常态。行政审批的简化，在促进贸易投资便利化的同时，也对完善管理、调控跨境外汇流动提出新课题、新挑战。在此背景下，需要跳出原有针对微观主体逐笔审核的监管框架，从微观审慎转向宏观审慎，探索建立具有宏观审慎政策特点的跨境外汇流动调节工具，适应新时期新形势的要求。

基于此，本文在对研究文献进行梳理的基础上，系统分析宏观审慎外汇流动管理的界定标准、作用对象、影响机制③，总结借鉴国别经验，探索构建基于我国实践的宏观审慎外汇流动调节工具体系，为防范跨境外汇流动风险、维护宏观经济金融稳定提供决策参考。

（二）现有研究情况综述

一是宏观审慎政策框架研究。围绕宏观审慎政策必要性、目标、主体、方式等展

① 为 2015 年度中国人民银行重庆营业管理部重点研究课题，获评“一等奖”。

② 计算方式：我国年度国际收支平衡表经常项目、资本与金融项目借贷双方发生额之和。

③ 考虑到我国跨境外汇流动与跨境人民币流动在驱动因素、作用机制等方面存在差异，本文研究对象为剔除人民币收支后的跨境外汇收支，下同。

开研究。Borio(2003)指出,宏观审慎重点在于防范整个金融体系积累的潜在风险,从而避免系统性风险造成的经济动荡。BIS(2009)、Brunnermeier(2009)认为,宏观审慎监管使金融机构行为溢出成本内部化,抑制系统性风险承担动机。周小川(2011)认为,宏观审慎政策框架包括资本要求、流动性要求、杠杆率要求、拨备规则,对系统重要性机构的特别要求,衍生产品交易的集中清算等。

二是对宏观风险的审慎管理研究。宏观审慎管理的目标是维护金融稳定,部分文献着眼于对跨境外汇流动引致的风险进行管理。D. Filiz Unsal(2013)构建开放经济模型,研究资本流入冲击下,货币政策和宏观审慎政策如何达到均衡。J. Ostry(2011)对资本流入激增的风险进行了全面概括,如汇率快速升值、国内通货膨胀、信贷投入过度等,并提出管理建议。陈艳丽(2012)就2008年以来国际资本持续流入新兴市场的特点进行梳理,分析资本流入对金融稳定、资本市场、产出缺口等的影响,并从审慎监管等方面提出应对措施。

三是对跨境外汇流动的审慎管理研究。除对宏观风险进行管理之外,部分文献着眼于研究对跨境外汇流动本身进行调控。Jeanne(2012)分析了资本项目开放过程中,国际资本快速流入、流入中断或逆转风险,提出构建审慎资本管制的建议。邓敏(2012)梳理了巴西、韩国采取的强制存款准备金、托宾税等审慎监管措施,就金融开放背景下如何加强国际资本流动管理提出建议。陈丰(2015)分析了审慎监管政策框架的有效性,指出对于已实现金融自由化的国家而言,宏观审慎政策在控制大规模流入、流出不同情况下的效果具有不对称性。

四是基于我国实践的跨境外汇流动审慎监管研究。主要限于银行结售汇综合头寸、远期售汇准备金[①]等少数领域,相关的研究文献较少。胡国正、钟升、贺涛等(2013)以趋势移动平均方式对我国跨境资金流动变化趋势进行测量,实证检验显著的影响因素,并提出加强跨境外汇流入、流出双向审慎监管的思路。唐宏飞(2014)分析了我国跨境资本流动状况及对经济金融运行产生的冲击,提出在宏观审慎框架下设计跨境资本流动管理制度的相关建议。

从现有研究情况看,已经达成的基本共识:一是大规模跨境外汇流动对宏观经济的影响日益深化,并成为宏观审慎政策的关注点。二是宏观审慎工具是管理跨境外汇流动的手段之一,需要在宏观经济政策、资本管制等传统工具基础上,构建审慎监管工具体系。三是宏观审慎监管的对象不唯一,既可以是跨境资金流动本身,也可以是跨境资金流动引致的宏观风险。四是宏观审慎管理工具选择没有统一标准。

同时,现有研究在以下方面还存在不足:一是着眼于宏观风险的宏观审慎管理和着眼于微观主体的跨境外汇流动管理相互割裂念,对何谓宏观审慎外汇流动管理,缺乏统一定义。二是宏观审慎外汇流动管理应着眼于宏观风险、外汇流动或是

---

① 《国家外汇管理局关于加强外汇资金流入管理有关问题的通知》(汇发〔2013〕20号)、《中国人民银行关于加强远期售汇宏观审慎管理的通知》(银发〔2015〕273号)。

其他中间指标,尚无统一、权威的结论。三是缺乏从整体意义上构建的宏观审慎外汇流动管理理论模型。四是现有文献大多是对已经付诸实施的政策进行梳理,对于不同政策工具的有效性研究较为缺乏。

(三)本文研究方向及框架

本文选择跨境外汇流动宏观审慎管理作为研究方向,系统研究界定标准、调控机制,构建基于流动性角度的理论模型,对各国实践进行经验研究,并评估不同工具的有效性,最后提出对我国构建宏观审慎外汇流动管理框架的建议。本文分为七部分。第一部分为导论。第二部分为宏观审慎外汇流动管理的界定标准、调控机制及适用范围。第三部分为基于流动性角度的宏观审慎外汇流动管理模型构建。第四部分为基于国别经验角度的宏观审慎外汇流动管理分类研究。第五部分为宏观审慎外汇流动风险衡量及管理有效性经验研究。第六部分为我国宏观审慎外汇流动风险分析及管理重点。第七部分为结论及建议。

二、宏观审慎外汇流动管理的界定标准、调控机制及适用范围

现有文献集中于单纯的宏观审慎监管或跨境外汇流动管理,对于何谓宏观审慎外汇流动管理,尚缺乏统一的界定标准及理论阐述。本部分提出宏观审慎外汇流动管理的界定标准、调控对象等关键概念,为后文构建理论模型奠定基础。

(一)宏观审慎外汇流动管理的界定标准

1.现行宏观审慎外汇流动管理的界定标准及不足

IMF(2011)主要从政策意图、居民/非居民区别对待等方面进行评判。首先,基于降低系统性金融风险而采取的外汇流动管理措施是具有审慎性质的,有助于宏观经济政策调整和维护金融稳定。其次,对居民/非居民区别对待的政策,如对外国资本征收金融交易税、针对外国资本征收无息准备金等,被界定为通常意义上的资本管制工具;对居民/非居民同等对待的政策,如银行外汇敞口比例限制,被界定为审慎管理工具。综上,IMF 的定义可归纳为:基于降低系统性金融风险、且对居民/非居民同等对待的资本流动管理措施。

OECD 则参照《资本流动自由化准则》①(以下简称《准则》),从是否对《准则》自由化措施清单及其义务产生影响的角度进行评判。首先,若对《准则》规定的具体交易产生了直接限制,则属于资本管制而非审慎管理。其次,虽然不直接进行限制,但对《准则》规定的资本流动自由化义务产生影响,也界定为资本流动管制。OECD 对宏观审慎资本流动管理的定义可归纳为:既不限制具体交易,也不在实质上影响《准

① 1959 年,OECD 制定《资本流动自由化准则》,用于指导成员国的货币可兑换实践。此后,OECD 根据形势变化对《准则》进行不定期修订,最新版本为 2013 年版。

则》义务的资本流动管理措施。

上述划分标准各有侧重,但均存在不足。在 IMF 标准方面,单纯以是否对居民/非居民区别对待作为划分界限,忽略了审慎管理的间接性特点,如一些直接限制具体交易的资本管制措施,只要满足非区别对待原则,仍然被视为审慎管理措施。在 OECD 标准方面,只关注是否对《准则》规定义务形成影响,并不适用于国情不同的非 OECD 国家。

2.重构宏观审慎外汇流动管理定义

本文在对 IMF、OECD 界定标准进行调和,对现有标准予以修正的基础上,提出宏观审慎外汇流动管理的定义①:“以降低与跨境外汇流动相关的系统性金融风险为目的,采取的针对所有市场主体、不区分居民/非居民性质、不限制具体交易的外汇流动管理措施”。

(二)宏观审慎外汇流动管理的特点及与宏观调控、资本管制的关系

一是兼容性。IMF 认为,即使采用宏观审慎管理手段,也不能否认汇率、利率、外汇储备等宏观经济政策在防范跨境外汇流动风险中的基础性作用、资本管制在特殊情况下的临时性作用。因此,宏观审慎外汇流动管理与宏观经济政策、资本管制相互兼容,共同发挥作用。

二是部分重合性。宏观审慎外汇流动管理与宏观调控、资本管制在部分领域存在交叉、重合,在一定程度上可以相互替代、转化。如 2015 年 9 月,人民银行提出加强远期售汇宏观审慎管理政策,明确开展代客远期售汇业务的金融机构应交存 20%的外汇风险准备金,以控制基于远期售汇的跨境汇差套利,上述措施既是宏观审慎管理手段,也属于准备金管理政策、可纳入宏观调控范畴。

三是间接性与非歧视性。宏观审慎外汇流动管理不直接对跨境交易进行限制,主要作用于金融机构,改变金融机构成本收益,间接影响企业、个人决策函数。同时,公平地作用于与之相关的所有市场主体,不对居民/非居民实施区别对待。间接性与非歧视性是区分宏观审慎外汇流动管理与资本管制的主要标志。

综上,宏观审慎外汇流动管理与宏观调控、资本管制均为应对外汇流动宏观风险的政策工具。其中,宏观审慎外汇流动管理与宏观调控在一定程度上存在重合,宏观审慎外汇流动管理与资本管制共同组成资本流动管理,也在一定程度上存在重合、可相互转化。三者之间的逻辑关系见图 1。

(三)宏观审慎外汇流动管理的调控机制及对象

构建外汇流动风险传导的全流程分析框架,作为选择宏观审慎管理对象的基

① IMF,OECD 标准更强调“跨境资本”的概念,但在以美元等世界货币结算为主的国际金融体系下,对于新兴市场等非主流国家而言,外汇流动是其跨境资本流动的主要组成部分。因此,以“跨境外汇”替代“跨境资本”概念,不影响研究结论。

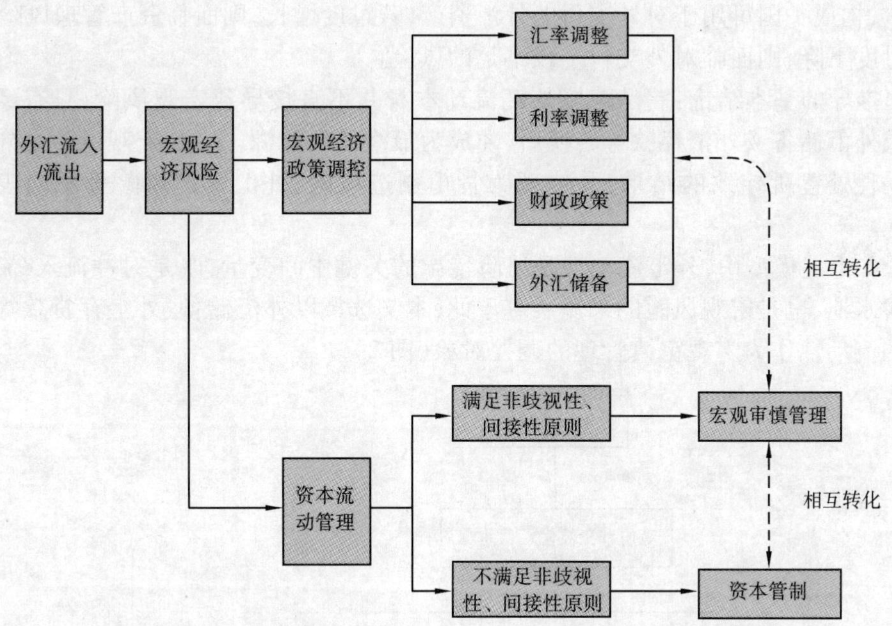

图 1　宏观审慎外汇流动管理与宏观调控、资本管制的逻辑关系

础。基本假定1①:①外汇流入国只使用本币结算,禁止外币流通及计价结算。②外汇流入均通过金融机构渠道,不存在个人携带入境等其他情况。③不存在提取外币现钞导致存款漏损的情况。

在上述假设下,外汇流动风险传导可划分为三个阶段②:第一阶段,跨境外汇从国外流入国内,并进入金融机构外汇流动性蓄水池(金融机构自身账户③)。第二阶段,外汇流动性蓄水池中的资金有两个去向:一是办理结汇,进行本外币转换(商业银行随后在外汇市场上卖出外汇平盘,最终体现为中央银行买入外汇、吐出基础货币);二是以外汇存款形式留存在金融机构,可用于发放外汇贷款或对外支付。第三阶段,外汇流动性处置最终体现为相应的宏观风险,一是货币创造风险,即央行吐出基础货币、商业银行外汇贷款④均体现为货币创造,其增长/下降导致相应的货币扩张/收缩风险;二是外汇资产风险,即央行外汇储备、居民自有外汇

① 为便于梳理,对全文提出的假定予以编号,后文依次排序。

② 为便于分析,以外汇流入的情况为例进行阐述,外汇流出的作用机制相同、方向相反。

③ 以我国为例,银行在办理代客跨境收入时,先入银行中间账户,待进行国际收支统计间接申报后,再解付入客户外汇账户或办理结汇。

④ 在不允许外币在境内结算、流通的前提下,外汇贷款并不直接影响国内经济金融,但外汇贷款可用于对外支付,替代购汇支付所用本币资金,从而间接扩大国内货币创造。

存款,构成一国可用于对外支付的外汇资产,若过度增长,则面临资产管理风险①,若过度下降,则面临对外支付手段不足的风险。

推导的基本结论:一是跨境外汇流动本身并不直接导致宏观风险,只有经过形成外汇储备或外汇存款等转换后,才成为最终的风险源。二是宏观风险是外汇流动性处置所导致的结果,并体现为货币创造风险、外汇资产风险等不同表现形式。

在上述模型中,外汇流动性是风险传导的关键中间变量,既是对冲流入/流出的蓄水池,也是宏观风险的来源。基于此,本文选择以外汇储备、外汇存贷款等组成的流动性作为宏观审慎管理的调控对象(图2)。

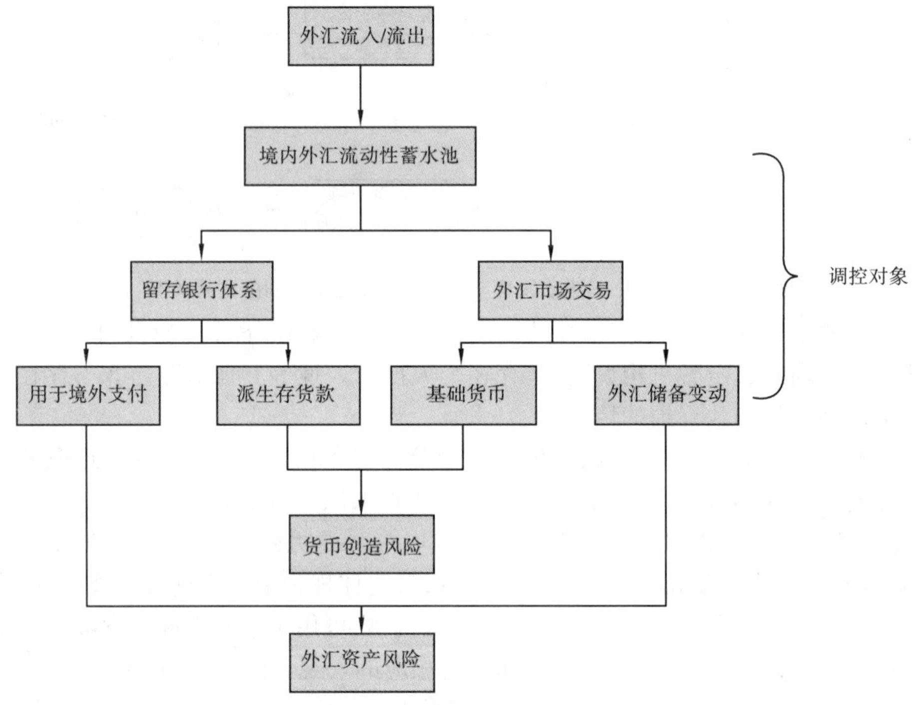

图2　外汇流动风险传导机制及宏观审慎管理对象选择

(四)研究小结

一是宏观审慎外汇流动管理以降低系统性金融风险为目的,具有针对所有市场主体、不区分居民/非居民、不限制具体交易的特征。

二是宏观审慎外汇流动管理与宏观调控、资本管制共同组成应对外汇流动宏观风险的政策工具,且在一定程度上与后两者存在交叉、重复,可相互转化。

---

① 周光友(2011)等认为,外汇储备具有最优规模,超过该规模则面临汇率波动导致资产减值、储备投资收益率下降等风险,从而加大资产管理难度。

三是在外汇流动风险传导过程中，外汇流动性是关键的中间变量，宏观审慎外汇管理应以流动性作为调控对象。

三、基于流动性角度的宏观审慎外汇流动管理模型构建

在明确宏观审慎外汇流动管理界定标准、调控机制的基础上，本部分提出基于流动性角度的“外汇流动—货币创造”“外汇流动—外汇资产”理论风险模型，并基于模型开展理论分析，提出不同情形下的宏观审慎外汇流动管理取向。

（一）“外汇流动—货币创造”风险模型

从外汇流动转换为外汇占款、外汇存款，并通过货币创造派生相应本外币信贷的角度出发，构建“外汇流动—货币创造”风险模型如下：

基本假定2：设本币货币乘数为m，外汇贷存比为n，m和n均为常数，且$m \in [0,+\infty)$，$n \in [0,+\infty)$。

在基期，发生1笔金额为A的跨境外汇流入①。

在第一阶段，初始流入A中，A_1实现了本外币转换并最终体现为央行放出的外汇占款E，A_2实现了存款转化并体现为国内银行外汇存款，设本外币汇率为x，有$A=A_1+A_2$，$E=x \cdot A_1$。

在第二阶段，以跨境外汇流入引致的外汇占款、外汇存款为基础，通过银行信贷机制，派生出相应的本外币创造。

$$\text{派生本币货币创造 } L_1 = x \cdot A_1 \cdot m \tag{1}$$

$$\text{派生外汇货币创造 } L_2 = A_2 \cdot n。 \tag{2}$$

其基本逻辑为：派生本币货币创造与外汇货币创造机制存在差异。在本币货币创造方面，外汇占款E属于央行收购外汇储备而被动吐出的基础货币，因此(1)式适用于$M=m \cdot C=m \cdot (c+r)$的货币创造公式（$M$为货币供给、$C$为基础货币、$c$为流通中现金、$r$为金融机构存款准备金）。在派生外汇货币创造方面，初始外汇存款A_2并非基础货币，且派生外汇贷款主要用于跨境支付，并未留存在国内金融体系进行再循环，其性质类似于存款漏损，不适用于基础货币创造公式。为简化模型设定、便于数据采集，设定统一的外汇贷存比n，用于衡量基于外汇存款的派生外汇货币创造。

在第三阶段，提出基本假定3：外汇信贷与本币信贷之间存在替代关系，即企业若无法获得外汇贷款，则会以本币资金购汇予以替代②。在上述假定下，外汇贷款减轻了用于购汇的人民币资金损耗，间接扩大了国内货币供给，相应的间接货币创造为：

① 为便于分析，以外汇流入的情况为例进行阐述，外汇流出的模型机制相同、方向相反。

② 例如企业需以外汇支付进口货款，如无法获得外汇贷款用于支付，则会以本币购汇进行替代。

$$L_3 = L_2 \cdot x = A_2 \cdot n \cdot x \tag{3}$$

以派生人民币创造 L_1、间接货币创造 L_3 之和作为初始外汇资金流动引致的货币创造 L,则有相应的货币创造表达式:

$$L = L_1 + L_3 = A_1 \cdot m \cdot x + A_2 \cdot n \cdot x = (A_1 \cdot m + A_2 \cdot n) \cdot x \tag{4}$$

令初始金额 A 的跨境外汇流入中,用于结汇的资金比例即结汇率为 a[①],留存为外汇存款的比例为 $1-a$,则有 $A_1=A \cdot a$,$A_2=A \cdot (1-a)$,将 A_1,A_2 表达式代入(4)式并作如下转换:

$$\begin{aligned} L &= (A_1 \cdot m + A_2 \cdot n) \cdot x = [A \cdot a \cdot m + A \cdot (1-a) \cdot n] \cdot x \\ &= A \cdot x \cdot [a \cdot m + (1-a) \cdot n] \end{aligned} \tag{a}$$

其中,$A \in (-\infty,+\infty)$[②];$x,m,n \in [0,+\infty)$;$a \in [0,1]$。

综上,最终推导得到的(a)式即为“外汇流动—货币创造”风险衡量表达式。若 L 增长超过临界值[③],则体现为货币扩张风险,若 L 下降超过临界值,则体现为货币收缩风险。

(二)“外汇流动—外汇资产”风险模型

与“外汇流动—货币创造”风险模型相似,设假定初始流入金额 A 中,A_1 实现了本外币转换并转换为央行外汇储备,A_2 留存为外汇存款,并根据(2)式派生出外汇货币创造 $L_2=A_2 \cdot n$。

假定4:企业持有外汇存款 A_2、派生外汇货币创造 L_2 的最终用途均为对外支付或留存境内,且具有相同的对外支付比例 b、留存境内比例 $1-b$。则有最终留存境内的外汇存款为:

$$D = (A_2 \cdot n + A_2) \cdot (1-b) = A_2 \cdot (1+n) \cdot (1-b) \tag{5}$$

令外汇储备 A_1 代表央行持有的外汇流动性,(5)式代表商业银行体系的外汇流动性,则有可用于支付的全社会外汇流动性表达式:

$$F = A_1 + D = A_1 + A_2 \cdot (1+n) \cdot (1-b) \tag{6}$$

将 $A_1=A \cdot a$、$A_2=A \cdot (1-a)$ 代入(6)式并作如下转换:

$$\begin{aligned} F &= A \cdot a + A \cdot (1-a) \cdot (1+n) \cdot (1-b) \\ &= A \cdot [a + (1+n) \cdot (1-a) \cdot (1-b)] \end{aligned} \tag{b}$$

综上,最终推导得到的(b)式即为“外汇流动—外汇资产”风险衡量表达式。若 F 增长超过临界值[④],则体现为外汇资产管理风险,若 F 下降超过临界值,则体现为对外支付风险。

---

① 若对应为资金流出情况的分析,则 a 代表售汇率,下同。

② 若 A 取值为负,则意味着资金流出。

③ 临界值根据具体形势及管理需要灵活设定,是衡量风险的基准,后文第五部分将对此进行研究。

④ 与“外汇流动——货币创造”相同,临界值设定及风险衡量标准在第五部分进行研究。

(三)“外汇流动—货币创造”风险分析及宏观审慎管理取向

一是在假定其他变量为常数的情况下,A,x,m,n 分别与 L 呈正相关,即初始流动金额越大、1 单位外汇可兑换的本币越多、货币创造越活跃,与跨境资金流动相关的货币创造越多。二是 a 与 L 之间的关系则取决于 m、n 取值,在 $m>n$ 的情况下,a 与 L 呈正相关,L 取值范围为 $[A\cdot x\cdot n, A\cdot x\cdot m]$;在 $m<n$ 的情况下,a 与 L 呈负相关,L 取值范围为 $[A\cdot x\cdot m, A\cdot x\cdot n]$(图 3)。

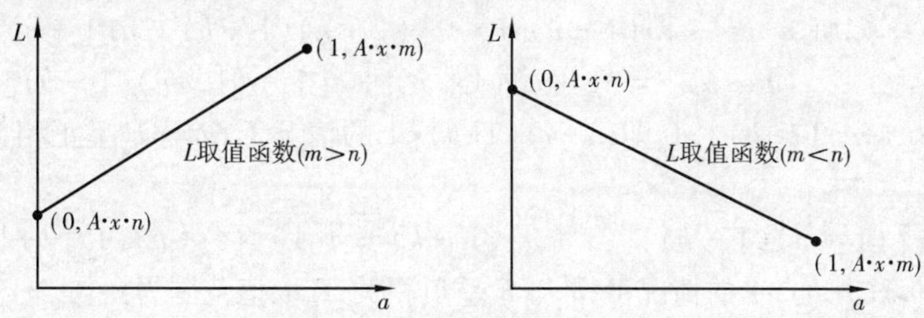

图 3 $m>n$,$m<n$ 的不同情况下 L、a 取值关系图

在 $m>n$ 的情况下,令 $n=0$,$a=0$,则 L 最小值为 0①,其取值范围可改写为:

$$L \in [0, A\cdot x\cdot m]; A,x,m > 0 \tag{7}$$

在 $m<n$ 的情况下,由于 $m,n\in[0,+\infty)$ 及 $m<n$ 的联合限制,n 取值不可为 0,L 取值范围为:

$$L \in [A\cdot x\cdot m, A\cdot x\cdot n]; A,x,m,n > 0 \tag{8}$$

综上,在出现“外汇流动—货币创造”风险的情况下,可根据货币扩张/货币收缩的具体情况,从初始流动量 A、本外币汇率 x、结汇率/售汇率 a、货币乘数 m、外汇贷存比 n 五个变量入手,采取相应调控如表 1 所示:

表 1 “外汇流动—货币创造”风险的宏观审慎管理取向

	货币扩张风险		货币收缩风险	
	$m>n$	$m<n$	$m>n$	$m<n$
A	控流入	控流入	控流出	控流出
x	本币升值	本币升值	本币贬值	本币贬值
a	降低结汇率/提升售汇率②	提升结汇率/降低售汇率	提升结汇率/降低售汇率	降低结汇率/提升售汇率
m	降低货币乘数	降低货币乘数	提升货币乘数	提升货币乘数
n	抑制外汇信贷	抑制外汇信贷	鼓励外汇信贷	鼓励外汇信贷

① 即在结汇率为 0、外汇贷存比为 0 的极端情况下,跨境资金流动全部沉淀为外汇存款,不影响货币创造。

② 提升售汇率与降低结汇率的影响方向相同,下同。

(四)“外汇流动—外汇资产”风险分析及宏观审慎管理取向

一是在假定其他变量为常数的情况下,A 和 n 分别与 F 呈正相关,即初始流动金额越大、外汇信贷创造越活跃,外汇资产存量越大。二是 b 与 F 之间呈负相关,即用于对外支付的比例越高、相应的存款漏损越大,外汇资产存量越小。三是 a 与 F 的相关关系取决于 n,b 的取值关系(图4)。

对(b)式中的系数作如下变换:

$$a+(1+n)(1-a)(1-b)=a+[(1+n)(1-b)-a(1+n)(1-b)]=(1+n)(1-b)+a[1-(1+n)(1-b)]$$

在$[1-(1+n)(1-b)]>0$即$(1+n)(1-b)<1$的情况下,a 与 F 呈正相关,F 取值范围为:

$$F\in[(1+n)(1-b),\{(1+n)(1-b)+a[1-(1+n)(1-b)]\}] \quad (9)$$

在$(1+n)(1-b)>1$的情况下,a 与 F 呈负相关,F 取值范围为:

$$F\in[\{(1+n)(1-b)+a[1-(1+n)(1-b)]\},(1+n)(1-b)] \quad (10)$$

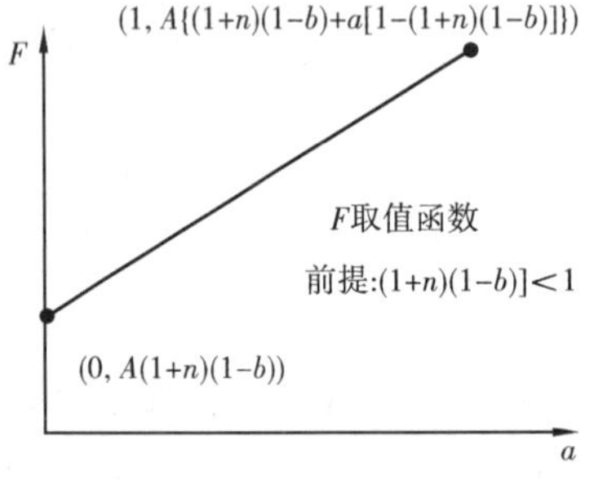

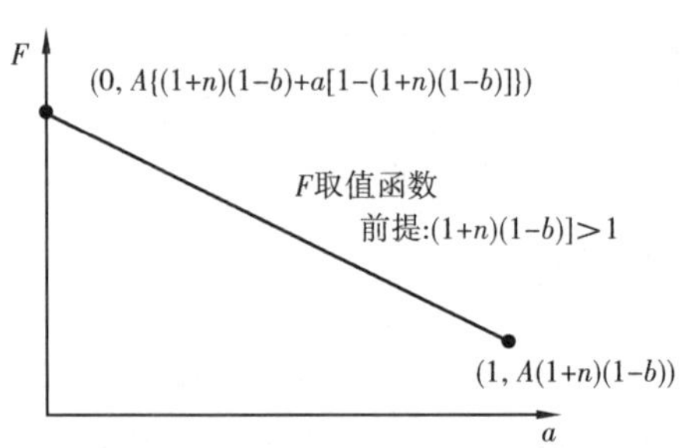

图4 $(1+n)(1-b)<1$,$(1+n)(1-b)>1$ 的不同情况下 F,a 取值关系图

综上,在出现“外汇流动—外汇资产”风险的情况下,可根据外汇资产管理/对外支付风险的具体情况,从初始流动量 A、结汇率/售汇率 a、外汇贷存比 n 及对外支付比例 b 四个变量入手,采取相应调控如表2所示。

表2 “外汇流动—外汇资产”风险的宏观审慎管理取向

	外汇资产管理风险		对外支付风险	
	$(1+n)(1-b)<1$	$(1+n)(1-b)>1$	$(1+n)(1-b)<1$	$(1+n)(1-b)>1$
A	控流入	控流入	控流出	控流出
a	降低结汇率/提升售汇率	提升结汇率/降低售汇率	提升结汇率/降低售汇率	降低结汇率/提升售汇率
n	抑制外汇信贷	抑制外汇信贷	鼓励外汇信贷	鼓励外汇信贷
b	鼓励对外支付	鼓励对外支付	抑制对外支付	抑制对外支付

（五）研究小结

一是跨境外汇流动宏观风险是多因素作用的结果。其中，货币创造风险的影响因素包括初始流入、汇率波动、结汇率/售汇率及本外币信贷创造活跃程度，外汇资产风险的影响因素包括初始流入、结汇率/售汇率、外汇信贷创造活跃程度及对外支付比率。单纯的大额外汇流动并不必然导致宏观风险。

二是跨境外汇流动宏观风险主要是基于流动性的风险。无论是货币创造风险还是外汇资产风险，均体现为相应的流动性创造，宏观审慎管理也应以外汇流动性作为着眼点。

三是跨境外汇流动宏观风险存在多种传导机制，宏观审慎管理应多措并举、综合施策。凡是符合调控取向、且满足宏观审慎定义的举措，都应纳入跨境外汇流动宏观审慎管理框架，形成涵盖跨境外汇流动、汇率波动、本外币货币创造、结汇率/售汇率、对外支付率等多指标的系统性管理体系。

四、基于国别经验角度的宏观审慎外汇流动管理分类研究

在构建理论模型的基础上，本部分从国别经验角度入手，系统梳理巴西、韩国等新兴市场国家（地区）采取的宏观审慎外汇流动管理措施，对调控对象、工具选择等进行分类研究，并总结经验及启示。

（一）各国宏观审慎外汇流动管理实践分类研究

2008 年金融危机后，新兴市场国家普遍经历了跨境外汇大额流入/流出，部分国家开始尝试采用宏观审慎管理措施予以应对。据不完全统计，2009 年以来，巴西、韩国等 9 个新兴市场国家（地区）累计实施了 25 项宏观审慎外汇流动管理措施[①]。根据(a)式、(b)式，按照政策意图的不同，对各国宏观审慎外汇流动管理措施作以下划分：

1.管理初始流入/流出金额 A 的相关措施

着眼于管理初始流入/流出金额 A 的措施共有 10 项，占比 40%。从政策工具采用频率看，托宾税、准备金率、资本比例限制、最低持有期限的出现频率分别为 6 次、2 次、1 次、1 次（表 3）。

---

① 其中，部分措施完全满足前文提出的不限制具体交易、不区分居民/非居民等要求，属于标准的宏观审慎管理手段；部分措施部分满足不限制具体交易等要求，但对居民/非居民实行了部分区别对待，属于具有宏观审慎特点的资本管制工具，其性质与宏观审慎工具相近，为提升分析的代表性、有效性，将这部分政策措施也纳入分析框架。

表3　各国用于调控初始流入/流出金额 A 的宏观审慎管理措施

序号	国家和地区	时　间	基本背景	管理措施	工具类别
1	巴　西	2009.10	外汇流入	对投资股市、债市的外国资本征收2%的预提税率	托宾税
2	韩　国	2011.1	外汇流入	非居民购买国债及货币稳定债券的利息收入征收14%的预提税	托宾税
3	韩　国	2011.4	外汇流入	国内和国外银行持有的非存款类外币负债按期限征收0.02%~0.2%的宏观审慎稳定税	托宾税
4	秘　鲁	2010.8	外汇流入	非居民购买央行票据的税率由0.1%提高至4%	托宾税
5	秘　鲁	2010.12	外汇流入	非居民投资股票所得征收30%的资本利得税	托宾税
6	泰　国	2010.10	外汇流入	非居民新投资于国债的利息收入和资本利得恢复征收15%的预提税	托宾税
7	秘　鲁	2010.9	外汇流入	对2年期以下的外币负债准备金率由50%提高至75%	准备金率
8	中国台湾	2010.12	外汇流入	对非居民新台币活期存款余额增加部分计提90%的准备金	准备金率
9	印度尼西亚	2010.12	外汇流入	银行短期外汇借款不得超过资本金的30%	资本比例限制
10	印度尼西亚	2010.6	外汇流入	非居民购买央行票据的持有期限至少为1个月	最低持有期限

资料来源:根据Wind数据库等汇总。

2.管理结汇率/售汇率 a 的相关措施

着眼于管理结汇率/售汇率 a 的措施共有5项,占比20%。各国大多集中于管理外汇衍生业务,通过“衍生业务→汇率预期→结汇/售汇意愿”的传导机制,最终影响结汇率/售汇率 a。从政策工具采用频率看,准备金、保证金、资本比例限制的出现频率分别为3次、1次、1次(表4)。

表4 各国用于调控结汇率/售汇率 a 的宏观审慎管理措施

序号	国 家	时 间	基本背景	管理措施	工具类别
1	土耳其	2010.12	外汇流入	允许银行以外汇缴存存款准备金	准备金
2	以色列	2011.2	外汇流入	银行与非居民的外汇远期和掉期交易征收10%的准备金	准备金
3	中 国	2015.10	外汇流出	开展远期售汇业务的金融机构应交存20%的外汇风险准备金	准备金
4	巴 西	2010.10	外汇流入	非居民衍生品交易保证金比例由0.38%提高至6%	保证金
5	韩 国	2010.6	外汇流入	国内银行持有的外汇衍生品头寸不得高于权益资本金的50%,外资银行不得高于250%	资本比例限制

资料来源:根据 Wind 数据库等汇总。

3.管理货币乘数 m 的相关措施

着眼于管理货币乘数 m 的措施共有4项,占比16%。从政策工具采用频率看,准备金率、贷款价值比例的出现频率各为2次(表5)。

表5 各国用于调控货币乘数 m 的宏观审慎管理措施

序号	国 家	时 间	基本背景	管理措施	工具类别
1	秘 鲁	2010.7	外汇流入	本币及外币存款准备金率由6%提高至9%	准备金率
2	土耳其	2011.1	外汇流入	提高各期限本币存款准备金率	准备金率
3	泰 国	2010.11	外汇流入	规定居民资产的贷款价值比例上限	贷款价值比例
4	土耳其	2010.12	外汇流入	规定抵押贷款的最高贷款价值比例上限	贷款价值比例

资料来源:根据 Wind 数据库等汇总。

4.管理外汇货币创造 L_2 的相关措施

着眼于管理外汇货币创造 L_2 的措施共有4项,占比16%。从政策工具采用频率看,贷款风险覆盖率、准备金率、银行头寸管理的出现频率分别为2次、1次、1次(表6)。

表6 各国用于调控外汇货币创造 L_2 的宏观审慎管理措施

序号	国家	时间	基本背景	管理措施	工具类别
1	韩国	2010.6	外汇流入	国内银行外汇贷款及持有至到期有价证券须被1年期以上外汇借款100%覆盖	贷款风险覆盖率
2	秘鲁	2010.7	外汇流入	对外汇信贷风险敞口提出额外资本要求	贷款风险覆盖率
3	印度尼西亚	2011.3	外汇流入	外汇存款准备金率由1%提高至8%	准备金率
4	中国	2013.5	外汇流入	银行外汇贷存比与银行结售汇综合头寸挂钩,外汇贷存比超标的银行需增持外汇头寸	银行头寸管理

资料来源:根据Wind数据库等汇总。

5.管理汇率 x 的相关措施

着眼于管理本币汇率 x 的措施只有1项,占比4%(表7)。

表7 用于调控汇率 x 的宏观审慎管理措施

序号	国家	时间	基本背景	管理措施	工具类别
1	巴西	2011.1	外汇流入	对银行在货币市场持有的美元空头头寸缴存无息准备金,期限90天	准备金

资料来源:根据Wind数据库等汇总。

6.管理对外支付意愿 b 的相关措施

在25项宏观审慎/类宏观审慎外汇流动管理措施中,着眼于管理对外支付意愿b的措施只有1项,占比4%(表8)。

表8 用于调控对外支付意愿 b 的宏观审慎管理措施

序号	国家	时间	基本背景	管理措施	工具类别
1	土耳其	2010.12	外汇流入	规定本国企业持有国外债券的预提税率分别为:3年以内7%,3~5年期3%,5年期以上0	级差托宾税

资料来源:根据Wind数据库等汇总。

(二)对宏观审慎外汇流动管理实践集中化的解释

上述宏观审慎管理实践具有明显的集中化特征(表9)。在调控对象方面:一是初始流入/流出金额与结汇率/售汇率分别代表了跨境外汇流动的收支环节及本外币转换的汇兑环节，是管理的主要对象。二是货币乘数、外汇货币创造也是宏观风险管理的重要环节，但由于货币调控涉及面广，只有在外汇流动风险较大、且调控方向与整体宏观调控取向一致时才可使用，属于相机抉择的调控对象。三是汇率并非调控重点，主要是调控的溢出效应不确定，各国在使用汇率调节外汇流动风险时较为谨慎。四是对外支付意愿也不是调控的重点，主要是对外支付往往与货物进口等实体经济运作相关，宏观审慎调控空间有限。

在调控工具方面：一是准备金、托宾税可根据实际情况较为灵活地予以调整，是各国央行选择的主要调控工具。二是资本比例限制、贷款价值比例、贷款风险覆盖率等工具也存在涉及面广、外部性大的问题，需要相机抉择。三是银行头寸管理、保证金等属于新型工具，仍处于试验、摸索阶段。四是最低持有期限的资本管制属性较强，各国在采用时较为谨慎。

表 9　按调控对象、工具类别划分的宏观审慎管理措施占比情况

按调控对象划分			按工具类别划分		
调控对象	频　数	占　比	政策工具	频　数	占　比
初始流入/流出金额 A	10	40%	准备金/准备金率	9	36%
结汇率/售汇率 a	5	20%	托宾税	7	28%
货币乘数 m	4	16%	资本比例限制	2	8%
外汇货币创造 L_2	4	16%	贷款价值比例	2	8%
汇率 x	1	4%	贷款风险覆盖率	2	8%
对外支付意愿 b	1	4%	银行头寸管理	1	4%
—	—	—	保证金	1	4%
—	—	—	最低持有期限	1	4%

资料来源：根据 Wind 数据库等汇总。

除此之外，上述 25 项宏观审慎外汇流动管理措施除中国要求金融机构针对远期售汇业务缴存 20%准备金是针对流出风险之外，其余 24 项措施均是针对外汇流入情况下的货币扩张风险、外汇资产管理风险，具有显著的“控流入、控过热”的政策特征。凸显各国在面临外汇流出相关风险的情况下，更多是选择资本管制而较少选择宏观审慎管理工具。相关启示：一是大规模资本流出往往意味着危机状态，主要基于市场化机制进行间接调控、相对温和的宏观审慎政策可能失效，资本管制在危机时刻更为有效。三是在非危机状态,在金融外汇市场仍然正常运转的前提下,也可采取宏观审慎管理工具对流出风险进行调控。

(三)研究小结

一是初始流入/流出金额与结汇率/售汇率作为主要调控对象,准备金、托宾税作为主要调控工具的宏观审慎外汇流动调控做法值得借鉴。

二是资本比例限制、贷款价值比例、贷款风险覆盖率等政策工具也是宏观审慎外汇流动管理的重要环节,但应进行相机抉择。

三是汇率等具有较大溢出效应与不确定性,最低持有期限资本管制属性较强、影响市场机制运行,在使用时应慎重选择。

四是在实践中较少使用的银行头寸、保证金及其他新型宏观审慎政策工具,应是加大探索力度、争取创新突破的重点领域。

五是宏观审慎政策工具运用的前提条件是市场运转有效,在大规模资本流出等危机状态下,资本管制应对资本流出的有效性更强。

五、宏观审慎外汇流动风险衡量及管理有效性经验研究

在构建理论模型并进行分类研究的基础上,本部分从经验研究角度入手,提出宏观审慎外汇流动风险的衡量标准,构建宏观审慎外汇流动风险时间序列,对不同宏观审慎外汇流动管理工具的有效性进行研判。

(一)宏观审慎外汇流动风险基础时间序列构建

根据“外汇流动—货币创造”风险模型,有 $L=L_1+L_3$、$L_1=E\cdot m$、$L_3=L_2\cdot x$,可按国别搜集各变量数据,计算具体的货币创造数值。在数据处理方面,一是按国别搜集 m,x,L_2数据,其中,印度尼西亚等部分国家未直接公布 m 数据,可按 $m=M/(c+r)$(M 为货币供给、c 为流通中现金、r 为金融机构存款准备金),分别搜集 M,c,r 数据,并计算得到 m。二是令 $E=W\cdot x$(W 为外汇储备余额、x 为汇率),分别搜集 W,x 数据并计算得到 E。经搜集可得数据,可构建中国、巴西、韩国、印度尼西亚、土耳其、泰国、中国台湾 7 个国家和地区①的货币创造时间序列数据(表 10)。

表 10　各国“外汇流动—货币创造”基础数据情况

国家(地区)	样本区间	累计增长	L_1 占比	L_3占比
中　国	2002Q2—2015Q2	10.9 倍	95.7%	4.3%
巴　西	1995Q4—2012Q4	9.6 倍	95.2%	4.8%

① 由于数据不完全可得,在前文涉及的 9 个国家(地区)中,未构建秘鲁、以色列的时间序列数据。

续表

国家(地区)	样本区间	累计增长	L_1 占比	L_3占比
韩　国	1991Q4—2014Q4	24.7 倍	99%	1%
印度尼西亚	2004Q1—2015Q2	2.9 倍	91.3%	8.7%
土耳其	2002Q4—2014Q4	7.7 倍	71.9%	28.1%
泰　国	2000Q1—2015Q2	2.5 倍	96.1%	3.9%
中国台湾	2003Q3—2015Q2	0.9 倍	99.4%	0.6%

资料来源:根据 Wind 数据库等汇总计算。

根据“外汇流动—外汇资产”风险模型,有 $F=A_1+D$,可按国别搜集变量数据,并计算具体的外汇资产数值。在数据处理方面,令 $A_1=W$,$D=G$(W 为外汇储备余额、G 为外汇存款余额)。经搜集数据,可构建中国、巴西、韩国、印度尼西亚、土耳其、泰国、中国台湾 7 个国家和地区的外汇资产时间序列数据(表 11)。

表 11　各国“外汇流动—外汇资产”基础数据情况

国家(地区)	样本区间	累计增长	A_1 占比	D 占比
中　国	2002Q2—2015Q2	10.3 倍	88.5%	11.5%
巴　西	1995Q4—2012Q4	4.6 倍	74.7%	25.3%
韩　国	1991Q4—2014Q4	26.4 倍	90.4%	9.6%
印　尼	2004Q1—2015Q2	2 倍	67.9%	32.1%
土耳其	2002Q4—2014Q4	3 倍	59.1%	40.9%
泰　国	2000Q1—2015Q2	3.7 倍	95.7%	4.3%
中国台湾	2003Q3—2015Q2	1.6 倍	81.1%	18.9%

资料来源:根据 Wind 数据库等汇总计算。

(二)宏观审慎外汇流动风险识别及经验分析

采取趋势移动平均方式对基础时间序列进行处理,对正常、异常状态进行区分,在此基础上实现风险识别。具体做法如下:

以“外汇流动—货币创造”风险为例①,令需要研究的货币创造 L 在第 t 期的数值为 L_t。

① “外汇流动—外汇资产”风险衡量指标的构建与之相同。

首先,以往前回溯 2 年(8 个季度)的移动平均值 $L'_t=(\sum_{i=t-7}^{t}L_i)/8$ 作为当期基础数据,以平滑季节性因素、周期性因素、短期因素影响。

其次,对当期基础数据 L'_t 往前回溯 2 年(8 个季度)取标准差 $\delta L'_t$,作为区分不同状态、衡量风险的临界标准。

最后,以 $L'_t\pm\delta L'_t$ 作为标准,对原始数据 L 的正常状态、风险状态进行识别。若当期数据 L_t 位于临界标准之内,即 $L'_t-\delta L'_t<L_t<L'_t+\delta L'_t$,则定义为“不存在货币创造风险”;若高于临界标准上限,即 $L_t>L'_t+\delta L'_t$,则定义为“货币扩张风险”;若低于临界标准下限,即 $L_t<L'_t-\delta L'_t$,则定义为“货币收缩风险”。

通过上述运算,一是令每一期的基础数据 L'_t 均包含完整的 2 年数据,从而平滑了季节性、周期性、短期因素对跨境外汇流动的影响,弥补了单季数据对比可能存在的不准确性。二是以当期基础数据 L'_t 的 2 年取标准差作为风险识别的临界标准,以将滞后效应影响尽可能包含在内。三是默认与外汇流动相关的货币创造 L 存在正常波动,只有超过临界值才会导致风险,并区分为无风险、货币扩张风险、货币收缩风险三种不同状态。

经过趋势移动平均变换,分别对各国“外汇流动—货币创造”“外汇流动—外汇资产”风险进行识别。以数值 1,0,-1 分别代表货币创造相关的货币扩张风险、无风险、货币收缩风险三种不同状态,外汇资产相关的外汇资产管理风险、无风险、对外支付风险三种不同状态,按相关国家和地区统计风险状态情况如表 12 所示。

表 12　“外汇流动—货币创造”“外汇流动—外汇资产”风险取值情况

国家(地区)	有效样本数量	“外汇流动—货币创造”风险			“外汇流动—外汇资产”风险		
		取值“1”样本数	取值“0”样本数	取值“-1”样本数	取值“1”样本数	取值“0”样本数	取值“-1”样本数
中　国	39	26	13	0	33	6	0
巴　西	55	29	13	13	27	16	12
韩　国	79	52	24	3	53	23	3
印　尼	32	25	7	0	18	14	0
土耳其	35	25	10	0	20	14	1
泰　国	48	30	17	1	32	10	6
中国台湾	34	17	14	3	27	7	0

资料来源:根据 Wind 数据库等汇总计算。

从以上经验分析看，可得出以下共性特点：一是与外汇流入相关的风险出现的频率更高。二是与流出相关的风险在金融危机以来明显增多。三是“外汇流动—货币创造”“外汇流动—外汇资产”在部分时段内方向相同，如均体现为与外汇流入相关的风险①。四是“外汇流动—货币创造”“外汇流动—外汇资产”在部分时段内方向相反，如前者为与外汇流入相关的货币扩张风险，而后者为与外汇流出相关的支付风险。

(三)宏观审慎外汇流动管理有效性经验分析

从经验分析角度，以各国在采取宏观审慎政策举措后，相关风险取值是否按照调控方向移动，作为判断管理是否有效的标准。考虑政策生效存在时滞，在经验判断中采用如下标准：采用特定宏观审慎外汇流动管理举措后，若在随后 4 期(对应时间为 1 年)内出现相关风险取值按照调控方向移动的情况，则界定为政策有效；若在随后 8 期(对应时间为 2 年)内出现相关风险取值按照调控方向移动的情况，则界定为部分有效；否则为无效。

基于以上标准，对各国宏观审慎外汇流动管理有效性②进行经验判断如下：

一是基于托宾税的宏观审慎管理有效性判断。共有巴西(2009 年 10 月)等 5 个案例涉及托宾税，在货币创造风险方面，共有 1 个案例为政策有效、4 个案例为政策部分有效；在外汇资产风险方面，共有 4 个案例为政策有效、1 个案例为政策无效。

二是基于准备金的宏观审慎管理有效性判断。共有印度尼西亚(2011 年 3 月)等 5 个案例涉及准备金，在货币创造风险方面，共有 4 个案例为政策部分有效、1 个案例为政策无效；在外汇资产风险方面，共有 4 个案例为政策有效、1 个案例为政策部分有效。

三是基于贷款价值比例、贷款风险覆盖率的宏观审慎管理有效性判断。共有泰国(2010 年 11 月)等 2 个案例涉及贷款价值比例，在货币创造风险方面，2 个案例均为政策部分有效；在外汇资产风险方面，2 个案例均为政策有效。韩国(2010 年 6 月)1 个案例涉及贷款风险覆盖率，在货币创造风险方面为政策无效，在外汇资产风险方面为政策部分有效。

四是基于资本比例限制的宏观审慎管理有效性判断。共有韩国(2010 年 6 月)等 2 个案例涉及资本比例限制，在货币创造风险方面，1 个案例为政策部分有效，1 个案例为政策无效；在外汇资产风险方面，1 个案例为政策有效，1 个案例为政策部分有效。

五是基于保证金、银行头寸管理、最低持有期限的宏观审慎管理有效性判断。

---

① 货币创造扩张风险与外汇资产管理风险同时出现。

② 由于可得数据不全，在前述 25 个宏观审慎案例中，秘鲁、以色列未构建宏观审慎外汇流动风险时间序列，因此开展有效性分析的案例缩减为 19 个。

基于保证金、银行头寸管理、最低持有期限的案例分别各有1个。巴西(2010年10月)采用了基于保证金的宏观审慎管理,在货币创造风险、外汇资产风险方面均为政策无效。中国(2013年5月)采用了基于银行头寸的宏观审慎管理,在货币创造风险、外汇资产风险方面均为政策部分有效。印度尼西亚(2010年6月)采用了基于最低持有期限的宏观审慎管理,在货币创造风险、外汇资产风险方面均为政策部分有效。

在上述案例中,设政策有效权重为100%、政策部分有效权重为50%、政策无效权重为0,则可对托宾税、准备金等各类宏观审慎管理工具的综合有效性进行加权计量如表13所示。

表13 各类政策工具的宏观审慎管理有效性指数①

政策工具类别	案例数量	对货币创造风险管理的有效性	对外汇资产风险管理的有效性	综合管理有效性②
托宾税	5	60%	80%	70%
准备金	5	40%	90%	65%
贷款价值比例	2	50%	100%	75%
资本比例限制	2	25%	75%	50%
贷款风险覆盖率	1	0	50%	25%
保证金	1	0	0	0
银行头寸管理	1	50%	50%	50%
最低持有期限	1	50%	50%	50%

基本结论:一是横向对比,同一政策工具对货币创造风险管理的有效性要弱于对外汇资产风险管理的有效性,凸显货币创造受的影响因素更多、更趋复杂,单一政策工具的作用有限。二是纵向对比,托宾税、准备金、贷款价值比例三项政策工具的有效性较高;资本比例限制、银行头寸管理、最低持有期限三项政策工具的有效性次之;贷款风险覆盖率、保证金两项政策工具的有效性相对较低。

(四)研究小结

一是在货币创造风险方面,基于外汇占款的货币创造应是调控重点,对外汇信贷的管理可适当放宽。在外汇资产风险方面,央行持有的外汇资产应是调控重点,对商业银行体系外汇资产的管理可相对放宽。

① 指数取值范围为0~100%。

② 综合管理有效性=(对货币创造风险管理的有效性+对外汇资产风险管理的有效性)/2。

二是从历史数据看,与外汇流入相关的风险出现频率更多,更适合采用宏观审慎管理工具。与外汇流出相关的风险出现频率较少,但大多以金融危机形式出现,宏观审慎管理工具应对的有效性相对较弱。

三是同一政策工具对货币创造风险管理的有效性要弱于对外汇资产风险管理的有效性,凸显货币创造受的影响因素更多、更趋复杂,单一政策工具的作用有限。

四是托宾税、准备金、贷款价值比例等政策工具的综合有效性较高;资本比例限制、银行头寸管理、最低持有期限等政策工具的综合有效性次之;贷款风险覆盖率、保证金等政策工具的综合有效性相对较低。

六、我国宏观审慎外汇流动风险分析及管理重点

本部分在分析我国宏观审慎外汇流动风险状况的基础上,对"外汇流动—货币创造""外汇流动—外汇资产"风险模型进行细化并测算相关乘数,明确相应的宏观审慎外汇流动管理重点。

(一)我国宏观审慎外汇流动风险基本情况

基于前文构建的基础时间序列,可对我国"外汇流动—货币创造""外汇流动—外汇资产"相关风险进行分析如下。截至 2015 年 2 季度①,一是基于外汇流动的货币创造存量为 110 万亿元,13 年间增长 10.9 倍,年均增长 20.96%,其中基于本币信贷的直接货币创造占比 95.7%。二是基于外汇流动的外汇资产存量为 4.38 万亿美元,13 年间增长 10.3 倍,年均增长 20.5%,其中人民银行持有的外汇资产占比 88.5%。从变动情况看,货币创造存量在 2014 年 3 季度—2015 年 1 季度期间出现下滑,2015 年 2 季度恢复增长;外汇资产存量自 2014 年 3 季度起出现下滑,并延续下降趋势至 2015 年 2 季度(图 5)。

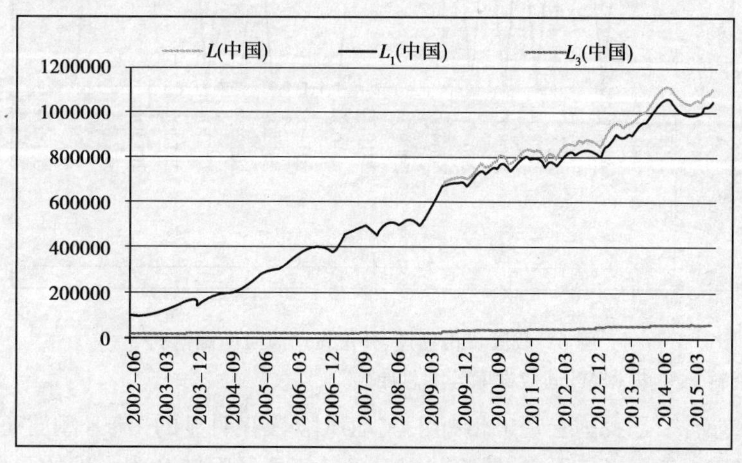

① 由于部分数据尚未公布,构建的我国时间序列数据截止时点为 2015 年 2 季度。

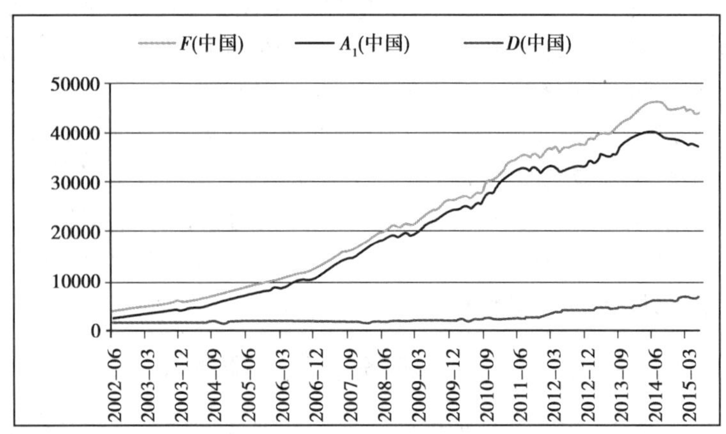

图5　我国货币创造、外汇资产基础数据　单位:亿元、亿美元

资料来源:根据 Wind 数据库等汇总计算。

从风险衡量情况看,一是从历史情况看,经过趋势移动平均后,我国尚未出现过货币收缩风险、对外支付风险等取值为-1 的风险状况。二是自 2012 年 4 季度以来,我国货币创造、外汇资产风险取值基本一致,在 2013 年 1 季度—2014 年 3 季度取值为 1,体现为货币扩张风险、外汇资产管理风险;在 2014 年 4 季度—2015 年 2 季度取值为 0,体现为中性无风险(图 6)。

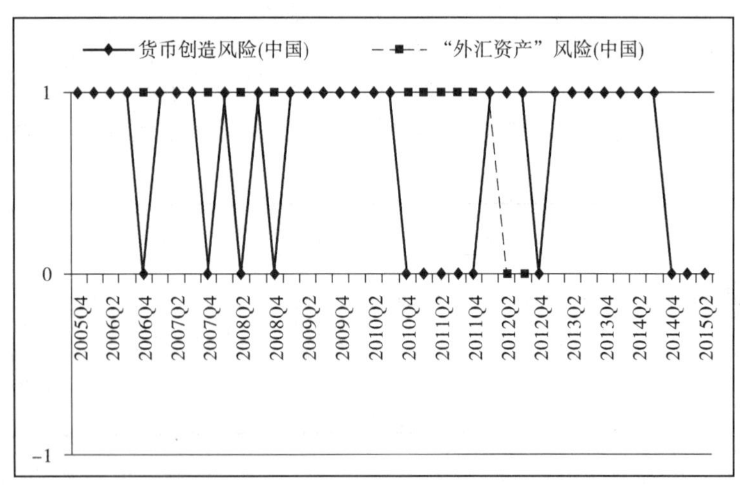

图6　我国货币创造、外汇资产风险衡量情况

资料来源:根据 Wind 数据库等汇总计算。

基本结论:一是我国宏观审慎外汇流动风险具有明显的“流入型”“过热型”特征。二是 2014 年下半年以来,风险状况已经从正值区间转变为中性的无风险状态,对其变化需要高度关注。

(二)我国"外汇流动—货币创造"风险模型实践分析

1.对"外汇流动—货币创造"风险宏观审慎管理取向的细化

"外汇流动—货币创造"风险的宏观审慎管理取向在部分程度上取决于货币乘数 m、外汇贷存比 n 的取值关系,在 $m>n$,$m<n$ 的不同情况下,对结汇率/售汇率 a 的调控取向也相应不同。从我国情况看,2010 年以来①,货币乘数 m 取值在 3~4,外汇贷存比 n 取值在 1~2,前者显著高于后者。

因此,我国恒有 $m>n$,可据此对表 1 进行简化,形成基于我国实践的"外汇流动—货币创造"风险的宏观审慎管理取向,详见表 14。

表 14 基于我国实践的"外汇流动—货币创造"风险宏观审慎管理取向

	货币扩张风险	货币收缩风险
A	控流入	控流出
x	本币升值	本币贬值
a	降低结汇率、提升售汇率	提升结汇率、降低售汇率
m	降低货币乘数	提升货币乘数
N	抑制外汇信贷	鼓励外汇信贷

基本结论:在原始跨境外汇流动中,实现了结汇、售汇等本外币转换的一部分资金,通过基于本币信贷的直接货币创造形成风险,未实现本外币转换的另一部分资金,则通过基于外币信贷的间接货币创造形成风险。由于本外币信贷创造活跃程度不同,使得两种风险传导途径的效率存在差异。从我国实践看,本币信贷创造更为活跃,使得对结汇率/售汇率 a 的调控方向相对单一,即在面临货币扩张风险时,鼓励购汇、抑制结汇,将资金更多转向传导效率相对较低的外币信贷创造途径;在面临货币收缩风险时,则鼓励结汇、抑制购汇,将资金更多转向传导效率相对较高的本币信贷创造途径。

2.不同情形、不同途径货币创造乘数估算及管理重点分析

根据"外汇流动—货币创造"风险模型(a)式,令 Y,Y_1,Y_2 分别为货币创造乘数、直接货币创造乘数、间接货币创造乘数,$Y=x\cdot a\cdot m+x(1-a)n$,$Y_1=x\cdot am$,$Y_2=x(1-a)\cdot n$,其含义分别为单位跨境外汇流动引致的货币创造总量、基于本币信贷的直接货币创造量、基于外币信贷的间接货币创造量。

① 考虑我国银行结售汇时间序列数据起始时间为 2010 年 1 月,因此基于我国的实践数据均从 2010 年开始取值,下同。

(1)对结汇率、售汇率的测算

按照结汇率=结汇/收汇、售汇率=售汇/付汇[①]计算公式,对我国结汇率、售汇率进行估算,详见图7。

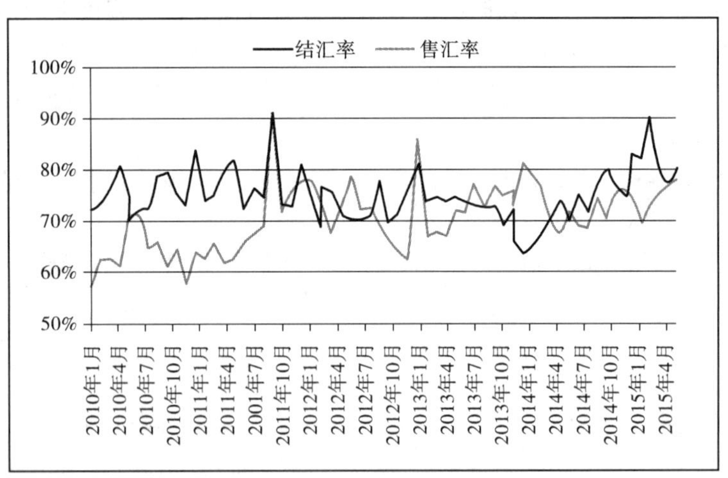

图7 2010年以来我国结汇率、售汇率数据对比

资料来源:根据外汇局统计数据汇总计算。

从对比情况看,我国结汇率、售汇率增减变动趋势不完全一致,前者取值范围为70%~90%,后者取值范围为60%~90%,后者波动相对较大。二者在取值上的差异将体现为外汇流入、流出[②]等不同情形下的货币乘数差异。

(2)对不同情形、不同途径货币创造乘数的估算

令Y',Y_1',Y_2'分别为流入情形下的货币创造乘数、直接货币创造乘数、间接货币创造乘数,令Y'',Y_1'',Y_2''分别为流出情形下的货币创造乘数、直接货币创造乘数、间接货币创造乘数。将汇率x、结汇率/售汇率a、货币乘数m、外汇贷存比n等变量代入,计算得到Y',Y_1',Y_2',Y'',Y_1'',Y_2''时间序列(表15、图8)。

表15 区分不同情形、不同途径的货币创造乘数基本特征[③]

乘 数	最大值	最小值	均 值	标准差	标准差/均值
Y'	26.61	20.04	22.13	1.56	7%
Y_1'	23.90	16.80	19.37	1.58	8%
Y_2'	3.93	1.19	2.76	0.54	19%

① 收付汇数据来源:国家外汇管理局银行代客涉外收支统计月度数据,剔除人民币以外的外汇收支。

② 流入对应为结汇,流出对应为售汇。

③ 其中,上标′代表流入、″代表流出,下标$_1$代表直接货币创造、下标$_2$代表间接货币创造。

续表

乘　数	最大值	最小值	均　值	标准差	标准差/均值
Y''	25.08	19.13	21.65	1.34	6%
Y''_1	23.81	15.09	18.39	1.91	10%
Y''_2	5.55	0.82	3.26	1.15	35%

资料来源：根据 Wind 数据库等汇总计算。

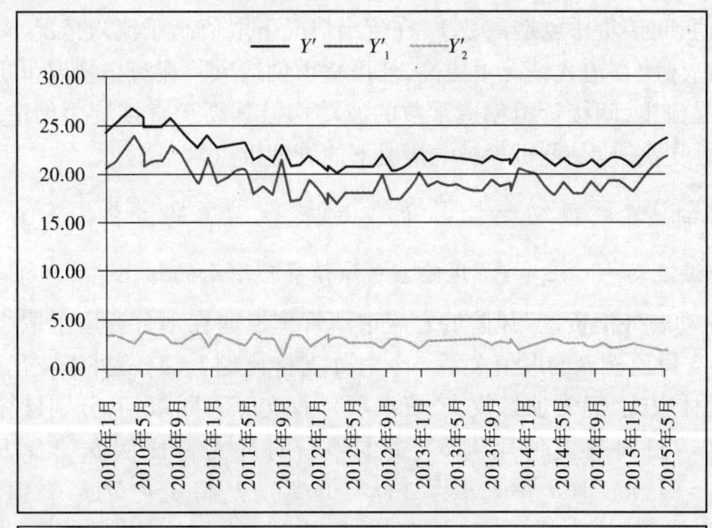

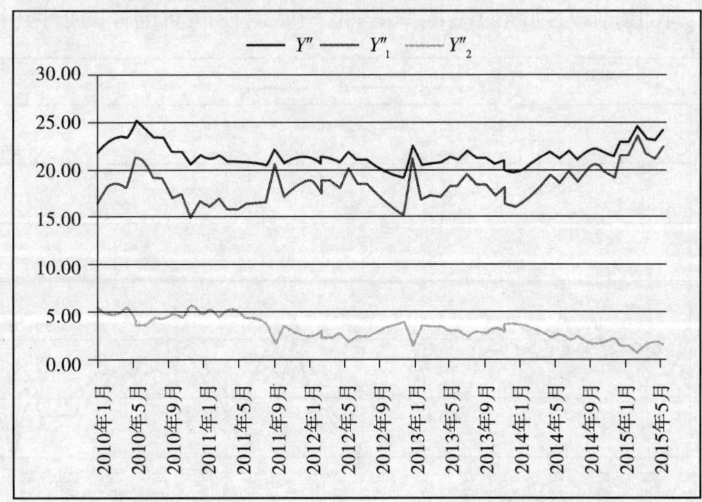

图 8　区分不同情形、不同途径的货币创造乘数对比情况

资料来源：根据 Wind 数据库等汇总计算。

基本解释：一是在流入情形下，单位美元外汇流入平均可增加 22.13 元人民币货币创造，其中基于本币信贷的直接货币创造贡献了 19.37 元、占比 87.5%，基于外币信贷的间接货币创造贡献了 2.76 元、占比 12.5%。二是在流出情形下,单位美元外汇流出平均可减少 21.65 元人民币货币创造,其中基于本币信贷的直接货币创造贡献了 18.39 元、占比 84.9%,基于外币信贷的间接货币创造贡献了 3.26 元、占比 15.1%。

(3)管理重点分析

一是无论流入还是流出,直接货币创造乘数都是总体货币创造的主要来源,即大量跨境外汇流动最终通过本币货币创造途径进行风险传导,使得本币货币创造途径成为宏观审慎监管的重点。二是直接货币创造乘数 Y_1 在流入情况下取值高于流出情况下取值,间接货币创造乘数 Y_2 在流出情况下取值高于流入情况下取值,说明本币货币创造风险在流入情况下更高,外币货币创造风险在流出情况下更高。三是无论流入还是流出,间接货币创造乘数的波动均显著高于直接货币创造乘数,说明前者不确定性更高,应是危机等极端情况下的管理重点。

(三)我国“外汇流动—外汇资产”风险模型实践分析

1.对“外汇流动—外汇资产”风险宏观审慎管理取向的细化

“外汇流动—外汇资产”风险的宏观审慎管理取向在部分程度上取决于外汇贷存比 n、对外支付比例 b 的取值关系。令对外支付比例 b=跨境外汇支出/跨境外汇收入,可按总体收支、经常项目收支、资本项目收支等不同口径,分别计算对外支付比例 b、经常项目对外支付比例 b_1、资本项目对外支付比例 b_2。令 $B=(1+n)(1-b)-1$,$B_1=(1+n)(1-b_1)-1$,$B_2=(1+n)(1-b_2)-1$,将 n,b,b_1,b_2 数值代入,分别计算 B,B_1,B_2 取值,作为判断对结汇率/售汇率 a 调控取向选择的依据(图 9)。

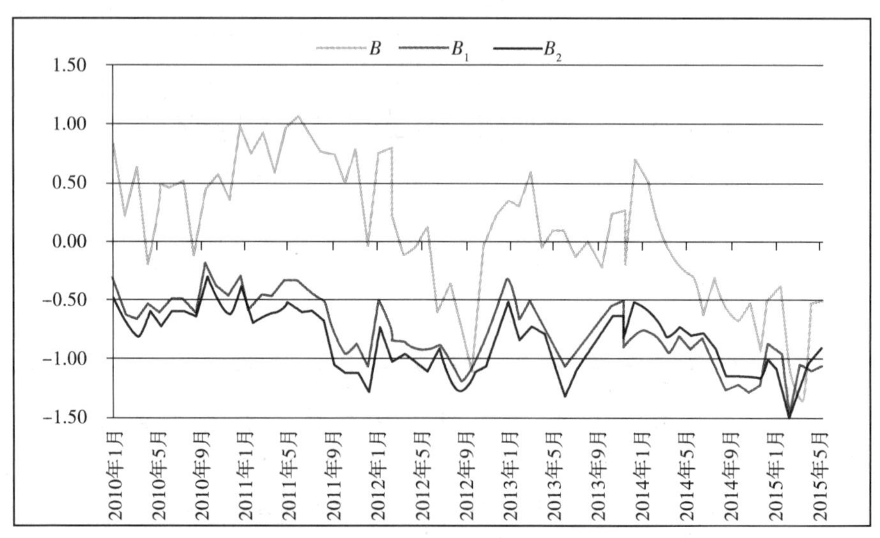

图 9　$B=(1+n)(1-b)-1$,$B_1=(1+n)(1-b_1)-1$,$B_2=(1+n)(1-b_2)-1$ 取值情况

资料来源:根据 Wind 数据库等汇总计算。

从 B, B_1, B_2 取值看，B 和 B_1 在所有时段内均小于 0，B_2 在部分时段内小于 0、部分时段内大于 0。可据此对表 2 进行细化，形成基于我国实践的“外汇流动—外汇资产”风险宏观审慎管理取向，详见表 16。

表 16 “外汇流动—外汇资产”风险的宏观审慎管理取向①

	外汇资产管理风险		对外支付风险	
	$(1+n)(1-b)<1$	$(1+n)(1-b)>1$	$(1+n)(1-b)<1$	$(1+n)(1-b)>1$
A	控流入	控流入	控流出	控流出
a	降低结汇率/提升售汇率	提升结汇率/降低售汇率	提升结汇率/降低售汇率	降低结汇率/提升售汇率
n	抑制外汇信贷	抑制外汇信贷	鼓励外汇信贷	鼓励外汇信贷
b	鼓励对外支付	鼓励对外支付	抑制对外支付	抑制对外支付

基本结论：在跨境外汇流动中，经常项目对外支付比例相对固定，相应的“外汇流动—外汇资产”风险宏观审慎管理取向也较为单一；资本项目对外支付比例波动较大，相应的“外汇流动—外汇资产”风险宏观审慎管理取向取决于对外支付比例和外汇贷存比之间的取值关系。在实践中，应区分引致外汇资产风险的主要渠道是经常项目还是资本项目，有选择地实施宏观审慎管理。

2.不同情形、不同途径外汇资产乘数估算及管理重点分析

根据“外汇流动—外汇资产”风险模型(b)式，令 Z, Z_1, Z_2 分别为外汇资产乘数、央行外汇资产乘数、商业银行外汇资产乘数，$Z=a+(1+n)(1-a)(1-b)$，$Z_1=a$，$Z_2=(1+n)(1-a)(1-b)$，其含义分别为单位跨境外汇流动引致的外汇资产总量、央行持有的外汇资产量、商业银行体系的外汇资产量。

(1)对不同情形、不同途径外汇资产乘数的估算

令 Z', Z'_1, Z'_2 分别为流入情形下的外汇资产乘数、央行外汇资产乘数、商业银行外汇资产乘数，Z'', Z''_1, Z''_2 分别为流出情形下的外汇资产乘数、央行外汇资产乘数、商业银行外汇资产乘数。将结汇率/售汇率 a、外汇贷存比 n、对外支付比例 b 等变量代入，计算得到 $Z', Z'_1, Z'_2, Z'', Z''_1, Z''_2$ 时间序列(表 17)。

① 其中，$(1+n)(1-b)<1$ 项下的相关措施适用于经常项目外汇流动引致的外汇资产风险及部分时段内资本项目外汇流动引致的外汇资产风险，$(1+n)(1-b)>1$ 项下的相关措施适用于部分时段内资本项目外汇流动引致的外汇资产风险。

表17　区分不同情形、不同途径的外汇资产乘数基本特征①

乘　数	最大值	最小值	均值	标准差	标准差/均值
Z'	0.96	0.59	0.80	0.08	10%
Z'_1	0.91	0.67	0.74	0.04	6%
Z'_2	0.18	−0.14	0.06	0.07	105%
Z''	0.95	0.62	0.79	0.06	8%
Z''_1	0.90	0.57	0.70	0.07	10%
Z''_2	0.31	−0.07	0.09	0.09	106%

资料来源:根据Wind数据库等汇总计算。

基本解释:一是在流入情形下,单位美元外汇流入平均可增加0.8美元外汇资产,其中央行持有的外汇资产0.74美元、占比92.5%,商业银行体系外汇资产0.06美元、占比7.5%。二是在流出情形下,单位美元外汇流出平均可减少0.79美元外汇资产,其中央行持有的外汇资产减少0.7美元、占比88.6%,商业银行体系外汇资产减少0.09美元、占比14%。

(2)管理重点分析

一是无论流入还是流出,央行持有的外汇资产都是总体外汇资产的主要来源,即大量跨境外汇流动最终体现为外汇占款的变动。二是从标准差/均值衡量的波动情况看,无论流入还是流出,商业银行体系的外汇资产波动幅度显著高于央行外汇资产,说明前者不确定性更高,应是危机等极端情况下的管理重点。

(四)研究小结

一是从我国实践看,由于货币乘数取值高于外汇贷存比,本币风险传导途径效率更高,因此决定了对结售汇调控方向应是货币扩张时抑制结汇、鼓励购汇,货币收缩时反之。

二是无论流入还是流出,大量跨境外汇流动最终通过本币货币创造途径进行风险传导,直接货币创造应是宏观审慎管理重点。

三是从我国实践看,经常项目对外支付比例相对固定,对结售汇调控取向较为单一;资本项目对外支付比例波动较大,对结售汇调控取向取决于特定情况下对外支付比例和外汇贷存比之间的取值关系。

四是无论流入还是流出,大量跨境外汇流动最终体现为外汇占款及央行持有外

① 其中,上标′代表流入、″代表流出,下标$_1$代表央行外汇资产、下标$_2$代表商业银行外汇资产。

汇资产的变动,央行外汇资产风险应是宏观审慎管理的关注重点。

五是若出现与流出相关的风险,以下方面应是宏观审慎管理重点:抑制购汇、鼓励结汇,抑制与人民币信贷相关的直接货币创造,关注资本项目异常资金流动影响,加强商业银行外汇资产负债管理。

七、结论及建议

(一)研究结论

①跨境外汇流动风险主要是基于流动性的风险。可区分为货币创造风险、外汇资产风险,影响因素包括初始流动、汇率、结汇率/售汇率、本外币信贷创造、对外支付比例等,单纯的大额外汇流动并不必然导致宏观风险。

②宏观审慎外汇流动管理在实践中存在集中化倾向。在调控对象方面,初始流入/流出金额、结汇率/售汇率得到普遍选择。在调控工具方面,准备金、托宾税是主要工具,资本比例限制、贷款价值比例、贷款风险覆盖率等可相机抉择。

③宏观审慎外汇流动管理在危机状态下有效性较弱。基于间接性调控特征,宏观审慎外汇流动管理运用的前提是市场运转有效,在大规模资本流出等危机状态下,其有效性要弱于资本管制。

④不同风险在宏观审慎管理中应区别对待。同一政策工具对货币创造风险管理的有效性要弱于对外汇资产风险管理的有效性,凸显货币创造影响因素更多、更复杂,需要多措并举、综合施策。

⑤不同政策工具有效性存在差异。托宾税、准备金、贷款价值比例的有效性较高;资本比例限制、银行头寸管理、最低持有期限的有效性次之;贷款风险覆盖率、保证金的综合有效性相对较低。

⑥我国"外汇流动—货币创造"风险管理、"外汇流动—外汇资产"风险管理应有所侧重。

(二)加强我国宏观审慎外汇流动管理的建议

①加快构建基于外汇流动性的管理体系。以现行银行结售汇综合头寸管理、金融机构外汇资产负债直接申报为基础,将金融机构全口径外汇流动性纳入监测管框架,强化对外汇流动性的审慎管理。

②完善与外汇流动相关的宏观风险监测识别体系。以外汇流动相关的货币创造风险、外汇资产风险作为监测重点,构建本外币一体化、流量与存量一体化的宏观风险监测体系,准确识别与外汇流动相关的宏观风险。

③完善本外币协调一致的监管框架。加快构建本外币监管协作的宏观审慎管理框架,在本币货币创造能管住、风险有限的前提下,可进一步放宽外汇管理、加快推进人民币可兑换。

④构建综合施策的宏观审慎政策工具箱。构建包括初始流动、汇率、结汇率/售汇率、本外币信贷创造、对外支付比例等作用目标,涵盖托宾税、准备金、贷款价值比例、资本比例限制、银行头寸管理等举措的宏观审慎政策工具箱,确保针对不同形势综合施策、有效应对。

⑤完善“控流出”相关政策工具。从以下方面着手,尽快完善相关政策工具:抑制购汇、鼓励结汇,抑制与人民币信贷相关的直接货币创造,关注资本项目异常资金流动影响,加强商业银行外汇资产负债管理。

参考文献

[1] Coelho B, Gallagher K P. The effectiveness of capital controls: evidence from Colombia and Thailand[J]. International Review of Applied Economics, 2013, 27(3): 386-403.

[2] IMF. Recent Experiences in Managing Capital inflows—Cross Cutting Themes and Possible Policy Framework[R]. Washington: International Monetary Fund, 2011.

[3] Ostry J D, Ghosh A R, Habermeier K, et al. Managing Capital Inflows: What Tool to Use? [C]. Washington: IMF staff Discussion Note, 2011(04).

[4] Unsal D F. Capital Flows and Financial Stability: Monetary Policy and Macroprudential Responses[R]. Washington: International Monetary Fund, 2011(189).

[5] Borio C. Towards a macroprudential framework for financial supervision and regulation? [J]. CESifo Economic Studies, 2003, 49(2): 181-215.

[6] 周小川.金融政策对金融危机的响应——宏观审慎政策框架的形成背景、内在逻辑和主要内容[J].金融研究,2011(1):1-14.

[7] 李超.国际货币基金组织资本流动管理框架的转变及其启示[J].国际经济评论,2013(5):9-18.

[8] 邓敏,蓝发钦.金融开放背景下国际资本流动的审慎管理——新兴市场经济体的经验[J].金融理论与实践,2012(2):20-25.

[9] 陈丰.IMF资本流动管理新框架下新兴市场国家资本流出管理研究[J].国际金融,2015(3):48-51.

[10] 胡国正,钟升,贺涛.我国跨境资金流动趋势识别及影响因素实证研究[J].中国货币市场,2014(4):37-44.

文章审稿人:葛志苏

美国利率变化与国际资本流动的关系研究[①]

中国人民银行重庆营业管理部课题组

课题主持人:宋军

课题组成员:黄信标　钟子明　顾胥　韩鑫韬　孔文佳　韩静

李研妮　黄觉波　葛志苏

一、引言

美联储的货币政策变化无疑对全球资本流动具有举足轻重的影响。自 2008 年 11 月实施四轮量化宽松政策以来,美国经济逐渐复苏,失业率创金融危机以来新低,消费物价指数(CPI)不断上扬,IMF 预测美联储很可能在 2016 年上半年开始加息(IMF,2015),这也预示美国将结束 2008 年以来的宽松货币政策,正式进入加息周期。从上次加息周期(2004—2006 年)来看,美联储持续了 17 次加息,联邦基金利率从 1%上调至 5.25%,导致国际资金大量流向美国。根据美国财政部公布的数据,2005 年美国全年资本净流入达到创纪录的 9107 亿美元,比该国 2005 年全年贸易赤字高出 1847 亿美元。与此同时,全球新兴市场经济体 2005 年外国直接投资(FDI)流入量为 3610 亿美元,较 2004 年增长 17.7%,增速较 2004 年下滑 30 个百分点。

国内外学者多以蒙代尔-弗莱明模型和蒙代尔-弗莱明-多恩布什理论模型为起点,对货币政策的国际传导与宏观经济进行实证方法进行检验。Eichenbaum 和 Evans(1995)、Grilli 和 Roubini(1995)根据短期零约束的 VAR 模型,检验了在美国内部和除美国外的 G7 国,都存在因货币政策冲击而引起的"汇率超调"。他们都认为一个(收缩的)货币政策冲击能够导致一国汇率先贬值后升值,并且发现存在汇率的超调。而这与 Dornbusch(1976)给出的传统的开放经济体黏性价格和非抛补利率平价条件一样,因此也被称为"延迟超调之谜"。一些以往的研究认为在经济学中许多无法解释的经济现象是由于在问题最初给出的假设所致,而运用合理的经济假设则会得出与经济学传统理论越加相符的结论。

Cushman 和 Zha(1997),Kim 和 Roubini(2000),Faust 和 Rogers(2003)运用非循

---

① 为 2015 年度重庆市金融学会金融领域重大决策咨询课题,获评"优秀奖"。

环的零约束VAR模型,Jang和Ogaki(2004)运用施加长期约束结构向量误差修正模型(VECM)都得出了与“延迟超调之谜”相似的结论。Kim(1999)对运用可识别VAR模型检验了G7国家的货币政策冲击对实体经济的影响。结果显示,货币政策冲击在短期内对产出有显著影响,只是这种影响并不是十分明显。Dedola和Lippi(2005)运用亚太经合组织(OECD)5个发达国家(法国、德国、意大利、英国和美国)的数据对货币政策传导机制进行了度量,结果发现对于货币政策突然的冲击会导致5个国家的产出呈现跨国冲击的异方差情形,同时货币政策能够在理论上把这些国家联系起来。与之得出类似结论的有Barth和Ramey(2001),研究结果显示货币政策对于美国国内不同的生产制造业所产生的影响不同,并且这种不同的影响也可以通过“成本”和“需求”再反作用于货币政策,从而对货币政策产生影响。Peersman和Smets(2002)估计了欧元区11个不同国家间货币政策的影响,同样与耐用消费品的产出、金融结构以及公司规模的敏感性方面存在货币政策跨国异方差。

整体来看,这些研究是有一定价值的,也揭示了一国(或地区)货币政策通过汇率进行国际传导的路径,但是多集中与其他国家产出变化的影响,而且几乎没有涉及中国的国际研究,关于国外货币政策变化对中国的影响仅见于钟伟(2004,2015)、邹新(2006)、杨农(2014)等少数文章。实际上,汇率变化首先对国际资本流动造成冲击,国际资本流动的变化对一国实际产出和资本市场都有非常重要的影响,所以,本文尝试从更广泛的角度来研究美国利率变化对国际资本流动及我国的影响。

二、货币政策跨国传导的理论基础

关于货币政策如何在国际间进行传导,最初由Mundell和Fleming基于宏观经济学的总供给和总需求的传统理论,引入了开放经济体下的货币政策传导机制,该模型认为在引入了国际收支账户和贸易账户的基础上,一个国家不能同时满足维持固定汇率不变、资本自由流动以及独立的货币政策同时存在。这又被称为“不可能三角”(Impossible Trinity)。随后,基于Mundell和Fleming的研究成果,Dornbusch提出了“汇率超调”理论。目前,大多数文献都认为货币政策确实在一段时期内能够对产出等宏观经济变量产生影响,那么对于一国的货币政策变动是否会对其他国家造成影响?影响又主要集中在哪些方面呢?这些都是本文集中探讨的问题。

(一)蒙代尔-弗莱明模型

Mundell(1963)和Fleming(1962)将对外贸易和资本流动引入封闭的IS-LM模型中,用于研究开放经济条件下的货币政策问题。假设一个标准的两国经济MF模型可由以下一组方程进行描述。该模型描述了两个国家的情况,每个国家生产一种商品,且每种商品是另一国商品的不完全替代品,模型假定在两国之间资本完全自由流动。

$$M/P = L(i, Y)$$

$$M^*/P^* = L^*(i^*, Y^*)$$
$$Y = A(i, Y) + T(QY, Y^*) + G$$
$$Y^* = A^*(i^*, Y^*) + T^*(1/QY, Y^*) + G^*$$
$$i = i^*$$
$$P = W/MP_L$$
$$P^* = W^*/MP_L{}^*$$
$$W = W_O P_C{}^{\lambda}$$
$$W^* = W_O{}^* P_{C^*}{}^{\lambda^*}$$
$$P_C = f(P, SP^*)$$
$$P_C{}^* = f^*[P^*, (1/S)P^*]$$

其中,M/P 代表实际货币需求,i 表示利率,Y 表示国民收入,A 表示国内吸收或称支出,T 表示贸易差额即净出口,Q 表示实际汇率(PPP 汇率),$Q=SP^*/P$,S 代表名义汇率,G 代表政府支出,W 为名义工资率,MP_L 为劳动的边际产量,W_0 为实际工资率,P_C 为一般价格指数即消费者物价指数,带有 * 表示外国变量。

利用这一模型,我们可以分析在固定汇率制和浮动汇率制下一国的货币政策对其他国家的影响。

1.浮动汇率制度下货币政策的国际传导

初始均衡时,两国的利率相等,即当本国实行扩张性货币政策时使得 LM 曲线向右平移至 LM_1,其直接效应是使本国利率水平下降,本国利率的下降又促进本国的产出增加,因此,本国的均衡点在扩张性货币政策下移到新均衡点。随着本国产出增加,在本国进口倾向没有改变的情况下,外国的出口增加。在图中表现为使得外国的 $IS_0{}^*$ 向右平移 $IS_1{}^*$,外国达到新均衡点。在本国扩张的货币政策下,本国产出的增加通过边际进口倾向使外国的产出和利率水平均上升。至此,一国扩张性货币政策主要通过吸收机制对他国经济产生影响。但是此时,两国的均衡点都不是最终的两国均衡。这是由于 IS 曲线和 LM 曲线的移动取决于单个国家,但世界利率的变动并不是由一国单独决定,而是取决于双方两国相互作用。在浮动汇率制度下,由于外国的利率比本国高,本国的资本流出使得本国存在暂时性的国际收支赤字,这会引起本币的贬值,相反外国存在暂时性的国际收支盈余,外国货币升值。本国货币的贬值,促进本国出口的增加以及减少对外国产品的进口,因此本国的曲线 IS_0 向右平移至 IS_1,相对应的,外国的 IS_1^* 向左平移至 IS_2^*,最终两国重新达到均衡时,两国利率再次相等,两国均达到各自最终均衡点。在本国扩张性货币政策下,本国产出增加,利率降低。外国产出减少,利率降低。从中可以发现,本国的产出增加导致外国的产出下降,本国经济扩张是不利于外国经济的发展的,这种以外国产出的下降为代价来换取本国经济发展的货币政策成为“以邻为壑”的货币政策(图 1)。

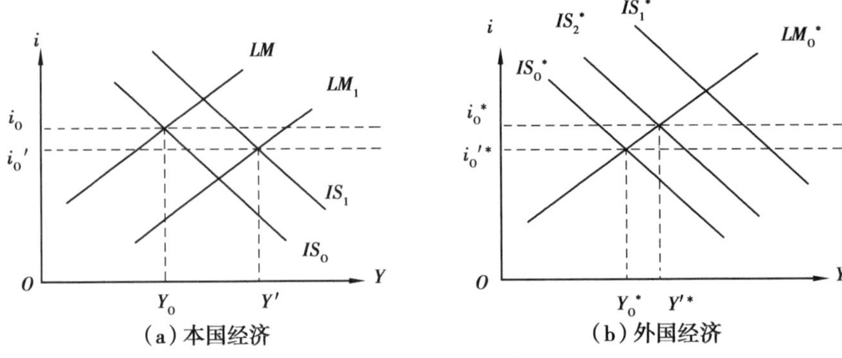

(a) 本国经济　(b) 外国经济

图 1　浮动汇率制度下货币政策的国际传导

2.固定汇率制度下货币政策的国际传导

假设本国采取扩张性的货币政策,在图中显示为本国的 LM 曲线向右平移至 LM_1 曲线,导致本国产出水平增加及利率水平下降。国内产出的增加又会通过边际进口倾向作用于本国进口水平,导致本国对外国的产品进口水平增加即外国出口水平增加,进而导致外国产出水平增加。在图中显示为外国的 $IS_0{}^*$ 曲线向右平移至 $IS_1{}^*$ 曲线,且产出和利率水平都上涨。但在固定汇率制度下,本国采取钉住外国货币的固定汇率制度。当出现本国利率水平小于外国利率水平时,本国的货币会有贬值趋势。一国货币当局为了保持固定汇率制度,会采取相应的货币政策进行干预协调。通常来说本国的中央银行将采用外汇干预政策,通过抛售外汇储备以保持本国货币币值的稳定。由于央行抛售本国的外汇储备会导致本国储备资产减少,市场中本国货币供给较少,产生紧缩型货币政策影响。在图中显示为 LM_1 从向左平移至 LM_2。由于本国货币供应量的减少,本国发生货币紧缩,导致外国的出口水平增长,图中显示为 $IS_1{}^*$ 因外国出口增加而平移至 $IS_2{}^*$。同时,因外国货币供应量增加,$LM_0{}^*$ 向右平移至 $LM_1{}^*$。当新的均衡再次达成时,两国的利率再次相等,本国和外国的均达到最终的均衡点,导致两国的产出水平均增加而利率水平均下降(图 2)。

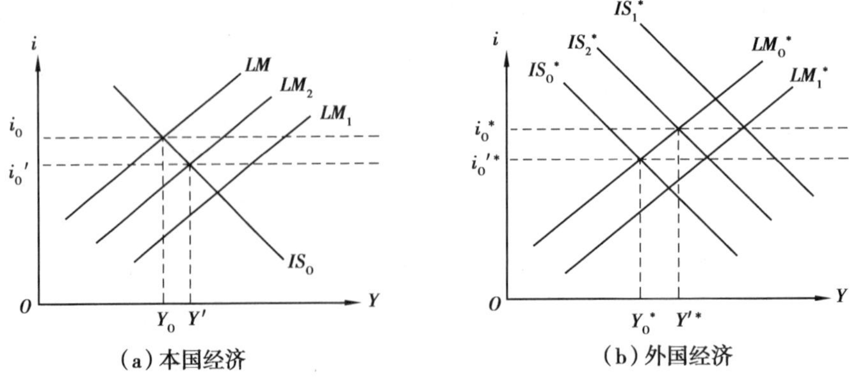

(a) 本国经济　(b) 外国经济

图 2　固定汇率制度下货币政策的国际传导

(二)蒙代尔-弗莱明-多恩布什模型

多恩布什(Dornbusch,1976)继承了蒙代尔-弗莱明模型黏性价格的假设,并修正了蒙代尔-弗莱明中静态预期的假设,基于资本完全自由流动且资本市场的调整速度大于商品市场调整速度的一致性预期,引入了货币模型的短期分析。该理论假设一个国家是世界资本市场的小型经济体,无法指定价格,在货币市场被动接受者,这样其面对的就是一个给定的利率,即其本身对世界利率并没有影响力。资本流动会保证预期净产出的相等,因此国内的利率等于世界的利率。与此同时,模型假设在商品市场上,假设进口商品的世界价格是给定的,国内的产出是进口商品的不完全替代,并且总需求是针对国内商品,因此,将会决定它们的完全相关价格。模型在给定一个适当的溢价去冲销反汇率变动的情况下,以国内和外国货币形式表现出来的资产是完全替代产品。因此,如果国内货币要贬值,那么由国内货币表示的利率就会超过世界利率。此时,给出了引入了汇率后,商品市场、货币市场的均衡,如图3所示。

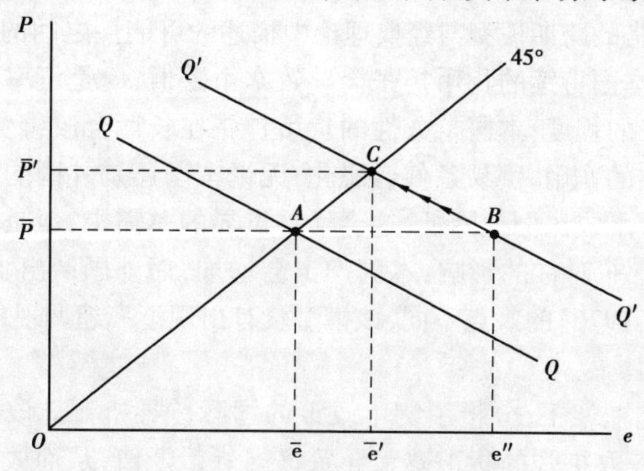

图3 带有"汇率超调"的均衡状态

在图中的每一点(A,B,C)都代表货币市场出清。图3中的QQ线段可以体现出价格和及其汇率之间呈反向运动的关系。45°线意味着商品市场和货币市场均衡时的价格水平和汇率。在45°线左侧的点意味着商品的差额需求会导致价格下降,如果在45°线的右侧则意味着存在超额需求。对于任意一个给定的价格水平,汇率会持续调整到资本市场出清的状态。因此,可以持续调整QQ线以达到货币市场均衡和净预期收益的国际套利。商品市场则相反,仅能在长期达到均衡。然而在商品市场,通过降低或提高价格再使经济达到长期均衡状态十分重要。特别是,如果经济最初的均衡状态位于B点,价格水平在长期均衡以下(即45°线右侧),意味着商品存在超额需求,国内生产的价格和利率水平较低。由此可见,价格有继续上升的空间,而价格的上升又会减少超额需求并伴随着汇率的升值。贸易账户余额下降,利率上升,即期汇率会达到长期均衡。一旦到达长期均衡A点,国内利率又会等于国际利率,商品市场出清,价格稳定。

蒙代尔-弗莱明-多恩布什(Mundell-Fleming-Dornbusch)模型给出了一国在制定和执行宽松的货币政策时,会出现汇率在短期内超调的情景。这个结论能够成立的原因在于模型设定的最初假设,多恩布什认为,在商品市场中商品价格具有黏性,调整速度要慢于货币市场和汇率市场。这也就意味着当一国实施宽松的货币政策时,在货币市场反映出货币价格的利率和在汇率市场反映出货币价格的汇率要商品市场的速度调整的更快,这也就是为什么会出现汇率超调的原因。

(三)新开放经济宏观经济学模型

早期的蒙代尔-弗莱明-多恩布什模型分析了货币政策、财政政策以及国际收支平衡之间的关系,是开放经济条件下分析宏观经济的工作基础。但是该模型缺乏微观基础,也缺乏对跨期预算约束的分析。1995年,Obstfeld和Rogoff将名义价格黏性和不完全竞争引入动态一般均衡模型中,从而融入了微观基础,构建了新开放经济宏观经济学的理论框架。这一研究建立在静态、封闭经济模型以及两国动态模型的基础上,架构了严格的跨期模型与经典理论中描述的可能性之间的桥梁。黏性价格模型的分析表明,本国持续的货币扩张会导致本币贬值,但是汇率上升的幅度小于本国货币供给扩张的程度;本国持久性的货币扩张在长期会改善贸易条件,但是在短期由于价格黏性的作用,贸易条件会恶化;无论本国还是外国的货币扩张都会导致世界真实利率水平成比例地降低,这会增加世界的总需求,但是本国货币扩张对两国的产出水平有非对称的影响:本国产出会增加,而外国产出水平则可能下降。但是与Dornbusch(1976)的观点不同,该模型没有出现汇率超调现象,黏性价格会减轻汇率的波动程度。

在该现论研究框架下,分析了货币政策的国际传导机制。该模型的核心观点是:一方面,外国采取扩张的货币政策导致该国货币贬值,从而改善外国的贸易条件,而由于本国出口降低和进口增加,本国出现贸易收支恶化并最终出现产出下降,即支出转换效应(图4)。

图4

另一方面,外国的产出增加,收入增加从而提高了对本国产品的需求,本国的出口增加并导致本国产出水平的上升,即收入吸收效应。两种效应共同作用下形成了货币政策的贸易传导机制。蒙代尔-弗莱明模型还认为两国资本市场由于利率变动会出现波动,并最终影响着两国经济的均衡,即资产市场传导机制是货币政策国际传导的一种机制。因而,外国货币政策溢出的净效应取决于上述两种效应的相对强弱(图5)。

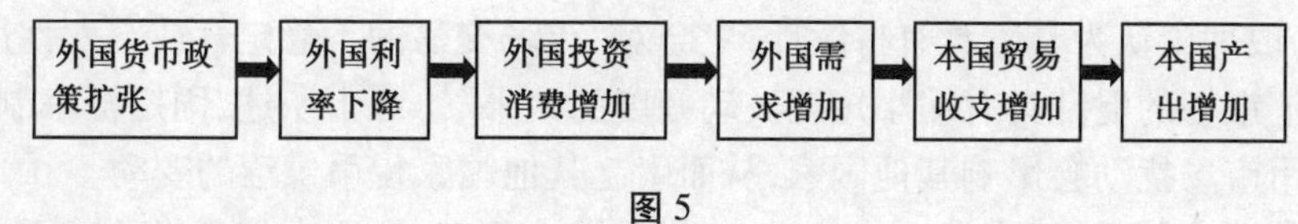

图 5

(四)货币政策主要国际传导途径

综合前文的理论分析,我们认为:在开放经济条件下,一国货币政策对其他国家的溢出效应主要有以下 4 种途径:

1.贸易产出途径

作为货币政策最重要的传导途径之一,贸易产出渠道溢出效应的作用已经随着国家间商品和资产流动性和替代性的增强,而变得越来越明显。根据蒙代尔-弗莱明模型,在实行浮动汇率制度下考虑一个开放经济条件的大国,当该国采取紧缩性的货币政策时,货币供应量的减少会使得该国的投资减少、利率增加、总产出下降,并从长期来看,紧缩型货币政策会引起本币相对外币升值,在国际贸易中出口优势减少,降低出口对本国经济的带动。反之,与紧缩货币政策制定国的情况正好相反,其贸易伙伴国的货币相对于政策制定国则属于贬值趋势,会增强该国的贸易条件,使得出口增加,进一步影响到总产出。

2.利率途径

在单纯考虑一个国家的封闭条件经济时,利率传导是一国货币政策最重要的传导渠道。当该国采取扩张性货币政策时,货币供给量增大,利率随之降低。假设资本边际效率不变,利率降低即货币的使用成本低,这样能使得投资进一步增加,从而使总产出增加。而要考虑一国货币政策的溢出效应,需将条件引入到开放经济中,并充分考虑小国和大国的情况。如前文介绍的蒙代尔-弗莱明模型,在实行浮动汇率制情况下,对于一个小国,其利率与世界资本市场的均衡利率看齐,不受货币政策的影响。所以该国的扩张性货币政策不会引起利率的变动,也不会直接影响到投资和产出。但对于大国而言,扩张性的货币政策使得利率下降,与其他国家的利差会引发本国资本外流进行套利。利率下降使得本土投资增加,进一步带动本国经济发展。但对于溢出效应的接收国,大量“热钱”的流入会激发国内股票、房地产市场的上扬,引起输入型通货膨胀。

3.货币供应量途径

固定汇率制下,国外货币供给量的增加导致国外物价上涨,国内物价相对较低,此时会引起本国出口量的增加和进口量的减少,本币面临升值压力。若中央银行以维持固定汇率为唯一目标,则采取非冲销式干预会在外汇市场抛出本币,买入外汇,从而使得外汇储备增加,国内基础货币投放量增加。若采取冲销干预,则会运用货币政策工具减少国内信贷以在短期内维持货币供给量的不变,但是关于冲销干预的效果，一般理论认为其不具有持续性，只会对“市场交易的不稳定性或突发性原因产生的外汇市场的混乱具有缩小短期波动幅度的效果”。综上所述，固定汇率制下，一国的货币市场扰动会影响其他国家，从而引起其他国家货币供给的变动。

浮动汇率制下，汇率有充分的弹性，货币需求不变时，国内信货量的减少会引起本币的升值，国内信贷量不变时，货币需求量的降低会引起本币贬值。这里，与固定汇率制度下的调节机制不同，当国内信贷增长率小于或者大于货币需求增长率时，超额的货币需求或供给会引起汇率的上升或者下降，而不是引起外汇储备的变动。因此，在浮动汇率制下，无论国际收支盈余还是逆差的国家都可以通过币的升值与贬值实现货币供给与需求的均衡，从而隔离货币供给量的国际传导。但是20世纪80年代以后，一些学者对这一观点提出质疑，他们认为浮动汇率制下，仍然会通过货币替代、国际贸易以及国际资本流动等渠道进行货币市场供给量的国际传导。

4.汇率途径

依据不同国情，各国的汇率制度有固定汇率制度和浮动汇率制度之分。同样考虑在开放经济条件下，实行固定汇率制度的国家在应对他国扩张型货币政策的情况下，会为了维持本币的固定汇率，而在外汇市场上购入相应数量的本币，抛售外币，以实现汇率稳定，所以在固定汇率制度下，不管是大国还是小国，扩张型货币政策对其没有溢出效应。在浮动汇率制度下，当一国采取扩张货币政策，货币供应量的增加引发本国利率下降，本币升值，汇率水平下降。出口商品价格相对扩张货币政策之前要低，能够促进该国出口贸易，改善贸易条件，使得贸易产出增加，带动国内总产出增加。而该国货币政策在汇率途径上对他国的溢出效应则表现为负效应，他国货币相对于政策制定国处于高价状态，不利于国内商品对外出口，使得贸易条件恶化，在对外贸易层面降低了该国的产出水平。

三、美国加息对国际资本流动的影响

根据前文分析，一国货币政策对其他国家溢出效应的4种渠道中均涉及国际资本流动：贸易产出途径更多涉及实物的投入产出，影响长期国际资本流动；利率的变化会影响国际套利资本流动，如果形成一个同向变动周期，还会影响长期投资资本流动；货币供应量的变化最终会影响汇率，与汇率渠道一样，影响国际长短期资本流动。张明和谭小芬(2013)研究了过去20年间新兴市场国家经历的3次大规模资本流入，发现：大规模资本流入通常会导致流入国宏观经济过热、本币升值与资产价格上升，而此后发生的资本流入突然停止甚至逆转，并由此导致流入国资产价格泡沫破灭与本币大幅贬值，进而爆发货币危机、债务危机甚至经济危机。

(一)当前美国加息面临的全球FDI环境30年来首次出现大幅变动

根据联合国贸易与发展会议(UNCTAD)统计的数据显示，美联储加息时点均处于全球FDI增长期，且每次加息对全球FDI的影响呈逐渐增大趋势；无论是发达经济体还是发展中经济体,在美联储加息后,其 FDI 均出现大幅波动,但发达经济体的波动明显大于发展中经济体,且发达经济体与发展中经济体的 FDI 呈同向变化(图 6)。除了在第一个加息周期全球 FDI 变动比较平稳外,1988 年以来的四次加息均导致全球 FDI 出现短期增长,增长持续期约为一年,此后,一些区域性或全球性流动性危机爆发,各经济体的 FDI 又急速下跌。值得注意的是,这一趋势从 2011 年以来出现变动:一是 2014 年,发展中经济体的 FDI 在 30 多年来首次超过发达经济体的 FDI;二是发达经济体的 FDI 从 2011 年开始下降,而发展中经济体的 FDI 呈缓慢上涨趋势。所以,如果美联储在 2016 年前后加息,则面临的全球 FDI 流动环境将与以前大为不同,其对发达经济体 FDI 产生的危害可能更大。

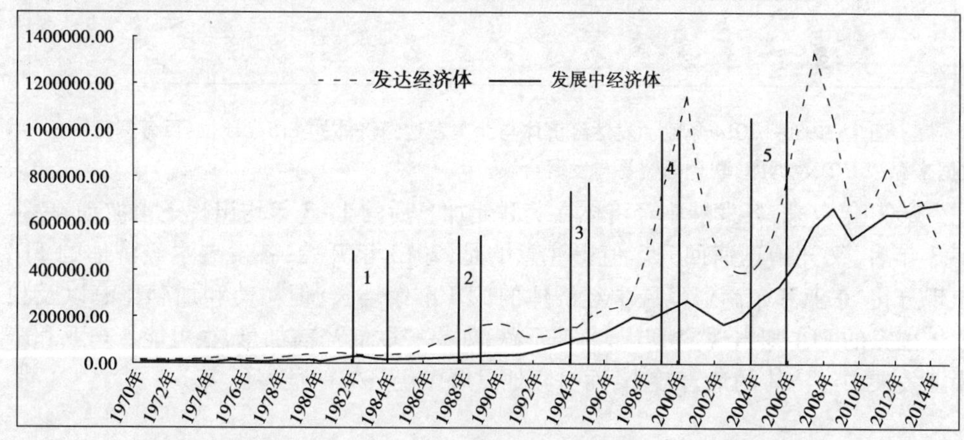

图 6　1970—2014 年发达经济体与发展中经济体的 FDI　　单位:百万美元

数据来源:WIND 数据库;联合国贸易与发展会议。

注:图中序号 1,2,3,4 和 5 分别表示美国 1980 年以来的五次加息期,以下相同。

(二)美国加息对欧洲发达经济体的影响强于北美发达经济体

近 30 年来,欧洲发达经济体和以美国为首的北美发达经济体的 FDI 在金融危机以来的波动较大,欧洲发达经济体的 FDI 数额和波动幅度远高于以美国为首的北美发达经济体的 FDI,但是北美发达经济的 FDI 的波动的频率较大(图 7)。值得注意的是,2004—2006 年的加息周期刚好起始于欧洲和北美发达经济体 FDI 的低谷,随后,其 FDI 均迅速增长。当前两个经济体面临的 FDI 下跌正在二次探底过程中,也是最近 30 年来最大幅度的震荡下行(欧洲下降 50%、北美下降 60%)。如果美联储选在 2016 年左右加息及其产生的连锁反应,很有可能逆转欧洲和北美发达经济体 FDI 的下跌趋势。

(三)美国加息对东亚和东南亚发展中经济体的负面影响较弱

根据联合国贸易与发展会议(UNCTAD)统计的数据显示,除了东南欧各发展中经济体,流向其他发展中经济体的 FDI 均呈上升趋势,尤其是流入东亚和东南亚发展中经济体的 FDI 上涨趋势强劲,显示美联储加息对发展中经济体的长期影响不大(图 8)。

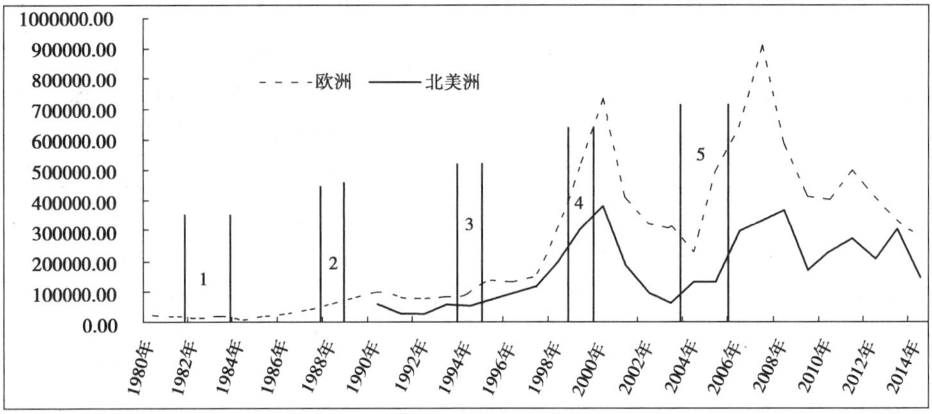

图 7　1980—2014 年欧洲发达经济体与北美发达经济体的 FDI　单位:百万美元

数据来源:WIND 数据库;联合国贸易与发展会议。

2000 年以来,各发展中经济体在美联储加息后的 1~2 年均出现下滑波动,持续 2~3 年后,又开始迅速回升。值得注意的是,2013 年开始,各发展中经济体的 FDI 出现分化,东亚和东南亚发展中经济体的 FDI 继续增长,但拉美和加勒比海以及独联体国家的 FDI 却出现“拐点”,急速下跌,如果美联储当前加息,很可能从东亚和东南亚发展中经济体的危害较小,而对其他发展中经济体的危害更大。

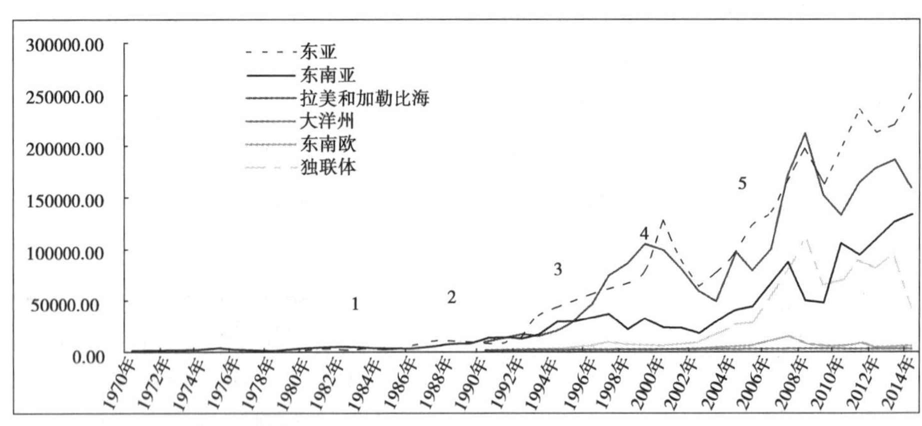

图 8　1970—2014 年各发达经济体的 FDI　单位:百万美元

数据来源:WIND 数据库;联合国贸易与发展会议。

(四)美国加息对金砖和转型经济体的 FDI 影响较弱,而对 G7 国家的 FDI 影响较大

美联储加息对 G7 国家(美国、日本、德国、英国、法国、意大利和加拿大)FDI 波动的影响比较显著,每次加息都造成流向 G7 国家的 FDI 大幅攀升,但是 1~2 年后,

又大幅下滑回落，但是对金砖五国和转型经济体 FDI 的影响比较弱。整体来看，2008 年金融危机以来，三个经济体的 FDI 波动方向开始同步，而且波动频率加大，其中，G7 国家和转型经济体开始略微下行走势，而金砖国家仍上行波动，特别是 2014 年，金砖五国的 FDI 在历史上首次超过 G7 国家（超 30 亿美元）（图 9）。如果美国在 2016 年左右加息，是否会引发主要经济体货币政策同步驱动，这样对金砖和 G7 国家的负面影响可能减弱，但是转型经济体的 FDI 是否回调，仍存在很多不确定性。

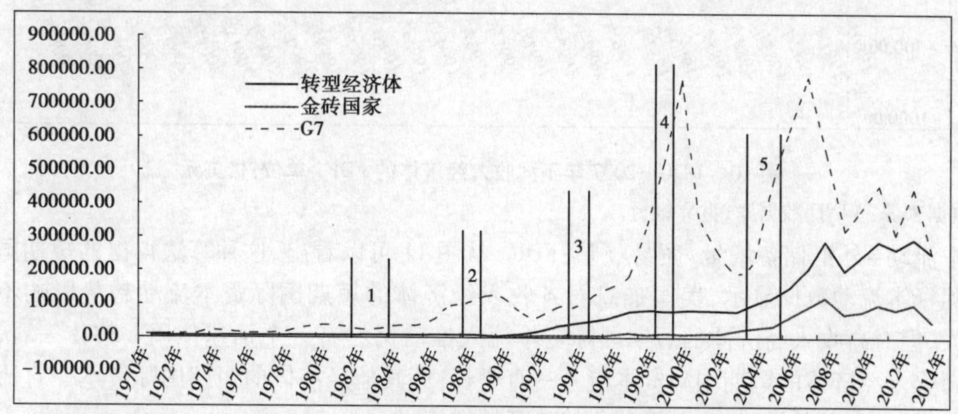

图 9　1970—2014 年转型经济体、金砖国家和 G7 国家的 FDI　单位：百万美元

数据来源：WIND 数据库；联合国贸易与发展会议。

（五）美国加息对高收入经济体的短期国际资本流动有正向显著影响，而对其他经济体造成负面影响

我们用资本和金融项目中的误差和遗漏净额来表示短期国际资本流动①，根据世界银行统计的数据显示，美联储加息对高收入国家②的短期国际资本流动影响较大，加息期间会造成短期国际资本流入增加，但加息后又面临短期国际资本大规模流出；与高收入经济体相反，中等偏上收入国家、中等收入国家、中低收入国家的短期国际资本流出金额在美联储加息时呈减少趋势，但持续期较短，约为 1 年，此后又资本流出又开始加剧。中等偏下收入国家和重债穷国的短期国际资本流动规模一直很小，美联储加息对他们影响不大，但从 2004 年美联储第四次加息以来，中等偏下收入国家的短期国际资本流出爆发式增长（图 10）。

接下来，我们假定贸易顺差和 FDI 中没有短期国际资本流入，因此，短期国际资

① 短期国际资本流动测算的方法和争论比较多（赵胜文，2011），主要是直接法、间接法和混合法三种，本根据张明（2011）的研究假设资本和金融项目中的误差和遗漏净额为短期国际资本流动。

② 世界银行每年会根据人均国民总收入对划分各经济体进行调整，2010 年的标准是：低收入经济体为 106 亿美元或以下者；下中等收入经济体在 1006 亿～3975 亿美元；上中等收入经济体在 3976 亿～12275 亿美元；高收入经济体为 12276 亿美元或以上者。重债穷国是指 1996 年由 IMF 和世界银行成立的“重债穷国计划”中的 38 个国家。

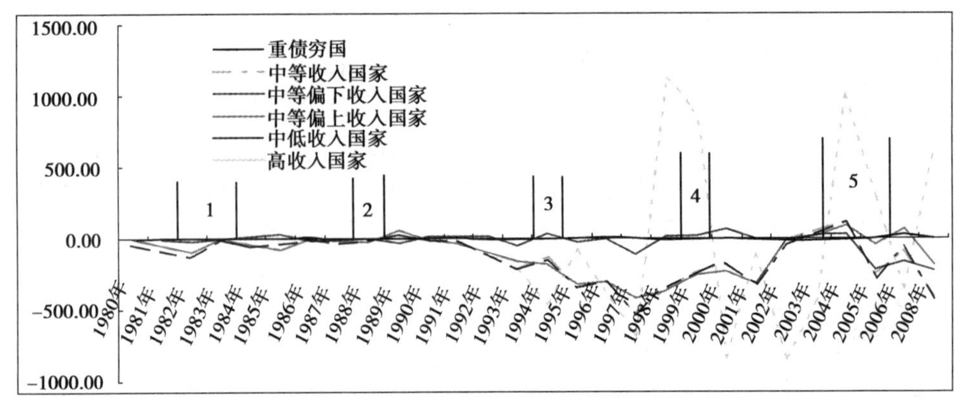

图10　1970—2007年不同收入经济体的FDI　单位:亿美元

数据来源:WIND数据库;世界银行。

本流动=外汇储备增量-贸易顺差-FDI。从图11可以看出,这种算法得出的短期国际资本流动数据显示,美国加息对各收入经济体的短期国际资本流动趋势影响不大,但对高收入经济体的短期国际资本流入推动仍然有一个加速作用。整体来看,高收入经济体的短期国际资本流入一直增长,而其他经济体的短期国际资本一直流出,而且金融危机以来,两极分化趋势开始加速。

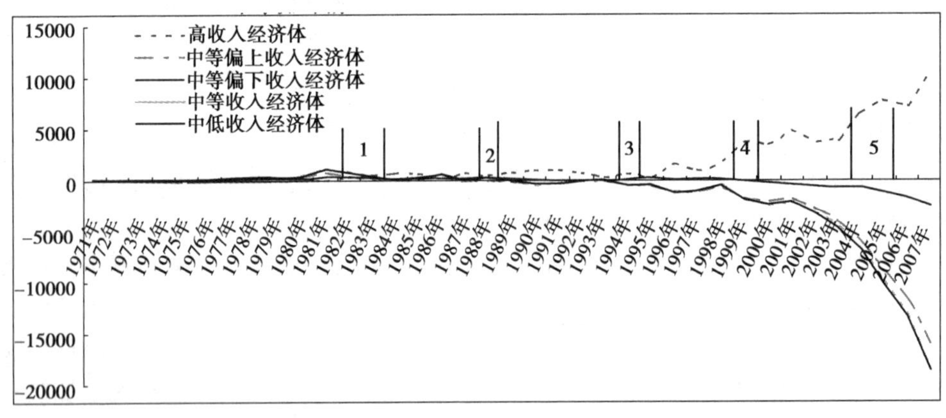

图11　1971—2007年不同收入经济体的短期国际资本流动　单位:亿美元

数据来源:WIND数据库;世界银行。

(六)美国加息对日本短期国际资本流动影响最为显著,对其他自身影响并不明显

根据世界银行统计的数据,我们用第二种方法测算的短期国际资本流动来具体分析美国加息对具体主要国家的影响。美国第四次加息期间,其自身的短期国际资本流入呈下滑趋势,反而日本和俄罗斯的短期国际资本流入现增长,而且在此期间,流入日本的短期国际资本开始超过美国。金融危机爆发后,美国、英国和中国香港

的短期国际资本流入才开始增长。整体来看,美国加息期间和加息后的短期1~2年,只有英国和德国的短期国际资本一直呈流出状态,其他国家均是资本流入。比较突出的是日本,短期国际资本持续流入,近3年较排名第二的美国高出4000亿~7000亿美元(图12)。

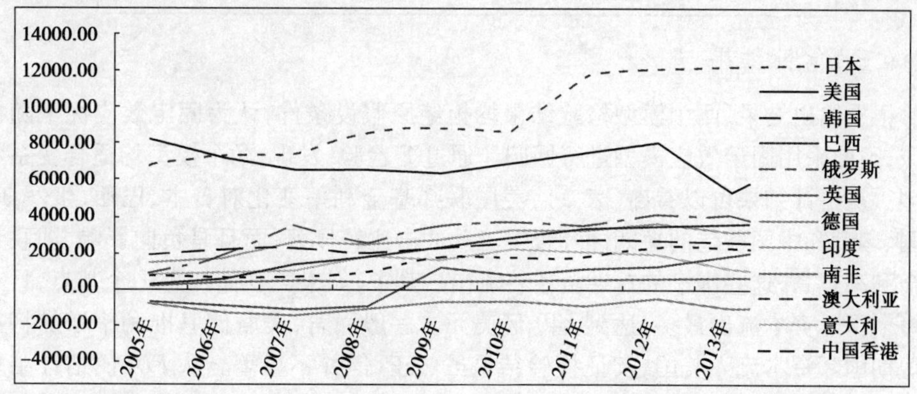

图12 2005—2014年全球主要经济体的短期国际资本流动 单位:亿美元

数据来源:WIND数据库;世界银行。

四、美国利率变化对全球资本流动影响的实证分析

(一)模型设定

本文的目的是研究美国联邦基金利率变化对全球资本流动的影响,而资本流动一般分为中长期资本流动和短期资本流动,假定贸易顺差和FDI中没有短期国际资本流入,则本文使用日本(*JA*)、美国(*US*)、韩国(*KO*)、巴西(*BR*)、俄罗斯(*RU*)、英国(*UK*)、德国(*GE*)、印度(*IN*)、南非(*SF*)、澳大利亚(*AU*)、意大利(*IT*)和中国香港(*HK*)12个国家或地区的*FDI*来表示中长期资本流动,使用前文第二种方法估算的短期国际资本流动,由于样本中的设立时间一致,故采用平衡面板数据来进行回归分析。本文设计以下计量模型来检验:

$$资本流动_{it} = \alpha_{it} + \beta_{it} * 美国联邦基金利率_{it} + \varepsilon_{it} \quad (1)$$

式中,α_{it}是截距项,ε_{it}是随机误差项。

(二)计量方法确定

本文的样本数据包括2005—2014年间不同国家的资本流动和美国联邦基准利率数据,该数据同时含有时间序列数据与截面数据的性质,所以本文运用平衡面板数据来建立计量经济模型。首先进行Husman检验来确定计量经济模型中涉及的非观测因素是固定效应还是随机效应,然后再确定合适的模型形式。

对模型设置中的两个因变量构成的模型进行Hausman检验结果显示(表1):

表1　Hausman 检验结果

因变量 *FDI*	因变量短期国际资本流动
Chi2(1)= 1981.45	Chi2(1)= 2248.12
Prob = 0.0000	Prob = 0.0000

(三)估计结果

根据输出结果,两个模型检验结果均拒绝原假设条件,认为固定效应优于随机效应,因此采用固定效应模型进行回归。通过F检验,发现,两个模型均适合变系数模型。从估计结果可以看出(表2),美国联邦基金利率变化对日本、巴西、俄罗斯、英国、印度和中国香港的短期国际资本流动冲击比较显著,而且是负向影响,即联邦基金利率越高,这些国家的短期资本将流出。其中,如果美联储加息1个基点,日本的短期国际资本流出最多,达到840亿美元。一般而言,美联储基准利率增加将推动短期国际资本流入美国,实证检验结果虽然正,但并不显著。从 *FDI* 的估计结果看,美国联邦基金利率变化仅对他自身以及英国的 *FDI* 有正向显著影响,即联邦基金利率越高,流入美国和英国的 *FDI* 将提升。如果联邦基金利率提升1个基点,美国的 *FDI* 将增加152.8亿美元,英国将增加399.9亿美元。

表2　面板数据估计结果

因变量:短期国际资本流动			因变量:*FDI*	
变　量	估计系数	*P* 值	估计系数	*P* 值
变截距项 *JA—C*	7971.31		-454.887	
变截距项 *US—C*	3916.284		1586.322	
变截距项 *KO—C*	-438.35		-425.531	
变截距项 *BR—C*	215.3862		153.7324	
变截距项 *RU—C*	588.754		-54.4387	
变截距项 *UK—C*	-1597.52		-16.2999	
变截距项 *GE—C*	-3742.03		60.67961	
变截距项 *IN—C*	233.4729		-207.175	
变截距项 *SF—C*	-2415.57		-464.624	
变截距项 *AU—C*	-2448.14		-71.8208	
变截距项 *LT—C*	-1297.68		-407.7	
变截距项 *HK—C*	-985.928		301.743	
固定截距项 *C*	2952.804***	0.0000	526.902***	0.0000
JA—AIJA	-840.04***	0.0000	6.264607	0.9078

续表

因变量:短期国际资本流动			因变量:FDI	
变 量	估计系数	P 值	估计系数	P 值
US—AIUS	55.34947	0.6150	152.7637***	0.0057
KO—AIKO	-94.8611	0.3893	-3.41739	0.9496
BR—AIBR	-539.254***	0.0000	-88.5244	0.1042
RU—AIRU	-308.179***	0.0060	-9.89355	0.8549
UK—AIUK	-542.354***	0.0000	399.9494***	0.0000
GE—AIGE	-96.109	0.3831	-39.9516	0.4609
IN—AIIN	-275.132**	0.0138	-23.54	0.6636
SF—AISF	-37.0446	0.7363	-2.89654	0.9573
AU—AIAU	45.04282	0.6823	-53.3498	0.3253
LT—AILT	-149.173	0.1770	40.82843	0.4511
HK—AIHK	-306.282***	0.0063	-75.5654	0.1646

注:括号中为 P 值,**表示在 0.05 显著性水平下显著;***表示在 0.01 显著性水平下显著。

五、主要结论及政策建议

(一)主要结论

本文将国际资本流动分为中长期的 *FDI* 和投机套利的短期国际资本流动来进行分析。从历史数据看,美国加息对国际资本流动将产生重要影响。美国加息对东亚和东南亚等发展中经济体的 *FDI* 影响较弱,对欧洲等发达国家的 *FDI* 影响较强;对金砖和转型经济体的 *FDI* 影响较弱,而对 G7 国家的 *FDI* 影响较大。美国加息会提高高收入经济体的短期国际资本流入,而对其他经济体造成资本流出;美国加息对日本和英国的短期国际资本影响最为显著,对自身影响不大,对其他 10 个国家影响也不明显。从实证结果看,美国利率变化仅对他自身以及英国的 *FDI* 有正向显著影响,即联邦基金利率越高,流入美国和英国的 *FDI* 将提升。美国利率变化对日本、巴西、俄罗斯、英国、印度,以及中国香港的短期国际资本流动冲击比较显著,而且是负向影响,即联邦基金利率提升,这些国家的短期资本将流出。

(二)政策建议

在我国,目前国际资本处于不完全自由流动状态,人民币汇率尚未完全市场化。本文认为,保证我国利率市场健康发展需要进一步深化人民币汇率市场改革、利率

市场化改革,完善国际资本流动管理。针对此,提出如下建议:

1.加快实现人民币汇率市场化

在我国资本项目开放程度不断提高的形势下,需进一步增强人民币汇率弹性,逐步实现人民币汇率市场化。建议继续扩大人民币汇率双向浮动区间、增加参考币种组合,逐步推进人民币浮动汇率的形成机制,实现人民币汇率市场化。促进人民币与外币衍生品市场发展,丰富市场产品和交易主体,完善外汇衍生品管理,为人民币汇率双向波动提供有效的避险工具,促进人民币汇率市场价格形成,促进其对国内利率市场的健康传导。

2.深化国内利率市场化改革

利率作为影响汇率的重要因素,利率管制不仅不利于汇率市场化改革,国内外利差还会引起投机套利行为,增加金融市场的不稳定因素。建议以上海银行间同业拆放利率作为市场基准利率,与市场化金融产品利率、金融机构存贷款利率挂钩,建立金融产品市场定价机制和金融机构存贷款利率动态调节机制。建立通过货币政策工具间接调控市场基准利率,市场基准利率引导金融体系利率定价,金融体系利率调节投资消费的利率传导机制。

3.完善国际资本流动管理

伴随我国资本项目开放以及人民币汇率市场化的推进,国际资本流动管理应从以行政审批为主的数量型管理向价格型管理转变。为了调节国际资本流入的期限,可采取向短期资本流入隐性征税的管理方式,如无补偿存款准备金政策,对流动性强的资本征收较高的存款准备金,对流动性弱的资本不征收或征收较低的存款准备金,从而起到优化国际资本流入期限结构,增加国内金融稳定性的作用。

4.防范资本流动风险

从美联储加息的历史周期看,应该警惕随加息周期而来的区域金融动荡,即使不会直接引发我国的金融危机,可能也会导致与我国联系紧密国家发生相关危机,这方面一定要做好应对准备。从美联储加息周期的国际资本流动看,加息的真实意图可能在于引导资本回流,并引导美元汇率风险的有序释放,在这个过程中,我国会面临相应的资本流动异常,所以,要加强资本流动监测,防范大规模资本流出风险。

参考文献

[1] 边卫红,陆晓明,等.美国量化宽松货币政策调整的影响及对策[J].国际金融研究,2013(9):21-28.

[2] 曹婷.货币政策的传导机制[D].成都:西南财经大学,2013.

[3] 陈大波.美国退出量化宽松货币政策对中国经济的影响[J].长江论坛,2014(4).

[4] 崔慧敏.美国量化宽松货币政策对中国经济的冲击效应研究[D].太原:山西财经大学,2014.

[5] 冯杉.美国量化宽松货币政策对中国经济的影响研究[D].长春:东北师范大学,2014.

[6] 高思颖.美国量化宽松货币政策对中国经济的溢出效应研究[D].成都:西南财经大学,2014.

[7] 葛永波.量化宽松货币政策的理论基础:传导渠道与逻辑效应[J].现代管理科学,2012(1):77-79.

[8] 何菲菲.美国量化宽松货币政策对我国的溢出效应研究[D].太原:山西财经大学,2014.

[9] 姜波克,等.开放经济条件下的政策错配[M].上海:复旦大学出版社,1999.

[10] 李迁迁.美国货币政策对中国货币政策的溢出效应及传导渠道研究[D].长春:东北财经大学,2012.

[11] 李成,赵轲轲.美联储货币政策对中国货币政策的溢出效应研究[J].华东经济管理,2012,26(3):88-92.

[12] 李自磊.美国量化宽松政策的理论基础、影响及其应对策略研究[D].天津:南开大学,2014.

[13] 李良.美国量化宽松货币政策对中国股市的溢出效应研究[D].南昌:江西财经大学,2014.

[14] 辽宁省人民政府发展研究中心课题组.美国量化宽松政策的退出及影响[J].辽宁经济,2013(9):38-41.

[15] 刘彦哲.美国量化宽松政策的退出对中国的影响及对策[J].商场现代化,2015(18):268-269.

[16] 刘天琪.浅议美国退出量化宽松政策对中国经济的影响[J].北方经贸,2014(3):139-140.

[17] 刘攀.美国加息对他国货币政策的影响及我国的选择[J].西南金融,2000(11):58-59.

[18] 孙爱琳,罗骏超.美国退出量化宽松政策对我国经济的影响及其应对策略[J].浙江金融,2014(10):31-35.

[19] 汪真.美国货币政策对中国经济产出的溢出效应[D].上海:东华大学,2014.

[20] 吴宏,刘威.美国货币政策的国际传递效应及其影响的实证研究[J].数量经济技术经济研究,2009(6):42-52

[21] 王天祥,常清.美国加息预示大宗商品价格将迎来新一轮牛市[J].价格理论与实践,2014(7):88-89.

[22] 邢天才,唐国华.美国货币政策对中国货币政策的溢出效应研究[J].财经

问题研究,2011(11):50-55.

[23] 杨驰.美国量化宽松货币政策退出的影响分析[J].中国财政,2014(9):72-74.

[24] 杨长湧.美国经济当前形势及全年走势[J].中国经贸导刊,2015(8):18-20.

[25] 钟伟.美国加息对中国经济和金融的影响[J].国际金融研究,2004(9):66-70.

[26] 钟伟.美联储加息、资本流动和人民币汇率[J].世界经济,2005(3):10-16.

[27] 邹新,马素红.美联储加息引领国际资金流动[J].中国城市经济,2006(5):36-37.

[28] 张克菲.美国货币政策的国际传导机制以及对中国货币政策的影响[D].长春:吉林大学,2013.

[29] 张明,谭小芬.中国短期资本流动的主要驱动因素[J].世界经济,2013(11):93-116.

[30] 张彬,李柏林.美联储量化宽松货币政策退出及其对中国经济影响[J].南开大学学报(哲学社会科学版),2014(2):151-160.

[31] 张成祥,卜振兴.美国退出量化宽松政策对中国经济的影响[J].现代管理科学,2015(4):51-53.

[32] 杨农.全球资本流动逆转:新兴市场经济体如何应对[J].国际经济评论,2014(3):111-120.

[33] Barth M J, Ramey V A. The cost channel of monetary transmission[M]. Cambridge: The MIT Press, 2002: 199-256.

[34] Christiano L J, Eichenbaum M, Evans C L. Nominal rigidities and the dynamic effects of a shock to monetary policy[J]. Journal of political Economy, 2005, 113(1): 1-45.

[35] Dornbusch R. Expectations and Exchange Rate Dynamics [J].The journal of Political Economy,1976, 84(1): 1161-1176.

[36] Kim S, Roubini N. Exchange rate anomalies in the industrial countries: A solution with a structural VAR approach[J].Journal of Monetary Economics, 2000, 45(3): 561-586.

文章审稿人:韩鑫韬

金融监管

金融混业经营与分业监管的冲突：兼论中国金融监管体制改革①

中国人民银行重庆营业管理部课题组

课题主持人：宋军

课题组成员：黄信标　钟子明　顾胥　孔文佳　韩鑫韬　韩静　李研妮

一、绪论

从全球范围来看，近一二十年来，尤其是20世纪90年代以来，金融业的基本格局发生了显著变化：主流经营模式从分业经营朝向混业经营转变，金融机构大型化、集团化，金融创新出现众多金融衍生产品。受国际上金融综合经营体制改革和发展潮流的影响，我国金融机构分业经营的格局正在被逐步打破。在实践中，我国金融业的混业经营已经初露端倪，但是我国分业监管模式并不适应金融经营模式转变的需要。如何在分业监管模式下应对混业经营的趋势，成为理论界与监管部门面对的重大课题。

从全球看，当前并没有一种合理高效，放之四海而皆准的标准监管模式供各国使用。各国随着金融经营模式的转变，在金融监管法制上都进行了不同尝试的改革，或者在原有监管基础上进行制度升级，或者进行另一种探索，并都在21世纪初形成了一定监管模式。目前，我国金融机构已经出现了混业经营的趋势。而金融监管模式则是"一行三会"体制下的机构监管模式。作为中央银行，人民银行负责制定和执行货币政策以及维护金融体系稳定。银监会、证监会和保监会作为行业监管部门分别对银行业、证券业和保险业负责监管。但是与国外丰富的监管法制改革经验相比，我国各方面的金融监管法规及金融监管模式未来将越来越不适应金融混业的需要。所以，建立健全的金融混业及其监管体系是我国现实需要。

由于金融监管模式的选择受到一国的国体、政体以及文化、法律习俗的影响，因此，我国金融监管模式的选择不能仅仅借鉴发达国家经验。即使是金融监管法律制度完善的国家，比如美国，也存在诸多缺陷，引发了次贷金融危机。对于混业经营的

---

① 为2015年度中国人民银行重庆营业管理部重点研究课题，获评"一等奖"。

潮流,我国是选择多数国家采用的混业监管,还是自己探索本土化金融监管模式,值得探讨。基于此背景,研究金融经营模式与金融监管的改革和效率,安全与稳定的问题是摆在我们面前的重大课题。本论文试图通过对金融分业、混业问题的客观、全面分析,较系统地阐明金融混业经营的现状与未来趋势,探讨中国金融体制结构的目标模式以及从分业逐步走向混业的过渡性措施。

二、文献综述

(一)金融混业经营文献综述

随着我国金融业改革和金融深化的不断发展,我国关于金融业经营体制的研究逐渐丰富起来,其重点各不相同。罗日军(2000)认为混业经营制度安排并不会重复原先商业银行内部既从事传统的存贷款业务,又以内设证券部门从事证券业务的模式。雷永健、张含鹏(2001)从现行金融监管体系存在的体制性障碍出发,认为我国商业银行产权制度改革和内控制度建设、金融市场发育程度、中央银行金融监管水平等方面的条件已实行完全混业有一定距离,只能实行有限度的混业。厉以宁(2001)认为成立现行法律所允许的金融控股集团公司可以防止银行混业经营带来的金融风险。以上专家学者对国际金融业混业经营趋势做出实际的评价与分析,从不同角度论证了我国实行混业经营的必要性和可能遇到的各种问题,对于我国金融业经营体制的改革与发展具有重要的理论和实践的指导意义。宋军(2004)认为,金融内部的不同行业(银行、证券、保险和信托)的分业或综合经营决策对金融体系的效率影响重大。一般而言,混业程度越高,金融体系的经营效率越高,但伴随而来的风险也越大。从监管角度看,由于安全是第一目标,因此只能把混业程度放开到现有风险管理和监管能力允许的范围。如果混业改革所带来的风险超过了监管当局的监管能力所允许的范围,则很可能导致巨大的风险。唐雅婕(2011)认为传统全能银行制可以作为从“分业经营、分业管理”的模式向混业经营积累经验,最终以金融控股集团模式进行混业经营,建立成熟的金融混业环境。禹重硕(2011)认为盲目的金融机构混业经营和金融公司的大型化业可以形成规模经济和范围经济效益,使中国的金融市场规模达到世界第一,但也有可能会导致像2008年美国金融危机一样的大灾难。

(二)金融监管文献综述

多头监管还是统一监管一直是国内学者争论的焦点,并伴随着实践的发展而持续。尤其是在金融混业经营的趋势下,国内学者对金融监管模式的研究也日渐深入,其争论的重点主要是监管模式如何选择。

一是部分学者主张在现阶段仍然需要保持分业监管的观点。邢桂君、金守恒(2001)认为,就目前的市场条件和监管水平而言,分业经营制度是必要的,也有一定的合理性。张艳(2003)认为,我国仍是分业经营格局,而且短时期内难以改变,此时实行统一监管显然无法取得监管规模经济,反而容易导致权力的垄断和极端官僚主义的出现。刘志云(2009)认为,我国金融业融入全球金融市场的程度还不深,独立的金融机构占大多数,是主流形式,只有少数商业银行、证券机构和基金公司之间开展业务合作或合资,银证合作等还是表层的合作,商业银行入股工商企业也是少数大型国有银行或股份制银行的特权;且在立法和监管的实践中,我国法律没有为混业经营和统一监管提供畅通的途径,商业银行入股工商企业,也没有得到法律的认可。谢平(2004)认为,当前在金融控股公司为数不多的情况下,只需成立或指定目前的莫一监管机构,专门监管即可,但有必要出台金融控股公司法律、法规。

二是部分学者主张应建立统一的监管体制观点。卜永祥(2004)以德隆危机论证,分业经营、分业监管的金融监管体制,不能有效防范民营集团公司、民营企业控制的金融控股公司可能出现的金融风险。姚庆喜(2007)认为,我国现行的分业监管造成对金融机构的多头监管、重复检查,不仅不利于提高监管的效率,增添金融机构服从监管的成本,也限制了金融机构的综合性金融创新,而建立综合的监管体系,有利于提高监管水平和效率,鼓励金融机构提高效益,逐步走上混业经营之路。杜莉、高振勇(2007)认为,以分业为主要特征的金融监管模式势必难以适应我国金融机构集团化、综合化、多元化的发展趋势。因此,应及时根据新的发展情况,适时改善我国的金融监管模式:淡化分业管理,最终实现统一监管模式,以便尽快地同国际上先进的金融监管制度接轨。

三是部分学者主张应建立过渡性的协调监管体制观点。赵保国等人(2004)认为,一个纯粹控股公司下的商业银行、证券公司、保险公司等机构既能够分业经营和分业监管,同时又实现了在同一利益主体下互相协作的综合经营的局面,便于我国目前中国人民银行、中国证监会、中国保监会的分业管理体系执行对各行业的监管,同时在管理实践中逐步探索合作的方法和途径,为综合监管制度的建立和完善积累经验。谢平(2004)认为,我国目前金融业监管出现三足鼎立的局面,金融控股公司的出现,要求监管模式作出调整:在不触动现有分业监管架构的基础上,建立牵头人制度,因为中国人民银行是金融业的监管者,但不是具体监管部门,不存在利益驱动或监管套利,不但可以避免监管部门之间的权限和责任过于集中以及不同监管部门的利益冲突,而且更能有效地促进沟通,协调和信息共享。李论(2006)认为,必须由国务院成立并直接领导金融监管协调委员会,初期主席由高层领导或中央银行行长兼任,成员由中国人民银行、银监会、证监会、保监会、财政部、发改委的最高领导或其代表共同组建,促使监管机构之间的合作从临时性的安排转变为制度性的合作并在一个更高级的委员会下,有助于提高部门之间的协调,尽量减少部门之间的摩擦。

三、我国金融混业经营对分业监管的挑战

(一)我国金融业发展现状:分业监管下的混合经营

1.我国金融业混业经营现状

(1)分业经营格局下的少数交叉业务

在分业经营的格局下,商业银行的基本业务,如存贷业务、票据贴现等,证券和保险是不能介入的。证券的基本业务,如股票承销和保荐、经纪,银行和保险也是不能介入的。但有少数业务,如国债的承销,信贷资产证券化业务等,属于银行和券商同时可以经营的交叉业务和产品。

(2)通过金融控股方式逐步形成控股模式的混业经营

我国金融混业经营中也出现了金融业之间的股权交叉模式,实体产业与金融业之间的股权交叉模式等。根据混业经营的股权架构不同,混业经营的模式可以分为金融控股公司模式、银行母公司模式和全能银行模式三种。从实践看,我国在组织形式上大致存在两种混业经营模式。

金融控股公司模式:在此模式下,金融控股公司在一个集团内分设有数个子公司,每个子公司都是独立的法人机构,并从事不同的金融业务如银行、证券、保险、信托等,形成规模庞大、业务齐全、联系紧密的一站式金融产品超市。实现“集团混业,经营分业”,从而在实现风险隔离的基础上在集团内部发挥协同效应。

我国主要存在三种形式的金融控股模式。一是纯粹型金融控股公司。该集团母公司本身没有具体业务,通过全资拥有或控股银行、证券、保险、金融服务公司以及非金融性实体在内的附属子公司。在母公司的协调下,各子公司人员、经营、财务关系独立、清晰、各自独立开展金融业务。目前,我国此种金融控股公司有中信控股有限责任公司、中国平安集团等。以中国平安集团为例,中国平安集团直接控股平安寿险、平安产险、平安信托和平安海外,通过平安信托又控制平安银行和平安证券,从而形成平安涉足银行、证券和保险三行业局面。二是产融结合型金融控股集团。金融控股母公司是以产业资本为主的实业企业,但是全资拥有或控股银行、证券、保险、金融服务公司以及非金融性实体在内的附属公司或子公司。这些子公司具有独立法人资格和独立营业执照,可以独立对外开展相关的业务并承担相应的民事责任。主要代表有新希望集团、山东电力集团、海尔集团。以海尔集团为例,海尔集团拥有全资海尔财务公司并对鞍山信托、青岛商业银行、长江证券控股。海尔集团还与纽约人寿合资建立了寿险公司。目前,海尔集团已经以入股方式涉足了银行、证券、保险三个行业。三是地方政府或国有独资公司组建的金融控股集团。各地政府根据其掌握的金融资源,利用区域内的金融机构为平台,将银行、证券、保险、信托、财务、担保等机构重新组合,提高区域政体金融竞争力。地方政府组建金融控股集团的方式多种多样,比较有代表性的是上海国际集团、广东粤财控股、天津泰达

国际等。以广东粤财控股为例,广东粤财控股主要以信托公司为平台进行资源整合。目前粤财控股已成为拥有粤财信托、粤财投资、飞龙国际投资等十余家全资、控股公司的企业集团。

银行母公司模式:该模式以银行作为母公司,再通过控股子公司从事其他金融业务,进而涉足多个金融领域,最大优势在于业务互补性,协同效应明显。国有商业银行在早期基本采用在海外建立子公司模式,然后再转到国内开展业务,间接实现大陆地区混业经营。例如,中国银行于1997年在英国伦敦建立中国银行国际控股公司。中银国际是中国银行在海外设立的全资附属投资银行,统一管理中国银行境内外所有从事投资银行业务机构。1999年中国银行通过中银集团在香港成立中银集团保险有限公司,并在深圳成立分公司,将保险业务延伸至内地市场。2002年,又与其他集团合资内地成立中银国际证券有限责任公司,全面从事内地股票市场各类证券的承销经纪和投资业务。至此,中国银行已在内地初步完成了综合经营的架构建设。

(3)资产管理等局部业务和产品的交叉经营

资产管理行业与传统证券、银行和保险业务属性不同,在全球都是金融混业最突出的领域。目前,几乎所有金融机构均涉足该领域。我国市场上银行、证券公司、保险公司、信托公司均有涉足资产管理行业(表1)。

表1　各金融机构资管业务统计

<table>
<tr><td>银　行</td><td>发行银行理财产品</td></tr>
<tr><td rowspan="4">基金公司</td><td>公募基金管理业务</td></tr>
<tr><td>特定客户资产管理业务</td></tr>
<tr><td>受托管理保险资金</td></tr>
<tr><td>资产管理业务(集合、专项、定向)</td></tr>
<tr><td rowspan="2">证券公司及证券资管公司</td><td>开展公募基金业务</td></tr>
<tr><td>受托管理保险资金</td></tr>
<tr><td rowspan="6">保险公司</td><td>投连险产品</td></tr>
<tr><td>保险资管公司</td></tr>
<tr><td>保险资金管理业务</td></tr>
<tr><td>开展资产管理业务</td></tr>
<tr><td>开展公募基金业务</td></tr>
<tr><td>受托管理养老金、企业年金、住房公积金等机构资金</td></tr>
<tr><td>信托公司</td><td>资管业务(单一、集合信托计划)</td></tr>
</table>

2.我国未来混业经营发展趋势

从美国和欧美银行业的发展经历来看,混业经营可选择的路径有银行母公司模式、金融控股集团模式和全能型银行模式三种主要的形式。全能银行模式要求完全拆除金融业务之间的“防火墙”,我国目前“一行三会”的分业监管模式无法满足全新的监管要求。母银行模式以银行作为主营业务,整合其他副业,金融控股集团模式下,主业可能是实业也可能是其他非银金融业务。

从现实情况来看,金融控股公司已在我国占据一席之地,未来法律放开对市场的冲击不大。目前,尽管国家特批了三家有明确地位的金融控股集团中信、光大和平安之外,我国的“准金融控股集团”已经初具规模。尤其近年来诸多工商企业未实现企业内部协同,纷纷持股金融机构,打造工商企业旗下的金融集团。招商局集团、五矿集团、国家电网、中航工业集团、中国石油、华能集团、中粮、宝钢等大型国有工商企业,长城资产、华融资产、中国信达等资产管理类机构,以及万向系、复星系、明天系、美的、雅戈尔等民营企业均已持股多牌照金融机构,形成金融控股公司的雏形。因此,虽然我国特批的金融控股公司只有三家,但是本质上实现金融控股公司经营模式的集团有数十家。未来,金融控股公司模式的放开只是名义大于实质。到目前为止,银行母公司的模式已现雏形。工、农、中、建四大行以及民生银行等大型股份制商业银行都已通过子公司的形式获得两种以上金融牌照。

鉴于我国现行金融混业的发展水平,我国的金融混业在未来路径选择上或将出现金融控股公司和银行母公司两种模式同时存在的局面,二者将在同时发展,发挥各自领域的优势。

(二)我国金融混业经营与分业监管的冲突

1.宏观审慎管理与微观审慎监管缺乏有效协调

我国金融混业经营趋势明显,跨市场金融合作不断深化,跨市场金融产品日益增多,各种类型的金融控股公司已经形成,金融风险极易从单个市场风险向整个金融系统快速蔓延。由于现行金融监管主要侧重于微观审慎监管,以维护单个金融机构和市场的稳定为目标,在防范系统性风险方面存在严重不足。微观审慎监管未将金融体系视作一个整体,对金融风险关联性的监测、评估和管理不足,对系统重要性金融机构、市场和工具的有效监管不足,难以防范金融体系风险传递。比如,2015年6月的股灾,就是对单个金融市场(股市)采取的政策(去杠杆)未考虑风险外溢性(通过股票质押贷款、场内外结构性产品、资管计划等渠道传染到银行和保险行业)。又如,对融资平台债务风险的监管,强调对平台贷款“降旧控新”时,融资平台通过信托、券商、私募等非信贷渠道变相融资,导致债务风更加隐匿化。由于缺乏一个宏观审慎管理主体从更广泛的视角监测系统性风险,并采取措施弥补微观审慎的不足,金融稳定的连续性难以实现。

2.监管套利和监管空白,降低金融监管的有效性

目前,我国的金融监管主要是监管机构的外部监管,各类经营主体通过跨行业持股、跨行业经营和关联交易等手段可以规避监管。在分业监管体制下,监管机构很难全面把握金融控股公司的发展和风险现状,也难以形成监管合力。一是监管套利。现行监管体制下,不同类型和不同地区的金融机构以及不同产品面临不同的监管规则和制度,监管标准高低不一,加上监管政策协调不足、监管体制滞后,为监管套利留下空间。一个突出表现就是在金融创新过程中,大部分金融中介业务被转移到各类场外结构性金融产品、特殊目的实体以及其他私人资金池等影子银行体系。以资产管理业务发展为例,银、信、证、保等不同资管类产品嵌套使用,主要都是为了绕道监管规定,规避投资范围、资本和拨备计提、考核指标等本行业监管要求,结果导致风险多重掩盖,监管资本和报表难以真实反映业务风险。二是监管空白。由于监管范围未有效覆盖新型金融机构和工具,监管空白客观存在。比如,2015年股市异常波动中,类似HOMS分仓系统对接伞形信托、互联网配资平台等,形成事实上的"影子券商",构成资金借道入市的监管盲区,加剧股市震荡。事实证明,监管空白导致监管的不作为,最终必然形成或加剧风险累积。三是监管重叠。在金融混业经营分业监管背景下,在一些局部领域不可避免地会出现监管重叠。不同监管机构立足于自身立场可能出台与其他监管机构不一致的监管标准,直接破坏了金融市场的发展秩序。比如,在银行收单市场,人民银行禁止收单机构将收单业务交易处理、风险监测、差错和争议处理等业务活动外包给收单服务机构,但允许将特约商户后续检查和抽查外包给收单服务机构。而银监部门禁止收单银行将特约商户后续检查和抽查外包给收单服务机构,但未禁止收单银行将收单业务交易处理、风险监测、差错和争议处理等业务活动外包给收单服务机构。造成收单银行机构无所适从,难以操作,业务发展束手束脚。

3.现行金融监管法律制度难以适应金融发展新形势

目前,我国的金融法律制度经过多年的发展,形成了以《中国人民银行法》《商业银行法》《银行业监督管理法》《证券法》《证券投资基金法》《保险法》等基础金融法律为核心,以行政法规和规章规范性文件为重要内容的制度框架。尽管我国金融业主要实行分业监管、机构监管的模式,但随着金融创新发展,金融业综合经营的趋势日益明显,交叉性金融工具和业务不断涌现,金融业各子行业的边界越发模糊,不少产品和业务涉及多个领域,难以简单划分到传统的分业经营的框架中。部分金融法律、法规已经难以适应当前金融业快速发展和金融创新不断加快的形势,也存在不少立法空白亟待填补。一是我国金融监管法律分散在上述的法律法规中,一直缺乏一部能够涵盖一国金融监管框架,明确各监管机构职责的金融监管基本法;二是缺少《期货交易法》《金融控股公司法》《金融消费者保护法》等基础性法律,很多金融业务尚未纳入法律范畴。二是法律层次不清,现有一些法律如《信托法》《证券

法》《保险法》等都是混合立法,即将交易法和行业法糅合在一个法律之内,且偏重于行业立法,对于交易活动的立法相对薄弱,而在国外,大多对业务和机构是分别立法的。三是原有法律法规中,原则性的条款较多,部分条款含糊不清或相互矛盾,由于缺乏相关配套实施细则,法律效力不足。四是法律更新不及时,难以适应经济社会环境的快速变化,随着我国金融创新的快速发展,产生了众多新型金融产品,但金融监管立法滞后于金融业务发展。

4.监管协调机制有待加强

分业监管体制的弊端之一是监管协调性差。加之中国特有的行政体制和行政文化,“一行三会”均属于正部级单位,因此各宏观调控部门之间的协调难度并不低,导致监管效率低下。一是监管协调机制的协调职能不明确。目前对“一行三会”为主体的金融监管机构在协调机制中所承担的协调职责作出明确的界定,在具体监管过程中存在相互推诿的现象。例如,人民银行开通的“12363”咨询投诉热线,受理人民银行职责范围内的消费投诉,但该热线经常接到按照规定本应由其他监管部门受理而没有受理的消费者投诉。二是金融监管协调的深度和广度有限。现有的监管协调内容仍停留在一般和常规的监管工作交流和合作上,金融监管协调机制在市场金融产品监管协调以及金融机构交叉持股引发的风险传染防范上存在缺位。比如,现行的金融消费者保护模式难以解决涉及跨市场、跨行业交叉性金融产品、服务的金融消费争议。按规定这类交叉性金融产品的投诉应由人民银行受理,但由于涵盖“一行三会”的协调机制尚未建立,人民银行受理该类投诉后,往往只能转交银行业金融机构处理,并寄希望于银行机构与投诉所涉其他机构协商解决。三是监管协调机制配套措施缺失。目前,金融监管机构间的协调较为松散,协调机制的运作方式等配套制度过于粗线条,在协调过程中,缺乏执行监督机制和争端解决制度。在面对跨市场、跨行业的金融风险冲击时,往往会拖延金融救助措施出台时间,增大金融救助成本,并最终转嫁为社会公众负担。

5.信息系统建设滞后和信息共享不畅

监管机构之间的信息交流存在难以协调、共享等问题。在金融控股公司方面,各监管机构通过监督、审查活动,获取的是金融控股公司各子公司的经营状况,但不能对金融控股公司的整体经营状况和风险作出评估。在创新业务方面,当不同金融机构业务交叉时,监管机构也难以对其统计,进而影响监管效率。一是缺乏整体的金融业综合统计体系,未实现全口径覆盖,对金融控股公司等新型机构覆盖不足;业务上以表内业务和自营业务为主,对表外业务、代理业务涉及有限;内容上以货币统计和金融统计内容为主,金融稳定内容相对欠缺。缺乏可追踪金融风险的多维指标体系,对交叉性金融产品如银行理财嵌套券商资管产品,银行理财由银监收集,券商资管在证监备案,金融统计尚未实现从最初负债端到最终资产端的完整反映。另外,数据质量不高,各部门统计基础参差不齐,统计方式不统一,弱化数据参考价值。

二是系统性风险识别和判断缺乏充足信息支撑。信息分割且共享不畅导致各监管部门均难以对金融体系形成完整认识,没有一个监管部门能够掌握整个金融体系的风险状况,没有充足的信息来对金融各子行业的关联性、宏观经济变量变动对金融体系可能产生的风险进行评估和预判。信息获取的不足导致无法运用宏观压力测试和早期预警等方法监测金融体系的脆弱性,在系统性风险防控中比较被动,后知后觉。

6.混业经营引发监管真空

我国金融混业经营趋势明显,跨市场金融合作不断深化,跨市场金融产品日益增多,金融机构之间股权交叉持有不断涌现,各种类型的金融控股公司已经形成。目前,我国的金融监管主要是监管机构的外部监管,各类经营主体通过跨行业持股、跨行业经营和关联交易等手段可以规避监管。在分业监管体制下,监管机构很难全面把握金融控股公司的发展和风险现状,也难以形成监管合力。此外,随着金融创新及互联网金融的发展,不同类型的金融机构能够提供相同或相似的金融产品及服务,按机构类型分业监管容易产生监管标准不统一与监管真空,导致监管套利,形成系统性风险隐患;同时,不同监管者之间沟通和信息交换的不充分,会显著削弱监管部门对整个金融市场的监测能力,无法及时发现影响金融稳定的因素,也会极大降低危机时期的沟通效率。

四、混业变迁中各国金融监管的经验借鉴

(一)主要国家金融混业监管经验

1.美国金融监管制度的发展

1999年,美国国会正式通过了《金融服务现代化法案》,标志着美国的金融业已经全面进入综合经营即综合经营。该法案打允许以金融控股公司的形式实现银行、证券、保险三大业务之间的相互交叉和渗透与融合,同时也对传统的金融监管框架进行了改革。美国的金融监管开始采纳功能监管模式,并辅之以伞形监管架构。美联储作为“伞”式监管人,是综合管理的上级机构,对金融控股公司监管。而金融控股公司其子公司则按照功能监管的原则,分别收到其他监管机构规制。功能监管的逻辑是,依据金融体系的基本功能设计监管体制,相似的业务应得到相同的监管,而不管履行这种功能是何种性质的金融机构。这种变化的实质是在不改变金融监管机构的条件下,通过修改授权法案,改革监管运行机制,而不是“另起炉灶”的改革。但是,这种功能监管与机构监管的混合监管体系,监管重叠与监管真空并存,徒增监管成本(图1)。

次贷危机后,美国政府公布了金融监管改革白皮书,主要进行五个方面的改革:一是加强对金融机构监管,成立金融服务监管委员会,强化美联储权力,监管范围扩

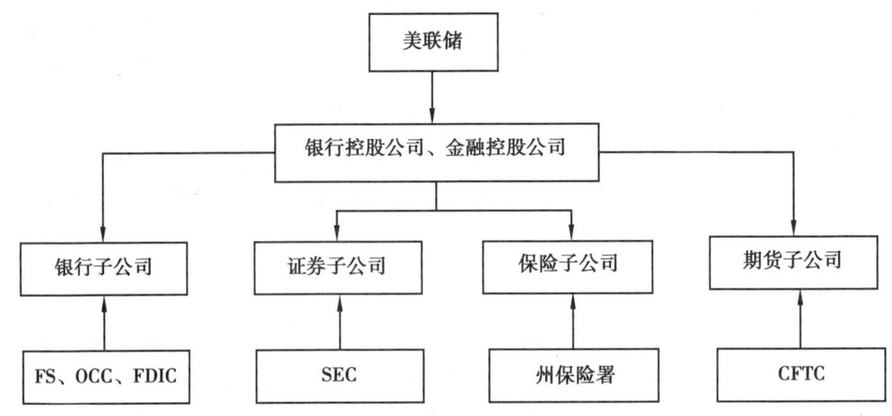

图1 美国多头伞形监管模式

大到所有可能对金融稳定造成威胁的企业。二是建立对金融市场的全方位监管,赋予美联储监督金融市场支付、结算和清算系统的权力。三是保护消费者和投资者不受不当金融行为的损害,建立消费者金融保护局,以保护消费者不受金融系统中不公平、欺诈行为的损害。四是赋予政府应对金融危机所必需的政策工具。五是建立国际监管标准,促进国际合作。值得注意的是,此次金融监管改革并没有改变危机前美国的监管格局,不同监管部门间的冲突在所难免。因此,法案授权金融稳定监管委员会作为协调机构,就成员机构之间的监管冲突进行协调。

2.英国金融监管制度的变迁

1933年金融危机后,英国金融监管也采用了分业监管模式。英格兰银行负责商业银行和非银行金融机构的审慎监管;证券和投资委员会负责证券业监管;贸易工业部与财政部保险业董事会(IDT)对保险业进行双重监管;住房基金委员会负责住房基金监管;养老金由行业自律兼顾;贸易工业部负责金融衍生品监管。具体来看,英国包括英格兰银行的审慎监管司(SSBE)、证券与投资委员会、私人投资监管局(PIA)、投资监管局(IMRO)、证券与期货管理局(SFA)、房屋协会委员会(BSC)、财政部保险业董事会(IDT)、互助会委员会(FSC)和友好协会注册局(RFS)共9家金融监管机构分别行使对银行业、保险业、证券投资业和房屋协会等机构的监管职能。可见,当时的金融监管体制是以行业划分来实施的,在不同的法律规定下设置不同的9个监管机构,分别对不同的业务种类进行监管,与美国分业监管体制类似。

随着英国金融业混业经营程度的不断加深,英国政府也开始放松监管,但分业监管体系的缺陷日益暴露,客观上要求英国对其监管模式进行全面改革。1986年英国出台《金融服务法》,进行大爆炸改革,并确立金融集团的运作模式。在该法案的基础上成立了证券投资委员会(SIB),国务大臣授权SIB对从事各种金融服务的企业和从事证券活动的自我规范组织进行监管,而且监管具有法律效力,从而一改传统的自律规范模式,建立自律管理与立法监管相结合的模式。1997年,英国金融服务局(FSA)成立,2000年颁布《金融服务和市场法》,确认FSA为英国唯一的金融监管机构。在该法颁布前后,金融服务监管局逐步合并拥有了原有9个金融监管结构分享的监管权力,如从英格兰银行手里将银行业监管的权力接过来,与英国财政部签订协议移交原来由财政部拥有的保险立法的职能,又从伦敦证券交易所接管了对上市公司的审核责任。至此,英国混业经营、混业监管体系形成。改革后的英国金融监管权力高度集中,FSA成为英国唯一的、独立地对英国金融业实行全面监管的执法机构,拥有监管金融业的全部法律权限(图2)。

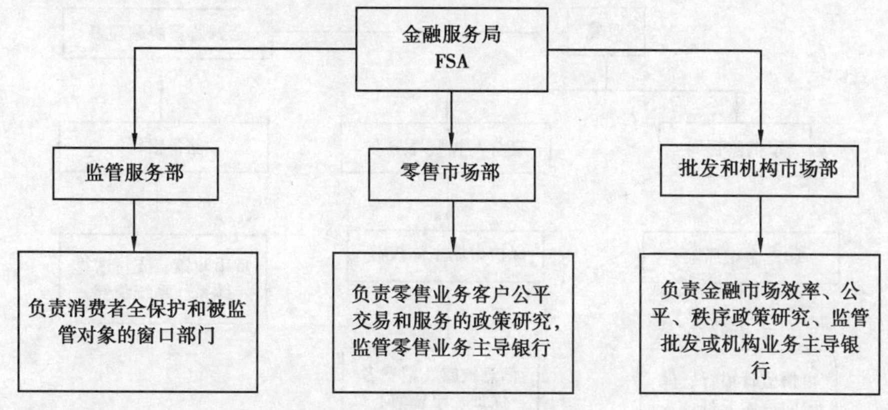

图2 英国统一监管模式

金融危机后,2011年,英国发布了《金融监管新举措:改革蓝图》。按照这一规划,英国将撤销金融服务局,成立新的职能部门。一是成立金融政策委员会,内设于英格兰银行,负责宏观审慎职能。二是成立审慎监管局,作为英格兰银行的分支机构,负责审慎监管者职能。三是成立金融市场行为监管局,负责对金融市场运作和具体业务运行进行监管。英国的金融监管模式改革是将金融监管职能重新向作为央行的英格兰银行集中,而且宏观审慎监管得以重新获得重视。财政大臣在公共资金和银行体系受到严重威胁时将对英格兰银行有一定的领导权。

3.澳大利亚金融监管制度的演变

金融监管改革前的澳大利亚也是以分业经营为主要模式。其金融监管属于机构监管模式,即分业监管。澳大利亚储备银行(中央银行)监管银行,保险与养老金管理委员会监管保险与养老金,金融机构管理委员会监管非银行存款类金融机构,证券委员会监管证券公司、基金公司和企业财务公司。

1997年的Wallis报告检查了澳大利亚金融创新和现代化的结果,认为传统的基于部门的金融监管已经不再有效,建议一个由两个监管者构成的监管框架。其一是澳大利亚证券和投资委员会(ASIC),负责对证券交易机构、期货交易机构、金融服务机构、保险公司、养老基金公司以及储值机构等的监管职能;负责证券公司的审慎监管;促进市场主体的参与积极性,保障信息披露,保护投资者和金融消费者的合法权益,增强金融主体和社会公众的市场信心。其二是澳大利亚审慎监管局(APRA),履行银行、保险公司、养老基金、信用社、房屋协会、友好协会等金融机构的审慎监管职能;依法制定审慎经营标准,并严格实施,防范、评估、预警和处置金融风险或金融危机,确保金融稳定、金融效率和金融竞争的动态平衡,促进市场稳健规范运行。由于澳大利亚监管机构由以上两个单独的具有不同权限的监管者组成,它们分别负责审慎监管和业务行为监管,所以可形象地称之为“双峰监管”或者“基于目标的监管”模式(图3)。

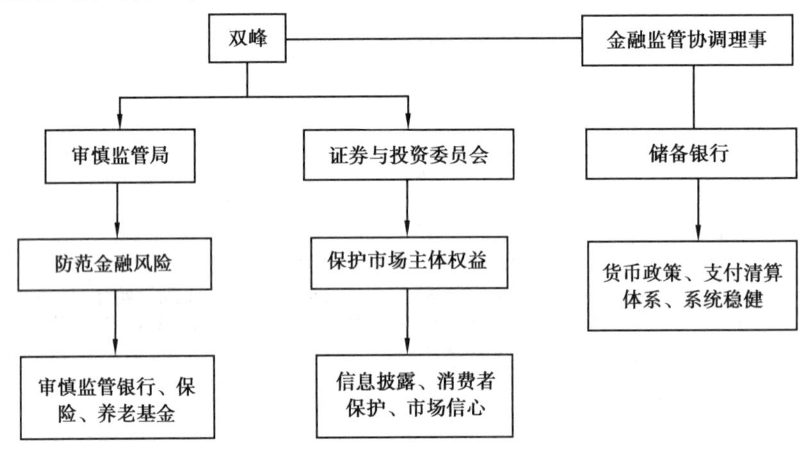

图3　澳大利亚双峰金融监管模式

澳大利亚储备银行保留部分监管职能,旨在促进金融稳定运行,而不对个体银行进行审慎经营监管。同时,中央银行与双峰机构之间还建立了制度性的分工合作框架,成立监管协调委员会,加强金融信息的收集、流转与共享。

金融危机对澳大利亚的金融体系和金融市场冲击较小,且迅速得到恢复。这在一定程度上归功于澳大利亚所建立的适合本国金融市场发展需要的金融监管体制。因此,金融危机后,澳大利亚并没有对现有的金融监管体系进行大规模调整,而只是在原有基础上进行补充和完善,基本维持现有监管框架。

(二)对我国金融监管体系改革的启示

1.金融监管体系的设计不是一成不变,应因条件的变化而发展

金融危机后,美国从微观审慎监管转化为宏观审慎监管,加强了对整个金融体系总体风险的监管,明确了美联储维护金融市场稳定的权力。英国的金融监管权先是从央行分出,再一次回归央行的职权范围。而每一次危机都会促进金融监管的进一步完善,因此出现了金融监管权重回央行集权的趋势。这种趋势也许是我国不断完善金融监管体系的前瞻性参考。

2.防范系统性风险成为宏观审慎管理的核心目标

传统金融监管倾向于从微观层面考虑监管和风险问题,更多地关注单个金融机

构的稳健性、盈利能力和清偿能力,缺乏对金融机构经营模式变化、金融业相互关联性、宏观经济变量对金融体系稳健性的影响及由此产生和累积的系统性风险的足够关注。在金融混业经营作为一种普遍趋势下,在大量使用金融创新工具转移风险的情况下,这种只关注单个金融机构健康的监管行为,很难预防和控制系统风险。金融危机后,在监管改革中,不同国家的有关监管改革建议和方案都把提高系统性风险防范能力,进而维护金融体系稳定作为改革的核心内容。

3.明确宏观审慎管理的机构、职责和权力,强化中央银行的主体作用

金融危机教训表明,中央银行与金融监管彻底分离不利于有效监测和防范系统性金融风险。为此,主要国家在金融改革建议和方案都在不同程度上强化了中央银行在防范系统性风险、加强宏观审慎管理中的作用。例如,G30 报告认为,在中央银行不行使审慎监管权的国家,中央银行应在本国审慎监管和市场监管当局的决策层发挥重要作用,审议关键监管政策的改革建议尤其是资本和流动性政策及准备金要求,对系统重要性机构以及支付和清算体系实施监管。美国则强化美联储在维护金融稳定方面的权力。英国《金融市场改革》白皮书提议,成立由财政部、英格兰银行和金融服务局 3 家机构代表组成的金融稳定委员会,其主要职责是评估系统性风险,考虑需要采取的行动。

五、混业经营趋势下我国金融监管的完善

(一)我国金融监管改革发展路径选择

对于我国而言,金融监管的重要目标就是确保金融体系的稳定性,防止经济发展中各种复杂风险通过金融体系爆发。因此,为了确保金融风险的整体可控性,金融混业经营的程度必须与现有的金融监管体系相适应。从长远看,统一监管将是混业经营框架下的一个较好选择。但是一个国家(地区)的金融监管组织架构模式往往是经济金融发展的客观状况所决定,具有一定的历史延续性和独特性。监管模式的即刻改变将会产生高昂的制度转换成本。而渐进式改革一方面可以防止突发式监管模式转变造成市场参与主体较高的合规成本;另一方面可以为监管体制的深入改革赢得时间和经验积累。因此,按照时间长短来说,可将金融监管改革分为两个阶段。

1.短期:继续完善金融监管协调部机制

从混业经营发展的角度看,目前我国金融业混业规模和比例不高。就金融组织体系来看,无论是银行业、证券业还是保险业,其独立的金融机构仍是主流。金融业内部各子行业之间的交叉业务主要以销售与代理协议为主。完全突破分业界限,分属不同金融行业之间的业务交叉,股权交叉目前还处于萌芽发展状态。目前的分业监管格局,由于缺乏对控股公司本身和内部关联交易的有效监管,在金融产品和服

务创新方面存在监管真空,并且从立法以及监管时间来看,我国法律也还没有为混业经营及统一监管提供完全畅通的途径。因此与这一阶段的经营模式相适应的是,强化“一行三会”的合作监管机制。

从国家政策制定来看,后危机时代,世界各国认识到宏观审慎管理与微观监管结合与协调的重要性,我国也不例外。金融监管着重强调“构建逆周期的金融宏观审慎管理制度框架”;“完善金融监管体制机制,加强金融监管协调,健全金融监管机构之间以及与宏观调控部门之间的协调机制”。2013年8月15日,国务院正式同意建立由人民银行牵头的金融监管协调部际联席会议制度。其职责和任务包括:货币政策与金融监管政策之间的协调;金融监管政策、法律法规之间的协调;维护金融稳定和防范化解区域性系统性金融风险的协调;交叉性金融产品、跨市场金融创新的协调;金融信息共享和金融业综合统计体系的协调;国务院交办的其他事项。因此,在未来一段时间内,我国还没有到非进行金融统一监管的地步,通过各种新的监管措施的出台,以及继续完善金融监管协调部际联席会议制度,现有的监管体制也能实现其监管职能。

2.中长期:建立统一金融监管

(1)伞形监管模式

在金融控股阶段,随着金融混业经营实质性的全面展开,银行业、证券业和保险业之间的制度性界限逐渐消失。金融产业内部各子行业之间通过收购、兼并等形式建立金融控股公司,组织结构通过股权控制实现实质性整合,各子公司之间在资金、业务和技术上的合作实现内部化。作为一种相对成熟和稳定的混业经营形式,其混业经营的程度也在不断深化。金融监管协调部际联席会议制度在短期内弥补机构监管模式带来的监管真空问题,但真正做到充分的信息沟通仍然存在较大障碍。因此在这种情况下,金融监管的变革将实质性的向职能分工明确、充分协作的统一金融监管的方向发展。此外,金融危机后,各国不仅仅重视单个金融机构的风险,而是以整个金融体系为监管对象加大了宏观审慎监管。在具体实践中,注意与货币政策等宏观经济政策的协调和配合,还要通过防范外部风险传染和维护金融机构的内部风险来有效的防范系统风险的发生。由于中国人民银行作为金融体系的清算组织者和最后贷款人,在金融机构救助、抑制风险防范、维护金融体系具有巨大的作用(图4)。

因此在金融控股式发展阶段,结合我国实情,建议建立由中国人民银行牵头的伞形监管模式进行过渡时期的监管。即中国人民银行负责对金融控股母公司进行监管,三家监管机构(银监会、证监会和保监会)作为功能监管者分别对其负责的金融机构和金融控股公司的各子公司进行监管。

(2)统一监管模式

但随着金融控股公司的发展,金融创新的业务和资源的共享即流动将日益复

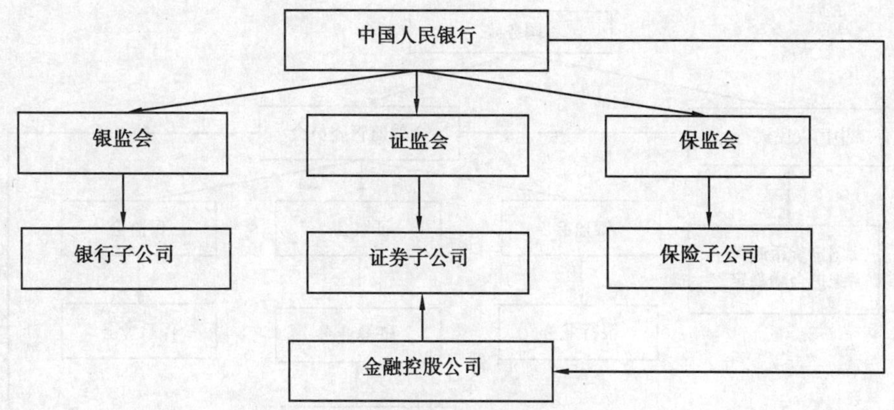

图4 伞形金融监管模式

杂化,混业经营发展到高级阶段,即全面混业阶段。金融产业内部各子行业之间的制度性界限完全消失,超级金融机构将涵盖所有金融相关业务,并通过内部直接设置银行、证券、保险等业务部门,彻底实现业务、组织和运作的一体化。在这一阶段,牵头型监管模式在监管协调、信息共享和监管成本等方面的不适应性将逐步显现。为了适应更高效率的监管需要,牵头型监管模式需要进一步向统一监管模式发展。

由于前期伞形监管主要由中国人民银行牵头,建议从中国人民银行将监管职能剥离,建立金融监管委员会,直接由国务院管理,下设银监会、保监会、证监会的统一监管模式,按照功能监管思路,统一行使当前银监会、证监会、保监会在内的监管职能,全面负责对监管工作的部署和协调。金融监管委员会负责对金融控股公司为首的多种金融机构进行监管,而控股公司的下属各子公司和各种从事分业经营的中小金融机构仍按其所进行的业务,由银监会、证监会、保监会具体监督管理。中国人民银行将其监管职能剥离后,负责货币政策、维护金融系统稳定,促进支付清算体系高效运行,在危机发生时充当最后贷款人;只保留部分监管职能,旨在促进金融稳健运行,而不对个体银行进行审慎经营监管。此外,金融监管委员会与人民银行之间建立信息共享机制。人民银行可以通过信息共享了解金融行业微观层面上的动向和趋势,以便有效制定货币政策。同时金融监管委员会通过信息共享了解货币政策,进行更有效的金融监管(图5)。

(二)我国金融监管完善的政策建议

1.做好顶层设计,建立统一金融监管体制的渐进策略

金融监管组织机构的设置必须与金融业的经营模式相适应,二者要同步改革,协调推进。做好顶层设计,从总体上结合金融经营的发展趋势,据此确定综合监管的改革步骤、目标取向和进程安排。在经营体制方面,继续维持分业格局,逐步推进综合经营实践。根据现阶段中国金融业开放进程和发展状况,在维持现行

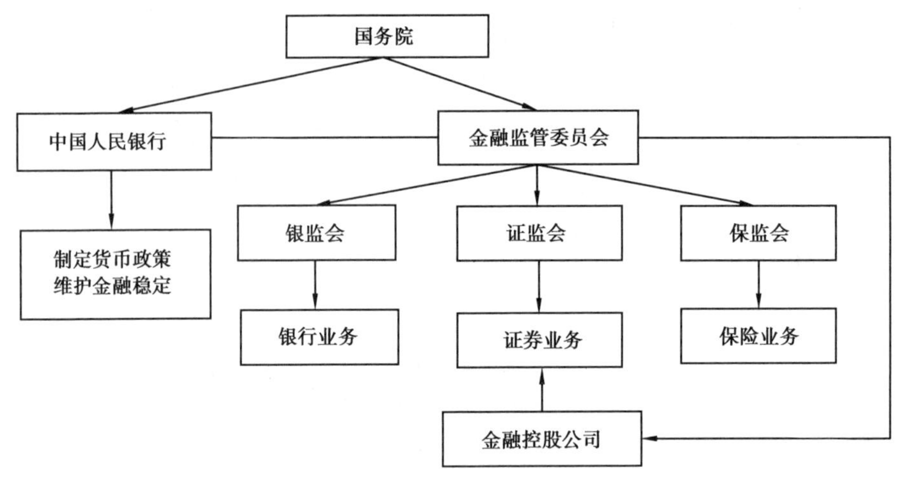

图5　统一金融监管

金融业分业经营总体格局的前提下,在法律和政策允许的范围内,逐步深化金融混业程度。在金融监管方面,在金融混业从协议合作阶段到金融控股阶段再到全面混业阶段的发展过程中,逐步推进监管体制改革。在分业经营格局下,要继续用好现有的法律和政策,并通过金融监管协调部际联席会议制度,加强各监管部门沟通合作,避免监管真空。同时,根据综合经营进程的需要,适时对原有法律框架进行改革,根据国际规则,修订、完善和制定金融管理法规,并预留政策调整空间,逐步形成与综合经营推进程度相适应的较为科学的金融法律框架和监管制度体系。

2.完善金融监管协调机制,实现协调机制畅通运行

一是确定协调责任。2013年8月15日国务院同意《中国人民银行关于金融监管协调机制工作方案的请示》(银发〔2013〕185号),即同意建立由中国人民银行牵头的金融监管协调部际联席会议制度。但是该请示中并没有明确界定各监管机构在联席会议制度中所承担的协调职责。金融监管协调机制要有效发挥协调作用,必须科学合理地设计配套制度,才能避免横跨不同监管部门的协调机制的空心化。因此,通过立法明确界定相关金融监管协调主体的具体职责,建立对协调责任人的考核制度,规范监管联席会议制度等内容,为金融监管协调机制提供法律依据,有效提升监管效率。建议对于一般的协调事项,按照职责分工和协调事项的性质划分可以确定协调责任主体的事项,参与协调的各主体应当自觉、主动予以配合;对于重大协调事项或难以达成协调意见的事项,则由中国人民银行承担协调主责任。

二是建立统一的信息交换平台。为便于“一行三会”全面掌握金融情况,协调金融宏观调控政策和金融监管政策,及时发现和处置有问题和高风险金融机构,建议搭建高效的信息共享平台。考虑各金融机构都已建立起各自的监管信息系统,可在

信息共享平台设置入口链接,允许彼此间互相查询相关信息,最大限度地打破部门间的信息隔阂。

三是加强金融监管国际协调。随着金融混业经营和全球国际化发展趋势的加快,国家间金融关联性逐步加强。为了积极应对金融全球化挑战,加强与各类国际金融监管组织合作,参与各类全球性金融规则制定;通过召开监管磋商会议、非现场监管和现场监管协作等方式,不断深化跨境金融监管协调机制。

3.推进金融监管制度改革,健全金融监管法律体系

一是对现有金融监管法律法规进行调整。梳理现有的金融监管法律法规体系,评估原有制度中的不足,并结合金融混业的发展现状和趋势,修改明显滞后的法规规章,废除前后矛盾的条文,整合现有监管资源。监管部门应评估新的监管规则可能造成的影响,加强规范、条文之间的统一和协调,使法规规章形成有机系统。

二是对现有金融监管法律框架进行补充。在调整完善现有法律框架的基础上,填补立法的空白。例如,目前,我国以各种方式形成的金融控股公司实际上已经存在并得到一定程度的发展,而相关法律对金融控股公司的监管却有很多真空地带。建议参考国外法例,加快金融控股公司的立法研究,出台专门的《金融控股公司法》,对金融控股公司的属性、市场准入、资本充足、公司结构、监管机制、法律责任等进行明确的规定。如果现阶段制定统一的法律存在困难,可先行制定《金融控股公司管理条例》,再根据实际情况进行实时修改。

三是加强监管配套制度的建设。除了基本的监管法律规范外,还要注重法律监管体系的配套性,形成由法律、法规与规章等规范性文件组成的完整、协调、有效的监管法律体系。例如,中国台湾不仅有《金融控股公司法》,还有与之配套的相关法规,例如《金融控股公司合并资本适合性管理办法》《金融控股公司结合案件审查办法》《金融控股公司及其子公司自律规范》,形成了以"金融控股公司法"为核心,完善的金融控股公司法律监管制度。

4.发挥行业自律和其他中介机构的监管作用

从我国金融业发展的现状分析,存在金融业发展较快与金融监管相对落后的矛盾。由于行业协会在行业自我管理、自我约束、自我服务等方面发挥着不可代替的作用。因此混业经营趋势下的金融监管需要发挥行业协会的作用。一是监管部门应意识到行业的自律监管能弥补政府的监管不足,能完善金融业的监管体系,尽快制定金融行业协会的管理规则,为协会开展业务提供法律依据;二是协会应加强自身的组织建设和制度建设,为发挥行业自律的作用创造条件;三是重视中介机构的监管功能。充分发挥会计师事务所、审计师事务所等各种社会中介的监督作用,及时发现混业经营下的各种不当金融行为,确保金融工业安全稳健运行。

参考文献

[1] Benton, George J. The Separation of Commercial and Investment Banking [M]. Oxford: Oxford University Press, 1990.

[2] I. Serdar Dinc. Politicians and banks: Political influences on government-owned banks in emerging markets [J]. Journal of Financial Economics, 2005, 77: 453-479.

[3] Rajshree Agarwal, Julie Ann Elston. Bank-firm relationships, financing and firm performance in Germany [J]. Economics Letters, 2001, 72(2):225-232.

[4] White Engene. Before the Glass-Steagall Act: An Analysis of the Investment Banking Activities of National Banks [J]. Explorations in Economic History, 1986, 23 (1): 33-55.

[5] 卜永祥.德隆危机彰显分业监管缺陷[N].证券时报,2004-06-30.

[6] 陈雨露,马勇.现代金融体系下的中国金融业混业经营:路径、风险与监管体系[M]北京:中国人民大学出版社,2009.

[7] 陈剑平.改革与完善中国金融监管体制的法律思考[J].上海经济研究,2006(2):40-45.

[8] 曹凤岐.改革和完善中国金融监管体系[J].北京大学学报(哲学社会科学版),2009,46(4):57-66.

[9] 杜莉,高振勇.金融混业经营及其监管:德国和英国的比较与借鉴[J].经济体制改革,2007(2):152-155.

[10] 丁玲华.基于金融效率的金融监管研究[D].武汉:武汉理工大学,2008.

[11] 郭庆平.新时期我国金融法律制度建设[BE/OL].[2015-07-01]和讯网.

[12] 郭纹廷.转轨时期中国金融监管体制变迁与金融效率研究[D].西安:西北大学,2006.

[13] 黄德权,苏国强.从金融分业监管向混业监管的新模式[J].经济导刊,2007(6):33-35.

[14] 哈尔滨金融监管办课题组.中国金融混业监管的研究,[J].黑龙江金融,2001(9).

[15] 何宜庆,王浣尘,王芸.混业经营与我国金融监管体系的新构想[J].财经理论与实践,2001,22(1):17-19.

[16] 康晶.中国金融混业经营监管问题研究[D].北京:对外经济贸易大学,2006.

[17] 雷永健,张含鹏.对当前金融监管体系的几点思考——兼谈金融行业经营发展的趋势[J].金融与保险,2001(11):27-29.

[18] 厉以宁.中国金融业面临三大问题[J].企业研究,2001(9):10-10.

[19] 刘志云.银行入股工商企业的趋势与银行监管机制的革新[J].投资研究,2009(2):40-45.

[20] 罗日军.论中国金融混业经营制度的需求与供给——中国银行业混业经营问题的一个新视角[J].上海金融,2000(6):8-11.

[21] 罗蓉.金融监管体制模式的比较研究[D].湘潭:湘潭大学,2002.

[22] 满海红.金融监管理论研究[D].沈阳:辽宁大学,2008.

[23] 宋军.监管水平约束下的金融控股公司发展问题研究[J].当代银行家,2004(3).

[24] 孙焕民.金融监管的国际协作:实践与理论探索[D].成都:西南财经大学,2004.

[25] 唐雅婕.我国金融混业经营模式探讨[J].商业文化月刊,2011(7):71.

[26] 王爱俭,牛凯龙.次贷危机与日本金融监管改革:实践与启示[J].国际金融研究,2010(1):68-73.

[27] 巫文勇.中国金融业监管制度改革研究——基于金融混业经营视角的重思索[M].成都:西南交通大学出版社,2010.

[28] 王广谦,郭田勇.中国金融改革历程:1978—2007[J].改革,2007(3).

[29] 魏倩.中国金融管制的历史与变革[D].上海:复旦大学,2007.

[30] 谢平.金融控股公司的发展与监管[M].北京:中信出版社,2004.

[31] 许成钢.解释金融危机的新框架和中国的应对建议[J].比较, 2009(39).

[32] 禹重硕.金融机构混业经营研究[J].中国外资月刊,2011(12):75-77.

[33] 于永宁.后危机时代的金融监管变革之道[M].北京:法律出版社,2013.

[34] 姚庆喜.关于建立中国金融混业监管法律体系的思考[J].武汉金融,2007(7):12-14.

[35] 杨万东.我国金融监管问题讨论综述[J].经济理论与经济管理,2004(8):75-79.

[36] 尹洪波.我国金融混业经营过渡时期的特殊风险分析[J].金融与经济,2008(3):23-25.

[37] 郑明高.中国金融业混业经营的路径选择[M].北京:中国经济出版社,2012.

[38] 郑君豪.金融混业与金融监管[D].苏州:苏州大学,2005.

[39] 朱崇实,刘志云,等.混业经营趋势下的中国金融监管法:挑战与革新[M].厦门:厦门大学出版社,2013.

[40] 张艳.金融业混业经营的发展途径研究[M].北京:中国金融出版社,2003.

[41] 张庆升,刘雅阁.投行业务内资商业银行剑锋必指[J].新财经,2006(1):70-72.

[42] 张忠军,中国金融业务制度:从分业走向融合[J].教学与研究,2000(5):12-18.

[43] 张华,蒋难.国际金融监管的新变化与我国金融监管体制改革[J].财经问题研究,2003(10):24-28.

[44] 周伟.金融监管的协调论:理论分析框架及中国的现状[J].财经科学,2003(5):6-10.

[45] 赵保国,魏巍,曾建飞.中国银行业混业经营趋势研究:金融制度变迁的视角[J].中央财经大学学报,2004(2):35-38.

文章审稿人:孔文佳

地方政府金融监管职能研究[①]

重庆理工大学课题组

课题主持人:王腊梅

课题组成员:秦琴　王全意　李旭鹏　李珺　刘悦

一、我国地方政府金融监管职能实施的历史比较分析

(一)民国时期我国地方政府金融监管职能实施分析

1.1927 年以前的北洋政府时期

1927 年以前的中国为北洋政府统治时期,主要分为两个阶段:袁世凯时期和后袁世凯时期。在袁世凯统治时期,中央政府尚具有一定的权威性,加之中国银行和交通银行羽翼未丰,其初始股本主要由政府认购,因而中央政府对两行有一定的控制力,但这种控制仅仅局限于发行货币和对财政垫借款等领域,并没有履行政府所代表的国家和社会职能。与此同时,在货币、外汇、证券、信托、外资银行等金融领域中央政府完全无所作为,仅凭市场自发运作和调整。而袁世凯后的北洋政府时期,中央政府大权旁落,政令不出都门。1916 年中国银行沪、宁分行抵制政府“停兑令”事件后,中国银行开始逐渐摆脱政府羁绊,走向独立发展的商办化道路。到 1923 年,中国银行商股比例从 1915 年的 17.01%增加到 1923 年的 97.47%[②]。交通银行也于 1922 年 6 月召开股东总会,选举张謇、钱新之为总协理,确立“发行独立、准备公开”“对政府旧欠进行清理,拒绝一切军政借款”“营业上着重汇兑等商业性服务”等新方针[③]。至此,在后袁世凯时期,中央政府逐渐丧失对两行的控制力,对金融市场完全失控,“看不见的手”完全引导中国金融市场的发育。当市场误入歧途时,则通过市场自发震荡、调整重新回归合理区间。

在这一时期,中央政府对金融市场基本没有控制力,颁布的《银行通行法》《交易所法》《国币条例》等金融法规流于形式,基本形成市场化自由监管模式。监管者

---

① 为 2015 年度重庆市金融学会金融领域重大决策咨询课题,获评“优秀奖”。

② 中行档案,转见邓先宏《中国银行与北洋政府的关系》,《中国社会科学院经济研究所集刊》第 11 辑,中国社会科学出版社 1988 年版,第 355-356 页。

③ 《上海研究资料》,台北 1973 年版,第 262 页;翁先定,《交通银行官场活动研究(1907—1927)》,《中国社会科学院经济研究所集刊》第 11 辑,中国社会科学出版社 1988 年版,第 416-417 页。

以市场主体身份出现,主要依赖金融市场的自发力量进行调整,其监管依据是行业惯例和习惯法。在这一监管模式下,中央政府实际并未履行金融监管权力,金融同业公会成为金融业自我管理的主体。再加之当时中国政局不稳,地方军事割据,各地经济发展程度差异较大,金融市场发育极不成熟,这就导致北洋政府时期地方政府普遍没有金融监管职能之需要,各地方军阀政府更热衷于以不兑现纸币代替金属货币,侵夺民脂民膏①。

2.1927 年以后的国民政府时期

1927 年南京国民政府上台后,一方面致力于全国的军政统一;另一方面着手统制经济。蒋介石认为“国家如不对人民的经济活动确定分限,确定计划,任人民流于斗争,只有招致社会混乱与民族困穷的结果”。② 蒋介石把统制经济视为结束社会混乱和民族穷困的救市良方,并认为统制全国金融是政府统制全国生产的第一步。在这一理念指引下,国民政府统制经济便从统制金融入手。其统制金融的第一步就是于 1929—1931 年对金融业同业公会实施强制改组,把银行公会和钱业公会置于政府控制之下;第二步则是从 1931 年起陆续颁布《银行法》《银行收益税法》《储蓄银行法》《证券交易所法》等近百部金融法规,几乎涉及金融业的各个领域,对金融业实施严格的法律监管。此后,金融界什么事情能办还是不能办,按何种规则办,如何办,不再由同业公会决定,而是依据政府法规和指令。同时中央国民政府还设立专门金融监管机构——金融监管局负责监理全国金融行政和金融业务。不仅如此,南京国民政府还两次通过强行增加官股和修改条例方式,重新控制中国和交通两行,使其“绝对听命于中央,彻底合作③”。对其他民营银行、钱庄南京政府也大力实行官办化。到 1936 年,由政府控制的中央银行、中国银行、交通银行、中国农业银行四行在全国 163 家银行中,实收资本占到 42%,资产总额占 59%,各项存款占 59%,发行兑换券占 78%,纯益占 44%④。这还不包括其他中央和地方政府控制的银行。由此中国金融业由“不干涉状态进入实行统制主义⑤”。

1937 年抗战爆发后,中国经济由平时经济全面转为战时经济状态,为集中人力、物力、财力全面支持抗战,国民政府对金融经济开始实施严格的管制。抗战时期,国民政府密集颁行《非常时期安定金融办法》《非常时期管理银行办法》《修正非常时期管理银行办法》《加强银行管理办法》《统一发行办法》《中央银行管理外汇办法》《监督银楼业收兑金类办法》《战时保险业管理办法》等金融法规,以政府行政命

---

① 姜宏业.中国地方银行史[M].长沙:湖南出版社,1991.

② 蒋介石.中国经济学说[M].台湾:中国文化大学出版部,1984:190.

③ 蒋介石致孔祥熙电,1935 年 3 月 23 日,《中国银行行史资料汇编》,上编 1,第 385 页。

④ 《全国银行年鉴》,1937 年。

⑤ 陈光甫与上海银行[M].北京:中国文史出版社,1991:114.

令对金融业实施直接的战时管制①。至此,中国黄金、白银、外汇、货币、银行、证券等市场皆被中央政府直接控制和管理,中国金融业由国家统制转向国家专制。虽然抗战胜利后国民政府曾考虑放宽对金融业的战时管制,但紧接着内战的全面爆发使得金融业的国家专制状态一直持续。在国家专制战略状态下,中国金融业最终蜕变为国民党内各个利益集团敛财的工具或途径,政府侵占无限放大了金融业的社会损失,并导致 1949 年金融业全盘崩溃。

从前述分析可以看出,在南京国民政府时期,中央政府对金融市场实行金融统制政策,更在抗战爆发以后实施全面垄断和管制,国家对金融行业具有强大的管控能力。其监管金融市场的依据不仅有大量金融法律法规,同时还存在数量庞大的行政命令和指令。在强大的中央政府力量面前,金融市场的自发力量完全被抹杀,各地方政府也没有被赋予金融监管职能。

(二)1949 年后我国地方政府金融监管职能实施分析

1.改革开放前我国地方政府金融监管职能实施分析

1949 年后,中国开始进入社会主义现代化建设时期。基于当时对社会主义性质的认识,新政府选择了高度集中的计划经济体制作为经济发展的方向。为此中央政府在全国开展公私合营运动,进行社会主义改造,最终在全国建立起社会主义公有制经济。中央政府开始成为社会化大生产的组织者和计划者,所有生产生活资料的生产、销售、分配活动都需要由中央政府来完成。此阶段所有金融市场活动均被视为具有资本主义性质而被全面加以禁止和取缔,作为国家所有的银行成为国家行政体系的一部分,同样实行中央集权制度,要配合中央政权的经济计划政策,扮演着社会主义现代化建设资金提供者的角色。与高度集中的计划经济体制相适应,在政治上中央政府享有高度集权,各地方政府是中央计划和命令的忠实执行者。在这种政治经济体制下,中央和地方政府根本不需要金融监管职能。

2.改革开放后我国地方政府金融监管职能实施分析

(1)我国现行金融监管体制的确立及其面临的挑战

1978 年党的十一届三中全会的召开确立了改革开放的基本国策,我国高度集中的计划经济体制也开始了向有计划商品经济体制的转变。在经济市场化改革背景下,我国金融监管体制建设也分为了两个阶段。第一阶段是 1993 年以前由中国人民银行统一实施金融监管。囿于认识局限,在确立建立社会主义市场经济体制以前,我国实行的是有计划商品经济,经济生活中市场的作用还不是特别明显。金融市场虽然有一定恢复,例如 20 世纪 90 年代我国先后成立上海、深圳股票交易所,但其主旨是为国有企业脱贫解困提供资金,其规模也非常小,因此整个金融领域只有

① 易绵阳.论抗战时期的金融监管[J].中国经济史研究,2009(4).45-48.

中央银行作为金融监管机构。随着经济市场化改革方向的明确,金融市场也得到进一步发展,银行、证券、保险市场不断扩大,1993年以后中国金融监管体制建设进入第二阶段。在此阶段,中国证监会、中国保监会和中国银监会先后成立,由此正式确立了中国分业监管、“一行三会”分工的金融监管体制。在这种监管体制下,中国人民银行着重加强制定和执行货币政策的职能,发挥中央银行在宏观调控和防范与化解系统性金融风险的作用,负责提供支付结算等相应的金融服务。而银监会、证监会和保监会则分别负责对银行业、证券业和保险业的微观监管。这种监管体制仍然采用中央集权制,作为金融监管机构的“一行三会”对相应金融市场分别实施全国统一垂直监管,各地方政府则对金融业务缺乏监管权力。其间虽然在公司股票发行上市问题上由于实行配额制(1993—1999年),地方政府曾经掌握本地区公司股票发行上市的额度,但实质意义上的金融监管职能一直牢牢掌握在中央一级的监管机构手里。

“一行三会”分工分业监管体制实际运行以来,其成效十分明显。它不仅完善了监管框架,加强了监管专业化,提高了监管效率,而且还有利于中央银行更加有效地制定和执行货币政策。但近年来随着金融全球化、自由化和金融创新的迅猛发展,我国金融业市场化改革和开放步伐的日益加快,金融业综合经营也不断发展,金融监管环境发生了重大变化,分业监管体制出现了明显的不适应,其面临激烈的挑战。

首先,金融综合经营挑战我国现行分业监管体制。随着我国金融体制改革的不断深化,金融混业经营趋势也开始显露。各种形式的综合经营金融控股公司,如光大集团、中信集团、平安集团等纷纷涌现,一些大型央企和民营企业也开始建立自身的金融平台,成为产融型的金融控股公司。而电子信息技术的发展更是将互联网服务平台与金融服务结合,出现互联网金融控股企业,例如阿里巴巴集团。同时以市场、产品、服务等方式的银证合作,银保合作和证保合作也被广泛开展,形成多家监管机构同时监管一家金融机构的现实。这往往会带来监管重复或监管缺位,也会增加监管成本,造成监管资源浪费。

其次,外资金融机构的大量涌入挑战我国现行金融监管体制。随着越来越多的跨国金融集团开始进入中国金融市场,它们中很多是兼营银行、证券、保险等多种金融业务的金融控股公司。这些外资金融机构采用现代金融技术,创新金融衍生工具,不仅增大了金融业风险,也使传统金融监管制度、监管手段失效。对于在传统金融监管方面仍缺乏足够经验的中国而言,对外资金融机构所带来的金融创新工具监管将是中国金融监管机构面临的严峻挑战之一。

最后,民间金融的日益活跃与发展也在挑战我国现行金融监管体制。近年来以江浙地区为代表的民间融资日益兴起和活跃,电子信息技术的发展又创新了民间借贷形式,P2P网络借贷也在全国火热展开。这些民间金融活动满足了中小企业和个人的融资需求,弥补了正规金融对社会弱势群体资金需求的忽视,是我国金融市场的重要构成部分。但由于现行法律法规和监管缺位,极易诱发非法吸储、非法放贷、非法集资等行为,造成社会系统性风险,亟须我国金融监管体制作出回应,以防范民间金融可能造成的系统性风险。

(2)当前我国各地方政府金融监管职能实施现状与问题

随着我国经济和金融市场化改革的不断深入，地方中小金融机构和准金融机构开始得到蓬勃发展。同时，各地方政府也越来越认识到发展金融业对于促进本地区经济发展的重要性。而地方金融业的发展也带来地方政府金融监管问题。自2002年全国第一个地方政府金融监管机构——上海市金融办成立以来，我国31个省、市、自治区相继成立了地方政府金融办，全国283各地级以上的城市中已有近240个成立了金融办，许多县或者县级市也成立金融办①。随着地方金融业的不断发展，有的地区还将金融办升级为金融监管局以更好地履行地方金融监管工作。各地方金融办以及金融监管局成立以来，的确在促进区域金融健康发展中作出了积极贡献。然而随着金融办的不断发展和职能的逐步扩大，其先天不足也逐渐显现。

首先是各地名称不统一。自金融办成立以来，金融办的名称就五花八门。以省级金融办为例，除北京明确称谓金融工作局以外，其他各地主要从功能角度考虑，称谓也多种多样。“金融工作办公室”“金融服务办公室”“金融工作领导小组办公室”等名称各异，其功能自然也各不相同。

其次是各地金融办职能不明确。地方金融办设立的最初定位，是代表地方政府协调与各中央金融监管机构和各类金融机构的关系。随后，地方金融办的职能又逐步扩充，开始具备一些金融监管职能。特别是近几年以来，随着我国金融行业的深化发展，地方金融办逐渐被赋予在培育金融产业、服务中小企业、支持小额贷款、监管准金融机构等方面的职能。而这些职能赋予大都是地方政府为满足自身需求的直接结果，具有一定的任意性。各地金融办由于地方经济禀赋不同，其职能定位也千差万别。

再次是各地金融办发展不均衡。在我国新一轮区域发展规划中，建立区域性金融中心已经成为大家的共识。为此一些地方政府为将本地区建成为区域金融中心，纷纷加大了金融办的功能力度，增加了金融办人员编制数量。在目前可以看到的区域发展格局中，环渤海的北京、天津，长三角的上海，珠三角的广州、深圳，西部的成都、重庆等城市，地方政府金融办在人员数量、人才结构上具有优势，其作用发挥得最为充分，基本成为地方政府实施金融产业建设的核心权力部门。而其他地方政府金融办的定位和发展就与之有较大差别，客观上造成各地方政府金融办发展的不均衡，并随之带来各地金融产业发展的两极分化。地方政府金融办的发展不均衡也给金融办在全国范围内加强合作或建立相应的联动机制带来巨大的困难。

最后是各地金融办的权限不分明。近年来，随着各地方政府对金融诉求的不断增多，金融办的职能，尤其是监管职能也在地方政府与中央政府的利益博弈中，呈现出不断扩张的趋势。由于缺乏法律规制，各地金融办职能扩张具有任意性的特点。

---

① 王大贤.尽力发挥地方政府金融监管的正能量[EB/OL].[2013-03-20]凤凰财经网.

而这种扩张的结果是地方政府金融办的金融监管职能在一定程度上与专门金融监管部门职能出现交叉,并在一些工作中客观上造成多头监管现象。个别地方金融办还从地方政府利益出发,常常凌驾于“一行三会”的分支机构之上,在实际工作中干涉金融监管事务,致使许多工作权限不清。同时,还出现了有的金融办与当地“一行三会”分支机构金融监管相悖情况,对监管工作造成负面影响。

对我国地方政府金融监管职能的历史维度考察可以发现,地方政府金融监管职能的获得是国家经济社会高级化发展的结果,是金融市场不断深化发展的需要。民国时期我国经济社会发展较为落后,金融行业也不发达。北洋政府的羸弱使其丧失了对金融领域的控制力,地方政府金融监管职能也无从谈起。南京国民政府虽然强化了对经济金融的统制,但其间经历抗战和内战,中央政府对经济金融的统制走向专制,各地方政府也没有被赋予金融监管权限。而新中国建立后实行高度集中的计划经济体制,全面禁止市场交易,也无金融监管之需要。只是在改革开放,确立我国经济体制市场化改革方向后,金融市场迅速恢复和不断发展,才有了地方政府金融监管职能的出现。

二、地方政府金融监管职能的域外考察——以发达国家为例

由于世界大多数国家都采纳了市场经济体制,且世界经济一体化日益深入,各国经济领域的普适性和共同性也日益彰显。前事不忘,后事之师。要完善我国的金融监管体系,明确地方政府金融监管职能定位,合理划清中央和地方的金融监管边界,我们有必要学习和借鉴经济社会已经发展到较高阶段的发达国家的经验,以促进我国地方政府金融监管职能更好地发挥。

(一)美国各州政府金融监管职能实施情况考察

1.次贷危机以前美国各州政府金融监管职能实施情况分析

在2008年次贷危机以前,美国实行的是典型的双线多头分业监管结构。即美国中央和地方政府都享有金融监管权力,同时中央和地方政府又分别通过多个金融监管部门进行分业监管。美国这种双线多头分业金融监管结构是伴随美国经济社会的发展而逐步建立起来,并且契合了美国联邦主义的政治传统,对美国金融行业的发展壮大也发挥了重要作用。但这种金融监管结构的复杂性也毋庸置疑。更为重要的是,在复杂的监管结构背后还隐藏着严重的缺陷与问题。

首先,双线多头的分业监管结构会带来监管重叠冲突与监管套利问题。美国的双线多头分业监管结构使得不同监管机构(纵向联邦机构和州政府以及横向不同监管机构)对于同一功能监管范围的重叠交叉现象难以避免。例如仅在资本充足率上,金融机构就得面对美联储、货币监理署、联邦存款保险公司、证监会以及50个州的不同规定,并且不同的监管机构对于资本构成计算标准也不尽相同。各个监管机构监管范围的重叠交叉也给监管机构之间的权力范围界定增加困难,机构之间的冲

突也变得非常频繁。另一方面,由于提供相同产品的不同金融机构可能受到不同监管者的监管,其监管规则、标准和执法实践存在不一致,金融机构为追求利益最大化,往往会尝试改变其类属,以便将自己置于监管标准最宽松或者监管手段最平和的监管机构管辖之下,产生所谓监管套利问题。

其次,双线多头的分业监管结构会带来监管恶性竞争。为了能够获取更多的监管资源,得到更大的监管权力,美国金融监管机构之间存在着或明或暗的竞争。例如联邦和州的监管者会花费大量的时间和金钱争夺事权,并经常就法规的适用范围展开激烈的论战①,出现监管竞次现象。美国各州在上市公司监管上的竞争性“松绑”就生动地说明了监管竞争的负面性。为了吸引更多的公司到本州注册,从20世纪80年代开始,许多州开始豁免公司上市的实质审查,改为形式审查(注册制)。安然和世通公司事件的爆发使人们对各州过度放松管制的担忧达到顶点,并认为安然事件和世通事件是美国金融监管恶性竞争的必然结果。

再次,双线多头的分业监管结构会造成监管信息交流不畅,监管合作困难。在州政府层面,各州政府趋向于从各州自身的利益出发,往往以保护辖区内金融机构商业秘密为由,拒绝向其他州开放监管信息。不仅州与州之间监管信息沟通不畅,监管合作困难,在联邦与州之间、联邦各监管机构之间的监管信息交流与合作也不顺畅。部门利益和地方利益的存在使得每个监管机构都倾向于对监管信息保守化,从而降低监管合作的可能。

最后,双线多头的分业监管结构增加了监管成本。英国金融服务局(FSA)在2004年的年度报告中,比较了美国、德国、法国、爱尔兰、新加坡,以及中国香港的金融监管成本,得出结论称美国监管成本居于各国之首②。据专家测算,美国每年每10美元GDP中就有将近1美元花费在金融监管上。

2.次贷危机以后美国各州政府金融监管职能实施情况分析

次贷危机的爆发促使美国开始反思其金融监管结构,并进行了金融监管改革。其中2010年7月通过的《多德-弗兰克金融改革法案》被认为是20世纪30年代以来最严厉的金融改革法案。根据该法案,美国金融监管体系有所调整:一是进一步增强了美联储的核心地位。根据该法案成立的“金融稳定监管委员会”负责“监测”和“处理”威胁国家金融稳定的系统性风险。凡是被金融稳定监管委员会认定的系统重要性机构,无论银行、证券、保险、基金,还是清算、支付和结算组织,均被纳入美联储监管范围。二是对金融监管机构进行重组。比如撤销“储蓄监管办”(OTS),将其大部分职能并入货币监理署(OCC);合并多部门金融消费者保护职责,在美联储体系内设立独立的金融消费者保护局(CFPA)。

① Elizabeth Brown, E. Pluribus Unum. Out of Many, one: Why the United Stated needs a single financial services agency? [J]. 14 University of Miami Business Law Review, 2005(1):64-65.

② Financial Services Authority: Annual Report, 2003/2004 app.5 at 99-103 (2004).

美国的金融监管改革并没有改变其原有的双线多头的分业金融监管结构,州政府仍然和联邦政府分享金融监管权力,这是由美国联邦主义的政治传统以及美国文化中崇尚自由、信奉分权与制衡理念所决定的。因此,次贷危机后美国的金融监管改革重点在联邦层面,而涉及州金融监管内容的仅是在财政部下设联邦保险办公室,以会同各州监管部门加强对保险业系统性风险的管控。

(二)英国地方政府金融监管职能实施情况分析

20 世纪 80 年代撒切尔政府实施以“大爆炸”为标志的金融自由化政策,推动英国金融监管从以行业自律为主,政府有限监管,且多个金融监管机构并存的分业监管走向强化政府监管的单一监管结构。1997 年成立的金融服务监管局(FSA)合并了原有九类金融监管机构的职能①,对金融行业统一行使监管权力。而根据 2000 年颁布的《金融服务与市场法》,金融服务监管局(FSA)的职能得到进一步强化。作为传统的中央集权制国家,英国没有地方政府分权传统,在金融监管职能赋予上强调中央一级的统一监管,地方政府不具有金融监管职能。这种由中央统一监管模式可以获得监管规模经济的好处。与美国双线多头监管结构相比,中央统一的单一机构监管不仅可以减少运行成本,而且能够更为有效地发挥金融监管人才的作用,更为充分地利用“共享资源”。另外,单一监管结构还可以避免多头监管容易产生的监管重叠冲突与监管疏漏。更为重要的是单一监管可以最大限度地实现监管政策的连续性,保证监管政策具有稳定性,进而给被监管者带来稳定的监管预期。

2008 年的金融危机表明无论是双线多头监管结构还是中央层面上的单一监管结构都具有相应的严重缺陷,急需进行金融监管改革。2009 年《银行法》的颁布使英国的单一监管结构发生了变化。该法律赋予了英格兰银行在预防和应对金融风险时更大的责任和权限,并在英格兰银行中设立审慎监管局(PRA),以促进金融公司的稳定性。在原金融服务监管局(FSA)的基础上成立金融行为监管局(FCA),直接对财政部和议会负责,主要目标是保证金融市场的良好秩序和保护金融消费者的合法权益,监管范围包括 PRA 监管范围之外以及接受双重监管的金融机构。上述英国金融监管改革的内容仍然只是涉及中央一级政府机构,没有触及地方政府金融监管职能问题。这也与英国的政治体制和英国本身国土体量相适应。英国由于国土面积较小,经济发展水平比较均衡,中央一级监管机构行使金融监管职能就能全面完成对金融市场的监管,客观上不存在地方政府执行金融监管职能之需要。

(三)欧盟各成员国政府金融监管职能实施情况

如将欧盟视为一个联邦制国家,那么欧盟各成员国担当着相当于“地方政府”的

① 这九类金融监管机构涉及的监管业务包括:银行、投资基金、证券、保险、抵押贷款、住房抵押贷款互助社、养老金投资、期货、清算。

角色。次贷危机之后,欧盟对金融监管体制进行重构,将以“母国监管”为主的平行监管模式转变为强调以欧盟为主的垂直监管模式,在欧盟和成员国之间形成新的金融监管分工。欧盟层面,一方面成立欧洲系统性风险委员会(ESRB)负责对整个金融体系风险进行宏观审慎监管指导,并对欧洲经济中的各种风险提出预警和风险处置方案。另一方面成立欧盟三大监管局(ESAs),分别是欧洲银行监管局(EBA)、欧洲证券与市场监管局(ESMA)、欧洲保险与职业养老金监管局(EIOA)金融监管政策指导与协调机构,将欧盟直接监管权限扩展至包括银行、证券、保险在内的整个金融领域。三个监管局负责制订欧盟统一的金融监管制度,从事金融机构和金融市场层面的微观审慎监管,解决成员国在监管中遇到的争议并推动监管合作。成员国层面,各国监管当局并未被欧盟三大监管局(ESAs)取代,仍负责金融机构的日常监管,但必须遵守统一的欧盟金融业监管规定并接受欧盟三大监管局的监督。当某一成员国拒不执行欧盟规定时,监管局可向该国监管下达指示,在仍得不到遵守的情况下,监管局可略过成员国监管机构,直接要求相关金融机构予以纠正。

为进一步构建一体化的金融监管框架,2012 年底,欧盟委员会提出建立欧洲银行联盟(Banking Union),欧盟和各成员国在银行监管方面的分工被再次重新划分。欧洲银行联盟的单一监管机制赋予欧洲央行银行监管职能,统一制定监管规则。欧洲央行成为直接监管系统重要性银行,并有权随时对任何银行机构实施直接监管。欧元区成员国监管当局依法自动受到单一监管机制的管辖,并负责监管规模较小的银行以及其他地区在欧洲设立的分支机构。在协调配合方面,为确保单一监管机制的平稳运行,欧洲央行将制定相应的指导原则,并有权对成员国监管当局进行监督。而各成员国监管机构应协助欧洲央行执行监管职责,包括进行非现场监测及现场检查等。

(四)日本地方政府金融监管职能实施情况考察分析

传统的日本金融监管为“主银行体制”下的“护航舰队式”管理模式,对金融实施严格管制,具有保守、封闭、政府主导的特点。在这一监管模式下,大藏省不仅是日本的财政部,也是日本的金融监管机构。大藏省所属的证券局负责对证券业的监管;银行局负责对银行业、信托业的监管;银行局内设的保险部负责对保险业进行监管。外资金融机构则由大藏省下属的国际金融局负责。此外还设立了一个证券交易监视委员会,作为大藏省的外围组织。由此可见当时日本仍然实行分业监管方针。在这种监管安排下,大藏省在金融监管中具有绝对的权威,地方政府仅仅是辅助大藏省履行金融监管职能,不享有独立的金融监管权力。这种强权式集中统一监管模式对于有效规避第二次世界大战后日本面临的资金短缺问题、降低资源缺乏所带来的竞争成本,实施“赶超型”发展战略,实现日本经济的高速增长发挥了巨大的作用。

然而随着 20 世纪 80 年代以来经济全球化、金融自由化的不断深入,越来越暴露了日本金融监管体制的滞后性,由此引发的一系列金融问题给日本宏观经济造成了严重影响,迫使日本放弃了对金融市场的严格管制。1998年6月日本金融监督厅成立。大藏省金融检查部对银行、保险、证券的金融检查职能,以及银行局、证券局对金融机构的监督职能都移交给监督厅。原本挂靠在大藏省的证券交易监视委员会也移交至金融监督厅。金融监督厅取消了分业监管方式,开始采用混业监管,并以现场检查为主。2000年7月,日本在金融监督厅的基础上成立了金融厅,直接隶属于总理府,同时拥有金融监管权和金融政策制定权。同时日本央行的独立性也进一步增强。进入21世纪后,为进一步整顿金融监管权力分散、效率低下等问题,日本将对中小金融机构的监管权也由地方政府上交由金融监督厅,即后来的金融厅负责。至此地方财务局等地方政府机构受托监管金融范围大幅收窄,仅仅限于大藏省(改革后更名为财务省)仍然保留的金融职能。

2008年金融危机的爆发虽然也给日本造成了一定的损失,但同其他发达国家相比,日本遭受损失的金额是最少的。不仅如此,日本金融机构还抓住机遇,逆流而上,纷纷收购在此次危机中遭受重大损失的美国金融机构。日本在此次危机中的出色表现证明其20世纪90年代以来的金融监管改革措施是卓有成效的。金融危机后,日本也加快了金融监管改革,但内容是以增强日本金融市场竞争力和改进金融厅金融监管水平为主,没有考虑授权地方政府行使金融监管权力。这也与日本现行金融监管体制作用发挥良好,实践中没有产生地方政府履行金融监管职能需求相适应。

(五)地方政府金融监管职能域外考察的启示

1.一个国家的历史文化传统对地方政府能否分享金融监管权力十分重要

基于美国历史文化传统中对政府权力集中和垄断的警惕以及分权与制衡理念的深入人心,在美国金融监管制度建立过程中,各州监管金融的权力虽然被逐步削弱和转移至联邦政府,但各州并没有彻底放弃金融监管职能,由此形成的双线多头金融监管结构构成了美国金融监管制度的重要特点。而英国历史上就是一个有着集权传统的国家,在金融监管职能赋予上强调中央一级的统一监管,地方政府不具有金融监管职能。早期英国金融监管形成的重视行业自律、政府有限监管的传统,也不支持地方分享金融监管权力。

2.中央与地方政府分享金融监管权力取决于国家的现实需要

日本在20世纪90年代金融监管改革以前,大藏省既是财政部门,又是全国唯一的金融监管机构,其要处理的事务纷繁复杂。如果完全由大藏省独自完成所有金融监管活动显然是不现实的。因此,基于监管效率和金融风险标准,大藏省授权地方财务局去完成对中小金融机构的监管。而20世纪90年代金融监管改革后,由于成立了独立权威的金融监管机构——金融厅,可以有效履行对金融事务的监管工作,故地方对中小金融机构的金融监管职能又被收回。反观欧盟,1999年欧元正式启动之初,欧元区成员国将本国的货币政策主权让渡给欧洲央行,但欧洲央行仅负责制定欧元区的货币政策,却不承担金融监管职能。欧元区在这一时期实行的是货币政策与金融监管分离的制度,金融监管权力仍旧保留在欧盟各成员国内部。但随着次贷危机爆发,欧盟为单位的金融统一市场和以主权国家为单位的金融监管之间的矛盾日益突出,并导致欧盟金融监管乏力。这迫使欧盟加快金融监管改革进程,打破各成员国之间在金融监管领域的分割,通过逐步推进统一监管,将金融监管权部分转移至欧盟层面,并与各成员国监管当局形成监督协调机制。

3.中央与地方政府分享金融监管权力应保证中央的权威性

危机前,欧盟金融监管实行"母国监管"原则,以成员国各自监管为主。这种分裂的监管体制无法与统一的货币政策相协调,日益难以适应欧洲一体化进程。最终导致欧盟经济和金融体系在2008年国际金融危机和2009年欧洲债务危机中受到巨大冲击。危机之后,欧盟上收金融监管权,将建立超主权性质的泛欧金融监管体和欧洲银行联盟制作为金融监管改革的主要方向,并在制度设计上强调欧盟监管机构对各国监管当局的权威性。这表明,地方金融政府承担金融监管职责并不意味着中央政府完全放权,相反,各地彼此割裂、各自为政的金融监管体制将难以抵御系统性风险的冲击。因此,中央政府授权地方政府金融监管职责,必须以中央政府的统一领导为前提。

三、我国地方政府金融监管职能的正当性分析

(一)改革开放以来中央与地方政府形成的二元结构关系是我国地方政府金融监管职能的现实基础

1.改革开放以前中央与地方政府的单一结构关系

改革开放以前,我国实行全能主义的单一结构体制。在这一体制下,地方政府完全作为中央政府下属接受中央指令,完成中央布置任务,财政上也实行的是中央划拨制,地方完全没有自主权。这种由代表国家的中央政府控制一切的单一结构关系,在中华人民共和国成立初期集中全国人力、物力、财力进行社会主义建设方面是起到过很大作用的。但它由于不能调动地方政府的建设积极性,也不能发挥地方政府在公共物品提供上的就近优势,从长远来看具有不可持续性。因此,在单一结构关系下,地方政府在经济和政治上都是中央政府的下属,不存在分享中央权力的可能。而经济上的高度集中计划经济体制又否定了任何市场交易,包括金融市场交易,这也无法产生对地方政府金融监管职能的需求。

2.改革开放以来中央与地方政府形成的二元结构关系

改革开放以来,随着我国经济政治体制改革的不断推进,中央与地方政府的关系也经历了一个深刻的变化协调过程。从地方财政包干到分税制的实行奠定了中

央与地方分享经济权力的基础,由此形成我国的经济联邦主义,即在经济上中央权威与地方权限双向增长,地方权限与地方责任同步上升。我国中央与地方政府的关系也从计划经济时期的单一结构转变为二元化的结构关系,即政治上的单一制和经济上的联邦制并存。

在政治上,我国依然实行高度集权。但在经济上,随着经济市场化改革的推进,以地方为基础的改革试验和地区之间的竞争促成地方经济分权,由此形成我国的经济联邦主义。通过向地方政府放权,调动地方积极性可以克服单一制中央集权管理体制固有的信息不对称和体制僵化问题,实现我国经济体制从计划经济体制向市场经济体制的转型。正如哈耶克所说,尽管实施计划经济的政府一再声称,它们对企业生产技术和消费者个人偏好的了解一清二楚,但在现实中这注定是“无法实现的使命”,信息问题是社会主义无法克服的难题。如果政府执意要进行计划,就只能导致社会走向一条通往“奴役之路”①。市场才是经济体收集和处理信息的最有效方式,而分权从某种意义上说,便起到了挖掘更准确信息的作用②。地方政府由于更接近市场,更加了解本地方的实际情况,在中央下放部分经济管理权力后,可以根据本地方的实际情况制定自己的发展目标,从而使得地方在发展经济问题上能够更好地与市场互动。而且地方政府进行的市场化改革的局部试验还可以为全国改革的铺开积累总结有益的经验,减少经济改革的阻力。纵观我国改革开放的过程,在刚开始时中央政府面临着巨大阻力,但随着地方进行市场化取向改革之后,全国的经济改革才逐渐开展。通过向地方分权,使地方政府挑起制度创新的大梁,并最终促成了整个改革局面的深入发展。可见,地方分享经济管理权力是我国市场化改革的必然结果。金融监管权力作为经济管理权力中最重要的权力之一,也必然会随着我国市场化改革的不断推进和深入发展,需要地方政府分享和行使,以克服我国金融市场大发展后形成的信息不对称以及应对各地方金融市场的竞争,促进我国金融领域改革的不断深化。

(二)法治框架下中央和地方政府金融监管职能分权是我国经济进一步转型的客观要求

1.我国市场经济的进一步深化发展要求法治框架下的金融监管职能分权

金融市场化是我国市场经济深化发展的重要内容。在我国金融市场层次不断丰富,金融市场规模不断扩大过程中,如果仍然坚持中央集中统一金融监管,同样会出现严重的信息失灵问题。金融监管者的中央一级机构及其派出机构的人员数量有限,根本不可能全面收集和了解日益发展壮大的中国金融市场上所有的交易信

① 弗里德里希·奥古斯特·哈耶克.通往奴役之路[M].王明毅,冯兴元,等,译.北京:中国社会科学出版社,1998:3-18.

② 姚洋.作为制度创新过程中的经济改革[M].上海:上海人民出版社,2008:29,36-37.

息。依赖金融市场交易者主动申报交易信息也存在虚假披露的可能。而对金融市场信息掌握不充分、不对称和不准确又会集聚金融市场风险，导致金融监管失效，进而产生金融危机。因此，面对日益发展壮大的中国金融市场，仅仅依靠中央一级监管机构及其派出机构将很难实现防控金融风险，实现金融稳定的金融监管目标。如果中央能够向地方下放部分金融监管权力，拥有金融监管职权的地方政府可以凭借更接近本地金融市场的地理优势，更容易地收集和了解本地金融市场信息，从而可以根据本地金融市场的实际情况制定金融监管措施，及时防范和化解金融市场风险。同时，中央金融监管权力的下放还可以促成地方政府进行发展金融市场的良性竞争，并通过地方金融市场的不断丰富发展从而推动我国金融市场体系的完善，丰富金融市场的层次。在这一过程中，地方金融监管者也要面对监管竞争的挑战。虽然监管竞争可能会产生各地方削弱金融监管，过度市场化的倾向，但我国政治上的单一制决定了中央一级金融监管机构对金融市场仍具有绝对的管控力。通过监督机制的设计可以有效预防因为授权地方进行金融监管而产生的监管竞争的负面影响。不仅如此，中央授权地方政府进行金融监管还可以在地方金融监管者之间形成相互监督的局面，从而避免监管失灵的发生。

2.我国市场经济发展不平衡要求法治框架下的金融监管职能分权

改革开放以来形成的以地区经济实验为基础，总结有益经验后再向全国推广的市场化改革推进模式，一方面有力地促进了我国经济的飞速发展；另一方面也在地区之间形成经济发展的竞赛，产生了地区经济发展不平衡的问题。不仅如此，我国市场经济发展过程中产生的不同经济领域的不平衡、经济发展动力与技术创新的不平衡、城市经济与县域经济的不平衡、不同规模企业之间的差异性也会普遍而长期存在。这一现状直接导致单一的、以垂直体系为主的金融监管体制，难以适应不同层次、不同领域、不同发展阶段实体经济的健康均衡发展，也不能发挥金融对实体经济的重要支持作用。例如，由中央一级金融监管部门对村镇银行、金融租赁公司、财务公司等小型金融机构和非银行金融机构实行全国统一的准入条件和监管标准，就不适应各地区经济发展的实际情况，无法有效满足各地区的金融需求，也抑制了中小金融机构的发展。而全国“一刀切”的金融政策，又造成金融资源配置出现马太效应，金融资源越来越向经济发达地区聚集、向大型机构集中，落后地区、农村地区获得的金融资源日益不足，从而加剧地区间经济、金融发展的不平衡，造成小微企业融资难、融资贵问题日益严重。因此，在市场经济发展不平衡成为我国现阶段经济发展的主题情况下，有必要在法治框架下对集中于中央的金融监管权力适度下放，使地方政府享有根据本地区经济金融发展的实际情况实施金融监管的权力，以能够更及时地发现本地金融市场风险，维护地方金融秩序，避免金融风险因未能及时处置而聚集扩散，进而酿成金融危机的发生。

(三)我国金融市场的深化与发展离不开地方政府金融监管职能的支持

1.传统的中央垂直金融监管结构不能满足我国金融市场深化与发展的需要

我国传统的金融监管实行的是中央垂直监管结构,即由中央政府控制一切金融资源并形成我国特有的由计划性的以银行为主的正规金融体系和市场性的非正规民间金融体系所构成的二元金融结构。与之相对应的,一方面我国按照西方既有的金融制度建立起了一套高度集中的金融监管制度以实现对正规金融体系的严格监管;另一方面属于非正规金融体系的大量的本土金融形态,如合会、银背、私人钱庄、基金会等民间商业信用组织及其交易却处于金融监管缺位状态,酝酿了大量金融风险。随着我国金融市场化改革的不断深入,不仅我国非正规金融的交易量获得巨大发展,而且各地方金融业态、地方金融组织也层出不穷。传统的“一行三会”的中央垂直监管结构已经很难覆盖民间金融、小额贷款公司、担保公司、典当商行等领域。要防控日益增加的金融市场风险,就必须在金融监管结构上实现与金融结构的匹配。因此中央向地方下放金融监管权力根源于我国金融市场发展产生的结构性变化,即地方金融已经成为我国金融市场的重要构成部分。如果无视我国金融发展的实际,继续坚持高度集中的垂直监管体制,则不仅会降低金融监管效率,无法防范金融风险,而且还会抑制金融创新与金融市场化改革的持续深化。

2.地方政府金融监管职能分权能够兼顾发展、创新与风险防控的关系

与中央政府相比,地方政府在掌握金融需求信息、提高金融监管效率、化解地方金融风险等方面更具有比较优势。将金融监管权力交由地方政府行使,可以有效地对地区性金融组织和金融产品进行监管,从而促进社会福利最大化。与此同时,中央下放金融监管权力给地方政府还有助于克服垂直监管体制的固有弊端,有助于处理好金融创新与风险防控的关系。理想的金融监管体制应当尽可能注重安全与效率并重。而以垂直体系为主的金融监管体制,客观上存在着重监管、轻发展,重风险、轻效率,重安全、轻创新的运行偏好,缺少促进金融创新和发展的动力,难以在不同层级保持效率与公平的并重。由于受到监管规模和监管成本的约束,垂直监管体制也很难覆盖到广大基层地区,对于来自基层的金融创新难以及时发现并作出评估和指导,待集聚了大量金融风险后又采用一刀切方式进行直接管制,从而抑制金融创新的开展。而将金融监管权力下放给地方政府后,作为最接近金融市场的监管者,可以全面收集了解本地方金融市场信息,对出现的金融创新及时作出反应。而受到有效监管的金融创新对当地经济发展也具有重要的支持作用。同时地方政府拥有地方金融监管权力后,能够因地制宜设计符合本地区实际需要的监管标准和监管政策,发展满足中小企业和个人融资需求的区域性金融机构,以促进本地区的经济发展。

(四)地方政府金融监管职能分权是国家治理现代化的要求

国家治理现代化要求把我们党和国家对现代化建设各领域的有效管理,同各种

范畴、各种层次、各种形式的多元治理相结合，推进国家治理体系化。地方政府作为国家治理主体之一，在国家治理体系中具有重要的地位。要实现对我国金融市场的有效治理，就必须考虑包括地方政府在内的多元治理主体的参与。作为中央政府与市场的重要连接层级，地方政府是地方公共政策、公共产品和公共服务的提供者，对地区经济事务具有全面管理权。地方经济的发展也活跃了基层金融服务业，促进了金融创新和金融多样化发展，适应了经济的多元化发展需求。地方政府经济管理功能与地方利益的存在，决定了其对发展和监管地方金融也具有内在需求，尤其在以经济发展为主要导向的时期表现得更为明显。因此，在金融治理的国家治理体系中，地方政府不能仅仅作为中央政府的代表和执行者而存在，它还应该被视为治理体系中的一个独立的治理主体。通过向地方政府授予金融监管权力，使其能够更好地发挥地方优势，从而提高金融治理水平，实现国家治理现代化的要求。

四、我国地方政府金融监管职能行使的价值取向选择

（一）金融监管的价值取向概述

经济学理论研究表明，在资本密集型、信息密集型、高风险型和提供公共产品或准公共产品的行业，更容易发生因垄断、外部性、信息不对称、过度竞争等引起的价格和信息扭曲乃至市场失灵。金融业就属于这类容易产生市场失灵的行业。鉴于金融体系在国民经济中的重要性和高风险性，金融监管就显得不可或缺。但怎样进行金融监管就需要明确金融监管标准，而金融监管标准又要受到金融监管价值取向选择的影响。传统的金融监管价值取向主要有三种：

①效率性。由于规模经济，金融业变成垄断行业；由于范围经济，金融业的混业经营使金融业更加垄断。因此在寡头垄断或垄断竞争的金融市场，就需要独立于市场的外部力量对市场行为进行干预，以保证市场公开、公平竞争和有效运作，提高社会福利水平。

②安全性。安全性或稳定性是金融监管重要的价值追求。由于金融市场的高风险性，一旦金融风险大量集聚，则会损害投资者和社会公众信心，造成金融风险的传染性，进而引发金融危机乃至经济危机。因此有必要通过独立于市场的外部力量加强对金融市场的风险处置，确保金融风险可控，保证金融稳定与安全。

③公平性。鉴于金融市场存在严重的信息不对称，信息弱势方会因此遭受极大损失，信息强势方则会利用信息优势创造出更大的金融风险并损害信息弱势方的利益。由此产生的负外部性又会加大金融市场风险。因此，有必要通过金融监管消除因金融市场和金融产品本身的原因而给普通市场参与者带来的金融信息收集和处理能力上的不对称性，以避免因这种信息不对称而造成交易的不公平。这就要求金融监管者要注重对市场行为的监管，重视对金融消费者合法利益的保护。

(二)我国传统金融监管价值取向选择与实践

我国自改革开放后形成的高度集中的金融监管体制囿于历史传统,一直将防范金融风险、保障金融安全视为金融监管的价值取向选择。改革开放以前,国家直接控制一切金融资源,确保金融安全。但随着市场化改革的推进,越来越多的市场主体开始参与金融交易,金融对国家的影响力大大增强,金融安全问题也日益突出。在此情况下,基于长期形成的路径依赖,金融监管机构自然也将金融安全列在首位。为实现此价值目标,我国金融监管机构往往采用强化金融管制、限制金融机构(特别是中小金融机构或民营金融机构)数量、业务范围和地域范围,控制金融产品价格等手段。这又产生了现实金融创新不足,中小金融机构发展环境欠佳,投资者风险意识与风险控制能力欠缺,中小企业与个人融资难等问题。这样政府控股的国有大型金融机构就凭借先天优势和政策优势获得市场的垄断地位,造成我国金融市场竞争不充分,无法进行金融资源的有效配置,也削弱了金融市场交易的公平性。而2008年美国金融危机的爆发表明,确保金融市场的公平性和公信力,保护投资者对于金融安全发挥着基础性作用,正犹如引擎之于飞机,桥墩之于桥梁。因此,在赋予地方政府金融监管权力后,地方金融监管不能再单纯强调金融安全的价值取向,以牺牲效率和公平为代价,片面追求金融安全与稳定。

(三)地方政府金融监管价值取向选择

1.地方政府金融监管价值取向选择的现实基础

当前我国社会主义市场经济体制已经初步建立,经济体制改革的核心问题是处理好政府和市场的关系,使市场在资源配置中起决定性作用和更好发挥政府作用。在这一经济背景下,我国金融领域也在加快进行市场化改革,地方金融市场也获得蓬勃发展。从银行业情况看,目前已经形成以农村合作金融机构、城市商业银行、地方性股份制商业银行、新型农村金融机构等金融机构(以下简称“地方金融机构”)为主体,小额贷款公司、融资性担保公司等准金融机构为补充,民间融资广泛参与的地方金融体系。因此,我国地方金融监管的价值取向选择必须立足于我国社会经济市场化发展的实际,立足于地方金融市场要不断满足居于金融弱势地位的中小企业和个人融资需求的现实,不能沿袭我国中央垂直监管价值选择的老路。

2.我国地方政府金融监管价值取向选择的多元性

(1)金融安全价值是地方政府金融监管价值取向选择的基石

金融安全是经济安全的必要条件。2008年全球金融危机对世界经济构成的严重威胁就生动地说明了金融安全与经济安全之间的关系。因此,金融监管必须以金融安全为基础和前提,地方政府金融监管也不例外。

首先,金融安全价值是地方政府金融监管制度构建的依据和起点。一方面,地方金融的发展大大缓解了居于金融弱势地位的中小企业和个人融资难问题,开辟了地方政府市场化投融资渠道,在一定程度上促进了金融安全价值的实现;另一方面,缺乏有效监管的地方金融同样会产生区域性金融风险,会对一个地区的微观金融安全造成重大影响,对更宏观意义上的金融安全构成实质性威胁。正是基于保障和维护金融安全的需要,构建地方金融监管制度体系才成为一种必然。

其次,确立金融安全价值的基础地位将有助于地方金融监管制度的理性化运作。作为首要的价值取向,金融安全价值将贯穿于整个地方金融监管制度的构建过程。当然在制度构建过程中,要注意避免对行政权力直接干预金融市场主体行为的依赖,注意运用法律手段实现金融安全价值。现实生活的复杂性和多变性也决定了正式制度构建者不可能事先对地方金融的方方面面都进行明确的规范,因而在地方金融出现紊乱而又缺乏相应的制度规范调整时,地方金融监管者可以依据金融安全价值理念在法律授权范围内进行监管,尤其是当不同的制度规范出现冲突而一般的冲突法理又无法适用时,金融安全价值理念就可以成为地方金融监管者正确选择使用制度规范的强有力工具。

(2)金融效率价值是地方政府金融监管价值取向选择的核心

效率反映了经济活动利用和配置社会经济资源的有效比率。金融市场的有效运行将直接影响到一个经济体的长期增长率和经济机会的公平性。已有的历史和研究都证明,一个有效运行的金融系统必定会对社会经济生活带来有利影响。而金融危机的爆发则从反面论证了一个无效率的金融市场会给经济社会产生多么可怕的灾难性后果。因此,地方金融监管应该将金融效率价值置于地方金融监管价值取向的核心地位。地方金融监管的金融效率价值取向就是要求地方金融监管者在制定和执行监管标准和监管政策时,必须考虑其对地方金融市场效率的影响,不能对地方金融市场配置金融资源的效率产生阻碍。同时对地方金融市场上出现的无效率交易,要及时进行干预。

(3)金融公平价值是地方政府金融监管价值取向选择的动力

金融公平价值源于金融市场上信息不对称现象的普遍存在。金融市场作为非完全竞争市场,普通投资者(金融消费者)不可能获得与金融机构以及监管机构一样多的信息,对金融机构的过失或欺诈行为也一无所知。法律体系的不完全也使得普通投资者(金融消费者)不可能通过订立相机合同方式,在金融机构蓄意胡作非为时根据合同条款就能自动获得补偿。因此,必须有独立于市场的第三方力量对金融市场实施监管,以保护明显处于信息劣势的普通投资者(金融消费者),实现金融交易的公平性。同时通过对金融市场上普通投资者(金融消费者)的保护,还可以促成金融机构之间的公平竞争,构建起具有良好公信力的金融市场,从而吸引更多的普通投资者参与金融市场交易,做大金融市场规模。这一点对于地方金融市场具有特别重要的意义。由于地方金融市场的区域性特点,其市场参与者更多地属于普通投资者(金融消费者)。能否吸引他们积极参与将关系到地方金融市场能否持续发展。而要吸引他们参与,最重要的是构建起普通投资者(金融消费者)对地方金融市场的信心,而信心来自于金融公平价值的实现。因此,地方金融监管价值取向选择的动力来自于金融公平价值。没有金融公平价值,地方金融市场也无法获得持续发展的机会。

3.地方政府金融监管多元价值取向之间的关系

(1)金融安全价值与金融效率价值出现冲突时安全价值优先

金融安全价值与金融效率价值之间存在着互补性:一方面金融安全有利于金融效率的提高,可以给效率提供充足的动力源泉和保障。因为效率的提高,只有在相对安全的条件下才能持久。另一方面,从一定意义上讲,金融效率是实现金融安全的最佳途径。只有在一定效率基础上的安全才具有最佳稳定性。以牺牲金融效率而追求金融安全是虚妄的,这种企图往往会导致不安全;以牺牲金融安全而追求金融效率也是无法长久的,最终可能会失去效率。因此,当金融安全与金融效率价值出现冲突时,应优先发展金融安全,毕竟一个安全稳定的地方金融市场才能吸引市场参与者参与金融交易,从而实现金融市场对金融资源的有效配置。但与此同时也不能忽略金融效率价值,因为这将关系到地方金融市场存在的意义和价值。而且没有效率的金融市场也不能长久保证金融安全,这一点已经为历史经验所证明。因此,地方政府在行使金融监管权力时,应在尊重金融安全价值、金融风险可控的基础上尽可能尊重金融市场的自身规律和各种金融方式自身运作特点,以活跃整个地方金融市场;同时在金融安全与金融效率之间发生矛盾冲突时,必须优先坚持金融安全,以确保地方金融市场风险可控,不会因区域性金融风险集聚酿成全国系统性风险的爆发。

(2)金融公平价值应贯穿于金融安全价值与金融效率价值取向选择始终

2008 年的美国金融危机已经告诉我们,过分强调金融效率,不重视金融公平价值的金融监管同样是无效的监管。而且我国地方金融市场的出现是我国金融市场化改革的结果,是政府主导的产物,其先天就具有市场发育不完全特点。因此,完全强调金融效率价值的地方政府金融监管无异于纸上谈兵,根本不符合我国地方金融发展的实际。面对基于行政权力形成的金融垄断局面以及金融市场本身蕴含的信息失灵风险,地方政府在进行金融监管时就必须将金融公平价值贯穿于金融安全与金融效率价值取向选择始终。在政府主导的我国金融市场化改革过程中,只有通过政府权力的自我约束才能减少行政权力对金融市场的直接干预,避免行政垄断造成对金融市场竞争的损害,构建公平竞争的环境;同时通过政府对金融市场普通投资者(金融消费者)的保护,以减少信息不对称,确保金融交易的公平性,从而帮助投资者树立对地方金融市场发展的信心,吸引更多的投资者参与地方金融交易。而金融交易规模的扩大也壮大了地方金融市场,符合我国全面深化改革的要求。

五、我国地方政府金融监管职能边界划分

(一)地方政府金融监管权力行使边界划分的正当性

金融监管的实质是一种有赖于政府权力的政府行为。在法治社会中,政府权力的行使必须遵循法治框架和法治路径,并不可任意而为。但中国几千年封建社会形成的马基雅维利式权力观,将权力视为暴力的结果,权力在一定程度上被等同于权威,这就使得中国历史上权力行使带有任意性、无序性特点,权力行使缺乏制度性约束。受到历史路径依赖的影响,政府权力行使仍然存在权力失范与权力滥用的危险。时下我国市场经济发展过程中政府权力介入过多、介入不当已经是不可否认的现实问题,其给中国经济、金融造成的消极影响和负面作用是不可小觑的。因此在授权地方政府进行金融监管时,同样必须为地方金融监管划定权力行使的边界。

从政府本身的性质看,地方政府金融监管权力的行使也需要进行边界划分。众所周知,政府不是天使,监管金融市场的监管者也不是天使,政府及其成员仍然是由具有经济理性的普通个体构成。由于能力水平和信息不对称的限制,政府及其成员的经济理性是有限的。虽然集体理性能够在一定程度上克服个体理性的局限,但仍然无法摆脱理性有限性的宿命。既然政府理性有限,其制定的金融监管政策实施效果也不可能与目标完全吻合。事实上,二者彻底背离的情形也时有发生。因此,在地方金融监管上,对于监管什么、如何监管、监管到什么程度等问题,政府也并非全知全能,无法做出准确无误的解答。而且在金融监管过程中,政府的有限理性也决定了它不可避免地会受到被监管者施加的影响。政府有限理性和政府监管失灵的存在要求政府金融监管须有边界,权力行使必须被限定范围。地方政府金融监管权力行使也是如此。

(二)地方政府金融监管权力行使边界划分的标准

1.地方政府金融监管权力行使边界的静态划分标准

(1)市场失灵

这是我国地方政府行使金融监管权力应当首先考虑的边界划分标准。理想状态的金融市场以信息完全和对称、市场充分竞争、经济人的完全理性等严格条件为前提。然而,这些严格的前提条件无法在现实中得到完全的满足,市场主体自身利益最大化的动机往往为这些条件的实现创造了最为现实和严酷的阻碍。这就导致现实情境中的市场无法完全有效地运行,金融市场失灵的危险时时存在。当金融市场无法通过自身机制治愈患处时,则需要借助外力进行预防和矫治。这就产生了金融监管介入的空间。例如,金融市场信息不完全和不对称使得强制性信息披露变得正当和必要;金融市场强烈的负外部性使得监管机构必须控制系统性风险,进而需要对系统重要性金融机构的准入、退出、经营等作出相应规定。

(2)监管失灵

如前文所述,监管是为了实现对市场失灵的矫治,但监管同样存在着失灵的危险,而且在很多情况下,监管失灵造成的危害并不会比市场失灵的危害来得轻。以失灵的监管凌驾失灵的市场绝非智善之策,这样的冒失不但无法起到固堤防洪的功效,反而会放纵权力的泛滥,并过度消耗公共资源。私人利益主义者认为,监管机构工作人员同样具有私人利益,他们可以利用手中特权自肥,可以帮助一小撮利益集团获得更多利益,可以为金融机构制造主场优势而不惜损害公众利益①。经验事实几乎一边倒地表明监管部门经常实施对与自己有联系的企业或个人有利的金融政策,而不是用以矫正市场失灵所造成的扭曲。金融监管存在的失灵风险要求我们在配置地方政府金融监管权力时,必须以法律的形式明确限定监管的权限、行使权力的方式、程序、手段以及其他配套措施。对于不受法律制约的监管或难以借法律之力实质性消减市场失灵风险的监管都属于监管失灵的范畴,是地方政府金融监管应予退出的范围。

(3)行业协会或自律组织的发育程度

市场失灵的存在并不必然意味着政府干预市场就是最好的选择。随着市民社会的不断发展,在市场与政府之间还出现了社会中间层团体——行业协会或自律性组织。这种社会中间层团体将分散的企业组织起来,形成一个强大的组织力量,使得政府在制定干预政策时必须倾听行业协会或自律性组织的声音。实证研究也已经证明,人类社会中大量的公共池塘资源问题在事实上并不依赖国家也不是通过市场来解决,人类社会中的自我组织和自治,实际上是更为有效的管理公共事务的制度安排②。因此,在地方金融市场的监管上,面对市场失灵的区域,就必须优先考虑行业协会或自律性组织的作用,而不能全部纳入金融监管的范围。但行业协会或自律性组织作为市场机制和政府干预之间的过渡性机制,其作用的发挥依赖于行业协会或自律性组织本身的发育成熟程度。对于我国这种从计划经济向市场经济转型的国家,行业协会或自律性组织的成立也带有政府主导特点,一些行业协会在许多方面仍是官办体制内组织,缺乏民间自治性。这就使得我国行业协会或自律性组织作为政府与市场的过渡性机制作用发挥大打折扣。但这只是暂时的现象,是转型经济所必然经历的过程。随着我国市场经济体制的不断完善,行业协会或自律性组织的发育成熟,其通过自治进行行业管理不仅可以在很大程度上弥补政府干预的缺陷,而且在更深意义上是政府权力的一个替代者,反映了经济民主的潮流。

---

① 行为学表明,人们倾向于迎合,并与主场观众和运动员保持一致的强烈心理会制造出所谓的主场优势,在赛场上执法的官员下意识中也会出示有利于主场的判罚。在金融市场领域,声音洪亮、组织严密的金融机构更容易向金融监管者施加影响,从而使监管者在制定与实施金融政策时,更倾向有利于金融机构,而不是社会公众利益。

② 毛寿龙,李梅.有限政府的经济分析[M].上海:上海三联书店,2000:171.

地方政府金融监管的边界理论上由上述三个静态划分标准所共同限定,具体图1所示:

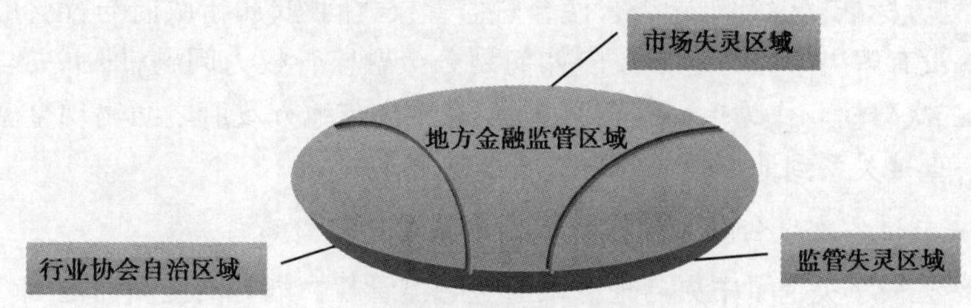

图1　地方政府金融监管边界

2.地方政府金融监管权力行使边界的动态划分标准

金融监管行为本身属于社会上层建筑范畴,具有相应的灵活性,其范围和边界也会受到一些社会动态因素和标准的影响。

(1)监管成本与监管收益分析

作为一种经济活动,金融监管将产生成本和收益,其是否可行在很大程度上取决于监管成本与监管收益的比较结果。金融监管成本不仅包括监管机构在立法、执法过程中人力、物力、财力以及时间上的直接投入,也包括因监管立法和执法所引起的间接损失,主要有被监管者的守法成本和违法成本。此外,更广义地,金融监管还包括一种机会成本,即采用行政监管的手段而放弃其他途径所损失的利益,包括监管执法所可能产生的金融消费者的福利损失以及金融市场效率的损失。当金融监管成本高于因实施监管所获得的收益时,监管便是不经济的。这里的金融监管收益包括两种类型:经济收益和非经济收益。经济收益主要指经济指标的上升、金融机构利润的增加、金融市场主体融资数额的增长、交易成本减少等方面内容;非经济收益则主要表现为社会效益,如立法对社会公平与正义的促进情况,对市场信用体系的形成和发展的促进情况等。

(2)社会可接受程度

金融监管面对的是众多分散的社会公众,要为社会公众利益服务。而社会公众对于地方金融监管的可接受程度也影响着地方金融监管的边界和范围。但社会公众的可接受程度本身又属于动态变化的范畴,它会随着市场经济的发展程度、市场对于行政力量的可承受限度、民众普遍观念的变化而变化,反映的是社会财富分配、乃至整个社会的整体目标和价值取向的发展变化。例如,金融理财产品的刚性兑付问题,这属于我国计划经济的遗留产物,与市场经济风险与收益相配比、买者责任自负原则不相适应。但如果在地方金融监管中,一刀切地打破刚性兑付,完全实行市场化的运作模式,对于长期习惯于刚性兑付的社会公众而言又是难以接受的,因此地方金融监管必须考虑到社会公众的认知和可接受程度,对于刚性兑付采取分时、分步市场化的政策和措施。

(三)中央与地方政府金融监管权力行使边界划分

前述划分标准仅仅针对能否行使金融监管权力问题,属于政府与社会的第一次分权,却并没有解决中央与地方政府如何划分金融监管权力问题,即中央与地方如何进行第二次分权。作为单一制国家,如何在中央与地方政府之间实现金融监管的有效分权,直接关系到地方政府金融监管的成败。

1.中央与地方政府金融监管权力行使边界划分的影响因素

(1)宪法秩序决定了中央与地方政府金融监管权力划分的空间和范围

政治因素在监管体制的选择中始终扮演着重要角色。正如S.詹科夫、R.拉·波塔等人所认为的“各国资本主义制度的差异不在于‘主义’的不同,而在于监管市场和监管政治的制度安排的不同,而无论是监管市场的制度还是监管政治的制度安排本质上都是有关政府的制度安排”①。我国宪法明确规定了我国单一制的国家制度,中央政府享有高度集权,职权无限。与此同时,经济上地方高度分权的存在使我国又具有了“政治集权、经济分权”的经济联邦制特征。但无论地方如何进行经济分权,其仍然要受到宪法和组织法所设定的制度框架的制约,由此决定了地方政府金融监管权力的分配空间。因此,在中央与地方政府金融监管权力划分上,基于宪法秩序的制约,地方金融监管权力只能是对中央金融监管权力的补充和辅助,是一种功能性分权。地方政府金融监管权力行使的功能在于在中央金融监管权力行使不足的领域,由地方金融监管予以配合和补充监管漏洞,以最大限度地保证金融监管的全面性。同时中央金融监管机构要负责制定统一的监管方针和原则,协调各地方金融监管之间的关系,地方金融监管则重在执行,从确保金融监管的有效性。

(2)政府能力决定了中央与地方政府金融监管权力行使边界划分的可行性

斯蒂格利茨指出,“要使调控富有效率,调控者就必须拥有可供灵活运用的大量信息……而且还须具有监管已完成事情的能力”②。可见,政府能力直接影响着政府在监管中的作用大小和有效程度。政府能力越强,则政府实施监管的作用越大,监管也愈加有效;反之亦然。政府能力具体包括制定政策的能力、执行政策的能力、维护公共秩序和维护合法性的能力等。具体到地方金融监管,涉及两个层次的政府能力:一是地方政府的监管能力;二是中央政府的控制能力。地方政府的监管能力是地方政府有效运用监管权力和监管工具实现市场监管目标的能量和力量,是赋予地方政府金融监管权力的前提。地方政府金融监管能力包括地方政府金融监管部门汲取信息资源的能力、财政资金的保障能力、运用监管工具和监管手段的能力、拥有合格的监管人力资源数量、质量的能力等内容。中央政府的控制能力主要是指中央政府对金融监管的总体掌控、影响和主导能力,包括通过政治、财政、立法、行政、

---

① 詹科夫,拉·波塔,等.新比较经济学的新视角//吴敬链.比较(4)[M].北京:中信出版社,2002.

② 约瑟夫·E.斯蒂格利茨.政府为什么干预经济[M].郑秉文,译.北京:中国物资出版社,1998.

司法等不同方式对地方政府进行控制。金融分权虽然让中央政府让渡部分金融监管权力给地方政府行使,但这并不意味着中央政府将放任地方政府行使金融监管权力。在宪法秩序的制约下,中央政府必然会通过各种方式加强对地方政府的监督,增强宏观调控能力,防止地方政府权力脱离中央约束的范围。

2.中央与地方政府金融监管权力行使边界划分的具体构想

在金融监管权力的内容上,中央与地方金融监管机构都享有如下监管权能,只不过在权能的具体内容上中央与地方金融监管机构有所差异。①准立法权。中央监管机构应享有准立法权,统一制定金融业监管规则,地方政府则可以在中央监管规则框架下,根据本地区经济发展实际情况,制定本地区具体实施细则、指南和业务手册,报中央监管机构备案实施。对于中央尚未制定统一规则的,地方金融监管机构可以提请中央监管机构制定规则或者按照法律规定提交省级人大制定地方性法规。②市场准入许可权。中央监管机构享有系统重要性金融机构的市场准入许可权力,而地方金融监管部门则针对不同监管对象拥有市场准入许可权力。③检查稽核权。中央监管机构负责对系统重要性金融机构的日常检查稽核,地方金融监管机构则负责对属于地方金融监管范围的客体实施日常检查稽核。④获取金融信息权。中央监管机构不仅有权力获取系统重要性金融机构的相关信息,而且还有权力要求地方金融监管机构向其提供地方金融市场的各种信息。地方金融监管机构则享有收集获取地方金融市场相关信息的权力。⑤监管处罚权。中央监管机构对于属于其监管客体的系统重要性金融机构的任何违法违规行为拥有处罚权力,处罚形式不仅限于行政处罚形式,还可以根据监管需要设立新的处罚方式。地方金融监管机构则在监管范围内对其监管客体拥有处罚权力,但必须根据中央监管机构制定的规则或法律法规进行处罚,不能随意创制处罚形式。⑥危机处理权。中央监管机构对系统性金融风险赋有处理权力,可以采用停业整顿、撤销机构、组织破产、债务清理等方式对风险和危机进行主动应对,以避免风险和危机的扩散。地方金融监管机构对地方金融风险也应具有危机处理权力。一旦发现风险集聚,地方金融监管机构就可以及时进行危机处理,从而避免区域性金融风险或危机爆发,进而酿成系统性金融风险。

除上述金融监管权能外,中央金融监管机构还单独享有金融宏观调控权能,以确保全国金融安全与稳定。同时中央金融监管机构还享有准司法权能,以利于处置系统性风险。而上述两种金融监管权能由于涉及宏观层面以及公民权利,就不适宜由地方金融监管机构享有。

六、法治框架下我国地方政府金融监管职能的制度构建

(一)法治框架下地方政府金融监管职能的行使主体构建

当前我国各地方政府纷纷设立地方金融办以满足地方金融发展的需要,在实际工作中也产生了积极的效果。但这些机构形式不一、职责不一、日常主要忙于协调

性事务,具有牵头协调、行政管理、股权控制、隐形干预、拟定宏观政策等多项职能,且行为边界模糊。而在法治框架下,要求金融监管主体应该具有相对独立性,且其主要职能是依法运用国家公权力对金融机构和金融市场交易行为进行干预和控制。因此,要构建法治框架下的地方政府金融监管职能,就必须首先确定地方政府金融监管职能的行使主体。

考虑到地方各级金融服务办公室已经在实践中发挥着地方金融监管的作用,因此不宜采用推倒重来,重新设置独立于地方政府的金融监管机构方式来确定地方金融监管职能的行使主体,那样做会大大增加监管成本,而且也与我国政府主导的体制特点不相适应。因此,一个可行的方式是在各级地方政府内部设立专门机构——金融监督管理局作为地方政府金融监管职能的行使主体。其脱胎于地方政府金融办,但在机构级别上高于金融办。该专门监管机构通过分设省、市、县三个级别实行对地方金融的垂直管理,同时接受同级地方政府领导。在专门监管机构的内部设置上,可以参考英国 FSA 的经验,实行部门制,实行综合监管。即在专门监管机构内部分别设立五大职能部门:市场准入许可部门负责属于地方金融监管范围内的金融或准金融机构的准入、变更、退出许可;持续监管部门负责上述机构的日常运营监管;执行部门负责强制执行监管措施,如行政处罚、吊销经营许可证等;消费者关系部门负责发展与消费者的各项关系、行业培训、纠纷处理等;行政部门则负责监管机构的日常运作和各项行政性事务。在当今世界范围内,金融综合化经营已经成为现代金融业的发展趋势。随着我国金融市场的深化,我国金融业也必将走向综合化经营的方向,因此在地方金融监管机构的构建上,就不宜采用分业监管模式,而且那样做也不符合监管效率原则,毕竟地方金融监管是作为中央金融监管的补充而存在的。

(二)法治框架下地方政府金融监管职能的行使对象和范围构建

如前文所述,地方金融监管是作为中央金融监管的补充而存在,其目的在于弥补中央金融监管之不足,因此地方金融监管的对象与范围都不同于中央金融监管。具体而言,地方政府金融监管职能的行使对象和范围主要包括以下几方面:

①地方金融或准金融机构,包括农村合作金融机构、城市商业银行、村镇银行、小额贷款公司、融资性担保机构等区域性金融或准金融机构(组织);

②中央金融监管部门法定监管对象以外的创新性金融机构或具有融资功能的非金融机构,包括融资租赁公司、创业投资企业、私募股权投资企业、消费金融公司等新型金融或非金融机构;

③区域性金融市场及交易场所的金融交易;

④经授权监管的其他对象和业务范围。

(三)法治框架下地方政府金融监管职能行使方式构建

随着我国金融市场的深化,由地方政府监管的地方性、区域性非重要法人金融机构将不断增长。作为地方政府构成部分之一的地方金融监管机构无论在人员数量、质量或是监管能力上都无法满足机构监管的要求。2008 年的美国金融危机也证明,要使金融创新持续发挥促进技术进步与经济发展的作用,金融监管政策和措施就不能过于拘泥于既定规则,必须具有一定的弹性,能够适应不断变化的形势,从而在动态经济发展中保持良好的激励机制。具体而言,在地方政府金融职能行使方式构建上,应在地方政府金融监管主体设计基础上,采用以原则监管和行为监管为主的综合化风险监管方式。

1.在监管态度上地方政府金融监管宜采用审慎宽松的监管态度

所谓审慎是指地方政府金融监管的重点在于监管地方金融风险,以防范地方系统性风险为主。地方金融监管机构可通过风险评级差异化地把握监管力度,完善市场退出机制,让优胜劣汰的市场规则决定地方金融经营者的去留。所谓宽松是指在地方金融市场的准入门槛上宜采用柔性准入门槛,减少行政权力对市场准入的直接干预,以有效扩大地方金融产品供给,鼓励地方金融创新,从而最终促进地方经济的发展。

2.地方政府金融监管宜采用原则导向的行为监管方式

规则导向的金融监管体系是由一整套金融监管法律和规定来约束即便不是全部也是绝大多数金融行为和实践的各个方面,这一体系重点关注合规性,且为金融机构和监管机构的主观判断与灵活调整留有的空间极为有限。原则导向的金融监管体系重点关注既定监管目标的实现,且其目标是为整体金融业务和消费者实现更大的利益。① 原则导向监管尽管存在诸如主观性、不确定性等缺点,但通过 2008 年金融危机的实践检验来看,相比规则导向监管,原则导向监管方式更适用于对金融创新的监管。而地方金融市场正是金融创新的主要场所。同时地方政府金融监管权力源于中央的授权,其权能通常并不包含金融立法权,如果采用规则导向监管方式反而会出现监管漏洞问题。因此,原则导向的监管方式更适宜地方政府金融监管的需要。原则导向监管要求为金融市场主体画好业务底线,留好业务创新空间。但原则导向监管方式并非是完全排斥规则性监管内容,原则导向监管强调的是对金融创新的底线坚守。

3.地方政府金融监管的重点是金融消费者权益保护,确保金融公平价值的实现

金融市场的实质是信息市场,消费者与经营者之间因信息资源占有的极端不平衡而天生不平等。金融市场中的契约自由必须受到一定的限制,否则只会维护甚至加深这种天然的不平等,何况面对各式各样的格式合同,消费者事实上也根本没多少自由可谈。一旦发生纠纷,过高的维权成本又会让消费者望而却步、丧失信心。

① Financial Service Roundtable. The Blueprint for US Financial Competitiveness[C]. 2007.//李翰阳.从规则导向到原则导向——银行监管制度的法律经济学分析[D].北京:中国政法大学,2011:56.

而地方金融市场面对的金融消费者本身就属于金融市场上的弱势群体,其在专业知识、资金实力、风险识别等方面先天就存在极大不足,也最容易遭受误导、欺诈等不公平待遇。不能有效保护此类金融消费者的权宜,地方金融市场也无法获得充分的发展。因此,地方金融监管的重点在于金融消费者权益保护,特别是对消费者最容易遭到侵害的知情权和隐私权,监管机关应重点保护,加强经营者的信息披露义务,担负起普及金融知识的责任,提高消费者的投资能力和风险意识。

(四)法治框架下中央与地方政府金融监管职能行使的分权与合作

由于地方金融监管机构视野几乎局限于本地,缺乏宏观视野和国际视角,且监管水平相对较低,对金融风险的识别和防范能力不足,不适宜独立行使地方金融监管权。因此,应构建“大统一、小分权”的中央地方金融监管格局,以确保金融监管体系的统一性和中央的权威性。在中央层面成立金融事务局,负责在业务方面垂直领导地方金融监管机构并制定地方金融监管规则。同时,由中央金融监管机构对地方金融监管机构进行业务指导,增强地方金融监管的能力和水平。分权之后中央与地方双层监管机构的存在,也必然要求对监管政策、手段进行协调,对监管信息进行共享,以实现金融监管的有效性。具体而言,可以采取以下做法:

①建立中央与地方金融监管机构之间的重要金融信息互通互报与工作会商制度。地方金融监管机构应该定期按要求上报各类监管数据和信息,中央金融监管机构也要定期向地方金融监管机构通报各重要金融信息,以帮助地方进行监管决策,防范和控制金融风险。同时,要定期召开中央与地方金融监管机构参加的联席会议,通报各金融市场的运行信息,通报各地方金融运行情况和金融监管工作情况,研究和协调处理金融监管工作中出现的重大问题,协调解决金融机构运营中遇到的新问题等。

②建立中央派驻地方的金融监管机构与地方金融监管机构的联动监管、联动检查机制。为防范区域性金融风险演变为系统性风险,中央派驻地方的金融监管机构和地方金融监管机构应定期或不定期地联合对辖区内的金融机构及其准金融机构进行专题检查,对金融机构参与民间借贷进行调查与问责。

③建立区域金融风险联合监测预警机制以及危机处置预案。建立由中央派驻地方的金融监管机构、地方金融监管机构以及其他相关单位参与组成的金融风险预警工作小组,确立金融信息数据共享机制,研究建立风险预警指标体系和数据模型,创建金融风险预警的信息平台。

④设立中央对地方金融监管机构的业务指导与监管绩效评价机制。建议由人民银行牵头,定期发布对地方金融监管绩效评价报告,对地方金融监管工作进行指导,以确保地方金融监管的质量,确保地方金融监管目标与国家宏观调控政策相一致。

参考文献

[1] 奥斯特罗姆.制度分析与发展的反思——问题与抉择[M].王诚,等,译.上海:上海三联书店,1991.

[2] 青木昌彦.经济体制的比较制度分析[M].魏加宁,等,译.北京:中国发展出版社,1999.

[3] 道格拉斯·C.诺斯.经济史中的结构与变迁[M].上海:上海三联书店,上海人民出版社,1994.

[4] 青木昌彦.政府在东亚经济发展中的作用[M].北京:中国经济出版社,1998.

[5] 罗纳德.L.麦金农.经济市场化的次序——向市场过渡时期的金融控制[M].上海:上海三联书店,1987.

[6] 罗伯特·阿克萨尔罗德.合作的进化[M].上海:上海世纪出版社集团,2007.

[7] 辛向阳.百年博弈——中央与地方关系100年[M].济南:山东人民出版社,2000.

[8] 姚阳.作为制度创新过程中的经济改革[M].上海:上海人民出版社,2008.

[9] 尹继志.美国金融监管改革评析[J].金融发展研究,2009(2):17-20.

[10] 赵静梅.美国金融监管结构的转型及对我国的启示[J].国际金融研究,2007(12):21-28.

[11] 李成,刘相友,刘毅.基于供求理论的金融监管强度边界及制度均衡解析[J].当代经济科学,2009(6):74-79+124-125.

[12] 廖岷.从美国次贷危机反思现代金融监管[J].国际经济评论,2008(4):38-41.

[13] 尹龙.金融创新理论的发展与金融监管体制演进[J].金融研究,2005(3):7-15.

[14] 美国总统金融市场工作组.金融市场状况政策说明[R].2008.

[15] 美国财政部.美国财政部关于现代化的金融监管架构的蓝图[R].国务院发展研究中心,译,2008-9-22.

文章审稿人:孔文佳

逆周期资本缓冲监管机制在中国的适用性研究[①]

西南政法大学经济学院课题组

课题主持人:张小波

课题组成员:王涛　邱新国　吕晖蓉

一、引言

金融体系的顺周期性问题在20世纪80年代就受到了人们的关注,其典型表现是银行体系的信贷引致经济周期形成的同时加剧经济剧烈波动[②],这充分暴露出了以资本充足率要求为基石的信贷监管的严重不足。2008年的国际金融危机再次把该问题推到备受关注的焦点,使之成为了国际金融监管改革最为迫切的核心议题之一。经过反复讨论,2010年9月,BCBS正式宣布了国际银行资本监管制度改革总体方案,要求银行在信贷高速增长,系统风险不断积累的情况下,计提逆周期资本缓冲,计提数量为风险加权资产的0~2.5%,其实施过渡期为3年,从2016年开始实施;2010年12月,BCBS正式公布了《各国监管当局实施逆周期资本缓冲指引》,要求各国参照《指引》,密切结合本国金融业的实际,制定逆周期资本缓冲政策框架,视需要要求银行计提逆周期资本缓冲。遗憾的是,BCBS并没就逆周期资本缓冲的释放(包括释放的指标、方法以及时机等)做出指引式的办法,这使得逆周期资本缓冲的有效性和动态调节作用受到严重影响,使其普适性大打折扣。

中国银监会密切结合国内金融发展实践,比照《Basel III》及《指引》,于2011年5月,出台了《中国银行业实施新监管标准指导意见》(下文简称《指导意见》),引入了计提逆周期资本缓冲要求[③]。尽管《指导意见》于2013年1月1日开始实施,但计提逆周期资本缓冲要求的机制能否真正适用于中国的金融实践以及如何根据中国实际建立逆周期资本缓冲的释放机制,最大限度地发挥逆周期资本缓冲的动态调节作用对这些问题的探讨与研究,不仅能为监管当局制定有效的逆周期监管政策提供

---

① 为2013年度重庆市金融学会招标课题,获评“二等奖”。

② 即在经济上行阶段,借款人的财务状况良好,银行往往会扩展信贷,导致经济过热;而当经济步入下行阶段,借款人财务状况恶化,银行出于审慎经营的原则而收缩信贷,加剧经济进一步恶化和衰退。

③ 详见《商业银行资本管理办法(试行)》(银监会令(2012)1号)的第二十二条至第二十五条。

的参考,也将对宏观审慎监管的理论框架的完善形成有力的补充和延伸。

二、相关的文献综述

关于逆周期资本缓冲机制的探讨源于理论与实务界对资本监管顺周期性的反思。大量研究①表明现行建立在风险敏感性基础上的资本监管制度具有内在顺周期性。更为重要的是,建立在微观审慎监管理念基础上的资本监管制度仅考虑了单一金融机构的个体风险,无法防范银行业系统性风险及其跨部门传染(FSA,2009;Brunnermeier 等,2009;Borio,2009),这一弊端在 2008 年爆发的金融危机中暴露无遗,使得理论与实务界充分意识到银行业系统性风险对金融经济稳定与发展的危害,并一致认为应引入宏观审慎理念,实施逆周期资本监管,促使商业银行在经济上行期时增加资本要求,建立资本缓冲,而在经济下行期释放缓冲用于吸收损失(G20,2009;IMF,2009;FSA,2009)。为此,学者们就如何建立逆周期资本缓冲机制展开了研究。这些研究主要围绕逆周期资本缓冲的挂钩变量的选择展开,学术界提出的方案主要分为两类:一类是将监管资本与一些跟踪金融周期的系统性的宏观经济变量(如信贷、GDP 或资产价格)挂钩;另一类是将缓冲与银行的个体业绩(如贷款、利润或资产增长)挂钩。BCBS 的 MVTF②(2009)提出了逆周期资本缓冲要求的三组工具:与银行盈利水平挂钩的固定超额资本要求、与宏观经济变量挂钩的随时间变化的动态超额资本要求以及与单体银行特定指标挂钩的随时间变化的动态超额资本要求,以此来缓解资本监管的顺周期性;Drehmann 等(2010)在细致梳理现有金融体系顺周期性形成机理的文献的基础上,选取了三大类共计 10 余项指标③,并利用包括中国在内的近 30 个国家和地区 1970—2009 年的数据实证分析这些指标在样本期间所爆发的不同程度危机中的表现,以选取表现最佳的指标作为确定逆周期资本缓冲的提取和释放水平、时机的锚。实证结果表明"信贷余额/GDP"指标用于判断信贷扩张期和金融危机的效果最佳,因为几乎所有的危机爆发前都出现了一段信贷过度扩张时期。在此基础上,提出将"信贷余额/GDP"指标值与其长期趋势值的偏离度(GAP)作为计提逆周期资本缓冲的标尺,形成了逆周期资本缓冲的计提机制。而由于所有指标在风险释放阶段表现效果均不佳,因此该研究未能提出逆周

① 这些研究主要包括:Blum 和 Hellwig(1995)、Jacques 和 Nigro(1997)、Holmstrom 和 Tirole(1997)、Diamond 和 Rajan(2000)、Chami 和 Cosimano(2001)、Segoviano 和 Lowe(2002)、Tanaka(2002,2003)、Van den Heurel(2002)、Gambacorta 和 Mistrulli(2003)、Catarineu-Rabell 等(2003)、Kashyap 和 Stein(2004a)、Taylor 和 Goodhart(2005)、Borio 和 Shim(2004)、Saurina 和 Trucharte(2007)、Repullo 等(2009)、FSA(2009)、Panetta 等(2009)、李文泓等(2009、2010)。

② BCBS 的 MVTF 为巴塞尔委员的宏观变量工作组(Macro Variables Task Force: MVTF)。

③ 3 大类近 10 项指标包括:其一,宏观经济指标:GDP 增长率、信贷增长率、股票价格、房地产价格等;其二,银行业绩指标:银行利润率、损失率;其三,银行成本类指标:存款利差、贷款利率、存贷利差、资本收益率。

期资本缓冲的释放机制。Drehmann等(2010)的研究成果为BCBS设计其逆周期资本框架提供了很好的基础,经过近一年的反复讨论,BCBS于同年12月提出了提取逆周期资本缓冲的具体方案,形成了逆周期资本政策框架,并作为《巴塞尔协议Ⅲ》的有机组成部分发布。

BCBS的逆周期缓冲资本机制推出后,国内学者从不同角度探讨其在中国的适用性。李文泓等(2011)利用中国1998—2010年的相关数据检验BCBS的逆周期资本缓冲提取机制在中国的适用性,结果表明“信贷余额/GDP”指标的缺口(GAP)能较为准确地判断中国信贷增长过快、系统性风险累积问题,BCBS的逆周期资本缓冲计提机制在中国具有一定的可行性,并建议参照BCBS的逆周期资本缓冲框架,将“信贷余额/GDP”变量作为参考基准,制定中国银行业逆周期资本缓冲政策。杨柳①等(2012)、李幸②(2012)、缪龙娇③(2013)、钱慧文④(2013)等研究也得出了类似的结论。田宝等(2012)、陈雨露等(2012)还全面地考察了不同统计口径的信贷余额对逆周期资本缓冲的计提机制的影响,认为“广义信贷(信用)/GDP”或“社会融资总量/GDP”来设计逆周期资本缓冲的计提机制,既有助于提高宏观审慎政策的前瞻性和有效性,又有助于增强金融体系的弹性和防范系统性金融风险。

上述文献为研究逆周期资本缓冲机制打下坚实的基础,遗憾的是这些研究主要对逆周期资本缓冲的计提机制进行了讨论,而对逆周期资本缓冲的释放机制讨论甚少,几乎为空白。为此,本文在BCBS的计提逆周期资本缓冲的机制基础上,设计逆周期资本缓冲的释放机制,对BCBS的逆周期资本框架形成拓展,并实证检验其在中国适用性。

三、巴塞尔委员会逆周期资本缓冲机制的介绍及拓展

(一)逆周期资本缓冲机制的目标

逆周期资本缓冲机制目标在于保护商业银行免受信贷高速扩张期积累的系统性风险所导致的损失。即要求商业银行在信贷过度扩张期在最低资本要求和留存资本缓冲的基础上计提逆周期缓冲资本,抑制信用的过度增长;当经济转向下行,银行信贷风险扩大时,释放逆周期缓冲资本,用于吸收经济下行期的损失,达到抑制银行业信贷的顺周期性,进而维护整个经济周期内的信贷投放平衡,促进金融经济的稳定。

---

① 杨柳等关于BCBS的逆周期资本缓冲机制在中国的实证研究的样本区间选取的是1993Q1—2011Q2。

② 李幸关于BCBS的逆周期资本缓冲机制在中国的实证研究的样本区间选取的是1998Q1—2010Q2。

③ 缪龙娇关于BCBS的逆周期资本缓冲机制在中国的实证研究的样本区间选取的是1993Q1—2012Q2。

④ 钱慧文的研究选取的样本区间为2001Q1—2012Q4。

(二)逆周期资本缓冲的计提方法

实现逆周期缓冲机制目标的关键和核心在于确定一个评估信贷扩张情况的标尺,当发现信贷有过度扩张的迹象时,银行将提取额外资本来抑制信贷的扩张,并将资本保留到经济下行的适当时期给予使用(释放)。BCBS 在大量实证分析研究结果①基础上,最终确定“信贷余额/GDP”指标的缺口(GAP_t)是否作为提取逆周期资本缓冲的标尺。具体地:

第一步,计算“信贷余额/GDP”比率指标 R_t:$R_t = L_t/GDP_t$。根据 BCBS 要求,t 期信贷余额 L_t 为广义统计口径,即包括国内外的信贷支持②;GDP_t 为 t 期名义国内生产总值。

第二步,对 R_t 序列进行 H-P 滤波分析,获得 R_t 的长期趋势成分 HPR_t,并计算长期趋势成分 HPR_t 与其实际值 R_t 的偏离值 GAP_t(缺口):$GAP_t = R_t - HPR_t$。需要说明的是,BCBS 经多次实证分析指出,在进行 R_t 的 H-P 滤波分析时平滑因子选取 $\lambda = 400000$ 时的偏离值 GAP_t 表现最好。

第三步,根据 GAP_t 动态地提取逆周期资本缓冲要求。按 BCBS 的要求,银行在年所应提取的逆周期资本缓冲占风险资产的比重(VB_t)与 GAP_t 的关系如下:当 $GAP_t < 2\%$时,$VB_t = 0$,银行无须提取逆周期资本缓冲;当 $GAP_t \geqslant 10\%$时,$VB_t = 2.5\%$,银行提取逆周期资本缓冲占其风险资产比重的 2.5%;当 $2\% \leqslant GAP_t < 10\%$时,$GAP_t$ 每上升 1%,计提比重 VB_t 上升 0.3125%,且不足 1%按照 1%计提。即:

$$VB_t = \begin{cases} 0 & \text{当 } GAP_t < 2\% \\ 0.3125\% & \text{当 } 2\% \leqslant GAP_t < 3\% \\ 0.625\% & \text{当 } 3\% \leqslant GAP_t < 4\% \\ \vdots & \vdots \\ 2.1875\% & \text{当 } 9\% \leqslant GAP_t < 10\% \\ 2.5\% & \text{当 } 10\% \leqslant GAP_t \end{cases} \tag{1}$$

① 实证包括:①IMF(2004)对新兴市场信贷扩张问题的研究,研究结果显示 3/4 的信贷过度夸张引致了银行危机,7/8 的信贷过度扩张导致了货币危机的爆发;②国际清算银行对包括中国在内的近 30 个国家和地区 1970—2009 年的数据进行了实证分析。实证分析对比了 3 大类近 10 项指标(宏观经济指标:GDP 增长率、信贷增长率、股票价格、房地产价格等;银行业绩指标:银行利润率、损失率等;银行成本类指标:存款利差、贷款利率、存贷利差、资本收益率等)在样本期间所爆发的不同程度危机中的表现,对比结果表明“信贷余额/GDP”指标用于判断信贷扩张期和金融危机的效果最佳,因为几乎所有的危机爆发前都出现了一段信贷过度扩张时期。

② 金融机构向非金融部门提供的各种形式的所有贷款,具体包括:①短期贷款,包括工业、商业、建筑业、农业、乡镇企业、三资企业、私营企业贷款;②中长期贷款,包括基本建设、技术改造贷款等;③信托贷款;④融资贷款;⑤委托贷款;⑥逾期类贷款;其中外汇贷款部分包括金融机构对常驻非金融机构及国外的外币贷款,以及国外对常驻机构提供的贷款。

同时,BCBS指出《指引》所提出的逆周期资本缓冲方法只是作为各国制定逆周期资本缓冲政策的参考,各国不宜机械照搬该指标来确定逆周期资本要求,而应根据本国实际来设计逆周期资本缓冲机制。

(三)逆周期资本缓冲机制的拓展——逆周期资本缓冲的释放机制设计

从BCBS的《指引》中逆周期资本缓冲机制来看,仅设计了逆周期资本缓冲提取的判断指标、计提缓冲水平的计算方法;但对逆周期资本缓冲的释放机制却没有给出指引性的意见与方法。同逆周期资本缓冲的提取一样,确定逆周期资本缓冲的释放的时机是关键。本文在逆周期资本缓冲的计提方法与机制的基础上,借用“3δ”原则的思想①来设计逆周期资本缓冲的释放机制,具体地:

事实上,H-P滤波分解所得的GAP_t是R_t的周期成分,它反映了R_t的短期波动情况。若$GAP_t \sim N(\overline{GAP}, \delta^2)$(关于$GAP_t$的正态性检验见实证部分),其中$\overline{GAP}$、$\delta$分别为$GAP_t$的样本均值和样本标准差②。按照“3δ”原则的基本思想,以BCBS的偏离度$GAP_t=2\%$为基础,把$\overline{GAP}+2\%$作为右侧第一个临界点,$(\overline{GAP}+2\%)$每增加1%形成一个新的临界点,即若GAP_t落在$[\overline{GAP}+2\%, \overline{GAP}+3\%]$,提取的$VB_t=0.3125\%$;同理若$GAP_t$落在$(\overline{GAP}+3\%, \overline{GAP}+4\%]$,提取的$VB_t=0.625\%$;以此类推,当落入$[\overline{GAP}+10\%, +\infty)$时,$VB_t=2.5\%$,这样就和BCBS的逆周期资本缓冲计提方法式(1)联系起来了。以此为基础,把这些区间在GAP_t正态分布图的左侧对称区间作为逆周期资本缓冲释放对应的区间,逆周期资本缓冲释放的时机为$\overline{GAP}-2\%$,$(\overline{GAP}-2\%)$每减少1%形成新的逆周期资本缓冲的释放临界点,即当GAP_t落入$(\overline{GAP}-3\%$,

---

① 根据“3δ”原则,若序列X_t样本均值为$\overline{X}$、样本标准差为δ即$X_t \sim N(\overline{X}, \delta)$,那么在$[\overline{X}-3\delta, \overline{X}+3\delta]$的范围内包含了99.73%指标值,而落在$[\overline{X}-3\delta, \overline{X}+3\delta]$以外的指标值还占不到全部数据的0.3%,为此,可将$\overline{X}-3\delta$,$\overline{X}+3\delta$作为临界点来判断特异点的值。也可将临界点进行推广,对序列指标划分等级而赋予不同内涵。例如,若X_t的第i个观测值为$X_{ti}(i=1,2,A,n)$,当X_{ti}落入$[\overline{X}-\delta, \overline{X}+\delta]$时,$X_{ti}$属于第一等级;同理,当$X_{ti}$落入$[\overline{X}-2\delta, \overline{X}-\delta]$,$[\overline{X}+\delta, \overline{X}+2\delta]$时,$X_{ti}$属于第二等级;当$X_{ti}$落入$[\overline{X}-3\delta, \overline{X}-2\delta]$,$[\overline{X}+2\delta, \overline{X}+3\delta]$,$X_{ti}$属于第三等级;当$X_{ti}$落入$[-\infty, \overline{X}-3\delta]$,$[\overline{X}+3\delta, +\infty]$,$X_{ti}$属于第四等级。值得说明的是,上述的赋值仅当序列$X_t$为双侧指标时适用,若$X_t$为单侧指标,应根据$X_{ti}$落入$[-\infty, \overline{X}+\delta]$或$[\overline{X}+\delta, \overline{X}+2\delta]$或$[\overline{X}+2\delta, \overline{X}+3\delta]$或$[\overline{X}+3\delta, +\infty]$的情况来划分等级而赋予内涵;或根据$X_{ti}$落入$[\overline{X}-\delta, +\infty]$或$[\overline{X}-2\delta, \overline{X}-\delta]$或$[\overline{X}-3\delta, \overline{X}-2\delta]$或$[-\infty, \overline{X}-3\delta]$来判断$X_{ti}$的等级情况。

② 需要说明的是,根据Hodrick和Prescott(1980)和Yossi Yakhin (2003)的有关H-P滤波理论,通过H-P滤波分析得出周期成分的均值应为0,即周期成分会围绕横轴上下波动。故在充分考虑样本误差的情况下,GAP_t的样本均值也会趋于0,这在后文的实证中,对中国样本数据所得的GAP_t进行随机的1000次抽样,最后进行统计分析的结论也是其均值都趋于0。因此,不会出现$\overline{GAP}+2\%$在右侧的情况。

$\overline{GAP}-2\%$]，释放的逆周期资本缓冲水平 RB_t 的大小为该区间对应于 GAP_t 正态分布图的右侧对称区间提取的逆周期资本缓冲水平 $VB_t=0.3125\%$，即 $RB_t=-0.3125\%$；以此类推，当 GAP_t 落入$(-\infty,\overline{GAP}-10\%]$时，$RB_t=-2.5\%$。显然当 GAP_{ti} 落在$(\overline{GAP}-2\%,\overline{GAP}+2\%)$，既不提取也不释放。为此形成了以下逆周期资本缓冲的释放方法：

$$RB_t=\begin{cases}0 & \text{当 } GAP_t\in(\overline{GAP}-2\%,\overline{GAP}+2\%)\\ -0.3125\% & \text{当 } GAP_t\in(\overline{GAP}-3\%,\overline{GAP}-2\%]\\ -0.625\% & \text{当 } GAP_t\in(\overline{GAP}-4\%,\overline{GAP}-3\%]\\ \vdots & \vdots\\ -2.1875\% & \text{当 } GAP_t\in(\overline{GAP}-10\%,\overline{GAP}-9\%]\\ -2.5\% & \text{当 } GAP_t\in(-\infty,\overline{GAP}-10\%]\end{cases} \tag{2}$$

四、逆周期资本缓冲机制在一国适用所具备的条件

逆周期资本缓冲机制目标在于保护商业银行免受信贷高速扩张期积累的系统性风险所导致的损失。据此，逆周期资本缓冲机制在一国是否适用，须达到以下条件：

条件 1：若逆周期资本缓冲机制在一国具有适用性，其计提逆周期资本的期间必处于信贷扩张时期，而逆周期资本的释放期处于信贷萎缩时期。

如何甄别信贷的扩张（萎缩）期，本文采用 B-N 趋势周期分解法（Beveridge 和 Nelson，1981）。根据 B-N 分解原理①，若信贷的时间序列满足 I(1) 过程，则其可分解为确定性趋势成分（DL_t）、随机趋势成分（SL_t）、周期成分（CL_t），即：

$$L_t = DL_t + SL_t + CL_t \tag{3}$$

其中，DL_t 表示与经济增长相适应的信贷规模中稳定增长的贷款量，其特征是随着时间推移而稳定增长；SL_t 表示当期信贷规模对未来信贷投放量的影响和信贷投放遭受不可预见的随机冲击，而这种随机冲击对信贷规模产生实际和持久的影响，进而在信贷投放中形成随机趋势；按照 B-N 的计算框架，(DL_t+SL_t) 称为总趋势；CL_t 表示信贷规模遭受的短期冲击，造成信贷规模波动，形成了信贷规模的周期成分。

根据周期成分 CL_t，可获得信贷的周期，再结合"3δ"原则（见下文），进而获得信贷扩张和萎缩期。如何分解出 DL_t、SL_t、CL_t？具体由于 ΔL_t 为 I(0) 过程，根据 Wold 定理，ΔL_t 可表达为一个 MA(∞) 过程：

① 对于 I(1) 变量，可将其分解为确定趋势和随机成分。确定趋势为随时间推移而稳定变化的部分；随机成分是由不确定的随机因素（随机干扰项）冲击构成，可分解为随机趋势和周期成分，其中随机趋势是由随机干扰项中的持久性冲击构成，其积累就形成一个随机游走过程，它与确定趋势构成了总趋势。周期成分则由随机扰动项中的瞬时性冲击所形成，经过若干期后这些瞬时性冲击就将消失，因而是一个平稳过程。

$$\Delta L_t = \alpha + \varepsilon_t + \sum_{j=1}^{+\infty} \lambda_j \varepsilon_{t-j} \tag{4}$$

其中,α 为 ΔL_t 的长期均值,$\varepsilon_t \sim i.i.d.N(0,\sigma^2)$。对(4)式求期望有:

$$E(\Delta L_t) = E(\alpha) + E(\varepsilon_t + \sum_{j=1}^{+\infty} \lambda_j \varepsilon_{t-j}) = \alpha \tag{5}$$

根据(5)式,L_t 的确定性趋势 DL_t 可为:

$$DL_t = L_0 + t\alpha \tag{6}$$

其中,L_0 为信贷的初始实际值。对于总趋势,B-N 分解是基于无限远期的条件期望(预测值)来分解得到的,其设定总趋势为剔除预测区间内的确定增量后,对变量的无穷远期的预测。若用 $\hat{L}_{t+h}$ 表示基于 t 期所有信贷信息为条件的未来 h 期的信贷条件均值(预测值)。而 $L_{t+h}=L_t+\Delta L_{t+1}+\cdots+\Delta L_{t+h}$,于是有:

$$\begin{aligned}\hat{L}_{t+h} &= E(L_{t+h} | \cdots, L_{t-1}, L_t) = E(L_t + \Delta L_{t+1} + \cdots + \Delta L_{t+h} | \cdots, \Delta L_{t-1}, \Delta L_t) \\ &= L_t + \Delta\hat{L}_{t+1} + \cdots + \Delta\hat{L}_{t+h}\end{aligned} \tag{7}$$

根据(4)、(5)式可知预测区间$[t+1,t+h]$的确定增量为 $h\alpha$,由(7)式并令其 $h\to+\infty$,可得信贷 L_t 的总趋势为:

$$\begin{aligned}\lim_{h\to+\infty}(\hat{L}_{t+h} - h\alpha) &= L_t + \lim_{h\to+\infty}[(\Delta\hat{L}_{t+1} + \cdots + \Delta\hat{L}_{t+h}) - h\alpha] \\ &= L_t + \lim_{h\to+\infty}[(\Delta\hat{L}_{t+1} - \alpha) + \cdots + (\Delta\hat{L}_{t+h} - \alpha)]\end{aligned} \tag{8}$$

B-N 分解对周期成分的定义:等于当期现值与其趋势值之差。故 L_t 的周期成分 CL_t 为:

$$CL_t = -\lim_{h\to+\infty}[(\Delta\hat{L}_{t+1} - \alpha) + \cdots + (\Delta\hat{L}_{t+h} - \alpha)] \tag{9}$$

由于 L_t:(1),故 ΔL_t:(0),进而序列$(\Delta\hat{L}_{t+j}-\alpha)$:(0),其中 $j=1,2,\cdots,h$。根据 Morley(2002,2003)对 B-N 分解拓展的思想,序列$(\Delta\hat{L}_{t+j}-\alpha)$可建立 AR(1)模型来对 $\hat{L}_{t+j}(j=1,2,\cdots,h)$进行预测,即:

$$(\Delta\hat{L}_{t+j} - \alpha) = \varphi(\Delta\hat{L}_{t+j-1} - \alpha) + \varepsilon_{t+j} \tag{10}$$

其中,$|\varphi|<1$,$\varepsilon_{t+j} \sim i.i.d.N(0,\sigma^2)$。由于序列 $\hat{L}_{t+j}(j=1,2,\cdots,h)$是基于 t 期所有信贷信息为条件的预测值,故 L_t 实际上为序列 $\hat{L}_{t+j}$的初始值,对应地$(\Delta\hat{L}_{t+j}-\alpha)$的初始值为$(\Delta L_t-\alpha)$,对(10)式的回归方程进行迭代有:

$$(\Delta\hat{L}_{t+j} - \alpha) = \varphi^j(\Delta L_t - \alpha) \tag{11}$$

将(11)式代入(9)可得周期成分为:

$$CL_t = -\lim_{h\to+\infty}\sum_{j=1}^{h}(\Delta\hat{L}_{t+j} - \alpha) = -\frac{\varphi}{1-\varphi}(\Delta L_t - \alpha) \tag{12}$$

联立(3)、(6)、(12),得信贷 L_t 的随机趋势 SL_t:

$$SL_t = L_t - DL_t - CL_t = L_t + \frac{\varphi}{1-\varphi}(\Delta L_t - \alpha) - (L_0 + t\alpha) \tag{13}$$

得到 CL_t 后,再用“3δ”原理判别信贷扩张和萎缩期,具体地:若序列 CL_t 服从正态分布,用 $\overline{CL_t}$、δ 分别表示其均值、标准差;考虑到信贷扩张对宏观经济的波动有着重要的冲击效应(Bakker 和 Gulde,2010;许伟等,2009;李连发、辛晓岱,2012;杨柳等,2012),且出于对信贷扩张引致的系统性风险的审慎起见,本文将信贷扩张的状态划分为两种:当 CL_t 落入[$\overline{CL_t}-\delta$,$\overline{CL_t}+\delta$)表明信贷处于正常水平,其水平值 d_t 取 0,即该信贷水平与经济发展需求是相匹配的;当 CL_t 落入[$\overline{CL_t}+\delta$,$+\infty$)表明信贷处于扩张状态,其水平值 d_t 取 1;当 CL_t 落入($-\delta$,$\overline{CL_t}-\delta$)表明信贷处于正常萎缩水平,其水平值 d_t 取-1。综上所述:

$$d_t = \begin{cases} 1 & \text{当 } CL_t \in [\overline{CL_t}, \overline{CL_t} + \delta) \\ 0 & \text{当 } CL_t \in (\overline{CL_t} - \delta, \overline{CL_t} + \delta) \\ -1 & \text{当 } CL_t \in (-\infty, \overline{CL_t} - \delta] \end{cases} \tag{14}$$

条件 2:若逆周期资本缓冲机制在一国具有适用性,逆周期资本缓冲会引导商业银行资本缓冲水平呈现逆周期性特征。

若条件 1 得到满足,也仅能表明 BCBS 的逆周期资本缓冲指标能够作为某国信贷波动、系统性风险状况的判断指标,但其计提或释放的逆周期资本缓冲水平是否能真正引导商业银行的资本缓冲水平呈现逆周期特征,即其能否抑制信贷的顺周期性,使得商业银行的资本缓冲水平在经济上行期增加,抑制信贷扩张,而在经济下行期减少,防止信贷严重萎缩,进而维护整个经济周期内的信贷投放平衡,促进金融经济平稳发展。为此本文提出了逆周期资本缓冲机制在一国是否具有适用性的条件 2,并在 Ayuso 等(2004)、李文泓和罗猛(2010)等的研究模型基础上,建立如下模型来刻画条件 2:

假设在完全竞争市场上存在一典型商业银行,用 K_t 表示其 t 期的资本水平;I_t 表示其 t 期通过资本管理策略获得新增资本。即有:

$$K_t = K_{t-1} + I_t \tag{15}$$

银行持有资本是有成本的,用 θ_t 表示持有 K_t 的单位成本,τ_t 为获得新增资本的平均成本率,ν_t 为银行未达到监管当局的资本要求而遭受处罚所产生的成本。特别地,对于 I_t 的成本函数本文设为二次型:

$$CI_t = (\frac{1}{2}\tau_t)I_t^2 \tag{16}$$

这样设定目的有二:其一,方便模型的求解;其二,二次型成本函数具有明确的经济学含义:新增资本的边际成本递增是由于新增资本额达到一定程度后,如继续新增资本,此时不仅融资成本会不断提高,且新增资本的管理成本也会出现规模不经济。故银行持有资本的总成本函数为:

$$C_t = \theta_t K_t - \nu_t K_t + (\frac{1}{2}\tau_t) I_t^2 \tag{17}$$

在理性人假设的条件下,银行的资本管理策略是资本成本最小化,其最优化模型为:

$$\begin{aligned} &Min \quad E_t(\sum_{i=0}^{+\infty}\rho^i C_{t+i}) \\ &s.t. \quad K_t = K_{t-1} + I_t \\ &C_t = \theta_t K_t - \nu_t K_t + (\frac{1}{2}\tau_t) I_t^2 \end{aligned} \tag{18}$$

其中,ρ 是贴现率。求解上述模型得最优新增资本水平:

$$I_t^* = E_t\left(\frac{1}{\tau_t}(\sum_{i=0}^{+\infty}\rho^i(\nu_{t+i} - \theta_{t+i})\right) \tag{19}$$

将(19)式代入(15)式有:

$$E(K_t^*) = K_{t-1} + E_t\left(\frac{1}{\tau_t}\sum_{i=0}^{+\infty}\rho^i\nu_{t+i}\right) - E_t\left(\frac{1}{\tau_t}\sum_{i=0}^{+\infty}\rho^i\theta_{t+i}\right) \tag{20}$$

若用 K_t^{buffer} 表示银行第 t 期的实际资本缓冲水平,那么 K_t^{buffer} 应该等于 K_t^* 与监管当局的资本要求 $\overline{K}$ 的差额。需特别说明的是,根据《商业银行资本管理办法(试行)》(银监会令〔2012〕1号)的有关规定①:商业银行资本充足监管要求包括最低资本要求、储备资本要求和逆周期资本要求,且商业银行应当在最低资本要求的基础上计提储备资本,特定情况下,商业银行应当在最低资本要求和储备资本要求之上计提逆周期资本。故 $\overline{K}$ 应包含 K^{CapA}(最低资本要求)、K^{ResCa}(储备资本要求)以及 K^{CCB}(逆周期资本要求)。将($K_t^* - \overline{K}$)代入(20)式有:

$$K_t^{buffer} = K_{t-1}^{buffer} + E_t\left(\frac{1}{\tau_t}\sum_{i=0}^{+\infty}\rho^i\nu_{t+i}\right) - E_t\left(\frac{1}{\tau_t}\sum_{i=0}^{+\infty}\rho^i\theta_{t+i}\right) + \varepsilon_t \tag{21}$$

其中:

$$K_t^{buffer} = \begin{cases} K_t^* - K^{CapA} - K^{ResCa} - K^{CCB} & \text{当 } t \text{ 期处于计提逆周期资本期间} \\ K_t^* - K^{CapA} - K^{ResCa} + K^{CCB} & \text{当 } t \text{ 期处于释放逆周期资本期间} \\ K_t^* - K^{CapA} - K^{ResCa} & \text{其他} \end{cases}$$

(21)式表明银行的当期实际资本缓冲不仅受到前一期的资本缓冲水平影响,还会受到持有资本的成本状况[(21)式中的第3项]和监管当局的处罚成本[(21)式

① 详见《商业银行资本管理办法(试行)》(银监会令〔2012〕1号)的第二十二条至第二十五条。

中的第 2 项)]的影响,而 ε_t 包含其他随机因素的影响。根据理论模型(21)式选取刻画资本的成本状况,监管当局的处罚成本的样本指标即可建立影响商业银行资本缓冲水平的计量经济学实证模型。但为了使得实证模型更贴近中国银行业发展和监管的实践,本文以理论模型(21)式为基础建立以下实证模型,具体地:

其一,商业银行持有资本的成本实际上资本收益率 ROE,故选取该指标代表持有资本的成本;其二,中国银行监管的实践中无法获得刻画监管当局的处罚成本的指标,但监管当局规定商业银行资本充足最低要求的计算应建立在充分计提贷款损失准备等各项损失准备的基础之上,因此,在(21)式中纳入不良贷款水平 NPL,将其作为影响中国商业银行资本缓冲水平的另一个重要影响;其三,为了对条件 2 进行实证检验,需要引入刻画经济周期的指标,本文选取通过对中国 GDP 的 B-N 分解获得的周期成分 $CGDP_t$ 来代替;其四,选取满足条件 1 的实施逆周期资本缓冲机制的期间,作为实证的样本区间。这样本文对条件 2 进行实证检验的模型为:

$$K_t^{buffer} = a + \beta_0 K_{t-1}^{buffer} + \beta_1 NPL_t + \beta_2 ROE_t + \beta_3 CGDP_t + e_t \tag{22}$$

其中,a 表示常数项;$e_t \sim i.i.d.N(0,\sigma^2)$;若在给定显著水平下 $\hat{\beta}_3$ 显著异于 0 且 $\hat{\beta}_3>0$,条件 2 得到满足。

五、逆周期资本缓冲机制在中国的适用性实证分析

(一)样本数据来源及其相关处理的说明

GDP_t 样本数据来源及其相关处理说明:样本期间为 1992Q1—2013Q1,其中,1992—2011 年的 GDP 名义季度数据来源于《中国季度国内生产总值核算历史资料(1992—2011)》,余下的源于国家统计局网站;实际季度 GDP 则用年度 GDP 指数调整得到:1992—2012 年度 GDP 指数来源于 2012 年中国统计年鉴(上年=100)以及 2012 统计分析报告,2013 年第 1 季度指数则按照季度增长率代替(数据源于国际统计局网站),将 GDP 指数转化为 1992=100,实际季度 GDP=100·(名义季度 GDP/当年 GDP 指数(1992=100))。对实际季度 GDP 进行季节调整后取对数,并以此作为 GDP_t 的 B-N 分解的样本数据,获得 $CGDP_t$。

L_t 样本数据来源及其相关处理说明:为了和 BCBS 要求的信贷余额的统计口径一致,选取本外币信贷总额作为 L_t,样本期间为 1992Q1—2013Q1,数据来源于中国人民银行网站和中国经济信息网数据库。同样,实际季度信贷余额也用年度 GDP 指数调整得到,对实际季度信贷余额作季度调整后取对数,以此作为 L_t 的 B-N 分解的样本数据,获得 CL_t。

R_t 计算中的 GDP_t 数据进行如下处理的:按照 BCBS 的要求逆周期资本要求按所在年来提取。而本文的名义 GDP_t 样本数据为季度数据,为此需季度指标年度化。

具体地:用当季加上前三季名义 GDP 其代表一个整年的值①。而信贷余额 L_t 的样本数据本身就是一个存量指标,无须季度指标年度化。

实证模型(22)式的样本说明:选取中国5家国有商业银行②、9家股份制商业银行③ 1998Q1—2013Q1(选取该区间的理由见下文分析)有关数据进行实证。ROE_t,NPL_t 及计算 K_t^{buffer} 的季度数据是根据国泰君安数据库、CCER(中国经济金融数据库)、BVD数据库、中国金融统计年鉴、中国银行监管委员会统计资料、样本银行季报与年报、学者的相关研究(张丽华,2004;戴金平,金永军,2008;李麟,索彦峰,2009)等有关数据整理所得。

(二)实证分析

1.样本指标的平稳性检验

对信贷 L_t,GDP_t 进行B-N分解前,需对其序列进行平稳性检验。表1、表2给出了 KPS 平稳性检验、ADF 与 PP 单位根检验的结果。结果表明 L_t,GDP_t 均为 $I(1)$ 过程,满足B-N分解的前提。表3为信贷余额/GDP指标 R_t 的 ADF 检验结果,结果表明在5%的显著性水平下拒绝 R_t 序列具有单位根的假设,其为平稳序列,故可进行H-P滤波分析。

表1　GDP 序列的趋势平稳性和单位根检验结果

		原序列			一阶差分序列		
检验方法	原假设	检验模式(C,T,L)	检验值	临界值	检验模式(C,T,L)	检验值	临界值
KPS	趋势平稳	(C,T)	0.255	0.216(1%)	(C,0)	0.169	0.347(10%)
ADF	单位根	(C,T,4)	-2.135	-3.160(10%)	(C,0,3)	-2.953**	-2.898(5%)
PP	单位根	(0,0,1)	12.899	-1.614(10%)	(C,0,1)	-7.436***	-3.511(1%)

注:表中检验模式(C,T,L)中 C、T、L 分别表示添加常数项、趋势项以及滞后长度,其中滞后长度 L 有 AIC、SC 值确定;“**”“***”分别表示在5%、10%的显著性水平下显著。

① 例如用于测量1997年第2季度 R_t 的 GDP_t 数据为1996年第3季度、1996年第4季度、1997年第1季度及1997年第2季度数据进行加总,其他的以此类推,把季度GDP数据年度化。

② 中国工商银行、中国农业银行、中国银行、中国建设银行、交通银行。

③ 中信银行、中国光大银行、华夏银行、广东发展银行、平安银行、招商银行、上海浦东发展银行、兴业银行、中国民生银行。

表 2 信贷序列的趋势平稳性和单位根检验结果

		原序列			一阶差分序列		
检验方法	原假设	检验模式 (C,T,L)	检验值	临界值	检验模式 (C,T,L)	检验值	临界值
KPS	趋势平稳	$(C,0)$	1.13	0.739(1%)	$(C,0)$	0.142	0.347(10%)
ADF	单位根	$(C,T,2)$	-1.971	-3.160(10%)	$(C,0,1)$	-6.529***	-3.511(1%)
PP	单位根	$(0,0,1)$	5.513	-1.614(10%)	$(C,0,1)$	-6.754***	-3.511(1%)

注:表中检验模式(C,T,L)中C,T,L分别表示添加常数项、趋势项以及滞后长度,其中滞后长度L有*AIC*、*SC*值确定;"**""***"分别表示在5%、10%的显著性水平下显著。

表 3 信贷余额/GDP 指标 R_t 的 ADF 检验结果

变量	原假设	检验模式(C,T,L)	检验值	临界值
R_t	单位根	$(C,T,5)$	1.13***	0.739(1%)

2.逆周期资本缓冲的测算结果及条件 1 的实证分析

利用 EViews 6.0 对信贷余额/*GDP* 指标 R_t 进行 H-P 滤波分析,得到 GAP_t。对 GAP_t 的正态性检验 JB 统计量的值为 0.639,其伴随概率 P=0.726,接受 GAP_t 序列服从正态分布的零假设,故根据式(1)、(2)可测算逆周期资本缓冲的计提与释放的水平(表 4)。信贷 B-N 分解中,由于是对实际信贷余额的对数值 L_t 进行分解,故一阶差分 ΔL_t 即为 L_t 的增长率,因此 ΔL_t 的均值为 L_t 的长期增长水平 α,由信贷余额样本可得 $\hat{\alpha}=0.01697$,给定样本期间的初始值 $L_0=10.0646$(为 1992 年第 1 季度实际信贷余额的对数值),根据(6)式可得信贷确定趋势 DL_t(图 1);信贷的随机趋势成分

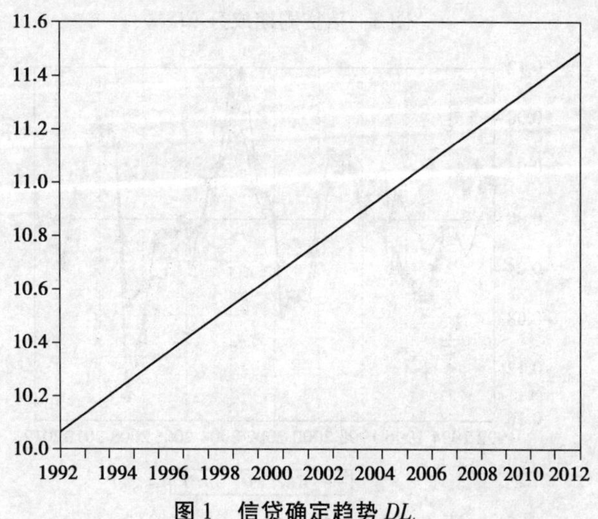

图 1 信贷确定趋势 DL_t

SL_t、周期成分 CL_t 以及 CL_t 与 GAP_t 合并图见图 2—图 4。再根据(14)式获得信贷的扩张期和萎缩期(表 4)。

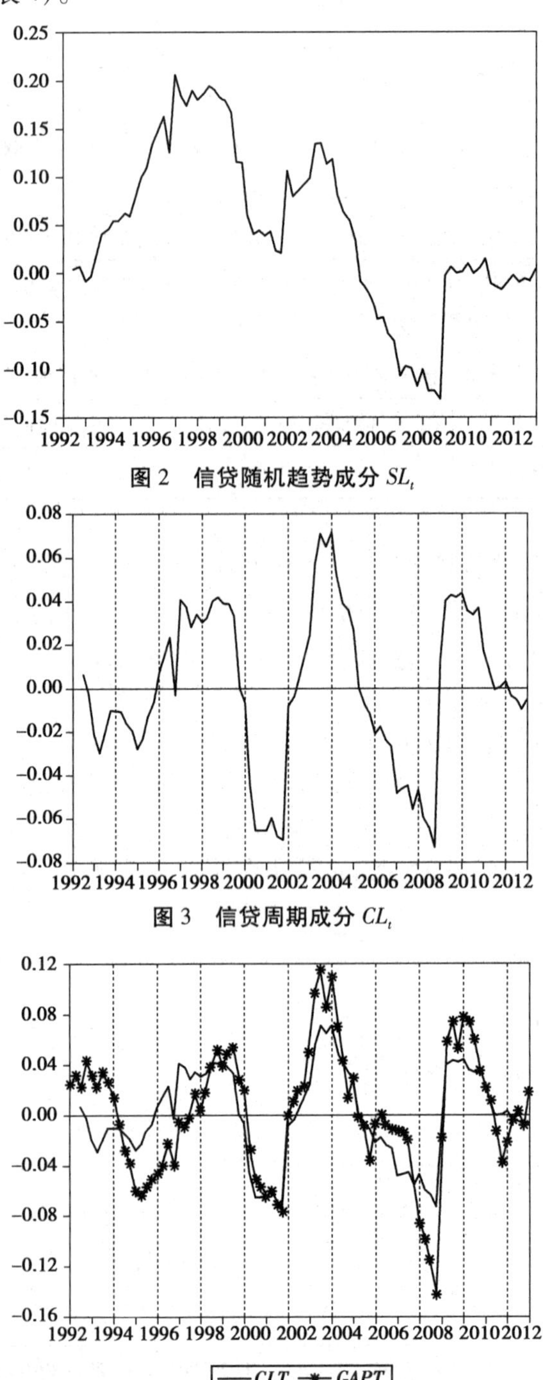

图 2　信贷随机趋势成分 SL_t

图 3　信贷周期成分 CL_t

图 4　信贷的周期成分 CL_t 与 GAP_t

据图 4 可知,信贷 CL_t 与 GAP_t 在很大程度上呈现同步趋势,表明 GAP_t 能够较好地反映出信贷的波动状况,即 BCBS 提出的 R_t 指标能很好诊断中国信贷的波动情况。具体地,结合表 4,据(1)式测算的中国应计提逆周期资本缓冲要求的阶段分别为:1993Q1—1993Q4、1998Q3—1999Q4、2002Q3—2005Q1、2009Q2—2011Q1;而根据信贷周期 CL_t 得到的中国信贷扩张期分别为:1998Q3—1999Q3、2002Q3—2005Q1、2009Q2—2011Q1;显然国内信贷的扩张期与应计提逆周期资本缓冲要求的期间基本一致,尤其是在 1998 年后其一致性更加明显。同时,根据逆周期资本缓冲释放方法(2)式测算的中国需释放逆周期资本缓冲的时期分别为:1994Q3—1996Q4、2000Q2—2001Q4、2007Q4—2008Q4、2011Q4—2012Q1;而信贷的萎缩期分别为:1994Q3—1995Q4、2000Q2—2001Q4、2007Q4—2008Q4,可见国内信贷的萎缩期与需释放逆周期资本缓冲要求的期间也基本一致,其在 2000 年后的一致性更加明显。这些实证的结果与中国金融经济发展的实际是十分吻合的:

信贷扩张第一阶段(1998Q3—1999Q3):为应对亚洲金融危机的冲击,中国从 1998 开始在实施积极的财政政策刺激内需的基础上,实行宽松货币政策,大幅下调存款准备金率。1998 年 3 月 21 日,中国人民银行把存款准备金率从 13%下调到了 8%,下调幅度达 5%。这些宏观政策的刺激使得银行的可贷资金大量增加,该期间信贷余额的季度平均增长率近 5%。

信贷扩张第二阶段(2002Q3—2005Q1):2002 年中后期,全球经济复苏,中国产业结构调整加快,经济发展势头良好,银行信贷大量投放到利润率高的基础行业或垄断行业,再加上外资大量流入,引致经济过热,为此中国人民银行采取上调存款准备金率、加强银行信贷的“窗口指导”等紧缩性货币政策并联合其他部委出台控制信贷风险的措施①。尽管这些政策措施对抑制银行信贷扩张起到了作用,致使银行平均信贷增速从 2003 年的 39.1%猛降至 2004 年的 20.4%及 2005 年的 23.3%,但信贷增速仍保持在 20%以上,信贷扩张的势头仍然很大。

信贷扩张第三阶段(2009Q2—2011Q1):2008 年金融危机爆发后,中国在政府的“4 万亿”刺激计划、宽松货币政策②和其他相关产业政策的带动下,2009 年银行信贷量出现井喷,全年新增贷款近 10 万亿元,创下历年之最,各银行信贷平均增长率高达 40%左右;信贷的高增长支撑着投资领域高达 30%的增长率,有力保证了“保八”目标的实现。但信贷的高速扩张也引致了房价的进一步暴涨、产业结构不合理

① 诸如《关于进一步加强产业政策和信贷政策协调配合,控制信贷风险有关问题的通知》。

② 中国从 2008 年第 4 季度开始连续紧密地下调存款准备金率,具体地:2008 年 10 月 15 日,大型金融机构存款准备金率从 2008 年 9 月 25 日的 17.5%下调到 17%,2008 年 12 月 5 日再次下调至 16%,2008 年 12 月 25 日进一步下调到 15.5%;对应地,中小金融结构的存款准备金率从 2008 年 9 月 25 日的 16.5%下调到 16%,2008 年 12 月 5 日再次下调至 14%,2008 年 12 月 25 日进一步下调到 13.5%。5 次下调基准利率。

及产能过剩的严重问题,金融体系的系统性风险压力巨大的局面。为此,有关管理当局[①]加强了对银行信贷扩张的约束,尽管如此,2010年中国银行业贷款增速依然达到了24.67%,这一趋势一直延续到2011年第1季度。

信贷萎缩第一阶段(1994Q3—1995Q4):1992年“南方谈话”后,经济过热出现。为此,中国人民银行采取带有浓厚行政色彩的严厉的信贷计划来控制信贷规模,且该时期地方政府对国有商业银行经营的行政手段干预现象十分普遍,使得银行不良资产急速积累,到1994年年末银行业的不良资产率高达70%~80%,再加上该阶段金融生态环境较差,形成了银行普遍不愿增加信贷投放情况,信贷的减少遏制了宏观经济过热的现象,经济增长增速下降,进而又引致贷款增长率进一步下降,形成恶性循环,显现出了商业银行的顺周期性。

信贷萎缩第二阶段(2000Q2—2001Q4):一方面,商业银行承担了20世纪90年代后期国企改革的成本,乱拆借进入房市股市,企业欠息、欠债、骗贷等多种因素使之积累了大量不良贷款;另一方面,1997年后执行《巴塞尔协议I》最低资本充足率要求和实行的资产负债比例管理,以及贷款质量终身负责制和新增贷款不良资产为零的政策要求,使银行对风险的防范意识空前加强,信贷投放更加谨慎;再加上亚洲金融危机的冲击,中国宏观经济不景气,经济处于下行期,贷款需求减少,企业违约率不断上升。在这些因素的共同作用下,各商业银行担心原本就高的不良资产率继续攀升,出现了“惜贷”,贷款增长直线下降,到2000年底各项信贷余额增长均不到10%。信贷增速的明显下降,进而加剧经济的下滑,引致经济周期的波动更加剧烈,信贷的顺周期性十分明显。

信贷萎缩第三阶段(2007Q4—2008Q4):2007年中国经济再次出现过热,物价不断上涨,货币政策由2006年的“稳健”转到“适度从紧”再到“从紧”,全年10次上调存款准备金率共5.5个百分点,6次上调人民币存贷款基准利率,信贷增幅大幅回落,呈现出逐月减少的格局。2008年,受国际金融危机冲击,外部需求大量减少,国内大部分企业经营状况恶化,各季度GDP增长率呈直线下降态势,受经济增长下行的影响,贷款增幅出现了大幅下降。

综上所述,根据BCBS的提取逆周期资本缓冲的指标及在其基础上所拓展的释

① 银监会:经历了2009年银行业信贷快速增长后,中国银监会进一步加强对银行业信贷扩张的约束,出台相关监管办法,对商业银行的资本充足水平和补充附属资本作出新的规定,对商业银行资本充足率进行刚性要求,具体包括:将资本充足率达到10%作为审批商业银行新业务、新机构准入及提升监管评级时的硬性指标要求;对商业银行发行次级债补充资本充足率的行为有所限制;对银行间交叉持有的次级债计入附属资本进行更严格的限定,在将次级债计入该银行附属资本过程中,将2009年7月1日定为标准时点,按照“新老有别”的原则将银行交叉持有的新发行次级债从附属资本中扣除等。上述监管新规,将进一步加深商业银行受到资本充足率硬性约束限制的程度,并将影响其信贷业务的可持续发展能力。中国人民银行:2010年通过6次调整存款准备金率及公开市场操作等措施对银行业信贷投放速度进行控制。

放逆周期资本缓冲释放机制所测算的中国在1992—2013年需计提和释放逆周期资本缓冲的时机和水平基本同中国信贷波动的实际情况较为一致,这种一致性在1998年后更为明显,即条件1得到满足,表明BCBS提出的信贷余额/GDP指标在中国仍是用以判断信贷波动、信贷诱发的系统性风险状况的一个较好的指标(表4)。

表4 中国银行业逆周期资本缓冲的测算结果

年份	季度	GAP_t /%	逆周期资本缓冲/%	信贷周期	年份	季度	GAP_t /%	逆周期资本缓冲/%	信贷周期
1993	Q1	3.1647	0.625	1	2004	Q1	10.918	2.5	1
	Q2	2.2874	0.3125	0		Q2	6.9676	1.5625	1
	Q3	3.3352	0.625	0		Q3	4.3696	0.9375	1
	Q4	2.6827	0.3125	0		Q4	1.3378	0.3125	1
1994	Q1	1.4147	0	0	2005	Q1	2.9469	0.3125	1
	Q2	−0.6894	0	0		Q2	−0.2791	0	0
	Q3	−2.816	−0.3125	−1		Q3	−0.8292	0	0
	Q4	−3.8336	−0.625	−1		Q4	−3.6553	−0.625	0
1995	Q1	−6.0515	−1.5625	−1	2006	Q1	−0.6985	0	0
	Q2	−6.4107	−1.5625	−1		Q2	−0.0061	0	0
	Q3	−5.7033	−1.25	−1		Q3	−0.8646	0	0
	Q4	−5.0511	−1.25	−1		Q4	−1.1959	0	0
1996	Q1	−4.699	−0.9375	0	2007	Q1	−1.2045	0	0
	Q2	−4.0366	−0.9375	0		Q2	−1.3105	0	0
	Q3	−2.32	−0.3125	0		Q3	−1.9984	0	0
	Q4	−3.9923	−0.625	0		Q4	−4.8374	−0.9375	−1
1997	Q1	−0.7038	0	0	2008	Q1	−8.6445	−2.1875	−1
	Q2	−0.8601	0	0		Q2	−9.9111	−2.5	−1
	Q3	−0.3643	0	0		Q3	−11.542	−2.5	−1
	Q4	1.605	0	0		Q4	−14.274	−2.5	−1
1998	Q1	0.4032	0	0	2009	Q1	−1.8045	0	0
	Q2	1.7202	0	0		Q2	5.8094	1.25	1
	Q3	3.88	0.625	1		Q3	7.403	1.875	1
	Q4	5.1094	1.25	1		Q4	5.2803	1.25	1

续表

年份	季度	GAP_t /%	逆周期资本缓冲/%	信贷周期	年份	季度	GAP_t /%	逆周期资本缓冲/%	信贷周期
1999	Q1	4.0167	0.9375	1	2010	Q1	7.7657	1.875	1
	Q2	4.9385	0.9375	1		Q2	7.5272	1.875	1
	Q3	5.2575	1.25	1		Q3	6.1444	1.5625	1
	Q4	2.8696	0.3125	0		Q4	3.56	0.625	1
2000	Q1	1.9313	0	0	2011	Q1	2.1879	0.3125	1
	Q2	−2.7105	−0.3125	−1		Q2	1.1478	0	0
	Q3	−5.1748	−1.25	−1		Q3	−1.253	0	0
	Q4	−5.7136	−1.25	−1		Q4	−3.7877	−0.625	0
2001	Q1	−6.3547	−1.5625	−1	2012	Q1	−2.1602	−0.3125	0
	Q2	−5.9857	−1.25	−1		Q2	−0.5744	0	0
	Q3	−7.2211	−1.875	−1		Q3	0.2402	0	0
	Q4	−7.7693	−1.875	−1		Q4	−0.8425	0	0
2002	Q1	−0.1021	0	0	2013	Q1	1.7669	0	0
	Q2	1.0992	0	0					
	Q3	1.9541	0.3125	1					
	Q4	2.1096	0.3125	1					
2003	Q1	4.9905	0.9375	1					
	Q2	9.7486	2.5	1					
	Q3	11.499	2.5	1					
	Q4	8.6137	2.1875	1					

3.条件 2 的实证分析

在实证分析条件 2 前,需获得周期成分 $CGDP_t$ 和确定合理的实证样本区间。为节约篇幅,仅给出了 GDP_t 的 B-N 分解的确定性趋势成分 $DGDP_t$、周期成分 $CGDP_t$ 的图示(图 5、图 6)。而实证样本区间确定为 1998Q1—2013Q1,理由如下:其一,条件 1 的实证分析表明 BCBS 提出的信贷余额/GDP 指标及在其基础上拓展的逆周期资本缓冲释放机制能很好地判断中国 1998 年以后信贷的波动状况;其二,中国金融体制在 1997 年后日趋成熟,金融生态环境差的状况得到了较大改善,且 1998 年以后样本银行的数据更完整并容易获得。

对模型(22)的实证中,须先进行模型形式设定检验,即判断应采用“无个体影响的不变系数模型”形式还是“变截距模型”形式或“变系数模型”的形式,避免模型

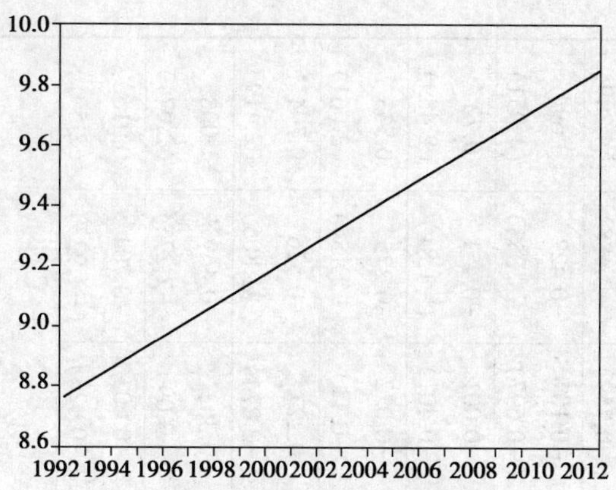

图 5　GDP_t 确定趋势 DL_t

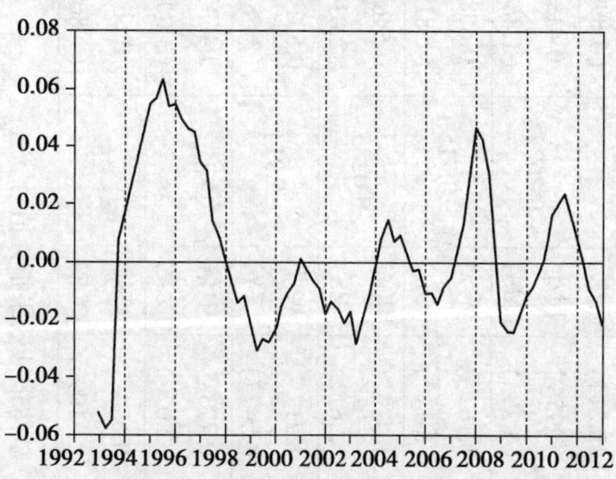

图 6　GDP_t 周期成分 $CGDP_t$

形式设定偏误，进而改进参数估计的有效性。具体地，依次获得上述三种模型形式的回归残差平方和并分别记为 RSS_1, RSS_2, RSS_3，以此为基础构造 2 个 F 统计量 F_2、F_1：

$$F_2 = \frac{(RSS_1 - RSS_3)/[(N-1)(k+1)]}{RSS_3/[NT - N(k+1)]} \sim F[(N-1)(k+1), N(T-k-1)]$$

$$F_1 = \frac{(RSS_2 - RSS_3)/[(N-1)k]}{RSS_3/[NT - N(K+1)]} \sim F[(N-1)k, N(T-k-1)]$$

其中 N，T 及 k 分别表示样本个体数、时间长度及解释变量的个数。以上述 F 统计量对以下原假设做出检验：

H_1：样本数据符合“变截距模型”形式，为变截距模型；

表5 回归参数的估计结果及总体估计效果

	C	$\hat{\beta}_{i0}$	$\hat{\beta}_{i1}$	$\hat{\beta}_{i2}$	$\hat{\beta}_{i3}$		C	$\hat{\beta}_{i0}$	$\hat{\beta}_{i1}$	$\hat{\beta}_{i2}$	$\hat{\beta}_{i3}$
	1.819** (2.474)						1.819** (2.474)				
工商 (GS)	0.1079	0.349* (1.918)	-0.07 (-0.522)	-0.304** (-2.394)	1.308** (2.214)	华夏 (HX)	-1.27	0.84*** (5.899)	-0.004 (-0.759)	-0.241** (-2.488)	0.779*** (4.209)
中行 (ZH)	5.6205	0.486** (2.304)	-0.34 (-1.22)	-0.292** (-2.409)	1.295*** (3.395)	民生 (MS)	0.2622	0.413* (1.887)	-0.107 (-0.697)	-0.422* (-1.853)	0.694* (1.951)
建行 (JS)	1.3923	0.405** (2.058)	-0.021 (-0.091)	-0.299** (-2.164)	1.162** (3.114)	光大 (GD)	-0.715	0.608* (1.812)	-0.001 (-0.401)	-0.451* (-1.81)	0.72** (2.489)
交行 (JT)	1.81	0.454** (2.216)	-0.080 (-0.742)	-0.271*** (-4.231)	1.039** (2.611)	招商 (ZS)	0.0285	0.546** (2.034)	-0.022 (-0.11)	-0.275** (-2.154)	0.533** (2.061)
农行 (NY)	-0.638	0.661*** (2.957)	-0.019 (-0.293)	-0.175** (-2.249)	1.217** (2.477)	兴业 (XY)	-5.914	0.591*** (3.587)	-0.227** (-2.274)	-0.526* (-1.806)	0.704** (2.419)
深发 (SF)	-3.382	0.729*** (3.312)	-0.090 (-0.438)	-0.744** (-2.616)	0.773** (2.022)	中信 (ZX)	5.397	0.463*** (3.008)	-0.362** (-3.09)	-0.469** (-2.275)	1.008** (2.074)
浦发 (PD)	-1.448	0.522** (2.213)	-0.002 (-0.433)	-0.362* (-1.969)	0.654** (2.109)	广发 (GF)	-1.252	0.66* (1.869)	-0.003 (-0.026)	-0.704* (-1.923)	0.916** (2.591)
总体估计效果指标值											
加权的 GLS 估计(Weighted Statistics)						未加权的 OLS 估计(Unweighted Statistics)					
$AR=0.871$		$F=7.848$ (0.0000)		$DW=2.043$		$AR=0.681$		$F=7.033$ (0.0000)		$DW=2.133$	

注:表中检验模式(C,T,L)中 C,T,L 分别表示添加常数项、趋势项以及滞后长度,其中滞后长度 L 有 AIC、SC 值确定;“ ** ”“ *** ”分别表示在 5%、10%的显著性水平下显著。

H_2:样本数据符合“无个体影响的不变系数模型”形式,为不变系数模型;

若统计量 F_2 的值不小于给定置信水平下的临界值,则拒绝 H_2,继续用 F_1 检验 H_1。若接受 H_2,无须检验假设 H_1。根据样本数据得 $F_2=2.49>F_{0.05}(65,784)=1.323$, $F_1=1.982>F_{0.05}(52,784)=1.3598$,故应该选取变系数模型形式对(22)式进行实证;同时由于样本仅集中研究5家国有商业银行、9家股份制商业银行,即该14个个体是所研究的总体单位,而不是源于从中国银行业总体中随机抽取的银行,为此采用“固定影响变系数模型”形式来对(22)式进行实证:

$$K_{it}^{buffer}=a+a_i^*+\beta_{i0}K_{it-1}^{buffer}+\beta_{i1}NPL_{it}+\beta_{i2}ROE_{it}+\beta_{i3}CGDP_t+e_{it} \tag{23}$$

式(23)中,a 表示14家银行的平均资本充足水平;a_i^* 为 i 银行的资本充足水平对整体平均水平的偏离,用来反映不同银行间实际资本充足水平的结构差异;$\beta_{ij}(j=0,1,2,3)$ 为 i 银行对 j 变量的边际水平,反映着不同银行持有资本充足水平行为的差异。值得说明的是,为克服随机误差项不满足等方差或相互独立的假设,对(23)的回归分析采用GLS(广义最小二乘法)估计方法,估计结果见表5所示。根据表5的总体估计效果指标值可看到,GLS的拟合优度和 F 统计值均优于为加权的OLS回归,表明估计方法的选择具有合理性和科学性。

从表5可发现:

①14家银行的 $\hat{\beta}_{i3}$ 均大于零,且均通过 t 检验,表明14家银行的实际资本充足水平与 $CGDP_t$ 呈现显著正相关关系。即表明了按照BCBS的计提逆周期缓冲机制及在该机制上拓展的逆周期缓冲释放的方法能引导中国商业银行实际资本缓冲水平呈现逆周期性特征,条件2得到满足:当经济处于上行期时,商业银行实际资本充足水平会上升;当经济处于下行时,实际资本充足水平将下降。这一特征有助于在经济上行阶段,抑制商业银行信贷快速扩张,而在经济下行期,防止信贷的严重萎缩,进而维护整个经济周期内的信贷投放平衡,促进金融经济平稳发展。

②从银行类型来分析14家银行的 $\hat{\beta}_{i3}$,发现5家国有商业银行的 $\hat{\beta}_{i3}$ 都比9家股份制商业银行的要大,表明在实施逆周期资本缓冲机制下,国有商业银行实际资本充足水平的逆周期特征要比股份制商业银行的更加显著。这一结论在金融结构以国有银行为主体的中国具有明显的政策含义:在实施逆周期资本缓冲机制条件下,监管当局应促使国有商业银行的实际资本充足水平在经济上行期增加的速度适度高于股份制商业银行,更有利于抑制信贷的扩张,而经济萎缩期使之资本充足水平下降速度低于股份制商业银行,有助于防止信贷的收缩过快,进而维护整个经济周期内的信贷投放平衡,克服信贷的剧烈波动带来经济波动。

③14家银行的 $\hat{\beta}_{i0}$ 均在给定的显著性水平下显著大于零,揭示了中国商业银行实际资本充足率与其滞后一期的变量之间呈显著正相关关系,表明资本调整是有成本的。对比5家国有商业银行与9家股份制商业银行的 $\hat{\beta}_{i0}$ 的大小,发现国有商业银行的系数普遍要小于股份制商业银行的值,揭示中国股份制商业银行的资本调整成

本要高于国有商业银行的事实,这与中国政府多次对几大国有商业银行进行“注资”和剥离不良资产①的干预不无关系。

④14家银行的$\hat{\beta}_{i1}$均为负数,揭示了中国商业银行实际充足水平与资本收益率之间存在的负相关关系,但均未通过显著性检验,反映了中国商业银行的实际资本充足率对银行绩效的影响并不显著与敏感;而各银行不良贷款率的系数$\hat{\beta}_{i2}$均为负且通过显著性检验,反映了银行实际资本水平与其不良贷款率呈现显著负相关关系,表明随着中国商业银行的不良贷款率的上升需要提取更多准备或拨备,抵消了银行净利润,从而挤压了银行用净利润通过留存收益等渠道补充资本的空间,进而制约其实际资本充足率的提升。

六、结论和对策建议

通过上文的分析,可初步得出以下结论:BCBS提出的“信贷余额/GDP”指标在中国仍是用以判断信贷波动、信贷诱发的系统性风险状况的一个较好的指标,且BCBS提出的计提逆周期缓冲的机制及在该基础上拓展的逆周期资本缓冲释放方法在中国的金融发展实际中的运用表明其能引导中国商业银行的实际资本充足水平呈现逆周期特征。这些表明BCBS的逆周期资本缓冲机制在中国具备适用性。尽管如此,该适用性还有待于更进步的检验:①中国改革开放以来经济保持着高速增长,经济下行期的形成主要源于诸如国际金融危机、5·12地震灾害等不确定性的冲击,再加上冲击期间国家往往采取刺激内需等宏观调控政策,使得下行期间短,进而导致U形的经济周期特征不够明显(图6),这势必影响检验BCBS提出的逆周期资本缓冲机制在中国的适用性;②“信贷余额/GDP”指标样本期间的长短、H-P滤波分解技术未充分考虑诸如不确定性冲击产生的持久影响等缺陷,均会对GAP_t产生影响,进而影响确定提取或释放逆周期资本缓冲的时机。为此提出以下建议:

一是在BCBS的逆周期资本框架下制定或开发科学合理的中国逆周期资本缓冲机制与政策,建议在选取“信贷余额/GDP”指标基础上要充分考虑宏观经济等其他重要指标,并综合国内外金融经济发展的形势,确定恰当的逆周期资本缓冲机制;同时,长时间密切跟踪监测“信贷余额/GDP”指标,考察其与中国金融系统性风险的关系,进一步检验和考察该指标在中国的适用性。

二是充分考虑与预计逆周期资本缓冲机制可能产生的不利冲击。逆周期资本缓冲的实施必然会进一步扩大银行业补充资本的缺口,挤压银行未分配利润,这均会给银行业发展带来巨大压力,建议监管当局在加强资本监管的同时,积极创新探索和创新资本补充的工具。

---

① 例如:1998年中国政府为四大国有商业银行剥离不良资产1.4万亿元;1999年和2004年中国分别发布2700多亿特别国债、动用450亿美元外汇储备,2次对四大国有银行注资。

三是把握好逆周期资本缓冲机制目标、原则及其与宏观经济政策的关系。BCBS强调逆周期资本缓冲机制的目标在于保护银行免受其信贷过度扩张引致系统风险的积累而可能导致的损失,虽其具有熨平或调控宏观经济的作用,但这不是其真正的首要目标。因此,不宜采取其作为调控宏观经济波动的政策工具,实现宏观经济的平稳健康发展最好仍采用财政、货币政策等宏观经济政策。

参考文献

[1] 陈雨露,马勇. 中国逆周期资本缓冲的"挂钩变量"选择:一个实证评估[J].教学与研究,2012(12):5-16.

[2] 戴金平,金永军,刘斌.资本监管、银行信贷与货币政策非对称性效应[J].经济学(季刊), 2008(2):481-508.

[3] 李连发,辛晓岱.银行信贷、经济周期与货币政策调控:1984—2001[J].经济研究, 2012(3): 102-114.

[4] 李麟,索彦峰. 经济波动、不良贷款与银行业系统性风险[J].国际金融研究,2009(6): 55-63.

[5] 李文泓,罗猛. 关于我国商业银行资本充足率顺周期性的实证研究[J].金融研究, 2010(2):147-157.

[6] 李文泓,罗猛. 巴塞尔委员会逆周期资本框架在我国银行业的实证分析[J].国际金融研究,2011(6):81-87.

[7] 李幸.宏观审慎监管框架下的逆周期资本缓冲研究[D].青岛:中国海洋大学,2012.

[8] 缪龙娇. 我国商业银行逆周期资本监管研究[D].上海:东华大学,2013.

[9] 钱慧文. 基于巴塞尔资本协议的商业银行逆周期调节机制研究[D].杭州:浙江大学,2013.

[10] 田宝,周荣.巴塞尔逆周期资本缓冲机制在中国的适用性研究[J].金融监管研究,2012(10):31-47.

[11] 许伟,陈斌开.银行信贷与中国经济波动:1993—2005[J].经济学(季刊), 2009(3): 969-994.

[12] 杨柳,李力,韩梦瑶. 逆周期资本缓冲机制在中国金融体系应用的实证研究[J].国际金融研究,2012(5):34-40.

[13] 张丽华.我国商业银行资本充足现状及提高比率的路径选择[J].金融研究, 2004(10):69-76.

[14] Ayuso J,Pe'rez D,Saurina J. Are Capital Buffers Pro-cyclical? Evidence from Spanish Panel Data[J]. Journal of Financial Intermediation,2004(13):249-264.

[15] Bakker B B, Gulde A M. The Credit Boom in the EU New Member States: Bad Luck or Bad Policies? [R].Washington: Znternational Monetary Fund,2010.

[16] Beveridge S, Nelson C R. A New Approach to Decomposition of Economic Time Series into Permanent and Transitory Components with Particular Attention to Measurement of the Business Cycle [J]. Journal of Monetary Economics, 1981 (7):151-174.

[17] Blum J, Hellwig M. The Macroeconomic Implications of Capital Adequacy Requirements for Banks[J].European Economic Review, 1995(39): 739-749.

[18] Borio, Shim I. What Can (Macro-) prudential Policy Do to Support Monetary Policy? [R]. Basel: Bank for International Settlements,2007.

[19] Brunnermeier M, Crockett A, Goodhart C, et al. The Fundamental Principles of Financial Regulation [R]. Genève: International Center for Monetary and Banking Studies,2009.

[20] Catarineu-Rabell E, Jackson P, Tsomocos D P. Procyclicality and the new Basel Accord bank's choice of loan rating system[R]. London: Bank of England,2003.

[21] Chami R, Cosimano T. Monetary Policy with a Touch of Basel [R]. Washington: Znternational Monetary Fund,2001.

[22] Diamond D, Rajan R. A Theory of Bank Capital[J]. The Journal of Finance, 2000(55): 2431-2465.

[23] Drehmann M, Borio C, Gambacorta L, Jimenez G, Trucharte C. Countercyclical Capital Buffers: Exploring options[R]. Baset: Bank for Znternational Settements,2010.

[24] FSA (Financial Services Authority).The Turner Review: A regulatory response to the global banking crisis[EB/OL]. http://www.gov.uk, 2009(3).

[25] G20.Enhancing Sound Regulation and Strengthening Transparency [EB/OL].http://www.g20.org, 2009.

[26] Holmstrom B, Tirole J. Financial Intermediation, Loanable Funds and the Real Sector[J].Quarterly Journal of Economics, 1997(112).663-691.

[27] IMF. Lessons of the Financial Crisis for Future Regulation of Financial Institutions and Markets and for Liquidity Management [R]. Washinerton: International Monetary Fund,2009.

[28] Kashyap A K,Stein J C. Cyclical implications of the Basel Ⅱ capital standards [J]. Federal Reserve Bank of Chicago Economic Perspectives, 2004:18-31.

[29] Morley,James C,Nelson, et al. Why are Beveridge-Nelson and Unobserved-Components Decompositions of GDP so Different ? [J]. Review of Economics and Statistics , 2003,85:235-243.

[30] Morley,James C. A State-Space Approach to Calculating the Beveridge-Nelson Decomposition [J]. Economics Letters, 2002(1):123-127.

文章审稿人:顾胥